HUMEURS VAGABONDES

DU MÊME AUTEUR

CHEZ LE MÊME ÉDITEUR

Le Siècle des Lumières en province : académies et académiciens provinciaux, 1680-1789, Paris, Mouton, 1978 ; Paris, Ecole des Hautes Etudes en Sciences Sociales, 1989.
Le Peuple de Paris. La Culture populaire au XVIIIe siècle, Aubier-Montaigne, 1981 ; Paris, Fayard, 1998.
La Culture des apparences. Une Histoire de vêtement, XVIIe-XVIIIe siècle, Paris, Fayard, 1989.
La France des Lumières, Paris, Fayard, 1993.
Histoire des choses banales. Naissance de la consommation, XVIIe-XIXe siècles, Paris, Fayard, 1997.
Le Monde des Lumières, avec Vincenzo Ferrone, Paris, Fayard, 1999.
La Ville promise. Mobilité et accueil à Paris, fin XVIIe-début XIXe siècle, Paris, Fayard, 2000.

CHEZ D'AUTRES ÉDITEURS ET EN COLLABORATION

Jacques-Louis Ménétra, *Journal de ma vie. Autobiographie d'un compagnon vitrier au XVIIIe siècle*, éd. Daniel Roche, Préface de Robert Darnton, Montalba, 1982; Paris, Albin Michel, 1998.
Histoire des pères et de la paternité, avec Jean Delumeau, Paris, Larousse, 1990.
Les Républicains des lettres : gens de culture et Lumières au XVIIIe siècle, Paris, Fayard, 1988.
Cultures et formations négociantes dans l'Europe moderne, avec Franco Angiolini, Paris, Ecoles des Etudes en sciences sociales, 1995.
Les Ecuries royales : du XVIe au XVIIIe siècle, avec Dabiel Reytier, Association pour l'académie d'art équestre de Versailles, Paris, 1998.
Les Français et l'Ancien Régime, avec Pierre Goubert, Paris, Paris, Armand Collin, 2 vol., 2000-2001, t. I : *La Société et l'État* ; t. II : *Culture et société*.
Voitures, chevaux et attelages du XVIe au XIXe siècle, Paris, Association pour l'académie d'art équestre de Versailles, 2000.
Le Cheval et la guerre, du XVe au XXe siècle, Paris, Association pour l'académie d'art équestre de Versailles, 2002.

Daniel Roche
Professeur au Collège de France

HUMEURS VAGABONDES

*De la circulation des hommes
et de l'utilité des voyages*

Fayard

© Librairie Arthème Fayard, 2003.

À Fanette

Introduction

« Alors dit Pantagruel : si les signes vous fâchent,
ô quand vous fâcheront les choses signifiées. »

Rabelais

L'idée de ce livre est née, sans que j'en aie conscience, à la lecture d'un ouvrage majeur de notre temps, *Tristes Tropiques*[1], en 1955. Son appel introducteur – « Je hais les voyages et les explorateurs » – était une provocation pour tous à un moment où tout montrait l'essor, et non la fin, des voyages. La critique de leurs récits et des scories de leur mémoire s'opposait à la vogue qu'ils suscitaient et suscitent encore[2]. Ces mots me séduisirent à jamais, à contre-courant de mon temps, mais sans faire de moi un sédentaire. Il m'arrive de franchir la Seine et même les frontières qui découpent la vieille Europe, quelquefois encore l'Océan. Les paroles de l'anthropologue ont joué dans mon esprit le rôle d'un catalyseur secret pour donner une réponse à une question essentielle pour chacun de nous, pour notre civilisation sans cesse préoccupée de se fuir : pourquoi partir et pourquoi revenir ?

A l'historien que je suis, le passé offrait sur ce point un espace sans limite et dans le temps et dans la géographie. Autrefois, et plus particulièrement à l'époque moderne que je connais un peu mieux, comment pouvait-on bouger ? qu'est-ce qui incitait les uns et les autres au départ ? qu'est-ce qui invitait au voyage et à la découverte des nouveaux horizons qu'il est censé toujours apporter ? Tout, pourtant, semble s'opposer à cela : les références sociales et morales, les représentations et les pratiques. Dans la société ancienne, nul n'est reconnu sans l'aveu des autres et une localisation admise plus que contrôlée. En même temps, comme aujourd'hui, voyages et voyageurs intéressent, fascinent, mobilisent. Deux valeurs de la civilisation s'affrontent ici : celle de la pensée de Pascal – « Tout le malheur de l'homme vient d'une seule chose qui est de ne savoir demeurer au repos dans une chambre » – et celle du plaidoyer de Rousseau pour un nomadisme pédagogique – « Voyager à pied, c'est voyager comme Thalès, Platon, Pythagore » –, qu'on peut d'ailleurs opposer à ses réticences dans la *Nouvelle Héloïse*. L'enjeu social est essentiel pour la culture occidentale, dès le Moyen Age, et sans doute avant, mais il est développé à l'époque moderne et exacerbé, voire théorisé, à l'époque contemporaine : c'est celui de l'opposition entre sédentarité et mobilité, entre deux visions, deux cultures. L'Europe et ses sociétés n'ont eu de cesse de lutter contre l'errance, avec une efficacité changeante. Suivre ce mouvement historique pour fixer, borner, contrôler les hommes demeure nécessaire à toute philosophie politique, à toute histoire de la liberté, à toute analyse de la fascination et de l'exclusion qui s'imposent à l'égard de l'autre et de l'étranger.

L'historiographie y invite de surcroît. Elle a mis l'accent sur le stable et le communautaire soudés, avec la dominante de la terre, des royaumes paysans, des sociétés ancestrales, hiérarchisées, organisées par des valeurs d'enracinement, de fidélité, de stabilité, dont la principale réside dans le double attachement – symbolique et réel – aux richesses foncières, immobiles[3]. La ville, les ouvertures au monde et à la circulation, l'échange des biens, le mouvement des hommes, le *commerce* dans son sens ancien – commerce des hommes, commerce des idées – constituent la limite des horizons bornés, une façon d'attirer, de fasciner et par là même de transformer. Il ne s'agit pas d'opposer de façon rhétorique l'un et l'autre domaine, mais de comprendre leur rencontre et de concevoir leur possible imbrication, sans solution de continuité, dans leurs acceptions matérielles et intellectuelles, dans leurs variables humaines, celles des circuits qui associent les objets et les hommes, le mouvement des individus et celui des masses, la migration et le voyage.

Toutefois, ce livre n'est pas une histoire de la migration ancienne, encore moins une histoire du voyage. Celles-ci ont été écrites et le seront encore. Mon dessein est de les retrouver autrement à partir de la *mobilité* et de sa culture[4]. Le concept est une occasion d'élargir l'interrogation, car il permet d'analyser dans le temps l'un des canons réflexifs des textes les plus variés et des parcours les plus divers. Il est en effet à l'œuvre dans la tête de ceux qui partent, voyageurs avec ou sans bagage, comme de ceux qui restent, lecteurs et penseurs, mobiles par l'imagination. La mobilité oriente pratiques, représentations, imaginaires sociaux.

Elle permet de penser le voyage ancien autrement qu'en le comparant implicitement à celui d'aujourd'hui, méprisé pour son vide et son déclassement dans le domaine des activités marchandes plus que dans celui de la culture, quel que soit l'effort des *voyagistes*. Les catégories des découvertes culturelles, définies non sans *a priori* valorisant, ne sont pas seules à intervenir. Le mouvement des anciens voyageurs, celui des intellectuels, celui des amateurs, celui des dominants capables d'en laisser le récit, rejoint une circulation plus générale. S'il faut prendre en compte l'histoire des voyages, c'est que leur connaissance mesurée révèle, du XVIe au XIXe siècle, l'essor d'un intérêt, d'une transformation collective, d'une illusion ; en même temps qu'elle donne à voir les écarts sociaux et culturels de la pratique, et plus encore la modification des espaces intéressés – moins leur élargissement que leur rétrécissement, contrairement à l'idée reçue.

Le mot «mobile» recouvre dès le XIVe siècle un domaine étendu. Il embrasse tout ce qui peut changer de place, l'espace, la chronologie, les fêtes religieuses, tout ce qui n'est pas fixe ou fixé, l'ambulant, le nomade, tout ce qui change, notamment dans les apparences, et tout ce qui est instable. Le vocable va, dans sa trajectoire, suivre un questionnement qui le relie à tous les problèmes de la physique, du mouvement des corps et du corps, ainsi qu'à tous ceux de la fortune, des effets et des meubles. Son antithèse définit ce qui reste immobile et les patrimoines enracinés. La mobilité, c'est le caractère de ce qui est mû, de ce qui bouge, en particulier dans le domaine des passions et de la morale, de l'esprit inquiet, de l'agitation des idées. Le mouvement invite à réfléchir à la course, à la trajectoire, à la circulation des objets, des marchandises, des capitaux, aux évolutions et à la capacité de jouer avec l'espace, avec la rapidité ou la lenteur, avec les rythmes du monde et les mécanismes de leur propagation. Le voyage, avec ses occasions, ses pratiques et ses contextes, permet d'en retrouver les significations sociales. La pluralité de ses fonctions – commerce, religion, administration, guerre, fuite, activité extraordinaire de recherche et d'inventaire, pratique ordinaire de la vie – nourrit la richesse de ses significations culturelles. La vie même n'est qu'une métaphore fondamentale, celle du *Grand Voyage* que chacun fait dans l'insécurité. Le monde même n'est que le livre offert à la sagacité des voyageurs et sa lecture peut être la meilleure ou la pire des leçons. On comprendra alors la porosité qui existe entre les expériences et qui impose une relation anthropologique essentielle.

Le XVIIIe siècle en situe l'équation autour de trois thèmes principaux. D'une part, le progrès de la connaissance par la mobilité et le voyage dicte le relativisme des mœurs et des institutions ; il contribue alors à l'érosion des valeurs politiques et morales. D'autre part, et en même temps, se diffuse l'idéal de la connaissance par l'expérience, la collecte des faits et l'enquête sur les hommes et les choses ; cet idéal se substitue à l'autorité des auteurs et aux subtilités des raisonneurs. Enfin, l'essor des mouvements comme celui de leurs relations connues, car imprimées, confrontent les préjugés, balisent le cosmopolitisme en posant à tous la question du lien entre l'identité et la localisation, l'accueil et l'hospitalité, le don et l'économie, le rejet et le contrôle de l'étranger. Toutes ces questions ont un passé ; elles ont toutes un avenir.

On en conçoit l'importance dans la façon dont la mobilité, sous ses formes diverses, renvoie à trois tensions principales à l'œuvre dans le comportement des hommes. En premier lieu, celle qui oppose l'espace étriqué et le temps mesuré à l'aune de la vie ordinaire, de la maison, du village, des horizons connus à la vaste étendue de l'univers. Entre les deux, le déplacement mobilise d'innombrables objets, une grande variété de moyens et de fonctions. En deuxième lieu, celle qui oriente une formation et qui impose la nécessité du départ, la contrainte des mouvements pour un devenir personnel ou pour la survie d'un groupe. Elle rend alors nécessaire une forme canonique de récit pour véhiculer une expérience, pour diffuser une instruction dont la portée est débattue par les doctes comme par les gens de peu. Les voyages sont censés former la jeunesse, mais le problème est de savoir comment. Cette modification prend toute sa force si l'on inscrit la mobilité comme déplacement non seulement dans l'espace, mais aussi dans le temps et dans la hiérarchie sociale[5]. Reste, en troisième lieu, l'influence de la conjoncture. Elle est structurelle, car des crises multiples peuvent infléchir les raisons d'un départ à court terme. Elle l'est plus encore à long terme, car, entre l'âge classique et celui des Lumières, l'accélération est manifeste, et avec elle sans doute les effets matériels et intellectuels de la transformation. C'est ce que découvre le chevalier de Jaucourt dans l'article « Voyages » de l'*Encyclopédie*.

C'est cette histoire que j'ai voulu comprendre. Elle mobilise les contraintes et les besoins comme la raison et l'intelligence. Elle livre les signes et les moyens d'une ouverture des espaces et du changement social et culturel. Elle interroge la pérennité des *horizons bloqués* dans le réel comme dans l'imaginaire. Car la mobilité repose non seulement sur des besoins, mais aussi sur des rêves, le parfum des fruits défendus et les valeurs de l'exotisme, l'aspiration au changement spirituel comme le postulent les pèlerinages. Le XVIIIe siècle exalte la figure du voyageur, symbole de la conquête des mondes lointains, héros d'une expansion porteuse de l'universalisme des valeurs européennes[6]. Ce que l'on découvre, c'est que l'entreprise commence à la porte de chacun et qu'elle concerne tout le monde et tous les déplacements ; c'est aussi que les jeux d'espace sont présents dans les choix du réel comme dans ceux de l'écriture. Voilà pourquoi il faut partir des voyages et de leur récit pour voir ce qu'ils masquent et ce qu'ils dévoilent dans leur transcription codifiée des circulations réelles. Toutefois, si l'on veut comprendre les effets de la mobilité, au-delà du voyage cultivé, culturel, il faut la confronter à d'autres catégories qui permettent d'autres interprétations. Le contraste entre sédentaires et nomades se nuance alors de multiples facettes ; la société des voyageurs apparaît dans ses traits propres comme dans ses liens avec ceux qui restent. Dans la relation se précisent de manière croissante toutes les formes d'autorité qui ont fait l'histoire des contrôles de population, celle de la régulation réussie ou inachevée des circulations contrôlées, celle de la définition des étrangers, des autres, donc de l'identité nationale – la nôtre.

Au XIXe siècle, de nouveaux moyens techniques modifient la donne ; des dynamismes économiques et sociaux y poussent avec force. Le chemin de fer balise une frontière qui n'est pas seulement celle des transports faciles, mais aussi une vraie rupture de notre façon de vivre et de nos perceptions, une nouvelle expérience de la vitesse, un contrôle meilleur des moyens par rapport au temps de l'énergie animale, une sécurité et une régularité accrues. Quand la vitesse des diligences est brutalement multipliée par trois, l'espace et le temps vécus changent et le concept d'accélération se substitue à de vieux rythmes sans exactitude. Avec le train, la perception de l'homme bascule ; l'isolement cède la place à la proximité la plus étendue. Là où jadis, dans tout déplacement, un *continuum* spatio-temporel reliant un lieu à un autre se construisait par des étapes savourées, mais dans l'économie du hasard, on ne connaît soudain plus qu'un départ et une arrivée. Les impressions du voyage sont alors profondément modifiées[7]. La société qui se voulait et qui se voyait close, stable, hiérarchisée dans l'espace et dans le temps par l'origine et la localisation, se bâtit désormais sur les valeurs de l'ouverture et du décloisonnement, de l'échange valorisé, de l'aisance dans les relations, de la novation promotionnelle. Elle hérite toutefois de la crainte ancestrale envers tout ce qui vient d'ailleurs. En triompher fait partie de notre devoir intellectuel et civique, dont ce livre voudrait témoigner en invitant à réfléchir à la recomposition du monde commencée au XVIIIe siècle et jamais achevée.

NOTES

1. C. Levi-Strauss, *Tristes Tropiques*, Paris, 1955.
2. J-D. Urbain, *L'Idiot du voyage, histoires de tourisme*, Paris, 1991.
3. P. Goubert et D. Roche, *Les Français et l'Ancien Régime*, Paris, 1984, 2 vol.; F. Braudel, *Civilisation matérielle, économie et capitalisme*, Paris, 1979, 3 vol.
4. On en trouvera les références principales au fil des chapitres, mais deux ouvrages sont à lire, car ils tranchent sur une histoire essentiellement dominée par l'analyse littéraire et les conventions formelles, «le voyage de... à», «les voyageurs en... » : E. J. Leeds, *La mente del viaggiatore dall' Odissea al turismo globale*, Bologne, 1992; A. Maczak, *Travel in early modern Europe*, Cambridge, Varsovie, 1980, trad. angl. 1995.
5. C. Levi-Strauss, *op. cit.*, p. 79.
6. M.-N. Bourguet, «L'explorateur», in M. Vovelle (dir.), *L'Homme des Lumières*, Paris, 1996, pp. 286-346.
7. R. Koselleck, *Le Futur passé, contribution à la sémantique des temps historiques*, 1979, Paris, 1990 (trad. fr.); W. Schivelbush, *Histoire des voyages en train*, 1977, Paris, 1990 (trad. fr.) et *id., Histoire des stimulants*, 1980, Paris, 1991 (trad. fr.), plus particulièrement «Histoire du voyage... », pp. 198-200; pour les amateurs de récits de voyage : Peter Hulme et Tim Youngs sont les meilleurs guides avec *The Cambridge Compagnion to Travel Writings*, Cambridge, 2002.

Remerciements

Ce travail a duré longtemps. Même si le temps ne fait rien à l'affaire, il m'impose un plus large devoir de reconnaissance. Je voudrais remercier tous les étudiants de Paris I, de Florence et des Hautes Études qui ont, à un titre ou à un autre, accepté de m'aider. Ils sont cités en note. Je tiens à remercier mes amis et collègues Isabelle Brian, Natacha Coquery, Camille Pascal, Pascal Brioist et Philippe Minard, Roger Chartier, Henriette Asséo, Jean-Claude Perrot et Jean Nicolas, qui se sont montrés attentifs à mes questions. De même, Alain Cabantous, Alain Corbin, Alain Croix, Gérard Gayot, Claude Mazauric, Françoise Bayard, Serge Chassagne, Olivier Zeller et Nicole Lemaître. Stéphane Van Damme, Nicolas Schapira et Antoine Lilti m'ont aidé à gérer le temps et le questionnaire. Dominique Julia, Philippe Boutry, Jean Boutier, Jean-Pierre Cavaillé, Paul-André Rosenthal et Gérard Noiriel ont été, avec Brigitte Marin et Antonella Romano, des éclaireurs subtils en terre italienne ou française, tout comme Anne Saada et Hans Boedecker en pays germaniques. Laurence Fontaine, Renato Pasta et Lallo Perini à Florence, Mario Rosa et Franco Angiolini à Pise, Enzo Ferrone à Venise, Antonio Trampus à Trieste, Giorgio Abbatista, Luciano Guerci et Giuseppe Recuperati à Turin, Michel Porret et Alfred Perrenoud à Genève ont en permanence porté intérêt à l'entreprise. L'équipe de la « Ville promise » et de l'IHMC ne saurait davantage être oubliée. Jacques Bottin, Gilles Chabaud, Sabine Juratic, Vincent Milliot, Jean-Michel Roy et constamment Jean-François Dubost doivent être cités ; Christophe Charle et ses recherches sur l'Europe du XXe siècle également. Je ne peux oublier tout ce que je dois à Pierre Bourdieu, perdu trop vite. Enfin, le livre n'aurait pas vu sa fin sans l'aide d'Aline Fernandez, de Françoise Malvaud et de Sabine Melchior-Bonnet, d'Agnès Fontaine, de Lilas Seewald et d'Olivier Grussi. *Qui paie ses dettes s'enrichit.*

PREMIÈRE PARTIE

CONNAISSANCE DES VOYAGES ESPACES DE MOBILITÉ

Chapitre premier

La production des récits de voyage

Dans la culture de la mobilité, voyages et voyageurs dessinent un espace propre qui correspond à des finalités sociales et culturelles spécifiques. Depuis longtemps, connaître les voyages par leur récit donne l'illusion de percevoir en clair ce qui anime les circulations les plus amples. Le discours du voyageur est ainsi devenu un témoignage habituel des historiens pour comprendre l'évolution des idées et des idéologies, mais aussi celle des hommes et des mœurs. Ses ruptures sont à juste raison essentielles pour la culture européenne, comme l'a autrefois montré Paul Hazard[1]. On se trouve ainsi en présence d'un phénomène paradoxal qui met en valeur un geste d'écriture en lui-même paradoxal, puisqu'il repose à la fois sur un désir d'originalité littéraire et sur la nécessité de décrire les lieux, espaces géographiques partagés et figures imaginaires banalisées. « Du déjà vu, du jamais vu[2] ? » Toutefois, cette approche du monde réel par une mobilisation de lieux communs, par un texte amorphe où l'on peut lire, sous les aspects d'ordre formel – arrangement des informations, présentation de l'itinéraire, interrogation des usages divers – l'exemplarité d'une pratique valorisée par sa dimension littéraire et philosophique, par son statut sérieux à la fois narratif et descriptif, cette approche donc ne saurait en aucun cas être dépréciée, voire totalement ignorée, pour accéder à des phénomènes plus amples[3]. C'est une clef pour comprendre simultanément un art de se déplacer et sa pédagogie, une méthode et une lecture du monde.

Comme toute production littéraire, le genre se définit par des règles et des attentes. Au cours de la période moderne, où il revêt des formes multiples – récits réels ou imaginaires, correspondances, journaux privés, mémoires, autobiographies (restés inédits ou immédiatement publiés), articles de revues ou de gazettes –, il demeure précieusement utile par son ambiguïté même pour saisir ce qui construit les rapports culturels dans la circulation des hommes et des choses. Cette étude a longtemps été le domaine privilégié de la littérature comparée[4]. Le voyage des écrivains et des écrivants, la mise en scène progressive de la subjectivité vagabonde et de la mise en forme du moi : *c'est le regard de l'autre qui permet de se retrouver soi*. Cette analogie, qui fait de la méthode l'équivalent même du voyage, est au cœur d'une relation culturelle permanente où le voyageur s'enrichit de ses lectures comme de son déplacement, où la découverte d'autres pays, de leurs habitants et de leurs coutumes, infléchit le mouvement des idées et bouleverse les sensibilités. Les récits de voyage constituent depuis longtemps une mémoire par un processus accumulatif de l'espace où les plus grands écrivains rejoignent les moins fameux et les plus livresques. Tous déplacent les horizons de la pensée, construisent une géographie intellectuelle[5] – celle de l'Europe, celle du monde.

De cette riche tradition d'étude, toujours vivante, deux limites se dégagent qui brouillent le propos. D'une part, l'individualisation extrême du récit, jeu littéraire ou effet de reprise, pose la question de l'utilisation du témoignage et de ce qu'on y cherche : le regard du voyageur, la qualité de l'écriture, l'information sur les territoires, l'information sur l'information, image de la réalité ou de sa représentation exploitable à de multiples fins. La jonction de la réalité décrite et du point de vue subjectif est alors en soi-même une manière de valoriser la mobilité ; les voyageurs, plus particulièrement au siècle des Lumières, affermissent leur personnalité en se déplaçant. Entre eux et leurs prédécesseurs se tisse un réseau, car ils se lisent, se copient, se corrigent, opposent leurs témoignages[6]. D'autre part, le genre révèle dans sa structure kaléidoscopique une capitalisation d'images matérielles et intellectuelles qui s'organise dans une production d'ensemble qu'aucun voyageur, autrefois comme aujourd'hui, ne peut prétendre avoir jamais totalement lue et comprise. Que l'on soit sédentaire ou mobile par choix, vocation ou destin, un goût s'affiche dont la permanence et l'essor se lisent à la fois dans la production (et sa diffusion) et dans le mouvement spatialisé lui-même. Or il existe entre les deux domaines – celui du récit, celui du mouvement et du territoire – une distorsion et une interaction qui peuvent s'éclairer, si l'on mesure à travers les bibliographies léguées par les anciens érudits la force d'un entraînement à l'apprentissage de la diversité et de l'acculturation[7]. L'inventaire d'une forme éditoriale typique, massive, demeure un préalable aux questionnements des récits eux-mêmes. Il s'inscrit dans la continuité d'une histoire du livre renouvelée, et ne prétend qu'offrir la carte esquissée d'un territoire de l'écrit, où bien des repères restent à tracer[8].

UNE PRODUCTION CONQUÉRANTE, SA BIBLIOGRAPHIE

Dans la production du livre de l'âge moderne, celle des récits de voyage relève incontestablement du succès. Encore faut-il que celui-ci soit mesuré à l'aune de la spécialisation et de l'autonomie que dictent les usages de la bibliographie naissante du genre, en elle-même révélatrice d'une interrogation sur une fonction intellectuelle. Or, par cette saisie même, échappe à l'évaluation une ubiquité de l'écriture qui serait à pourchasser partout dans une dispersion propice à la réussite, mais contraire à l'efficacité qui vise à cerner plus précisément une audience. Reste que tout pourrait être relu et compté : livres d'histoire, ouvrages de géographes, romans, œuvres de sciences, productions d'économistes ou de littérateurs politiques et moraux. Le voyage est partout : on peut, à peu de frais, l'illustrer ou en tirer des exemples. Dans ce vaste ensemble, inaccessible, la lecture bibliographique opère sa trouée. Le premier ouvrage spécialisé provient d'Allemagne, rédigé et publié à Halle par Gottlieb Heinrich Stuck's, de 1784 à 1787, chez Johann Christian Hendels[9]. Il recense récits de voyage et littérature géographique accessibles dans le monde germanique principalement. Le deuxième témoin, français, reprend l'apport de l'Allemand et le complète largement[10]. Édité en six volumes à Paris de 1806 à 1808, il cite le travail de Stuck's, qu'il critique : « Ce n'est qu'une nomenclature aride des titres des voyages et des noms de leurs auteurs, disposés dans l'ordre alphabétique [et confondant ensemble] ouvrages purement géographiques, traités concernant des points particuliers d'histoire naturelle, les voyages aérostatiques, des relations purement historiques et jusqu'à des mémoires politiques », sans parler des omissions. Avec Boucher de La Richarderie, une étape est franchie qui ne sera pratiquement jamais dépassée. En 1814, à Londres, John Pinkerton publie en dix-sept volumes, mais de petit format, son *Catalogue of Books of Voyages and Travels*, qui a l'avantage de souligner les éditions anglaises et fournit d'importants résumés. Les trois ouvrages autoriseraient une bibliographie générale de la production possiblement conservée à l'aube du XIXe siècle. D'ores et déjà, l'analyse comparée de Boucher de La Richarderie livre une pesée assez sûre de la connaissance des voyages écrits comme de la géographie de leur édition.

LE CONTEXTE D'UNE PUBLICATION

L'avis de ses éditeurs, Trentzel et Würtz, au 17 de la rue de Lille, renseigne sur une demande : « Le grand nombre de relations de voyages qui nous ont fait successivement connaître toutes les parties du monde, et qui de nos jours se sont multipliées à l'infini, a fait désirer, depuis longtemps, une bibliographie universelle des voyages soigneusement classée par ordre de pays et dans une série chronologique. » L'auteur a ainsi consacré dix ans de sa vie à cette tâche, secondé par des amateurs éclairés (dont, malheureusement, on ignore tout) et « par quelques hommes laborieux et familiers avec les divers idiomes de l'Europe ». Il a utilisé des richesses fournies par les grands dépôts littéraires de la capitale. La bibliographie s'adresse à la République des Lettres, dont elle est issue : l'ouvrage, espère-t-on, sera « utile » aux recherches des savants, « instructif » pour les voyageurs et « agréable » à toutes les classes de la société. Utile, instructif, agréable : ce sont les mots clefs de l'invitation au voyage, même si les relations peuvent servir à des fins multiples. Ces récits se rangent ainsi dans le grand mouvement des publications utilitaires dont relèvent almanachs, annuaires, guides, journaux et revues, cartes et plans, qu'on retrouve parfois chez les mêmes éditeurs. Dans son introduction, Boucher de La Richarderie précise sa visée : les « voyages », qui n'ont jamais été si nombreux ni si recherchés, doivent leur succès à la variété des lectures possibles, « instructives et amusantes pour la classe ordinaire des lecteurs » : c'est aussi une « mine féconde, où de tout temps ont fouillé, pour faire ou appuyer leurs recherches, les naturalistes et les géographes, les artistes et les archéologues ; enfin, les écrivains politiques, les économistes, les moralistes mêmes ».

Le travail de Boucher de La Richarderie se situe à un moment crucial de la vie intellectuelle française : celui du rétablissement de la paix intérieure avec le Directoire, le Consulat, l'Empire ; celui de l'expansion de la Grande Nation, qui, à l'exception du bref entracte ouvert en 1802 par la paix d'Amiens, a modifié les conditions mêmes de l'habitude cosmopolite du voyage. Cette habitude a en effet été limitée pour beaucoup, accélérée par contrainte pour les émigrés et les militaires, réorganisée dans les nouvelles limites politiques et de nouveaux usages frontaliers, qu'ont renforcés les guerres et le blocus. Pour l'auteur, cette période correspond selon toute apparence à un tournant. Né à Saint-Germain-en-Laye en 1733, il appartient à la robe bourgeoise parisienne. Il a fait des études de droit pour devenir avocat au Parlement, sans qu'on sache rien de sa carrière. En 1789, il a déjà cinquante-six ans et le bailliage de Melun le nomme commissaire des cahiers de doléances. On ignore tout de sa destinée politique entre la chute de la Bastille et 1795, date à laquelle on le retrouve membre du directoire du département de la Seine, puis juge au Tribunal de cassation et président de la section des requêtes. Sa vie politique et judiciaire s'arrête après le coup d'État de Fructidor (1797), qui profite très temporairement aux Jacobins, et l'on peut penser qu'il fut toujours un modéré. Cet homme casanier, dont on ne connaît ni voyages ni relations de voyage, renoue alors avec sa vocation littéraire, celle d'un homme à talents, auteur d'un *Essai sur l'utilité des lettres* (1753), d'une *Lettre sur les romans* (1782), d'un *Traité sur les capitaineries royales* (1788) et d'un ouvrage politico-moral, *De l'influence de la Révolution sur le caractère national* (1800). Derrière l'auteur se cache un journaliste, car il a également été rédacteur du *Journal de littérature française*. Boucher de La Richarderie meurt en 1810, à Paris, peu après que son œuvre majeure eut gagné les faveurs du public – car, n'en doutons pas, la bibliothèque imaginaire que construit la *Bibliographie universelle des voyages* est, à sa manière, très représentative des activités d'un milieu et d'un homme séduit par l'essai, capable de «jugement motivé», formé aux extraits nécessaires à la carrière du journaliste, de l'avocat, du politicien, du juriste. Boucher de La Richarderie livre ainsi le monument attendu d'un genre littéraire recherché pour sa variété et ses multiples usages.

L'introduction éclaire le travail et précise les intentions et les moyens[11]. Trois obstacles ont été surmontés pour rassembler toutes ces notices : la dispersion des bibliothèques à travers l'Europe; l'imperfection des bibliographies antérieures (Lenglet du Fresnoy ou Meusel, malgré les mises à jour); la limitation de l'information fournie par les catalogues de vente des bibliothèques ou des collections privées, soit par des choix géographiques – comme c'est le cas du catalogue Van der Aa, réduit aux descriptions des Indes – ou linguistiques, soit par le choix restreint, dans le domaine des voyages, de certains amateurs renommés en d'autres domaines, tels Rothelin, Guettard ou La Vallière. D'autres catalogues, en revanche, renferment beaucoup de relations sans être complets, faute de moyens ou parce qu'ils se cantonnent eux aussi à certaines parties du monde. Dans sa *Bibliographie instructive*[12], de Bure procure des renseignements précieux et livre un état du goût des bibliophiles à la recherche d'ouvrages anciens, rares, et convoités ; outre ces omissions, et parce que depuis 1767 de nombreux voyages ont paru dans toutes les langues européennes, l'ouvrage est désormais insuffisant, comme le sont les catalogues des grandes bibliothèques de Paris, surtout en ce qui concerne la production étrangère. Lacunes et incertitudes faisaient désirer un ouvrage qui compléterait le Stuck's et la courte bibliographie publiée dès 1789 par le comte Léopold Berchtold dans son second volume des *Voyages faits en Europe*, traduit en français en 1793, qui a le mérite de classer les relations par pays (malheureusement dans l'ordre alphabétique). Ces deux textes, publiés l'un en anglais et l'autre en allemand d'abord, sont inaccessibles au très grand nombre de lecteurs qui n'ont point l'intelligence de ces langues. Au total, ce qui est livré résulte d'une vaste compilation à travers de multiples ouvrages et catalogues, réalisés grâce à des collaborations gracieuses : Hennin fournit ainsi les fiches d'une *Bibliothèque des voyages* inédite ; M. Langlès ouvre sa bibliothèque et laisse copier les notices de son catalogue ; les conservateurs des imprimés de la Bibliothèque impériale communiquent catalogues inédits, imprimés, manuscrits, notices vérifiées et corrigées[13]. Dans cet effort collectif, on mesure un intérêt général et un horizon d'attente pratique.

Espace du livre, espace des voyages

Le travail de Boucher de La Richarderie, comparé à ceux de Stuck's et de Pinkerton, présente trois caractéristiques principales. En premier lieu, il rassemble certainement tout ce qui pouvait l'être pour l'époque, tout ce qui a été publié en Europe entre l'apparition de la presse et la venue de l'impression industrielle. Le résultat est imposant, avec plus de 5 500 ouvrages. Il reste difficile d'estimer la place que le genre peut tenir dans l'ensemble des productions nationales. Deux points de comparaison sont toutefois possibles dans la France du XVIIIe siècle : quelque 500 titres y sont publiés vers 1700, près de 2 000 vers 1789. Par an, les demandes d'autorisation pour publication d'ouvrages de géographie et de récits de voyage avoisinent 2 à 3 %. Dans l'Allemagne des Lumières, ils représentent 2,57 % de la production littéraire conservée, soit un chiffre comparable à celui des œuvres de fiction : 3,66 % de pièces de théâtre, 4 à 5 % de romans, selon les statistiques. Dans les deux cas, les récits de voyage s'inscrivent dans la montée des sciences et des arts et dans la grande manifestation conquérante de la nature et du monde qu'elle identifie[14]. Dans les deux cas se laisse entrevoir l'essor d'un engouement, puisque la bibliographie recense ce qui reste accessible pour une visée tant historique que bibliographique ouverte sur l'actualité immédiate[15].

La deuxième caractéristique de la *Bibliothèque universelle des voyages* est la volonté d'offrir un instrument universel. Elle permet de dénombrer ce qui a été imprimé dans les principaux centres éditoriaux de l'Europe, mais aussi ce qui a été publié dans les langues savantes et vernaculaires. Le latin, le grec et l'hébreu y apparaissent – ces deux derniers idiomes surtout au XVIe, pour décliner encore au XVIIe siècle. De l'ensemble ressort une évolution nette qui enregistre la puissance des éditions nationales et la capacité de l'offre à suivre la demande. Ce mouvement apparaît dans le tableau suivant, où l'on a regroupé par commodité certaines langues : un ensemble comprend ainsi l'italien et l'espagnol ; un autre, l'allemand, le hollandais et les langues septentrionales (danois, suédois). On peut noter qu'il masque deux évolutions importantes qui pourraient faire l'objet d'une appréciation plus précise. D'une part, la production n'évolue pas selon un rythme tout à fait analogue dans tous les espaces décrits – on y reviendra. D'autre part, la dynamique des centres d'édition varie en fonction du pays : dès le XVIIe siècle, elle est contrôlée et centralisée en France et en Angleterre par Paris et par Londres, alors qu'en Italie et en Allemagne elle reste tirée par de multiples initiatives locales.

	Latin, grec, hébreu	Italien, espagnol	Français	Allemand, hollandais, danois, etc.	Anglais	Total
XVIe siècle	123 28 %	120 27 %	69 15 %	81 17 %	63 13 %	456 100 %
XVIIe siècle	172 11 %	283 18 %	557 35 %	360 23 %	194 13 %	1 566 100 %
XVIIIe siècle	52 1,5 %	187 5,5 %	1 080 30,5	1 330 37,5 %	891 25 %	3 540 100 %
Total	347 6,4 %	590 10,6 %	1 706 30,6 %	1 771 31,8 %	1 148 20,6	5 562 100 %

Sur une période de trois siècles, on distingue deux mouvements de baisse affirmée. D'une part, celui des langues savantes (où domine le latin), qui reculent de presque un tiers de la production générale du XVIe siècle, à moins de 2 % au XVIIIe siècle – concrétisation, en ce domaine comme en d'autres, de la montée des langues vernaculaires. D'autre part, celui également partagé, mais partant d'un niveau plus élevé, des deux grands véhicules linguistiques de la première expansion mondiale du XVIe siècle : l'italien et l'espagnol. Le français conquiert la prédominance au XVIIe siècle ; il la perdra au XVIIIe de quelques points, gagnés par les langues de l'Europe du Nord. L'anglais double sa part au XVIIIe siècle ; l'allemand, et derrière lui le néerlandais, décrochent alors une première place absolue et relative.

Cette évolution, qui manifeste à l'intérieur de chaque zone éditoriale des politiques conduites par une multiplicité d'éditeurs et d'auteurs, doit en outre tenir compte des mouvements produits par les traductions. Celles-ci ont commencé très tôt. Boucher de La Richarderie se plaint alors de leur « vieux langage dégoûtant » qui n'est ni celui d'Amyot ni celui de Montaigne et qui est décrié pour défaut d'élégance (telle la traduction de Pietro della Valle) ou pour infidélité, ce qui est plus commun encore [16]. Dans l'un et l'autre cas, la notice donnée est celle de la langue même dans laquelle l'ouvrage est paru. La transcription de ces titres originaux prouve l'existence d'une circulation et d'un intérêt généraux, qui transgressent largement les frontières nationales et bénéficient à quelques *best-sellers*, on s'en doute, mais aussi à des travaux plus savants. Songeons, pour le XVIIe siècle, au *Voyage en Moscovie* de Jan Struys [17], publié en hollandais dès 1667, in-4°, à Amsterdam, et qui retrace un périple menant de l'Italie aux Indes orientales : il a été presque immédiatement traduit en français chez Jacob, en 1681, toujours à Amsterdam, puis repris dans une édition in-12° en 1718, et à Rouen en 1730. A la fin du XVIIIe siècle, le voyage de John Moore [18] paraît à Londres deux fois de suite, en 1779 et 1780, sous le titre *View of Customs and Manners in France, Swizerland and Germany,* et est traduit en français, à Genève, en 1781, sous le titre *Lettres d'un voyageur anglais sur la Suisse, l'Allemagne, l'Italie et la France.* De l'avis de Boucher de La Richarderie, on a réuni dans cette édition la section concernant l'Italie d'abord publiée à part. Le fait n'est pas rare et montre que, pour un marché avantageux, les éditeurs sont capables de présenter des versions réaccommodées, donc réappropriables selon les langues et les publics.

Troisième caractéristique : l'intervention de Boucher de La Richarderie est guidée par son extension spatiale, dont l'évolution est un indice majeur de la connaissance progressive du monde connu et exploré[19]. Soulignons ici que ce choix descend jusqu'au détail régional, présentant des pays peu parcourus pour eux-mêmes et prenant peu à peu place dans une géographie presque provincialisée de l'Europe. Ainsi l'Italie, section IX de l'ouvrage. Après les descriptions et les itinéraires généraux, elle est reparcourue à travers les différentes contrées : Piémont, Gênes, Milanais, États vénitiens, Ravenne, Modène, Parme, Ferrare, Urbin, Bologne, Toscane, États ecclésiastiques, Rome ; le royaume de Naples et la Sicile composent à eux seuls une nouvelle section, étendue dans les chapitres qui suivent à Malte et aux îles, à la mer Adriatique et aux archipels, à la Sardaigne et à la Corse. Le même procédé analytique vaut pour la France, la Grande-Bretagne – de l'Angleterre à l'Écosse, des Hébrides à l'Irlande –, les Pays-Bas, les provinces de l'Empire. On se doute que, pour remplir ces rubriques, le bibliographe est très dépendant de la production – qui s'est accrue ; et de sa conservation mais cette volonté traduit aussi une manière de réponse à un besoin, également en progrès, de connaissance et de vérification locale. La *Bibliothèque universelle* est une reconstruction de la bibliographie réelle, accessible directement ou indirectement, elle-même dépendante d'un degré de conservation variable dans le temps et selon les lieux, selon les formats aussi.

Ce premier écart entre la production mise sur le marché et la somme des ouvrages conservés se double d'un second biais : les récits de voyage publiés ne correspondent pas aux voyages effectués, malgré une corrélation vraisemblable, comme le laissent voir les indices linguistiques et nationaux relevés. Une hiérarchie des capacités à un certain type de mobilité s'y révèle, qui place en tête des puissances voyageuses les méridionaux au XVIe siècle, les touristes du Nord – Allemands, Anglais, Français – aux XVIIe et XVIIIe. Dans l'une et l'autre différence, c'est la diversité du genre et son universalisme qui sont requis par les publics, et plus particulièrement par la variété et la mobilité croissantes des voyageurs cultivés. La littérature des voyages répond à des besoins dictés par les déplacements en même temps qu'elle satisfait des prétentions et des intérêts professionnels et intellectuels. Écrire un récit peut servir à se faire un nom et à obtenir une reconnaissance dans une carrière, mais lire des récits peut tout aussi bien servir à préparer un voyage, à en combler les lacunes, comme à intervenir et à informer pour des débats plus vastes. C'est une littérature qui rompt l'isolement et, comme telle, elle participe pleinement de la vocation de la mobilité.

L'INSTRUMENT DE TRAVAIL ET LA CAPACITÉ D'UNE SOURCE

Principes de tri et manières de classement conditionnent ce que l'on peut espérer obtenir du corpus. Celui-ci traduit d'abord la capacité et les choix d'un bibliographe, pour qui l'instrument de travail ne peut être toutefois qu'un état temporaire et lacunaire à reprendre. « Le vide qui se trouve à cet égard dans les grandes bibliothèques de la capitale; le défaut de classement de ceux des voyages et de celles des descriptions qu'ils [les catalogues] renferment; enfin l'intérêt que l'on peut attacher à un ouvrage bibliographique, en y donnant une forme moins sèche, ont fait désirer depuis longtemps une bibliothèque complète et raisonnée des voyages, et la font désirer plus que jamais aujourd'hui que les voyages se sont tant multipliés [20]. » Outre la volonté déjà signalée de lutter contre les omissions des prédécesseurs, deux expressions essentielles sont à souligner dans cette profession de foi : « classement » – mot qui, précise la note, « ne se trouve point dans le Dictionnaire de l'Académie, non plus que celui de classifications, généralement adopté par les naturalistes. J'ai cru pouvoir l'employer, parce qu'il rend bien l'idée que j'y attache et qu'il m'évite une circonlocution fatigante » – et « forme moins sèche ».

Le premier terme range Boucher de La Richarderie parmi ceux qui se préoccupent d'inventorier « les mots et les choses [21] », et ainsi de disposer des instruments de progrès des connaissances à l'exemple des auteurs de dictionnaires. Il ne compte pas au nombre des tenants de l'ordre alphabétique, en dépit de son succès et de sa capacité à utiliser le désordre des mots pour produire de la raison. Il se distingue aussi des classificateurs, savants naturalistes, botanistes ou chimistes, qui, par leur rangement, démontrent hiérarchie et liaison des espèces [22]. Sa place se trouve parmi tous ceux qui adaptent les inventaires à leur objet, et notamment les praticiens du livre [23]. Que des éditeurs et un auteur aient alors pu concevoir de publier un compendium, résumé mais étendu, d'un genre particulier prouve combien les récits de voyage bénéficiaient d'un statut élevé pour les amateurs et les professionnels de la République des Lettres à un moment – la fin des Lumières – où le voyageur philosophe tend à dominer la scène. La *Bibliothèque universelle* va jouer le rôle d'un guide : comme les guides de voyage, elle est un instrument de conquête de l'espace, mais elle reste originellement liée à sa description historique. Cette double exigence impose la méthode retenue, à l'instar de ce qu'attendent les voyageurs cultivés sur le terrain de leurs exploits : offrir pas à pas le tour du monde connu, donner à cet itinéraire l'aspect d'un processus chronologique, utilitaire, à l'évidence sélectif et référentiel[24]. Le développement du *tourisme* confère à l'ensemble sa valeur d'actualité actualisable, non sans difficulté. La *Bibliographie* se donne à lire comme un voyage imaginaire dans le temps et dans l'espace.

La pédagogie de la démarche offre l'occasion, très classiquement, de réconcilier la raison et le vécu. Elle repose sur une formalisation matérielle pratique. Celui qui ne s'intéresse qu'à la partie utile – trouver un titre de voyage ou de description pour chaque continent, avec l'indication des différentes éditions – peut se borner à lire l'itinéraire chronologique imprimé en caractères cicéro. En revanche, le lecteur qui veut connaître l'idée générale et l'objet des relations les plus estimées s'attache uniquement à la partie imprimée en caractères petit romain. Chaque paragraphe, après lecture de l'intitulé des voyages, propose des jugements et des extraits qui sont autant de points de vue sur les pays parcourus et sur la façon dont ils ont pu être perçus. Comme pour tout récit de voyage, il s'agit « de satisfaire à la curiosité de ceux qui ne sont pas en état de faire de grandes courses, de se rendre utile à ceux qui seraient bien aise de faire les mêmes voyages », ainsi que le répètent à l'envi les auteurs après Jouvin, auteur du *Voyageur d'Europe* publié en 1672[25]. Par ses exclusions et ses réintégrations, la définition du genre accroît à tout moment le jeu possible.

La première partie de la *Bibliothèque universelle* présente successivement les traités généraux sur l'utilité des voyages, les relations des Anciens, celles du Moyen Age, les histoires générales et les périples autour du monde. Elle s'achève sur une section au titre significatif : « Voyages fait à partir de l'Europe dans les différentes parties du monde ». Les cinq autres parties de l'ouvrage concernent respectivement l'Europe, l'Afrique, l'Asie, l'Amérique et les terres australes. C'est le cheminement de la découverte européenne du monde et de sa conquête à partir du vieux centre méditerranéen de la civilisation : le point de vue retenu ici se conforme à la vision dominante des valeurs occidentales universalistes et porteuses du message des Lumières[26]. C'est aussi le cercle diversement ouvert aux voyageurs, puisque les possibilités offertes s'éloignent avec l'élargissement des découvertes qui restent alors l'apanage des explorateurs, savants, marins, militaires et marchands. L'espace cognitif demeure étroitement dépendant des pratiques : proche, il est banalisé ; lointain, il reste le domaine des conquérants plus audacieux et de la confrontation souvent discutable de l'idéal et de la réalité.

La démarche de Boucher de La Richarderie est explicitement liée à l'affirmation de l'utilité intellectuelle du voyage. C'est d'abord une pédagogie qui unit dès le collège, fréquenté par une majorité d'auteurs et de lecteurs, l'histoire et la géographie héritée de la tradition humaniste [27]. C'est ensuite une démonstration de la façon dont on peut introduire de la raison dans le domaine de la mobilité et de sa connaissance. C'est une incitation à adopter une conduite qui est une marche : son allure peut se proportionner selon les besoins et elle «forme en quelque sorte un tableau itinéraire des divers pays et des divers peuples, qui peut devenir un moyen d'instruction». Pour chaque partie du monde sont à cette fin indiqués successivement les voyages faits dans les contrées qui se touchent immédiatement, passant par leur point de contact. Citant les *Instructions pour son fils* [28] écrites par le chancelier d'Aguesseau, Boucher de La Richarderie se situe dans le droit fil de la grande culture érudite et robine [29], qu'il nourrit de la critique des habitudes pédantesques et qu'il ouvre à l'apport des réflexions modernes :

«Le détail ingrat et stérile de la géographie, lorsqu'on la détache de toute autre chose, n'est à proprement parler que le squelette du monde connu. Il faut lui donner de la chair et de la couleur, si l'on veut la faire passer dans la mémoire, sous une forme plus gracieuse, qui l'invite à la conserver plus fidèlement. C'est ce qu'on fera par la lecture des voyages [...]. Mais, pour y donner un arrangement qui lie toutes les idées et qui donne une plus grande facilité pour les conserver, il faut faire, autant qu'il est possible, la lecture des voyages dans un ordre presque semblable à celui des géographes [...]. On voyage même, en quelque sorte, par cette méthode, et l'on voyage de suite ; on va de proche en proche et l'on fait entrer dans son esprit les limites des différents États. On est aussi plus en état de comparer les mœurs et les opinions des différentes peuples.»

Aller du connu à l'inconnu, du proche au lointain, du plus général au plus particulier, vise à confirmer la multiple utilité de la lecture des voyages et de leur pratique.

Un classement raisonné permet de répondre à deux questions des utilisateurs. En indiquant les sources d'instruction offertes par les récits et les descriptions, on pourra suivre les « révolutions successivement arrivées dans chaque contrée » et la série des voyages présentés par ordre chronologique permet de confirmer ou de critiquer la succession des témoignages. Le choix des meilleures éditions, la mention des diverses présentations – collections, journaux, livres – s'inscrivent aussi dans la démarche directement en prise sur les sollicitations d'un milieu. Celui-ci ne peut se limiter au monde des bibliophiles en quête des éditions les plus estimées, les plus rares et souvent les plus chères : il s'ouvre aux *amateurs* de faibles moyens, le terme pouvant recouvrir une multiplicité de situations sociales et de comportements [30].

C'est cette ubiquité qui permet de cerner le genre en dépit de son imprécision utilitaire et des variations qu'il a connues dans l'histoire, fruit des objectifs variés des voyages eux-mêmes. La frontière tracée est poreuse, mais elle reste à nos yeux fondamentale, car elle établit le point de contact entre la réalité du livre et celle du monde en unissant les trois acceptions du mot « voyage » : la distance à parcourir, l'action de voyager et le récit de voyage. Si le voyage s'apprend, c'est en apprenant à se reconnaître dans le savant mélange des genres donné à lire comme dans la variété des espaces donnés à parcourir [31]. Sont alors rejetées les narrations purement historiques, les recherches purement scientifiques sur l'histoire naturelle, la géographie et les antiquités [32]. Si la nuance est parfois difficile à saisir, elle repose sur la reconnaissance des spécificités disciplinaires, telles qu'elles s'affirment alors [33]. Dans la *Bibliothèque universelle* prennent en revanche place les ouvrages qui, sans être purement géographiques ou topographiques, brossent le tableau physique, moral, économique d'un pays ; ceux qui retiennent les traits généraux de leur histoire naturelle – climat, sol, productions –, mais sans « discussion dogmatique » ; les descriptions des antiquités, ruines et monuments, si elles sont le résultat du voyage ; les livres d'histoire qui fournissent des éléments indispensables à la compréhension de contrées inconnues ; enfin, des publications qui, sans être récits de voyage ou descriptions, donnent sur les pays et les peuples des notions précises, par exemple les *Lettres édifiantes* diffusées par la Compagnie de Jésus ou les *Nouveaux Mémoires des Missions*. Dans la mesure où elles n'appartiennent pas exclusivement à l'histoire ecclésiastique, les relations de missionnaires sont accueillies.

Une place originale est accordée aux publications de la statistique descriptive, qui donnent un tableau complet des pays. Exemplaire à ce titre est, pour la France, la *Statistique générale et particulière, avec une nouvelle description géographique, agricole, politique, industrielle et commerciale de cette République*, publiée à Paris en sept volumes par Peuchet, Sonnini, de La Lauze, Parmentier, Deyeux, Gousse, Amaury Duval et P.-E. Herbin. Avec son atlas, cette première description générale mérite, dans la *Bibliothèque universelle*, une notice analytique de presque vingt pages. Elle ouvre une série qui s'amplifie avec la *Collection statistique des départements*, dont trente-quatre cahiers sont publiés en 1806; la *Statistique élémentaire* de la France, par Peuchet, en 1808; la *Statistique du Piémont*, par J.-B. Breton, en 1802; le *Tableau historique et statistique de la Savoie*, par Alabanis Beaumont, en 1805. C'est un indice de l'intérêt personnel de Boucher de La Richarderie pour le moment statistique qui caractérise la fin du XVIIIe siècle, et c'est le signe qu'une certaine évolution de l'écriture des récits de voyage et de leur finalité est intériorisée par le monde des amateurs et des voyageurs cultivés[34]. Mais c'est aussi une façon d'intégrer le local dans les descriptions générales, de la même manière que sont retenues les descriptions topographiques qui ne se bornent pas à des nomenclatures, ou les descriptions de grandes cités qui s'ouvrent à l'histoire des «grands établissements humains», sans esprit de localité. Toutefois, ici, la volonté cognitive s'accommode avec l'intention utilitaire puisque, comme à l'échelle nationale, régionale, locale et urbaine, les guides de voyage sont sélectionnés[35].

Pour Paris, Boucher de La Richarderie retient le *Théâtre des antiquités de Paris* par le père F.-J. Dubreuil (1612), le Lister (1699), le Brice (1715), le Saugrain (1716), le Piganiol de La Force (1750), le Dezallier d'Argenville (1750), le Jèze (1760), les *Curiosités* de Lerouge (1771), le Béguillet (1779), le Hurtaut et Magny (1779), sans oublier les différentes éditions du Thiéry (1787). Ce sont, au total, les dix principaux titres d'un genre qui a vu son originalité et sa spécificité utilitaire se préciser entre le XVIIe et le XVIIIe siècle, avec une cinquantaine de titres originaux et de plus nombreuses rééditions. A l'échelle d'une grande capitale, on retrouve une littérature descriptive et touristique qui n'épargne pas d'autres échelles de lecture et de parcours. Sans être totalement déclassé, c'est, plus que d'autres descriptions, un produit qu'il faut nécessairement renouveler pour lui conserver son rapport à la réalité, donc un produit jetable, et dès lors souvent négligé par le catalogage des bibliothèques. Là se fait jour un des problèmes cruciaux que pose le genre du récit de voyage, dont le prestige se fonde davantage sur la magie et la qualité de l'espace décrit et, de plus en plus, sur la renommée de l'écriture que sur la finalité utilitaire recherchée sans doute par une majorité de voyageurs et d'utilisateurs dans certains imprimés de large diffusion et dans l'objectif de leur circulation. A sa façon, la *Bibliothèque universelle* traduit l'évolution culturelle des transformations connues par les voyages modernes, de la culture des curiosités et des merveilles à la découverte du monde et à la lecture comparative des mœurs. Elle s'insère également parmi les moyens d'une unification culturelle générale, attentive à la diversité des langues et des caractères de chaque nation, mais hiérarchisant les espaces de connaissance à la manière d'un voyage progressivement conduit jusqu'aux limites du monde connu et jusque dans ses profondeurs locales.

Les résultats d'un choix, l'espace d'une bibliographie

Boucher de La Richarderie permet de connaître l'évolution d'une production sur trois siècles. Avec 5 562 ouvrages comptabilisés, les récits de voyage répertoriés en français et dans une dizaine d'autres langues occupent autant de place qu'une très grosse bibliothèque de la fin de l'âge des Lumières. Les tableaux suivants montrent le rythme séculaire de cette accumulation : 456 titres relevés pour le XVIe siècle, avec quelques incunables ; 1 566 pour le XVIIe siècle ; 3 540 pour le XVIIIe siècle et la première décennie du XIXe.

La croissance d'une production

	XVIe	XVIIe	XVIIIe	Total
Généralités (traités et collections)	73	207	424	704
Europe	120	554	1 884	2 558
Afrique	37	127	241	405
Asie	107	428	458	993
Amérique	119	218	457	794
Monde austral	-	32	76	108
Total	456	1 566	3 540	5 562

Les autres parties du monde et le Pacifique de 1680 à 1800

	1681-1700	1700-1720	1721-1740	1741-1760	1761-1780	1781-1800	Total
Europe	149	138	133	165	428	1036	2049
Afrique	30	24	37	34	36	110	271
Asie	103	59	52	58	88	201	561
Amérique	48	58	49	96	127	127	505
Pacifique	4	6	7	2	24	37	80
Total	334	285	278	355	703	1511	3466

L'éclatement de l'espace

	1681-1700	1700-1720	1721-1740	1741-1760	1761-1780	1781-1800	Total
Généralités	52	77	45	68	89	145	476
Europe	36	27	24	23	53	99	262
Europe du Nord	5	15	11	34	44	72	181
Russie	9	7	4	3	17	57	97
Turquie	34	10	10	9	35	64	162
« Allemagne »	5	2	3	6	24	259	299
Suisse	1	3	5	11	24	99	143
Italie	24	25	20	22	86	103	280
France	5	11	14	14	37	77	158
Pays-Bas:Provinces Unies	5	5	9	7	9	24	59
Grande-Bretagne	20	25	27	25	68	144	309
Espagne/Portugal	5	8	6	11	31	38	99
Total Europe	149	138	133	165	428	1036	2049

	1681-1700	1700-1720	1721-1740	1741-1760	1761-1780	1781-1800	Total
Afrique Générale	4	2	-	-	2	10	18
Barbarie	6	6	20	9	4	21	66
Afrique de l'Ouest	10	10	9	12	19	25	85
Afrique du Sud	3	2	2	3	4	25	39
Afrique de l'Est	7	3	4	1	4	10	29
Égypte		1	2	9	3	19	34
Total	30	24	37	34	36	110	271
Asie Générale	4	4	3	3	5	12	31
Turquie Lieux saints	7	10	6	13	5	21	31
Arabie	-	2	2	2	8	5	19
Perse-Arménie	25	7	7	3	4	14	60
Indes orientales	48	25	16	19	27	78	213
Japon	-	-	6	3	2	8	19
Chine tartare	19	10	11	9	10	36	95
Sibérie	-	1	1	6	27	27	62
Total Asie	103	59	52	58	88	201	561
Amérique Générale	10	9	9	11	23	13	75
Amérique du Nord	21	30	20	49	69	69	258
Amérique du Sud	15	17	13	27	24	24	120
Antilles	2	2	7	9	11	21	52
Total	48	58	49	96	127	127	505
Monde austral	4	6	7	2	24	37	80

Une multiplication par trois, puis par deux, d'une étape à l'autre n'est sûrement pas sans rapport avec le volume général accru de l'édition européenne. Ce n'est toutefois qu'une approximation vraisemblable, mais seulement *a minima*, car infléchie par tous les biais de l'enquête. Comparés à d'autres relevés, les chiffres de Boucher de La Richarderie sont certainement inférieurs tant par rapport à la production réelle – qu'on ne connaît qu'approximativement – que par rapport à la production conservée et inventoriée, dont l'importance varie avec des critères de définition. Ainsi Geoffroy Atkinson calcule-t-il pour le XVIe siècle une quantité nettement supérieure – le double –, mais il inclut dans son choix ouvrages d'histoire et titres scientifiques rejetés par la *Bibliothèque universelle*[36]. Pour le XVIIe siècle, Henri-Jean Martin propose dans ses évaluations 30 à 40 % de titres supplémentaires, mais, là aussi, avec une définition plus large[37]. La grande bibliographie d'Edward G. Cox, qui favorise la littérature et les collections de langue anglaise, donne un écart d'un tiers, mais la moyenne ne rend pas compte des variations par pays trop souvent notables[38]. Dans chaque cas, les biais proviennent de la définition retenue, de la qualité de l'inventaire, des conditions générales de la survie d'un type de livre, dont l'obsolescence a varié dans le temps, les déclassements intellectuels pouvant entretenir les disparitions au même titre que les déclassements culturels et le changement d'attente.

A l'inverse, les reclassements – ceux de la bibliophilie, ceux de l'histoire culturelle du livre – peuvent animer des réinvestissements encore inachevés. Une statistique critique des récits de voyage reste à faire et, disons-le, ne serait pas inutile en dépit de l'effort quantitatif exigé. Elle peut constituer un vaste champ d'investigation pour la nouvelle histoire du livre et de la lecture soucieuse d'associer matérialité des ouvrages et évolution des contenus, replacées dans leur contexte de production et de consommation. Elle aurait pour avantage d'articuler la diversité d'un genre attractif à celle des publics. Pour notre propos, l'inventaire offert par la *Bibliothèque universelle* autorise, à travers l'évaluation relative des récits parvenus jusqu'à nous, une mesure des vitesses de déplacement des horizons culturels où se joue la mobilité de l'âge moderne. Son usage repose sur l'hypothèse que, malgré les écarts et en dépit des difficultés, il laisse apercevoir le lien d'une acculturation plus ample dont l'enjeu est la maîtrise des espaces, avec une pratique beaucoup plus vaste, où le voyage cultivé et, plus proche de nous, le *tourisme* occupent un territoire plus limité ou, plus exactement, entraînent des flux moins importants que ceux entretenus par des nécessités et des contraintes différentes. Ce qui est alors en cause, c'est de voir comment la capacité d'ouverture et de changement n'est pas réservée à une élite, de même que tout un pan de la littérature de voyage, fonctionnel et utilitaire, reste à réévaluer, car il correspond à ces autres usages qui ne sont pas tous identifiables avec le voyage lettré et éducatif. La *Bibliothèque universelle* propose une ample découverte du monde à des échelles différentes de perception des territoires accessibles, du proche au lointain. Son analyse, qui concerne au premier chef une lecture d'élite, montre cependant la mise en place à des vitesses différentes de la géographie des intérêts. Celle-ci interroge les rythmes divers de la mutation entrevue par la littérature de voyage à l'aube des Lumières[39].

L'évolution des horizons culturels est au centre de l'histoire des idées, et l'accélération d'une mobilité cultivée – celle d'hommes et de femmes aptes à tirer les leçons de leurs observations confrontées à celles de leurs lectures – a fondé le comparatisme de l'espace public. Gens de lettres et gens du monde trouvent dans les récits de voyage un ensemble de références qui servent à comprendre ou à refuser les différences et composent le fond d'une capacité au changement, à l'intégration de la nouveauté. L'éloignement a joué dans ce mouvement un rôle fondamental, mais c'est là une notion qui est surinvestie par son efficacité même. La géographie enseigne la relativité du globe; «en mettant sous les yeux le théâtre même de ces faits, [elle] y attache notre imagination et nous rend en quelque manière spectateurs et témoins de ce que nous lisons», validant ainsi pratiques du voyage et de son discours[40]. Mais – et voilà ce qui jette sur les voies de la découverte curieux et explorateurs pour un accroissement d'obligation culturelle de sortir de soi, donnant sens aux ouvertures et aux conquêtes religieuses, économiques et politiques – un désir de transformation peut coexister avec celui de la confirmation; de surcroît, il n'exclut pas une diffusion plus large du sentiment de curiosité qui accompagne toute confrontation avec l'espace. Partir induit toujours un renversement de perspective[41].

La *Bibliothèque universelle* donne à réfléchir sur cette transformation qui intéresse les milieux et les individus, comme la relation qui unit valeurs et images communes. Les stéréotypes nationaux seront de ce point de vue à retrouver, car leur découverte et leur critique rejoignent une manière de comprendre comment on lit le monde comme un livre. Boucher de La Richarderie, par ses jugements et ses extraits, participe de cette façon de voir unissant les voyageurs[42] et confirmant un ordre du monde à travers ses différences et par rapport à des modèles de développement différents. Ainsi en va-t-il de la Calabre, à la fin du XVIIIe siècle, vue par l'Allemand Johan-Heinrich Bartels : sa richesse contraste avec un « caractère intraitable », directement attribué à « l'effet funeste d'une administration détestable[43] ». La diversité met en question les frontières de l'humanité et l'ordonnancement du discours sur les civilisations[44]. Si l'on accepte cette idée, l'interrogation portée par la production des livres de voyage est celle que pose toute grande rupture culturelle dans son développement et son écho. Paul Hazard et Pierre Chaunu proposent ainsi de ratifier le grand transfert de l'hégémonie culturelle du Midi au Nord[45] : entre 1695 et 1715, une autre Europe se laisse voir et impose ses façons de voir, en même temps que s'accélère l'ouverture aux mondes exotiques, inconnus et éloignés. Le propos, qui conserve toute sa force explicative, suppose trois choix : celui des échanges intellectuels et philosophiques, et de leur supériorité sur tous les autres ; celui de l'efficacité de la pensée française par rapport à d'autres héritages (réécrire la *Crise de la conscience* du point de vue anglais ou italien changerait la perspective[46]) ; enfin, celui de la capacité des descriptions et des récits de voyage à entraîner cette conversion. La *Bibliothèque universelle* permet de présenter quelques interrogations sur ces points en rassemblant le capital européen des lectures possibles, mais celui-ci ne devient parlant que par rapport à des usages et à des manières de lire et d'élaborer le discours voyageur[47].

Montée d'une production, inflexions géopolitiques

On a constaté un accroissement plus que probable dans la réalité éditoriale européenne, mais il faut maintenant voir quel déplacement du regard et de la curiosité il révèle. Dans le tableau 2, on mesure le besoin constant d'une vaste littérature d'initiation générale : 16 % des 456 éditions du XVIe siècle, 13 % des 1 566 titres du XVIIe siècle, et encore 11 % des 3 540 titres du XVIIIe siècle. La catégorie, qui regroupe les relations anciennes, les collections, les histoires générales des voyages autour du monde et intercontinentaux, n'a pas un contenu identique d'une époque à l'autre. Les éditions de la Renaissance ont publié de nombreux récits des voyages faits en Orient au Moyen Age – Marco Polo, Mandeville, par exemple –, voire des périples plus généraux encore regroupés par grande collection, bilan immédiat des navigations de découverte, dont le modèle est le *Novus orbis regionum et insularum veteribus incognitarum,* trois fois édité à Bâle en 1532, 1535 et 1537, réédité encore à Paris en 1582. C'est un phénomène général – italien, anglais, espagnol, allemand – et qui va s'accroître encore aux siècles suivants : la catégorie triple après 1600 et double encore après 1700 en chiffres absolus. Les collections françaises s'étoffent ainsi après la publication des relations de «divers voyages curieux» par Melchisédech Thévenot, de 1663 à 1681 : elles embrassent l'univers entier et finissent par constituer de véritables bibliothèques, abrégés des voyages que l'on va retrouver répartis dans les quatre parties du monde. Sous les titres *Recueil, Histoire générale* ou *particulière, Connaissance de l'Ancien* ou *du Nouveau Monde, Collection de voyages, Abrégé de l'histoire générale, Bibliothèque de l'histoire du genre humain,* voire *Encyclopédie des voyages*[48], c'est un phénomène éditorial général : sous une forme commode, rassemblée ou résumée, il donne au public un accès à l'ensemble d'une production. La reprise des éditions et, souvent, leur caractère périodique, les rangent parmi les vecteurs d'une spéculation heureuse. Les acheteurs, eux, sont animés très tôt par une volonté d'information générale et comparée, qui fait le succès des entreprises[49].

Si l'on regarde la répartition géographique des titres, qui serait à confronter à celle des éditions – beaucoup plus biaisée par les conditions de l'inventaire –, une première constante saute aux yeux : la permanence et la montée de la littérature consacrée à l'Europe, qui représente 26 % de la production au XVIe siècle, 35 % au XVIIe siècle et 53 % au XVIIIe siècle, soit 46 % de l'ensemble. La grande mutation du discours de la mobilité est l'affirmation progressive du voyage européen et de sa facilité de diffusion par l'édition en langue vulgaire. Au XVIe siècle, la moitié des 120 titres sont rédigés en latin. Au XVIIe siècle, sur 554 ouvrages, ils ne sont plus que 16 %, contre un tiers en français et 10 % en anglais ; le reste se répartit entre tous les parlers européens. Après 1700, moins de 2 % des 1 884 titres sont en latin ; l'allemand, le hollandais et l'anglais accroissent leur présence avec les deux tiers des ouvrages, tandis que le français n'en contrôle même plus le quart. On voit comment la prépondérance d'une langue, et d'une civilisation qui la porte, mérite d'être nuancée – au moins par comparaison.

La leçon principale que l'on peut ici retenir, faute de disposer des enquêtes de bibliographies locales et nationales, c'est celle d'une adaptation à une attente. La circulation des textes majeurs peut brouiller notre compréhension. La production des voyages nationalisés, localisés, peut viser un public proche; celle des voyages délocalisés, et plus encore des grands voyages, peut cibler un milieu plus international et susciter des traductions et des éditions contrefaites. Le succès immédiat des voyages de Cook illustre ce dernier cas : Boucher de La Richarderie cite trois éditions à Londres (1775, 1777 et 1782), deux à Paris (1782 et 1792), une à Berlin (1778), et une réédition de tous les voyages à Vienne (1804). L'Europe lettrée est lectrice de voyages; et si l'on songe au rapport possible des tirages moyens – de 1 500 à 2 000 exemplaires –, au nombre plus grand encore de lecteurs, c'est à chaque étape un public qui s'élargit.

Le cycle de la production des voyages extra-européens est original. L'Asie y est prédominante, sans atteindre le niveau américain et européen dès le XVIe siècle (23 % contre 26 %). L'Afrique est la dernière des parties du monde à mobiliser les éditeurs avec 8 % au XVIe siècle, proportion conservée au XVIIe et diminuée de deux points au XVIIIe. L'Asie recule également à l'âge classique (21 %) et au siècle des Lumières (13 %). L'Amérique a pris la place avec les terres australes, nouvelles venues du XVIIe siècle : 15 % entre 1600 et 1800. A l'échelle d'une consommation générale, on peut penser que le marché porteur est celui que cerne le goût, et peut-être la pratique accrue des voyages proches, mais qu'il peut être tiré par le succès, la publicité et le retentissement des déplacements lointains et exotiques. A la perception hiérarchisée de l'univers médiéval organisé de façon concentrique à partir de l'espace religieux – Jérusalem ou Rome, la chrétienté, la judaïté, l'islam, les Barbares, les humanités inconnues et monstrueuses – s'est définitivement substituée une représentation structurée par l'écart à partir de l'Europe dominante, et de plus en plus dominante, de l'espace géographique, cadre de la différenciation anthropologique des civilisations. Le récit de voyage porte dès l'origine la valorisation du lointain et de l'ailleurs, mais il est aussi la représentation d'une humanité où la domination de l'Europe est légitimée[50]. C'est ainsi que la conception discontinue et hétérogène de l'espace et du temps a pu être réaménagée depuis la rupture de la Renaissance et des Grandes Découvertes, mais il faut admettre que le territoire de l'autre commence à sa porte.

EXPLOSION ÉDITORIALE, AUGMENTATION DES VOYAGES ?

L'acculturation du XVIIIe siècle ne se nourrit pas uniquement de la montée des récits de voyage, mais ceux-ci en sont l'un des vecteurs et ils restent inséparables d'une multitude de mouvements et de circulations dont les échelles varient. Si l'on examine de plus près la cinématique de la production entre 1680 et 1800, on est frappé de l'accélération intense des quarante dernières années. Durant la dernière décennie de cette période, la guerre a sérieusement entravé le voyage cultivé, libre, de même qu'entre 1780 et 1785 l'affrontement franco-britannique a pu freiner les échanges. Si l'on peut aussi penser que la qualité de l'inventaire s'améliore dans la dernière période, cela ne suffit certainement pas à expliquer l'accroissement moyen : de 1681 à 1700, à l'exclusion des publications générales et des collections dont la composition trouble le constat sans un calcul plus précis de leur place réelle, moins de 20 ouvrages par an sont mis sur le marché ; de 1700 à 1760, la moyenne ne change pas ; après 1761, elle saute à 35 ; après 1781, à 75. Si, dans cette croissance, l'Europe garde la tête d'un bout à l'autre de la période – 7 livres par an à la fin du XVIe siècle, plus de 50 à la fin –, les autres parties du monde ne sont pas épargnées ; seules les Amériques et les mondes pacifiques cessent de croître au rythme commun, ceux-ci ralentissant toutefois moins que celles-là.

L'explosion est générale, et c'est à ce moment que l'on peut définitivement constater la rupture imaginée à l'aube du XVIIIe siècle, à partir d'une lecture de grands textes : le nord de l'Europe l'emporte sur le sud. Entre 1681 et 1720, Italie, Espagne et Portugal ont donné lieu à une soixantaine de publications ; si l'on y ajoute la Turquie, on atteint la centaine. Les deux tiers du total reviennent aux pays de l'Europe septentrionale et centrale, l'Angleterre arrivant en tête avec 50 titres. La fin du siècle ne voit pas cette hiérarchie se modifier ; les publications s'accroissent dans tous les pays. L'Italie propose 86 voyages de 1761 à 1780 et 103 de 1781 à 1800 ; l'Angleterre, l'Écosse et l'Irlande, 68 et 144 pour les mêmes périodes ; la France, 37 et 77. C'est l'ensemble germanique du Rhin à l'Oder, des Alpes à la Baltique, qui bat tous les records : 24 titres avant 1780 et 259 de 1781 à 1800. De surcroît apparaissent de façon représentative des territoires autrefois sinon méconnus, du moins assez peu décrits : la Russie et la Sibérie, les pays scandinaves, la Laponie, le Groenland, le Spitzberg, l'Islande, la Suède, la Finlande, la Norvège, dans leur ensemble comme dans leurs parties. Ainsi, en 1771, Kerguelen Tremarec publie chez Prault à Paris sa *Relation d'un voyage dans la mer du Nord*, qui décrit l'Islande, la Norvège, les Orcades et les îles Féroé. Le *Tableau du Groenland*, par le Danois Jean Egède, est édité en 1729, puis réédité cinq fois de suite, avec une traduction française en 1763 à Copenhague et Genève. L'espace de la curiosité s'étend aux marges, mais aussi au centre, comme l'illustrent les scores de la Suisse : un seul ouvrage avant 1700; moins de 10 jusqu'en 1760; 24 de 1761 à 1780; une centaine pour les vingt dernières années du siècle.

Au total, la *Bibliothèque universelle* permet de cerner les multiples curiosités, la variété des espaces, qui portent le grand bouleversement comparatif et relativiste du XVIIIe siècle. La conscience de la différence commence à l'intérieur même de l'Europe, et elle n'a pas que des visages exotiques et lointains. La montée des intérêts est générale, avec près de 2 500 ouvrages mis sur le marché après 1750. L'accélération des années de trouble est manifeste avec 1 500 titres de 1781 à 1800, comme si toute une partie de l'Europe jetée sur les routes réclamait plus encore d'informations et de nourriture pour sa réflexion politique et morale. C'est encore une incitation à replacer la mobilité des voyageurs cultivés dans un ensemble plus vaste de circulations libres ou contraintes.

C'est également une invitation à revenir aux mécanismes qui sont à l'œuvre dans l'économie culturelle. Le livre est une marchandise et un ferment, et le lien n'a peut-être jamais été aussi resserré que dans la production des récits de voyage. Son succès est aussi celui d'une concentration progressive dans les capitales éditoriales. Deux exemples illustreront ce recul de la dispersion qui met en valeur la dynamique de Paris, de Londres, d'Amsterdam, de Leipzig ou de Genève. Les livres de voyage recensés par Boucher de La Richarderie qui concernent la France avoisinent, pour trois siècles, à peine deux centaines[51]. Au XVIe siècle, ils sont publiés à Francfort, Bordeaux, Lyon. Au XVIIe siècle, une dizaine d'entre eux sont édités à Paris, deux à Londres, trois à Leyde, et l'on en voit paraître un ou deux à Iéna, Cologne, Anvers, Amsterdam, ainsi que dans quelques officines de province. Au XVIIIe siècle et jusqu'en 1806, sur les 206 titres inscrits à l'inventaire, une centaine provient de Paris, 31 sont publiés à Londres, 20 à Leipzig, et l'on en relève dans toutes les métropoles de l'Europe germanique et méridionale. L'Europe du livre tout entière s'intéresse à ces publications, mais le monopole de deux ou trois centres confirme le succès de librairie et suggère les profits attendus.

Une leçon identique se dégage de l'aventure des ouvrages consacrés au voyage d'Italie *stricto sensu*[52]. Le découpage de Boucher de La Richarderie met déjà en valeur la montée, au XVIIIe siècle, des intérêts régionalisés, et plus particulièrement de ceux portés au Sud – Naples, la Sicile et les îles, de l'Adriatique à la Corse. L'édition du XVIe siècle est totalement dispersée : sur la cinquantaine de titres inventoriés, les éditeurs italiens se placent en tête avec 16 titres à Venise, mais aussi plusieurs à Turin, Rome, Pavie, Brescia, Parme, Pesaro, Milan, Bologne ; outre-monts, Lyon offre cinq éditions, et Leipzig, Cologne et Nuremberg, une chacun. De 1600 à 1700, on compte 113 éditions pour une vingtaine de cités éditoriales : 20 livres dans la péninsule (Turin, Gênes, Milan, Venise, Padoue, Vicence, Brescia, Bergame, Modène, Rome, Naples, Parme, Ferrare, Florence, Palerme, etc.). Venise, Rome, Naples, Florence arrivent en tête, mais on voit éditer partout des livres sur l'Italie : 11 à Paris, à Lyon, à Leyde, à Leipzig et à Lubeck. Au XVIIIe siècle, avec au total plus de 250 ouvrages, Paris occupe un tiers du marché, publiant 75 titres ; Londres, 17 % ; les capitales italiennes n'en fournissent plus que 20 % (53 éditions), à Rome, Venise, Florence et Naples, qui ont accru leur rayonnement ; le reste se disperse entre l'Europe du Nord et les Allemagnes, Leipzig l'emportant toujours avec 17 titres.

On a ici une idée d'un double mouvement. D'une part, la force d'attraction de l'Italie, qui anime les initiatives dans toute l'Europe, à partir de la France et de l'Angleterre. De l'autre, la montée des marchés éditoriaux nationaux ou définis par la langue véhiculaire : le latin a disparu, l'italien se maintient, l'anglais et le français dominent. La carte ainsi tracée, et qui n'est pas le territoire éditorial réel, montre comment la mobilité savante a sécrété dans le réseau des capitales de l'imprimerie les moyens exigés par l'essor d'une demande, un plus grand nombre de *touristes* cultivés sans doute, mais aussi une quantité accrue de lecteurs avides d'informations sur tous les pays du monde – à commencer par leur nation, leur région, leur pays, leur ville. C'est, à l'horizon européen, une structuration et une mobilisation analogues des éditeurs, des élites savantes et des auteurs dans le domaine de l'histoire, où l'on retrouve ces différentes échelles d'intérêt[53].

Malgré toutes ses imperfections, la *Bibliothèque universelle* permet de donner une idée générale de la progression entre le XVIe et le début du XIXe siècle d'une production et, les éditeurs pariant rarement sur l'échec, de la montée d'un succès. L'inventaire et les statistiques qu'on peut en tirer devraient à l'avenir être confrontés à des constats régionaux – analyse de la production conservée d'un pays, étude de l'édition consacrée à un pays. On peut penser que les ambitions universelles de Boucher de La Richarderie, symboliques de celles d'un temps placé sous le signe des encyclopédies et des taxinomies efficaces, ne seront pas totalement démenties. D'ores et déjà, cet homme de lettres permet de prendre conscience de quelques questions essentielles pour une histoire des circulations et des échanges, pour une histoire aussi des consommations culturelles. La progression et les déplacements constatés pour le XVIIIe siècle autorisent à parler d'une rupture; celle-ci ne peut plus se réduire à la seule découverte des mondes extra-européens et de leurs habitants, même si leur exotisme fondamental a pu lancer très tôt la réflexion philosophique sur l'altérité et donner naissance à l'anthropologie moderne [54]. Si l'on admet qu'à chaque étape d'un voyage et dans chaque moment de sa lecture on est confronté simultanément à une découverte spatiale d'échelle variable – métonymique dans la proximité et le parcours limitrophe, métaphorique dans le déplacement imaginaire, référentielle dans les découvertes éloignées, où le réel valide l'écriture avec plus d'intensité –, l'usage des descriptions et des récits recensés par la *Bibliographie universelle* est d'abord ouverture au monde. Il projette dans un ailleurs et relève les différences par rapport à nous-mêmes, ailleurs dont la leçon peut varier, encourager le conformisme ou souhaiter la compréhension. En même temps, il est incitation à l'expérience, appel au départ, et celui-ci «peut alors s'effectuer par la seule magie du discours écrit mis à la place du parcours réellement spatial[55]». Le monde est un livre et le livre est un monde[56]. Un savoir se constitue sous de multiples formes, dont l'élément commun est la lecture des différences, sinon des altérités autonomes, qui exigent le dialogue et la communication, ce dont ne se soucient pas toujours les voyageurs du siècle des Lumières[57].

La volonté de lancer sur le marché de la lecture européenne des publications polyvalentes, soulignées par la multiplication des entreprises, par celle des collections, par celle des formules et, plus encore, par celle des échelles de description, montre qu'un plus large public est atteint. En témoigne, au premier chef, l'apparition d'une publicité dans le lien avec la presse périodique[58]. Le prouvent également des choix éditoriaux relevés dans d'autres domaines, la multiplication des formats utiles, celle des «portatifs», celle d'une littérature fonctionnelle et utilitaire. Un accès de plus en plus ouvert est suggéré par ces stratégies, et il renvoie à des mobilités variées qui ne se réduisent pas à celles des voyageurs cultivés, encore moins aux usages divers du livre de voyage. Celui-ci est l'instrument d'une découverte savante et de sa diffusion ; il joue son rôle de premier plan dans le grand mouvement des classifications qui nourrit, depuis Bacon et Descartes, la nouvelle approche du savoir, allant du simple au complexe, du connu à l'inconnu, par gradation et hiérarchisation ; la différence créée par la mobilité est, à tous les moments, un facteur susceptible de faire apparaître la complexité du monde et des mœurs[59]. Le livre de voyage nourrit l'imaginaire et ne perd jamais ses liens avec le roman ou la fiction utopique, qui connaissent alors un succès comparable à celui des voyages. Nouveaux regards sur les mondes lointains et nouveaux regards sur soi-même sont inséparables, et l'on doit les retrouver dans une communauté beaucoup plus large de voyages et de voyageurs. La mobilité apparaît alors comme un filtre : c'est là sa pédagogie dont les moralistes discutent.

NOTES

1. P. Hazard, *La Crise de la conscience européenne (1660-1715)*, Paris, 1935.
2. N. Pellegrin, «L'étrange de la ville, récits de voyage et cités du Centre-Ouest (XVIe-premier XIXe siècle)», *Bulletin de la Société des antiquaires de l'Ouest et des musées de Poitiers*, 5, t. XI, 1997, pp. 265-296.
3. F. Wolfzettel, *Le Discours du voyageur. Le Récit de voyage en France du Moyen Age au XVIIIe siècle*, Paris, 1996.
4. F. Moureau, *L'Imaginaire vrai. Métamorphoses du récit de voyage*. Actes du colloque de la Sorbonne et du Sénat, 2 mars 1985, préface de P. Brunel, Paris-Genève, 1986, pp. 7-10.
5. G. Atkinson, *Les Relations de voyage du XVIIe siècle et l'évolution des idées*, Paris, 1925; id., *Les Nouveaux Horizons de la Renaissance française*, Paris-Genève, 1935; *La Littérature géographique française de la Renaissance. Répertoire bibliographique*, Paris, 1927, et *Supplément au Répertoire*, Paris, 1935; M. Duchet, *Anthropologie et histoire au siècle des Lumières*, Paris, 1977, que l'on comparera à G. Chinard, *L'Amérique ou Le Rêve exotique dans la littérature française au XVIIe et au XVIIIe siècle*, Paris, 1913.
6. F. Knopper, *Le Regard du voyageur en Allemagne du Sud et en Autriche*, Nancy, 1992, pp. 7-18.
7. T. Todorov, *Nous et les autres. La Réflexion française sur la diversité humaine*, Paris, 1989, pp. 26-28.
8. R. Chartier et H.-J. Martin, *Histoire de l'édition française*, Paris, 1989, 2e éd., 4 vol.; t. II, sous la direction scientifique de D. Roche, *Le Livre triomphant, XVIIe-XIXe siècle*.
9. *Nachtrag, zu seinem Verzeichnis von alltern und neuern, Land und Reisebeschreibungen, mit einem vollstaendigen realgister*, Halle, 1784, 1785 et 1787.
10. Boucher de la Richarderie, *Bibliothèque universelle des voyages ou Notice complète et raisonnée de tous les voyages anciens et modernes dans les différentes parties du monde, publiés tant en langue française qu'en langues étrangères, classés par ordre de pays dans leur série chronologique, avec des extraits plus ou moins rapides des voyages les plus estimés de chaque pays, et des jugements motivés sur les relations anciennes qui ont le plus de célébrité*, Paris, 6 vol., 1806-1808; reprint Slatkine, Genève, 1970.
11. *Ibid.*, t. I, pp. V-XXVI.
12. J. Viardot, in R. Chartier et H.-J. Martin, *op. cit.*, t. II, pp. 583-614.
13. Boucher de la Richarderie, *op. cit.*, pp. IX-XI.
14. H.-J. Martin, «Une croissance séculaire», in R. Chartier et H.-J. Martin, *op. cit.*, t. II, pp. 113-128; F. Knopper, *op. cit.*, pp. 9-10.
15. F. Furet *et al.*, *Livres et société dans la France du XVIIIe siècle*, Paris, 1965, pp. 1-31.
16. Boucher de la Richarderie, *op. cit.*, t. I, pp. XVIII-XIX.
17. *Ibid.*, t. I, pp. 184-185.
18. *Ibid.*, t. I, pp. 327-330.
19. *Ibid.*, t. II, pp. 1-190, et t. III, pp. 1-98.
20. *Ibid.*, t. I, p. VIII.
21. M. Foucault, *Les Mots et les choses*, Paris, 1966, pp. 68-69; B. Didier, *Alphabet et raison. Le Paradoxe des dictionnaires au XVIIIe siècle*, Paris, 1996, pp. 12-18.
22. F. Dagognet, *Le Catalogue de la vie*, Paris, 1970.
23. J.-P. Vittu, *Le Journal des Savants, 1660-1715*, Thèse de doctorat d'Etat, Paris, 1998, ex. dactyl., 2 vol.
24. G. Chabaud *et al.*, *Les Guides de Paris du XVIIe siècle au début du XIXe siècle. Remarques sur une construction historique: les guides imprimés du XVIe au XXe siècle*, textes réunis et publiés avec E. Cohen, N. Coquery et J. Penez, Paris, 2000, pp. 71-80.

25. A. Jouvin, *Le Voyageur d'Europe*, 2 vol., Paris, 1672, t. II, Au voyageur, non paginé ; N. Pellegrin, *art. cit.,* pp. 267-268.
26. V. Ferrone et D. Roche (éd.), «Espaces», in *Le Monde des Lumières*, Paris, 1999 (trad. fr.), pp. 373-498, et G. Abbattista, «Le temps et l'espace», pp. 153-167.
27. F. de Dainville, *Géographie des humanistes*, Paris, 1940 ; N. Broc, *La Géographie de la Renaissance (1420-1620)*, Paris, 1980.
28. Chancelier d'Aguesseau, *Œuvres*, t. I, pp. 52-60.
29. F. Fumaroli, *L'Age de l'éloquence. Rhétorique et «res litteraria» de la Renaissance au seuil de l'époque classique*, Genève, 1980.
30. Boucher de La Richarderie fournit quelquefois des prix, mais ce sont ceux des voyages les plus importants et les plus rares, le prix des autres ne méritant pas assez de considération. Ces prix sont tirés des catalogues ou notés directement dans les ventes. Ils sont intéressants pour une histoire de la bibliophilie, mais peu probants pour celle de la lecture du genre.
31. J. Hoock, «Introduction», in G. Chabaud *et al., op. cit.,* pp. 13-16.
32. Boucher de la Richarderie, *op. cit.,* t. I, pp. XV-XVIII.
33. Ainsi, pour la géographie, N. Broc, *op. cit.,* pp. 15-269 ; pour l'archéologie, A. Schnapp, *La Conquête du passé aux origines de l'archéologie*, Paris, 1993 ; pour l'histoire naturelle, N. Jardine *et al., Cultures of Natural History*, 1966, Cambridge-New York.
34. Boucher de la Richarderie, *op. cit.,* t. I, pp. XVII-XVIII ; t. II, pp. 112-173 ; J.-C. Perrot, *Une histoire intellectuelle de l'économie politique : XVIIe-XVIIIe siècles*, Paris, 1992, pp. 143-191.
35. G. Chabaud et J.-P. Monzani, *Les Guides de Paris aux XVIIe et XVIIIe siècles. Images de la ville*, Mémoire de maîtrise, Université de Paris I, 1978, pp. 6-18.
36. G. Atkinson, *Les Nouveaux Horizons…, op. cit.,* 1935.
37. H.-J. Martin, *Livre, pouvoir et société à Paris au XVIIe siècle (1598-1701)*, Paris-Genève, 1969, 2 vol., t. II, p. 1073.
38. Edward G. Cox, *A Reference Guide to the Litterature of Travel*, Seattle, 1935-1949.
39. P. Hazard, *op. cit.,* pp. 5-10.
40. Abbé de Gourné, *La Géographie méthodique. Introduction à la géographie ancienne et moderne*, Paris, 1741, pp. 94-95 ; F. Affergan, *Exotisme et altérité. Essai sur les fondements d'une critique de l'anthropologie*, Paris, 1997, pp. 32-33.
41. F. Affergan, *op. cit.,* pp. 60-61.
42. Cf. *infra*, IIe partie, chap. VII, «Contrôle et identité» ; L. Van Delft, *Littérature et anthropologie*, Paris, 1993.
43. Boucher de la Richarderie, *op. cit.,* t. III, pp. 47-53 ; *Briefe über Calabrien und Sicilien*, von J.-H. Bartels, Göttingen, 1789-1792, 3 vol.
44. M. Crépon, *Les Géographies de l'esprit*, Paris, 1996.
45. P. Hazard, *op. cit.,* pp. 57-80 ; P. Chaunu, *L'Europe des Lumières*, Paris-Grenoble, 1976, pp. 43-70.
46. V. Ferrone et D. Roche, *Le Monde des Lumières, op. cit.,* Postface, pp. 515-592 ; J. G. A. Pocock, *Virtue, Commerce and History. Essays on Political Thought and History, Chiefly* in *the Eighteenth Century*, Cambridge, 1985.
47. R. Chartier, *Livres et lecteurs dans la France d'Ancien Régime*, Paris, 1982.
48. Boucher de la Richarderie, *op. cit.,* t. I, pp. 15-282.
49. Boucher de la Richarderie, *op. cit.,* pp. 92-99. L'exemple de l'*Histoire des relations et des voyages*, traduite de l'anglais par l'abbé Prévost et continuée par Meunier de Querlon et Deleyre, mérite à lui seul une étude. L'original, *New Collection of Voyages and Travels*, est publié à Londres en 8 vol. in-folio en 1744-1746, puis en 1745-1850 ; la traduction, *Histoire générale des voyages ou Nouvelle Collection de tous*

les voyages par mer et par terre, est sortie des presses de Didot en 1746 et les années suivantes dans une version in-4° en 20 vol., puis dans une version in-12° en 80 vol. ; on connaît une contrefaçon hollandaise in-4°, et une version allemande, *Allgemeine Histoire der Reisen*, de Leipzig, en 21 vol. in-4° après 1747. Enfin, La Harpe publie un *Abrégé de l'Histoire générale*, dont le titre développé traduit l'élargissement des intérêts : *contenant ce qu'il y a de plus remarqué, de plus utile, de mieux avéré dans les pays où les voyageurs ont pénétré ; les mœurs des habitants, la religion, les usages, arts et sciences, commerce et manufactures, enrichis de cartes géographiques et de figures*, chez Panckoucke en 1780, et en 23 vol. in-8°. En 1798, une suite est éditée par Victor Comeyras chez Montardier ; elle ajoute 9 vol. En 1803-1805, un nouvel *Abrégé* en 12 vol. reprend les voyages faits en Europe chez le même éditeur.

50. F. Affergan, *op. cit.*, pp. 97-99, 120-121.
51. *Bibliothèque universelle*, *op. cit.*, t. III, pp. 98-173.
52. *Ibid.*, t. III, pp. 1-97.
53. D. Roche, *Le Siècle des Lumières en province. Académie et académiciens provinciaux, 1680-1789*, Paris-La Haye, 1978, pp. 322-379.
54. M. Duchet, *Anthropologie et histoire au siècle des Lumières*, Paris, 1977.
55. F. Affergan, *op. cit.*, pp. 120-122.
56. H. Blumenberg, *La leggibilità del Mondo* (1981), trad. ital., Bologne, 1984.
57. G. Geertz, *Bali. Interprétation d'une culture*, Paris, 1983 (trad. fr.), pp. 42-50.
58. Y. Marcil, *Récits de voyage et presse périodique au XVIIIe siècle. De l'extrait à la critique*, Thèse de doctorat sous la direction de R. Chartier, EHESS, 1999, 2 vol. dactyl.
59. J.-N. Demeunier, *L'Esprit des usages et des coutumes des différents peuples*, Paris, 1776, Paris, 2 vol., 1988.

Chapitre II

De l'utilité des voyages

L'accroissement de l'édition des récits de voyage n'est sûrement pas seul à mobiliser, depuis la Renaissance, les partisans ou les adversaires du déplacement. C'est un débat fondamental de la culture moderne car il correspond à un enjeu fondamental : l'affrontement entre la vision stable du monde et sa perception ouverte et nomade. La seconde sort apparemment victorieuse de la confrontation, mais la première conserve jusqu'au bout ses défenseurs. La vision pascalienne de la sédentarité peut s'entendre dans bien d'autres interventions. Pour une vision traditionnelle de la mobilité, en effet, le voyage est un espace autorisé et délimité parce qu'il répond à une finalité pédagogique précise : apprendre à vivre par la lecture du « grand livre du monde ». Entendons le fabuliste s'interroger sur l'économie du profit et des coûts calculés pour les voyageurs au retour. A relire avec Jean de La Fontaine les périples d'Ulysse, ils se paient cher, et la morale du poète, avant et après sa conversion, repose en ce domaine sur l'équilibre et le discernement. Le voyage en Grèce du philosophe scythe ne lui apprend pas la sagesse[1]. Feuilletons le recueil des *Fables*.

Du premier au douzième livre réapparaît régulièrement l'évocation de la mobilité, de la route, de ses dangers, de l'incertitude du sort qui guette le voyageur. Le mulet du fisc trop glorieux est détroussé, et périt[2]. Le loup errant paie au prix fort sa liberté[3] : c'est celle des misérables et des vagabonds. L'hirondelle, qui a beaucoup appris au cours de ses voyages, conseille aux oisillons la méfiance : « C'est pourquoi vous n'avez qu'un parti qui soit sûr : c'est de vous renfermer aux trous de quelque mur[4]. » L'âne chargé d'éponge se noie au passage d'un gué[5]. Le déplacement du meunier à la foire le plonge dans un abîme d'incitations embarrassantes, dont la leçon tirée penche vers le *quiete non movere*[6]. L'hirondelle Philomèle vante à la citadine Progné les bienfaits de la solitude établie[7]. Le berger transformé en spéculateur perd sa fortune aventureuse : « Il se faut contenter de sa condition [...] la mer promet monts et merveilles ; fiez-vous-y, les vents et les voleurs viendront[8]. » Quand les alouettes font leur nid, tant de menaces pèsent sur elles que la fuite elle-même est précaire[9]. Le pot de terre se voit victime du départ et de l'aventure[10]. Sur la route, le voyageur ne peut échapper aux orages et aux fortes chaleurs, et l'on ne peut prévoir tous les accidents[11]. « Rien ne sert de courir, il faut partir à point » : les casaniers font l'éloge de la lenteur, les aventureux sont battus[12]. Dans les chemins boueux de Basse-Bretagne, les chevaux et les chars s'embourbent : « Dieu nous préserve du voyage[13]. » L'épisode du *Coche et la mouche* est dans toutes les mémoires : chemin montant, sablonneux, malaisé, tout handicape la circulation à l'âge classique[14]. L'humanité balance entre courir après la fortune et l'attendre dans son lit[15]. Le moindre déplacement à la foire incite l'esprit à battre la campagne[16]. La fortune ne se trouve pas au terme de la course, elle est capricieuse et le destin des voyageurs en dépend plus que tout[17] : « Heureux qui vit chez soi. » En ce domaine, le pouvoir des *Fables* est sans limite pour faire l'éloge de l'univers casanier, rappeler les dures leçons de l'expérience et inciter à la méfiance devant les acteurs de la mobilité – marchands, charretiers, muletiers, âniers, matelots, cavaliers pressés par les brigands comme désarçonnés devant les risques des chemins[18].

Le chef-d'œuvre de la philosophie de la tranquillité au logis peut se méditer à loisir dans la fable des *Deux pigeons*[19]. L'ennui peut pousser à partir, « le désir de voir et l'humeur inquiète », voire le goût des récits qu'on peut faire au retour – « quiconque ne voit guère n'a guère à dire aussi. Mon voyage dépeint vous sera d'un plaisir extrême ». On connaît la suite et les multiples mésaventures qui guettent le voyageur à chaque détour. On connaît aussi la moralité : « Amants, heureux amants, voulez-vous voyager ? Que ce soit aux rives prochaines ; soyez-vous l'un à l'autre un monde toujours beau, toujours divers, toujours nouveau ; tenez-vous lieu de tout, comptez pour rien le reste[20]. » La leçon est entendue et le bilan limpide : d'un côté, la tranquillité du stable, celle qui façonne l'individu adapté à sa condition, paisible dans l'accumulation et la dépense, « ne pétant jamais plus haut que son derrière », à sa place[21] ; de l'autre, le mouvement, le déplacement des êtres et des biens, les fortunes vite acquises, vite perdues, les individus insatisfaits et instables, les tempéraments trop imaginatifs et excessifs, le risque d'être le jouet de ses illusions, comme Perrette le démontre encore [22]. Dans le mouvement, il y a tromperie sur la marchandise et improbable séduction. La sagesse réside, là comme ailleurs, dans la modération et la retenue, même s'il faut parfois admettre ses faiblesses et céder à de « flatteuses erreurs ». Voilà la leçon du voyage, l'entendra qui voudra. Il crée pour tous une situation de rupture, et le poète est trop sage lui-même pour en méconnaître la douceur : « Chacun songe en veillant, il n'est rien de plus doux : une flatteuse erreur emporte alors nos âmes : tout le bien du monde est à nous. »

On ne lira pas le fabuliste comme un professeur de réalisme. S'il n'ignore rien des incidents concrets de la route, il a peu voyagé : la Brie, Paris, Château-Thierry, une escapade en Limousin [23], c'est peu de chose en somme, et ce qui compte à ses yeux, c'est le bilan d'un actif et d'un passif gagné dans cette éducation par le réel et ses compromis. A lire les *Fables*, chacun peut trouver son profit et retenir l'option qui lui plaît. L'« ample comédie à cent actes divers » convient à des publics multiples, car tout y a un rôle ; et le recueil est entre toutes les mains, car il n'y a pas d'âge et pas de condition pour interroger les certitudes. Celles-ci sont abondamment défendues dans les *Artes apodemicae* qui, proposant les meilleures méthodes savantes de voyager, ouvrent d'une autre manière la discussion sur les résultats recherchés et obtenus par les voyageurs. C'est un genre en soi dans celui des voyages.

Boucher de La Richarderie en place l'analyse en tête de sa *Bibliothèque* : « Instructions et traités préliminaires sur l'utilité des voyages et manière de les rendre utiles ». Il en donne une définition que reprendront les historiens [24]. Il s'est fixé deux limites, rejetant d'une part les petits traités qui relèvent de la médecine ou de l'hygiène, d'autre part ceux « qui ne sont applicables qu'aux individus d'une certaine classe ou d'une certaine nation », et que l'on trouve indiqués dans la liste publiée par le comte Berchtold [25]. Ces exclusions ne manquent pas d'intérêt. Dans l'idéal médical, théorique, qui domine à l'âge moderne, le voyage a sa place. Galien et Hippocrate, revisités au XVIIIe siècle, jugent que l'équilibre des humeurs et sa traduction à travers les tempéraments dans la santé des hommes (sang, flegme, bile jaune, bile noire, respectivement chaud et humide, froid et humide, chaud et sec, froid et sec) correspondent dans l'univers. Il existe une médecine du voyageur où interfèrent âges, conditions et climats, et qui propose une lecture du monde. Le voyage, s'il le faut, doit rétablir un aplomb déstabilisé dans la vie ordinaire, distraire les mélancoliques, réchauffer les frileux, animer les bilieux, chasser les humeurs noires. Dès le XVIe siècle s'observe une dynamique hygiénique (le mot n'apparaît que définitivement au XVIIIe siècle, mais il existe sous la forme « hygiaine » dès 1550). Montaigne en fournit un bon exemple d'usage qui ne cesse de se développer avec celui des eaux et des formes caractéristiques de tourisme sanitaire dès le XVIIIe siècle.

Le premier type d'ouvrages rejetés illustre bien la volonté de Boucher de La Richarderie de ne pas tomber dans la spécialisation et de s'adresser à un vaste public. Le second prouve aussi son universalisme : sont écartés non seulement les points de vue nationaux, mais aussi des ouvrages où sont transmis les apprentissages de mobilité spécifique, tels les livres réservés aux négociants, aux marins, aux soldats ou aux missionnaires. Ces sélections montrent à l'évidence une inflexion permanente et limitée de la notion des voyages réservés à l'élite cultivée. Les manuels ici choisis doivent aussi retenir un certain type d'utilité liée à une certaine catégorie des mobilités. C'est l'utilité attendue du voyage comme moyen d'instruction pour les littérateurs, les savants, les artistes et les voyageurs de toute condition, puisque « l'instruction en tout genre est, ou doit être, l'un des principaux objets qu'on leur propose [26] ».

Qui veut tenter de répondre à la question de l'utilité des voyages doit éviter de s'enfermer dans ces définitions, car la réponse peut se trouver à divers niveaux de la production littéraire, philosophique ou scientifique [27]. On la surprend également dans les récits de voyage eux-mêmes, quand l'auteur réfléchit sur sa pratique, ce qui construit une topique référentielle constante. L'intertexte des récits de voyage propose une vulgate de la justification des déplacements et de leur publication. Stendhal lui-même n'y échappe pas [28] :

« Il n'y a presque pas de voyage en France : c'est ce qui m'encourage à faire imprimer celui-ci. J'ai vu la province pendant quelques mois, et j'écris un livre ; mais je n'ose parler de Paris que j'habite depuis vingt ans. Le connaître est l'étude de toute la vie, et il faut une tête bien forte pour ne pas se laisser cacher le fond des choses par la mode, qui en ce pays dispose plus que jamais de toutes les vérités [...]. A Paris, on est assailli d'idées toutes faites sur tout. On dirait qu'on veut, bon gré mal gré, nous éviter la peine de penser et ne nous laisser que le plaisir de bien dire. C'est par un malheur contraire qu'on est vexé en province. »

Stendhal, qui feint de présenter un récit exceptionnel, alors que la vogue du genre ne fait que croître, avance une fois encore l'idée banale que le voyage apprend à connaître et à penser, et redouble cette idée d'un second lieu commun opposant les curiosités secrètes et la vérité de la province au poids de l'opinion, de la mode et du discours mondain de la capitale. C'est toutefois une invitation à la découverte par soi-même. La proposition se retrouve à l'identique sous la plume de tous les philosophes, humanistes et pédagogues. De la Renaissance aux Lumières, c'est un vaste ensemble de textes où l'interrogation sur la nécessité et les bienfaits du voyage est confrontée à des attentes et à des résultats dont le déficit impose des normes. L'ambition est de contrôler une réalité tellement fluide qu'elle peut, à chaque instant, déraper vers l'errance non maîtrisable et autoriser toutes les déviances. De Juste Lipse à Rousseau, de l'*Émile* aux *Mémoires d'un touriste*, une tradition de conseils a nourri les voyageurs et a influencé l'écriture des descriptions.

L'INVITATION AU VOYAGE DISCIPLINÉ

Le genre apparaît quand on constate une première saturation des recueils empiriques accumulant le savoir sur les voyages, récits, cosmographies et *Noticiae rerum publicarum*, et des guides hérités du Moyen Age. Une tradition, qui selon toute vraisemblance est principalement orale, se voit alors codifier par des auteurs multiples. Les éditions des textes des voyageurs antiques contribuent aussi à cette influence normatrice. Dans la seconde moitié du XVIe siècle, de nouveaux traités reprennent la littérature de conseils qui, pendant trois siècles, vont être proposés en programme pour les voyages de toute espèce [29]. La production en est croissante.

Les arts de voyager

	XVIe siècle	XVIIe siècle	XVIIIe siècle	XIXe siècle
Boucher de La Richarderie	6	24	30	1
Stagl	35	127	10	14

Entre les deux recensions, la différence est patente : 61 titres pour la *Bibliothèque universelle*, 186 pour l'inventaire historique ; le déficit s'explique par le ratissage plus large de Stagl et Rassem [30]. De nombreux récits de voyage – entre autres – sont passés dans la liste apodémique, qui incorpore en outre beaucoup de textes pédagogiques (par exemple, les lettres de Johann Heinrich Alsted sur *L'Éducation de la jeune noblesse*, 1618 ; les conseils de Cardan dans son *Proxeneta, seu De prudentia civili liber*, chapitre XXXVI, « De itinere », 1663) et quantités d'instructions morales et de guides, tels *Le Séjour à Paris* de Joachim Christoph Nemeitz (1727) ou celui d'Ottokar Reichard (1784-1803), sans oublier l'*Émile* de Rousseau (1762). La remarque par laquelle Boucher de La Richarderie clôt sa section montre qu'il est conscient de la difficulté : « Il serait facile, comme je l'ai déjà fait observer, d'étendre cet aperçu des ouvrages sur la théorie des voyages ; mais la meilleure méthode de se préparer à voyager avec fruit, c'est de bien étudier les meilleures géographies et les relations des voyageurs précédents, d'apprendre la langue du pays qu'on peut visiter, d'y recueillir avec soin tous les ouvrages descriptifs publiés par les indigènes, et surtout de se dépouiller de tout préjugé national [31]. » L'affirmation concentrée des principes accompagne le déclin du genre aux yeux des bibliographes : un seul titre en 1805 – recul confirmé par Stagl et Rassem, qui recensent 29 titres de 1800 à 1810. Il convient de noter que la part du latin est restée importante : jusqu'au XVIIe siècle finissant, 45 % des ouvrages recensés ; au XVIIIe siècle, seulement 25 %. Ce qui souligne la volonté théorique et savante prolongée des auteurs, dont le mouvement maintenu rejoint celui des guides universitaires adaptés à l'extension de la *peregrinatio academica* [32].

Si, du XVIe au XVIIIe siècle, le voyage n'est guère séparé de l'éducation, des inflexions sont à souligner. Au départ, l'objectif est de fournir des règles, une méthode, à tous ceux qui, de quelque condition qu'ils soient, désirent voyager : c'est le titre d'un des premiers titres à succès, publié par Theodor Zwinger à Bâle en 1577 et à Strasbourg en 1594. La manière de se gouverner apparaît dans les deux tiers des intentions exprimées ; de surcroît, l'affirmation coïncide avec des formats portatifs, in-12º principalement, ce qui est un autre indice utilitaire.

Après 1600, plusieurs traditions se dessinent avec plus de netteté. La première renvoie à l'héritage de la transmission des normes, qu'illustrent le *De peregrinatione* de Putsins (in-12º, Dusseldorf, 1604) ou, mieux encore, le *Fidèle Achate*, anonyme en latin (in-12º, Ulm, 1655), les *Instructions d'un père à son fils* de Sylvain Dufour (Genève, 1670) ou le *Studiosus peregrinus* d'Hornius (Leyde, 1671). Une deuxième tendance plus utilitaire se fait jour dans quelques titres : *Essai sur la manière de faire le plus utilement et le plus honorablement des voyages dans les pays étrangers* (en anglais, Londres, 1606), les *Profitables Instructions* (Londres, 1633) ou, plus complexe et plus mémorable, le Baudelot de Dairval, publié à Paris en 1686 et 1693, puis réédité à Rouen : *De l'utilité des voyages qui concernent la connaissance des inscriptions, sentences, dieux lares, peintures anciennes et bas-reliefs, pierres précieuses et gravées, cachets, talismans, anneaux, manuscrits, langues et autres choses remarquables, et l'avantage que la recherche de toutes ces antiquités procure aux savants ; avec un Mémoire de quelques observations générales qu'on peut faire pour ne pas voyager inutilement.* C'est là le bréviaire emblématique de la culture des amateurs et des curieux, plus près de la science du temps que d'un tourisme élégant ; sa longévité pluriséculaire a d'ailleurs jusqu'à nos jours consacré sa réputation. Dans cette deuxième perspective, on voit monter les besoins élargis d'un public de lecteurs sans doute accru, ainsi qu'une spécification du regard. C'est une troisième tendance qui accélère cette ouverture en proposant des ouvrages qui concilient vision spécifique et commentaires ou normes générales. *Instructions, Manières, Règles* côtoient les recueils d'exemples et les titres ciblés : *Bibliotheca peregrinatium sive viagatorum* (Ulm, 1645) ; *De la prudence politique et du véritable usage des voyages* (Bâle, 1624) ; *Petit Traité touchant les voyages philosophiques*, ouvrage en italien de Gaudentio Sagamino (Pise, 1643). L'apparition du terme savant est capitale, même s'il recouvre le bagage le plus large, hérité des collèges qui, à travers l'Europe, dispensent un message identique regroupant physique, sciences de la nature et sciences de l'homme. Le but est de s'instruire pour instruire les autres, en mettant la mobilité cultivée au service de la connaissance à rassembler, à transmettre.

Outre l'essor des titres, le recul définitif du latin et la multiplication des langues vernaculaires, le XVIIIe siècle voit ces perspectives s'étoffer. Une bonne moitié du corpus rassemble des ouvrages de portée générale : *Instructions pour les voyages*, par le docteur Tucker (en anglais, Londres, 1759) ; *Le Guide des voyageurs* (in-12º, Paris, 1758) ; *Le Flambeau du voyageur* (in-12º, Utrecht, 1765) ; *Le Vademecum* de Polter, *Pocket-book* (in-12º, Londres, 1777). Posselt, avec son *Apodemik oder die Kunst der Reisen* (2 vol. in-8°, Leipzig, 1795), offre à son tour un traité complet et méthodique. Aucun doute : on doit, on peut profiter utilement de son voyage bien conseillé. L'autre moitié des éditions recensées s'adresse à des publics spécifiques ; elle comble les vides de l'approche synthétique. Les théologiens ont à leur disposition le Tomasius (Bâle, 1707[33]). Les naturalistes peuvent se reporter à Linné, *Instructions pour les voyageurs* (1759), qui fait écho à une publication antérieure et prémonitoire, *De la nécessité de voyager dans son propre pays* (Upsala, 1743[34]). C'est un succès international, avec une diffusion multiple : au moins huit éditions et un plancher de près de dix mille lecteurs probables en trente ans ! Duhamel du Montceau, le chevalier Turgot, John Coakley, J.R. Forster proposent des ouvrages pour collecter et conserver les spécimens des études naturalistes. Avec eux, on sort de la culture des curiosités et du goût des merveilles de cabinet. Le changement est encore plus évident avec quelques titres où l'observation et la description vont devenir enquête et expérimentation. Citons de Meunier, ou Munier, ou M. Munnier – l'incertitude plane sur l'orthographe de son nom –, ingénieur des Ponts et Chaussées, qui présente son *Essai d'une méthode propre à étendre les connaissances des voyageurs* [ou des voyages], *appuyé sur des faits exacts, et enrichi d'expériences utiles* (2 vol., Paris, 1779). Le titre recouvre le travail d'inspection, accompagné de réflexions sur l'agronomie et l'économie, d'un technicien de la route dans le sud-ouest de la France. C'est un pas de fait vers l'économie politique du voyage et des voyageurs[35]. Bacon, l'expérience et l'*Encyclopédie* l'emportent définitivement sur Descartes.

Une deuxième étape est franchie avec le comte Berchtold, déjà évoqué et sur lequel il faut revenir. C'est, en 1789 et 1797, le bilan des nouvelles tendances et l'aboutissement d'une interrogation recevant le plus souvent sa réponse positive. C'est le moment où, dans le monde académique, la Société savante de Lyon lance un pavé dans la mare en posant à la République des Lettres la question suivante[36] : « Les voyages considérés comme faisant partie de l'éducation de la jeunesse, toute compensation faite des avantages à espérer, des abus à craindre, sont-ils utiles ou dangereux tant au moral qu'au physique ? » Proposé en 1787-1788, un quart de siècle après l'*Émile*, le sujet de concours reprend un débat constitutif et durable, en dépit des interruptions, de l'*art apodémique*. Vingt-cinq candidats enverront leur copie, ce qui est un bon score dans l'univers des compétitions académiques et fait entendre le point d'orgue du genre. Sans surprise, ce sont le thème pédagogique et celui de l'éducation positive et morale qui rencontrent ceux de la nature et de l'observation : « Que ne commencez-vous par montrer l'objet même, afin que l'enfant sache de quoi vous lui parlez ? » dit le précepteur d'Émile au livre III. Boucher de La Richarderie cite longuement l'*Émile* :

« Les voyages ne conviennent qu'aux hommes assez fermes sur eux-mêmes pour éviter les leçons de l'erreur sans se laisser séduire, et pour voir l'exemple du vice sans se laisser entraîner [...]. Les jeunes gens mal élevés et mal conduits contractent dans leurs voyages tous les vices des peuples qu'ils fréquentent, et pas une des vertus dont les vices sont mêlés ; mais ceux qui sont heureusement nés, dont on a bien cultivé le bon naturel, et qui voyagent dans le dessein de s'instruire, reviennent tous meilleurs et plus sages qu'ils n'étaient partis. Ainsi voyagera mon Émile [37]. »

La citation, qui présente le concours de Lyon (dont la *Bibliothèque universelle* nomme les deux lauréats : le premier prix Turlin, le second Mathieu de Mirampal), met en valeur les enjeux de la compétition qui sont à l'œuvre dans l'idéal académique : la communauté des gens de culture et de sciences à la fin du XVIIIe siècle, l'idée du service intellectuel utilitaire des académiciens, leur volonté de « perfectionner l'éducation ». Plus que jamais, il s'agit de savoir comment le voyage peut contribuer à l'essor des connaissances et, pour la jeunesse, faire intégralement partie de l'éducation et de l'instruction modernes [38]. Au-delà de l'air du temps, le bilan interroge tout ce que les *Arts apodémiques* ont rassemblé et confronté avec la pensée la plus neuve pendant près de trois cents ans. C'est une autre manière de lire comment la réflexion sur la mobilité, pourtant ici réservée à une élite sociale et à ses fils, autorise le changement.

DU VOYAGE HUMANISTE AU VOYAGE ÉRUDIT

Nécessité, but et apport du voyage sont les termes d'un débat amorcé avec la rupture humaniste pour laquelle la découverte du monde devient un fondement de la pensée, donc de toute formation intellectuelle [39]. L'assimilation du déplacement à la lecture est admise et réaffirmée. A la fin du XVIIe siècle, le protestant Samuel Sorbière, converti au catholicisme, traducteur de Thomas More (1643) et de Locke (1649), voyageur en Angleterre – il en publiera une relation en 1664 –, reprend le thème « Voyager, c'est lire ». Pour un homme de lettres à la carrière heurtée, tiraillée entre réforme protestante et orthodoxie catholique, entre la Hollande et la France, voir dans l'utilité du voyage un argument éducatif s'accompagne aussi d'une leçon de prudence civile et de relation au gouvernement. Il écrit en 1659 : « Les grands voyages ont beaucoup de rapport avec les grandes lectures et il est malaisé qu'un homme qui a occupé son temps à remplir sa mémoire ait beaucoup travaillé à former son jugement. Ceux qui lisent avec ce dernier dessein doivent s'arrêter souvent, remâcher ce qu'ils viennent de lire [...]. Ceux qui courent de ville en ville et de province en province, de royaume en royaume, n'ont pas le loisir de méditer sur tant d'objets différents qui se présentent à eux et dont les uns chassent tout incontinent les autres. Ils ne les voient point aussi de l'œil qu'il faut les voir ; et les coutumes et les dialectes et mille autres choses particulières que l'on rencontre à tout moment donnent si fort le change aux voyageurs qui en jugent précipitamment par quelques rapports à d'autres qu'ils ont déjà vus [40]. »

Pour Sorbière, dans ce beau texte, la lecture des voyages se brouille ; il y faut des précautions, et l'on pressent que l'on arrive à un tournant. Une vision interrogative et sceptique sur l'exemple à tirer des déplacements fait son chemin, dont les arguments sont la relativité des apprentissages selon l'âge, l'universalité de la malignité des hommes, donc l'assurance de la nécessité de se méfier, la friponnerie toujours possible du discours indigène et, surtout, l'utilité hiérarchisée des objets de l'observation. Il y a de bons et de mauvais voyages, donc de bons et de mauvais récits de voyage [41].

Il ne s'agit pas « seulement de voyages afin de voir la hauteur des clochers, de compter les degrés du Capitole, de savoir dire à combien de pas de Santa Maria della Rotonda se trouvent les meilleurs parfums, dans quel cabaret on fait la meilleure chère et de quelle manière on se divertit, qui est ce à quoi prennent garde uniquement ceux qui voyagent trop jeunes. » La réponse juste est donnée par le modèle du voyageur, selon Sorbière, Giacomo Maria Favi. Il a conçu le projet de recueillir les « crayons » les copies fidèles, de tout ce qu'il trouverait dans les arts, les sciences et les lois. Il maîtrise le dessin, les diverses langues, la médecine, et il tenait registre de *secrets*, malheureusement perdus. Représentant d'une famille patricienne de Bologne, homme des cours, galant mais revenu des galanteries, il sait voyager avec un équipage simple. Il connaît les *cabinets de curiosités*, qu'il a visités dès 1645 en Allemagne, en Pologne, en Suède, au Danemark, en Hollande, en Angleterre et en France. Il observe « pour le besoin et pour le luxe, et il n'y a rien de si petit à quoi ses yeux ne se fussent arrêtés et à quoi sa main ne se fût occupée ». Les diverses activités humaines, les « moindres choses », peuvent et doivent retenir l'attention de l'honnête homme, comme tous les objets de la nature, et contribuer à la formation des gens de lettres. C'est la tradition humaniste qui est alors interrogée.

On la trouve dans de multiples textes bien connus [42]. Pour le voyageur, le monde est d'abord un livre dont il doit découvrir le sens ; la renaissance des lettres a redonné une vie nouvelle à une métaphore née dans l'Antiquité, reprise par la littérature sacrée et la philosophie mystique médiévale. Juste Lipse, humaniste d'une exceptionnelle carrure, artisan de l'essor critique, est lui-même voyageur (ses pas l'ont conduit à Rome, à Vienne, à Iéna ; il enseigne à Leyde, à Louvain), et son expérience personnelle nourrit sa réflexion. Il en fait état dans le *De ratione cum fructa peregrinandi* [43], adressé à Philippe de Lannoy, jeune aristocrate des Flandres qui s'apprête à partir pour Rome en 1578. L'épître est traduite en anglais, *A Direction for Travellers*, et dédiée au jeune duc de Bedford en 1592, republiée en français à Lyon en 1619, en latin à Leyde en 1616 et 1631, à Avignon en 1609 et 1613, à Louvain en 1625, à Wittenberg en 1631, de nouveau à Leyde en 1699, puis à Hambourg la même année. Sous des formes diverses, elle illustre parfaitement la grande tradition du XVIe siècle [44]. L'*utilitas* est la fin ultime des voyages, mais la *voluptas* confère aux « déplacements raisonnables » leur agrément. Cet équilibre est l'objet de l'*art* comme il l'est dans la conception de l'espace urbain [45]. C'est seulement ainsi que voyager peut être une école de vertu, le seul et vrai profit du déplacement, qui est une morale du passage à la vie adulte, s'il est école du jugement comme dans la sagesse stoïcienne. Voilà pourquoi l'un des héros de Lipse est l'Ulysse d'Homère, celui qui a fait « beaucoup de tours », et considère partout les mœurs, en quête d'un bonheur retardé et mesuré. Son exemple, qui confère au voyage l'authenticité par le retour après un périple périlleux mais aussi victorieux des passions, va ainsi dans le sens d'un attachement au pays natal, qui est offert en récompense aux jeunes en quête de savoir et de vertu. Il confirme la généreuse nature de la noblesse voyageuse et contribue à former le *gentleman*. Épreuve d'audace, d'éloignement, de tentations vaincues que l'humaniste présente en conformité avec la théorie des climats et des humeurs, afin de dévoiler la vérité cachée sous les apparences, voyager est apprentissage réussi si le jeune aristocrate a gagné la prudence politique. « Le voyageur, avant de s'arrêter dans l'unité de la patrie retrouvée mais maintenant agrandie aux dimensions du monde tout entier, seule patrie du sage, est définitivement transformé [46]. »

C'est l'affirmation d'une méthode, d'une *épistémologie de la route*, que l'on va entendre de Montaigne à Charron, de Bodin à Descartes, voire de Montchrestien à Spinoza. Les images du voyage et du progrès sont omniprésentes. Les *Essais* s'y attardent aux livres I et III ; elles structurent l'« institution des enfants ». La leçon des livres et de l'étude nécessaire pour devenir meilleur et plus sage doit être complétée par celle de l'expérience : il y a apprentissage de tout, et l'on ne peut manier un cheval sans s'y exercer. La pratique des livres ne suffit pas à l'« honnête curiosité » :

« A cette cause le commerce des hommes y est merveilleusement propre, non pour en rapporter seulement, à la mode de notre noblesse française, combien de pas à Santa Rotonda [Sorbière a entendu Montaigne], ou la richesse des caleçons de la signora Livia, ou, comme d'autres, combien le visage de Néron, de quelques vieilles ruines de là, est plus long ou plus large que celui de quelque pareille médaille, mais pour en rapporter principalement les humeurs de ces nations et leurs façons, et pour frotter et limer notre cervelle contre celle d'autrui. Je voudrais qu'on commençât à le promener dès sa tendre enfance, et premièrement, pour faire d'une pierre deux coups, par les nations voisines où le langage est plus éloigné du nôtre, et auquel si vous la formez de bonne heure la langue ne se peut plier [47]. »

Les voyages sont nécessaires, et dans ce texte célèbre et décisif on entend les raisons d'une expérience comme création d'une phénoménologie morale [48]. Il confère sa force à la théorie des âges impliquée dans la vision des humanistes, à l'union de l'expérience, de l'histoire et de la raison pour concilier plaisir et utilité. L'« honnête curiosité » de s'enquérir de toute chose, la confrontation de la raison aux choses, permettent de concilier deux visions dans le déchiffrement du « grand livre du monde » [49]. La première établit la distance : toute société peut en effet apparaître différente, voire sauvage – « chacun appelle barbarie ce qui n'est pas de son usage » –, mais quand on replace les coutumes dans leur contexte, le monde retrouve son assiette explicative. La seconde interroge la relativité des choses, qui n'est pas rejet absolu de tout critère de jugement, mais refus de tout critère absolu et référence à une raison pratique entre conformisme et changement. Le monde livre est aussi miroir, « où il faut regarder pour nous connaître de bon biais » ; tant de diversités doivent apprendre à juger des nôtres et à reconnaître « l'imperfection et la naturelle faiblesse » de notre jugement[50].

La méthode ne contredit pas les aspirations de la science nouvelle[51]. Elle la précède, et Francis Bacon, dans *The Advancement of Learning* comme dans la *Nouvelle Atlantide*, entre 1604 et 1630, retrouve les mots d'ordre de l'expérience voyageuse[52]. Le voyage devient nécessité pour la science expérimentale ; il met fin au temps du secret et de l'initiation du disciple par le maître. Voyager permet d'organiser l'avenir par la connaissance du présent. La pensée expérimentale et observatrice se coule dans le chemin tracé par les navigateurs. Il faut découvrir et suivre une route, se déplacer pour revenir, car la sédentarité définit l'être normal de l'âge classique, comme le proclameront le fabuliste et le philosophe, La Fontaine et Pascal. Mais la probabilité est définitivement enrichissante si elle est replacée dans l'ensemble des pratiques sociales. Elle va contribuer à former les philosophes, les savants, les hommes du monde. Descartes lui fait une place dans le *Discours de la méthode*[53]. Les métaphores spatiales habituelles abondent au moment décisif où l'itinéraire suivi auparavant par le philosophe va se transposer en modèle discursif et en impératif pour parvenir à la vérité. Descartes propose de montrer les « chemins » qu'il a suivis, et comment ils l'ont conduit à formuler une logique permettant à l'esprit de s'orienter dans la diversité du monde[54]. Les routes de la théologie, celles des philosophies scolastiques, celles des autres sciences, mènent là où elles peuvent ; parfois même, elles égarent.

« C'est pourquoi, sitôt que l'âge me permit de sortir de la sujétion de mes précepteurs, je quittai entièrement l'étude des lettres, et me résolvant de ne chercher plus d'autre science que celle qui se pourrait trouver en moi-même, ou bien dans le grand livre du monde, j'employai le reste de ma jeunesse à voyager, à voir des cours et des armées, à fréquenter des gens de diverses humeurs et conditions, à recueillir diverses expériences, à m'éprouver moi-même dans les rencontres que les fortunes me proposaient, et partout à faire telle réflexion sur les choses qui se présentaient que j'en pusse tirer quelque profit. »

Les raisonnements suivis sur les chemins sont alors à préférer à ceux que l'homme de lettres peut tenir dans son cabinet. Si le philosophe voyageur y observe autant de diversité dans les mœurs qu'il avait pu en découvrir dans les spéculations et les opinions, il retrouve comme garde-fou les leçons de Montaigne : « J'apprenais à ne rien croire trop fermement de ce qui m'avait été persuadé que par l'exemple et par la coutume, et ainsi je me délivrais peu à peu de beaucoup d'erreurs qui peuvent offusquer notre lumière naturelle et nous rendre moins capable d'entendre raison. » C'est après avoir étudié dans le « grand livre du monde » que l'on peut choisir « les chemins que l'on doit suivre ». A l'hiver 1619-1620, à l'occasion d'un arrêt – sans divertissement –, le philosophe, « enfermé seul dans un poêle », peut formuler les principales règles de la méthode.

Une auberge d'Allemagne environnée de neige, les routes mauvaises et bloquées, des armées glacées dans leur quartier d'hiver – bref, un épisode banal de la vie des grands chemins d'autrefois, sert de cadre à la naissance d'un des grands textes fondateurs de la modernité. Les règles d'une poétique du déplacement sont transfigurées en « règles pour la direction de l'esprit »; elles fondent un nouvel univers. Le mouvement, comme la pensée classique, s'organise autour d'un amer visible : le retour au pays, et l'esprit [55]. Le voyage d'Ulysse imprègne toute la pensée classique qui rejette l'errance sans ordre et le nomadisme sans point fixe.

De l'érudition à la science du monde

Dans ce monde nouveau des voyages, une province particulière n'échappe pas à la géographie de la pensée. Elle a ses voyageurs, qui ont leurs curiosités, leur profession de foi, leur code de bonne conduite et leurs règles. Charles-César Baudelot de Dairval, avocat, fils d'avocat, commissaire au Châtelet de Paris, leur en fournit le bréviaire avec *De l'utilité des voyages et de l'avantage que les recherches des antiquités procurent aux savants*, déjà évoqué, et que je lis dans les deux volumes de l'édition seconde de 1693 in-8°. Membre de l'Académie des inscriptions, correspondant de l'académie des Ricovrati de Padoue, antiquaire renommé, il fait autorité en matière apodémique, bien qu'il n'ait guère voyagé plus loin que Dijon, où des questions d'héritage et de famille l'appelèrent une fois. C'est un spécialiste de faible pratique, mais dont l'œuvre vise plusieurs publics : celui au premier chef des voyageurs de cabinet qui, sans sortir de chez eux, n'en doivent pas moins connaître les richesses offertes à ceux qui partent; celui des voyageurs aventureux « qui ne doivent pas voyager inutilement. Il n'y a point de pays si disgraciés dont on ne puisse tirer quelques avantages. Quand on passe en quelque endroit, il faut en examiner d'abord la situation pour en connaître la nature comme il faut et pour faire des relations plus justes sur les mœurs des habitants. Il ne faut pas oublier de marquer les tenants et les aboutissants, c'est-à-dire l'étendue que peut avoir un pays du côté des quatre parties du monde, et de prendre l'élévation du pôle : ce qui se fait en observant les degrés de la hauteur du soleil à midi[56] ». A cet exercice topographique succèdent des réflexions théoriques et un ensemble de conseils pratiques de bon sens, une classification des motivations qui poussent les hommes à voyager, des remarques et jugements sur les *caractères* et les *mœurs* des habitants des régions parcourues, et, de proche en proche, un tour du monde. Dans ce mémoire de quarante-deux pages qui complète utilement les gros volumes de l'*Utilité des voyages*, le correspondant de Leibniz s'adresse à tous en principe, mais aux lettrés plus particulièrement[57]. Il leur conseille la lecture préalable des historiens, des géographes, des autres voyageurs – ceux des mondes lointains et ceux des régions proches. Il multiplie les références aux autorités anciennes qui expriment la permanence de l'esprit humaniste et l'attachement à la culture antique, mais il fait sa part aux modernes, aux voyages archéologiques, aux voyages d'affaires, à tous ceux qui mobilisent déjà les curieux de toute profession, amateurs de « curiosités, dessins pris sur le vif, dents, fourrures, plantes, objets matériels, cartes, observations linguistiques, herbiers ».

Selon Baudelot de Dairval, l'expérience du voyage se justifie de quatre points de vue. C'est en premier lieu la mise en œuvre d'un changement de lieu favorable à la transformation, car elle corrige la nature humaine comme celle « du plus sauvage des arbres ». La nouveauté permet d'atteindre une forme de perfection, idée conforme à la recherche de l'équilibre espéré par le finalisme galénique des climats[58]. C'est en deuxième lieu une nécessité pour rompre les vues domestiques et bornées, se surmonter soi-même, et parvenir à un détachement conforme à la sagesse stoïcienne qui domine encore ici. La finalité morale et philosophique est approfondie par comparaison avec la pensée antique ; ses héros sont Démocrite, Lucien, Hercule, Ulysse bien entendu, et l'ami fidèle d'Énée, Achate, personnage important de l'*Énéide*. Modifié par l'exil et les épreuves, enrichi par les observations et les rencontres, le voyageur revient chez lui différent, mûri. En troisième lieu, la science guide l'*Ars peregrini*, qui propose un éventail de curiosités ouvert jusqu'aux limites du monde connu, allant des mœurs sexuelles des Islandais et des Cosaques aux marais de Hollande, aux mines de l'Empire, aux institutions, aux monuments, aux livres, aux manuscrits, aux choses et aux hommes[59]. En dernier lieu, Baudelot énumère les éléments principaux d'un programme dont la modernité est de reposer sur les objets matériels : statues, peintures, pierres gravées, cachets, bijoux, talismans, amulettes fossiles. C'est bien sûr une compilation de lieux communs, tant pour donner une apothéose du voyageur intellectuel que pour proposer un catalogue de gestes indispensables pour gagner les fruits accordés aux voyageurs s'ils savent organiser leur quête. Progrès et diffusion des sciences dépendent ainsi des voyages : « A l'égard des premiers savants, ne trouve-t-on pas que leur nom, leurs lumières et leur réputation ont une même origine [...] ? N'était-ce pas des gens qui racontaient dans les places publiques ce qu'ils avaient appris dans leurs voyages ? Aujourd'hui que les sciences sont sur le trône et règnent si souverainement dans le monde chrétien, il n'est pas point important encore de voyager[60]. » L'idéal cartésien du rassemblement des savants[61] se retrouve dans celui de la République des érudits, et plus largement encore dans le monde des académiciens du classicisme aux Lumières[62]. Le réseau des savants et des curieux organise les relations des lettrés dont Baudelot de Dairval publie la cartographie européenne ; dans les cercles et les correspondances, dans la conversation et la rhétorique épistolaire se font et se défont les réputations, et se codifient les qualités des bons et des beaux esprits.

Avec le monde des académies, le voyageur aborde les rivages du monde, et l'on comprend l'insistance de Jean de La Fontaine à refuser sinon l'idée du voyage, du moins l'idée qu'on puisse tirer du déplacement une leçon quelconque. La stupidité des voyageurs du fabuliste peut justifier une attache à la sédentarité, comme un refus mondain de la pédanterie érudite et savante. Le voyageur alors revient aussi ignorant – sinon plus – qu'au départ, et ce n'est qu'un imitateur ridicule du sage[63]. C'est en vain que le voyageur court après la fortune : « Demeure en ton pays par la nature instruit[64]. » La *Fable* défie l'*Art apodémique*, en parodiant les lieux communs de l'épreuve humaniste et en appelant à un voyage moins savant, plus mondain. A ce prix, c'est un plaisir de voyager si l'on sait faire place aux plaisirs. C'est ce que La Fontaine met en pratique dans sa relation d'un voyage de Paris en Limousin avec les « belles personnes de Poitiers[65] ». Samuel Sorbière ménageait pareillement la transition entre les deux univers, celui des philosophes et des savants, celui des « galants » et des « gens du monde ». Le « discours de l'ordre », qui caractérise les *Arts de voyager*, avant de guider les récits de voyage eux-mêmes, fait entrer les voyageurs dans l'« âge du jugement », auquel rien n'échappe – d'autant plus que la littérature, destinée vraisemblablement à une minorité de cosmographes, d'humanistes et d'érudits, dépasse ce cercle étroit pour atteindre ceux qui font partie du monde ou se piquent d'en faire partie[66]. Sorbière le montre dans l'antagonisme de deux figures – Giacomo Maria Favi, voyageur savant et humaniste déjà entrevu, et Pietro della Valle, bel esprit, cavalier, romanesque, aventureux – et de deux utilités : l'utilité scientifique et morale, et l'utilité galante et mondaine, objet des divertissements, sur lesquels les *Arts de voyager* invitaient à la méfiance[67].

De multiples intermédiaires s'efforcent de concilier jusqu'à l'aube des Lumières ces principes divergents. Ils élaborent la vulgate de l'*Art de voyager utilement*, pour les jeunes et les moins jeunes qui n'échappent pas au double tropisme – celui de la lecture et celui du départ – définitivement installé dans la tradition classique. Désormais, c'est un ou deux nouveaux titres chaque année, une bonne dizaine tous les dix ans, qui sont mis en circulation sur le marché européen[68]. Sylvestre Dufour, avec ses *Instructions morales d'un père à son fils*[69], met bien en lumière les attentes. Le premier danger du voyage est d'ordre physique ; le jeune voyageur peut facilement s'en prémunir. Le deuxième péril est d'ordre moral : à chaque pas, le voilà guetté par des tentations multiples ; il en triomphe par une éducation préalable. C'est pourquoi le voyage est placé sous l'invocation de l'« ange gardien » et d'une religion sans équivoque. Outre les finalités éducatives traditionnelles, le but est aussi de former un chrétien. Le livre, que l'on attribue à un marchand épicier de Lyon, protestant et poussé à l'exil en 1684, connaît une espèce de succès avec trois éditions et peut être acquis sur les routes du Refuge.

En 1681, Louis Dumay, sieur de Salette, publie *Le Prudent Voyageur*, qui propose à son tour une inflexion politique avec un compendium fondé sur le parcours des « États du monde » et l'analyse des forces rencontrées dans l'« état présent de l'Europe[70] ». Il s'agit encore d'un protestant, professeur de langue française au collège de Tübingen et conseiller du duc de Wurtemberg. La prudence religieuse accompagne la diplomatie dans les relations du voyageur à travers les méandres des pouvoirs dynastiques. Le livre vise à une préparation géographique et historique, à une lecture de cabinet plus qu'à une consultation sur le terrain, où ses trois volumes sont plus encombrants que portables. Il s'inscrit dans un élargissement du genre.

L'Art de voyager utilement[71], publié anonymement à Amsterdam en 1688 et que l'on rencontre relié avec les *Voyages* de Las Casas et la *Relation* du sieur de Montauban, montre comment se cumulent les pratiques : lectures préparatoires conseillées, lecture bilan pour confirmer les impressions acquises. Selon l'auteur, voyager doit apporter ce qui ne se trouve pas dans les livres, car « le monde est un livre plus vrai ». La brochure de cinquante et une pages met en place un profil psychologique. Ce qui importe d'abord, c'est l'âge : il convient d'avoir l'esprit formé, ni trop jeune (car le risque moral est grand pour un caractère « tolérant et ignorant ») ni trop âgé (car les préjugés sont difficiles à dissiper). Ensuite, il faut conjuguer disponibilité, absence de prévention et sens de l'adaptation. Le voyageur décrit ici est un homme du meilleur monde, adapté à sa condition : « Envoyez un sot à l'étranger il en reviendra habile, c'est se tromper. » L'échec doit s'éviter par la connaissance fine du monde qui permet d'adopter partout « l'air qui convient ». La *dépense* s'impose en Italie, mais peut nuire en Allemagne ; l'*humour* est peu apprécié outre-Alpes, mais sert d'introduction aux sociétés en Angleterre. Enfin, pas de voyage réussi sans connaissances solides. Une maîtrise moyenne des langues peut suffire si le bagage général est honnête et si la *curiosité* est ouverte. Dans ce texte de second niveau, utilitaire, le voyageur mondain est comparé à Protée : c'est un chasseur qui doit déjouer les ruses des milieux traversés, sentir d'où vient le vent, les bruits communs et les informations de la cour. La leçon est de tolérance et de diplomatie. Même si l'amateur doit parvenir à ses fins – connaître pour un profit futur le monde –, il se méfiera des préjugés : « On sait dans les pays étrangers les défauts de chaque nation ; on en compose même certains axiomes qui ne sont pas tout à fait faux ; car après tout, s'ils ne sont pas absolument vrais, il en est infailliblement quelque chose ; et soit que la prévention et le temps aient donné à ces sortes de proverbes, tout homme qui vient les choquer passe pour un extravagant. » L'*Art de voyager* est bien éloigné de cette contradiction, comme de cet aveu : on pèche également dans l'un et dans l'autre, ce que très peu de personnes comprennent. « Celui qui disconvient des défauts qu'on impute à sa nation s'attire sur les bras celle au milieu de laquelle il se trouve, ce qui est toujours une grande imprudence[72]. »

Tradition humaniste et tradition classique se mêlent intimement dans les méthodes à l'usage des futurs voyageurs. Elles dictent un universalisme culturel, mais celui-ci ne s'obtient que dans le respect des règles qui visent au perfectionnement moral et savant, progressivement, à l'acquisition d'une sociabilité indispensable à l'*homme du monde*. Les références éthiques à l'Antiquité sont, à l'instar de celles des manuels de collège – catholiques ou protestants –, destinées à former un *voyageur chrétien*. Devoirs personnels, devoirs spirituels sont, avec les devoirs civils, les armes d'une éducation dont on pressent les limites. Le territoire et le temps du voyage n'échappent pas à la christianisation générale de l'éducation européenne. Du gentilhomme gascon Michel de Montaigne à l'épicier lyonnais Sylvestre Dufour, le dilemme reste celui de la confrontation entre la mobilité et la morale, et la métaphore du voyage de la vie trouve ici une grande part de sa richesse. L'expérience révèle, en ce domaine comme en d'autres, la prévention de corruption qui pèse sur tous les déplacements : elle révèle la véritable nature morale et religieuse des individus. C'est aussi en ce sens qu'elle sert de pierre de touche à l'achèvement de l'éducation, qui ne se résume pas à la civilité, aux manières et à la bienséance. Montaigne entend ne pas « contraster aux mœurs publiques et former non un grammairien ou un logicien mais un gentilhomme », qui, en vertu du premier principe, ne peut être que chrétien. Si, dans le voyage de la jeune aristocratie, la part mondaine s'accroît, la part des obstacles moraux suit. Ce qui entraîne la réflexion vers l'encadrement du voyage et le choix des accompagnateurs. Les mauvaises compagnies ne peuvent que corrompre les bonnes mœurs, reconnaît Locke dans *Some Thoughts concerning Education*, édité à Londres en 1695 et traduit par Pierre Coste à Amsterdam en 1708. Il se situe totalement dans la tradition apodémique au chapitre des voyages [73].

Deux domaines rassemblent encore les interrogations des auteurs. En premier lieu, celui de l'instruction et de son ouverture la plus large. Hommes de lecture, pour la plupart sortis des institutions religieuses, les voyageurs ne partent jamais sans bagage. La géographie et la curiosité vont de pair ; confronté au réel, le goût du savoir se développe. L'ignorance des classes supérieures recule en même temps que progresse la discipline des mœurs. Le voyage construit la *société des mœurs*, comme il se coule dans l'itinéraire des *sociétés de cour* [74]. En second lieu, l'art de voyager humaniste et classique prône aussi la pratique de la maxime constamment répétée depuis Juvénal : *Orandum est ut sit mens sana in corpore sano* (satire X). Le modèle antique inspire Montaigne et d'autres voyageurs, qui enseignent qu'on ne peut partir sans dispositions ni préparations physiques et réflexions matérielles. Ce sont les remèdes appelés par le hasard, auxquels on accordera une attention de plus en plus systématique dans la pensée voyageuse du siècle des Lumières[75].

Inflexions éclairées : vers les voyages du citoyen

Au point de départ de la « crise de la conscience » et des Lumières, peu d'auteurs réprouvent l'utilité des voyages, et l'accord s'accommode de la propension sociale à l'immobilité grâce aux règles et aux contrôles enseignés. Trois précautions interviennent. D'abord, le voyage n'est pas l'errance sans but : c'est un exil temporaire qui postule le retour enrichi – le gain peut être matériel, économique, intellectuel, mêlant le parfum des épices et l'éclat de l'or aux progrès du savoir et du jugement. C'est un premier acquis : le déplacement paie. Ensuite, il contribue à la fondation politique de la cité qui est à l'ouvrage dans la nécessité des principes. La mobilité apodémique exclut les divagations et les écarts, et fournit à tout bilan l'impulsion des retours, l'apport de l'extension des connaissances. C'est ce qui la distingue d'une mobilité plus générale qui s'accommode du hasard, des préjugés, du déjà-vu. Enfin, plus que jamais, la nécessité de se préparer est à l'ordre du jour : les *Instructions* publiées ou secrètes, *ad usum privatum*, pullulent jusqu'en 1800-1810, décennie où, avec 18 titres, on retrouve les records des années 1600-1630 et 1700-1710[76]. Cette permanence de l'attention s'accompagne d'une intensification de la spécialisation et de la vogue des conseils pour donner aux voyages leur place dans la formation d'un homme nouveau. La relance du débat sur l'utilité à la veille du moment où le monde va basculer dans la révolution politique, mais aussi quand le succès des récits de voyage atteint son apogée, montre que les certitudes de la classe voyageuse sont réinterrogées, plus particulièrement dans le mouvement académique.

L'œil expert : juger et voir

Le premier glissement se lit dans la vulgarisation accélérée de la tradition scientifique à travers des médias multiples : conseils aux voyageurs, journaux, revues savantes. Emblématiques de ces exigences, les instructions publiées par la Société royale de Londres dans le premier volume des *Philosophical Transactions* (1670) : *Directions for Sea Men bound for Far Voyages*[77]. Le but est de composer l'inventaire fondant l'histoire naturelle par la répétition et l'extension des observations – « étudier la nature plus que les livres » –, et de donner aux observateurs de toute espèce les directives pour une enquête générale. Le public est ainsi informé et formé, pilotes, capitaines et marchands servant d'intermédiaires avec les amateurs et les savants du monde académique. On comprend alors pourquoi de grands noms de la science européenne, Linné en tête, ont proposé à leur tour des recommandations, des principes de l'art, pour sa réussite. Les instructions pratiques qui doivent former aux tâches savantes, à l'échantillonnage, aux préparations pour le transport, vont se multiplier comme celles qui concernent le choix et l'usage des instruments[78].

Un écho provincial s'en trouve dans le projet longuement discuté d'une *Histoire naturelle de la Guyenne*, par l'Académie de Bordeaux. Les observations sur le questionnaire bénéficient d'une tradition lancée au premier quart du XVIIIe siècle où l'on relève les interventions de Montesquieu[79]. La seule voie qui mène à la réussite n'est point la méditation d'un cabinet : c'est « dans le sein de la nature » qu'il faut chercher des preuves. Le catalogue des sujets à inventorier, élaboré par le conseiller au parlement de Joseph Navarre, entraîne à la découverte itinérante, de la topographie à la météorologie, de la botanique à l'agriculture, des phénomènes physiques aux expériences humaines[80]. Des publics divers sont à conquérir et à instruire.

Étienne Munier, de Vesoul, devenu ingénieur des Ponts et Chaussées, en poste à Angoulême en 1786, ingénieur en chef à Paris en 1789, revenu à Angoulême en 1790, et qui prendra sa retraite en 1809, illustre le côté technicien de l'apodémie[81]. Sa *Méthode générale propre à étendre les connaissances des voyageurs* fait appel à l'histoire, aux sciences et arts, à la répartition des impôts comme à la culture des terres – bref, elle repose sur des « expériences utiles ». Son intérêt est de mettre en évidence la montée des rôles d'une catégorie de population savante, chargée de l'aménagement, et qui déborde largement le cadre de ses fonctions routières et urbaines pour utiliser le travail sur le terrain, la connaissance du local, à des fins économiques et politiques. L'ingénieur est un voyageur par nécessité ; son instruction théorique et pratique en fait l'un des acteurs de la mobilisation de la mobilité, bien au-delà de la formation éducative. La proximité d'Angoulême par rapport à Limoges – où Turgot a, pendant plus d'une décennie, lancé un programme d'ouverture routière et de développement –, le rôle aussi de la Société royale d'agriculture, l'écho académique obtenu à Paris en 1812, confèrent à l'ouvrage de Munier sa portée intellectuelle et politique plus large. C'est un modèle d'enquête statistique et descriptive, mobilisant fondements géographiques, historiques et humains pour défendre la cause du changement. Le tome premier, sous la forme d'un itinéraire à travers l'Angoumois, sur la route royale qui conduit à Bordeaux, montre ce qu'il faut voir et quelquefois transformer – objets de l'*économie positive*, chargée du bonheur des hommes. L'art apodémique devient alors l'un des instruments de l'action réformatrice de l'absolutisme éclairé.

C'est un trait général en Europe, qu'illustre aussi en Piémont le chevalier de Robilant, lieutenant général, commandant en chef du génie, qui publie en 1790 à Turin *De l'utilité des voyages et des sources dans son propre pays*[82]. Le militaire piémontais s'inscrit dans la lignée des grands voyages *utiles* – ceux des Anglais, ceux des Français –, qui ont contribué au progrès de la géographie, du commerce, des sciences. Toutefois, le «système des voyages» n'a pas seulement pour but de visiter les peuples les plus reculés de la terre : il peut «aussi bien être mis en pratique pour connaître son propre pays». En ce sens, il est nécessaire à l'éducation de l'élite et doit être patronné par les États et les grandes Académies, telle la jeune Société turinoise. L'expérience personnelle de Robilant, qui est réelle, lui permet de transférer au duché de Savoie et au royaume de Piémont-Sardaigne l'expérience, l'entregent et la vigueur dont témoigne son *Enquête sur les mines de Saxe* (1749), qui s'intègre là encore dans un vaste champ d'études itinérantes à travers l'Europe entière.

Cette nécessité de voyager pour s'insérer dans la sphère de l'action publique réapparaît encore plus clairement dans nos deux derniers exemples; tous deux montrent l'aboutissement du mouvement dans la décennie prérévolutionnaire, et au-delà par leur influence. L'Anglais John Andrews, historien de la guerre d'Amérique en 1786, a publié deux ans plus tôt ses *Letters to a Young Gentleman on his Getting out for France*[83]. C'est un traité assez complet à l'intention des jeunes aristocrates du *Grand Tour*, qui initie à tous les sujets de manière peu pédante, jouant de la fiction d'une correspondance et des anecdotes les plus variées. Son originalité est de lutter à fond contre les préjugés établis : il dénonce le lieu commun de la superficialité française et, dans le contexte d'une guerre qui s'achève, met en avant la capacité d'accueil et l'affabilité des Parisiens. C'est une leçon de sociabilité. Disciple de Locke, Andrews propose aux voyageurs d'étudier «l'homme, les mœurs» et, pour cela, d'élargir le cercle de leurs connaissances ainsi que d'organiser leur temps : écrire le matin, visiter et observer l'après-midi, fréquenter le monde le soir. Le jeune gentleman, futur dirigeant de la « nation anglaise », pourra alors tenir son rôle s'il s'en donne l'occasion entre quinze et vingt ans, et le bagage social et littéraire par ses lectures. Les lettres X à XX établissent un parcours des œuvres qui doivent être connues. Si le monde reste un livre profitable à lire, c'est plus que jamais avec le secours des livres.

S'il faut trouver un chef-d'œuvre dans la production apodémique du XVIIIe siècle, on peut choisir l'ouvrage du comte Berchtold, qui, on l'a déjà noté, a connu un grand succès. Son propos est clairement affirmé, comme dans les ouvrages précédents : diriger, étendre les études pour « l'utilité de la patrie des voyageurs ». L'inflexion d'ensemble de la production des récits de voyage – l'acculturation de soi par soi, explorateur de la réalité proche – est ainsi définitivement théorisée [84]. La traduction française de l'an V a popularisé l'ouvrage à travers l'Europe, et une partie du texte repasse pour une carrière encore plus générale dans le guide fameux d'Ottokar Reichard, *Conseils aux touristes* (1793, tome I[85]). L'essai philosophique du comte, voyageur, grand propriétaire dans l'Empire, philanthrope reconnu, est nourri de l'expérience et de la lecture. Le second volume présente une bibliographie de base, une bibliothèque imaginaire, où l'on peut rechercher les traces des lectures faites dans les exemples donnés. L'auteur a vécu à Londres : il se réfère au « voyageur patriotique » défendu par Arthur Young, et s'il publie en anglais, « c'est que les Anglais sont des voyageurs par excellence parce qu'ils ont senti plus tôt que les autres pays possédaient des connaissances dont l'acquisition serait aussi utile aux individus qu'avantageuse pour leur patrie[86] ». C'est un manuel utilitaire liant éducation, connaissance et engagement civique. Voyager, c'est d'abord prévoir ; c'est ensuite organiser le temps pour maîtriser l'espace ; c'est enfin définir une démarche intellectuelle.

ANTICIPATION : MOYENS MATÉRIELS, MOYENS INTELLECTUELS

Voyager, c'est anticiper. La mobilité réussie se prépare par les lectures et l'information déjà mobilisable sur les pays de l'itinéraire retenu. L'avis d'un ami éclairé sera le meilleur des guides pour éviter les erreurs d'appréciation. Cette préparation passe par le choix des sujets indispensables à sélectionner : les lois, les règlements de police, les grands objets de l'histoire naturelle. Cette étape est aussi celle de l'apprentissage d'un comportement qui impose le sens de la précaution, de la prudence, voire de la méfiance, qui est de plus en plus nécessaire au fur et à mesure qu'on s'éloigne des centres de la civilisation. La connaissance préalable des obstacles (religion, règles policières, coutumes) et des lieux (auberges, douanes) fait partie de l'organisation. Elle est aussi matérielle, s'intéressant au détail des bagages, de l'habillement, de l'équipement. La liste des choses utiles doit être réglée par les nécessités : avoir trop de bagages risque d'être onéreux aux passages frontaliers, accroît la dépense des domestiques, attire l'attention, surcharge les voitures. On préférera le cuir de Russie pour son porte-document ; les malles seront longues, basses, faciles à porter, et l'on veillera à ce que les serviteurs n'y cachent point de marchandises prohibées. Tout voyageur doit avoir à sa disposition boîtes et instruments de dessin, une bonne montre, un compas, un baromètre, un thermomètre, un télescope, une lanterne sourde, des bougies, un briquet, et des cadenas portatifs pour suppléer aux verrous défaillants. Mieux vaut avoir sa literie, ses draps, ses couvertures, son sac de couchage « en peau de cerf ». Bref, le voyageur de Berchtold part à l'étranger comme armé pour une expédition lointaine. Le vie en voyage n'est pas de tout repos ; tout est menace pour la santé, pour la fortune, pour l'intelligence. Deux pistolets à deux coups valent mieux qu'un, et l'on s'aventure en territoire inconnu. Le mieux est de tout envisager et d'avancer à chaque instant comme en pays ennemi. Aubergistes, cicérones, joueurs, filles publiques sont à surveiller de près. De nuit, les forêts et les hôtelleries isolées sont particulièrement à redouter. Quant à l'eau, il faut tout spécialement la contrôler pour soi-même – le « vinaigre des quatre voleurs » pourvoit à l'assainir – comme pour son cheval : on doit veiller aux fontaines et aux puits pollués ; faute de filtre, on fera bouillir l'eau.

Cet exposé des normes d'une culture matérielle rigoureuse, et rarement jusque-là détaillée de cette façon pour conserver la santé et assurer le succès, donne à lire moins ce qui attend dans la réalité le voyageur fortuné que l'ensemble des questions d'hygiène, de confort et de sécurité qu'il connaît à domicile et qu'ignore, en majorité, le peuple.

L'ascèse physique et le contrôle des affects permettent de s'introduire dans les milieux les plus divers, et là encore on doit s'organiser. Pas de voyage utile sans un réseau, indispensable pour « se procurer de l'argent », pour bénéficier de la protection diplomatique, pour s'assurer les bons offices des autorités de la douane et de la police. Des lettres de recommandation doivent pourvoir à l'accueil officiel et privé : elles ouvriront les portes des gens de qualité, des commerçants, des banquiers, mais elles ne seront pas inutiles pour les classes inférieures, « car on trouve souvent plus d'information dans une chaumière que dans un palais ». Le voyageur utile reste ainsi aux marges des sociétés traversées, mais il s'efforce d'en comprendre les fonctionnements en garantissant sa sécurité et en multipliant les points de vue.

Voyager, c'est alors utiliser le temps et l'espace. Le premier peut manquer et l'on a intérêt à régler ses affaires avant de partir. Un testament y pourvoit. Une psychologie de l'éloignement se dessine dans la lutte contre une rapidité inhérente au voyage : « Un homme sage compte les minutes. Il ne laisse pas le temps s'échapper, car le temps c'est la vie, et il sait prolonger celle-ci par une attention propre à user des instants avec prudence, mais avec une juste application. » Le voyageur ne s'autorise ni loisirs excessifs, ni flânerie ; l'ampleur de l'enquête à mener ne l'autorise pas. Le calendrier des impératifs impose une mobilisation active et bien conçue. Il faut observer, interroger, dessiner, écrire, tenir un journal, établir préalablement des listes de questions, acheter des livres aux libraires, lire les documents économiques et les ouvrages à conserver, demander la liste des « artistes distingués par leurs découvertes utiles », dresser l'état des « personnes célèbres » et des compagnies les meilleures, où « la conversation sera profitable ».

La technique d'écriture du voyageur utile n'est, on s'en doute, pas tout à fait celle du touriste ordinaire ou de l'artiste à la découverte des œuvres, mais elle est un bon témoignage de l'articulation de différentes pratiques entées sur l'esprit encyclopédique et technicien pour l'inventaire des objets du progrès. Il faut toujours avoir dans ses poches papier, plume et encre, car la mine de plomb s'efface. Il faut confier ses observations sur-le-champ « en abrégé », puis les transférer du « cahier de poche » au « journal qui doit être disposé pour pouvoir y ajouter de nouvelles notes ». L'élégance doit être sacrifiée à la vérité. Un second livre double le premier, par sujet, pour les faits authentiques et vérifiés par l'enquêteur ; il est plus précieux, car il renferme les matériaux essentiels pour la relation. On le ferme à clef, on le préserve des voleurs. S'il le faut, on le copie en double et d'une « écriture secrète » ; on prend soin de noter le lieu, le jour et l'heure d'une observation, toujours référencée avec soin. Dans ces règles, dont chacun mesure la difficulté d'application, ce qui compte, c'est la conception même de la mobilité utile, placée au service de son pays : la mémoire est définitivement suppléée par l'écrit ; le but est le retour de l'information et son usage rétroactif. L'itinéraire réfléchi doit permettre de multiplier les observations : il traverse les pays des frontières au cœur, des capitales aux provinces ; il s'adapte à la diversité géographique et à la complexité sociale[87].

En définitive, la structure de la mobilité exigée par l'enquête dépend de ses objets et de ses principes : il faut subordonner aux connaissances utiles les objets réservés à la perfection de soi-même, dictés par le genre de vie, la condition sociale, la nécessité d'étaler des « connaissances d'ornement cultivées ordinairement par tous les voyageurs », tout ce qui anime la culture de la curiosité. Le voyageur des Lumières travaille pour le bien-être de l'espèce humaine et la prospérité de son pays. Son regard, son esprit sont guidés par un *patriotisme utilitaire*. Ce plan d'observation ne souhaite pas rompre totalement avec les anciens impératifs. On doit consulter les chefs-d'œuvre de l'Antiquité ou des siècles plus proches. La formation du goût échauffe l'imagination de l'*artiste*. « Le dessin est un amusement bien doux » pour lever un paysage autant qu'un moyen nécessaire pour dresser un plan, esquisser un costume, noter l'essentiel dans un croquis de machine. La *musique* peut, pour le voyageur, suppléer au manque de société. Berchtold conseille la pratique de la flûte traversière : elle permet de lier connaissance, car c'est un « goût général », et de surcroît c'est un *loisir* moralisé, qui éloigne des mauvaises compagnies. On voit là comment des objets et des thèmes habituels depuis la Renaissance sont placés au service d'une autre conception du monde.

Les matières et les choses les plus dignes de recherche sont présentées en quatre classes : celles qui concernent le bien-être de l'espèce humaine et le bonheur général ; celles qui contribuent à accroître la prospérité du pays du voyageur ; celles qui assurent l'avantage et le perfectionnement de soi-même et aident à la formation des individus selon leur genre de vie ; enfin, les « connaissances d'ornement[88] ». Désormais, il est donc surtout question de ce qui touche la société et l'humanité. La religion, le statut de l'au-delà sont relégués aux magasins des accessoires. On respecte certes les croyances, et l'*histoire naturelle* porte les voyageurs à adorer dans les « merveilles de la nature » leur auteur. Mais ce qui compte est sur terre, et le voyageur doit contribuer à en améliorer le séjour par ses observations : c'est le *médecin du corps politique* au chevet, partout, des malades de l'économie et de la société. Production, consommation améliorée, réformes : tels sont les maîtres mots.

QUESTIONS ET DÉBATS : UTILITÉ, INUTILITÉ

On pourrait croire la cause entendue, et conclure que mobilité et raison cultivée font bon ménage, que les voyages sont utiles. L'influence de l'*Essai* de Berchtold reste d'ailleurs à mesurer avec précision : sur Volney et sur Stendhal, elle est connue ; plus généralement, elle demeure ignorée [89]. Le premier le cite explicitement dans ses *Questions de statistiques à l'usage des voyageurs*. Il utilise la table dressée en 1793 sur ordre du gouvernement comme une synthèse « utile à faire lire aux agents en poste à l'étranger », et s'en sert pour montrer « que toute théorie n'est que l'exposé d'une bonne pratique » ; la finalité est définitivement d'utilité publique et sociale. Le second, bon élève des idéologues, en nourrit sa réflexion pour diriger ses pas et instruire les voyageurs fictifs dont il peuple ses *Voyages*. Le programme offert réconcilie ainsi progrès des individus et transformation des collectivités, formation et action économique et politique.

Toutefois, d'autres esprits ont depuis longtemps perçu les contradictions possibles qui se logent dans un acte éducatif mal maîtrisé ou dans une activité livrée à la fantaisie, institutrice de trop de relativisme, maîtresse de corruption et dispendieuse pour les familles. L'interrogation peut se lire dans la génération des manuels apodémiques du premier XVIIe siècle (elle est sous-jacente après) : c'est un lieu commun des préoccupations justificatives, ainsi dans les traités consacrés à l'éducation des *gentlemen* [90]. Les effets pervers des voyages sur l'âme et le cœur, principalement chez les jeunes gens pour qui rien n'est d'ordinaire plus inutile que de voyager sans préparation et sans précaution, sont un topos des moralistes. La Bruyère le reprend dans les *Caractères* au chapitre des « Esprits forts ». Les voyageurs sont en danger, car ils côtoient toute espèce d'immoralités, d'autres croyances religieuses, des superstitions condamnables : « Quelques-uns achèvent de se corrompre par de longs voyages et perdent le peu de religion qui leur restait. Ils voient d'un jour à l'autre diverses mœurs, diverses cérémonies, ils sont menacés par les désordres et l'irréligion qui règnent presque généralement dans le monde, ainsi que par les faux préjugés et les mauvais principes qui se débitent ordinairement dans les conversations [91]. »

Cette propension de la mobilité à encourager le libertinage n'est sans doute qu'un écho plus ou moins entendu des effets réels des déplacements, plus particulièrement de ceux des intellectuels et des gens du monde. C'est le contre-exemple nécessaire des conséquences heureuses qui justifient la littérature normative dans sa totalité. Cependant, un pas est franchi quand les orthodoxes de tous bords et les clercs de toutes les Églises commencent à dénoncer l'effraction intellectuelle causée par les contrecoups des voyages dans le domaine de la pensée, quand relativisme et scepticisme menacent les fondations mêmes des croyances.

Au début du XVIIIe siècle, une voix laïque et huguenote se fait entendre pour troubler plus encore le concert bien accordé de l'utilité des voyages. La *Lettre sur les voyages*, de Béat de Muralt, est publiée en conclusion de la *Lettre sur les Anglais et sur les Français*, récit assez traditionnel, mais qui est certainement l'un des premiers à exprimer un point de vue suisse [92], et quelque peu hétérodoxe à sa manière. L'auteur est l'héritier d'une famille patricienne protestante. Né en 1665, élevé à l'Académie de Genève, il est entré au service de la France, passant quelques années à Versailles, visitant le royaume et l'Angleterre. Son expérience l'autorise à critiquer par où il juge avoir péché, et à présenter, revenu dans sa patrie, une réflexion sur l'inutilité des voyages. Piétiste, religieux, anti-intellectualiste, Muralt, qui mène dans sa retraite champêtre helvétique la vie d'un gentilhomme renté, exalte l'antithèse du voyage. Il a fait « cette chose ordinaire et inutile qu'on appelle un Tour en Angleterre » ; il a visité les nations voisines, observé les villes et les cours, comparé les comportements et les mœurs assez pour douter suffisamment de l'universalité de la nature humaine et pour s'interroger sur les bienfaits du mouvement et de l'agitation. « Ici nos mœurs s'adoucissent et nos passions se calment, nos desseins diminuent et notre manière de vivre devient simple. » Il importe moins de connaître le monde que de se connaître soi-même [93]. Le domaine des apparences, qui est identifié avec la ville et le luxe, ne peut que détourner de cet accomplissement moral : le voyage est un divertissement – et Muralt, un pascalien inavoué. Parcourir l'Europe n'apprend pas à connaître les hommes et à se perfectionner. « Tout voyage entrepris par coutume me paraît mal entrepris, et j'estime perdre le temps qu'on y emploie [94]. » Le provocateur montagnard prend le contre-pied de tous les bénéfices portés au crédit du voyage. L'effet de l'apprentissage des langues ? nocif, c'est une parure superflue. Les savoirs acquis ? inutiles, la vraie connaissance ne relève pas du raisonnement, mais du cœur. La sagesse transmise ? elle a pu être réelle dans les temps antiques, mais aujourd'hui ce sont la curiosité, l'inquiétude et l'appât du gain qui poussent au départ. L'homme ne peut qu'être corrompu par le voyage, car il est attiré par les civilisations les plus policées, les plus perverties et les plus déréglées par rapport à celle où il est né. Tout ce qui caractérise la vie mondaine et le mérite de la capitale française est un signe de décadence, celui d'une société fondée sur l'artifice, le masque, l'esprit. Voyager, c'est perdre de son authenticité. Plus encore, la métaphore canonique de la lecture du « grand livre du monde » vole en éclats : la lecture en elle-même détourne l'homme de son but réel, car l'homme n'est pas fait pour accumuler les idées, pour « s'en faire un magasin ». Voyager pour lire ou lire pour voyager, c'est égarer l'homme doublement ; c'est le sortir de lui-même ; c'est fabriquer de l'ignorance réelle ; c'est préférer la fausse science de l'expérience à la vraie science du sensible. De fil en aiguille, c'est toute la civilisation qui est menacée ; mieux vaut rester chez soi !

LA FICTION PÉDAGOGIQUE

Le patriote suisse, à défaut d'être un précurseur – notion discutable, comme l'a montré Georges Canguilhem [95] –, n'est pas isolé. Il fait écouter une discordance qui tinte dans d'autres discours moraux et politiques : ceux d'un augustinisme forcé, ceux d'une économie politique chrétienne tenace [96]. Fénelon, dans le *Télémaque*, en fait résonner d'autres accords propices à la défense de la stabilité et de l'immobilité sociale. La force de Béat de Muralt est de troubler publiquement l'unanimité et de défendre déjà le monde que l'on a perdu. Il appartiendra à Jean-Jacques Rousseau de tirer les conclusions de son prédécesseur, comme lui calviniste, Suisse et élevé à Genève ; mais, avant d'y revenir [97], précisons que la position du philosophe s'inscrit plus dans la continuité d'une analyse globale de l'origine et du développement de la civilisation, voire dans l'exaltation de la nature, du localisme, du bonheur champêtre, que dans la condamnation de toute mobilité. En ce domaine, Rousseau propose une fin à l'humanisme et à la tradition classique, moins en refusant le voyage qu'en en déplaçant la portée. « *Le grand livre du monde va mourir* [98]. »

L'incertitude née de cette rupture des conventions va se traduire dans une manifestation d'opinion. L'Académie de Lyon propose, au sortir d'une crise qui a marqué toute la culture citadine, une série de sujets à large portée sociale [99]. Entre 1786 et 1788, les candidats intéressés peuvent alors réfléchir à d'autres problèmes de réforme ; mais, à Lyon comme ailleurs, l'éducation est une question centrale [100]. La tradition – rapportée par Couderc, membre de la société savante – veut que le prix ait été proposé par un père de famille, préoccupé de l'éducation de son fils et de la place à y faire aux voyages. Vingt-cinq réponses montrent l'intérêt du public : c'est un bon score pour une compétition académicienne. Le prix est adjugé en 1788, couronnant C. Turlin, avocat au parlement de Paris, en tête, et Mathieu de Mirampal, autre avocat parisien. Les deux lauréats publient immédiatement leur travail avec le privilège de l'Académie et le rapport de celle-ci. Les autres candidats sont restés anonymes, conformément à la coutume, mais l'ensemble permet de mesurer l'état de la question et surtout les façons de voir le rôle des voyages et leur utilité. La réponse est majoritairement favorable : vingt pour, quatre contre.

Le sondage repose sur des discours fortement bâtis dans la maçonnerie des lieux communs de la tradition, du XVIe au XVIIIe siècle, souvent repeints et agrémentés des couleurs et appels de nuance propres aux Lumières : vertu, bonheur, nature, progrès, rien n'y manque. Trois grands axes regroupent les positions, où les jugements critiques énoncent souvent des faits identiques à ceux offerts en exemple par les partisans du voyage. La moyenne des copies est d'une dizaine de pages, ce qui réduit les développements et les argumentaires à ceux d'une bonne dissertation. Deux concurrents font toutefois exception avec 95 pages ; ils sont enregistrés sous les numéros 15 et 23. Il s'agit pour tous d'examiner d'abord ce qui justifie le voyage ; ensuite, les conditions, le comment ; enfin, les effets contraires, que plusieurs des textes favorables mentionnent également. Du pourquoi au comment, du pour au contre, la patte rhétoricienne de l'écriture académique s'accommode parfaitement de ce qui est convenu et de ce qui est convenable. L'ouvrage couronné soutient la thèse de l'utilité générale des voyages, mais de leur inutilité éducative : Turlin est un lecteur de Rousseau, dont il reprend nombre d'idées sur la société et les mœurs. Mirampal, lui, est un partisan mesuré de l'éducation par le voyage : il y voit un facteur de développement personnel, comme un moteur de la civilisation, ce qui ne l'empêche pas de rendre justice à l'*Émile* et au philosophe de Genève. En bref, tous les deux illustrent assez bien l'art de l'accommodement inhérent à l'éclectisme des néo-immortels de Paris et de province, qui dure encore [101].

Motiver les voyageurs ? La société s'en charge. Mais pour justifier le rôle éducatif, les auteurs se situent par rapport à trois traditions : celle qui admet le rôle positif du voyage dans la formation du jugement et par l'action de l'expérience; celle qui lui reconnaît une capacité à perfectionner l'homme moral; celle, enfin, qui y voit l'occasion et le lieu d'une éducation corporelle et physique [102].

Tous les concurrents se placent, d'une façon générale, dans la tradition classique : la pratique, l'observation sont indispensables, les relations écrites par d'autres sont insuffisantes. « Comment n'a-t-on pas vu que les voyages sont à l'éducation ce qu'un paysage riant est à sa faible copie ? Les études de cabinet n'enseignent pas et ne sont que d'un faible secours sans l'expérience; le jeune homme connaît les mots, mais ne sait pas les choses; porté sur les lieux, le plan qu'il s'est formé se rectifie » [23]. Les voyages instruisent; ils aident à constituer « l'alphabet du grand livre de la nature. Toutes nos idées viennent de nos sens ». Le sensualisme général des candidats constitue désormais le fond d'une théorie de la connaissance des défenseurs du voyage. « La justesse du jugement ne se forme que par les comparaisons de tous les objets qui nous affectent, de l'analyse de leur manière d'être et de leurs propriétés distinctes [...]. La dissertation, les démonstrations théoriques ou figurées n'en donnent qu'une idée plus ou moins déterminée que l'on ne peut réaliser dans son imagination que dans des rapports incomplets, fugitifs et obscurs. Le voyage a donc seul le privilège de pouvoir étendre d'une manière universelle, exacte et positive nos connaissances et notre jugement, de multiplier et varier les moyens et les occasions de le former, le rectifier, le perfectionner » [12]. Au retour, les gains sont classiques : recul des préjugés, confrontation des opinions, comparaison des us et coutumes, acquisition d'un « coup d'œil rapide et essentiel ». L'intolérance perd du terrain, et l'on n'en comprend que mieux l'idée qui a animé l'« Auteur de l'univers », précise Mirampal, candidat reconnu [103]. L'étude des peuples, que permet tout périple, forme le futur citoyen :

« On trouvera qu'en général le caractère décide les mœurs. On verra que le langage et sa prononciation décèle l'un et l'autre. On reconnaîtra l'effet d'un climat plus ou moins chaud, plus ou moins approché de l'orient, du midi ou du nord. Les traits, la forme du visage, l'ensemble de la physionomie font connaître la façon dont le cœur est agité. Contentons-nous d'observer quelle est la manière en général avec laquelle on peut analyser chaque pays, pour en comparer le résultat avec celui que l'on a fait de chaque province, de chaque royaume, du monde entier même [...]. On peut aussi considérer ce résultat comme une grande carte où chacun pourra trouver les principes invariables pour se décider, dans presque toutes les occasions, de la manière la plus favorable et la plus utile » [9].

Ce « tableau magique » est l'un des instruments d'une action pour « servir la patrie »; le voyage « en révèle les maux » et en fait connaître l'organisation sociale; l'« âme du corps politique » s'éclaire aux yeux du voyageur. Pour Mirampal, le voyageur porte sur les nations étrangères la même attention que sur la sienne, avec cette différence que « celle-ci est comme un ami malade pour lequel il demande des remèdes à tout l'univers[104] ». Le voyageur philosophe comme médecin de la nation est un thème riche, que Berchtold reprendra plus largement. Le profit attendu par l'observateur dans la « différence des nations », par la découverte des « mystères de la constitution humaine », par l'« étude des mœurs » bien comprise, dicte les principaux objets à retenir, impose les échelles d'observation, commande la « comparaison des peuples[105] ». Dans cet effort de confrontation, les concurrents retiennent la majorité des centres d'intérêt traditionnels des voyageurs d'autrefois, mais, pour la plupart, insistent sur ceux qui révèlent l'authenticité du rapport au politique. Visiter la province s'impose, car « les mœurs nationales sont dans les provinces, loin des capitales où, depuis que les hommes n'ont plus de patrie, les mœurs sont les résultats des mœurs de tous les pays » [13]. L'unanimité des candidats se fait sur ce pragmatisme qui induit la méfiance envers les récits de voyage : celui qui n'a de connaissance que d'après ses lectures a « travaillé en serre »; celui, en revanche, « qui a voyagé battu par les vents » est comme l'arbre transplanté : élevé en plaine, « il est plus vigoureux, et donne de meilleurs fruits » [3]. Les métaphores anciennes qui réconcilient la nature et la culture illustrent tous ces discours, où la lecture sert essentiellement à fournir des exemples historiques ou littéraires justifiant l'utilité de la mobilité éducative.

Celle-ci trouve son plein emploi dans la formation de l'homme moral. Le voyage forme utilement l'esprit et le cœur. Il détache de leur vie molle les jeunes aristocrates; il leur enseigne la modestie et leur fait découvrir la misère [1 et 3]. Il contribue à redresser les éducations « frivoles » ou trop « sérieuses », en perfectionnant les unes et en réparant les autres. Le jeune homme apprend alors les usages du monde; il devient moins emprunté, plus sensible, accoutumé à juger du bien et du mal [4 et 6]. Pas de caractère sans « sensibilité », et l'homme qui a voyagé a mûri, car il a vécu plus que les autres [12, 13 et 19]. Outre la diffusion attendue des Lumières par la communication et l'échange [20], l'objectif unanime est de former un citoyen vertueux, sociable [4]. « Il n'est plus Français, Anglais, Allemand ou Indien, il est citoyen de la Terre » [6]. Il goûte l'enthousiasme de la vertu et « rapporte un cœur échauffé par le patriotisme et le désir de consacrer aux autres ses lumières et son zèle. Ses vastes connaissances donneront du poids à ses avis qui prédisposent aux vertus publiques et aux vertus privées » [23], lesquelles sont nécessaires pour bâtir la « société idéale ».

Les candidats à la reconnaissance académique explicitent alors clairement le sens du mouvement des arts apodémiques et celui que l'on découvre dans le développement de la production des récits : on est passé d'une culture de la curiosité à une culture savante et civique ; l'appel du grand large et l'intérêt pour l'exotique sont fortement concurrencés par la recherche du local et le service de la petite patrie. Citoyen de l'univers, le voyageur est aussi responsable du bonheur de ceux qui l'entourent. De cet engagement, sa transformation morale est la garantie indispensable. Le voyage est le lieu d'apprentissage d'une « nouvelle vie », animée par de nouvelles manières d'agir, un zèle nouveau, des sentiments neufs, l'attention aux autres. Le voyageur est devenu une autre personne [9] : « La légèreté, le folâtre caractère, qui d'ordinaire accompagne la jeunesse, n'est déjà plus dans son cœur, son goût semble formé, il sait pénétrer, il sait distinguer avec adresse les bonnes choses que couvre souvent une enveloppe grossière, déjà il est sur la route. Les beaux jours de printemps se font sentir. Quel spectacle délicieux ! Quel charme ! Quel étonnement pour lui de voir paraître l'aurore sur l'horizon, d'apercevoir le premier rayonnement de soleil s'élancer en trait de feu et animer toute la nature [106] ! » L'action morale des voyages se nourrit de cette exaltation lyrique et sensible du *sentiment de la nature* ; c'est, dans l'esprit de maints auteurs, le théâtre de la décantation des passions, l'antidote à la corruption urbaine, le moyen de corriger les premières impressions néfastes et les aptitudes aux vices de la nature de tous par une puissante diversion.

La force, gagnée par la connaissance de soi-même et l'expérience du monde, est inséparable d'une transformation ancrée dans le développement physique. Le corps participe pleinement de la vertu éducative du voyage utilitaire. Le thème est présent partout, mais largement analysé dans les dissertations 15 et 22 [107]. Partir, c'est l'occasion de compléter une éducation corporelle [108] : les voyages donnent au jeune homme « force et vigueur, circulation du sang, souplesse, souplesse des membres, digestion moins fragile, sensibilité moindre aux chocs, transpiration régulière. Il n'est plus prisonnier de ses habitudes ni de ses caprices, forcé de se lever au grand matin ; il affronte le froid et le chaud, les montagnes, les bois, les landes ; à l'épreuve des intempéries » [22]. Quand le travail du cabinet affaiblit la santé, la route la renforce par l'exercice, l'équitation, l'agitation. La fatigue elle-même « fait faire des réflexions toujours utiles que le voyageur communique à un mentor ou à un compagnon » [1]. A l'instar du docteur Tissot et de la médecine des humeurs, les tempéraments bénéficient tous de la gymnastique passagère qui impose le mouvement [109]. Les caractères régleront les choix : il faut éviter les longs déplacements aux constitutions faibles ; selon les climats, ils seront bénéfiques aux mélancoliques et aux flegmatiques, qui feront des voyages agréables et utiles, ainsi qu'aux sanguins. Les pays froids peuvent retarder la puberté et freiner l'imagination ; reconstruire un tempérament exige qu'on se méfie des climats chauds et voluptueux [110]. Fortifiés et calmés par les courses nordiques, les jeunes gens pourront affronter les dangereuses ardeurs des contrées méridionales. Dans cette opposition se glisse la sexualité, car il s'agit d'en contrôler et d'en mesurer l'éclosion à un âge décisif. Il faut fabriquer des hommes robustes, à la santé inaltérable, vivant plus longtemps – à l'exemple des voyageurs antiques –, adaptés désormais à tous les travaux de l'esprit et du corps, à tous les changements d'air et de climat. Le corporel est devenu dimension de l'universalisme et caractère indispensablement lié au devoir patriotique et local. Les deux éducations, spirituelle et physique, font l'*homme des Lumières*.

Profits des voyages : science et morale

Du pourquoi, les auteurs passent tous au comment voyager. Ils en définissent la cible : dix-sept dissertations traitent de l'utilité du voyage en fonction de l'état du jeune voyageur. Pour une majorité, la finalité active regarde la vie militaire, la magistrature, le commerce, plus rarement l'artisanat et l'agriculture, toujours les arts. Ces buts orientent les intérêts de chacun, et « ce n'est que par délassement qu'il verra ce qu'il y a de curieux ». Toutes les classes, à quelque degré que ce soit, peuvent profiter des voyages, et l'une des dissertations montre qu'ils ne sont pas nécessaires qu'aux « gens de qualité » [15]. Ils doivent intéresser les couches les plus modestes et le peuple : « Le négociant doit aller là où se traitent les affaires. Parmi le peuple, le fils suit l'exemple du père, aussi serait-il bon qu'il connût ce qui se fait ailleurs; les ouvriers qui ont voyagé ont plus de goût et plus d'invention; ce que le pauvre ne trouve pas dans son foyer, il doit le trouver par le voyage. Le paysan français, trop attaché à son village, ne connaît pas le plus souvent la ville proche; si le manœuvre, le journalier voyageaient, nous verrions un grand changement dans notre agriculture » [19]. Chacun trouve ainsi ses destinations : le juriste va entendre les procès; le militaire visite les arsenaux et les camps; le ministre des autels, les lieux de culte et les institutions charitables; le philosophe, suivant l'exemple de Sterne, observe les hommes et la sensibilité; le négociant s'informe de ce qui déborde le calcul du profit; l'artiste «voit, apprend, imite» [23]. Le profit du voyage tourné vers l'utilité patriotique est nourri d'une diversité sociale neuve, associée à l'idée du progrès et de la capacité de tous les états à y contribuer. C'est l'utilité encore qui oriente les pas des voyageurs. La géographie des intérêts reste conforme à une caractérologie générale inhérente aux récits et léguée par la coutume. L'Angleterre et l'Italie sont le plus souvent mentionnées pour des profits différents : les leçons d'énergie politique et l'esprit du commerce pour la première; les leçons du goût et de la religion pour la seconde, où l'on se méfiera de la superstition et de la dévotion.

A ce moment intervient une question cruciale dont la réponse détermine celle qui est donnée à d'autres quant aux conditions pratiques du voyage. A quel âge doit-on partir? La réponse est en général mitigée : les hommes mûrs voyagent à moindre risque; les jeunes gens n'en profitent, eux, que selon leurs «dispositions naturelles. Les voyages sont utiles à proportion des connaissances acquises, autrement ils ne produisent qu'une stupide admiration causée par la nouveauté; ils poussent le naturel vers la pente; il faut avoir subi les maladies de l'enfance en se préoccupant contre celles de la jeunesse; la petite vérole est cette espèce de tribut à payer au bas âge; l'inoculation est à conseiller : les voyages commencent directement après les études, couronnement de l'éducation [...]. Locke dit qu'il faut être de retour dans son pays à vingt et un ans» [15]. Pour une majorité, le bon âge se situe dans cette période de cinq ou six années, de quatorze à vingt ans, quand «le corps est assez fort, quand la raison s'affirme. Trop jeune, on ne cherche que des jouets; trop vieux, le corps n'est plus assez robuste». Autour de vingt ans, on est généralement fixé sur son état futur; *Émile* a vingt-deux ans, ce qui est déjà un peu tard «aux yeux des pères de famille» [23].

De ce choix décisif dépend le bagage des connaissances préalables. La lecture retrouve une part de son efficace : avec elle, en effet, le jeune voyageur anticipera sur ses observations en leur préparant un cadre [1]; elle le disposera à ses buts, elle fixera l'espace et la durée du déplacement [1 et 23][111]. Disponibilité temporelle et ampleur du voyage déterminent le reste. Tel «l'usage préalable des langues connues» avant de partir, perfectionnées sur place : six mois sont nécessaires pour la plupart [112]. Tel encore le choix des moyens de transport : «Ni équipage de luxe, ni voyage de piéton ; il n'y a qu'un soldat, un garçon du devoir, ou un naturaliste qui puissent se résoudre à faire une longue marche. Tout autre n'ira pas loin s'il est à pied, laissons là l'hyperbole. Il faut voyager comme il convient selon l'occasion et ses facultés, tantôt à cheval, tantôt en voiture, bonne ou mauvaise, par terre comme par eau, sans trop se soucier de ses aises. Chaque jour amène une nouvelle circonstance et une nouvelle attitude, heureux qui n'est point sensible au changement ! Il faut se faire à la fatigue, savoir supporter le cahotage, l'intempérie du temps, le bruit des hôtelleries, n'être point délicat sur l'apprêt des mets, sur la dureté des lits, la privation de couette et d'oreiller» [15][113]. Voyager utilement suppose moins le confort que l'effort, la commodité et l'adaptation aux possibilités de la route.

Emploi du temps, occupations réglées, économie répondent aux mêmes impératifs. Le journal quotidien est d'une sage discipline [6] et [15], mais un auteur se montre plus précis que Berchtold : les observations et la tenue d'un journal de voyage «ne demandent pas plus d'une heure par jour. D'ailleurs, en faisant chaque jour des notes très concises, deux soirées dans la semaine suffisent amplement pour rédiger tout ce que l'on a observé. Le jeune homme qui se relâche à cet égard n'est point encore en état de voyager et son père doit lui signifier incessamment l'arrêt de son retour» [23]. Lettres de recommandation, rôle du mentor sont évoqués dans la plupart des dissertations. Les premières sont un gage de facilité, de succès; le second, une garantie de réussite et de discipline. Ce mentor doit être lui-même instruit, éclairé, homme de confiance, guide expérimenté. «Le tuteur apprend la route»; il doit s'arranger pour alterner le plaisir et le repos, la liberté et la sévérité. A lui la lourde responsabilité de diriger l'esprit et de former le cœur. C'est, hélas! un oiseau rare [114].

Avec ce dernier thème, on retrouve l'interrogation pédagogique débattue. Voyager, en effet, ne suffit pas : il faut apprendre à bien voyager, et cela ne se trouve pas dans les livres, et jamais aisément dans le déplacement lui-même sur lequel trop de hasards peuvent peser. L'Académie, dans son rapport sur les candidats et les prix, souligne les incertitudes qu'aucune réponse n'a levées. Jean-Jacques Rousseau lui-même ne rassemblait pas tous les signes indispensables pour être couronné par ces amateurs de perfection[115]. La question reste trop directement liée à l'état de l'éducation ordinaire, dont la réforme est nécessaire; et le danger principal des remèdes à l'inutilité, c'est de proposer plus que l'on ne peut recevoir.

Dans les dissertations qui plaident avec plus ou moins de force la cause de la difficulté, soulignant à contre-courant la vanité et la futilité possible des voyages, on voit se préciser les inquiétudes. Les buts ne sont pas contestés, les moyens et les pratiques ne sont pas changés, mais l'échec peut être patent. Turlin donne le ton, qui refait le coup de force de Rousseau – choisir le contraire du commun pour écrire son premier discours. Il invoque ainsi l'illumination qui le pousse à «prouver que les voyages ne peuvent former l'esprit d'un jeune homme et qu'ils l'exposent infailliblement à perdre les mœurs»! Même s'ils sont bons en eux-mêmes, ils sont, comme tous les produits d'un siècle pervers – entendons, au-delà, de la civilisation moderne –, détournés de leurs fins. «Il faut les interdire à la jeunesse[116].»

Trois arguments soutiennent la cause des défaitistes. En premier lieu, la dépense que ne justifie pas le résultat incertain, et qui habitue au luxe, au confort, aux mauvaises fréquentations. On retrouve là la condamnation habituelle des détracteurs de toute la société urbaine et de la consommation[117]. Outre les dangers habituels qu'encourt le voyageur – tempêtes, air malsain, état précaire des routes, mauvaises rencontres sur terre et sur mer –, les menaces morales sont encore plus nombreuses et plus redoutables : les jeunes n'aiment que la nouveauté, traversent les pays en n'en voyant que la surface, et se laissent facilement égarer par des guides malfaisants [1]. Les bons mentors sont décidément rares. Frivolité, orgueil, corruption guettent les jeunes gens d'une sensibilité trop précoce, et surtout les premières atteintes de la volupté. «L'état même du voyageur est un état immoral qui produit presque toujours les désirs vagues de l'âme, l'ennui et, comme on l'a dit, le dégoût du bonheur lui-même. Dirai-je que l'ignorant, voyageant bien plus pour satisfaire sa curiosité que pour ajouter à son instruction, ne puise dans ses voyages que des prétentions, que ce penchant à forfanterie qui se complaît dans le récit héroïque qu'elle n'a pas faite.» L'oisiveté des jeunes gens, accablés de tâches et n'y pouvant répondre, ajoute à l'égarement [118]. Neuf sur dix perdent ainsi leur temps, tandis qu'« un seul se perfectionne », s'exclame un pessimiste [2] : « Je comparerais le voyage aux loteries. »

En second lieu interviennent les arguments de l'inutilité liée à l'incapacité. Peu de voyageurs sont capables de profiter des occasions offertes, car ils devraient avoir déjà toutes les connaissances et le jugement nécessaires pour mener à bien leur expédition. L'éducation présente ne les forme pas à cela ; le goût des voyages sensibles et personnels pour se distraire les en détourne. A ce point de raisonnement plaintif, l'échec du voyage éducatif devient celui de l'*éducation patriotique*, l'affaiblissement du civisme utilitaire. N'étant pas en état de bien voir, n'ayant pas encore acquis l'habitude de choisir les objets dignes d'être observés, privé du bon guide capable de le redresser, le jeune voyageur court à sa perte [119]. « Les voyages peuvent corrompre les nations entières ; ce sont eux qui font naître cette foule de cosmopolites. Ils adoptent l'univers pour patrie, développent un désir vague de ce qu'on n'a pas. A son retour, le jeune homme n'aime plus rien, l'inquiétude l'arrache à ses foyers. L'état du voyageur est immoral » : il ruine le patriotisme auquel il devait tendre [120]. C'est un appel au local qu'on entend là.

En troisième lieu, si les voyages peuvent accroître la somme des connaissances, ils accroissent plus encore celle de nos maux. Ils jouent à contresens, accentuant le pédantisme et la stérilité des études superficielles : « La majorité des voyageurs ne fait qu'augmenter la somme d'erreurs et de préjugés qu'ils devaient combattre. » Pis encore, voyager risque d'inspirer des goûts et des désirs que la condition ou l'état ne permettent pas toujours de satisfaire. La critique de la finalité positive aboutit à retrouver l'éloge de l'immobilité sociale. Six années perdues ! s'exclame Turlin, provocateur, mais qui a compris de quel côté risquaient de tomber ses examinateurs – à l'exemple de ceux de Dijon, en 1750, avec le premier discours de Rousseau. Il sait ce qui a lié depuis un demi-siècle l'élite académique provinciale en général, et lyonnaise en particulier, à une forme acceptable de rousseauisme. Il sait aussi que, pour les néo-immortels provinciaux, l'espoir de réforme est à imaginer dans les capitales régionales, loin de Paris. Alors, parier sur le voyage et son utilité, c'est mettre la charrue avant les bœufs, c'est regarder un moyen pour une fin. La position contradictoire de l'Académie – elle choisit la provocation, elle accepte en même temps de cautionner la position commune et lui fait une publicité habituelle – montre la façon dont l'opinion publique banale a pensé le vieux débat.

Depuis la transmission des normes élaborées à la Renaissance, l'utilité des voyages reste admise, au service d'une pédagogie de la curiosité. En participant au fondement même de la science nouvelle, ils bénéficiaient d'un large accord ouvert à la spécialisation scientifique, à la conquête et à la maîtrise de la nature, à l'expertise administrative et technique. Ils sont, sans discussion encore, placés au cœur d'une pédagogie de l'honnête homme, du savant, du philosophe. Voyager, c'est déchiffrer le « grand livre du monde », se comprendre et comprendre les autres. A la fin du siècle des Lumières, la montée du patriotisme encourage le recours à l'instruction liée à la culture de la mobilité : elle doit permettre à la petite patrie, mieux connue, de mieux vivre. En même temps, elle découvre les dangers du relativisme et de l'évasion. Dès lors, lecture du « grand livre du monde » et lecture des récits de voyage sont simultanément interrogées. Sans lecture, la nature et les peuples sont muets ; mais les livres masquent le réel, et le voyage peut égarer les voyageurs. La question est de savoir si le temps et l'argent engagés sont compensés par ces résultats, et comment. Ce sur quoi s'interrogeait déjà le fabuliste : le voyage peut produire de la fausse monnaie et, comme chacun le sait, elle chasse la bonne.

NOTES

1. J. de La Fontaine, *Fables*, in *Œuvres*, «Bibliothèque de la Pléiade», Paris, 1995, 2 vol. Nous citons seulement les références dans l'œuvre : *Fables*, XII, 20.
2. *Ibid.*, 1, IV, «Les deux mulets». C'est aussi une leçon du «Chacun doit rester à sa place».
3. *Ibid.*, 1, V, «Le loup et le chien». Ici, la leçon est ambiguë : à la félicité cher payée du chien sédentaire, le loup préfère la course : «Il court encore.» *Fables* 4, XIII, même avertissement dans «Le cheval s'étant voulu venger du cerf»; 5, VIII, «Le cheval et le loup».
4. *Ibid.*, 1, VIII, «L'hirondelle et les petits oiseaux».
5. *Ibid.*, 2, X, «L'âne chargé d'éponge et l'âne chargé de sel».
6. *Ibid.*, 3, t. I, «Le meunier, son fils et l'âne».
7. *Ibid.*, 3, XV, «Philomèle et Progné».
8. *Ibid.*, 4, t. II, «Le berger et la mer».
9. *Ibid.*, 4, XXII, «L'alouette et ses petits».
10. *Ibid.*, 5, t. II, «Le pot de terre et le pot de fer».
11. *Ibid.*, 6, t. III, «Phébus et Borée».
12. *Ibid.*, 6, X, «Le lièvre et la tortue».
13. *Ibid.*, 6, XVIII, «Le chartier embourbé».
14. *Ibid.*, 7, IX, «Le coche et la mouche».
15. *Ibid.*, 7, XII, «L'homme qui court après la fortune».
16. *Ibid.*, 7, X, «La laitière et le pot au lait».
17. *Ibid.*, 7, XIII, «L'ingratitude et l'injustice des hommes envers la fortune».
18. *Ibid.*, 8, XVIII, «Le bassa et le marchand»; XXIII, «Le torrent et la rivière»; XXV, «Les deux chiens et l'âne mort».
19. *Ibid.*, 9, t. II, «Les deux pigeons».
20. On pourra encore relire, *Ibid.*, 9, XIII, «Jupiter et le passager»; 10, t. II, «La tortue et les deux canards»; 10, XIII, «Les deux aventuriers et le talisman»; 10, IV, «Le marchand, le gentilhomme, le pâtre et le fils du roi»; 12, t. I, «Compagnons d'Ulysse»; 12, XXIV, «Le juge arbitre».
21. *Ibid.*, V, 9, «Le laboureur et ses enfants»; J. Elster, *Le Laboureur et ses enfants. Deux essais sur les limites de la rationalité*, 1983, 1986 (trad. fr.).
22. *Ibid.*, 7, X, «La laitière et le pot au lait».
23. J. de La Fontaine, *Œuvres, op. cit.*, t. II, *Lettres à sa femme. Relation d'un voyage en Limousin*.
24. M. Rassem et J. Stagl, *Quellen und Abhandlungen zur Geschichte der Staatsbeschreibung und Statistik*, Qass, Paderborn, 1983; S. Collini, *Conseils pratiques et orientations théoriques dans les Instructions pour les voyageurs au XVIIIe siècle*; A. Vannoni, *Les Instructions pour les voyageurs : voyages, expériences, connaissances au XVIIIe siècle*; C. Blankaert, *Le Terrain des sciences humaines*, Paris, 1996, pp. 57-87.
25. Boucher de la Richarderie, *Bibliothèque universelle des voyages ou Notice complète et raisonnée de tous les voyages anciens et modernes dans les différentes parties du monde, publiés tant en langue française qu'en langues étrangères, classés par ordre de pays dans leur série chronologique, avec des extraits plus ou moins rapides des voyages les plus estimés de chaque pays, et des jugements motivés sur les relations anciennes qui ont le plus de célébrité*, Paris, 6 vol., 1806-1808, t. I, pp. 9-15; *Essay to Direct the Inquiries of a Patriotic Traveller*, Londres, 1789, 2 vol. La notice sur les voyages est dans le second volume; l'édition française retenue est celle de l'an V, mais un abrégé avait déjà été publié avant. Le titre complet de ce texte fondamental est : *Essai pour diriger et étendre les recherches des voyageurs qui se proposent l'utilité de leur patrie, avec des observations pour préserver la vie, la santé et les effets, et une*

suite de questions sur les objets les plus dignes des recherches de tout voyageur, sur les matières qui intéressent la société et l'humanité, par le comte L. Berchtold, traduit de l'anglais par C. Lasteyrie, Paris, Dupont, an V-1797, 2 vol., in-8°.
26. Boucher de la Richarderie, *op. cit.*, t. I, p. 2.
27. J. Stagl, *op. cit.*, pp. 8-12; et «Un système de littérature normativée des voyages au XVIe siècle», in G. Chabaud, *Les Guides de Paris du XVIIe siècle au début du XIXe siècle. Remarques sur une construction historique : les guides imprimés du XVIe au XXe siècle*, textes réunis et publiés avec E. Cohen, N. Coquery et J. Penez, Paris, 2000, pp. 37-44.
28. Stendhal, *Voyages en France, Mémoires d'un touriste*, in *Œuvres*, éd. V. Del Litto, «Bibliothèque de la Pléiade», Paris, 1992, pp. 3-4.
29. J. Stagl, *op. cit.*, pp. 43-44, et *A History of Curiosity. The Theory of Travel, 1550-1800*, CHUR, 1995.
30. M. Rassem et J. Stagl, *Statistik und Staatsbeschreibung in der Neuzeit, vornehmlich im 16-18. Jahrhundert, Bericht über ein interdisziplinäres Symposium*, Wolfenbüttel, 25-27 septembre 1978, Paderborn-Vienne-Zurich, 1980, pp. 17-36, 131-204. Bibliographie par ordre alphabétique, pp. 172-187. Notons que Stagl ne mentionne pas Boucher de La Richarderie dans sa bibliographie des écrits sur le genre apodémique.
31. Boucher de la Richarderie, *op. cit.*, t. I, p. 15.
32. W. Frijhoff, «Les Guides universitaires, XVIe-XVIIIe siècle», in G. Chabaud, *Les Guides de Paris du XVIIe siècle au début du XIXe siècle, op. cit.*, pp. 23-36.
33. Tomasius, *De peregrinationis litterariae insigni utilitate in studio, in primis theologiae*, Bâle, 1707, in-4°.
34. C. E. Linné, *Instructio peregrinationis dissertatio, Proeside*, Uppsala, 1759, in-4°; *Oratio que peregrinationum patriam asseritur necessitas*, in-4°, 2e éd., Leyde, in-8°. L'ouvrage est réédité à plusieurs reprises dans les *Amenitates Academicae*, dans les *Fundamenta Botanices* de Gillibert, traduit en anglais par Stilling Fleet, repris dans les opuscules choisis de Linné.
35. J.-C. Perrot, *Une histoire intellectuelle de l'économie politique, XVIIe-XVIIIe siècles*, Paris, 1992, pp. 185, 225, 382, 461-462.
36. D. Roche, *Le Siècle des Lumières en province : académies et académiciens provinciaux, 1680-1789*, Paris-La Haye, 1978, pp. 326-350.
37. J.-J. Rousseau, *Œuvres complètes*, «Bibliothèque de la Pléiade», Paris, 1959-1995, 5 vol., t. IV (1969), livre III, pp. 454-488; livre V, pp. 770-860.
38. Archives de l'Académie de Lyon, recueil sur l'histoire de l'éducation.
39. J. Burchkardt, *La Civilisation de la Renaissance* (1860), 1958 (trad. fr.); J. Delumeau, *La Civilisation de la Renaissance*, Paris, 1967, pp. 317-377.
40. S. Sorbière, *Lettres et discours*, Paris, s. d., *Lettre à Monsieur Vitré, De l'utilité des grands voyages et de la lecture de leur relation*, 1er septembre 1659, pp. 640-660.
41. *Ibid.*, pp. 648-649.
42. N. Doiron, *L'Art de voyager. Le Déplacement à l'époque classique*, Sainte-Foy/Paris, 1995; J. Céard et J.-C. Margolin, *Voyager à la Renaissance*, Actes du colloque de Tours, 1983, Paris, 1987.
43. M. Rassem et J. Stagl, *Quellen, op. cit.*, pp. 66-67.
44. N. Doiron, *op. cit.*, pp. 17-32.
45. J. Delumeau, *op. cit.*, pp. 283-317.
46. N. Doiron, *op. cit.*, p. 26.
47. Montaigne, *Essais*, éd. A Thibaudet et M. Rat, «Bibliothèque de la Pléiade», Paris, 1962, 3 vol., t. I, pp. 163-167; t. III, p. 214; N. Doiron, *op. cit.*, pp. 47-60.
48. H. Friedrich, *Montaigne*, 1949, Paris, 1968 (trad. fr.), pp. 364-365.
49. Les *Essais* multiplient les exemples de ces variations; citons, parmi les plus

célèbres, «Des cannibales» (I, XXX), «Des coches» (III, VI) et bien sûr «De la coutume» (I, XXII).
50. C. Lévi-Strauss, *La Potière jalouse*, Paris, 1985, pp. 19-22; *id., Histoire de lynx*, Paris, 1991, pp. 277-298, «En relisant Montaigne».
51. N. Doiron, *op. cit.*, p. 53.
52. F. Bacon, *Essais-Essays*, Paris, 1997, pp. 91-95, «Of Travaile, Des voyages». On y trouve tous les impératifs du voyage éducatif réussi et, en résumé, ce qu'il faut suivre pour rendre l'expérience profitable.
53. R. Descartes, *Œuvres complètes*, «Bibliothèque de la Pléiade», Paris, 1937, pp. 96-99.
54. R. Doinon, *op. cit.*, pp. 29-30, 65-55, 73-75.
55. R. Descartes, *op. cit., Méditations secondes*, p. 274; M. Serres, *Le Système de Leibniz et ses modèles mathématiques*, 2 vol., Paris, 1968, t. II, pp. 655-658; N. Doiron, *op. cit.*, p. 74, qui cite aussi G. Y. Van den Abbeele, *Cartesian Coordinates, Metaphor, Topography and Presupposition* in *Descartes, Voyages, récits et imaginaires*, éd. B. Beugnot, Paris-Seattle-Tübingen, 1974.
56. C.-C. Baudelot de Dairval, *Mémoire de quelques observations générales qu'on peut faire pour ne pas voyager inutilement*, Paris, 1686, pp. 3-4.
57. J. Céard et J.-C. Margolin, *op. cit.*, pp. 9-27.
58. F. Lestringant, *Europe et théorie des climats dans la seconde moitié du XVIe siècle. La Conscience européenne au XVe et au XVIe siècle*, Paris, 1982, pp. 206-226.
59. A. Schnapp, *op. cit.*, pp. 121-178.
60. C.-C. Baudelot de Dairval, *op. cit.*, 1686, éd. 1693, t. I, pp. 28-29, 65-66.
61. R. Descartes, *op. cit., Discours de la méthode*, p. 169.
62. D. Roche, *Le Siècle des Lumières en province, op. cit.*, t. I, pp. 310-321; A. Goldgar, *Impolite Learning, Conduct and Community* in *the Republic of Letters, 1680-1750*, New Haven-Londres, 1995, pp. 1-10, 174-211.
63. N. Doiron, *op. cit.*, pp. 97-101.
64. J. de La Fontaine, *Fables*, 7, XII, «L'homme qui court après la fortune et l'homme qui l'attend dans son lit».
65. J. de La Fontaine, *Relation d'un voyage en Limousin, op. cit.*
66. F. Wolfzettel, *Le Discours du voyageur. Le Récit de voyage en France du Moyen Age au XVIIIe siècle*, Paris, 1996, pp. 121-129.
67. S. Sorbière, *De l'utilité, op. cit.*, pp. 649-653.
68. M. Rassem et J. Stagl, *Quellen, op. cit.*, p. 119.
69. S. Dufour, *Instruction morale d'un père à son fils ou Manière aisée de former un jeune homme qui part pour un long voyage à toutes sortes de vertus*, Paris, 1679, chez Quinet. *L'Art de voyager* est suivi de *Cent maximes chrétiennes et morales*, Paris, 1680; l'édition de 1679 est présentée comme nouvelle, peut-être de 1676.
70. L. Dumay, *Le Prudent Voyageur, contenant la description politique de tous les Etats du monde, de l'Asie, de l'Afrique et de l'Amérique et particulièrement de l'Europe, où sont méthodiquement et exactement dépeintes toutes maisons royales et autres familles illustres de France, d'Allemagne, d'Espagne, d'Italie, etc. Leur origine, leur progrès et l'état présent où elles se trouvent*, 3 vol., Gand, 1681.
71. *L'Art de voyager utilement*, Paris, 1688. Boucher de La Richarderie signale une édition d'Amsterdam de 1698; Stagl ne le mentionne pas à ses dates.
72. *Ibid.*, p. 49.
73. John Locke, *Some Thoughts...*, Londres, 1695, rééd. 1699, *De l'éducation des enfants*, Amsterdam, 1708, pp. 189-201.
74. N. Elias, *La Civilisation des mœurs*, 1939 (1973, trad. fr.); *id., La Société de cour*, 1969 (1974, trad. fr.), et éd. R. Chartier, Paris, 1985.
75. F. Dagognet, *Le Nombre et le lieu*, Paris, 1984, pp. 54-55.

76. M. Rassem et J. Stagl, *Quellen, op. cit.*, p. 119.
77. *Philosophical Transactions...*, pp. 140-142.
78. M.-N. Bourguet, *Science, espace et voyages*, Thèse d'habilitation, Paris I, ex. dactyl., 2 vol., 1993.
79. D. Roche, *Le Siècle des Lumières en province, op. cit.*, t. I, pp. 382-383; B.M. Bordeaux, Ms., 828. 6.
80. D. Roche, *op. cit.*, t. I, pp. 380-383; P. Barrière, *L'Académie de Bordeaux, centre de culture internationale au XVIIIe siècle*, Bordeaux, 1951, pp. 143-226.
81. E. Munier, *Essai d'une méthode propre à étendre les connaissances des voyageurs, appuyé sur des faits exacts et enrichi d'expériences utiles*, Paris, 1779, 2 vol.
82. C'est un in-8° de 48 pages, avec des gravures intéressantes, qui a échappé à Stagl. Il est consultable à la bibliothèque de l'Académie des sciences de Turin; je remercie le secrétaire perpétuel de l'Académie et V. Ferrone de me l'avoir signalé. Sur la noblesse militaire piémontaise, voir W. Barberis, *Le Armi del principe. La tradizione militare sabanda*, Turin, 1988, pp. 239-330; S. Loriga, *Soldats, un laboratoire disciplinaire : l'armée piémontaise au XVIIIe siècle*, Paris, 1992.
83. J. Andrews, *Letters to a young Gentlean on his Gretting out of France containing a Survey of Paris and a Review of French Literature with Rules and Directions for Travellers and Various Observations and Anecdotes relating to the Subject*, Londres, 1784, 4 vol.
84. M. Rassem et J. Stagl, *Quellen, op. cit.*, p. 119, et *Statistik, op. cit.*, pp. 125-130. Le titre complet de l'ouvrage du comte L. Berchtold est : *Essai pour diriger les recherches des voyageurs qui se proposent l'utilité de la patrie. Avec des observations sur les moyens de préserver la vie, la santé et les effets dans les voyages par terre et par mer, pour les personnes qui n'ont pas acquis l'expérience des voyages. Et une série de questions renfermant les objets les plus dignes de recherche à tout voyageur, sur les matières qui intéressent la société et l'humanité, pour proposer à la solution des hommes de tous les rangs et dans les différents gouvernements*, Paris, Dupont, an V-1797, 2 vol., in-8°; sur L. Berchtold, brève présentation par E. de Fontenay, in *XVIIIe siècle*, 1991, et M. Rassem et J. Stagl, *Statistik, op. cit.*, 1980, p. 18; J. Stagl, *art. cit.*, 1980, pp. 174-175.
85. *Le Guide des voyageurs en Europe* est connu surtout pour sa version en français, peut-être de Weimar, 1793, en 8 vol., qui détaille successivement les conseils généraux indispensables, puis les différents itinéraires par pays. On en connaît des versions différentes, encore en français, de 1802 et 1810; celle de 1810 est présentée dans un second tirage pour la 6e édition. En allemand, Stagl en recense une dizaine depuis celle de Leipzig en 1784, toujours en 8 vol., et sous d'autres formes. Il cite également un recueil amusant de voyages en vers et en prose, Paris, 1783, et les *Kleine Reisen für Dilettanten*, Berlin, 1785. O. Reichard (1751-1828), bibliothécaire, directeur de théâtre, acteur, journaliste, franc-maçon, illuminé, est l'un des plus prolixes et des plus intéressants auteurs d'ouvrages apodémiques du tournant du siècle.
86. Nous ne multiplierons pas les références qui nourrissent les exemples. Ils proviennent pour l'essentiel du tome I, section II, «Les objets les plus dignes de recherche», pp. 20-55, «De la conservation de la vie humaine»; III, «De l'information et des moyens de l'obtenir», pp. 36-45; IV, «Observations qui doivent être rédigées par écrit», pp. 47-50; V, «Moyens de parvenir à la sûreté des voyageurs», pp. 50-56; VI, «Moyens de conserver santé des voyageurs», pp. 57-67; VII, «Moyens de se procurer de l'argent», pp. 68-70; VIII, «Des lettres de recommandations», pp. 71-72; IX, «Des auberges», pp. 72-78; X, «Les effets des voyageurs», pp. 79-83; XI, «Des voyages de mer», pp. 84-90; XII, «Mélanges», pp. 91-97.
87. L. Berchtold, *op. cit.*, 2e partie, «Série de questions qui intéressent la société et l'humanité», pp. 105-249. Ainsi, pp. 114-115, vingt-six catégories sociales et profes-

sionnelles sont données à l'étude : paysans, manufacturiers, hommes de journée, artisans, apprentis, matelots des marines royales, des marines marchandes, pêcheurs, mineurs, domestiques de toute sorte, étudiants, citoyens, artistes, militaires réguliers, miliciens, étrangers, juifs, vagabonds et nègres, négociants, marchands, commis et garçons, hommes de loi et clercs, particuliers vivant de leurs biens, commerçants retirés, noblesse, pauvres, étrangers de toute condition. A chaque catégorie son questionnaire ; par exemple, pp. 123-135, « Conditions du paysan ».
88. *Ibid.*, p. 20.
89. J. Gaulmier, *L'Idéologue Volney*, Paris, 1959.
90. L. Stone, *The Crisis of the Aristocracy, 1558-1641*, Oxford, 1967, pp. 303-330.
91. J. de La Bruyère, *Les Caractères*, éd. G. Mongrédien, Paris, 1932, pp. 401-402.
92. B. de Muralt, *Lettres sur les Anglais et les Français*, s. l., 1725 ; éd. C. Gould, Paris, 1933 ; M. Therrien, « La Lettre sur les voyages de Béat de Muralt ou De l'inutilité des voyages », in F. Moureau, *L'Imaginaire vrai. Métamorphoses du récit de voyage*. Colloque de la Sorbonne et du Sénat, 2 mars 1985, préface de P. Brunel, Paris-Genève, 1986, pp. 74-81.
93. B. de Muralt, *op. cit.*, pp. 280-287.
94. *Ibid.*, pp. 292-293.
95. G. Canguilhem, *Etudes d'histoire et de philosophie des sciences*, Paris, 1970, pp. 20-22.
96. D. Roche, *La France des Lumières*, Paris, 1993, pp. 507-550 ; id., *Histoire des choses banales. Naissance de la société de consommation, XVIIIe-XIXe siècle*, Paris, 1997, pp. 43-66.
97. CF. *infra*, IIIe partie, chapitre X, « Mobilité et sociabilités ».
98. N. Doiron, *op. cit.*, pp. 187-192.
99. Archives de l'Académie de Lyon, Ms. 236-237, concours 1788, 25 copies ; J.-B. Dumas, *Histoire de l'Académie des sciences, belles-lettres et arts de Lyon*, Lyon, 1839 ; R. Chartier, *L'Académie de Lyon au XVIIIe siècle. Etude de sociologie culturelle. Nouvelles études lyonnaises*, éd. H.-J. Martin, Paris-Genève, 1969.
100. *Ibid.*, pp. 232-250 ; D. Roche, *Le Siècle des Lumières en province*, *op. cit.*, t. I, « Concours ».
101. Une mise en contexte général de S. Chavanaz, *L'Utilité éducative du voyage du XVIe au XVIIIe siècle*, Mémoire de maîtrise, Paris, 1994, ex. dactyl.
102. Nous citons les concurrents au moyen de leur numéro, sans identifier les copies.
103. M. de Mirampal, *op. cit.*, p. 38.
104. *Ibid.*, pp. 42-46.
105. Nous citons ici les principales références à ces thèmes récurrents dans les copies. [1], p. 27, « Différence des nations » ; p. 32, « Etude des mœurs » ; [3], p. 4, « Comparaison des langues » ; p. 5, « Observation des sociétés comme citoyen du monde, pour revenir au partage, nation, ville, famille où naissent les différents devoirs de la société civile » ; [5], « Bienfaits de la collection des différences constatées entre les peuples » ; [7], p. 14, « Nations à visiter » ; p. 17, « Nations à éviter », p. 20, « Critique de la Pologne » ; [10], p. 5, « Objets et cadres du voyage, référence au choix de Rousseau » ; [13], p. 14 et 21, « Extension des objets à voir, les hôpitaux, thermomètre de la misère » ; [23], p. 13, « Contempler les habitants du globe sous ses faces dans tous les sites ». Héros des voyages, les souveriens (Pierre le Grand, Joseph II, Gustave III), les savants, les gens de lettres, les voyageurs antiques, le peuple juif, et les personnages de *Télémaque* et de la *Cyropédie* : [2], [3], [6], [9], [14], [15], [19], [23]. Les voyages peuvent ainsi préparer à tous les états : [3], [6], [7], [23].
106. [9], p. 139 ; [1], p. 35.
107. [5], pp. 34-91 ; [22], pp. 140-145.
108. [7], [15], [19], [20], [21], [22], [23].

109. [15], p. 35; Tissot, *De la santé des gens de lettres*, Paris-Genève, 1775 (troisième édition).
110. [15], pp. 34-35; [22], p. 47; M. de Mirampal, *op. cit.*, p. 22-29 (il a recopié Montaigne p. 22).
111. [23] s'étend longuement, et de façon originale dans le corpus, sur les séjours : Paris exige six mois; les provinces françaises, quatre; Angleterre, Ecosse, Irlande, six mois; Suisse, deux mois; Italie, six mois; au total, deux ans et trois mois d'absence. En Angleterre, se fixer quelque temps dans un village pour apprendre la langue du pays et «étudier tout ce que cette nation étonnante offre de plus intéressant est à conseiller».
112. [10], [13], [15], [19] et encore [23].
113. [15], p. 91.
114. [4], [5], [6], [10], [12], [15], [21]n [23], [24]; M. de Mirampal, *op. cit.*, pp. 40-41.
115. «Extraits des discours qui ont concouru pour le prix...», *op. cit.*, pp. 3-15.
116. C. Turlin, *op. cit.*, pp. 52-54; [10], [14], [18], [25]; certains arguments se retrouvent dans [1], [14], [16], [23].
117. C. Turlin, *op. cit.*, pp. 81-106; [1], p. 37.
118. [10], pp. 46-51.
119. C. Turlin, *op. cit.*, pp. 81-86, va plus loin encore : «Libéré, le jeune voyageur est tenté de s'abandonner à la liberté. Déjà son œil mesure l'espace qu'il va parcourir : son imagination y sème d'avance tous les plaisirs. Les femmes, les femmes, voilà l'unique objet qui le captive, le seul dont les passions lui fassent un besoin de s'occuper.»
120. [10], pp. 46-47 – l'auteur a bien lu Rousseau.

Chapitre III

Le voyageur en chambre

De façon provocante, mais sans explosion immédiate dans l'opinion, la *Lettre sur les voyages* de Béat de Muralt a lancé un débat intellectuel destiné à un avenir fécond. Avec Rousseau et les académiciens de Lyon, il rebondit en mettant en cause l'une des pratiques les plus admises dans la formation des élites modernes : le voyage éducatif. En plaçant l'accent sur les conditions nécessaires pour une réussite souhaitée, les concurrents interrogent plus largement l'évolution des habitudes de lecture et celle des exigences demandées aux voyageurs dans le sens d'une plus grande utilité, philosophique, patriotique.

Béat de Muralt était un voyageur déçu, convaincu par son expérience de l'inutilité d'une mobilité qui éloigne de l'essentiel. Réfléchissant du même coup à l'écriture du récit de voyage, il est aisé de voir qu'il veut l'utiliser « au-delà de ce qui convient » en analyste moral. L'observateur des coutumes et des caractères – à ses yeux, ils se réduisent à l'opposition des Anglais, « qui savent vivre chacun avec soi-même », et des Français, « qui savent vivre entre eux et avec les hommes » – découvre que la croyance en l'universalité de la nature humaine, enseignée par la morale et l'esthétique classique, bute sur un relativisme qui détourne l'homme de son destin et de l'authenticité sociale. Les arguments du gentilhomme suisse résonnent en écho avec ceux de la philosophie morale du stoïcisme classique, que nourrissent les principes de l'augustinisme janséniste ou huguenot – en dépit de leur opposition affichée[1]. Il en va de la liberté de l'homme et de l'individualisme contre l'organicisme. A travers un fond commun, le constat du chaos des lois humaines, la domination des préjugés, des fantaisies pour régler le comportement des hommes – « Vérité en deçà des Pyrénées, erreur au-delà » – imposent le repli sur soi et sur des valeurs de sincérité et de clarté. Le patricien protestant énonce les ingrédients, destinés au succès, d'une recette qui associe finalité temporelle et spirituelle : retour à la nature et aux mœurs simples, apprendre à se connaître soi-même avant tout.

Dans cette conception, partir est une distraction qui détourne et dissipe. En dépit de sa propre capacité à se ranger parmi les observateurs des hommes, Béat de Muralt décape les lieux communs de l'utilité acceptée : « Je croirais n'avoir pas voyagé tout à fait inutilement si, en faisant l'abus des voyages, je pouvais empêcher quelqu'un de perdre son temps à voyager[2]. » Tout y passe : inutilité des langues, contestation de la sociabilité, facilité des curiosités et de la connaissance érudite, corruption de la jeunesse. Outre l'effet déclencheur de cet extrémisme pour Jean-Jacques Rousseau, qui va y trouver un argument supplémentaire à l'opposition de la civilisation et de la morale, on peut entendre dans la dénonciation et du voyage et de la lecture de son récit la tension qui se révèle entre la réalité et l'irréalité d'une conduite. Pour une majorité sans moyens, le voyage est interdit en pratique ; il ne peut alors être que fuite dans l'imaginaire. Béat de Muralt admet qu'il peut y avoir une découverte familière profitable, limitée à la petite patrie, porteuse d'exemples imitables : « Combien cette manière de voyager ne serait-elle pas plus utile, puisqu'elle nous fait connaître les gens avec qui nous devons passer notre vie[3]. » Vive les panthéons ouverts aux héros locaux ! En même temps, le voyage par l'imagination dans le temps, l'histoire, est conseillé[4] : « se transporter dans les temps passés comme l'on voyage en pays étranger » permet de découvrir une Helvétie mythique, élue, heureuse, stable, réconciliant le bonheur, l'homme et la nature. Cette vision oppose repos profitable et mobilité dangereuse, lectures salutaires et récits de voyage dommageables. C'est une des pulsions de l'ordre des choses que l'on doit interroger pour montrer l'imbrication des réalités et des représentations, de l'imaginaire et du réel, et leur action réciproque.

Partir des moyens permet de préciser quels sont les supports identiques du rêve et de l'action ; c'est questionner la réception des récits. Parmi eux, les guides offrent un terrain particulièrement riche, car c'est une production massive, lieu d'information et de formation, matrice de lieux communs et littérature d'apprentissage[5]. Ils devancent dès le XVIIe siècle des intérêts qu'on prête trop facilement au siècle des Lumières, et surtout ils ont une vocation européenne à la fois générale et localisée, de l'espace le plus vaste à celui de la ville[6]. Aboutir, sinon à la fin de la conception du voyage de l'humanisme et à une rupture improbable à saisir, quand on sait la pesanteur de la culture classique sur notre formation[7], jusqu'à nos jours, quand on entend l'appel à une pédagogie de la mobilité au cœur de tous les programmes d'étude depuis le XIXe siècle, est périlleux. Mais il est toutefois possible de comprendre les inflexions des pratiques par rapport aux discours[8]. Dans la parodie des récits de voyage, entre la fin du XVIIIe siècle et le début du romantisme, on pressent une inversion brusque des points de vue et un appel à une autre vision quand s'arrête notre enquête.

Pratiques de lecture, voyages intérieurs

L'aphorisme « Voyager c'est lire, lire c'est voyager » structure l'attitude des modernes, de Turnèbe – « Contentez-vous du voyage de la lecture, le voyage objectif risque de vous dépouiller de votre identité[9] » – à Kant, qui conseille utilement de voyager dans son fauteuil et dans les livres[10]. Du XVIe au XIXe siècle, pas de vraie rupture apparente. Ce jugement convient au constat d'un mouvement qui voit tripler la production des voyages, mais il conduit à s'interroger sur leur consommation, et sur les conditions d'une réception et d'un succès approuvés par les uns, discutés par les autres. C'est là retrouver les problèmes classiques de l'histoire de la lecture, et l'habitude de confronter deux modes d'appréciation : celle de la diffusion et de l'accueil social, celle des pratiques de lecture.

L'analyse des bibliothèques, des collections, est devenue commune pour comprendre la diffraction des pratiques de lecture et la hiérarchie du statut socio-économique des lecteurs. On sait que l'itinéraire est biaisé et demande précautions : un livre possédé n'est pas forcément lu, et la réciproque n'est pas fausse. La lecture suit dans la société des cheminements multiples : achat, prêt, échange, vol, connaissance appliquée ou savoir par extraits, conversations, ouï-dire. La découverte d'une possession ne révèle pas, *a priori*, la force des usages et les inflexions dictées par la culture des lecteurs. L'appropriation n'est pas la même pour le lecteur d'un temps qui place le récit de voyage sous le signe d'un merveilleux universel, et pour celui de l'analyse des différentes coutumes qui confère au voyage une dignité virtuellement anthropologique et la force d'un lieu propice à l'épanouissement du moi. Lire comme voyager, lorsqu'ils entraînent le lecteur et le voyageur de la crédulité au doute, du salut à l'observation, changent de sens; mais l'usage du livre et celui du voyage restent des exercices profitables si on leur reconnaît leur place dans la formation des hommes, dans le travail intellectuel qui unit l'idée de la connaissance du monde, des autres et de soi-même. Comment alors a-t-on lu les textes ? A juste raison, Jean Céard note que les préfaces des anciens voyageurs mentionnent qu'on les considère très tôt déjà comme un bon substitut du voyage – le moyen d'un voyage du lecteur dans sa chambre. Même si le récit est souvent donné à lire comme une propédeutique au départ, s'il doit déjà guider les pas du voyageur, il ne se propose en réalité que d'être une suppléance pour tout le voyage, mais débarrassée de ses risques et de ses dangers.

Les lunettes des lecteurs

La réflexion peut se préciser sur le lien historiquement changeant – souligné par les précautions des prétextes, *préfaces, introductions, avis* [11] – entre mode de discours, lectures et usages. Un lire se définit dans l'écart entre ses manières et ses buts, un accès et un horizon d'attente, l'idéal ou la réalité autrement perçue des conditions de réception. Pour diverses utilités, les récits de voyage peuvent toucher, sinon transformer, différents publics que laissent entrevoir les cercles d'une application, d'un emploi diversement nécessaires.

Les auteurs des récits eux-mêmes forment le premier de ces publics : ce sont, d'une manière traditionnelle, les premiers lecteurs. Parmi eux, ceux des guides ou des *Arts apodémiques* sont habitués à tisser ainsi le vaste réseau de ce qu'il faut avoir lu avant de l'avoir vu. Du savant à l'homme de lettres, de l'amateur à l'expert, ils ont précédé ou suivi les inflexions du genre, obéi aux impulsions de la curiosité ou répondu à celles de la nécessité qui dicte le caractère du voyage : diplomatie, religion, commerce, formation scientifique ou artistique, éducation. En publiant, quel que soit leur statut social, ils en acquièrent un nouveau en entrant dans la République des Sciences et des Lettres : celui d'auteur. Il ne fait aucun doute que, entre la Renaissance et les Lumières, cette République s'est élargie, institutionnalisée (c'est le rôle des académies), hiérarchisée (c'est l'écart établi partout à des degrés divers entre capitale et provinces), spécialisée (c'est le résultat d'un accès différent à «l'épistémè de la représentation mathématique et taxinomique du monde [12]» et d'une proximité plus ou moins serrée des centres de diffusion de la philosophie des Lumières). Sous-province du monde, la société des voyageurs, des auteurs, va en suivre l'histoire qui conduit de l'indifférence à la reconnaissance, de la tradition à la contestation[13].

Des auteurs aux lecteurs, la chaîne est tirée sans discontinuité : pour une majorité, la formation et la culture sont les mêmes ; pour tous les voyageurs, la règle de la lecture des descriptions est fortement prégnante ; pour tous les auteurs, les témoignages et les exemples cités à l'appui sont monnaie courante. On peut admettre alors que le milieu des auteurs-lecteurs-voyageurs, potentiels ou réels, gagne en étendue avec la montée européenne des classes cultivées et leurs besoins de références générales. Dès le XVIIe siècle, on entrevoit la promotion de la littérature des voyages au rang, toute proportion gardée, d'une *littérature de masse*, qui commence à déborder les frontières du public cultivé. Si la sociologie historique du groupe reste à établir – afin d'en mieux percevoir la singularité dans un ensemble hétérogène, traversé par les forces de multiples champs en cours de définition, mais homogénéisé par des pratiques de mobilité et de promotion dans leur intervention –, on peut retenir, à titre d'hypothèse, qu'il a pu s'organiser autour de deux pôles principaux. Leurs caractères et fonctionnalités différents agissent moins de façon déterministe qu'à la manière des forces magnétiques capables d'en aimanter les courants : celui des amateurs, et celui des métiers et professions.

Le groupe des dilettantes et des curieux se structure autour de la finalité de connaissance et de formation – ce n'est jamais le voyage pour le voyage –, et il obéit à un ordre préétabli et aux règles défendues par les *Arts apodémiques*. Il est valorisé par le refus de la gratuité et l'affirmation d'une curiosité naturelle. C'est le besoin que Jean Chardin, commerçant mais érudit, ramène à l'inquiétude et à l'activité qui caractérisent les nations occidentales par rapport à celles de l'Orient, moins inquiètes, moins actives, moins jetées hors d'elles-mêmes[14]. Cette théorie, qui lie la passion de voir à celle du profit, invite à la prudence quant au dessin trop ferme de frontières entre le curieux et l'utile. Admettons toutefois que, par nécessités sociales et incitations culturelles, le premier motif entraîne sur les routes, en priorité, écoliers et étudiants, savants et amateurs, touristes avant la lettre, consommateurs de tout, spécialistes de rien. Donner un chiffre de cet état transitoire est impossible et n'aurait pas grand sens, faute de pouvoir être comparé ; il s'inscrit, c'est certain, dans le volume accru de la population des élites urbaines mieux instruites après le

XVIe siècle et qui placent le voyage parmi les atouts de leur réussite au service des États et des Églises. La fonction, la profession ou le métier vont rassembler des acteurs formés qu'animent la nécessité d'autres mouvements, d'autres circulations, et les exigences de la construction des territoires politiques et culturels. Ces déplacements relèvent d'autres contraintes, mais ils peuvent coïncider avec les aspirations des grands traits de l'esprit des découvertes et de la prise de conscience du moi. Diplomates, administrateurs et experts, techniciens de tous rangs, évêques, clercs, missionnaires, enquêteurs de toutes les institutions, hommes de négoce et non plus de loisir, hommes du profit et non plus de la gratuité [15]. Entre ces deux courants d'attraction, les limites se brouillent parfois à chaque instant, mais leur tension existe, car libertés et contraintes s'y mêlent de façon plus ou moins dominante ; de même, l'ascendant du savoir et de la curiosité personnelle et collective n'est jamais absent. C'est certainement là que réside la culture de la mobilité, qui n'épargne pas les gens de peu. Elle fonde une présence du livre justifiée.

Ce second cercle recoupe largement le premier. Son moteur active plus d'acteurs que celui de l'écriture : il y a toujours plus de voyageurs que de récits de voyage. Il surévalue la présence des classes sociales riches et savantes, sans exclure totalement les autres, et encore moins dans la lecture que dans la réalité de l'action. La diffusion va dès lors s'inscrire dans les limites d'une acculturation générale désormais bien connue, qui, dans l'Europe entière, élargit le monde des lecteurs, et en même temps transforme ses intérêts et ses besoins [16]. A s'en tenir à la France, qui occupe dans le monde occidental une position moyenne, les balises les plus sûres sont marquées par les données de l'alphabétisation : à la fin du XVIIe siècle, 27 % d'alphabétisés ; à la fin du XVIIIe, 49 %. Des résultats supérieurs sont à noter dans l'Europe du Nord et en Angleterre, ainsi qu'en de nombreux territoires de l'Empire ; en revanche, ils sont inférieurs en Europe de l'Est et du Sud. Partout la ville, avec son patrimoine scolaire, bouleverse ces contrastes et fournit ses contingents plus importants, plus mobiles aussi, d'hommes cultivés ; partout l'ouverture à l'économie et à la circulation entraîne, avec leurs exigences spécifiques, l'entrée d'un plus grand nombre dans le cercle des intéressés à une information meilleure. La consommation du livre a certainement suivi la croissance de l'alphabétisation et la montée de la scolarisation. Indice imparfait mais révélateur, la présence du livre dans les inventaires urbains : en France, au XVIe siècle, 10 % ; au XVIIIe, de 30 à 50 %.

La présence du livre s'est accrue, et en même temps l'accès à l'imprimé et à l'écrit. Retrouver dans ces collections hétérogènes descriptions des mondes proches ou lointains, histoires naturelles, ouvrages de géographes, guides, récits de voyages imaginaires, c'est alors posséder un indice d'entrée dans un monde plus large, plus ouvert. Les descriptions sont un marqueur culturel des choix individuels ou sociaux pour dilater un horizon social et culturel – bref, pour libérer, faire éclater les limites. Proche de l'histoire et de la géographie, le récit de voyage occupe, on l'a souligné, une place faible dans la production, mais cette place s'accroît sur toutes les marges qui sont celles de l'ouverture. De la production à la lecture, l'itinéraire reste à suivre, et l'analyse des bibliothèques livre deux résultats à confirmer. D'une part, le livre de voyage peut se retrouver partout : à la ville et aux champs, dans toutes les collections (riches ou modestes), dans tous les milieux. D'autre part, deux traditions de lecture lui font une place particulière : celle, héritée, de l'humaniste ; celle, novatrice, des bibliophiles. Toutefois, quand la frontière entre les lettres érudites et la culture générale commence à s'estomper, une popularisation certaine passe par la voie de la presse et de ses comptes rendus.

LECTURES LETTRÉES, LECTURES BIBLIOPHILIQUES

Noblesses de robe, noblesses administratives, à Paris comme en province, ont dès le XVIIe siècle offert un modèle d'accès à la culture des lettres. Elles peuplent très tôt les académies, elles fondent les cénacles où s'épanouit la sociabilité culturelle. Des cercles privés du premier XVIIe siècle – où les « déniaisés d'Italie [17] » rencontrent la société robine et cultivée parisienne – jusqu'au Club de l'Entresol – qui entend savants et administrateurs parisiens, diplomates, revenus de l'étranger et parlementaires provinciaux, à l'instar du jeune Montesquieu –, l'échange est placé au cœur de la réflexion. Dans les grandes collections patriciennes, chez les de Mesme, les de Thou, les d'Aguesseau, plus tard chez Turgot – dont les intérêts économiques et linguistiques se documentent aussi auprès des voyageurs [18] –, à Paris, chez les Bouhier à Dijon, chez les Secondat de Montesquieu en Guyenne, se retrouvent les principaux succès recensés dans la *Bibliothèque universelle* [19]. Dans la bibliothèque d'un duc et pair, militaire et voyageur, le duc de Croÿ, au midi du XVIIIe siècle, peu de livres de voyage au départ quand la carrière impose une mobilité élargie, mais beaucoup plus quand, au goût pour l'histoire et la géographie politique de l'Europe, il ajoute celui pour les découvertes. Là encore, de grands titres sont présents[20]. Chez tous, on voit apparaître deux moyens de transmission qui multiplient la présence des voyages : celui des journaux et celui des collections[21]. Les bibliophiles n'échappent pas à leur fascination, et moins encore une catégorie de lecteurs plus éloignés des préoccupations érudites et savantes par leur culture et leur activité : les négociants.

Dans l'ouest de la France, au XVIIe et au XVIIIe siècle[22], à Rouen, Nantes, Rennes, Angers, Brest, Le Mans, les acteurs de l'économie marchande sont plus tardivement conquis au livre, et leurs bibliothèques moins volumineuses se distinguent des collections humanistes et robines. Pour ceux-ci, le livre et l'imprimé sont, comme le conservatoire des connaissances humaines et de la religion, un moyen de perfection morale, individuelle et politique, savante et historique. Pour le monde du commerce, ils visent moins le passé que la connaissance du présent[23]. La pratique de la lecture s'inscrit dans l'acquisition d'un *savoir-faire* gagné sur le tas pour dominer un vaste ensemble de compétences et d'objets, l'ample éventail des produits et des qualités, pour comprendre aussi l'élargissement des aires du commerce profitable. Elle est liée à l'apprentissage sur le terrain, dans le voyage et au comptoir, de l'expertise, dont rendent compte les *manuels de marchand* spécialisés et les *correspondances*. C'est une lecture d'action unie par les pratiques des comptes et de la comptabilité, et où les autres connaissances sont en retrait : langues, géographie, curiosités, droit, connaissance scientifique y prennent place peu à peu.

Cette conversion accompagne l'accroissement du besoin éducatif qui fait, au XVIIIe siècle, le succès des pensionnats ouverts plus que les collèges aux enfants de Pluton fils des villes négociantes. Dans les villes de l'Ouest, les marchands de l'âge classique ont peu de livres. Le répertoire des moins riches est celui du commun : quelques volumes, surtout religieux et pratiques. Chez les plus fortunés, avec une centaine de titres, la religion recule et, aussi, relativement, la pratique ; le droit, la géographie, l'histoire européenne progressent, et apparaissent les récits de voyage. Cinquante ans plus tard, les bibliothèques négociantes sont plus nombreuses, mieux pourvues, et s'ouvrent largement par le haut. Les négociants de Rouen ou de Nantes achètent et transmettent belles-lettres et roman, commerce et politique, voyages. Ce sont des collections plus laïcisées, refusant le modèle de l'Antiquité, ouvertes au monde par la réalité et la fiction. A Rouen, à Rennes, à Nantes, le négociant, resté à l'écart des académies, devient membre des *socié-*

tés de pensée et des *chambres de lecture*, qui s'abonnent aux journaux et achètent, grâce à des cotisations élevées, livres de marine, de commerce, d'histoire, de géographie, de littérature[24]. Le héros éponyme de ces bibliothèques est Robinson Crusoé. Les bibliothèques du négoce rejoignent un goût désormais largement vainqueur et qui a été entraîné par celui des grands auteurs pour une information orientée et critique[25]. On en repère la trace dans les catalogues conservés ou restitués, les œuvres étant aussi parfois le seul moyen de retrouver des bibliothèques disparues – ainsi pour Diderot ou Rousseau, tous deux amateurs de voyages[26]. Voltaire, dans les 3 867 titres de sa bibliothèque, a fait place à 133 titres, parmi lesquels 19 recueils ; il a tous les grands périples, et il faut y ajouter les journaux et les dictionnaires. Le baron d'Holbach possède 2 004 ouvrages, dont plus d'une centaine de récits de voyage en Amérique (26), en Orient, autour du monde (31) et le reste en Europe. Pour tous, les voyages informent, mais les limites des connaissances en sont brouillées dans la lecture comme dans l'écriture, car ils contribuent à la formation du voyageur éclairé et à la rencontre de l'esprit philosophique et de l'émancipation du moi sans concurrence directe[27].

L'apport des collectionneurs reste de ce point de vue capital, car leur intérêt pour les récits de voyage va s'insérer dans une sensibilité plus générale de lecteurs attentifs à tous les aspects sensibles et matériels du livre – rareté, état, illustration –, et surtout assez cultivés pour être touchés par leur portée savante et philosophique. Dans leurs bibliothèques, les descriptions sont plus qu'un marqueur culturel ou qu'une information de l'agir par le lire. C'est un geste de conservation et de passion qui rassemble dans le domaine de prédilection ce qui compte. Dans l'illustre bibliothèque du duc de La Vallière (plus de 5 600 titres), ou dans celle de M. Le Camus de Limare (plus de 3 000 titres), les récits ne font pas masse, mais ils sont choisis comme les *Grands et petits voyages* de De Bry, dans l'édition avec images, imprimée à Francfort en 1595 et que Boucher de La Richarderie recommande aux amateurs : dans des états coûteux. Alors que les catalogues mentionnent le plus souvent des prix inférieurs à 100 livres, la collection de Bry dans deux états différents atteint, chez le duc, 1 950 et 4 802 livres !

La collection des Courtanvaux est, à cet égard, très intéressante[28]. C'est un cas rare de bibliothèque commencée par un fils et continuée par son père, après une disparition précoce (à trente ans) de l'héritier du nom. Le catalogue établi par Nyon en 1760 rassemble 3 599 numéros, dont un millier pour les voyages : plus du quart. Les acheteurs se sont disputé les ouvrages pour 37 000 livres, soit un prix moyen de 10 livres – il est de 82 livres chez le duc de La Vallière qui, lui, n'enregistre que 2 % de voyages. Chronologiquement, 9 % des titres de la collection Courtanvaux datent du XVIe siècle (contre 8 % dans la *Bibliothèque universelle*), 48 % du XVIIe (contre 28 %) et 43 % du XVIIIe (contre 63 %) ; on voit l'écart par rapport à la production conservée et la part de la recherche bibliophilique. L'Europe ne constitue qu'un quart de la collection, à peine autant que l'Amérique (25,5 %) et que l'Asie (38 %). Le collectionneur souhaite avoir un ensemble complet et historiquement représentatif. Père et fils sont des spécialistes des grands voyages de découvertes ; ils rassemblent toutes les langues et accordent une part importante aux traductions. Montmirail, disparu avant d'avoir dressé la bibliographie critique qu'il envisageait, et Courtanvaux, qui relaie son effort, témoignent des pratiques spécifiques de la lecture des voyages entre utilité, sciences, évasion et passion. Ils font place aux deux moyens, dont le progrès marque l'extension du genre comme support d'une activité intellectuelle, comme support d'un rêve.

PRATIQUES DES COLLECTIONS, AUTRES FAÇONS DE LIRE

Les *collections de voyages* apparaissent très vite dans l'édition pour rassembler ce qu'il y a de plus notoire dans l'héritage ou la nouveauté. Au XVIe siècle, le *Novus orbis regionum* et la *Collectio grynen-hervagiana*, rassemblés par Jean Hétéire, publiés par Hervag et Grynée à Bâle en 1532, in-folio, réédités deux fois, et une troisième fois à Paris par Petit et Dupré en 1582, ouvrent le mouvement. Les frères de Bry ainsi que Mérian suivent entre 1590 et 1634, à Francfort. Gabriel Debure consacre cent quinze pages à décrire les vingt-cinq volumes de cette collection recherchée. Désormais, *grands et petits voyages* ont la cote ; ils ne vont cesser de progresser dans tous les domaines géographiques. Les collections vont jouer un rôle considérable, qu'illustre au XVIIIe siècle l'exemple de l'*Histoire générale des voyages* de l'abbé Prévost : 20 volumes en 1746, pour l'édition in-4°, complétée jusqu'en 1761 ; 80 volumes pour l'édition in-12[29]. C'est une entreprise réussie qui montre le besoin de compilation et l'entrée définitive du voyage dans la pratique de la vulgarisation encyclopédique.

L'auteur lui-même, Prévost, mieux connu comme romancier que comme éditeur, met en valeur le lien existant entre une mobilité vécue et le mythe sensible, entre l'itinéraire personnel et l'imaginaire. Religieux en rupture de ban, instable dans le cours de son existence comme dans sa personnalité, homme de routes fictives que couronne le succès de l'*Histoire des aventures du chevalier des Grieux et de Manon Lescaut*, il a révélé une curiosité pour le monde entier. Il a pris la route très tôt, entre l'Artois, les collèges d'Hesdin, de Paris, La Flèche, la Hollande, l'Angleterre, encore la Hollande. Il a quitté successivement les jésuites (à deux reprises), l'armée, les monastères – Saint-Wandrille, Jumièges, Le Bec-Hellouin, Fécamp, Sées, Saint-Germain, où il compose son premier roman, *Mémoires d'un homme de qualité qui s'est retiré du monde*. Déréglé, recherché par la police, il vit trois ans à Londres, où il s'improvise journaliste, et découvre l'édition anglaise des *Voyages*. L'itinéraire est clair, du départ au non-conformisme, chez un homme qui a beaucoup vu, beaucoup appris, beaucoup lu[30].

Auteur, il fait de la mobilité – élément d'une quête spirituelle, d'une recherche du repos chez ses héros principaux, Cleveland et des Grieux – un élément dynamique de ses fictions. Il les promène sans illusion à travers l'Europe et le monde. *Manon Lescaut* est une brève tragédie, une action fugitive, picaresque, totalement ouverte aux valeurs contraignantes de l'espace et de l'argent. Dans ce roman extraordinaire, le surgissement de la réalité, la diligence d'Amiens, la liberté offerte par Paris, le voyage désastreux aux Amériques, montrent comment la mobilité crée les conditions d'une *géographie labyrinthique du cœur*, à portée morale et anthropologique. *Cleveland*, les *Mémoires d'un homme de qualité*, le *Monde moral* ouvrent tous à des périples larges – nourris, on en convient, des lectures de dépaysement spatial.

Éditeur, Prévost franchit une étape : en 1745, il est stabilisé, parisien, doté du privilège de l'*Histoire générale des voyages*, la même année où Le Breton, éditeur de l'*Encyclopédie*, obtient le sien. Il a quarante-huit ans. Son activité éditoriale va relayer sa frénésie déambulatoire. Il a encore dix-huit ans à vivre. Connaissant le libraire Didot, traducteur, lecteur et défenseur du commerce, il propose la *collection* qui va l'occuper désormais. Il a devant les yeux les exemples anglais de grandes entreprises en ce domaine, dont celle de Lediard et Burchett. Il retrouve aussi le projet des jésuites de Trévoux et, pour obtenir son privilège de traduction, il utilise l'antipathie du chancelier d'Aguesseau et du ministre Maurepas à l'égard de la Compagnie. En suivant les pas de *Voyageurs errants*, en formant un corps complet des meilleurs auteurs, il sauve et diffuse des textes précieux, rares ; il confronte, trafique parfois, adapte en traduisant. Après le tome VIII, il met progressivement l'accent sur l'Europe, et pas seulement sur les mondes exotiques. Après le tome XII, il se propose un examen plus critique et vise à un «système complet d'histoire et de géographie moderne», qui représentera l'état actuel de toutes les nations. C'est un ouvrage immense, conciliant de multiples points de vue – philosophiques, religieux, nationaux –, jouant dans la connaissance de l'univers un rôle comparable au *Dictionnaire* de Bayle, complétant l'*Encyclopédie*. C'est sans doute un succès financier qui reste à mesurer et qui repose sur la perméabilité assurée par un ton unifié et un style romanesque, entre la narration instructive et la fiction. Dès son expérience de journaliste, avec *Le Pour et le Contre* (1733-1740), et ses comptes rendus de descriptions, on découvre la capacité de Prévost à faire de la littérature des voyages une littérature de consommation courante et ouverte à plusieurs publics, comme le montrent les formats successifs de l'*Histoire générale des voyages*, qui vont du luxe de l'in-folio au portatif plus économique [31].

L'entreprise de Prévost est précédée par de nombreuses tentatives dans toute l'Europe, que répertorie partiellement la *Bibliothèque universelle* [32] : ainsi, en France, la collection de Thévenot ; en Angleterre, celles de Richard Hackluit et de Samuel Purchas ; on en trouve aussi en allemand, en danois, en suédois, en italien. Elle est suivie par d'autres initiatives, comme celle de Joseph de La Porte, *Le Voyageur français* (42 vol., entre 1765 et 1795). Ce sont des travaux de librairie rentables, qui attirent polygraphes et éditeurs dans toutes les cités imprimantes. C'est que partout les lecteurs abondent et partagent des pratiques spécifiques du livre, entre information, évasion, extensivité et spécialisation. Les usages pratiques se multiplient, comme le souligne l'abbé Prévost : «Il faut avoir lu toutes les relations et les histoires qu'on entreprend de parcourir [...] qu'on y joigne une courte description de chaque pays, soit qu'on soit capable de la faire soi-même par de fidèles extraits, soit qu'on la retrouve imprimée en petits volumes...» Il exprime en conscience les deux techniques de diffusion qui élargissent le succès des récits de voyage : celle de l'extrait et celle des portatifs. Entre le journal et le guide, ce sont des possibilités multipliées de découverte qui s'offrent [33].

JOURNALISME ET VOYAGES

L'extrait est une pratique générale de la presse savante et littéraire du XVIIe et du XVIIIe siècle. On le trouve dans les journaux eux-mêmes, mais il y est concurrencé par des articles et des comptes rendus. Son effet est multiplié autrement par des publications en recueil, comme l'*Esprit des journalistes de Trévoux*. C'est une écriture – «dont les morceaux frappants et importants méritent intérêt», comme le rappelle Diderot à l'article «Extrait» de l'*Encyclopédie*, qui renvoie à l'entrée «Journal» –, et elle témoigne en même temps de la transformation voulue et médiatisée des textes originaux. C'est pour le lecteur de voyages une méthode de travail, qui met sa confiance en la capacité à contracter le savoir, donc à accélérer l'accès aux œuvres : «Combien de temps faudrait-il pour lire et épuiser tout ce que la Bibliothèque du roi contient comme récits de voyage ? » Ainsi se trouve facilitée la diffusion des textes qui visent, comme l'a indiqué Boucher de La Richarderie, ce qui est important et ce qui est présentable systématiquement.

Le jugement porté sur les ouvrages impose une norme de réception, le menu de ce qu'il faut lire et la qualité de ce qu'il faut en penser. Le lecteur peut ainsi choisir. Le journaliste propose, et la tonalité des comptes rendus varie selon le profil éditorial du journal : littéraire comme les *Nouvelles littéraires*, savant comme le *Journal des savants*, l'un et l'autre comme le *Mercure de France*, plus général comme le *Journal encyclopédique*, instructif et séducteur comme le *Journal de Paris*. Tous, de façon différente, guident les futurs lecteurs[34]. La presse, qui se multiplie entre le XVIIe siècle (200 titres) et le XVIIIe (900 titres), offre un vaste terrain à l'étude, d'autant plus intéressant que l'*Instrument périodique* se spécialise et présente diversement l'écho d'une production accrue, elle-même diversifiée, et renvoyant à des expériences multiples[35]. Progressivement, les journaux définissent le terrain d'une lecture utile, en dépit du flou et des limites qui marquent le genre. Ils sont en prise sur le courant des *Apodémies*, en insistant aussi sur la présence plus ou moins réussie du voyageur dans son récit, sur le refus de l'anecdotique au profit de la perspective sérieuse et surtout historique. En bref, ils défendent les voyages contre le discrédit dû à leur infidélité au réel, à leurs longueurs, à leur abus du merveilleux. Ils les sauvent pour leur intérêt triple, pour le voyageur lui-même, sa formation et la mémorisation de son effort; pour l'accroissement des connaissances et le regard neuf à chaque fois jeté sur le monde; pour son utilité et son intérêt pour la réflexion sur les mœurs[36].

Une vingtaine de journaux sélectionnés de 1750 à 1760 et de 1780 à 1789 permettent de mesurer l'évolution d'une conformité à un modèle de narration, en même temps que de repérer des titres qui ont connu l'écho le plus large. La définition du genre même de la présentation se précise dans la seconde moitié du XVIIIe siècle ; elle se fait par des comptes rendus assez longs, motivés et critiques ; par des extraits contractés sans jugement, se voulant fidèles à *l'esprit du livre* évoqué ; par des *nouvelles littéraires*, qui signalent les publications d'actualité ; et par des *annonces* simples, de pure description, publicitaire et bibliographique. Ces deux dernières façons dominent : 36 et 41 % pour la catégorie des notices, 22 et 19 % pour les autres. Les deux tiers des comptes rendus sont donc des invitations utilitaires à l'achat ; le dernier tiers développe des principes et des appréciations. Le nombre des *articles* s'est d'ailleurs accru au détriment des *extraits*.

Ces règles d'écriture conditionnent la manière dont sont défendues les descriptions de voyage. La finalité du commentaire est de défendre une critique sérieuse, construite, et pour capter une attention, et pour guider un choix. La position de chaque journal et celle de chaque journaliste dans le champ idéologique sont alors susceptibles de conduire l'option retenue et la force critique : Fréron, pour les antiphilosophes, vise à l'impartialité, mais se laisse entraîner par sa virulence dans l'*Année littéraire* ; Pierre Rousseau, dans le *Journal encyclopédique*, défend les philosophes avec modération et justifie leur usage des voyages ; le *Mercure de France* et ses rédacteurs, le plus souvent anonymes, présentent de longs articles qui évitent la polémique.

Quelles que soient les idiosyncrasies des critiques, le but est de fournir une information mobilisable et d'intéresser le lecteur. La crédibilité et l'exactitude du récit sont des critères aussi importants que le style. Il y a de bons et de mauvais voyageurs ; les meilleurs ont reçu une bonne formation, ils ne sont ni partiaux ni crédules, ils savent observer et écrire avec fidélité. Le « voyageur philosophe » cumule ces qualités, pour l'*Année littéraire*, pour le *Journal encyclopédique*, pour le *Mercure*. Il sait être plaisant, utile, informé. Quand, dépassant le tourisme, le voyage se fait scientifique, la curiosité, l'éducation, les exigences s'accroissent, et avec elles la demande de précision et de perspectives philosophiques. Pour le *Journal des savants*, pour les *Mémoires de Trévoux*, la vérification des méthodes et l'importance des résultats obtenus dans un contexte bien défini permettent de donner aux récits de voyage leur statut scientifique. Qu'il s'agisse des expéditions lointaines avec La Condamine et Bouguer, ou de l'ascension du Mont-Blanc avec Dolomieu et Saussure, les journalistes diffusent et valident les attitudes scientifiques nouvelles[37].

L'attitude des journalistes place l'opinion devant une évolution conforme à celle que permet d'envisager l'analyse de la production : le récit de voyage doit être capable d'informer et d'encourager la lecture ; il doit être mobilisable pour des finalités diverses. Pour une partie, son statut se durcit par application d'exigences de rigueur et de critiques s'il veut relever de la science expérimentale et contribuer à faire reculer le merveilleux, la crédulité. Il en va de son utilité générale. La presse devient ainsi instance d'élaboration des règles du récit et de celles des voyages eux-mêmes qu'elle exige au nom de l'opinion : voyager, c'est savoir observer ; observer, c'est rassembler les « objets utiles à la patrie », comme le réclament dans les années 1780 les journalistes du *Mercure de France*[38]. Le voyageur devient philosophe quand, à l'observation utile, il sait joindre la capacité d'analyse.

La multiplication des articles – 261 avant 1760, 1 061 entre 1780 et 1789, pour l'ensemble des journaux – est largement comparable à celle de la production inventoriée : une multiplication par quatre et une autre par cinq. En enregistrant la montée d'une consommation par l'annonce et le compte rendu, la presse favorise les diverses manifestations de l'utilité. D'une part, elle suit une vocation à la circulation générale en diffusant les titres en langues étrangères et les traductions, bien que la francophonie demeure prioritaire et même s'accroisse. La dispersion des lieux d'édition mobilisés est évidente, et elle s'accentue elle aussi comme pour la production. En outre, le journalisme des Lumières mesure semblablement les nouveaux équilibres de l'édition. Si les périodiques français mettent en valeur la concentration éditoriale franco-anglaise, ils perçoivent aussi la dissémination bibliographique grandissante, puisqu'ils font place aux ouvrages imprimés en Allemagne – ils sont dix fois plus nombreux après 1780 dans les comptes rendus –, en Suisse, en Italie, en Espagne. Enfin, le journalisme a suivi la composition de la bibliothèque imaginaire des voyages : son choix spécifique confirme le recul de l'Asie, de l'Afrique, des Amériques, et la montée des grands voyages de circumnavigation, des terres australes, et surtout de l'Europe entière. Entre 1750 et 1760, trois destinations sont dominantes pour 17 livres et 69 articles : l'Europe du Sud (35 % des titres et 50 % des comptes rendus), l'Europe du Nord (41 et 18 %), l'Europe de l'Est (24 et 32 %). De 1780 à 1789, le Sud, avec l'Italie majoritaire, garde la première position (50 % des articles pour 599 interventions et 118 titres) ; l'Europe de l'Est apparaît (5 % des ouvrages), ainsi que les circuits du Nord au Sud et ceux du Nord à l'Est[39].

C'est une montée générale de l'autoréférence qui est mise en valeur et qui montre le lectorat des descriptions de voyage dans son élargissement. Celui-ci rassemble indifféremment, mais accrochés par des critères d'évaluation adaptés, savants, hommes de lettres, philosophes, gens ordinaires, « toutes sortes de vacations », occasionnelles ou fidèles. C'est cette diversité qui commande les critères d'évaluation et qui définit le choix des normes diffusées. Pour les uns, les journaux reconnaissent l'attraction du pittoresque, le romanesque inévitable des récits, l'intention pédagogique : il faut plaire. Pour les autres, les rédacteurs donnent plus de place à la connaissance, à l'utilité, à la spécialisation savante : il faut construire un nouveau savoir. Dans cette tension, les journalistes défendent les voyages contre les attaques et les préjugés, car leur *utilité* ne va plus de soi. La limite entre science et non-science reste imprécise, parce que le transfert dans l'écriture journalistique des comptes rendus trop savants et des nouveaux impératifs de la mesure ou de la statistique se heurte à la domination de la culture des curiosités. Le journal est devenu un instrument de l'*espace public*; le récit de voyage lui fournit une part de ses matériaux, dont les lecteurs font ce qu'ils peuvent et ce qu'ils veulent. Aucun doute, en tout cas : les périodiques ont contribué au succès de certains *best-sellers*, car par leurs qualités ils sortent du lot : au premier plan figurent ceux de Dupaty, de Laborde, de Choiseul-Gouffier, de La Condamine, de Saussure et Dolomieu. A la fois récit et expérience, ils se dégagent du commun par leur coïncidence avec une attente générale, par leur capacité à respecter les codes, mais aussi par une présence effective et efficace du voyageur et de son moi. Un même mouvement unit ici la construction d'un individualisme et l'élaboration d'identités collectives[40].

Guider le voyageur

Se retrouver dans l'espace d'une découverte; préparer un voyage; suivre un itinéraire raisonné, utile; au retour, ébaucher et écrire un récit – tout cela mobilise des réflexes analogues entre le lire et la mobilité. Tout voyageur a besoin de repères. A l'époque moderne, il va les trouver dans le travail de ses prédécesseurs, mais il les cherche aussi dans un type de publications à succès, chargées de donner des renseignements plus ou moins complexes. Les guides imprimés ont alors une vie propre, dans une perspective d'introduction pratique du lecteur à la connaissance et à l'usage de l'espace. Leur utilitarisme trop large les a exclus de la critique des journalistes ; toutefois, ils participent incontestablement à la croissance du genre des voyages, car ils relèvent directement de l'accélération de la circulation générale et ils enregistrent, comme les récits, l'évolution des besoins et des pratiques [41]. Ils deviennent, sous des formes diverses – matériel de simple repérage ou instruments descriptifs sophistiqués –, les outils d'une lisibilité générale attendue. Pour cela, ils doivent donner des informations topographiques et des renseignements positifs utilisables par des lectures plurielles : démarches savantes, éducatives ou professionnelles, voyages de curiosité, de formation ou d'égotisme dilettante. A tout moment, à tous ces lecteurs, ils livrent des faits et, simultanément, des codes de perception : inventant les espaces successifs auxquels ils participent, ils établissent en effet des hiérarchies entre les lieux, décident des valeurs de ce qui doit être vu, façonnent le cadre et le contenu des expériences intellectuelles et matérielles [42]. Ils doivent alors s'adapter aux variations d'échelle dont témoigne la *Bibliothèque universelle*, car la nature des espaces du voyage bascule, on l'a vu, dans sa géographie générale, mais aussi dans ses objets. La croissance des villes et l'articulation des déplacements sur la découverte de la civilisation urbaine, le goût des paysages naturels, qui gagne du terrain, impulsent des demandes et des réponses différentes. Les guides de voyage vont prendre place dans une lecture plus générale de l'espace citadin, pour sa rationalisation, sa transparence et son contrôle – qu'on a pu retrouver dans d'autres manifestations, comme la cartographie ou l'urbanisme [43].

Sous-genre utilitaire, trop souvent méprisé, les guides sont riches de leur ambiguïté même. S'ils sont directement accrochés à la pratique informative exigée par les voyageurs plus nombreux, ils ne sont pas exclus d'une lecture de culture ou de divertissement : comme les ouvrages de cuisine ou de mode, ils sont une invitation et une aide, une clef pour le réel et pour le rêve. On peut en comprendre le rôle déterminant en comparant deux niveaux de lecture et d'usage : celui qui inspire les guides de voyage en France, et celui qui inspire les guides de Paris [44].

Découvrir la France, comprendre le royaume

Voyager en France a très tôt bénéficié du secours des descriptions et des itinéraires les plus généraux [45]. Ils se distinguent, aux yeux des bibliographes comme des historiens, assez mal des récits de voyages réels. Boucher de La Richarderie les range sous un double titre : « Description de la France, voyages faits dans cette contrée[46] », dont la formulation révèle la difficulté de les distinguer et des récits, et des ouvrages historiques et géographiques. Avec le temps, la vocation des textes s'est précisée, et des critères de lecture et d'exigence se lisent dans les titres eux-mêmes, dans le texte organisé pour conduire le voyageur dans la matérialité, car en principe, sinon de fait, le guide est un usuel et un portatif, maniable et lisible.

Au départ, le latin y est bien représenté : Boucher de La Richarderie en recense huit sur la vingtaine de descriptions générales qu'il retient pour le XVIIe siècle[47]. *Deliciae Galliae itinerarium*, ceux de Mathieu Quadt, de Gaspard Ens, de Juste Zinzerling (Jodocus Sincerus) – qui est d'ailleurs traduit en 1649 –, ou encore celui d'Abraham Goelnitz, *Ulysses belgicogallicus fidus tibi dux et achates* (Leyde, 1631), connaissent des éditions renouvelées et fréquentes. Ils sont souvent publiés hors de France et bénéficient de traduction ; leur public est celui du voyage érudit, pédagogique, mais qui sollicite déjà l'accès aux curiosités les plus variées, aux souvenirs historiques, à l'archéologie, aux mœurs, aux productions. La fonction pré-touristique est énoncée par Zinzerling dans sa préface[48] : « Ami lecteur, je viens t'offrir un itinéraire de la France et des régions voisines, bien différent de ceux qui ont paru jusqu'à présent. Effectivement, les derniers ne notent que les voyages de leurs auteurs ; moi, j'ai soin de décrire non pas ce que j'ai fait, mais ce que j'aurais dû faire, en indiquant avec candeur les fautes et les erreurs de route que j'ai pu commettre. » La volonté de guider, et ainsi de faciliter l'expérience individuelle, s'affirme – et avec elle le souci majeur du genre qui déborde de toute part, sur les itinéraires des routes et des postes, sur les indicateurs, dont le *Guide des chemins de France* de Charles Estienne impose un modèle à succès dès 1553[49]. Mais on ne peut réduire la formule à un répertoire d'étapes et de distances : elle donne déjà des informations pour rendre le voyage agréable et plaisant ; elle empiète enfin sur les grands ouvrages descriptifs, ou les recueils de route, tel l'*Indicateur fidèle ou Guide des voyageurs*, publié par Michel et Desnos à Paris dès 1764, réédité une dizaine de fois. Une sélection d'une vingtaine d'ouvrages permet d'ores et déjà de préciser l'offre et la demande générale[50].

Un premier indicateur de l'utilité des guides est leur durée. Ils se démodent lentement, et survivent grâce à leur mise à jour : avec vingt titres, on obtient six fois plus d'éditions. Au XVIe siècle, 2 titres retenus et 22 rééditions ; au XVIIe siècle, 8 et 38 ; au

XVIIIe siècle, 9 et 45 : une multiplication par quatre ou cinq, du même ordre que celle observée dans la production conservée[51]. C'est d'ailleurs à partir de 1640-1650, et avec le recul du latin, que s'accélère l'apparition d'œuvres nouvelles, qui ne se contentent pas d'être nettoyées. Après 1715 et 1725, Saugrain, Piganiol de La Force, avec les *Nouveaux Voyages de France*, ou Daudet, avec le *Nouveau Guide des chemins du royaume de France*, reprenant le titre d'Estienne, ouvrent les voies du changement. D'un siècle à l'autre, on voit quelques titres dominer : le *Guide des chemins de France* règne sans partage de 1550 à 1590, avec vingt-six éditions ; Turquet de Mayerne publie seize fois sa *Description sommaire de la France* de 1591 à 1653. Une majorité d'ouvrages connaît une à trois éditions, mais le quart dépasse huit éditions, et la vie moyenne d'un guide est presque d'un quart de siècle. Au XVIIIe siècle, elle baisse pour avoisiner les quatorze ans. On peut supposer vraie l'hypothèse d'œuvres durables, solidement installées sur le marché éditorial, et consolidées par des contrefaçons, dont certaines se font en véritables séries, comme celles de Louis Dutens entre 1775 et 1782, nuisant certainement à la production d'œuvres nouvelles. L'impression d'homogénéité de l'ensemble est ainsi renforcée par la répétition de chacun des titres et par les relations qu'ils entretiennent entre eux. L'impression de stabilité se renforce quand on regarde les sources communes des auteurs. Ils renvoient aux itinéraires antérieurs : Jodocus Sincerus, Golnitz, pour Du Verdier, pour Varenne, pour Coulon. Ils retrouvent l'ancienne tradition des guides de pèlerinage, et finalement se copient et se rectifient en réseau. Ce n'est là encore qu'au XVIIIe siècle que les parentés entre les œuvres s'estompent et que la spécificité s'accroît avec les remaniements, l'élargissement et l'approfondissement de l'espace décrit[52].

L'homogénéité provient également de celle du milieu des auteurs et des buts qu'ils énoncent dans leurs préfaces, et qui se traduit dans la présentation matérielle des livres[53]. Les éditions, qui se font partout, leur confèrent ainsi une visibilité européenne. Les titres et les sous-titres définissent clairement la finalité recherchée – le *voyage de France*, pour une majorité – et la fonction : guider, indiquer les lieux remarquables, fournir des renseignements variés, garantis par la fiabilité, la fidélité, l'exactitude. La plupart aussi se veulent commodes pour un public largement taillé : les Français, les étrangers qui en ont besoin pour des usages divers. Un seul vise une clientèle spéciale : la noblesse militaire. Pour tous les auteurs, et de plus en plus, il s'agit d'être utile au public, ce que les privilèges et les approbations des censeurs ratifient aisément avec plus ou moins d'éloge. Quant aux préfaces, elles justifient les choix faits, évoquent les embûches que le voyageur risque de rencontrer, l'importance de la tradition antique des voyages, leurs vertus indispensables, les manières d'en organiser le déroulement des circuits – en d'autres termes, les moyens et les fins de chaque personne. Là se tisse l'intertextualité des guides, une identique motivation, une communauté de sources, une homogénéité pratique, expérimentée par les auteurs qui peuvent ainsi prétendre instruire, conduire et guider, être commode par une description exacte.

Deux localisations dominent: celle de la route, héritée des *Itinéraires*, et celle des villes. S'y ajoutent de multiples descriptions locales, diverses données de plus en plus nombreuses et utilitaires – auberges, foires, monnaies... –, et des conseils de tous ordres. De fait, ces ouvrages conviennent à tous les publics, dont les auteurs représentent la fine fleur: érudits et médecins, comme Estienne ou Turquet; ecclésiastiques, comme Claude de Varenne ou Louis Coulon; érudits, tous au premier chef; littérateurs, romanciers, avec Duverdier ou d'Alquier; officiers, comme Jouvin, qui est désigné par le titre de « trésorier de France »; ingénieur du roi, comme Bonnecase, Daudet ou Denis, qui est aussi cartographe. Dutens est un homme de lettres et un diplomate; Saugrain est libraire, et sans doute n'est-ce qu'un prête-nom; Jordan est éditeur et polygraphe. Dans l'ensemble, le micromilieu des auteurs évolue de l'érudition, qui mobilise l'activité de tous à des titres divers, à la spécialisation plus précise des géographes, des cartographes ou des littérateurs voyageurs, journalistes et polygraphes, comme Dutens et Reichard. C'est le signe d'une production dont le statut se précise dans un champ plus vaste, et en réponse à une demande accrue et elle aussi plus exigeante [54].

Cette finalité transparaît plus encore dans la structure des ouvrages. Ce sont des imprimés pour le plus grand nombre, imprimés en format portatif: trois quarts d'in-12, le reste d'in-8°, et quelques rares in-4°. Ce sont des *livres outils*, organisés pour faciliter la recherche avec leurs conventions, abréviations et renvois, avec leurs équipements, cartes et plans – assez rares –, tables, index pour les noms et les choses remarquables, quelquefois un sommaire. Les guides s'offrent alors à une lecture plurielle, sélective, par objet, ou totalement disponible, le lecteur pouvant voyager à son gré de page en page, comme il peut sur le terrain choisir son itinéraire, être fidèle ou non aux recommandations. Le statut des cartes se précise aussi : d'abord générales et servant à situer, elles se diversifient et donnent de plus en plus de détails sur les itinéraires et les distances, avec deux fonctions : soit visualiser les villes et les routes dans leur position relative, soit servir de support au texte qui commente la représentation. Les deux façons coexistent, mais la seconde prend plus d'ampleur au XVIIIe siècle. Elles éclipsent toute autre forme d'illustration.

L'aspect pratique exige certains passages obligatoires, notamment la présentation générale du royaume et de ses institutions [55]. Des listes annexes peuvent encore compléter l'information, afin de pallier l'absence de livres « qu'on ne peut avoir sur soi ». Le plan suivi par les auteurs est d'abord celui d'une description par provinces et par villes, dominant aux XVIe et XVIIe siècles ; peu à peu l'emporte une présentation par routes et par itinéraires, plus tardivement par thèmes. C'est la traduction explicite d'un changement de perspective. Au départ, le point de vue est celui d'un voyageur qui découvre la consolidation de l'*ordre du royaume*, auquel répond l'*ordre du discours*, qui loue le travail d'unification de la monarchie, son effort routier et son application civilisatrice qui passe par les villes, qui homogénéise les mœurs. L'entre-deux urbain a peu de chance aux yeux des guides, comme au regard des voyageurs. La ville est le seul paysage dont peuvent rêver les âmes voyageuses [56].

C'est aussi le lieu d'une histoire. Le plan par routes innove dans la seconde moitié du XVIIe siècle avec Louis Coulon, qui l'adopte pour une description hors frontière. Il va de la périphérie au centre, et plus encore de la capitale aux provinces et aux limites ; l'itinéraire autorise une manière d'appropriation ouverte de l'espace, plus personnelle et moins guidée par la pesanteur des institutions. Peu d'ouvrages adopteront désormais le vieux découpage, ou bien ils l'adaptent à cette perspective géographique et pré-touristique. Peu encore choisissent l'ordre alphabétique qui relève des dictionnaires, genre triomphant mais peu portable [57], encore moins d'une approche par thèmes qui est celle d'Ottokar Reichard, heureux auteur : descriptions géographiques, commerce, poids et mesures, monnaie, tableau des villes, routes et postes, itinéraire des routes, bibliographie des cartes itinéraires, de manuels et relations de voyage de fraîche date. Il appelle à une nouvelle présentation des guides imprimés plus ouverts à de multiples réalités. Dans tous les cas, les lectures sur le terrain ou menées en cabinet proposent un commun déchiffrage accessible. Celui-ci permet d'imaginer circuits, grands ou petits tours, marches vers la capitale où tout converge ou qui, à partir de son étape, organise le reste.

Au total, les guides requièrent de leur lecteur une compétence certaine et une familiarité avec l'écrit, qui n'est pas réservée aux riches. Le genre est pratique : il vise des publics variés, tant du point de vue de l'appartenance sociale que de la nationalité. Son discours s'inscrit dans une communication plus générale et dans une conception plus vaste de la construction de l'espace, des mots aux choses, de la mobilité au regard, du réel sensible à son organisation abstraite. Ses inflexions font entendre la montée d'une circulation qui s'étend et s'accroît, mais dont l'espace s'approfondit, comme en témoignent les récits et la spécialisation des guides eux-mêmes [58].

Découvrir Paris, imaginer la ville [59]

Si l'on change d'échelle pour regarder l'ensemble des guides consacrés à la même époque à Paris, deux traits surprennent par comparaison : ils sont plus nombreux (147 éditions recensées sur deux siècles) et ils se renouvellent plus rapidement avec l'affirmation de l'autonomie du genre au XVIIIe siècle (près de 300 ouvrages connus de 1600 à 1830), ce qui suggère un caractère plus éphémère, un renouvellement plus exigeant par rapport aux guides du voyage en France. On voit alors se préciser les impulsions à l'œuvre derrière une production massive : on y retrouve les traits caractéristiques d'un modèle où se développent les images de la ville, reflets et réalités mobilisés par les pratiques et guidés par des matrices intellectuelles diverses. N'en doutons pas : l'effort des éditeurs de la fin du XVIe au début du XIXe siècle est guidé par un besoin d'utilité multiple, mais constant [60].

Les titres originaux – une cinquantaine au total – donnent naissance à une centaine de rééditions et de réimpressions, remaniées ou inchangées. Dans son mouvement, la production conservée s'infléchit en trois temps : 11 ouvrages édités jusqu'en 1660 ; 65 jusqu'en 1760, soit de 5 à 8 par décennie ; 77 avant 1800, soit 48 % du total en seulement quarante ans, et l'accélération se poursuit. Les titres originaux sont, pour les deux tiers, postérieurs à 1750 ! La courbe des guides généraux est sensiblement différente : 4 titres avant 1650, 7 avant 1700, 9 pour le XVIIIe siècle, et un mouvement d'édition plus étalé [61]. C'est au moment où Paris conquiert définitivement son statut de capitale des Lumières que le genre accélère son impact. Certains titres connaissent un succès considérable : citons les *Curiosités de Paris*, de Saugrain, publiées en 1716 et rééditées huit fois jusqu'en 1778 ; le *Voyage pittoresque* de Dezallier d'Argenville, édité six fois entre 1749 et 1778 ; l'*Almanach parisien en faveur des étrangers et personnes curieuses*, d'Hébert et Alletz, qui remporte un succès encore plus durable, avec vingt-quatre rééditions jusqu'en 1793 [62] ; d'autres, encore, tels l'*Almanach du voyageur*, de Luc-Vincent Thiery, publié quatre fois, ou les *Nouvelles Descriptions des curiosités*, de Dulaure, quatre fois également, et avant 1789. Si la longévité de certains titres est assurée, le cas le plus fréquent est le renouvellement et l'occasion tentés : trois quarts seulement des ouvrages sont réédités moins de deux fois. Quoi qu'il en soit, l'impact est considérable, et si l'on retient le tirage moyen de 2 000 exemplaires, c'est une population de l'ordre de 400 000 lecteurs qui est touchée : 2 000 personnes par an au bas mot. La présence étrangère à Paris à la fin de l'Ancien Régime, *stricto sensu*, n'excède pas en moyenne 4 000 personnes, d'après les calculs de la police [63].

Il existe incontestablement une demande qui fait le bonheur des éditeurs [64]. Ils obtiennent aisément les privilèges de publication que la chancellerie leur accorde en moyenne pour cinq à douze ans – reconnaissance quasi officielle de l'utilité de la production qui vise aussi plusieurs clientèles. Dans la majorité des cas, l'édition est parisienne, publiée par des libraires parisiens. Une dizaine de titres seulement sont publiés en province (Versailles, Troyes, Rouen) ou à l'étranger (Leyde, La Haye, Amsterdam) : ce sont peut-être des contrefaçons et des impressions clandestines françaises, moyen d'accélérer la vente auprès d'une clientèle passagère. La spéculation réussie est rassemblée dans le réseau d'une centaine de maisons plus ou moins mobilisées, avec une association à forte implication familiale (un quart des mentions). La majorité des officines n'ont toutefois pas publié plus d'un titre, tant au XVIIe qu'au XVIIIe siècle, mais ce ne sont pas forcément de petits éditeurs : ainsi Jean-Antoine Garnier, qui publie en 1724 les *Rues de Paris* à Troyes, ou Joseph Panckoucke, avec l'*État de Paris* de Jèze en 1765, sont de grandes figures du milieu éditorial. Plus caractéristique, le fait qu'une autre majorité de guides parisiens sont produits en coédition et association, et très fréquemment pour les reprises, ce qui traduit des investissements importants et sans doute un profit escompté proportionnel. Le très célèbre Jèze est d'abord publié chez Costard en 1760, puis en accord chez Prault père, Vallat la Chapelle, Guillyn, Duchesne et Lambert de 1761 à 1763 ; en 1765, on le retrouve chez les Prault,

Guillyn et Duchesne, auxquels s'associe Panckoucke. C'est la rançon d'un succès que monopolise un groupe de familles souvent engagées dans d'autres formes de production massive (almanachs, indicateurs, manuels) : les Leclerc, les Prault, les Saugrain, les de Bure, et les Duchesne qui sont champions avec vingt-neuf ouvrages, dont le célébrissime *Almanach parisien en faveur des étrangers*. Ils ont contrôlé des titres au succès assuré, laissant aux isolés des guides sans grand écho. Un ouvrage imprimé plusieurs fois, c'est « une marque qu'il soit utile et agréable », comme le souligne l'approbation du *Voyage pittoresque de Paris* (chez de Bure, 1765, 4e édition).

Une cinquantaine d'auteurs, dont un tiers restent anonymes, se sont placés au service de ces *atlas de l'édition* ; l'anonymat montre que, dans le monde des gens de lettres, le guide est peu considéré[65]. Nicolas de Blégny préfère se cacher sous le pseudonyme d'Abraham du Pradel quand il publie son *Livre commode des adresses de Paris*, chez Nion, en 1691 et 1692. Il se reconnaît plus dans ses ouvrages savants, dont il fait l'apologie. Parfois le succès aboutit à révéler les auteurs, mais après plusieurs éditions : ainsi pour Germain Brice, Dezallier d'Argenville, Jèze et Thiery. L'échec peut déclasser, et la réussite distinguer ; voilà pourquoi les écrivains polygraphes soulignent souvent l'enracinement des guides dans l'histoire et la géographie. Quelques spécialistes sont reconnus ; une dizaine ne laissent qu'un seul ouvrage – on y remarque encore Brice et Jèze, mais aussi Thiery, Le Sage, Magny, Le Maire. Tous écrivent principalement « pour conduire l'étranger, le provincial et le Parisien dans la capitale ». D'autres sont reconnus dans le cadre d'une discipline, ou par de multiples publications : l'antiquaire François Desrues, les géographes Jaillot et Denis, le critique d'Argenville, ou encore Liger, littérateur agronome, Hurtaut, historien, Alletz, qui écrit des ouvrages d'histoire, de pédagogie et de religion.

Le groupe traduit la tension principale qui marque, de l'âge classique aux Lumières, le milieu et la fonction auctoriale. Une partie se range dans le milieu des spécialistes en attente de reconnaissance ; ils viennent de tous les groupes socioprofessionnels : médecins et chirurgiens comme Blégny, clercs et officiers comme Desrues ou d'Argenville (maître des comptes), avocats comme Jèze, professeurs et précepteurs comme Nemeitz ou Germain Brice (abbé sans bénéfice), voire libraires comme Saugrain. Une autre partie du groupe, aux origines aussi composites, illustre l'existence à Paris d'un milieu de polygraphes, spécialistes de tout et de rien, à l'instar des marchands merciers parisiens et au service des éditeurs. La spécialisation ou la disponibilité révèlent une liberté d'aptitude, un besoin et une capacité à comprendre la nécessité d'apprendre à lire l'urbanité. Les auteurs de guides jouent le jeu de tous ceux qui rassemblent des informations pour guider dans la *ville labyrinthe* : journalistes des affiches, concessionnaires de bureau et de renseignement comme Renaudot au XVIIe siècle, Brice (cicérone un temps), Colletet, voire Blégny. C'est alors l'association de la librairie et des auteurs vivant de commande qui fait la continuité et le succès des guides parisiens.

Dans la fonction de cicérone et d'auteur de guide, la continuité des pratiques orales et écrites d'information est certaine, et ces pratiques visent un public ciblé largement. Celui-ci n'est pas économiquement défini par une popularisation assurée : les prix d'un guide varient de 1 à 12 livre [66]. En 1760, le Jèze coûte de 4 à 6 livres, selon la présentation. Le succès permet de baisser les prix. Surtout, les prix varient beaucoup en fonction du format, du nombre de pages, de la typographie et de la reliure. C'est une économie caractéristique de la production massive, ainsi des almanachs – l'*Almanach parisien*, avec son calendrier, joue sur les deux genres [67]. C'est le critère d'utilisation qui l'emporte ; pour cela, le guide est un livre pour la poche : trois quarts d'in-32 et in-12, quelques in-8°, peu de formats supérieurs. L'importance de certains – Thiery, avec ses volumes doubles, coûte 10 livres – prouve que la lecture est plurielle, comme pour les *voyages de France*. La diversité des titres – *Almanach* (9), *État et tableau* (6), *Description* (5), *Guide* (5), *Voyage* (4), *Ville de Paris* (3), *Rue de Paris* (3) –, qui sont continuellement repris, montre aussi l'élargissement. D'autres formules précisent buts et moyens, destination : *le voyageur, l'étranger, le provincial, le Parisien* aussi, *le curieux, l'amateur, l'utilité, la commodité d'usage, le caractère indispensable* (qui revient vingt fois), *l'intérêt, l'instruction*. *Étrangers* (50 % de tous les ouvrages) et *voyageurs* (20 %) signalent la fonction de conduite pour de nouveaux venus, l'introduction à une topographie aidée assez rarement par des cartes, mais les mêmes libraires les vendent souvent séparément. Dans leur ensemble, ce sont des textes utilitaires, donc lisibles, et donnant réponse aux demandes des gens de passage dans la ville, très divers, et à celles des Parisiens eux-mêmes. Prévost de Saint-Lucien y voit un moyen « de voir Paris sans le voir et de le parcourir sans y venir [68] ». C'est pourquoi la majorité des guides sont équipés pour une lecture rapide et sélective : index (140 fois), tables, recherche de clarté par le découpage et les sous-titres, noms de rue soulignés, listes, tout ce qui sert à maîtriser l'espace sous tous ses aspects.

Les textes se donnent à lire selon deux modèles principaux [69]. Le premier suit l'ordre alphabétique, ordre rationnel mais décalé du réel, qui suppose une combinaison de la topographie et des thèmes : vingt-trois cas. L'organisation thématique et topographique par quartiers, par zones, par itinéraires, devient plus fréquente. Pour Brice, pour Jèze, elle prépare solidement le fil des déplacements. Avec Brice, l'ordre de la promenade est fixé jour après jour ; Liger propose un Paris en journées sur deux semaines ; Nemeitz, lui, emboîte le pas des voyageurs et il l'éclaire à travers des buts de visite ; Jèze organise le territoire en fonction « de l'utilité, de la nécessité et de l'agrément » recherchés et de façon très hiérarchisée [70]. Très souvent, l'ordre alphabétique est combiné avec l'écriture par catégories et par sujets, parcours, topographie – ainsi chez Thiery [71] et Prévost de Saint-Lucien [72]; Hébert et Alletz complètent l'ordre alphabétique des institutions et des monuments avec celui des commerces et des objets disponibles sur le grand marché de Paris [73].

Le mélange de présentations et de fonctions revendiquées par les éditeurs confirme la pluralité d'usages et de lectures. Le guide est d'abord repérage du monumental héritier des *Antiquités de la ville* et des historiens ; par la suite, ce qui n'était qu'une annexe chez les premiers auteurs (Du Breul, Colletet [74]) devient central, donnant à lire la nomenclature des lieux et accordant la primauté au repérage dans l'ensemble de la ville. Deschuyes propose la formule dès 1647 [75]. D'autres concilient une lecture de la ville comme ouvrage d'art offert à la curiosité des amateurs et à l'attente de groupes sociaux attirés par leur sensibilité esthétique – ainsi Germain Brice dès 1684 [76]. Plusieurs associent repérage, explications pratiques et monumentales, et donnent à découvrir l'espace vécu de la ville avec ses services, avec ses décors – ainsi Bligny, Jèze, Valhebert [77]. Une fonctionnalité est au travail dans l'écriture comme dans la ville et ses aménagements. Les grands succès – Hébert et Alletz, Thiery, Hurtaut et Magny, qui est à la limite du genre [78] – unifient tous les points de vue. La matérialité du guide parisien devient le moyen d'un accès facilité à la réalité urbaine, mais les auteurs participent ainsi à la construction même de cette réalité pour les étrangers et les Parisiens.

L'autonomie des guides de Paris, conquise au XVIIe siècle par rapport aux itinéraires généraux, par rapport aussi à la veine littéraire des *Antiquités*, a consolidé leur succès et leur diffusion grâce à ses conventions : sélection des informations nécessaires, spatialisation, utilisation de nomenclatures plus ou moins détaillées et hiérarchisées qui justifient des choix, des valeurs – celles du curieux ou du remarquable, celles des besoins –, et qui les écrivent dans une topographie. Enfin, l'autonomie repose sur le jeu de description historique et géographique, indispensable aux voyageurs. Le guide devient alors l'instrument usuel de la minorité voyageuse, soucieuse de maîtriser l'espace culturel, et donc d'une mobilité organisée. Il est, de même, l'objet de référence des *citoyens* de la ville par sa force utilitaire et sa puissance connotative et consultative [79].

L'image de la capitale qui va s'imposer pour conduire les lecteurs, pour faciliter l'accueil des étrangers, pour développer les consommations matérielles et intellectuelles offertes, mêle l'utilitaire et *ce qu'il y a à voir* – le monument, l'édifice [80]. Les premières listes d'auberges, d'hôtels, sont ainsi mêlées à la nomenclature des hôtels de l'aristocratie. Les édifices pour tous prennent leur sens pour leur fonction, pour leur contenu. L'église garde sa vocation religieuse, pratiquante, mais devient monument. L'hôpital est le lieu de l'assistance et de la mise à l'écart, mais également l'édifice réfléchi de la bienfaisance, laïcisé aussi. Les bâtiments du pouvoir politique et économique incarnent des valeurs culturelles positives.

Le lecteur potentiel aspire alors à une double image qui se dégage progressivement de l'ensemble des publications pour, finalement, l'emporter. Il est d'abord un consommateur, de résidences (les hôtels qu'on lui propose [81]), de choses (les boutiques qu'on lui indique [82]), de services (les institutions administratives et les renseignements économiques et culturels : bibliothèques, collections, bourses, marchés, prix). Mais il est aussi un consommateur rationnel, parce qu'il a fait son apprentissage des choix. La culture de la mobilité et ses instruments tracent une voie d'accès aux offres du marché, pour une demande accrue. L'information allège les liens durables de la société organiciste, enchaîne les éléments d'un bonheur individualiste. Le guide conduit de l'ordre des valeurs politiques à celui des libertés individuelles, mais il valorise parfaitement une organisation sociale surveillée, contrôlée. Il est un élément des valeurs de la police [83].

Cette vérité fonctionnelle recouvre et découvre une autre ville séductrice et spectaculaire : la capitale ludique. C'est celle du privilège, du luxe, de l'ordre des sociabilités, des solennités des cultes et des pouvoirs, des revues, des fêtes que les auteurs recensent également. C'est aussi celle des conforts et des nouvelles exigences du bien-être. Le guide offre à lire *le meilleur de la ville*; il se situe aux antipodes de l'espace critique des romanciers, de Marivaux à Rousseau, et des écrits des réformateurs moraux, façon Rétif de La Bretonne ou Mercier, guides à leur manière [84]. La ville des touristes est un lieu de consommation des rêves, et le guide en est le mode d'emploi – non seulement celui de la valeur d'échange, mais encore celui de l'utilité, de l'agréable. Il inscrit le loisir et ses distractions dans le catalogue des attentes, voire des vertus de l'*homo viator-homo ludus* [85]. Honnêtes, les plaisirs font la civilisation urbaine : théâtre, spectacles de tous ordres, opéra, musique, promenades, guinguettes, cafés, danses et jeux. Menaçants, ils sont l'objet des précautions et des méfiances, où perce alors la crainte générale – pour la galanterie, la prostitution, la tromperie, dénoncées – de la montée du pathologique urbain. A terme, les guides incitent à la rêverie des choses défendues, des exotismes troublants, des lumières fragiles. Ils invitent alors à une leçon de modération; on peut y lire l'écho du débat capital sur l'utilité des voyages et, au-delà, de la méfiance à l'égard de toute mobilité. On en trouve une autre résonance dans le registre de l'évasion et de la parodie, dans le voyage fictif.

Voyages dans la chambre, ironie des voyages

Lectures et lecteurs, guides généraux et itinéraires particuliers ont fait entendre l'objectif culturel permanent entre classicisme et Lumières : le récit de voyage, le guide servent de propédeutique à des fins multiples – ils préparent le départ, organisent le déplacement, nourrissent l'écriture –, mais ils sont peut-être plus encore une ressource pour l'imaginaire. Entre les deux espaces, réalité et rêve, pratique et représentation, pas de solution de continuité : les unes et les autres produisent les mêmes effets. Pour cela, ils sont à replacer dans l'évolution même des conceptions et des comportements qui font l'homme moderne entre l'ordre de la sagesse sacrée et divine d'une part, celui de l'humanité et de la morale naturelle relativisée d'autre part, le compromis mondain étant un choix de nécessité.

Pour le moraliste chrétien, l'homme n'attend rien de la nature et tout de la grâce : à quoi lui servirait de voyager ? Mais le monde impose le voyage, et la vie même est un voyage : il faut s'en accommoder, ou le refuser par l'exil intérieur. Le laxisme que dénonce Pascal dans la Compagnie de Jésus, qui vante et qui pratique déplacements, découvertes, connaissances élargies – « Ce dessein capital que notre société a pris pour le bien général de la religion est de ne rebuter qui que ce soit pour ne pas désespérer le monde », écrit ironiquement l'auteur des *Provinciales*[86] –, impose une mobilité raisonnable, indispensable à la formation du chrétien, gentilhomme ou bourgeois. Les adeptes du refus du monde, non sans nuance, resserrent les exigences de l'immobilité comme celles de la docte ignorance. Le monde peut se limiter aux murs de sa chambre.

Derrière facilité et rigorisme, une même conception de la société est présente : elle repose sur la stabilité de l'ordre social, dont le souverain est le garant. La mobilité dans l'espace est, comme la mobilité sociale, le domaine des passions ; elle relativise les croyances, les mœurs, les hiérarchies. C'est la leçon entendue des *Essais*, des « libertins érudits », des moralistes du Grand Siècle, proches d'Épicure et de Sénèque – *doxa* qui s'accommode très bien de la double conscience et du respect extérieur de l'autorité et des croyances. L'important est que le populaire ne soit pas contaminé[87]. Il ne faut pas le désespérer ici-bas. Pour les notables et les dominants, le voyageur peut recevoir de profitables leçons, la comparaison des mœurs souligne l'utilité de la croyance et de l'ordre, la lecture des voyages peut donner des leçons de sagesse, sensibles à l'exemple des périples de Télémaque, héros du siècle des Lumières. Le sensualisme tranquille des Persans de Montesquieu ne déroge pas à la règle.

D'autres appels se font entendre pour accélérer le goût des déplacements utiles. Ils sont liés à l'apologie des passions, contrôlées, gouvernées par l'intelligence : « Les passions sont chez les hommes des vents qui sont nécessaires pour mettre tout en mouvement, quoiqu'ils causent souvent des orages[88] », dit Fontenelle dans le *Dialogue des morts*. Le voyage peut incliner au bien. Ces recommandations sont portées également par la montée de nouveaux acteurs sociaux et par leur revendication de reconnaissance sociale, donc de l'utilité de leur mode de vie, de leur fonction, de leurs pratiques culturelles : le négociant est utile parce qu'il ouvre au monde par l'échange. La *Fable des abeilles* du docteur Mandeville, le grand débat sur le luxe – qui mobilise grands et petits auteurs, Voltaire, Montesquieu et Rousseau en tête[89] – réhabilitent l'amour-propre et les passions humaines replacées dans l'ordre de la nature[90]. Pour le négociant de Nantes ou de Londres, pour l'homme d'affaires ou le banquier de Paris ou d'Amsterdam, le désir du gain n'est pas une passion aveugle : ils se veulent hommes d'utilité, citoyens du monde, sensibles et généreux, contrôlés par un code vertueux et non point déchaînés par la libre énergie conquérante du profit et du capital. On est là à un aboutissement intellectuel, où la tension entre l'utile et l'inutile manifeste autrement l'interrogation entendue au niveau pédagogique ou critique. Elle s'exprime de façon originale par l'écriture travestie et l'imitation ironique du voyage comme genre. Nous en retenons trois exemples en 1794 : le *Voyage autour de ma chambre*, par Xavier de Maistre ; le *Voyage de Paris à Saint-Cloud par mer*, de Louis-Balthazar Neel, qui est daté de 1748 ; et l'*Itinéraire de Pantin au mont Calvaire ou Lettres inédites de Chactas à Atala*, qu'on prête à M. de Chateaubriand, mais que publie René Perrin, en 1811, sous le nom de M. de Chateauterne[91].

Xavier de Maistre est moins connu que son frère Joseph, illustre théoricien de la pensée contre-révolutionnaire et de l'idéologie religieuse et ultramontaine restaurée. D'une famille de la très bonne noblesse piémontaise et savoyarde, il sert dans l'armée sarde, où l'anecdote veut qu'il ait été mis aux arrêts pour un méchant duel pendant quarante-deux jours, avec sa petite chienne Rosine et son fidèle domestique Johannetti. Quelques années plus tard, l'émigration l'amène à fuir en Russie : il participe aux combats contre la Révolution, se marie à Moscou, se bat contre les armées de Napoléon. Il mène parallèlement une belle carrière de romancier. *Le Lépreux de la cité d'Aoste* (1811), *Les Prisonniers du Caucase* et *La Jeune Sibérienne* (1815) sont des œuvres d'une écriture classique, mêlant réalisme, pittoresque, vérité des caractères et de lieux, et leur succès a été sûr. Pour notre propos, deux textes publiés à trente ans de distance, et inséparables, retiennent l'attention. Le voyage de 1811, l'*Expédition nocturne autour de ma chambre*, a d'ailleurs été commencé peu après le premier essai et repris après une longue coupure et une vie agitée. Tous deux ont la brièveté et l'efficacité des contes : 108 pages in-12 pour le *Voyage*, 106 pour l'*Expédition* ; tous deux sont découpés en courts chapitres, d'à peine quelques lignes, jusqu'à quatre pages. Un art de l'humour discret et une virtuosité dans la digression confèrent aux deux ouvrages une partie de leur charme, au premier et au second degré. On y peut trouver une réapparition de la tradition morale, qui prône l'immobilité et le salut dans la clôture et l'évasion du monde, que l'on a évoquée de Pascal à Béat de Muralt, et dans la chaîne du questionnement sur l'utilité du voyage. Sur ce plan, pas de rupture entre les deux textes.

Cette expérience d'un homme, dont la vie ordinaire est avant tout mobilité, est la première qu'imposent les circonstances d'une réclusion adoucie, « retraite forcée », éloignée du monde et de ses tentations – « le temps du Carnaval et la privation des plaisirs que Turin présente en foule [92] » –, de ses dissonances aussi, car la « ville fourmille d'infortunés et de malheureux », qui n'ont pas même le luxe de la chambre modeste du soldat reclus [93]. L'écriture s'impose à l'expérience nouvelle : « J'ai entrepris et exécuté un voyage de quarante-deux jours autour de ma chambre. [...] Mon cœur éprouve une satisfaction inexprimable lorsque je pense au nombre infini de malheureux auxquels j'offre une ressource contre l'ennui, et un adoucissement aux maux qu'ils endurent. Le plaisir qu'on trouve à voyager dans sa chambre est à l'abri de la jalousie inquiète des hommes, il est indépendant de la fortune. Est-il en effet d'être assez malheureux, assez abandonné, pour n'avoir pas un réduit où il puisse se retirer et se cacher à tout le monde ? Voilà les apprêts du voyage [94]. » Voilà pour nous, fût-ce ironiquement, légitimé l'idéal de la claustration et de ses effets bénéfiques.

Le thème est repris de façon semblable dans l'*Expédition* : c'est l'illustration du retrait cartésien, nécessaire pour la réflexion, et celle de l'exil pascalien, bénéfique pour le salut. Il interroge le modèle de la mobilité constructrice et de la sociabilité enrichissante des Lumières : « Oh ! douce solitude, j'y ai connu les charmes dont tu enivres tes amants. Malheur à celui qui ne peut être seul un jour de sa vie sans éprouver le tourment de l'ennui, et qui préfère s'il le faut converser avec des sots plutôt qu'avec lui-même [95] ! » Dans l'*Expédition*, la réclusion est présentée comme volontaire : Xavier de Maistre se réfugie dans sa chambre afin de se soustraire au tumulte de l'Europe. La Révolution frappe à la porte, déborde de toute part, entraînera bientôt l'*émigré* loin de sa patrie, et le nouveau voyage intérieur livre, après les « vivacités de la jeunesse » dont parle Sainte-Beuve, la clef des plaisirs de la méditation philosophique – comme pour d'autres hommes d'épée de son temps, Chateaubriand en tête. L'homme se place alors au-dessus des vicissitudes de sa vie personnelle et de l'histoire. De 1794 à 1825, il a franchi l'espace de la Révolution à la Restauration, de la société traditionnelle à l'ordre nouveau du monde, de la stabilité du confort moral et matériel au bouleversement et à l'agitation des routes de l'émigration. Toutefois, il ne s'agit pas de rompre totalement les amarres ; le temps de l'isolement est, comme celui du voyage, un moment de liberté : « Je ne veux être ermite que le matin ; le soir, j'aime à revoir des faces humaines », ira-t-il jusqu'à dire dans l'*Expédition*. Il ne s'agit pas non plus de sombrer dans la mélancolie pascalienne, de cultiver noirs sentiments ou pieuses pensées : la solitude n'est pas une mauvaise fréquentation, elle permet une évasion vers soi-même – ainsi d'interroger la nature morale de l'homme, l'imagination et la sensibilité [96].

A une échelle réduite, de Maistre découvre les traits caractéristiques des voyages internationaux, et il en parodie le récit. Aucun doute, il a lu Sterne, cité au chapitre XXII : « C'est le dada de mon oncle Toby. Les observations intéressantes que j'ai faites, et le plaisir continuel que j'ai éprouvé le long du chemin, me faisaient désirer de les rendre publiques ; la certitude d'être utile m'y a décidé [97]. » La négation du voyage permet de moquer l'utilité de son récit. Celui-ci est conforme aux règles attendues du genre. Description du territoire et de l'itinéraire : un carré de 36 pas, situé par 45 degrés de latitude, « selon la mesure du P. Beccaria » ; une possibilité de choisir des trajets divers entre les monuments qui peuplent la chambre [98]. Table, fauteuil et lit sont les marqueurs d'un mince confort matériel et les objets de la méditation sur le refuge, sur la mort [99]. On marche ainsi « de découverte en découverte [100] », et c'est pourquoi l'auteur remarque : « Qu'on ne me reproche pas d'être prolixe dans les détails, c'est la manière des voyageurs. Lorsqu'on part pour monter sur le mont Blanc, lorsqu'on va visiter la large ouverture du tombeau d'Empédocle, on ne manque jamais de décrire les moindres circonstances exactement, le nombre de personnes, celui des mulets, la qualité des provisions, l'excellent appétit du voyageur, tout enfin, jusqu'aux faux pas des montures, est soigneusement enregistré dans le journal pour l'instruction de l'univers sédentaire. » De Maistre parodie les lieux communs de la littérature de voyage : la visite des collections, par exemple, aux chapitres XXX et XXXI. Voilà les estampes élevées à la gloire des tableaux : « la Charlotte de Goethe », leçon de l'amitié ; « l'Ugolin de Dante », leçon de la souffrance ; « le chevalier d'Assas », exemple d'héroïsme ; un « esclave noir », appel à la sensibilité ; « l'aimable bergère des Alpes », évocation de la nature ; « Raphaël et sa maîtresse », image de la beauté [101]. Le miroir, avec son ambiguïté, clôt l'itinéraire, et l'amour-propre du voyageur s'y réfléchit à l'instar du moi sous la plume des auteurs de relations à succès [102]. Le voyage peut reprendre vers le bureau, où le touriste en chambre peut méditer sur le travail intellectuel, l'horizon de l'écriture et de la vie, les pratiques de l'auteur et ses moyens : écritoire, plume, papiers, manuscrits, lettres commencées, achevées et relues – « la mine que j'exploite ». Des livres choisis (*Clarissa*, *Werther*, *Cleveland*) accompagnent la démarche. Le voyageur a revêtu son « habit de voyage », dont il détaille la « nécessité et l'influence [103] ».

« On taxera, si l'on veut, de préjugé l'influence que j'attribue aux habits de voyage sur les voyageurs ; ce que je puis dire de certain à cet égard, c'est qu'il me paraîtrait aussi ridicule d'avancer d'un seul pas mon voyage autour de ma chambre revêtu de mon uniforme et l'épée au côté, que de sortir et d'aller dans le monde en robe de chambre. Lorsque je me vois ainsi habillé suivant toutes les rigueurs de la pragmatique, non seulement je ne serais pas à même de continuer mon voyage, mais je crois que je ne serais pas en état de lire ce que j'en ai écrit jusqu'à présent et moins encore de le comprendre [...]. Qui pourrait douter de l'influence des habits de voyage sur les voyageurs, lorsqu'on réfléchira que le pauvre comte de ... pensa plus d'une fois faire le voyage de l'autre monde pour avoir mis à mal à propos sa robe de chambre dans celui-ci [104] ? »

N'en doutons pas, Xavier de Maistre a lu les voyageurs et maître Diderot [105] : tous deux communient avec un sourire dans la même anthropologie matérielle, dans une sensibilité aux choses et aux êtres, au romanesque des vies, au jeu des sentiments, dans la fragilité du temps qui passe, dans la force vive de l'imagination qui console de la réalité avant le retour à celle-ci, à la liberté, à ses dangers. « Oh ! ma bête, ma pauvre bête, prends garde à toi ! » L'*Expédition* comme le *Voyage* sont largement ouverts sur la nature, les rêveries philosophiques et les rêves amoureux. La brève apparition de la pantoufle d'une voisine interrompt une crise d'astrophilie, et le bonheur, commun à tous les voyageurs, de contempler les étoiles et le ciel [106]. Forster, racontant l'arrivée de Cook à Tahiti, a laissé du spectacle de l'aube l'une des représentations les plus subjuguantes – celle de l'éveil des nouveaux mondes heureux [107]. Dans le sérieux de la parodie se découvrent la tension de la mobilité et de l'immobilité, et celle de la liberté dans le refus ou l'acceptation du monde. L'ultime péripétie du voyage, c'est que le monde est une cellule plus étroite encore que ne l'était la chambre ; c'est que l'univers intérieur et le rêve peuvent suffire à l'évasion. Mais l'*Expédition* montre aussi la prégnance du réel, et le *Voyage* expose le principe d'une lecture conjointe, analogique, de l'univers et de l'homme. Moins talentueuses, d'autres tentatives évoquent des interrogations comparables [108].

Parodies et exotismes sur place

Louis-Balthazar Neel publie en 1749, à l'âge de cinquante-trois ans – deux ans avant sa mort, moment ultime pour tout voyage –, un petit texte voué au succès : vingt éditions en répondent ! Le *Voyage de Paris à Saint-Cloud par mer* est un objet de curiosité par rapport à l'œuvre sérieuse d'un poète et d'un historien (on connaît de lui une biographie du maréchal de Saxe, une autre du Régent) pour tout dire peu connu, peu renommé. Tout y est, en tout cas des nécessités de la littérature de voyage : « La passion de voyager est sans contredit la plus digne de l'homme, elle lui forme l'esprit en lui donnant la pratique de mille choses que la théorie ne saurait démontrer. Je puis en parler aujourd'hui en connaissance de cause. Il n'est rien de si sot et de si neuf qu'un Parisien qui n'a jamais passé les barrières... » Sans voyager, on ne sait rien des choses les plus élémentaires ; mais, au retour, après un « voyage au long cours », la relation de l'expérience s'impose : « Je donne ici la relation au public. Rien de plus capable d'exciter les jeunes gens à voyager que la lecture des différents voyageurs[109]. » Suivent les éléments habituels et attendus. D'abord, les circonstances et le prétexte pour s'aventurer à Saint-Cloud, « à la campagne » : une petite fièvre amoureuse pour la sœur d'un ami. Ensuite, les préparatifs : ils sont avant tout matériels, et huit jours sont utiles pour disposer au départ. Il faut faire blanchir son linge, remplir sa malle d'habits de différentes saisons, y joindre tous les accessoires : « flûte à bec, carte de géographie, compas, crayon, écritoire fixain de piquet et les heures. Je ne réservais pour porter sur moi que mes gants, mes bottes, mon fouet, ma redingote, mes pistolets de poche, mon manchon, ma canne et mon couteau de chasse ». Les préparatifs sont également spirituels et temporels : le voyageur doit se confesser, faire un testament, présenter aussi ses adieux à tous – voisins, parents et amis. L'embarquement n'est pas une petite affaire. Le « navire » arrimé sur le port Saint-Nicolas rameute matelots, équipage, voyageurs. Il faut s'arracher, « mettre fin aux adieux » ; tout le monde pleure.

Le reste de la traversée ne va manquer ni d'aventures ni de pittoresque. Le voyageur parodique va de malheur en malheur : l'air du large, l'odeur du goudron, l'agitation du fleuve portent à la tête ; « c'est une belle chose que l'invention de la mer », ne serait-ce que la menace des pirates, celle des naufrages. Tous les objets observés peuvent être ainsi soumis à une double lecture : celle du naïf ignorant et égaré, celle du voyageur réaliste qui corrige son imagination et décante les découvertes. L'escapade va lentement faire apercevoir des sites à visiter pour leur intérêt ou leur beauté : Chaillot, les pavillons du duc d'Orléans et ses blanchisseuses trop lestes ; Passy, le couvent des bonhommes, les pères minimes, et les jardins, où l'on peut prendre les eaux ; Auteuil et ses châteaux ; Saint-Cloud, enfin, après que l'on a dépassé Sèvres et ses verreries comparées, sur leur montagne, au Vésuve enfumé. Trois registres organisent la relation exclamative du voyageur. En premier lieu, l'observation des monuments et de la nature cultivée : le palais de Saint-Cloud, avec son parc, ses fontaines et ses orangeries, constitue le moment suprême d'une exaltation sensible portée à son maximum. En deuxième lieu, l'aventure maritime, avec son vocabulaire : navire mis à flot, proue, tillac, grand mât, vent, misaine, voile, chaloupe, cordages, banc de sable, frégate, îles, marchandises, Compagnie des Indes, échelle du Levant, pilote et matelots ; c'est l'aventure à la porte. En troisième lieu, la mésaventure amoureuse, l'intrigue avec Henriette, qui est plus propre à façonner et à dresser les jeunes gens qu'à répondre à la poétique de la passion ; c'est le danger des voyages et leur plaisir. Paris retrouvé accueille un jeune homme « dégourdi de corps et d'esprit. Je rentrais chez moi, je trouvais mon chat et mon serin qui se portaient bien, mais qui ne me reconnaissaient plus ; je fis dire ensuite à ma mère et à mes deux tantes que j'étais arrivé et me voilà [110] ».

Le succès même du voyage de dérision, concrétisé immédiatement par quatre éditions avant 1754, prolongé après par d'autres parodies, montre comment le public cultivé peut rire de lui-même et de ses habitudes. Le *Retour de Saint-Cloud à Paris par mer* de Pierre Lottin, libraire et éditeur de multiples bouquets, exploite le filon avec moins de verve, et Sébastien Mercier s'en inspire librement dans le chapitre XXVI du *Tableau de Paris*. C'est une étape dans l'évolution du rapport au voyage, dans la distance qui s'établit entre auteur et public, entre rêve d'évasion, nécessité de connaître et promesse du retour tenue peu ou prou.

En 1811, l'auteur de l'*Itinéraire de Pantin au mont Calvaire* reprend la formule pour *mettre en boîte* Chateaubriand [111]. Il propose cette fois un pèlerinage vers la capitale, de Pantin à Suresne, par la rue Mouffetard, le faubourg Saint-Marceau, le faubourg Saint-Jacques, le faubourg Saint-Germain, les quais, les Champs-Élysées, le bois de Boulogne et Neuilly. Il est en « terre inconnue », il s'épanche sur son amour pour les « choses extraordinaires » et les « curiosités ». Le jeu fait que l'ordinaire, le banal quotidien des

Parisiens, devient extraordinaire. La rivière des Gobelins est comparée à l'Eurotas des Spartiates; le vol des hirondelles mérite l'attention du voyageur pour son symbole; le gigot de mouton et le petit vin, servis par les hôtes de la rue Mouffetard, deviennent boisson et nourriture des compagnons d'Achille et d'Ulysse; une chouette qui ulule dans la nuit est « le cri des Iroquois au sein des forêts d'Amérique[112] ». Le voyageur lit, dessine, observe les édifices du faubourg Saint-Marceau[113], ses habitants; c'est à la fois un Télémaque et un pèlerin, bravant toutes les fatigues. Chaque lettre adressée à la pantinoise Atala est l'occasion d'expositions admiratives et lyriques, mais aussi érudites et historiques, sur le bord de la Seine : le fleuve des Gaules, c'est la « Séquane sombre et orageuse », qui rend le voyageur anxieux de sa destinée (« Quel sera le terme de mon voyage ? »). Arrêté par les gendarmes qui lui demandent où il va, il s'exclame : « Je vais visiter les peuples qui ne sont plus. » Le bois de Neuilly est une forêt secouée par les ouragans et l'orage; le mont Valérien, un modèle auprès duquel toutes les autres montagnes sont des miniatures[114].

« M. de Chateauterne », qui est peut-être un littérateur nommé Perrin, a fait le lien entre les fonctions du voyage ancien et pour rire de son illustre modèle. Il en perçoit l'évolution, la permanence de l'appel des curiosités remarquables et de la nécessité de l'observation, l'obligation d'en rendre compte pour le public, le recours au guide et aux lieux communs, la montée de l'amplification du moi par la nature, et le retour au pèlerinage, pour un déplacement libre et spiritualisé. Voyageur-lecteur et lecteur-voyageur sont fondamentalement liés par l'idée de l'utilité du voyage. La parodie ne la remet pas en cause, mais en souligne les limites, de même que les académiciens ne choisissaient pas leurs principes pour une condamnation définitive. C'est l'idée du perfectionnement personnel et social qui l'emporte avant l'évasion lyrique et religieuse du romantisme. L'ère des voyages réglés, de leur relation codée, de leur lecture nécessaire, n'est pas close. On y entend l'écho d'un besoin général et la résonance d'une expérience sociale majeure.

NOTES

1. B. de Muralt, *Lettres sur les Anglais et les Français*, s. l., 1725; éd. C. Gould, Paris, 1933, pp. 86-87.
2. P. Bénichou, *Morales du Grand Siècle*, Paris, 1967, pp. 86-87.
3. B. de Muralt, *op. cit.*, pp. 52, 89 et 160-162.
4. *Ibid.*, p. 299.
5. *Ibid.*, p. 306.
6. G. Chabaud, « Pour une histoire comparée des guides imprimés à l'époque moderne », in G. Chabaud, *Les Guides de Paris du XVIIe siècle au début du XIXe siècle. Remarques sur une construction historique : les guides imprimés du XVIe au XXe siècle*, textes réunis et publiés avec E. Cohen, N. Coquery et J. Penez, Paris, 2000, pp. 641-650.
7. B. Vérillaud-Ravel, *Les Guides pour le voyage en France*, Mémoire de DEA, EHESS, 1997, ex. dactyl., sous la direction de R. Chartier; *id., Paris et les Parisiens à travers le regard des Parisiens au XVIIIe siècle*, Mémoire de maîtrise, Paris VII, 1992, sous la direction de J. Nicolas; G. Chabaud et J.-P. Monzani, *Les Guides de Paris aux XVIIe et XVIIIe siècles. Images de la ville*, Mémoire de maîtrise, Université de Paris I, 1979.
8. F. Waquet, *Le Latin ou l'Empire d'un signe, XVIe-XXe siècle*, Paris, 1998; *id., Le Modèle français et l'Italie savante. Conscience de soi et perception de l'autre dans la République des Lettres, 1660-1750*, Rome, 1989; A. Prost, *L'Enseignement en France, 1800-1967*, Paris, 1968.
9. N. Doiron, *L'Art de voyager. Le Déplacement à l'époque classique*, Sainte-Foy/Paris, 1995, pp. 198-200; F. Wolfzettel, *Le Discours du voyageur. Le Récit de voyage en France du Moyen Age au XVIIIe siècle*, Paris, 1996, pp. 305-311; *id., Wege und Entwicklung des französischen Reiseberichts im 19 Jahrhundert*, Tübingen, 1986, malheureusement non traduit.
10. J. Céard et J.-C. Margolin, *Voyager à la Renaissance*, Actes du colloque de Tours, 1983, Paris, 1987, p. 610; Adrien Turnèbe, préface à Denys le Périégète, qui n'a jamais voyagé, ce qui ne l'a pas empêché d'être un topographe exact; Ch. Jacob, *Traverse*, 1981, pp. 21-22; E. Kant, *Anthropologie du point de vue pragmatique*, Königsberg, 1798, in *Œuvres complètes*, 3 vol., « Bibliothèque de la Pléiade », Paris, 1966, t. III, p. 940.
11. F. Wolfzettel, *op. cit.*, pp. 40-41.
12. J. Céard, *art. cit.*, pp. 610-611.
13. G. Genette, *Prétexte*, Paris, 1987.
14. M. Foucault, *Les Mots et les choses*, Paris, 1966.
15. E. Walter, « Les Auteurs et le champ littéraire », in R. Chartier et H.-J. Martin, *Histoire de l'édition française*, Paris, 1989, 2e éd., 4 vol.; t. II, sous la direction scientifique de D. Roche, *Le Livre triomphant, XVIIe-XIXe siècle*, pp. 499-518; R. Chartier, « Lectures et lecteurs dans la France d'Ancien Régime », *ibid.*; D. Roche, *Le Siècle des Lumières en province : académies et académiciens provinciaux, 1680-1789*, Paris-La Haye, 1978, t. I, pp. 280-300. L'invention de la *France littéraire* sur ce point permet une comparaison avec le milieu des académiciens et avec le groupe des auteurs observés par la police royale; R. Darnton, *Le Grand Massacre des chats. Attitudes et croyances dans l'Ancienne France*, 1984, Paris, 1985 (trad. fr.), pp. 137-176.
16. H.-G. Funke, *Studien zur Reisen Utopie der Frühaufklärung : Fontenelle, Histoire des Ajaccicus*, Heidelberg, 1982, chap. 2, pp. 69-75; F. Wolfzettel, *op. cit.*, pp. 128-129.
17. R. Pintard, *Le Libertinage érudit dans la première moitié du XVIIe siècle*, Paris, 1943, reprint 1983.

18. J. Chardin, *Voyages du chevalier Chardin en Perse et autres lieux de l'Orient*, Paris, 1811, 3 vol., éd. L. Langlès, t. II, pp. 142-143; F. Wolfzettel, *op. cit.*, pp. 127-128 et 154-162.
19. C. Jolly, « Histoire des bibliothèques françaises », in C. Jolly (dir.), *Les Bibliothèques sous l'Ancien Régime, 1530-1789*, Paris, 1988.
20. M.-P. Dion, *Emmanuel de Croÿ, 1718-1784. Itinéraire intellectuel et réussite nobiliaire au XVIIIe siècle*, Bruxelles, 1987, pp. 151-253.
21. Y. Marcil, *Récit de voyage et presse périodique au XVIIIe siècle. De l'extrait à la critique*, Thèse de doctorat sous la direction de R. Chartier, EHESS, 1999, 2 vol. dactyl.; t. I, pp. 45-55, étude de 40 inventaires imprimés : le genre occupe en moyenne 5 %; dans près de la moitié, l'Europe l'emporte sur les autres parties du monde entre 1782 et 1805. Les journaux y complètent les livres. Dans deux catalogues de cabinet de lecture (Lejay, 1782 ; Quillau, 1795-1797), 1 % et 5 % de récits de voyage pour un public disparate et plusieurs milliers de volumes. Les collections s'y retrouvent.
22. J. Quéniart, *Culture et sociétés urbaines dans la France de l'Ouest au XVIIIe siècle*, Lille, 1977, 2 vol., t. II, pp. 714-782; F. Angiolini et D. Roche, *Cultures et formations négociantes dans l'Europe moderne*, Paris, 1995.
23. J. Quéniart, *op. cit.*, t. I, pp. 186-299.
24. P. Jeannin, « Distinction des compétences et niveaux de qualification : les savoirs négociants dans l'Europe moderne », in F. Angiolini et D. Roche, *op. cit.*, pp. 363-397.
25. M. Duchet, *Anthropologie et histoire au siècle des Lumières*, Paris, 1971, pp. 66-72.
26. On en trouve trace chez Rousseau dans les notes complètes de l'édition des *Œuvres complètes*. On pourrait en faire une étude à part grâce aux cahiers d'extraits, B.M. de Neuchâtel, Ms. Rousseau 7840, 7841, 7842. Pour Diderot, l'étude reste aussi à faire ; elle n'est pas abordée par J. Terrasse dans *Le Temps et l'espace dans les romans de Diderot*, Oxford, 1999.
27. F. Wolfzettel, *op. cit.*, pp. 231-233.
28. M. Garden, « Une grande collection de livres de voyage au XVIIIe siècle : la bibliothèque du marquis de Courtauvaux », in *Buch und Sammler. Private und öffentliche Bibliotheken im 18. Jahrhundert*, Heidelberg, 1979, pp. 29-42.
29. Abbé Prévost, *Histoire générale des voyages, contenant tout ce qu'il y a de plus remarquable, de plus utile et de mieux avéré dans les pays où les voyageurs ont pénétré, touchant leur situation, leur étendue, leurs limites, leurs divisions, leur climat, leur terroir, leurs productions*, etc., Paris, 1746 *sq.* ; R. Fabre, « Les voyages de l'abbé Prévost », *Mémoires de l'Académie de Lyon*, 1987, 42, pp. 159-165.
30. J. Sgard, *Prévost romancier*, Paris, 1968, pp. 77-78, 132-133, 267-268, 270-271.
31. M. Duchet, *op. cit.*, pp. 66-90.
32. Boucher de La Richarderie, *Bibliothèque universelle des voyages ou Notice complète et raisonnée de tous les voyages anciens et modernes dans les différentes parties du monde, publiés tant en langue française qu'en langues étrangères, classés par ordre de pays dans leur série chronologique, avec des extraits plus ou moins rapides des voyages les plus estimés de chaque pays, et des jugements motivés sur les relations anciennes qui ont le plus de célébrité*, Paris, 6 vol., 1806-1808, t. I, pp. 55-107. L'étude complète reste à mener.
33. G. Feyel, *Presse et information au XVIIIe siècle*, Oxford, 2000.
34. Y. Marcil, *op. cit.*
35. *Ibid.*, t. I, pp. 6-19, 23-40.
36. *Ibid.*, t. I, pp. 59-75 ; t. II, pp. 130-190, 193-360.
37. *Ibid.*, t. II, pp. 366-550.
38. *Ibid.*, t. II, pp. 579-580.
39. *Ibid.*, t. II, pp. 303-308.

40. *Ibid.*, t. I, pp. 108-110.
41. G. Chabaud, Avant-propos, *op. cit.*, pp. 9-11.
42. G. Chabaud, *art. cit., ibid.*, pp. 641-651.
43. D. Roche, *Le Peuple de Paris. La Culture populaire au XVIIIe siècle*, Paris, 1981, pp. 14-17; J.-C. Perrot, *Genèse d'une ville moderne. Caen au XVIIIe siècle*, Paris, 1975, Thèse, 2 vol., t. I, pp. 15-54; B. Lepetit, *Les Villes dans la France moderne, 1740-1850*, Paris, 1988, pp. 366-398.
44. B. Vérillaud-Ravel, *Les Guides pour le voyage en France, XVIe-XVIIe siècle*, Mémoire de DEA, EHESS, sous la direction de R. Chartier, ex. dactyl., 1997; G. Chabaud et J.-P. Monzani, *op. cit.*
45. A. Babeau, *Les Voyageurs en France depuis la Renaissance jusqu'à la Révolution*, Paris, 1885, pp. 85-94; C. Mazouer, *Les Guides pour le voyage de France au XVIIe siècle. La découverte de la France au XVIIe siècle*, colloque de Marseille, 1979, Paris, 1980, pp. 599-609.
46. Boucher de la Richarderie, *op. cit.*, t. III, pp. 89-109.
47. *Ibid.*, pp. 98-99.
48. J. Zinzerling, *Itinerarium Galliae ita accommodatum*, Lyon, 1616; Genève, 1627; Amsterdam, 1649 et 1656; Amsterdam, 1649 (trad. fr.), p. 15.
49. M. Boyer, *L'Invention du tourisme. Origine et développement du tourisme dans le sud-est de la France, du XVIe au Second Empire*, 21 fascicules, 4 parties, Thèse de doctorat d'Etat, Université de Lyon II, 1987, 1re partie, chap. I, «Le Sud-Est sur le chemin de l'Italie», pp. 23-36.
50. B. Vérillaud-Ravel, *op. cit.*, pp. 24-30.
51. Nous suivons désormais B. Vérillaud-Ravel, dont la thèse élargira et confirmera les premiers résultats.
52. B. Vérillaud-Ravel, *op. cit.*, pp. 27-30, 37-77 (catalogue des éditions), 78-98 (présentation chiffrée de la production).
53. Liste des spécimens analysés, titre court, éditions localisées : Ch. Estienne, *Le Guide des chemins de France*, Paris, 1552, 26 éditions; T. de Mayerne-Turquet, *Sommaire Description de la France, Allemagne, Italie et Espagne*, Genève, 1591, 15 éditions; P. de Varenne, *Le Voyage en France*, Paris, 1639, 5 éditions; Louis Coulon, *L'Ulysse français ou Le Voyage de France*, Paris, 1643, 1 édition; Louis Coulin, *Le Fidèle Conducteur pour les voyages de France, etc.*, Paris-Troyes, 1654, 2 éditions; G. S. Duverdier, *Le Voyage de France pour la commodité des Français et des étrangers*, Paris, 1655, 10 éditions; F. S. d'Alquié, *Les Délices de la France*, Paris, 1670, 7 éditions; A. de Bonnecase, *Le Guide fidèle des étrangers*, Paris, 1672, 1 édition; *Le Gentilhomme étranger voyageant en France*, Leyde, 1699, 1 édition; A. Jouvin, *Le Voyageur d'Europe, où sont les voyageurs d'Europe, etc.*, Paris, 1672, 2 éditions; C. Jordan, *Voyage historique de l'Europe*, Paris, 1693, 8 éditions; J.-A. Piganiol de La Force, *Nouveau Voyage de France*, Paris, 1724, 11 éditions; L. Daudet, *Nouveau Guide des chemins du royaume...*, Paris, 1724, 3 éditions; *Le Guide du voyageur à l'usage de la noblesse militaire*, Paris, 1758, 2 éditions; L. Dehis, *Guide royal ou Dictionnaire topographique...*, Paris, 1764, 2 éditions; L. Dutens, *Itinéraire des routes les plus fréquentées...*, Paris, 1775, 12 éditions; L. Denis, *Le Conducteur français*, 52 fascicules, Paris, 1776-1780, 1 édition; M. L. D. M., *Tableau général de toutes les routes*, Paris, 1786, 2 éditions; O. Reichard, *Guide des voyageurs en Europe. Conseils aux touristes*, Weimar, 1793, 10 éditions.
54. B. Vérillaud-Ravel, *op. cit.*, pp. 98-130, 31-36.
55. *Ibid.*, pp. 147-150, ainsi dans Estienne, Mayerne, Varenne, Coulon, Duverdier, d'Alquié, Saugrain, Reichard, dans les premières pages, Jordan, dans le second chapitre.
56. N. Pellegrin, «L'étrange de la ville, récits de voyage et cités du Centre-Ouest

(XVIe-premier XIXe siècle)», *Bulletin de la Société des antiquaires de l'Ouest et des musées de Poitiers*, 5, t. XI, 1997, pp. 207-214.
57. L. Denis (1774) et l'anonyme M. D. L. M. L'ordre alphabétique est celui des villes, avec l'itinéraire de celles-ci à Paris.
58. B. Vérillaud-Ravel, *op. cit.*, pp. 159-172.
59. G. Chabaud et J.-P. Monzani, *op. cit.*, dont nous suivons les principales analyses, complétées par les travaux plus récents de G. Chabaud que je remercie vivement de ses informations.
60. G. Chabaud, «Les guides de Paris, une littérature de l'accueil?», in D. Roche, *La Ville promise. Mobilité et accueil à Paris, fin XVIIe-début XIXe siècle*, pp. 77-108.
61. B. Vérillaud-Ravel, *op. cit.*, pp. 78-98. Avant 1600, 2 titres et 41 éditions; 1601-1649, 2 et 6; 1650-1699, 7 et 31; 1700-1749, 2 et 14; 1750-1800, 7; la période 1600-1650 est sous-évaluée, compte tenu de l'absence de la production latine.
62. D. Roche, Présentation, *Almanach parisien en faveur des étrangers et des personnes curieuses, 1772-1776*, Saint-Etienne, 2001, pp. 7-32.
63. J.-F. Dubost, «Les étrangers à Paris au siècle des Lumières», in D. Roche, *La Ville promise, op. cit.*, pp. 221-290.
64. G. Chabaud et J.-P. Monzani, *op. cit.*, pp. 19-39.
65. *Ibid.*, pp. 28-35.; D. Roche, *Almanach parisien, op. cit.*
66. G. Chabaud et J.-P. Monzani, *op. cit.*, pp. 40-74; D. Roche, *Almanach parisien, op. cit.*, pp. 8-18.
67. Sur l'ensemble de ces productions, V. Sarrazin, *Les Almanachs parisiens au XVIIIe siècle. Production, commerce, culture*, NDE, Thèse d'histoire, Paris I, 1997, 2 vol. dactyl.
68. R. H., Prévost de Saint-Lucien, *Le Provincial ou Etat actuel de Paris*, Paris, Wattin fils, 1787, 4 vol. in-24°, qui connaît cinq éditions jusqu'en 1805.
69. G. Chabaud et J.-P. Monzani, *op. cit.*, pp. 87-93, 98-116.
70. G. Brice, *Description nouvelle de ce qu'il y a de plus remarquable dans la ville de Paris*, 1684, 2 vol. en un, 8 éditions recensées jusqu'en 1752; J.-C. Nemeitz, *Séjour de Paris, c'est-à-dire Instructions fidèles pour les voyageurs de condition*, Leyde, 1721, une édition conservée; Jèze, *Tableau de Paris pour l'année mil sept cent cinquante neuf*, Paris, 1759, 8 éditions connues.
71. L.-V. Thiery, *Almanach du voyageur*, Paris-Versailles, 1783, 4 éditions conservées.
72. Hebert et Pl. Alletz, *Almanach parisien en faveur des étrangers et personnes curieuses*, Paris, 1761, 23 éditions jusqu'en 1798.
73. N. Coquery, «Qu'est-ce que le remarquable en économie? La boutique dans le paysage urbain à Paris d'après les guides du XVIIIe siècle», in G. Chabaud, *op. cit.*, pp. 419-429; R. Fox et A. Turner (éd.), *Luxury Tader and Consumerism in Ancient Regime*, Paris, Studies in the History of the Skilled, Ashgate, 1998; D. Roche, *Almanach parisien, op. cit.*, pp. 29-32.
74. J. Dubreuil, *Le Théâtre des Antiquités de Paris*, Paris, 1612, une édition connue; F. Colletet, *La Ville de Paris*, Paris, 1677, 7 éditions conservées jusqu'en 1727.
75. Deschuyes, *Le Guide de Paris*, 1747, 1 édition connue, 2 exemplaires conservés.
76. G. Brice, *op. cit.*, 1684.
77. N. de Bligny, *Les Adresses de la ville de Paris avec le trésor des almanachs, livre commode*, Paris, 1691; *Le Livre commode contenant les adresses...*, Paris, 1692; S. de Valhebert, *L'Agenda du voyageur ou Journal des fêtes et solennités de la cour et de Paris*, Paris, 1731, 2e édition conservée, 1736.
78. P-T. Hurtaut et Magny, *Dictionnaire historique de la ville de Paris et de ses environs*, Paris, 4 vol., 1779.
79. G. Chabaud, «Images de la ville et pratique de ville : le genre des guides de Paris,

XVIIe-XVIIIe siècle», *Revue d'histoire moderne et contemporaine*, 45, 2, 1998, pp. 323-345; *id., art. cit.,* in G. Chabaud, *Les Guides de Paris du XVIIe siècle au début du XIXe siècle, op. cit.*, pp. 71-80; *id., art. cit.,* in D. Roche, *La Ville promise, op. cit.*, pp. 89-107.
80. G. Chabaud, *art. cit.,* in D. Roche, *La Ville promise, op. cit.*, pp. 81-82, 90-92.
81. *Ibid.*, pp. 102-103.
82. N. Coquery, *art. cit.,* in G. Chabaud, *op. cit.*, pp. 420-426.
83. G. Chabaud, *art. cit.,* in D. Roche, *La Ville promise, op. cit.*, pp. 98-101, montre comme l'éloge de l'ordre de la ville rejoint l'effort policier d'un contrôle de l'espace. Jèze, censeur royal pour l'histoire et les belles-lettres, traduit cette vision administrative; il fait partie des familiers de M. de Malesherbes.
84. D. Roche, *Le Peuple de Paris, op. cit.*, pp. 38-64.
85. A. Corbin, *L'Avènement des loisirs, 1850-1950*, Paris, 1995.
86. B. Pascal, *Lettres provinciales*, in *Œuvres complètes*, «Bibliothèque de La Pléiade», Paris, 1998, 2 vol. t. II, pp. 624-630.
87. P. Ronzeau, *Peuple et représentation sous le règne de Louis XIV. Les Représentations du peuple dans la littérature politique en France sous le règne de Louis XIV*, Aix, 1988, pp. 40-77.
88. Fontenelle, *Dialogue des morts*, Paris, 1700, 2 vol., t. II, p. 215.
89. D. Roche, *La France des Lumières*, Paris, 1993, pp. 127-143, 494-519.
90. J. Ehrard, *L'Idée de la nature en France dans la première moitié du XVIIIe siècle*, Paris, 2 vol., t. I, pp. 378-381.
91. X. de Maistre, *Le Voyage autour de ma chambre*, Turin, 1794 (je cite l'édition de Paris, 1847); *id., L'Expédition nocturne autour de ma chambre*, Paris, 1825 (j'utilise l'édition de M. Couin, Paris, 1998); L.-B. Neel, *Voyage de Paris à Saint-Cloud par mer*, Paris, 1784 (je cite l'édition non signée de *Le Visiteur. Ville, territoire, paysage, architecture*, Paris, 1997, 3, pp. 70-101); M. de Chateauterne (R. Perrin), *Itinéraire de Pantin au mont Calvaire... ou Lettres inédites de Chactas à Atala*, Paris, 1811; en annexe, *Le Marché du voyageur avec le batelier de la Seine, une dissertation sur l'étendue de l'ancien mont Valérien et de son temple, un mémoire sur le village de Suresne.*
92. X. de Maistre, *op. cit.*, p. 62.
93. *Ibid.*, pp. 63-66.
94. *Ibid.*, pp. 1-4.
95. *Id., L'Expédition nocturne, op. cit.*, pp. 10-11, 22-23.
96. *Id., Le Voyage,* chap. VI et XXII, *op. cit.*
97. *Ibid.*, p. 49.
98. *Ibid.*, p. 1.
99. *Ibid.*, pp. 8-9.
100. *Ibid.*, p. 36.
101. *Ibid.*, pp. 32-37.
102. *Ibid.*, pp. 41-55.
103. *Ibid.*, chap. XXXI, pp. 71-72.
104. *Ibid.*, pp. 95-96.
105. *Ibid.*, p. 97. L'allusion répétée à la robe de chambre suggère la lecture du grand texte de Denis Diderot dans la *Correspondance littéraire* de 1772 : D. Roche, *La Culture des apparences. Une Histoire de vêtement, XVIIe-XVIIIe siècle*, Paris, 1989, pp. 486-487.
106. X. de Maistre, *L'Expédition nocturne, op. cit.*, pp. 30-40.
107. M. Bakhtine, *Second Voyage autour du monde... entrepris pendant les années 1772, 1773, 1774, 1775*, Paris, 1778, 3 vol.
108. N. Doiron, *op. cit.*, pp. 198-199. Toutefois, *L'Expédition nocturne* s'achève par une réflexion sur la patrie, qui oppose la sédentarité localisée du montagnard et la physionomie sans visage des grandes plaines ouvertes aux nomades (pp. 186-189).

109. L.-B. Neel, *op. cit.*, pp. 70-71.
110. *Ibid.*, pp. 94-95.
111. R. Perrin, (alias M. de Chateauterne), préface, allusion aux romans par lettre, *op. cit.*, pp. 3-4, p. 24; allusion à l'histoire d'Atala.
112. *Id.*, pp. 14, 16, 18, 21, 22.
113. *Ibid*, p. 28-29. Dans le faubourg, le voyageur croque sur son carnet les brasseries à l'instar des monuments classiques; il y découvre la légèreté du corinthien et la gravité dorique, ce qui est méritoire!
114. *Ibid.*, pp. 140-148.

Chapitre IV

L'expérience et la mémoire

S'interroger sur le voyage et sa culture permet de voir l'importance des représentations, des modèles, des exemples dans la pratique générale de la mobilité. Le *pourquoi* voyager et le *comment* voyager ne peuvent se séparer : ils sont constamment imbriqués dans les conseils de l'*Art apodémique*, dans les précautions des mentors, dans les expériences de tous ordres, dans les relations de voyage. Du XVIe siècle au début du XIXe existent ainsi des conditions générales qui authentifient la culture des praticiens, qui en canalisent les changements, qui en stabilisent parfois les exigences de morale et de connaissance. Comportements et idées sont toutefois inséparables d'une vision générale du monde moderne, où la mobilité occupe une place particulière. Le dictionnaire du robin, du Parisien Furetière en donne à lire quelques orientations majeures, qu'on retrouve en écho dans l'*Encyclopédie*, voire dans d'autres lexiques. « Mobile », présenté comme adjectif masculin et féminin, désigne ce qui est susceptible de mouvement, ce qui est disposé à se mouvoir, ce qui est mû, ce qui renvoie déjà l'homme et la femme mobiles à une disponibilité, à une liberté, à une contrainte, toutes également possibles selon le temps, le lieu, le moment. Le développement lexicologique retient ensuite trois domaines d'exemplarité par opposition à fixité et à stabilité.

Mobilité, culture du voyage

Le premier relève de la physique des corps simples et complexes ; il se réfère à la science et à l'observation technique de la fin du XVIIe siècle, qui n'est pas sans rapport, on le sait, avec une conception de l'homme dans l'univers[1]. La porte est mobile sur ses gonds; le globe terrestre est le plus mobile de tous les corps. Devenu substantif, le mot « mobile » permet de rappeler qu'un corps qui se déplace tombe, augmente son mouvement de manière proportionnée. Le renvoi à « mobilité » précise que le « terme dogmatique » se dit pour désigner la « faculté de se mouvoir ». La mobilité de la terre est l'opinion la plus plausible et la plus retenue « chez les nouveaux astronomes ». L'ensemble culturel où l'on replace la mobilité est, au tournant du classicisme, ouvert par l'entrée de la science; c'est celui de la physique et de la théologie de l'expérience, un domaine désormais qui n'est plus clos, qui s'ouvre à l'infini comme l'espace.

La deuxième direction suivie par Furetière est celle qui correspond à l'organisation du temps, au calendrier, et à la place qu'y occupent les « fêtes mobiles » – celles qui ne se célèbrent pas le même jour chaque année, ce qui dépend de la date de Pâques. Le passage de l'ordre de l'espace à celui du temps, et à son contrôle par l'Église et les autorités – la police n'est-elle pas responsable du respect de l'ordre des fêtes? –, confère à la mobilité un sens social important. Tout déplacement se situe par rapport au lieu et au moment. La fête, qui est une question sérieuse dans le contexte de la réformation catholique et protestante, dans celui aussi de l'interrogation des corps, des pouvoirs, des économistes, met en valeur ces deux ruptures : l'apparition dans le calendrier ordinaire de l'exceptionnel, et une attraction traditionnelle incitant au déplacement toute sorte de populations. Elles correspondent aux célébrations religieuses, mais se doublent de festivités rituelles et de divertissements auxquels tous restent attachés – les peuples plus longtemps que les élites[2]. Leur rôle complexe associe la piété, le divertissement (musique, danses, repas, compétitions des jeunesses), la représentation et le besoin de cohésion sociale. Les communautés, leurs membres, de conditions et d'âges divers, de genres différents, y trouvent un espace de rencontre pour exprimer l'harmonie comme la discorde; l'étranger y occupe une place particulière, que dirigent les rites d'hospitalité. La mobilité des fêtes, leur théâtralité et leur aspect spectaculaire retiennent l'attention des voyageurs : c'est une occasion d'observer l'unanimité des communautés, ce qui l'anime, et en même temps de voir ce qui crée les différences. Le domaine festif met en relation les collectivités, pousse à la définition des espaces dans leur concurrence, précise des trajets d'entraînement et d'affrontement quand villes et communautés y trouvent un terrain d'opposition ou d'entente négociée. La fête révèle l'étranger, par ses vêtements, par des signes multiples. Dans les campagnes, elle est le lieu de la compétition pour les filles, celui de la définition des limites, des écarts. La mobilité a ainsi sa place dans la critique des fêtes, comme dans celle des déplacements et des voyages : elles ajoutent une dimension, une tentation supplémentaire. Le temps perdu par le déplacement, le mauvais usage du mouvement sont devenus un objet banal de la littérature apodémique. C'est celle d'une ouverture incontrôlée au monde.

La dimension morale et la psychologie individuelle et collective sont les derniers domaines d'analyse retenus par Furetière. Il cerne là des mécanismes communs de la pensée. Le « mobile » d'une affaire, c'est ce qui lui donne le branle, définit un « dessein », déclenche un procès qui entraîne « mouvements », « déplacements » possibles. Est mobile ce qui relève de l'« inconstance » de ce qui n'est pas assuré, fixe, certain. Ainsi, « un tel est un esprit mobile » parce qu'il est irrésolu ; ainsi, « la fortune est mobile » car légère, hasardeuse, créatrice d'espace d'incertitude. Ici encore, entre la stabilité et la mobilité se joue la capacité sociale à comprendre leurs fonctionnements et à discuter leurs certitudes, leurs assurances. Le substantif « mouvement » reprend plus avant, et avec d'autres détails, ces acceptions et ces explications, dont il ressort deux attractions principales. L'une relève de la régularité et de l'ordre dans le monde et dans les mœurs. L'autre implique les aléas de la « fortune », la vieille divinité païenne qui préside aux causes et aux conséquences des événements extraordinaires, comme elle oriente les destins ordinaires. La mobilité du voyage et celle de toute circulation font la place à l'inconstance, aux revers – le symbole de la fortune n'est-il pas la roue ? Par extension, elle confère une force nouvelle à ce qui est périssable, consommé. Elle a ses exigences d'explications que les esprits du temps lisent dans les astres ; on les consulte pour connaître les chances d'un destin, à la naissance, qui ouvre le *grand voyage de la vie*, au départ des voyageurs pour placer l'aventure sous des signes favorables dessinés dans les horoscopes[3]. Mais tout cela n'a de sens que par rapport, et souvent par opposition, aux valeurs de la stabilité et du fixe – ce que le lexicologue, il le précise, relève de ce qui est « ferme, assuré, immobile ».

Archimède ne demandait-il pas qu'un point fixe pour remuer la Terre ? Des instruments existent, et des méthodes, pour s'assurer une sécurité et une certitude dans le déplacement. La science nautique et cartographique, la recherche d'une plus grande précision dans la représentation du territoire, dans la mesure des distances et des vitesses, les spéculations des hommes de science pour mieux connaître longitudes et latitudes, positions, celles des mobiles (navires, convois, armées, rouliers) comme celles des fixes (villes, lieux-dits) : tout cela fait la sûreté des élites, les voyageurs de toute espèce, qui y trouvent peu à peu la sécurité qu'apporte l'abstraction dans la connaissance de l'espace[4]. Mais l'*immobile* renvoie aussi, par contraste, au juridique et au commerce – bref, à ce qui fonde et enracine la personnalité sociale par la terre, les droits, le contrat, les règles de l'échange. Pour la société d'Ancien Régime, et encore au-delà de la Révolution, dans les traditions sociales admises, c'est la *fortune* saisie dans les rets de ce qui est ferme et inébranlable, c'est ce qui autorise avec certitude le retour d'Ulysse et les fondations de la patrie. A l'instar de tous les héros de récits de voyage, le montagnard de Xavier de Maistre, qui découvre alors l'assurance conférée par les valeurs du certain et du cloisonné, symbolise ouvertement l'invitation à un destin collectif mesuré, garanti par une connaissance limitée, à la portée de tous. Le nomade des plaines, lui, n'est que le symbole d'un vertige redouté où le changement de lieu correspond à l'inconstance dans les croyances, les mœurs, l'esprit. La fortune est instable ; la géométrie et la terre arpentée sont stables. L'homme des moralistes oscille entre l'un et l'autre, comme d'ailleurs l'opinion qui n'est pas l'« espace public critique[5] », mais qui a son temps et ses territoires.

Quand le guide de voyage se permet de prendre le titre d'almanach, il y gagne de retrouver les faveurs du public le plus large, exigeant une maîtrise du temps comme un empire sur l'espace. Le titre donné par Simon de Valhebert à son guide, *Almanach du voyageur ou Journal des fêtes et solennités de la cour et de Paris*, que publie Langlois à Paris en 1731, renvoie à ces différentes emprises mentales. Il est imité en 1757 par l'anonyme *Almanach des plaisirs* ; de 1762 à 1769, par l'*Almanach parisien* ; en 1783, par Luc-Vincent Thiery, et l'*Almanach du voyageur à Paris* ; en 1785, par l'*Almanach de Paris*, édité par Leschapart ; en 1795, par celui du département de la Seine ; en 1805, encore chez Barba, par l'*Almanach parisien* dans la lignée d'Hébert et Alletz : un sixième de la production originale des guides de Paris, ce qui n'est en rien négligeable[6]. Parallèlement, les innombrables almanachs, publiés par les éditeurs parisiens et provinciaux se mettent à imiter aussi les guides, et à fournir repères et informations qui leur sont habituels[7]. Cette apparition tardive montre la montée d'un même besoin : outre la simple documentation pour le déplacement, il s'agit des coordonnées fondamentales de la vie, donc des repérages qui autorisent toutes les transformations.

Relations de voyage et voyages font la culture de la mobilité ; ils l'expriment dans le discours et les gestes. Dans les sociétés traditionnelles, ils sont à replacer dans cette trame de la vie. C'est la condition d'une expérience toujours très fortement individualisée, même si elle s'insère dans des habitudes et des incitations collectives – on les retrouvera[8]. Toujours, elle débouche sur une *modification* de l'être – elle la permet –, dont le romancier Michel Butor a proposé la version ferroviaire au moment précis où décolle amplement le voyage aérien[9]. Cette révision des personnes et cette adaptation des personnages ne se peuvent imaginer sans la vérité d'une pulsion de départ et la volonté d'une rupture. Elles poussent à trancher le lien avec ce qui est fixe, assuré, connu, voire borné et quotidien ; c'est pourquoi les pédagogues en pèsent les avantages et les inconvénients pour la jeunesse, et les philosophie moraux pour l'âge mur. Mais, simultanément, le déplacement et le voyage révèlent l'individu à lui-même et à son entourage, à sa famille et à son milieu, ce qui confère à leur récit sa force de témoignage autobiographique – autobiographie et relation de voyage ont, dès le XVIe siècle, un destin parallèle[10]. Quand se font jour à la Renaissance les premières grandes manifestations de l'individualisme dans la conscience européenne[11], quand l'*histoire d'une vie*, délaissée depuis Plutarque, reprend un nouvel essor, de Pétrarque à Cardan[12], l'écriture du moi ne fait pas plus l'économie de l'espace qu'elle ne peut faire celle du temps, quels qu'en soient le niveau social ou le statut d'expression[13].

La mobilité force ou freine la conquête de soi. Sa dynamique, très pressante collectivement, ne peut se séparer d'institutions sociales spécifiques, et les relations de voyage en donnent une idée, comme elles apprennent partiellement à lire le conflit existant entre le monde du gyrovague, celui du *viator*, et l'univers des consolidations fixes et équilibrées du sédentaire. Le contrôle des uns par les autres correspond à la volonté de connaître et de fixer, dont témoignent la curiosité des hôtes présents dans tous les récits comme les indiscrétions de la police assez rarement évoquées, bien que banales et de plus en plus. Pour cela, on ne voyage pas n'importe comment, et les relations comme les guides transmettent les règles et les normes. Le voyage ne peut être une errance sans but, encore moins une divagation. Quand il le devient dans l'*aventure* ou la *promenade*, ce sont des infléchissements du déplacement, qui entrent en lutte avec la conception classique du voyage : « A la rigueur du Tour réglé, les promeneurs préfèrent les divertissements du détour[14]. » Ils ne se fient plus qu'au hasard, à la rhapsodie, au désordre ; ainsi le veulent déjà des esprits libres, Voiture, La Fontaine, Montaigne en partie, qui s'égare heureusement et ne va pas toujours tout droit, La Mothe Le Vayer, et le maître des promeneurs et de ses *rêveries*, Rousseau[15]. Les *aventuriers*, eux, sous le masque et le déguisement social, fascinent les sociétés qui les accueillent et les repoussent, car apostrophant leurs certitudes. Ils vivent, comme le promeneur, au hasard et sans principes. Ceux-ci dictent aux mobilités admises leur chemin et leurs valeurs. Dans toutes, il y a une part de mérite initiatique, donc d'obligations à respecter ; on y trouve une voie, un salut, un enseignement et une sagesse, qui dictent temps et rites, passage d'un âge à un autre, séparation du normal habituel, obstacles à vaincre, renaissance et prestige reconnus par le retour.

L'apprentissage des codes et des normes, livresques ou matériels, fait partie intégrante du genre des récits ; c'est un habitus entre nécessité et liberté[16]. C'est en ce sens qu'il importe de relire les récits de voyage et d'adopter par rapport à eux une attitude prudente. Sans les prendre au pied de la lettre, et comme des reflets positifs de la réalité, on y peut chercher un moyen et un accès à une connaissance de la mobilité. Leur approche comme témoignage discursif, rétablissant leur statut d'écriture et donnant à voir leur rôle dans la diffusion des représentations sociales, permet aussi de comprendre comment les voyageurs perçoivent leur mobilité et en définissent les possibilités, ainsi de mesurer un écart entre déplacement et représentation du déplacement, voyage et mémoire du voyage, culture matérielle et intellectuelle de la mobilité. C'est un préalable nécessaire pour historiciser l'ensemble et briser l'énervante aporie admise dans la paraphrase de nombreuses études sur les voyages, le regard du voyageur, le voyage ici ou là. C'est un genre littéraire hétérogène avec ses moyens et ses fins, mobilisant un savoir ancien, commun, accumulé, livrant une tradition, des opinions, une préparation intellectuelle à l'avenir[17]. Nul ne peut prétendre lire ou avoir lu les milliers de récits de voyageurs édités du XVIe au XVIIIe siècle – des milliers et des centaines pour des espaces géographiques nationaux. Nul ne peut davantage avoir connaissance de toute la littérature critique, historique et littéraire, dont la production ne cesse de croître – signe d'une inépuisable richesse et de la montée actuelle d'un intérêt. Ainsi l'essai ici proposé ne vise-t-il pas à l'exhaustivité : il tente de mettre en place un contexte des lire et des voir, qui ont donné mouvement et vie à la mobilité elle-même.

Le voyageur et son récit

Dans cette perspective, les voyages apparaissent comme une forme particulière – limitée en nombre, mais infiniment élargie dans l'espace et dans le temps – des manières plus répandues de la mobilité générale. C'est une expérience réservée, mais dont les effets se retrouvent en d'autres formules plus ordinaires et moins renommées, tels les déplacements professionnels et contraints. Ils induisent aussi des transformations et des transferts. Dans tous les cas, ce que la mise en récit permet de voir, c'est comment peuvent être diversement vécus la distance et l'éloignement. Elle fait percevoir la relation avec d'autres formes d'expérience, la variation des changements d'échelle selon leur statut et les occasions, et la commune aspiration à une rupture innovante, à autre chose. C'est pourquoi, également, la critique des voyages inutiles et de la mobilité déstabilisante, en visant l'insatisfaction de soi qu'ils peuvent signaler, a dû tenir compte de la manière dont leur exécution et leur mémoire font découvrir deux finalités. Le mouvement doit déboucher sur un savoir et sur sa communication – « marque de l'estime que l'homme fait de l'homme », selon Pascal [18] –, mais il fait aussi part à une possible recherche de sens, à une transcendance toujours à l'œuvre dans la lecture métaphorique de la vie comme voyage. Quelle qu'en soit l'intention, il n'est rien sans transmission, dont peu importe la forme : conversation des matelots dans les bouges des grands ports, récits d'aventuriers, des clients des grands cafés métropolitains, propos des habitués des salons, rapports des bureaux des administrateurs, lecture des manuscrits et des livres. Le récit et le voyageur sont intrinsèquement solidaires, et l'entrée des relations de voyage en littérature n'est point un *accident* : plus qu'une occasion, c'est l'aboutissement d'une *pédagogie*, dont la dérive est de vouloir prouver que la réalité se conforme à l'érudition qu'on en a – confirmation de sources, du vu par un lu [19]. On n'en finira jamais d'interroger le rapport à la vérité des récits censés coïncider avec la réalité, alors qu'il s'agit d'un *imaginaire vrai*.

La littérature des voyages, c'est aussi la littérature, comme la peinture du paysage c'est aussi la peinture, au point qu'elle devient la justification du départ et prétend offrir une lecture du monde véridique par le truchement des livres [20]. Ce mouvement de bascule s'accélère au XIXᵉ siècle, quand les écrivains y trouvent l'occasion de revendiquer leur autonomie et que s'affirment les dispositifs d'écriture dans le champ littéraire. « Un voyageur, écrit Chateaubriand, est une espèce d'historien : son devoir est de raconter fidèlement ce qu'il a vu ou ce qu'il a entendu. » Le récit médiatise le résultat d'une découverte, d'un rapport au monde qui implique lectures préalables, comparaisons, refus de se laisser aveugler par les opinions particulières. C'est un topos de la relation depuis l'Antiquité, depuis l'humanisme. Mais l'auteur de l'*Itinéraire* saute les descriptions attendues, par exemple celle de Corfou, que remplace une simple digression[21] : « J'avais le temps de repasser dans mon esprit tous ces souvenirs [il vient de rappeler la toponymie et l'histoire de l'antique Argos] à la vue des rivages de Corfou devant lesquels nous étions arrêtés par un calme profond. Le lecteur désire peut-être qu'un bon vent me porte en Grèce et le débarrasse de mes digressions : c'est ce qui arriva le 7 au matin. » De même à Sparte, la médiation des livres, présente par tant de lectures invoquées au préalable, renvoie aux pouvoirs évocateurs de la présence des ruines. A la pluralité de lectures et de services rassemblés, raisonnés, qu'offrait la masse des *relations*, se substitue l'idée d'un déchiffrage fragmenté, guidé par le goût et les intérêts du voyageur égotiste. Le passage s'est fait progressivement en réduisant l'écart entre la finalité littéraire et celle de la relation de voyage, qu'on aura l'occasion de retrouver. La « transformation de l'expérience en conscience », selon la formule de Malraux, anime la tension que provoquent tous les déplacements.

Elle s'incarne dans des dispositifs de transmission multiples[22] : oraux, sous des formes nombreuses et pour des lieux et des publics variés, mal connus ; écrits, manuscrits, sous des aspects divers et pour des lecteurs changeants, avides d'imprimés, de facture et de diffusion disparates. Sous ces différentes matérialisations, auxquelles n'échappe pas l'univers des images et des arts reconnus, se construit une vaste *intertextualité* des récits, où les impressions, les mythes, l'imaginaire coexistent avec les références vérifiées et les témoignages authentiques. Voyager et raconter, dire et écrire son voyage, c'est souvent « mettre en scène de la conversation ; métaphoriquement, c'est un moyen de la nommer autrement et de la poursuivre[23] ». Voyager, c'est, pour l'élite cultivée, continuer de parler ; ailleurs, c'est une sociabilité en mouvement, qui contribue à construire la République des Lettres[24]. Dès lors, les relations de voyage donnent moins à voir le reflet de la réalité que la manière dont elle est appréhendée et comment elle doit être vue. C'est, bien sûr, une Italie ou une Espagne présente, mais plus encore le moment d'une culture de l'Italie et de l'Espagne, celle qu'un milieu lettré partage dans son rapport distancié à l'autre. L'*à-peu-près* peut y régner sans compter et peu à peu composer avec la précision, quand l'idée s'en impose. Aux Temps modernes, « les hommes ne sont pas fixés, ils se débattent au milieu d'un univers sans bornes où tout est à connaître, où tout pose pour eux un problème, ou, si l'on préfère, c'est une énigme […]. Le possible ne se distingue pas de l'impossible[25] ».

C'est ce que Lucien Febvre nous apprend à lire dans le *Journal des voyages de M. de Moncorys, conseiller du roi en ses Conseils d'État et privé et lieutenant criminel du siège présidial de Lyon*, que publie son fils, le sieur de Liergue, en 1665. Ce n'est pas un sot ; c'est un esprit curieux, qui s'intéresse à tout, aux machines et aux recettes de cuisine ou de santé ; c'est un homme éclairé, du moins un esprit critique, qui se méfie des sorcelleries. Courant la Hollande, l'Allemagne, l'Italie, l'Angleterre, où il a rencontré Hobbes, il n'en restitue pas un portrait cohérent, conforme à l'esprit d'un temps gagné par la mesure, l'observation de la nature, la conquête de l'ordre. Il en livre l'image brouillée et confuse qui est fondée sur le dire de l'homme qui a pu voir, qui parle au nom de son expérience personnelle ou de celle de témoins dignes de foi. La démarche est prudente et critique ; elle accepte l'opinion, c'est-à-dire ce qui réconcilie à peu près tout le monde sur la réalité du monde. Les récits de voyage, entre fiction et biographie, science et histoire, érudition et curiosité, s'inscrivent pleinement dans cet univers du ouï-dire et de l'à-peu-près, mais on sait aussi qu'ils en font reculer les frontières et qu'ils en bouleversent les certitudes.

Du voyage à l'écrit, tribulations formelles

Écrire son voyage est une pratique culturelle qui mobilise des références de tous ordres, catalysées par l'expérience, filtrées par l'écriture. « Les formes mêmes du récit conditionnent l'appréhension du voyage, l'enseignement qu'on en tire, l'usage qu'on en fait[26] », et c'est peut-être celui-ci qui compte et qui est le plus révélateur dans la mesure où il prouve la tension intérieure des relations par rapport au voyage. Elles peuvent être prétexte à l'expression de tout, *allégoriques*, renvoyant à tous les domaines de la perception, de la connaissance, à *autre chose*, qui font l'opinion du voyageur et de son milieu. Elles peuvent être aussi destinées à ne dire que soi-même, *tautégoriques*, se fixant sur l'impression et sans prétention à vouloir enseigner autre chose. Entre les deux formes d'écriture, où Tzvetan Todorov voit le destin européen du genre littéraire, se dessine l'opposition entre deux sociétés typiques qui partagent l'âge moderne [27].

La première exprime les attentes d'un monde holiste, hétéronomique par nature, hiérarchisé dans son organisation, ses pratiques et sa reproduction. C'est celle de la communauté des corps, de la valorisation des groupes vivants, dont les membres dépendent des destins fixés par l'histoire, les coutumes, les décisions collectives. Son principe de fonctionnement repose sur trois valeurs : Dieu, le roi, les mœurs. L'individu, dans son destin particulier, trouve ses principes en dehors de lui-même. Dans cet univers, les voyages sont découverte des jeux de partage ou de reflet qui font la diversité du « grand livre du monde », dont l'homogénéité et les finalités sont communes. Les repères de tous sont dénotés par rapport à cette façon cohérente et homologique de penser et de voir l'univers. L'analogie peut entériner les découvertes, s'accommoder de la répétition des motifs identiques et de la reprise constante des façons de dire et d'écrire, où ce qui compte est la capacité à faire entendre des bouleversements infimes [28].

L'autre manière d'organiser et de dire la société relève de l'autonomie et de la capacité des individus à vivre ensemble libres et égaux dans les principes, sinon dans le monde réel. Ils trouvent en eux-mêmes la raison de leurs actions, qui définit l'individualisme moderne. Bien sûr, cette opposition est à prendre avec précaution, comme Louis Dumont l'enseigne [29], car elle traverse depuis longtemps tout le champ intellectuel et elle ne l'organise avec certitude qu'à la fin de l'âge moderne [30], quand le monde occidental bascule avec sa révolution politique. Les deux formes de penser travaillent toute la littérature des voyages ; elles peuvent se retrouver dans une œuvre théorique, ainsi chez Rousseau, et pour les relations chez Chateaubriand [31].

Celui-ci est un grand voyageur, initiateur d'une nouvelle renaissance des lettres, restaurateur de l'union entre la religion et la poétique, mais simultanément peintre d'un *mal du siècle* propice à l'expression du moi. Il n'a cessé dans ses ouvrages d'exploiter les sensations et les recettes découvertes dans son *Journal de voyage en Amérique*, tenu dans les années 1780, et publié seulement en 1826. *Atala*, et son prologue célèbre, en donne un écho romanesque ; l'unité est *tautégorique*, faisant entendre le moi de René dans le bain de nature : « Une voix extraordinaire retentit :

c'est celle de cette grenouille qui imite le rugissement du taureau. De toutes les parties de la forêt, les chauves-souris accrochées aux feuilles élèvent leurs chants monotones. On croit ouïr des glas continus, ou le tintement funèbre d'une cloche. Tout nous ramène à quelque idée de la mort, parce que cette idée est au fond de la vie[32]. » Ici, les images sont sonores et l'impression gardée par le voyageur aboutit à une idée morale et religieuse. Les bruits ont réveillé les bruits, et la conscience de l'inquiétude. Le *Génie du christianisme* (1802), et plus encore les *Mémoires d'outre-tombe*, en reprennent les principaux motifs.

Dans le premier ouvrage, tout le chapitre XII du livre 5 de la première partie reprend les notes rédigées en 1791-1792, et déjà utilisées pour les *Natchez*. Désormais, « l'âme se plaît à méditer au bord des lacs et des fleuves, et, pour ainsi dire, à se trouver seule devant Dieu[33] ». Dans les récits de voyage en Orient, *Itinéraire de Paris à Jérusalem*, pèlerinage ancien, remis en lumière, l'auteur argumente avec le passé, avec les civilisations disparues ; il se tourne vers la culture plus que vers la nature. Quand il néglige les sensations provoquées par le monde et l'histoire, il se concentre à nouveau sur son moi, dont il rapporte les impressions successives. Dans les descriptions de la campagne romaine, Chateaubriand est aussi soumis à son modèle qu'un classique, voire qu'un naturaliste, mais il accommode sa description à sa manière, dialoguant avec Virgile comme avec les anciens voyageurs[34].

A un moment décisif de la transformation des relations de voyage, on constate ici l'interpénétration des formes d'expression : descriptions et narration personnelle, récit d'une expérience vécue, science ou objectivité, biographie intense. L'originalité du récit consiste, de façon variée, à faire entendre un *je* qui s'exprime dans un cadre spatial et temporel choisi, propice à l'expression des débats intellectuels comme à l'épanchement du moi. Les formes mêmes du récit conditionnent avec liberté l'appréhension du voyage, l'enseignement qu'on en tire, l'usage qu'on en fait. C'est celui-ci qui est le plus révélateur, mais il se joue des frontières de l'expérience[35]. On n'a donc aucune raison de soumettre son analyse à des critères précis de distance ou d'éloignement comme des gages nécessaires de l'altérité. La vérité du récit commence à sa porte, et il n'y a pas à privilégier l'exotisme et les contrées lointaines pour insister sur l'efficacité intellectuelle et matérielle de la mobilité. Le rapport à l'autre, à autre chose, à d'autres univers humains, est inscrit dans le voyage. Son récit « nous oblige à plonger dans le double univers des représentations dominantes et des imaginaires individualisés que laissent entrevoir des auteurs venant de cultures diverses[36] ». La question posée est de savoir comment atteindre les usages, les fonctions, les pratiques de la mobilité à travers la logique des récits et dans son expression formelle. Une première démarche peut s'initier dans l'organisation des relations où la rhétorique met en valeur la construction de l'expérience, et que l'on peut regrouper autour de trois logiques principales : correspondre, raconter et décrire, imaginer – trois manières de triompher de la distance, du temps ou d'en jouer pour des aventures fictives.

Correspondre, voyager, informer

Deux personnes se séparent, elles échangent de leurs nouvelles. La pratique épistolaire se développe à l'époque moderne, quand s'accélèrent les circulations et les facilités offertes aux voyageurs, quand s'accroît le besoin d'information à tous les niveaux de la vie privée et collective, de la famille à l'administration des âmes ou des hommes. La lettre entre en littérature avec Mme de Sévigné, Voiture, Rousseau. Pour la première, c'est un moyen de combler une séparation avec son cousin, Bussy, sa fille, Mme de Grignan, et ses amis[37]. Les lettres circulent entre les lieux comme circulait son auteur, qui maintient ainsi une relation que la distance fragilise et que le temps menace : c'est aussi une conversation et, de façon fragmentée, un récit de voyage. Vincent Voiture est un serviteur des grands, attaché à la maison de Gaston d'Orléans, maître d'hôtel du roi. Chargé de missions diverses, il fait de nombreux voyages ; il connaît l'Italie, l'Espagne. Sa correspondance badine ou sérieuse est encore l'écho de propos attendus, et une manière de maintenir vivante une présence sociale. Voltaire et Rousseau, dans le progrès de leur vie, tissent des réseaux épistolaires articulés sur des relations personnelles que rendent possibles leurs déplacements calculés ou fortuits ; on aura à les regarder plus avant[38].

L'essor des courriers est mesuré dans les limites nationales par la grande enquête postale de 1847, à la veille de la révolution des transports et du développement industriel[39]. Comme elle vise à préparer un *Dictionnaire des Postes* mentionnant tous les lieux habités qui doivent être visités par les facteurs, de « deux jours l'un au moins », et ainsi à généraliser la pratique de la distribution directe sans obliger les destinataires à venir relever le courrier au bureau, cette enquête montre un état des échanges. Peu après, la construction du réseau ferré va accélérer la mobilité postale comme celle des voyageurs et tous les déplacements. En 1847, outre le niveau d'activité des préposés de l'administration, on saisit d'abord comment, dans une France encore rurale, la lettre (comme le voyage) est un geste privilégié associant le social et le subjectif, le moi et les autres. L'aptitude à correspondre s'apprend et s'impose, et rencontre le même problème que dans l'éloignement : comprendre les autres en dépit de la distance. C'est pourquoi, pendant longtemps, un réseau épistolaire fonctionne rarement au service d'une seule personne : une lettre a le plus souvent plusieurs lecteurs ; elle est entraînée dans un va-et-vient entre la famille, les individus, les groupes.

C'est, dans l'espace du développement, un bon test des échanges. La multiplication des lettres reçues et envoyées par habitant, et par année, montre le changement qui s'opère : en 1821, 1,69 par habitant ; en 1846, 3,24 ; en 1856, 6,99. De surcroît, l'espace épistolaire est celui des mobilités ; il a un lien avec la distance, comme le traduit l'écart entre lettres locales et lettres lointaines, qui varie de 1 à 3. L'espace proche intensément parcouru n'est pas celui de la correspondance, que pénalise pourtant son coût au-delà de vingt kilomètres. Au-dehors du canton, l'écrit conquiert l'espace en fonction du prix des transports, donc des moyens et des besoins, exactement comme le voyage. La France épistolaire est celle du Nord et du développement, celle des villes et de l'alphabétisation, Paris dominant déjà l'ensemble, au Nord comme au Sud, où l'axe de diffusion est celui des grandes circulations, vers Lyon et la Méditerranée – l'axe d'un commerce, l'axe d'un tourisme [40].

L'épistolarité trouve sa dynamique dans une France voyageuse et économiquement lancée vers le progrès [41]. Quand la société traditionnelle commence à s'affaiblir, la correspondance suit le volume des affaires et des flux commerciaux, des productions manufacturières, qui déplacent ouvriers et cadres [42]. Elle obéit à l'impulsion urbaine, et pleinement à celle de la capitale qui monopolise les trois quarts des échanges, 27 % du courrier et 50 % des imprimés. On a donc l'image inverse de ce que l'on attend de la tradition qui relie épistolarité et communications privées – celle du moi, de la famille, de l'amour, de l'amitié. Le mouvement postal suit les routes de l'intérêt, même si l'on sait que chaque lettre peut mêler les affaires, les nouvelles, les sentiments, les relations les plus diverses – le jeu épistolaire sert de lien [43]. Alain Corbin a montré, pour le Limousin « de l'archaïsme à la modernité », de quelle façon pèsent l'industrie et la migration pour désenclaver la Corrèze ou la Creuse : le taux d'échange y varie de 3 à 20 selon le cas, et la présence d'industries nouvelles et de migrants nombreux [44]. Ceux-ci agissent moins que celles-là, car ils ont leur réseau de correspondance directement activé par la mobilité où les nouvelles sont transmises oralement par les rouliers, les colporteurs, les migrants eux-mêmes. Le rôle de l'administration est incontestable pour avantager les villes. Au total, l'épistolarité et la mobilité se rejoignent, dans les moyens et dans les fins (professionnelles, culturelles, publiques et privées). L'une et l'autre ont leurs modèles et leurs normes. Pour la lettre, on les lit dans les *secrétaires*, recueils fictifs et manuels pour chaque situation où la relation se fait de plus en plus échange, actif et passif, où s'enseigne une capacité à tenir compte des circonstances et d'autrui. Le voyage trouve dans sa relation une dialectique identique.

Le *récit* et la *lettre* se veulent didactiques : ils enseignent des comportements, désignent des normes. L'un et l'autre ont leur portée affective et biographique. Ils sont également écrits et diffusés pour distraire, et pareillement utilitaires, livrant des informations pratiques, adaptées – bref, une connaissance et une construction du monde et de la société. La lettre de voyage rend bien compte de ces fonctionnements, et de nombreux récits de voyage donnent naissance à des éditions de correspondance. Bien sûr, l'échange est comme le récit : il est plus nombreux que sa publication, qui correspond seulement à un choix, celui de la mobilisation littéraire, celui de l'intérêt historique, qui mettent sur le marché des lettres retrouvées. L'écart est considérable entre la pratique réelle et sa traduction manuscrite – souvent restée inconnue dans le secret du for privé ou de l'archive administrative –, plus encore avec son édition diffusée ; il n'a d'égal que celui qui existe entre les déplacements faits et les voyages connus par des textes. En tout cas, ce n'est pas la forme dominante dans la bibliographie du voyage moderne : un sondage sur les 3 000 éditions du XVIIIe siècle de la *Bibliothèque universelle* lui attribue moins de 12 % ; 50 % vont aux textes imprimés sous le titre *Voyage(s), à, au, en, dans, à travers,* ou *de, d'un* ; 15 % aux *Descriptions, Observations, Tableaux, États, Essais, Remarques, Mémoires sur, Notices* ; 10 % encore aux *Journaux de voyage* ; 10 % aux *Itinéraires* et aux *Guides*. Ces indices soulignent la diversité des formes empruntées par les écrivains, le triomphe de la narration mais aussi sa personnalisation. La lettre de voyage, qui est en progrès avec le mouvement d'accélération des publications, est moins représentée ; c'est qu'on peut la trouver ailleurs, dans les grandes correspondances, incorporée aux Mémoires et aux autobiographies – où elle est retravaillée –, restée cachée ou diffusée, intégrée au roman comme au récit de l'*imaginaire vrai*.

Un premier exemple va éclairer la place de l'épistolarité dans la mobilité et dans son récit. Les frères Platter – Félix, l'aîné, et Thomas, enfant d'un autre lit – sont bien connus[45]. Fils de Thomas Ier – auteur illustre d'une autobiographie exemplaire d'un changement social qui déplace un petit pâtre des alpages suisses à la tête du gymnasium de Bâle, bourgeois, humaniste, intellectuel et collectionneur (Montaigne va lui rendre visite) –, ils ont tous deux été envoyés faire leur *peregrinatio academica*, et pour cela nous en reparlerons. De cette expédition culturelle, ils laissent une relation, un récit familier, journal et mémorial à la fois : le premier pour les années 1552-1555 (il a entre vingt et un et vingt-cinq ans) ; le second, quarante ans plus tard, entre 1595 et 1599 (il a alors de seize à vingt et un ans). Ces textes ont d'abord eu une fonction familiale, rédigés pour un cercle privé, lus et connus publiquement, conservés dans des papiers précieux au titre de la mémoire entre générations avec d'autres archives et correspondances. Le père, Thomas Ier, a sans doute rédigé le voyage de sa vie à la demande de son aîné, vers 1570. Celui-ci a tenu un journal quotidien, dont il reprend les notes pour une version corrigée et colligée. Il a, tel le mentor des *Arts apodémiques*, obligé son petit cadet à faire de même, en continuité d'expérience. Il a soixante-seize ans quand il rassemble l'un et l'autre recueil.

Entre Bâle et Montpellier, ville universitaire d'accueil, la liaison se crée entre fils, père et plus tard frère. Le *Journal de voyage* montre comment se vit la séparation et comment on y supplée. Quand Félix part, le 9 octobre 1552, la mère pleure, et le père ne peut plus dire un mot : « Il pensait ne plus me revoir, vu le grand nombre d'années que je devais rester à l'étranger. » Les adieux inscrivent le déplacement dans un contexte de conditions hasardeuses, qui dépendent de l'âge du père, des dangers redoutés mais normaux de la route, ainsi que de la conjoncture militaire et diplomatique à la suite des conflits entre la France et l'Empire, entre les catholiques et les protestants. Dès Lyon, le 22 octobre, une première lettre part pour Bâle ; ensuite le *Journal* rend compte des envois et des réceptions. Il mentionne les lettres écrites et reçues, ce qui donne une idée de la correspondance réelle. Une partie peut se lire dans les archives. En gros, c'est une lettre par mois pendant sept ans, et avec demande et réponse – un dialogue. Certaines années fournissent moins d'indications, avec une lettre notée tous les deux ou trois mois. Il faut en outre tenir compte de celles envoyées aux parents éloignés ou aux amis. Thomas, à son tour parti pour Montpellier, mentionne moins de lettres, mais son *Journal* est plus organisé, plus « littéraire », moins spontané que celui de son aîné.

Les correspondances, classiquement, sont porteuses de nouvelles d'un lieu à l'autre. Pour le père, elles contiennent des conseils – sur l'importance et le sérieux des études –, des évocations du monde politique et médical – Félix et Thomas en dépendront au retour –, des rumeurs ou des informations sur les mariages bâlois, des questions d'argent et de prudence. Le fils lui donne des informations sur le milieu universitaire, les cours entendus, les excursions faites; l'affection y a sa place, comme en témoigne une belle lettre de Félix à sa mère. Au total, le voyageur n'est ni coupé de son monde ni isolé, et surtout la correspondance permet de replacer le *tour* universitaire dans une continuité temporelle, du passé à l'avenir, puisqu'il a un but : l'installation au retour. A en lire les rythmes et les conditions pratiques, on voit bien que l'échange est totalement soumis à la mobilité même. Pour envoyer leurs lettres, les étudiants bâlois dépendent des occasions plus que des services postaux qui se mettent alors seulement en place. Ils utilisent les services fortuits de marchands, d'autres étudiants qui arrivent, qui s'en vont, de jeunes et moins jeunes voyageurs nobles, d'anciens militaires; un jardinier paysan, Antoine, porte un message le 6 janvier 1553 et rapporte la réponse le 26 février. On vit ainsi aux allures du pas compté : huit semaines, deux mois, parfois moins, entre Languedoc et Suisse. Les frères Platter montrent comment la plupart des récits peuvent avoir d'abord une expression immédiate et familière, avant de devenir l'objet d'une élaboration plus organisée qui rassemble les informations et le fil de la vie personnelle.

La pratique de la correspondance n'est pas réservée à la seule mobilité des privilégiés et des lettrés. Il n'est d'ailleurs pas nécessaire de savoir écrire pour cela : il y a des professionnels pour suppléer à l'incompétence; les occasions peuvent procurer des messagers qui transmettent oralement les nouvelles. Il est banal de dire que le monde économique repose dans ses fins et ses moyens sur une utilisation de plus en plus raisonnée des instruments épistolaires, qui peuvent transmettre informations, rumeurs, voire servir aux comptes et au crédit[46]. Dans les classes populaires, compagnons et soldats éloignés de leurs familles, migrants et travailleurs, donnent aussi de leurs nouvelles; leurs lettres, hélas! ont rarement été conservées. Jacques-Louis Ménétra fournit quelques indications qui cernent le double domaine de l'*art populaire* d'écrire des lettres : d'une part, organiser le travail et obtenir de l'aide, de l'argent, des recommandations; de l'autre, donner des nouvelles au foyer, aux parents, à l'épouse, à la famille – c'est la dimension affective. Dans les autobiographies du XIXe siècle, on voit l'importance de la tradition[47]. L'arrivée d'une lettre, le passage du facteur sont des moments notables, d'autant plus «qu'on est pas fort pour écrire, mais qu'il faut écrire», comme le note le compagnon charpentier Agricol Perdiguier lors de son *tour*. La lettre est rare et l'absence du voyageur suscite l'attente, la surprise; la réception est un événement pour tous. L'écriture est en soi méritoire : il a fallu trouver le temps, payer le maître écrivain, se débrouiller pour une délégation[48]. La lecture collective, qui n'en ignore pas l'épître amoureuse naïve, renforce l'importance et la gravité de l'acte. La correspondance vient à bout de la distance et maintient les sociabilités habituelles – celles des voisins, celles du métier –, les solidarités familiales ou clientélaires. Elle organise l'espace du voyage dont elle rend compte par sa force de recommandation. C'est une sauvegarde qui permet d'étendre le jeu social. L'espace est alors à la portée de ceux qui savent en retenir les éléments lointains, les rapprocher de la petite patrie par le réseau serré des écritures. Compagnonnage, migrations, service militaire libre ou contraint, attraction urbaine l'exigent de plus en plus.

Voyage, lettres, mobilités, échanges

Le passage au *récit* est réservé à ceux qui contrôlent la pratique épistolaire : lettrés, gens cultivés, hommes de science et de savoir, gens de fortune et familiers des grands. Étudier les grands réseaux de correspondance intellectuelle entre le XVIe et le XVIIIe siècle montre comment peut se préparer la mise en forme de la relation de voyage dans son rapport à l'espace maîtrisé et au réseau des sociabilités. Érasme, dont la correspondance «dévore son temps», a ainsi revendiqué l'itinérance comme un gage de la liberté des humanistes, *civis mundi*. Dès son jeune âge, il quitte Steyn, près de Gouda, pour son éducation : il va de Deventer à Cambrai, Berg, Paris, Londres, Paris encore, Orléans, Paris à nouveau, Cologne, Londres encore, Louvain, Londres à nouveau, Paris une quatrième fois, Turin, Venise, Padoue, Rome,

Paris une cinquième fois, Cambridge en 1511, Cambrai, Bâle en 1514. Son mouvement, ensuite, ne se ralentit guère : il regagne Londres, puis Bâle, puis Anvers, Bruxelles, à nouveau Anvers et Londres, Louvain et Paris. En 1520, il voit à Aix-la-Chapelle le couronnement de l'empereur Charles Quint. De 1521 à 1529, il se stabilise à Bâle, qu'il quitte peu, et où il meurt en 1535. Voilà l'espace d'une vie qui n'a rien à envier, dans son agilité, à celle des grands marchands du temps ou des aventuriers. Sa dimension première est celle du voyage, qui s'organise dans un réseau de relations, et l'on y retrouve tous les grands noms de l'époque : l'*Opus epistolarum* est, à sa façon, un guide et un récit de voyage[49].

On conçoit que la tradition se maintienne parmi les lettrés, du monde de la Renaissance à celui des Lumières, et que pour certains, qui ont moins voyagé en Europe qu'Érasme, elle supplée presque totalement à la pratique du voyage. Par ses collections, ses curiosités, sa correspondance – moyens de ses fins –, le parlementaire aixois Peiresc a conquis une réputation qui repose sur un solide réseau de cinq cents représentants lettrés, de Londres à Alep, de Paris à Lubeck. Quand son frère part en 1658 pour un voyage en Angleterre, aux Pays-Bas et en France, il lui fournit une liste d'une centaine de personnes à voir. Il n'a pas écrit de relations de voyage, et peut-être pas son frère, mais les lettres jouent ici un rôle habituel : propédeutique à des échanges, révélateurs de la nécessité, des besoins qui animent les communications et que rendent plus aigus la séparation, la distance.

On pourrait multiplier les cas ; on aura l'occasion d'en présenter ailleurs quelques autres. L'important, ici, est de rappeler l'extension générale de la pratique et de sa signification. La lettre rend compte des voyages ; elle noue le lien social et familial serré en dépit des séparations. Le succès des *Lettres* de Mme de Sévigné a pu y puiser une partie de sa recette auprès des auditeurs et des lecteurs, comme elle l'a trouvée dans l'expression d'une passion pour sa fille exilée en province, loin de la cour, loin de la ville. Par ses nouvelles, le voyageur fait circuler les événements qui comptent, mais aussi le regret qui fait le provincialisme[50]. Mme de Sévigné a voyagé, et les lettres qu'elle consacre à ses déplacements sont dans toutes les mémoires. Ces déplacements correspondent habituellement aux nécessités de l'économie et de la vie nobiliaire qui appellent sur les domaines de Bourgogne ou de Bretagne. Aller en Provence pour rejoindre sa fille relève d'une autre contrainte. C'est le besoin moins que le goût qui les anime, car la marquise déteste la province ; elle se plaît à la rigueur en grande banlieue, à Livry chez son oncle, le « bien bon abbé », ou bien se complaît à parler comme une citadine de la nature, des petits oiseaux, des arbres, des prairies, des saisons, des travaux agricoles – ce qui est une manière de séduire son public. Faner en Bretagne, c'est « batifoler dans un pré » ; la lettre du 22 juillet 1671 est bien connue, c'est le *modèle des narrations agréables*. Pour une vie, la correspondance montre qu'elle a été l'expérience de la distance et qu'elle sert à réduire, car elle est dominée et réglée par l'échange, et l'écriture vacille au rythme des courriers, s'étiole dans l'attente des informations parisiennes, s'épanouit après les silences entre départ, séparation et retrouvailles. Avec sa fille, le gradient de la température sentimentale s'y mesure à chaque instant.

Mme de Sévigné sait bien que ce qu'elle écrit, donnant vie et écho à la mobilité, est attendu, que ses lettres circulent de main en main, que ces causeries sur les événements suppléent à l'absence, et qu'en province on fait feu de tout bois. Il est donc impossible déjà de séparer la recherche des *effets littéraires* et la valeur d'un témoignage, qui sont dans la même perspective esthétique que le roman ou le théâtre : le « vrai seul est aimable », la distance lui confère ses attraits. Le roman par lettres va certes utiliser les mêmes vibrations que les correspondances privées, proposer une vision nette et claire des choses, un épanchement sensible, une théâtralisation des situations amoureuses, douloureuses. Changeant de statut, élargissant leur public par l'édition et la circulation, les *correspondances*, pour faire coïncider la vie et son témoignage, pour faire accepter l'intrusion du privé dans le public, doivent subir un remaniement, à tout le moins des précautions, le respect de l'art du bien dire et, pour les meilleures, la recherche de l'effet. Les *Lettres d'Italie* du président de Brosses, texte essentiel pour l'histoire de l'Italie, pour celle des voyages et pour celle du discours des voyageurs, est un modèle exemplaire de cette stylistique autant que de la sociologie culturelle et de la tradition du *Voyage d'Italie* vers 1740-1750. C'est l'heure d'un tournant.

De Brosses est l'un des représentants de la grande robe dijonnaise. Son voyage italien se déroule en 1739, après la fin de ses études ; il dure neuf mois et, à quelques séjours à Paris près, le président à mortier, membre de l'Académie de Dijon, ne quittera plus la Bourgogne. C'est un grand moment de sa vie consacrée aux lettres, à la philologie, à l'histoire, dont les travaux illustrent la réputation de la Société littéraire de M. de Ruffey et l'opposent à l'utilité des *homines novi*, qui peuplent l'Académie, où tentent de se réconcilier d'une part la grande tradition érudite et curieuse, d'autre part les exigences savantes et éclairées [51]. Entré à l'Académie, de Brosses en tout cas a collaboré à l'ouverture des horizons intellectuels et à l'intérêt pour le voyage. Il est l'auteur d'une *Histoire des navigations aux terres australes*, d'une étude du *Culte des dieux fétiches* et d'un traité de la formation des langues qui, tous, ont contribué à sa célébrité, autant que sa querelle avec Voltaire ou son échec à l'Académie française.

La relation de voyage épistolaire se situe entre deux moments philosophiques et littéraires : celui de l'humanisme classique et curieux, celui de l'*Encyclopédie*. Le président est une tête érudite, mais que fascinent les mœurs et l'altérité des nations ; c'est aussi un défenseur de la culture et de la capacité politique provinciale, et donc un homme de compromis et de passage. Le voyage de 1739 est classique, et il donne lieu à une correspondance familière. C'est un *tour* de notables riches, cultivés, un peu libertins, et un *tour* mené en groupe ; de Brosses a cinq compagnons qui tiennent leur rôle dans les lettres. Le dépaysement est pour lui un inconvénient, mais c'est en même temps le moteur de la relation, l'incitation à compenser une lacune de sociabilité habituelle par une vivacité particulière : « Il faut s'attendre, en pays étranger, à avoir les yeux satisfaits et le cœur ennuyé ; de l'amusement de curiosité tant qu'il vous plaira, de la ressource de société aucune [52]. » La réflexion ne manque pas d'intérêt pour qui veut comprendre comment se sont jouées les rencontres sur le terrain : on voyage avec soi-même et ses habitudes, on affecte une attitude distante et blasée, aristocratique en partie et aux antipodes de l'attitude savante, pédante, pour de Brosses et ses compagnons, ou encore de l'expression enthousiaste d'un individualisme sensible à la Rousseau qui s'impose à la fin du siècle, avec Dupaty pour l'Italie et Chateaubriand (tous deux l'expriment dans leurs *Lettres*) [53]. De Brosses, lui, a parfois fait sa place au sentiment, mais de façon libre, comme pour se débarrasser des contraintes et des conventions littéraires et sociales, et c'est là qu'il innove en dépit d'un itinéraire classique, la Provence, Gênes, Milan, Venise, Florence, Rome, Naples, Rome encore de décembre 1739 à mars 1740, et le retour par la plaine du Pô, Turin, le Mont-Cenis.

Longtemps, on n'a pas douté de leur authenticité : lecteurs et critiques étaient convaincus que le jeune conseiller de Brosses avait écrit ces lettres intimes sur les tables des auberges italiennes pour ses amis de Dijon. Or la correspondance privée, retrouvée en 1930, prouve qu'il n'en est rien. L'authenticité et la spontanéité si appréciées par les lecteurs (la première édition date de 1799) sont une illusion. Comme pour beaucoup de ses prédécesseurs – Misson et son *Nouveau Voyage d'Italie* présenté comme des *Lettres à un ami*, qui peut-être ici a innové –, c'est une fiction utile pour réconcilier les descriptions et les relations, le plaisir et le didactique, comme le précise la préface de 1702[54], tels plus tard aussi Goethe père et fils. Le président a choisi une formule parmi d'autres, particulièrement crédible et qui met volontairement le public dans l'erreur. Les lettres sont datées ; quand elles rompent avec la chronologie, de Brosses le remarque : « Toutes les lettres suivantes, jusqu'au départ de Rome, se trouvent classées sans égard à l'ordre des dates. Elles ont été écrites dans le cours des trois derniers mois de 1739 et dans les quatre premiers mois de 1740[55]. » L'assertion a été reçue, mais c'est sans aucun doute parce que le président maîtrise tous les procédés de l'écriture épistolaire, et compte sur la séduction de la conversation à distance. Comme Misson, il a parié sur la familiarité, la liberté de ton et l'idée de passer sans effort d'un sujet à un autre, de se permettre des digressions. Le voyage, dans son écriture et – comme celle-ci le suggère aussi – dans sa pratique, repose sur une *esthétique de la négligence*. De 1745 à 1755, on sait que de Brosses a réactualisé ses souvenirs, relu des notes, corrigé ce que la bienséance pouvait interdire, mais que le cercle dijonnais attendait et appréciait, comme aussi la spontanéité ironique de leur ami. Il y a « mille couillonneries meilleures à supprimer » pour arriver au résultat, écrit-il à Lopin de Gémeaux qui, avec d'autres amis (les Bouhier, Cortois, Blancey, Neuilly, Fyot, Maleteste, Quincey, Quintin – tous des meilleures familles), a eu des originaux et bientôt reçu des copies. L'écho des dames est favorable. A Paris, Buffon, célèbre Bourguignon, patron des Bourguignons savants, reçoit son manuscrit. Des manuscrits richement reliés, élégamment copiés, circulent, mais l'auteur n'a pas recherché la publication ; il n'en méconnaît pas l'intérêt, mais il en rabaisse le statut : « C'est une rhapsodie qui ne peut être bonne à grand-chose quand on l'a lue une fois. » Il souhaite en limiter la lecture, car « vous sentez bien que le ton et les circonstances de ces lettres sont en mille endroits peu communicables ».

Dans le discours du voyageur d'Italie, de Brosses est d'abord un homme de conventions. Ses *Lettres* sont familièrement descriptives ; elles racontent un voyage en suivant un itinéraire bien connu. Elles rassemblent tout ce qu'on attend, et peu d'informations nouvelles ou de jugements différents de ceux des autres voyageurs. Curiosités, institutions, vie politique, mœurs de la bonne société, figures célèbres, considérations sur les théâtres, la musique, les moyens de transport, les *ciceroni*, les courtisanes : tout est là. Ni les personnalités rencontrées, ni les *vues de ville*, ni les réflexions religieuses ne sont totalement originales, à quelques anecdotes personnelles près. Tout ce que les connaisseurs attendent et peuvent apprécier est évoqué – c'est même annoncé dès l'ouverture : « Au reste il est bon de vous avertir, par forme de préface, que mon babil serait sans égal si vous n'étiez pas au monde. Routes, situations, villes, églises, tableaux, petites aventures, détails inutiles, gîtes, repas, faits nullement intéressants, vous aurez tout. C'est en vain que vous vous plaindrez. Vos reproches ne seront pas capables de réformer mon caquet, car je penserai toujours que vous n'en parlez que par jalousie [56]. » Comme pour d'autres, il s'agit d'être complet, de respecter les codes. Les *Lettres familières* ne sont ni un *voyage sentimental* à la manière de Sterne, ni un *voyage philosophique* comme le veulent Dupaty ou Lalande depuis Duclos [57]. De Brosses ne trahit pas et ne cache pas ses sources ; parfois, il cite ses lectures – Misson, Labat, Mabillon –, fût-ce pour s'en moquer. Il ne fait que suivre une procédure courante [58]. Toutefois, il n'incarne pas seulement une longue tradition culturelle et littéraire, car il met au service de l'habitude un talent peu habituel, un ton et un style qui transmuent un matériau classique, une technique de lecture et de transcription. La formule épistolaire permet de fonctionnaliser la tradition humaniste et les recommandations apodémiques en art de divertissement mondain [59]. La fiction, le caractère étroit de la diffusion par l'écrit manuscrit, la complicité des lecteurs font partie intégrante du jeu et du succès. La formule permet d'ailleurs d'instruire et de critiquer, mais en badinant, et elle autorise la manifestation du moi, l'expression d'une sensibilité personnelle. C'est une expérience qui réussit à surmonter les clichés, mais c'est celle d'un moi social, théâtral, pas encore confidentiel et intime.

Significatif pour le changement est le fait que cette expression, *espace dialogique du moi social*, neuve et entendue comme telle, arrive au moment où se diffusent les récits de voyage, les guides et les manuels commodes, où le voyageur cultivé et mondain peut trouver toutes les informations qu'il souhaite avoir. Il peut alors s'offrir le luxe de mettre l'accent sur ce que bon lui semble, sur sa façon de voir et de lire, sur les critiques aussi quand la relation peut servir d'instrument individuel à la mission collective des Lumières [60]. Les *Lettres familières* parlent non seulement de l'Italie, mais encore de la classe sociale, de la culture et de l'idéologie d'un gentilhomme français, de sa capacité de dédoublement entre d'une part la frivolité, l'ironie, voire la parodie de la tradition, d'autre part le non-conformisme qui se commente et se met en question, faisant entendre les idées les plus actuelles[61]. L'art épistolaire de la relation de voyage transcende une rupture : celle de la distance, celle de la séparation. Il correspond d'abord à une communication privée, familiale, restreinte et souvent patricienne ou aristocratique ; il fait alors appel à toutes les ressources qui sont déjà au service de la mobilité cultivée : lettres familières, lettres de recommandation, lettres de sociabilité et de conversation. Presque toujours remaniées, elles utilisent les richesses de l'itinéraire, mais aussi la liberté de l'appréciation et du commentaire ; elles créent l'illusion d'une réalité. Ce qui relève de la version aristocratique et mondaine peut s'inverser chez Rousseau, dans la *Nouvelle Héloïse*, dont les lettres de voyage critiquent la mascarade sociale.

DE LA LETTRE AU RÉCIT

L'art épistolaire a ses règles propres – pour l'essentiel le *style libre et gai*, que la lettre soit fictive ou authentique –, mais celles-ci ne sont pas refusées totalement par les relations de voyage. Les normes font en général référence, comme dans le cas des *Lettres*, à une diffusion restreinte, d'abord privée. Leur mise en texte d'un déplacement est analogue : il s'y déroule un itinéraire et il s'y déploie le moment d'une vie, un temps, un espace, un ailleurs. Faire passer une vision, des faits observés à une lecture partagée mobilise tous les éléments matériels et intellectuels du travail de l'expérience et de la mémoire, de l'expression du sensible ou de l'analyse érudite et critique, de l'appréciation esthétique, littéraire, au jugement savant, familier aussi. Le récit de voyage enregistre toute une gamme d'exigences et d'effets accumulés, de coutumes et d'attentes. Comme les lettres, il ne peut être le reflet du voyage et des réalités parcourues, mais le résultat d'un filtrage et d'une réfraction. Son évolution intègre les deux dimensions d'une production consommée avec de plus en plus de succès : le changement de son *horizon d'attente*, des lecteurs aux auteurs ; la novation des intérêts et la priorité donnée à l'expérience directe et aux doutes qu'elle suscite pour l'inutilité et l'infertilité de la pratique[62]. Le voyage et sa relation doivent apprendre à savoir, à voir, à sentir, et à construire personnalité collective et identité individuelle. L'évolution de la bibliographie, la montée d'une connaissance localisée va dans le même sens que l'insistance pédagogique des auteurs.

L'altérité et la différence sont aux origines de la personne et des contrastes culturels. Dès le XVIe siècle, Montaigne a réfléchi en ce sens à l'expansion européenne [63]. Dans les *Essais*, il a défini les principes d'un relativisme comparatif qui, depuis, ont mis les choses partout à leur place : la barbarie n'existe pas, c'est tout simplement ce qui fait que le barbare n'est pas comme nous. En même temps, certaines valeurs d'humanité s'imposent sous tous les climats par leur universalisation. Effet du voyage au même titre que les positions relativistes qui pourraient se révéler rapidement intenables, c'est le message que les Lumières défendent non sans contradiction, non sans limite. Tout voyage est confrontation avec les autres autant qu'occasion d'instruction, et l'évolution des récits va enregistrer de multiples façons ces phases de la position apodémique. Le prisme de la situation des observateurs s'est progressivement ajusté pour donner des images distanciables des autres cultures, pour éclairer les lecteurs, mais aussi pour les divertir. C'est pourquoi le procès d'élaboration des souvenirs et des expériences, la mise en forme pour des publics divers des intentions et des résultats nourrissent en permanence la dialectique du mensonge et de la vérité des récits de voyage [64]. La montée de la méthode descriptive et critique, la croissance du *journal philosophique* avec la sincérité subjective commencent très tôt avec la mise en perspective de tout savoir, et elles suivent certainement un itinéraire formel sinueux. On en retiendra encore quelques figures, que l'analyse des pratiques replacera en situation.

Une étude matérielle d'ensemble reste à faire dans ce corpus qui rassemble des éléments hétérogènes : journaux quotidiens, agenda, carnets manuscrits, écrits partiellement élaborés, discours soigneusement préparés, éditions diverses dont on a entrevu les complexités formelles. A chaque étape, il y a des cercles d'accueil différents d'attente et de lecture, mais aussi des histoires différentes des textes : disparition définitive des manuscrits qu'un hasard fait redécouvrir – les archives en sont pleines –, diffusion contrôlée et limitée pour des cercles plus ou moins étroits de connaisseurs, d'intimes ou d'amis, ou par des nécessités de secret administratif ou militaire. On passe du destinataire individuel et intime, hiérarchisé par la fonction, à une réception élargie. Celle-ci gagne encore avec l'impression et ses vicissitudes ; elle progresse ou régresse, avec l'écho donné par les propos des salons, le jugement des sociétés savantes, les extraits des journalistes, l'entrée dans les dictionnaires, la reconnaissance des citations et le couronnement des bibliographies (jamais closes, comme le veut leur logique même).

Journaux et carnets de notes, tablettes remplies sur le chemin constituent une première étape d'élaboration : des archives du voyage à visée personnelle, et comme un premier procédé dont le destin littéraire et philosophique n'est pas tracé. Ce matériau peut échapper pendant des siècles à la vigilance érudite et rester dormant dans les archives familiales. Prendre des notes, fixer le souvenir au prorata de l'intérêt de l'individu ou en réponse à la pression utilitaire de la pédagogie, tenir un carnet de croquis pour garder l'esquisse d'un tableau ou d'un paysage relève d'une commune attitude. Amateurs ou professionnels tiennent registre de ce qui peut compter ; ils rassemblent pour eux-mêmes un fatras qui leur sert de magasin d'idées et d'images plus ou moins élaborées et travaillées, plus ou moins réutilisables pour un autre dessein ou dessin. Plus systématiquement le *journal de bord* du navigateur, qui impose les règlements des marines, plus avant le *carnet de route* de l'explorateur et du savant, élargissent la panoplie des instruments d'enquête. Leur sécheresse peut décourager le lecteur qui n'est pas guidé par la nécessité. Cette première étape du prolixe discours du voyageur n'en est pas moins intéressante : d'une part, elle correspond à une fonction utilitaire de l'écrit et de l'imprimé moderne qui est certainement l'un des moyens par lesquels se diffuse la montée de l'abstraction ; d'autre part, elle dénote les caractères marquants et en même temps la spontanéité singulière qui s'imposent aux voyageurs sur la route.

Le *Journal de voyage* que l'on a retrouvé au XVIIIe siècle, mais que Montaigne a fait tenir et a tenu, correspond à cela[65]. Il quitte, en 1580, sa librairie calme et songeuse « pour se taper le cul » en selle pendant un an et demi sur les routes défoncées de l'Europe, de la Lorraine à l'Allemagne, de la Suisse à l'Italie. Il a déjà beaucoup voyagé, sur place, dans la Gascogne de son enfance, plus largement, dans le royaume troublé des guerres religieuses, par la lecture et l'imagination, qui lui fournissent de quoi nourrir sa réflexion sur l'histoire et le monde[66]. Les *Essais* livrent ses nouveaux horizons de l'intelligence et les conséquences qu'il faut tirer d'un univers décentré, décomposé, où le voyage est sans certitude. L'âge et la santé de Montaigne sont des justifications valablement avancées : quand on a plus de quarante ans et près de cinquante au XVIe siècle, le temps vous est compté, surtout si l'on veut découvrir *de visu* les curiosités de l'étranger; quand on a la goutte, les reins empierrés, l'espoir des cures offertes par les stations thermales n'est pas à négliger – Plombières, Lucques font rêver le patient. Le besoin de se mesurer à autre chose, une humeur naturellement inquiète, le temps de courir d'un but à l'autre par les «chemins buissonniers» peuvent pousser au départ. Montaigne n'est pas seul : il est le chef, sinon le guide, d'une petite troupe de quatre gentilshommes et de leurs domestiques, d'une dizaine de chevaux et d'un mulet. Il est curieux de tout, «lui semblant être en voyage comme ceux qui lisent quelque fort plaisant conte d'où il leur prend crainte qu'il vienne bientôt à finir», et le «grand livre du monde» n'est pas près de se fermer pour lui.

Le *Journal* rapporté va tenir en ordre la discontinuité du mouvement. Pour l'analyse littéraire, sa découverte est heureuse : elle prend sa signification par rapport aux *Essais*, puisque le voyage intervient après la publication de la première édition en septembre 1580. C'est «une mise à l'épreuve de la méthode ambulante du discours moraliste et philosophique par la vie pratique[67]», le point de départ du livre troisième, le carrefour de l'interrogation du philosophe sur la peinture du moi et la capacité au bonheur. Mais il ne faut pas oublier que l'auteur n'a pas songé à le publier, à ce qu'on sait, et que la redécouverte en 1774 se situe au moment où le discours des voyageurs se décentre par rapport à la tradition classique pour devenir plus privé, plus sentimental, en même temps que plus critique[68].

Or, qu'est-ce qu'un journal de voyage ? Pour Furetière, c'est, dans les ordres divers de la vie, la «mémoire de ce qui se fait», de ce qui se passe, organisé selon le temps. «Un homme d'ordre tient un papier journal de ce qu'il reçoit, de ce qu'il dépense»; les registres des pilotes, ceux des marchands marquent les faits majeurs d'un déplacement et consignent les nouvelles. La formule intéresse l'économie et le commerce, car elle prouve le doit et l'avoir, permet d'effectuer des bilans pour la consommation de l'espace comme pour celle du temps, et pour l'argent mis en circulation. La pratique administrative, le recours aux assurances en font une obligation pour certaines catégories de voyageurs; à la fin du XVIIe siècle, les douaniers français qui contrôlent les cols et les chemins entre la France et le Piémont tiennent leur journalier, que vérifient les responsables des fermes[69]. Conservé dans la famille de l'un d'eux, ce carnet modeste montre les trois harmoniques qui guident l'écriture : maîtriser l'espace, contrôler et mesurer le temps, noter ce qui est frappant dans les mouvements des hommes. Il ne diffère qu'en qualité du journal de voyage, où l'on retrouve tous ces ingrédients, la perte et le gain compris, et où la dimension personnelle peut se déployer plus largement, puisant une part de sa force dans les pratiques religieuses – l'*examen de conscience*, qui est à sa manière un bilan spirituel, parfois matérialisé dans une écriture où l'on voit comment on a gagné sa journée [70]. La spiritualité et la théologie morale n'ont pas ignoré le voyage, celui de la vie devant rendre ses comptes à Dieu même.

DE MONTAIGNE À MONTESQUIEU

Ignoré car perdu, célèbre car retrouvé, le manuscrit de Montaigne est doublement intéressant : par la façon dont il a été tenu, et par la manière dont le point de vue du voyageur se trouve relayé par le type même de rédaction. Un tiers de ses 278 pages ne sont pas de la main de Montaigne, mais écrites par un scribe, secrétaire, compagnon, qui accompagne le groupe, veille à ses bagages, parfois le quitte pour une étape avant de l'abandonner définitivement à Rome. Le rédacteur désigne doublement sa position : soit il donne la parole à son maître (« M. de Montaigne a vu », « a fait »), soit il parle en nom collectif (« nous dînâmes », « nous allâmes », « nous vîmes »). Le reste est rédigé par Montaigne, et de surcroît en italien – moins pour vérifier une capacité linguistique enviable que pour le plaisir mimétique et personnel : « Assagiamo di parlar un poco questa altra lingua massime essendo in questo contrade dove mi pare sentir il piu favellare della Toscana [71]. » Le choix traduit une soif de diversité et, franchi le Mont-Cenis, l'écrivain reprend la plume en français. Depuis Rome, le récit est mené à la première personne ; l'auteur a relayé le secrétaire : « Ayant donné congé à celui de mes gens qui conduisait cette belle besogne, il faut que je la continue moi-même [72]. » Les grands seigneurs, les cardinaux de la Renaissance avaient l'habitude de faire rédiger le journal de leurs périples. Montaigne est parti, comme eux, avec une certaine complaisance de gentilhomme à l'aise ; il revient transformé en auteur et en homme privé.

L'écrivain, qui pouvait déjà puiser dans les remarques et les notes de son secrétaire, a de quoi nourrir ses réflexions. Livret de notes, brouillon, le journal est d'un bout à l'autre l'arrière-boutique des corrections et du prolongement des *Essais*. L'individu, lui, tient un journal de santé plus précis : il parle de son corps et de son moi, détaille les conditions matérielles de ses cures aux bains de Lucques. L'itinéraire impersonnel, de lieu en lieu, mais où la personnalité du maître a suffisamment pesé sur l'écriture du secrétaire pour qu'il note attentivement d'innombrables détails de la variation des coutumes et de la culture matérielle des pays traversés – le témoignage reste de ce point de vue très précieux –, devient finalement un journal plus intime. On est passé de la relation d'un vu – elle écrase encore le séjour romain – à celle d'un vécu. Dans la première partie, la vision du scribe ne peut être séparée de celle de Montaigne, et celle-ci change avec la route. D'abord nourrie par la recherche des curiosités et de ce qui est mémorable, guidée par les livres que M. de Montaigne regrette de ne pouvoir consulter à cheval[73], elle se révèle de plus en plus attentive à la diversité des us et coutumes comme à la beauté des spectacles naturels ou urbains, et à la qualité de la vie qui n'a cessé d'attirer en Italie les voyageurs et d'animer leur volonté d'écrire. Le catalogue des sujets, le découpage restent ceux de la tradition (monuments des Anciens, mœurs des Modernes, étuves, auberges); le ton, les préoccupations s'ouvrent à une liberté de vue, comme à l'altérité reconnue. « Le voyage me semble un exercice profitable. L'âme y a une continuelle exercitation à remarquer les choses inconnues et nouvelles; et je ne sache point meilleure école, comme j'ai dit souvent, à former la vie que de lui proposer incessamment la diversité de tant d'autres vies, fantaisies et usances, et lui faire goûter une si perpétuelle variété de formes de notre nature[74]. » Le voyage, comme les *Essais*, est un « tissu en mouvement[75] »; la méthode de voyager est devenue une méthode de vie[76].

Reconnaître autrui à partir de l'observation journalière lui confère au terme « sa reconnaissance tel qu'il est, moins tel qu'il est loué à partir de nos valeurs propres[77] ». Montaigne, qui fait du journal le relevé daté et localisé de l'expérience du moi, rompt avec un ethnocentrisme qui se cache derrière l'égocentrisme. Deux siècles plus tard, M. de Montesquieu, autre gentilhomme de Guyenne, autre homme de robe, fait encore avancer la question en montrant dans son œuvre, mais aussi dans un journal de voyage, l'articulation explicite de ces deux principes à l'œuvre dans les *relations* : le relativisme et l'universalisme dans l'analyse de l'esprit des nations et des lois. Il part à quarante ans, et en meilleure santé. Il est déjà allé à Londres; les *Lettres persanes* (1721) prouvent qu'il sait jouer, en écrivain, de l'efficacité des voyages fictifs; c'est déjà un cosmopolite par vocation intellectuelle. En 1728, il part trois ans pour un tour d'Europe dessiné de façon originale, frôlant l'Orient. Montesquieu tient un journal et prend des notes quotidiennes, dont ne demeurent malheureusement que des fragments mutilés, les étapes anglaises ayant été détruites par les héritiers Secondat au XIXe siècle[78]. Ce qu'il en reste, la régularité des jours et des étapes relevés, traduit pourtant la volonté de compléter et de confronter des connaissances déjà étendues à l'expérience, à l'observation, afin de comprendre la « nature des choses » ; en effet, comme il est dit dans l'*Esprit des lois*, « chaque diversité est uniformité, chaque changement est constance, ainsi les lois ont un esprit[79] ». Le voyageur bordelais, à l'instar de ses Persans, se déplace pour réévaluer les actions humaines une fois dégagées de la gangue des traditions et des coutumes, pour comprendre l'interaction des principes et des conditions de l'organisation sociale. L'Europe des pays se découvre dans la diversité de ses régimes politiques et de ses cultures.

Dans ses *Carnets*, Montesquieu note sans aucun souci de forme, et sans excès de logique, renseignements divers, observations personnelles, réflexions sur ses lectures (sa bibliothèque de La Brède contient, sur plus de 3 000 titres, au bas mot 650 ouvrages d'histoire, de géographie, de voyages[80]) – informations livrées par ses hôtes ou ses guides. On y trouve de tout et, comme pour Montaigne, des thèmes et des sujets – ceux de la tradition, ceux de son temps – propres autant à servir à une relation littéraire jamais écrite qu'à nourrir l'œuvre théorique. D'autres journaux ont plus de régularité et plus de tenue littéraire, mais dans celui-ci on découvre avec plaisir une bonne moisson de faits quotidiens, de notes touristiques banales et disparates, mêlées à des réflexions plus soutenues. L'ensemble souffre d'être réduit dans ses dimensions. On a seulement publié un *Itinéraire de Graz à La Haye*, d'après les points de départ et d'arrivée du voyage sur le continent ; à quelques pages près sur la Hollande et l'Allemagne, c'est de fait un voyage en Italie. La *Correspondance* (malgré les pertes), les *Pensées* et le *Spicilège* complètent certaines lacunes pour qui veut en comparer l'information[81].

De l'un à l'autre texte, on voit se dégager un portrait de voyageur. « Les voyages donnent aussi une très grande étendue à l'esprit, on sort du cercle des préjugés de son pays », et l'on n'est guère propre à se charger de « ceux des pays étrangers[82] ». Ainsi le curieux se fait-il en quelque sorte *sociologue* ; il y est poussé par son caractère : « Votre bonheur est dans l'espace et dans l'agitation », dit magnifiquement Mme de Lambert, percevant le fondement même de la mobilité. Montesquieu innove par son itinéraire : de Paris à Venise, mais par l'Allemagne et l'Autriche ; de Venise à Rome, où il est en 1729, avec un retour sur ses pas par Trente, Munich, Augsbourg, Wolfenbuttel et le Harz avec ses mines, Utrecht, Amsterdam, La Haye, Londres [83]. Il en revient en mai 1731. A chaque instant, on est frappé par sa capacité à nouer des relations sociales utiles en même temps qu'à unir le plaisir de comprendre et de vivre ailleurs, le plaisir esthétique et, comme Montaigne et plus tard Stendhal, la capacité au bonheur. « L'Italie, dit-il dans une lettre du 21 février 1754, j'y ai passé pendant huit mois le temps le plus heureux de ma vie et le temps où je me suis le plus instruit » – et l'on sait, grâce à Jean Erhard, son aptitude à aimer les arts [84].

On sait aussi que Montesquieu n'est pas parti pour rassembler une documentation avec le dessein d'écrire l'*Esprit des lois* [85] ; il voyage, comme d'autres, pour voyager et pour observer – travail quotidien d'analyse, que concrétisent les notes et qui nourrira l'œuvre. Dans la XXXIe lettre persane, Redhi donne à Usbek son programme : « Je m'instruis des secrets du commerce, des intérêts des princes, de la forme de leur gouvernement ; je ne néglige pas même les superstitions européennes ; je m'applique à la médecine, à la physique, à l'astronomie ; j'étudie les arts ; enfin, je sors des nuages qui couvraient mes yeux dans le pays de ma naissance. » L'académicien bordelais perce sous le romancier : il instruit le voyageur auquel il transmet un catalogue d'intérêts globaux, utiles et utilitaires, mais aussi une méthode de vie et de voir, de la lecture à l'observation, de l'expérience à la conversation, du parcours pragmatique à la théorie [86]. Le tout reste en marge de la littérature, mais prépare à autre chose.

Le cas de Montaigne et celui de Montesquieu ont privilégié des esprits de premier plan pour lesquels l'expérience du voyage fonde l'origine du relativisme subjectif et la théorie de la connaissance politique, confère au narrateur sa présence. Ils sont loin d'être seuls, et l'on pourrait en faire un florilège plus vaste où l'on rencontrerait la société commune des voyageurs, ecclésiastiques, militaires, savants, hommes de lettres économistes – tels l'abbé Morellet, dont les papiers dorment à la bibliothèque de Lyon, ou Coquebert de Montbret, heureusement réhabilité avec sa forte personnalité de géographe et de statisticien –, négociants nombreux, et non dénués de culture. D'autres personnalités ont laissé des témoignages mieux connus et d'une aussi grande richesse : Stendhal pour l'Italie et la France, Hugo encore, et Goethe qui accumule les façons d'écrire dans son *Voyage d'Italie* ou ses périples allemands. Dans une pratique d'écriture libre et assez sincère où la familiarité l'emporte sur l'organisation, se projettent et se cultivent les principes et les impulsions de la mobilité : maîtriser le temps utile pour parcourir un espace, penser la diversité d'une topographie, prouver une transformation.

Du quotidien à sa relation raisonnée

Dès le XVIe siècle, Bacon attendait de la pratique un progrès pour l'homme et la science. Les *Essays on Travel* sont clairs :
« Il est singulier que dans les traversées où il n'y a rien à voir que le ciel et la mer, les gens tiennent leur journal, et qu'en voyageant sur terre, où il y a tant de choses à voir, à observer, on néglige communément de le faire, comme s'il y avait lieu de noter des hasards plutôt que des réflexions. [Pour cesser de voyager en aveugle], qu'on prenne donc l'habitude de tenir son journal et d'y noter les choses à voir et à étudier qui sont les suivantes [suit le catalogue de tous les objets physiques et humains qui doivent retenir l'attention]. Quand le voyageur rentre en son pays, qu'il ne quitte point finalement ceux qu'il a visités sans conserver des rapports par correspondance avec les plus précieuses relations. Et que la trace de son voyage se manifeste plutôt dans sa conversation que dans ses façons et ses ajustements. »

Dès le départ, la boucle est bouclée : les cercles d'observation, les sujets, les manières, les liaisons et les finalités d'une union de la sociabilité et de la science sont en place. Les conseils systématisés, répétés, étendus avec la montée sensualiste et utilitaire des Lumières, font le corps de l'*Art apodémique* jusqu'à Berchtold et les *observations patriotes* qui se réclament de l'esprit d'enquête. Le voyageur doit, on s'en souvient, tenir son journal, et pour cela avoir toujours à portée de la main encre, plume et papier : « Pour ne pas perdre le fruit de ses remarques, il serait fort à propos de porter chaque soir sur son journal avant de se coucher ce qu'on a noté sur ses tablettes, afin que les matières ne s'accumulant pas on soit dans le cas de ne rien oublier d'essentiel[87]. » On arrangera l'ordre de l'écriture pour pouvoir corriger, porter des notes ; on veillera moins à l'élégance du style qu'à sa *vérité*. L'étape est à ce moment franchie entre l'observation notée et la relation qui doit devenir le but du voyage : on y passe du désordre à l'ordre, de l'information brute à sa critique, du secret à la divulgation possible. Les guides et les manuels ont pris la cause en charge.

Pendant son émigration, l'incroyable polygraphe que fut Mme de Genlis en fait état dans ses conseils, mais comme le fruit de son expérience personnelle. Dans les « Instructions préliminaires » de son manuel – *Le Voyageur, ouvrage utile à la jeunesse et aux étrangers*, édité à Berlin en 1800[88], sous forme de dialogues, qui reprend une première édition –, on peut lire comment passer du voyage à l'écriture de route et de celle-ci à la relation achevée. L'auteur, voyageuse infatigable, a toujours tenu ses journaux avec le plus grand soin et sur les lieux ; d'un séjour de dix-huit mois en Angleterre, elle rapporte cinq volumes ! Une note précise qu'elle a perdu dans l'émigration une quinzaine de cahiers divers, et « elle ne peut croire qu'ils soient perdus pour tout le monde ». Elle n'a pas perdu ceux de son voyage en Italie, mais elle juge cet itinéraire insuffisant par rapport à celui de Lalande : ce n'est qu'une « ébauche imparfaite » par comparaison à ce modèle dont elle avait suivi les indications. De ces observations, Mme de Genlis avait fait des extraits pour elle-même et pour ses élèves – on se rappelle qu'elle avait la responsabilité de l'éducation des enfants de son amant, le duc d'Orléans. « Je n'ai pu donner pour l'Angleterre et pour la France des itinéraires suivis parce qu'ils ne sont point marqués sur mes petits extraits, et que je n'ai pu me procurer les livres imprimés qui en indiquent de bons et de parfaitement exacts. » On entend là un témoignage rarissime : les moyens, leur enchaînement, lectures, observations, écritures, contractions, qui aboutissent à l'édition. Mme de Genlis avait de surcroît fait un « cours complet de toutes les manufactures que j'ai fait de mes voyages [*sic*], continué depuis avec mes élèves et ensuite écrit pour leur instruction[89] ». Les guides sont nécessaires et utiles[90].

Mentor en jupon, Mme de Genlis a réfléchi aux règles de la pratique. On voyage pour son plaisir, pour sa santé, par nécessité – « ce qui est particulier à cette fin de siècle », rappelle l'émigrée. Dans tous les cas, il faut en retirer de l'instruction, et pour cela faire des « journaux détaillés » ; sinon, tout se confond dans la tête la mieux organisée : le temps, les lieux, les monuments, les mœurs. « On sera privé du plaisir de se rappeler nettement ce qu'on a vu et on ne pourra en faire état d'une manière instructive et intéressante. On dira de bonne foi des choses fausses. » Écrire son journal chaque jour ne suffit pas : « Il faut faire des notes particulières sur ce qui est remarquable » ; sinon, on publie des volumes remplis de méprises inexcusables, monuments confondus, paysages déplacés, anecdotes improbables. De surcroît, pendant son séjour, le voyageur doit lire « l'histoire du pays, ses descriptions », noter les

« conversations souvent plus instructives que les livres », apprendre à questionner et savoir vérifier les choses trop extraordinaires. Pour cela, distances, politesse et silence doivent encadrer les rencontres « avec les gens qui savent penser », auxquels il ne faut pas essayer d'en compter.

On peut voir dans ce livre l'aboutissement d'une pratique généralisée. Il unifie des formules diverses – guides, manuels de langues, itinéraires, recueils de recettes de santé, de cuisine –, mais son unité est l'idée d'apprendre à parler, à écrire, en tenant compte des situations réelles du voyage ; il est conduit par l'expérience personnelle et par une volonté utilitaire et pédagogique. Il rend visibles, mieux que les voyages eux-mêmes, les recettes de l'*art apodémique* et leur intériorisation chez les voyageurs dont l'écriture consiste à imposer le naturel et à masquer la culture. La relation de voyage repose sur ces conventions, quelle qu'en soit la forme. Le *Manuel* de Mme de Genlis par questions et réponses, par dialogues et réflexions, dévoile le dessous des cartes, mais il s'inscrit parfaitement dans cette *épistémé du voyage*, à la fois manière de vivre et instrument de connaissance. Il en détaille les moyens et les objets, il en discute les hasards et les règles ; c'est un cours d'économie ambulatoire – le coût des auberges, celui des domestiques, celui des voitures et des chevaux n'y sont pas oubliés. Pour la bonne société cultivée, il va à l'important comme au futile. Surtout, il enregistre ce qui adapte les moyens à un but : maîtriser le temps et l'espace, lutter contre l'éloignement en usant des lettres et du courrier, donner et recevoir des nouvelles, faire de la rupture et de la distance des mécanismes au service d'une pédagogie sociale.

Les milliers de relations de voyage accumulées dans les bibliothèques du XVIe au XVIIIe siècle sont, dans leur hétérogénéité formelle, unifiées par ce conformisme. Mémoires, descriptions, récits, essais sont liés entre eux, comme les lettres, par leur finalité descriptive pour un public implicite qui en reprendra les leçons et les enchaînera sur une trame personnelle. Au-delà des typologies sociales (quel type de voyage et pour quel voyageur), intellectuelles (expérience érudite ou scientifique, enquête, expression personnelle, divertissement mondain) ou géographiques, qui mobilisent les spécialistes des images et des relations (voyage d'Italie, voyage de Hollande, voyage de France ou d'Allemagne, ou encore d'Angleterre – l'inventaire est sans limite et peut s'étendre à l'infini, puisqu'il suffit de changer d'échelle : l'univers, le continent, le royaume, la province, la ville, le canton), ce qui est définitivement en jeu, c'est l'articulation de la mémoire individuelle sur la mémoire sociale pour une mise en ordre du monde. Tous les voyages sont porteurs d'un rapport inséparable à l'histoire et à l'espace. Ce rapport est inscrit au cœur de la culture occidentale depuis longtemps, puisque c'est à l'histoire d'offrir l'image des lieux où émergent la civilisation et le progrès, comme l'enseigne Voltaire dans l'*Essai sur les mœurs*, et comme l'entretient à sa manière l'enseignement des collèges dans ses *explications* des textes classiques[91]. Le voyage et son récit permettent à la société qui le pratique et qui le lit d'intérioriser à la fois le rapport au monde et la logique de ses transformations successives. Ce sont des médias de l'expérience moderne du monde, une manière de rompre avec l'idéalisme, et dans les *géographies de l'esprit*, dont ils sont l'un des principaux fournisseurs de matériaux, un acte de transformation de la philosophie de l'histoire en mode d'appropriation de l'espace. C'est ce qu'on trouve chez Kant, Herder et Hegel, et qui impose une vision occidentale et dominatrice du temps et de la géographie. C'est une seconde nature de notre vision inséparable de la discussion critique de son expansion mondiale, et qui fonde l'aporie fondamentale des récits et de leur utilisation littéraire ou historique. Le voyage, comme l'histoire, sert en fin de compte à contrôler l'espace[92].

L'INTRIGUE DES RELATIONS

C'est pour briser cette circularité tranquille de leur usage qu'il faut insister sur l'articulation influente qui unit le parcours et sa relation dans la formation de la personne et une expérience collective, diversement modulée, de socialisation. Les voyages imprimés ne sont qu'en fin de parcours dans la chaîne qui va de la pratique à son expression; les récits sont écrits d'abord pour soi-même et pour une formation personnelle, ensuite pour l'exercice, pour une œuvre, pour une réponse à la demande. La banalité du geste et du propos, voire leur insignifiance, peuvent pousser l'auteur à les mettre de côté. La pression familiale est essentielle : on l'a entrevue avec les frères Platter; on la voit à l'œuvre chez Colbert dans son *Instruction pour mon fils le marquis de Seignelay dans son voyage d'Italie* en 1671, dans celles rédigées encore pour le *Voyage d'Angleterre et de Hollande* ou pour l'*Itinéraire* à travers les provinces françaises. On la retrouve, en réponse, dans les relations rédigées par le jeune aristocrate et ses secrétaires. Rien n'est négligé : «la diligence pour se mettre promptement en état de servir le roi, l'application pour tirer du profit de ce voyage et s'en servir avantageusement[93] »... Le *discours de l'ordre* qui s'impose au voyageur classique est, pour cela, inséparable d'une visée sociale et pédagogique à finalité personnelle et collective. La famille en est le relais, et la conquête d'individualité, qui traverse les récits avec plus ou moins de présence assurée, est directement liée à une manière de se faire reconnaître en exprimant autrement une matière fixée, en l'approfondissant par une idée renouvelée des choses. La fonction mondaine, les *petits voyages en vers*[94], les *galanteries à la mode*, sont enracinés dans le même climat intellectuel et spirituel, dans la même tension entre le savoir utile et le divertissement qui emportent la vogue des *Lettres familières* du XVIIe au XVIIIe siècle.

De la famille au groupe élargi, pour un divertissement et une information, la relation est le véhicule d'une philosophie et d'un mode de vie. Il faut la fortune et la gloire d'un fils pour tirer de la poussière des archives familiales le passe-temps instructif du *Viaggio* écrit par le père de Goethe : « Je n'avais d'autre but ni d'autre intention que de me procurer en le rédigeant une satisfaction personnelle. Je ne voulais pas me mesurer avec des talents de premier ordre à qui ne plaisent que des plats particulièrement délicats et choisis qu'un cuisinier de ma force ne saurait préparer[95]. » L'exercice est porteur de sa conviction propre ; il est nécessaire à qui veut être rangé dans les catégories distinguées du monde. C'est une convention, et la rhétorique du récit impose les points de vue. On peut y jouer de tous les impératifs, y faire croire qu'on a vérifié toutes les affirmations de ses prédécesseurs, y lutter contre l'anachronisme ou le répéter à partir de ses lectures. Le déminage de ces obstacles est sans fin, car les voyageurs les font disparaître. Un récit n'est pas publié pour être lu sur le plan d'une vérité éternelle, mais comme l'affirmation d'une véracité dictée par l'expérience personnelle. Normes du voyage fait, rhétorique de l'écriture unissent dans une même cohésion la fiction et l'expérience, ce que les classiques désignaient dans le mariage des imaginations de la poésie à l'exactitude de la prose[96].

Concilier l'usage et la routine du voyage avec la volonté expérimentale et enquêteuse peut exiger des précautions qui vont dans le même sens. C'est ce qu'exprime le sérieux Arthur Young, gentleman, cavalier, agronome et économiste, dans la préface de ses *Voyages en France*[97]. Il s'adresse à un ami réel ou imaginaire, qui lui a expliqué l'insuccès rencontré par son *Voyage d'Irlande*, du fait même qu'il n'a pas respecté la convention descriptive spatio-temporelle du *voyage itinéraire*, mais qu'il a fait une *dissertation* à laquelle manque l'ingrédient de la narration personnelle appliquée aux sujets importants de l'économie et de la société.

« Il y a deux méthodes pour écrire des livres de voyage : l'une consiste à enregistrer le parcours lui-même ; l'autre à enregistrer les résultats. Dans le premier cas, il s'agit d'un journal, et c'est sous cette rubrique que l'on doit classer tous les livres de voyage écrits en forme de lettres. Le second mode se présente sous la forme d'essais sur divers sujets. C'est la première méthode que suivent presque tous les livres de voyage écrits de nos jours. De la seconde, les plus parfaits spécimens, ce sont les admirables essais de mon estimable ami, M. le professeur Symonds, sur l'agriculture italienne. Peu importe qu'on adopte l'une ou l'autre de ces formes, quand on a un talent de premier ordre ; en ce cas, on fait toujours œuvre utile... mais pour les personnes de talent plus modeste, il n'est pas sans importance de peser le pour et le contre des deux méthodes. »

Young s'y consacre : le *journal* a un plus grand degré de crédibilité ; on ne peut, sans que cela se remarque, parler de ce qu'on n'a pas vu. « S'il voit peu, il ne peut enregistrer que peu » ; il s'impose au voyageur, et les sources de l'information, la rapidité de l'observation en font le crédit. En revanche, le journal entraîne prolixité, répétition, fragmentation, digression, que l'*essai* permet d'éliminer en restituant la cohérence du sujet, sa force, son effet. Pour trancher, Young « unit les deux plans » : il raconte un itinéraire avec ses occasions d'instruction et, pour instruire son lecteur, « il a revu ses notes » ; puis il rejette son objectif essentiel, l'agriculture, dans des parties distinctes. « Le voyage sur papier » a ses difficultés, « tout comme se mouvoir à travers les rochers et les rivières ». Il faut suivre un itinéraire, en rejeter une masse de petites circonstances et d'anecdotes « que je n'avais jetées sur le papier que pour l'amusement de ma famille et de mes amis intimes », mais en conserver assez pour « traiter le public en ami » et comme le conseille un premier lecteur estimé. Le dilemme se retrouve plus tard chez le marquis de Custine voyageant en Espagne : l'esprit de système nuit « à la fidélité du simple voyageur, dont l'esprit doit être un miroir parlant. Or le miroir ne choisit pas. Je vois donc le voyageur écrivain placé entre deux écueils : ou il risque de se noyer dans un vague qui ternit tout, ou il se perd dans le mensonge qui tue tout : point d'intérêt sans vérité, mais point de style, c'est-à-dire point de vie, sans ordre [98] ».

On le verrait réapparaître chez Tocqueville [99], on le découvre chez

Volney confrontant l'histoire, la géographie, le roman, *l'itinéraire* et le *tableau*[100].

Un récit et une intrigue construisent un objet ; à travers le chaos des impressions les plus contradictoires, les réflexions se lient aux descriptions dont elles ne sont que le résultat naturel. Le voyage renaît sous la plume du voyageur, et le lecteur vit de sa vie. C'est, pour parler comme Custine, le *remède* et le *danger*, car la frontière entre vérité et fiction, voyage réel et voyage imaginaire, lecture et monde, se franchit aisément, d'autant plus que les limites de la romancie sont imprécises, comme avec les mémoires, parfois avec l'histoire, et que les formules d'écriture peuvent être identiques – faux journaux, fausses correspondances, fausses relations de faux voyages. Les deux genres sont quasiment rivaux[101]. La vie des aventuriers, quand ils la livrent au public, brouille encore les cartes. Les détracteurs du voyage peuvent se faire entendre dans le roman comme ses défenseurs, Pangloss et Candide. Le déplacement de l'utilité et de la science n'y change rien : les voyages imaginaires pouvant se conformer aux règles de l'enquête vers des contrées inexistantes, et d'autant plus véridiques, certaines grandes collections les mêlent les uns avec les autres. Dans le récit de voyage et d'exploration, à la périphérie de la civilisation comme dans le voyage banal, l'exotisme et l'aventure font rêver les lecteurs tenus en haleine par l'existence d'un narrateur. La coïncidence n'est cependant pas totale, l'identité apparente ne trompe pas forcément. Sur ce point, on n'a pas fini de s'expliquer. L'expérience viatique ne se définissant ni par son contenu, ni par sa forme, ni par l'écriture à la première ou à la troisième personne, la comparaison cherche des repères[102].

ROMANESQUE DU RÉCIT, VOYAGE EN ROMANCIE

Parmi eux pèse le contrat implicite passé avec le lecteur. Si le voyageur peut tromper, le monde existe avant le livre et le récit repose sur une croyance : le texte peut représenter le réel, quels qu'en soient les artifices et les recettes au fil du temps[103]. La vérité du roman est ailleurs, car elle n'a pas besoin de l'épreuve des faits : l'écrivain en fait ce qu'il veut pour bouleverser les certitudes. On peut donc relire la *relation* en termes d'échange réciproque, facilement admise par le romancier, plus difficilement par le voyageur authentique qui reste dans la perspective que le vrai est préférable aux mensonges. Il y a toutefois des usages de la fiction dans les récits de voyage : dans son *Voyage en Orient*, Lamartine utilise *Atala*, et Chateaubriand comblant les lacunes de l'*Itinéraire de Paris à Jérusalem*[104]. Et l'abbé Prévost fait de même quand il quitte sa plume de romancier pour celle de critique et éditeur de récits de voyage. Entre le vrai et l'inventé, des passages incessants existent comme effets de lecture et d'écriture. Les lecteurs s'y retrouvent ou s'y perdent selon le besoin[105]. Quand la génération de Chapelain s'interroge sur le roman accusé de détourner des « réalités solides », quand celle de Lesage et de Marivaux querelle de sa portée, c'est pour discuter de la morale de la fiction comme d'autres de la portée des voyages et de leur relation. Il s'agit là encore de l'utilité et de l'inutilité, c'est-à-dire d'une capacité à lire et à comprendre variant avec l'âge, le public, le sexe. On sait ce que le roman doit à la passion de lecture des femmes. Dans sa *Méthode pour étudier la géographie*, publiée à Paris en 1716, l'auteur anonyme peut dire : « La lecture des voyages, quand ils sont exacts et judicieux, plaît à tout le monde, on s'en sert ordinairement comme d'un amusement ; mais les personnes habiles s'en servent pour la géographie, pour l'histoire, et pour le commerce. » Les deux poétiques peuvent ici encore se rejoindre et se séparer, car elles font voir, elles décrivent, elles font vivre, elles inscrivent l'itinéraire et l'aventure dans un espace, dans un temps, dans un décor, dans une identique saveur d'évasion, enfin elles font vrai dans la valorisation des situations psychologiques et héroïques comme dans l'authenticité descriptive.

Le sieur Bertaut, auteur d'un *Voyage en Espagne*, publié à Paris en 1669, énonce ainsi la rencontre à partir de l'écriture : « Il n'y a que la négligence, s'il faut ainsi dire du langage, et l'exactitude à remarquer les moindres choses aussi bien que les plus grandes qui donnent de la créance aux gens qui viennent de loin, et qui fassent dévorer avec plaisir ces sortes de livres que l'on peut appeler les romans, de ceux qui se font scrupule d'en lire, et l'histoire de ceux qui ne se veulent pas donner la peine de l'étudier[106]. » Du roman au récit, du récit au roman, les rapprochements ne cessent plus. Ils forment le goût au modèle narratif, et l'attente fixée par des incitations identiques. Le rôle de la mobilité s'y place au premier rang, car la catégorie littéraire du « chronotope » mise en évidence par Mikhaïl Bakhtine[107] mesure l'interaction du temps et de l'espace comme mouvement du sujet, développement de l'histoire. C'est, avec la rencontre, le périple, le retour, les aventures, le ressort de tous les romans picaresques. Comme dans le voyage, la transformation de soi-même par le déplacement repose sur les hasards de la route, sur la quête.

Rabelais y a trouvé l'un de ses moyens pour promener ses héros à la manière des voyageurs et des navigateurs, et pour imposer symboliquement l'épopée d'un monde ouvert[108]. A l'âge baroque et à l'époque des Lumières, les conventions se préciseront. Les aventures sur les grands chemins du monde familier se retrouvent du *Simplicissimus* au *Quichotte*, de Sorel à Lesage et à Marivaux ; elles sont présentes chez De Foe, Fielding, Smollett et Sterne, Rousseau, Goethe, chez tous les romanciers voyageurs et les voyageurs romanciers[109]. Diderot en fait le théâtre des aventures de Jacques et de son maître[110]. Notons-le aussi, la route traverse autant le pays natal qu'elle entraîne vers les mondes exotiques. L'espace est directement lié aux nœuds de l'action (rencontres, fuites, enfermement) ; dans le roman, il prend sens avec le tissu narratif même[111]. Sa pédagogie est d'imposer l'altérité, comme distance et différence, du lointain au proche, comme origine des héros venus d'ailleurs, comme agent, car à l'espace privé familier s'opposent les espaces vastes qui englobent et servent de référence aux débats – ainsi la campagne et la ville, la nature et la nation, qui définissent les caractères des personnages à l'instar des récits de voyageurs qui les observent et les expliquent. Roman et relations de voyage imposent l'altérité et la distance comme une loi[112]. C'est ce que les Persans de Montesquieu vont tisser dans leur correspondance et la restitution progressive de l'éloignement qui conditionne le drame joué entre Ispahan et Paris[113]. Pour tous les héros romanesques, la formation de l'homme authentique – Télémaque, Wilhelm Meister, Tom Jones, Gil Blas – correspond à l'apprentissage de la mobilité, car on y découvre l'histoire et non pas un temps immuable : « L'homme lit dans l'espace les traces de son activité, du concret à l'abstrait », commente Bakhtine[114]. Dans le voyage se jouent tous les apprentissages, et plus particulièrement ceux de la *culture de l'œil*. On y apprend à voir, on s'y éveille à la perception concrète, on y découvre une visualisation du temps pétrifié dans les villes et les ruines.

Entendons-nous bien : l'écriture romanesque ou la relation viatique ne sont pas la réalité du voyage, et encore moins celle du monde. C'est seulement la clef d'une compréhension intellectuelle et culturelle, d'une manière de penser et d'un mode de vie. C'est la vérité révélée d'un comportement et d'un rapport à l'espace et au temps, à soi-même et aux autres, dévoilés par des modèles plus ou moins référencés, plus ou moins imaginaires, par l'intrigue d'une séparation diversement vécue et racontée. La distance réelle est toujours indispensable aux récits : on marche ce que l'on écrit et l'on écrit ce que l'on a marché ! Certains vivent l'aventure existentiellement – Sterne, qui a été l'un des maîtres de Diderot et de Stendhal, nous le prouve, et son exemple donne à voir comment les pratiques se construisent. Son roman de voyage, *A Sentimental Journey* (Voyage sentimental à travers la France et l'Italie), date une rupture parmi les conventions admises. Il place définitivement l'individu au centre de la mobilité, il rompt avec le sérieux fondamental des voyageurs et il prend comme tête de Turc Smolett le grognon, qui traîne sa tuberculose et ses soucis sur les routes françaises [115].

Sterne, après une enfance bohémienne dans les bagages d'un père militaire, des études solides à Cambridge, la vie dans un modeste bénéfice de pasteur, une cure à Sutton in the Forest, conquiert une première gloire entre York et Londres avec la publication d'un chef-d'œuvre, *Tristram Shandy*, en neuf volumes de 1759 à 1767 [116]. Il est depuis longtemps poitrinaire, anxieux, instable en amour et dans la vie, et praticien des voyages à toute bride. De ces déplacements, on a – pour juger de la mobilité vécue, vue, revue, corrigée – plusieurs états.

D'abord, le voyage réel en 1762. La maladie décide Sterne à aller se soigner en France, les médecins lui accordant trois mois. Garrick, son ami, lui avance vingt livres ; il fait son testament, et part. Il arrive à Paris où le bonhomme Sterne, auteur célèbre, est attendu, fêté, accueilli par les salons, les philosophes, les gens du monde, les anglophiles et les Anglais de Paris. Les attentions, le succès, tout le monde « shandéisant à cœur joie », lui accordent une rémission. Tout cela, on le connaît par sa correspondance, avec sa femme et sa fille, avec ses amis (le grand comédien Garrick, le libraire Foley, l'écrivain John Hall Stevenson, qui va lui envoyer ses *Crazy Tales*, Thomas Becket, Mrs. Elisabeth Montagne, qui tient salon à Londres), avec ses protecteurs (l'archevêque d'York, Lord Faucomberg) [117]. C'est une face de la réalité, vivante, au jour le jour. Les lettres rendent compte d'une expérience, signalent les relations et les amitiés – le séduisant Suard, l'affectueux Diderot, Morellet et d'autres. Le voyageur y raconte incidents et petits problèmes : comment se comporter avec un officier des douanes pour obtenir un passeport, aller en poste, acheter du tabac, des épingles, une théière, « qui ne valent rien à Paris », et des « robes » pour les dames. C'est une évocation où l'on voit comment le *voyage par nécessité* se change en rencontre mondaine, échanges intellectuels, soucis qu'impose une culture matérielle encore différente. En juillet, une crise décide Sterne à descendre à Toulouse, en famille. Il prend la poste et loue une chaise, car la diligence est trop onéreuse. Il tient à la main le Piganiol de La Force et son *Nouveau Voyage en France*, et l'itinéraire choisi en est tiré, mais il s'en moque dans ses lettres qui racontent étapes (Lyon, Avignon, Beaucaire) et incidents divers. Sterne hiverne en Languedoc, mais l'échec des cures, le manque d'argent et l'éloignement le lassent. Il rentre en 1764. On peut suivre son second voyage également dans les lettres à partir d'octobre 1765. Sterne a rêvé de faire le *Grand Tour*, d'aller à Naples, fuyant encore le climat anglais vers le mirage de l'Italie ensoleillée. Il est à Paris en cinq jours, gagne Lyon, y passe une joyeuse semaine, s'arrête à Turin, descend à Rome et file à Naples. Sa femme et sa fille ne l'ont pas suivi, restées à Tours, affligées par la fièvre et les maux d'argent. Sterne songe à un grand périple par l'Allemagne et la Hollande, mais il y renonce, et la famille rentre à Coxwold, en juin 1766 sans doute, huit mois plus tard [118].

La deuxième réalité des voyages du bonhomme Sterne, c'est celle des romans, et là encore on n'a pas une version unique. Un premier état de la relation romancée est donné dans le livre VII de *Tristram Shandy* : c'est un récit à bride abattue, qui s'insère dans un ensemble, encore déconcertant aujourd'hui, mais d'une jeunesse et d'une drôlerie sans égale [119]. L'auteur mobilise son voyage pour conter une course-poursuite contre la mort, qui se transforme en découverte du pittoresque de la vie et devient un message d'optimisme. La version en a certainement été rédigée des mois après le périple – on sait que Sterne a songé à se munir de feuillets pour y noter ses impressions, et qu'il les a peut-être utilisés. La relation romanesque, fidèle à l'itinéraire réel, se soucie moins de l'exactitude des faits que de l'esprit dans lequel elle les rapporte, mais les critiques ont jugé qu'elle corrobore assez exactement les indications fournies par la correspondance. Le ton du récit est dans l'ordre de l'écriture épistolaire, celui de la conversation enjouée pour des intimes. Le voyage n'a pas pour but de faire un pèlerinage intellectuel, ni un tour de dépaysement ; il est porté par un espoir tout à fait pratique, la santé à retrouver, qui envoie en France son contingent régulier de Britanniques malades. Sterne entend mettre à profit les heures du voyage « pour engager et multiplier » les contacts personnels avec les hommes et les bêtes (sinon la nature), « auxquels sa prédisposition native à l'indulgence [et celle qu'il prête à son héros] et à la bonne humeur donne aussitôt résonance particulièrement ». Il se moque alors de la documentation qu'il connaît ; rien de tel que de voyager vite :

« Non, je ne puis m'arrêter un instant pour vous décrire le caractère des habitants, leur génie, leurs manières, leurs coutumes, leurs lois, leur religion, leur gouvernement, leur industrie, leur commerce, leurs finances avec toutes leurs ressources et les ressorts secrets qui les animent. Deux et trois nuits passées à Paris, et pendant lesquelles je n'ai pas cessé de me consacrer entièrement à l'étude de tels sujets, me qualifieraient cependant pour en parler. Mais je dois partir. Les routes sont pavées, les postes courtes, les jours longs [120]... » La galopade et ses ruptures révèlent les contrariétés et les plaisirs de la mobilité – les roues cassées, les mulets endormis, les auberges et leurs vermines, le soleil écrasant –, mais aussi les rencontres, les bavardages avec le peuple de la route : mendiants, pèlerins, violoneux, moines, petits marchands, paysans et paysannes. La réalité de la mobilité, c'est aussi le commerce des hommes, et qui a lu *Tristram Shandy* ne peut oublier la séquence nocturne et festive de l'étape entre Nîmes et Lunel [121].

Dernier moment des récits romanesques : le *Voyage sentimental*, avec le même fond d'expérience réelle, mais avec une sensibilité historique et artistique différente, que l'écrivain cristallise autrement que dans la version humoristique et énorme du *Tristram Shandy* [122]. Aux effets comiques mais révélateurs, il préfère ici la volonté de donner dans le pastiche des relations et de faire du nouveau. Dans le *Voyage sentimental*, on trouve encore digressions, descriptions, plaisanteries ; les discussions d'habitude sur le caractère français, l'idée de la conversation à bâtons rompus, tout correspond à un choix soigneux, à une correction attentive des thèmes et des formules. Sterne songe à son public. Toutefois l'innovation, le *frisson nouveau*, c'est de montrer comment le voyage, l'éloignement, la séparation, la découverte, tous les ingrédients de la mobilité et de sa culture, révèlent une certaine façon de voir les hommes et leur vérité sentimentale, sans illusion, au-delà des préjugés et des petitesses nationales. La transposition du voyage réel avec une totale liberté, mais sans les plaisanteries scatologiques soulignées et les clins d'œil érotiques un peu lourds du *Tristram*, conte une expérience du monde totalement personnelle : au picaresque intellectuel de Shandy, il substitue l'individualisme et la sensibilité de Yorick [123] – voyager pour sentir et faire sentir. Ouvert au libre espace de la route, le voyageur se définit par son voyage même, moins comme spectacle ou comme réponse aux questions conventionnelles que comme expression authentique d'une personnalité. C'est le sens de la classification systématique des voyageurs que Sterne place avec ironie dans le chapitre sur

Calais. Le voyageur à l'auberge prend des notes dans une « désobligeante, j'avais décidé d'écrire mon voyage ». C'est le bilan d'une interrogation européenne sur le voyage, le voyageur, son récit.

« Ainsi, on peut réduire l'ensemble des voyageurs aux classes suivantes : voyageurs oisifs, voyageurs curieux, voyageurs menteurs, voyageurs orgueilleux, voyageurs vaniteux, voyageurs qui s'ennuient. Viennent ensuite les voyageurs par nécessité : le voyageur délinquant et criminel, le voyageur infortuné et innocent, le simple voyageur. Enfin, le dernier de tous (s'il vous plaît) : le voyageur sentimental (autrement dit moi-même), moi qui ai voyagé, et qui m'assieds à l'instant même pour vous raconter comment j'ai voyagé autant par nécessité, besoin de voyager que n'importe quel autre membre de cette classe. [Le voyageur doit] trouver sa place et son rang dans la liste, ce sera un pas vers la connaissance de lui-même, mais si l'on acquiert le savoir et les progrès en s'embarquant et en courant la poste à cet effet, ce savoir sera-t-il utile et ces progrès seront-ils réels ? C'est pure loterie et même quand l'aventure réussit, il faut encore employer le capital acquis avec prudence et économie si l'on veut en tirer profit[124]. »

Le voyage transforme, mais il est porteur de multiples leçons. Dis-moi pourquoi tu voyages et je te dirai qui tu es : la conscience de l'espace et du temps, celle de l'altérité et d'un autrui qu'il n'est facile d'atteindre et de voir, la raison et le sentiment sont réconciliés[125]. La mobilité autorise une libération progressive, mais elle est inséparable des contraintes de l'expérience, et c'est toujours un style et un état des relations qui permet à l'historien d'en mesurer les inflexions au-delà de ses leurres.

NOTES

1. A. Koyré, *Etudes newtoniennes*, Paris, 1968, pp. 27-49.
2. N. Pellegrin, *Les Bachelleries, organisations et fêtes de la jeunesse dans le Centre-Ouest, XVe-XVIIIe siècle*, Poitiers, 1982.
3. H. Drevillon, *Lire et écrire l'avenir. L'astrologie dans la France du Grand Siècle, 1610-1715*, Paris, 1996.
4. F. de Dainville, *La Géographie des humanistes*, Paris, 1940; *id., Le Langage des géographes*, Paris, 1940; N. Broc, *La Géographie des philosophes, géographes et voyageurs français au XVIIIe siècle*, Paris, 1975; G. Arbellot, *Autour des routes de France. Les Premières Cartes routières de la France, XVIIe-XIXe siècle*, Paris, 1992.
5. M. Ozouf, «Esprit public», in F. Furet et M. Ozouf, *Dictionnaire critique de la Révolution française*, Paris, 1988, pp. 711-720.
6. G. Chabaud et J.-P. Monzani, *Les Guides de Paris aux XVIIe et XVIIIe siècles. Images de la ville*, Mémoire de maîtrise, Université de Paris I, 1979, pp. 304-310.
7. V. Sarrazin, *Les Almanachs parisiens au XVIIIe siècle. Production, commerce, culture*, NDE, Thèse d'histoire, Paris I, 1997, 2 vol. dactyl., t. I, pp. 17-90.
8. Cf. *infra*, IIe partie, «Contraintes et libertés».
9. M. Butor, *La Modification*, Paris, 1957.
10. F. D. Liechtennan, «Autobiographie et voyage entre la Renaissance et le baroque. L'exemple de la famille Platter», *Revue de synthèse*, 1993, 3-4, pp. 455-473.
11. J. Burckhardt, *La Culture de la Renaissance en Italie* (Bâle 1860), Paris, 1958 (trad. fr.).
12. Pétrarque, *Lettres familières*, éd. J. E. Paccard, *Pétrarque solitaire, les épanchements du cœur*, Paris, 1816, 2 vol., t. I, pp. 86-87; le pèlerinage à Sorgues occupe dans la littérature de voyage une place symbolique, évocatrice de cette attirance; E. Duperray, *«Galeria» d'une triade mythique, Pétrarque, Laure, Vaucluse*, Fontaine de Vaucluse, 1995; *id., L'Or des mots. Une lecture de Pétrarque et du mythe littéraire du Vaucluse, des origines à l'orée du XXe siècle. Histoire du pétrarquisme en France*, Paris, 1997; J. Cardan, *De propria vita*, Paris, 1643 (1576).
13. Ph. Lejeune, *Le Pacte autobiographique*, Paris, 1975; *id., Moi aussi*, Paris, 1986.
14. N. Doiron, *op. cit.*, pp. 190-198.
15. Cités par N. Doiron dans P. Costard, *Entretiens*, B. Beugnot, *L'Entretien au XVIIe siècle*, Montréal, 1971, p. 32; J. de La Fontaine, *Les Amours de Psyché et de Cupidon*, 1669, livre I, *Œuvres complètes, op. cit.*, t. II, pp. 121-262; Montaigne, cité par Guez de Balzac, *Les Entretiens*, XVIII, «De Montaigne et de ses écrits», 1657, éd. B. Beugnot, Paris, 1972, t. II, p. 290; J.-J. Rousseau, *Rêveries du promeneur solitaire, Première promenade*, in *Œuvres complètes*, «Bibliothèque de la Pléiade», Paris, 1959-1995, 5 vol., t. I (1969), pp. 993-1021; F. de La Mothe Le Vayer, *La Promenade, Dialogue, Œuvres*, Paris, 1662-1663, 2 vol., t. I, p. 689.
16. P. Bourdieu, *La Distinction. Critique sociale du jugement*, Paris, 1979; *id.*, avec L. Wacquant, «Habitus, illusio, rationalité», in *Réponses pour une anthropologie réflexive*, Paris, 1992, pp. 91-115.
17. Remarques de méthode claires et acribiques dans F. Knopper, *Le Regard du voyageur en Allemagne du Sud et en Autriche*, Nancy, 1992, pp. 7-14, qui renvoient à l'essentiel des textes d'histoire littéraire et générale, plus particulièrement en allemand; de même, N. Pellegrin, «L'étrange de la ville, récits de voyage et cités du Centre-Ouest (XVIe-premier XIXe siècle)», *Bulletin de la Société des antiquaires de l'Ouest et des musées de Poitiers*, 5, t. XI, 1997, pp. 5-14.
18. J. Mesnard, *Les Récits de voyage*, Paris, 1986, cite la pensée inédite IX, pp. 9-10.
19. F. Moureau, *L'Imaginaire vrai. Métamorphoses du récit de voyage*. Colloque de la Sorbonne et du Sénat, 2 mars 1985, préface de P. Brunel, Paris-Genève, 1986, pp.

165-167.
20. R. Le Huenen, *Le Récit de voyage, l'entrée en littérature*, 1987, pp. 45-61.
21. F.-R. de Chateaubriand, *Itinéraire de Paris à Jérusalem et de Jérusalem à Paris*, in *Œuvres romanesques et voyages*, «Bibliothèque de la Pléiade», 1969, 2 vol., t. II, pp. 774-790.
22. N. Pellegrin, *art. cit.,* pp. 8-9, rassemble les principales définitions littéraires des récits de voyage.
23. E. Legrandic, «Les salons en voyage ou le débat esthétique, politique et moral du voyageur français en Italie», *Revue d'histoire littéraire de la France*, 1988, pp. 1047-1063.
24. Cf. *infra*, IIIe partie, chap. X, «Mobilité et sociabilités»; H. Bots et F. Waquet, *La République des Lettres*, Paris, 1997.
25. L. Febvre, «De l'à-peu-près à la précision», *Annales ESC*, 1950, 1, pp. 25-31.
26. T. Todorov, *Nous et les autres. La réflexion française sur la diversité humaine*, Paris, 1989, p. 103.
27. D. Roche, *La France des Lumières*, Paris, 1993; J.-C. Perrot, *Une histoire intellectuelle de l'économie politique, XVIIe-XVIIIe siècles*, Paris, 1992.
28. J. Schlanger, *Les Métaphores de l'organisme*, Paris, 1971, pp. 37-40.
29. L. Dumont, *Essai sur l'individualisme. Une perspective anthropologique sur l'idéologie moderne*, Paris, 1983, pp. 34-40.
30. *Ibid.*, pp. 100-114; J. Starobinski, *Jean-Jacques Rousseau. La Transparence et l'obstacle*, Paris, 1976.
31. F.-R. de Chateaubriand, *op. cit.*
32. *Ibid.*, pp. 33-37, 597-998.
33. *Id., Mémoires, op. cit.*, et *Lettres à M. de Fontane sur la campagne romaine*, 10 janvier 1804, éd. J.-M. Gauthier, Genève, 1951; *id., Itinéraires de Paris à Jérusalem et de Jérusalem à Paris,* in *Œuvres, op. cit.*, pp. 747-1102.
34. T. Todorov, *op. cit.*, pp. 103-110.
35. N. Pellegrin, *art. cit.,* pp. 265-266.
36. Mme de Sévigné, *Correspondance*, «Bibliothèque de la Pléiade», Paris, 1972, 3 vol., Introduction de R. Duchêne, pp. VII-XIX.
37. V. Voiture, *Œuvres*, revues et corrigées, augmentées de la vie de l'auteur, notes et pièces inédites par A. Roux, Paris, 1856.
38. Cf. *infra*, IIIe partie, chap. X, «Mobilité et sociabilités».
39. D. Roche, *Le Siècle des Lumières en province : académies et académiciens provinciaux, 1680-1789*, Paris, 1978, t. I, pp. 38-67.
40. M. Boyer, *L'Invention du tourisme. Origine et développement du tourisme dans le sud-est de la France, du XVIe au Second Empire*, 21 fascicules, 4 parties, Thèse de doctorat d'Etat, Université de Lyon II, 1987, fascicule 1, pp. 56-103.
41. R. Chartier (dir.), *La Correspondance*, Paris, 1991.
42. D. Woronoff, *Histoire de l'industrie en France*, Paris, 1994, pp. 15-40.
43. M.-C. Grassi, *L'Art de la lettre au temps de la Nouvelle Héloïse et du romantisme*, Paris, 1994, pp. 142-145. On ne doit pas oublier l'essor au même moment du roman épistolaire : L. Versini, *Laclos et la tradition. Essais sur les sources et la technique des Liaisons dangereuses*, Paris, 1965, pp. 231-250.
44. A. Corbin, *Archaïsme et modernité en Limousin au XIXe siècle, 1845-1880*, Paris, 1975, 2 vol.
45. E. Le Roy Ladurie, *Le Siècle des Platter*, t. I : *Le Mendiant et le professeur*, Paris, 1995, t. II : *Le Voyage de Thomas Platter*, Paris, 2000; M. Kieffer, *Felix et Thomas Platter à Montpellier*, Montpellier, 1892.
46. P. Jeannin, *art. cit.,* pp. 380-385.
47. J. Hébrard, in R. Chartier, *op. cit.*, pp. 279-370; J.-L. Ménétra, *Journal de ma vie*.

Autobiographie d'un compagnon vitrier au XVIIIe siècle, éd. D. Roche, Paris, 1982, pp. 359-360.
48. C. Métayer, *Au tombeau des secrets : les écrivains publics du Paris populaire. Cimetière des Saints-Innocents, XVIe-XVIIIe siècle*, Paris, 2000.
49. Erasme, *Correspondance*, édition intégrale, Paris, 1968-1980, 10 vol.
50. A. Goldgare, *op. cit.*, pp. 219-250; cf. *infra*, IIIe partie, chap. X, «Mobilité et sociabilités».
51. *A la découverte de la France au XVIIe siècle*, Marseille, 1970.
52. H. Harder, *Le Président de Brosses et le voyage en Italie au XVIIIe siècle*, Genève, 1981. Le livre va bien au-delà de son titre, puisqu'il met en place l'histoire des relations de voyage en Italie. Il est à compléter par F. Wolfzettel, *Le Discours du voyageur. Le Récit de voyage en France du Moyen Age au XVIIIe siècle*, Paris, 1996, pp. 230-311, et par les travaux de R. Bertrand, plus particulièrement son habilitation, à laquelle je n'ai pu avoir accès.
53. D. Roche, *Le Siècle des Lumières en province*, *op. cit.*, t. I, pp. 31-69.
54. H. Harder, *op. cit.*, pp. 68-77.
55. *Ibid.*, pp. 268-269; *Lettres familières d'Italie publiées d'après les manuscrits*, éd. Y. Bézard, Paris, 1930, 2 vol. t. I, p. X.
56. *Lettres familières*, *op. cit.*, t. I, 2; H. Harder, *op. cit.*, pp. 266-267 et 269-271, relève erreurs et anachronisme; *Lettres à Charles-Catherine Loppin de Gémeaux*, éd. Y. Bézard, Paris, 1924, pp. 146-157; H. Harder, *op. cit.*, pp. 275-276.
57. H. Harder, *op. cit.*, pp. 181-194, 216-234.
58. R. Michéa, *Le Voyage en Italie de Goethe*, Paris, 1945, pp. 125-130; *Catalogue des livres de feu M. de Brosses*, chez L.-N. Frantin, Paris, 1778.
59. H. Harder, *op. cit.*, pp. 308-311; F. Wolfzettel, *op. cit.*, pp. 300-305.
60. F. Wolfzettel, *op. cit.*, p. 305.
61. H. Harder, *op. cit.*, pp. 436-438.
62. R. Pomeau, *Voyages et Lumières dans la littérature française du XVIIIe siècle*, Studies on Voltaire, 1967, LVII, pp. 1269-1289.
63. T. Todorov, *op. cit.*, pp. 65-77.
64. P. G. Adams, *Travelers and Travelliars, 1600-1800*, Berkeley-Los Angeles, 1962.
65. Parmi d'innombrables éditions, nous utilisons *Journal de voyage*, éd. F. Garavini, Paris, 1983.
66. F. Wolfzettel, *op. cit.*, pp. 34-35, 113-120.
67. P. Villey, *Les Sources et l'évolution des Essais de Montaigne*, Paris, 1908, 2 vol., t. II, livre 3; I. Buffum, *L'Influence du voyage de Montaigne sur les Essais*, Princeton, 1946; Y. Bellenger, *L'Influence du voyage dans les Essais. L'Italie dans les deux dernières éditions*, Montaigne e l'Italia, éd. E. Balmas, Genève, 1988, pp. 317-355.
68. F. Wolfzettel, *op. cit.*, pp. 114-115.
69. D. Roche et C. Michaud, «La veille aux advenues, gabeloux et contrebandiers dans les hautes vallées piémontaises, 1662-1663», *Revue d'histoire moderne et contemporaine*, XVII, 2, 1970, pp. 161-200.
70. M. de Certeau, «Du système religieux à l'éthique des Lumières (XVIIe et XVIIIe siècles) : la formalité des pratiques», *Ricerche di storia sociale e religiosa*, 2, 1972, pp. 32-94.
71. *Journal de voyage, op. cit.*, p. 460.
72. *Ibid.*, p. 111.
73. *Ibid.*, pp. 27-34.
74. M. de Montaigne, *Essais*, éd. P. Villey, Paris, 1965, p. 782.
75. M. Butor, *Essai sur les Essais*, Paris, 1968, pp. 65-70.
76. *Ibid.*, p. 70.
77. T. Todorov, *op. cit.*, pp. 103-105.

78. R. Shackleton, *Montesquieu*, Oxford, 1961, pp. 117-118.
79. Montesquieu, *L'Esprit des lois*, in *Œuvres complètes*, «Bibliothèque de la Pléiade», Paris, 1951, 2 vol., t. II, livre 1, pp. 232-239.
80. *Catalogue de la bibliothèque de Montesquieu*, éd. L. Desgraves, Genève, 1954; M. Dodds, *Les Récits de voyage, sources de l'Esprit des Lois*, Paris, 1929.
81. L. Desgraves, *Pensées, le Spicilège*, Paris, 1991, pp. 8-77; *id.*, *Montesquieu*, Paris, 1980.
82. Montesquieu, *Essai sur les causes qui peuvent affecter les* esprits, *Œuvres*, t. II, p. 224.
83. *Id.*, *Œuvres*, t. I, pp. 535-909.
84. J. Erhard, *Montesquieu critique d'art*, Paris, 1965.
85. R. Shackleton, *op. cit.*, pp. 120-125.
86. *Id.*, «La genèse de l'*Esprit des lois*», *Revue d'histoire littéraire de la France*, 1992, pp. 425-438; H. Harder, *op. cit.*, pp. 117-129; D. Roche, *Le Siècle des Lumières en province, op. cit.*, t. I, pp. 23-24; P. Barrière, *L'Académie de Bordeaux, centre de culture internationale au XVIIIe siècle, 1712-1792*, Bordeaux, 1951, pp. 51-64, 219-226, 331-355; P. Barrière, «Eléments personnels et éléments bordelais dans les *Lettres persanes*», *Revue d'histoire littéraire de la France*, 1951, pp. 17-36; P. Barrière, *Montesquieu voyageur*, Actes du congrès Montesquieu, Bordeaux 1955, Bordeaux, 1956, pp. 61-67.
87. L. Berchtold, *Essai pour diriger et étendre les recherches des voyageurs qui se proposent l'utilité de leur patrie, avec des observations pour préserver la vie, la santé et les effets, et une suite de questions sur les objets les plus dignes des recherches de tout voyageur, sur les matières qui intéressent la société et l'humanité*, par le comte L. Berchtold, traduit de l'anglais par C. Lasteyrie, Paris, Dupont, an V-1797, 2 vol., in-8°., t. I, pp. 39-50, p. 47, observations qui doivent être rédigées par écrit. On comparera avec Coquebert de Montbret, étudié par I. Laboulais-Lesage, *Lectures et pratiques de l'espace : l'itinéraire de Coquebert de Montbret, savant et grand commis d'Etat*, Paris, 1999, pp. 187-248, 587-588.
88. *Le Voyageur de Madame de Genlis, ouvrage utile à la jeunesse et aux étrangers*, Berlin, 1800 [De la Garde]. J'ai consulté l'édition de 1799 : *Manuel du voyageur ou Recueil de dialogues, de lettres, etc., suivi d'un itinéraire raisonné à l'usage des Français en Allemagne et des Allemands en France, par Madame de Genlis, avec la traduction en allemand par S. H. Catel, pour servir de suite ou de tome II aux exercices de prononciation et de construction*, Berlin, 1799. Le titre indique une finalité double, guide de voyage et manuel de conversation, qui est conservée dans les éditions suivantes de 1805 et 1820, ce dernier manuel étant en six langues : anglais, allemand, français, italien, espagnol et portugais; on connaît une traduction polonaise. L'ouvrage a eu un débit prodigieux.
89. *Ibid.*, pp. IV-XIII.
90. *Ibid.*, p. VII.
91. F. Merlini, «Entre espace et temps, transformations de l'utopie», in J. Benoist et F. Merlini, *Historicité et spatialité. Recherches sur le problème de l'espace dans la pensée contemporaine*, Paris, 2001, pp. 15-26; F. de Dainville, *La Géographie des humanistes, op. cit.*; Voltaire, *Essai sur les mœurs*, éd. R. Pomeau, 2 t., Paris, 1990, t. II, pp. 804-830.
92. J. Benoist, «Rompre avec l'idéalisme historique : respatialiser nos concepts», in J. Benoist et F. Merlini, *op. cit.*, pp. 98-113, plus particulièrement pp. 105-106; «L'écriture de l'espace dans la géographie physique de Kant», *ibid.*, pp. 117-137; J.-F. Braunstein, «Volney, le voyage contre l'histoire», *ibid.*, pp. 141-166; M. Crepon, *Les Géographies de l'esprit*, Paris, 1996.
93. P. Clément, *Lettres, instructions et mémoires de Colbert*, Paris, 1961-1882, 8 t. en

10 vol.; *Instructions pour mon fils dans son voyage en Italie, Mémoire pour mon fils à son arrivée en Angleterre, Instructions pour le voyage de Hollande et d'Angleterre*, 1671, pp. 29-47, 290-300, et Annexes, Relation du voyage d'Italie, pp. 221-290, Paris, 1862-1882, 10 vol.
94. *Voyages en France et autres pays*, Paris, 1808, 5 vol., qui rassemblent les voyages célèbres de Chapelle et Bachaumont, Racine, La Fontaine, Regnard, Halmiton, Voltaire, Lefranc de Pompiguan, etc.; F. Wolfzettel, *op. cit.*, pp. 222-230.
95. R. Michéa, *op. cit.*, p. 49.
96. A. de Montémont, *Voyages aux Alpes et en Italie*, Paris, 1821, 3 vol., Avertissement, pp. XVI-XIX; S. Jachello, «Voyageurs et villes en Sicile au XVIIIe siècle», *Revue d'histoire moderne et contemporaine*, n° 3, 1997, pp. 330-351.
97. A. Young, *Voyages en France*, éd. H. Sée, Paris, 1931, 3 vol., t. I, pp. 68-72.
98. Marquis de Custine, *L'Espagne sous Ferdinand VII*, Paris, (18...), 1991, pp. 12-13.
99. A. de Tocqueville, *Voyages*, in *Œuvres*, «Bibliothèque de la Pléiade», Paris, 1991, Introduction par A. Jardin, pp. IX-LX.
100. P. G. Adams, *Travel Literature and the Evolution of the Novel*, University of Kentucky Press, 1984.
101. M.-C. Gomez-Géraud et Ph. Antoine, *Romans et récit de voyage*, Préface de Ph. Antoine, Paris, 2001, pp. 5-8.
102. A. Pascquali, *Le Tour des horizons. Critique des récits de voyage*, Paris, 1994; C. Montalbetti, *Le Voyage, le monde et la bibliothèque*, Paris, 1997; J. Chupeau, «Les récits de voyage aux lisières du roman», *Revue d'histoire littéraire de la France*, 1977, pp. 3-4.
103. Ph. Antoine, in M.-C. Gomez-Géraud et Ph. Antoine, *op. cit.*, pp. 6-7.
104. S. Moussa, «Usages de la fiction dans le récit de voyage. L'épisode de la mer Morte chez Lamartine», *ibid.*, pp. 47-54; S. Albertan-Coppola, «L'abbé Prevost, romancier et éditeur de voyages», *ibid.*, pp. 111-121.
105. M. Bakhtine, *Esthétique et théorie du roman*, Paris, 1978 (trad. fr.).
106. Fr. Bertaut, *Journal d'un voyage d'Espagne*, Paris, 1669, pp. XI-XII.
107. M. Bakhtine, *op. cit.*, pp. 213-220.
108. R. Demerson, *François Rabelais*, Paris, 1991.
109. M. Bakhtine, *op. cit.*, pp. 224-226.
110. J. Terrasse, *Le Temps et l'espace dans les romans de Diderot*, Oxford, 1999, pp. 109-160.
111. H. Lafon, *Espaces romanesques du XVIIIe siècle, de Madame de Villedieu à Nodier*, Paris, 1997, pp. 7-8; p. 16, «Solitudes»; pp. 26-27; pp. 64-65, «La Guerre, l'émigration»; pp. 75-80, «Enfermement»; pp. 81-83, «Evasion»; pp. 101-109, «Vérité dans le paysage»; pp. 126-130, «Espaces lointains»; pp. 140-141, «Initiations», et pp. 149-193, «Typologie des espaces».
112. *Ibid.*, pp. 195-197; *L'Exotisme*, Actes du colloque de Saint-Denis de la Réunion, mars 1988, Cahiers du CRLH-CIRAUT, Paris, 1988, présente l'altérité comme une composante de l'exotisme et comme le résultat des modalités discursives avec le voyageur; F. Affergan, *Exotisme et altérité. Essai sur les fondements d'une critique de l'anthropologie*, Paris, 1997.
113. J.-P. Schneider, *Les Jeux du sens dans les Lettres persanes. Temps du roman et temps de l'histoire. Etudes sur le XVIIIe siècle*, Textes et documents, Strasbourg, 1980, pp. 5-40.
114. M. Bakhtine, *op. cit.*, pp. 234-236.
115. L. Sterne, *A Sentimental Journey, Through France and Italie* (1768), Paris, 1975 (trad. fr.), Introduction et notes d'A. Digeon; *id.*, *The Life and Opinions of Tristram Shandy, 1760-1767*, 9 vol., Ch. Mauron, Paris, 1975 (trad. fr.), 2 vol.
116. Outre l'introduction de A. Digeon pour l'ouvrage de L. Sterne, *A Sentimental*

Journey, op. cit., nous utilisons principalement L. Cross, *The Life and Time of Lawrence Sterne*, Yale, 1929, 3ᵉ éd. ; F. B. Barton, *L'Influence de L. Sterne en France, au XVIIIᵉ siècle*, Thèse, Paris, 1911, et surtout un chef-d'œuvre de la critique et de l'histoire littéraire angliciste : H. Fluchère, L. *Sterne. De l'homme à l'œuvre. Biographie critique et essai d'interprétation de Tristram Shandy*, Paris, 1961 ; la bibliographie et les commentaires n'ont pas été surpassés.
117. A. Digeon, in L. Sterne, *A sentimental Journey, op. cit.*, pp. XXIII-XVIII ; H. Fluchère, *op. cit.*, pp. 116-177.
118. *Ibid.*, pp. 195-204, pour la correspondance, et aussi pp. 662-667 pour la bibliographie.
119. *Ibid.*, pp. 233-240 pour les structures, pp. 352-380, 417-455, 503-510, 564-570.
120. L. Sterne, *The Life and Opinions of Tristram Shandy, op. cit.*, p. 237.
121. *Ibid.*, pp. 275-280 (Sterne met plaisamment en scène l'usage des « tablettes » du voyageur, utilisées, perdues avec la chaise de poste vendue, cherchées, retrouvées sous la forme de papillottes dans la coiffure du raccommodeur de voiture) et pp. 284-290, « Du Rhône à la Garonne ».
122. H. Fluchère, *op. cit.*, pp. 570-595.
123. *Ibid.*, pp. 568-569.
124. L. Sterne, *A Sentimental Journey, op. cit.*, pp. 7-11.
125. La place et les compétences en germanitisque manquent pour évoquer d'autres exemples, de façon parallèle, tel celui de Goethe, pour lequel on dispose du journal de voyage en Italie de son père, du *Tagebuch* de son propre voyage en Italie, des correspondances durant tous ses voyages, des romans comme *Wilhelm Meister*, de l'autobiographie *Poésie et vérité* (Paris, 1941, p. 28), qui montre la naissance du désir du voyage italien, des *Annales*, parmi lesquelles on trouve le trajet en France en 1792, et l'on n'oubliera pas la poésie et les voyages d'hiver, sans omettre le voyage du Harz. Pour la France, Stendhal se prêterait à une semblable combinatoire. Nicolas Boyle, *Goethe the Poet and the Age*, Oxford, 1991 et 2001, 2 vol. ; M. Crouzet, *Stendhal ou Monsieur moi-même*, Paris, 1990.

Chapitre V

Expériences, nécessités et moyens

Les voyages introduisent dans la société traditionnelle une dimension nouvelle, celle de l'inhabituel et de l'étonnement, dont la force repose sur l'impact du déplacement dans la vie, une maîtrise de l'espace et du temps. Réel, l'accent est mis alors sur les distances importantes et sur les transformations notables des individus par l'aventure ; imaginaire, l'insistance est placée sur la fonction pédagogique, l'activité cognitive ou l'évasion. Dans tous les cas, morale et utilité sociale sont convoquées pour en fixer les normes et en mesurer la nécessité. Si les voyages sont réservés à un petit groupe, socialement hétérogène mais homogène dans ses motivations et ses moyens, leur écho déborde largement le milieu de l'élite cultivée et trouve, du XVIe au XVIIIe siècle, un public divers, attiré par la fascination de la différence, mobilisé par la souplesse des procédés de diffusion des récits de voyage, de l'oral à l'imprimé. Cet impact culturel est certainement dicté par les données matérielles et mentales du monde ancien qui se perçoit stable et fixé, où l'on n'est rien si l'on n'est pas d'un lieu, où l'avenir ne se conçoit pas encore sans une constante référence au passé. Espace cloisonné, mouvements limités semblent pousser les sociétés modernes dans l'isolement apparent. Les villages sont repliés sur eux-mêmes et les villes sont partout des lieux déjà exotiques et différents, mais à l'influence discutée.

La force des voyages est d'être une provocation. Ils sont alors à replacer dans une vision générale du monde que révèlent les pratiques de la mobilité. Partir, s'éloigner pour un temps, aller et revenir sont inscrits dans des usages et des symboliques de l'espace[1]. Les voyages donnent un sens à la vie quotidienne, aux habitudes ordinaires de tous, et surtout ils permettent de comprendre comment des mobilités multiples peuvent s'organiser autour du cœur stable des villages, dans des relations régulières mais bien établies avec l'extérieur, dans des occasions multiples qui ne sont pas marginales, à des échelles qui ne sont pas les mêmes partout, et surtout pas les mêmes pour tous[2]. L'éclat du voyage et du voyageur tient au fait qu'ils sont des révélateurs d'une rupture justifiée par sa vocation sociale et intellectuelle. La modestie de bien d'autres mouvements les cache à la vue des historiens, et leur banalité d'habitude mérite peu de commentaire de la part des contemporains.

Les espaces et leur maîtrise

Dans la manière dont elle se voit, se représente et donc se vit, la société traditionnelle se veut stable et fixe[3]. Les archives de tous ordres, production des Églises, outils du fisc et de la justice qui renseignent les historiens, en fournissent d'innombrables témoignages. La pensée juridique et philosophique le confirme : sans ses liens, sa localisation, son attachement et ses fidélités, l'individu n'est pas grand-chose. La littérature, la poésie – on l'a vu avec la fable, et l'on pourrait multiplier les exemples –, le roman, le théâtre incitent à la méfiance quant à ceux qui partent, quant à ceux qui passent. «Mais que diable allait-il faire dans cette galère!» Le conte populaire dans sa large diffusion sociale jette le doute sur les errants, se défie des destins aventureux, suspecte les circonstances des départs[4] : le Petit Poucet égaré par ses parents misérables est une métaphore de ce qui attend les petits et les grands. A la rigueur, on peut admettre des justifications d'âge : «Sur le printemps de ma jeunesse folle, je ressemblais l'arondelle qui vole», badine Clément Marot dans l'*Églogue au roi*, de 1538, tandis que Joachim du Bellay formule dans les *Regrets*, vers 1558, l'idéal du beau voyage. «Heureux qui comme Ulysse a fait un beau voyage, ou comme cestuy-là qui conquit la toison, et puis est retourné plein d'usage et raison, vivre avec ses parents le reste de son âge.» Les poètes de la Renaissance voyagent plus que bien des hommes de leur temps – leur dépendance y pousse –, mais ils expriment dans leurs vers la méfiance envers la Fortune, celle des chemins et des carrières, en même temps que la leçon que l'on doit tirer des courses errantes, à l'antique, tels le périple d'Ulysse et les navigations de Jason : elles ne réussissent que par un retour.

Les villages ne sont pas immobiles[5], ils le sont de moins en moins, mais leur mobilité dépend étroitement de leur immobilité, c'est-à-dire d'un ancrage dans le passé comme dans une place. Si les espaces effraient Pascal, proches ou infinis, si pour Kant ils construisent la «forme *a priori* de la sensibilité extérieure», c'est qu'ils peuvent égarer en même temps qu'ils définissent un système de lois réglant la juxtaposition des choses et des êtres, dictant distances et grandeurs[6]. Ce rapport à l'espace est plus qu'un rapport au monde et à la société : c'est ce qui fait le tissu même d'une civilisation. L'Europe entière en découvre le sens quand elle colonise les mondes nouveaux. L'opposition entre les territoires libres et ouverts de la jeune Amérique et les terroirs aménagés et subdivisés de l'ancien continent devient un leitmotiv de la pensée occidentale, très tôt un appel pour certains peuples, très vite un frein pour d'autres – on y lira un rapport différent à l'expansion, entre la France et l'Angleterre par exemple[7]. Plus tard, Chateaubriand et Tocqueville découvriront dans le paysage et dans l'occupation du sol l'essence d'une conformité à la nature qui fonde la liberté et la démocratie. L'écrivain américain Thoreau verra dans la nature l'essence de la nation[8], et dans la marche la vocation d'une expansion.

Marquée par ses ruines, ses monuments, les multiples traces et strates d'une occupation ancienne, non seulement l'étendue de la vieille Europe s'offre à une lecture constamment renouvelée aux yeux des générations de voyageurs lettrés qui la parcourent, mais elle est aussi limitée dans les esprits de tous comme elle l'est dans ses paysages et ses sites. L'Europe moderne est un pays de pays avant d'être une géographie de royaumes et de peuples. Il n'est pas sûr que nous soyons aujourd'hui totalement sortis de ce dilemme, puisque les vicissitudes du développement confrontent en permanence les partisans des *racines* et de la *mémoire* – les complexés du «petit Liré», comme aurait dit Du Bellay, «les imbéciles heureux qui sont nés quelque part», comme le chantait le poète Brassens – et ceux du grand large et des bienfaits individuels et collectifs de l'ouverture au monde, de l'acceptation de la mondialisation commencée avec le XVIe siècle. Le débat n'est pas clos, qui touche de ce fait le citoyen et l'étranger, l'accueil ou le refus. Si l'histoire peut y participer, c'est moins pour dénoncer ses erreurs qui lui ont fait découvrir l'immobilité triomphante et oublier la mobilité prégnante au cœur même de la stabilité que pour, d'une part, comprendre comment elle a pu se tromper en adoptant les critères de jugement d'un temps qui surinvestit l'appartenance et, d'autre part, livrer à la réflexion commune, à sa manière, une invitation à analyser aussi la différence vécue sans tricherie[9].

Immobilité des villages, mobilités des villageois

Il n'est pas faux de dire que les horizons fixes sont ceux de la France du XVIe au XVIIIe siècle, dans la mesure où ils correspondent à l'enracinement des populations d'un monde plein, établi au XIIIe siècle, et qui change peu en étendue, bien qu'il bouge régulièrement en volume au rythme des crises séculaires de dépeuplement et des périodes de reprise[10]. Dans l'un et l'autre cas, les populations sont lancées sur les chemins, et les gains de la vie sur la mort constatés au XVIIIe siècle atténuent ces écarts, grossissent les chiffres de population des villages, qui ne seront jamais aussi peuplés qu'au XIXe siècle, sous-tendant certainement l'idée d'une appartenance qui se renforce. Trente-six mille paroisses rassemblent entre 20 millions vers 1700 et 27 millions de Français avant 1790; moins de 15 % (le taux peut varier selon le seuil de population urbaine retenu) vivent dans les villes, lesquelles tirent leur croît naturel des campagnes, ce qui est déjà l'indice d'une porosité des deux mondes bien connue dans la genèse de la ville moderne[11]. Elle est le moyen des migrations, mais celles-ci ne peuvent être tenues que pour l'un des cas du dynamisme spécique des villages et de leurs habitants. Pour ceux-ci, la paroisse avec ses écarts reste une unité de vie, le territoire du quotidien. Le groupe qui se confond souvent avec la communauté d'habitants – mais pas toujours –, avec une ou plusieurs appartenances seigneuriales – mais pas toujours –, partage un terroir en commun, aux limites dictées par les avances ou les reculs des défrichements du *saltus*. Les usages, les solidarités, l'utilisation collective des communaux, l'entraide et le partage des outillages ou des bêtes, les travaux parfois conduits en commun (ainsi pour la construction des maisons paysannes), le libre parcours, défendu contre les clôtures, font les conditions communes d'un repliement efficace[12]. Les manifestations collectives d'une gestion des choses qui est déjà conscience d'une politique élémentaire sont là : en effet, on y débat de l'essentiel en assemblée, on y fixe les dates de récoltes et de vendanges, on y règle les contestations avec les curés et les seigneurs sur les dîmes et les droits, sans oublier l'impôt. C'est l'espace élémentaire où les paysans vivent entre eux, mais dans un isolement qui n'est jamais total. Certes, l'infrastructure routière, l'état des chemins, la difficulté et la lenteur des transports ne facilitent pas la quête d'issue; le désenclavement est limité, «l'horizon bloqué[13]», les incitations à partir peu nombreuses. Des stimulations diverses existent néanmoins pour une ouverture limitée au monde : dialogue des notables avec les autorités, négociation des communautés confrontées aux pouvoirs de l'Église et de l'État, capacité de chaque famille à assurer ses besoins et sa reproduction, faim de terre pour les cadets. Ces forces composent avec d'autres représentations des relations productives et des rapports sociaux, d'autres réalités des conditions d'existence qui les construisent et les justifient.

L'idéal économique d'autarcie, dont le but est de produire en suffisance pour une famille élargie et ses dépendants, fonde l'addition des autonomies. Les agronomes – Olivier de Serres, Charles Estienne, Jean Liébault – en définissent le modèle à la fois économique et socioculturel, pour une famille sous l'autorité d'un père obéi par ses enfants et sous son regard. La *science du ménage* est une économie et une morale de la proximité pour garantir un maintien périlleux[14]. Elle est domestique par nature sociale, même si l'on sait bien qu'elle est obligée de tenir compte du marché ; celui-ci a d'autres règles, mais qui elles aussi sont spécifiques à l'économie d'Ancien Régime[15]. Entre les deux mondes circulent des médiateurs – ainsi marchands et notaires qui, à l'aube de la modernité, ne peuvent être qu'itinérants. Une forte conscience communautaire soude en tout cas les diverses composantes des villages, que nourrit le repli sur soi – celui des familles et des clans, celui des paroisses – et qui alimente l'*esprit de clocher*. Yves Castan le perçoit, vivant, dans le Languedoc de l'âge classique, comme une composante de la sociabilité ; Robert Muchembled le constate, dans l'Artois du XVe et du XVIe siècle, comme une des formes structurales de la violence rurale[16].

Les habitudes font la cohésion dans un espace cloisonné, mais cependant organisé depuis longtemps pour sa défense, et dans sa résistance aux étrangers. Le sentiment d'insécurité transmis de génération en génération, longtemps entretenu par les guerres locales et étrangères, cimente le consensus de la méfiance. Les enfants l'apprennent dans les heurts entre gardiens de troupeaux, les jeunes gens l'entretiennent dans la rivalité des jeux et la fierté de l'identification à un pays distinct. L'appartenance à des *nations* différentes de part et d'autre des frontières peut inciter à la bagarre, *haut pays* contre *bas pays*, Artésiens contre Flamands. Les jeunesses se lancent des défis qui réapparaissent cycliquement, animant les appels à la solidarité pour des raids expéditifs en terre étrangère. Les jeunes gens à marier se mobilisent à cet effet. Le trait se retrouve ailleurs dans l'étude des fêtes, celles des bachelleries du Centre-Ouest comme celles de la Provence éclairée.

Dans le Maine pacifié du siècle des Lumières, la rivalité des jeunesses pour les filles entraîne les plus pacifiques – ainsi Louis Simon de La Fontaine, près du Mans, qui s'en souvient à son âge mûr. La France des villages dans ses rivalités locales n'est pas une résurrection de folkloristes du XIXe siècle : elle est vivante dans les sacs à procès des archives judiciaires. Elle a survécu à la pénétration des influences extérieures, au décloisonnement, comme une éthique des relations avec l'autre, dont la norme est : « Tu assisteras d'abord ceux de ton village », laquelle peut aisément se transplanter au-dehors. Bref, une partie de l'enracinement enseigne la xénophobie, ce qui fait que l'un des problèmes majeurs de la mobilité est celui de l'accueil des autres, de l'*hospitalité*[17]. Le reconnaître implique que la mobilité est un problème également essentiel de la solidarité sédentaire.

Attraction des villes, mobilité sociale

C'est que la mobilité se définit par rapport à l'extérieur, dans la dépendance ou l'indépendance des villages. Ceux-ci n'échappent pas aux grands bouleversements qui font les remuements massifs de la société. Si les conflits locaux et les guerres étrangères épargnent de plus en plus le cœur du royaume, du XVIIe au XVIIIe siècle, ils ne ménagent pas les zones frontalières[18]. Plus encore, le développement économique et le mouvement d'unification politique entraînent une partie des populations dans le mouvement. Les communautés dépendent de multiples intermédiaires, dont l'agilité spatiale est une caractéristique première : curés, seigneurs et leurs représentants, administrateurs de faible surface mais de puissance locale relative, aubergistes, maîtres de poste, maîtres d'école, petits officiers ont obligation de passer d'un milieu à l'autre, et cela peut se transformer en inclination. Richard Cantillon y voit le principal moteur de l'économie et de la consommation quand les rentiers du sol, nobles ou bourgeois, dépensent leurs revenus en ville[19]. L'important ici est qu'un changement d'appartenance débouche sur une participation plurielle à des échelles différentes d'activité, du local au provincial et au national. La *sanior pars* des villages circule très tôt : l'Église entraîne par ses recrutements ; la noblesse, par ses modes de vie et ses fonctions, ses liaisons clientélaires, ses alliances ; le commerce et la culture, par leurs activités.

La protection, dans son principe, garantit la stabilité et la soumission des peuples rarement consultés. En 1614, en 1789[20], les cahiers de doléances rédigés par les communautés montrent la prégnance permanente de ces réseaux relationnels – ils interviennent dans la rédaction au terme d'échanges et de circulations importants –, mais aussi la part des médiateurs et l'intérêt de tous pour les conditions d'une ouverture entrevue comme un progrès[21]. Pendant des siècles, les révoltes rurales ont à l'inverse encouragé les mobilisations locales, en même temps que de vastes rassemblements contre le fisc, contre les prélèvements, déclenchant une incontestable mobilité de protestation. L'apaisement des révoltes au XVIIIe siècle ne met pas fin à tous les conflits que suscite la fuite vers l'extérieur des produits du prélèvement. Ils se règlent autrement[22]. Ces tensions, ces occasions d'échange ne lèvent pas l'obstacle de l'isolement culturel : ils ne mettent de façon permanente en cause qu'une faible partie de la population rurale ; pour sa majorité, le vieux fonds de la tradition locale n'est pas touché. La socialisation par l'école paroissiale, qui fait entrer les villageois en plus grand nombre dans l'univers de l'alphabétisation et de la circulation de l'écrit, ne freine pas totalement ce rôle reproducteur des instances concrètes, tirant leur légitimité dans l'antiquité de l'exemple, l'autorité de la parole retransmise, le légendaire et le mythe, les traditions – ce qui, aux yeux des notables religieux ou politiques, devient des préjugés, des superstitions, enracinés dans le conservatisme d'une géographie symbolique de l'être et non du passage. Le curé de Sennely en Sologne peut ainsi s'en prendre à l'immobilité fondamentale de ses paroissiens, et quand encore au XIXe siècle Jean-Baptiste Say, économiste, partisan du progrès, pense aux consommations rurales, il les juge coulées dans l'archaïsme : « Nos villageois sont un peu turcs[23]. »

La zone de contact entre le stable et le mobile se trouve ailleurs, et principalement dans les villes. Le nombre des habitants y change la donne très tôt : « La ville, c'est la liberté », dit un vieux proverbe. La diversité des activités, le disparate des populations accélèrent la transformation. L'homogénéité villageoise, avec une faible présence de dominants, contraste avec la division sociale du travail urbain et la hiérarchisation des citadins. Un patriotisme local peut se faire entendre dans leurs rangs, mobiliser patriciens et bourgeois sur l'essentiel (la défense, l'ordre intérieur, les privilèges) et sur le symbolique (une politique monumentale, un air de responsabilité civique et religieuse), qui font l'essence de la civilisation urbaine moderne. C'est que, par sa nature, la ville est lieu d'échange et d'accueil incessamment renouvelé. Placé au centre du théâtre économique et politique, le citadin, fût-il fraîchement transplanté, a changé de dimension relationnelle et de spatialité. Il a, comme l'enseigne Max Weber, un autre rapport à l'univers et, comme le montre Georg Simmel, une autre incandescence affective et intellectuelle, car la demande fait l'offre. Le schéma social : chacun d'un lieu, chacun d'un corps, chacun d'un état, peut encore y fonctionner, mais il n'en est pas moins interrogé par le mouvement et par les brouillages urbains. D'autres occasions permettent aux personnes vivant en ville de se repositionner socialement, et ainsi d'animer la réalité d'une intégration, d'une transformation par le déplacement, synonyme de transformations. La ville acculture, et c'est pour cela que les adversaires de la mobilité – cause de déstructuration des rapports organiques entre les hommes – s'en méfient, prédicateurs en tête, philosophes et économistes moraux dans leur sillage. La coïncidence entre la mobilité géographique et la mobilité sociale est toutefois sensiblement plus complexe, bien qu'elle bénéficie de la force des mythes d'ascensions accélérées (le laquais financier, les prélats roturiers) dont ont fait définitivement justice les études prosopographiques[24]. La société ancienne bouge peu, mais ses équilibres exigent une mobilité relative : mobilité d'anoblissement, mobilité d'enrichissement, mobilité de changement social, limitées par intégration professionnelle et culturelle.

De manière générale, un changement social ne peut guère se faire sans une mobilité géographique. L'éducation, la formation professionnelle, le mouvement des carrières l'imposent à tous ; franchir un seuil culturel est plus qu'une nécessité. Depuis longtemps, le dynamisme des capitales attire les talents, Paris couronne les provinciaux. C'est un des traits les plus forts qui marquent encore la culture française ; il nourrit du même coup conscience nationale et revendications régionales. On peut en trouver témoignage à la fin du XVIIIe siècle, dans les *Mémoires* de Marmontel, éloge simultané de la modestie des origines – à Bort, petite ville du Limousin, « lieu où l'inégalité de conditions et de fortune ne se faisait presque pas sentir » – et du succès parisien de l'homme de mérite, comblé d'honneurs et de succès académiques[25]. C'est la leçon à laisser aux générations suivantes : pas de progrès personnel sans séparation et fracture dommageable. La mobilité sociale peut jouer un rôle moins passif dans l'incitation à la mobilité géographique et dicter le choix des familles, des carrières, des réussites. Quand l'horizon nobiliaire provincial est insuffisant pour offrir des possibilités attrayantes de choix matrimoniaux et de postes, le départ s'impose. Dans les affaires et le négoce, la circulation et l'envol font la trame de la vie ; à un certain niveau de transactions commerciales ou bancaires, l'installation à Paris devient nécessité. Parmi des milliers d'exemples, la famille Lecoulteux illustre ce cas : entre Rouen et Paris, on fait annuellement le bilan à Vernon [26].

A l'inverse, la mobilité géographique peut déclencher des régressions dans la hiérarchie sociale. Guerres et crises provoquent des exodes qui alourdissent le mouvement temporaire des pauvres, et quelquefois tranchent défavorablement le destin des familles. Les exils transforment les conditions normales, contraignent à des réadaptations, entraînent des chutes insurmontables. Les grandes expulsions, celle des juifs, celle des protestants, celle des émigrés, sont ici à relire [27].

Ces situations diverses mettent en valeur trois constantes : il y a toujours apprentissage de nouvelles valeurs, acculturation par le changement ; il n'y a jamais de déplacement sans organisation, sans lignes de conduites sociales, intellectuelles ; il existe toujours un horizon imaginaire, l'espérance d'une sauvegarde d'un succès, d'un salut, et cet horizon se transmet. Contraintes et choix libres sont à comparer, dans des *occasions*, des *raisons*, des *possibilités* incitant au départ dans des espaces diversement contrôlés parce que de dimensions plus ou moins étendues, du village au monde.

Mobilité des hommes, volatilité du temps

Les expériences de la mobilité et du déplacement se caractérisent par une temporalité spécifique qui éloigne du temps normal avec une intensité variable dans l'espace. Catégorie de la perception construite à travers les perceptions du changement, le temps est une des conditions de la mesure des choses. Jusqu'aux XVIIIe et XIXe siècles, rien ne paraît bien délimité au-delà d'une lieue à la ronde – c'est à moins d'une heure de marche à pied, trente minutes de cheval. L'ogre de la légende chaussé de *bottes de sept lieues* traduit le rêve inouï d'une domination conjointe de l'espace et du temps. Celui-ci donne la mesure du travail agricole dans l'espace comme celle de la découpe dans les surfaces [28]. Les cycles des travaux et des jours sont autant d'occasions d'imbrication. Quand le temps cyclique cède du terrain devant celui de la mesure, plus raisonné, plus technique, plus abstrait, c'est sous l'impulsion des milieux sociaux animés par une forte mobilité, et où stabilité et déplacement doivent trouver un point d'équilibre.

C'est le temps de l'Église et des marchands qui, des monastères à la ville, des horloges aux montres, progresse, gagne le plat pays par des circuits sociaux multiples. La liaison de la précision d'un découpage du temps, celui du calendrier et celui des heures, est portée par les catégories engagées dans la mobilité ; le négociant, l'homme d'affaires, le marchand, le courrier et le messager, le maître de poste, le militaire ont assez tôt des exigences de régularité que soudent le contrôle spatial et la maîtrise du temps[29]. Marchés, travail, fermeture des portes des remparts, mouvement des troupes, circulation des routes ajoutent aux temporalités familières imprécises celles des rythmes ecclésiastiques et publics, qui fondent d'abord dans les villes un milieu sonore, un espace de l'entendu qui règle les distances plus encore qu'au village[30]. L'économie religieuse du temps et celle du capitalisme tissent cette trame nouvelle des consciences pour laquelle la privatisation des moyens de contrôle, lente mais sûre, va s'imposer. Symboliques de ce point de vue, deux rencontres à deux niveaux d'influence : l'horloge de marine, dont la précision est une nécessité pour apprécier sûrement les distances parcourues ; le commerce et l'artisanat de la montre qui, au XVIIIe siècle, diffusent leurs produits par une intense activité.

Si, jusqu'à l'invention du découpage universel du temps qui organise aussi celui des méridiens, chaque pays, chaque ville a son temps, localisé, et où la journée peut commencer à des heures différentes et sa division imposer des découpages différents (vingt-quatre heures pour M. de Brosses en Italie, douze pour Arthur Young en France), la généralisation du système diurne met fin à une confusion. Les voyageurs, qui ont disposé de tables de conversion pour régler leur montre, afin de savoir de combien de temps ils ont besoin pour parcourir plus ou moins vite telle ou telle route, pestent en vain contre ce désordre qui rend fluctuants les horaires. La journée du voyageur est au mieux celle de la lenteur de la marche et des véhicules. Les décalages ne se font sentir qu'avec l'accélération des déplacements : avant, en effet, chacun peut procéder par des ajustements lents et proportionnés. L'accroissement des flux de circulation, le développement des échanges, tôt commencé dans les campagnes, celui des consommations, imposent l'imbrication de la conquête du temps et de la conquête de l'espace[31]. Tout mouvement implique un jeu de temporalités : c'est une action qui se vit entre un présent et un avenir, un départ et un retour où se fait le bilan ; c'est une transaction entre le répétitif et l'exceptionnel, l'obligation pouvant influencer directement l'activité et la mise en route ; c'est, enfin, la condition même de la gestion de la mémoire, le déplacement créant la nécessité du témoignage – et le souvenir du voyage va peser en raison directe de la place qu'il a occupée dans la vie et l'espace.

PROXIMITÉ ET ÉLOIGNEMENT

Toute mobilité ne se donne pas à voir dans un mouvement et l'on peut concevoir, avec Norbert Elias, des identités sociales stables dans un monde de mouvement. Les déplacements n'ont pas forcément valeur ascendante ou descendante ; les découpages catégoriels et les échelles d'observation confèrent au mouvement sa valeur [32]. La mobilité spatiale, celle des hommes, inséparable de celle des choses et des capitaux, rassemble des situations multiples dont la mesure pose un double problème. D'abord, celui d'une chronologie qui est directement impliquée par la remise en question du modèle sédentaire des sociétés anciennes ; il faut en tenir compte, car elle change – sans toutefois l'effacer – l'importance relative, admise, de la rupture des Lumières. Ensuite, celui d'une intensité qui est à l'œuvre dans les choix typologiques retenus pour montrer simultanément la multiplicité des mouvements dans un monde cependant fixe et où, visible et parfois invisible, la réalité de la mobilité module différemment les rapports des individus, des familles et des milieux au temps et à l'espace. Proximité et éloignement en organisent les principales tensions, les motivations et les fonctions, comme les effets culturels. La mobilité est une économie de l'occasion à tous ces moments : les récits le montrent, la vie le prouve.

De multiples appels peuvent y participer, qui ne touchent pas semblablement toutes les populations et qui dépendent d'une géographie des inégalités du développement, de l'influence urbaine, de la proximité de la mer et des rivières, ces « chemins qui marchent ». Ils ont certainement depuis longtemps un rapport étroit à des traditions locales d'échange que la conjoncture peut infléchir et que les cycles de vie peuvent moduler. Le voyage commence à la maison même, et pour l'enfant le « monde est grand à la clarté des lampes », comme il est petit pour l'adulte « aux yeux du souvenir ». Baudelaire ne se trompe pas, même si pour lui « les vrais voyageurs sont ceux-là seuls qui partent [33] ».

Dans la vie banale, c'est la nécessité du travail paysan ou citadin qui impose les premiers déplacements. Le terroir et ses chemins, la mosaïque foncière des exploitations et des voies d'accès impliquent, dans des espaces aussi différents que celui des vignerons du Beaujolais ou celui des fermiers d'Ile-de-France, des déplacements quotidiens [34]. En découpant le terrain, on découpe le travail, on organise le temps, on défend des accès, dont la liberté ou la fermeture grèvent la valeur des propriétés, ou l'équilibre des ressources – accès au bois, à l'eau, aux communaux. En ville, c'est aussi le labeur qui règle la mobilité quotidienne des salariés et des professionnels, et qui en découpe les horizons, de la maison à la rue, au quartier, à la ville entière. Les petits «voleurs d'aliments», si bien étudiés autrefois par Arlette Farge, sont domiciliés loin de leur travail; ils font plusieurs kilomètres journaliers pour trouver de l'embauche, gagner le chantier et la boutique. Les petits vendeurs des rues et des marchés sont des itinérants par vocation; la police les contrôle, qui souhaite la fluidité des mouvements et leur transparence [35]. Le vitrier Jacques-Louis Ménétra, apprenti, compagnon, maître, montre comment la mobilité du travail conquiert des espaces de plus en plus étendus, de la rue Saint-Germain-l'Auxerrois à toute la capitale, puis à la banlieue et au royaume tout entier, selon l'âge [36]. Adulte, marié, l'espace se rétrécit; sa conquête, le fait de «courir les maîtres» est un comportement collectif dans l'artisanat, qui organise la vie laborieuse comme les loisirs du centre à la périphérie, voire au-delà [37]. Le mouvement varie selon l'heure du jour; il est lent et synonyme de liberté, ce qu'on entrevoit dans le refus de perdre l'indépendance dans le choix imposé des *boutiques*. Notons que les plus aisés bougent aussi : le propriétaire surveille ses récoltes au village, des granges aux champs; le notaire se rend chez ses clients en campagne, et parfois en ville; le médecin vole de malade en malade. Les déplacements des riches sont plus rapides, car ils s'en donnent les moyens; ceux des pauvres et des moins pauvres sont plus lents. Quand la promenade devient habitude des prépotents attirés par la marche à pied, ceux-ci adoptent pour un temps de loisir les pratiques du plus grand nombre, lequel se met à imiter les manières de l'élite en infléchissant ses trajets de loisir et ses pratiques de déambulation [38]. Rousseau s'en fait le défenseur. Sébastien Mercier, dans le *Tableau de Paris*, en est aussi l'observateur pittoresque, mais il ne fait que revoir autrement l'intense mobilité urbaine du quotidien décrite depuis Horace et Boileau dans les villes :

«A sept heures du matin, tous les jardiniers, paniers vides, regagnent leurs marais, affourchés sur leurs haridelles. On ne voit guère rouler de carrosses. [...] Sur les neuf heures du soir, on voit courir les perruquiers [...]. A deux heures, les dîneurs en ville [...] se rendent dans les quartiers les plus éloignés. Tous les fiacres roulent à cette heure [...]. A trois heures [...] chacun dîne [...]. A neuf heures [...] c'est le défilé des spectacles [...] c'est l'heure aussi des prostituées [...]. A une heure du matin, six mille paysans arrivent, portent la provision des légumes, du fruit et des fleurs [...] ils viennent de sept à huit lieues [...]. A six heures, les boulangers de Gonesse, nourriciers de Paris, apportent deux fois la semaine une très grande quantité de pains [39]... »

C'est pour suggérer le kaléidoscope de l'agitation urbaine que le peintre de la capitale fait défiler les heures et les catégories sociales dans une mobilité qui implique toute la ville, mais qui rend aussi compte de l'espace qu'elle domine et organise [40]. Zone d'attraction pour tout le royaume dans le cas de Paris, dont le commerce et la population arrivent de partout; zone de domination et de dépendance pour les métropoles régionales ou locales, dont les aires de ravitaillement et de contrôle s'étendent largement sur le plat pays [41]. La relation marque l'Europe tout entière dans sa vie citadine et rurale [42]. Elle met dans la balance le mouvement de la vie et de la mort. Les villes y puisent le renouvellement des habitants; elles expédient dans les campagnes leur trop-plein d'enfants en nourrice à la survie fragile. C'est un infanticide différé que nécessite l'organisation de la vie du plus grand nombre, et qu'autorisent une forte fécondité et une conception imprécise de l'espace réel dont les dangers – ceux des transports, ceux des conditions de vie – ont été démontrés [43].

Comme pratique de milieux sociaux, la mobilité, avec son usage du temps, ses sociabilités et ses lieux, se vit à travers des cercles successifs et emboîtés, au village comme en ville, de la cellule familiale aux espaces du travail, des échanges, des loisirs. Le connu, le certain et le consolant, où se déroulent les enfances, en est le point le plus fixe. La maison, le *feu*, le foyer, accueille et protège, formant le premier cercle dont la certitude repose sur la cohésion affective, l'autorité parentale, la crainte de l'extérieur. Il se projette dans la cité et dans les paroisses rurales au-delà de ses limites, au territoire de la rue et de la place publique, à celui du travail, entre privé et collectif [44]. A partir de là, plus le cercle s'élargit avec le départ, plus la cohésion se dissout, moins le lien affectif s'incarne et plus les connaissances se font superficielles. La correspondance y supplée quelque peu. Les gestes habituels du voisinage et du travail se recomposent, les inconnus se mêlent aux visages familiers. Les villes modernes multiplient les occasions de déplacements où se mélangent tous les états [45]. Les villageois font plus d'efforts pour participer à ces brassages ; les grandes fêtes religieuses, les marchés et les foires y pourvoient. Les rencontres se font plus courtes ; à la spontanéité se substituent le compromis, les normes de la civilité, la force des institutions et des rapports de pouvoir. La règle et la coutume, l'argent et les rapports économiques permutent avec la gratuité [46]. C'est pourquoi sans doute, en prenant la relation matrimoniale comme l'un des moyens de saisir la mobilité, les historiens n'avaient pas tort – ils oubliaient simplement ceux que la méthode rejetait pour des raisons techniques, et qui sont certainement contraints au départ : pauvres, cadets sans terre, jeunes célibataires, oncles et neveux voués à la migration [47].

Immobilité, localisme et attraction

La démographie historique révèle pourtant le fonctionnement de la *carte du Tendre*, et comment le choix des conjoints se fait selon les formes, les contraintes, le cœur aussi. Pour une paroisse de quatre à cinq cents habitants (la moyenne de la population des villages), à vingt ans, le marché matrimonial des jeunes hommes et des jeunes filles arrivés à l'âge du mariage (vingt-sept/trente ans), le champ des préférences, se limite à moins de cent cinquante personnes : trois générations regroupées de vingt à vingt-cinq survivants de l'un et l'autre sexe. La pertinence sociale et classique qui fait que l'on ne se marie jamais avec qui l'on ne doit pas se marier – les princes n'épousent jamais les bergères, sauf dans les contes –, les mésententes héréditaires, réduisent encore les possibilités. Les effectifs ne suffisent pas ; le manque induit la mobilité et élargit le rayon matrimonial. Les monographies paroissiales, avec des variations locales, donnent un bon tiers des mariages hors de la paroisse, plus pour les garçons que pour les filles. Cet espace est celui d'une mobilité inégalitaire, du sexe, de la fortune, de l'estime sociale, des raisons du cœur. Les jeunes hommes plus aventureux, plus libres, courent les *fêtes balladoires* à plus ou moins grande distance, avant de passer la bague au doigt aux demoiselles du pays. Simon le Tisserand raconte les avatars et les tumultes de ces virées qui achèvent l'adolescence quand les bandes se forment par affinités sociales et acceptation amicale pour aller faire leur cour, se bagarrer contre les rivaux sur la route ou dans les bals [48]. Si l'on se marie majoritairement avec qui l'on a grandi et si, alors, l'on reste au village, l'union matrimoniale peut aussi se conclure en dehors et entraîner le déménagement. Si les parcours matrimoniaux méritent attention, c'est moins par la certitude mesurée de l'endogamie des unions que livrent les analyses, que par le fait essentiel qu'elles sont soumises aux principes de la distance.

Ainsi, comme le remarquent les voyageurs, géographes et administrateurs qui décrivent la France paysanne de la fin de l'Ancien Régime à l'aube de la civilisation industrielle, c'est un autre système de valeurs qui y organise les parcours matrimoniaux que celui qui régit le mariage urbain et les amours des lettrés[49] : les liens affectifs y existent, mais sous l'autorité et dans la stabilité du groupe familial, gage de la survie du lien social. La négociation des mariages, les familiarités prématrimoniales, les rituels du parcours et de l'échange entre localités font partie d'une identité affirmée face à l'étranger qui en décrypte les signes, mais qui confirme l'observateur dans l'idée de la stabilité villageoise, d'une différence et d'une résistance du local au national qu'homogénéisent la circulation et l'échange. C'est le résultat d'une révolution politique et sociale, mais c'est aussi la reconnaissance des contrastes qui traversent la société, car étendre son expérience et élargir ses possibilités de choix est un privilège dans la société traditionnelle. Notables de village, bourgeoisies rurales, gens de la ville disposent d'autres possibilités. Les fortunés ruraux bénéficient d'une vie de relation qui s'étoffe plus tôt et plus vite. Par leurs déplacements, ils ont des contacts avec les autorités, les citadins, les marchands, les gens d'Église autres que le curé de la paroisse. Leur horizon est celui du pays ; pour quelques-uns, celui de la cité qui les accueille entre deux saisons aux champs. La vie des noblesses provinciales est profondément marquée par cette duplicité : on la voit chez Montaigne comme chez Montesquieu, on la découvre chez Chateaubriand et dans la noblesse de Bretagne, elle est fréquente chez les gentilshommes savoyards[50], elle existe à Paris. Tous, nobles et bourgeois, franchissent plus aisément la clôture des terroirs et triomphent ainsi de l'opposition entre les gens d'ici et les autres de là-bas. Dans cette maîtrise différente de l'espace, dans un éloignement progressif, ils peuvent découvrir d'autres différenciations, aussi importantes entre le provincial et le Parisien, entre le national et l'étranger effectif. Cela peut s'apprendre dans les récits de voyage, les descriptions et les guides, les romans. C'est aussi la seule voie que peut emprunter pour sa montée sociale une élite étroite.

A l'aube de la modernité, ces processus sont à l'œuvre au cœur du Bas-Limousin des XVIe et XVIIe siècles. A Chaumeil, paroisse de douze villages autonomes fixés au pied des Monédières, le livre de raison que tiennent laconiquement le notaire Pierre Terrade et son fils Michel, son petit-fils Pierre ensuite, nous renseigne sur ces blocages et sur ces ouvertures au monde. Ces Messieurs Terrade sont sur la pente ascendante, et leur témoignage s'arrête quand leur notabilité est consolidée [51]. Freysselines où ils vivent est un bourg minuscule de la paroisse, au cœur d'une nature rude, dans une région agitée par les guerres religieuses, divisée par des pouvoirs multiples, où l'autorité royale avance à petits pas, avant que les intendants ne règnent à Limoges. C'est un milieu étroit où moins d'une centaine d'âmes sont régies par une vingtaine de familles qui se regroupent en deux clans, tous deux animés par des notaires, les Terrade et les Fraysse. Ce sont les bons premiers propriétaires avec des domaines, terres, prés, bois, landes, jardins, qu'ils agrandissent et défendent. Brebis, vaches et chevaux font aussi leur richesse. Jusque-là, rien que de banal : nous sommes au cœur du royaume paysan, enraciné, stable, soumis aux conditions naturelles.

En apparence, il n'y a guère d'ailleurs, et l'on ne peut guère penser autrement la vie, fixe depuis toujours. Autour de la maison, des terres, du domaine, qui semble compter plus que les hommes, se construisent la communauté d'une famille et une vie, dont l'espace est d'abord celui des biens, ensuite celui des alliances sur place, et qui s'élargit progressivement à l'ensemble des villages de la paroisse, puis au-delà. L'endogamie est ordinaire comme ailleurs, et les femmes, «totalement assimilées au village et à la maison, n'existent pas individuellement, elles ont une liberté de mouvement très étroite». Le village connaît peu de passage : seuls les hommes se déplacent et gagnent des routes et des lieux plus fréquentés que Freysselines; le chef-lieu de la paroisse, Chaumeil, est déjà à plus d'une heure de marche. Les rapports au-delà se font par les affaires : les Terrade achètent, vendent et prêtent, ils plaident devant les tribunaux pour défendre leurs droits, ils cherchent des femmes et plus rarement des gendres, ils en trouvent et les intègrent, ils transportent du blé, du vin. Les structures de l'univers des rédacteurs du livre familial sont celles que l'on retrouve au même moment à partir des mêmes sources en ville – à Nîmes plus au sud, à Cologne, métropole rhénane –, mais l'attention et la mobilité s'intensifient sur le voisinage et la maison : la paroisse est déjà éloignée, le monde est à l'infini [52].

Au-delà des premiers cercles, le mouvement est animé dès la deuxième génération : Michel et sa femme ont eu douze enfants, Pierre et Marie Farge dix encore. Pendant un siècle, les héritiers se mêlent à de multiples cousins, mais ils sortent de la communauté paysanne comme les patriarches notaires et paysans. Ils deviennent petits officiers, clercs, praticiens, artisans. L'horizon est majoritairement borné par les clochers voisins et, quand Pierre Terrade doit aller plaider à Bordeaux, il délègue ses intérêts à des cousins. Michel, lui, élargit la zone de son itinérance professionnelle à Corrèze, Égletons, Treignac et Tulle, et là encore les relations familiales sont toujours présentes. Par force, le notaire du village bouge plus que son confrère des villes : expert en tout genre d'affaires, homme de l'écrit dans un monde encore massivement analphabète, il travaille à cheval et par tous les temps ; il instrumente peu chez lui, toujours en mouvement, alors qu'à plusieurs heures de course, à Tulle, ses confrères sont déjà plus sédentaires et mieux installés. Si Pierre et Michel instrumentent peu chez eux, l'on comprend qu'ils se soucient plus de leur cheval que de leur écritoire : « Soigné, bichonné, il est presque un membre de la famille, qui a droit aux recettes immémoriales du livre de raison. » C'est par cette ubiquité que la pratique se conquiert et se conserve, majoritairement dans un cercle de douze heures de course au plus. C'est par cette disponibilité que Pierre et Michel sont au cœur des affaires et du crédit rural, qu'ils conservent les archives et la mémoire de tous, qu'ils servent d'intermédiaire et qu'ils transmettent les nouvelles. Ils ne sont pas seuls dans ces fonctions qui irriguent les sociabilités du pays et consolident leur influence. C'est ainsi qu'ils se notabilisent, qu'ils élargissent leur cercle d'intérêts et en même temps celui de leurs relations, avec les aubergistes, les autres bourgeois de justice, les prêtres. Quand le fils de Michel, Pierre, se lance dans les études, parti chez les jésuites pour devenir prêtre – mais il deviendra médecin –, c'est un séisme dans la façon de concevoir l'espace social et les pratiques de la mobilité. Désormais, le besoin d'instruction et la réponse donnée par le réseau des collèges mettent en route les enfants de notables et en font des prêtres ou des juristes. L'écart se creuse entre la tranquillité stable et assurée, avec pour quelques-uns une aisance matérielle locale, et ceux qui se lancent dans l'aventure et sur les routes, les laboureurs et les artisans, les détenteurs et les gestionnaires du pouvoir économique et symbolique.

Mobilité des humbles, agilité des notables

L'exemple du Bas-Limousin, l'enfermement perçu de Freysselines, est-il généralisable ? Cette monographie exceptionnelle par sa qualité – car elle repose sur des sources exceptionnelles, mais confrontées à des archives ordinaires – mérite à mon sens de proposer un *type idéal* de la mobilité dans l'immobilité[53]. Le royaume de France est composé de ces milliers de paroisses, de villages, de hameaux plus ou moins organisés, plus ou moins ouverts sur l'extérieur. Son immobilité n'est qu'apparente : elle est traversée par des courants multiples, qui la transforment et la consolident. Pour certains, elle vole en éclats ; pour d'autres, elle se renforce. Il y a des perdants et il y a des gagnants, notables minuscules, au niveau inférieur des pouvoirs, lettrés et opportunistes. C'est que la mobilité et le changement ne sont pas que dans les acquis techniques ou dans l'ouverture des chemins ; ils sont déjà dans les têtes et dans la manière dont l'ouverture des villages peut autoriser les ambitions de certains, faire reculer l'esprit communautaire, inviter à « apprendre le vaste monde[54] ».

On en retrouve une autre expérience à Santena, en Piémont, quand Giovanni Levi découvre la mainmise de la famille Chiesa – le notaire Giulo, le curé Giovanni – sur les terres et le pouvoir[55]. Sans doute les mécanismes identiques de la mobilité matérielle et intellectuelle sont-ils à l'œuvre ailleurs, et, comme le plaide Alain Croix, ils permettent très tôt « l'ouverture des villages sur l'extérieur[56] ». A Masserac, près de Redon, au pays nantais, fief incontesté de l'endogamie au XVIe siècle, la mobilité des villages un siècle plus tard est incontestable. Elle est prouvée par la confrontation des rôles fiscaux de 1665 à 1668 : 16 % des contribuables disparaissent en moins de cinq ans, et le nombre de ceux qui partagent leur nom avec d'autres s'affaiblit, indice que les liens familiaux se détendent : 10 % des 188 feux du village. Les disparus ont moins de liens de parenté et figurent parmi les moins imposés, sinon les plus pauvres. En dessous de ce seuil, la *population flottante* peut atteindre 30 % en temps de crise pour toute la Bretagne, et Vauban l'évaluait à 9 %. Autour du cœur stable des villages gravite un milieu d'errants et de migrants, voyageurs plus organisés. Le constat n'épargne pas les villes et les bourgs – Vannes ou Lannion en Bretagne, Dournezac en Limousin, Voudonay en Bourgogne –, dans des proportions qui varient selon le temps de l'observation, mais qui peuvent atteindre 10 % des feux, régulièrement plus en cas de catastrophe. Tout se joue sur les marges, comme à Freysselines, tant vers le bas (où l'instabilité est plus forte) que vers le haut (où elle ne se sépare pas de la stabilité). Ce sont les échanges entre l'une et l'autre qui donnent vie aux espaces et font pénétrer l'extérieur dans l'esprit des villageois, dont l'isolement est fracturé par des besoins et des incitations multiples [57].

Celles-ci ne sont certainement pas entendues de façon égalitaire. On le voit bien en Limousin à l'échelle d'une communauté ; on l'aperçoit mieux encore dans la vie d'un gentilhomme de campagne du bocage normand du XVIe siècle, le sire de Gouberville, qui lui aussi a tenu son livre de raison, son *Journal*, document de famille et archive des relations sociales ainsi que des mouvements de tous ceux qui vivent au manoir et à proximité [58]. C'est un bon observatoire : ramassé dans le temps (1549-1562), il livre de multiples remarques sur les espaces d'une vie. L'auteur est un hobereau, nobliau, propriétaire, mais aussi détenteur de pouvoirs plus larges : il est lieutenant des Eaux et Forêts, office régalien qui fait entrer le Cotentin dans une mouvance administrative plus vaste. Gilles de Gouberville note journellement des bouts de compte, surtout ce qui intéresse les échanges extérieurs, et ce qui débloque l'autarcie des domaines, et des arrivées et des départs, et des incidents et des gestes quotidiens. Pendant treize années règne la répétition, obsédante, gage de l'intérêt et du sérieux apportés à l'écriture : 3 370 fois revient l'expression « je ne bouge de céans », quand il ne quitte pas la maison du Mesnil au Val, soit les deux tiers au bas mot du temps passé. C'est un style de vie et un comportement qui s'expriment sans état d'âme, sans psychologie, sans moi incisif, mais dans la relation d'un rapport à l'espace et d'un commerce avec les autres proches, familiers, voisins, éloignés plus ou moins, différents. Son immobilité reste d'abord celle du travail du possesseur de fief, de terres, de bois : surveillance et loisirs l'entraînent dans les friches, les labours, les coupes quand le temps le permet. Chasser occupe des journées sans s'éloigner de la maison. Récolter, bâtir, réparer tissent les mouvements du premier cercle. Au-delà, la ville est de peu de poids ; comptent d'abord les serviteurs et les parents, les amis prêtres, autres nobliaux, petits notables des paroisses proches (Le Teil, Digoville, Tourleville, Sausse), fréquentés à l'occasion, rencontrés à la messe et à l'auberge. Mais l'homme de la terre, le sédentaire accroché à son canton, ces deux à trois cents kilomètres carrés familiers, est à l'occasion un voyageur.

Deux invitations poussent à transgresser les limites habituelles : les nécessités des relations proches, pour les échanges ; et les occupations officières, pour l'exception dictée par des impératifs divers. Dans le premier cas, les absences vont de un jour ou deux jours à quelques semaines ; dans le second, elles dépassent un à deux mois. Le premier horizon est celui des itinéraires réguliers qui agrandissent l'espace de la vie habituelle, qui en portent les bornes jusqu'à Valognes en Bessin, où il va une quarantaine de fois en treize ans ; au-delà, il ira seulement jusqu'à Saint-Lô, Cherbourg, Coutances, Avranches : tout cela représente 65 % des mouvements enregistrés. Ce sont les allers et venues du sédentaire, dictés par les retrouvailles familiales, la consommation d'objets inaccessibles autrement, quelques transactions, quelques procès. Au total, 1 149 allers et retours proches et familiers, 520 heures par an, 9 000 kilomètres, plus de 50 fois à Cherbourg et guère plus qu'à Valognes. C'est un territoire bien balisé que l'on arpente à cheval, rarement seul, et pour des étapes de 6, 7, 10 ou 15 kilomètres. Pour aller plus près, un domestique peut suivre à pied ; plus loin, on emporte des provisions sur le bât d'un animal tenu en longe. Les chevaux sont précieux, fragiles : ils se déferrent, boitent, se blessent, tombent malades ; on peut compter sur de modestes hippiatres ruraux pour retaper les montures. A l'étape, les relations et les familles, plus que l'auberge, fournissent l'*hospitalité* indispensable et qu'imposent plus encore la rigueur des saisons, les pluies, le froid, la boue des mauvais chemins. Au-delà, Gouberville va trois fois à Rouen : cela représente 400 kilomètres aller et retour en selle ; il reste à chaque occasion 140 jours absent. Une fois seulement, il gagne Blois où se trouve la cour : 280 kilomètres à l'aller par Caen, Mortagne et La Ferté ; 480 kilomètres au retour, par Chartres, Évreux et Rouen. Soit dix heures de trajet par jour, 50 kilomètres au maximum entre le lever et le coucher du soleil. C'est long, coûteux, fatigant et, de surcroît, sans résultat. Gouberville a perdu ses 65 livres, valeur 1550, un petit héritage, car ses protecteurs ne lui ont pas obtenu l'office des Eaux et Forêts, une maîtrise, qu'il guignait. C'est un noble, mais aussi un crotté rustique, qui a plus vu les coulisses de la cour que son éclat. Il n'ira jamais à Paris – on peut encore s'en passer !

Voilà donc la mobilité d'un notable ordinaire un peu relevé, un peu distingué dans son pays et estimé dans la province. Elle est d'abord d'utilité, et elle ne le mobilise pas tout seul : il part toujours accompagné, et ce qu'il rapporte au retour compte pour tous. C'est un voyageur *sans voyage et sans récit*, qui décrit peu si ce n'est furtivement : les pays connus ne méritent pas inventaire, les dangers et les obstacles un peu plus. Enfin, c'est une mobilité limitée dans le temps et l'espace, où l'on entrevoit ce qui attire, et la ville en premier lieu, pour la distance. On s'y ravitaille en tissus, en souliers, en vins, on y échange les productions du domaine – et c'est ainsi que le capitalisme marchand pénètre les campagnes –, mais on y va aussi pour les procès et pour se retrouver entre familles de notables. C'est avant tout une affirmation : celle d'un pouvoir social et économique, et, inséparable, celle des solidarités familiales, voire religieuse avec les troubles [59].

Mobilité des choses, mobilité des hommes, foires et marchés

La mobilité ne peut faire l'épargne de la dimension économique, car elle articule des niveaux multiples de l'activité des hommes. Peu à peu se développe une vision de l'échange comme moteur de la hiérarchie des lieux et de la trame urbaine. Du village (avec ses écarts) au bourg, du chef-lieu de pays à la capitale régionale, siège des pouvoirs administratifs et religieux, s'ordonne l'importance des forces d'attraction et de redistribution, des flux de la mobilité des hommes. Ce réseau est moins organisé pour et par des déplacements linéaires de bas en haut, aboutissant à terme au sommet parisien moteur de l'*exode rural*, que par et pour des déplacements d'abord transversaux, qui sont dirigés par le choix des familles et des individus, qui sont canalisés par des circuits coutumiers, des contacts de tradition souvent mis en place depuis longtemps et d'autant plus forts que la dépendance des conditions naturelles, de leur étagement et de leur variation, ne se maîtrise pas sans mal. La montagne hostile, la plaine accueillante, le bocage fragmenté, l'*open field*, la campagne ouverte sont à l'échelle locale créateurs de l'énergie des circulations, zones d'appel ou de répulsion, souvent domaines recherchés de productions complémentaires. Dès lors, toute la mobilité ne peut se ramener aux mouvements de longue distance, du départ des villages aux entrées en ville ; elle doit intégrer les flux des villages aux villages, qui concurrencent et préparent les mouvements plus longs. Ce sont ces circuits à courte distance qui sont les plus difficiles à percevoir, car les sources démographiques, fiscales, notariales, voire hospitalières, ne s'y prêtent pas facilement [60].

A ne voir qu'un type de mobilité, on souligne ce que l'époque redoute, dénonce : la rupture et le dépérissement du monde rural, richesse du royaume. Si la littérature politique des XVIe-XVIIIe siècles voit le fonctionnement de l'organisme social à l'image d'un corps, avec sa tête et ses membres, du roi aux peuples, c'est qu'elle y trouve transcription de ce qu'elle perçoit le plus aisément : la circulation qui est nécessaire pour alimenter la machine. La *physiocratie* en donne la dernière analyse cohérente, qui identifie le mouvement de la production utile à la capacité de fournir la consommation de tous, à la terre et au travail des paysans et des propriétaires. On aura à restituer les individus dans cet espace plus large, qui est celui des mouvements du commerce et de ceux des migrations, qu'on ne peut plus réduire au seul ancrage de la résidence. Des *chemins invisibles*, des filières migratoires se rassemblent dans des dispositifs institutionnels, pérennes, échanges économiques, organisation des consommations et des transports, où l'on retrouve l'effervescence de la mobilité. Ici encore, entre le territoire et la rupture, se dessinent pour les collectivités et les individus des figures multiples que ne dominent pas forcément la coupure et l'isolement. La durée du déplacement marque le passage de la proximité à l'éloignement plus que la fracture, qui n'intervient qu'à terme. C'est le fondement des *remues d'hommes* et des mobilités professionnalisées, saisonnières ou plus durables [61].

Ces mouvements longs induisent des effets culturels réguliers, mais d'autres plus courts entraînent des conséquences aussi profondes et tiennent dans la dynamique locale des rôles économiques et sociaux d'importance. Foires et marchés en constituent la trame [62]. Dans l'*Encyclopédie*, Turgot en a formulé la critique en même temps que la description. La foire à ses yeux est liée au privilège, dont les exemptions et les franchises faites pour séduire le commerce volatile créent l'artifice. Pour une libération des échanges, ces contrôles devraient disparaître, et le laisser-faire, laisser-passer fera survivre les foires naturellement utiles. Le marché, lui, est implanté plus bas, plus densément : il rayonne sur des aires d'attraction plus réduites ; c'est le lieu de la connaissance des producteurs et des consommateurs, où la proximité compense aisément le coût du déplacement. La police du marché est ancrée dans la mentalité économique du plus grand nombre, soucieux de garantir ses besoins [63].

Dans l'un et l'autre lieu, un même rôle se diversifie par l'échelle de l'aire du rayonnement, l'intensité de la fréquentation, celle des transactions, la répétitivité et la durée qui détermine celle des déplacements. Si, pour Turgot, « les foires sont devenues aussi nuisibles que les marchés sont utiles », c'est que la naissance et le développement du marché postulent l'existence d'une société apte à l'échange et où se sont créées les conditions de la mobilité indispensable à son bon fonctionnement : hiérarchie des lieux, variété et complémentarité des denrées et des objets, facilité des communications, volume suffisant de la population entraînée vers la vente et l'achat. En revanche, la foire, imposée par intervention extérieure, oblige vendeurs et acheteurs à des déplacements importants, à payer plus de frais de transport ; elle freine la capillarité des activités commerciales et le développement. Ce que Turgot résume par une belle métaphore aquatique : « Les eaux rassemblées artificiellement dans des bassins et des canaux amusent le voyageur par l'étalage d'un luxe frivole ; mais les eaux que les pluies répandent uniformément sur la surface des campagnes, que la seule pente du terrain dirige et distribue dans tous les vallons pour y former des fontaines, portent partout la richesse et la fécondité[64]. » Concluons : la foire gêne la croissance, le marché l'engendre par la mobilité qui joue un rôle fondamental, encore plus important que celui des foires pour l'acculturation à l'achat[65].

L'importance du phénomène, en quantité comme en qualité, n'échappe pas. Vers 1792, on compte 4 264 lieux de foires, 2 446 lieux de marchés, 2 104 sites avec les unes et les autres : c'est un avantage des agglomérations qui structurent l'espace. Dans le temps, avec 16 535 jours de foires annuelles et 160 732 jours de marchés hebdomadaires, on voit la force de l'impact. Vingt ans plus tard, sous l'Empire, calculé en 1810, cinquante ans passés sous la Monarchie de Juillet, le phénomène n'a pas diminué : « la France est criblée de foires », et plus encore de marchés ; certains, à peine grossis, se transforment de marchés francs en *foires mensaires*. A lire les cartes dessinées de l'Ancien Régime à l'Empire, on voit s'infléchir les données sans rupture. La France des foires est celle de l'urbanisation lente, de l'industrialisation et du commerce peu actif ou plus concentré : celle de l'Ouest, du Centre, du Sud-Est, et du Centre-Est. Le Nord, le Nord-Est, le Midi – de la Guyenne au Languedoc – sont pauvres en équipement comme en jours de foires. La France des marchés irrigue le Nord-Ouest, l'Ouest atlantique, l'axe de la Garonne, de la Saône et du Rhône, le Massif central, les Alpes, la Provence. Partout, toutes les populations sont intéressées, mais les mobilisations par l'échange ne sont pas partout identiques. La foire, plus exceptionnelle, lieu d'une mobilité moins répétée, caractérise les grandes zones géographiques d'habitat dispersé ou semi-dispersé, les Flandres, le bocage normand, le bassin de Rennes, des îlots nombreux du Sud-Ouest au Bas-Rhône, du regroupement en hameaux du Massif central, des Alpes du Nord, des Vosges, de la Bretagne occidentale, du Bassin parisien méridional, du Poitou, du Berry, du Quercy. La carte des marchés hebdomadaires en est le négatif vérifié par Bernard Lepetit en 1810 pour l'Aisne, le Calvados, la Manche et l'Orne, et par Dominique Margairaz pour la France de 1792.

Il y a peu d'opposition entre foire urbaine et foire rurale, marchés ruraux et marchés citadins, et peu de coïncidence entre la densité du réseau des foires et celle du réseau des routes. Le fait majeur, c'est la plus ou moins grande intégration à l'échange plus large dont la foire est l'instrument, et le marché un relais ; les chemins, alors, s'adaptent. L'abondance de foires signale les échanges locaux, et des mobilités moins fréquentes et plus longues ; les marchés et leurs desservants sont suffisants pour les échanges de proximité ; bourgs et villes activent moins de mouvements en volume, structurent moins fortement l'espace[66]. Aux yeux des populations locales, la foire peut apparaître comme un atout économique et comme une force d'ouverture ; elle est attendue et réclamée par ceux qui n'y voient pas une concurrente des marchés. Ceux-ci alimentent plus souvent les pays et attirent des clients plus proches. La mobilité des hommes est alors le résultat de la rencontre de l'offre et de la demande avec des besoins et des moyens qui ouvrent à des horizons différents.

Du monde aux pays : mobilité des échanges

Au sommet figurent les foires polyvalentes, les grandes et célèbres réunions annuelles, urbaines ou semi-urbaines : Paris, Lyon, Caen, La Guibray, Beaucaire, une trentaine peut-être, à la fin du XVIIIe siècle, attirent au plus loin ; elles s'inscrivent dans les circuits de la grande vie marchande, nationale et internationale. On y trouve de tout, on y échange matières premières des pays contre produits manufacturés de l'extérieur, on y pratique les règlements financiers. Mais leur attrait dépasse largement leur dimension économique. Stendhal, dans les *Mémoires d'un touriste*[67], restitue talentueusement ce rôle sociologique, et son tableau n'est pas infirmé par les études des historiens de la foire de Beaucaire[68]. Ce qui frappe le touriste, c'est d'abord le tapage, le mouvement, la foule :

« A chaque instant, quelque ami me serrait la main et me donnait son adresse. [Partout il y a presse,] dans les rues de Beaucaire, sur le pré, sur la rive du Rhône. Des musiciens gesticulent et braillent devant une contrebasse et un cor qui les accompagnent ; des marchands de savonnettes vous poursuivent de l'offre de parfum de première qualité qu'ils apportent de Grasse ; des portefaix vacillant sous des fardeaux énormes qu'ils portent sur la tête vous crient gare quand ils sont déjà sur vous; des colporteurs s'égosillent à crier le sommaire des dépêches télégraphiques arrivant d'Espagne [...]. A Beaucaire, l'oreille est assaillie par toutes sortes de langues et de patois [...] les costumes sont aussi variés que les langues [...]. Quant à la vie morale, voici le premier trait de sa physionomie : tous les usages qui ne peuvent s'accomplir que lentement disparaissent, tout le monde est vif. »

La foire, qui ne dure légalement que sept jours, est allongée pour satisfaire besoins de rencontre et d'échanges, car si la fête de la foire séduit, derrière elle il y a les affaires. « Le voyage de Beaucaire est une fête pour tout le monde. Les commis des marchands arrivent d'ordinaire quinze jours avant l'ouverture; ils reçoivent les marchandises, les enregistrent, les arrangent convenablement; c'est un moment fort gai pour ces pauvres jeunes gens qui ont à mener une vie fort active loin de l'œil du maître [...] la foule énorme est surtout composée des gens du midi. » A la tombée de la nuit, c'est le moment le plus gai : « La bonne compagnie se rend au pré, le peuple danse, chacun cherche le bal de ses compatriotes. » Stendhal conclut librement l'épisode : « Le judicieux Adam Smith prétend que l'existence des foires indique l'enfance du commerce; je ne sais comment concilier cette assertion avec la vogue actuelle des foires de Leipzig, de Beaucaire et de Sénigalia. Je ne concevrais les foires que pour les dépenses de luxe; un homme se laisse tenter et fait des cadeaux à la femme qui l'intéresse. » Voilà ce qui compte dans la mobilité activée pour la foire : le brassage, une sociabilité temporaire, la rencontre du lointain et du proche, l'offre largement ouverte. « Il n'y a pas de marchandises, quelque rares qu'elles soient, qu'on n'y puisse trouver », dit Savary : le Nord et le Sud mêlés, populations mélangées – négociants, travailleurs, marins, portefaix, paysans, vagabonds, joueurs, prostituées, comédiens, saltimbanques, libraires.

Célébrer la foire, c'est célébrer la lecture du monde et la liberté, c'est montrer comment elle unit la consommation et la fête en une alliance qui n'a pas fini d'épuiser ses vertus aujourd'hui. C'est ce que les moralistes dénoncent, c'est ce que les gens perspicaces louent, d'Henri Estienne (en latin au XVIe siècle) au XIXe siècle [69]. A une échelle inférieure, tant par le volume que par le rayonnement, d'innombrables foires assurent partout ce rôle de contact, cette fonction d'animation de la circulation et de vitrine théâtrale du commerce, qui retient régulièrement l'attention des paysans [70]. C'est un phénomène européen : on le retrouve analysé aujourd'hui pour les montagnes suisses comme lieu d'échange, d'embauche, de plaisir, et partout en pleine croissance; on le voit agir dans les sociétés rurales et urbaines du Vicentenois, en Italie du Nord, où un réseau actif organise des circuits saisonniers et des flux réguliers [71]. La mobilité des échanges peut y faire l'objet d'une analyse systématique et interactive. Les intuitions de Fernand Braudel sont partout vérifiées, et le point de vue des contemporains infirmé : la foire est « le fléau de nos campagnes, des mœurs et de l'agriculture », pensent les députés de l'Assemblée nationale constituante le 31 mars 1791, quand ils discutent des droits des marchés et des foires; mais, plus que ne le pensait Braudel, la foire *vieille horloge* n'échappe pas aux nouvelles accélérations temporelles [72]. Elle teste une relation complexe des échanges en cascade, et leur dynamique descend par le circuit des rassemblements ruraux et agricoles.

Les *foires de bétail*, au niveau des petites villes, des bourgs et des paroisses, drainent par étape les bêtes de boucherie ou de transport – bovins, chevaux, mulets –, rassemblées sur leur foirail au carrefour des routes, parfois à l'écart. Elles sont moins spécialisées que dominées par les productions et les besoins locaux, la distribution cantonale et la redistribution plus large. On le voit à La Martyre, près de Landerneau, qui tous les ans vend une bonne part des chevaux du Léon, du Trégor, de Cornouaille; il en va de même à Fontenay-le-Comte, avec les mulets et les baudets; quant aux marchés de Poissy, ils concentrent les bœufs de la *provision de Paris* [73]. Le rayon des déplacements des acheteurs et des vendeurs varie selon les cas. Les premiers y retrouvent la multiplicité de l'offre, l'éventail des objets fabriqués et des épiceries, voire des livres. On trouve ces *foires de bagatelles* partout après 1806, et avec elles la multiplication des rôles de service : louée de domestiques à la Saint-Jean, à la Saint-Martin, engagement des valets, des bouviers, des servantes, qui courent les dix à trente paroisses desservies pour se faire engager. Elles coïncident souvent avec des pèlerinages et des célébrations religieuses – ainsi à Alise-Sainte-Reine, à Échenoz en Savoie, à Gémenos en Provence. La mobilité des échanges et les possibilités culturelles offertes retrouvent alors le vieux calendrier des fêtes religieuses et seigneuriales, des saisons et des travaux agricoles, des transhumances et des célébrations carnavalesques.

Les marchés se différencient moins dans leurs fonctions que dans leurs périodicités. Ils sont partout hebdomadaires ou réunis tous les quinze jours, ce qui multiplie leur attraction – dix foires pour vingt à trente marchés –, ce qui étale dans le temps une mobilité correspondant à des besoins différents, donc à des volumes d'échange moins importants : l'échange alimentaire et le commerce des produits frais y dominent, les paysans y ravitaillent les citadins, les régions déficitaires pour telle ou telle production y compensent leurs manques, les notables y font leurs comptes et les notaires leurs contrats. Les populations y trouvent l'essentiel, et un peu de superflu; pour cela, elles n'hésitent pas à marcher tout le jour. C'est le théâtre des stratégies individuelles entre besoins constants, spéculations modestes ou élargies, choix et décisions, qui animent les marchandages, la concurrence des prix, leur surveillance quand on voit poindre les signes d'une crise, l'émeute et l'émotion quand la spéculation redoutée se révèle efficace ou quand la rareté fait craindre le pire. Les hommes et les femmes s'y partagent des rôles différents : aux premiers, les échanges productifs; aux secondes, les menus commerces, vente des volailles et des légumes, achats domestiques. C'est le lieu du premier apprentissage des besoins nouveaux, de la *culture des apparences et des colifichets*, mais quelquefois aussi du premier contact avec les *muses*, avec les livres, avec les images, avec la comédie. Le marché local, première occasion d'ouverture au monde, marque une des limites de la mobilité ordinaire. Si l'on additionne l'attraction du champ matrimonial habituel – les quelques paroisses proches – et le rayon économique le plus banal – l'horizon des marchés, des foires locales –, le second cercle de la mobilité est fermement tracé par une capacité journalière du déplacement : 10-15 kilomètres à pied, 20-30 à cheval ou en charrette. C'est la proximité la plus vécue, mais plus ou moins intensément : plus pour les hommes, moins pour les femmes; plus pour les notables et certaines professions, moins pour les simples paysans.

Au-delà, la mobilité est déjà une rupture qu'alimentent et suscitent les situations de crise, la pauvreté, les stratégies des familles, les coups de tête des individus, le travail coutumier au loin. C'est une autre ouverture et un autre jeu des libertés et des contraintes temporaires, à plus long terme, s'achevant parfois par une coupure définitive. L'ensemble se règle dans le but de faire quelques profits, tant d'ordre matériel qu'intellectuel. L'ouverture des villages ne peut se contester, mais elle ne peut se séparer des capacités d'éveil qui ont varié dans le temps, des moyens qui n'ont pas été toujours semblables, des forces d'attraction et d'accueil exercées à travers des réseaux, d'échelles différentes, entre les villages, les villes, les capitales. C'est pourquoi le conflit de la sédentarité et de la mobilité se fait entendre, selon les moments et les lieux, avec des accents différents et des enjeux sociaux inégaux, distincts. Quand les moyens de circulation rares autorisent majoritairement la mobilité des notables qui y manifestent leur pouvoir économique et social, ou quand ils intéressent seulement un horizon local dominant, les crises matérielles et morales déclenchées mobilisent déjà les critiques : au cœur des révoltes, au cœur des crises religieuses. Mais quand les communications s'améliorent, la dénonciation grandit et le débat s'élargit. Faut-il encourager la mobilité de tous ? oui, si elle doit faciliter le développement et le progrès des Lumières. Faut-il la contrôler ? oui, si elle menace l'ordre social lui-même et renverse l'économie morale. Entre le désenclavement et l'après de ces conséquences – réelles, intellectuelles et imaginaires –, entre deux étapes où les moyens et les effets de la mobilité ne sont pas les mêmes, pour le malheur des historiens, la frontière est imprécise, la chronologie et la géographie variables, les pédagogies sociales changeantes du sacré au profane [74].

De la distance aux communications

Le contact entre le local et le monde, le spectacle qu'on découvre dans les élargissements successifs des espaces locaux et celui que donnent les gens de passage, font la distance mentale. De la mobilité vécue à la distance pensée que mobilise la réflexion sur les aménagements de l'espace s'instaure une transformation de l'expérience [75]. Hume en rend compte dans son *Traité sur la nature humaine*. L'imagination, pense-t-il, produit des images plus vivantes et plus fortes quand l'objet de la perception est plus proche dans le temps et l'espace. Avec la distance, l'effet s'agrandit : « L'océan, l'éternité, la succession des siècles suscitent l'admiration et comblent l'âme des sentiments élevés. » L'éloignement dans l'espace suscite une même attraction : « Un grand voyageur, quand il se trouvera dans une pièce en même temps que nous, sera vu comme un personnage extraordinaire, comme aussi une monnaie grecque est toujours considérée comme un objet rare et appréciée même si elle est contenue et enfermée dans notre vitrine. Dans ce cas l'objet à travers un mouvement, un passage naturel, fait diriger notre regard à la distance et l'admiration provoquée par la distance, par le moyen d'un autre regard, revient à l'objet. »

Au temps de la mobilité restreinte, l'imagination s'accroît avec l'éloignement, et la perception de ce qui est autre mobilise une capacité créative pour reconstruire et comprendre ce qui est livré souvent par indice, indirectement, récit du voyageur ou vision de l'objet exotique. Comprendre l'étranger est du même ordre dans le temps et dans l'espace, et l'expérience réduite du voyage ne freine pas cette réflexion sur la connaissance du monde. Elle correspond à une pratique de lecture et d'informations pratiques et intellectuelles sur les mondes proches ou lointains. La généralisation de l'expertise du voyageur repose sur une connaissance directe accrue, qui confronte le ouï-dire au contact réel, et il n'y a pas de différence à faire entre l'expérience des espaces proches et celle des espaces éloignés, sinon que celle-ci a été plus diffusée par la lecture, au début du moins. La *classe philosophique*, celle qui voyage dans le monde et dans son fauteuil à travers les descriptions de ses périples, livre et découvre moins un matériau brut que les représentations et les jugements qu'elle partage. Le peuple voyageur, lui, est muet; il ne donne pas ses conventions. Dans l'un et l'autre cas, l'effet, attendu et entendu, est celui d'un transfert, et le problème central est celui des préjugés et des valeurs héritées qui se confrontent à autre chose. La distance est une catégorie élémentaire de la relation humaine qui instaure la possibilité de comparer avec les autres civilisations dans le cas des grands voyages (la référence est alors la civilisation de l'Europe), avec les autres territoires dans le cas des mobilités de proximité (le point fixe est alors la communauté locale, ses hiérarchies et ses habitudes), entre connaissance directe et idées toutes faites. La mobilité permet de distinguer. Quand les conditions habituelles qui en règlent l'étendue et la vitesse changent, la communication s'accélère, l'acculturation gagne du terrain, la chaleur du lieu natal enveloppant, banalisé, devient moins supportable ou moins suffisante. L'histoire du désenclavement local est une des approches majeures de toute histoire des sociétés et de leurs cultures.

L'ÉVOLUTION DES RÉSEAUX

L'interaction des contraintes matérielles et des obligations sociales ou des choix libres interfère de façon permanente [76]. Obstacles et dangers de la route sont un topos des récits. Entre le XVIe et le début du XIXe siècle, deux traits fondamentaux freinent et accélèrent la circulation. Le premier relève du fait que le système de transport dépend des seules formes de l'énergie naturelle : la force humaine et animale, celle du vent et de l'eau. Ce sont des moteurs médiocres : celui de l'homme ne développe que trois à quatre centièmes de cheval-vapeur, mécanique ; celui du cheval, dix à quinze fois plus ; l'eau et le vent sont surtout plus faibles et plus irréguliers. Ces derniers coûtent moins cher, et transportent des volumes plus importants. Le cheval bat l'homme en efficacité : il faut sept hommes pour effectuer le travail d'un seul équidé. Le coût de l'homme est faible, mais il ne va pas loin et pas très vite ; aussi le relais a-t-il depuis longtemps été assuré par les animaux et les aides naturelles améliorées. Le coût des transports est inégal tant pour les hommes que pour les choses, et Jean-Baptiste Say calcule encore qu'un transport de dix lieues par terre est plus cher que celui de mille lieues par mer.

L'incitation est donc le principal problème du changement. Simultanément, les équipements progressent et les techniques grignotent la lenteur. Une double impulsion y pousse : celle de la demande économique qui multiplie l'outil, le navire à voile et la route, en structurant des transports terrestres aux limites du possible dans les temps de la société préindustrielle ; celle des États modernes, sous-estimée par Fernand Braudel, pour leur croissance et leur défense. La route moderne est fille des monarchies centralisées, car c'est l'instrument du déplacement des courriers, des armées. La poste est un organisme sous contrôle de l'État ; la route économique, le réseau des ports maritimes et fluviaux sont sous sa surveillance directe ou indirecte, l'autorité restant en ce domaine partagée entre les institutions. Commerce et politique animent tous deux la lutte contre l'espace et le temps. En la matière on ne manque pas d'informations, mais l'on connaît mieux les opérations techniques que les pratiques générales qu'on aborde au hasard des récits de voyage, des correspondances de tous ordres, des documents privés. Retenons une idée centrale : les conditions matérielles changent peu, s'améliorent lentement et, géographiquement, de façon inégale ; lenteur et cherté caractérisent tous les déplacements. Au milieu du XVIIIe siècle se prépare une grande mutation qui ne bouleverse pas totalement les équilibres anciens, mais qui rompt les isolements d'habitude et accélère transports et communications.

Deux images traduisent les façons de voir et font découvrir ce qui n'est pas familier. La *route* ou la *halte* du peintre de genre Demoine montre vers 1760 les composantes matérielles de la route ancienne. Au centre, le pavé. Il s'agit d'une route royale, entretenue : on voit au premier plan les tas de pierres qui boucheront les trous ; on voit aussi les ornières boueuses qui bordent le tracé enraciné. C'est une voie droite, alignée, sans obstacle, sans doute caractéristique de la France du Nord, près de Paris, où la construction et l'entretien sont bien contrôlés – on ne la retrouvera pas partout. C'est une artère encombrée : troupeaux, bestiaux, charrettes attelées, piétons, diligence à l'arrêt sont présents. C'est aussi, à l'occasion d'une *scène de genre*, la peinture d'une halte, d'un relais. La grosse berline à quatre chevaux et quatre roues est stoppée sur la gauche du chemin ; les voyageurs discutent avec d'autres acteurs du trafic, des enfants jouent sur l'arrière-train. Trois formes de mobilité, trois étages du voyage coexistent dans cette représentation vivante, pittoresque, enlevée, évoquant le monde rural avec sa ferme, sa paysanne assise, ses bambins et son troupeau d'oies. D'abord, la voiture de poste, la diligence : un service, sa régularité. Ensuite, les chars paysans à deux ou quatre roues avec cheval et bœufs. Enfin, la marche à pied, celle du conducteur du chariot, celle du passant : une vitesse réduite, un rayon de mobilité restreint. Des ânes font descendre d'un cran les capacités de vitesse et de port. Est-il inintéressant que le peintre ait choisi de montrer un arrêt ? certainement pas, c'est une situation constante dans les transports anciens que motivent les nécessités, la faim, la soif, l'incident (ici, des travailleurs remettent une roue en place, taches de couleur minuscules dans le tableau). C'est aussi une manière d'évoquer la rencontre de deux mondes, celui de la mobilité lente et celui de la stabilité massive – sur la porte de la ferme, une chouette clouée montre que l'archaïsme des coutumes n'a pas disparu sous l'effet de la circulation. En bref, on est entre la conquête de la liberté de déplacement, bien amorcée, et la lourdeur des sociétés closes : un moment, un lieu de contact.

En 1775, Joseph Vernet expose l'un de ses chefs-d'œuvre au Salon du Louvre : *La Route*. Le tableau a été commandé par le contrôleur général, l'abbé Terray. C'est un signe politique, la peinture officielle d'un acte raisonné, la *construction d'un grand chemin*, que l'on peut comparer par sa signification à la *Série des grands ports*, peinte pour le roi et dans le but de louer les commerces. C'est aussi un acte de foi dans une forme de progrès par l'ouverture : la route fait violence au paysage, mais elle va libérer les hommes. La toile évoque le chantier en cours, la route qui zigzague et que l'on redresse, dont on abaisse les déclivités, et le dégagement des bas-côtés par les charrois et les remblais, les travailleurs employés à leurs tâches diverses : pavage, cassage des grès, brouettage, creusage. Pas de machine : des bras, des outils, des charrettes à deux roues, capables de porter des capacités lourdes, des chevaux. Au fond, un pont dont le travail exige deux grues. Le paysage est italianisant, montueux, peu réaliste – mais peu importe : la nature, la vie rurale comptent moins que la force technique. Le symbole de ce réalisme efficace est donné par le groupe central, arrêté sur la route : quatre cavaliers attentifs écoutent un chef de chantier ou un conducteur de travaux ; le premier lit un plan. Vernet peint la gloire des ingénieurs des Ponts et Chaussées, principaux acteurs du développement routier après 1740 sous l'autorité de Trudaine. La simultanéité des travaux évoque la lenteur de la mise en place, la difficulté d'un programme, par contrecoup les espoirs qu'ils lèvent ; un piéton chargé, deux femmes arrêtées montrent ce qui va être libéré et changer d'horizon. L'offre et la demande vont être modifiées sur le marché des besoins ; l'accès aux lieux de consommation, la circulation des savoirs vont s'accélérer. C'est l'espace du progrès.

Des hommes, et des chemins, et des routes

La mobilité des marchandises et des hommes dépend d'un état des routes et des voies d'eau, qui entretiennent des rapports de concurrence et de complémentarité. En ce domaine, la commodité des voyageurs est moins incitatrice que la sûreté des circulations commerciales, des courriers et des armées. Pour l'État, occuper cet espace est doublement motivant : il assure son contrôle du territoire et le progrès des productions, conformément aux exigences du mercantilisme et du libéralisme contrôlé qui s'impose à la fin du XVIIIe siècle. Pour Adam Smith, aucun doute : chemin de terre et chemin qui marche participent au progrès du commerce, dont ils assurent les pleins débouchés. Le transport des personnes et des nouvelles compte, mais de façon certainement moins massive, avant de rejoindre les nécessités économiques par le besoin d'information, l'ouverture de nouveaux marchés, leur conquête par la novation. La continuité et la rupture qui marquent l'histoire sont ici rassemblées par deux défis : celui de la régularité obtenue par une victoire sur la nature, celui des obstacles techniques gagnés par l'intelligence des techniciens et l'efficacité des institutions. Longtemps, c'est – à quelques grands axes près – la rareté des tracés entretenus, fréquentés en permanence, qui domine partout ; la France, l'Europe s'engluent dans le caractère changeant des dessertes locales et, quand la frontière du chemin flotte, tout se ralentit. La croissance routière se fait autour des capitales et pour les liaisons majeures ; celles-ci sont assurées en étoile autour de Paris, de Londres, de

Milan, de Rome, et de moins en moins vers l'Orient et le Nord. La route s'étend quand grandit l'État, mais elle recule avec ses crises, révoltes, guerres religieuses, guerres internationales. Pendant deux siècles, c'est le règne d'un réseau inégal, avec des fragments d'itinéraires superbes aux abords des villes et, partout ailleurs, des chemins irréguliers et le cheminement lent des piétons et des chars. On leur préfère les rivières et les courbes cabotières.

La France, de Sully à Colbert, donne l'exemple d'un intérêt auquel manquent les moyens et la finance, mais elle esquisse des interventions décisives : la liaison Paris-Orléans-Lyon, l'aménagement de la région parisienne, les liaisons plus ou moins assurées vers les grands ports et les frontières. Le réseau apparent ne coïncide pas toujours avec le réseau réel – peut-on même parler de réseau, puisque la notion de hiérarchie, d'interconnexion, de dépendance n'existe guère ? On se méfiera des *Guides* et des *Itinéraires*. Depuis la *Guide des chemins de France*, ils révèlent la nécessité d'une information, fournissent des indications utiles aux visiteurs, conseillent des étapes et des directions, voire précisent les distances et les postes à courir, prodiguent des avis touristiques, mais ils ne garantissent pas l'état des routes. De part et d'autre, la circulation s'organise entre « grandes routes », « bons chemins », « chemins du roi » et « voies locales ». C'est la frontière de l'horizon restreint, sinon immobile, et de l'espace élargi mais non sans borne. Entre les deux, l'articulation se fait mal, car on ne calcule pas le profit apporté par la route réglée, mais on sait ce qu'elle coûte en taxes et en corvée. La réconciliation se fera au XIXe siècle. De même, l'irrégularité oblige à recourir à la voie d'eau utilisable : presque toutes les rivières navigables sont le lieu d'une intense mobilité ; elles orientent les déplacements, imposent leur franchissement aux nœuds commerciaux pour relier les rives, parfois les doublements de la circulation ; elles offrent un choix longtemps possible. Les *Mémoires d'un touriste* montrent, tant sur la Saône et le Rhône que sur la Garonne et la Loire, comment le voyageur peut jouer des possibilités offertes[77]. C'est le besoin de la rapidité qui commande ou qui s'accommode.

Les obstacles techniques à résoudre apparaissent et réapparaissent. En permanence, l'économie routière et fluviale suit la pression des besoins d'ouverture. Ceux-ci entraînent une politique, des investissements, la recherche des ressources. Le transporteur, le courrier, le voyageur, par besoin et par nécessité, sont des agents actifs du changement pour vaincre l'espace. Le voyageur libre et par curiosité profite des équipements ; peu à peu, ses exigences de régularité propre vont aller dans le même sens. Sur la *vieille route*, de Paris à Orléans, entre Londres et Douvres, de Liège à Cologne, des routes larges, empierrées, entretenues, assurent à l'ensemble des circulations une aisance inhabituelle. Un carrosse de deux tonnes traîné par quatre chevaux, au trot, peut y faire du 10 kilomètres à l'heure. L'effort de traction double facilement quand l'empierrement se détériore : de 20 à 25 kilos par tonne sur le bon pavé, de 40 à 50 sur le mauvais, de 80 à 100 dans le sable et la terre meuble ! Avec les pentes, l'effort croît et la vitesse diminue. Les voitures patinent et s'embourbent. Ce sont ces conditions qui hiérarchisent les usages, qui font qu'on s'accommode de la lenteur, qu'on utilise massivement le cheval et le bateau. C'est cet univers qui modèle la conscience des voyageurs, que le XVIIIe siècle transforme en lançant une entreprise routière qui va se prolonger jusqu'à l'avènement des chemins de fer.

L'aube de nouvelles mobilités s'éclaire plus ou moins vivement du nord au sud de l'Europe, et de l'ouest à l'est, quand on passe de l'Europe des *routes ferrées* à celle des fondrières, des sablonnières. Les résultats obtenus sont à mettre au compte d'une action administrative intense, qui transforme et unifie la mosaïque des tracés irréguliers. L'effort suppose partout une impulsion qui utilise également les recherches scientifiques et techniques. Il y a un lien très fort entre la couverture cartographique – en France, elle commence en 1751 avec Cassini et ses arpenteurs, pour s'achever à la Révolution – et la levée de multiples *routiers*, cartes et plans d'itinéraires et de villes, le rôle de diffusion des guides et des indicateurs, et la conquête de l'espace et du temps. L'École des Ponts et Chaussées, les ingénieurs du roi, les ingénieurs des États font œuvre collective d'aménagement, instruments d'une politique générale qui se négocie dans sa réalité sur le plan local. Turgot, parmi d'autres intendants de province, en donne l'exemple en Limousin[78].

La grande mutation des routes de France étonne les voyageurs. Leurs histoires divergentes se rapprochent à partir du XVIIe siècle[79] ; alors, flux de circulation et flux des voyageurs enregistrent un développement restreint mais parallèle, avec le progrès du réseau au XVIIIe siècle. En 1627, *L'Itinerarium Galliae* de Zinzerling reconnaît déjà l'avance du royaume : « En France, les routes sont plus sûres que partout ailleurs [...] parce que le port des armes à feu est interdit aux voyageurs [...]. Les cavaliers de la maréchaussée défilent deux à deux. Il y a des coches publics qui partent de Paris pour différentes localités et reviennent dans la capitale. Partout on trouve des chevaux, excepté dans les endroits où des ordinaires [services réguliers] sont organisés, et ces ordinaires sont de deux sortes, les postes qui sont rapides et les relais qui sont plus lents. » Entre le XVIe et le premier tiers du XVIIe siècle, le changement et ses moyens se sont mis en place : route, sécurité, équipement. La cartographie et les guides fournissent à tous les utilisateurs les informations et, simultanément, les attentes. En 1630, la *Carte géographique des postes*, dressée par Tavernier, relève les chemins principaux et les centres de redistribution du trafic – Paris, Lyon, Strasbourg, Lille (hors des frontières), Toulouse, Marseille –, mais elle donne aussi les impasses, les culs-de-sac, les écarts : plus de la moitié des sièges d'évêché sont hors des grands chemins.

L'effort du XVIIIe siècle densifie le tissu routier, perfectionne les tracés, entretient les vieux chemins. Le bureau des cartes de l'ingénieur en chef Perronnet enregistre les étapes de l'amélioration, qui repose sur des choix techniques précis et rationnels. La hiérarchie des itinéraires garantit celle des interventions, et la régularité gagnée fait reculer la routine locale : la grande route a une largeur de 19,50 mètres (60 pieds) ; les grands chemins font de 11 à 12 mètres ; en deçà, on retombe dans l'incertitude. Le paysage nouvellement mis en place frappe les observateurs avec ses tracés rectilignes, l'emprise de 28 à 30 mètres de la grande route, les arbres, les fossés, les bernes, les rampes calculées. Les solutions routières correspondent à cette classification et aux moyens financiers et humains : les routes royales sont pavées densément sur les axes centraux ; le reste est empierré et plus fragile. Les deux techniques partagent l'Europe et mobilisent la réflexion des ingénieurs. Emblématique, au tournant du XVIIe siècle, la figure de l'ingénieur Henri Gautier, ingénieur du roi en Languedoc, ingénieur des Routes, Ponts et Chaussées, dont le *Traité de la construction des chemins* (1698) fait date : il note le perfectionnement des instruments (lunette optique, niveau, porte-chaîne), celui des personnels arpenteurs (chef de chantier, manœuvres), celui de la liaison tracé-structure, qui concilie le pavé et le gravier selon les cas.

Cinquante ans plus tard, c'est Pierre Trésaguet, ingénieur des Ponts et Chaussées ; il est à Limoges, avec Turgot, dans les années 1760. Son *Mémoire sur la construction des routes* diffuse un modèle économique, fondé sur deux principes essentiels d'un ouvrage d'art qui doit être durable : une couche de fondation ferme et sèche, une assise bombée, remblayée, facilitant le drainage, des *pierres en hérisson* posées de chant et enfoncées dans la masse ; une couche de roulement et une couche d'usure, empierrement de cailloux jetés à la pelle et gravier fin et sableux. Le problème résolu est celui de la liaison entre les couches qui supportent le poids du trafic, la pression des roues à jantes de fer et d'acier qui arase l'empierrement, dont les grains arrachés comblent les vides, les coups donnés par les sabots des animaux. Il faut entretenir les chemins en permanence. C'est en 1820 que John L. McAdam résout la question de façon définitive : c'est le sous-sol qui compte, et l'imperméabilisation qui évite au trafic de défoncer le chemin. Trois couches de 8 à 10 centimètres d'épaisseur de pierres triées à la main, concassées au marteau, superposées, liées par du sable, homogénéisées par le roulage (le rouleau compresseur n'existe pas encore), font la chaussée la plus efficace et la plus simple. C'est déjà notre route, sans le goudronnage inventé en 1854 à Paris par Polonceau.

La clef du système, c'est l'entretien, qui résout les difficultés subsistantes : les pluies, le gel, le sec, qui ruinent à chaque saison le travail à reprendre. Au printemps, il faut tout surveiller et tout remettre en état. On invente le travail cantonné et, au XIXe siècle, le *cantonnier*. Le rechargement périodique du *macadam*, l'entretien de la couche de surface sont alors devenus la garantie de la régularité des circulations. Celles-ci, la route une fois ferrée, déclenchent une série d'effets : le calcul de la force et du temps de travail, celui des coûts qui deviennent éléments de l'évaluation économique, la mesure de la force de tirage, avec Coulomb à la fin du XVIIe siècle – le cheval, on le sait désormais, est capable de remorquer 700 kilos sur 40 kilomètres en 24 heures. Routes, revêtements, vitesses sont les clefs du mouvement. La carte de l'état des postes en l'an V établit le bilan de la fin de l'Ancien Régime, l'ordre de grandeur des résultats que l'on identifie mieux encore avec les statistiques routières du début du XIXe siècle, mobilisées par Bernard Lepetit[80].

La densification routière est générale, mais avec des inégalités et des lacunes. Régularisée, normalisée, alignée, nivelée, la mobilité est passée presque partout de la vitesse du pas constant à celle du galop possible[81], mais le nord de la France bénéficie de 600 à 700 mètres de bonne route pour 10 kilomètres carrés ; le sud, de seulement 400 à 500 mètres. La capillarité est acquise au nord de la Loire ; au sud, la linéarité est plus discontinue, les isolats plus nombreux, les lacunes aussi. Le tracé de 25 000 kilomètres achevé vers 1789 convergeait vers Paris ; sous la Restauration, il est moins uniquement centré sur la capitale, car le complément de travaux – de

3 à 5 000 kilomètres vers 1820, plus de 10 000 encore vers 1835 – a créé des étoiles régionales, organisé des zones homogènes et que la vicinalité fait descendre vers le bas, après 1836 et la loi Thiers-Montalivet. Les voies de traverse impraticables[82], que dénonçaient vers 1767 Dupont de Nemours et les physiocrates[83] – ils privilégiaient les chemins de la vie locale et leur articulation sur les routes libérées par le commerce, critiquant aussi l'industrie « ambulatoire » et les « projets d'éloignement » qui déséquilibrent le développement[84] –, ont reculé, et l'horizon immobile avec[85].

Un effort moindre, mais non négligeable pour autant, a porté sur les voies d'eau. En 1789, 1 000 kilomètres de canaux – dont le chef-d'œuvre date de Louis XIV avec le canal du Midi –, 7 000 kilomètres de rivières et de fleuves navigables sont entretenus, équipés, surveillés pour le halage, le dragage, les accostages et le franchissement des biefs. Le grand plan d'équipement élaboré en 1820 met en ce domaine l'accent sur l'articulation de la route et de l'eau, sur les liaisons interrégionales : elles sont denses au Nord, plus discontinues au Sud, mais partout elles restent un élément d'une mobilité lente, toujours active. Désormais, la route n'est plus un complément de la voie d'eau ; elle est devenue autonome pour tout transport de biens et de personnes soucieux de rapidité. La Seine, la Loire, le Rhône, la Garonne, le Rhin sont des artères maîtresses de tous les trafics lents. Pour les voyageurs du XVIe et du XVIIe siècle, le Rhône est certainement le plus fréquenté. Dès les années 1770, le service des diligences d'eau s'organise de Chalon-sur-Saône à Lyon : il sert au trafic local et aux voyages plus éloignés, plus touristiques. Entre le fleuve et la route, c'est un échange constant où le peuple des bateliers gagne et vit sa vie, où les coches d'eau sont fréquentés parce qu'ils sont organisés, avec des horaires réguliers[86]. Partout trafics d'amont, trafics d'aval sont intenses : chalands de marchandises, bateaux de pêcheurs, barques, gabarres, bateaux de voyageurs. Ils participent activement au développement des mobilités, en dépit des obstacles naturels qui restent à lever : bancs de sable, rochers, moulins, pêcheries, ponts, encombrements urbains. Tous les voyageurs les énumèrent à loisir sur le Rhône furieux, la Loire paisible, la Seine tranquille. Ils alimentent leurs peurs, mais celles-ci comptent bien moins que l'utilité gagnée.

C'est sans doute une victoire générale en Europe, mais inégale. Championne, l'Angleterre des routes et des canaux, des *turnpikes*, qui font payer la circulation par l'usager – et non par l'impôt ou la corvée, comme en France[87]. Championne aussi, la

Hollande avec ses bons services routiers, ses coches d'eau réguliers, commodes, vantés par tous les voyageurs, mode de transport calme mais bon marché, moins coûteux que celui des voitures publiques[88]. Partout ailleurs, le réseau est moins dense, plus variable, ainsi dans le Saint-Empire ou en Italie, où la division politique fragmente les efforts aménageurs. Ils sont efficaces en Allemagne du Sud et en Autriche après 1750, en Milanais, en Toscane ; ailleurs, ils sont concentrés sur des axes de liaison majeurs, plus fragiles vers l'est et vers le sud. Diverses Europes de la mobilité se lisent dans l'inégalité des équipements, donc du gain obtenu sur la lenteur des anciens temps.

Circulation, lenteur, vitesse

Cette combinaison de lourdeur et de célérité ne se dissocie que lentement, et toute la mobilité moderne est marquée par cette prise de conscience. Passer de la connaissance des réseaux à celle des flux permet d'envisager celle-là, même si les sources ne s'y prêtent guère. Octrois et péages enregistrent comme les douanes des marchandises, plus rarement des passages et des hommes. Certaines catégories, les registres de départ outre-mer, les passeports, sont utilisables pour mesurer des volumes et des rythmes de contrôle : ils peuvent donner une idée relative de la marginalité du voyage lettré. Les guides et les itinéraires ne livrent pas les composantes réelles des trafics, mais les cadres où ils se coulent et des normes. Les mobilités y apparaissent dans une réalité d'apparence plus que de pratiques, où l'on peut noter l'importance des hiérarchies dans la maîtrise du temps et de l'espace. Des types de moyens et de circulation sont mis en œuvre pour différentes catégories de voyages, et ils définissent des sociabilités différentes. Le témoignage des voyageurs, limité à quelques évocations marquantes, est à interroger, bien que socialement biaisé par le silence des petites gens : ils livrent une vulgate des conditions générales de la vitesse ou de la lenteur. Leurs notations, qui sont loin d'être systématiques, révèlent les présupposés, les attentes, les jugements, le convenu, les canaux de transmission et les figures obligées d'un récit que parfois les archives de la route viennent corriger et confirmer. A pied, à cheval et en voiture, on ne vit pas de la même façon ; on ne voit pas hommes, paysages et choses de manière identique.

Les Français voyagent à pied : paysans, ouvriers, compagnons, bergers, artisans migrants, moines (c'est pour les ordres mendiants une règle), soldats, pèlerins, laitières avec pot au lait, maraîchères, femmes, enfants qui vont au marché. C'est la démarche habituelle de l'*horizon immobile*, des rencontres localisées, des loisirs du village. Ce n'est pas forcément faute de moyens, car il y a des choix libres et des complémentarités, des nécessités qui peuvent contraindre à accélérer le rythme. L'on voit Jean-Jacques Rousseau en faire l'éloge dans les *Confessions*, et au livre premier de l'*Émile* en faire un principe pédagogique : « Émile n'entra jamais dans une chaise de poste, et ne court guère en poste s'il n'est pressé. Mais de quoi jamais Émile peut être pressé ? D'une seule chose, de jouir de la vie [...]. Je ne conçois qu'une manière de voyager plus agréable que d'aller à cheval, c'est d'aller à pied. On part à son moment, on s'arrête à sa volonté, on fait tant et si peu d'exercice qu'on veut, on observe tout le pays, on se détourne à droite, à gauche, on examine tout [...]. Je n'ai pas besoin de choisir des chemins tout faits, des routes commodes, je passe partout où un homme peut passer. » Le texte est célèbre et il le mérite, car il donne d'un coup d'un seul tout à voir : nécessité fait loi ; s'il faut franchir les obstacles habituels de la France engluée dans les mauvais chemins, le voyageur commun choisit la voiture pour gagner du temps, le cheval qui joint l'utile à l'agréable, ou encore d'aller à pied parce qu'on est libre et qu'on veut « voyager comme Thalès en philosophie et qu'on ne veut pas qu'arriver », qu'on accepte de s'égarer. On est là à un moment tournant, car si la mobilité s'accélère et que le temps coule trop vite, alors il importe de ne pas « courir pour courir[89] ». Critique de la civilisation des chaises de poste, où les gens ne peuvent être heureux, défenseur du voyage piétonnier qui endurcit le corps et ouvre l'appétit, qui forme à la découverte et à la liberté, Rousseau a bien senti la spécificité du chronotope ancien qui renvoie à la vie même des civilisations, à leur rapport à la nature, à une conception éloquente de la mobilité lente qui est celle de l'ancienne société.

La paysannerie y est engluée, aux yeux des observateurs soucieux des progrès contribuant à la maîtrise de la nature et pour lesquels il importe de sortir du pas, d'aller déjà rapidement. Pour les gens communs, la vie même est faite de cette lourdeur et de cette monotonie qu'impose l'allure du piéton : marcher n'est pas passer, le chemin n'est pas la route. L'uniformité d'une cadence renvoie à l'écoulement lent du temps, dont la mesure est comptée dans une analogie charnelle : le pas commun, l'allure du corps, la coudée, la foulée. C'est la vie, pas la géométrie, et une langue de culture à la sensibilité d'abord matérielle. L'épaisseur des distances se rationalise mal, et c'est pourquoi l'adoption des mesures métriques est aussi une révolution des esprits qui met longtemps à s'imposer [90]. La marche à pied limite sans conteste le rayon d'action en raison des capacités du marcheur et des impératifs qui le poussent. A 5 ou 6 kilomètres à l'heure, on atteint de 30 à 40 kilomètres par jour, selon le terrain – les pentes ralentissent. La nécessité peut certes pousser le rythme. Dans les *Considérations sur les causes de la grandeur des Romains et de leur décadence* (1734) [91], Montesquieu célèbre la solidité et la rapidité du légionnaire qui, au pas militaire, peut faire de 20 à 24 milles en portant 60 livres, soit de 29 à 40 kilomètres avec 20 kilos sur le dos : c'est la marche forcée, à 6 ou 7 kilomètres à l'heure. La Grande Armée du camp de Boulogne peut, pour gagner Ulm en trois semaines – plus de 1 000 kilomètres –, faire des étapes de 70 à 80 kilomètres journaliers ! La Garde et les traînards vont dans les chariots paysans réquisitionnés. Marcher à pied, c'est au total une technique du corps, et l'on ne marche pas partout de la même façon. L'élite marche avec dignité, rectitude et droiture ; le peuple ignore le pas de parade, il marche en demi-flexion, le corps n'abandonnant jamais le sol, comme dans le pas du gymnaste ou la course du montagnard. La recherche photophysiologique va le prouver à la fin du XIXe siècle, mais le dessin et la peinture le font voir dans la marche ordinaire des troupes : jarret ployé, haut du corps penché, exerçant une force moindre, le fantassin de Watteau ou le grognard de Detaille font du 6 kilomètres à l'heure !

Le cheval fait gagner du temps et de l'espace, mais peu : depuis sa conquête définitivement assurée au Moyen Age, il reste en effet fragile et d'usage incertain. Le cheval du cavalier, c'est une autre culture qui n'est pas interdite aux gens de peu, mais dont le droit d'entrée est coûteux : prix de l'animal, prix de l'équipement, prix de la transmission naturelle ou pédagogique des principes en limitent l'accès [92]. Pour l'essentiel, ce qu'il autorise, c'est une première accélération, c'est une adaptation à des usages multiples, c'est un moyen d'élargir le rayon de mobilité qui change aussi la nature du cheminement et de la halte [93]. Comme le piéton, le cheval tolère le lacis des sentiers et s'adapte au labyrinthe des chemins de pays ; monté avec attention, il passe partout, dans les ornières et la boue, en plaine, en forêt, sur les grèves, en montagne. Dans la société ancienne, il y a un échange entre les pratiques ordinaires et les normes sociales. L'usage des chevaux se hiérarchise en fonction des nécessités mais aussi des positions, et le cavalier est à lui seul un modèle [94]. C'est pourquoi la production, la géographie et l'utilisation des chevaux dépendent d'une multitude de facteurs correspondant aux besoins et aux attitudes de la société. A l'aristocratie le cheval de sang, au paysan le bidet, mais entre les deux pas de solution de continuité, car les cavaliers comme le marcheur sont soumis aux mêmes obstacles, traversent les mêmes épreuves : la poussière que soulève la marche, la pluie, la gadoue qui embarrasse les jambes de tous, la crotte, le froid, le soleil. On s'y adapte par le vêtement le plus souple et le plus ample, qui n'est pas encore une *tenue*. La force du cheval, c'est qu'avec de l'argent on a de meilleurs chevaux, on peut en changer, et avec de la chance les étapes journalières s'allongent selon la vitesse. Le cavalier normal va à peine plus vite que le piéton, et dépasse rarement les voitures. Le pas équivaut à 7 ou 8 kilomètres à l'heure ; le trot, allure à deux temps et où l'on reste assis jusqu'à ce que la mode et la commodité imposent le « trot à l'anglaise », permet du 14 kilomètres à l'heure ; le galop à trois temps, qui ne peut se pratiquer longtemps sous peine de crever l'animal, fait gagner de 5 à 6 kilomètres, plus en piquant des deux un moment. Ces trois allures de référence, auxquelles on peut ajouter l'amble et diverses façons d'aller moins traditionnelles, n'ont guère de transition entre elles ; elles correspondent à des usages selon une échelle coutumière, et elles ne sont pas partagés par tout le monde. Les cavaliers ne galopent pas à bride abattue sur les longs parcours ; ils vont au rythme paisible du pas et du petit trot. Le cheval, relayé parfois par le mulet ou l'âne – l'équidé universel, et servant à tout –, allonge la foulée humaine sans la dépasser ; les étapes du cavalier sont celles du piéton, comme le montrent les récits de voyage.

François de La Rochefoucauld parcourt la France avec son frère, un précepteur, un domestique et un palefrenier qui suit en voiture. Au printemps 1782, il quitte Rouen pour visiter la Normandie. La route se gâte après Aumale, mauvaise à cheval le 11 avril, et la voiture s'embourbe ; on met trois jours pour arriver à Abbeville. Le 15 avril, parti pour Saint-Valéry-sur-Somme, on se perd, les chevaux ont marché trop longtemps, on gagne péniblement Eu. Pour atteindre Le Havre, et comme un cheval boite, on met deux jours pour faire dix lieues. Les notes du jeune voyageur, de la Normandie à Paris, de la capitale au sud de la France pour lequel il repart en octobre, illustrent la lutte du cavalier et des mauvais chemins. Elle n'est pas gagnée quand s'améliore la route, mais le cheval est le moyen de déplacement le plus commode pour l'espace proche et les régions aux voies mal entretenues ; au-delà, il ne franchit l'obstacle que par l'organisation des relais et il reste longtemps le concurrent de la voiture, du bateau – malheureux à l'ordinaire, heureux quand objet de distinction et moyens de riches[95].

Pas de voiture sans chevaux, même si d'autres animaux peuvent être attelés – le mulet plus têtu, le bœuf plus lent. Pas non plus de bateau ni de coche d'eau sur tout ou partie du réseau fluvial sans eux : on les voit haler les coches et les péniches. A ce point, l'horizon s'élargit, les hommes se mêlent, les vitesses et le volume des transports se hiérarchisent encore. Le piéton peut profiter de multiples occasions ; le cavalier se repose en diligence d'un exercice parfois inhabituel qu'autorisent les relais de poste, mais où la rapidité se paie par la fatigue ; le voyageur peut préférer la banquette des voitures ou des coches d'eau. Toutes les vitesses sont possibles, comme en ville, mais pour la majorité des transports et des voyageurs, tout se passe au pas et au trot. Sortir du pas va prendre un siècle[96]. Entre le XVIIe et le XIXe siècle, l'attelage finit par atteindre le maximum de sa puissance motrice : le double système du collier d'épaule et de la bricole, du brancard et du timon assure à l'usage sa souplesse et sa montée en force. Ici, la mobilité accrue, l'espace d'action ouvert dépendent des adaptations d'un système complexe de techniques liées les unes aux autres.

Premier élément, la force de traction : le collier d'épaule permet en moyenne de tirer sûrement 45 kilos à 0,90 mètre à la seconde ; la bricole autorise 50 à 60 kilos à même allure. Le cheval va entraîner voitures légères et carrosses, puis diligences, et accroître ainsi le poids. Augmenter la vitesse se fait par la multiplication des chevaux attelés, en double, à quatre – plus rarement au-delà, car la longueur des guides gêne la précision de la conduite, en couple, en file ; les guides peuvent être allongées, mais avec un homme à pied qui surveille l'ensemble. Les bœufs à pas lents transportent plus. La force de traction s'améliore, et la vitesse avec elle, quand le revêtement se perfectionne ; la cause est gagnée entre 1770 et 1840 sur tous les axes majeurs.

Deuxième élément, le véhicule : sa gamme est largement étendue pour des situations multiples et des chargements variés, du char rural à la charrette, des voitures particulières aux véhicules publics[97]. C'est un univers de spécialistes, urbains rassemblés pour les révolutions minuscules mais successives et accumulées qui font le progrès ; c'est un milieu d'artisans, ruraux pour les usages traditionnels et l'entretien massif. Entre le XVIe et le XVIIe siècle, l'expansion des essieux fixes a fait le passage du char et du coche lent et lourd, peu souple, à usage limité, aristocratique et festif, paysan et roulier aussi, à la voiture à roues à rayons sur essieux mobiles et jantes en biseau. Le triomphe des suspensions et des ressorts fait celui des carrossiers de luxe, à Paris, Londres ou Bruxelles. L'apogée technique est atteint au XIXe siècle; la hiérarchie des véhicules est installée solidement en ville et sur les routes : carrosses, diligences, coches, pataches, cabriolets, chaises de poste, berlines, turgotines. Toutes les voitures ont leurs clientèles, leurs habitués privés ou publics; c'est un marché en expansion. La poste aux chevaux n'est que le dernier maillon d'une longue chaîne qui assure la vitesse et l'extension de la mobilité. Paris en offre, comme Londres, le spectacle changeant, le tumulte sur les pavés, le danger, les accidents de circulation, la turbulence. Les moralistes s'en indignent, les romanciers utilisent le spectacle pour leurs intrigues, Mercier dénonce la lutte inégale entre voitures, chevaux, piétons [98]. Celle-ci n'est pas achevée. Dans ce combat, comme dans la capacité de progrès, les acteurs sont les hommes : artisans, menuisiers-carrossiers, auxquels Roubo rend hommage dans l'*Art des menuisiers*; administrateurs, au centre et à la périphérie; ingénieurs et techniciens.

Mais le troisième élément du système technique, c'est en définitive les conducteurs. Les uns sont encore dans l'espace du pas : ils mènent lentement leurs attelages, mais, n'en doutons pas, ils contribuent à l'ouverture. Les autres en sont sortis au trot, puis au galop, pour régner maintenant sur la route royale et sur les voyageurs : employés des postes, postillons des compagnies de diligence et de transport, domestiques des grandes maisons. Pas de mobilité accrue, pas d'articulation des liaisons sans le travail des postillons, des palefreniers, des maréchaux-ferrants. Le *parfait cocher* devient au XVIIIe siècle un personnage social convoité et une *figure littéraire* [99]. La traction hippomobile reste dépendante d'un moteur indocile; elle suppose la maîtrise des bêtes et un apprentissage, des règles de conduite. Le *menage* n'est pas simple dans son empirisme, car il vise à contrôler les allures. En 1840, le préfet de police de Paris enregistre la plainte d'un passant qui constate l'accroissement de la circulation « dans une proportion effrayante qui compromet la sécurité des piétons, parce que beaucoup de gens se mêlent de conduire des chevaux sans rien y connaître [100] ». Les manuels, qui se multiplient, ne font pas la main bonne : l'association voiture-chevaux-cochers reste toujours précaire. La rivalité des véhicules et la recherche de la vitesse n'arrangent rien, mais la France bouge, et de plus en plus.

Hiérarchie des dépendances, inégalité de la mobilité

Sortir du pas, passer au trot, plus rarement au galop, sont les étapes – inégalement parcourues dans le temps et dans l'espace par les individus – d'une mutation majeure. La mobilité ancienne imposait ses caractères ; ceux-ci perdent du terrain, mais ils ne sont pas effacés de semblable façon pour tous. Routes et transports sont longtemps encore dominés par la lenteur et l'irrégularité. Ils sont subordonnés au terrain, aux saisons, aux dangers de la route elle-même ou au brigandage. Expédier des marchandises ou voyager n'est jamais assuré jusqu'au XVIIe siècle. Les récits de voyage sont remplis de ces figures obligées dont la réalité est celle d'un royaume assoupi dans ses rythmes, troublés aux marges, lents pour tous, à l'allure du pas des hommes, des bœufs, des chevaux, des voitures lourdes mais fragiles.

Le jeune Félix Platter, cavalier improvisé, montre bien comment les trajets ne sont pas calculés à l'avance, comment ils sont ralentis et raccourcis par le mauvais temps, l'averse trop forte, l'irrégularité des pistes qui égarent les cavaliers et font redouter les forêts, leurs embûches, les chutes possibles, les crues des rivières, les gués emportés, les ponts disparus, les bacs naufragés ; la nuit force à l'arrêt si l'on ne veut pas se rompre le cou [101]. Au milieu du XVIIe siècle, Jean-Jacques Bouchard, qui gagne Rome, décrit des obstacles identiques : la fatigue et l'insécurité, la boue, le brouillard. Entre Tarare et Lyon, pour franchir le col des Sauvages, il faut mettre pied à terre, glisser dans la fange, faire confiance à sa monture. A la nuitée, le cavalier est harassé, il faut le porter dans son lit – le branle du cheval peut couper la digestion. Il faut partir tôt, se lever à trois heures, jouer avec le hasard. La voie d'eau est « un délice non pareil » : il suffit de se laisser couler sans aucune peine ni tracas [102]. En 1643-1646, le jeune Strasbourgeois Élie Brackenhoffer [103], observateur de qualité, reprend les mêmes antiennes : le danger, l'hostilité de l'espace inconnu, la crainte de s'égarer à la nuit – ce qui lui arrive en août 1644, entre Montreuil-Bellay et Saumur, car il n'a pas pris de guide. Trente ans plus tard, Mme de Sévigné révèle une même sensibilité aux bons et aux mauvais chemins : « Une pluie continuelle, des chemins endiablés, toujours à pied de peur de verser dans des ornières effroyables ; ce sont quatorze lieues toutes des plus longues ; et ce jour ensuite de cinq délicieux, éclairés du soleil, et d'un pays et des chemins faits exprès... » Nous sommes en septembre 1687, vers Bourbon et Nevers, là où les intendants ont déjà fait des merveilles routières[104]. Fin du XVIIIe siècle, même tableau hors des grands axes, comme le racontent La Rochefoucauld et Young[105]. On peut le retrouver longtemps encore. Ces contraintes persistent, mais pour les déplacements locaux elles pèsent sans doute moins que pour les circulations longues et les voyages des lettrés, plus sensibles que les paysans aux aléas de la route, habitués comme les notables locaux à la lenteur locale.

Sur tous les plans, le voyage traditionnel est coûteux : il use les corps, il vide les bourses. Attendons une histoire des prix du transport pour conclure, mais tout déplacement, toute accélération a son prix. C'est pourquoi le temps compte moins – il peut varier, on s'accommode de son élasticité – que le prix, et celui-ci dépend de la vitesse et du confort, qui est aussi un signe social[106]. C'est pour beaucoup un moment qui prolonge la vie mondaine ou les relations habituelles, comme il en favorise de nouvelles imposant les voyages en groupe, la société changeante au gré des étapes, le partage des frais à l'auberge, l'échange des repas, la sociabilité de l'hospitalité des hôtels, le divertissement des conversations. Brackenhoffer montre sur la route le renouvellement constant des compagnies[107]. Le relais, l'étape reposent sur des exigences physiologiques à peine imaginables pour le voyageur contemporain. Ajoutés aux frais de la route, ils alourdissent l'addition que ne peuvent payer les piétons habituels. Ceux-ci se débrouillent pour économiser le gîte et le couvert. L'hospitalité devient alors un test de l'ouverture, un lieu aussi important que la cour pour la civilisation des mœurs, les exigences de l'intimité. La mobilité conforte la sagesse proverbiale : « Le temps, c'est de l'argent. » Entre le XVIIe et la fin du XVIIIe siècle, les prix relevés chez les voyageurs ne montrent pas de baisse significative[108], mais ce sont ceux des transports de voyageurs de qualité. En 1631, Bouchard paie 20 sous pour faire 10 kilomètres ; en 1760, *Guides et récits de voyageurs* calculent pour la même distance 20 sols en coche d'eau, 50 en diligence : le manouvrier, dont le salaire est inférieur à une livre, ne peut faire 10 kilomètres sur la Saône[109] – la marche à pied lui est donc imposée. Les frais d'auberge creusent encore l'écart, mais ils varient infiniment selon les services rendus et les lieux. Le cheval coûte aussi cher que le maître. La victoire de la vitesse et celle de la mobilité générale alourdissent les prix, car en faisant reculer la mobilité restreinte, elles développent de nouvelles exigences. L'esprit d'aventure, quand on trouve normal le hasard et la rigueur des déplacements, fait place à la recherche des habitudes ; le superflu devient le nécessaire[110].

La route au galop n'est pas celle de tout le monde. Il est incontestable qu'entre la fin du XVIIIe et le midi du XIXe siècle, services publics et compagnies privées ont fait sauter le verrou de la lenteur pour une majorité de clients fortunés ou semi-fortunés. Ils connaissent l'avantage de la régularité des services de diligence, la multiplication des possibilités d'horaires et d'itinéraires. L'arrêt du 15 août 1775, qui généralise sur les grandes routes de France l'emploi de voitures de huit, six ou quatre places, commodes, légères, bien suspendues et tirées par quatre chevaux de poste, partant à jours et heures réglés, est une date décisive dans l'histoire de la civilisation, le coup d'envoi d'une ouverture qui ne va plus cesser, d'une accélération de la mobilité qui ne va pas faiblir. Roulant nuit et jour au trot, au galop quand faire se peut, la *turgotine* fait l'admiration des voyageurs, y compris des Anglais ; ils acceptent de payer 4 sous du kilomètre à la veille de la Révolution. Les prix suivront une pente ascendante au XIXe siècle, mais sans freiner les nouvelles habitudes. Les besoins ont conquis leurs publics, dont les exigences de qualité s'accroissent. « Qu'est-ce qui voyage en diligence ? demande le baron de Lacuée en 1830. En général ce sont les agents du commerce, les étudiants, les militaires qui vont rejoindre leur corps, quelquefois aussi l'ouvrier », et il remarque que les députés qui légifèrent sur les messageries « n'ont jamais connu le besoin ; il serait à souhaiter que plusieurs eussent voyagé sur le haut d'une diligence pendant les frimas de décembre ». Entre les malles-postes des services publics et les diligences et pataches des compagnies règnent concurrence, rivalité, opposition distinctives selon les tarifs. Le monde des voyageurs au long parcours reste socialement étriqué : vers 1830, les places ne sont pas toutes occupées ; voyager au galop en malle-poste à 15 kilomètres à l'heure est l'usage d'une « imperceptible minorité de privilégiés », écrit Michel Chevalier, l'économiste saint-simonien[111]. Les statistiques calculées par l'administration des postes d'après les *États journaliers de voyageurs partis de Paris* le confirment pour une circulation centrale : propriétaires, 29,7 % ; négociants, 26,6 % ; employés, commis, ouvriers, moins de 3 %. En six mois, 2 880 voyageurs dont un tiers d'étrangers, surtout des Anglais : c'est une élite bourgeoise qui domine, diversifiée par les professions[112]. Parmi elle se cachent les touristes.

La route contribue à sortir la France traditionnelle des rythmes lents et lourds d'autrefois, mais elle le fait lentement et inégalement. De surcroît, la vitesse est encore plus inégalement partagée, et avec elle la maîtrise de l'espace. Mais ce qui compte, c'est le progrès accompli – même si, en ce domaine, les moyennes ne veulent pas dire grand-chose. Ce qui importe, c'est de franchir un seuil de lenteur, celui du pas, et d'atteindre la liberté relative du trot, beaucoup plus rarement du galop. L'imbrication des allures reste la règle ; les voitures nouvelles maintiennent et facilitent d'abord le contact avec l'environnement familier, qui peut s'élargir de proche en proche, et favoriser puis entraîner la rupture. Les distances diminuent, mais restent encore importantes : Paris-Toulouse se fait en diligence vers 1765 en neuf jours ; en 1820, il faut encore huit jours ; en 1830, moins de cinq. Le *touriste* de Stendhal, dans son *Journal*, fait entendre ces imbrications de temps et d'espace que mesure la rapidité des mobilités : la lenteur nonchalante d'une patache bretonne, le calme du coche d'eau avançant régulièrement sur la Saône, la vitesse de la diligence sur les grandes routes – de Paris à Lyon moins de cinq jours, 90 kilomètres par jour. Hors des grands axes nationaux et régionaux, la mobilité est mal maîtrisée, mais la fluidité et la sécurité ont progressé pour tout le monde (piétons, cavaliers, voyageurs), avec l'intensité des trafics. La culture du pas ne domine plus que pour l'exception et le plaisir, la vie est moins au ras du sol, l'horizon s'élargit de place en place, invitant aux déplacements irréguliers qui suivent les sentiers invisibles de l'ouverture des villages, accélérant les mobilités de coutume. A l'apogée de la diligence, Victor Hugo peut faire l'éloge de la vitesse dans son *Récit de voyage aux Pyrénées*[113], mais ce n'est pas le tourisme qui l'accélère, pas plus qu'il n'est le premier facteur de la mobilité envolée.

Ce sont aux premiers rangs les affaires, l'économie, l'administration, nationales et locales. Les responsables des travaux publics proposent deux statistiques du milieu du XVIIIe au midi du XIXe siècle. D'une part, celle du calcul des vitesses moyennes avec arrêt compris : au XVIIe siècle, de 2 à 3 kilomètres à l'heure ; au XVIIIe siècle, de 3 à 4 ; en 1814, 4,4 ; en 1840, 6,5 ; en 1848, 9. D'autre part, celle des voitures comptées au passage sur les axes proches de Paris, mais l'on pourrait affiner avec les relevés locaux des Ponts et Chaussées le portrait du trafic. De 100 à 300 véhicules par jour : voitures publiques, 10 %, diligence et malles-postes ; voitures particulières, cabriolets, chaises, un quart ; deux tiers de voitures de charges vides ou pleines – le commerce entraîne tout dès les années prérévolutionnaires[114]. Il gagne en quelques décennies, depuis les modestes défilés observés – mais sans l'impressionner – par Arthur Young, sans doute moins concentrés, plus dilués qu'en Angleterre, mais qui font déjà une circulation aboutie, régulière, et qui s'anime définitivement avec le chemin de fer[115]. La mutation culturelle de la mobilité s'est imposée lentement ; c'est pour beaucoup un triomphe sur la lenteur et la proximité. La France préindustrielle somnole moins et bouge plus qu'on ne l'a pensé, mais le désir d'accélération, de changement, d'ouverture précède la révolution mécanique. La circulation, la mobilité spécifique de l'Ancien Régime ont joué un rôle d'initiation au mouvement ; elles ont bénéficié de la domestication d'une rapidité animale développée grâce à l'élevage, d'une sécurité technique plus grande autorisée par le travail des inventeurs et des artisans.

Le voyage cultivé en donne une idée, mettant en valeur l'isolement et les obstacles en même temps que leur recul. A tous les niveaux, la hiérarchie des allures trace celle des parcours et celle de la façon de voir le monde plus ou moins vite, du village à la ville, du chemin à la chaussée royale. Sur ces itinéraires sont distribués les nuances et les lieux du changement que perçoit Arthur Young pour l'Angleterre – le point de vue paraît susceptible de transfert :

« Trouver un inconvénient aux bonnes routes paraîtrait une absurdité et un paradoxe ; mais c'est néanmoins un fait que la faculté de voyager rapidement dépeuple le royaume. Dans les villages ruraux, les jeunes hommes et les jeunes femmes ont les yeux fixés sur Londres comme la dernière étape de leurs espoirs. Ils n'entrent guère en service à la campagne qu'en vue d'amasser assez d'argent pour aller à Londres ; ce n'était pas une chose facile quand une diligence mettait péniblement quatre ou cinq jours pour faire quelque cent miles [170-180 kilomètres]. Le coût du billet et les frais étaient fort élevés. Mais à présent un gars de la campagne, à cent miles de Londres, saute dans un coche du matin et pour 8 ou 10 shillings arrive à la ville le soir, ce qui fait une différence sensible. En outre, la navette étant devenue si facile, le nombre des campagnards qui ont vu Londres est dix fois plus grand, et l'on vante dix fois plus les charmes de la cité devant de pauvres fous des campagnes, tentés ainsi de quitter leurs champs propres et sains pour une région sale et puante. »

Les lieux communs de l'exode rural déculturant animent les *Farmers Letters*, mais le constat est valable dans la mesure où il unit commerce, construction de bonnes routes à péage, trafic intense des voyageurs et des marchandises, circulation des idées. Il montre le mécanisme intellectuel de la mobilité : une mutation des sensibilités dans les étendues des déplacements, une acculturation dans les têtes qui entraîne à la diversification des expériences, un facteur d'illusion qui a été un moteur du changement.

NOTES

1. M. Mauss, *Œuvres*, 3 vol., Paris, 1968-1969, t. II, pp. 121-188; *id., Manuel d'ethnographie*, Paris, 1947.
2. A. Croix, « L'ouverture des villages sur l'extérieur fut un fait éclatant dans l'ancienne France », *Histoire et sociétés rurales*, 1999, 1, pp. 109-146.
3. P. Goubert et D. Roche, *Les Français et l'Ancien Régime*, 2 vol., Paris, 1984, font le point sur la bibliographie du moment; D. Roche, *La France des Lumières*, Paris, 1993, pp. 99-126, ouvre le débat.
4. R. Darnton, *Le Grand Massacre des chats. Attitudes et croyance dans l'ancienne France*, 1984, Paris, 1985 (trad. fr.), pp. 15-74, pp. 101-136; C. Velay-Valentin, *L'Histoire des contes*, Paris, 1992, pp. 12-49; R. Chartier, *Les Origines culturelles de la Révolution française*, Paris, 1991, pp. 127-187.
5. G. Bouchard, *Le Village immobile. Sennely en Sologne au XVIIIe siècle*, Paris, 1972.
6. E. Kant, *Œuvres*, « Bibliothèque de la Pléiade », Paris, 1980, 3 vol.; *Critique de la raison pure, Analogie de l'expérience*, t. I, pp. 940-945; *id., Géographie*, Paris, 1999, Introduction de M. Cohen-Halimi, pp. 5-35 : « La géographie nécessaire à l'instruction permet d'anticiper sur notre expérience à venir et il y a deux manières de s'orienter dans l'espace, l'une artificielle, l'autre naturelle, selon qu'on se rapporte au substitut du monde ou au monde lui-même »; M. Marcuzzi, « L'écriture de l'espace dans la géographie physique de Kant », in J. Benoist et F. Merlini, *Historicité et spatialité. Recherches sur le problème de l'espace dans la pensée contemporaine*, Paris, 2001, pp. 117-139.
7. P. Goubert et D. Roche, *op. cit.*, t. I, pp. 313-423; L. Hilaire-Pérez, *L'Invention technique au siècle des Lumières*, Paris, 2000.
8. A. de Tocqueville, *Œuvres*, « Bibliothèque de la Pléiade », Paris, 1991, t. I : *Voyages en Amérique*, pp. 29-360, où l'on voit naître la démocratie en Amérique; H. D. Thoreau, *Marcher*, suivi de *Promenade*, Le Chaffaut, Sigoyer, 1991.
9. A. Croix, *art. cit.*, pp. 112-116.
10. P. Chaunu, *Histoire, science sociale. La Durée, l'espace et l'homme à l'époque moderne*, Paris, 1974, pp. 83-97.
11. J.-C. Perrot, *Genèse d'une ville moderne. Caen au XVIIIe siècle*, Paris, 1975, 2 vol., t. I, pp. 143-175; B. Lepetit, *Les Villes dans la France moderne, 1740-1850*, Paris, 1988, pp. 103-120.
12. Un tableau équilibré de la société rurale du Bas-Limousin dans N. Lemaitre, *Le Scribe et le mage. Notaires et société rurale en Bas-Limousin aux XVIe et XVIIe siècles*, Ussel, 2000, pp. 9-33, 131-152; bien sûr, les tableaux classiques de G. Duby et A. Wallon, *Histoire de la France rurale*, Paris, 1973-1975, 4 vol., t. I et II, pp. 193-350.
13. A. Bourde, *Agronomie et agronomes en France au XVIIIe siècle*, Paris, 1967, 3 vol., t. I, pp. 11-32; J. Meuvret, *Le Problème des subsistances à l'époque de Louis XIV. La production des céréales dans la France du XVIIe et du XVIIIe siècle*, Paris-La Haye, 2 vol., t. I, pp. 187-215; N. Lemaitre, *Un horizon bloqué. Ussel et la campagne limousine aux XVIIe et XVIIIe siècles*, Ussel, 1976.
14. N. Lemaitre, *Le Scribe et le mage, op. cit.*, pp. 175-190.
15. J.-Y. Grenier, *L'Economie d'Ancien Régime. Un monde de l'échange et de l'incertitude*, Paris, 1996; D. Frigo, *Il Padre di famiglia. Governo della casa e governo civile nella tradizione dell'economica tra Cinque e Seicento*, Rome, 1985.
16. Y. Castan, *Honnêteté et relations sociales en Languedoc, 1715-1780*, Paris, 1975, pp. 162-258, 273-297; R. Muchembled, *La Violence au village, XVe-XVIIe siècle*, Bruxelles, 1989, pp. 95-110; *id., Culture populaire et culture des élites dans la France moderne, XVe-XVIIIe siècle*, Paris, 1977, pp. 55-62; A. Croix, *art. cit.*, pp. 113-114, tire argument en faveur du sentiment d'appartenance dans le fait que, sur 3310 malades

de l'hôtel-Dieu de Nantes, 91 % sont capables de citer leur paroisse originelle, et 31 % seulement pour les non-bretons.
17. Cf. *infra*, IIe partie, chap. VIII, « L'hospitalité : du don à l'économie ».
18. D. Roche, *Histoire des choses banales. Naissance de la consommation, XVIIe-XIXe siècles*, Paris, 1997, pp. 44-66.
19. J. Markoff, *The Abolition of Feudalism : Peasants, Lords, and Legislators* in *the French Revolution*, University Park, Pennsylvania, 1996 ; Ph. Grateau, *Les Cahiers de doléances. Une relecture culturelle*, Rennes, 2001.
20. « De l'horizon borné des paysans français aux Temps modernes », in A. Burguière et M. J. Tits-Dieusaide (éd.), *Histoire grande ouverte. Hommage à E. Le Roy Ladurie*, Paris, 1997, pp. 75-80.
21. J. Nicolas, *La Rébellion française. Mouvements populaires et conscience sociale, 1661-1789*, Paris, 2002.
22. G. Bouchard, *op. cit.*, pp. 338-343 ; F. Braudel, *Civilisation matérielle, économie et capitalisme, XVe-XVIIIe siècle*, 3 vol., Paris, 1979, t. I, pp. 271-290.
23. M. Weber, *La Ville*, Paris, 1982 (trad. fr.), pp. 49-82 ; G. Simmel, *Philosophie de l'argent*, Paris, 1987 (trad. fr.), pp. 545-604.
24. D. Dessert, *Argent, pouvoir et société au Grand Siècle*, Paris, 1984 ; Y. Durand, *Les Fermiers généraux au XVIIIe siècle*, 1972 ; M. Perronet, *Les Evêques de l'ancienne France*, Paris-Lille, 1977, 2 vol.
25. Marmontel, *Mémoires*, éd. critique établie par John Renwick, Clermont-Ferrand, 1972, 2 vol., t. I, pp. 3-4.
26. A. Girard, *Le Commerce français à Séville et Cadix au temps des Habsbourg. Contribution à l'étude du commerce étranger en Espagne aux XVIe et XVIIe siècles*, Paris, 1932 ; M. Zylberberg, *Capitalisme et catholicisme dans la dynastie Lecoulteux*, Paris, 2000.
27. Cf. *infra*, IIe partie, « Contraintes et libertés ».
28. E. P. Thompson, *La Formation de la classe ouvrière anglaise*, Paris, 1988 (trad. fr.) ; *id.*, « Customs », in *Common*, Londres, 1991, pp. 352-404.
29. D. S. Landes, *L'Heure qu'il est. Les Horloges, la mesure du temps et la formation du monde moderne*, Paris, 1987 (trad. fr.) ; G. Dohm-Van Rossum, *L'Histoire de l'heure. L'Horlogerie et l'organisation moderne du temps*, Paris, 1997 (trad. fr.), pp. 225-332.
30. A. Corbin, *Les Cloches de la terre. Paysage sonore et culture sensible dans les campagnes au XIXe siècle*, Paris, 1994.
31. « Mobilités », *Bulletin du Centre Pierre-Léon d'histoire économique et sociale*, 1992, n° 2-4.
32. L. Fontaine, « Introduction : mobilités », *ibid.*, pp. 5-12.
33. Charles Baudelaire, « Le voyage », in *Œuvres*, « Bibliothèque de la Pléiade », Paris, 1952, pp. 196-197.
34. J.-M. Moriceau, *Les Fermiers de l'Ile-de-France, XVe-XVIIIe siècle*, Paris, 1994, pp. 221-249, 342-358 ; G. Durand, *Vin, vigne et vignerons en Lyonnais et Beaujolais*, EHESS, 1979.
35. A. Farge, *Le Vol d'aliment à Paris au XVIIIe siècle : délinquance et criminalité*, Paris, 1978, pp. 116-131, 145-179 ; J.-M. Roy, *Les Marchés parisiens, XVIIe-XVIIIe siècle*, Thèse NDE, Paris I, 1997, 2 vol.
36. J.-L. Ménétra, *Journal de ma vie. Autobiographie d'un compagnon vitrier au XVIIIe siècle*, éd. D. Roche, Postface, Paris, 1982.
37. S. Kaplan, *Le Meilleur Pain du monde. Les Boulangers de Paris au XVIIIe siècle*, Paris, 1996, pp. 175-271 ; *id.*, « La lutte pour le contrôle du marché du travail à Paris au XVIIIe siècle », *Revue d'histoire moderne et contemporaine*, XXXVI, 1989, pp. 361-412 ; M. Sonnenscher, *Work and Wages. Natural Law, Politics and Eighteenth Cen-*

tury French Trades, Cambridge, 1989.
38. O. Dautresme, « La promenade : un loisir urbain universel ? L'exemple du Palais-Royal à Paris à la fin du XVIIIe siècle », *Histoire urbaine*, n° 3, 2001, pp. 83-102.
39. L.-S. Mercier, *Tableau de Paris*, Paris, 1994, 2 vol., t. I, « Les heures du jour », pp. 873-881.
40. V. Milliot, *Les Cris de Paris ou Le Peuple travesti : les représentations des petits métiers parisiens, XVIe-XVIIIe siècle*, Paris, 1995 ; *id.*, *Paris en bleu. Images de la ville dans la littérature de colportage, XVIe-XVIIIe siècle*, Thèse NDE, Paris, 2000, 2 vol.
41. Analyse exemplaire de J.-C. Perrot, *op. cit.*, t. I, pp. 177-241 ; R. Abad, *L'Alimentation de Paris au XVIIIe siècle*, Paris, 1970, pp. 43-79.
42. M. Berengo, *L'Europa delle città. Il volto della società urbana europea tra Medioevo ed Età moderna*, Turin, 2000, pp. 111-175.
43. M. Garden, *Lyon et les Lyonnais au XVIIIe siècle*, Paris, 1970, pp. 43-79 ; A. Croix, *La Bretagne aux XVIe et XVIIe siècles. La vie, la mort, la foi*, Paris, 1980, 2 vol., t. I, pp. 88-90.
44. A. Farge, *Vivre dans la rue à Paris au XVIIIe siècle*, Paris, 1979 ; *id.*, *La Vie fragile, violence, pouvoirs et solidarités à Paris au XVIIIe siècle*, Paris, 1986.
45. L.-S. Mercier, *op. cit.*, t. I, chap. CDXVIII, « Promenade publique », pp. 1155-1158.
46. G. Durand, *op. cit.*, pp. 326-377 ; G. Simmel, *op. cit.*, pp. 191-233.
47. A. Croix, *art. cit.*, pp. 111-112.
48. A. Fillon, *Louis Simon, villageois de l'ancienne France*, Paris, Rennes, 1996.
49. A. Burguière, « Les fondements d'une culture familiale », in A. Burguière et J. Revel (dir.), *Histoire de la France*, Paris, 1989-2000, t. IV : *Les Formes de la culture*, Paris, 1993, pp. 25-118 ; N. Lemaitre, *Les Papiers d'un laboureur au siècle des Lumières, Pierre Bordier. Une culture paysanne*, Seyssel, 1999, *Une culture paysanne*, pp. 121-216.
50. M. Figeac, *Destins de la noblesse bordelaise (1770-1830)*, Bordeaux, 1996, 2 vol. ; J. Meyer, *La Noblesse bretonne au XVIIIe siècle*, Paris, 1966, 2 vol. ; J. Nicolas, *La Savoie au XVIIIe siècle. Noblesse et bourgeoisie*, Paris, 1978, 2 vol.
51. N. Lemaitre, *Le Scribe et le mage, op. cit.*, pp. 5-7, 9-10, 23-26, 30-31, 58-59, 67-70 ; J. Vassort, *Une société provinciale face à son devenir. Vendôme et le Vendômois aux XVIIIe et XIXe siècles*, Paris, 1996, pp. 187-258 ; *id.*, *Les Papiers d'un laboureur, op. cit.*
52. N. Lemaitre, *Le Scribe et le mage, op. cit.*, pp. 130-133, qui cite M. Robert, *La Maison et le village en Limousin*, Limoges, 1997 ; G. Chaix, *De la cité chrétienne à la métropole catholique. Vie religieuse et conscience civique à Cologne au XVIIe siècle (1450-1650)*, Strasbourg, 1994 ; R. Sauzet, *Le Notaire et son roi, Etienne Borelly (1633-1718)*, Paris, 1998, pp. 19-21.
53. N. Lemaitre, *Le Scribe et le mage, op. cit.*, pp. 175-200.
54. *Ibid.*, pp. 291-292.
55. G. Levi, *Le Pouvoir au village. Histoire d'un exorciste dans le Piémont du XVIIe siècle*, Paris, 1989 (trad. fr.)
56. A. Croix, *art. cit.*, pp. 120-125, qui renvoie à J.-B. Collins, « Geographic and Social Mobility in Early Modern France », *Journal of Social History*, 1991, pp. 563-577, ainsi que les exemples d'Audierne et de Carhaix ; A. Croix, *Nantes et le pays nantais au XVIe siècle. Etude démographique*, Paris, 1974, pp. 175-176.
57. A. Croix, *La Bretagne aux XVIe et XVIIe siècles, op. cit.*, pp. 423-433, et J.-B. Collins, *art. cit.*, pp. 565-577, et *Id.*, *Classes, Estates and Order in Early Modern Britanny*, Cambridge, 1994 ; A. Antoine, *Fiefs et villages du Bas-Maine*, Mayenne, 1994, pp. 122-130.
58. G. de Gouberville, *Journal*, éd. R. de Beaurepaire, Caen, 1892, 2 vol. ; M. Foisil, *Le Sire de Gouberville, un gentilhomme normand au XVIe siècle*, Paris, 1981, pp. 147-173 ; E. Le Roy Ladurie, *La Verdeur du bocage. Introduction à un sire de Gouber-*

ville, gentilhomme campagnard au Cotentin de 1553-1562, éd. A. Tollemer, Paris- La Haye, 1972, pp. V-L.
59. J. Bottin, que je remercie de ses informations, prépare un livre où ces relations sont replacées dans de plus vastes ensembles.
60. A. Chatelain, *Les Migrants temporaires en France de 1800 à 1914*, Lille, 1977, 2 vol.; P. A. Rosenthal, *Les Sentiers invisibles. Espace, familles et migrations dans la France du XIXe siècle*, Paris, 1999; A. Radeff, *Du café dans le chaudron. Economie globale d'Ancien Régime. Suisse occidentale, Franche-Comté, Savoie, Lausanne-Pontarlier*, 1998; A. Poitrineau, *Remues d'hommes. Les Migrations montagnardes en France, XVIIe- XVIIIe siècle*, Paris, 1983.
61. Cf. *infra*, IIe partie, chap. XII, «Les voyages du peuple».
62. D. Margairaz, *Foires et marchés dans la France industrielle*, Paris, 1988.
63. J.-Y. Grenier, *op. cit.*, pp. 299-335; S. Kaplan, *Le Pain, le peuple, le roi. La bataille du libéralisme sous Louis XV*, Paris, 1986, pp. 19-82.
64. Turgot, «Foires», D. Diderot et J. d'Alembert, *Encyclopédie*, 1757, et *Œuvres*, Paris, 1913, t. I, pp. 577-584.
65. J.-C. Perrot, *op. cit.*, t. I, p. 475.
66. B. Lepetit, «Les formes d'intégration des campagnes à l'économie d'échange dans la France pré-industrielle, le semis des foires», in J. Bulst, J. Hoock et F. Irsigler (éd.), *Bevölkerung, Wirtschaft und Gesellschaft. Stadt-Land-Beziehungen in Deutschland und Frankreich, 14. bis 19. Jahrhundert*, Trèves, 1983, pp. 170-189; D. Margairaz, *op. cit.*, pp. 169-189.
67. Stendhal, *Voyages en France, Mémoires d'un touriste*, in *Œuvres*, éd. V. Del Litto, «Bibliothèque de la Pléiade», Paris, 1992.
68. P. Léon, «La foire de Beaucaire aux XVIIe et XVIIIe siècles», *Revue de géographie de Lyon*, 1953, pp. 309-328; M. Constantin, «La foire de Beaucaire du Moyen Age au XIXe siècle», *Provence historique*, 1989; M. Carrière, *La Foire de Beaucaire*, s. l. n. d., qui cite *Les Embarras de la foire de Beaucaire*, s. l., écrit vers 1700, en provençal par Jean Michel; *Le Traité historique de la foire de Beaucaire*, 1734.
69. Savary des Bruslons, *Dictionnaire du commerce*, Paris, 5 vol., 1759-1765; E. Estienne, *La Foire de Francfort* (1574), Paris, 1875 (trad. fr.).
70. A. Croix, *art. cit.*, pp. 131-132; A. Croix, *L'Age d'or de la Bretagne*, Rennes, 1993, pp. 99-135. Pour l'ensemble breton, 150 lieux de foires, 500 jours par an; S. Chassagne, *Un exemple d'analyse du marché. Foires du Poitou au XVIIIe siècle*, Congrès national des sociétés savantes, Section d'histoire moderne et contemporaine, Nantes 1972, Paris, 1997, 2 vol., t. II, pp. 137-149; trois foires par an à Niort et à Fontenay, qui sont des foires où l'offre est beaucoup plus faible que la demande, ce qui est l'inverse à Beaucaire et à Caen : indice du rayonnement.
71. A. Radeff, «Faire les foires. Mobilité et commerce périodique dans l'ancien canton de Berne à l'époque moderne», *Bulletin du Centre Pierre-Léon d'histoire économique et sociale*, 1992, pp. 67-84; L. Clerici, «Fiere e mercati nel Vicentino nel tardo Medioevo e in età Moderna», *Societa e Storia*, XXIV, 91, 2 vol., t. I, pp. 11-78.
72. F. Braudel, *Civilisation matérielle et capitalisme*, Paris, 1979, t. II : *Les Jeux de l'échange*, pp. 11-113.
73. D. Margairaz, *op. cit.*, pp. 141-168; A. Croix, *op. cit.*, pp. 133-135.
74. Cf. *infra*, IIe, chap. VI, «Le poid du monde».
75. J. Osterhammel, «Modi di rappresentazione dell' estraneo nel Settencento. L'esperienza della distanza», *Comunita*, XLIII, 191-192, novembre 1989, pp. 36-68.
76. F. Braudel, *op. cit.*, t. I, pp. 370-380; D. Roche, *La France des Lumières, op. cit.*, pp. 43-50; G. Livet, *La Route royale et la civilisation française de la fin du XVe au milieu du XVIIIe siècle*; L. Trénard, *De la route royale à l'âge d'or des diligences. Les Routes de France*, 1959, Paris, pp. 56-130; H. Cavaillès, *La Route française, son his-*

toire, sa fonction, Paris, 1946.
77. Stendhal, *op. cit.*, pp. 71-75 ; Mme de Sévigné fait déjà de même, chargeant son carrosse sur un bateau, 20 juillet 1694, Correspondance, « Bibliothèque de la Pléiade », Paris, 1972, 3 vol., t. III, pp. 1047-1048 ; A.-M. Cocula, *Les Gens de la rivière de Dordogne*, Lille-Paris, 1979, 2 vol., t. I, pp. 85-116, t. II, pp. 497-684 ; D. Faucher, *L'Homme et le Rhône*, Paris, 1968 ; N. Verdure, *La Navigation sur la Saône et le Rhône aux XVIe-XVIIIe siècles*, Thèse de l'Ecole des chartes, 1962, Archives nationales.
78. A. Picon, *L'Invention de l'ingénieur moderne. L'Ecole des Ponts et Chaussées, 1747-1851*, Paris, 1992 ; A. Blanchard, *Les Ingénieurs du «roy» de Louis XIV à Louis XVI. Etude du corps des fortifications*, Montpellier, 1979 ; H. Vedrine, *La Gloire des ingénieurs. L'intelligence technique du XVIe au XVIIIe siècle*, Paris, 1993 ; J.-C. Perrot, *op. cit.*, t. I, pp. 417-460 ; D. Roche, *La France des Lumières, op. cit.*, pp. 49-50 ; parmi toutes les monographies d'intendance et d'intendants qui fournissent le détail local, J.-M. Goger, *La Politique routière en France en 1716 à 1815*, Thèse EHESS, 1988, ex. dactyl., 5 vol., plus particulièrement t. II et t. III.
79. G. Livet, *art. cit.,* pp. 65-66.
80. B. Lepetit, *Chemins de terre et voies d'eau. Réseau de transport, organisation de l'espace en France, 1740-1840*, Paris, 1984 ; A. Guillerme, *Corps à corps sur la route, les chemins et l'organisation des services au XIXe siècle*, Paris, 1984.
81. C. Studeny, *L'Invention de la vitesse. France, XVIIIe-XXe siècle*, Paris, 1996, pp. 91-193.
82. G. Arbellot, «La grande mutation des routes de France au milieu du XVIIIe siècle», *Annales ESC*, 1973, 28, 3, pp. 765-791, fondamental pour son analyse des procédés d'amélioration et de l'articulation de la vision matérielle et intellectuelle de la route ; G. Arbellot et B. Lepetit, in F. Furet et M. Vovelle (dir.), *Atlas de la Révolution française*, t. I, *Routes et communications*, Paris, 1987 ; G. Arbellot, «Arthur Young et la circulation en France», *Revue d'histoire moderne et contemporaine*, avril-juin 1981, pp. 328-333 – article également important, car il donne les conditions d'observation des trafics et le point de vue des observateurs.
83. «Les différents systèmes de corvées ou les moyens d'abaisser le coût de la construction des routes. Les transports intérieurs en Bretagne, XVIIIe-XIXe siècle», M. Collet *et al., Annales du Centre de documentation pédagogique pour l'histoire de Bretagne*, 1981, 1982.
84. B. Lepetit, *op. cit.*, pp. 72-115.
85. M. Boyer, *L'Invention du tourisme. Origine et développement du tourisme dans le sud-est de la France, du XVIe au Second Empire*, 21 fascicules, 4 parties, Thèse de doctorat d'Etat, Université de Lyon II, 1987, t. I, chap. I, pp. 17-35 et chap. IV, pp. 1-5, 17-28 ; II, chap. I, pp. 1-20.
86. M. Boyer, *op. cit.*, montre pour le Rhône et le Sud-Est l'importance de la voie d'eau préférée au XVIIe siècle, car liée à la mer.
87. S. Bagwell, *The Transport Revolution*, Londres, 1974 ; E. Pawson, *Transport and Economy. The Turnpike Roads of Eighteenth Century Britain*, Londres, 1977 ; W. Albert, *The Turnpike Road System* in *England, 1663-1840*, Cambridge, 1972 ; R. Szostak, *The Role of Transportation* in *the Industrial Revolution*, Londres, 1991.
88. M. Vanstrien-Chardonneau, *Le Voyage de Hollande : récits de voyageurs français dans les Provinces-Unies, 1748-1795*, Oxford, 1994, pp. 28-35.
89. J.-J. Rousseau, *Emile*, in *Œuvres complètes*, «Bibliothèque de la Pléiade», Paris, 1959-1995, 5 vol., t. IV (1969), pp. 770-775 ; cf. *infra*, IIIe partie, «Mobilité et sociabilités» ; H. D. Thoreau, *Marcher suivi de Promenade d'hiver*, 1850, Le Chaffaut, 1991 (trad. fr.).
90. C. Studeny, *op. cit.*, pp. 17-31 ; D. Arasse, *L'Homme qui marche. Figures de la*

marche, un siècle d'arpents, Paris, 2000.
91. Montesquieu, *Œuvres complètes*, « Bibliothèque de la Pléiade », Paris, 1951, 2 vol, t. II, pp. 75-80.
92. Renvoyons à notre travail en cours, *La Culture équestre moderne*.
93. C. Studeny, *op. cit.*, pp. 97-98, 138-145.
94. D. Roche, *Voitures, chevaux, attelage, du XVIe au XIXe siècle*, Paris, 2000, Introduction, pp. 7-26; *id.*, « Les chevaux de Monsieur le Vicomte. Quelques remarques sur l'histoire de la culture équestre à l'époque moderne », *Mélanges offerts à Jean Jacquart*, N. Lemaitre éd., Paris, 1994, pp. 75-83.
95. F. de La Rochefoucauld, *Les Voyages en France*, Paris, 1933; C. Studeny, *op. cit.*, pp. 49-55.
96. C. Studeny, *op. cit.*, pp. 66-89, 124-145. Pour Paris au XIXe siècle, G. Bouchet, *Le Cheval à Paris de 1850 à 1914*, Genève-Paris, 1993.
97. D. Roche, *Voitures, chevaux, attelages, op. cit.*, pp. 12-14; C. Dolfuss et E. de Geoffoy, *Histoire des transports et de la locomotion terrestre*, Paris, 1935-1936, t. II.
98. C. Studeny, *op. cit.*, pp. 66-69, 80-81, 124-126.
99. Delapierre, *Le Parfait Cocher ou Les Règles pour bien mener un carrosse*, Paris, 1740; Comte de Caylus, M. *Guillaume cocher*, Paris, 1750. Le cocher est un spécialiste du ménage, c'est un représentant d'un groupe social diversifié, un stéréotype de la violence.
100. C. Studeny, *op. cit.*, p. 124; Chevalier d'Hemars, *De l'aurigie ou Méthode pour choisir, dresser et conduire les chevaux de carrosse, de cabriolet et de chaise*, Paris, 1819, pp. 131-145.
101. E. Le Roy Ladurie, *Le Siècle des Platter*, t. I : *Le Mendiant et le professeur*, Paris, 1995, t. II : *Le Voyage de Thomas Platter*, Paris, 2000.
102. J.-J. Bouchard, *La Confession de J.-J. Bouchard parisien, suivi de son voyage de Paris à Rome en 1630*, Paris, 1880.
103. E. Brackenhoffer, *Voyage en France, 1643-1644*, trad. d'après les manuscrits inédits du Musée historique de Strasbourg, Introduction de J. Hatt, Nancy-Paris-Strasbourg, 1925; *id.*, *Voyages en Suisse, 1643-1646*, éd. H. Lehr, Paris, 1930; *Voyage de Paris en Italie, 1644-1646*, trad. H. Lehr, Paris, 1927 (3). (Le journal de Brackenhoffer, Ms. 7295, 5 vol., mériterait une édition-traduction globale, à l'instar de ceux des frères Platter.)
104. Madame de Sévigné, *op. cit.*, 13 mai 1671, 20 septembre 1687, mai 1680; la lettre du 9 mai 1680 montre comment l'on passe de la voie terrestre à la voie d'eau, t. I, pp. 250-252; t. II, pp. 913-922; t. III, pp. 316-319.
105. A. Young, *Voyages en France*, éd. H. Sée, Paris, 1931, 3 vol., t. I, pp. 80-83, 212-213, 240-241, 268-269, sur le rapport au cheval.
106. M. Boyer, *op. cit.*, t. IV, pp. 46-48.
107. E. Brackenhoffer, *Voyage en France, 1643-1644, op. cit.*, pp. 12-57, le 23 août 1643. En mai 1646 à Surzach, il note que la compagnie bloquée par le mauvais temps à l'auberge n'offre aucun plaisir à la conversation; c'étaient des commerçants et ils avaient à faire, *Id.*, *Voyages en Suisse, 1643-1646, op. cit.*, pp. 123-198.
108. Marivaux, *La Voiture embourbée*, in *Œuvres de jeunesse*, « Bibliothèque de la Pléiade », éd. F. Deloffre, Paris, 1972, pp. 316-335; Maupassant, *Boule de suif*, Paris, 1880; M. d'Etalleville, *La Diligence*, poème en quatre chants, Paris, 1813, rassemble les lieux communs du *Stage Coach* : « La société », pp. 7-10; « L'environnement », pp. 10-11; « Les intrigues », pp. 20-22; « L'accident évité », pp. 22-24; le chant II reprend les thèmes; le chant III développe celui de l'auberge repris au chant IV; p. 118, c'est l'arrivée à Paris. La diligence a été comme le vent.
109. M. Boyer, *op. cit., t.* I, IV, pp. 49-73 et II, I, pp. 18-24; C. Studeny, *op. cit.*, pp. 175-183.

110. M. Boyer, *op. cit.*, *t.* I, IV, pp. 46-48.
111. M. Chevalier, *Des intérêts matériels en France. Travaux publics, routes, canaux, chemins de fer*, Paris, 1838, pp. 190-199.
112. C. Studeny, *op. cit.*, pp. 178-179 (d'après les dossiers A.N., F7 12123, 12131, 12346, 1831, 1842, 1848).
113. V. Hugo, *Œuvres complètes*, Paris, 1978, t. VI.
114. G. Arbellot, «La grande mutation...», *art. cit.*, pp. 787-792; *id.*, in F. Furet et M. Vovelle (dir.), *Atlas de la Révolution française*, t. I, *Routes et communications*, Paris, 1987, pp. 46-47, cartes des voitures publiques en 1789 et carte des types de véhicule qui révèle les niveaux de confort offert et la topographie des transports; les cartes de voyages, 1775-1807, montrent la concentration sur le réseau des meilleures routes; *id.*, «Arthur Young...», *art. cit.*, pp. 333-335; *id.*, «L'espace parisien, les barrières de l'an VII», *Annales ESC*, 30, 4, 1975, pp. 745-772.
115. *Id.*, «Arthur Young...», *art. cit.*, p. 334.

DEUXIÈME PARTIE

CONTRAINTES ET LIBERTÉS

Chapitre I

Le poids du monde

L'histoire de la culture de la mobilité, élaborée dans une volonté de comprendre les possibilités et les freins du changement social, économique et culturel, est étroitement dépendante de facteurs multiples. Dans l'analyse de la mise en relation et en texte des voyages, exemple complexe des pratiques anciennes, valeurs, normes et constructions imaginaires ont pu être confrontées à des pratiques réelles et à des demandes ou à des refus de société – besoin d'utilité, méfiance envers le nomadisme. Le voyage ne peut se comprendre que dans la confrontation à une mobilité plus générale, source d'une transformation psychologique et sociale qui se joue par rapport au temps et à l'espace géographique ou sociologique. La *modification* des individus et des groupes variés auxquels ils s'agrègent dans le cycle d'une vie et d'un parcours social peut se lire dans la variété de ces récits et dans celle de leurs modes d'écriture comme dans la lecture des expériences matérielles où se conjuguent habitudes, pratiques, moyens des transports et des déplacements, capacité personnelle et volonté collective pour un désenclavement fondamental et l'*ouverture des villages*[1].

Dans notre perspective, qui n'est ni celle d'une histoire des voyages et des voyageurs amplement élaborée par les recherches littéraires, ni celle d'une histoire du tourisme commencée par d'autres[2], il importe moins de retrouver les typologies proposées par tous que d'imaginer les figures et les situations sociales susceptibles de mieux montrer les impératifs divers et les attentes, les conséquences nombreuses qui peuvent agir simultanément ou de façon antagoniste pour commander grands ou petits déplacements, de l'exceptionnel à l'ordinaire[3]. Cette analyse des rapports entre contraintes et libertés, individualités et collectivités, doit d'abord être comparée aux objectifs de l'histoire des *migrations* et à ceux de l'histoire des *cultures* de la circulation.

Mobilité et migrations

L'étude des mouvements migratoires a été renouvelée dans ses objectifs et dans ses pratiques. A la conception d'un mouvement linéaire transformant de l'âge moderne à l'époque contemporaine mobilité et urbanisation s'est substituée l'image d'une circulation moins brutalement croissante et d'une *remue des hommes* permanente mais variable selon les domaines et les pays. La croissance des villes reste dans ce schéma un élément d'attraction décisif, mais il n'est plus le seul à lancer sur les routes maritimes et terrestres un nombre accru d'hommes et de femmes. Dès le XVIe siècle, l'expatriation outre-mer est un facteur, majeur quand s'organisent les grands espaces coloniaux et le partage du monde, et l'on doit tenir compte de ces départs pour comprendre les mouvements intérieurs. Portugal, Angleterre et Écosse voient partir un plus grand nombre de migrants que la France, l'Italie, l'Espagne ou l'Allemagne. Ce qui anime l'activité des ports, ainsi Londres ou Barcelone. Ce qui suscite d'autant plus l'intérêt aussi pour des vagues successives de fuites déclenchées par les actions politiques et religieuses, dans la péninsule Ibérique et en France, du XVIe au XVIIIe siècle. Ce qui attire encore l'attention sur des mouvements permanents qui caractérisent certains pays – les États italiens, les Cantons suisses – ou certaines régions françaises, mouvements qui enrichissent services et travail de nombreux pays. L'appel aux migrants se fait sentir plus fortement à partir d'un réseau urbain dont la croissance, ralentie au XVIIe siècle – sauf pour les grandes capitales, comme Londres ou Paris –, repart amplement au XVIIIe siècle partout. Ainsi peut-on espérer un jour connaître mieux le paysage démographique où se distinguent pays d'accueil et pays de départ, régions attractives et provinces répulsives, en nuançant ici et là les rôles possibles des nouveaux venus dans le domaine démographique comme dans celui des activités économiques, politiques ou artistiques. L'étranger a partout sa place, mais elle n'est pas équivalente partout [4].

De même la sédentarité fondamentale, le peuplement immobile, l'inertie de la répartition des populations, surtout en France, ne doivent pas faire oublier les mouvements multiples qui existent et qui intéressent tous les groupes sociaux – pas seulement les marginaux et les miséreux. Si l'on ne peut contester l'influence fondamentale du système patrimonial et des coutumes familiales pour sédentariser les uns et les autres, on sait aussi que la mobilité est encouragée par les nécessités matrimoniales et celles de l'établissement, et encore qu'on ne peut la comprendre qu'en fonction du sexe, de l'âge, du statut familial et marital, de la taille des familles, de leurs relations et de leurs liens sur plusieurs générations. Alors on est conduit à interroger, pour l'époque moderne comme pour la période contemporaine[5], l'interprétation dictée par l'alliance de l'influence par des mouvements dus à la seule nécessité – celle de la misère – et produisant le déracinement, et par ceux dus à d'autres besoins économiques. A l'œuvre se dessinent les grands mouvements de la macroéconomie et de la démographie générale, où des transformations majeures agissent dès le XVIIe et le XVIIIe siècle. L'on en perçoit le résultat dans le fait que la richesse et ses fondements se déplacent de la terre, avec son immobilité, à l'industrie et au commerce, mobiles, concentrés dans les aires urbaines de production et appelant la main-d'œuvre diversifiée d'origine rurale recrutée dans certaines régions sous leur dépendance – la Suisse, les Flandres, une partie de l'Ouest français proto-industriel, le nord de l'Italie, la Westphalie –, même si un volant non négligeable de population peut être aussi mobilisé sur place. Entre le mouvement et la stabilité, l'échange est permanent ; les régions les plus sédentaires en apparence n'échappent pas, et très tôt, à ces multiples présences passagères et à ces mouvements constants[6]. La mobilité est partout, au sein d'un même village ou d'une même paroisse – un seizième de la population d'un village breton de trois cents âmes, Manerac, disparaît entre deux confrontations fiscales calculées pour 1665 et 1668 ! –, parmi les riches et parmi les pauvres, à tous les moments de l'année et non sans organisation. Nécessités de la vie et dynamismes collectifs peuvent s'additionner pour élargir les horizons de tous et rendre accessible une ouverture à la consommation et à l'information.

L'équation habituellement reconstituée met en place une mécanique d'attraction entre zones de basse pression démographique et régions de haute pression. A l'échelle régionale, nationale ou internationale, à l'échelle d'une aire d'attraction urbaine, les variables à enregistrer sont communes et peuvent être mises en modèle et en courbes. Elles rassemblent les données de la démographie et de l'économie, le surpeuplement, la différence de niveau de vie et d'activités, le jeu des filières et des réseaux d'accueil, les effets d'entraînement qui s'additionnent à tous les niveaux. La diversité des phénomènes ne peut s'expliquer seulement par ces causalités familières, et demanderait pour la période moderne une approche inspirée des études consacrées au XIXe siècle[7]. En effet, les décisions individuelles s'organisent dans des structures spécifiques de la mobilité liées à la distribution spatiale des familles qui n'implique pas seulement la sédentarité, mais liées aussi aux manières dont chacun, solitairement et en groupe, réagit aux contraintes extérieures, celles de la démographie comme celles de l'économie et des ressources. Des *sentiers invisibles* orientent le destin des hommes, et la mobilité est une occasion – et non pas seulement une pénalité – pour les familles, puisqu'elle modifie une accumulation de capital réel et symbolique, comme elle peut être une contrainte, puisqu'elle en enferme les membres dans des horizons plus ou moins ouverts. L'aventure individuelle et le comportement du migrant restent à prendre en compte au même titre que l'explication causale. Mobilité et sédentarité peuvent selon les cas être encouragées par les vastes transformations ou les impulsions d'ensemble mais celles-ci agissent par le canal des médiations familiales ou des informations collectives – en bref, par des circuits de circulation et d'échange qui sont prêts à accueillir les déplacements. Raisons de partir, raisons de mourir en route, raisons de rester balancent l'importance des mouvements migratoires.

Si l'enracinement probable d'une majorité paysanne, voire urbaine, demeure la norme des pays européens à l'âge moderne, la mobilité s'accélère – et pas sous la seule influence de l'urbanisation. Elle est inséparable de données morales, intellectuelles et culturelles qui permettent l'acceptation du risque, qui autorisent les coûts réels et les investissements psychologiques, le prix à payer et le bénéfice reçu, qu'ils soient matériels ou moraux.

LES VARIABLES DE CHANGEMENT

Ces possibilités de choix libres peuvent se concilier avec des moyens de ruser avec les contraintes. Tel choisit délibérément de partir qui aurait refusé l'obligation, tel autre s'arrange pour retrouver dans la mobilité offerte une liberté plus assise : le paysan pèlerin peut ainsi fuir les huissiers ou la milice ; l'officier choisit, si faire se peut, la tranquillité sédentaire de l'état-major ou des bureaux parisiens de la Guerre, préférée à l'incertitude des campagnes ou des manœuvres. De même, dans la mobilité d'obligation, la contrainte est plus ou moins forte ; elle varie dans le temps de chacun, de l'enfance à la mort. Tout mouvement s'inscrit dans des trajets irréductibles au seul modèle de l'aller et du retour provisoire, définitif. Ceux qui circulent par métier ne peuvent y échapper : l'économie marchande et manufacturière a ainsi sécrété sa propre mobilité; on sait que, depuis le Moyen Age et la Renaissance [8], l'hypothèse de son recul est indéfendable; la montée des administrations jette sur les routes tout un personnel nécessaire aux besoins multiples de l'État moderne. La religion ou la culture, l'éducation comme la sociabilité entraînent leurs mouvements spécifiques. On sait déjà que les ambassadeurs [9], les diplomates de tous rangs se transforment partout en observateurs et contribuent à façonner notre manière de voir le voyage ancien comme notre vision des États européens. Que serait notre connaissance du vieux continent sans cet apport? Celui des diplomates vénitiens ou des agents du Roi Très Chrétien, celui des serviteurs des nations – songeons à Rousseau ou à Stendhal. Surtout, on ne doit pas oublier que, jusqu'au XVIIIe siècle, les agents des administrations de toutes les grandes monarchies ont assuré partout des fonctions de commandement, d'exécution, d'organisation, d'enquête et de contrôle reposant sur des pratiques de circulation dans le cadre d'une professionnalisation et d'une spécialisation accrues. « Ils révèlent ainsi la nature des structures de l'administration qui est d'abord d'inspection et de vérification [10], le roi qui est roi de justice [d'abord] ayant à garder la paix entre ses sujets et intervenant par une commission dès que son recours est sollicité. » Le passage à la monarchie de finance a exigé la multiplication des échanges entre les provinces, entre Paris et les intendances, la multiplication aussi des hommes en route.

Mais il y a des obligations sociales que ni le travail ni la fonction ne réussissent à imposer seuls : la coutume, les habitudes régionales, les traditions familiales, les choix et capacités éducatifs les favorisent, comme dans le cas des migrations économiques saisonnières ou plus longues, des voyages de formation (ceux du collégien, de l'étudiant, du savant), du voyage libre du curieux et du philosophe. Leurs motivations, leur déroulement composent avec les contraintes et les libertés de façon complexe. Dans ces circulations, la société parle autant que les individus; elle peut dicter les trajets, imposer les façons de vivre, les manières de voir puis de raconter. Chacun peut alors s'approprier son bien dans ce mélange commun des mobilités croissantes. C'est le signe toutefois qu'une écologie urbaine a très tôt interrogé les composantes de la mobilité : déplacements géographiques, multiplicité des stimulations résultant de l'accroissement des communications, déstabilisation qui entraîne des techniques multiples de mobilisation des individus [11].

Une troisième variable reste enfin à prendre en compte : toute mobilité, tout voyage peut s'inscrire entre le temporaire et le définitif. Des temps courts, des déplacements occasionnels des villageois ou des gentilshommes comme le sire de Gouberville au XVIe siècle, aux itinéraires organisés des migrants dans les réseaux familiaux ou les trajectoires professionnelles, jusqu'aux voyages déjà *touristiques*, la mobilité peut déboucher sur l'errance définitive comme sur la conquête de nouvelles sédentarisations, un établissement temporaire tiraillé par l'aventure ou l'installation fixe. Cette dimension est au cœur des discussions sur les migrations et l'histoire des rapports entre les peuples. L'arrivée de l'autre, ailleurs, a toujours en effet été porteuse d'une remise en question des groupes sédentaires eux-mêmes. Les migrants d'aujourd'hui héritent en quelque sorte de plusieurs siècles d'accumulation d'un capital de méfiance dont l'essentiel repose sur l'incapacité ou la capacité d'une société à faire siennes les valeurs d'autrui, valeurs matérielles ou valeurs spirituelles. En ce domaine, point de frontière à tracer dans les échanges, de l'alimentation au vêtement, du goût musical au langage, de l'idéologie aux consommations intellectuelles. Le maréchal italien fixé à Paris ou à Lyon au XVIIe siècle comme le maçon limousin au XVIIIe posent aux Parisiens la même interrogation : comment peuvent-ils ne pas être conformes aux normes de tous, comment révèlent-ils ainsi ce que tous doivent être ? Ce face à face permanent, sous des aspects divers, dicte trois types d'attitudes.

En premier lieu, il peut susciter, à travers le sentiment de la différence, l'admiration par les différentes manifestations de la création divine. La diversité des hommes participe alors de celle du monde voulu par Dieu et longtemps, aux XVIe et XVIIe siècles, de l'espoir de reconstituer une unité de foi dans une figuration unifiée du temps et de l'espace. L'universalité est à l'épreuve de l'identité [12]. En deuxième lieu, le sentiment de la différence peut inspirer des conduites de rejet, de prédation, d'irrationalité. Il est au cœur des actes guerriers et conquérants, des attentats hostiles, mais il peut intervenir dans le discours quand la justification des contraires passe par les stéréotypes politiques, culturels, nationaux ou régionaux. Enfin, l'opposition à l'autre peut entraîner la relativisation dans la comparaison, la tolérance et la compréhension. Cette relativisation correspond alors moins à une universalité sans rivage qu'à la construction progressive d'un refus, celui qui est partie prenante dans le *désenchantement* du monde – d'un monde unifié, voulu par Dieu, conforme à un modèle identique de représentations religieuses et intellectuelles. C'est le sens du « Comment peut-on être Persan ? » lancé par Montesquieu. La question dévoile la vraie nature du préjugé vis-à-vis de l'étranger sans valeur aux yeux des êtres rationnels. Elle correspond à une fin des certitudes, à une poussée de tolérance, à la contestation de la légitimité des apparences ; les hommes sont alors le résultat – en France comme partout – du climat, d'une éducation, des habitudes, de l'histoire qui les font. Dans ce postulat fondamental se lit la naissance des sciences sociales. La fiction des Persans montre « un spectacle que les hommes de l'Occident se donnent pour se libérer des valeurs traditionnelles de l'Occident [13] ».

Si l'on accepte de rechercher les possibilités offertes par les types de mobilité et de voyage, on peut espérer moins parvenir à une typologie complète – impossible, illusoire – que soulever des questions pertinentes où l'on retrouve le jeu des catégories (proximité/éloignement, normal/anormal, occasionnel/régulier, temporaire/définitif). Le but est de comprendre, à partir de ces catégories et de quelques modèles, les usages, les pratiques. On en suivra le cheminement à travers celles ou ceux de la *liberté* (les pèlerins, les soldats), ceux ou celles de *l'obligation* (les activités commerçantes, l'administration des hommes, des choses ou des âmes), à travers les exemples d'exceptions massives où se lisent des faits massifs, mais plus ou moins durables : Séfarades, huguenots, émigrés évoqueront les conduites de fuite. Plus avant, d'autres approches permettront de voir l'interaction de la mobilité et de la société avec le contrôle et les économies de l'accueil, avec d'autres mouvements comme la *Peregrinatio academica* où se perçoit l'influence des Églises et des États. Au final, il faut retrouver le voyage et ses valeurs

Liberté conditionnelle, pèlerins et pèlerinages

On ne peut plus négliger l'appétence de liberté, la volonté de changement, le besoin de rupture qui trouvent à s'exprimer dans la mobilité des sociétés d'Ancien Régime avec plus ou moins de possibilités et de forces. La capacité des choix personnels se tisse dans les multiples réseaux des propositions collectives. Le pèlerinage en est un bon exemple. Il a une histoire millénaire, de longue durée, des marcheurs de Dieu médiévaux aux pèlerins du

XXᵉ siècle atterrissant en avion à Lourdes ou à Rome. Routes, lieux, folklores animent une curieuse fascination de notre monde actuel pour ces habitudes d'autrefois [14]. Les Temps modernes, mieux connus depuis des travaux récents [15], sont intéressants à plusieurs titres. D'abord, le pèlerinage de l'Ancien Régime est exemplaire d'une mobilité volontaire et constante. Utilisé encore comme peine à la suite d'une sentence judiciaire, aux XVᵉ-XVIᵉ siècles, l'exil et l'acte religieux qui lui est lié purgeant l'affront [16], traduisant autrement pour le violent, le querelleur, le fraudeur, la fonction salvatrice des lieux de sanctification, tend à disparaître. Le pèlerinage se recentre sur la fonction spirituelle. Ensuite, il autorise l'analyse d'un mouvement massif qui ne s'est pas ralenti, comme on l'a longtemps cru, avec le crépuscule du Moyen Age. Ce maintien, cette fidélité a de vieilles routes depuis longtemps tracées à travers l'Europe qui posent non seulement la question de l'incitation au départ des individus, la compréhension d'un modèle d'engagement, mais aussi celle de la réaction de la société – société religieuse, société des corps, société des pouvoirs – à des pratiques jugées doublement dangereuses : elles entretiennent l'instabilité au cœur des communautés les plus stables, et elles favorisent la contamination fantastique de pratiques que les rationaux et les clercs, les catholiques et les protestants estiment *superstitieuses* et *fanatiques*. Enfin, dans l'aventure pérégrine, l'enjeu est, au terme d'une quête spirituelle, la transformation des individus dans une curieuse rencontre de l'âme et des pieds, l'une ne pouvant changer et avancer sans les autres [17]. Au total, comme le disait Alphonse Dupront, le fonctionnement des sacralités anciennes s'y dévoile dans son opacité et son arbitraire apparent. Le pèlerinage et ses longues routes représentent une piété *populaire*, que l'Église parvient difficilement à contrôler dès le Moyen Age [18]. Par rapport à la mobilité, à l'économie des circulations, c'est l'occasion de mesurer une maîtrise de l'espace, une organisation du temps, une spécificité culturelle.

Une démarche purgatrice

Le pèlerinage est un acte individuel de purification et de sanctification par le cheminement et par la découverte en ultime étape d'un espace sacré où le divin s'est révélé. C'est une constante de toutes les grandes religions dans l'histoire du monde et le christianisme, comme l'islam ou le judaïsme, a suscité ses lieux sacrés. Le Moyen Age a vu se développer cette propension dans toute la chrétienté, par les clercs et pour les fidèles, et malgré les conflits en raison des conceptions nouvelles du sacrement de pénitence et du rôle des œuvres pour obtenir un pardon ; alors s'organisent la carte des sanctuaires et celle des réseaux d'accès, ainsi se forme le culte qui rapproche le pèlerin des corps saints, des reliques, des images. Le phénomène devient sans doute massif au XIVe siècle, sous l'influence des mouvements spirituels et d'une papauté soucieuse de son pouvoir : 1300, année du premier jubilé romain, est une date symbole de ce grand changement. Les lieux saints, de plus en plus difficiles d'accès, en raison de l'expansion musulmane, sont relayés par les grands sanctuaires d'Italie, d'Espagne, de France et de l'Empire, et par le provignement de lieux de dévotion locaux qui ponctuent les campagnes de l'Occident[19]. Dès lors, de multiples identités pèlerines se distinguent dans le paysage commun, avec des traditions de départ – le mouvement général de développement des confréries ayant tenu le rôle de relais avec plus ou moins de puissance régionale –, des habitudes de fréquentation, des choix d'itinéraires et de sociabilité dont rendent compte les récits de pèlerins[20].

Distinguer les longs parcours des courtes distances reste commode pour retrouver les choix de ces étranges voyageurs. La marche vers les lieux saints n'est pas réductible à une errance : elle s'adapte à une itinérance réglée par la coutume et la fantaisie. La première circule grâce à des copies manuscrites, éditées, d'itinéraires, de chansons, de récits miraculeux, mais sans doute plus encore par les contacts humains et l'oralité des étapes. La seconde dépend des hommes, de l'occasion, du temps météorologique et chronologique, du physique. Mais l'une et l'autre manière de faire suivent le sens donné par la tradition la plus ancienne, dont le meilleur exemple est la *Guide du pèlerin de Saint-Jacques-de-Compostelle*, dont le *Liber Sancti Jacobi* a, dès le XIIe siècle, assuré l'essor en établissant la promotion de la gloire attractive de l'apôtre et la leçon de son culte sous le patronage du clergé français et espagnol ainsi que des réformés religieux, réguliers clunisiens[21]. Une image des routes, des pays et des peuples traversés s'y trouve qui perdurera pendant des siècles, imposant l'éloge des routes françaises et la vision négative des Gascons, des Navarrais, des Castillans, des Galiciens et plus encore des Basques qu'on entend encore au XVIIIe siècle sur le chemin et dans les textes.

La tension proximité/lointain justifie la vertu purgatrice de la marche vers un ailleurs. La difficulté du trajet, sa longueur enchaînent l'attraction des sanctuaires et de leurs trésors de recours aux décisions personnelles et collectives. La démarche change d'échelle et quelquefois de pastorale où peut se lire l'attitude des clergés. En Bretagne, terre des chapelles et des pardons, le pèlerinage s'opère dans des espaces connus, proches (17 kilomètres), propices à une sociabilité festive et à une affirmation identitaire. Un panthéon de saints fortement autochtones, de plus en plus bretonnant vers l'ouest, associé aux figures majeures de l'Église universelle, multiplie la diffusion attractive pour la rencontre des paroisses de créations nombreuses encore au XVIIe siècle. Le modèle en est Sainte-Anne d'Auray, dont le succès dépasse l'audience locale, atteignant la Normandie, le Poitou, le Maine, voire au-delà, mais s'enracinant principalement en Haute-Bretagne et de plus en plus en Basse-Bretagne. C'est un des laboratoires de la Contre-Réforme, où la mobilité joue sur deux registres : celui de l'*attraction* qui articule les traditions ordinaires et l'effort du clergé, leur diffusion par le lieu ; celui de la *nouveauté* qui confère aux pèlerinages de pays non pas un caractère immobile, mais une capacité de variation très forte par rapport à l'identité locale et correspondant aux mutations de la démarche dévotieuse et pastorale. Dans la Provence du XVIIIe siècle, le pèlerinage proche de Goult, voué à Notre-Dame-de-Lumières, montre un essor local et une chronologie assez semblables. Son succès, dû à des miracles réussis, à des apparitions attestées dès 1661, entraîne la communauté villageoise de Goult, clergé en tête, et – dans le contexte de la lutte anti-protestante – le soutien clérical, carmes chargés de la chapelle et évêque ; il dépasse à peine 50 kilomètres ; il n'est pas freiné par la longue et indispensable marche pédestre et processionnaire.

En Lorraine, les chemins du sacré pérégrin mettent en évidence, au-delà de l'espace processionnaire très localisé, une géographie plus complexe et très dense : soixante-quatorze pèlerinages au début du XVIIe siècle en Toulois et Saintois, soit un pour deux villages, et majoritairement voués à la dévotion aux saints du paradis. La carte reste presque stable jusqu'à la Révolution, même si les cultes se modifient : 28 % se consacrent à la Vierge, contre 17 % un siècle plus tôt. Comme dans la France de l'Ouest, le rayonnement dépasse les frontières proches, mais il se réduit au XVIIIe siècle. Avant 1660, on voit des pèlerins venir à Sion en marchant plus de 50 ou 100 kilomètres à partir de Thionville ou de Vic ; après 1725, le périmètre majoritaire est de quelques dizaines de kilomètres autour du sanctuaire. Au plus profond de la Bourgogne montueuse, Alise-Sainte-Reine offre un exemple d'un pèlerinage local dont la puissance d'intercession a largement débordé les frontières régionales. La *Passion de sainte Reine* diffusée partout par l'imprimé, la protection de la monarchie française, le rôle du clergé – cordeliers, filles de la Charité –, l'appui des dévots et des Condé ont assuré à la source bourguignonne son apogée au XVIIe siècle : peut-être 60 000 pèlerins au dire de l'évêque d'Autun, sans conteste plus de 20 000 par an jusqu'au recul des années 1760. Ils viennent de partout : surtout de Bourgogne et des provinces voisines, Lyonnais et Champagne (32 %), mais aussi de la France du Nord-Ouest au Sud-Est – Paris est bien représenté. Dans cette aire d'attraction, plusieurs éléments assurent l'épanouissement : la permanence du pèlerinage, la facilité offerte par les voies fluviales de communication entre Loire et Seine, le rôle des patrons parisiens et locaux de l'Hôpital après 1660, le développement du thermalisme qui attire à Alise un public courtisan plus mondain que pieux. Le pèlerinage confère au village une forte capacité de reprise démographique et économique à la fin du XVIIe et au XVIIIe siècle qui montre l'importance d'une mobilité fondée sur des motivations différentes : piété collective locale, étape sur le chemin des grands sanctuaires, curiosité pour les processions, mondanité pour quelques curistes. Économie, voire filouterie, attirent alors l'attention de la maréchaussée et attisent l'humeur des clercs [22]. Le voisinage victorieux enregistre une montée du contrôle critique, à laquelle n'échappent pas les grands et longs cheminements à l'étranger.

Ceux-ci sont bien connus. Certains pèlerins de Rome, de Notre-Dame de Lorette ou de Saint-Jacques ont parcouru des milliers de kilomètres. La longueur fait partie intégrante du légendaire des déplacements pérégrins et de leur tension par l'espérance et le recours attendu. Ce qui compte, c'est la permanence attractive des grands sanctuaires, et donc celle des flux jetés sur les routes pendant toute la période moderne. Si les pèlerins sont dilués sur la route parmi d'autres trafics, ils se concentrent en foule dans certains lieux et à certains moments, constituant ainsi un élément essentiel de l'instabilité urbaine. Calculé par Dominique Julia et Philippe Boutry, à partir des registres de la confrérie de la Santa Trinita, l'apogée romaine se situe entre 1550, avec 60 000 pèlerins, et 1650, où l'on en recense 160 000. Les hautes eaux du jubilé de 1625, avec 200 000 personnes dans l'année, ne se retrouveront jamais. Ces chiffres n'enregistrent qu'une part d'un volume difficile à apprécier – sans doute une moyenne jubilaire pouvant atteindre 400 000 et une constante à moins de 300 000 quand Rome compte de 100 à 200 000 habitants. A Lorette, on a des chiffres moins impressionnants : 60 000 pèlerins évalués en 1780, mais à Compostelle ils sont encore plus fantastiques : peut-être un million et demi vers 1779 et, s'ils baissent du XVIe au XIXe siècle après la forte reprise due aux confréries et au réveil pénitentiel de la Réforme catholique, ils n'en traduisent pas moins un rayonnement permanent dont l'aire varie sans doute quand de grands sanctuaires régionaux, dans l'Empire, en Hongrie, en Suisse, détournent une partie des flux pérégrins.

Grands et petits pèlerinages contrôlés

Les grands centres voient des pèlerins arriver de partout pour gagner leurs indulgences ou leur pardon, et quelquefois concurrencer la part des régnicoles ou des autochtones. Les jacquets du XVIIe siècle, observés entre 1650 et 1700, viennent non sans irrégularité d'Italie, d'Allemagne, de France, plus encore d'Espagne, plus rarement d'Irlande, mais ils se recrutent surtout dans une Europe orientée vers l'ouest. Pour les Français, le pèlerinage prend appui sur l'ouverture atlantique ; pour les Francs-Comtois, l'attraction forte est celle de Rome, qui puise une plus grande part de ses foules pérégrines dans l'Europe germanique. Les pèlerins du Saint-Empire ont laissé trace de leurs passages dans de multiples hôpitaux, dont les registres attestent une croissance certaine aux XVIIe siècle et XVIIIe siècles : ainsi, à Cologne, 22 775 pèlerins en 1700 ; à Santa Maria dell'Anima de Rome, de 500 à 1 500 chaque année ; à l'Opera Germanica de Lorette, plus de 2 500 personnes par an. L'universalité des pèlerinages compose avec le dynamisme des ferveurs nationales.

Celles-ci sont révélatrices des aspirations au contrôle d'un phénomène qui dépasse quelque peu les autorités civiles et religieuses, parce que son enjeu a bénéficié du renouveau dévot et en même temps prouvé des capacités de résistance et d'invention extrêmement poussées parmi les populations pérégrines défendant localement et internationalement une aspiration libre à la mobilité. Avec le contrôle, on entre déjà dans le temps du pèlerinage, car les volontés administratives et religieuses interviennent pour régler le rythme des déplacements, voire en limiter le volume et les effets jugés déviants.

L'édit royal du 7 janvier 1686, émanation des milieux du Conseil, lancé dans le contexte du *grand renfermement* et de la révocation de l'édit de Nantes, révèle une méfiance permanente à l'égard de la mobilité, mais aussi un changement d'attitude. Il en cerne les dangers sociaux : il identifie le pèlerinage à la débauche et au libertinage ; il y soupçonne une incitation à l'émancipation sexuelle pour les pauvres et les riches, les hommes et les femmes, à l'oisiveté et à la liberté des ouvriers, à de multiples désordres. Ainsi, il marque une évolution décisive à l'égard de la circulation labile du Moyen Age et de la première modernité, quand le pèlerin, loin d'être un danger social, était un intercesseur comme le pauvre pour la communauté. L'édit, qui instaure un contrôle sévère des mouvements, tente de les encadrer dans les institutions de l'Église et de la police ; il préconise l'identification obligatoire, l'autorisation, la fermeture des frontières. Au total, c'est une vision répressive qui le dicte très fortement, malgré la difficile mise en place des moyens d'action. Elle n'est pas sans arrière-pensée : d'une part, elle coïncide aussi avec les craintes mercantilistes et avec la volonté de maintenir dans le royaume la main-d'œuvre qualifiée (les maîtres de métier, les artisans, l'apprentissage sont explicitement mentionnés dans le texte) ; d'autre part, la fuite tragique des huguenots – non dite par les rédacteurs, mais, on le verra, très importante – incite à la confusion et aux mesures de surveillance.

Celles-ci se retrouvent à l'échelle de l'Europe entière sous d'autres formes, avec d'autres motifs et une autre chronologie, mais une législation répressive tend presque partout à s'imposer. Les autorités toscanes entendent ainsi réduire vers 1750-1765 les pèlerinages à une activité régulière surveillée, limiter les abus désormais insupportables : la baisse du nombre de pèlerins sur la route de Bologne à Florence, comptés dans les hôpitaux moins hospitaliers – on y diminue le montant des secours –, montre que ces mesures ne sont pas toujours inefficaces[23]. On peut le voir aussi dans le chiffre des pèlerins français à Rome qui reste important mais stable entre 1700 et 1779 : de 750 à 800 régnicoles par an. La raréfaction des hôpitaux d'accueil sur les routes de Rome ou de Saint-Jacques, plus en France et en Espagne qu'en Italie, pénalise la mobilité pèlerine, traduisant et amplifiant le regard nouveau que les élites portent sur cette mobilité. A l'arrivée et au départ, dans l'entre-deux de la route, les freins ralentissent le mouvement au moment où il se régionalise et se concentre, comme on le voit aux Pays-Bas[24] – où la surveillance ecclésiastique organise l'ordre du voyage vers Kevelaer, Handen, Uden –, comme on le perçoit aussi dans le nombre des hébergés à Nuremberg[25]. Restrictions et interdictions apportées à l'activité des pèlerins se multiplient dans l'Empire après 1770. Joseph II, en 1772, interdit à ses sujets de franchir la frontière des États patrimoniaux. S'impose alors une *disqualification*, un brouillage de l'identité pèlerine diluée dans d'autres foules, celle de la misère, celle du vagabondage, celle des mouvements de l'économie marchande et laborieuse. Cette disqualification est à la hauteur des impulsions qui modifient la perception du pèlerin ; elle souligne la chute, la transformation d'un modèle autrefois admis. Elle révèle en profondeur le malentendu social qui s'est instauré.

Car, si la méfiance l'emporte, c'est qu'elle est directement entraînée par l'importance du phénomène. En des temps plus anciens, celui-ci était réglé par des entraves irrégulières. Ainsi conjoncture militaire : la guerre de Trente Ans a ouvert une période de difficultés, sinon de basses eaux, pour nombre de pèlerinages internationaux, Compostelle en tête. Les guerres du XVIIIe suscitent des ralentissements, et la Révolution accélère la régionalisation. Quand les paix favorisent la reprise, d'autres événements – épidémies, peste, crises – peuvent la freiner, ainsi en 1709 ou en 1721-1725. En temps normal, c'est le rythme des saisons qui, selon les pays, du nord au sud, du sud au nord, de l'ouest à l'est et de l'est à l'ouest, dicte le calendrier des mouvements de départ et d'arrivée : le froid empêche le passage des cols alpins, les grands travaux agricoles entravent la liberté. Pour Compostelle, la période favorable aux pèlerins français dure de mai à juillet, avec un repos automnal. A ces régularités de la nature et de la politique se substituent celles des empêchements et des obstacles, qui prouvent l'inquiétude provoquée par le départ du pèlerin isolé comme par le fonctionnement de la société pèlerine.

Pèlerins et expériences

C'est que le temps du pèlerinage est un hors-temps, un moment entre le passé et l'avenir, entre l'envol et le retour où l'on revient transformé, et les jeux des temporalités n'y sont pas conformes à ceux de la société stable et réglée. Le pèlerinage régional, local, contrôlé par les clercs, s'inscrit mieux dans la vision nouvelle. Le pèlerinage au long cours rompt plus avec les rythmes communs des cycles naturels et débouche souvent sur une errance de plusieurs années qui, sans être – le fait est difficile à calculer – prédominante, montre par son poids relatif l'enjeu des contrôles. Manier, pèlerin picard, illustre dans son récit[26] la force d'une tradition locale et le respect des contrôles. Ce tailleur d'habits, proche des paysans de Carlepont, a vingt-deux ans quand il décide de partir : il a des dettes, il craint le capitaine de la milice, et il sautera sur l'occasion de suivre l'exemple de quatre jacquets – « quatre petits garçons » venus de Franche-Comté et de Saint-Claude pour fuir à Saint-Jacques. Parti en juin 1726, il revient en Picardie après un passage par l'Italie dont on ne sait rien après son étape à Flavigny en Bourgogne le 13 juin 1727. Il réitérera peut-être son pèlerinage romain en 1736, mais le manuscrit du récit a disparu. Voilà donc pour un cas – mais il n'est pas isolé – deux ans d'absence, et une attention constante aux pratiques de contrôle : certificat du curé, approbation de l'évêque, passeport du duc de Gesvre, attestations diverses au long de la route, certificats de l'Église à Compostelle, billet des jurats de Bordeaux. Tout ce matériel, recopié, traduit dans le récit postérieur, est utile pour se justifier sur la route. On le voit quand Manier est arrêté par les archers près de Poitiers. Remémorer l'itinéraire prouve enfin une action essentielle.

Gilles Caillotin, qualifié en 1724 dans son passeport de « mendiant » âgé de vingt-sept ans, natif de Reims dans une famille de maître sergier, a effectué avant le pèlerinage à Rome dont il a tenu le journal plus de huit autres routes entre 1712 et 1736, en particulier à Notre-Dame-de-Liesse et à Alise-Sainte-Reine. C'est un vrai professionnel de l'errance, organisé, documenté, observateur, dont les départs et les retours sont commandés par une vraie bougeotte : « La triste situation d'un pauvre pèlerin que j'étais, rempli d'une démangeaison de toujours voir chose dévotieuse et nouvelle, cependant parcourir avec tant d'empressement du lointain pays ; n'étant pas plutôt arrivé que je pensais à mon départ, qu'il me semblait être toujours trop différé, causé par deux principes, le premier manquant de toutes mes commodités et le second qu'il m'aurait fallu avoir un compagnon conforme à mes desseins et sur la fidélité duquel j'eusse pu m'assurer... [27] » Son témoignage particulièrement riche sur tous les aspects de la pérégrination des pauvres montre comment l'épreuve est vécue, moins aventureuse que guidée par des cartes et des itinéraires indispensables pour tracer les possibilités d'accueil. Il arrive à Rome deux mois après avoir quitté Reims et retrouve sa ville natale le 17 octobre. Il a marché quatre mois, plus ou moins hâtivement, plus ou moins lentement, mais sans flânerie : il a du temps, mais son désir de gagner son pays le pousse. Manier a parcouru 1 640 kilomètres en quatre mois : 20 à 40 kilomètres par jour, avec de plus longs arrêts, dont à Saint-Jacques ; peu de journées sans marche, sauf le dimanche et plein de détours. Caillotin, lui, franchit plus de 1 600 kilomètres en autant de temps : de 30 à 40 kilomètres quotidiens, mais avec peu de détours. Ceux qui vont à Jérusalem partent pour des années entières. Le temps, bien sûr, est fonction de la distance choisie.

Au total, on perçoit l'enjeu individuel de ce moment arraché à la norme des vies habituelles, mais également son enjeu social. Car, s'il se moule dans les calendriers du temps liturgique – jubilés, années saintes, fêtes régulières –, il échappe en partie aux rythmes de la communauté. Le changement d'identité qui achève le parcours traduit la conscience de l'exception des voyages pérégrins au long cours, même si elle s'inscrit dans une séduction collective. Si la pulsion pèlerine entraîne peu au-delà du rayon local, (de 20 à 30 kilomètres), ainsi en Bretagne, par effet de la tendance à la régionalisation et du recentrage paroissial des dévotions, l'appel peut lancer ruraux et urbains sur de plus longs parcours. Il résonne dans le cadre de logiques géographiques et religieuses : l'implantation des confréries, l'habitude familiale, la proximité des grands itinéraires, l'occasion offerte dans le compagnonnage. Jacques-Louis Ménétra rate ainsi son pèlerinage à Compostelle pour des raisons peu claires [28]. Le pèlerinage peut coller à la migration : celle des Campanais vers l'Espagne, celle des Auvergnats de la Limagne sédentaire (alors que les migrants d'Aurillac ou Mauriac ne semblent pas former de grosses cohortes), celle des Francs-Comtois de Saint-Claude et de la montagne jurassienne vers Rome. En bref, les courants économiques et sacrés sont en partie indépendants, mais ils se favorisent mutuellement [29]. Dominique Julia observe, à partir des registres de l'Opera di San Jacopo de Pistoia, les intervalles de passage entre Compostelle et Pistoia. Le moyen traduit des caractères nationaux de vélocité : sept mois pour les Portugais, dix mois pour les Allemands, neuf mois pour les Français. Pour tous, c'est une sage lenteur, mais trompeuse car les rapides sont ralentis par les véloces. Dans le calcul des médianes, les intervalles se réduisent et la diversification des choix s'étale tout au long d'un différentiel géographique largement ouvert. La variation commence entre les individus dans les étapes les plus courtes, entre le retour et l'aller, entre de vrais errants à long terme par choix, sans doute minoritaires, et d'autres plus rapides et moins gyrovagues. « La complexité de tels périples nous invite en tous les cas à ne pas négliger la mobilité des hommes dans l'Europe de l'époque moderne. »

L'interrogation sociale, sur laquelle il faut revenir et conclure, traduit la tension entre plusieurs logiques et la manière dont a évolué la perception même de la société pérégrine par tous [30]. Cette dernière constitue un ensemble éphémère et très labile. C'est, dès que l'on sort des frontières du local où s'exerce principalement le contrôle des paroisses, un espace instable construit dans la rencontre d'individus isolés ou de petits groupes capricieux. Les pèlerins sont rarement seuls, comme on le voit dans le récit de Caillotin ou dans celui de Manier. Sur la route, les pèlerins se croisent, se rencontrent, se retrouvent, se quittent et se perdent de vue. Les bons marcheurs peuvent abandonner les traînards; Manier connaît cette mésaventure. Souvent, les écarts se creusent quand les uns choisissent un moyen plus rapide – la voiture, le bateau, le cheval. La différence peut se révéler considérable. M. Visse, prêtre, sulpicien, Lyonnais, va de la métropole des Gaules jusqu'à Rome en vingt jours. Il a fait de 6 à 60 kilomètres par jour, et au retour 1 240 kilomètres en vingt-sept jours, soit une moyenne de 46 kilomètres. Le monde des pèlerins est donc un monde difficile à saisir et qui n'a cessé d'échapper à la vigilance des autorités, à la compréhension des doctes.

C'est une société sans hiérarchie, mais où tout le monde se retrouve sans se mêler totalement. Le collectif ne se compose pas que de pauvres, mais les notables y sont moins visibles et, en tout cas, moins au ras du sol. Les clercs n'y manquent pas au long cours, et plus encore dans les recours de proximité. Les rois donnaient l'exemple : des Valois aux Bourbons, c'est une affirmation au service de l'unité de foi, mais sans codification ni rituel précis et, surtout, elle s'efface après Louis XIV et le voyage de 1660 à la Sainte-Baume. Le pèlerinage au roi se substitue au pèlerinage du roi quand l'étape absolutiste franchie a déjà instrumentalisé le rituel [31]. Les ordres religieux, jésuites et bénédictins en tête, ont pratiqué le voyage comme un moment indispensable à la formation et à l'ouverture de tous, mais là aussi le temps érode la pratique. C'est pourquoi l'on peut dire des pèlerins qu'ils constituent une société inconstante, majoritairement masculine (70 %) même si elle accueille des femmes (18 % lors du jubilé de 1700 à Rome), principalement jeune car il faut avoir la santé, et surtout célibataire. La structure se retrouve dans tous les groupes nationaux étudiés du XVIIe au XVIIIe siècle, qui rassemblent aussi les éléments de solidarités régionales et l'entraide dans la découverte, voire l'échange linguistique. Manier a recopié les termes d'un dialogue usuel et utilitaire, franco-espagnol, mettant l'accent sur les aspects matériels : le vêtement, les chaussures usées, l'alimentation, le chemin [32]. Pèlerinages familiaux, pèlerinages de confréries n'ont jamais été nombreux, et sans conteste ils reculent dans les registres des hôpitaux du XVIIIe siècle. C'est, au total, une collectivité [33] où la route elle-même, l'occasion, la rencontre cimentent les liens des uns et des autres, où les diversités l'emportent selon les traditions religieuses qui varient en fonction des pays, où les associations se défont comme elles se font, selon l'humeur, l'état de santé, la curiosité de chacun, les motivations religieuses communes, plus ou moins fortes et plus ou moins partagées. Dans la rupture avec la vie ordinaire, dans le risque et l'aventure, dans la curiosité pour les choses ou pour les hommes, on respire comme un air de liberté et d'indépendance, comme un parfum de fête étalée où les grandes manifestations liturgiques et pieuses coexistent avec des plaisirs plus matériels.

Cette spécificité alimente les discussions amorcées dès le XVIe siècle sur la fonction des pèlerinages, et plus encore la critique des abus. C'est un front de tension entre la culture des peuples et celle des clercs et des élites. La première s'enracine dans tout un matériel livresque et dans tout un univers de pratiques orales, de sacralités paniques que la seconde déclasse et pourchasse, dénonce ou contrôle. La pastorale pèlerine, soucieuse de mobiliser l'espace et de sacraliser le temps, d'en utiliser la force communautaire unifiante, compose avec l'exclusion et la dénonciation [34]. C'est un aspect de l'effort de réforme que les récits de pèlerinage individuels éclairent car ils en révèlent les ressorts et les résistances, les moyens et les limites, la piété et la curiosité. La *mémoire du voyage* n'échappe pas à la passion du récit, aux règles des scénarios convenus et aux attentes des lecteurs potentiels qui ont fait le succès secret des copies manuscrites. L'expérience religieuse moderne ne peut, dans le cas du pèlerinage moderne comme en d'autres domaines culturels, séparer les critiques et la réalité des pratiques qui s'adaptent et évoluent. Celles-ci transgressent les frontières et échappent en partie aux efforts de mise en ordre. Les attaques, commencées très tôt avec la *devotio moderna* et l'humanisme érasmien, se sont poursuivies jusqu'au temps des Lumières.

Elles mettent en avant l'irrationalité du culte des reliques, central dans le voyage du recours ; l'inconvenance et l'extravagance des demandes intéressées et des attentes du pèlerin ; le risque de l'utilité pour le clergé. Elles sont relayées par le discours protestant, hostile aux médiations matérielles, méfiant à l'égard des images là encore indispensable aux sacralités. Les défenses encadrent la reprise des pèlerinages au long cours ou proches, on y retrouve au premier rang les jésuites Loyola, Loarte et son *Trattato delle sante peregrinationi* (1575), Richeome (le provincial de France, auteur magnifique du *Pèlerinage de Lorette* et d'une *Défense du pèlerinage* en 1605), Gretser encore et son *De sacris et religiosis peregrinationibus* (Ingolstadt 1606). L'apologétique parie sur la spiritualisation du pèlerinage : la vie ici-bas est un pèlerinage, et l'homme un pèlerin sur la terre. Elle aboutit à un encadrement plus strict des gestes collectifs[35]. Son action rencontre alors celle des autorités pour immobiliser un mouvement qui, comme l'enfer, peut être pavé de bonnes intentions. L'action des clercs débouche sur le pèlerinage intérieur ; celle des polices, sur la chasse au pauvre, sur la mise au travail et l'immobilisation de tous, sur la marginalisation des figures de l'errance. Néanmoins, celles-ci continuent de ruser avec les carcans imposés par la législation ou la politique hospitalière de réduction des lieux d'accueil. L'identité spirituelle du pèlerin se confond de plus en plus avec celle des classes dangereuses. Mobile et extérieure, étrange car étrangère, elle trouble l'œuvre de quadrillage et de mise en ordre des Églises et des États modernes sans toutefois disparaître, car deux forces en assurent la constance : celle des rites de passage, quand la marginalisation temporaire vise à l'intégration dans le groupe originel avec un statut différent[36] ; celle de la construction identitaire temporaire, empruntée à d'autres acteurs de la route et de la mobilité – fuyards pour des causes multiples, migrants saisonniers, vagabonds jetés sur les chemins par les crises, petits métiers du colportage, gibiers des prévôts. « Au bout du compte, le pèlerinage rural des XVIIe-XIXe siècles nuance sans doute l'impression de stabilité absolue des campagnes, mais il est loin de le démentir, par sa faiblesse numérique comme par la manière dont il est vécu. Comme les migrations de maintien, auxquelles il est indirectement lié, le pèlerinage paraît en être un des reflets paradoxaux[37]. » On serait tenté d'étendre cette leçon aux pèlerins des villes et de voir dans le pèlerinage l'exemple même des mobilités actives, s'appropriant l'espace vécu, l'investissant par un projet, mais la rupture est moins prégnante pour eux que le retour. Le pèlerinage peut apparaître comme le reflet paradoxal des migrations de maintien, car il construit sa spécificité dans l'éphémère et dans la modification reconnue et espérée par la communauté d'origine[38].

L'écart entre la vision des élites et les conceptions populaires n'a cessé de croître, parce que dans la conception même des libertés pérégrines se jouait l'affrontement de modèles sociaux et sacrés où l'individuel s'exprimait autant que le déterminisme collectif. En 1593, dans son *Iconologia*, livre inspirateur s'il en fut pour les artistes et les amateurs, Cesare Ripa représente l'exil sous les traits du pèlerin, identifié à ses signes et à ses vêtements. C'est montrer l'écart entre cette vision et la réalité : en effet, le pèlerin ne rompt pas involontairement ses amarres et la vérité ne se trouve pas vers un ailleurs inconnu, mais dans la circularité d'un mouvement qui le reconduit transformé. L'expérience liminale du pèlerinage est une des activités où de toute évidence le coût importe peu, car le risque, le cheminement, la fatigue acceptée font partie des bénéfices obtenus. La gratification est inscrite dans la mobilité même [39].

LA MOBILITÉ MILITAIRE

Candide, je l'ai montré ailleurs, est un roman de la mobilité et du voyage [40]. Entre une vision optimiste – la sagesse de *Micromégas* (1752) – et celle du conte prudent et somme toute résigné, voire pessimiste, de 1759, Voltaire a placé au centre les manifestations d'atrocité et de fanatisme, la guerre et ses malheurs. L'*Essai sur les mœurs* (1754-1758) en dressera un bilan historique. Dans *Candide*, Voltaire va faire rire de la guerre de manière grinçante parce qu'elle bouillonne depuis des années au cœur de l'Europe, parce que la gloire et les massacres du champ de bataille fascinent les Lumières de multiples façons – leurs violences, en effet, interrogent tout : morale, religion, économie, science, raison et sensibilité. Aux chapitres II et III du conte, l'écrivain-philosophe jette son héros, chassé du paradis westphalien et séparé de la tendre Cunégonde, sur les routes et dans les hasards des combats. Le voilà engagé par les recruteurs bulgares [41], mis sur-le-champ aux fers, mené au régiment, soumis à l'instructeur et aux coups de bâton des sous-officiers :

« Candide, tout stupéfait, ne démêlait pas encore trop bien comment il était un héros. Il s'avisa un beau jour de printemps de s'aller promener, marchant tout droit devant lui, croyant que c'était un privilège de l'espèce humaine comme de l'espèce animale de se servir de ses jambes à son plaisir. Il n'eut pas fait deux lieues que voilà quatre autres héros de six pieds qui l'atteignent, qui le lient, qui le mènent dans un cachot. On lui demanda juridiquement ce qu'il aimait le mieux, d'être fustigé trente-six fois par tout le régiment, ou de recevoir à la fois douze balles de plomb dans la cervelle. Il eut beau dire que les volontés sont libres, et qu'il ne voulait ni l'un ni l'autre, il fallut faire un choix ; il se détermina, en vertu du don de Dieu qu'on nomme liberté, à passer trente-six fois par les baguettes... »

Battu à mort, sauvé par le hasard et par la grâce du roi des Bulgares, guéri, le voilà lancé dans la bataille contre les Abares, tremblant comme un philosophe, fuyard à nouveau – mais cette fois avec bonheur, le récit l'impose.

Tout est là dans *Candide* qui rend justice à un lieu commun : la guerre, les armées, le service militaire sont des facteurs de déracinement et participent à l'accroissement général des circulations. L'importance du phénomène autorise qu'on s'y arrête, car il intervient sur plusieurs plans entre la volonté et la contrainte, entre la fortune heureuse et la fortune malheureuse, dans les différents aspects de la mobilité moderne. La vocation militaire traverse certes différemment les classes sociales, mais elle met en valeur les traditions familiales, l'incompatibilité avec l'esprit sédentaire ou casanier, l'attachement des uns au service ou la pression des besoins des autres. Toutefois, jusqu'aux guerres révolutionnaires, et en France jusqu'à la loi Jourdan, la majeure partie des engagés se recrutent parmi les volontaires[42]. Le service anime un ensemble de mouvements de migration – mouvement intérieur dans les États, mouvement extérieur entre les États –, qu'il faut apprécier dans son importance, ses formes et ses rythmes. Car, s'il entraîne des recrues sans obligations, il est autre chose qu'un cas particulier de la mobilité géographique simple. Par ailleurs, le coût de la guerre, sa symbolique politique et religieuse, les conflits théoriques et moraux qu'elle entraîne, sont révélateurs d'une prégnance plus ou moins forte, d'un rapport social entre un milieu et son esprit, entre une action et une organisation d'une part et la société tout entière de l'autre, où témoignent les acteurs, les humbles et les glorieux, les philosophes et les militaires. Enfin, la mobilité militaire place les hommes au centre d'une série de transformations acculturantes qui contribuent à modifier les notions de discipline, de coercition, de sédentarité localisante.

L'IMPORTANCE DES RECRUTEMENTS, L'IMPORTANCE DES MOBILITÉS

L'Époque moderne a vu la guerre devenir l'aiguillon le plus puissant de la croissance des États. Sans participer de la même façon à la gestion du phénomène, dominants et dominés sont tous entraînés par cette concurrence des peuples, où les gens de guerre sont devenus des militaires, des professionnels contrôlés – tant dans leurs éléments dirigeants, majoritairement nobiliaires, que dans leur composantes roturières et troupières[43]. Toute la société civile est concernée et les militaires ne sont pas installés dans une errance autonome, même si, comme le rappelle André Corvisier, ils sont effleurés par cette tentation à l'exemple des régiments prussiens qui constituent des paroisses mobiles avec leurs aumôniers célébrant mariages et baptêmes, consignant les interventions dans leurs registres à l'instar du clergé paroissial fixe. L'armée est partout un système ouvert, appelant les hommes qui peuvent y mourir, les rejetant soit par congé officiel, soit par retraite pensionnée, soit par désertion. Au terme du service, les sorties ne renvoient pas forcément au point de départ : vingt-quatre années pour toucher une pension complète après 1764, seize pour une demi-solde, en France.

Le mouvement est donc étroitement lié au système de recrutement. Des armées d'hommes libres s'affrontent de plus en plus dans une évolution qui dénoue les liens tissés entre les vassaux et le fief, le service d'un seigneur et les villageois tenanciers, éradiquant le nomadisme ou le semi-nomadisme médiéval. Cette évolution fixe l'aristocrate et le bourgeois à leurs foyers, sur leur domaine, en ville, et assure le triomphe de la famille mononucléaire sur le lignage[44]. Le service militaire obligatoire ne s'impose pas quand il faut démilitariser les gouvernés et les peuples, quand il faut équilibrer les institutions sociales et concentrer les ressources et les pouvoirs[45]. De surcroît, le recours aux mercenaires – officiers et soldats – favorise pendant longtemps une gestion économique de la guerre, préservant les forces productives, garantissant à peu près la loyauté par la paie, déchargeant le pouvoir des soucis de la logistique. Si le système des armées privées recule à l'âge classique, c'est sous la pression des besoins militaires accrus et de ce qui en découle : leur prise en charge complète par les États et les princes. Le cosmopolitisme des armées ne disparaît pas : il s'organise autrement par rapport à un recrutement qui se localise en se généralisant.

Un brassage accru par le nombre

Les masses mobilisées croissent en volume, comme le montre dans tous les pays d'Europe le développement des archives de leur gestion – ainsi, en France, les registres des contrôles de troupe ou les rôles de désertions et des fuyards de la milice. La montée des effectifs est générale [46], tout comme la bureaucratisation de la violence [47]. L'expansion est globale : au XVIIIe siècle, 50 000 hommes en Espagne, 100 000 en Angleterre et en Suède, 150 000 en Prusse, 200 000 en Autriche, 300 000 en Russie et en France, pour s'en tenir à des ordres de grandeur. En France, les besoins des guerres successives entre 1700 et 1763 ont été évalués à plus de deux millions de recrues, dont 360 000 étrangers. Ils étaient de 20 à 40 000 soldats au temps des Valois ; moins de 50 000 à l'avènement du Roi-Soleil en 1660 ; plus de 400 à 600 000 au midi de la guerre de Succession d'Espagne, auxquels s'ajouteraient les effectifs des milices et de troupes diverses. En 1793, le seuil des 600 000 hommes est à nouveau franchi, mais la France est passée de 20 à certainement près de 27 millions. C'est sans doute plus de 35 000 hommes par an qu'il faut lever, et plus encore en période de guerre. Au bas mot, sur tout le siècle, un Français sur dix ! Au Piémont, petit État du point de vue de la population, mais grand État pour sa capacité innovatrice en matière militaire [48], les effectifs passent de moins de 10 000 au XVIe siècle à plus de 50 000 hommes au XVIIIe, dont en permanence de 5 à 15 000 étrangers [49] : peut-être 6 % de la population masculine adulte en temps de guerre.

Le service militaire est devenu un puissant facteur de mobilité géographique intérieure et de brassage, y compris par son refus. D'abord, il conduit majoritairement des célibataires adultes mâles à une migration individuelle qui à son terme, le retour à la vie civile, a mené ailleurs ses acteurs. En France, l'étude d'un corps comme la maréchaussée, élite des anciens soldats, met en valeur le déplacement : sans doute près de 20 % sont étrangers à la province où ils servent ; de même, parmi les pensionnés, les trois cinquièmes – étudiés en Languedoc – viennent d'ailleurs ; sur mille soldats admis aux Invalides, les deux tiers s'intègrent dans une autre localité que celle de leur naissance. Le changement affecte, selon André Corvisier, de quatre cinquièmes aux deux tiers des anciens soldats et il est la conséquence directe de leur passage à l'armée, même si les déplacements sont limités à la province et accrus chez les rempilés. Ils enregistrent une propension à la mobilité qui touche ruraux et urbains. Pour un passage à l'armée de trois ou quatre ans en moyenne, c'est un tiers des villageois et deux tiers des citadins engagés qui ne reviennent pas ; quelquefois même, ils disparaissent à l'étranger, raflés par les recruteurs des armées adverses. Les prisonniers sont invités à s'engager, et à terme, ils peuvent rester. Ainsi les déserteurs peuvent-ils temporairement sauver leur peau. Se fixer ailleurs peut déboucher sur un mariage, bénéficier du marché local, des emplois dont certains accueillent favorablement les anciens soldats : Ferme générale, police, gardes particuliers privés, gardes des Eaux et Forêts. Parfois, la mobilité géographique conduit à la mobilité sociale et à des réussites que le service militaire a certainement favorisées. Son refus y contribue encore sur le premier point, puisqu'il entraîne des milliers d'hommes, surtout en temps de guerre, à s'enfuir plus ou moins loin de chez eux pour éviter la milice ou les recrutements communaux – plus ou moins forcés – des gardes-côtes. Les fugitifs sont plus nombreux dans les villages que dans les villes ou dans les zones frontières ou enclavées, privilégiées ou incorporées plus ou moins vite, tels le Comtat ou la Lorraine. Les riches peuvent se faire remplacer, les pauvres bougent plus souvent.

L'INÉGALITÉ DES ÉCHANGES

Cette première mobilité sous les drapeaux souligne des inégalités géographiques : en France, l'Est y contribue beaucoup plus que le reste pour toutes les armes. Les régions frontalières envoient partout de forts contingents, mais le XVIIIe siècle voit se préciser ainsi la spécialisation régionale des recrutements. Le recrutement demeure en partie lié au fonctionnement même d'une armée organisée en régiments et en compagnies que dirigent des propriétaires soucieux de leur bien mobile et fragile. Longtemps, les officiers recrutent chez eux ou grâce à des sergents recruteurs de leur région. Les hommes retrouvent ainsi une unité d'habitudes et de patois partagés dès l'enfance, qui s'ajoute aux liens de protection et de fidélité traditionnels pour renforcer l'esprit de corps. C'est un recrutement naturel : dans la compagnie Ménonville du régiment de Chartres Infanterie, les deux tiers des effectifs (21 sur 30), viennent des villages situés à moins de cinq lieues du château de Villé où réside son capitaine. Toutefois, cette tendance s'atténue et les contrôles des régiments montrent de plus en plus un brassage des recrues sans concentration significative[50]. Paris joue un rôle décisif dans la redistribution des soldats : bon an mal an, ce sont 10 000 soldats qui s'engagent dans la capitale, dont à peine 10 % de Parisiens, soit près du tiers des enrôlements généraux moyens. Ceux-ci tendent à suivre les routes de la migration et de tous les mouvements interprovinciaux.

La mobilité militaire ne signifie pas totalement rupture, et elle autorise le maintien. Mais, par ses rythmes irréguliers, par la variation de la demande et de l'offre, par l'extension des aires régionales de recrutement, enfin par le déplacement des troupes toujours en mouvement, elle accentue le penchant à l'aventure organisée et à l'errance. Celui-ci se marque par un premier départ, souvent vers la ville, voire de village à village, ou même de ville à village. André Corvisier parle de surmobilité des familles militaires, visible aussi dans le mouvement des déserteurs : en 1765, sur 3 278 déserteurs identifiés, il y a 40 % d'étrangers et 33 % de natifs dans la même généralité, le reste révélant la dispersion générale [51].

Nationaux et étrangers

Ces aspirations s'enracinent certainement dans l'espoir d'une mobilité sociale que font miroiter les recruteurs. Partout, les groupes populaires l'emportent : en France, 78 % de ruraux en 1700; 85 % en 1789. L'armée tire la campagne de son isolement; elle favorise l'unification en attirant les provinciaux de régions nouvellement annexées ou frontalières, comme la Lorraine ou le Comtat; les urbains y côtoient les paysans, même s'ils reculent quelque peu. Dans des États plus petits, comme la Prusse ou le Piémont, le brassage se fait plus uniformément par un dosage complexe d'éléments provinciaux et généraux. Les régiments piémontais d'ordonnance se composent à 80 % de Piémontais et de Savoyards, de 7 % d'Italiens, de 3 % d'étrangers [52]; les régiments des provinces rassemblent déjà un tiers de l'armée vers 1737. Jusqu'à la fin de l'Ancien Régime, la mobilité militaire oscille entre les effets du mercenariat volontaire et ceux de la conscription plus ou moins étendue; elle marque ainsi des influences internes et externes, différenciées selon la cohérence nationale en formation, selon les besoins qui nécessitent des apports extérieurs permanents.

La présence des étrangers est un trait permanent de toutes les armées européennes. Même la Prusse, qui a exploité à fond les ressources du recrutement local par le *Kantonsystem*, n'a pu s'en passer pour consolider sa puissance militaire [53]. En France, ils constituent un recrutement permanent depuis le XVIe siècle; de la fin du XVIIe siècle à la Révolution ils représentent 12 % des effectifs en temps de paix et 20 % en période de guerre. C'est une armée dans l'armée, dont l'apport varie selon les armes et s'inscrit toujours dans l'extension des intérêts du royaume, le roi s'attachant ainsi ces spécialistes – petits princes, petits États, familles influentes. Ils viennent de partout : principalement des cantons suisses, en vertu des capitulations de 1496 et 1671, (onze régiments d'infanterie vers 1760), mais aussi d'Irlande à l'issue des guerres anglo-irlandaises (on en compte plus de 10 000 vers 1700) et de toutes les régions d'Allemagne, d'Italie, de Hongrie, de Suède, de Hollande. Maurice de Saxe disait : « Un Allemand nous sert pour trois hommes : il en épargne un au royaume, il en ôte un à nos ennemis et il nous sert pour un homme. » Non sans variations donc selon les nationalités, ce sont de 20 à 25 000 étrangers qui, par défaut de recrutement dans les pays d'origine, s'intègrent à des régiments divers, français, suisses, allemands ; ils se francisent autant qu'ils défendent leur identité, qu'ils soient officiers ou soldats.

Ce maintien d'une solide cohérence renvoie sans doute à l'organisation de l'échange. Le mercenariat puise depuis longtemps ses forces dans la faiblesse des ressources de l'Europe périphérique. S'il se réduit, c'est à cause d'un ralentissement de certains mouvements migratoires à déchiffrer dans l'évolution de chaque pays de départ dans la trame embrouillée des relations interétatiques ; c'est aussi parce que le développement d'un relatif bien-être économique, après les grandes crises du XVIIe siècle, tarit la source du service mercenaire en accroissant la demande de main-d'œuvre en campagne et en ville, en poussant aux recrutement nationaux avec la remontée démographique.

Si la migration militaire se maintient néanmoins c'est que d'autres facteurs contribuent à l'entretenir. En ce domaine, le cas des Suisses, *feroccissima gente*, est éloquent. Pendant trois siècles, ils ont envoyé volontairement des dizaines de milliers d'hommes à travers l'Europe. S'ils restent quelquefois en France et y fondent une famille, la plupart de ces paysans, pasteurs, bergers, forestiers ou laboureurs retournent au pays, où leurs économies et leurs pensions les préservent durant la vieillesse. Toutefois, ce qui rend la migration possible en permanence et en sécurité, c'est l'existence de traditions clientélaires très tôt mises en place, voire de pratiques familiales constantes. On les saisit chez les officiers : les Perregaux de Neuchâtel fournissent ainsi cinq générations au service français jusqu'en 1830, et les alliés des Perregaux jouent leur rôle dans l'attraction du recrutement. La tradition et les réseaux dictent les facilités d'engagement, la destination, le choix des armes, comme elles ont pu orienter la vocation vers d'autres domaines d'activité – le commerce et la banque, inséparables.

Au retour, le passage à l'armée et les états de service servent plus de marchepied vers les charges locales qu'ils n'apportent de facilités ou de profits matériels. Ces facteurs se perçoivent chez les Bernois et les Vaudois dispersés parmi les entrepreneurs militaires européens, tant pour les cadres que pour les hommes de troupe, de France ou de Hollande principalement. Le recensement Bernois de 1764 donne une idée de la ponction subie et entretenue par ces mécanismes : de 1754 à 1763, ce sont 4000 adultes de 16 à 60 ans qui servent (6 % de la population), autant que les migrants civils, et au total un homme sur dix ; plus chez les francophones (12 %) que dans les bailliages germaniques et, là encore, autant de militaires que de femmes. Le service étranger s'inscrit dans un ensemble de pratiques : en effet, s'il concerne souvent les régions de montagne, les plaines n'y échappent pas et les citadins non plus. Les réservoirs de soldats ne sont pas là où on les attend forcément : on les trouve partout, ce qui explique la dénonciation conjointe des pasteurs, des économistes de la Société bernoise, et des médecins comme le docteur Tissot : la ponction est trop forte. Cependant, le retour à 40 % des militaires est supérieur à celui des civils, rentrés seulement pour 22 %, et l'accroissement démographique n'est pas freiné globalement[54].

L'apport étranger n'a pas manqué au moment où se fait jour la tendance à constituer des armées nationales mieux contrôlées et mieux localisées territorialement : dans les troupes de Frédéric II, plus de la moitié des effectifs proviennent de terres allemandes échappant à la juridiction prussienne, ainsi que des pays germaniques, des déserteurs, des prisonniers de guerre (en particulier ceux des armées de l'empereur). Là où l'objectif d'une armée nationale est vraiment prioritaire, la mobilité militaire demeure absolument indispensable et constitue encore un corollaire de la conscription. Après la guerre de Sept Ans, elle reprend d'ailleurs du poil de la bête pour des raisons multiples : hostilité de fond des populations à la guerre imposée, injustice des exemptions qu'on découvre partout dans les milices françaises comme dans les recrutements prussiens, dénonciation théorique des guerres généralisées par les Lumières, critique des méthodes de recrutement. Ainsi, à la veille de la Révolution, la mobilité militaire se trouve à la croisée de deux chemins issus de deux conceptions sinon totalement contradictoires, du moins largement antagonistes : celle de l'armée de professionnels dirigée par la noblesse militaire, exigée par la recherche de l'efficacité technique et par l'économie des coûts, garantie de surcroît contre le désordre où une plus grande circulation est cause de troubles ; celle de l'armée nationale, territorialisée, appelant sous les drapeaux les milices populaires, et conçue comme la manifestation d'un peuple tout entier – « Tout citoyen en doit être soldat par devoir, nul ne doit l'être par métier », écrit Rousseau. Les deux choix réflexifs raisonnent différemment par rapport à la circulation : le premier la limite, la contrôle vers l'intérieur, mais ne peut la fermer aux apports extérieurs ; la seconde l'étend à titre temporaire à tous, impose l'obligation surveillée, mais la verrouille sur elle-même [55].

Guerre, mouvement et acculturation

Dans ses inégalités géographiques ou sociales, la mobilité générale des recrutements militaires est la source d'importantes transformations : elle ouvre les sociétés closes en attirant des éléments divers de la population paysanne et urbaine, en les redistribuant sur l'échiquier des possibilités sociales ; elle organise des circulations souvent préparées par les migrations de maintien, par les habitudes familiales et locales ; elle autorise les retours comme les ruptures. Surtout, l'armée est un facteur de modification pour les individus comme elle l'est pour les sociétés. La rencontre du collectif et de l'individu se joue, on s'en doute, de la même manière dans les marines qui élargissent encore l'horizon des transformations. Des analyses récentes ne sont pas à reprendre, elles vont dans le même sens [56]. Toutefois, il faut se demander ici quelle est la vérité la plus forte, celle de la guerre ou celle de la paix, car dans l'évolution des pratiques militaires nationales on peut mesurer sur ce point des inflexions différentes, correspondant à des enjeux différents. Années pacifiques et années d'affrontements n'occupent pas forcément la même place et n'ont pas la même efficacité selon le moment.

Mobilité et violence des guerres

L'époque moderne se caractérise, de ce point de vue, par un double mouvement. D'abord, la guerre s'étend partout dans la concurrence des États et, comme l'ont décrit les spécialistes, elle devient plus globale et plus impitoyable. « Au sein de l'espace européen, on peut parler de la présence endémique de la guerre, [...] accompagnée à intervalles irréguliers de poussées fulgurantes et parfois prolongées [57] » – la guerre de Trente Ans, les guerres de Louis XIV, la guerre de Sept Ans. Des guerres d'Italie et de l'explosive découverte du Sud par les chevaliers français à la multiplication des conflits locaux et des interventions extérieures pendant le XVIIe siècle, peu d'années sans conflits, sans envoi des troupes au-delà des frontières, sans marches et contremarches dans les provinces disputées. La guerre a été le climat normal où se sont développées les sociétés du XVIIe siècle ; elle en a renforcé non seulement le rôle sélectif et modernisateur de l'État, mais aussi les clivages sociaux en entretenant l'agressivité aristocratique, la défense des privilèges dans toutes les classes sociales, la fatalité devant la mort. *Les misères de la guerre* – guerre religieuse, guerre civile, guerre des États – ont été entretenues par la mobilité des armées et par le déplacement de leur pression sur les populations civiles, sédentaires et majoritairement rurales, victimes toutes désignées des ponctions les plus fortes et les plus tragiques.

Le milieu du XVIIe siècle, après la Fronde et l'affermissement de la puissance de l'absolutisme louis-quatorzien, connaît une première inflexion. Les théâtres d'opérations se réduisent depuis le traité de Westphalie : les opérations extérieures sont plus circonscrites vers l'Italie, les Allemagnes, l'Espagne ; les conflits intérieurs, les révoltes populaires, les affrontements religieux et politiques, sans disparaître totalement, sont en voie de diminution. De 1559 à 1713, cent cinquante ans de guerre larvée, assombrissaient partout la vie de tous. On sait que l'Angleterre n'y a pas échappé, entre Glorieuse Révolution et conflits politico-religieux dynastiques qui ne prennent fin que vers 1750. Cependant, la période qui suit n'en voit pas ralentir totalement les rythmes jusqu'en 1763, mais se déplacer les interventions. Sauf accident temporaire, la France est préservée ; les conflits se localisent périodiquement sur les mêmes théâtres : dans l'Empire, au-delà des Alpes, aux Pays-Bas, outre-mer bien sûr. Le heurt avec les populations locales retrouve alors son intensité, sinon une identique violence, car celle-ci se veut plus contrôlée : « Il y a moins de cannibales que dans la chrétienté d'autrefois » écrit Voltaire dans un élan d'optimisme passager en 1751[58]. Tout concourt à pacifier partiellement les mouvements induits par les conflits.

La Révolution et l'Empire vont à nouveau connaître l'extension générale et simultanément l'intervention intérieure, soit dans la guerre civile, soit dans les invasions. Les campagnes de l'Empereur entraînent les Français aux confins de l'Europe ; par la force, la violence et le sang, elles induisent désordre et hostilité durables. Bref, voilà depuis trois bons siècles la permanence des effets négatifs dans les relations des peuples et l'identité de leur mémoire. L'insoumission, la désertion sont alors des phénomènes permanents et décisifs dans l'affrontement de la culture militaire et des résistances de la société civile. Le mécontentement accroît à chaque conflit la mobilité du refus, grossissant les rangs des marginaux, contrebandiers et brigands que l'on retrouve massivement sur les bancs des galères : 45 % de déserteurs dans les 38 000 galériens ramant entre 1680 et 1715 ; moins de 5 % après. On mesure là l'effet réel du contrôle des troupes[59].

Opposons à ces bouleversements d'autres effets moins visibles, mais plus importants à long terme. Pendant la guerre, la vertu du mouvement n'est plus à démontrer, dans l'offensive comme dans la défensive et la retraite, à tous les niveaux de la stratégie et de la tactique. La guerre se gagne à la vitesse du plus lent des fantassins, du moins rapide des chevaux de la cavalerie, des équipages, de l'artillerie. C'est un principe que la pensée militaire ne dément jamais : pas d'exécution sans vélocité. Les règles de l'art définies par Montecuccoli après la guerre de Trente Ans rejoignent les aphorismes napoléoniens de l'exil : les trois impératifs sont : marcher, camper et combattre. La guerre se gagne dans la préparation et la concentration avant l'action résolue, avant le choc destructeur. C'est pourquoi la réflexion sur l'organisation défensive a, dans notre propos, une grande vertu. Elle a posé en principe qu'il faut empêcher les ennemis d'agir en leur ôtant la volonté et le pouvoir de remuer[60]. Les théoriciens replacent ainsi les forces du dynamisme et de la circonspection dans la balance entre manœuvre et puissance croissante du feu. Maurice de Saxe, dans ses *Rêveries de guerre* (1732), déclare son hostilité envers les batailles rangées : un général habile peut être capable de guerroyer toute une vie sans en livrer une seule. Frédéric II, après Turenne, incline d'abord à l'attaque continuelle – d'où une mobilité intensive, moyen de privilégier le temps sur l'espace –, puis il met au point une alliance raisonnée entre le feu, le tir continu effectué par ses pelotons, le mouvement qui déplace les troupes par progression successive et dans l'*ordre oblique* par couverture alternative des ailes engagées. Tout repose sur la discipline, le moyen de respecter le temps pour contrôler l'espace obtenu par l'entraînement intensif.

Dans le domaine français, stratèges et tacticiens confrontés aux innovations prussiennes et autrichiennes, de Vauban à Folard, de Guibert à Mesnil-Durand, ont organisé la manœuvre d'abord à l'intérieur du système défensif de la ceinture de fer, construit, entretenu et perfectionné par un corps d'ingénieurs. C'est un modèle dans l'armée d'une troupe talentueuse, éclairée, échappant en partie aux normes de la société privilégiée – moins de 60 % de nobles – et mobilisée par un brassage national constant entre les places et les tâches, élargies à tous les aspects de la croissance[61]. Les grands auteurs de l'armée des Lumières sont aussi nourris par un mélange curieux de réflexion efficace, inspirée par Polybe et Tacite, Sparte et Athènes, Descartes et Machiavel, le Prince Eugène ou Frédéric II. Ils vont définir un système de la guerre moderne qui se déploie pendant les campagnes de la Révolution et qui mobilise les acquis du siècle en modifiant par le choc de la masse les rapports du feu et de la manœuvre[62]. La colonne, celle de Guibert – pas celle de Folard, massive et trop lourde, inutilement profonde dans l'affrontement à la baïonnette, trop vulnérable aux tirs –, l'a emporté. Les guerres révolutionnaires et impériales associent irrésistiblement, dans leur conception et leur déroulement, la qualité du métier ; elle est maintenue dès 1793 par l'*amalgame*, l'idéologie sans laquelle les hommes ne pourraient plus monter au feu, l'utilisation du terrain à la mobilité de la manœuvre pour préparer le choc. Les divisions aux conversions multiples, faciles, imaginées par Guibert en 1772, et avant lui par de Broglie, permettent des évolutions plus adaptées à l'incertitude de la bataille. Au total, une maîtrise rationnelle de la mobilité triomphe en Europe et entraîne toutes les armes, artilleries réformées en tête. C'est le coup de maître de Bonaparte en 1796.

Le succès ne dépend pas, on s'en doute, de la conception stratégique ou du brio tactique, mais d'une adaptation aux circonstances et de l'alliance conclue entre moral des troupes, dynamisme du commandement, résistance des hommes et exemplarité des chefs. C'est ce qu'enseigne la professionnalisation des uns et des autres. Celle-ci s'acquiert en temps de paix dans les écoles militaires qui se développent en France et ailleurs, ainsi dans l'expérience des garnisons et des manœuvres. Entre les douze écoles royales installées en province et à Paris, où l'École militaire après 1777 sert d'établissement supérieur de guerre, à La Fère et à Mézières pour les armes spécialisées aussi, c'est une circulation à plusieurs niveaux qu'on enregistre : entre provinces et provinces, entre provinces et Paris, entre Paris et provinces ; le terme se joue dans la confrontation du mérite et de l'ancienneté avec le privilège, la naissance et la fortune pour l'avancement. Dans la seconde perspective, plus ouverte socialement, l'intérêt de l'apprentissage des règles – celles de la discipline renforcée, celles des armées utilisées – en garnison ou en camp de manœuvre réside dans la mise en évidence de la tension entre le mouvement constant, base de la vie militaire, et la sédentarisation de l'armée en période de paix. Depuis l'achèvement des guerres de l'époque classique, en gros depuis la mort de Louis XIV, le soldat de l'âge moderne est fixé dans des garnisons aux casernes progressivement aménagées : en province, cela prévaut très tôt ; à Paris, après 1764 seulement[63]. La troupe ainsi immobilisée est plus facile à surveiller et à concentrer le moment venu. La généralisation du casernement a bouleversé des habitudes de mouvement que tente de modifier plus encore l'ordonnance de 1788 en établissant les régiments dans des garnisons fixées à demeure, décision contestée par les officiers et les soldats. D'une part, on voit ainsi s'accentuer sur l'essentiel – le mouvement – la coupure paix/guerre, vie de garnison restreinte et libération des campagnes. D'autre part, on découvre l'importance d'un contrôle croissant des communications, des informations, de l'espace, comme le démontre Jean Meyer[64].

L'économie de guerre, la logistique des armées dépendent du réseau routier et fluvial, maritime et terrestre des transports. L'essor des politiques d'aménagement est, on l'a entrevu, dicté en partie par le souci de sécurité qui, du XVIe à la fin du XVIIe siècle, débouche sur la ceinture des forteresses édifiées par Vauban : c'est une barrière efficace qui bloque l'invasion sur les grands axes. L'énorme effort routier du XVIIIe siècle permet de plus en plus de contourner ses obstacles sans que toutefois les armées abandonnent les anciennes stratégies et la guerre de siège. Ici encore c'est Napoléon, par l'enveloppement des forteresses, qui tire les conclusions d'une évolution matérielle longue. Mais l'on n'échappe pas à la tyrannie des saisons, à l'arbitrage de l'entretien des voies et des ponts, à la rationalisation incomplète des postes, toujours convoitées en période de guerre. Le succès dépend alors des capacités à utiliser, donc à connaître, les moyens de la maîtrise de l'espace. La viscosité de la distance freine et embarrasse les mouvements indispensables au succès. On le conçoit dans les échanges journaliers d'ordres et d'informations, au galop des estafettes, des courriers, des officiers d'état-major, qui peuvent toujours se perdre ou se tromper. On le constate dans l'acheminement des nouvelles fournies par les espions, recrutés dans tous les milieux et dont les informations atteignent non sans lenteur les organes de centralisation comme les agents d'exécution[65]. La mobilité militaire s'exerce alors dans le cadre d'un triple déploiement spatial : celui de la frontière-armée et des routes qui y conduisent ; celui des lignes de transmission légères pour envoyer les ordres et rassembler les renseignements; celui enfin des voies de communication lourdes pour accélérer les déplacements massifs des troupes et des vivres, des canons et des matériels.

La mobilité concentrée sur les lignes de défense et de communication modèle l'espace en fonction de l'État. Elle contribue à en fixer la représentation par l'essor de la cartographie et des plans; elle œuvre au chemin des frontières et à leur contrôle, point d'appui, forteresse et routes dessinant le réseau des marchés locaux et généraux des garnisons. Entendons sur ce point Vauban ou les intendants du Roi-Soleil rassemblés dans la grande enquête de 1693-1697. Le maréchal est toujours par voies et chemins : Anne Blanchard a calculé qu'il avait parcouru dans sa vie active plus de 180 600 kilomètres, soit, pour quarante-sept ans, plus de 3 000 kilomètres chaque année. Il a dans ses inspections côtoyé journellement tous les chantiers et tous les hommes qui ont fait le succès de cette politique. Économiste, il a, dans ses *Oisivetés*, calculé les coûts humains et fiscaux du changement; encyclopédiste avant la lettre, il en a mesuré les articulations sociales et les règles de conduite; stratège et tacticien, il en a défini les difficultés et imaginé de multiples projets pour les résoudre – songeons à la baïonnette que ses instances imposent après 1703, à sa réflexion sur les levées de troupes[66], et de manière plus générale au *Traité de l'attaque*, qui combine tous les facteurs et toutes les variables du succès dans une mise en ordre globale et quantifiée. La pensée militaire de l'ingénieur est inséparable de ses interrogations d'économiste et de citoyen; elle s'insère dans une vision de l'espace homogène où triomphent des circulations libres[67]. La maîtrise militaire de l'espace intérieur et celle de la sécurité extérieure permettent de contrôler les circuits économiques que Vauban étudie autour de trois attractions qui croisent réalités productives, commerciales et stratégiques : ainsi pour Paris, de province à province, entre ville et campagne.

Simultanément, le regard jeté par les intendants sur la France s'intéresse à plusieurs priorités appréhendées dans une perspective plus civile que militaire, mais où l'on ne peut dissocier dans leurs tâches celles qui regardent l'armée d'un contrôle plus général, capital, au moment où va s'achever une guerre longue et cruelle dont les effets mettent en question l'avenir. L'état d'esprit des provinces apparaît dans les rapports comme un relais des capacités mobilisables, comme l'expression d'une fidélité historique et le moyen de mesurer le recul des troubles et des révoltes. Le caractère stéréotypé des habitants de tous les ordres, et plus particulièrement de la noblesse, les facilités au départ se révèlent des critères moteurs du recrutement et de sa qualité. Les célébrités militaires de l'histoire des provinces en témoignent, comme l'empressement notable des gentilshommes. La France des frontières, plus militaire, y apparaît par opposition à celle de l'intérieur, moins engagée, et les descriptions retrouvent ce contraste dans tous les éléments du système militaire : fortifications, milices, levées.

Reste la mobilité : elle est représentée de deux façons. D'une part, celle des institutions de contrôle – connétablie, maréchaussée, amirautés – qui, depuis le XVIe siècle principalement, garantissent l'ordre dans la circulation par la surveillance des routes et des lieux, par l'organisation des ports, par l'entretien des marines et des marins. D'autre part, les voies de communication, la rapidité des lignes intérieures sont abordées soit par le biais du commerce, soit par celui des efforts logistiques et des routes militaires sans lesquels les gens de guerre s'englosent dans l'arrière-pays. Les transports pour les troupes ont leur place dans cette analyse sensible aux effets financiers induits comme aux moyens d'entretien à mettre en œuvre. La présence et le passage des armées sont accentués dans les intendances frontalières, car, afin de ne pas épuiser les ressources (pour les hommes et pour les chevaux), les régiments sont répartis partout. Garnisons et quartiers fixent temporairement le mouvement des troupes, selon les saisons ; l'hiver est la parenthèse saisonnière qui oppose le cantonnement passager au déplacement des campagnes, mais qui impose encore la dispersion de la cavalerie pour trouver le fourrage nécessaire.

L'énumération des lieux fixes (par exemple, pour la Maison du roi) ou changeants montre que l'on est à un moment capital pour l'organisation des échanges et de la rotation des régiments, pour celle des itinéraires, pour celle des rythmes de passage, et donc de l'étalement des charges qui pèsent sur les généralités. Ainsi, les intendants livrent leur poids d'informations, dispersées mais fondamentales, sur les conséquences négatives ou bénéfiques de la présence et du mouvement des troupes comme de la guerre prolongée, diversement selon les régions. Si l'intérêt des mémoires est d'abord de montrer comment les intendants présentent un état de choses, une expression des réalités vues par un responsable, il est aussi de souligner – outre la présence sous de multiples formes de la guerre et des militaires, et parmi elles – des aspects majeurs de la circulation des hommes et des choses. On y retrouve ainsi tout ce qui concerne l'effort de surveillance et de contrôle de la mobilité redoutée. Les maréchaussées, prévôts et gendarmes l'incarnent. Ces troupes montées, chargées depuis le XVIe siècle de constater et de poursuivre les cas prévôtaux, assurent une justice rapide et efficace en dépit des faibles effectifs. Réorganisée après 1720, la gendarmerie accroît sa militarisation ; les juges bottés sont les maîtres des routes où ils surveillent vagabonds, déserteurs, voleurs de grands chemins, acteurs de violence et de révolte. Huit cents brigades, 3 300 hommes à peine à la fin du XVIIIe siècle refoulent les velléités d'insubordination et, surtout, exercent leur empire sur toutes les circulations.

C'est une expérience réussie – les cahiers de doléances de 1789 en font foi – du contrôle de la mobilité par l'ubiquité de la mobilité, du désordre par l'ordre[68]. L'édit de création de la maréchaussée des Flandres en 1679 résume bien son action : « Assurer la liberté de nos sujets desdites provinces, allant et venant par la campagne à leurs affaires et commerce, y empêcher les violences et brigandages qui ont accoutumé de s'y commettre[69] », et encore en 1760 : « Rechercher et poursuivre les malfaiteurs et autres ennemis intérieurs de l'État, garantir les voyageurs de leurs entreprises en tenant les grands chemins libres et assurés, observer les marches des troupes, veiller au bon ordre dans les fêtes et autres assemblées, et maintenir en toutes circonstances la sûreté et la tranquillité publique ». Les textes livrent explicitement le but et les devoirs d'une action assurée régulièrement par les chevauchées, quadrillant avec exactitude le territoire sur les routes, et par une présence dissuasive. On l'obtient par une organisation rationnelle des cavaliers, utilisés par roulement selon les missions. Les journaux de service en rassemblent les résultats et permettent de vérifier l'exécution des marches. C'est un exemple de la façon dont la mobilité contribue à discipliner les peuples qui ont accepté les contrôles et les limitations en échange de l'ordre et de la sécurité.

Dans le registre de la circulation encore, le progrès de l'administration militaire et le développement des armées reposent aussi sur le soin apporté à fluidifier le trafic des armées et à assurer une régularité et une vélocité indispensables. Le système français des étapes en offre un bon exemple. Un véritable réseau routier donne aux rois de France un avantage infini en fait de guerre, mais son efficacité est renforcée par l'organisation associée des vivres et des fourrages distribués aux troupes qui poursuivent leur route à travers le royaume, en allant et en revenant de leurs quartiers d'hiver ou des garnisons dans les étapes[70]. La série des cartes ouverte en 1632 permet d'en observer le développement jusqu'en 1790 et de voir comment les routes militaires ont suivi les grands chemins civils ; le choix des localités d'étape est guidé par les capacités économiques et par les conditions de sécurité et d'hospitalité offertes. Les gîtes, lieux d'arrêt obligatoires sur des itinéraires fixes, forment un grand réseau national comme les routes de poste, mais l'administration choisit les étapes, veille à leur fonctionnement et réussit ainsi à discipliner les mouvements de ses détachements. Les gîtes accueillent aussi anciens soldats et jeunes recrues. L'ordre officiel précise itinéraire, calendrier, vitesse possible. Selon le relief, les distances varient de 3 à 7 lieues (de 12 à 31 kilomètres) ; la moyenne est d'environ 5 lieues avant de trouver abri et ration de pain assurés.

La densité des gîtes d'étape est liée à deux facteurs. D'une part, elle correspond aux grandes routes carrossables et au réseau routier majeur, dont elle s'écarte seulement pour des raisons de complémentarité – gage de vitesse réservée aux cavaliers et gens de pied – en empruntant le réseau secondaire et des itinéraires de traverse, essentiels car ils servent aussi aux migrations interrégionales. Ainsi, pour aller de Coulommiers à Vitry-le-François, le chemin militaire passe par Sézanne ; ou encore, pour se rendre de Béziers à Toulouse, il s'écarte du grand chemin par Castres. D'autre part, la concentration des gîtes s'accroît dans les zones frontières du Nord-Est, les axes de circulation alpins, dans les Pyrénées : en cas de conflit, la mobilité des armées dans ces régions de circulation difficile ou menacée oblige à les multiplier [71]. L'étape, avec son personnel et ses pratiques administratives, avec son corpus de règlements produits et modifiés entre le XVIIe et le XVIIIe siècle, est devenue une obligation ordinaire, routinière, assurant aux armées autonomie et rapidité de marche à la hauteur des vitesses et des besoins du temps. Surtout, par l'adéquation des effectifs aux ressources disponibles, rassemblées, elle a permis de fractionner les corps d'armée et d'accroître les effectifs utilisables.

Le pain et le fourrage garantis, la surveillance constante des soldats organisée par détachement, l'acheminement des bagages, le contrôle des effectifs créent une nouvelle relation entre l'armée et les populations. Les cahiers de doléances montrent une adaptation certaine de l'une aux autres ; le contrôle de la mobilité militaire par les étapes a contribué à gommer la violence du passage des troupes [72]. Bien que la guerre ait pu, là où elle se déchaîne, balayer les habitudes et annuler les prévisions, la systématique mise en place contribue à deux choses. En premier lieu, elle assure l'efficacité des mouvements militaires en organisant un compromis entre la capacité de ravitaillement et la vitesse possible. Le seuil atteint à la fin du XVIIIe siècle ne sera franchi que cent cinquante ans plus tard, avec le chemin de fer et l'automobile ; jusque-là, on a gagné 19 kilomètres entre le XVIe et le début du XIXe siècle – il faut un gros mois pour déplacer un régiment de fantassins des Pyrénées aux Vosges. En second lieu, cette systématique a entraîné une acculturation autonome des militaires, une lente pénétration de *la civilisation des mœurs*, fragile car facilement brisée lors des guerres, inséparable de celle des peuples dont ils sont issus et pourtant distingués par leurs pratiques et de plus en plus.

DISCIPLINES, CONNAISSANCE ET MODIFICATION PHYSIQUE

C'est sur ce plan qu'il faut évoquer les résultats obtenus par les différents éléments constituant la mobilité des militaires par rapport aux sociétés civiles. Machine acculturante, l'armée peut toujours être lue comme l'instrument d'une soumission imposée, mais qu'il faut se garder de mesurer à la même aune dans les sociétés anciennes (organicistes et communautaires) et dans les sociétés modernes (individualistes et libérales). On peut y déceler aussi des facteurs de liberté et de modernité qui ont façonné l'individualité et policé la société civile, jamais totalement distinguée de la société militaire : elle fournit les soldats et les officiers, elle les recueille après démobilisation. Dans ce brassage massif, on s'en doute, les arguments sont utilisables à plusieurs fins[73]. Les avantages individuels et collectifs, sans toujours coïncider, sont à mettre dans la balance pour équilibrer maux et violences justement toujours évoqués[74]. En accentuant les échanges et les mobilités, l'armée est le terrain d'une modification.

La circulation des troupes a assuré la connaissance des peuples. Pour l'obtention de résultats décisifs, elle exige un effort de documentation et d'enquête qui est allé s'élargissant. Non seulement les mémoires des officiers envoyés en reconnaissance et analysés par les états-majors permettent de savoir où l'on va et de connaître les ressources à attendre en territoire inconnu, mais ils contribuent aussi à définir frontières et limites. Comme les cartes, ils participent à la grande entreprise d'abstraction du réel triomphant du symbolique et du réalisme pittoresque. Récits descriptifs et plans à échelle variée, avec une maîtrise nouvelle de l'espace et du temps quand scientifiquement la triangulation générale permet d'architecturer la multitude disparate des cartes anciennes. En France, quatre générations d'ingénieurs savants, de la même famille Cassini, ont fait la carte du royaume dont le destin s'achève au service des militaires de la Révolution[75]. De même qu'elle bouscule les usages tactiques, celle-ci influence le regard des observateurs. Des voyageurs d'un genre nouveau ont été lancés sur les routes en hommes de guerre ou en hommes de science, comme Desaix ou Monge. Le cadre rigide du Grand Tour éclate ; les durées de séjour brèves alternent avec des campagnes prolongées.

Voyager avec une armée impose deux manières de voir : il faut observer par métier et il faut concilier l'impact de l'événement avec la délectation, les logiques de la conquête et d'une redistribution des cartes stimulant l'effort de connaissance et l'émotion héritée d'une tradition culturelle ancienne et une nouvelle sensibilité plus égotiste. Stendhal, officier en 1798, en décline jusqu'à sa mort les diverses possibilités[76]. Dans la redistribution territoriale temporaire des mercenaires peut se lire une acculturation plus profonde. Elle est dictée par le défi d'échapper au rejet et à l'isolement, au regret de l'éloignement en s'adaptant à la tradition des garnisons, mais plus encore, pour tous, par la recherche d'un équilibre entre la culture d'origine et celle d'accueil, qui passe d'abord par l'apprentissage de la langue. C'est parfois un prélude à une assimilation. C'est toujours le moyen d'un transfert des normes étrangères, que dénoncent les moralistes sensibles aux changements matériels, mais qui s'inscrit dans une circulation générale des choses et des hommes dans les contrées reculées et périphériques de l'Europe des engagés – au premier rang desquelles la Suisse[77]. Les correspondances familiales, familières, servant de relais, comblent une absence et révèlent l'écart qui s'est creusé entre façons de vivre et façons de penser[78]. Si le transfert intellectuel et sensible intéresse surtout les classes supérieures de la société militaire, il n'échappe pas à la modification de milieux plus modestes pour une mobilité cardinale.

Trois comportements sont fondamentalement redressés par le passage à l'armée et par l'armée : les habitudes de consommation alimentaire qui sont régularisées, les traditions vestimentaires, enfin les soins du corps – en bref, tout ce qui fait et soutient la culture des apparences. L'uniformisation n'est pas réservée au seul secteur du costume : elle touche l'ensemble de la personnalité que construit l'affirmation professionnelle des soldats[79]. Elle déborde la garnison et la caserne ; qui ne sont pas fermées sur elles-mêmes : elles sont également le point de départ de contagions multiples – l'immoralité toujours dénoncée, l'imitation des habitudes et des modes, les maladies qui inquiètent les médecins militaires et les auteurs de topographies médicales, mais aussi les manières de vivre, l'honnêteté et le sens des relations –, ainsi que d'une capacité à la promotion. D'où l'importance de l'alphabétisation offerte dans les régiments : le soldat ne provient généralement pas des catégories les plus instruites de la population, mais les contrôles de troupes françaises prouvent qu'il signe plus que la moyenne civile : 35 % vers 1763, et 70 % parmi les rengagés, dont de 30 à 40 % doivent écrire. L'analphabétisme est plus répandu chez les plus âgés des soldats [80].

Ces constats permettent de relativiser quelques stéréotypes appliqués aux troupiers de l'âge moderne. D'abord, la variété des situations est extraordinaire et le mouvement des transformations sociales et culturelles globales de la *civilisation des mœurs* n'épargne pas la société militaire ; au contraire, sa mobilité l'impulse. La misère qui provoque mendicité, vagabondage, brigandage et engagement a massivement joué pendant les crises du XVIIe siècle. Un siècle plus tard, l'appauvrissement, la régression économique et sociale ont reculé presque partout, même là où c'est encore de façon inégale. Le besoin n'entraîne plus de la même manière à la guerre, même si l'armée sait encore mettre la main sur les sans-emplois des villes, les ratés de l'exode rural, les délinquants potentiels, les marginaux temporaires. En 1704, l'ordonnance anglaise de conscription se présente encore avant tout comme une mesure de police contre les mendiants et les vagabonds, et les primes offertes par les recruteurs peuvent tromper tous les indigents qui deviennent des soldats de métier. La conscription obligatoire, généralisée avec la Révolution, ouvrira une époque nouvelle le jour où une bande de va-nu-pieds, paysans et citadins, vaincra en bataille rangée les meilleures armées des souverains d'Europe [81]. Même si la guerre reste un métier dur pour des gens durs, même si l'armée reste un théâtre de désillusion, ce sont pour beaucoup, du fait des échanges qu'elles suscitent, des lieux de contrôle et d'humanisation, ce qui nuance leur condamnation et leur critique par les philosophes.

Mobilité des armées, discipline des soldats

C'est sur cette toile de fond qu'on peut retrouver le procès de discipline qu'on a pu y lire. Le mouvement vers l'armée ne se confond jamais totalement avec celui du vagabondage ou de la mendicité[82], même s'il résulte parfois d'une rupture avec le milieu, d'une déchirure collective ou personnelle – querelles, endettement, amour contrarié, conflits familiaux font le jeu des recruteurs. C'est donc sur un terrain complexe du point de vue social et culturel que s'exerce le projet disciplinaire, dont l'enjeu est guerrier mais également social.

Sur le plan social, ce projet est bien perçu. Le système militaire diffuse par le mouvement, géographiquement et socialement, l'éducation des techniques corporelles et morales qui font l'homme moderne, une pédagogie de la négociation des rapports humains qui ne repose pas seulement sur la violence. Le modèle prussien et son arbitraire suscitent autant de doutes et de critiques que d'admiration. L'armée devient alors une instance de légitimation sociale, non dépourvue d'espace d'instabilité et de libertés propices aux médiations personnelles.

Sur le plan guerrier, la discipline du corps[83] est le moyen d'ordonner les masses appelées sous les drapeaux et d'en briser la lenteur cahotante. C'est la base des nouveaux principes de tactique que l'on entend dès le début du XVIIe siècle, « Accoutumer les soldats, en marchant par file ou en bataillon, de marcher à la cadence du tambour. Et pour le faire il faut commencer par le pied droit, afin que toute la troupe se rencontre à lever un même pied en même temps », écrit déjà Louis de Montgommery dans la *Milice française* (1636). On peut en retrouver les détours et les harmoniques à travers les règlements et les ordonnances des infanteries européennes durant tout le XVIIIe siècle : un parcours visant à la souplesse et à la coordination des unités et des individus[84]. S'il est encore difficile de trancher à quelle date exacte toutes les armées européennes marchent au pas du même pas, on peut constater que les grands règlements coïncident dans la seconde moitié du XVIIIe siècle avec le progrès des routes, et avec la mise en place des espaces de manœuvres, de parade et de revue – telle la plaine des Sablons, où Moreau le Jeune observe les gardes françaises au pas cadencé devant Louis XVI en 1780. Le comte de Guibert, et son appel du chapitre III de l'*Enseignement de tactique*[85] « De la marche », a été entendu. Voilà une conquête d'égalité dans l'habitude ordinaire : égalité par rapport à l'étendue, égalité par rapport à la vitesse. A la diversité des marches – chaque nation, chaque classe d'hommes ayant sa démarche, comme sa physionomie –, le pas de l'école d'infanterie substitue l'uniformité et la précision pour la manœuvre et le champ de bataille, l'alignement décisif, la connaissance du terrain et le coup d'œil. La mobilité militaire des théoriciens des Lumières culmine ainsi dans une éducation globale. Sauter, courir, marcher, changer d'allure, suivre les rythmes de la musique – qui doit être plus vive, plus mesurée, plus adaptée –, régler la liberté de la marche de route à la nature des chemins, deviennent préoccupations quotidiennes des hommes et des officiers. La mobilité, ici, induit d'autres changements : chaussures mieux adaptées, habillement moins serré, moins brillant, équipement allégé. C'est un facteur majeur de la culture matérielle – l'effet Guibert rejoint l'effet Diderot. Les pieds seront désormais, pour tous les fantassins du monde, l'objet de soins attentifs. C'est un terrain modeste où se doivent concilier la liberté de l'homme et la nécessité de l'ordre [86].

Administration des hommes, des choses et des âmes

Les sociétés modernes ont vu se développer les usages divers de la mobilité d'obligation, car deux forces y sont à l'œuvre pour accélérer avec une pression plus vive toutes les formes de circulation, d'échange, de commerce – ce dernier mot ayant encore sa résonance humaine pour désigner les relations collectives et individuelles. D'une part, pouvoir politique et pouvoir économique, qui se renforcent mutuellement à travers pratique de contrôle mercantile et incitation au développement, ou encore par la programmation des libertés commerciales au XVIIIe siècle. D'autre part, à l'intérieur de secteurs autonomes mais jamais séparables et séparés, l'État, le négoce et l'Église, qui sont tous directement liés aux mouvements des choses, des hommes et des âmes – donc à leur contrôle –, et qui sont tous marqués par une tendance à la formalisation des pratiques, à la définition des carrières, à la conformisation des espaces spécifiques. Dans ce jeu, les découpages administratifs et institutionnels ont eu leur part d'action. Ils ont été amplement étudiés autrefois ; ils le sont encore de façons nouvelles aujourd'hui et dans toute l'Europe.

L'armée moderne a mis en évidence la nouvelle mobilité propice à une conquête nouvelle du temps et de l'espace par la vitesse et le mouvement réglé, mais aussi par ce qu'elle induit pour la connaissance des territoires et des hommes, par sa capacité d'abstraction ; enfin, par les rapports sociaux entre nationaux et étrangers qu'elle entretient, comme entre militaires et civils qu'elle confronte en paix et en guerre. Elle révèle également la limite des catégorisations de l'analyse, puisqu'elles sont souvent imprécises, se chevauchent et ne sont jamais totalement fixées par les règlements. Les exigences du mouvement des individus, celles du déplacements des fonds, des matériels, les nécessités de l'information et de la correspondance pour une bonne marche de tous les dispositifs et pour la meilleure collaboration des acteurs engagés et confrontés à la distance, se retrouvent dans d'autres secteurs de la vie sociale, politique et religieuse. Courriers, déplacement des hommes et des marchandises ont de plus en plus rapidement entraîné l'amélioration des routes et des communications. De nouveaux personnels, à différents niveaux des structures des États, des négoces et des Églises, sont alors engagés dans des procédures d'enquête, de surveillance, d'évaluation et de gestion. L'animation du monde qui débouche sur une connaissance nouvelle des autres, qui construit ses sphères de sociabilité propres, est d'abord une mobilité des administrations avant d'être limitée et perçue comme une administration des mobilités.

Mobilités de l'économie

Échanges et espaces sont liés dans les configurations du développement et de la stagnation : transferts des produits bruts, des matières premières, des marchandises, des capitaux, des procédés et des techniques (matériels et intellectuels), des hommes enfin (entrepreneurs, employés, ouvriers). La main-d'œuvre et le travail méritent une place à part pour leur importance structurelle et parce qu'ils agissent à des niveaux différents du monde de l'économie, entre la production des richesses, leur diffusion et l'accueil des consommateurs. Des échanges généralisés, une moindre autoconsommation possible, l'accroissement de dépenses nouvelles introduites au plus profond des sociétés paysannes ont mobilisé une multitude de nouveaux agents impliqués dans la vente et l'achat des nouveaux produits [87]. Toutefois, si l'on doit admettre l'interdépendance des articulations existantes entre les échelles du commerce – condition même de la prospérité des économies portuaires et manufacturières, ce qu'on sait depuis longtemps pour l'Angleterre –, si l'on doit admettre la polyvalence des activités et des acteurs dans des lieux multiples et des espaces étendus, il faut reconnaître aussi une différence d'échelle et de problèmes dans l'animation, de rayonnement dans l'espace, donc de portée dans l'analyse. L'opposition du royaume paysan et du royaume marchand conserve une part de sa valeur heuristique, toute braudélienne, moins parce qu'elle néglige les multiples circuits et les multiples facettes de la circulation généralisée que parce qu'elle oppose deux visions de la richesse et de la mobilité, en bref de la société, visions qui sont en cours de modification à l'âge moderne parce que l'espace s'élargit et parce que la lenteur recule. Alors, le rythme du changement n'est pas partout le même et l'influence des cités n'a pas partout le même impact [88]. Des secteurs plus ou moins formels, plus ou moins informels [89], regroupent tous les acteurs de l'échange – monde de l'échange et de l'incertitude, monde du risque plus ou moins accepté [90]. Dans cette société composite, dès l'aube de la Renaissance, une autre société plus spécifique, avec ses acteurs également composites, s'est mise en place dans la trame des ports, des places, sur les nœuds d'échange des flux et des trafics, à la croisée des routes terrestres, fluviales et maritimes. Elle a dû créer sa culture propre à travers ses pratiques comme dans sa conception de l'espace et du temps, qui a pu progressivement se diffuser vers d'autres lieux.

La mobilité marchande et négociante correspond, entre le XVIIe et le XVIIIe siècle, à une organisation et à une pensée spatiale neuve. Jusqu'ici, l'espace était pensé d'abord comme social et politique, sans que la sphère économique ait encore de spécificité propre ni totalement dans les esprits, ni même sans doute dans la réalité des échanges dont la régulation est avant tout sociale et politique. Au XVIIIe siècle, l'espace bascule du côté du marché, des aires de prix, des pratiques de l'espace structuré par la marchandise. L'espace des marchands, celui des façons de faire et de penser des négociants et des commerçants, leurs déplacements sur les routes et au long des voies maritimes, leur localisation dans des lieux habituels (marchés, foires internationales, nationales ou régionales), leurs transactions dans les bourses et les comptoirs – en bref, toute une matérialité d'objets et de gestes se voit intégrée par l'analyse économique dans une conception de l'espace structuré par la logique de la marchandise et, encore plus largement, de l'économie [91]. L'espace marchand sera défini par la circulation des marchandises dans ses rapports avec d'autres champs de forces, productifs, monétaires et politiques. Confronté à d'autres pratiques, la question reste de savoir si l'échange crée de la valeur, et même si le déplacement la modifie, ou si celle-ci repose plus profondément sur le travail – celui de l'agriculture ou de l'industrie.

Le commerçant, qui se situe aux croisements des circuits de l'argent et des marchandises, et dont la position change quand on modifie avec Marx la position des termes de l'équation de l'échange (échange *naturel* : marchandise-argent-marchandise ; échange *capitaliste* : argent-marchandise-argent), est pluriséculairement au centre de la trame des procès de mobilité. Son utilité, ses pratiques l'opposent au monde de l'immobile et de la terre ; son modèle peut résonner partout, comme le commerce, sans que ses savoirs et ses logiques profondes soient entendus et diffusés par tous et pour tous. Le milieu de la marchandise, dans son hétérogénéité sociale – il mêle petits marchands, grands négociants, hommes d'affaires, banquiers, financiers divers –, conserve une homogénéité très forte : la recherche du profit dans un monde qui discute de sa légitimité et où toutes les formes d'échange sont à lire comme sociales et comme économiques [92]. C'est, de surcroît, un monde qui se vide par la mobilité sociale.

Mobilité temporaire, mobilité permanente

Le champ d'action des hommes d'affaires couvre toute l'Europe depuis le Moyen Age, et de plus en plus tout le monde connu [93]. Ses limites reculent au rythme des découvertes et de l'expansion des grands pays européens affrontés. Avec ses trois façades maritimes – mers septentrionales, Atlantique et Méditerranée – et son vaste interland productif, le territoire de ses marchands s'est organisé entre ces trois espaces et les circuits intérieurs diversement sollicités et équipés. Les marchands servent d'intermédiaires entre ces domaines ; leur activité quotidienne y fait circuler nouvelles, produits divers, marchandises de tous ordres, monnaies réelles ou abstraites, du numéraire pesant bon poids aux instruments de crédit. L'effort collectif draine des campagnes aux cités, des villes intérieures aux ports accueillant à tous les exotismes, à toutes les animations antagonistes de l'immobilité, les productions du monde rural et manufacturier. Clef de la réussite, l'art de la marchandise que diffusent de plus en plus largement les livres imprimés, pratiques, manuels, imprimés utilitaires [94] où se déchiffrent règles et rythmes. Au comptoir, le marchand est au cœur d'un réseau où s'associent le travail sédentaire – autorisé par la tenue des livres (enregistreurs des échanges), la correspondance maîtrisant l'espace informatif et relationnel, les instruments de compte et de crédit, comme la prodigieuse lettre de change, perfectionnée du XIVe au XVIIIe siècle – et les activités mobiles. L'entreprise, d'abord patriarcale, se complexifie du XVIe au XVIIIe siècle et mobilise différemment, selon la taille, l'une et l'autre dimension.

A la Renaissance, tout le monde peut se déplacer : petits commerçants vers les foires, gros marchands vers les grosses places de

Une route. Peinture de Jean-Louis Demarne. Musée du Louvre, Paris.
© RMN - Gérard Blot.

La construction d'un grand chemin. Peinture de Joseph Vernet. Musée du Louvre, Paris.
© RMN - R. G. Ogeda.

commerce. Le marchand est un voyageur qui, à l'instar de Lucas Rem de Lyon, ne cesse de bouger et de risquer lui-même son effort et son crédit[95]. En 1500, le voilà en route de Lyon à Bourges, puis à Paris et à Rouen; revenu à son domicile, il repart pour Albi, d'où il revient pour bouger encore vers Genève, la Suisse, et revenir. En 1501, Rem s'en va à Augsbourg, revient à Lyon, regagne la Suisse. En 1502, il parcourt les cantons helvétiques, revient, repart pour Augsbourg, rentre, galope à Albi, rejoint Lyon, part ensuite pour Toulouse, Saragosse et retour. Nommé par sa firme à Lisbonne, il voyage aux Açores et au Maroc. En 1509, il est à Rome. C'est un profil qui, sans disparaître totalement, tend à laisser place à des déplacements plus limités dans le temps et plus associés à des activités spécialisées : celles du transporteur, de l'affréteur, du capitaine de navire, celles des commissionnaires. Les lieux se placent conformément à une mobilité professionnalisée par l'emploi et par l'âge, les cycles de vie familiaux et personnels. Les grands hommes d'affaires ne suivent plus les convois; la mobilité s'entretient par la nécessité du développement des marchés et par la migration des nouveaux venus soucieux de s'enrichir par le commerce. Un renouvellement est partout à l'œuvre qui puise ses forces dans le bassin migratoire des cités marchandes; ainsi Bordeaux étudié par Jean-Pierre Poussou, Marseille par Charles Carrière, Lyon par Maurice Garden. Les exemples étrangers abondent, à commencer par Londres, Amsterdam, Venise ou Livourne. Pour le jeune Descartes, le commerce dicte à Amsterdam ses lois et des libertés, de nouvelles relations entre les hommes, une nouvelle vision du monde.

Mobilité de formation

Deux traits saillants marquent cette mobilité plus temporaire : c'est d'abord une mobilité d'apprentissage, de formation; ensuite, une mobilité d'information. Le voyage se fait alors aux comptoirs, en plusieurs étapes dans le circuit des familles alliées ou clientes. Il peut déboucher sur l'installation définitive; il est souvent un moment durable avant le retour. De plus en plus, il a lieu après un premier décrassage scolaire au collège, où les fils de Pluton dépassent rarement le niveau de la classe de seconde[96]. Le travail forme la jeunesse négociante par l'expérience des savoir-faire, celle qu'enseignent la diversité des compétences et la variété des objets. En un temps où les normes ne sont pas fixées mais où les premiers standards s'imposent[97], l'expertise s'acquiert sur le tas : elle enseigne les qualités, elle permet la polyvalence comme la spécialisation. C'est la base de la qualification marchande, dont l'autre volet est celui que livre l'acquisition d'une instruction intellectuelle de base : arithmétique et calcul, langues et droits[98], connaissance du monde, pratique des comptes, du change et du crédit dans leurs variétés selon les places. Les espoirs de réussite peuvent porter ces éducations négociantes, dont les premiers pas sont ceux d'écoliers sans école. Ainsi Benoît Lacombe qui, venu de Gaillac à Bordeaux sur le tard (vingt-six ans), est accablé d'affaires, entraîné dans le dynamisme de la croissance du grand emporium aquitain, et se voit rappeler par sa famille qui réglait tout et qui interrompt ses ambitions conquérantes[99]. L'affinement des capacités se fait dans ces échanges que l'on prépare et que l'on observe.

Entendons la correspondance des Quentin à Roux de Marseille. Le père écrit de Saint-Malo pour recommander son fils : « Mon fils approche de vingt ans ; après ses études, il a travaillé avec moi au cabinet pendant trois ans. Après quoi je l'ai envoyé en Angleterre pendant dix-huit mois. Il parle et il écrit couramment l'anglais. Mais comme nous n'avons pas ici d'emploi régulier d'affaires capables de l'occuper, je prends le parti de le faire passer en Espagne, afin d'y apprendre la langue et une connaissance parfaite des affaires, dans l'intention de former une maison à Cadix si les opérations de commerce s'arrangent de façon à y présenter quelque avantage de résidence... » On voit là un cursus, une manière, un horizon – l'Atlantique ouvert à la Méditerranée. A un autre confrère d'Augsbourg, la maison envoie une autre réponse dubitative, mais on sait qu'elle accepte le jeune homme venu d'Allemagne, par Lyon et Gênes, et qu'on l'apprécie beaucoup : « Il est très admissible et présentable, il raisonne fort juste, sait l'italien, le français, l'allemand et le hollandais, et me paraît avoir l'expérience du calcul et des opérations de banque. » Le parfait négociant futur gagne ses galons dans la mobilité, et de plus en plus, de même, le personnel subalterne. « Nous aurions désiré correspondre à vos désirs en recevant Monsieur votre fils chez nous, mais dans ce moment notre bureau est entièrement complet et nous avons plusieurs aspirants à qui nous refusons l'entrée, ce qui nous prive du plaisir de vous obliger. Dans la circonstance, il y a tant de jeunes gens de la ville qui postulent à des places dans les comptoirs que les étrangers ont grand-peine de s'y placer. Si Monsieur votre fils vient ici, nous l'aiderons à se placer pour le faire entrer dans quelques bonnes maisons, mais nous savons que la chose sera un peu difficile. »

Les marchands, la cité

Le mouvement, bien sûr, ne peut se concevoir en dehors de la trame des colonies marchandes. Elles rassemblent autochtones et étrangers dans un climat cosmopolite, et l'on peut en mesurer l'importance à la proportion des uns et des autres. A Marseille, en 1789, dans un groupe multiplié par trois depuis 1700, on compte 28 % de Français non marseillais et 18 % d'étrangers sur 750 négociants. L'évaluation laisse échapper le monde des commis, des facteurs et des employés spécialisés, dont l'expansion est liée à la croissance. Le recensement de 1793 ratifie ce premier constat et permet de l'éclairer par le chiffre des flux d'une double mobilité : intérieure au royaume et faite majoritairement des fils du Dauphiné, de Languedoc et de Provence, appelés en permanence par le développement; et extérieure, venue d'Europe du Nord (43 %), d'Europe du Sud (31 %, dont 22 % d'Italiens) et de l'Orient (25 %). La part des protestants y est forte, celle des Suisses toujours importante, mais la migration du négoce se coule dans un ensemble particulièrement actif aux deux extrémités de l'échelle sociale [100].

A Bordeaux, avec 800 négociants à la veille de la Révolution, on retrouve cette double origine : l'espace du Sud-Ouest, régional, et le monde atlantique et septentrional – l'Europe protestante, comme à Marseille, fournit entre le quart et le tiers des arrivants. On voit là clairement comment se fait la liaison entre l'aire productive régionale et les autres réseaux commerciaux de l'Europe du Nord, mais on ne perçoit pas le rôle essentiel des marchands forains venus temporairement aux foires bordelaises de tout le royaume, ou les liens alternés entre la Guyenne et les Iles. C'est au total, pendant tout le siècle, quelques centaines d'individus (de 1 000 à 1 500) où la dimension protestante est encore particulièrement forte. Dans la capitation de 1777, c'est 450 noms de négociants, dont l'installation temporaire ou définitive fournit à Bordeaux les éléments clefs de son système du négoce, et ce sont tous des représentants du commerce protestant. Ils contribuent, comme ailleurs, à l'attraction de la cité et à son cosmopolitisme.

Le contraste est flagrant avec une ville comme Lyon, où le milieu des affaires est fortement localisé, même si un volant constant de nouveaux venus autochtones et étrangers confirme l'attraction de la place et son rôle de pôle actif. Il serait à étudier à Paris, où l'on connaît l'importance de la banque protestante ou le renouvellement des financiers par les hommes arrivés de province, plus rarement de l'étranger. L'immigration nationale et étrangère y est forte du XVIII siècle à l'aube du XIX ; elle se compose d'éléments divers, traditionnels comme tout ce qui lie l'économie parisienne et française à la Suisse, à Genève, aux Pays-Bas, ou plus changeants et plus minoritaires comme les hommes d'affaires allemands ou italiens [101]. Ici également, on sait que c'est quelques centaines d'individus et d'entreprises qui ont animé le renouvellement des affaires.

Dans toute l'Europe fonctionne une même sphère d'attraction et d'échanges : on la retrouve à Séville et à Cadix dès le XVI siècle, et elle se confirme dans les cités andalouses au XVIII siècle [102]. La Révolution et l'Empire ont bouleversé une relation ancienne et contraint à une reconversion : en 1777, on comptait 112 négociants et marchands sur les 1 800 Français de Cadix ; en 1797, ils ne sont plus que 53 sur 723. L'exemple montre que la diversité des conjonctures marque fortement la présence issue du mouvement. Les grandes métropoles marchandes, dans leurs rythmes, dans leurs réseaux, enregistrent de multiples facteurs. Parmi ceux-ci, les mouvements des hommes sont l'élément permanent d'une sociabilité et d'un état d'esprit directement liés à la circulation et à l'échange.

Sociabilité, culture marchande

Le négociant sédentarisé n'en a pas pour autant cessé tout mouvement. Dans les grandes firmes comme dans les petites affaires, il lui faut régler les conflits et surveiller les mouvements, retrouver les débiteurs et rassurer les créanciers. Nombreux sont encore les hommes d'affaires qui sillonnent ainsi le royaume et, à un moment ou à un autre, certains franchissent les frontières et parcourent le monde, non sans plaisir ni profit. C'est le cas de François Butini, qui quitte Marseille pour huit mois en 1761, visite Paris, les Flandres et la Hollande, repart en 1762 pour un long voyage à travers la Suisse, l'Allemagne et la Suède. Durant son déplacement, il reconnaît s'être « amusé passablement ». C'est le cas encore de Giovan Pietro Vieusseux qu'éclaire précisément son journal itinéraire tenu de 1814 à 1817 : véritable périple à travers l'Europe d'un voyageur déjà entraîné par ses expériences antérieures et par son passage éducatif à Anvers, Genève et Paris. Ce représentant d'une famille genevoise adopté par Florence et la Toscane illustre pleinement la pratique de relation nouée entre négociants, dans le réseau des familles connues et des clients acquis ou potentiels. Il en décrit la liste à chaque étape, il rappelle les cousinages, il évoque le contexte politique, voire diplomatique, qui est nécessaire aux affaires. Son témoignage montre comment les considérations commerciales et la contingence du terrain sont étroitement liées aux questions intellectuelles, bien au delà des techniques [103].

C'est certainement cette formule d'existence qui donne le ton à la sociabilité négociante. Elle se déploie dans des lieux caractéristiques, que l'on retrouve dans toutes les métropoles actives : les bourses, les loges marchandes, les chambres consulaires, voire les salons et les réceptions privées. Elle bénéficie du contact entre traditions et langues, même si souvent le français – langue de la correspondance commerciale – sert de véhicule aux échanges, et les traducteurs jouent dans les places un rôle majeur, lié au marché, aux cas à régler. Dans les grandes cités – Londres, Amsterdam, Livourne, Marseille –, le polyglottisme est favorisé par l'école, le collège, les institutions spécifiques, et dépend du temps de sédentarisation. Dans ses occupations continuelles, le négociant n'a, comme le dit Sicard dans ses *Lettres d'Odessa*, le temps ni d'orner son esprit, ni de soigner son style, ni de mûrir assez ses réflexions [104]. Ce qui l'exclut pour une part des institutions savantes et scientifiques, à un moindre titre dans les capitales commerciales d'Europe, mais presque partout ailleurs. En revanche, il est partout à l'aise dans la toile fortement tissée des loges maçonniques, en Allemagne comme en Angleterre, en France comme en Italie. Sur l'ensemble des maçons du royaume, c'est le quart d'un recrutement de près de vingt mille personnes. Plus encore, on le retrouve dans les nouvelles sociétés littéraires qui se développent après 1770-1780 : ainsi aux musées de Bordeaux ou de Toulouse, à Nantes, dans les clubs et sociétés patriotiques germaniques. Une culture moins savante, une autre hospitalité y sont propices à cette fonction que le brassage et l'accueil entretiennent et diffusent. Quand les organismes traditionnels se faisaient les porte-parole du commerce, les nouvelles institutions inscrites dans l'espace marchand s'en font les défenseurs directs.

L'enjeu est certainement à lire dans l'échange créé par la liberté d'entreprendre, fût-elle négociée avec l'État comme on le voit d'en haut dans le travail des inspecteurs de manufactures, ou d'en bas dans les réclamations des entrepreneurs à Lille [105]. Dans le *Négoce d'Amsterdam* (1722), Ricard, en faisant l'éloge de l'aventure marchande, y signale les points focaux d'un changement culturel : une vision qui se déprend des impératifs propres aux monarchies ; une forme d'esprit libre et républicain qui est concilié, on s'en doute, avec le légalisme ; une nécessité de connaître les mœurs des divers peuples afin de juger les nôtres plus sainement, comme une garantie des liens de sympathie indispensables au commerce [106]. Le négoce et sa mobilité, qui est celle de l'argent civilisateur et inconciliable avec la violence, ont instauré un état d'esprit pacificateur sinon pacifique, plus libre et plus individualiste sinon libéral. Seul le profit occupe les foules polyglottes des métropoles commerçantes comme Amsterdam [107].

L'esprit de Montesquieu souffle sur l'Europe négociante [108]. La leçon de l'Antiquité comme celle des gouvernements modernes permettent d'entendre ici une leçon d'optimisme pacificateur. Au moment où les théoriciens de l'économie – Cantillon, Turgot, Condillac, Smith – évacuent la structuration de l'espace par le politique, où les échanges s'étendent partout et interrogent au fond des campagnes la pureté des mœurs compromise dans la diffusion du luxe, l'espoir des philosophes économistes est préoccupé du résultat profond des jeux de l'échange. Ils pensent non seulement que l'espace marchand est économiquement optimal, mais encore qu'il est politiquement pacifié. Le débat est-il jamais clos sur ce point ?

Administration et mobilité

Tracer une frontière entre l'économique et le politique est aussi impossible qu'entre la culture et l'économie. Les pratiques du marché ont sur tous les aspects de la vie des hommes, quelle que soit la définition théorique et concrète du marché, des conséquences multiples sur l'existence de tous, et les valeurs qu'ils partagent influent aussi sur leur existence [109]. On le lit dans les mécanismes de la formation des prix [110] comme dans ceux de la redistribution des biens [111]. On le découvre dans l'échange de principes communs : ainsi, dans l'univers maçonnique, la réunion des élites autorise une nouvelle forme de hiérarchie sociale, plus égale, et diffuse un code de mœurs qui s'inspire des relations monétaires, qui recourt à des paiements substantiels, qui renvoie à l'influence du marché commercial conquérant en affirmant des principes d'entraide et de protection en même temps qu'il fait appel à l'importance de l'échange monétaire qui les rend plus aléatoires [112].

DIPLOMATIE, INFORMATION, COMMERCE

De même, si l'on regarde la mobilité administrative, on n'est pas surpris d'y trouver engagés certains représentants du négoce. Parmi les plus connus, et pour la France seule, songeons au rôle décisif pour la pensée libérale d'hommes liés au commerce comme Jean-Claude Vincent de Gournay, négociant, fils d'armateur, homme d'affaires à Cadix pendant plus de quinze ans ; ses voyages l'ont mis en relation avec les fonctions politiques, où il bascule à son retour en France. Songeons à François Véron de Forbonnais, fils de drapier, marchand à Nantes, à Livourne, à Cadix, puis après 1753 collaborateur de *l'Encyclopédie* et appelé à l'administration des finances[113]. Cinquante ans plus tôt, montrant la même imbrication entre les affaires et la gestion politique – plus inattendue dans le contexte du moment –, Nicolas Mesnager, négociant de Rouen, député au Conseil de commerce, collaborateur du chancelier d'Aguesseau, se retrouve parmi les négociateurs d'Utrecht après avoir couru les routes d'Espagne et de Hollande pour en préparer les discussions. Mesnager négociant a été un donneur d'avis actif, car il savait traduire pour les hommes du pouvoir les données de l'économie[114]. Il a montré le prix de la paix, et comment la mobilité des échanges construit l'économie-monde.

Son cas mérite d'être comparé avec d'autres, car la présence des marchands et leurs mouvements précèdent souvent ceux des diplomates. Ce sont des atouts pour les puissances parce qu'ils utilisent le réseau des firmes, celui des banquiers et des marchands protestants, pour donner aux princes des informations fiables. Toutefois, ils ne se substituent pas à la fonction des diplomates. Ceux-ci se professionnalisent au tournant du XVIIe siècle et, comme l'a montré Lucien Bély, la croissance du métier repose sur une présence accrue, sur une cohérence d'activités imposée par l'octroi avant les missions des instructions aux ambassadeurs – autre corpus massif où se dévoilent les principes de la relation entre les peuples. Elle suppose aussi une exigence de formation qui appelle publications spécialisées et bientôt apprentissage scolaire pour apprendre à calculer les risques et à contrôler l'information. A profession nouvelle, appareil pédagogique adapté[115] ; on le trouve dans l'échange familial, la formation sur le tas, les exercices, l'école de la négociation qui suppose circulation constante. A la fin du siècle, à Strasbourg, l'érudit Schöpflin ouvre son *Europäische Staatschule* qui attire plusieurs centaines d'étudiants, fils de princes, héritiers de la noblesse, de la France à la

Russie, de tous les États de l'Empire. Dans cette première *peregrinatio diplomatica*, Metternich et quelques autres apprirent à déchiffrer le passé et le futur de l'Europe. Le fait marquant reste la croissance du milieu. Elle est patente au niveau des ambassadeurs : 179 pour le Roi Très Chrétien entre 1715 et 1791, venus de tous les horizons de la noblesse (67 % de militaires), ainsi qu'une cinquantaine d'agents plus temporaires ; au total, plus de deux cents qui, avec leur personnel, ont parcouru l'Europe. Protégés, secrétaires – songeons à Rousseau affecté à Venise – constituant un milieu, une carrière dans la carrière.

Le développement est encore plus net avec les acteurs secondaires des relations diplomatiques, mais aussi avec le changement d'échelle : si les ambassadeurs et les ministres plénipotentiaires suivent les routes menant aux capitales principalement européennes, les agents consulaires, encore en majorité européens, sont installés partout dans le monde et parcourent les voies du grand commerce. Assurant une information politico-économique de Stockholm à Canton, défendant privilèges et intérêts des régnicoles, ils ont été plus de quatre cents, dépendant des bureaux de la Marine avant de rejoindre les Affaires étrangères après 1766. Leur correspondance est riche de nouvelles en tout genre, mais indissociable du commerce et continuellement entretenue par le flux des vaisseaux entrant et sortant des ports où ils sont majoritairement implantés[116]. La carte atteste la part prépondérante de l'Europe et une implantation surtout maritime : 129 postes au total, dont 105 sur les rivages de la Méditerranée à la Baltique, de l'Atlantique à la mer Noire, et une vingtaine en Proche-Orient. Le déroulement de la carrière montre, ici encore, une stabilité dans la mobilité : 64 % des postes ont été détenus par un personnage unique et rarement renouvelé ; 15 % des consuls se limitent à deux postes, 17 % à trois. C'est un mouvement d'expatriés stables ; la mobilité géographique et professionnelle n'implique que moins de 40 % des personnels et débouche rarement sur d'autres horizons, encore moins sur la fortune. L'intérêt est donc de voir comment, entre économie et État, commerce et diplomatie, il a construit un double réseau : réseau d'informations concrètes, mobilisables ; réseau cognitif et intellectuel, où certains ont gagné une notoriété plus large – tels Coquebert de Montbret, Saint-John Crevecœur, Charles et Claude Peyssonnel, qu'on retrouve dans les Académies. La démarche administrative entraîne ces capacités d'animation et d'enquête à ce niveau mondial, comme plus évidemment à celui du royaume.

L'ÉTAT MOBILE, L'ÉTAT SÉDENTAIRE

Deux problèmes apparaissent dans cet autre contexte : celui de la sédentarisation de la monarchie ; celui de la centralisation et de la communication différée qu'elle entraîne. Jusqu'au XVIe siècle, la cour a été voyageuse et une partie des bureaux et des administrateurs suivaient le roi dans ses déplacements. Les voyages royaux ont été décisifs pour la formation de la conscience collective du royaume, comme pour sa connaissance [117]. Les XVIIe et XVIIIe siècles ont vu les Conseils, les commis, la cour se fixer à Paris et à Versailles [118]. Les déplacements des rois se font plus limités, plus spécialisés, plus ténus. A la veille de la Révolution, quelque deux mille personnes contrôlent presque tout le royaume ; les services se fixent, et la cour engendre sa propre mobilité, active la société nobiliaire, enrôle ses serviteurs dans les diverses clientèles de l'aristocratie, attire les Parisiens et les provinciaux de toutes catégories [119]. Deux conséquences découlent de cet état de fait : le roi doit être informé, et sa capacité d'action dépend souvent de celle de ses agents, voire de leur mobilité nationale ou locale. La question de la centralisation entraîne celle des rapports entre le centre et la périphérie, celle de la délégation des pouvoirs et de ses imitations locales. La monarchie absolue lutte contre l'espace et le temps, et c'est pourquoi elle ne fut pas aussi absolutiste qu'on l'a décrite. La Révolution, qui de ce point de vue s'en proclama sans le dire l'héritière, tranche un peu plus le débat qui n'a pas fini de durer [120]. On peut voir que deux principes juridiques et sociaux organisent différemment le rapport au local : l'office à tendance à fixer et la commission entretient le mouvement, même s'il existe entre les deux des échanges et des conflits. De même, deux catégories d'action engendrent un rapport diversifié au territoire : la justice et la police exigent le quadrillage et la mobilité des personnels ; les finances entraînent l'action pour contrôler et connaître.

La tutelle qui s'est instaurée à l'âge moderne associe trois interventions : l'action directe de coordination du centre, exigeant information et rapports non détournés des agents ; l'action déléguée aux officiers et aux commissaires, entretenant une relation régulière et réfléchie avec le Conseil et les ministres ; l'action aliénée et surveillée, provoquant une autre forme de rapports aux hommes et aux choses, une autre contestation. Dans les trois cas, c'est une adaptation aux problèmes posés par la coordination d'un pluralisme institutionnel, né avec le développement historique de la monarchie, et la tutelle – dénoncée par les uns ou louée par les autres – est une technique de gouvernement du territoire où la mobilité (celle des courriers, des hommes) est le moyen d'une efficacité questionnée. Dans l'échelle des courriers et des inspections, dans la trame des institutions les plus diverses, rien ne doit y échapper, de la campagne à la ville. On conçoit d'une part que le projet se heurte à d'innombrables obstacles, et d'autre part qu'il ait pu être mis en question dans un souci de réforme pour tirer de leur opacité et de leur viscosité les méthodes administratives, rapprocher la vie publique du local, réduire les carences de la mobilité ralentie par l'état des techniques, sédentariser en fixant. Le mouvement des agents montre les enjeux.

Administration et mobilité des agents

La mise en place des tournées envoyant aux quatre coins du royaume les agents de la couronne s'accélère dès le XVIe siècle. La plupart sont chargés, par commission du prince ou des magistrats, d'enquêter et d'agir par des actes exceptionnels avec des conditions précises : un trajet, une mission, un voyage fixé, des frais attribués. Dans les treize livres du *Parlement de France*, La Roche-Flavin en énumère les détails : trois écus par jour pour un président à mortier, deux écus pour un conseiller au Parlement, un seul pour un petit magistrat de présidial. Il est précisé que ces sommes sont dues « En travaillant et bien employant le temps, se contentant d'un honnête et modéré traitement sans excès ni superfluité, en ne menant un train superflu de valets et chevaux, moins de levriers ou oiseaux pour la chasse, cuisiniers comme aucun font, voire leurs parents, enfants ou ami[121] ». Des règlements analogues régissent les tournées des trésoriers de France, des élus, les inspections en matière financière, celles des pays d'États, celles des officiers locaux comme des agents de la cour. Entre la base et le sommet, pas de solution de continuité des pratiques : il faut bouger pour agir ; on est rémunéré pour cela et, en contrepartie, surveillé. Ainsi le sire de Gouberville qui a mission permanente pour inspecter les eaux et forêts dans son bocage, et qui demande la taxation de ses frais[122].

Aux XVIe et XVIIe siècles, deux circonstances ont exigé une multiplication des mouvements où l'on peut lire comment c'est par la mobilité contrôlée que l'unification est susceptible de progresser, et le recours au roi exigé. D'abord, la rédaction des coutumes, qui se fit par l'envoi de trois représentants du Parlement au chef-lieu des circonscriptions coutumières, où l'on discute avec les assemblées des trois États. Le premier président du parlement de Paris, Christophe de Thou, participe à cet effort : en 1558, il est à Nogent-le-Rotrou ; en 1559, à Amiens, à Melun, au Mans, à Tours ; en 1567, il chevauche à Amiens. A chaque déplacement, il est escorté de deux collègues, de plusieurs clercs, de ses domestiques et de son cuisinier[123]. La majesté de la Justice exige l'étalage d'une certaine magnificence, même si le chevaucheur en est de sa poche – ce qui est aisé à comprendre quand on sait que Montaigne, au même moment, dépense de trois à quatre livres par personne et par jour, chevaux compris.

Seconde circonstance : la tenue des Grands Jours qui, entre 1550 et 1665 (date des Grands Jours d'Auvergne, dont on connaît le détail par le récit qu'en a laissé Fléchier), permettait au monarque et aux juristes de redresser les erreurs de la justice locale et d'en balancer les abus. En Auvergne, trois cent cinquante condamnations à mort – mais une bonne partie par contumace – montrent le poids de ces expéditions judiciaires qui animent la sociabilité locale. On les retrouve au Puy en 1666, à Poitiers en 1688. Elles tendent à se réduire et à disparaître, car les chevauchées provinciales sont de plus en plus accaparées par les représentants désormais établis du pouvoir : les commissaires départis, les intendants de police, de justice, de finance, et tous les administrateurs liés aux contrôleurs généraux.

Pratique des intendants

L'intendant est un voyageur à plus d'un titre. Dès le XVe siècle, les maîtres des requêtes de l'Hôtel courent le royaume pour recueillir les doléances et enquêtes. Leur tâche devient régulière et, avec les troubles religieux ou civils, s'impose pour définir le cadre d'une action désormais bien étudiée et bien connue. La généralité, autrefois circonscription financière, devient la base de leur intervention dans tous les domaines. Elle repose sur la visitation, sénéchaussée par sénéchaussée, bailliage par bailliage, mais elle peut se doubler de missions plus exceptionnelles pour la police, la justice, les finances, l'exécution des édits, les affaires religieuses, voire la guerre intérieure. Homme du roi dans les provinces, mais aussi représentant des provinciaux auprès du roi et des ministres, l'intendant est un homme de terrain et un homme du royaume.

Deux mobilités organisent sa carrière et son activité. Entre Paris, Versailles et la province, le déplacement est nécessaire pour régler les affaires préoccupantes, comme les discussions sur le brevet de la taille ou les grands conflits locaux. De même entre les provinces : ces représentants du Conseil du roi, mais qui n'ont pas toujours été maîtres des requêtes, doivent pour leur promotion passer d'un poste à l'autre. Dans les deux cas, les intendants acquièrent une vision générale qui est utile s'ils achèvent leur carrière dans la capitale – intendants de commerce, conseillers d'État qu'on peut encore charger de missions extraordinaires. Dans une vie, c'est un remue-ménage souvent incessant. Feuilleter l'*Almanach royal*, annuaire de l'administration royale sous Louis XIV ou sous Louis XV, c'est découvrir cette ubiquité essentielle, organisée par des traditions familiales, dynamisée par la mobilité ascensionnelle ou descendante. Les grandes figures des intendants stables – plus de dix ou quinze ans dans une généralité –, surtout au XVIIIe siècle, ne doivent pas masquer l'instabilité qui reste à étudier pour l'ensemble du corps. Des profils de mobilité divers s'y distingueraient sur plusieurs générations, entre les hommes nouveaux et les rejetons des dynasties.

Parmi les premiers, évoquons Gabriel Sénac de Meilhan (1736-1803). C'est le fils d'un médecin de cour, nouveau converti, mais aussi capitoul de Toulouse. Après son droit, le voilà parisien, conseiller au Grand Conseil, lecteur du Dauphin. En 1764, il ne s'envole pas vers la Guadeloupe, où il a été nommé, et devient deux ans plus tard maître des requêtes, toujours parisien. En 1766, il quitte enfin Paris pour La Rochelle où il reste sept ans, part à Aix-en-Provence pour trois ans et, en 1775, devient intendant du Hainaut où il demeure jusqu'à la Révolution : c'est, en moins de quinze ans, toute la diversité française qu'il a pu observer, nourrissant ainsi une œuvre multiforme, philosophique, littéraire, morale, poétique et érotique. Son *Gouvernement des mœurs et des conditions* en France avant la Révolution est un témoignage essentiel, comme l'est son roman *L'Émigré* (1797). Il meurt à Vienne en 1803.

Parmi les seconds, évoquons Turgot, bien connu pour son rôle ministériel et qui peut passer pour le symbole des Lumières administratives. Son arrière-grand-père a dirigé l'intendance de Tours ; son grand-père, Jacques-Étienne de Sousmons, est intendant à Metz, à Tours, à Moulins ; le père, maître des requêtes, prévôt des marchands, a quant à lui une carrière parisienne. Tous ont gardé des liens – terre, réseaux de famille – avec la Normandie originelle dont est parti le lignage plus ou moins noble au XVe siècle, passé par le parlement de Rouen au XVIIe siècle, et que quitte Jacques Turgot, conseiller à la cour, nommé intendant de Normandie, de Picardie, puis de Berry, enfin conseiller d'État. Laissons de côté oncles et grands-oncles, qui tous ont connu des périples comparables. Le futur ministre aboutit en Limousin après un passage au Conseil et en espérant mieux (Lyon, Bordeaux, Dijon). C'est une déception, mais une occasion inespérée de découvrir autrement et d'entrer, dans les réalités de la France profonde, entre le Midi et le Nord. Ce à quoi il s'est employé dans les mauvais chemins d'une intendance crottée et qu'il entreprend d'améliorer et d'ouvrir sur l'extérieur pendant treize années, propédeutique à son ultime ascension.

C'est cette deuxième mobilité, localisée, vécue sur place dans les tournées d'inspection, à cheval ou en carrosse, qui fait le quotidien de ces hommes du pouvoir, car il faut souvent aller chercher chez eux les interlocuteurs efficaces : curés, notables, petits magistrats, hommes d'affaires. Dans la province, la maîtrise de l'espace passe par des déplacements incessants, qui vont de plus en plus être complétés par l'enquête indirecte, l'envoi du questionnaire et la correspondance, mais qui demeurent essentiels en certaines circonstances : la tenue des États en pays d'États, les assemblées provinciales quand elles seront mises en place, les guerres dans les intendances des frontières, la négociation de subventions extraordinaires. Les rapports envoyés à Paris, comme l'avaient fait les mémoires de 1698, rendent compte de cette connaissance acquise par un effort physique et intellectuel. Ils montrent comment se construisent les questions qui élaborent un savoir ; ils décrivent un état des lieux qu'a unifié la connaissance par le déplacement. D'autres administrateurs locaux, tels les subdélégués ou agents du centre, les intendants de commerce ou de finance, montrent aussi comment s'organisent les tournées et quel en est l'aboutissement pour la maîtrise et la gestion du royaume.

L'ESPACE ET LA MOBILITÉ FISCALE

La Ferme générale, avec ses pratiques, fournit un dernier exemple de cette liaison entre la matérialité et l'intellectualité. Institution privée qui collecte les impôts indirects grâce à des baux renouvelés, discutés avec le roi, et qu'on sait fructueux[124], elle est à l'origine d'une double mobilité, moyen de gérer et de contrôler l'espace des gabelles et des aides. A la base, une armée de commis, hiérarchisée, *fonctionnarisée* progressivement. La Ferme est une administration mobile qui assure la surveillance nécessaire à la rentabilité des opérations de prélèvement. C'est elle que ne supporte plus la population, comme en témoignent les cahiers de 1789.

Dans la doléance, on saisit comment se noue, dans l'espace et le temps ordinaire de la France rurale et urbaine, une relation résultant d'un organisme d'administration dont le dispositif entraîne et justifie ce que Quesnay appelle une guerre ouverte, perpétuelle sur nos frontières, qui fait périr un nombre infini de personnes les armes à la main, dans les prisons, aux galères et sur l'échafaud. C'est le fruit d'une lutte instaurée entre la Ferme et les fraudeurs, entre gabelous et faux sauniers, entre commis et contrebandiers, pour desserrer l'étau fiscal qui pèse sur les consommations (tabac, sel, toile, vins). On enregistre son résultat dans les courbes des galériens de Louis XIV à Louis XV. C'est près du quart des rameurs qui paient ainsi leur refus : de 100 à 200 par an, 16 000 entre 1680 et 1748 [125], près de 10 000 encore jusqu'en 1789 [126] – et l'on ne compte pas les femmes et les enfants expédiés dans les maisons de force. Cette répression est l'aboutissement d'une lutte installée sur les frontières intérieures entre pays de grande gabelle, où le sel se paie au prix fort, et les autres zones de tarification ou d'exemption; elle est entretenue par l'imbroglio douanier intérieur entre provinces de l'étranger effectif et l'intérieur, entre zones franches et privilégiées et zones soumises au monopole. Cette dénivellation de la fiscalité et de la taxation entraîne une fraude permanente où le profit contrebalance le risque et mobilise des populations considérables aux savoirs et aux pratiques de contrebande affinées sur plusieurs générations. Entre consommateurs et fraudeurs, des solidarités profondes rendent le jeu efficace.

Il se joue dans une connaissance de l'espace local, celle des habitants comme des employés de la Ferme, pour échapper aux zones de haute pression fiscale ou pour effectuer les contrôles. Les pratiques de la fraude répondent et s'adaptent en permanence à celles de la Ferme. Celle-ci bloque l'espace par son organisation et sa propre mobilité sur des lignes mises en place sur le terrain et dont on connaît bien la réalité aux marges de la Bretagne [127], en Franche-Comté [128], en Lorraine et Champagne [129]. Tout repose sur les postes des villes et des bourgades, d'où sortent régulièrement les patrouilles montées ou pédestres, et sur leur mobilité, leur vitesse, les déplacements qui visent à tromper l'adversaire. L'accroissement des hommes, celui des brigades à cheval – ainsi dans la direction d'Angers entre 1763 et 1778 –, traduisent la recherche d'une plus grande efficacité. Il en va de même sur les marges du Nord et de l'Est, où le dispositif comme sa nécessaire mobilité sont étendus par la longueur des frontières à contrôler. Les remaniements constants et la diversification des postes et des patrouilles garantissent le succès. Une même double surveillance s'exerce en territoire comtois, où les bureaux sont de plus en plus nombreux et les effectifs accrus.

Là aussi, les brigades à cheval mobiles traquent avec quelque succès les bandes à pied, à cheval ou en voiture, les individus isolés, les familles, les troupes associées par des entrepreneurs habiles, le jour et la nuit. Partout les paysans forment le gros des délinquants jugés, mais tous les métiers de la route et du commerce – cabaretier, aubergiste, roulier, voiturier, marchand de chevaux – sont représentés. A un niveau supérieur, des organisations paramilitaires dont le modèle est la bande de Mandrin, au destin achevé tragiquement sur l'échafaud à Valence, rivalisent d'astuce et d'audace avec toutes forces de l'ordre. Alors, l'échelle a changé et les longues distances sont la règle. Les bandes organisées reculent au profit d'une criminalité efficace à courte distance, mais dont la violence est moindre et dont l'agencement et les déplacements sont intégrés dans un mouvement économique avec capitaux, capitalistes, chefs, négociants, marchands ou revendeurs agréés. La mobilité qui oppose contrôle d'État et revendications du besoin, fermiers gabelous et contrebandiers, débouche sur une économie souterraine à l'extension informelle et toujours imbriquée aux structures formelles et visibles.

C'est pourquoi, au sommet de la Ferme générale, la tournée des administrateurs constitue l'un des volets de l'entreprise d'information et de surveillance qui est indispensable pour la rationalité d'ensemble du système fiscal et coercitif. Il s'agit de peser les ressources, d'évaluer la matière du fisc, le nombre des hommes, les circuits de diffusion tolérés ou criminels. Dans chaque direction régionale, cette tournée peut être régulière ou occasionnelle, voire étendue sur de plus vastes ensembles; l'important réside dans la continuité et la régularité des visites, qui autorisent les évaluations comparées, et dans la manière dont elle fait circuler l'information de bas en haut, le comité principal de la Ferme rassemblant collégialement les fermiers généraux et surveillant l'affectation, la durée et les résultats du travail local des tourneurs. C'est le moment et l'espace où se forment les jeunes fermiers généraux, d'abord avec des mentors issus de leur famille, ensuite dans une immersion concrète systématique où certains vont se distinguer, tels Lavoisier, Paulze cadet, Delahante ou Pierre-François Bergeret, tourneur tardif mais toujours sur le terrain entre 1728 et 1735 [130].

Le voyage peut durer quelques semaines ou quelques mois : une moyenne de six mois est réelle après 1760-1770, mais souvent la durée double si l'inspecteur ne rentre pas au bercail parisien. Il peut alors doubler et redoubler l'action des directions locales pour un rythme annuel, voire allongé. Il se fragmente et s'accélère au temps de Lavoisier qui, entre 1768 et 1771, est parti chaque année pour une durée plus ou moins longue. Il a des objectifs précis : arrangement des brigades, mise en place d'une réforme, contrôle du fonctionnement des salines. La tournée est coûteuse, car avec le délégué elle déplace plusieurs personnes (secrétaires, domestiques) : 1 500 livres par mois, 30 à 40 000 par an pour l'ensemble. C'est une dépense justifiée par les résultats, qui traduisent la professionnalisation croissante des membres de la Ferme et de leur personnel, gage d'efficience. La tournée n'est pas rupture ou exil, puisqu'elle s'insère dans un circuit préparatoire de documentation et d'évaluation du contentieux, et qu'elle exige un courant ininterrompu de lettres et de rapports. La vitesse de l'information et de la décision varie au rythme des courriers ; avec Paulze et son neveu Lavoisier, il faut compter en moyenne de dix à douze journées. Enfin, au retour, le procès-verbal de visite met en forme méthodiquement les observations et les résultats ; il relance alors la force administrative, permet le suivi des personnels, la connaissance des droits, des recettes, des limites tolérables de la fraude, et des tactiques à mettre en œuvre. Ainsi l'envoyé n'est-il jamais seul, le trafic épistolaire redoublant le déplacement et l'éclairant ; avec Lavoisier et Paulze, c'est un échange quotidien et sûr au gré des étapes de 7 à 8 lieues qui font toujours la journée d'un cheval, soit de 50 à 55 kilomètres. Le tout non sans irrégularité. Les procès-verbaux montrent tous les obstacles rencontrés – ceux des saisons, ceux de l'état des routes –, responsables du retard des courriers qui fait rater les rendez-vous. En juillet 1769, Lavoisier manque à Châlons-sur-Marne le directeur du Tabac ; en août, il attend en vain son collègue Alliot à Charleville. On s'accommode avec le temps qui freine la maîtrise de l'espace et crée l'imprévisibilité dans les déplacements et les rencontres.

Le procès-verbal permet de voir comment la mobilité agence l'espace et le temps dans une même configuration mentale. Trois catégories de représentation les uniformisent et les rapprochent : celle de la ligne des postes de contrôle et des bureaux ; celle des limites et des frontières, rivages, chemins ; le plan qui présente l'articulation des lignes et des bornages, le point qui localise les instances, directions et sièges de brigade. Entre les trois instances, le trajet compose avec les réalités bigarrées du paysage provincial. Quand le tourneur rend compte de son inspection, il montre le mélange du rationnel et de la précision recherché par la cartographie et l'usage du chiffre (évaluation des distances, du nombre des hommes et du volume des produits) avec l'empirisme des repères et l'aléatoire des relations humaines localisées et pas toujours coordonnées. L'expérience du quadrillage de l'espace de la mobilité fiscale en rejoint quelques autres : celle des réseaux d'information de l'intendance, celle des trésoriers de France, celle des inspecteurs des manufactures. L'article « Visites » de l'*Encyclopédie méthodique*[131] met l'accent sur ce qui unit la mobilité administrative des Temps modernes : la puissance d'inspection et d'information qui est portée par une sociabilité, un acte de civilité – on se déplace pour se présenter à la porte d'autrui –, le droit de contrôle sur tout ce qui peut intéresser le service du roi, la base d'une régulation par les circulations. On n'est pas étonné de retrouver dans le même article les pratiques de l'Église.

Conséquences intellectuelles de la mobilité administrative

Au terme du XVIIIe siècle, la figure d'un Coquebert de Montbret, savant, grand commis de l'État, surtout directeur du bureau de Statistiques au ministère de l'Intérieur sous Napoléon, montre la confluence des impulsions qui unissent la découverte de l'espace, sa lecture et sa pratique, et son interprétation savante et intellectuelle[132]. L'administrateur a d'abord été un diplomate voyageur avant de nouer dans son activité d'administrateur la science et la gestion des hommes et des territoires. C'est une première découverte de la France et de l'Europe qui, de Rouen à Paris, de Dublin à Hambourg (où Coquebert fut consul), façonne les caractères d'une géographie raisonnée et en mobilise les moyens – cartes, guides, ouvrages de tous les historiens de la nature – utilisés dans les tournées et les voyages. L'espace parcouru est possiblement décrit à travers correspondances, carnets de notes, rapports, et l'on voit émerger dans l'inquiétude de la distance et dans la direction des questions qui organisent intellectuellement une mobilité spontanée dans l'espace.

Homme de la pratique de la mobilité, Charles-Étienne Coquebert de Montbret montre comment dans la tension utilitaire et intellectuelle se conjuguent le service politique et celui de la science. Dans la dernière période de sa vie, après 1815, voyageant encore en France et à l'étranger, correspondant avec les sociétés savantes du temps, il exprime encore mieux l'effet de connaissance produit par cette rencontre du voyage de l'amateur, du calcul de l'enquêteur, et de l'analyse intellectuelle. A la charnière du XVIIIe et du XIXe siècle, il illustre l'inflexion qui transforme les relations existant entre savoir et pouvoir. Le voyage permet de distinguer une méthode analytique du territoire. Pour Coquebert de Montbret, c'est une étape dans la distance qu'il établit par rapport à l'*Encyclopédie* comme à l'action administrative. C'est un symbole d'un modèle actif à l'échelle de l'Europe[133]. On peut en retrouver sa forme vulgarisée, publiée sous le nom de la baronne de Muderbach, Julie duchesse de Giovane, au début du XIXe siècle à Göttingen : *Table d'observations statistiques et politiques d'après l'état actuel des nations civilisées. Observations principales, historiques, géographiques et topographiques.*

Le voyage pour cause de service public a finalement donné naissance à l'une des voies les plus fécondes de l'appréhension du monde : une nouvelle conscience de la vie rurale et urbaine, de la naissance d'une économie industrielle, d'une société déjà en partie déracinée. Dans les grands sites européens de l'exploitation minière et métallurgique, Gabriel Jars découvre successivement, de 1757 à 1759, l'originalité allemande, dans l'Erzgebirge en Saxe, à Chemnitz en Basse-Hongrie, puis en 1765 l'avancée anglaise. Ses *Voyages métallurgiques* font le point de l'innovation, à la demande du gouvernement. Ils prouvent une volonté de comprendre la complexité diverse de la promotion des mines et des fonderies, qui est réitérée en 1766-1767 quand l'ingénieur repartit avec son frère visiter la Hollande, les manufactures du Hanovre, les montagnes et les mines du Harz, à nouveau la Saxe, Hambourg, Copenhague, les sites miniers de Norvège et de Suède. En dix ans, Jars a rassemblé un maximum d'informations, facilitées par le caractère officiel et les recommandations détenues par les voyageurs. Il met l'ensemble à la disposition du public après l'avoir présenté au ministère. L'introduction de ce grand texte place le voyage métallurgique au côté des gestes fondateurs, l'inscrivant dans le sillage des grandes expéditions savantes, celles de

Maupertuis en Laponie ou de La Condamine au Pérou. On voit ainsi mobilité administrative et mobilité savante se joindre et fonder une pratique raisonnée de la technique établie sur l'expérience et la comparaison physico-chimiques.

L'Église et la mobilité

Avant et après la Réformation catholique et protestante, les Églises sont confrontées à la question primordiale des personnes – clercs à tout niveau et de toute espèce, laïcs aussi qui dépendent d'elle – qui, par nécessité ou par choix, sont mobiles ou fugitives. Le Moyen Age a connu en permanence le problème des clercs gyrovagues, incontrôlés et non-fixés; les règles monastiques, telle celle de saint Benoît, ont tenté d'y donner une réponse. La lutte pour l'immobilisation comme pour la clôture n'a pas cessé jusqu'au XVe siècle [134], et ce qui concerne les clergés réguliers (à chacun son couvent), n'en concerne pas moins les clergés séculiers (à chacun son lieu). Pour l'Église romaine, la question de la mobilité est centrale, car elle intéresse tous les domaines de la vie religieuse : la formation et l'information, la résidence, l'universalité même de la catholicité par rapport au local.

Des clercs résidants

Le concile de Trente est l'aboutissement en la matière d'un long mouvement de réflexion, et la réforme de l'ecclésiologie ne fait que lui conférer une position centrale. Dans leur session XXIII, I, les pères conciliaires expriment ainsi leurs vœux : « Il n'est pas possible à ceux qui ne sont pas auprès de leur troupeau et ne l'assistent pas et l'abandonnent à la façon des mercenaires de remplir ces obligations et de s'en acquitter. Le saint concile les avertit et les exhorte afin qu'ils se souviennent des préceptes divins et, se faisant modèle de leur troupeau, ils le paissent et le gouvernent selon la puissance et la vérité. » Effectivement, trop de prêtres sont alors des *clerici vagi*, trop de prélats sont absents en permanence, loin de leur diocèse, trop de moines sont sur les routes. Les raisons de cette circulation intense sont diverses, temporelles aussi bien que spirituelles. Ainsi, les bénéfices de l'Église sont des charges à finalité spirituelle; ils sont, comme le rappelle le concile, faits pour les fidèles et leur salut, et non pour les clercs eux-mêmes. Or la coutume a fait oublier le principe *beneficium propter officium*, et les clercs considèrent le bénéfice comme un bien, tendant à le négliger – sauf pour les revenus qu'il rapporte – et, aux plus hauts niveaux de l'Église, cherchant à additionner les bénéfices de tous ordres, ce qui exclut de fait la résidence. Curés de village non présents, abbés commanditaires non résidants, évêques à la cour, prélats à Rome ou à Versailles, là où se noue le marché des nominations : le tableau est largement connu, mais il ne doit pas être poussé au noir – il ne faut pas confondre la réalité et le discours polémique des réformateurs.

Le mouvement qui s'est amorcé dans l'Église dès le pré-humanisme et qui s'est poursuivi avec le concile de Trente jusqu'au XVIIIe siècle dans la formalisation des pratiques insiste sur l'importance de la fonction pastorale, sur la hiérarchisation des responsabilités, sur la soumission des fidèles. Il implique une réforme de la discipline, des mœurs et des habitudes des clercs, dont la clef est la fixation au lieu. Il suppose aussi la définition d'un territoire dont le responsable est placé sous l'autorité d'un responsable – en l'occurrence, pour les curés, l'évêque titulaire du lieu, à la rigueur son représentant le vicaire général. Il exige le principe de la résidence obligatoire pour tous et il en surveille l'application effective, sauf tolérance définie et précise. Les mouvements du clergé sont nécessaires pour le fonctionnement régulier d'une Église réformée avec ses assemblées, ses sociabilités pédagogiques locales entre paroisses et archidiaconats, entre villages et évêchés pour les réunions diocésaines, entre villes épiscopales et métropoles provinciales pour les rassemblements provinciaux et de plus grands synodes, entre provinces et Paris pour une fraction de clercs représentants de l'ordre, lors des assemblées générales du clergé de France, tous les deux ans pour les intermédiaires, tous les quatre pour les générales[135]. Enfin, l'élection du pape appelle à Rome la troupe des cardinaux et de leurs assistants quand l'occasion le demande. Sans exagération, on peut suggérer que la fixation et la professionnalisation du clergé ont comme contrepartie l'esquisse d'une carrière et la construction d'un mode de vie qui impliquent le mouvement, d'une paroisse à une autre paroisse mieux dotée, entre paroisse et épiscopat, entre presbytères même, car les réunions des prêtres d'un même rayon sont devenues l'expression d'une sociabilité et d'une solidarité spécifiques du premier ordre. En témoignent les souvenirs de François-Yves Besnard à la veille de la Révolution[136].

Né aux champs, fils d'un gros fermier d'Alleuds-Saint-Aubin par Brissac, près de Thouarcé en Anjou, il est très tôt destiné à l'Église. A six ans, on l'envoie étudier à Doué, à vingt kilomètres de la maison paternelle, d'où il ne revient qu'aux vacances. Il n'y a pas de grande route ; on fait le trajet à cheval, à âne, en charrette. Une rupture plus importante marque le jeune garçon en 1765 – il a treize ans – à Angers, au collège, puis au séminaire. La ville est un autre spectacle, même si c'est encore une cité sage et peu agitée par la circulation : on y compte seulement dix maisons avec un carrosse, et les chevaux de six cents livres, « semblables à ceux des maîtres de poste », y sont rares, se souvient le vieux mémorialiste. Les fêtes et les foires attirent les mouvements de foule qui devaient divertir les jeunes séminaristes. Pour le reste, les circulations du jeune Besnard restent celles des vacances, avec leur cortège de festivités rayonnantes, chasses, noces, visites – on y voit les curés de paroisse, on se rend aux maisons des bénédictines –, ou encore quelques promenades à pied avec les étudiants, dans les bois, dans les prés autour d'Angers, sans oublier les parties de pêche sur l'Authion. Les déplacements d'un futur clerc se font à pied pour les loisirs, à cheval pour les retours au bercail. C'est monté sur des bêtes de louage qu'il part toujours jusqu'à La Rochelle en 1772, où le reçoit, avec ses amis, l'ancien vicaire de Doué, M. Poilièvre. De là, on gagne Bordeaux et, au total, cela fait trois semaines de détente.

Un bref voyage à Paris quelques années plus tard et voilà François-Yves Besnard vicaire à Angers, trois ans à peine après son ordination. Il ne quitte la ville que pour quelques excursions à Fontevraud et pour la fête de l'abbesse, à Nantes, vers 1779. Ainsi la sociabilité cléricale anime-t-elle une mobilité locale ; le plaisir, un mouvement plus large. Nommé à la cure de Nouans, près de Marolles-les-Brault, à 27 kilomètres du Mans, Besnard ne délaisse le chemin du presbytère à l'Église que pour des visites au château, à ses paroissiens – difficiles à joindre l'hiver par les mauvais chemins –, aux curés des paroisses proches, à la foire du Mans où il retrouve les pasteurs voisins. Celui qu'il voit le plus souvent est M. Prudhomme, curé de Juliers, à une lieue et demie. En 1787, le revoilà à Paris, où il rencontre Pinel et Volney. Revenu à Nouans, il visite les abbayes proches, part pour Nantes avec le baron Dulon, répond à des invitations dont il se félicite. Au total, son horizon est borné : Fontevraud, la Loire, Angers, Le Mans, Brissac, Doué, plus loin Chartres, Blois, Paris ; à l'été 1789, il participe à l'assemblée du clergé à Angers et se rend à Versailles. Ce n'est plus un prêtre absentéiste, mais un clerc sage et dont les relations sociales, voire quelques curiosités lointaines, coordonnent les mouvements.

Besnard réside, conformément au vœu que les fidèles exprimaient en 1614 dans les cahiers des États généraux, alors qu'ils ne le formulent plus en 1789. Ainsi la carte des diocèses, avec des régions productrices de prêtres et d'autres déficitaires, montre régulièrement les flux de recrutement. Si l'on se tourne vers les évêques du haut clergé [137], la mobilité ne contredit plus le principe de résidence : de 1760 à 1790, les *Nouvelles ecclésiastiques*, jansénistes et critiques, dénoncent seulement une dizaine de prélats, en tête desquels Mgr Loménie de Brienne à Toulouse et Mgr Champion de Cicé à Bordeaux, et cela sur cent quatorze évêques. La résidence des titulaires diocésains est devenue réalité et elle s'accommode d'une obligation de non-résidence par fonction – à la cour, aux états provinciaux, au service du roi comme ambassadeur –, sans compter ce qu'impose la sociabilité aristocratique et mondaine dont ils participent avec leurs familles, leurs amis, les autres évêques qu'ils retrouvent aux eaux, à Paris ou dans les châteaux provinciaux. Personne ne songe plus à leur reprocher ces peccadilles.

Formation et informations, de l'épiscopat aux fidèles

Une seconde forme de mobilité est dictée aux clercs par les nécessités fondamentales de la pastorale, et elle est quasi permanente. Au premier rang viennent les missions et les visites pastorales. Le droit de visiter son diocèse est pour tout évêque un devoir, et son exécution est fortement conditionnée par les circonstances locales : taille inégale des diocèses – tel évêque du Midi, dans son épiscopat crotté, aura fait le tour de ses visites en quelques jours, tandis que tel autre dans le Nord y consacrera plusieurs semaines –, capacité des paroisses à accueillir le visiteur qu'on doit si possible honorer. Les modalités canoniques des visites sont au point dès le XVIIe siècle et l'irrégularité ou la régularité dépendent des caractères, de l'âge, des circonstances, des conjonctures – les guerres, les crises freinent les visites dans les diocèses touchés. En tout cas, le modèle de l'évêque visiteur est un lieu commun depuis Charles Borromée à Milan au XVIe siècle. Les plus paresseux ou les plus podagres peuvent toujours déléguer à leurs représentants, grands vicaires et archidiacres.

François de Sales, évêque d'Annecy, pasteur exemplaire, prélat de montagne, écrit ainsi à la baronne de Chantal, en octobre 1666 : « J'ai vu ces jours passés des monts épouvantables, tous couverts d'une glace épaisse de dix à douze piques, et les habitants des vallées voisines me dirent qu'un berger allant requérir une vache sienne tomba dans une fente de douze piques de haut, en laquelle il mourut gelé. O Dieu, dis-je, et l'ardeur de ce berger était-elle si chaude à la quête de sa vache que cette glace ne l'a point refroidi ? Et pourquoi donc suis-je si lâche à la quête de mes brebis ? C'est un petit miracle que Dieu fait, car tous les soirs quand je me retire je ne puis remuer ni mon corps ni mon esprit, tant je suis las partout ; et le matin je suis plus gai que jamais [138]. » On a là un témoignage direct pour une réalité prête à prendre place dans l'hagiographie ; toutefois, les études diocésaines multipliées par les historiens confirment sinon les dangers, du moins les dévouements et la tendance à la régularisation jusqu'au XVIIIe siècle.

A Reims, gros diocèse de cinq cent dix-sept paroisses, Charles-Maurice Le Tellier met en place l'organisation locale et visite régulièrement les paroisses ; ses doyens assurent en outre des contrôles réguliers. Tous tiennent, après l'instruction épiscopale de 1672, des procès-verbaux bien établis. Son successeur François de Mailly poursuit le mouvement, qui ne se relâche qu'avec Antoine de Rohan après 1722 et Charles de La Roche-Aymon après 1762, qui délèguent leurs pouvoirs et utilisent la correspondance [139]. A La Rochelle, les visites ont été capitales pour la réforme d'un diocèse partagé entre protestants et catholiques, et divisé en de multiples pays [140]. A cinquante-huit ans, Jacques-Raoul de La Guibourgère prend les rênes du diocèse en 1648 : moins théologien qu'organisateur, il met en place le système réformateur avec visites, enquête générale, assemblée du clergé diocésain, mobilisant tous les clergés. Les troubles et les difficultés économiques limitent encore les déplacements qui, certaines années, se réduisent – ainsi en 1682 à Bressuire, à Chaillé et dans quelques paroisses suburbaines. Après 1655, l'évêque systématise ses trajets : 62 paroisses en avril et juin ; 42 en 1656 – avec l'âge, il ralentit son effort. L'exemple est significatif : la visite est préparée, organisée par zone selon l'accessibilité ; les déplacements de l'évêque se font à cheval, en carrosse, avec secrétaires, aumôniers et vicaires généraux ; le voyage se fait de préférence en été ; les presbytères et les châteaux offrent leur hospitalité. Le tout est enregistré dans des procès-verbaux, avec itinéraires et renseignements sur tout, livrant connaissance des territoires et des hommes, des pasteurs et des fidèles – bref, le récit structuré d'une tournée d'enquête visant à connaître le matériel et le spirituel, les êtres et les choses, les maux et les remèdes. Ces visites peuvent entraîner correspondance avant et après. La mobilité est ici moyen d'une découverte et d'une action. Elle permet la mesure qualitative et descriptive d'une situation, l'injonction pour une transformation et la surveillance [141].

A Chartres au XVIIe siècle, Robert Sauzet a retrouvé les procès-verbaux de Jacques Lescot, un évêque, docteur en Sorbonne, familier de Richelieu, plus bourgeois que courtisan : il est né dans la bourgeoisie négociante et officière de Picardie. Quand les papiers des visiteurs ont disparu, les mandements ou les attestations des archidiacres attestent de l'effort. Souvent les évêques de Chartres, successeurs de Lescot, limitent leurs visites aux localités importantes, mais l'événement reste partout important. M. Courtin, auteur de la *Vie de Mgr de Léris*, a été témoin dans sa jeunesse de la visite qu'il a faite à Vendôme : « Il me souvient, étant fort jeune, que mes parents m'avaient mené à Vendôme pour recevoir ce divin sacrement de la main de ce saint prélat ; la ville et les églises étaient si pleines de monde, surtout de ces bonnes gens de campagne, qu'à peine pouvait-on approcher de l'église où il confirmait, et il fallut pour échapper à la presse que mon père me tînt longuement entre ses bras. » Les visites pastorales attirent ; elles construisent le lien entre le pasteur et son troupeau [142]. Conformément aux principes formulés par Nicolas Janvier dans son *De visitatione* de 1602, les visiteurs confirment l'esprit simultanément gallican et tridentin, donnent à leur entreprise une forte tonalité spirituelle, distribuent les sacrements, mobilisent clergés et fidèles, solennisent la liturgie. Il leur faut pour cela quitter les évêchés douillets, affronter les fatigues de la route. Mgr de Léris, lui, est un visiteur zélé qui ne s'endort pas à cheval, mais il s'accorde un homme avec lui pour avoir soin de sa monture et rester ainsi fidèle à la « modestie ecclésiastique ». Il s'autorise quelquefois une escorte plus nombreuse et un mauvais carrosse, mais le curé Jean-Baptiste Thiers, pourfendeur de préjugés et d'usages immodestes, en dénonce l'apparition – ce qui témoigne sans doute de sa diffusion. Pour un bon visiteur, c'est de vingt à trente kilomètres par jour, quatre heures en selle, quelques heures par paroisse, et des tournées de dix à trente jours quand la saison le permet. Pour les clercs, c'est à Chartres, en Beauce, en Perche, une occasion de rencontre, de repas entre confrères avec l'évêque, mais aux frais des paroisses qui tirent de leur caisse de 17 à 25 sols par prêtre accueilli.

Dans le diocèse de Nîmes, difficultés et dangers sont plus redoutables. Mgr de Valernod est un zélé aussi, entre 1611 et 1625.

Du 23 août au 13 septembre 1611, il visite seulement trois paroisses par jour dans la partie montagneuse des Cévennes qui, un siècle plus tard, n'a pas encore de chemins réguliers. Ceux-ci seront ouverts par l'intendant Basville pour combattre les camisards. Avant, les évêques vont comme ils peuvent : à pied, à cheval, en litière, quelquefois en voiture. Il leur faut du courage parmi des reliefs peu accueillants et des populations souvent hostiles : en 1611, sur 66 paroisses inspectées, 22 sont en ruine, 24 partiellement ruinées, 5 aux mains des protestants. Valernod impulse la mobilité réformatrice : il réunit les assemblées synodales où viennent les prêtres, les chanoines, les délégués des collégiales, les curés, les prieurs, les vicaires perpétuels ; il visite autant que faire se peut, et il concède ce qu'il ne peut pas faire. A la fin du XVIIe siècle, Fléchier hérite de son ardeur : il instaure une visite générale de son diocèse étalée sur deux ans. C'est un espoir de reconquête qui l'anime sur une frontière de catholicité où la révolte gronde. Dans le dispositif général de la réforme, la visite pastorale illustre clairement les succès et les obstacles qui reposent sur l'action des hommes et leur capacité à contrôler l'espace avec régularité.

La mobilité des missionnaires

C'est un lieu commun de la pastorale des temps classiques que de considérer de manière analogue les missions d'outre-mer et la mission destinée à réformer et à instruire en profondeur les masses populaires paysannes et urbaines. Il s'agit de catéchiser les ignorants ou de convertir les hérétiques comme les païens au-delà des mers. Dès la fin du XVIe siècle, des prêtres ambulants, souvent des religieux venus des villes, sillonnent les campagnes, de bourg en bourg, de village en village, avec une préférence marquée pour les zones où se sont multipliées les églises protestantes, dans le Midi, le Sud-Ouest, l'Ouest, le centre du royaume. L'effort n'a pas diminué du XVIIe au XVIIIe siècle, et les missions sont devenues l'un des éléments essentiels du dispositif de la conquête religieuse. Les clercs vont alors aux *Indes de l'intérieur*, et leurs actions ne disparaîtront pas de l'activité pastorale après la Révolution. Pour la mobilité de l'Église, le phénomène présente un triple intérêt : il est général, il est ubiquiste, il crée une uniformisation par la circulation.

Aucun diocèse n'est épargné depuis les initiatives pionnières des missionnaires capucins en Dauphiné, des mobilisations de

François de Sales en Chablais, des jésuites dans le Massif central, jusqu'à Vincent de Paul, ou Jean Eudes dans l'Ouest. Certains grands réformateurs s'en font une spécialité : les missions eudistes ont couvert quatorze diocèses et dépassé largement la centaine ; le père Maunoir évangélise la Bretagne ; Louis Grignion de Montfort se consacre aux provinces de l'Ouest, avec plus de soixante-dix sessions de 1700 à 1716 ; le père Lejeune s'attaque au Limousin au XVIIIe siècle. Le montfortain Pierre-François Haquet ne cesse de parcourir les Mauges, la Saintonge, la Basse-Bretagne et le Poitou, les plaines, les bocages de l'Ouest dont les *Mémoires* missionnaires analysent la diversité. De fait, les missions mettent en relation villes et campagnes, clergés réguliers et séculiers, clergés de paroisse et clercs venus d'ailleurs. C'est l'occasion pour beaucoup de découvrir la variété des populations rurales, les « grands », les « principaux », les « peuples » – celui des campagnes et celui des villes. Partout les missionnaires doivent s'imposer aux pouvoirs, aux notables et aux populations qui se méfient des étrangers [143]. Les missionnaires, « armée de Dieu », se déplacent partout et, s'ils obtiennent les soutiens locaux nécessaires, le caractère passager devient un facteur de réussite de par son attraction, de paroisse en paroisse. Ils instaurent une pédagogie nouvelle, un spectacle, qui créent dans le temps régulier des campagnes une période de transgression d'une durée variable. Cette action demande une préparation ; elle ne peut s'improviser, car elle exige des moyens en hommes des financements, l'accord des autorités religieuses. La mobilité missionnaire est réfléchie et organisée.

Les ordres religieux qui s'y consacrent, les spécialistes, tels Condren, Jean Eudes, Maunoir, Haquet, savent prévoir l'intendance du voyage de leur troupe : il leur faut de 16 à 20 sols par jour et par personne au milieu du XVIIe siècle, un peu plus au XVIIIe ; il leur faut aussi trouver des lieux d'accueil, susciter l'hospitalité des curés et des notables. Ils adaptent leurs déplacements aux conditions météorologiques, choisissant de travailler dans les grandes villes l'hiver et de parcourir les campagnes l'été. « On pourra réserver les saisons les plus favorables à celle des champs », disait Jean Eudes, lancé dans les herbages et les chemins creux de Normandie. Toutefois, certaines congrégations n'arrêtent jamais leurs déplacements, ignorent les vacances, prêchent toute l'année de lieu en lieu. D'autres comme la congrégation de la Mission, cessent leurs opérations de la Saint-Jean à la Toussaint, laissant le peuple paysan à ses moissons et à ses vendanges. L'appel du clergé local, l'accueil des notables peuvent parfois infléchir le calendrier. Le missionnaire est, le plus souvent, un piéton. Vincent de Paul écrit à son ami M. Portail : « Que vous dirai-je de votre manière d'aller à Joigny [...] si vous allez à pied et ne prenez qu'un cheval, je vous prie de deux choses : c'est que vous fassiez de petites journées et que ceux qui seront fatigués montent alternativement sur le cheval[144]. » Jean Eudes, en 1647, accomplit à pied le trajet de La Ferté-Vidame à Paris, puis de Paris à Autun, et il en tire une leçon évangélique. « Quand on ira d'une maison à une autre, ou que l'on fera quelque voyage autre, ceux qui, étant jeunes et forts, voudront imiter Notre Seigneur et ses saints apôtres qui allaient toujours à pied, feront une chose bien agréable à sa divine majesté, mais on ne le permettra pas à ceux qui sont faibles ou avancés en âge[145]. »

La mobilité entraîne ici plusieurs conséquences importantes. De paroisse en paroisse, la séduction missionnaire donne à voir un nouveau modèle de prêtre et de dévotions ; elle relaie, entraîne, implante souvent de nouvelles pratiques, les confréries ; elle hausse le niveau des exigences sacramentelles[146]. La tâche est difficile, car il faut aux missionnaires savoir parler la langue que leur auditoire attend, et en même temps diffuser de l'innovation. Simultanément, ils découvrent une autre réalité que celle des livres et des cours reçus en séminaire ; c'est une action de différenciation. Des manuels tels que le *Petit Missionnaire de la campagne* de dom Chenais (1672) leur proposent des exemples, décrivent souvent les paysans, comme ailleurs, en termes de caractère stéréotypé : « les Normands sont chicaneurs » et les « Bretons brutaux et ivrognes, difficiles, grossiers ». Mais le contact avec les populations rurales et urbaines débouche également sur une autre compréhension du monde. Pour les missionnaires ambulants, évaluer la vitalité religieuse des paroisses où ils doivent travailler est une première nécessité qui aboutit à classer les populations selon leur ferveur, leur refus ou leur indifférence. Un comportement se fait jour qui est lié à l'obligation de comprendre et d'expliquer ces attitudes. Les missionnaires s'interrogent alors sur les conditions matérielles du culte, sur la résidence et le temps de présence des clercs, sur l'influence des guerres, des pestes et des crises qui engendrent fuite, crainte, désordre et vagabondage.

De même, la mission met en valeur les décalages sociaux, les duretés des hiérarchies locales, l'orgueil des riches, l'importance des préséances dont il faut accommoder les effets. Pierre-François Haquet apprend à distinguer les populations urbaines des classes rurales : en trente-neuf années de ministère, il a prêché dans presque toutes les grandes villes entre la Loire et la Charente (Angoulême, Poitiers, La Rochelle, Fontenay-le-Comte, Niort, Nantes), et il note souvent, avant 1750, les réticences de certains dominants voilées par la ferveur des peuples. Il s'attache à mesurer l'influence de la ville sur les paroisses proches, la spécificité de la religion des petites cités situées dans la vallée de la Loire, celle des populations du bord de mer, la diversité des pays qui divisent les plaines du Poitou ou de l'Aunis, les attitudes des habitants du bocage et des forêts qui tranchent sur les autres. On peut ranger le *Mémoire des missions* parmi les textes qui ouvrent la tradition des enquêtes sur la capacité religieuse des populations, comme d'autres sur leurs aptitudes économiques. Haquet transmet sans doute une pratique née dans le milieu montfortain, où l'on a très tôt noté les différences de comportements réceptifs ou non à la conversion offerte. Il partage avec lui et avec un courant plus général la méfiance envers les villes, mais il découvre des relations plus nuancées entre les conditions géographiques et sociales et la réception reçue, la tiédeur de l'Aunis et la ferveur du Bas-Poitou ; ainsi le « concours des étrangers », le « passage des troupes », le « voyage des troqueurs de sel », « diminuent la dévotion ». Ici, la mobilité religieuse débouche sur la curiosité intellectuelle, même si la pastorale ne réussit pas à s'adapter aux conditions sociologiques[147]. Les missionnaires ont toutefois exercé une fonction majeure, et d'autant plus importante qu'elle jouait sur plusieurs registres de sensibilité et d'attente.

On ne peut en exclure l'aspect attractif et spectaculaire, pour ainsi dire *récréatif*, qui suscite la venue là où se tiennent les missions de foules nombreuses dont les prêtres comptabilisent sommairement le volume au nombre de pénitents et de communiants, au mouvement même[148]. Celui-ci prend toute sa valeur parce qu'il concrétise généralement une sacralité du local, du terroir, de la paroisse confrontée au mouvement des processions qui laissent leurs traces : croix des chemins, signes divers, chapelles et oratoires rénovés. En même temps, il exerce une attraction plus large dans le cercle des paroisses voisines, qui délèguent leurs représentants au centre de la mission. En 1637, c'est ce que le père Olier découvre en Auvergne : « Nous étions accablés des peuples qui y abordaient de sept à huit lieues du pays, nonobstant la rigueur du froid et l'incommodité du lieu qui est un vrai désert. Les bonnes gens apportaient leurs provisions pour trois ou quatre jours, et se retiraient dans les granges ; et là, on les entendit conférer ensemble de ce qu'ils avaient ouï à la prédiction[149]... » Si l'hagiographie peut aisément multiplier la distance parcourue, le nombre des paroisses touchées et le chiffre des participants, elle met en valeur une réalité certaine, celle de la mobilité des peuples attirés par des nouveaux venus, et pour ceux-ci souvent la découverte des particularismes à l'instar de celle que pouvaient accomplir d'autres voyageurs. C'est peut-être pourquoi Mgr Le Camus pouvait croire en l'efficacité de la pastorale missionnaire et l'assimiler aux expéditions lointaines : « Si vous trouviez quelqu'un qui eût envie d'aller à la Chine, donnez-lui avis qu'il y a ici une Chine où il aura autant à faire bien qu'on n'ait pas à traverser de pays... »

Du royaume à l'étranger

D'autres impératifs interviennent pour animer dans l'Église, au-delà des frontières, des mouvements nombreux. La diplomatie religieuse en dicte d'incessants à partir de Rome qui envoie ses nonces dans les principales capitales de l'Europe catholique, mais aussi les exigences de la vie religieuse, de ses pédagogies, de ses définitions dogmatiques et intellectuelles qui commandent quantité d'autres échanges nécessaires à l'administration de la catholicité. Un exemple peut suffire à en éclairer l'intérêt : c'est celui que donnent les *Mémoires* de Philippe Gourreau de La Proustière, chanoine de Saint-Victor et curé de Villiers-le-Bel[150].

C'est un Parisien, né en 1611 dans la robe où sa famille est implantée, au Parlement, à la Chambre des comptes et à la Cour des aides. Il a fait ses études dans la capitale et est entré dans l'ordre des chanoines de saint Augustin, qui sont installés à l'abbaye de Saint-Victor sur la rive gauche. Son terroir est celui de la capitale, puis de la banlieue où l'attirent ses fonctions administratives ; il a été sous-prieur et cellerier, et enfin curé de Villiers-le-Bel, une paroisse confortable et bien dotée de deux mille âmes, à moins de 20 kilomètres de l'abbaye. Ce petit trajet est déjà pour lui source de découverte : il passe de la fréquentation de la bonne société, de la « bonne conversation » avec les érudits et les grands, à la rudesse des complexions paysannes qui « oblige à vivre bassement ». C'est un prédicateur et un observateur, qui note les épreuves infligées aux campagnes d'Ile-de-France par les frondeurs, un homme de réflexion. Le cardinal Grimaldi, nonce apostolique, venu en visite à Saint-Victor alors qu'il est sous-prieur, et qui anticipe la mort du pape Innocent X, va l'entraîner sur les routes pour assister à Rome au prochain conclave. « Il m'ajouta que ce voyage était non seulement juste pour un

ecclésiastique, mais nécessaire ; qu'on y voyait et qu'on y apprenait beaucoup de choses pour la perfection de notre ministère, et que si j'y avais le cœur, qu'il m'avertirait de son départ[151]. »
Gourreau part alors secrètement, signe que l'ordre n'accordait pas aisément les autorisations, et c'est de Toulon qu'il écrit pour obtenir, avec l'appui du cardinal Grimaldi, une approbation pour continuer le voyage :

« Je savais bien que mon bénéfice m'obligeait à résidence et qu'un voyage de cette force ferait une grande brèche à mon obligation, mais outre que l'on couvre sa passion de quelques prétextes spécieux, comme de la compagnie d'un cardinal, de la sainteté du voyage que les évêques obligés à une plus exacte résidence sont tenus de faire tous les cinq ans, d'autres veulent tous les trois ans, pour renouveler leur foi au pied de Saint-Pierre et pour reprendre une nouvelle vigueur par la communication du chef ; que ce que j'y apprendrais pour la satisfaction de mon peuple paierait mon absence ; que les bonnes mœurs seraient à couvert par une telle société ; que l'emploi que j'y ai reçu excuserait le défaut de ma présence, assistant dans le conclave à l'élection d'un pape si important à toute l'Église ; après tout, il faut avouer que la curiosité est un des principaux mouvements qui nous portent à ces courses. Toute la jeunesse y aspire. »

On ne peut mieux dire que Gourreau, accommodant une série de beaux prétextes à la curiosité et, comme le confirme une citation de saint Bernard extraite du *De curiositate* (réédité à Anvers en 1620, chapitre LXV, « Sur l'utilité des voyages »), soulignant l'attraction cléricale mêlée qui se joue dans le voyage romain :
« L'esprit s'abuse soi-même et se flatte sur la vue des monuments de l'Église, les anciens monuments, les catacombes, consacrés par le sang des martyrs, mais la musique, les fontaines, les aqueducs, les peintures, les statues de César et de Pompée, les ruines, n'y ont-ils point de part ? Beaucoup. »

Là se lisent clairement la tension entre la résidence et le départ, celle entre l'occasion offerte et le manquement à la règle qu'elle peut créer, celle entre l'utilité et la frivolité, le profane et le sacré, la curiosité, la vanité et l'expression de la foi ressourcée. Gourreau a sans doute cédé à tout cela à la fois pour accomplir son *Tour* romain. De Paris à Toulon par Lyon, Valence, un détour à la Sainte-Baume – pèlerinage à ne pas manquer –, il roule carrosse. De Monaco à Gênes, il prend la mer, et s'attarde entre la Ligurie et la plaine du Pô. A Parme, il écourte son séjour, car la nouvelle de la maladie d'Innocent X le rappelle à son but premier. Il gagne alors Rome par Carrare, Pise, Viterbe. Son voyage est officiel – le cardinal reçoit en effet l'accueil et les hommes de son rang qui retombent sur l'escorte –, mais aussi religieux : Gourreau visite les abbayes et les sites dévotieux. A Rome, il est d'abord déçu : « J'avais tant ouï parler de Rome que sa vue ne me surprit nullement, tant s'en faut. Sa présence diminua de sa réputation. » Les intrigues du conclave dont il veut faire l'histoire le retiennent longuement. Il découvre lieux saints, curiosités de toutes sortes, églises, offices, musique, usages, bibliothèques, librairies où il achète des livres [152].

Arrivé en janvier, Gourreau repart en septembre et rentre en France, accompagnant quelques voyageurs français, par Lorette (dont il commente le pèlerinage : « Cela donne dévotion et un certain frisson »), Ancôme, Bologne, Venise et la Suisse. Il est de retour à Paris à la fin de décembre 1655, rempli d'« images de grandeur ». C'est le grand voyage de sa vie, qu'il ne peut réitérer en accomplissant en 1665 son second voyage en Hollande, à l'occasion d'une mission officielle. Il en rend compte au père prieur et commente la vanité du touriste écrivain : « Les descriptions des beautés des villes sont vaines et inutiles. Il y en a assez qui s'y sont amusés. » L'Église réformée a besoin de la mobilité pour son animation administrative et spirituelle comme pour ses pastorales, mais l'exemple de Philippe Gourreau montre que les conflits ne disparaissent pas aisément : il est partagé entre l'attirance du voyage, la conscience de ses obligations et la vanité de son récit. Au total, l'État, l'économie et l'Église se rejoignent sur le plan d'une conciliation nécessaire des objectifs et des contrôles sédentarisants avec les nécessités des circulations et de l'ouverture exigées par la modernité.

LES FUITES ET LES EXILS

Dans la culture occidentale, il existe un thème iconographique, mais aussi littéraire et musical, qui en dépit de ses métamorphoses reste accessible à tous, longtemps et dans tous les univers religieux – juif, catholique, protestant –, du Moyen Age aux Temps modernes : la *fuite en Égypte*. On peut dire qu'il incarne d'une manière convaincante les déplacements contraints et les retours compromis et fortuits. Aux yeux des lecteurs des Évangiles dans la chrétienté, on entend les paroles prononcées par l'Ange à Joseph et que rapporte Matthieu (2,13) : « Et lorsque les mages s'en furent allés, voici : l'ange du Seigneur apparut en songe à

Joseph et lui dit : Lève-toi, prends le petit enfant et sa mère, et fuyez en Égypte, et restez-y jusqu'à nouvel ordre. » Comme une conclusion dramatiquement temporelle de la Nativité, elle-même liée à un premier déplacement – pour des raisons fiscales et politiques – de Nazareth à Bethléem, le seul moyen pour l'enfant-Dieu d'échapper à la mise à mort est la fuite. « Et Joseph se leva, prit de nuit le petit enfant et sa mère, et partit pour l'Égypte » (Mt 2, 13-14). Les fuyards devront distancer les assassins qui les poursuivent, mais l'Évangile masque le voyage et le séjour. On voit, avec Jean Paris, comment ceux-ci s'inscrivent dans les itinérances anciennes du peuple d'Israël et s'ouvrent sur l'espoir d'un retour que l'Ange viendra annoncer des saisons plus tard à la mort d'Hérode. La fuite retrouve pour le Nouveau Testament les échos de l'Ancien : le départ forcé et contraint, le danger et la misère, l'attente et l'inquiétude, que les exégètes, les conteurs, les apocryphes et les artistes développent largement au-delà du silence des textes sacrés ; y apparaissent l'ombre de la violence des assassins, la richesse des miracles protecteurs, les épisodes pittoresques du repos et de la marche pastorale, la présence de l'âne – prolétaire « qui est à l'ordre animal ce que Joseph est à celui des saints[153] » –, toutes les broderies nocturnes et terrifiantes qui servent à cacher l'incertain cheminement entre Israël, l'Égypte et, par chance et volonté divine, Israël.

Des transformations multiples ont marqué la représentation de la fuite. Symbolique, vers 1510, la gravure de Dürer qui présente processionnellement Joseph devant, Marie sur l'âne avec un bébé réduit à l'extrême, accompagné du bœuf de la crèche que l'on retrouve chez Bruegel dans *le Dénombrement de Bethléem* de Bruxelles. L'originalité du génial graveur est de placer l'épisode dans une étrange forêt exotique, peuplée d'anges observateurs, qui traduit sans doute fortement la rupture et le danger. Un siècle et demi plus tard, Louis Licheron de Beuron, élève de Lebrun, peintre de tableaux religieux, propose une vision apaisée de la fuite qui repose sur la protection divine accompagnant la Vierge depuis l'Annonciation : l'Ombre de Dieu renvoie à l'accomplissement du destin même du Christ enfant. Joseph paisible piéton, Marie protégée du soleil par le dais, assise sur un bât, portée, soutenue par des anges, l'âne tranquille sous son double fardeau sacré, il est midi, évoquent la tranquillité apaisée de ceux qui obéissent aux décrets de la Providence. Nous sommes sans doute à la veille de la révocation de l'édit de Nantes (le sieur de Beuron meurt en 1687 à l'étranger) : beaucoup peuvent se reconnaître ou souhaiter se reconnaître dans ces fuyards et dans leur périple qui se peut heureusement conclure, entre un départ forcé, l'initiation du voyage et l'espoir du retour [154].

Dans le déplacement familial du saint trio, on peut imaginer l'écho des grandes migrations qui régulièrement perturbent et interrogent les peuples d'Europe. A la mobilité coutumière, saisonnière, temporaire, au glissement infiniment répété des mouvements ordinaires, au voyage sans installation d'individus, de familles, de groupes, aux errances rythmées par l'appel urbain, la recherche du salut ou les besoins des hommes, ces vastes mouvements superposent et imposent l'idée d'une rupture, d'une fuite dictée par des pressions politiques ou religieuses, créant un climat d'incertitude, d'angoisse, et la mise en action renforcée des contrôles. Tous ont entraîné sur les routes des flux majeurs qui peuvent retrouver les itinéraires d'autres migrations choisies ou provoquées, qui ne sont pas forcément guidées par l'idée d'un exil définitif, mais qui ont en commun le cadre d'une violence temporaire, avec la réponse qu'elle suscite dans la fuite protectrice et organisée. Déracinements forcés, ils ont trois autres caractères : ils perdurent souvent longtemps ; outre d'importantes conséquences intérieures pour l'économie, les sociétés et les relations religieuses, ils entraînent une réinterprétation des réseaux d'habitude d'autant plus nécessaire qu'ils sont souvent aux mêmes périodes bouleversés par les guerres ; enfin, ils sont à l'origine des transferts culturels à l'œuvre dans des zones géographiques étendues.

Pour toute l'Europe, la France ayant une position centrale dans tous ces exodes, nous analyserons trois phénomènes d'amplitude et de portée différentes mais dont la comparaison permet de voir se jouer diversement les capacités d'expression et d'adaptation des hommes et de leurs œuvres à une mobilité essentielle dans la civilisation [155]. L'individualisation des mouvements y est possible comme dans d'autres migrations, mais elle compose avec une forte poussée communautaire, avec des choix qui souvent renvoient à d'autres phénomènes : le rôle des montagnes – terres de liberté et d'hérésie, fabriques d'hommes à l'usage d'autrui –, la puissance des attractions familiales qui par leurs choix de carrière orientent le destin des enfants, le roman des cadets qui alimente un filon de la littérature occidentale, la gravitation d'habitudes façonnées par le négoce et le travail, la fascination et l'entraînement des villes étapes provisoires pour des départs plus lointains [156]. Toujours à l'œuvre, l'action des États, des Églises.

Le déploiement d'une diaspora :
les séfarades (XVe-XVIIIe siècle)

Le premier exemple de fuite à analyser est celui qui frappe les communautés juives d'Espagne et de Portugal. Mouvement premier parce que relecture tragique du destin historique du peuple élu ; premier aussi parce que chronologiquement placé à la frontière du monde médiéval et de l'âge moderne, la date du dramatique phénomène (1492) coïncidant avec celle de la découverte des Nouveaux Mondes retenue par notre mémoire ; premier encore parce qu'il va engendrer des pratiques de mobilité qu'on retrouvera en d'autres temps. Chassés d'une terre qui les avait accueillis pendant plus de mille ans, repoussés, après les Maures, des foyers d'une civilisation qui avait été l'une des chances offertes à la société médiévale de rassembler et confronter sur une même terre les tenants de la religion du Livre, les juifs d'Espagne ont pris les chemins de l'exil, conservé leur religion et imaginé partout, selon les possibilités accordées, une rencontre de l'autochtone et de l'autre aussi diverse qu'enrichissante, encore aujourd'hui, par ses leçons.

« 1492. Nous, don Ferdinand et doña Isabelle, par la grâce de Dieu roi et reine de Castille, de León, d'Aragon, de Séville, de Grenade, etc. Ainsi que vous savez et devez savoir, nous avions été informés qu'il y avait dans nos royaumes certains mauvais chrétiens qui judaïsaient et apostasiaient notre sainte foi catholique, ce qui se devait principalement au fait que les juifs communiquaient avec les chrétiens [...]. Les juifs, comme il est avéré, tentent toujours par tous les moyens et manières possibles de subvertir et de soustraire à notre sainte foi catholique les chrétiens fidèles [...] en les amenant à partager les croyances et opinions corrompues [...]. Par ces motifs [...] nous avons résolu d'ordonner que tous les juifs et juives de nos royaumes les quittent et ne reviennent plus jamais dans aucun d'eux [...]. S'ils désobéissent ou enfreignent notre interdiction et sont trouvés dans nosdits royaumes et seigneuries ou y viennent d'une quelconque façon, ils seront condamnés à la peine de mort et à la confiscation de tous leurs biens. »

L'édit royal d'expulsion du 31 mars 1492, dix ans après l'installation de l'Inquisition en Espagne, ouvre la porte à l'exil et à l'éparpillement à travers le monde de la communauté des juifs séfarades. Il est l'aboutissement d'un double mouvement : celui des persécutions qui prennent pour cibles de massacres généralisés les juifs d'Andalousie, de Catalogne, de Castille principalement ; et celui du durcissement de la cohérence identitaire espagnole au crépuscule du Moyen Age, par sa victoire dans la Reconquête, dans la conviction que le christianisme, menacé désormais de l'intérieur, doit être défendu par tous les moyens. Enfermée dans sa certitude de détenir la vérité absolue, la monarchie espagnole l'impose à tous et avec l'intime assurance qu'il s'agit d'un bien pour tous.

La leçon des victimes doit servir de leçon à tous : l'identité entre le royaume catholique et la foi catholique ne peut être remise en question. Les juifs y sont un danger, victimes de leur propre péché, et ici la formation de l'État moderne coïncide sur d'autres frontières avec l'identification de la communauté politique et de la communauté religieuse. La monarchie espagnole, l'Inquisition espagnole poussent les juifs espagnols au départ, car ils ne devaient plus professer leur religion et n'avaient plus qu'à se convertir et à vendre leurs biens à bas prix, puis à émigrer. L'existence de *conversos* – nouveaux chrétiens, pratiquant en secret autant qu'il se pouvait rituels et respect des fêtes juives, mais souvent habilement représentés dans l'appareil d'État ou les rouages économiques, voire intellectuels, dynamiques et enrichis, quelquefois même persécuteurs de leurs frères restés dans le judaïsme – bouleverse la conception religieuse et sociale unitaire. Ses tenants se sentent d'autant plus menacés que s'imposent les principes du statut de pureté de sang visant à éliminer les mécanismes de corruption autorisés par la mobilité économique et sociale. L'Espagne ordonnant à ses juifs de n'être plus juifs, ils n'ont plus qu'à partir et les nouveaux chrétiens, cryptojuifs, vont être entraînés dans la persécution et la fuite, éliminés par la violence inquisitoriale ou sauvés par l'exil – ce qui explique le relais des mouvements successifs, en partie animés par le choc des persécutions intérieures du XVe au XVIIIe siècle [157].

Diversité des situations de départ, diversité des mobilités

L'expulsion de 1492 menace une communauté diverse et d'inégale implantation, disséminée dans une foule de hameaux, de villages et de villes – d'où les grandes juiveries ont disparu –, divisée en de multiples professions avec ses familles honorables et riches, avec une majorité de travailleurs, avec ses pauvres. Il est difficile d'en évaluer le nombre exact, et plus encore de connaître le chiffre de ceux qui sont partis : les calculs hésitent entre 200 et 400 000 juifs ; selon les démographes, presque 300 000 personnes sont visées par l'édit de 1492, fortement implantées en Andalousie avant 1485, et surtout en Castille, ultime refuge d'un judaïsme persécuté partout ailleurs. Retenons de ce constat l'importance du phénomène, sa dispersion qui va entraîner des possibilités diverses de rejoindre routes, villes et ports d'où partent les voies du salut, son caractère socialement inégalitaire qui entraîne celui des choix et des chances. A l'évidence, le départ nécessite une disponibilité qui peut favoriser ceux qui n'ont rien à perdre et, au sommet, ceux qui peuvent accepter les pertes, vendre leurs biens à prix affaiblis et convertir leur argent en lettres de change. La question va se poser à travers toute la période moderne à chaque fois que la minorité des *conversos* – difficiles à connaître, puisqu'ils se cachent par nécessité – sont frappés et pourchassés.

La situation évoquée pour l'Espagne se retrouve avec décalage chronologique et nuances au XVIe siècle, quand les relations établies entre juifs et chrétiens portugais, monarchie portugaise et religion judaïque ont été confrontées à l'arrivée massive des juifs espagnols. Les familles les plus riches achetèrent l'hospitalité portugaise ; les juifs les moins riches, après quelques années de semi-tranquillité et de persécution larvée, ont été contraints à la conversion forcée. Entre une impossible résistance et l'exil secret car interdit, la diaspora portugaise relaie l'errance des séfarades d'Espagne et, comme en Espagne, la situation des *conversos* se détériore d'autant plus que le Portugal adopte les statuts de pureté de sang et qu'entre 1580 et 1640 les deux couronnes sont réunies. Le destin de la communauté est définitivement scellé, et les chroniqueurs portugais diffusent le souvenir des décrets terrifiants : séparation des familles, scènes atroces au cours desquelles les juifs furent menés et convertis de force sur les fonts baptismaux. La mémoire de la diaspora naît avec la diaspora et, si une partie des nouveaux chrétiens réussit à s'assimiler sans partir, une autre fut contrainte à des fuites provoquées par les poursuites. Entre les deux, les liaisons clandestines avec les juifs de l'extérieur agissent d'un poids différent. L'émigration portugaise trouve dans ces caractères originaux son importance, que reconnaissent après le XVIe et le XVIIe siècle l'appropriation et l'attribution du terme « juifs de nation portugaise » au-delà des seuls portugais.

L'EXPANSION CONTINUÉE AU XVIIIᵉ SIÈCLE

Au XVIIIᵉ siècle, la diaspora séfarade s'étend à tout l'Occident, de l'Europe à l'Amérique. La carte des communautés, aboutissement de deux siècles de mobilité, dessine son extension sur celle du vieux monde [158]. Les courants issus des cités et des campagnes hispano-portugaises ont mené les uns et les autres évadés, dans les villes portuaires du pourtour méditerranéen, avec une concentration italienne (de Livourne à Rome et à Venise), et orientale (de Salonique à Smyrne), sans oublier l'Afrique du Maghreb, et des rivages atlantiques (Bayonne, Bordeaux, Londres, Amsterdam) jusqu'à la mer du Nord. L'intérieur est moins attractif, compte tenu de la présence d'autres communautés déjà installées sur leurs traditions et leur culture différentes. Hispanisation du Sud et de l'Ouest, germanisation de l'Europe centrale de façon également dispersée et disparate selon les logiques de situations politiques et religieuses fort différentes, caractérisent la fin du XVIᵉ siècle. Les 200 000 exilés admis possiblement [159], que chasse la variation de la pression inquisitoriale jusqu'au XVIIIᵉ siècle, s'ils ont un poids démographique faible, ont obtenu un asile plus ou moins progressivement reconnu et plus ou moins garanti en fonction des modalités variables de tolérance et de besoin, arguments économiques et utilitaires.

Les privilèges des juifs de Hambourg sont renouvelés depuis 1612, sans supprimer les conflits. Ceux d'Amsterdam, que rappellent poètes et chroniqueurs juifs, sont formulés plus tardivement (vers 1615) et, surtout, après plus de cinquante ans de présence et non sans quelques restrictions. A Londres, la réinstallation est plus officieuse avec des arrivées goutte à goutte de négociants portugais, ouvertement après 1630, et par le détour des décisions *ad hoc* qui tiennent lieu de reconnaissance officielle. En France, l'équivoque règne : les décrets d'expulsion de 1394 sont réitérés en 1615, mais la proximité géographique qui offre une accessibilité directe attire les arrivées clandestines, que des autorisations de résidence reconnaissent sur la façade atlantique de Saint-Jean-de-Luz à Rouen. A la fin du XVIIᵉ siècle, le culte est admis et, au XVIIIᵉ, la duplicité s'atténue : des lettres patentes admettent le terme «juif», alors qu'avant les autorités parlaient de «nouveaux chrétiens» ou de «Portugais». L'ombre de la conversion forcée plane encore sur les communautés, qui entretiennent des relations entre elles et où s'impose la prédominance d'Amsterdam à l'apogée de sa prospérité économique et culturelle.

Le XVIIIe siècle voit les communautés prospérer avec l'essor atlantique – sauf Hambourg –, du Sud au Nord. La mobilité y est accrue, comme on vient de le démontrer à partir de nombreuses sources communautaires et externes (documents de naturalité, passeports)[160]. L'apport ibérique apparaît partout vivace, avec des modalités variées, avec surtout une fluidité essentielle des arrivées et des départs, des passages, des relais et des routes multiples (entre l'Espagne, le Portugal, l'Ouest français, Anvers, la Hollande et les autres foyers), des compensations d'essor et de déclin. En Italie, Venise décroît, Livourne monte. A Bordeaux, les registres d'embarquement de l'amirauté entre 1713 et 1767 recensent 33 000 passagers pour de multiples destinations ; les juifs, venus de divers horizons, y sont près de 1 200. Leur mobilité met en évidence tout l'espace européen précédemment évoqué : 35 % viennent de Bayonne ou de Bordeaux, mais aussi 10 % d'Italie, 8 % d'Amsterdam, 15 % d'Afrique, et sans doute des Espagnols moins bien décelés. Le mouvement est ralenti après 1750-1760, mais conserve ses caractères. C'est un déplacement familial, des enfants aux vieillards, où coexistent la circulation pour les affaires et celle pour apprendre la langue ; le commerce est une motivation qui peut marquer l'indigence et le besoin. Les rabbins itinérants y côtoient les indigents et les aventuriers. Les pauvres ont eu à choisir entre la route maritime directe Lisbonne-Londres et la voie terrestre jusqu'à Bordeaux, d'où ils tentent de gagner – en sauts de puce – les autres refuges européens. Ce n'est plus une mobilité marginale, mais un mouvement structurel où viennent s'agglutiner les derniers départs provoqués par l'agonie agitée du Saint-Office. Le déclin de l'Inquisition au siècle des Lumières n'ayant d'effet sur les départs qu'après le ralentissement des autodafés, trop nombreux entre 1700 et 1745. L'attraction est encore certainement moins forte que la répulsion.

CHEMINEMENT DES HOMMES, PROFUSION DES ÉTRANGERS

C'est celle-ci qui anime les choix familiaux du départ, les routes de la fuite première telle qu'en rendent compte les récits de famille ; ainsi celui de Ziprah Hunez, fille d'un médecin enfui vers 1720. La mer qu'il faut atteindre est plus sûre et plus aisée que la terre, mais souvent coûteuse car les capitaines de navire y font leur profit. La voie maritime va l'emporter au XVIIIe siècle, comme elle constitue le principal moyen de la circulation qui s'établit entre communautés à l'échelle du continent. C'est celle des pauvres, qu'on achemine systématiquement vers d'autres cités, de façon très organisée. C'est celle des correspondances, des livres, des consultations juridiques, des filles à marier, des garçons à former dans les comptoirs et les boutiques. C'est encore l'échange d'objets, livres, matériels de culte, inscriptions. C'est enfin l'envoi d'informations sur les communautés et leurs membres, l'expédition de fonds d'entraide. D'un extrême à l'autre de l'espace séfarade, retrouvant les circuits des commerces familiaux ou des échanges financiers et marchands, la diaspora que continue d'alimenter une intense mobilité humaine a bâti un espace culturel où s'imbriquent différents réseaux, différentes figures. Pour l'ensemble, les liens familiaux entretiennent une densité de communications hors du commun et sans rupture avec le groupe originel. La fidélité ne se rapporte plus ici à un territoire où le retour est improbable, mais à l'attachement à tous les vecteurs de la spécificité séfarade : la langue, la cellule familiale, la pratique religieuse.

Destins et réseaux familiaux

Evelyne Oliel-Grausz rapporte rigoureusement les relations généalogiques dans lesquelles les familles retraçaient les tribulations de leur errance. Ainsi, en juillet 1691, Isaac Israel Bravo rédige son testament, où il exprime le vœu d'être enseveli à Altona près de son épouse et de ses parents. Toutefois, il encourage ses enfants à quitter Hambourg pour gagner Londres, où réside son frère Jacob Bravo. Il charge Fernando Mendez da Costa de prendre possession d'une maison à Bayonne que lui a laissée son grand-père. En peu de phrases, le testateur a condensé la destinée de quatre générations de la famille Bravo, du passé (l'arrivée en Guyenne), au présent (l'installation sur les bords de l'Elbe), et au futur (les promesses de l'hospitalité et de l'établissement familial en Angleterre). Le mouvement ne s'arrête pas à cette étape, car la série reconstituée des testaments montre les Bravo anglais gagner les Indes occidentales, revenir, repartir, revenir. L'attachement à la terre d'accueil, entretenu par le culte des morts du lignage, et la propension au départ se combinent dans une dispersion dont la cohérence est obtenue par la part des relations parentales qui inscrivent les réseaux dans l'espace par rapport à la source de la mobilité – le monde ibérique abandonné, jamais oublié –, par rapport également à la famille elle-même qui a mis en mouvement, qui a entretenu le mouvement, par rapport enfin à l'interaction d'autres réseaux, d'autres dimensions – l'économie et le négoce, les origines géographiques et religieuses.

Les Curiel symbolisent sur trois siècles ces transferts et ces ancrages. Au XVIIIe siècle, on en trouve partout – Amsterdam, Hambourg, Londres, Livourne, Venise, les Iles –, et cette ubiquité correspond à l'existence de multiples ramifications familiales imbriquées dans d'autres réseaux négociants et diplomatiques. Depuis le XVe siècle, la famille a essaimé dans toute l'Europe; en 1611, le groupe initial fuit Madrid pour Saint-Jean-de-Luz et à partir de là éclate, diversifiant les activités, sans défection religieuse et avec une forte cohésion dans les alliances. La minorité séfarade, où la famille est le support naturel de la mobilité, met alors en valeur l'importance des facteurs parentaux dans d'autres mouvements minoritaires de l'Europe moderne : ceux des ethnies réprimées ou des confessions pourchassées, ceux des négociants déjà entrevus[161]. La force séfarade réside dans la capacité de faire jouer les atouts d'une parenté latente dans le cadre d'une unité qu'imposent le retour impossible et les impératifs culturels de l'intégration difficile dans les espaces d'accueil. L'écho obtenu hors des communautés par la civilisation prestigieuse d'Amsterdam au siècle d'Or et par son rôle de métropole du judaïsme au temps des Lumières illustre le caractère même de cette exceptionnelle et cependant ordinaire mobilité. Dans un espace qui est avant toute chose un espace de relations et en relation, on y entend la mise en route de la circulation des hommes, des choses, des idées, avant même l'accélération de la vitesse des déplacements et l'émergence au XIXe siècle de la communication moderne. La lutte pour l'émancipation, le problème posé aux communautés par l'intégration dans des destins nationalisés, nationaux, changent la donne du XVIIIe au XIXe siècle.

Ce n'est donc pas pour rien que le destin d'un homme, Fernando Cardoso, nouveau chrétien, médecin à la cour de Philippe IV, émigré en 1648 à quarante-quatre ans, philosophe dans le ghetto de Venise, auteur d'un livre (*Las Excellencias de los Hebreos*) que l'on peut considérer comme le monument de l'entité encore constituée du monde des communautés juives et marranes avec leurs valeurs, peut être entendu aujourd'hui sur un double registre. Il illustre la fuite et l'exil, il rend compte de l'union du marranisme et de la pensée théologique juive pour l'éducation d'un peuple en mouvement dans sa force de minorité. Au même moment, Baruch Spinoza, dans le *Traité théologico-politique*, annonce ce que le XVIIIe et le XIXe siècle réalisent : « A l'époque actuelle [...] il n'y a absolument rien que les juifs peuvent s'attribuer qui les placerait au-dessus des autres peuples... » Désormais, les particularismes de la circulation vont être interrogés par la sécularisation du monde et de la pensée [162].

Mobilité protestante, refuge huguenot

En 1685, la révocation de l'édit de Nantes supprime le dualisme religieux en France et jette sur les routes d'Europe, et pour longtemps, des milliers de personnes déplacées. A nouveau se conjuguent la pression du religieux et celle du politique qui bouleverse le destin des individus et des familles à l'origine d'une diaspora confessionnelle. Louis XIV, ses humeurs, ses choix de gouvernement n'ont pas leur place ici : on en a longuement et longtemps discuté, disserté ; l'essentiel est connu. On sait que le roi, abusé mais convaincu (et facile à convaincre) par des rapports divers et les propos de son entourage, croit au péril intérieur. Évêques, intendants, gouverneurs stigmatisent un danger politique : les obstinés religionnaires sont présentés comme des républicains en puissance, de mauvais Français, un obstacle à la cohérence identitaire du royaume dans l'unité de foi, une menace par leurs solidarités extérieures avec les États protestants – Angleterre, Hollande, puissances de l'Europe germanique. Le triomphe des ultramontains, ultra-intolérants, ultra-réformés de l'Église et de la cour, les gallicans d'un épiscopat vigilant sur le terrain, comme à Paris, travaillent dans le même sens : mettre fin à un siècle de rapports déchirés et tourmentés, mais fondés sur la reconnaissance réciproque et la non-exclusion. La Révocation, paradoxalement peut-être, montre comment la logique absolutiste y contraint, car l'époque n'est pas à la reconnaissance du droit à la différence – et pas seulement du droit à la liberté de conscience et à la tolérance, sur lesquelles chacun, protestants comme catholiques, a son point de vue majoritairement peu compréhensif pour autrui. L'absolutisme, rappelle Myriam Yardeni [163], habitué à assimiler les étrangers individuels aussi bien que les provinces nouvellement acquises, ne peut résoudre le problème d'une minorité religieuse qu'en l'éliminant, ou en fermant les yeux quand l'échelle de population l'autorise ; c'est le cas peu ou prou des judaïsants du royaume.

Du premier au second refuge : le mouvement provoqué

Après les diasporas séfarades, c'est le commencement d'un ample bouleversement qui intéresse tout le royaume et toute la civilisation européenne. La mesure du phénomène au départ montre que le mouvement est provoqué par l'interaction des demandes extérieures à la communauté protestante, mais aussi de l'évolution intérieure qu'elle connaît depuis un siècle. La fuite est née avec les premières persécutions, dès le XVIe siècle, et les départs du XVIIe finissant s'inscrivent dans une courbe longue dont les flux se tarissent à la fin du XVIIIe. Toutefois, les départs dus aux hésitations de la politique royale, aux guerres religieuses, aux massacres – la Saint-Barthélemy a enclenché une vague importante de fuyards –, sont triplement caractérisés : ils sont souvent suivis d'un retour ; ils sont massifs, mais de manière plus continue, surtout individuels et familiaux ; ils sont constants, car les retours au calme ne les arrêtent pas, mais en déplacent l'assise sociale qui se rétrécit au milieu des hommes de culture (pasteurs, étudiants) et à celui des hommes d'affaires. Déjà existent des filières de départ et des zones d'accueil favorable : Genève et son séminaire, l'Angleterre, les cantons suisses, les États allemands proches, les Pays-Bas désormais république calviniste partiellement. Mais de ces refuges provisoires, il arrive que les huguenots soient renvoyés par les luthériens ou les anglicans d'Allemagne et d'Angleterre.

Le second refuge succède à ce premier traumatisme dont les traces mentales et culturelles n'ont pas disparu, entretenues par la mémoire et les récits des voyageurs survivants comme par l'intensité des échanges individuels qui n'ont pas cessé après le règne d'Henri IV. Agrippa d'Aubigné quitte la France en 1620 pour finir ses jours à Genève. On ne sait, faute d'étude mesurant précisément l'échange, si les retours équilibraient les départs. Ceux-ci sont toutefois assez nombreux pour que Louis XIV, par l'édit de 1669, les interdise sans autorisation. Quand les commissaires du roi vérifient dans les provinces la situation des populations huguenotes et entreprennent d'en limiter les droits, leur loyalisme n'y peut plus rien : la mécanique de la mobilité contrainte est déclenchée.

Ses ressorts sont à lire d'abord dans l'espace des implantations, où la crise du protestantisme français est réelle[164]. Si les structures presbytérales résistent, les révoltes, le ralliement des seigneurs, le succès obtenu par les accommodeurs et le loyalisme monarchique viscéral des huguenots ont fortement entamé le capital de leur résistance. Sur place, éparpillée aux quatre coins du royaume, c'est une minorité encore cohérente, mais de moins en moins capable d'unité agissante, qui absorbe comme elle peut les mesures répressives, le grignotage des privilèges juridiques, la perte de la puissance militaire, la restriction au dynamisme économique et, bientôt, l'étouffement des dragonnades. D'une certaine manière, la fin est prévisible à plus ou moins long terme, comme le redoute, peu avant 1685, le célèbre pasteur Claude : « Je ne sais ce qui reste de notre troupeau, je ne remarque que peu de zèle et beaucoup de mondanités. » Mais ni le recul, ni la capacité de refus, ni la force de l'extirpation ne sont les mêmes partout, ce qui va orienter le mouvement vers d'autres choix : la conversion des tièdes, la révolte des persécutés.

L'établissement du protestantisme, devenu protestantisme d'Église ; sa tension fondamentale entre l'embourgeoisement, voire le dessèchement [165], qui peut favoriser les défections, et la fureur ; la persécution avant et après 1685. L'exode menace une communauté dispersée de 800 000 personnes qu'encadrent moins de mille pasteurs organisés dans seize provinces synodales et qu'on trouve dans toute la France. Mais un grand clivage existe entre le nord et le sud de la Loire. Au nord règnent la dispersion et l'urbanisation des protestants : sur 160 000 individus, 45 % vivent en ville ; 90 000 travaillent aux villages et pratiquent dans des églises dispersées. C'est l'espace des accommodements et des plus forts reculs. Au sud, s'il existe aussi d'importantes concentrations urbaines – Nîmes compte sans doute autant de huguenots que Paris (de 12 à 15 000) – jouant un rôle considérable, on trouve encore plus de paysans et une tradition de révolte, de religion plus ferme, de fidélité plus fondamentaliste, moins établie, des Cévennes à la Saintonge, de la Guyenne au Poitou. Dans ces deux espaces, un même rôle rassemble une noblesse qui n'a pas totalement rallié le camp catholique – certains aristocrates deviendront les chefs politiques et militaires du refuge –, une bourgeoisie dynamique d'entrepreneurs et de notables souvent prépondérants dans les assemblées, un peuple d'artisans et de paysans qui ne peut animer semblablement l'éthique protestante ou le dynamisme d'une culture de minorité. Celle-ci, en tout cas, est fortement appuyée par la suralphabétisation protestante, beaucoup plus élevée que chez les catholiques. Cette population, diverse dans sa vie et ses idées, est unie par l'établissement – une forme sans conteste de résistance propre aux minorités. On retrouve la même défense dans les communautés séfarades ou dans le judaïsme de l'Europe orientale. Recevant l'impact de la Révocation, elle choisit entre trois attitudes qui n'ont jamais totalement enfermé les choix collectifs et individuels : le ralliement obtenu par la force ou la lassitude ; le départ qu'on imagine court, partageant souvent les familles ; le double jeu où la conversion visible masque la résistance secrète, ou bientôt plus ouverte, avec les révoltes. Les liens entre les trois segments ne cessent pas, entretenant en permanence échange et circulation.

Le départ touche difficilement plus du quart de la population protestante : 200 000 personnes. Il marque fortement la France du Nord, où l'on calcule une présence maintenue de l'ordre de 10 % au début du XVIIIe siècle. Des villes comme Paris, Tours, Meaux ou Metz se vident. Des permissions de sortie accordées par la cour ont facilité la fuite de quelques notables. Partout les familles ont dû se séparer, partout les pasteurs sont tous partis. Dans le Sud, la situation est plus complexe : des déplacements initiaux se font vers les villes refuges ou les ports, comme Montauban ou Bordeaux ; l'exil lointain n'est pas immédiatement envisagé. Il dépend de la capacité d'évasion et du rapport à la pression royale. Le rôle des « nouveaux convertis » retarde souvent le départ. Les tentatives de fuite étant sévèrement punies – le gouvernement voit dans la ponction une cause certaine de difficultés politiques et économiques –, elles sont clandestines et doivent être soigneusement préparées pour réussir. Alors le coup de force éclaire des pratiques de circulation normale dans lesquelles se coulent les chemins secrets du refuge ; l'organisation et le caractère improvisé marquent autant le départ que l'accueil étranger, qui ne peuvent être coordonnés[166]. La fuite et son récit entrent précipitamment dans la culture huguenote.

La réalisation des évasions dépend des moyens des familles, et rassemble de nombreux facteurs : l'âge des uns et des autres, le rapport à la propriété, le type d'activité, le conformisme et les relations entre les membres d'un clan et d'une communauté. C'est dire qu'on enregistre dans les décisions la pression de multiples circonstances qui, de surcroît, varie dans le temps et l'espace. Quelquefois, on assiste à de véritables expulsions ; ailleurs, les autorités interdisent fermement les sorties, punies des galères, de la confiscation des biens – ainsi en Languedoc. Toute une gamme d'attitudes découle de cette diversité des possibilités offertes. Chez les grands, la liberté des privilégiés permet de négocier des autorisations de départ ; en profitent par exemple Henri

Duquesne, le fils de l'amiral, le maréchal de Schomberg, et pas mal de militaires qui combattront sous les étendards prussiens ou anglais. Le voyageur Tavernier ira mourir à Smolensk. Parfois, les demandes échouent ; à d'autres moments, la cour négocie l'évasion contre le maintien des otages. La liberté des pauvres est en apparence plus favorable – on a peu à perdre, rien à négocier –, mais un minimum de bien peut retenir : on engage alors une partie de la famille à persister. La géographie différentielle ainsi créée dans la France rurale est extraordinairement diverse, comme on le mesure en Poitou où aucun pays (Bocage, Gâtine, Haut et Bas-Poitou) ne réagit de la même manière [167]. Si les ouvriers sans fortune immobilière sont fondamentalement plus libérés, tous les tenants de l'État, bloqués par leurs offices, leurs charges et leurs commandements, tous les rentiers du sol, attachés aux biens, au terroir, à la maison ou à l'oustal, sont plus difficilement poussés au départ. La liberté de la richesse mobilière induit la fuite, car on peut réaliser les biens plus aisément, transférer les richesses plus vite, emporter avec soi capital financier et capital symbolique ou intellectuel. L'artisanat a presque partout fourni d'importants contingents d'évadés, comme l'a montré Warren C. Scoville, mais aussi dans le Midi des nouveaux convertis et des révoltés opiniâtres. La sociologie des révoltes, ainsi dans les Cévennes, montre l'absence des bourgeois et des nobles, la présence des ouvriers du textile et des ruraux. L'ampleur de l'émigration locale met ainsi en valeur le choix familial et la disponibilité à utiliser les facilités géographiques.

L'espace qui se reconstitue dans les pays d'accueil est ainsi le résultat de ces occasions et de leurs obstacles : la Suisse accueille sans doute plus de 20 000 réfugiés ; l'Allemagne, de 30 à 40 000 ; l'Angleterre, de 40 à 50 000 ; quant aux Pays-Bas, ils restent la grande arche des réfugiés avec plus de 60 000 Français protestants. Mais entre les pays, entre les cités hospitalières, la circulation et l'échange restent intenses, ce qui complique aisément toute mesure définitive.

Accueils et cheminements

Ainsi, à Francfort-sur-le-Main, ville carrefour du grand commerce de l'Europe allemande, nœud routier entre l'Est et l'Ouest, le Nord et le Sud, ville impériale en partie autonome, l'accueil est constant : de 1685 à 1695, 65 000 huguenots passent ou repassent. Ils sont majoritairement français, mais l'on trouve des Piémontais, des habitants du Palatinat, des familles provençales d'Orange. En 1686-1687, sur 4 000 personnes arrivées, le mouvement est quotidien et organisé par fractions régionales. Le 20 décembre 1686, 48 personnes sont enregistrées en provenance du Dauphiné ; le 11 août 1687, elles sont 30 arrivées de tout le royaume, mais la moitié de l'Ile-de-France. Ce sont souvent des groupes où les familles sont rassemblées par des liens proches ou lâches. Des villages dans le Queyras comme Saint-Véran se sont vidés en quasi-totalité, ou comme La Grave en Oisans. On est parti avec soi-même et peu de bien, quelquefois ses parents, souvent sa communauté cimentée par les traditions et la langue locale. Parfois encore, ce sont des groupes professionnels qui apparaissent : drapiers de Valence, artisans textiles du Haut-Dauphiné, médecins de Bordeaux ou d'Uzès. L'offre entendue des princes allemands a orienté le mouvement, où dominent ouvriers et artisans : 75 %. Le reste, c'est la communauté paysanne, ménagers, laboureurs, manœuvriers qui ont pu négocier leurs menus biens ou trouver un gestionnaire resté en place avec des ventes fictives. On voit alors la migration forcée renouer avec les pratiques d'une circulation habituelle : celle des migrants et des colporteurs temporaires, celle de l'Oisans vers le Nord et le Sud-Est. On retrouve encore, isolés, des pasteurs et des soldats. Le refuge de Francfort met en évidence les conditions faites au départ et à l'accueil, mais c'est une plaque tournante qui a brassé et rebrassé une part importante de la diaspora vers l'Allemagne[168].

Le poids des dimensions et des enjeux familiaux rappelle ce qu'on a entrevu dans la circulation des séfarades. L'exode initial n'est pas une migration simple entre deux lieux ; il inaugure souvent une ère de mobilité, de durée et d'intensité variables, qu'on peut saisir à travers des destins individuels et le contrôle collectif des institutions du refuge. La dimension familiale se retrouve aussi au point d'arrivée. On s'en doute pour les acteurs du négoce qui peuvent rejoindre clients, connaissances, amis et parents, mais le phénomène existe dans les paroisses de Margeride et du Gévaudan, dans une migration traditionnelle et une gestion des départs qui dépend de la transmission directe ou indirecte des biens, des oncles aux neveux. Jean-Antoine Chaptal, dans une famille de riche cultivateur lozérien, laisse le domaine à son aîné, mais rejoint un de ses oncles qui occupait une place prééminente parmi les médecins de Montpellier et qui va pourvoir à son éducation. Les protestants cévenols ont suivi, à l'âge du refuge, des chemins comparables : les cadets partent dans le cadre d'une convention familiale, et les prêtres et les missionnaires catholiques notent les familles et les absences.

Les cadets plus opiniâtres dominent dans les *états de fugitifs*, car ils sont exclus de l'héritage, plus libres de marquer leur refus : c'est la grâce de leur légèreté patrimoniale et sociale [169]. Leurs aînés ne sont pas moins tenaces, mais ils restent : leur relation aux biens les conduit en effet à s'exprimer en termes différents, voire opposés. Le refuge met alors en évidence des mécanismes de transmission et de reproduction plus ou moins favorables à la mobilité et à la survie des sociétés rurales. Les oncles déjà partis encadrent la solidarité des exclus et des exilés, et réussissent parfois à transformer la rupture et l'échec en succès. Ainsi Jean Roquette de Vebron, faiseur de bas, qui accueille en 1715 un autre cadet, son cousin Jean Saltet, à Schawach (Allemagne); les Chaptal de Saint-Julien-d'Arpaon; les Vignobles d'Anduze, qui réussissent dans le grand commerce à Amsterdam; Pierre Servier de Saint-André-de-Lancize, heureux à Dublin dans les affaires; les Rochez de Mazeldan, arrivés à Londres peu après 1685. C'est aussi le cas des Varcilhes-Servière, Lozériens de La Roche, petits gentilshommes ruraux : les quatre frères s'enfuient, l'aîné Jacques revient, les autres courent l'Europe. En 1689, Henri appelle à son tour son neveu, Jean-Jacques à Londres, et la procédure se renouvelle à la génération suivante. On voit comment les cadets qui roulaient déjà par le pays ont été solidaires, dans leur fuite, du choix des oncles et des stratégies familiales [170].

MÉMOIRES DE LA FUITE

Revenons aux fuites et à leurs récits. Ceux-ci constituent très tôt une vulgate, presque une mythologie partagée par la communauté restée sur place et par le refuge, qui a joué un rôle considérable dans la formation de l'imaginaire collectif protestant et allemand [171]. Gaultier de Saint-Blancard, dans son *Histoire apologétique*, en a donné tous les ingrédients :

« Ce serait une histoire fort curieuse que celle de la retraite de ce grand nombre de fugitifs [...]. On y verrait les uns grimper les montagnes et les rochers les plus inaccessibles à travers les neiges et les glaces, et les autres passer à la nage les rivières les plus grandes et les plus rapides; les uns se faire voiturer sur des charrettes enfermés dans des tonneaux, les autres emporter sur leurs épaules leurs enfants couchés dans des hottes [...]. On y verrait des hommes se déguiser en cent manières différentes, les uns en officiers, les autres en valets ou en paysans, d'autres en chevaliers ou en abbés, et quelques autres en moines ou en pèlerins. On y verrait des filles en habits d'hommes passer hardiment à travers les soldats et forcer les passages l'épée et le pistolet à la main. On y verrait des femmes de qualité et extrêmement délicates surprises dans leur retraite par le travail de l'enfantement, accoucher à la campagne, plier leurs enfants dans de vieux lambeaux de gros drap et se mettre en marche quelques heures après leur délivrance. On y verrait des femmes et des filles, et des vieillards et des enfants, des personnes faibles, timides et incommodées, marcher de nuit et de jour [...] errer dans les forêts et les déserts, sans guide sans compagnie... »

Dans le récit hagiographique sont rassemblés tous les ingrédients quasi romanesques faisant écho à la réalité tragique que diffusent les mémoires imprimés, les relations manuscrites, les correspondances échangées. Ces récits ont valeur d'édification, mais ils prouvent l'importance du traumatisme qui transforme en châtiment mérité, rédempteur de la colère divine, les épreuves de l'évasion. C'est un dernier recours qui ne débouche pas forcément sur la sécurité, mais parfois sur le martyre, l'enfermement, les galères, la mort, l'abjuration forcée. On y découvre encore l'essentiel et le secondaire, malgré les biais dus au hasard de la conservation ou aux conditions de l'écriture. Sur vingt récits consultés, dix-huit sont le fait de notables, un seul est l'œuvre d'un paysan; les sudistes parpaillots l'emportent sur les nordistes. Voilà comment s'organisent les fuites, les passages, le rôle des préparations, les regroupements des familles et des communautés, les besoins matériels (vêtements, chaussures, argent), les saisons favorables (l'été est bien recommandé), les filières de passeur, leur coût (de 2 000 à 4 000 livres quelquefois), le choix des routes (mieux préparée, la voie maritime coûte moins cher : 100 livres pour gagner l'Angleterre à Bordeaux, 473 livres pour Alexandre de Chaussepied à La Rochelle), les faux papiers et les témoins achetés, les lettres de documentation. De la même façon, les récits du refuge dévoilent le brassage et la rencontre qui confère une nouvelle unité décisive aux protestants à travers les persécutions, les difficultés, les échanges établis [172].

Des moyens de l'évasion aux incidents de parcours, des dangers à la surveillance, des routes aux vitesses, tout est là, retracé pour justifier les secours et la solidarité. Jean Marteilhe a dix-sept ans. Au cours de l'hiver 1700, il fuit avec un jeune compagnon, Daniel Legras, garçon perruquier, les dragonnades qui tombent sur sa famille bourgeoise et marchande établie à Bergerac. Il atteint Paris après un petit mois de marche à pied, économisant sa bourse dans les médiocres auberges. Une relation périgourdine doit leur procurer une route, jusqu'à Mézières, pour rejoindre la Hollande. Ils se perdent dans la forêt des Ardennes, tournent en rond et se font prendre par la garnison française de Mariembourg, dénoncés par un garde-chasse qui touche la prime. Ils sont arrêtés, emprisonnés, condamnés aux galères en janvier 1701. Voilà l'échec – Jean Marteilhe restera dix ans au bagne – qui éclaire le destin de milliers de pauvres bougres repris, dans un témoignage authentique et confirmé par d'autres exemples pour le profit de tous, édité à La Haye en 1728 et diffusé à partir d'Amsterdam [173].

Autre destin, autre récit édifiant, mais d'un autre ton : celui d'Isaac Dumont de Bostanguet, gentilhomme campagnard, vivant près de Dieppe, notable, trois fois marié, menant une vie tranquille et à l'aise, ayant assuré l'avenir avec dix-neuf enfants. La Révocation le rattrape à cinquante-six ans : c'est un barbon, et le voilà pourtant qui abandonne tout – maison, biens, une partie de sa famille – pour l'exil. Le récit de ce lettré (ancien étudiant de l'académie de Saumur), souvent moins appliqué et moins précis que celui de Jean Martheilhe, montre l'image d'une fuite précipitée, mais assez raisonnée pour réussir. Une première tentative se fait en famille et en troupe (près de trois cents personnes : paysans surtout, peu de bourgeois, les seigneurs et leurs servants) : elle échoue le long du rivage, au bas des falaises, après une bataille avec les batteurs d'estrade, où Bostanguet est blessé. La troupe se sépare. De ferme en château, à cheval, logé par les familles alliées, les amis, voire des curés compatissants, Bostanguet gagne la route de Picardie par Bailly, Neuchâtel, Le Quesnel, Doullens, les gués de la Lys, les forêts, ne prenant les grands chemins qu'à l'occasion, évitant les patrouilles, contournant Arras, fuyant les partis espagnols de la frontière. Il atteint Gand en moins de vingt jours par étapes de neuf à quinze heures, de nuit et de jour, sans débrider. C'est une fuite de cavalier et de chasseur, de personnage aux poches bien garnies, sachant se faire obéir des petits et se retrouver dans le danger. Après avoir vendu ses montures, il gagne La Haye où il se retrouve sans le sou, mais vite réconforté par l'accueil de Guillaume d'Orange qu'il accompagne en Angleterre après avoir été rejoint par sa femme et son fils en mars 1688. Il termine sa vie en Irlande, où il s'est fixé en 1693 et où il meurt en 1709 près de Kildare. Ses descendants y vivent encore, et ils ont conservé le manuscrit de ses Mémoires qui s'achèvent sur un message d'espoir : « Je pense incessamment à ma famille de France, laquelle je prie Dieu de bénir comme celle-ci [l'irlandaise] qui, plus heureuse en ce qu'elle sert Dieu en pleine liberté, joint ses vœux aux miens pour la délivrance et autre réunion [174]. »

Dans tous ces récits, en dépit de ce que l'on tait, et quelquefois de la découverte d'une réalité de l'accueil moins enthousiaste que ne le veut la légende, en dépit aussi des écarts de taille qui existent par rapport à la réputation de mérite revendiquée par les réfugiés, on perçoit à travers les difficultés une intense solidarité qui n'a pu exister qu'en jouant des accords familiaux, et surtout des traditions antérieures de mobilité. C'est pourquoi la circulation intense du Refuge dans le Refuge a des conséquences majeures. La mémoire des émigrés traduit et transmet la ténacité, les dangers, les succès, les échecs, donc contribue à mieux faire comprendre comment l'organisation progressive de l'errance a débouché sur celle de l'adaptation et de l'intégration. Une nouvelle patrie se dessine quand les solidarités traditionnelles vont s'estomper ou se transformer. Les liens économiques – la banque, le grand commerce, la finance – se tendent plus solidement avec l'adoption locale : Herbert Luthy en a montré toute l'importance. Les transferts techniques, s'ils n'ont pas toujours bouleversé les pays d'accueil, n'ont pas été négligeables tant en Prusse – où les réfugiés ont contribué sans conteste à un repeuplement propice au développement – qu'en Angleterre, où les huguenots ont concouru à la vie industrielle et commerçante, d'autant plus que la conscience minoritaire pousse à la discipline, à la police des nouveaux arrivants, au contrôle des désordres. L'écart se creuse alors entre la France et les refuges. Les communautés minoritaires ne peuvent survivre aux déplacements et aux brassages que si elles s'intègrent dans le domaine social comme dans celui de la foi et de la religion. La rupture n'est conciliée avec le maintien que par le fonctionnement des réseaux de correspondance, par les échanges intellectuels, par la circulation de la légende [175].

Les conséquences intellectuelles et politiques de ce vaste mouvement sont bien connues : elles sont au cœur d'une interprétation dominante des Lumières depuis Paul Hazard [176]. Celle-ci confère au Refuge sa force de modernisation généralisée dans tous les domaines, de la langue aux manières de table, de la politesse aux idées. Il a construit l'Europe française. Mais, plus important, c'est l'action en retour qu'il faut retenir. L'intensité de la vie intellectuelle des réfugiés, l'avidité avec laquelle ils attendent l'arrivée des ouvrages français et la circulation continue qu'ils donnent à leur propre production en font plus que les médiateurs d'une simple influence. Dans l'exil et l'intégration, dans l'accueil des voyageurs et des informations, une élite en exil fait certes tout pour maintenir le contact avec ses origines, mais en même temps constitue une autre sphère de diffusion et une autre sociabilité. La République des Lettres devient un espace de discussion libre et critique, parce que la médiation culturelle des réfugiés a mis sur la scène publique tous les sujets brûlants du jour : la politique, la philosophie, la morale. Elle ouvre la brèche dans la civilisation de cour. A partir de la Hollande, de l'Angleterre et de l'Allemagne se diffuse une nouvelle réflexion. C'est celle que portent la presse et le livre, c'est celle que dessinent les institutions littéraires et savantes, les cercles publics ou privés – espace moins résolument contestataire dans ses choix que révolutionnaire par ses moyens. Le rôle des traducteurs et celui des voyageurs sont alors essentiels pour le transfert culturel, le passage du témoin critique. L'intense brassage du Refuge peut alors apparaître comme la seconde chance du protestantisme français, non seulement parce qu'il a fait entendre les voix de l'hétérodoxie et inventé le journalisme libre, mais aussi parce qu'il montre comment l'exil et la contrainte déclenchent des mécanismes de mobilité et de transfert social. Ceux-ci sont à retrouver à l'intérieur de chaque exemple particulier. L'Angleterre fournit le terrain d'une assimilation rapide, un rôle extérieur efficace (relisons Voltaire) ; la Prusse, le terreau juridique d'une intégration plus lente. Genève ou la Hollande offrent des possibilités différentes : plus de conformisme et de défense pour la première ; une reconnaissance de spécificité religieuse et l'intégration économique rapide avec un rôle culturel décisif pour la seconde. Ainsi la mobilité, la fuite en exil, confronte-t-elle deux principes : celui de la solidarité confessionnelle et de la compassion active (il favorise départ et accueil) ; celui de la méfiance avec l'extérieur (plus ou moins affirmé, il entretient le brassage ou freine l'assimilation).

L'ÉMIGRATION 1789-1800

L'exil volontaire ou obligé des émigrés de 1789 offre un dernier exemple de grande migration forcée, sans doute plus limitée dans le temps : trente ans, contre deux siècles bon poids pour les huguenots et trois pour les séfarades. L'intérêt de cette analyse apparaît si l'on se souvient de la formule lancée en 1815 : « Les émigrés n'ont rien appris, rien oublié. » Voilà qui mérite réflexion, car est-il possible que toute une population jetée sur les routes de l'Europe ait vécu en revenant en arrière et identique ? Par bien des aspects, l'expérience ne diffère pas de celles déjà vues, mais elle a ses caractères propres : une dimension au départ politique et non pas religieuse, même, si on l'a perçu, la dimension religieuse joue aussi son rôle en rapport direct avec une conception unitaire de l'organisation du monde et de la cité qui est défavorable aux minorités de l'âge moderne. Son importance et son échelle géographique lui confèrent également une ressemblance certaine et posent des questions analogues concernant la pratique de l'accueil et la capacité d'intégration par d'autres pays d'une population toujours susceptible de modifier le paysage social et les comportements par le brassage [177]. Mme de Genlis, entre autres témoins, montre la complexité d'un phénomène qui commence avec l'été 1789 et se dilate au gré des avances et des reculs de la Révolution et de ses armées, de l'Empire et de sa politique conquérante. Il n'a bien sûr pas la même intensité partout et il n'est pas vécu d'une façon identique par tous et à tout moment : le danger ou la sécurité varient, de même que les ressources offertes.

UNE FEMME DE LETTRES DANS LA TOURMENTE

La maîtresse du duc d'Orléans, brouillée avec la duchesse, de plus en plus inquiète de la tournure prise à l'été 1791 par les événements, décide de gagner l'Angleterre. Ses amis le lui déconseillent, convaincus que le voyage sera considéré comme l'aveu d'un complot, d'un échec, d'une émigration certaine. Louis-Philippe, qui porte l'avenir de la maison d'Orléans, essaie de la dissuader. Il n'est pas entendu ; la fuyarde entraîne avec elle, munie des passeports nécessaires, Adélaïde Pamela, Henriette de Sucy, sa petite fille Églantine, et deux ex-députés, Voidel et Pétion. Le prétexte du départ, qu'on retrouve constamment invoqué dans les dossiers rédigés pour obtenir la radiation des listes d'émigrés, c'est que les médecins lui ont prescrit les eaux : Bath s'impose ! Personne n'y croit. On lui prête de multiples motifs : une mission politique, une tournée maçonnique, des besoins liés à la politique financière du duc. La pression des troubles après Varennes a cependant suffi à déterminer la voyageuse. Si elle entraîne Pétion, son amant, dans ses bagages, c'est un peu par hasard et parce qu'il y trouve occasion à rencontrer les Jacobins anglais [178]. C'est le troisième séjour de la comtesse à Londres, et il est beaucoup moins favorable que les autres : la haute société anglaise s'en méfie, elle se méfie des émigrés français. Elle a peu de moyens ; elle est contrainte au retour en dépit du 10 Août, de la proclamation de la République, de la mise en jugement du roi. Le duc d'Orléans s'efforce de retenir ces dames en Angleterre, mais sa lettre arrivée trop tard n'a pas empêché le départ. Mme de Genlis doit repartir, car Adélaïde d'Orléans et elle-même sont menacées. Le 28 novembre, elle obtient ses passeports, abandonne bijoux, argenterie et collection de miniatures, emporte ses carnets et sa harpe, et gagne Tournai avec Louis-Philippe et M. de Sillery, qui la quittent à la frontière pour rejoindre l'armée.

Son sort est désormais celui d'une exilée et elle assiste en spectatrice à la conjuration de Dumouriez qui, le 1er avril 1793, passe du côté de l'Autriche. Le 3 avril, elle s'enfuit de Tournai pour Mons avec Adélaïde. Les années 1793 et 1794 s'achèvent en Suisse ; mais Mme de Genlis est une émigrée inscrite sur les listes de proscription ; entre Zug et Brengarten où, le 2 février 1794, elle reçoit Mme de Staël. Elle quitte la Suisse pour la Hollande par Stuttgart et Mayence, le Rhin, Utrecht, et s'y installe avec le général de Valence jusqu'à la mi-juillet 1794. Elle gagne alors Hambourg sur l'Elbe, puis Altona où elle se loge pour près de neuf mois chez l'aubergiste jacobin Pflok, sous le nom de Miss Clarke. Elle reprend alors ses occupations habituelles : écrire, lire, jouer de la harpe, peindre des modèles de fleurs qu'elle vend aux manufacturiers pour améliorer l'ordinaire. En avril 1795, elle se fixe à Hambourg, où les Français l'accueillent froidement – elle paie les notes du duc régicide –, mais les bons Hambourgeois plus chaleureusement. Rivarol la déteste et la dénonce ; elle fuit à Silk où son gendre Valence la retrouve. Elle y reste dix mois, de juillet 1795 à mai 1796, avec ses familiers et occupée à d'innombrables travaux de plume ; elle vend 2 000 livres le *Précis de ma conduite* et sa *Lettre à M. de Chartres* justifiant son rôle dans les événements qui se retournent contre elle et les choix orléanistes. Revenue à Hambourg, elle veut rentrer en France, mais échoue à Berlin le 15 mai 1798. Elle y reste deux ans, fréquentant les cercles intellectuels et écrivant divers ouvrages : poésie, romans, méthode pédagogique, livres de prières. En 1800, elle prend la route de Paris par Anvers et Bruxelles. Au début d'août, après neuf ans, elle retrouve la capitale et sa fille, ses amis, les moyens de reconquérir sa célébrité dans une société nouvelle qu'elle observe et juge. La stabilité mondaine remplace définitivement l'instabilité des circonstances[179].

Trois traits ont marqué cette période. D'abord, le mouvement continuel dans l'espace germanique, dicté par la nécessité de fuir et de trouver un asile convenable : Hambourg et Berlin ont été deux étapes décisives. Ensuite, le fait qu'à aucun moment les relations n'ont été interrompues avec le cercle familial resté en France et avec celui des amis : ceux qui bougent et ceux qui ont bougé (ainsi M. de Talleyrand), ceux qui sont restés (Mme de Montolieu, Pamela, Pulchérie, qui devient l'une des reines du Directoire et accumule les amants), ceux qui ont désormais le pouvoir et qu'elle accable de mémoires justificatifs – peut-être aussi parce qu'elle est plus ou moins mêlée à diverses intrigues diplomatiques. Enfin, il faut vivre : s'il est difficile de compter les dépenses et les recettes, les ressources emportées et envoyées, il est sûr que Mme de Genlis a été contrainte de s'adapter et de travailler comme auteur. C'est une femme de lettres à succès, et sans doute cela lui a-t-il facilité les choses, de même que l'appui familial – celui de son gendre, M. de Valence, ne lui a pas manqué. En 1799, on l'a vu, elle publie le *Manuel du voyageur*, qui est certainement l'un de ses ouvrages les plus originaux et les plus novateurs. C'est, par ses dialogues en plusieurs langues, un des documents qui illustrent la fonction et les moyens du voyage ; mais c'est aussi, par la description de ses itinéraires personnels – de Paris à la Belgique, la Suisse, l'Allemagne, la Hollande, voire l'Angleterre –, le bilan d'une séquence de vie à la mobilité intense. Dans ses diverses éditions, la part des circonstances est patente. En 1799, les conversations interrogent le voyage, « Avez-vous beaucoup voyagé ? », « Resterez-vous longtemps ? », « Le pays vous plaît-il ? », mais aussi les conditions de l'accueil, « Avez-vous des lettres de recommandation ? », « Lettre d'une fugitive qui voudrait s'établir dans le pays », « Y a-t-il beaucoup d'émigrés ? », les modes de vie[180]. Dans les éditions qui suivent, l'auteur conserve la même veine, comme si son retour ne modifiait rien et si les lecteurs potentiels restaient en nombre suffisant sur les routes de l'exil.

En 1800, l'auteur se met en scène dans l'introduction, « J'ai beaucoup voyagé, même avant la Révolution. Depuis huit ans je voyage, j'ai fait l'épreuve de tous les accidents qui peuvent survenir dans le cours d'une longue expatriation. Je suis voyageuse, je suis fugitive, je suis mère[181]. » Mme de Genlis n'oublie aucun des conseils indispensables pour les voyageurs en temps ordinaire : nécessité d'apprendre les langues, de s'informer au préalable, de tenir ses carnets, ne pas vouloir instruire mais s'instruire ; comment être pour être accueilli. L'expérience normale doit alors servir à organiser et à faciliter la mobilité de l'exil, dans le temps, selon les lieux, les moyens, les relations quotidiennes, les possibilités de correspondance, les journaux reçus. Trois impératifs dessinent le cadre utile grâce à un répertoire de situations. Le premier définit les rôles sociaux d'une confrontation inhabituelle et les transferts d'attitude qui s'imposent ; l'éloignement forcé n'abolit pas les gestes, les besoins, les réponses attendues. Mme de Genlis place ses voyageurs fugitifs face à de multiples acteurs : prêtres, médecins, domestiques, aubergistes, dentistes, boutiquiers, baigneurs. En deuxième lieu, le manuel organise tout ce qui permet de contrebalancer les difficultés de l'exil : le travail, les recettes, le rapport marchand et social, les apparences à cultiver. Mme de Genlis écrit pour les vivants, et elle n'oublie pas les morts. Surtout, elle tente ainsi de répondre à la question fondamentale posée aux émigrés au-delà d'une première adaptation : faut-il s'installer, et comment ? faut-il continuer à fuir ? Enfin, cette encyclopédie portative évoque par certains dialogues les conditions détériorées des exilés. En 1800, les dangers, les accidents sont encore ceux de la route ordinaire ; en 1810, les malheurs de la guerre apparaissent dans les dialogues : « N° LIX, pour demander l'hospitalité. N° LX, un guerrier blessé, oui je respire encore et tu me sauveras la vie, je suis ton ennemi, non tu ne l'es plus. N° LXI, un guerrier vainqueur, ne craignez rien, nous sommes français [...]. N'ayez pas peur, un soldat français n'est redoutable que sur le champ de bataille. N° LXII, un guerrier en pays ennemi demande de la nourriture. » Les problèmes de l'émigration sont devenus ceux du Grand Empire et de la Grande Armée. La fuite, ici encore, se coule et compose avec d'autres mobilités plus anciennes : le réseau des recommandations et de l'économie, les bouleversements des mouvements militaires.

Le témoignage de Mme de Genlis, exilée aristocratique, cultivée, remarquée, ne recouvre pas la totalité de l'expérience des émigrés français, où l'on retrouve l'hétérogénéité des attitudes et la diversité des solutions rencontrées par exemple avec les protestants français : les mouvements qui se relaient dans le temps, l'organisation des choix. L'importance de la mobilité émigrée réside d'abord dans sa manière de jeter sur les routes des personnes massivement déplacées et menacées dans leur déplacement même. Mais c'est aussi qu'elle s'inscrit dans une circulation accélérée, des provinces vers Paris, de province à province, des villes aux campagnes. Un bon millier de constituants montés à

Versailles et à Paris ont, par leurs aller et retour comme par leurs correspondances régulières, alimenté échanges et informations. Les événements militaires lancent partout des populations sur les grands chemins : vingt mille personnes en Alsace pendant la campagne de 1793, des milliers en Vendée et en Anjou. L'armée révolutionnaire parisienne entraîne à sa suite une population flottante. Les villes servent de refuge, telle Chartres où le nombre de conjoints venus de l'extérieur double après 1789. L'émigration est donc à replacer dans une situation générale qui n'est pas facile à connaître, mais où l'on retrouve le rôle d'accélérateur général tenu par la Révolution [182].

Le nombre des émigrés, leur sociologie sont l'objet de discussion, car les sources sont peu fiables, les listes régionales confuses et incomplètes, les identités pas toujours contrôlables. Beaucoup de Français se sont vu enrôlés sans le vouloir, étant partis pour des raisons de famille ou d'affaires, pour des missions officielles et officieuses ; à l'inverse, de vrais émigrés se sont cachés derrière de bons prétextes. Les militaires en congé, absents, déserteurs, démissionnés, démissionnaires, ne sont pas aisés à classer. Les listes de radiation sont l'œuvre de fonctionnaires plus ou moins scrupuleux et habiles face à des certificats de complaisance. L'éparpillement des domiciles et des biens dans la noblesse et chez les notables n'arrange rien. Les hésitations de la législation ont favorisé les situations obscures. Un cas unique mais symbolique, celui d'un certain Louis Capet exerçant la profession insolite de « dernier des tyrans », est à lire dans les registres de la Côte-d'Or le 29 germinal an II. Le bilan global montre l'importance de la conjoncture et son reflet d'une mobilité plus large et antérieure [183]. On admet un chiffre de départ de l'ordre de 100 à 120 000 personnes pour une durée notable, peut-être 60 000 seulement pour 1794. La confusion règne localement, professionnellement, mais le mouvement intéresse moins de monde que ne l'ont revendiqué les propagandes contre-révolutionnaire ou républicaine. Les chiffres sont inférieurs à ceux du Refuge. Les listes de 1815 additionnent 145 000 cas : c'est à la hauteur des départs vers les colonies pour le siècle. Cela ne rend pas exactement compte des difficultés individuelles. En l'an VIII, le consul de France à Altona donne un passeport officiel « au citoyen René Leblanc, perruquier, réfugié à Hambourg après avoir été en raison de ses opinions républicaines expulsé d'Angleterre où il s'était établi plus de quatre ans avant la Révolution ». Voilà un citoyen ordinaire qui a pu justifier de sa non-émigration !

La géographie des départs et leur rythme dépendent de trois facteurs. En tête interviennent les mesures politiques générales et particulières qui déclenchent la peur, moteur principal de l'émigration. Une première vague, dès juillet 1789, intéresse l'aristocratie parisienne derrière le comte d'Artois; les évêques s'enfuient avec les monarchiens et de nombreux officiers après octobre; la nuit du 4 Août, la fuite du roi, les lois sur les suspects déclenchent des ondes successives plus ou moins importantes; ce n'est qu'après la chute de Robespierre que les fuyards cherchent à revenir. Surtout, les incidences des actions locales, le rôle des autorités, des représentants ont orienté et accéléré les départs. Joseph Le Bon dans le Pas-de-Calais, Barras et Fréron dans les Basses-Alpes, en Provence, stimulent le zèle jacobin et les fuites. L'affaiblissement de la vigilance entraîne les retours après information. On a signalé le deuxième facteur qui fait des zones militaires et des départements frontières (en Artois, en Flandre, en Lorraine, en Alsace, dans le Sud-Est) des terres dévastées. Dans le Bas-Rhin, 6 051 travailleurs manuels et plus de 9 600 paysans sont portés sur la liste des émigrés. Le flux et le reflux s'inscrivent dans les traces des armées bleues ou blanches; certaines villes, avec leur bassin démographique, sont plus frappées que d'autres – ainsi Lyon, Ville-Affranchie. La facilité donnée au mouvement par la situation géographique intervient en dernier lieu. Paris, au centre de tous les réseaux de communication, a peut-être perdu moins de 3 000 émigrés; les côtes, les régions frontalières ont assisté à des fuites collectives ou individuelles nombreuses, mais les spécialistes attribuent ces départs aux circonstances, pour un quart seulement aux convictions. La tempête qui secoue partout le pays engendre et entretient le phénomène; le calme revenu ralentit la contagion de la peur et permet les retours.

On voit ainsi globalement, comme dans l'émigration de Mme de Genlis, une mobilité qui hésite entre la fuite et le voyage, au gré des vents de la politique intérieure et extérieure. L'important demeure le fait qu'une masse sociale considérable a été entraînée hors des frontières avec des durées d'absence variables (de quelques semaines à de longues années), occasionnant des phénomènes de mobilité sociale – ascendante rarement, régressive fréquemment, et temporairement. De multiples situations se sont créées sans que l'on assiste à un phénomène d'accueil aussi densément organisé qu'entre 1685 et 1695. La diversité sociale de l'émigration contribue encore à brouiller les cartes, chacun n'ayant ni les mêmes moyens ni les mêmes chances. Cette variété et son ampleur ne correspondent pas à l'image légendaire d'une élite cléricale et nobiliaire enfuie pour combattre, maintenue en exil par espoir de revanche, et qui connote encore le mot « émigré ». Sur quelque cent mille cas, la majorité (51 %) vient du Tiers laborieux ; noblesse et clergé fournissent respectivement 25 et 17 % des volumes vérifiables. C'est donc toute la société française qui a été entraînée : des milliers de paysans, d'artisans, de boutiquiers, de bourgeois citadins. Tous ne sont pas partis par conviction, mais sous des contraintes diverses et sans jamais renoncer au retour. Proportionnellement à l'importance de chaque catégorie, on est frappé du décalage : c'est un peu plus du vingtième des noblesses qui s'est enfui, mais la quasi-totalité des grandes familles ; c'est un sixième du clergé fortement persécuté, et pour tout le reste sûrement à peine 1 ou 0,5 %. Dans certaines catégories sociales, les effets d'entraînement existent : les seigneurs de l'Ouest ont emmené avec eux une partie de leur clientèle. A Paris, prêtres et nobles sont majoritaires, et le gotha lui s'est enfui très tôt et en troupe.

Les conséquences sont multiples. D'abord, l'émigration entraîne la désorganisation des familles, mais celle-ci évoque parfois la désunion politique des mâles approuvant ou refusant la Révolution. L'accord peut se maintenir pour une dévolution temporaire des biens : femmes et enfants restent ; ce sont des émigrés de l'intérieur. Souvent, on ne trouve pas les émigrés où on les cherche – ainsi dans l'armée ou la marine : 7 513 officiers émigrés, 2 237 marins seulement ; la rupture n'a pas eu lieu et n'a pas désorganisé le potentiel militaire. Il est certain que la désorganisation a été plus forte dans le haut personnel judiciaire ou administratif.

La durée des absences influe beaucoup sur ces transformations. Si l'on ne sait pas grand-chose sur le destin des petites gens, on connaît très bien celui de l'aristocratie et des notabilités grâce à un florilège abondant de souvenirs, mémoires et correspondances. La personnalité des intéressés, les aspects tout à tour tragiques et comiques de leurs situations, le contraste entre la futilité des uns et la grandeur d'âme des autres se lisent dans ce vaste corpus de textes, récits de vie justificatifs d'une action et d'une incompréhension des circonstances [184]. Comme pour les textes des protestants, on y entend un choix et, dans l'histoire personnelle d'une expérience, la subjectivité autant qu'une vision du monde. L'ensemble reste à exploiter [185]. Au-delà du caractère rétrospectif, au-delà de la volonté biographique et mémorielle, la pratique mémorialiste [186] éclaire un itinéraire : c'est un récit de voyage, mais où la découverte n'est pas celle d'un observateur attentif. Les pays traversés ne sont décrits que mieux faire comprendre les difficultés rencontrées et le dévouement à une cause.

Dans les premiers départs, on entend à la fois la frivolité et l'alarme : si la cour s'en va, que reste-t-il ? Mais avec la Terreur, les choses s'accélèrent. Dans les *Mémoires* de la marquise de La Tour du Pin, on voit comment la fuite se prépare, les conseils donnés. Enceinte, inquiète pour son mari, Henriette-Lucy Dillon, héritière d'une famille établie en France avec l'émigration jacobite, suit les conseils de son beau-père, le dernier ministre de la Guerre de Louis XVI, guillotiné en 1794. Elle se réfugie avec sa famille au Bouilh, près de Bordeaux ; la proximité et l'arrivée de l'armée révolutionnaire provoquent la décision du départ, après son accouchement. M. de La Tour du Pin, prévenu de l'ordre d'arrestation lancé contre lui, s'enfuit à cheval (il en tenait un tout préparé à l'écurie) ; il gagne, après quelques péripéties, Saintes. Il a 12 000 francs en poche, et il bénéficie du concours de quelques clients : Teturel, un ancien palefrenier devenu aubergiste ; Potier, son beau-frère ; un riche serrurier qui le cache pendant trois mois ; le maître de poste de Saintes. On lui déconseille de rejoindre la Vendée. De Bordeaux, la marquise négocie le passage de son mari et de sa famille sur la *Diane*, navire de Boston. Tallien lui délivre un passeport ; M. de La Tour du Pin, déguisé en sans-culotte paysan, accourt et obtient son passeport. Le 10 mars 1794, la compagnie fait voile. Elle reste à Boston, puis part pour Albany ; l'argent emporté permet d'acheter une exploitation et des esclaves. La famille revend ses biens et afferme ses terres en avril 1796 ; en mai, tout le monde – femme, mari, enfants, petits nègres, domestiques – regagne la France en passant par Cadix, Madrid et Bayonne.

« Je n'éprouvais aucun plaisir à rentrer en France, écrit la marquise ; au contraire, les souffrances que j'y avais endurées pendant les six derniers mois de mon séjour m'avaient laissé un sentiment de terreur et d'horreur que je ne pouvais surmonter. Je songeais que mon mari revenait avec une fortune perdue, que des affaires difficiles allaient l'occuper désagréablement et que nous allions être condamnés à habiter un grand château dévasté... » Voilà une philosophie mise à l'épreuve et qui n'a pas le temps de se rétablir. Le 18 Fructidor oblige les La Tour du Pin à repartir. Tallien couvre la nouvelle fuite, qui emmène la famille à Londres où l'on retrouve une partie de la haute société : l'archevêque de Narbonne, l'oncle et la grand-mère, quelques Dillon et nombre de relations. La vie se réorganise ; un autre enfant vient au monde.

On vit dans la gêne, avec 500 ou 600 francs d'épargne, avec l'aide et la charité cachées des uns et des autres; les amis disparaissent – il faut tenir.

L'espoir de rentrer en France avec la chute du Directoire et la crainte de manquer de ressources relancent tout le monde en route vers la Hollande avec des passeports allemands. Les moyens ne manquent pas totalement, puisque M. de La Tour du Pin réussit à «acheter pour 200 francs, une vieille petite calèche assez spacieuse pour nous contenir tous, avec laquelle on gagne Wildeshausen». Un bailli peu complaisant expulse la famille, qui retourne en Hollande par Lingen, Utrecht, et La Haye, où le nouvel ambassadeur reçoit M. de La Tour du Pin à bras ouverts et lui fabrique un superbe passeport attestant qu'il n'était pas sorti d'Utrecht depuis le 18 Fructidor! C'est le retour à Paris, où se reconstitue la bonne société. La commission des Émigrés n'a pas à radier la famille de la liste, où elle n'est pas enregistrée malgré sa fuite, alors que la mère de M. de La Tour du Pin – qui n'a pourtant jamais quitté le couvent des dames anglaises de la rue des Fossés-Saint-Victor – y est, elle, bien inscrite. La vie reprend. Le récit de Mme de La Tour du Pin montre ce qui est à l'œuvre dans la mobilité des émigrés. La réussite est liée à l'organisation et aux solidarités, aux moyens. Les séjours dépendent des circonstances et des hasards. A certains endroits se rétablissent les relations auliques et nobiliaires avec leur hiérarchie, leurs factions, leur déchirement. A d'autres, les sociabilités sont plus informelles, mais des salons, des cercles rassemblent les familles et les clans. Des réseaux d'assistance mutuelle fonctionnent en Allemagne comme en Angleterre et en Italie. La vie de tous les jours se heurte à des difficultés longues ou passagères, l'éducation des enfants est interrompue, il faut trouver des ressources. On improvise et, au-delà de l'imagerie, il est certain qu'un temporaire déclassement a parfois été une rude épreuve. On ne sait pas grand-chose de tout cela pour le peuple, qui parfois s'en tire mieux grâce à l'habitude du travail.

A un niveau supérieur, une fraction de la noblesse émigrée est engagée dans les manœuvres diplomatiques, autour des princes (Provence, Artois, Condé), autour des évêques (on le voit dans le rôle joué après son émigration par Mgr de La Fare), autour des chefs de guerre et des états-majors étrangers pour ceux qui choisissent de rester au service des cours. L'accueil qui est fait à tous dépend encore de multiples facteurs. A Coblence, en 1791-1792, la population est d'abord subjuguée, car les émigrés dépensent leur argent et animent l'économie locale. Les rapports se tendent quand les relations se dégradent avec la France. Les princes et la noblesse qui aimaient la Révolution et qui en trouvaient les principes sublimes changent d'avis avec l'appréhension de la guerre et l'arrivée des troupes. A Mannheim, à Offenbourg, la bonne société, qui a été accueillante et simple, se referme devant l'arrogance de certains. Condé, en octobre 1792, se plaint des paysans qui « étaient fort portés à nous assassiner [...]. Plusieurs villages, n'ayant point reçu d'ordre du margrave, ne voulaient pas nous recevoir; il fallut des négociations sans fin, attendu que dans l'Empire les paysans sont les maîtres des armées; c'est ce que je n'avais vu dans la guerre de Sept Ans, mais l'esprit démocratique infectait tellement les cabinets des grands et petits souverains qu'il fallait faire des bassesses à la tête de plusieurs milliers de soldats pour obtenir de quelques centaines de paysans qu'ils voulussent bien avoir la bonté de ne pas les laisser coucher dehors ». Le choc des cultures et celui des armes animent alors la haine des émigrés. Ceux-ci ont toujours dit qu'ils rentreraient en France, ils ont longtemps cru au succès des armes, et ils ont vécu d'illusions. Ils les perdent peu à peu. Comme pour les La Tour du Pin, c'est le moment du retour, car peu d'entre eux se sont intégrés dans les sociétés d'accueil[187].

Si les mémoires font souvent entendre le sens d'une vie revisitée à partir d'une justification, ils révèlent plus encore la brutalité d'une rupture imposée. Cet écart, qui se retrouve dans tous les récits de vie où l'enfance et l'adolescence prennent presque toujours valeur d'un refuge heureux, idéalisé, impose l'image d'une société ancienne harmonieuse, pour les élites. La Révolution et l'émigration dictent la rupture, une promenade de santé se transforme en cauchemar. En rendre compte permet de servir une cause où chacun a tenu son rôle de martyr. Isolement, malheur, pauvreté, incertitude, absence de soutien, rejet par les populations et les princes composent le florilège d'une hagiographie compensatoire. Certes, les beaux et heureux courtisans n'étaient pas préparés au choc, mais certains y ont trouvé une raison de vivre, dans l'action – celle des réseaux de renseignement, celle des batailles et de la résistance à la Grande Nation. D'autres, sûrement voués à un destin plus solide dans le souvenir des hommes, ont été engagés dans une découverte d'eux-mêmes et du monde qui retrouve dans la mobilité contrainte les inflexions de la culture des voyages. Certains émigrés sont demeurés fidèles aux anciens stéréotypes et s'étonnent de l'étrangeté exotique, des traditions préservées au moment où la France se sépare des siennes[188]. Un âge d'or se découvre menacé par les Lumières. La norme de référence reste toujours la France et ses valeurs sociales. D'autres, plus sensibles, découvrent dans les paysages et les gens des situations nouvelles. Ils amorcent le grand tournant de la sensibilité qu'on appelle le romantisme, mais dont l'aventure a déjà largement commencé avant l'émigration. Plus exactement, ils accélèrent le transfert des influences et des connaissances, celui des impressions et des rêves. L'émigration a créé dans le domaine des échanges culturels un jeu de miroir entre les pays, changeant ainsi les termes du cosmopolitisme. Chateaubriand, sauvé du piège de l'armée de Condé, passé en Angleterre, entre la misère et la passion, commence dans l'émigration son «solitaire voyage[189]», celui de René, en même temps qu'il aborde son retour à la religion et développe sa réflexion politique – c'est le point d'ancrage de sa conversion. Mme de Staël, mi-voyageuse, mi-émigrée, a quitté Paris le 3 septembre 1792 après avoir manqué être massacrée place de l'Hôtel-de-Ville ; elle va de l'Angleterre à la Suisse, du Danemark à la France, de Paris à Coppet et à Francfort, Weimar et Berlin, où elle est en 1804. Elle découvre la nouvelle génération intellectuelle allemande. *De l'Allemagne* lui a offert la possibilité de mettre à la disposition des Français une autre tradition : le lien avec la nature, la force du sentiment, tout ce qu'ils aimaient chez Rousseau, mais ici présenté comme une invitation profonde à être soi-même. L'émigration débouche ici sur la liberté de pensée et d'écrire, sur la méfiance envers le militarisme et l'exaltation nationale, sur la confiance en l'échange que la mobilité crée entre les peuples[190].

NOTES

1. A. Croix, « L'ouverture des villages sur l'extérieur fut un fait éclatant dans l'Ancienne France », Position de thèse, *Histoire et sociétés rurales*, 11, 1999, pp. 109-146.
2. M. Boyer, *Histoire du tourisme*, Paris, 2000, p. 8.
3. J. Céard et J.-C. Margolin, *Voyager à la Renaissance*, Actes du colloque de Tours, 1983, Paris, 1987, pp. 9-31.
4. J.-P. Poussou, « Les mouvements migratoires en France et à partir de la France de la fin du XVe siècle au début du XIXe siècle. Approche pour une synthèse », *Annales de démographie historique*, 1970, pp. 11-78.
5. P.-A. Rosenthal, *Les Sentiers invisibles. Espace, familles et migrations dans la France du XIXe siècle*, Paris, 1999.
6. J. Lucassen, *Migration, Migration History, History Old Paradigms and New Perspectives*, Berne, 1999, pp. 9-40; A. Croix, *art. cit.*, pp. 130-132.
7. J. Bourdieu, G. Postel-Vinay, P.-A. Rosenthal et A. Suwa-Eisennmann, « Migrations, réseaux, patrimoines : renouveler les perspectives », *Annales HSS*, 55, 4, 2000, pp. 749-790.
8. P. Jeannin, *Les Marchands au XVIe siècle*, Paris, 1957; F. Angiolini et D. Roche, *Cultures et formations négociantes dans l'Europe moderne*, Paris, 1995.
9. L. Bély, *Espions et ambassadeurs au temps de Louis XIV*, Paris, 1990, pp. 550-575.
10. J. Céard, « Voyages et voyageurs à la Renaissance », in J. Céard et J.-C. Margolin, *op. cit.*, pp. 596-598.
11. Y. Grafmeyer et J. Joseph, *L'Ecole de Chicago. Naissance de l'écologie urbaine*, Paris, 1979, pp. 37-41.
12. M.-M. Martinet, « Voyage de découverte et histoire des civilisations dans l'Angleterre de la Renaissance. De la monarchie maritime à la quête de l'Eldorado », in J. Céard et J.-C. Margolin, *op. cit.*, pp. 280-299.
13. J. Starobinski, *Montesquieu par lui-même*, Paris, 1953, p. 63.
14. R. de La Coste-Messelière, *Pèlerins et chemins de Saint-Jacques en France et en Europe*, Catalogue de l'exposition tenue aux Archives nationales, Paris, 1965.
15. D. Julia, *Pèlerins et pèlerinages dans l'Europe moderne*, Rome, 2000; Ph. Boutry, P.-A. Fabre et D. Julia, *Rendre ses vœux. Les Identités pèlerines dans l'Europe moderne, XVIe-XVIIIe siècle*, Paris, 2000; nous citons ces deux livres essentiels par A et B.
16. R. Muchembled, *La Violence au village, XVe-XVIIe siècle*, Bruxelles, 1989.
17. R.-P., Droit, *Le Monde*, 24 mai 1996.
18. A. Vauchez, *L'Histoire*, 1991, pp. 8-15.
19. A. Dupront, *Du sacré. Croisades et pèlerinages, images et langages*, Paris, 1987; « Pèlerinages et lieux sacrés », *Encyclopedia Universalis*, Paris, 1968, pp. 729-734.
20. D. Julia, A, *op. cit.*, p. 1-3.
21. *The Pilgrim's Guide. A Critical Edition*, Londres, 1999.
22. Ph. Boutry et D. Julia, A, et Ph. Martin, *Les Chemins du sacré. Paroisses, Processions, pèlerinages en Lorraine du XVIe siècle au XIXe siècle*, Metz, 1995, pp. 215-301; Ph. Boutry et D. Julia, *Reine au mont Auxois. Le culte et le pèlerinage de sainte Reine des origines à nos jours*, Paris, Dijon, 1997, pp. 95-189, 243-270.
23. S. Landi, « Il passo regolato dei poveri. I pellegrini in Toscana nella seconda meta del Settecento », in Ph. Boutry et D. Julia, A, *op. cit.*, pp. 209-270.
24. M. Wingens, « Franchir la frontière », in Ph. Boutry, P.-A. Favre et D. Julia, B, *op. cit.*, pp. 75-86.
25. C. Duhamelle, « Les pèlerins de passage à l'hospice Zum Heiligen Kreuz de Nuremberg au XVIIIe siècle », in Ph. Boutry, D. Julia et P.-A. Favre, B, *op. cit.*, pp. 39-56.

26. Baron de Bonnault d'Hunet, *Le Journal d'un pèlerin picard*, Amiens, 1890.
27. D. Julia, «Rome-Reims. Gilles Caillotin pèlerin, 1724», in *Luoghi sacri e spazi della Santita*, Turin, 1990, pp. 327-364.
28. D. Roche, *Le Journal de ma vie. Jacques-Louis Ménétra, compagnon vitrier au XVIIIe siècle*, Paris, 1984.
29. G. Provost, «Identité paysanne et pèlerinage au long cours dans la France des XVIIe-XIXe siècles», in Ph. Boutry, D. Julia et P.-A. Favre, B, *op. cit.*, pp. 379-401.
30. Ph. Boutry et D. Julia, A, *op. cit.*, pp. 80-83.
31. H. J. Brian, «Le roi pèlerin. Pèlerinages royaux dans la France du XVIIe siècle», in Ph. Boutry, P.-A. Favre et D. Julia, B, *op. cit.*, pp. 363-378.
32. Baron de Bonnault d'Hunet, *op. cit.*, pp. 154-161.
33. D. Julia, A, *op. cit.*
34. Ph. Martin, *art. cit.*, pp. 231-275, 287-289; G. Provost, in Ph. Boutry, D. Julia et P.-A. Favre, B, *op. cit.*, pp. 227-240.
35. J.-B. Thiers, *Traité des superstitions qui regardent les sacrements*, Paris, 1704.
36. G. Provost, *art. cit.*; Ph. Boutry et D. Julia, A, *op. cit.*, pp. 397-398; V. et E. Turner, *Image and Pilgrimage in Christian Culture. Anthropological Perspectives*, Oxford, 1978; D. Julia, A, *op. cit.*, pp. 26-36.
37. G. Provost, *art. cit.*, pp. 399.
38. P-A. Rosenthal, *op. cit.*, pp. 119-197.
39. A. Hirshman, *Bonheur privé, action publique*, Paris, 1983 (trad. fr.), p. 153.
40. D. Roche, *La France des Lumières*, Paris, 1993, pp. 551-553.
41. Voltaire, *Candide*, Ed. R. Pomeau, Oxford, 1980, pp. 64-69, 123-125.
42. Fondamental, A. Corvisier, *Annales de démographie Historique*, pp. 185-204 et id., *L'Armée française de la fin du XVIIe siècle au ministère de Choiseul*, 2 t., 1964; S. Loriga, *Soldats. Un laboratoire disciplinaire : l'armée piémontaise au XVIIIe siècle*, Paris 1991; F. Cardini, *La Culture de la guerre*, Paris, 1992 (trad. fr.).
43. Ph. Contamine (éd.), *Guerres et concurrences entre les Etats européens, du XIVe au XVIIIe siècle*, Paris, 1998.
44. F. Cardini, *op. cit.*, pp. 166-167.
45. J. Cornette, *Le Roi de guerre*, Paris, 1993.
46. A. Corvisier, *Armées et société en Europe, de 1494 à 1789*, Paris, 1976; J. Childs, *Armies and Warfare* in *Europe*, New York, 1982.
47. W. H. McMill, *The Pursuit of Power. Technology, Armed Forces and Society since AD 1000*, Chicago, chap. IV et V, 1982.
48. W. Barberis, *Le Armi del principe. La tradizione militare Sabauda*, Turin, 1988, pp. 19-41, 64-139.
49. S. Loriga, *op. cit.*, pp. 30-39.
50. J. Chagnot, *Paris et l'armée au XVIIIe et au XVIIIe siècle. Etude politique et sociale*, Paris, 1985.
51. A. Corvisier, *L'Armée française de la fin du XVIIe siècle au ministère de Choiseul*, *op. cit.*, t. II, pp. 735-745.
52. S. Loriga, *op. cit.*, pp. 32-35.
53. B.-H. Kroener, «L'Etat moderne et la société militaire au XVIIIe siècle», in Ph. Contamine, *op. cit.*, pp. 137-268.
54. G. Hubler, in *Ferocissima Gente, Mélanges Dubois*, Lausanne, 2000, pp. 133-252.
55. E.-G. Leonard, *L'Armée et ses problèmes au XVIIIe siècle*, Paris, 1958, pp. 58-60, 303-304; J. Chagniot, *Paris et l'armée au XVIIIe siècle. Etude politique et sociale*, Paris, 1985, pp. 491-522.
56. Evoqués par A. Cabantous et J. Meyer.
57. Ph. Contamine, *op. cit.*, pp. 1-2.
58. Cité par J. Chagniot, *op. cit.*; G. Duby et A. Wallon, *Histoire de la France rurale*,

Paris, 1973-1975, 4 vol., t. II, p. 4.
59. A. Zysberg, *Les Galériens du roi : vies et destins de 60 000 forçats sur les galères de France, 1680-1748*, Paris, 1987, pp. 80-85.
60. Montecuccoli, *Mémoires*, livre I, pp. 86-91 et F. Cardini, *op. cit.*, pp. 333-355.
61. A. Blanchard, *Les Ingénieurs du « roy », de Louis XIV à Louis XVI. Etude du corps des fortifications*, Montpellier, 1979.
62. D. Reichel, *Le Feu*, Studien und Dokumente/Etudes et documents/Studi e documenti, Service historique de l'armée suisse, 1982-1983, 3 vol.; Guibert, *Essai général de tactique*, 1770, éd. J-P. Charmay, Paris, 1977, «Stratégique», pp. 129-475 (rééd. 1772, 1803).
63. J. Chagniot, *op. cit.*
64. J. Meyer, «Etats, routes, guerre et espace», in Ph. Contamine, *op. cit.*, pp. 167-198.
65. L. Bély, *op. cit.*, pp. 85-133.
66. A. Blanchard, *Vauban*, Paris, 1990.
67. M. Virol, *Les Oisivetés de M. de Vauban*, Thèse EHESS, 1997, pp. 381-398; P. Dockes, *L'Espace dans la pensée économique, XVIe-XVIIIe siècle*, Paris, 1965, pp. 158-178.
68. J. Lorgnier, *Maréchaussée. Histoire d'une révolution judiciaire et administrative*, 2 vol., Paris, 1994.
69. *Ibid.*, t. I, pp. 270-272; C. C. Sturgill, *L'Organisation et l'administration de la maréchaussée et de la justice prévôtale dans la France des Bourbons, 1720-1730*, Vincennes, 1980.
70. *Encyclopédie méthodique, Art de la guerre*, Paris, 1784-1797, 4 vol., t. II, pp. 314-315, 560-561; B. Kroener, *Les Routes et les étapes. Die Versogung der französischen Armeen in Nordest Frankreich*, Münster, 1980; D. Billogui, *Logistique et Ancien Régime. De l'étape royale à l'étape languedocienne*, Montpellier, 1980.
71. G. Arbellot, «Les étapes militaires vers 1795», in F. Furet et M. Vovelle (dir.), *Atlas de la Révolution française*, t. I, G. Arbellot et B. Lepetit, *Routes et communications*, Paris, 1987, pp. 16-18.
72. D. Biloghi, *op. cit.*, «Logistique et armée royale», pp. 235-240.
73. M. Foucault, *Surveiller et punir*, Paris, 1975; A. Ehrenberg, *Le Corps militaire. Politique et pédagogie en démocratie*, Paris, 1983, pp. 15-87.
74. A. Farge, *Les Fatigues de la guerre*, Watteau, Paris, 1995.
75. B. Vayssière, *Cartes et figures de la Terre*, Paris, 1980, pp. 252-266; D. Nordmann, *Frontière de la France*, Paris, 1998.
76. G. Bertrand, in F. Knopper, *Le Regard du voyageur en Allemagne du Sud et en Autriche*, Nancy, 1992, pp. 43-63.
77. N. Furrer, *Ferocissima Gente, Mélanges Dubois*, 2000, pp. 289-319; A. Radeff, *Du café dans le chaudron. Economie globale d'Anciens Régime, Suisse occidentale, Franche-Comté et Savoie*, Lausanne, 1996.
78. L. Montbaron, *Ferocissima Gente, op. cit.*, pp. 101-116.
79. S. Loriga, *op. cit.*, p. 35.
80. A. Corvisier, *op. cit.*, t. I, pp. 593-597.
81. F. Cardini, *op. cit.*, pp. 188-202.
82. S. Loriga, *op. cit.*, pp. 151-155.
83. G. Vigarello, *Le Corps redressé. Histoire d'un pouvoir pédagogique*, Paris, 1978; J. Defrance, *La Fortification du corps. Essai d'histoire des pratiques d'exercice corporel*, Thèse de doctorat de 3e cycle, EHESS, Paris, 1978; M. Foucault, *op. cit.*, pp. 137-142, 151-158.
84. W. H. McNeil, *Keeping together in Time*, Londres, 1996; Débat in *Times Literary Supplement*, 12 juillet 1996, 2 août, 9 août.

85. Guibert, *op. cit.*, pp. 207-220
86. A. Ehrenberg, *op. cit.*, pp. 25-26.
87. D. Roche, *Histoire des choses banales. Naissance de la consommation, XVIIe-XIXe siècles*, Paris, 1997; A. Radeff, *op. cit.*, plus particulièrement pp. 13-32.
88. B. Lepetit, *Les Villes dans la France moderne, 1740-1850*, Paris, 1988; Thomas Le Roux, *Le Commerce de la France à la fin du XVIIIe siècle*, Paris, 1996.
89. A. Radeff, *op. cit.*, pp. 419-420.
90. J.-Y. Grenier, *L'Economie de l'Ancien Régime. Un monde de l'échange et de l'incertitude*, Paris, 1996.
91. P. Dockes, *op. cit.*, pp. 150-210.
92. F. Braudel, *Civilisation matérielle, économie et capitalisme, XVe-XVIIIe siècle*, 3 vol., Paris, 1979, t. II, pp. 8-9, 194-197.
93. P. Jeannin, *op. cit.* et « L'acquisition des compétences négociantes, Distinction des compétences et niveaux de qualification. Les savoirs négociants dans l'Europe moderne », in F. Angiolini et D. Roche, *op. cit.*, pp. 363-399.
94. *Id.*, *art. cit.*, pp. 380-389.
95. *Id.*, *Les Marchands au XVIe siècle*, *op. cit.*, pp. 118-119.
96. D. Julia et W. Frijhoff, *Ecole et société dans la France d'Ancien Régime*, Paris, 1975, pp. 50-73; Ch. Carrière, *Négociants marseillais au XVIIIe siècle. Contribution à l'étude des économies maritimes*, Aix, 1973, 2 vol., t. II, pp. 718-770.
97. P. Jeannin, *art. cit.*, pp. 364-366.
98. *Ibid.*, pp. 363-398; *id.*, « Guides de voyage et manuels pour marchand », in J. Céard et J.-C. Margolin, *op. cit.*, pp. 159-170.
99. J. Cornette, *Un révolutionnaire ordinaire, Benoit Lacombe négociant, 1759-1819*, Seyssel-Paris, 1986, pp. 23-37.
100. Ch. Carrière, *op. cit.*, t. I, pp. 209-297; P. Echinard et E. Temine, *Migrance. Histoire des migrations à Marseille*, Aix, 1989, pp. 61-94.
101. L. Bergeron, *Banquiers, négociants et marchands à Paris, du Directoire à l'Empire*, Lille-Paris, 1975, 2 t., t. I, pp. 150-216.
102. A. Girard, *Le Commerce français à Séville et à Cadix au XVIIe siècle*, Paris, 1932.
103. L. Tonini (éd.), *Journal itinéraire de mon voyage en Europe*, Florence, 1998.
104. *Lettres sur Odessa*, Ch. Sicard, Négociant établi dans cette ville, Saint-Pétersbourg, 1812, p. 5.
105. Ph. Minard, *La Fortune du colbertisme. Etat et industrie dans la France des Lumières*, Paris, 1998, pp. 33-57, 70-84, 171-182.
106. J.-P. Ricard, *L'Art de bien tenir les livres de compte en parties doubles à l'italienne*, Amsterdam, 1724.
107. H. Mechoulan, *Amsterdam au temps de Spinoza. Argent et liberté*, Paris, 1990, pp. 73-122.
108. Cf. Montesquieu, *Esprit des lois*, XX, I.
109. T. L. Haskell et R.-F. Teichgraeber, *The Culture of Market*, Cambridge, 1993, pp. 2-26.
110. J.-Y. Grenier, *op. cit.*, pp. 105-141.
111. G. Lévi, *Le Pouvoir au village. Histoire d'un exorciste dans le Piémont du XVIIIe siècle*, Paris, 1985 (trad. fr.), pp. 97-138.
112. M. C. Jacob, *Living the Enlighteenth Century and Politics in Eighteenth Century Europe*, New York/Oxford, 1991, pp. 102-135.
113. S. Meyssonnier, *La Balance et l'horloge. La Balance de la pensée libérale en France au XVIIIe siècle*, Paris, 1989, pp. 164-240.
114. L. Bély, *op. cit.*, pp. 370-430, 555-576.
115. C. Bechu, *L'Invention de la diplomatie*, Thèse de l'Ecole des chartes, 1982.
116. A. Mezin, *Les Consuls de France au siècle des Lumières*, Paris, 1998, pp. 49-80.

117. J. Boutier, A. Dewerpe et D. Nordman, *Un Tour de France royal. Le Voyage de Charles IX, 1564-1566*, Paris, 1984, pp. 11-28, 59-99, 237-280.
118. D. Roche, *La France des Lumières, op. cit.*, pp. 15-19.
119. J.-F. Solnon, *La Cour de France*, Paris, 1987, pp. 16-89.
120. S. Manoni, *Une et indivisible*, Milan, 1994.
121. La Roche Flavin, *Le Parlement de France*, Bordeaux, 1617; M. Reulos, « Le voyage pour cause de service public », in J. Céard et J.-C. Margolin, *op. cit.*, pp. 171-178.
122. La Roche-Flavin, *Parlement de France*, Ed. Tollemer, 1880, pp. 443-477; M. Foisil, *Le Sire de Gouberville, un gentilhomme normand au XVIe siècle*, Paris, 1981, pp. 156-157.
123. R. Filhol, *Christophe de Thou*, Paris, 1937, pp. 45-51.
124. Y. Durand, *Les Fermiers généraux au XVIIIe siècle*, 1972; F. Boscher, *French-Finances, 1770-1795. From Busines to Bureaucracy*, Paris, 1970.
125. A. Zysberg, *op. cit.*, pp. 85-102.
126. M. Vigié, *La Chaîne des galériens au XVIIIe siècle*, Paris, 1985.
127. M. Huvet, *Gabelous et faux sauniers à la fin de l'Ancien Régime. Essai statistique et sociologique sur le faux-saunage dans le ressort de la commission de Saumur, 1764-1769*, thèse, Université de Haute-Bretagne, 1975, 2 vol.
128. A. Ferrer, *Contrebande et ferme générale en Franche-Comté*, thèse, Besançon, 1993, 2 vol.
129. N. Schapira, *Contrebande et contrebandiers dans le nord et l'est de la France, 1740-1789. Les archives de la commission de Reims*, Mémoire de maîtrise, Paris I, 1991.
130. Ph. Savoie, *Les Tournées des fermiers généraux au XVIIIe siècle*, Thèse, Paris I, 1982.
131. *Encyclopédie méthodique*, Paris, 1784-1787, 3 vol.
132. I. Laboulais-Lesage, *Lectures et pratiques de l'espace. L'Itinéraire de Coquebert de Montbret, savant et grand commis de l'Etat, 1755-1831*, Paris, 1999, pp. 187-248, 341-388, 455-522.
133. C. Lebeau, *Aristocrates et grands commis à la cour de Vienne, 1748-1791. Le Modèle français*, Paris, 1996; C. Muscarà, *La Societa stradicata*, Milan, 1976; A.-F. Garçon, *Les Métaux non ferreux en France aux XVIIIe et XIXe siècles*, Thèse EHESS, Paris, 1995, 3 vol., t. I, pp. 331-341; G. Jars, *Voyages métallurgiques*, Paris, 1774-1784, 3 vol.
134. J.-M. Le Gall, *La Réforme monastique en France au XVe siècle*, Paris, 2001.
135. C. Michaud, *L'Eglise et l'argent sous l'Ancien Régime. Les Receveurs généraux du clergé de France aux XVIe et XVIIIe siècles,* Paris, 1991, et les travaux de P. Blet (1959-1995).
136. F.-Y. Bernard, *Souvenir d'un nonagénaire*, Paris, 1880.
137. M. Perronet, *Les Evêques de l'ancienne France*, Paris-Lille, 1977, 2 vol., t. II, pp. 965-970.
138. F. de Sales, *Œuvres complètes*, t. XII, Paris, 1904, p. 199.
139. D. Julia et M. Venard (dir.), *Répertoire des visites pastorales de la France à l'époque moderne*, Paris, 1977, 3 vol.
140. L. Pérouas, *Le Diocèse de La Rochelle aux XVIIe et XVIIIe siècles, 1648-1724. Sociologie et pastorale*, Paris, 1964.
141. M.-H. et M. Froeschlé-Choppard, *Atlas de la Réforme pastorale en France, 1550-1790*, Paris, 1986.
142. R. Sauzet, *Les Visites pastorales dans le diocèse de Chartres pendant la première moitié du XVIIe siècle. Essai de sociologie religieuse*, Thèse, Paris IV, 1976, Rome, 1975; *id., Contre-Réforme et Réforme catholique en Bas-Languedoc. Le diocèse de*

Nîmes au XVIIe siècle, Louvain-Paris, 1979.
143. P.-Fr. Haquet, *Mémoires des missions des monfortains dans l'Ouest, 1740-1779,* éd. L. Pérouas, Fontenay-le-Comte, 1964.
144. V. de Paul, *Correspondance,* 1920-1925, 14 vol., t. I, Paris, p. 175
145. J. Eudes, *Œuvres,* Paris, 1904, 12 vol., t. IX, pp. 272-275; *Id.* et Ch. Berthelot du Chesnay, *Les Missions de saint Jean Eudes, XVIIe siècle. Missionnaires catholiques à l'intérieur de la France du XVIIe siècle,* 1958, pp. 328-348; *id., Les Missions de saint Jean Eudes,* Paris, 1967.
146. L. Chatellier, *Traditions chrétiennes et renouveau catholique dans l'ancien diocèse de Strasbourg,* Strasbourg-Gap, 1981, pp. 153-211, 243-258, 437-463.
147. P.-Fr. Haquet, *op. cit.*
148. C. Sorrel et F. Meyer, *Les Missions intérieures en France et en Italie du XVIe au XXe siècle,* Chambéry, 2001.
149. M. Olier, *Correspondance,* éd. Levesque, Paris, 1885, 2 vol., t. I, p. 24.
150. Ph. Gourreau de La Proustière, *Mémoires,* Paris, 1990.
151. *Ibid.,* p. 160.
152. *Ibid.,* pp. 171-190.
153. J. Paris, *La Fuite en Egypte,* Paris, 1995.
154. *Ibid.,* pp. 74-75.
155. M. Sorre, *Les Migrations des peuples. Essai de mobilité géographique,* Paris, 1955, pp. 11-15; J.-P. Poussou, *art. cit.,* pp. 16-23 et 56-60.
156. P. Cabanel, *Cadets de Dieu, Vocations et migration religieuse en Gévaudan, XVIIIe-XXe siècle,* Paris, 1997, pp. 9-12.
157. H. Mechoulan, *Les Juifs d'Espagne. Histoire d'une diaspora, 1492-1992,* Paris, 1992, pp. 17-99.
158. E. Oliel-Grausz, *La Diaspora sépharade dans l'Europe moderne,* Thèse NDE, Paris I, 2000, 2 vol., ex. dactylographié.
159. *Ibid.,* pp. 15-16.
160. *Ibid.,* pp. 60-75, 120-130.
161. *Ibid.,* pp. 221-299, 710-715.
162. Y. M. Yerushalimi, *De la cour d'Espagne au ghetto italien,* Paris, 1987, pp. 457-467.
163. M. Yardeni, *Le Refuge protestant,* Paris, 1985, pp. 44-45.
164. Ph. Joutard, *Une fin et une nouvelle chance pour le protestantisme français, 1685,* pp. 13-14; M. Magdelaine et R. von Thadden, *Le Refuge huguenot,* Paris, 1985, pp. 13-30.
165. E.-G. Léonard, *Histoire générale du protestantisme,* Paris, 1961-1964, 3 vol., t. II, pp. 331-389, t. III, pp. 9-59.
166. M. Yardeni, *op. cit.,* pp. 49-51; S. Mours, *Le Protestantisme en France au XVIIe siècle,* Paris, 1967.
167. Y. Krumenacker, *Les Protestants du Poitou, de la Révocation à la Révolution,* Paris, 1998, pp. 121-132; W. C. Scoville, *The Persecution of Huguenots and French Economic Development, 1680-1720,* Oxford, 1960.
168. E. Oliel-Grausz, *op. cit.,* pp. 286-288; M. Magdelaine, «Francfort-sur-le-Main, plaque tournante du Refuge», in M. Magdelaine et R. von Thadden, *op. cit.,* pp. 31-44. On retrouvera tous les autres exemples géographiques dans ce travail : Suisse, Provinces-Unies, Angleterre, Empire.
169. P. Cabanel, *op. cit.,* pp. 23-24.
170. *Ibid.,* pp. 33-42.
171. E. François, «Du patriote prussien au meilleur des Allemands», in M. Magdelaine et R. von Thadden, *op. cit.,* pp. 229-245.
172. L. Bergon, *Récits de persécutions, de fuite, d'installation dans le Refuge,* Mémoire

de maîtrise, M. Magdelaine et J.-P. Poussou (dir.), Paris IV, 1987.
173. A. Zysberg, *Mémoires d'un galérien du Roi-Soleil*, Paris, 1982, pp. 9-15, 35-57.
174. M. Richard, *Mémoires d'Isaac Dumont de Bostaquet*, Paris, 1988.
175. B. Cottret, *Terre d'exil, l'Angleterre et ses réfugiés, 16e-17e siècle*, Paris, 1985, pp. 257-299 ; Ph. Joutard, *La Légende des Camisards*, Paris, 1977, pp. 81-91.
176. P. Hazard, *La Crise de la conscience européenne, 1680-1715*, Paris, 1935 ; J. Häseler et A. MacKenna, *La Vie intellectuelle aux Refuges protestants*, Actes de la table ronde de Münster, 25 juillet 1995, Paris, 1999.
177. J. Vidalenc et D. Greer, *The Incidence of the Emigration during the French Revolution*, Cambridge, Mass., 1951 ; J. Godechot, *La Contre-Révolution, doctrine et action*, Paris, 1961 ; J. Vidalenc, *Les Emigrés français, 1789-1825*, Caen, 1963.
178. G. de Broglie, *Madame de Genlis*, Paris, 1985, pp. 222-225.
179. *Ibid.*, pp. 223-310.
180. *Ibid.*, pp. 159-166.
181. *Ibid.*, pp. I-II
182. B. Lepetit, *Atlas de la Révolution*, t. VIII, *Population*, Paris, 1995, pp. 7-8, 24-36, plus particulièrement p. 34, bilan de l'émigration.
183. J. Vidalenc et D. Greer, *op. cit.*, opposent la version pessimiste et la vision optimiste dans la méthode d'évaluation
184. M. Boffa, « Emigrés », in F. Furet et M. Ozouf, *Dictionnaire critique de la Révolution française*, Paris, 1988, pp. 346-358 ; J. Dupâquier, *Histoire de la population française*, Paris, 1988, 3 vol.
185. A. Fierro, *Bibliographie des Mémoires de la période impériale (1502 Mémoires)*, 1988 ; J. Tulard, *Bibliographie des Mémoires de la période révolutionnaire*, Paris, 1991, (1527 jusqu'en 1815).
186. F. Briot, *Usage du monde, usage de soi. Enquête sur les Mémoires d'Ancien Régime*, Paris, 1994.
187. J. Voos, « Oberrheinische Impressionen, Memoiren und Tagebüchern französischer Emigranten der Revolutionszeit », *Zeitschrift für die Geschichte des Oberrheins*, 132, Stuttgart, 1984, pp. 213-226.
188. K. Rance, « Mémoires des émigrés », *Revue d'histoire moderne et contemporaine*, et *Mémoires de nobles émigrés dans les pays germaniques pendant la Révolution française*, Thèse NDE, Paris I, 2001, 2 vol.
189. F.-R. de Chateaubriand, *Mémoires d'outre-tombe*, « Bibliothèque de la Pléiade », Paris, 1947-1950, 2 vol. ; F. Baldensperger, *Le Mouvement des idées dans l'émigration française, 1789-1815*, Paris, 1924.
190. Madame de Staël, *De l'Allemagne*, éd. S. Balayé, Paris, 1984, 2 vol., pp. 376-377.

Chapitre VII

Contrôle et identité

Tous les phénomènes analysés jusqu'ici ont montré que, dans la société traditionnelle composée pour les trois ou quatre cinquièmes de paysans et de ruraux, la mobilité suscitait des réactions de méfiance, d'hostilité, et induisait des procédures et des dispositions de contrôle. Notre interrogation va alors recouper des domaines majeurs de l'historiographie moderne : comme elle a rencontré la vision de l'histoire démographique et celle de l'histoire des migrations, elle traverse l'histoire des pauvres, celle des relations villes-campagnes, celle des institutions et des comportements policiers, de la naissance de la police moderne. Or, tous ces phénomènes ont un trait commun, c'est qu'ils sont moins perçus à travers les visions des errants, des pauvres, des marginaux et des criminels qu'à travers les exigences sociales, idéologiques, voire religieuses comme dans le pèlerinage, des autorités et majoritairement des sédentaires. Les contrôles tatillons sont ainsi peu évoqués par les récits de voyage, sauf au moment de rupture qui localise les interventions : le franchissement d'une frontière, l'entrée dans une cité. De surcroît, notre perception se heurte elle-même à nombre de difficultés introduites par le biais de nos propres inquiétudes et d'un état du monde où le rapport à l'autre devient une dimension fondamentale.

Mobilité et suspicions sociales

Deux difficultés principales conditionnent les études de l'argument. D'abord celle qui, nichée dans les sources et la documentation livresque, impose un lien étroit entre mobilité, errance, pauvreté, dangerosité, tous faits de contraintes – celle des conjonctures, celle des structures régionales et des traditions transmises. Le choix libre pour le perfectionnement de l'individu, personnel, éducatif, artistique, moral – le voyage, pour dire vite, n'est pas soumis aux mêmes observations admises généralement. Celles-ci peuvent être symbolisées dans la perspective présentée par Jean-Claude Beaune[1] dans *Le Vagabond et la machine*, et la réflexion de Michel Foucault[2] dans *Surveiller et punir*, qui lit dans nos sociétés modernes des sociétés de la surveillance. Le travail de Jean-Claude Beaune analyse un moment historique précis : l'ambiance Maupassant, celle d'un monde où l'accélération définitive et sans retour du passage de la société rurale à la société urbaine et industrielle aborde son dernier tournant. Dans le désarroi accentué, on voit se multiplier les interrogations sur le normal et sur le pathologique social, sur l'application d'une volonté purificatrice à travers une volonté réglementaire s'exerçant dans tous les domaines : prostitution, censure des mœurs, vagabondage. Le fait est central par ses implications économiques et médicales, il identifie l'insubordination au mouvement.

Au même moment, l'analyse sociologique est en train de naître avec Durkheim, ses amis et ses élèves. Si l'on sait que la célèbre formule : « considérer les faits sociaux comme des choses », vise à introduire rigueur et régularité dans la compréhension des hommes à l'instar de la science devant la nature, on sait également qu'à ce moment républicain l'on pense pouvoir arriver à moduler justement les rapports de la société et de l'individu. La société sera plus juste grâce au travail de la connaissance, mais aussi plus surveillée, plus contrôlée. D'un côté, on élimine ou l'on veut éliminer le non-localisable, les errants sans feu ni lieu ; de l'autre, on encourage le voyage organisé, discipline dont le modèle résolument utopique et réussi demeure le *Tour de France de deux enfants*. La promesse démocratique s'impose, victorieuse des particularismes régionaux. On tient là le fil rouge d'un mouvement largement commencé au XVIIIe siècle et qui arrive à son terme.

En même temps, aujourd'hui, une seconde difficulté redouble notre incertitude. Notre époque assiste à la montée de tous les phénomènes de transfert : le tiers monde aux revenus affaiblis, à la démographie concurrente, frappe à nos portes depuis trente ans. La constitution de sociétés d'exclusion au sein même de nos milieux protégés, riches et sûrs d'eux-mêmes, avec leurs oppositions très fortes, leurs inégalités et leur violence, déclenche à nouveau les réflexes pluriséculaires de la méfiance et de l'hostilité, du rejet. Cette altérité menaçante, quotidienne, banale, réglementée par nos administrations, avec ses explosions, est – on en prend conscience – directement imposée par nos besoins, par le maintien de notre confort, comme elle l'a été autrefois dans l'histoire autrement. L'accueil nécessaire s'accompagne d'un autre espoir auquel nous nous raccrochons, créateur d'un deuxième besoin, celui du dialogue, celui de la rencontre et de la compréhension des différences. Mobilité, migration, accueil, hospitalité sont alors présentés comme un appel au retour à des sources anciennes, celles du refuge dans des identités supposées accueillantes et généreuses, par opposition aux organismes publics qui traduisent le rejet et fabriquent le contrôle. En d'autres termes, le national bloque le principe de l'hospitalité entre les peuples ; le cosmopolitisme culturel recule moins par la mondialisation que par l'impérialisme. L'accueil, comme d'autres comportements d'entraide, se réfugie dans l'hospitalité privée. L'État trace des frontières de reconnaissance et d'admission à son gré, établit le volant changeant des règles – celles du droit d'asile politique, du regroupement familial, de l'expulsion sous surveillance. Comme l'enseigne Gérard Noiriel, le soupçon inflige le contrôle, la tension collectif *versus* privé se durcit dans l'économie et les comportements[3].

Le lieu et le mouvement

Ces deux difficultés contribuent à enrichir la réflexion des historiens des sociétés anciennes, car elles poussent à étendre nos recherches dans le domaine du droit et des pratiques juridiques qui organisent ces rapports. C'est une incitation à comprendre l'adage : « On n'a que les institutions, les polices, les tribunaux qu'on mérite... » Mais, également, il n'est pas sûr qu'on puisse projeter à l'identique des problèmes contemporains sur le monde du XVIIe et du XVIIIe siècle. Cette vision correspond à un temps de durcissement des relations sociales, de déchirures dans le tissu des liens habituel autrefois et qui, aux XIXe et XXe siècles, se prolonge dans le modèle d'un monde où le traitement social de l'inadaptation est censé remettre les choses désaccordées au même temps. Notre réflexion ne doit pas rester prisonnière de la critique des procédures de domiciliation, d'identification, de dépistage qui sont à l'œuvre dans ces manifestations du contrôle de nos mouvements par l'action policière. Avec François Dagognet[4], il faut savoir trouver un moyen terme par la justesse de notre analyse. A travers les relevés, les papiers, les mesures de vérification, nous paraissons épiés et privés d'une liberté qui semble caractéristique du monde de la modernité[5]. C'est le revers de la médaille du progrès. « Le moderne rousseauiste, ignoré, replongé dans la masse, se plaint d'y être anonyme, écrasé, noyé. » C'est le règne de la « foule solitaire[6] », aboutissement d'une longue transformation qui incite à une conscience plus aiguë à l'égard de ces reproches. L'identification voulue par la société, régie par le droit, grave notre appellation dans le temps, comme elle localise notre habitat dans l'espace ; elle conduit à l'attachement comme à la mesure des distances qu'ils autorisent peu ou prou. Elle nous confère les moyens de notre orientation personnelle : celui de s'insérer dans les choses, celui de lutter plus clairement contre les violences, contre les exclusions si l'on en éclaire les principes. Le contrôle de la mobilité, en unissant des tensions diverses, interroge dans ses origines historiques les fondements de la démocratie et les moyens d'en contrôler les fonctionnements.

Entendons à un moment crucial, le 22 floréal an II, le conventionnel Barère dire dans le langage emphatique de son temps les problèmes posés : « Le tableau de la mendicité n'a été jusqu'à présent sur la terre que l'histoire de la conspiration des grands propriétaires contre les hommes qui n'ont rien. Laissons à l'insolent despotisme la fastueuse construction d'hôpitaux pour engloutir les malheureux qu'il a faits et pour soutenir momentanément les esclaves qu'il n'a pu dévorer [...]. Quand les mendiants se multiplient chez le despote, quand ils lui choquent la vue, quand ils lui donnent quelque inquiétude, des maréchaussées, des édits, des prisons sont la réponse aux besoins de l'humanité malheureuse[7]. » A cela, que peut-on opposer ? Par l'impôt, par la redistribution des richesses, on peut espérer réduire la contrainte, mais pour agir il faut connaître, recenser, identifier, activer les solidarités au-delà des actes privés. Le contrôle doit autoriser la circulation, permettre les brassages, décloisonner par l'information, s'opposer à la violence de l'exclusion. Sédentarité et mobilité sont ici à lire ensemble, même si l'historien de l'âge moderne n'est pas confronté à la même extension des violences, à la même fragmentation des rapports sociaux, à la même spécialisation des tâches apparues dans la civilisation urbaine[8] et généralisées par l'industrialisation. De la même façon, le contrôle et l'accueil sont inséparables : ils traduisent en effet une identique conception du rapport aux autres. Toutefois, ces caractéristiques ne sont pas toujours en phase, car leur temporalité peut se déplacer, un écart se créer entre principes et applications, entre théories, règlements et pratiques, entre l'ordre des raisons et le désordre du jeu des acteurs. On peut retenir les cheminements suivants pour mieux comprendre cette lente transformation : voir comment s'instaure le contrôle de la mobilité, (la police dans le sens ancien) ; retrouver la définition de la différence et son poids, l'exemple parisien faisant ici fonction de figure emblématique ; envisager comment l'on est passé de l'hospitalité à son économie.

Des raisons aux interventions

Le lien entre le contrôle et la circulation est immédiat. Très tôt, la sécurité des personnes et des biens a mis en route les pratiques de surveillance ; celles-ci ont suivi l'accélération d'une mobilité générale sur terre et sur mer. Quand la misère, la guerre, les épidémies jettent les populations sur les routes, quand toutes les formes de violence grandissent, les déracinements suivent. Ceux qui viennent d'ailleurs en temps ordinaire – bannis, pauvres, vagabonds, brigands, inconnus – sont aux yeux des sédentaires exclus de la communauté, et l'exclusion entraîne à son tour la fuite pour échapper aux larges mailles du filet de la justice et de la police[9]. Dans l'une et l'autre situation, les forces à l'œuvre se contredisent : la violence engendre à la fois le contrôle et la résistance, une efficacité que l'on cherche à améliorer, une inefficacité qui traduit les variations de la tolérance, l'à-peu-près des repères pour cloisonner l'espace, la capacité de ruse. Toutefois, entre les XVIe et XVIIIe siècles, l'intolérance et la surveillance s'accroissent ; la société, en se policant, en pénalisant des actions mieux acceptées auparavant, formule des exigences nouvelles dont la traduction va modifier le dialogue entre dominants et dominés, et reposer autrement la question d'une xénophobie intense qui a pu condenser les méfiances et les conflits[10].

Frontières, bureau, péages

La concurrence économique, la surveillance politique et militaire, qui peuvent descendre au niveau des villages – réanimant d'antiques hostilités, entre voisins éloignés, entre étrangers et autochtones, pour le marché des filles, pour la réputation locale et l'honneur du terroir –, vont orchestrer autrement la politique de la surveillance d'une circulation généralisée et désormais défendue comme une nécessité. Ces domaines sont imbriqués, mais des lieux fixent l'attention : correspondant à des échelles variées, ayant chacun une histoire, la frontière, le péage et le bureau de douane, la ville et ses portes comme ses bans, sont sans doute les trois laboratoires des expériences les plus réussies en ce domaine. Il est certain que les crises, les révoltes paysannes[11] accentuent les déplacements dans l'espace, ceux des hommes comme ceux des rumeurs, et qu'elles pervertissent ces localisations précises et révèlent la difficile définition de l'ordre public et de son acceptation dans les esprits de tous.

Les frontières ne nous surprennent plus. Nous les franchissons sinon à l'aise, du moins sans problème, acceptant sans trop de réflexion cette démarcation incertaine dans son histoire et abstraite dans la réalité. Aujourd'hui où fort heureusement dans l'espace européen s'atténuent les contrôles aux frontières, on imagine encore plus mal leur longue mise en place entre l'âge moderne et le XXe siècle. Pourtant, au cours des âges, limites, marches, bornes, confins, lisières, extrémités existent. Tous ces termes traduisent des appréciations différentes du phénomène frontalier, mais ils renvoient à des conflits et à des situations ordinaires suscités par l'établissement d'un interdit, et d'un contrôle : au-delà de ce lieu marqué plus ou moins sur le sol, on ne doit plus passer. Daniel Nordman a rendu pleinement justice à la complexité du phénomène, à ses tensions entre la définition militaire ou géographique, à son élaboration délicate – enjeu des négociations diplomatiques et des négociations sur le terrain où le travail des limites partage les pays jusqu'au détail. On connaît encore de ces villages du Hainaut ou de la Lorraine où la frontière traverse champs, blés, jardins, boutiques, cabarets, voire chambres à coucher. Ces processus d'inscription définissent une volonté d'unification et de régularisation où les échanges façonnent les territoires, où les cartes et les cadastres enregistrent les ravaudages diplomatiques. Des serments villageois, surveillés sur place, font passer la limite du statut politique, acte de gouvernement, au cadre quotidien, établissant pour la collectivité locale le passage de la situation d'étranger à celle d'autochtone. Une identité collective se transforme[12] ; des communautés locales et coutumières sont entrées sur tout le pourtour du territoire royal dans une relation plus directe avec le souverain, mais leurs conditions de vie ont partiellement changé, leur mobilité s'est modifiée.

Les situations frontalières sont souvent ingrates ; la carte des chemins, le jeu des relations d'habitudes sont perturbés à plus ou moins long terme. La vie sur les confins semble porter la marque originelle d'un partage négocié, mais aussi de l'aboutissement d'un conflit particulier ou général. C'est le franchissement qui pose un problème à tous, et sa signification n'est pas la même pour tous. Pour le roi, pour les administrateurs, côtoyer et vérifier la limite est un enjeu politique : le roi lui-même, depuis la fin du XVIIe siècle, ne franchit la frontière que pour des expéditions militaires. Pour les agents du contrôle – ainsi les patrouilles de la douane, qu'on voit fonctionner dans le Prajela aux confins français et italiens dès le XVIIe siècle [13] –, c'est un espace modèle, contrôlé à partir des routes et des chemins par les patrouilles. Pour les voyageurs, c'est un obstacle ou une occasion de la fuite ou de l'exil. Le roman s'empare de la frontière ; des malfaiteurs poursuivis, des amants incompris, des voyageurs inquiets la passent en tout temps[14]. « *Galopons, mon maître !* » crie Cacambo à Candide assassin du jésuite, baron de Thunder-ten-tronckh, frère de la belle Cunégonde, « tout le monde vous prend pour un jésuite qui va donner des ordres et nous aurons passé les frontières avant qu'on puisse courir après nous[15] ». Dans les récits de voyage réels ou imaginaires, c'est un temps d'arrêt pour la vérification des identités. Avec le contrôle peut alors basculer le destin, car nul ne passe les frontières sans courir quelque risque ; c'est une épreuve, un danger, une transgression : « En deçà, l'adversité ou le châtiment. Au-delà, la délivrance. » Sur la frontière, il convient de demeurer sur ses gardes. Ainsi l'entend Voltaire, installé au château de Cirey en 1735 ; il peut se réfugier dans la Lorraine voisine à la moindre alerte : « Je suis actuellement sur les frontières de France avec une chaise de poste, des chevaux de selle, et des amis ; reste à gagner le séjour de la liberté, s'il ne m'est plus permis de revoir celui du bonheur[16]. » S'il s'installe à Ferney, aux bornes de la Suisse, c'est dans un même souci.

Mobilités frontalières, normes et délits

Pour les populations toutefois, d'autres nécessités maintiennent la mobilité et compliquent les contrôles : celle des terres à cultiver de part et d'autre, celle des pâturages et des mouvements de troupeaux, celle des courants d'échange et des fréquentations humaines. La solution de continuité, qui n'est pas toujours claire sur le terrain, n'est pas plus évidente dans les esprits et les comportements : les enclaves, les solidarités anciennes perturbent les contrôles. Néanmoins la politique des États engage un procès de différenciation qui s'installe dans le long terme. On le voit se manifester sur la frontière pyrénéenne à partir du traité de 1659, et il se consolide définitivement dans le climat nationaliste de la fin du XIXe siècle, une politique de développement routier et économique ayant accéléré la séparation après le XVIIIe siècle, comme le constate déjà Arthur Young. Le contraste entre les grands et magnifiques chemins du royaume français et les mauvais sentiers de Catalogne oppose plus que la langue et les coutumes, qui unissent encore[17]. Jusqu'à ce moment, la frontière s'est moins construite imposée par l'État central que par les relations locales. A partir du village, les cercles de mobilité dessinent des forces identitaires variables qui s'inscrivent dans plusieurs échelles de relation : celle des familles, celles des communautés, celle des institutions fiscales et judiciaires, celle des administrations provinciales ou étatiques[18]. En fonction des intérêts économiques, les notables rallient plus ou moins rapidement les valeurs et les pratiques que chaque cercle instaure. Les disputes pour les biens communautaires qui franchissent la frontière ou pour les délits pastoraux sont d'abord résolues entre les communautés, puis de plus en plus renvoyées, après 1715-1722, aux autorités respectives de part et d'autre de la fraction, mais les limites des habitudes linguistiques et des références identitaires restent fluides jusqu'à la Révolution, de même que la frontière territoriale demeure perméable. Les réformes révolutionnaires et l'intrusion de l'État modifient complètement les capacités de négociation, les conditions locales de l'échange et de la convention[19]. L'hostilité qui peut parfois se manifester entre francophones et étrangers réels n'a sans doute jamais été la trame de la circulation quotidienne des régions frontières ; elle peut, un temps, souligner l'artificialité des limites.

Celles-ci ont un autre rôle : elles encadrent des espaces de circulation où hommes et marchandises sont l'enjeu des politiques économiques et fiscales à l'intérieur et à l'extérieur. Du point de vue international, le régime douanier, s'il n'enferme pas encore sous l'Ancien Régime un marché national unifié, vise à travers les contrôles à réguler entrées et sorties au bénéfice de l'économie nationale. Le mercantilisme ambiant, du XVIe au XVIIIe siècle, pousse à la rigueur, mais laisse place à la nécessité des échanges ; le libéralisme, favorable à la liberté de circulation – celle des hommes et des choses –, ne supprime pas les entraves, car l'État ne peut renoncer aux droits d'entrée ou de sortie prélevés sur les marchandises. Le régime de circulation est extrêmement compliqué, car il résulte de la construction progressive du royaume, dont de nombreuses parties ont gardé quelque chose de leur ancienne indépendance. Aux frontières extérieures se surajoutent les ruptures causées par les limites intérieures, entre provinces de l'étranger effectif (Alsace, Franche-Comté, Lorraine), provinces réputées étrangères (Artois, Flandres, Bretagne, Guyenne, Saintonge, Languedoc, Provence, Dauphiné et Lyonnais), et l'« Étendue », comme on nomme les cinq grosses fermes rassemblées autour de la capitale, et que Colbert confirme en 1664. La lutte pour l'uniformité impose une première unification à la périphérie dès la fin du XVIIe siècle, mais ne dispense pas des contrôles intérieurs. La mobilité de tous est ainsi surveillée, vérifiée ; les voitures et les chargements sont inspectés sur plus de 12 000 kilomètres de lignes douanières. Contrôle et abus, dénoncés par les économistes et les praticiens, touchent tout le monde et entraînent fraude, contrebande, contestation, ruse, composition avec les commis et les gabelous. La circulation est placée au centre des débats économiques.

Ange Goudar a vu juste lorsqu'il donne la parole à Mandrin, adversaire de la Ferme[20]. La contrebande est déjà apparue, aspect d'une économie sinon informelle, du moins périphérique et incontrôlable, sur les confins extérieurs et sur les lignes intérieures de la Ferme générale. En Dauphiné et en Savoie, une population de contrebandiers où la pratique se transmet dans les familles est comme le poisson dans l'eau, à l'abri de la bienveillance du peuple. Les curés eux-mêmes et les gentilshommes n'y sont pas insensibles ; les ordonnances sont placardées en vain, car l'organisation a emporté la résistance. Des compagnies de margandiers se glissent dans les mailles de la surveillance ; elles vont de retraite en cachette à travers le réseau des grands chemins et des voies locales, des écarts du fond des forêts aux auberges accueillantes des villages amis. Quand la marchandise est vendue, la troupe se sépare, cache ses armes, dépouille ses uniformes empruntés pour masquer ses mouvements, et rentre à la maison. Avec Mandrin, les populations qui protégeaient les contrebandiers trouvent leur héros. Par sa famille, son éducation, ses premiers pas, ratés, dans le transport et le commerce des mulets au service de l'intendance pendant la guerre de Succession d'Autriche dans les Alpes vers l'Italie en 1749, il est enrôlé dans la voie contestataire.

Un père contrebandier, un milieu familial engagé dans les activités de la mobilité (François Mandrin, commerçant en gros et en détail, fréquente les foires ; c'est aussi un maquignon actif), des fréquentations orageuses, un frère (Claude) voleur, un autre

(Pierre) faux-monnayeur pendu à Grenoble, la solidarité des bandes locales affrontées dans de solides bagarres, ont favorisé cette carrière hors pair. En 1753, Mandrin a franchi la limite au-delà de laquelle il n'y a plus de retour en arrière ; il s'installe en Savoie, y entraîne ses troupes et de là, par une série de raids successifs, met sur les dents douaniers, agents de la Ferme, soldats. L'homme au chapeau de feutre noir galonné d'or, éclairé par la science du terrain, tiendra pendant deux ans (1754-1755) par une série de marches et contremarches rapides, déconcertantes. L'armée et la commission des douanes de Valence n'hésitent pas à violer la frontière ; Mandrin est arrêté, vite jugé, exécuté, prêt à entrer dans la mythologie des *bandits bien-aimés.* Son histoire met en valeur trois choses importantes pour notre propos : l'imbrication de l'économie formelle et de l'économie informelle dans la circulation ; l'imprécision des actions sur le terrain, et la réponse donnée par la rapidité, l'ubiquité, la vitesse ; l'aspect général et symbolique d'une affaire qui joue des appuis intérieurs et des protections extérieures. Le différentiel des états sociaux et des relations interétatiques a été, un temps, la meilleure protection de Mandrin. Qu'au surplus toutes les opérations aient été révélatrices des tactiques de la cavalerie légère du temps, le cheval gris pommelé de Mandrin étant devenu aussi célèbre que son chapeau noir et son manteau rouge, ne fait que renforcer cette évocation d'une mobilité contestataire et criminelle, qui se joue sur les contrôles et se joue des contrôles.

Contrôle des marchandises et des hommes : les péages en question

Plus tranquilles sont les événements qui se déroulent dans les péages. Indicateurs du commerce intérieur des Temps modernes[21], ils cristallisent les enjeux politiques et économiques de la circulation. Le déplacement des hommes y est certes moins entravé que celui des animaux ou des marchandises, mais leur nombre, leur dispersion dans une infinité de particularismes locaux et leur émiettement dans une kyrielle de privilèges en font à l'échelle du royaume un autre bon exemple de la rencontre entre contrôle et circulation, décloisonnement et libertés. L'aspect fiscal arbitraire n'a pas cessé de mobiliser les contemporains et aboutit à la création d'une commission de réforme[22]. Celle-ci nettoie l'institution et la réforme, au profit de Jean-Jacques Guyennot, son premier commis, qui obtient en régie la gestion des bureaux conservés ; ses travaux préparent le terrain à la suppression de 1790, au nom des servitudes féodales, et à leur refondation sous le couvert des taxes d'entretien et des péages autoroutiers. C'est, une fois encore, saisir le lien entre la rationalité économique et la circulation.

Le péage est devenu obstacle à partir du moment où ses finalités utilitaires ont cédé la place à la gestion de plus en plus injustifiée de privilèges personnels ou collectifs. Certes, au XVIIIe siècle, la perception d'un droit sur les personnes – jeunes gens à marier, baladins, colporteurs, portefaix – a disparu, sauf pour les bacs et quelques ponts. Le plus souvent, les péagers font payer les marchandises, mais les pratiques de contrôle se diluent dans de multiples interventions dont la seule homogénéité est de briser les rythmes de la circulation routière et fluviale, de surcharger le coût des transports et donc le prix de la mobilité. C'est pourquoi la question péagère rejoint dans les discussions la corvée, les droits de traite, tout ce qui fait partie intégrante de l'économie des transports et des appels au développement. Les bacs sont moins remis en question, car s'ils taxent les personnes, les chevaux, le bétail, les voitures, en bref le passage, ils ont une légitimité utilitaire permanente. Les péages, eux apparaissent comme la traduction d'une volonté politique ancienne et le plus souvent détournée de ses fins. Ils sont coulés dans l'économie du privilège et du droit personnel ; c'est une des dernières occasions de rencontre entre la mobilité des personnes et des biens et la société de la circulation[23].

Les plaintes viennent majoritairement du monde du roulage et de la marchandise, moins des négociants que des voituriers et des marchands voituriers. Leurs marchés prévoient la taxation et la lettre de voiture en autorise le remboursement, car les droits payés en cours de route y sont notés au verso. Les droits de route sont à la charge des voituriers qui protestent plus que les particuliers et sont imités par les coches de messagerie des rivières, sur le Rhône, l'Oise ou l'Aisne. C'est moins l'existence des droits qui est dénoncée que la gêne imposée à l'activité de transport ; l'arrogance des péagers fait le reste, et la confusion des taxes constitue une difficulté supplémentaire pour comprendre la subtilité tarifaire. Le coût fiscal a peut-être été exagéré, mais c'est quand même de 5 à 10 % de la valeur de la vente sur le canal du Midi, de 5 à 7 % sur le Rhône. C'est moins que les droits d'octroi et que ceux des traites, mais cela forme avec eux une ponction non négligeable, et surtout cela justifie la plainte. Exactions, suspicions, fraudes et ruses composent alors l'image totalement impopulaire d'un prix impossible à ne pas payer, comme aujourd'hui les taxes sur les carburants, toute chose égale d'ailleurs. La perte de temps pouvant s'ajouter à l'escroquerie, elle engendre des mesures limitatives : l'abonnement, le paiement groupé, le droit unique quelle que soit la marchandise. Sur la route et sur l'eau, cela n'empêche pas qu'il faut encore s'arrêter aux bureaux de perception trop fréquemment, attendre le receveur trop longtemps. Or le temps perdu augmente les frais – il faut payer l'équipage, rater l'occasion d'un marché –, pèse sur la démarche ; les denrées périssables en pâtissent. Cela entraîne également le détournement de la circulation et l'anticipation des trajets, par terre, par eau ou par mer selon la rentabilité gagnée. Le commerce vers l'intérieur des terres en est réorienté – ainsi de Rouen vers le Rhin par la mer[24]. Le péage engendre la fraude, le passage de nuit, le passage en force, les fausses exemptions, le contournement temporaire et jusqu'à la protestation violente. On a là tous les ingrédients des tensions suscitées par la police de la circulation.

Les rapports de la police économique et du contrôle de la mobilité se retrouvent partout : ils organisent une partie de la vie des populations rurales engagées dans le commerce, ils mobilisent tous les acteurs de l'économie marchande, ils frappent les transports et les freinent, ils engendrent des pratiques administratives (recrutement des agents), ils entretiennent la réflexion et le débat. Surtout, ils ne s'arrêtent pas aux portes des cités : on les y retrouve dans les octrois et les droits de marché, partout perçus. Taxe municipale levée sur les marchandises, l'octroi est un impôt de consommation qui frappe tous ceux qui entrent en ville, et quelquefois non seulement sur les denrées qui servent à l'approvisionnement local, mais aussi sur celles qui traversent la cité. C'est alors un quasi-péage[25]. Comme ils sont souvent perçus ensemble et qu'ils s'ajoutent aux droits des fermes, ils entraînent la confusion et la méfiance. Ils font de l'entrée dans la ville d'Ancien Régime un acte de contrôle, un arrêt imposé, une servitude au passage – qu'oublient pour notre malchance les romanciers du XVIIIe siècle, peu préoccupés de cet aspect des choses. L'octroi est néanmoins pour les citadins un lieu essentiel, car il définit un territoire fiscal : « La barrière d'octroi mérite de figurer sur les cartes puisqu'elle signifie non seulement l'acquittement des taxes, mais arrêt de la circulation, écoulement de temps, rédaction de congés, formalités, c'est-à-dire changement des formes de transport », écrit Jean-Claude Perrot[26]. Les portes des cités ouvrent à un autre univers, mais elles semblent avoir rassemblé en un point de rupture et de surveillance le cérémonial du contrôle des marchandises et des hommes, la communication des renseignements et les transactions. Les papiers y passent de main en main : acquits de caution, certificats de taxe, cédules, sauf-conduits, passeports. On y compte les passages, on y observe les physionomies. C'est un des enjeux de l'urbanisme de la viabilité et de la conquête des villes par la circulation extérieure. La lutte pour le libre passage rejoint celle pour le progrès matériel de la communication.

LA POLICE DE LA MOBILITÉ, DES CAMPAGNES AUX VILLES

Mesurer les mouvements, tenter de les gérer et de les surveiller deviennent des impératifs de la société des Temps modernes. Ceux-ci engendrent une conception du monde dont une des faces visibles est la médiation policière. Dans le dynamisme des populations, dans les expressions multiples d'une propension à la circulation mise en valeur par la relecture des logiques migratoires, la confrontation des données structurelles et conjoncturelles qui pèsent sur elles, qui organisent départs, retours, relations avec le village, rapports entre les villages, itinéraires invisibles mais solides vers les villes, réseaux différents d'incitation à une mobilité plus intense, tend au bout du compte à faire apparaître les facteurs de contrôle, leur renforcement ou leur affaiblissement, les nécessités politiques, économiques et religieuses qui sont à l'œuvre derrière l'effort législatif et la volonté intellectuelle. Le lien entre la connaissance des mouvements et leur contrôle se révèle patent, et d'autant plus important qu'il rejoint les tentatives multiples pour rationaliser l'État et sa mesure. Il renforce les liens entre le modèle géométrique, l'économie et l'administration. La police des nombres fait partie de la panoplie des gouvernements des philosophes ; elle est d'utilité civique comme de nécessité administrative. Il faut voir aussi comment elle rejoint la police des hommes et de leurs déplacements[27].

Contrôle, connaissance, contrôle – connaissance, contrôle, connaissance est une formule possible pour cerner le problème, à l'instar de la célèbre équation *argent – marchandise – argent* ; le rapprochement met en évidence l'ouverture d'un grand chapitre de l'histoire de la connaissance des populations, de leur implantation et de leur mouvement[28]. La montée du besoin de connaître, de compter pour connaître, de classifier et de classer pour mieux calculer, est rien moins que naturelle, même si l'on a l'habitude de chercher dans l'Antiquité la plus reculée des exemples jugés significatifs d'un progrès somme toute normal à nos yeux habitués à toutes les formes de recensement et d'inscription. Il y a cependant un saut qualitatif entre les formes de la connaissance ordinaire et celles de l'enquête pour une action, pour une intervention. Dans le premier cas – l'espace du village, du quartier urbain –, le cercle d'appréhension d'autrui met en présence un nombre relativement faible d'individus, une relation spontanée dans le cercle fermé des voisins et des familles. La mémoire du mouvement y est filtrée à travers quelques dizaines de faits; les nouveaux arrivés y sont perçus immédiatement à leur allure, facilement dénombrés, partant, disparaissant, vite oubliés. En ville, le nombre des habitants provoque un changement d'échelle, mais pour la communauté de voisinage et d'habitude, le problème reste le même. En témoigne l'attention portée aux intrus qui transparaît dans les déclarations faites à la police.

Dans une grande ville comme Paris, Lyon ou Marseille, le cercle des fréquentation admises et l'observation de tous les jours encadrent le normal et l'anormal[29]. Les observations de la police, dans le cadre des enquêtes criminelles, sont en continuité sans problème avec ce mode de perception. Les gens de mauvaise mine ne sont généralement que des gens jamais vus et sur lesquels on ne possède pas d'information. « Ce n'était pas l'affaire d'un bourgeois de Paris que d'aller boire dans une auberge de charretiers à Montrouge, et quelqu'un qui occupait dans la société un échelon aussi élevé qu'Edmond, le héros du *Paysan perverti* de Rétif (1776), ne devait pas, normalement, se plonger dans les bas-fonds pour vivre avec des brocheuses et des blanchisseuses dans les combles du faubourg Saint-Marceau. » L'intention, dans le jeu de la culture des apparences, fait le larron et *vice versa* : vivre dans la rue des cités impose cette conclusion[30]. Dans la communauté plus organique de vie, la pesanteur du nombre des hommes sur les choses et les autres est faible, sans entraîner la nécessité de la mesure. Les individus y sont saisis par la partie, jamais par le tout, selon des règles de sensibilité, de point de vue concret, bref l'empirisme. La nécessité de connaître, et donc d'intervenir autrement dans ces trames quotidiennes, suppose une organisation et un changement de finalité, l'intervention pour la sécurité, la volonté de connaître.

Celle-ci va suivre plusieurs cheminements animés par les figures prédominantes de l'État et de l'Église. La tradition religieuse de l'enregistrement des âmes est ancienne et générale, bien qu'inégalement représentée dans les archives avant le XVIe siècle et variant selon les pays. Sa finalité est d'enregistrer les mouvements d'une pratique localisée, selon des critères d'exigence qui se sont affinés avec la capacité culturelle des clergés. Un lien existe entre ses pratiques et les nécessités juridiques, celles du régime bénéficiel et de l'organisation administrative et fiscale de l'Église. Le paiement des décimes et le volume de la dîme dépendent des capacités de la population. La volonté de savoir entraîne une double pratique : l'immatriculation (états des âmes par paroisse, listes nominatives de fidèles, états de communes, états de confirmés), et un effort de contrôle des mouvements (registres des baptêmes, des mariages, des sépultures). Les visites pastorales sont entamées dès le XVe siècle, exigées plus vigoureusement aux XVIe et XVIIe, encouragées par le concile de Trente, la Curie, les évêques et leurs ordonnances synodales. Elles ne sont pas appréciées et vraiment appliquées partout au même rythme, celui-ci traduisant l'effet des réformes, les progrès culturels et scolaires, le mouvement de la civilisation urbaine. C'est la naissance de notre État civil, qui sera laïcisé avec la Révolution et qui, dès le XVIIIe siècle, est à la base d'une démographie populationniste et administrative. En être rejeté plonge les populations dans l'angoisse ; c'est le cas des protestants et des juifs. Les filiations les plus simples peuvent être contestées, et du désarroi naît la négociation d'accommodements, des privilèges accordés. Les séfarades les obtiennent localement ; les protestants les reçoivent en 1787 après un siècle de silence.

Le fisc et la circulation

La tradition administrative et les exigences de la construction d'un État moderne, la fiscalisation et la guerre imposent l'enregistrement. Dès 1539, l'édit de Villers-Cotterêts décrète la tenue de registres pour les baptêmes et les décès. En 1579, ils doivent être déposés au siège des bailliages. Massivement, la tenue des rôles permet de lire une progressive mise en place de l'identification localisée, du XVIe au XVIIe siècle et du XVIIIe à nos jours. Cette rencontre entre les évêques et les administrateurs, les registres paroissiaux et les états de paroisse, comme la pratique de l'enregistremtôt des mutations de biens et de leur taxation, bientôt encore le cadastre des biens, chef-d'œuvre du XIXe siècle, contribuent à tisser le réseau d'encadrement et d'identité admise, le fond même de notre identité plus tard mise en carte (certains pays y échappent encore, ainsi jusqu'au XXe siècle les États-unis et l'Angleterre). Réseaux et définition identitaire dépendent de l'éclairage nécessaire au dénombrement des ressources, mais n'impliquent pas immédiatement une clairvoyance des possibilités accordées à l'opération cognitive et intellectuelle. Très tôt, toutefois, la perspective étatique y pousse, et les grands théoriciens du droit public – tel Jean Bodin qui évoque en ce sens, dans la *République*, les recensements romains – s'y rallient. Tout se rejoint dans la territorialisation, l'assignation, l'identification, car l'État et le droit ont besoin de nombres comme de repères. Des frontières invisibles se tracent : celles de la fixité du nom de famille, celle de la connaissance avouée de la domiciliation. Etre sans feu ni lieu, sans aveu, est une tare insupportable pour tous ceux que les nécessités peuvent jeter sur les routes. La pratique des extraits d'actes s'implante : les notaires, les généalogistes, les familles en ont tous besoin, et les papiers sont dans tous les inventaires après décès. Elle nous a habitués aux formulaires, aux questionnaires, aux certificats, aux copies conformes et timbrées.

Vers 1830, dans *Modeste Mignon*, Balzac note l'aboutissement temporaire de ce mouvement qui ne va plus s'arrêter :

« Essayez donc de rester inconnues, pauvres femmes de France, et de filer le moindre petit roman au milieu d'une civilisation qui note, sur les places publiques, l'heure de départ et d'arrivée des fiacres, qui compte les lettres, qui les timbre doublement, au moment précis où elles sont jetées dans les boîtes et quand elles se distribuent, qui numérote les maisons, qui configure sur le rôle matrice des contributions les étages après en avoir vérifié les ouvertures, qui va bientôt posséder tout son territoire représenté dans ses dernières parcelles, avec ses plus menus linéaments, sur les vastes feuilles du cadastre, œuvre de géants ordonnée par un géant ! Essayez donc de vous soustraire, filles imprudentes, non pas à l'œil de la police, mais à ce bavardage incessant qui dans la dernière bourgade scrute les actions les plus indifférentes, compte les plats de dessert chez le préfet[31]. »

Le contrôle par la coutume et le contrôle par l'administration se sont rejoints, et les règles permettent de mieux cerner la mobilité par l'identification comme de mieux protéger le droit des individus et des familles. Que serions-nous sans cela ? C'est pourquoi la mobilité des hommes a besoin d'être cernée, ainsi que le propose l'ordonnance de Saint-Germain-en-Laye en 1667 quand elle réclame la mention dans les registres paroissiaux des origines géographiques et sociales.

Du côté de la science, l'histoire est mieux connue[32]. On sait que le souci de connaître la population est mobilisé par l'angoisse du dépeuplement, la crainte de la fuite, du départ, celle des ouvriers, des industriels, la peur du recul des naissances[33]. Quand le nombre fait la richesse, quand les années de crise et leur ponction visible, quand la réalité du rattrapage démographique, imposent dans ce domaine un climat permanent d'incertitude, l'administration, la philosophie et l'économie se rencontrent pour entraîner la réflexion politique et savante vers l'usage et l'amélioration des statistiques. On mesure là l'effet bénéfique d'une erreur, d'une croyance fortement partagée par les meilleurs esprits préoccupés de croissance démographique, de sécurité productive et de bonnes rentrées fiscales : Pierre de Boisguilbert, Vauban, l'abbé de Saint-Pierre, Montesquieu. Chez ce dernier, l'ombre de la dépopulation est à l'œuvre dans les *Lettres persanes*[34] comme dans l'*Esprit des lois*, et derrière encore l'interrogation sur le brassage des peuples attirés vers les villes, chassés par les persécutions. Aux origines mêmes de l'économie politique, dénombrer et contrôler s'associent, car l'abondance des hommes et leur fixation entraînent production et consommation[35]. Entendons Antoine de Montchrestien dès 1615 : l'utilitarisme économique prospère avec la connaissance des peuples ; parmi ceux-ci, des espèces particulièrement mobiles sont à l'œuvre qu'il faut saisir, bannir ; le contrôle engendre la mobilité, la mobilité le contrôle, le contrôle la connaissance.

LA PRODUCTION DES PAPIERS

Ce lien perçu amène à regarder de plus près la police et le droit. Sans anticiper sur la situation faite aux étrangers réels, ceux qui ne sont pas du royaume, sans entrer dans le détail d'une jurisprudence complexe[36], on doit rappeler que des instruments de contrôle existent pour ceux-ci comme pour d'autres populations. Le statut d'étrangeté imposant des contraintes sur les biens conduit à la production d'actes divers qui permettent une reconnaissance, voire une équivalence des privilèges de tous, une voie vers l'intégration. Contourner la pratique du droit d'aubaine – confiscation des biens étrangers au profit du fisc – a imposé la solution des lettres de naturalité accordées par le roi et le roi seul, après demande, examen, expédition, vérification par les cours, enregistrement par les bureaux après obtention. C'est, comme l'attribution de lettres de grâce pour tenir bénéfice dans le royaume, un acte individuel lié à la résidence confirmée. Si l'aubaine, confiscation contestée, entraîne souvent la protestation des familles et les procès, c'est qu'elle mobilise ceux qui ont du répondant. Le filet laisse échapper à l'investigation – celle des agents de l'administration, celle des historiens – ceux qui n'ont rien ou pas grand-chose. De même, l'effort fiscal pour taxer les étrangers et que nombre de donneurs d'avis ont conseillé en période de difficultés financières (1639, 1646, 1656, 1697, 1709) est fait en fonction d'une évaluation approximative des fortunes. Après 1731-1741, les taxes disparaissent, car elles étaient levées régulièrement à l'occasion de l'avènement du roi à la couronne, et Louis XVI renonce à prélever ce droit que les penseurs des Lumières jugent barbare et archaïque[37]. Les listes procèdent des besoins financiers, et moins du contrôle et de la volonté de connaître les populations étrangères fixes ou mobiles. Toutefois, les besoins administratifs concentrent une attention et une justification qui se manifestent avec une intensité équivalente dans les mesures de police. Celle-ci, au sens ancien du mot, intervient dans tout ce qui regarde la vie de tous, plus largement qu'aujourd'hui et avec moins de précision. Elle a donné lieu à l'élaboration d'une vision théorique où toutes les formes de mobilité trouvent elles-mêmes leur place, soit directement pour organiser la surveillance des déplacements et des résidences, soit indirectement pour en contrôler les effets. Le commissaire parisien Nicolas Delamare, dans son *Traité de la police* (1705-1738), en a proposé le modèle à toute la France et à une partie de l'Europe.

LE MODÈLE POLICIER PARISIEN

Entendons sur ce point l'un de ses successeurs, le commissaire Lemaître, qui rédige en 1770 un rapport célèbre pour le lieutenant général de police M. de Sartine, rapport qui fut transmis à l'impératrice Marie-Thérèse à sa demande, imprimé en partie et diffusé, levant partiellement le voile sur les secrets de la police parisienne[38]. La surveillance des étrangers – il s'agit ici de ceux qui ne sont pas du lieu – incombe aux commissaires et aux inspecteurs pour prévenir, prévoir, intervenir, contrôler et punir. Deux populations focalisent l'attention : celle des nouveaux venus, celle de ceux qui en vivent. Les premiers rassemblent un conglomérat d'individus arrivés en ville pour de multiples raisons, qu'il faudra préciser. La sûreté des citadins, mais également celle de l'État, peut être menacée tant par la criminalité potentielle, le libertinage d'un menu peuple sans attache, que par les propos séditieux ou la divulgation d'informations techniques, diplomatiques, militaires, au détriment du royaume. La religion, Dieu, le roi, les mœurs sont aisément menacés à des degrés divers par ces populations qui, fascinées par les lumières urbaines, sont venues à Paris pour y rechercher du travail, un établissement, des raisons de vivre ou de se cultiver. C'est pourquoi l'attention des commissaires et des inspecteurs se porte en priorité sur les catégories instables : domestiques, manouvriers, travailleurs des corporations, soldats et déserteurs, colporteurs, charlatans, et bien sûr pauvres et mendiants. La police des pauvres consiste à tenir la main, dans les quartiers des commissaires, à l'exécution des lois contre la mendicité, à informer contre les valides qui ne mendient que par libertinage ou par fainéantise, et à les faire arrêter et emprisonner[39]. Pareillement, les vingt inspecteurs examinent en ce domaine toutes les menaces à la source – dans la rue, dans les maisons, dans leurs visites sur dénonciations –, et ils recrutent leurs indicateurs dans la population qu'ils surveillent : observateurs présentables et volontaires par curiosité, espions salariés et mouchards souvent recrutés parmi les mauvais sujets. C'est ainsi, par ses patrouilles, par ses perquisitions, qu'une police efficace fait régner la sûreté, canalise les désordres, freine et connaît la circulation des sans-aveu et des étrangers réels possiblement à redouter.

Sur la vingtaine de bureaux d'inspecteurs, les trois quarts sont à un titre ou à un autre mobilisés par des catégories d'actions qu'articule la surveillance des circulations induites par la croissance urbaine[40]. Le seul bureau militaire s'occupe des soldats qui traversent la capitale ou y vivent, en congé officiel, racolés par les recruteurs, déserteurs. Les rapports sur les étrangers sont censés prévenir les troubles les plus divers, mais également les protéger d'eux-mêmes, des tentations d'une ville trop libre dans ses mœurs et de la cupidité habituelle des fournisseurs, logeurs, domestiques et cicérones. A partir de 1749, le service est sous le double contrôle de la police et des Affaires étrangères, où un service spécial enquête sur tout ce qui peut concerner les étrangers : les problèmes posés par la circulation diplomatique, ceux soulevés par les voyageurs. Ce service est dirigé par un premier commis ; exemplaire à ce titre est Jean Dorival, qui impulse le bureau des fonds de 1770 à 1785. La surveillance et la répression sont l'œuvre des exempts, des inspecteurs, des commissaires. L'essentiel de ces rouages est en place dès la fin du XVIIe siècle, mais la collaboration du lieutenant de police et du secrétariat d'État aux Affaires étrangères en révèle toute l'importance. Le bureau concentre toute la responsabilité : permissions de résidence, permis d'inhumer indispensables pour les protestants morts à Paris, délivrance des passeports, surveillance quotidienne. Celle-ci est sous le regard de l'inspecteur chargé de la partie des étrangers, où deux hommes sont remarqués entre 1752 et la Révolution : Buhot et Lescaze. A la lieutenance, le bureau des étrangers collabore avec celui de la sûreté qui, notons-le, reçoit en 1777 la surveillance des juifs. Outre les documents habituels (procès-verbaux, plaintes, registres), on trouve des archives dont la composition montre la logique de la surveillance et qui servaient de base au travail d'une commission mixte rassemblant le vendredi les autorités responsables.

Ce sont d'abord des statistiques sérieuses : décomptes généraux des étrangers arrivés à Paris et qui sont établis à partir des déclarations de logeurs. Ce sont ensuite une multitude de rapports individuels ou collectifs rédigés par les inspecteurs et visant à préciser âge, qualité, métier, conditions du voyage ou de l'installation, lieu d'hébergement, durée du séjour, motivations et activités de tous les arrivants. On reviendra sur l'exploitation de cette source exceptionnelle, mais on voit qu'elle rejoint celle que produit l'activité des inspecteurs consacrée à l'ensemble des migrants, et plus particulièrement à leurs conditions d'accueil. Il s'agit d'abord de surveiller un métier à risque : les logeurs, les aubergistes.

Il s'agit là aussi de protéger les voyageurs et d'exiger d'une profession le respect de règles édictées dès le XVIe siècle, précisées encore aux XVIIe et XVIIIe siècles. D'une part, il faut imposer l'obtention d'une autorisation d'exercice à des professionnels de l'accueil qui ne sont pas rangés dans une corporation : cas des métiers libres et registrés. D'autre part, il faut obtenir d'eux une collaboration nécessaire pour surveiller les voyageurs et tous les suspects. Le logeur est un espion naturel de la police : grâce à lui, elle dispose des registres quotidiens qui en principe – peu d'entre eux nous sont parvenus pour vérifier –, avec des normes de plus en plus précises, un formulaire vérifié et étendu, permettent de connaître arrivées et départs, voire d'interpeller les suspects. Le contrôle des registres, les amendes infligées quand les règlements ne sont pas respectés, toutes les formes de lutte contre la fraude – la signature des clients alphabétisés – dotent la police parisienne d'un instrument somme toute efficace. La Révolution hérite en ce domaine d'une procédure déjà rodée, où souffle l'esprit des formulaires et de l'imprimerie utilitaire, administrative. On peut y découvrir, confrontant normes et pratiques, un esprit de la police où la police de la mobilité est un élément dans un grand ensemble d'inflexions des conceptions sociales[41].

Il s'agit d'abord d'imposer une autorité supérieure, unifiée : celle de la monarchie, incarnée par le lieutenant de police au-dessus des médiations traditionnelles que sont le Parlement et les représentants des habitants. Le conflit qui sous la Régence oppose les inspecteurs du lieutenant d'Argenson, ses créatures, au monde des logeurs et aux commissaires plus proches des institutions anciennes met au jour un premier enjeu. La mobilité et la croissance urbaine qui coïncide avec elle révèlent l'incapacité des réseaux communautaires, des liens de patronage, des pratiques de voisinage à intégrer les nouveaux venus, le flux grandissant des déshérités. L'univers urbain doit apprendre à lire autrement un univers désormais en mouvement qui n'est plus clos sur lui-même et protégé par ses mécanismes de régulation organiques. La succession des textes réglementaires, l'affinement des méthodes de surveillance mettent en valeur une autre perspective. Quand la mobilité rend la ville opaque, la pratique policière doit restituer une visibilité plus efficace. C'est ce que l'on lit dans le *Mémoire sur la réformation de la police de France*, rédigé vers 1749 par M. Guillauté, exempt, ancien officier, collaborateur de l'*Encyclopédie*. En contrôlant les mouvements, en enregistrant étage par étage et maison par maison les anciens et les nouveaux habitants, la police disposerait d'un instrument idéal pour renforcer sa surveillance. La finalité des fichiers de Guillauté est fiscale, démographique, policière, pour un contrôle raffiné de l'espace et des hommes. L'écrit est désormais chargé d'authentifier une identité pourvue par l'administration. « Il ne s'agira plus de changer de nom, de qualité, de perruque et d'habits, et de se transplanter d'un quartier dans l'autre. Cette vieille ruse des félons, des fripons à laquelle la police n'oppose que la perquisition d'une multitude de gens plus vils et plus méchants que la plupart de ceux qui cherchent à lui échapper, n'aura plus aucun lieu[42]. » L'idéal utopique de la transparence sociale renverse tous les obstacles, et d'abord ceux qui découlent des allées et venues d'un nombre croissant de migrants et d'une volonté de refoulement répressif. Elle se retrouve chez le commissaire Lemaire ou dans les rapports de Jean-François de Bar, major de la garde de Paris[43]. Mais il s'est révélé impossible ou presque d'en limiter les effets, car la foule des vagabonds dangereux – que les policiers éclairés ne confondent pas avec les migrants travailleurs – sait échapper en partie au piège, et les mesures imaginaires n'ont jamais été totalement mises en place.

Mobilité, transparence, utopie

L'apprentissage policier de la gestion des flux de population s'est fait ainsi. Le but ultime serait de connaître tout sur tout le monde, et surtout « tous les mouvements des ouvriers de la campagne, des marchands qui courent le royaume des seigneurs qui voyagent[44] ». Il suffirait d'établir un bureau général pour que le système des certificats soit totalement performant. Tous dénombrés, tous connus, tous en sécurité, les sujets du royaume assujettis aux principes de la police de Paris seraient moralisés, productifs, peut-être plus libres et plus heureux; quant à l'État, il serait plus fort et débarrassé des entraves à son développement. On voit comment la volonté parisienne de contrôle a retrouvé les thèmes et les principes d'une action commencée très tôt et dont l'expérience est à rappeler brièvement. Dès le XVIe siècle, plus encore au XVIIe, se met en place une action répressive contre la mobilité de vagabondage, celle que l'ordonnance de 1701 définit comme la circulation de tous « ceux qui n'ont ni profession, ni métier, ni domicile certain, ni biens pour subsister, et qui ne sont avoués et ne peuvent faire certifier de leur bonne vie et mœurs par personne digne de foi », mais aussi contre les mouvements individuels, nécessaires, organisés par le travail, l'économie, les procès ou la culture. Police des étrangers, police des forains, police des pauvres se sont rencontrées. Dès le XVIe siècle, elles sont mêlées dans la menace de paupérisation et dans les réponses qu'elle suscite. L'ombre du grand renfermement est à l'œuvre dans cette lutte menée par les municipalités, les autorités royales, l'Église[45]. Dès 1656, à Lyon, on assiste à la criminalisation du pauvre vagabond; un peu partout, à la valorisation de la mise au travail dans les hôpitaux généraux, à la christianisation des catégories marginales. Le réseau des hôpitaux doit accueillir le même fretin de la mobilité vagabonde et les refoulés de la cité. L'ensemble législatif, sans doute après le contrecoup des années de misère, réorganise les données répressives en accentuant le rôle de la police et des maréchaussées. C'est l'œuvre de la grande ordonnance de 1724. Trois éléments nouveaux interviennent pour donner à l'idée du renfermement la force pratique qui lui a manqué.

L'ordonnance légifère pour tout le royaume, et pas seulement pour la généralité de Paris ou pour d'autres provinces, pour d'autres cités. Elle a portée générale. Les finances royales sont censées prendre à leur charge les dépenses liées à cette mise en œuvre; qui ainsi ne dépend plus des conditions locales. Sur le papier enfin, elle crée un bureau général, qui a peut-être inspiré Guillauté, où doivent être centralisés signalements et informations à travers le canal des lieutenants de police et des prévôts de la maréchaussée. Anthropométrie et formulaires sont ici à leur départ. L'intervention royale se situe dans une réflexion intellectuelle sur le paupérisme et sa correction, sur la nécessité de classer pour comprendre, de dénombrer pour mieux juger. Ainsi dans le texte de l'abbé de Saint-Pierre sur les mendiants, daté de 1724 également. Dans l'exemple des ateliers de force hollandais ou anglais, la volonté de trier pour récupérer la force de travail – et ainsi de distinguer les mobilités nécessaires acceptables de celles qui sont insupportables et condamnables – est patente. L'échec de cette législation n'est pas moins évident, et pour une double raison[46]. L'application se heurte à une résistance culturelle et psychologique en arrêtant la clientèle des hôpitaux : ceux-ci ne pouvaient accueillir le gibier des prévôts; la mendicité, sinon le vagabondage, n'apparaît pas encore à beaucoup comme une activité répréhensible[47]. Toute une fraction de la société peut y tomber à l'occasion ou en permanence. Les hôpitaux n'enferment pas; les cavaliers arrêtent, mais sans beaucoup de vigueur. L'application du texte échoue sur l'incapacité à établir une frontière claire entre professionnels de la pauvreté et occasionnels, coupables et victimes.

L'État a commencé à prendre en charge le problème, mais – c'est la seconde cause de l'échec – sans y mettre les moyens nécessaires, sans qu'une police adaptée en ait la capacité, sans que l'intendance suive. Pauvreté et vagabondage se cachent dans le flot des mobilités d'usage : il faut séparer, mais comment? car la liminalité des situations impose l'incertitude de regrouper anciens soldats, déserteurs, anciens clercs, anciens villageois, pèlerins, bohémiens. Alors la mobilité apparaît comme une enclave dans le temps comme dans l'espace, où se révèlent les failles, les fractures de la société traditionnelle, et où le déclassement temporaire ou non est une réponse à des ruptures de solidarité. La déclaration royale de 1724, on s'en doute, a été une étape, car elle sert de modèle dans son application locale aux exigences de contrôle et elle a apporté des enseignements à ceux qui tentent de penser simultanément mobilité et paupérisme. Les créateurs en 1764 des dépôts de mendicité s'en souviennent utilement en organisant un réseau d'institutions urbaines spécialisées – le chômage faisant le vagabondage –, en uniformisant l'action de l'autorité centrale sur la population mobile. Le rôle de la maréchaussée dépend à partir de là des intendants, et il est pour la première fois efficace, entraînant des effets multiples : vague d'arrestations, perfectionnement des actions policières, craintes et ruses accrues du côté des populations. C'est un modèle de contrôle des libertés publiques qui s'est alors imposé en prenant comme point d'appui la limitation de la liberté d'aller et venir au nom de l'ordre public.

L'opinion peut s'en accommoder dans la mesure où l'infraction et la répression sont censées n'intéresser qu'une fraction limitée de la population[48]. Dans une France qui n'est pas totalement unique, d'autres exemples urbains que ceux de Paris – à Toulouse[49], dans les villes frontières du Nord – confirment les raisons générales du contrôle qui impulsent la production réglementaire et motivent l'intervention tout en nuançant l'application[50]. L'étranger est d'abord et avant tout indésirable s'il représente une menace : épidémie, guerre, conjoncture de crise le désignent alors plus nettement. Les moyens de contrôle sont plus visiblement dominés par le souci de préserver l'intégrité du territoire et de la population urbaine. Ils mettent en œuvre, tout au long du XVIIIe siècle, les possibilités offertes par l'appel au voisinage et la volonté d'une politique plus stricte entre les mains des autorités municipales (capitouls de Toulouse, échevinage des Flandres). Ce sont les situations d'urgence – la peste de 1720-1722, l'inflation de la délinquance de 1735 et de 1754 – qui à Toulouse amènent l'accentuation des mesures répressives, qui en Flandre accroissent la pression pour un repérage efficace à l'intérieur des murs, pour le renforcement des inspections aux portes. Dans l'un et l'autre cas, on retrouve à l'œuvre une représentation tranquillisante de la vie urbaine fondée sur l'exclusion des autres[51]. La rationalisation et la perfection du contrôle de la mobilité renvoient à un moment capital des conceptions policières, donc d'une histoire des pouvoirs pratiques et des violences symboliques. Un transfert de l'identité y apparaît, des apparences physiques et vestimentaires à la vérification écrite par des normes et des signes (nom, âge, sexe, origines, signalement normalisés). La liberté de circulation exigée par le changement économique, autorisée par l'égalité des citoyens, nécessitée par l'extension du territoire national, se module en fonction de nouveaux contrôles, de nouvelles techniques exploitées seulement à la fin du XIXe siècle. C'est une image et une réalité nouvelles de la citoyenneté qui tendent à s'imposer, où l'étranger – le vrai, venu hors des frontières – devient l'objet d'attentions plus précises[52].

Liberté et sécurité : la surveillance matérialisée

La politique des grands nombres n'est pas directement mise à l'œuvre dans le travail empirique de la police, qui s'inscrit cependant dans une relation imprécise et constante des pouvoirs et des savoirs. Celle-ci agit de la même façon dans l'information diplomatique et militaire. A son démarrage, l'âge d'or de la statistique requiert une attention particulière sur les populations flottantes et sur tous les faits de circulation qui interrogent l'administration économique[53]. Le moment intellectuel 1789-1815 correspond à des ambitions générales profondes de la société : des situations de crise extrême – économique, politique et militaire – induisent une demande pour décrire la société en même temps que les pratiques administratives et policières sont interrogées par l'unification de la nation, par les exigences de clarté du nouvel espace public. Des ministres modèles (François de Neufchâteau, Chaptal) s'y emploient ; les préfets, avant 1806, collaborent à l'effort d'information qui pense la diversité du territoire national et de ses populations. Dans le questionnaire envoyé par Chaptal à ses subordonnés le 9 avril 1801, les groupes mobiles sont représentés à l'intérieur des catégories stables, et les mendiants par la classe n° 7. Les résultats les concernant sont incorporés dans des réponses hétéroclites qui mêlent écriture et comptage, descriptions littéraires et approches quantifiées, dont la finalité est de mettre en œuvre une série de mesures administratives éclairées par l'effort intellectuel – et non plus, comme le faisaient les intendants, de surveiller son département pour une autorité centrale encore virtuelle[54].

En 1807-1813, les bureaux de Paris lancent un appel aux provinces pour rassembler tout ce qui se passe sur les migrations périodiques ; en 1811, ils envoient un questionnaire sur le roulage, dont la grille d'enquête met en valeur l'organisation économique des transports et le mouvement des voituriers. Ces deux travaux s'inscrivent dans le projet de statistique générale de François de Neufchâteau et Chaptal, mais dans une perspective plus dirigiste, moins libérale, et tirée plus qu'avant (sous le Directoire et le Consulat) entre le calcul et la description. Ces deux enquêtes se logent dans les intérêts du ministère de l'Intérieur, et sont suggérées par la correspondance entretenue avec les préfets sur les phénomènes de circulation : des milliers d'hommes se déplacent chaque année sur de longues distances et l'économie française repose sur le voiturage, plus particulièrement quand l'Empire et le monde économique sont troublés par la guerre et le blocus maritime. Sur ce point, les certitudes du gouvernement sont fragiles et Coquebert de Montbret montre la curiosité que suscite chez lui la découverte d'un phénomène majeur jusque-là mal connu et trop ignoré de l'administration, comme le suggère en août 1807 une lettre du préfet de l'Indre : « On n'a peut-être pas fait jusqu'ici assez attention à ces sortes de migrations périodiques qui doivent influer plus ou moins sur le caractère, les mœurs et le degré d'aisance du peuple qui en a contracté l'habitude[55]. » C'est toutefois moins l'ignorance réelle des faits et surtout l'empirisme du savoir des observateurs qui orientent les policiers, plus soucieux du non-conformisme et des marges que des mouvements normaux. Quand les normes changent – et c'est ce qui se passe entre 1789 et 1815 –, les codes du crime, les délits et les peines, mais aussi leur réussite et leur échec se modifient. Les migrants, les voituriers deviennent des objets intéressants, parmi d'autres, parce que leurs déplacements et leurs difficultés peuvent être fauteurs de troubles potentiels. Il s'agit donc d'inventorier les mutations des phénomènes migratoires et de l'économie des transports, et d'établir le type normal du mouvement le plus favorable à un contrôle général et unifié du territoire. La défiance y pousse – elle est traditionnelle –, mais aussi la disparition des conscrits déserteurs : 250 000 réfractaires possibles entre 1799 et 1806 !

L'utilité de la statistique s'impose, car en faisant témoignage de mouvements réguliers et d'un étalon d'année moyenne, elle peut autoriser la distinction entre vraies migrations du travail et vagues d'insoumis. Localisant les flux, la maréchaussée filtrera de façon plus efficace la circulation des migrants. De même, Ponts et Chaussées et administrations préfectorales auront des données certaines ou approximatives sur l'état des routes et leur fréquentation – leur surveillance et leur amélioration en dépendent –, sur le prix des transports et leur variation géographique, sur les caractéristiques et les pratiques d'une population peu saisissable de rouliers, de commissionnaires, de spécialistes et aussi d'occasionnels. Ainsi l'entreprise va-t-elle permettre de rendre visibles des flux invisibles jusque-là[56], et pour cela elle en appelle aux informateurs traditionnels depuis l'Ancien Régime (fonctionnaires, maires, notables), mais aussi aux acteurs de l'économie et du commerce : employeurs de migrants, manufacturiers et monde des industries, commissionnaires, négociants des villes. Parfois, les deux niveaux de renseignement se rencontrent : à Limoges, le maire a comme adjoint le fils du plus ancien et du premier commissionnaire de la ville ; à Chalon-sur-Saône, le maire est aussi à la tête d'une importante entreprise de roulage. La collaboration limitée au monde des rentiers du sol et des rentiers d'entreprise influe sur le contenu de l'enquête : le souci de contrôler les populations flottantes y supplante quelque peu le rêve libéral d'une communication permettant de réaliser la liberté du marché[57]. L'aveu des préfets sur l'extension de cette alliance avec les milieux de l'économie est aussi évident dans les réponses conservées que celui de leur difficulté à contrôler l'espace et le temps des mobilités.

Pour la première fois avec succès, un dispositif national rend accessible l'insaisissable migration, avec une volonté d'homogénéité incontestable. Les données rassemblées par département, canton ou ville peuvent être comparables et recomposer le territoire et les flux de circulation. Les obstacles, les zones d'ombre ne sont pas effacés. Certains mouvements échappent : ceux qui sont ancrés dans la vie rurale, le peuple des colporteurs, ou des transporteurs saisonniers. L'attention et la précision dépendent de la visibilité variable des groupes : ceux qui sont assez nombreux pour attirer l'attention sont privilégiés dans les tableaux ; ainsi, les individus disparaissent du champ d'observation. On doit alors recourir aux instruments habituels de la police, et ainsi triompher de la dispersion spatiale. Passeports, listes diverses, patentes du commerce, recensements sont plus adaptés à l'analyse de la sédentarité qu'à celle des groupes mobiles, mais ils contribuent par le recoupement à accroître le suivi des hommes comme à nourrir le débat sur leur circulation. Car dans les enquêtes on retrouve la confrontation entre détracteurs de l'émigration et partisans du mouvement, adversaires de la mobilité et tenants de la libre circulation.

Des uns, retenons qu'ils reprennent tous les arguments de la stigmatisation morale de la mobilité et de ses ravages : contagion du luxe, perversion libertine urbaine injectée dans les campagnes, dislocation des équilibres sociaux par les fortunes mobilières, rupture des approvisionnements locaux détournés vers les grands axes, problèmes de distribution mal compris par rapport à la production. L'obsession de la peuplade alimente ces craintes d'une évaporation définitive des hommes dans un itinéraire sans retour. La contagion, le déclin, le goût du voyage redouté font décrire le phénomène en termes d'épidémie et lui attribue des conséquences identiques. Les autres, partisans du mouvement, insistent sur une utilité qui permet de compenser les besoins non satisfaits en main-d'œuvre pour les régions dépeuplées ou dynamiques. Ils y voient aussi un moyen de transférer la richesse avantageusement – ainsi dans la Creuse, l'Ariège, le Cantal –, de créer une réciprocité des échanges, et ainsi d'atténuer les inégalités. En bref, la réalisation du rêve de la *Richesse des nations*, liberté de circulation et d'échange, nivelle les inégalités de l'espace économique, instaure la prospérité et la concorde entre les hommes. Les enquêtes de l'Empire cristallisent le débat sur la migration; elles soulignent la crispation des élites économiques et politiques sur un phénomène qui leur échappe en partie et sur la possibilité de son rôle destructeur. Désagrégation des cadres traditionnels de vie ou affirmation d'un État aménageur et protecteur, peur sociale ou espoir de progrès, voilà ce qui se met en place à l'aube du XIXe siècle[58].

TECHNIQUES D'IDENTIFICATION

Ces points de vue, ces volontés contradictoires ne datent pas de l'Empire, mais celui-ci en a hérité comme de la tradition policière d'identification et de contrôle. L'émergence définitive de techniques opératoires dans ce domaine, utilisables sur le terrain par les autorités militaires et municipales, par les magistrats et les gendarmes, montre la matérialisation d'une visibilité nécessaire pour surveiller groupes et individus, dans leurs faits et gestes, pour comparer les observations directes à d'autres, pour approcher de la vérité.

Une première technique relève de la police du travail qui, dès la fin de l'Ancien Régime, souhaitait mettre en fiches le monde des compagnons ouvriers. Guillauté y voit le moyen de séparer bons et méchants travailleurs : les ouvriers qui cabalent la ruine d'une manufacture seraient forcés d'y demeurer. Les trois atouts de la police – sécurité des subsistances, surveillance des maîtres et des ouvriers, contrôle des mœurs – vont dans le même sens : immobiliser les peuples dans le temps comme dans l'espace, et répondre à l'impossibilité de canaliser le danger[59]. Pour contrôler ces populations mobiles, l'idéal proposé est celui de la subordination imposée aux domestiques – autres groupes sociaux très mobiles –, celui de la relation de serviteur à maître et de la salarialisation généralisée[60]. Le droit élémentaire du travail est conçu pour lutter contre la mobilité d'une population qui fait courir, d'après ceux qui font les lois, les plus grands risques aux citadins, aux vrais Parisiens. Paradoxalement, il entretient le mouvement qu'il condamne en refusant aux domestiques un domicile au sens juridique : « L'état d'un domestique n'a rien qui le fixe en un lieu plutôt que dans un autre ; par conséquent, les domestiques n'acquièrent point en général le domicile dans la maison de leurs maîtres. Ils y ont seulement une résidence, qui ne change point de nature par le laps du temps qu'ils passent au service d'une même personne », écrit l'avocat Denisart[61]. Le but de cette législation contradictoire – fixer ou renvoyer – est de limiter la contamination des jeunes ruraux par le mode de vie des villes et l'accroissement du milieu des parasites urbains. Le moyen en est le certificat d'employeur, qui est la carotte accordée au goutte-à-goutte après le renvoi, ou le bâton des sanctions judiciaires. Dans les archives policières, par exemple celles du grand criminel du Châtelet de Paris, ils sont peu nombreux à faire état de ce satisfecit et, quand ils en possèdent plusieurs, c'est un titre de notoriété, car tout se passe comme si les employeurs voyaient dans le certificat plus une récompense qu'une formalité administrative assurant au domestique continuité et sécurité dans sa carrière. Les commissaires de police sont d'ailleurs habilités à en délivrer à la place des maîtres. Les tribunaux en tiennent compte.

Du côté des ouvriers, la police peut s'appuyer sur le contrôle des corporations et sur l'enregistrement obligé des métiers libres mais surveillés – ainsi du commerce de seconde main et des activités d'accueil. On ne peut s'en passer, et la réforme de Turgot est un feu de paille. L'usage du certificat s'inscrit dans les voies de la rigueur contre la mobilité salariale et ses capacités d'indépendance affirmées dans la fuite. Certains corps mettent en place le livret de travail vers 1775 et la Révolution, après sa période libérale, l'instaure définitivement. L'administration, par la lettre du 22 germinal an XII et l'arrêté du 7 frimaire an XIII, l'impose aux salariés. Elle le conçoit comme une sorte de passeport intérieur qui renforce le lien employeur-ouvrier, la dépendance salariale, et empêche la libre circulation de la main-d'œuvre sur le territoire. Sans livret, l'ouvrier peut être tenu pour vagabond, arrêté et puni comme tel[62]. Le livret ouvrier attend son historien ; le passeport l'a trouvé[63], et c'est avec lui qu'on peut suivre le rôle de l'institutionnalisation d'un titre d'identité comme méthode pour limiter et de connaître une circulation générale.

C'est avec la Révolution et l'Empire que s'écrivent et se révèlent l'inflexion et le sens d'un moyen de contrôle déjà ancien. Un contexte de troubles dans le rapport aux étrangers et de crise militaire et diplomatique allongée de 1792 à 1815 entretient la suspicion extérieure comme la méfiance intérieure. Parmi les suspects, l'étranger a sa place gagnée ; parmi les citoyens douteux, les non-résidents ont leur situation acquise. La Révolution, avec ses craintes, voit alors se fixer les caractères matériels et intellectuels du passeport qui en font un instrument privilégié de la surveillance. Ce titre est, au départ, une autorisation donnée à un individu ou à un groupe de se rendre d'un lieu à un autre. A l'arrivée, pour l'adoption de règles rationnelles d'attribution et de contrôle, il réalise une double fonction : il définit, certifie l'appartenance au territoire, local ou national, par la définition de ce qui est hors de la frontière ou de la limite ; il accorde au détenteur une capacité de liberté publiquement attestée, et le garantit dans ses déplacements. Le contrôle et son dispositif entrent dans les mœurs pour n'en plus sortir.

Dès les XVe-XVIe siècles, deux pratiques se sont mises en place pour interroger la liberté de circulation, qui est dominante à quelques exceptions près – les relations héritées du servage et celles imposées par le travail ou par la guerre. Pour triompher des obstacles, le voyageur peut se munir d'un sauf-conduit (*salvus conductus*), pratique générale socialement où ce qui compte est la recommandation obtenue : l'identité du voyageur importe moins que le poids social du protecteur. Il peut être accordé à un individu ou à un groupe, entraînant quelquefois la protection des biens mobiles – chevaux, armes, bagages – et une dispense de taxe[64]. Simultanément, le voyageur peut prendre un passeport – le mot et la chose existent alors – qu'on délivre plutôt pour tous les déplacements aux autochtones. Alors que le sauf-conduit peut se donner aux ennemis, comme le précise l'article « Passeport » de l'*Encyclopédie*, le passeport se donne plutôt aux amis. Le mot est passé de la marchandise à la personne entre 1420 et 1520. Il passe de la vigilance économique au contrôle de la circulation de tous les hommes, vers l'étranger comme à l'intérieur des nations ; il intervient individuellement et pour des déplacements précis, définis dans le temps et l'espace, avant de devenir un titre général et en même temps un instrument de contrôle social. Il traduit alors en simultanéité une politique de réduction des autorisations spontanées, donc le renforcement de l'administration royale avec ses règles, et la conscience de la nécessité de veiller à l'intensité des turbulences grandissantes. Ce n'est pas la frontière ou la limite qui fait le passeport, mais la volonté de limiter et surveiller une mobilité, de fixer les vagabonds.

Dès le XVIe siècle, il entre ainsi parmi les instruments de lutte contre la mendicité et l'errance décrits par les ordonnances royales anglaises et dans les actes judiciaires des villes d'Europe préoccupées de classer leurs pauvres. La codification du passeport accompagne la montée de l'État moderne et l'absolutisme. C'est pour cela certainement que les Lumières le critiquent, y voyant l'instrument d'une politique mercantiliste et antilibérale, un symbole de l'arbitraire et des entraves apportées à la liberté individuelle[65]. La pratique, aux yeux de Peuchet, « ne peut que favoriser les coupables et nuire aux honnêtes gens ; elle est d'ailleurs contraire à tous les principes et le prétexte du plus ridicule des despotismes ». La Révolution, avec son souffle de liberté, ne réussit pas à l'emporter comme d'autres vanités féodales ; elle hésite, faisant alterner mesures coercitives et abolitionnistes au gré de la conjoncture. Le 28 mars 1792, le passeport un temps disparu est rétabli pour longtemps ; il se pérennise sous le Directoire face aux périls extérieurs et encore sous l'Empire qui hérite de la loi du 10 vendémiaire an IV. Deux éléments politiques ont été sur ce point décisifs. En premier lieu, l'émigration et la nécessité de classer les suspects pour en entraver les mouvements : l'inscription « ex-ci-devant », « ex-noble » ou « amnistié », est l'objet d'un débat, car susceptible d'interprétations et d'utilisations multiples. En second lieu, le caractère autoritaire du régime impérial, symbolisé par Fouché, déclenche toutes les justifications favorables à une police préventive, donc la chasse aux individus ouverte et sans limite, et en même temps l'idée de fixer et de connaître la population par des appareils statistiques complexes : statistiques morales, Anagrafo à Milan.

La double fonction du passeport est d'identifier et de permettre la surveillance. C'est la traduction de la construction de l'État-nation enfermé dans son territoire et ses frontières contrôlées. C'est aussi l'idée qu'il va possiblement faciliter le contrôle des mobilités. La définition ainsi établie de ce qui est français et de ce qui est étranger se superpose à la suspicion frappant tous ceux qui n'appartiennent pas à la communauté locale. Le passeport dissipe le soupçon et permet à l'inconnu d'être admis et reconnu. Il dissipe aussi l'opacité de l'identité, fortement diffusée par les troubles, et les débats qui entourent la loi de mars 1792 montrent que l'on se réfère à des principes déjà en œuvre dans la loi sur la police municipale du 19 juillet 1791 : l'obligation du domicile et du recensement, le rôle des cautions pour ceux qui n'ont pas de moyens de subsistance, la codification des individus selon leurs ressources et leur intégration dans la communauté locale. « Si le voyageur est honnête », indique le rapporteur Lodet au Comité de législation, « son passeport sera ainsi pour lui un certificat avantageux, et il en sera très flatté ; s'il n'est pas honnête, il est nécessaire que son passeport le fasse surveiller dans tout le royaume, de même que la loi sur la police municipale le faisait surveiller dans toute l'étendue de son canton ». Le passeport réalise le souhait de transparence sociale et la mise à l'index des indésirables. La rupture avec l'Ancien Régime est ainsi moins évidente que la continuité ; le roi s'arrogeait le droit de limiter par le passeport la libre circulation. Les cibles toutefois changent, se précisant et se politisant : on l'a entrevu dans l'émigration, on le voit plus encore dans la guerre civile intérieure. Le passeport doit servir à gérer les mouvements de la population au même titre que l'instauration à Paris du régime des cartes de sûreté après 1791. La police municipale obtient alors d'enregistrer tous les citoyens en complétant le certificat de civisme par des critères de résidence et d'identité : origine parfois, nom, âge, profession, domicile, signalement. Chacun doit pouvoir donner une identité que chacun doit aussi pouvoir contester. L'obligation se maintiendra, mais le perfectionnement des principes d'authentification avance de l'Ancien Régime à l'Empire.

Le triomphe du passeport

Deux éléments vont entrer en ligne de compte dans cette tentative réussie de rationalisation : la définition plus précise des critères d'identification ; la volonté de centraliser et de garantir la sûreté de l'attribution. Sur le premier front, c'est par le nom, la qualité et la reconnaissance d'une origine que se marque l'identité[66]. Le document peut être personnel comme il peut englober un groupe, les domestiques et les chevaux. La loi de 1792 établit définitivement la personnalité, et la règle « un passeport, un individu » est encadrée par des renseignements précis : nom, âge – la date de naissance n'est pas toujours connue – et, fondamentalement, le domicile exposé dans le détail. Dans un projet de dénombrement envoyé au ministère de la Police générale en fructidor an XII, Ducrest de Bain-sur-Somme met le passeport au service de la statistique, car les recenseurs attribuent à chacun son passeport, et l'opération garantit l'acte comme celui-ci le dénombrement. De surcroît, les principes du signalement s'assignent plus sûrement. Ils héritent de toutes les tentatives administratives antérieures : registres paroissiaux pour l'Église, registres de contrôle des troupes essentiels pour l'armée[67], listes de criminels. La précision s'est imposée ; les portraits approximatifs et les indications fantaisistes laissent la place aux catégories administratives : taille, couleur du poil et des yeux, forme du nez, du menton, du visage. Les progrès possibles sont limités – couleur de la peau, signes particuliers – par la culture des physionomistes et par des moyens techniques empiriques. Décrire un individu relève d'un art et de procédés transmissibles, comme le souhaite le citoyen Bonet dans son *Mémoire théorique et pratique sur les moyens d'assurer la police des passeports dans toute la République, présenté en l'an VII au Conseil des Cinq-Cents*[68].

Les attributions peuvent s'accompagner de marques d'exclusion, qui finalement disparaissent car relevant d'un régime d'exception. Elles se maintiennent par la mention des amnistiés – anciens chouans, par exemple – et par la désignation, au moyen d'une lettre, d'une appartenance à des catégories suspectes : A, Assassin ayant subi procès ; B, banqueroutier ; C, vagabond ; D, femmes sans mœurs vivant avec des voleurs ; E, faux-monnayeur ; G, chouan ; H, jacobin forcené ; J, ennemi du gouvernement ; K, faussaire ; L, mauvais sujets ; M, joueur de profession ou d'occasion ; N, support de mauvais lieu ; O, sans moyens d'existence ; P, escroc adroit ; Q, recherché ; R, voleur expérimenté ; S, repris de justice plusieurs fois ; T, repris par la police correctionnelle ; V, ayant déjà subi une condamnation pour autre délit ; X, ayant subi un jugement criminel et acquitté. Ce tableau recouvre la cohérence des intérêts policiers, mais le système imaginé reste sans lendemain – on craint la diffusion du code. De même, on n'a pas adopté le numéro national d'identification proposé par Ducrest, peut-être par attachement à des pratiques de classification plutôt qu'à la caractérisation abstraite par l'immatriculation. En même temps, les techniques matérielles visent à freiner l'imitation et la fraude : le timbre fiscal, l'impression de formule à l'identique, le papier infalsifiable, les encres spécifiques. L'Empire crée le passeport uniforme et sa fabrication contrôlée[69].

Le succès du contrôle est assuré par la transformation du système de délivrance. La monarchie avait conservé une multitude d'institutions susceptibles de répondre à la demande : le lieutenant de police, le bureau des Affaires étrangères qui en a l'habitude dès le XVIIe siècle, le ministère de la Guerre, le contrôleur des Finances. L'attribution peut varier avec le temps ou la catégorie des titulaires. La Révolution municipalise la compétence sans l'enlever aux autres autorités, puis avec le Directoire fait intervenir l'administration départementale et ses commissaires. La centralisation s'achève quand le ministère de la Police générale s'affirme avec Fouché par rapport à l'Intérieur et aux Relations extérieures. Toutes les autorités locales doivent lui rendre compte des attributions, et c'est le ministre qui confirme sur le rapport de ses bureaux. Ainsi peuvent définitivement s'instaurer des usages centraux de la surveillance qui aboutit à des répertoires d'individus – ceux qui viennent de l'extérieur, ou ceux qui veulent franchir les frontières. Une correspondance incessante s'engage entre le ministère et ses satellites périphériques, mettant en rapport des réseaux de contrôle divers. A Paris, la surveillance des mouvements s'opère à l'arrivée et à la sortie ; elle accumule les occasions de retracer les itinéraires d'individus multiples et de les replacer par rapport à d'autres informations.

Sur les routes, les gendarmes ont désormais un moyen d'agir, et les anciens contrôles aux portes des villes s'amplifient en même temps qu'ils deviennent plus efficaces grâce à l'attention portée aux caractères formulés qui garantissent la validité des titres d'identité. La réussite, finalement, dépend de deux choses. D'abord, la conversion des administrateurs ; elle s'effectue peu à peu, non sans conflit entre les échelons de l'activité de surveillance et d'attribution, mairies contre police. L'apprentissage de l'administration est venu à bout des carences avec un personnel des préfectures mieux formé et la volonté de mettre les moyens. Mais la réussite varie aussi avec l'acquiescement des populations elles-mêmes[70]. C'est leur ralliement, le passage de l'ignorance de la pratique à son acceptation, l'attribution obligatoire à tous les voyageurs, indigents compris, en dépit des droits perçus, qui ont fait l'habitude. Le passeport est entré dans les mœurs ; il fait partie des *identités de papier*[71] qui se répandent dans toutes les catégories sociales et dont *témoignent a contrario* l'usage de faux papiers, les manipulations des identités, les ruses nécessaires mais de plus en plus difficiles. La définition de l'individualité par ces procédures administratives est progressivement intériorisée ; le sujet, le citoyen sont devenus aussi des administrés pour le meilleur et pour le pire. N'en doutons pas, les usages le prouvent, c'est une pratique assez favorable, et malgré tout moins contraignante qu'on ne peut le penser, qui a su se diffuser.

Entre 1712 et 1725, le secrétariat des Affaires étrangères attribue plus de 2500 passeports, pour les deux tiers aux milieux de la noblesse et de l'administration ; entre 1792 et 1793, c'est 12 500 personnes qui à Rouen, seulement, obtiennent leur passeport des autorités municipales, les trois quarts pour des raisons professionnelles et économiques. La différence ne signifie pas un accroissement banal de la circulation, mais elle prouve la mise en place d'un système de contrôle qui n'a pas, même à un moment politique particulièrement turbulent, freiné les déplacements habituels[72].

Dans l'Italie de la Restauration, Stendhal nous fait entrevoir avec *La Chartreuse de Parme* les inconvénients du système moderne, mais aussi les ruses utiles et possibles. Son héros Fabrice del Dongo, n'oublions pas, est un jeune aristocrate sensible à ses origines et dont le caractère est façonné par des siècles de désinvolture héréditaire, une éducation libre, le mépris des bassesses. Il est contraint de fuir. Il vient proprement d'assassiner au poignard l'acteur Giletti son rival. Les gendarmes, qui le recherchent depuis longtemps, sont à ses trousses. Marietta lui confie le passeport du défunt. Voici la scène :

« La voiture avançait toujours au petit trot. Quand on vit de loin les barrières jaunes rayées de noir qui annoncent les possessions autrichiennes, la vieille femme [elle accompagne la Marietta] dit à Fabrice : "Vous feriez mieux d'entrer à pied avec le passeport de Giletti dans votre poche ; nous, nous allons nous arrêter un instant, sous prétexte de faire un peu de toilette. Et d'ailleurs, la douane visitera nos effets. Vous, si m'en croyez, trouvez Casal Maggiore d'un pas nonchalant, entrez même au café [...]. La police est vigilante en diable en pays autrichien : elle saura bientôt qu'il y a eu un homme de tué : vous voyagez avec un passeport qui n'est pas le vôtre, il n'en faut pas tant pour passer deux ans en prison [...]. Réfugiez-vous à Ravenne ou à Ferrare, sortez au plus vite des États autrichiens. Avec deux louis vous pourrez acheter un autre passeport de quelque douanier, celui-ci vous serait fatal." En approchant à pied du pont des bateaux de Casal Maggiore, Fabrice relisait attentivement le passeport de Giletti. Notre héros avait grand-peur [...] indépendamment de la répugnance naturelle qu'il avait à confier sa vie au passeport du malheureux Giletti le document présentait des difficultés matérielles » : la taille (cinq pouces de moins pour Fabrice), l'âge (quinze ans de plus pour Giletti), le linge marqué de Fabrice. Il déchire ses papiers.

Tourmenté par son imagination, Fabrice entre dans le bureau de police. « Ce bureau avait des murs sales garnis de clous auxquels les pipes et les chapeaux sales des employés étaient suspendus. Le grand bureau de sapin derrière lequel ils étaient retranchés était tout taché d'encre et de vin ; deux ou trois gros registres reliés en peau verte portaient des traces de toutes les couleurs et la tranche de leurs pages était noircie par les mains. » Fabrice franchit l'épreuve, car l'employé, ami de Giletti, se dit que celui-ci a très bien pu vendre son passeport, et il se débarrasse de l'importun problématique en le confiant à un collègue qui imprime et paraphe le visa exigé avec minutie. Tout est dit dans ce texte : la mise en place des contrôles, l'intériorisation de l'identité de papier, la frayeur des contrôles coupables, les ruses accessibles à tous, – deux louis, c'est peu coûteux –, la pratique ordinaire de la frontière et de ses impératifs. « Bon voyage, monsieur[73] ! »

L'ÉTRANGER INSAISISSABLE

La perception et la place de l'étranger dans la société d'Ancien Régime, et plus particulièrement en France, sont ambiguë et mal connuee[74]. La raison en est à chercher dans l'orientation démographique des travaux qui a dominé l'intérêt, accentuée plus encore par la nécessité récente de comprendre le fonctionnement migratoire et politique du creuset français[75]. Tout se passe alors comme si les étrangers en France avaient pour vocation essentielle de cesser de l'être dans les meilleurs délais, comme le rappelait Robert Mandrou. Entre la visibilité et l'invisibilité, leur présence est tiraillée par le rejet ou l'assimilation qui impliquent la confrontation des milieux et la rencontre des façons de voir qui ressortent de la mobilité générale[76]. En quelque sorte, tout se passe comme si la catégorie mentale et intellectuelle d'étranger existait sans poser de problème, mais que son application dans la réalité des communications et des situations concrètes se heurtait à des obstacles nombreux. Ceux-ci se lisent dans les définitions usuelles. Prenons Furetière, à la fin du XVIIe siècle : « Étranger, étrangère, adjectif et substantif masculin et féminin. C'est d'abord la même chose qu'étrange. C'est aussi qui est né dans un autre pays. On connaît bien à l'air de cet homme-là que c'est un étranger. Les étrangers ne peuvent tenir offices, bénéfices ou ferme en France. Les étrangers mourant en France donnent lieu au droit d'aubaine. Les lettres de naturalité s'obtiennent par les étrangers pour jouir des privilèges des régnicoles [...]. Les Français traitent fort humainement les étrangers », conclut le lexicologue, qui ouvre un autre article : « Étranger se dit aussi de ceux qui ne sont pas de la même famille, de la même maison. »

Trois traits rassemblent ici ce qui est important. D'abord, l'étranger n'est pas du lieu, il est né ailleurs, ses manières le distinguent, il ne partage pas les secrets des nations comme ceux des familles. Ensuite, de fait c'est un exclu, frappé par des taxes sur ses biens, et qui pour être intégré doit acheter son passage avec des actes de naturalisation. Enfin, l'étrangeté peut surprendre, mais elle ne doit pas empêcher l'humanité, le bon accueil.

La notion s'inscrit au centre du problème général de l'hospitalité privée et publique. Cinquante ans plus tard, le chevalier de Jaucourt, dans l'*Encyclopédie*, souligne à son tour sous l'angle du droit politique les mêmes difficultés. L'étranger, substantif masculin, c'est celui qui est né sous une autre domination et dans un autre pays que celui dans lequel il se trouve. L'histoire ancienne est alors convoquée pour rappeler le progrès réalisé : « Les anciens Scythes immolaient et mangeaient ensuite les étrangers. Les Romains, dit Cicéron, ont autrefois confondu le mot d'ennemi et celui d'étranger [...]. Les Grecs ne purent jamais sympathiser avec les étrangers les plus estimables ; leur rigueur à cet égard fut cause du déclin de Sparte et Athènes. Alexandre au contraire ne se montra jamais plus digne du nom de grand que quand il fit déclarer par un édit que tous les gens de bien étaient parents les uns des autres, et qu'il n'y avait que les méchants seuls que l'on devrait réputer étrangers. Aujourd'hui que le commerce a lié tout l'univers, que la politique est éclairée sur les intérêts, que l'humanité s'étend à tous les peuples, il n'est point de souverain en Europe qui ne pense comme Alexandre. » A l'idée d'une séparation née du déplacement s'est substituée sa correction par des conduites hospitalières. L'économie y pousse, la puissance des États aussi, les lois sociales enfin le réclament. A l'exemple des Provinces-Unies, il faut attirer, retenir, intégrer en levant les obstacles opposés à l'assimilation, restes des siècles barbares où les étrangers étaient presque regardés comme des ennemis. L'article renvoie alors aux droits particuliers de chaque État, et à l'ancienne opposition aubain/régnicole.

L'*Encyclopédie* a enregistré le passage d'une conception ancienne à un idéal favorable aux relations cosmopolites : l'utilité des Lumières l'exige et, dans l'article « Naturalisation », l'attitude favorable devient plus nette encore, soutenue par des arguments populationnistes encore plus forts. La position des intellectuels pousse à la transformation du droit dans un sens que les juristes avaient, dès le début du siècle, suggéré au nom de l'abolition des archaïsmes[77]. C'est donc la position de l'État et les pratiques de l'administration qui font l'étranger. La police, on l'a vu, a dans ce domaine sa part de responsabilité : d'abord, parce qu'elle est à l'origine des mesures de classement, de tri et de surveillance qui spécifient l'étrangeté; ensuite, parce que sa conception profonde contribue à durcir ou à attendrir les rapports étrangers/régnicoles. La confusion des premiers dans la masse des populations mobiles, à risques, accentue les rigueurs du contrôle et la méfiance qui peuvent convenir à l'opinion générale, dont le ralliement ne doit pas masquer les divergences invisibles, toutes les formes de rapports coutumiers qui organisent le déplacement des hommes et leurs relations. L'ouverture aux étrangers n'empêche pas que leur présence ne devienne une préoccupation majeure de la politique monarchique, d'autant plus certainement que l'hostilité à l'étranger comme au forain se manifeste sinon en permanence, du moins par crise. Comme le fait remarquer Jean-François Dubost, il ne manque à la xénophobie des intellectuels et des gens de peu que le contexte du nationalisme, celui de la politique des États-nations, pour passer du potentiel à la catalyse et faire entrer bruyamment la figure étrangère dans les combats de la cité. On peut se rappeler qu'au même moment, avec la Révolution, une autre révolution de la police a accompagné la définition des identités nationales enfermées dans les frontières. Nationaux et étrangers sont alors de plus en plus confrontés et affrontés, contrôlés et identifiables au terme de la révolution identitaire[78]. L'étranger se substitue aux migrants et aux forains.

Définitions, attente et suspicion

Comment l'étranger devient-il ce qu'il est ? Voilà une première question qui témoigne de lui-même, de ses échecs et de ses réussites; mais pour la société d'accueil, il est un autre qui suscite l'étonnement, un changement de regard, le refus ou l'acceptation, le dérangement en tout cas, qui font prendre à tous conscience de leur identité propre[79], et voilà une seconde question. Ces deux questions trouvent simultanément leur réponse dans la confrontation des normes politiques et des opinions comme des pratiques sociales. Sans aveu et livré à lui-même, l'étranger n'a pas plus d'atouts que les marginaux; la force d'assimilation dépend des conditions d'accueil donc des réseaux sociaux offerts et dont la vitesse est inégale selon les moments et selon les milieux.

Le filet qui rattrape les étrangers frappe et retient des cibles imprécises à travers trois notions non exactement superposables et déjà apparues dans les définitions des dictionnaires. Étranger au lieu et étranger à l'État se recouvrent sans coïncider ; le simple forain comme l'étranger authentique peuvent être, en cas de crise, soumis à un même ostracisme. L'État absolutiste et sa police veillent à dissiper la confusion, sans y réussir vraiment. En 1750, Fougeret de Montbron emploie encore le mot pour désigner les provinciaux venus à Paris, à qui par coutume on donne aussi le nom d'étrangers : ils sont tous sujets du roi et le nombre en est si grand qu'ils composent plus de la moitié des habitants de la ville[80]. Dans les moments d'hostilité, la législation se resserre et ne vise cependant plus que les étrangers à l'État, non naturalisés, contraints de déguerpir, soumis à l'obtention des passeports par obligation réitérée. Dans la répression de l'errance, l'altérité sociale l'emporte toujours sur la différence d'origine politique : ce qui compte, en effet, c'est le danger économique et moral représenté par le vagabondage. En d'autres termes, la notion se précise à partir d'un certain seuil social et d'une certaine capacité à l'installation. L'étranger est intégré dans les migrations acceptées, mais refoulé, car assimilé au vagabond, dans les migrations redoutées.

Lorsque l'édit royal de mars 1693 prescrit des demandes d'autorisation aux logeurs parisiens, hôteliers, aubergistes et tenanciers de garnis, c'est pour prévenir des abus impliquant les errants et les criminels, les vols, le libertinage, le mauvais commerce. « A quoi était nécessaire de remédier et de pourvoir d'ailleurs à la sûreté tant de nos sujets que des étrangers qui sont obligés de loger dans nos hôtelleries[81]. » Toutefois, l'altérité et la concurrence peuvent aussi pousser au refus. C'est une constante de la pensée économique mercantiliste, de Laffemas à Montchrestien, et d'une monarchie qui veut vivre sans avoir besoin des autres – « Luy seul peut être tout le monde », dit Montchrestien de l'État monarchique[82], par élection divine et par raison pratique. L'étranger au royaume est un pillard de richesses, un dangereux rival, un voleur de techniques toujours accusé de vouloir exploiter la France. Mais l'argument peut se retourner quand susciter la venue des étrangers et faciliter leur intégration se révèle nécessaire au développement économique, dès le début du XVIIe siècle. Il requiert alors un assouplissement de la condition des étrangers, à terme le retrait du droit d'aubaine, et la négociation des situations particulières entre États pour diminuer les vexations. Au total, la définition proposée par Jean-François Dubost repose sur trois déterminations. L'une est politique : venu d'ailleurs, l'étranger y est aisément pensé comme diplomate, seigneur, soldat. L'autre est sociale : la qualité est rendue visible par la condition et elle s'efface en deçà, avec l'errance. La dernière est culturelle : l'étranger est un homme de la circulation et du voyage qui peut bénéficier d'une installation temporaire ou définitive, profitable dans le cas du marchand, qui peut jouir d'un accueil familier, d'un commerce de sociabilité enrichissant dans le cas du voyageur intégré.

Notre vision actuelle, conséquence de la révolution politique et économique du XIXe siècle, insiste sur le déterminant social et économique, sur l'insertion incomplète qu'il cause ; quant aux riches, voyageurs, intellectuels, entrepreneurs, leur situation et leur qualification prévalent sur l'extranéité[83]. Le croisement de ces causalités se rencontre dans la formation et l'évolution du stéréotype. L'étranger peut alors, comme le proposent juristes et auteurs de traités politiques – Bodin au XVIe siècle, Papon et Coke au XVIIe, Jean Bacquet au XVIIIe –, se définir par la rencontre de trois altérités. Une altérité culturelle, celle de la religion et des mœurs, qui ne suffit pas à créer le caractère d'extranéité, mais qui contribue à le renforcer – ainsi pour les protestants ou les juifs. Une altérité juridique qui oppose les sujets naturels et les non-régnicoles, les naturalisés pouvant prendre place parmi les premiers, les autres pouvant être considérés comme des amis perpétuels ou temporaires. Une altérité géographique qui enregistre les origines, l'opposition du *jus soli* et du *jus sanguinis*, et leur identité reconnue les range parmi ceux que frappe le droit d'aubaine. Les caractères économiques et sociaux jouent selon le moment avec ces trois impératifs qui ne cernent jamais des catégories imperméables. Les normes et les pratiques, les choix de la monarchie, les tendances au refus, au rejet ou à la tolérance et à l'acceptation les mettent tour à tour en valeur avant que la Révolution n'en propose une autre systématisation.

Le statut des étrangers et le droit

Les juristes français sont à la recherche d'une clef de lecture du statut des étrangers commode et respectant une médiation diverse au territoire. Ils l'ont trouvée dans des actes pratiques : l'application du droit d'aubaine et les lettres de naturalité[84]. Les traités, les recueils d'arrêts notables, les recueils d'anciens édits, ordonnances, décisions des jurisprudences actuelles, les coutumiers, les dictionnaires mettent en place sur ces deux points des traditions interprétatives différentes. Au départ, pour les juristes du XVe et du XVIe siècle, ces actes relèvent d'une interprétation féodale et personnelle du lien établi entre l'étranger et le roi. A l'arrivée, à la fin du XVIIe et au XVIIIe siècle, il s'agit de l'affirmation d'une vision absolutiste et, plus tardivement encore, de l'émergence du droit naturel dans les rapports de l'État et des individus. Commencé dans la réflexion de Vittoria et de Grotius, cet effort vise à l'instauration du bien commun dans les relations internationales. La situation de l'étranger dépend à chaque instant de la tension mesurable au niveau économique – avec le mercantilisme – et au niveau politique – avec l'absolutisme – entre forces particularistes et impératifs universalistes. L'aubain, l'étranger, n'a pas d'autre seigneur que le roi. Il peut librement acheter, vendre, louer ; mais, sauf dispense, il ne peut ni tester ni accéder aux charges et aux bénéfices ecclésiastiques[85]. Les lettres de naturalité interviennent ici pour permettre à l'étranger de conserver sa nationalité. A la fin du XVIIe siècle, c'est le moyen de reconnaître à l'étranger la qualité de sujet naturel et de l'autoriser à jouir de tous les droits et privilèges, franchises et libertés dont jouissent les vrais originaires français, et de le rendre capable d'aspirer à tous les honneurs civils[86]. Déboires et avatars de la fortune du droit d'aubaine, politique de naturalisation scandent les étapes d'une acceptation ou d'un refus de l'entrée des étrangers au nombre des sujets du roi : le recul des aubains, la montée des naturalisés.

En 1697, le roi de France publie une ordonnance décidant de taxer tous les étrangers du royaume. Cette mesure, qui arrive au moment d'une paix favorable aux relations entre les peuples – le traité de Ryswick va être signé à l'automne –, provoque la colère des nations commerçantes et des milieux du négoce. Elle semble traduire la méconnaissance du pouvoir pour les besoins réels de l'économie des échanges et, au nom de choix fiscaux conjoncturels, s'inscrire à contre-courant de la politique d'attraction délibérée des étrangers nécessaires et utiles[87]. L'acte a fait du bruit, mais son caractère exceptionnel et provocant met en évidence la position des étrangers dans le royaume. Son préambule rappelle les anciennes incapacités (chevage, formariage) et l'aubaine qui, elle, reste bien vivante : « Ils ne peuvent ni tester ni autrement disposer de leurs biens, qui après leur mort nous demeurent acquis par droit d'aubaine. » Si les choses propres à dissuader l'installation de longue durée et la transmission familiale ne sont pas acceptées par tous les juristes et conseillers du roi, c'est que l'ordonnance s'accompagne de multiples limitations apportées à l'activité des nouveaux venus – accès aux métiers du commun, aux corps, aux bénéfices – et que de surcroît la monarchie a déjà eu recours à la taxe, pour alimenter ses caisses, pour faire le ménage dans la foule des forains. C'est pourquoi le Conseil et le roi rappellent la pratique des lettres de naturalité, indispensables pour bénéficier d'un statut de sujet reconnu et accordées contre argent, mais comme une grâce : « Il [le roi] leur aurait permis d'y demeurer et habiter tout ainsi que s'ils étaient originairement natifs d'icelui. » Autrement dit, ils échappent au droit qui assomme les aubains, par simple volonté politique. Au XVIe siècle (1587), au XVIIe, (1639, 1646, 1656), des mesures analogues ont été prises dans le même sens. La taxe sur les étrangers plane déjà au-dessus de leur tête. La déclaration frappe largement et en particulier les descendants et héritiers, ce qui nous donne une occasion unique de découvrir la présence effective de la population mobile.

Mais reste l'apparente contradiction de la politique monarchique : d'un côté, attirer, fixer, séduire ; de l'autre, refouler, contrôler, faire payer. Ce sont les deux visages d'une même politique qui renvoie à un rapport aux autres associant la méfiance, l'exclusion – reflet de la culture et des habitudes du royaume paysan – et la volonté d'accueil correspondant aux besoins du royaume marchand[88]. Si les deux espaces, on le sait, communiquent par le haut, par le transfert des impôts et des rentes, ils sont aussi en relation par le bas grâce à une circulation active vers les villes, des provinces aux villes. La taxe frappe au milieu, et en quelque sorte entre les deux cultures ; les étrangers renvoient à l'une et à l'autre. La monarchie, qui a besoin de nouveaux venus qualifiés – soldats, marins, ouvriers des manufactures –, a aussi besoin de bras : militaires en nombre pour combler les trous du recrutement, paysans et manouvriers pour repeupler les régions vidées par les guerres et les villes conquises par les traités. Bien accueillis, les nouveaux venus sont dispensés du droit d'aubaine. C'est l'une des infortunes de cette limitation apportée à la liberté de circulation, et qui n'est pas simple. Elle peut frapper quelques régnicoles (s'ils sont nés hors mariage) ; elle peut épargner des groupes nationaux importants (les Avignonnais, les Suisses, les Écossais), pour des raisons historiques ; elle peut se diluer pour les uns et s'accentuer pour les autres. Marseille y échappe, et Toulouse, et Dunkerque ; les frontaliers des régions nouvellement conquises (Dauphiné, Lorraine, Bourgogne, Pays-Bas, Roussillon, Comté) sont épargnés par application de traités prévoyant la réciprocité. Les privilèges font reculer le droit d'aubaine comme la réflexion sur le droit de la guerre et de la paix lancée par Grotius (1625).

Les nations civilisées doivent proscrire le droit d'aubaine; les Hollandais (en France, ils sont exemptés par privilège accordé à la nation en 1597) donnent l'exemple. La paix est favorable à son abolition; la guerre, toutefois, le réactive. Les richesses successorales aristocratiques et marchandes attirent les chasseurs d'aubaine et celle des financiers. Au centre du débat, deux notions se contredisent : le véritable aubain doit être *non solum perigrinans, sed peregrinus* (non seulement de passage à l'étranger, mais établi à l'étranger). La position qu'éclaire la taxe de 1697, c'est que pour une fraction dominante de l'État, on peut viser là l'essentiel. Seul le roi peut naturaliser, à partir du XVIe siècle, et délivrer par l'intermédiaire de la chancellerie les actes de reconnaissance sur requête de l'étranger. Les lettres de naturalité doivent être vérifiées et enregistrées à la Chambre des comptes (dans les archives de laquelle on les retrouve, pour notre bénédiction d'historien) et à la chambre du Trésor, et pour plus de précaution dans d'autres cours souveraines ou dans les juridictions locales (bailliages et sénéchaussées).

On peut donc lire dans la définition de l'étranger conférée par les lettres de naturalité un enjeu de souveraineté comme dans le droit d'aubaine. Elles font accéder au rang de sujet du roi de France, privilège personnel transmissible – l'étranger naturalisé ne peut avoir que des héritiers régnicoles –, confirmé quand on est français et né à l'étranger. Il est fréquent que les bénéficiaires mus par un désir plus profond d'insertion négocient, après ou avant, des lettres de bourgeoisie; celles-ci sont plus difficiles à obtenir (sauf à Paris), le privilège le plus général étant plus facile à gagner que le plus local, à l'inverse d'aujourd'hui[89]. Ici encore les mécanismes du droit administratif vont produire du papier, des archives dont l'exploitation informatique éclairera la situation réelle des étrangers de la France moderne

En même temps, ils confirment le sens d'un rapport à l'autre. Le sens de la naturalisation est à lire dans sa dimension philosophique. Le naturel est ce qui est acquis par la naissance mais pas forcément héréditaire, et il en va ici de même du noble et de l'étranger. Comme le définit le juriste polémiste Carlo Garcia[90], l'hostilité entre Français et Espagnols est naturelle, produite par l'histoire, acquise à la mamelle, mais un Espagnol comme Garcia peut se réclamer simultanément de sa naissance («Je suis espagnol »), et de sa lignée (« Je suis aussi français, n'étant redevable à l'Espagne que de la seule naissance, puisque mon origine est française »)... Etre naturalisé, c'est entrer dans le cadre d'un naturel ambigu, condition que met en évidence la pratique. La naturalisation vise à créer autour du royaume un réseau de clientèles et d'alliances au roi, des Italiens aux Allemands, et en même temps de préciser la notion de résidence, relation au territoire. La multiplicité de l'enregistrement renforce la sécurité et la double allégeance, au royaume et au roi. L'obligation de résidence est un point qu'on ne peut discuter ; les dispenses s'effacent. Elle coïncide avec le renforcement de la clause d'incolat des héritiers stipulée pour que leurs biens restent français. Au total, la relation à la lignée et la relation au territoire sortent au XVIIIe fortifiées de cette longue évolution. Le droit du sol l'emporte définitivement, mais concilié avec celui du sang qui justifie de la nécessité d'être reconnu à certains Français nés en dehors du royaume. C'est la garantie d'un retour ; le sol l'emporte sur le sang, car les bénéficiaires doivent revenir demeurer en France. Jusqu'à la Révolution, le statut effectif des étrangers ne va plus changer : après la taxe, le droit d'aubaine disparaît, le lien à l'État est raffermi, mais il faut acheter la naturalisation ou prouver l'enracinement de sa lignée, la succession de naissance, l'habitus éducatif, pour être conforme à la double relation au sol et à l'héritage.

Des groupes peuvent continuer à négocier des privilèges particuliers, malgré les réticences : c'est le cas des nations étrangères dans les universités ; c'est aussi le cas des négociants que des traités protègent des rigueurs de l'aubaine ; c'est encore le cas de certaines congrégations étrangères – les Irlandais du clergé à Paris. Mais il n'y a jamais eu de politique de naturalisation contrainte, à l'instar de l'Angleterre à la fin du XVIe siècle, car la monarchie a choisi ses partenaires : les protestants qui se convertissent, les acteurs économiques. Tous travaillent au prestige de la monarchie : ceux qui participent à l'État et à son essor – de Mazarin à Necker, on les voit profiter de l'accommodement –, ceux qui trouvent leur profit dans l'ombre des maisons royales ou princières, tous ceux qui travaillent pour l'économie encore. Les uns nourrissent en permanence la xénophobie ; les autres peuvent se réclamer en permanence d'une réelle pratique d'accueil favorable. La première attitude s'alimente certainement à la méfiance anthropologique générale, mais aussi à des références culturelles anciennes, telle la référence latine des juristes à l'équivalence entre *hostis* « ennemi » et *hostis* « étranger »[91]. Le lien avec la conjoncture économique peut en élargir l'écho en cas de crise et de trouble : « A bas le Mazarin, vive le roi ! » C'est pourquoi leur présence dans l'État est suspecte, source de déséquilibre, cause de calamité financière, comme l'installation économique est cause de concurrence et de pertes.

La suspicion étatique n'est jamais levée, car elle bénéficie de la dénonciation des actions des couronnes étrangères ; elle entraîne la vigilance policière, qui s'exerce efficacement à l'occasion des troubles religieux. L'hérésie est suspecte avant et après l'édit de Nantes ; l'entêtement huguenot à conserver sa foi fait le reste. Ainsi, comme le suggère très fortement Jean-François Dubost, l'État trouve à s'affirmer à travers l'étranger[92]. Sa méfiance s'alimente dans la présence des serviteurs infidèles ou soupçonnés de l'être – les traitants italiens au XVIIe siècle – et des aventuriers toujours considérés comme des espions, tel Casanova, dénoncés comme les acteurs d'une transformation des traditions ; ainsi des francs-maçons et des réfugiés politiques. Les exilés provisoires défilent en France sous la surveillance de la police, mais celle-ci oriente ses soupçons principalement vers la méfiance sociale et morale – l'étranger soupçonné d'une conduite dissipée est susceptible de ruiner ses débiteurs par ses dettes – avant peut-être même la méfiance politique, qui porte avant tout sur le personnel politique[93]. La surveillance frappe une micro-société en priorité ; mais, par le passeport et d'autres moyens, elle peut viser plus largement.

Son efficacité ne s'atténue pas, elle se précise, car le tournant cosmopolite commencé au XVIIe siècle s'est accéléré au XVIIIe. On l'entend dans le petit traité de La Mothe Le Vayer[94] : *De la patrie et des étrangers*. La patrie d'un homme de bon esprit est partout ; on ne peut plus confondre le mot d'ennemi avec celui d'étranger, comme le faisaient autrefois les Romains ; les services que rendent au public ceux du dehors doivent être estimés pour ce qu'ils sont : le fruit d'une ardeur et d'une fidélité extraordinaires. Les idées de tolérance et de liberté, la diffusion du cosmopolitisme par les Lumières ne font pas entendre autre chose[95], mais elles le font dans un contexte marqué par deux traits essentiels : d'une part, la diffusion du sentiment d'universalité et l'accélération de la communication intellectuelle au service des esprits libres ; de l'autre, le triomphe de l'utilitarisme économique et populationniste dont fait état l'*Encyclopédie* à l'article « *Étranger* » et à l'entrée « *Naturalisation* » : « *Les avantages immenses de la population justifient la nécessité d'inviter les étrangers à venir l'augmenter.* »

LA RÉVOLUTION IDENTITAIRE

La Révolution hérite de cette tradition mêlant fascination et méfiance, accueil et rejet. La France peut apparaître dans le discours républicain comme la terre d'asile, la patrie des opprimés, le refuge des hommes de liberté, la nation phare de tous les peuples. Tocqueville le reconnaît : « La Révolution française n'a pas eu de territoire propre ; elle a formé, au-dessus de toutes les nationalités particulières, une patrie intellectuelle dont les hommes de toutes les nations ont pu devenir citoyens... » Elle est toutefois le lieu de l'impossible citoyenneté des étrangers, celui d'une défaite irrépressible de l'hospitalité traditionnelle et universaliste, car créant progressivement l'ostracisme, la suspicion, la persécution de l'autre : elle a été, on l'a entrevu, le moment du renforcement des contrôles. C'est que l'intense brassage des idées et des hommes qui se déroule entre 1789 et 1815 multiplie les questions intellectuelles et politiques, accroît la méfiance concrète, vivifiée par la guerre, par l'afflux des étrangers accourus à Paris de toute part en amis, en curieux, en adversaires, en espions. En bref, le temps est à l'affirmation de l'exaltation généreuse et de l'accueil de tous car tous les hommes sont frères, mais les circonstances, la conjoncture économique, le dérapage terroriste sont à l'hostilité et à la fabrication d'altérités plus précises. Si les Droits de l'homme dépassent la société traditionnelle et proposent au monde un projet que nous devons continuer à défendre et à étendre, la répression et la suspension des garanties élémentaires offertes par la Constitution renvoient largement en arrière, car rien n'est épargné – ni les personnes, ni les biens[96].

La tension générale traverse aussi bien l'ordre des mots et le discours que le désordre des faits et la réalité d'un contrôle de plus en plus étroit. La difficulté est de penser les deux mouvements ensemble, car ni les circonstances (la guerre), ni la volonté de fermeture affirmée dans les discours au même titre que le cosmopolitisme n'expliquent clairement une contradiction vécue ; elle traverse autant les comportements des individus qu'elle opacifie les choix des partis et des groupes. Entendons l'universalisme dans le discours de Saint-Just : « Il faut que vous fassiez une cité, c'est-à-dire des citoyens qui soient amis, qui soient hospitaliers et frères », et en même temps l'exclusion : « Interdisez le séjour de Paris, celui des places fortes, à tous les nobles, à tous les étrangers : la cour était autrefois interdite aux plébéiens. » L'étranger comme le noble, bien que l'ultime réflexion de Saint-

Just soit passablement contestable, sont expulsés de la cité nouvelle, ils bornent l'universel, ils le réduisent – à la façon de Rousseau – à la communauté organique des citoyens[97]. Les choix collectifs se dessinent dans la législation : celle de la définition du statut, celle de la précision du contrôle. Au début, ouverture et accueil l'emportent. Target propose la naturalisation en bloc de tous les étrangers résidant en France, afin d'acquérir « des amis supplémentaires à une constitution qui voudrait rendre tous les hommes heureux », et le député du tiers état d'Abbeville, Charles-François Duval de Grandpré, s'exclame : « Il faut prouver à tous les peuples que nous sommes leurs amis [...] ils auront toujours de nous secours et consolation. » L'Assemblée vote la paix au monde le 22 mai 1790.

La nouvelle nation s'incorpore la fraternité universelle qu'elle rejette peu à peu, en vertu du lourd complexe noué par la nouvelle conception politique à l'égard de l'étranger et qui fait tout basculer dans l'hostilité. La souveraineté du peuple a aboli la frontière abstraite et sacrée qui séparait le peuple du roi pour lui substituer une multitude de limites infiniment plus sensibles et plus concrètes[98] : frontière territoriale qui enferme la nation dans l'espace de sa souveraineté ; frontière juridique qui rassemble tous les individus égaux dans leurs droits et leurs devoirs, et sur lesquels l'autorité de la coutume et du privilège, de l'usage, a cédé place à la loi ; frontière psychologique qui fait de ce conglomérat uni, homogénéisable sinon déjà homogène, le lieu de l'appartenance, du refuge, du ralliement, la patrie du patriote enraciné dans la terre et le sol. Mirabeau en a donné la formule : « On n'emporte pas la patrie à la semelle de ses souliers. » Tout ensemble, et quand l'événement y pousse, le jeu de ces trois éléments de l'unité citoyenne entraîne vers l'agressivité, la hantise du complot, le rejet de l'étranger, qui relèvent à chaque étape de la crise d'une tradition réfléchie d'un mouvement de panique national[99]. L'unité et l'obsidionalité poussent à la défaite de l'universalité et de l'hospitalité. Les étrangers sont rejetés de l'espace politique, car la nation souveraine a construit ses limites.

Elle en a trouvé les moyens dans les bagages de la théorie policière, dont elle a poursuivi les propositions au nom d'autres principes. L'arsenal répressif a suivi la courbe des événements, lié à la guerre, à la terreur, à la défiance qu'elles généralisent. Trois phases sont décisives : en 1791-1792, les mesures visent à contrôler les flux, c'est le moment des cartes et des certificats ; de 1793 à l'an III, c'est celui du refoulement, des arrestations, des complots de l'étranger, de la lutte contre les agents de la contre-révolution ; de 1794 à 1800 et après, c'est celui d'un contrôle sélectif et de la politique de dissuasion. D'une étape à l'autre, on l'a vu, les instruments sont perfectionnés. En janvier 1796, le ministère de la Police générale reçoit la charge de faire exécuter les lois sur les étrangers, le Consulat confirmant et l'Empire renforçant ses pouvoirs en ce domaine. L'expulsion des étrangers est possible depuis l'an II ; elle est interprétée rigoureusement en l'an V et appliquée plus facilement dans le contexte de la recentralisation des contrôles. Toutefois, la législation répressive ne subvertit pas totalement le projet républicain et révolutionnaire. Il ne revient pas en arrière : le droit privé des étrangers (succession, garantie pénale), l'émancipation des juifs et des esclaves rapprochent définitivement la condition du national de celle de l'étranger. Le flot des mesures policières accompagne la genèse de l'État-nation républicain, le consolide à l'intérieur et le défend contre l'extérieur en suspendant les droits naturels. « Il n'y a plus d'étrangers en France que les mauvais citoyens », dit Tallien. Pour beaucoup, les procédures individuelles de séjour et d'expulsion, les conditions exigées pour l'obtention des passeports et des visas sont, comme le déclare Lecoz, député au Corps législatif, « le palladium de la liberté publique », et par conséquent la sauvegarde de la liberté individuelle. La Révolution lègue ainsi à notre temps l'étape décisive dans la figure de l'étranger qu'elle place sous la protection des choix collectifs et de la solidarité de la chaîne humaine : la fraternité, mais aussi la justification perverse de la défiance et les moyens de la mettre en pratique. Depuis, il appartient au droit de confirmer l'œuvre quotidienne qui, par la naturalisation, par les procédures d'accueil ouvertes, ratifie les habitudes et les relations réciproques[100].

La place et le poids des étrangers

Définir un statut, en percevoir les tensions a permis de montrer l'importance de la conjoncture. Des périodes d'hostilité et de contrôle marquent ainsi l'histoire de la « Mosaïque France », celle de l'immigration et des cent peuples divers qui ont fait et font encore les Français d'aujourd'hui. En 1789, la présence des étrangers va de soi ; les cahiers de doléances font, sauf rares exceptions, le silence sur le sujet. La question des juifs est traitée : ils doivent être des citoyens, et ils le deviennent en septembre 1791. En 1793, rien ne va plus : le complot des étrangers et les mesures répressives traduisent la méfiance générale contre les agioteurs, les agents de Pitt, les espions. Le nationalisme ambiant maintient le pression sous l'Empire, mais désormais toute une part de l'Europe a pris la Grande Nation en exécration. Cette contradiction entre universalisme et accueil sans problème d'une part et xénophobie marquée de l'autre, pose la question des invasions pacifiques : qu'est-ce qui rend visibles à un moment particulier les étrangers qui sont invisibles en temps normal ? La réponse à cette question n'est pas simple ; elle renvoie à la situation de crise, aux relations diplomatiques, aux volumes variés et changeants des nouveaux venus, aux images et aux préjugés qui les construisent aux yeux de tous et qui justifient action et réaction. Quand la France monarchique ou républicaine doute, les étrangers paient ; quand elle est sûre d'elle-même, elle voit dans l'autre une richesse qu'elle accueille et dont elle tire fierté.

La difficulté est que, dans tous les passages de l'une à l'autre attitude, la cible peut changer : le voisin proche peut être frappé comme le plus exotique. C'est pourquoi il importe de dissiper les ambiguïtés numériques et l'effet pervers que produisent la mobilité elle-même et les inflexions du contrôle, qui peuvent se porter sur l'extérieur l'adversaire – d'un temps – ou sur l'intérieur. Quand en 1697 la taxation frappe tous les étrangers, la mesure est moins xénophobe qu'il n'y paraît, car elle montre surtout que l'attitude du roi s'est déplacée de l'économique au politique, de l'accueil mitigé à la mesure fiscale assimilatrice car apurant les comptes et égalisant les situations. La mesure n'en facilita pas pour autant l'insertion des étrangers, mais elles s'inscrit dans un processus de rationalité administrative et d'égalisation offerte. La visibilité est essentielle, mais ne joue pas toujours dans le sens attendu pour produire obligatoirement de l'hostilité. L'attitude de Jacques-Louis Ménétra le prouve. Le compagnon vitrier sur le tour de France côtoie les communautés juives. A Bordeaux, il ne les voit pas ; les séfarades sont invisibles à son niveau. A Carpentras et à Avignon, il les découvre enfermés dans les ghettos, et dans une relation quotidienne et un rapport de proximité pour lui totalement nouveaux. Avant, il est antisémite, persécuteur ; après, il a compris, dans la découverte des juiveries et des exactions constantes, que les juifs méritent considération et humanité. Avant, il est nourri de la tradition vulgaire d'hostilité économique et religieuse ; après, il s'intéresse aux coutumes, voire aux aspects religieux de la culture hébraïque[101]. A ce moment, on calcule le nombre de juifs du royaume : 40 000, peut-être 50 000, un pour 500 ou 600 chrétiens. Le seuil de tolérance n'existe pas clairement ; il se fixe sur la frontière de catholicité, dont le rapport n'est pas le même partout, ni dans les villes du Sud-Ouest, ni dans les campagnes et les cités de Lorraine ou d'Alsace, ni dans les ghettos du Comtat. Dans chaque région, la relation dépend d'une histoire des représentations et des pratiques sociales ainsi que de la puissance d'assimilation et de réponse à l'assimilation nécessaire entendue de part et d'autre de la frontière. L'intérêt de l'exemple est de montrer que la réflexion philosophique et intellectuelle n'est pas coupée des réactions publiques plus larges. Si le nombre compte, c'est surtout la cohérence culturelle et les manières d'agir et de se représenter les autres qui freinent ou déclenchent l'hostilité. Alors les incidents, les persécutions, les violences peuvent se manifester, s'atténuer, disparaître.

C'est pourquoi une évaluation de la présence étrangère est nécessaire, même si elle est difficile avant l'âge de la statistique. Au XIXe siècle, aujourd'hui, tous groupes confondus – mais les origines n'ont jamais été les mêmes, les niveaux sociaux encore moins –, c'est 380 000 personnes vers 1851 (à peine 1 %), au moins 500 000 vers 1880 (3 %), 3 800 000 en 1986 et guère plus actuellement (à peine 3,5 %). Si la question se pose en termes nouveaux, c'est que le problème du statut demeure comme au XVIIe siècle tiraillé entre le besoin économique, la nécessité d'intégration et le libéralisme ou le malthusianisme. L'offre est là, aux portes ; la demande hésite. L'humanisme et le cosmopolitisme ont déjà été maltraités dans l'histoire, mais leur succès dépend de la réputation : il se dessine dans la capacité d'accueil ordinaire locale, dans l'évolution des rapports au religieux, dans l'émergence et la consolidation de l'identité nationale – trois plans toujours mêlés, toujours embrouillés, trois frontières qui se ferment ou qui s'ouvrent diversement dans le temps[102].

Le nombre des étrangers

L'attraction du royaume concerne certainement chaque année plusieurs dizaines de milliers de personnes et, comme dans tout problème de population, il s'agit de savoir ce qui arrive, ce qui reste et ce qui repart. Pour cela, on manque de moyens statistiques réguliers et l'on doit se contenter d'évaluations locales ou générales. On se doute que la population urbaine est avantagée : dans l'immense paysannerie qu'est encore celle de la France, les immigrants ne comptent guère ou se diluent, échappant à l'observation[103]. De même, les mécanismes, les choix libres ou contraints qui organisent ces apports sont plus faciles à saisir dans leurs aspects généraux et citadins que dans leurs aspects individuels, familiaux, ruraux. Le service du roi, l'armée, le talent, les relations sont appréciés, car plus visibles. Ils biaisent notre compréhension de l'accueil.

L'accueil ne s'identifie pas aux résultats des comptages, mais ceux-ci sont indispensables pour comprendre la relation d'ouverture ou de refus. Quand le roi et le contrôleur général mettent en route en 1697 la machine fiscale destinée à taxer les étrangers, ils veulent prendre l'argent partout où il se trouve, et plus particulièrement en faisant payer ceux qui échappent par privilège. Il ne s'agit donc pas vraiment de xénophobie, car l'étranger est visé au même titre qu'un autre – par exemple le noble avec la capitation, les officiers taxés pour leurs offices, et bien d'autres[104]. Les traitants vont alors inventer la matière fiscale spécifique en composant les rôles à partir des documents de naturalisation. Entre 1687 et 1707, presque toute la France est ainsi balayée (26 généralités sur 30), mais le résultat enregistre l'effort des commis autant que la présence ou l'absence véritable : l'opération livre les conséquences d'une négociation entre taxés et administration. Celle-ci recense une population ambiguë rassemblant les étrangers immigrés, nés hors du royaume (64 %), et les héritiers d'étrangers déjà installés à une ou plusieurs générations. Les mailles du filet sont lâches qui laissent passer les pauvres, des groupes familiaux masqués derrière les individus, une majorité des femmes (10 % seulement) taxées souvent à cause de leur mari, ce qui confirme la forte masculinité des mouvements migratoires. C'est, au total, plus de 9 000 étrangers qui sont rattrapés : chiffre indicatif, car ne correspondant pas à la population étrangère effective qu'on peut évaluer par ailleurs. En Franche-Comté, en Alsace, en Flandres, à Lille, dans les ports de l'Ouest, à Paris, le décalage est mesurable : c'est sans doute moins de 10 ou 20 %, et plus encore dans les provinces limitrophes où le statut se brouille, où les absences s'accentuent pour des colonies entières comme dans certaines villes pour certains milieux.

La géographie étrangère en 1697

Toutefois, on peut y retrouver sinon un poids réel, du moins l'indice proportionné d'une présence, d'origines et de situations sociales. La France étrangère, cartographiée désormais, se concentre sur quelques pôles majeurs[105]. C'est une France périphérique ; les deux tiers des nouveaux venus se rassemblent dans cinq généralités : Lille (278 recensés), Metz (1 642), Aix (2 702),

Rennes (178) et Paris sans la capitale (1 040). Partout ailleurs, il s'agit d'une population dispersée, de faible densité (moins de 1,6 étranger pour 1 000 feux), à l'ouest d'une ligne Nord-Ouest/Sud-Est, de Calais à Arles. La Lorraine avec 20 taxés pour 1 000, la Provence avec 27, sont au-dessus de la moyenne générale de 2,4 pour 1 000. Certaines régions concentrent les immigrés récents : Metz, Paris, et plus généralement une France de l'Ouest à l'Est. L'implantation correspond à une géographie de l'économie, à une frontière de l'urbanité, qui mêlent les forces de l'attraction commerciale, maritime, citadine, et la France terrienne. La France étrangère, c'est la dilution dans le royaume paysan, sauf dans ses villes ; c'est la visibilité dans le royaume marchand, centré sur les villes et les axes de circulation. Mais dans ces implantations, les origines varient, les activités se diversifient.

L'Europe des nouveaux Français

La France étrangère dépend de la dynamique migratoire des pays de départ ; elle correspond à des flux qui ont varié dans le temps et qui se dispersent plus ou moins dans l'espace. Les taxés de l'Europe du Sud dominent (51 %), mais les Méridionaux sont plus nombreux encore parmi les héritiers (76 %) : ils sont venus plus tôt. Les immigrés d'Europe du Nord et du Centre sont arrivés plus récemment, ainsi que ceux des pays de la frontière septentrionale (Flandres, Pays-Bas, Provinces-Unies). Les Suisses disparaissent, quelque peu dépassés par les sujets de l'empereur ; Polonais, Russes, Hongrois se comptent sur les doigts de la main, ou guère plus. Les îles Britanniques fournissent 5 % de l'ensemble, et peu de nouveaux venus récents. Si l'on compare le niveau de la taxe et les origines, un contraste apparaît entre une majorité de Méridionaux, marchands et artisans mais de niveau modeste, arrivés de Piémont, de Savoie, de Milan, de Gênes, et une minorité de Septentrionaux plus aisés, moins itinérants, plus entreprenants que détaillants, transplantés des Pays-Bas, de Liège, de Lorraine. Les premiers sont imposés au niveau médian de 300 livres, les seconds à plus de 400 livres, et les Anglais dépassent 600 livres. Les immigrés venus d'Europe centrale (germanique) et orientale sont les moins riches avec 200 livres. A l'arrivée, tous ces courants peuvent mêler immigration de la pauvreté et immigration de la richesse : mouvements populaires souvent anciens comme en Provence et dans le Sud-Ouest, mouvements de l'aisance qui enregistrent l'essor de la façade atlantique de l'Europe.

La monarchie cherche à taxer une population riche et productive comme elle cherche à l'attirer, mais la main-d'œuvre bon marché est à son tour intéressante. La double présence de gens fortunés et de pauvres infortunés dans l'immigration venue du Nord, jointe à celle des riches négociants anglais, est le signe et la cause d'une réorientation de l'économie française détournée de son passé méditerranéen[106]. Le profil national de chaque courant confirme ce constat et montre comment le temps de la migration l'a construit en plus de cent ans. Plus riches et plus qualifiés au XVIe siècle, les Italiens le sont moins au début du XVIIIe. Les Espagnols comme les Portugais sont plutôt riches, qualifiés, souvent distingués : ils dominent dans le commerce, et certains sont des juifs. Les Hollandais, peu nombreux, sont majoritairement plus riches encore : ils incarnent le destin de l'économie-monde basculant vers Amsterdam. Les Anglais, eux, relèvent de plusieurs diasporas : celle des Écossais, faiblement représentée et peut-être tarie par rapport au XVIe siècle ; celle des Irlandais, mouvement de clercs, de religieux, mais aussi de marchands et de militaires (ceux-ci, nombreux, échappent à la taxe) ; enfin, les purs Britanniques qui supplantent les Hollandais dans la richesse négociante – un quart des Anglais sont banquiers. Ailleurs, parmi les pauvres arrivés d'Allemagne, la prospérité est le fait d'artisans spécialistes : le cas des métiers du bois est connu, mais on les retrouve dans les secteurs du vêtement, le commerce des auberges, un niveau inférieur du négoce. Restent les marges : elles envoient de tout sans spécialisation évidente, sans richesse affirmée. En fin de compte, la France étrangère du XVIIIe siècle s'enracine dans la transformation d'un apport géographique et social inséparable où le courant méridional, plus riche au XVIe siècle, a rejoint le flux septentrional, plus pauvre et qui désormais l'emporte en fonction de la demande et des déplacements de l'économie vers le Nord, et où s'associent la dynamique du capitalisme en plein essor et la pression des bas salaires. La France étrangère contribue d'ores et déjà à l'essor du développement urbain et à la France du mouvement[107].

ACCUEIL ET TRAVAIL : LA VISIBILITÉ DES ÉTRANGERS

L'invention des étrangers souffre de ce constat, car les commis traquent la richesse et l'utilité, mais leur analyse du groupe des immigrés dessine une société résultante des forces qui conduisent au départ et des besoins de l'accueil. Les nouveaux venus arrivent en France pour travailler et faire des affaires : 20 % seulement pour les élites du clergé, de la noblesse, des offices et des arts libéraux (calculé sur 3 347 cas identifiés), deux tiers de marchands et d'artisans, peu de travailleurs agricoles (11 %). On voit se traduire là, très clairement, la prééminence urbaine et la faiblesse de l'implantation rurale. Ce qui attire et retient les étrangers, c'est la France marchande qui a besoin d'acteurs diligents dans les secteurs secondaire et tertiaire, la transformation, l'échange, les services. C'est un profil rigoureusement inverse de celui que l'on obtient avec une répartition de la population autochtone : 98 % dans ces domaines, 38 % dans la population masculine totale[108]. Tous les niveaux du commerce, du négoce à la banque, du textile à l'alimentation, du gros au détail, des métiers de l'accueil (près de 200 cas) à ceux des articles de luxe ou des productions les plus ordinaires, tailleurs, ébénistes, ramoneurs, selliers, cordonniers, charbonniers : c'est toute la place publique qui défile dans les rôles et qui devait participer à l'activité locale avec force. La richesse et la pauvreté y sont inégalement nourries. Au sommet, avec un impôt de 1 500 livres (20 % des taxés) : trois quarts des nobles, un tiers des marchands. A la base, avec moins de 70 livres (encore 20 %) : trois quarts des paysans, 85 % des artisans. Entre ces pôles se recentre tout le reste, que mobilise en partie une possibilité d'ascension sociale constatée sur un faible échantillon (207 héritiers, 812 ancêtres). On y passe de la marchandise à l'office, plus rarement à la noblesse ; de la terre abandonnée au pays, on y grimpe à la ville et aux ouvriers.

Ce parcours montre que la mobilité extérieure entre aussi dans les mouvements invisibles qui brassent une proportion non négligeable de la population régnicole. Ces 9 000 taxés représentent peut-être autant de familles, soit 30 000 ou 40 000 personnes, faible rapport avec l'ensemble des 20 millions de Français. On a rappelé que le recensement a modifié le statut légal des étrangers en soulignant aux yeux de tous une appartenance parfois effacée. Elle permet à certains de se réclamer d'une autre appartenance afin d'échapper à l'impôt ; pour d'autres, elle met en valeur une identification négative, avec le protestant, le juif ou le portugais. Ainsi, la taxe interroge le droit de la naissance, valorise le sang au détriment du sol, entraîne les naturalisations d'étrangers déjà français car nés en France, développe la nécessité d'acheter les lettres de naturalité jusqu'à ce qu'on supprime l'aubaine. Elle traduit aussi l'hésitation du royaume tiraillé entre richesse commerçante et richesse paysanne, mobilité et stabilité inséparables. Elle contribue aux débats sur la politique de l'accueil et le renversement partiel des arguments mercantilistes, sur la notion de privilège et d'exemption, sur le rapport entre capacités économiques, juridiques et politiques. Derrière l'étranger taxé se profile la définition du sujet citoyen.

Toutefois, l'étranger, les étrangers échappent en partie au regard des commis, et la photographie d'un moment laisse invisibles les mouvements entretenus à long terme. La visibilité ne peut se retrouver qu'à l'échelle locale, ce qui, faute d'étude précise, est interdit pour l'ensemble du royaume. On l'entrevoit seulement par le calcul de la représentativité des résultats de la taxe. Surtout, on ne peut y percevoir qu'une résultante d'un marché – une demande, une offre –, sans y découvrir les relations et les rythmes qui l'ouvrent ou le ferment. Ainsi ceux des places économiques, des foires internationales, où se croisent présences permanentes et temporaires ; ainsi dans l'émigration militaire qui fluctue au gré des événements. Seule l'étude des sources du contrôle – passeports, archives de police – fait ressortir ces caractéristiques et permet de replacer la mobilité étrangère dans un ensemble plus général. Les constats particuliers livrés par les études urbaines confirment globalement la faible représentation étrangère évaluée dans les sources classiques de l'étude des populations. A Lyon, au XVIIIe siècle, l'attraction induit le passage et l'installation. En 1783, sur 1 500 morts à l'hôtel-Dieu, c'est seulement 19 étrangers, contre 527 nés à Lyon, mais plus parmi les adultes (20 %) ; tout le reste vient pour les quatre cinquièmes de la zone d'influence proche. Parmi les apprentis de la fabrique, sur 1 651, il y a 0,3 % d'étrangers, contre 30 % de Lyonnais natifs. Dans le recensement des jeunes et des vieux mariés, c'est 130 personnes pour trois années, et 10 000 contrats (moins de 3 %). Les forains l'emportent encore sur les natifs et ils viennent de la grande région lyonnaise. Au total, c'est 1 000 personnes par an qui arrivent à Lyon, et près de 2 000 à la veille de la Révolution, pour travailler, pour se fixer ; 120 000 en un siècle, et parmi eux une minorité étrangère – surtout Suisses et Italiens, Piémontais en tête. C'est plus encore si l'on pouvait dénombrer les départs ; c'est peu, mais important, car jouant un rôle décisif dans les milieux aisés du négoce et s'inscrivant dans un renouvellement constant[109].

Le constat est identique dans d'autres métropoles. A Rouen[110], sur le million de destins qui change le rôle de la cité et étend son influence, c'est 50 % des jeunes conjoints nouveaux venus (un peu plus qu'à Genève, un peu moins qu'à Lyon) : la moitié des chefs de famille, mais plus dans les élites que dans le peuple. Et surtout, c'est peu d'étrangers : 1,6 % sur l'ensemble des immigrants. Or on peut évaluer à 26 % des couples la proportion de ceux qui partent entre 1640 et 1792, et l'immigration/émigration urbaine échappe pour une part à la conjoncture des crises et des guerres – elle augmente même quand tout va mal ailleurs –, et elle pénètre toutes les strates sociales et renouvelle le grand commerce[111].

A Caen, Jean-Claude Perrot offre à voir une dynamique comparable : 52 % d'étrangers forains et non régnicoles[112], recensés avec précision en 1798. La ville n'appartient plus à ses autochtones : les nouveaux venus y ont conquis la majorité, mais ils viennent de ports d'attache proches et compensent tout juste les flux de départ, qui s'accroissent encore après 1790. La ville agit par sa force d'attraction propre, elle entretient la propension des hommes au déplacement, mais celle-ci suit des routes tracées depuis longtemps et qu'activent les mouvements conjoncturels, et les besoins sélectionnent âges, sexes, catégories professionnelles, l'emploi et le chômage[113]. Les vrais étrangers disparaissent presque dans ces échanges; il faut les rechercher dans une quête d'individualités et les mouvements passagers. Ceux-ci font partie de la structure des échanges. Les voyageurs à Caen sont évalués à 5 000 par an entre 1789 et 1791 ; 87 % viennent de Normandie, 16 % du royaume, moins de 2 % de l'étranger. C'est le taux des contrats de mariage habituels; pour près du tiers, il rassemble les arrivants d'Angleterre, mais pour presque la moitié les Italiens, puisant le reste à tous les coins de l'Europe et du monde. C'est le résultat d'une mobilité de ville à ville (172 citadins contre 100 ruraux), d'une circulation surtout masculine, d'une implantation liée à l'amplitude des déplacements et à la hiérarchie des chances offertes au départ, évaluées à l'arrivée[114]. Les meilleures sont celles des époux citadins et grands voyageurs. Les vrais étrangers sont presque invisibles.

A Bordeaux, grande ville d'échanges, port ouvert sur l'Atlantique et les Îles, relais d'une migration étendue et d'une immigration accrue de 1737 à 1791, tous les indices convergent : la présence des forains s'accroît, puisant ses forces dans la France du Sud-Ouest et de l'Ouest. Les étrangers y sont mieux représentés qu'ailleurs dans les mariages comme dans les décès de non-Bordelais à l'hôpital. L'attraction bordelaise est une attraction européenne liée au commerce, aux affaires, aux relations de familles et de firmes[115] : 70 % des immigrés d'origine urbaine en provenance de l'étranger appartiennent au secteur tertiaire ; 39 % au seul commerce, avec en tête les Allemands et les Irlandais parmi les mariés, lesquels ne regroupent pas tous les nouveaux venus. A Bordeaux, l'immigration étrangère est une immigration lointaine et de haut niveau, et une politique d'alliances matrimoniales et commerciales l'intègre rapidement dans la ville. L'étranger toujours visible se masque aux yeux du plus grand nombre pour ses proches connaissances dans le milieu du négoce.

Pourrait-on multiplier les exemples que l'on arriverait sans doute à un constat général analogue : les étrangers sont partout noyés dans une masse foraine dont ils ne se distinguent qu'à l'arrivée, disparaissant ensuite par intégration, assimilation, départs toujours mal connus. Leur visibilité dépend d'un rapport à l'espace, soit qu'ils se dispersent totalement dans la ville, dans les quartiers, voire dans les maisons, soit qu'ils se localisent selon des contraintes imposées par la loi ou les habitudes professionnelles, sociales, techniques, donc de la liberté totale au confinement[116], de l'ostensibilité architecturale ou comportementale à la disparition. Ghettos, quartiers des nations, *fondaci* focalisent le regard quand ils existent, mais rarement selon une modalité unique. Ségrégation et protection se combinent souvent pour imposer le cantonnement des minorités étrangères ; relations familiales et activités professionnelles se combinent avec la dispersion pour favoriser l'attraction de zones ou de rues que ne viennent pas distinguer des architectes spécifiques, ce qui domine sans doute en France. L'observation se complique encore si elle veut prendre en compte l'évolution des regroupements dans le temps, donc la décélération ou l'accélération d'une dynamique d'implantation ; dans les deux cas le résultat est identique, c'est la dissémination des étrangers dans l'espace urbain et social. Voilà pourquoi l'insertion des étrangers doit s'observer par étapes, du passage à l'installation, de l'auberge à l'hospitalité temporaire et à la location, jusqu'à la sédentarisation définitive par le travail ou le mariage, l'acquisition des immeubles.

Les mobilités étrangères ne diffèrent pas de celles des forains régnicoles : elles correspondent à des moments dans le cycle de vie, elles enregistrent l'évolution des statuts. Les répartitions spatiales des émigrants résultent de facteurs multiples : la disponibilité des logements, les lieux d'arrivée et les relations d'accueil, les effets cumulatifs des mouvements migratoires dont la visibilité plus ou moins forte entraîne le comportement des autochtones, la répartition des zones de travail, de production et de vente, la présence de lieux symboliques et valorisants – ambassades, églises, temples –, les frontières établies dans les professions et les corps, les règles d'apprentissage et d'exclusion. Partout alors se dessinent des comportements résidentiels dont on saisit un exemple à Paris dans le faubourg Saint-Antoine, où les étrangers – majoritairement des artisans du bois – s'implantent très tôt grâce à des filières d'accueil et de sociabilité pérennes. La définition par le métier finit par l'emporter sur celle des origines que l'insertion fait disparaître, sinon oublier, favorisée par le mariage avec les filles du lieu[117]. Les nouveaux venus sont presque partout surtout là où se concentrent les mêmes activités et les garnis.

L'appropriation de l'espace s'affiche progressivement au bout d'un processus commencé par l'entrée en ville et son contrôle possible, achevé par l'implantation dispersée ou concentrée à travers les relations aux sociétés locales. Dans la Toulouse du XVIIIe siècle, les registres de la police permettent de voir précisément origines et implantation. En 1720-1721, la peste de Marseille impose un renforcement des visites aux portes : 1 338 personnes sont contrôlées. Treize seulement sont d'origine étrangère : un sujet du pape, un Suisse, deux Irlandais, quatre Italiens (Piémontais), cinq Espagnols. Les forains l'emportent, venus à 90 % du Toulousain proche et de Guyenne ; quarante entrées seulement pour le reste de la France. Commerçants, artisans, travailleurs, employés forment la masse des nouveaux arrivants. Ils s'installent en ville, sans qu'on sache où. Des 1 304 durées de séjour indiquées sur le registre, on peut déduire une majorité de passages d'un jour ou deux ; moins de 200 dépassent une semaine, un seul dure un an. Toulouse n'est pas une ville d'accueil, même si sa population va se renouveler et s'entretenir selon les mécanismes habituels ; c'est d'abord une ville de relation, où l'installation définitive va se faire peu à peu, filtrée. Les registres du capitoulat, bien tenus entre 1771 et 1780, permettent d'identifier près de 37 000 personnes nouvellement arrivées avec leur qualité, le but du voyage, les origines, l'implantation dans les quartiers. L'aire d'attraction reste la même qu'au début du siècle ; la proportion d'étrangers est aussi faible : près de 766 seulement en moins de dix ans.

La mobilité toulousaine enregistre ici trois attractions : celle de la vie économique, du colportage au négoce ; celle de la vie administrative et judiciaire ; celle de la sociabilité. Les étrangers participent de la première et de la dernière majoritairement. Les Italiens y sont les plus nombreux (428) : marchands, artistes, gens de spectacle. Les Anglais viennent en touristes ; les autres nations jouissent d'un statut proportionné à l'éloignement ou dicté par des habitudes de métier. Au total, on saisit là la présence d'un milieu temporaire, fortement concentrée dans le quartier de Saint-Étienne (331 sur 421) où sont les auberges, les commerces attractifs, les foires. Elle traduit une mobilité constante, coutumière, celle de gens venus pour affaires, logeant dans les auberges, recensés pour cela, traversant la ville ; elle s'ajoute à celle des pauvres : 65 % des personnes décédées à l'hôtel-Dieu sont nées hors de Toulouse ; 1 % des 23 000 recensés sont de vrais étrangers[118]. Elle se combine, sans s'additionner totalement, avec celle des migrants mariés dans la ville (30 % en moyenne). La population se renouvelle : entre 1690 et 1789, c'est plus de 400 personnes qui arrivent chaque année. Beaucoup repartent, peu émigrent hors de France. Le vrai étranger à Toulouse, c'est celui qui ne fait que passer.

La France italienne

A l'échelle d'un groupe national, l'observation peut se révéler enrichissante pour notre propos. Les Italiens sont bien connus[119]. Les lettres de naturalité permettent de voir qu'ils arrivent peu à peu : 20 par an sous François Ier, près de 100 sous Charles IX, mais déjà sous Henri IV c'est moins d'un étranger sur quatre qui vient d'Italie. Le nombre de naturalisations italiennes ne cesse de décroître, et ne bénéficie pas de la reprise du mouvement général après 1650-1680. La décrue se prolonge sans doute après. Bien sûr, la courbe des lettres de naturalité n'est pas celle de la migration réelle, mais elle montre comment s'est construite la France italienne, de l'aventure des guerres d'Italie aux appels incitatifs des régences de Catherine et Marie de Médicis, du gouvernement de Mazarin à celui de Louis XIV. Au total, c'est un petit nombre de personnes qui franchissent les Alpes et s'installent – peut-être 5 000 sur 200 ans –, mais leurs origines géographiques et sociales, la force et surtout l'écho de leur intégration dans le royaume leur confèrent une forme exemplaire de visibilité. Directement liée à la politique de la monarchie française, la migration des Italiens met en valeur l'opposition qui se développe autour de la fonction politique et économique entre Paris et les provinces. Là, la population italienne se concentre, avec la cour et la ville, le théâtre italien, le négoce, la soie, les académistes, le café ; ici, elle se disperse, forme des colonies minuscules, plus ou moins entretenues ; elle s'intègre assez vite jusqu'à devenir invisible. La marginalité même du mouvement général, son faible poids soulignent la force des représentations et des rapports sociaux d'alliance ou de concurrence qui se nouent entre les étrangers et les différents groupes de la société.

Certes, les petits, les non-reconnus, les sans-fortune – sans doute plus nombreux aux frontières du Sud-Est, dans le Midi provençal – échappent à l'observateur. Mais le résultat met en évidence une société complexe et vivace qui s'intègre et disparaît grâce à la chance et à l'entregent de ses acteurs. La diversité n'empêche pas que globalement c'est une élite économique, tirée vers le haut par les liens du clientélisme, ainsi qu'une élite culturelle et du savoir-faire, dans le domaine artistique, intellectuel, spirituel, matériel, qui s'implante par le succès. Des Italiens viennent nombreux renouveler le haut clergé (les Gondi), la haute noblesse, l'administration (les Gonzague, les Fiesque, les Birague, les Broglie, les d'Elbene, les Mazarin-Mancini), comme ils viennent nombreux transformer nos habitudes vestimentaires, alimentaires, domestiques et comportementales. Notre conversation et notre poésie, notre théâtre et notre équitation s'en imprègnent comme nos manières de table et notre politesse, nos pratiques bancaires et savantes. Au départ, c'est la différence de capacités qui a fait l'attraction, les besoins complémentaires des sociétés française et transalpine; à l'arrivée, les avantages se perdent, les techniques se diffusent, les écarts se comblent. Les Italiens sont plus français que les Français, plus monarchistes que le roi.

La force d'intégration extraordinaire au sommet et à la base fait d'eux des agents efficaces dont la puissance attire, fascine, provoque le rejet en dépit de la force attractive des réseaux familiaux. La France italienne déclenche alors une virulente xénophobie où la mobilité sociale rapide est encore plus suspecte que la mobilité géographique. La dénonciation s'élève avec le haut niveau économique et social gagné; elle attaque les parvenus, les enrichis, les favoris, mais épargne les classes populaires. Elle agit comme révélateur de la cristallisation du sentiment national et de l'évolution politique absolutiste qui révolutionne le rapport à la communauté organique, qui accentue la pression fiscale et rend fragiles ses agents, les Italiens au premier rang. L'anti-italianisme est le second visage de l'italophilie. Il identifie l'Italien à des vices sociaux et politiques qui renvoient à la manière dont les Français se pensent par rapport aux autres. Ce qu'ils dénoncent chez les Italiens, c'est ce qu'ils redoutent pour eux-mêmes : la tyrannie du prince, le népotisme éclatant, la concurrence des meilleurs, le poids de l'exploitation économique et financière. Le modèle italien se construit sur l'inversion des traits du bon Français proposé dans les libelles et les pamphlets. Les mœurs emportent tout le reste : fourberie, cruauté, sexualité peu orthodoxe, luxe excessif, culture matérielle propice à l'immoralité, trahissant les vices nationaux. Dans le bilan, ces crises sont brèves (1570-1575, 1616-1617, 1640-1649), mais l'anti-italianisme reste diffus; il peut servir à masquer l'apport culturel décisif et le dialogue noué entre les deux sœurs latines avec la Renaissance, poursuivi non sans mal jusqu'aux Lumières, revivifié au XIXe siècle. La France italienne, qui ignore les ghettos, montre bien le fonctionnement des idées fausses et la complexité des relations entre les peuples qu'entretient la mobilité.

Caractères des nations – géographie de l'esprit

Les romans du XVIIIe siècle enseignent, à cet égard, la méfiance. Les étrangers peuvent y apparaître indéfinissables, incompris, méprisés, et parallèlement séduisants, fascinants, recherchés. De cette façon, ils cachent et ils révèlent ce que les auteurs hésitent à avouer clairement : les étrangers ont une valeur philosophique équivoque. L'étranger jouit d'une existence double : la sienne, c'est-à-dire celle de son origine, et celle de l'imagination des lecteurs, qui est le plus souvent celle des pays d'accueil. Il incarne ainsi l'écart de la transplantation, du voyage, de l'éloignement. Ainsi Usbek, le Persan tourmenté par les querelles domestiques et politiques d'Ispahan; ainsi l'émigré, dans la déchirure provoquée par la Révolution. La plasticité romanesque des étrangers évoque tous les cheminements des destins modèles : le succès, le rejet, la mort, le mouvement et le repos. Dans un monde qui change, les étrangers sont des révélateurs, ils poussent à la critique comme à la fabulation utopique. «L'étonnement de Rica et d'Usbek oblige les Français à s'étonner à leur tour[120].» L'univers des romans renvoie toutefois à une tradition de représentation et à une communauté d'interprétation qui se fondent dans l'éducation, la transmission pédagogique d'un patrimoine d'attitudes, l'acquisition d'une culture où la vision antique et la vision chrétienne sont essentielles dans le dialogue culturel. Les autres nations ne sont jamais perçues dans la pure clarté de l'intelligence, mais toujours à travers le filtre des médiations les plus variées. Le désir de voir et de comprendre n'exclut pas qu'on rapporte toujours de l'inconnu à du connu, que l'œil ne voie la nouveauté qu'à travers des catégories familières, que la pensée s'étonne dans la comparaison des différences et des ressemblances – une confrontation acceptée où le changement suppose l'identité, une conscience individuelle de ce que l'on est, une conscience collective d'appartenance et d'héritage[121].

C'est ce qui fait le prix des connaissances rapportées au terme du voyage : la *mémoire d'Ulysse*, un partage entre le vrai et le faux[122]. Dans le domaine de l'étrangeté, rien n'est plus difficile à manier, car notre façon de voir est tissée par les stéréotypes dont la force est d'accréditer, à force de redites, croyances populaires, caractérologies livresques, représentations commodes à évoquer dès qu'il s'agit de nos voisins. Ils traînent sous toutes les plumes : récits de voyage, traités de géographes, écrits romanesques, correspondances familières ou littéraires, récits de campagnes militaires, mémoires de généraux, dépêches de diplomates, caricatures de peintres, recueils de dictons populaires, textes de la bibliothèque bleue ou rose. Les lieux communs sont vieux comme le monde, au même titre que les témoignages vécus et toujours repris des voyageurs. Ils fondent le génie des nations et les identités nationales à travers l'histoire, la légende, le folklore, les programmes scolaires et les discussions académiques[123].

LE MARCHÉ DES STÉRÉOTYPES

Les stéréotypes nourrissent le marché de l'imaginaire entre les cultures les plus diverses et, comme tels, doivent inciter à réfléchir aux risques de l'évasion identitaire, du besoin lancinant de racines qui envahit notre époque. Manipulant le vrai et le faux, la revendication d'identité, la dérive passéiste, l'opinion vague et le préjugé indiscuté sont des indices de régression[124].

Comprendre l'alchimie à l'œuvre dans les modèles stéréotypés des caractères nationaux relève de l'attitude fondamentale des Lumières proposée par Montesquieu : le besoin d'explication de ce qui fait la cohérence sociale, la lecture intelligible du monde, la compréhension des mécanismes qui orchestrent la vie en société[125]. La différence fait partie de l'esprit des lois, dans les rapports qu'elles ont avec les principes qui forment l'esprit général, les mœurs, les manières d'une nation[126]. Les caractères ethniques ou nationaux, au-delà de la psychologie collective sommaire, renvoient ainsi à une conception du gouvernement et de la politique, car tout se tient avec d'autant plus de facilité qu'ils agissent à la manière de l'inconscient freudien, capable de concilier les positions les plus contradictoires. Les stéréotypes interviennent ainsi à des échelles d'efficacité différentes, tant dans la relation entre les peuples qu'au sein des processus qui construisent les États et qui ont commencé en France dès le XVIe siècle. A ce moment, le couple culturel Paris-province tend à s'imposer pour louer celui-là et déprécier celle-ci. L'«air de province» dont parle Furetière renvoie à cet écart manifesté dans les manières, le parler, l'accent, le costume; c'est toujours un ridicule, il fait l'étrangeté de l'étranger. Le provincial n'a pas le ton, comme d'ailleurs le parvenu, l'autodidacte; la cour peut ainsi mépriser la ville, qui peut mépriser à son tour la province. Jusqu'à l'époque de Louis XIV, l'inverse reste possible et les intellectuels provinciaux peuvent se moquer non sans succès des gros messieurs de Paris, comme ils peuvent railler le roi, les princes, les collecteurs d'impôts, chansonner les intendants et les commissaires. Après ce n'est plus guère possible, et s'il y a encore des caractères estimables dans les provinces et aux champs, on ne peut plus guère se réclamer des valeurs et des mœurs que les stéréotypes pseudo-ethniques, les motifs romanesques et théâtraux sont chargés de ridiculiser. Relisons Molière, *M. de Pourceaugnac*, *Georges Dandin*, affirmations subtiles du triomphe de la distinction dans les caractères. Le provincial existe dans la différence comme un étranger à acclimater.

Par sa manière d'organiser le réel, le stéréotype fonctionne par amplification, répétition, affirmation intemporelle, et sans souffrir que soit contredite une idée dont il importe somme toute assez peu qu'elle soit vraie ou fausse. Sa vérité est dans l'établissement d'une norme qui met en valeur une relation de classe par rapport à la couche dominante, qui révèle un code de commerce social et qui justifie, par une image fantasmée de la différence, une puissance politique. Les traits, les caractères, l'âme font alors la race, et ce sont eux que traquent les observateurs, les administrateurs – M. de Bonnecase, seigneur de Sainte-Croix, dans son *Tableau des provinces* (1664), ou M. de Robbe, ingénieur du roi, avec sa *Méthode pour apprendre la géographie* (1678) –, avant les curieux, les folkloristes, les préfets celtisants, tous passionnés d'authenticité. Entre l'enquête, l'observation spontanée et sensible, l'étrangeté existe par la différence, l'écart distinctif. On peut les lire dans le réel comme dans les livres; l'un et les autres sont des élaborations. Certes, ils n'apparaissent pas partout au même moment et au même rythme (c'est là cependant une affirmation qui mérite vérification), mais ils se mettent en place avant une transformation politique au temps de la Révolution qui va en accélérer les manifestations et leur circulation à l'aube du romantisme. Avant, ils n'ont pas encore de comptes à rendre ; après, ils prennent un sens pour mesurer le changement des sociétés entamé avec l'âge de l'absolutisme. La province existe sous l'Ancien Régime avec ses institutions, ses acteurs ; après 1789, elle doit se couler dans une uniformité croissante. Le stéréotype provincial montre ce qui menace la caractérologie des nations : il marque moins la différence intrinsèque que la dialectique, induite par la relation inégale entre le centre et la périphérie, par les affects destructurants du progrès et du changement. Ils peuvent parfois changer de sens afin d'exorciser la nouveauté menaçante et l'histoire enfuie.

Les images des peuples

On peut entrevoir un rôle et un fonctionnement comparables dans les images des peuples telles qu'on les a pensées pour penser le rapport entre les pays. On conçoit que la réflexion contemporaine sur les stéréotypes nationaux se soit développée au moment où la construction européenne s'accélérait, entre 1950 et 1980[127], et où les nouvelles relations internationales semblent exiger la compréhension, la tolérance mutuelle, l'abandon des préjugés. Dans l'Europe du XVIe et du XVIIe siècle, dans la France d'Ancien Régime, la caractérologie des peuples s'inscrit dans une vision anthropologique générale. Il s'agit de comprendre la diversité que révèlent les découvertes et les conquêtes, ainsi de déchiffrer le *grand théâtre* ou le *grand livre du monde*, un rapport entre le microcosme des individus et le macrocosme de l'univers[128]. C'est la démarche de Montaigne dans les *Essais* comme dans la relation du voyage en Italie. Le caractère permet de formuler des moyens de comprendre les autres au milieu desquels il faut vivre[129]. Le caractère relève de la grande tradition théophrastienne et aristotélicienne des types, dans le discours comme dans le théâtre ; il s'agit, comme Dieu dans la nature, de dresser la liste des figures qui s'imposent à chaque individu, qui l'impressionnent. C'est donc une géographie morale qu'il faut apprendre à lire, même si elle emprunte souvent les voies de la cartographie, du récit de voyage, de la microcosmographie. Le temps est aux cartes du Tendre (1654), de la cour, de l'âme ; l'époque affectionne les atlas nationaux, par pays, comme elle se complaît aux recensements de types moraux et sociaux à travers vertus, vices, maximes (La Rochefoucauld), types humains (La Bruyère), modèles sociaux (Gracian, Faguet, les civilités de la cour ou de la ville)[130]. A travers tous ces écrits, on tente de retrouver la nature humaine, d'en éclairer l'instabilité et les profondeurs, d'en réformer les excès par la satire[131].

Cette vision infléchit et conditionne la perception des peuples par son fixisme, son universalisme et sa prétention à l'exploration des terres inconnues de la morale. Dans son expression, elle tend à relever les marques qui distinguent une personne, comme une chose, d'une autre. Elle est inséparable d'une spatialisation essentielle et, conduisant de lieu en lieu, elle s'apparente toujours au voyage d'exploration et d'initiation : exploration des différences, initiation à la différence. Déchiffrer le monde, comprendre et moraliser les peuples suppose le parcours, comme sait le conseiller Quevedo dans le *Sueño del Inferno*. L'humanité entière y défile, tous les États du monde ; de même chez La Bruyère, qui caractérise l'homme à travers la découverte des lieux, la cour, la ville, leurs mœurs, les passions, les institutions, le gouvernement, les sociétés et les États, la place de l'homme dans l'univers. Le découpage spatial de la nature humaine nourrit semblablement l'effort de cartographie morale, avec ses métaphores de l'empire amoureux, littéraire, sentimental, courtisan. C'est une caractérologie du lieu commun dont on sait la portée intellectuelle pour déchiffrer, entre le Moyen Age et l'âge classique, la relation entre caractère, état, type et expérience, itinéraire, lieux de vie et de connaissance. Le stéréotype retrouve autrement cette force dictée dès Aristote à l'essence et à l'espace fixiste de la morale : « De Théophraste à Freud, le caractère est un carrefour où tous les moralistes se rencontrent, les lieux sont demeurés battus et communs[132]. » Les types régionaux et nationaux se collectent dans des parcours analogues, où le voyageur dit pour tous l'expérience des autres dans celle de la route.

CARACTÈRES ET DIVERSITÉ DU MONDE

Les caractères des nations peuplent les cartes de la connaissance morale comme celles des explorateurs du monde. C'est un sous-genre de la caractérologie théophrastienne où l'on peut voir surgir à l'état pur le rapport étroit du caractère et du lieu. Il associe un comportement spécifique à un espace ; il veut enseigner expressément comment se retrouver dans la différence. Ainsi le gentleman complet de John Gaillard, en 1678, donne-t-il les clefs des manières dans trois registres : le savoir (*learning*), la religion (*religious*), les relations (*promises*). Le Français sait peu de chose, l'Espagnol a un savoir profond, l'italien est doctoral, l'Allemand est pédant ; le Français est dévot (*zealous*), l'Espagnol superstitieux, l'Italien sensible aux cérémonies, l'Allemand indifférent ; le Français est léger, l'Espagnol décevant, l'Italien sûr de lui (*avantageous*), l'Allemand franc et loyal. Le message peut passer dans les traités les plus divers ; il donne à lire les faits admis, la diversité des coutumes et des costumes. Louis Van Delf commente le tableau synoptique donnant à voir aux paysans de Styrie les diverses nations de l'Europe : dix colonnes verticales de l'Espagnol au Suédois, de l'Italien au Russe, du Turc au Grec, identifiés par une figure et un vêtement ; dix-sept colonnes horizontales condensant les attributs moraux. Les mœurs : l'Espagnol est arrogant, le Français léger, l'Italien faux, le Polonais rustique, l'Allemand franc, le Russe méchant, le Turc et le Grec variables comme le temps en avril. L'air : l'Espagnol est mâle, le Français enfantin, l'Anglais efféminé, le Polonais médiocre, le Russe très grossier, le Turc et le Grec tendres. Ces peuples aiment : l'Espagnol, l'honneur et la gloire ; le Français, la guerre ; l'Italien, l'or ; l'Anglais, le bien-être ; le Suédois, les mets succulents ; le Polonais, la noblesse ; le Turc ou le Grec, l'amour de soi. Voilà la carte des caractères de l'Europe des années 1710-1720, qui associe morale et géographie, qui recense des incompatibilités, qui rend intelligible, infailliblement, le divers.

Elle puise sa force dans la tradition, dans la pédagogie du latin classique – ainsi, le *Gradus ad Parnassum* recense et diffuse les topos de tous les peuples –, dans la connaissance des auteurs anciens, de Lucrèce à Horace, de Tite-Live à Hérodote. Elle se joue des contradictions sans se figer totalement, car la tradition elle-même peut offrir plusieurs voies de lecture, Aristote contredire Gallien, Polybe interroger Plutarque. C'est le fonds culturel des lieux communs qu'on voit se développer dans l'espace littéraire, dans la lutte politique, dans la réflexion de tous. Montesquieu relève dans ses *Pensées* une liste de quelque soixante caractères ethniques[133] : « Les Romains ne se tuaient que pour éviter un plus grand mal, mais les Anglais se tuent sans autre raison que celle de leur chagrin. Les Anglais sont riches, ils sont libres, mais ils sont tourmentés par leur esprit. Ils sont dans le dégoût ou dans le dédain de tout. Ils sont réellement assez malheureux avant tout du sujet de ne l'être pas. » L'*Esprit des lois* évoque le suicide dans son chapitre XIX, 27, preuve que l'expérience existentielle n'est pas morte, même chez ceux qui tentent de l'ancrer dans une perspective philosophique. Elle continue d'alimenter, outre nous-mêmes, toute la littérature, le courant de l'anatomie morale avec Stendhal ou Mme de Staël, à un moment où la vieille caractérologie des nations perd du terrain. Il ne disparaît pas dans le contexte national – au contraire.

Au XVIIe siècle, aucun doute, le Picard est vaillant, franc, courtois; le Breton, ivrogne, brutal, querelleur, mystique; le Gascon, simple, grossier, plaisant; le Provençal, sobre, vaillant, spirituel plus qu'en aucune autre contrée. C'est un code politique où l'étrangeté, la diversité mesurent les intérêts du prince utilisant au mieux le caractère de ses sujets pour le bien de l'État, de ses armes, de la religion, de l'économie. C'est un code social où l'on juge de l'acquisition des mœurs policées et des qualités de sociabilité mobilisables pour jauger l'unification culturelle. Le stéréotype ratifie une situation d'infériorité pour les uns, de supériorité pour les autres. Quand, après la Révolution, l'effort d'unification nationale s'intensifie encore et que l'on croit définitivement que l'homme est un produit de son milieu, les stéréotypes perdurent. On les entend en Bretagne dans l'étonnement des voyageurs, dans les réflexions désabusées des administrateurs. Le Breton est provincial, paysan, attardé, superstitieux, grossier, ignorant, colérique, mais brave, bon, soldat efficace, poète, bon marin, habile négociant mais chicanier. Le *Dictionnaire* d'Oger (1776-1780), ingénieur des Ponts et Chaussées, s'inscrit dans une tradition que ne démentiront pas les érudits polygraphes (Cambry, Lavallée) au tournant du XIXe siècle en recensant les obstacles à vaincre pour intégrer définitivement ces étrangers sauvages et celtes à l'ensemble national[134].

De la caractérologie, on passe alors aux géographies de l'esprit avec le XVIIIe siècle. La manière de voir et de penser l'étranger et la différence a cependant pris une autre tournure qui, sans rompre totalement avec l'ancienne ambition, s'en détache et l'oriente à d'autres fins. Le jugement que chacun peut prétendre porter sur les autres, leur langue, leurs mœurs, leurs pratiques et leurs convictions religieuses change quelque peu de sens[135]. L'existence de caractères nationaux, de génies nationaux, d'esprits nationaux n'est plus une totale évidence; elle n'est plus reçue sans examen par une pensée qui se méfie des généralisations réductrices et des préjugés de l'opinion commune. La caractérisation est entrée dans le questionnement philosophique par le biais de la relativisation anthropologique, par celui de la théorie de l'histoire ou de la philosophie sociale et politique. Comme la diversité des peuples est obscure, les Lumières la soumettent à une triple lecture : il s'agit d'en éclairer les origines, de comprendre une complexité extensible à l'infini – car on n'a jamais achevé l'inventaire des différences –, et d'en saisir les partages entre l'essentiel et l'accessoire[136].

La rencontre entre la philosophie et l'opinion se nourrit de questions classiques : celle de l'unité du genre humain ; celle de la violence des énoncés qualifiants ou discriminants ; celle des origines des traits qui permettent de caractériser l'étranger. Trois façons de penser pouvant coexister dans le même auteur, voire la même œuvre, orientent le nouveau programme. En premier lieu, une perspective causale tente d'expliquer la diversité humaine, avec Voltaire, Buffon, Herder ; il s'agit d'exposer le pourquoi de l'évidence caractérologique, en mobilisant les climats, les traits géographiques, les mœurs. Une autre approche se propose de décrire les aspects anthropologiques, avec Voltaire et l'*Essai sur les mœurs*, Hume et les *Caractères des nations*, Kant et l'*Anthropologie pragmatique*, Hegel et les *Leçons sur la philosophie de l'histoire*. C'est le tableau de la diversité qui reçoit l'éclairage de la raison, du physique au moral, de l'Europe au monde. Arriver à une clef descriptive satisfaisante est au bout de l'entreprise, qui n'abandonne pas les jugements d'attribution, l'opposition des vices et des vertus. Enfin, des plans, des projets, des programmes tentent de résoudre les difficultés et de proposer une autre organisation de la diversité humaine en la plaçant dans la finalité du devenir de l'humanité. Là se joue le rôle des peuples élus, civilisations et guides. L'idée cosmopolite se donne ici à lire car, par opposition au patriotisme qui se nourrit de la diversité identitaire, elle propose une manière de dépasser l'évidence qu'imposent l'analyse de la diversité et la définition d'un modèle normatif de civilisation – la nôtre.

Avec Voltaire, on caractérise précisément l'existence des différences ; avec Buffon, on en clôt l'enquête anatomique et psychologique. L'anthropologie tente de devenir une science de l'espèce humaine saisie dans sa diversité. L'*Essai sur les mœurs* (1756), l'*Histoire naturelle de l'homme* (1749) cherchent à soustraire l'histoire de l'humanité au poids de la religion, et ainsi replacent l'homme au même titre que la plante ou l'animal dans la nature. Ce faisant, ils établissent une hiérarchie entre les peuples et croient à l'existence de seuils. Certains se détachent de ce point de vue au nom de la relativité de la morale ; ainsi Diderot et Rousseau. Au cœur de la démarche, inspirée par les récits des voyageurs et par la lecture des naturalistes, reste toutefois le problème des normes qui identifient l'unité humaine et donc ceux qui vivent aux marges. L'histoire peut contribuer à se retrouver dans ce dédale, mais elle doit pour cela s'étendre à tout ce qui fait la grandeur d'une nation, la force de son rayonnement. La caractérisation des peuples va donner son appui à une vision qui privilégie un modèle d'humanité, une période, un temps. Voltaire s'oppose ici à Montesquieu qui, pour comprendre l'esprit général d'une nation, prévient les préjugés d'habitude, retient son jugement même dans les caractères ethniques, refuse les formes ordinaires de l'orgueil national : « Quoiqu'on doive aimer sa patrie, il est aussi ridicule d'en parler avec prévention que de sa femme, de sa naissance ou de son bien. Que la vanité est sotte partout[137]. » Les théories de l'éducation s'articulent sur ces constats : il faut, ainsi pour Rousseau et pour Condorcet, définir ce qui distingue dans la diversité. Le caractère national peut alors servir de base à l'avenir des peuples. Le choix se joue entre cosmopolitisme et patriotisme.

Le cosmopolitisme va rassembler les principes d'un affrontement sur la place à faire aux étrangers dans la culture de tous. L'éducation du citoyen exige qu'on se distingue, et qu'ainsi l'on renforce la cohésion nationale – tout ce qui permet à un peuple de ne pas se confondre avec un autre. La définition de l'autre et de soi-même sert de ressort au politique, qui va puiser ses arguments dans la langue et dans l'histoire. La Révolution, on l'a déjà souligné, fut à l'origine de cette affirmation en même temps qu'elle proposait la preuve du contraire et l'universalisme affranchi des histoires particulières. De son côté, la caractérisation nationale n'est pas suspendue : elle peut se concilier avec le pacifisme, tel celui de Leibniz, comme avec la violence[138]. Les Lumières ne résolvent pas la difficulté. Kant entend retrouver l'histoire de la diversification naturelle et mieux comprendre la diversité comme élément d'une unité plus haute. L'*Anthropologie du point de vue pragmatique* comporte la description des caractères des principaux peuples européens, moins dans le but de contribuer une fois encore au constat de la confusion et de la pluralité des hommes que de fournir les éléments d'une réflexion pour construire le « citoyen du monde »[139]. Le caractère permet de voir ce que la nature et l'histoire ont fait de l'homme et ce qu'il fait de lui-même[140], donc comment se construit sa relation aux autres. Donnée empirique, variable selon les observateurs, le caractère peut être un facteur négatif ou positif pour établir l'harmonie entre les peuples. C'est pourquoi Kant retient surtout ce qui est nécessaire au rapport entre autochtone et étranger, le fil rouge d'une communication. Le caractère est un bilan, avec son débit, (ses obstacles) et son crédit (les facteurs favorables à l'échange et à la mobilité). Ainsi la nation française est-elle créditée de son goût pour le commerce social, pour la conversation, pour le rôle culturel des femmes. Ce sont des lieux communs, convenus, partagés ; ce qui compte, c'est ce que l'on peut en déduire pour instaurer une philanthropie universelle sur des principes solides, créateurs d'entraide mutuelle, orientant la relation aux autres vers le prix. Si les Français sont frivoles et inconstants aux yeux de Kant, ce n'est pas pour renvoyer à la légèreté, au goût du plaisir, à la séduction et à la facilité. C'est pour désigner dans ces traits le danger qui guette ceux qui font un usage ludique de la liberté, un facteur d'instabilité. Dans la démarche, il reste à comprendre comment ce qui fait le caractère est reconnu, admis, prouvé : « D'où tenons-nous que les Français sont frivoles, les Anglais personnels, les Espagnols fiers, les Allemands obéissants ? [...] Si la réponse est simplement l'expérience, on devra se demander comment un peuple, c'est-à-dire une communauté d'individus peut constituer un objet d'expérience[141]. »

Pour Kant, caractériser les peuples sert à exposer en quoi ils travaillent à élargir l'espace public de la raison, la publicité de la pensée, donc comment ils sont capables et susceptibles de se fermer ou de s'ouvrir aux autres peuples, de se déterminer à un accueil large ou à s'enfermer dans ses frontières, de refuser l'orgueil national ou de rechercher la paix perpétuelle. L'esprit des Lumières place la circulation, l'échange au centre des dispositifs qui ont pour but de créer, d'élargir l'espace public, d'accélérer la communication de nos jugements universellement mobilisables. Liberté de pensée, communicabilité, vocation cosmopolite sont indissociables. Il faut apprendre à penser en se mettant à la place des autres, et ainsi à respecter l'égalité fondamentalement nécessaire de la communication, entre le collectif et l'individuel. La tension entre, d'une part, l'appartenance à la sphère cosmopolite et son universalité, d'autre part, le besoin de reconnaissance dans une communauté de langue et de culture, la diversité admise et intégrée, la diversité exaltant l'orgueil et le patriotisme, n'est pas résolue en pratique. Kant, toutefois, montre la voie.

La connaissance des étrangers, qu'imposent l'histoire et les échanges entre les peuples, dicte les contrôles. Elle exige l'établissement de distinctions dont le résultat est toujours d'excepter, dans un sens ou un autre, une partie de l'humanité. Classer et exclure sont à l'œuvre dans toutes les caractérisations, mais celles-ci peuvent contribuer à dégager de la paix entre les peuples et à faire respecter la liberté des individus. On en perçoit, avec Montesquieu ou avec Kant, la relativité extrême ; Diderot aussi nous l'enseigne, et ce n'est peut-être pas pour rien qu'il a pu retenir, comme modèle de son *Neveu de Rameau*, Fougeret de Montbron, auteur du *Cosmopolite ou le Citoyen du monde* (1750). L'« homme au cœur velu », représentant symbolique de la bohème littéraire, est un homme sans attache à qui toute contrainte est insupportable et l'idée de patrie un non-sens. L'ouvrage a intéressé la République des Lettres par son caractère extraordinaire et excessif[142], car il révèle dans le cosmopolitisme deux tentations contradictoires. En premier lieu, celle de la volonté de solidarité humaine, une communauté spirituelle ou intellectuelle par-delà les frontières, au sens où l'entend Montesquieu dans ses *Pensées* et que salue Rousseau dans le *Discours sur l'inégalité* : « Si je savais quelque chose qui me fût utile et qui fût préjudiciable à ma famille, je la rejetterais de mon esprit. Si je savais quelque chose utile à ma famille et qui ne le fût pas à ma patrie, je chercherais à l'oublier. Si je savais quelque chose utile à ma patrie et qui fût préjudiciable à l'Europe ou bien qui fût utile à l'Europe et préjudiciable au genre humain, je la regarderais comme un crime. » La relation à l'autre chemine à travers les cercles successifs de la mobilité ordinaire et conduit à la fraternité universelle. Mais, en second lieu, le cosmopolite révèle l'homme sans attache, « ceux qui vont chercher au loin dans leurs livres des devoirs qu'ils dédaignent de remplir autour d'eux. Tel philosophe aime les Tartares pour être dispensé d'aimer ses voisins[143] ».

Fougeret de Montbron est un errant, libertin et pittoresque ; son cosmopolitisme est celui d'un misanthrope taciturne et sombre. Son livre est une autobiographie, mais, au-delà d'une solitude revendiquée, il propose une défense de la liberté et de l'indépendance sans frontière ; il ruine par le ridicule les caractérisations interchangeables, car aucun peuple ne trouve grâce à ses yeux. Son inquiétude est décapante. Le *Cosmopolite*, récit de voyage qui se moque des récits de voyage, livre l'expérience même de la difficulté de comprendre les autres et de se fixer. L'Angleterre a ses faveurs ; la Hollande est supportable, mais gâtée par l'intérêt ; la Grèce et la Turquie s'enferment dans les douceurs de la vie privée, le refus de communiquer. De toute façon, on a beau changer de climat, on porte partout avec soi le cachet de la nature, et l'humanité enseigne partout qu'il n'y a point d'honnêtes gens. L'expérience de Fougeret de Montbron en

Italie le confirme dans sa lucidité : finalement, «tous les pays me sont égaux pourvu que j'y jouisse en liberté de la clarté des cieux, et que je puisse entretenir convenablement mon individu jusqu'à la fin de son terme. Maître absolu de mes volontés et souverainement indépendant, changeant de demeure, d'habitude, de climat selon mon caprice, je tiens à tout et ne tiens à rien».

L'expérience radicale du refus de la différence, l'exil volontaire proposent une libération totale des origines. On conçoit qu'un tel message n'ait guère abouti, mais il invite à la méfiance envers les philosophies du stable, du local. C'est une incitation à comprendre l'altérité comme principe de l'esprit critique. Le dépaysement spatial et temporel qu'enseigne aux philosophes l'expérience des voyageurs, le jeu de décentration dans le temps et l'espace que conseille Montesquieu, agissent comme des révélateurs d'une capacité à comprendre les autres et à se laisser critiquer par eux. C'est la leçon qu'on entendra dans le *Supplément au Voyage de Bougainville* par Diderot : «Laisse-nous nos mœurs, elles sont plus sages et plus honnêtes que les tiennes. Nous ne voulons point troquer notre ignorance contre tes inutiles lumières[144].» Les pays d'Europe sont parcourus par le flux des voyageurs (voyageurs ordinaires, touristes) ; à chaque pas, ils peuvent devenir des étrangers. Le monde et l'univers lointain des îles Pacifiques enseignent l'existence de civilisations différentes. Ce que Diderot met en évidence, c'est la nécessité de s'approprier les figures de l'altérité, d'accepter la richesse de l'étrangeté, de concevoir qu'on peut l'être aux yeux des autres.

Le cosmopolitisme par l'échange, par la mobilité, est devenu un *habitus* des Lumières, qui y retrouvent l'aspiration à la paix entre les hommes de l'Antiquité, de l'humanisme, de la République des Lettres. Il repose sur les idées partagées d'une communauté d'esprits éclairés : le libre échange, le langage des urbanités – Paris est La Mecque des cosmopolites –, l'effacement des barrières nationales et l'élargissement du monde connu et rêvé. C'est aussi un style de vie. Mais le siècle s'achève sur la tension renforcée entre les choix à faire pour un nationalisme dont les écrivains allemands donnent l'exemple, pour un universalisme que certains critiquent (ainsi Goldsmith[145]) ou, avec Fougeret, vidé d'une partie de son sens car proclamant de façon provocante une indépendance absolue. Au cœur des études et des discussions, c'est la figure de l'étranger porteur de changements, vecteur de questions, qui alimente le rapport entre engagement politique et patriotisme d'une part, esprit universel et fraternel de l'autre[146].

Le creuset parisien

Dès le XVIIIe siècle, l'image de Paris, sans imposer encore celle du désert français créé par l'excessif développement de la capitale et de sa région, est résolument négative aux yeux des penseurs, des administrateurs, des romanciers. Elle s'inscrit dans la dioptrique culturelle des fonctions urbaines et d'une crise des représentations à un moment décisif dont Jean-Claude Perrot et Bernard Lepetit ont fait le bilan[147]. L'histoire des mouvements migratoires n'a pas laissé de côté la Métropole des métropoles françaises, usant de sa référence économique ou littéraire pour comprendre les motivations autonomes qui animent les mouvements vers les villes. L'image du rêve urbain, son parfum de fruit défendu, ses illusions de liberté entraînent l'imaginaire romanesque comme ils ont pu mettre en route un monde rural rassasié de traditions[148]. Trois miroirs, toujours regardés et commentés, jalonnent ici le chemin parcouru par les Français dans la tentation comme aussitôt dans le regret : Marivaux vers 1740 (*Le Paysan parvenu*), Rousseau vers 1760 (*La Nouvelle Héloïse*), Restif de La Bretonne dans les années 1780 (*Le Paysan perverti*). La réflexion des contemporains confrontée aux pratiques permet, dans le domaine de la circulation comme en d'autres, de redéfinir notre compréhension. L'observatoire parisien s'impose ici comme le témoin de la « Ville promise[149] » dont il met en perspective, d'une certaine manière, les méfaits et les bienfaits, d'une autre façon leur appréhension intellectuelle et les conditions longues de leur production.

Sébastien Mercier est un bon témoin sur ce thème : Parisien, instruit et cultivé, auteur à succès, il trouve dans l'observation de la mobilité un thème propice pour alimenter son romantisme anti-urbain (la ville pervertit) et son sens des transformations positives (la ville enrichit). Le *Tableau de Paris* se nourrit de la notion de mœurs propre à évaluer, entre morale et histoire, le changement d'une société. Elle est à l'œuvre dans les stéréotypes et les caractères nationaux comme dans la construction d'une vérité des nouveaux et des anciens Parisiens. Traits sociaux et psychologiques composent les caractères et se prêtent au déroulement de multiples signes dont la rencontre entre le familier et l'étrange, entre l'autochtone et l'étranger est un ressort efficace[150]. La curiosité de l'observateur découvre très tôt la présence étrangère, et les mouvements de la population l'un des arguments le plus souvent repris. Au chapitre premier du *Tableau de Paris*[151], ils sont évoqués d'une manière vivante :

« Coup d'œil général. Un homme à Paris qui sait réfléchir n'a pas besoin de sortir de l'enceinte de ses murs pour connaître les hommes des autres climats. Il peut parvenir à la connaissance entière du genre humain en étudiant les individus qui fourmillent dans cette immense capitale. On y trouve des Asiatiques couchés toute la journée sur des piles de carreaux, et des Lapons qui végètent dans des cases étroites; des Japonais qui se font ouvrir le ventre à la moindre dispute; des Esquimaux qui ignorent le temps où ils vivent; des nègres qui ne sont pas noirs, et des quakers qui portent l'épée. On y rencontre les mœurs, les usages; les caractères des peuples les plus éloignés; le chimiste adorateur du feu; le curieux idolâtre, acheteur de statues; l'Arabe vagabond, battant chaque jour les remparts, tandis que le Hottentot et l'Indien oisifs sont dans les boutiques, dans les rues, dans les cafés. Ici demeure un charitable Persan, qui donne les remèdes aux pauvres, et sur le même palier un usurier anthropophage. Enfin les brahmanes, les fakirs dans leur exercice pénible et journalier n'y sont pas rares, ainsi que les Groenlandais qui n'ont ni temples, ni autels. Ce qu'on rapporte de l'antique et voluptueuse Babylone se réalise tous les soirs dans un temple dédié à l'harmonie. »

Ce texte étrange, cette curieuse liste de références ethniques – que par ailleurs Mercier va expliquer comme des visions métaphoriques, mettant en valeur, par contraste avec les mœurs exotiques, les besoins les plus nécessaires (logement, chauffage) d'une population attirée par la capitale moderne – pose au lecteur d'aujourd'hui des questions nombreuses et, avec elles, interroge la réalité du creuset parisien. Selon sa curiosité, ce lecteur peut se demander quelle est la vérité de ces présences étrangères et étranges parce qu'elles sont étrangères, manifestement choisies pour leur exotisme. La séduction des images, le talent de Mercier ne doivent pas éliminer notre prudence critique. Il enregistre ici des aspects fugaces et oubliés des choses qui n'en sont pas moins suggérés par des choix philosophiques et moraux, des positions intellectuelles, des procédés rhétoriques engagés dans des compétitions plus vastes dont l'enjeu est l'idée que l'on se fait du rôle de Paris, comme de celui de la civilisation urbaine. Il importe peu, de ce point de vue, que l'écrivain ait croisé ou non ces figures exotiques. Elles sont là pour montrer que la ville est le meilleur observatoire de la réalité humaine, de sa nature. Le citadin recouvrant entièrement l'humain, le Parisien côtoyant quotidiennement les représentants de toutes les parties du monde, de l'Asie à l'Afrique, du pôle Sud au pôle Nord, Paris devient la métropole des observations morales et sociales nécessaires pour comprendre l'opacité grandissante qui frappe toutes les sociétés urbaines. Celles-ci se préoccupent de guérir leur malaise et de réduire leurs fractures. Sébastien Mercier n'est-il pas alors un contemporain fraternel et un guide utile pour suivre et déchiffrer une question cruciale hier comme aujourd'hui ? Son cheminement nous aide, car il y perçoit toutes les incertitudes que soulèvent l'accueil et la mobilité, le problème des étrangers, celui de leur perception comme celui de leur intégration dans la population parisienne, au-delà, mais principalement avec les peuples qui, avant 1789, composent l'ensemble désuni de la France des Lumières. Sur une trentaine d'occurrences notées dans le *Tableau de Paris*, les deux tiers concernent les conditions générales (lieux, institutions, garnis, auberges, métiers) ; le reste interroge le nombre, les origines, les effets de ce mouvement et de ces rythmes. L'éloge de l'attraction, celui des Lumières attractives de la ville, sont le contrepoint d'une série de difficultés matérielles et de multiples variables culturelles.

Des volumes aux flux, des flux à l'espace

Mesurer le poids de la population étrangère réelle à Paris pose peut-être moins de questions, grâce aux sources de la police, que de calculer sa place dans une population globale difficile à évaluer, faute de recensement. L'administration royale a renoncé à l'imposer à une population méfiante à l'égard de tout ce qui peut menacer ses privilèges fiscaux. Pour Mercier, pas de problème : 600 000 Parisiens, 100 000 étrangers. « Il y a eu des années où l'on a compté à Paris cent mille étrangers, tous en chambre garni ; le nombre est considérablement diminué[152] » ; « L'étranger qui n'a point d'amis, conséquemment de société réglée, marche au hasard au milieu de six cent mille âmes qui ne s'occupent que de leurs affaires et de leurs plaisirs[153] ». Or la difficulté réside dans la capacité de connaître la vraie dimension relative de la population flottante, étrangère, nouvellement parisienne mais régnicole, installée ou non installée. C'est ce chiffre qui donne sens aux réactions quant aux origines géographiques et à l'usage des caractères nationaux.

Le pouvoir attractif de Paris suscite l'admiration et l'inquiétude. Sébastien Mercier se fait l'écho de ces deux préoccupations : la capitale est un gouffre, mais elle transforme ceux qui y viennent et, comme telle, demeure irremplaçable. La misère de presque 900 000 habitants – il enfle la population à ce niveau dans son chapitre CCCLVII[154], « Réponse au Courrier de l'Europe » – n'est tolérable que par les avantages réels dont ils peuvent bénéficier ; la police s'en porte garante. Les nécessités de l'ordre focalisent l'attention sur les groupes jugés, selon les circonstances, susceptibles de menacer l'ordre public[155]. Les étrangers, les gens sans aveu, les prostituées ou, plus tard, les ouvriers et les opposants politiques ont pu ainsi devenir, tout à tour, des cibles privilégiées du contrôle exercé sur les hôtels et les garnis. Mais, en fait, la diversité des nouveaux arrivants dépasse de beaucoup les frontières de la suspicion. La présence à Paris des principaux tribunaux – le ressort du parlement est le plus étendu du royaume –, des administrations militaires et civiles, la proximité de la cour, l'attrait culturel des institutions savantes et de l'université, l'attirance et le goût du tourisme naissant, la position dans le circuit économique, les routes des échanges et la localisation des productions entretiennent simultanément une arrivée massive, mais également des départs dont on ne sait pas grand-chose (sauf cas d'espèce). Cette abondance dicte, on en convient immédiatement, la multiplicité des solutions recherchées et offertes pour l'accueil de tous. C'est une capacité que crée la mobilité et qui la rend possible. Un nombre croissant de migrants et de visiteurs ont pu se mêler à l'ensemble de la population parisienne, qui devait déjà beaucoup à l'immigration.

L'ADOPTION DES NOUVEAUX VENUS

On a depuis longtemps fait justice du succès durable, justifié par la disparition de l'ancien état civil, des thèses conférant au seul mouvement naturel la part essentielle de la croissance parisienne en matière démographique[156]. Sans entrer dans le détail des évaluations et des mécanismes complexes qui assurent le renouvellement et la croissance d'une population, prenant en compte immigration, mortalité sociale et fécondité sociale, tous les segments de la population ne contribuent pas de la même façon au renouvellement, les taux qui mesurent ces comportements évoluent. On peut admettre un mouvement d'ensemble qui élève les Parisiens de 400 000-500 000 sous Louis XIV à 600 000-700 000 sous Louis XVI ; peut-être un peu plus avant 1790[157]. Au début du XIXe siècle, c'est grâce au recensement un chiffre plus sûr, qui passe de 546 000 en 1801 à 714 000 en 1817 ; le million est dépassé vers 1850. Le volume des migrants dans cette population est évaluable à l'aide de sources indirectes (contrats de mariage, actes de l'état civil reconstitués, archives judiciaires et hospitalières) ; les indices établis convergent tous dès le XVIIIe siècle. Vers 1750, la proportion des nouveaux venus atteint 70 % de la population masculine adulte, et dépasse 49 % de la population féminine. En 1787, c'est 57 % des jeunes mariés et 36 % des futures épouses qui, sur 3 196 contrats étudiés, sont nés hors de Paris. Les archives criminelles confirment le constat : bon an, mal an, deux tiers des prévenus jugés par le Châtelet de Paris sont des provinciaux et des étrangers. Ce sont les trois quarts des voleurs d'aliments et de vêtements ; 64 % encore des individus arrêtés pour rébellion entre 1785 et 1789 ; deux tiers des prévenus de l'Hôtel de Ville, plus vers 1789 qu'avant 1750. Dans tous les cas, si l'on rappelle la dominante populaire des accusés, si l'on admet que la délinquance et la criminalité sont favorisées par le déracinement, on saisit toute l'importance de la migration pour des catégories majoritaires dans la société parisienne et qui ne les retient pas toujours. Du côté des hôpitaux, les résultats sont équivalents : de 1766 à 1776, sur 2 055 malades de la Charité, trois quarts de migrants. On peut raisonnablement penser que le chiffre réel se situe dans une fourchette de 33 à 60 %, selon qu'on admet une mobilité constante de la population non autochtone, selon qu'on souligne l'inégale représentation des âges et des sexes.

Les Parisiens d'adoption ne voient pas leur nombre diminuer à l'époque de la Révolution et de la Restauration. Les cartes de sûreté, qui permettent un recensement approximatif des Parisiens adultes, vers 1792, donnent entre 27 et 30 % de natifs. Là où des sources le permettent, avec la population féminine, c'est encore 30 %. Un calcul précis comparant hôpitaux, dépôts de mendicité et contrats de mariage aboutit à 58 % de migrants vers 1820, à 63 % vers 1850. Dans les classes populaires, le taux dépasse la moyenne ; il est encore de 50 % à peine pour les groupes de la bourgeoisie. Bref, de l'Ancien Régime à la Monarchie de Juillet, les Parisiens sont majoritairement des Parisiens d'adoption, avec une immigration qui ne s'est jamais ralentie.

FLUX MIGRATOIRES – NATURE DES MOUVEMENTS PARISIENS

On peut admettre que tous les ans, avant 1789, c'est de 7 000 à 15 000 nouveaux venus qui restent ; mais la question posée, sur la nature de la mobilité, implique qu'on dépasse la mesure des seules appréciations du solde migratoire pour envisager les déplacements effectifs, les allers et les retours, les capacités d'accueil, que l'addition et la soustraction des arrivées et des départs n'éclairent pas. Les sources de la surveillance policière permettent, à partir des garnis, des logeurs, des hôtels et de leurs registres, d'évaluer l'intensité des circulations vers Paris à un moment qui peut précéder l'installation, de confronter la société des migrants à celle de l'ensemble de la population, et de s'interroger sur les modalités d'une appropriation de l'espace.

La police a fait son travail de contrôle, mais les documents produits n'ont été conservés que pour une faible part[158]. Quelques registres de logeurs, quelques listes de population établies à partir des registres déposés, quelques recensements de commissaires ou d'inspecteurs dans leur quartier donnent des renseignements sur les origines géographiques et sociales, les dates d'arrivée et le motif des séjours, mais ils n'autorisent pas une mesure d'ensemble. Avec la Révolution, l'Empire, la Restauration, la documentation s'épaissit, se précise, mais l'historien est dépassé par la masse. Les impératifs d'une surveillance accrue des mouvements de population de toute origine entraînent une vigilance grandissante et des recensements plus réguliers qui, non sans lacune, informent plus exactement sur la mobilité générale et sa dynamique. La police parisienne a perfectionné ses instruments de mesure et la précision de ses rapports, qui montrent bien l'intérêt croissant porté à la mobilité même, à ses effets et à ses mécanismes. En nivôse an IV, le ministre de l'Intérieur s'adresse au bureau central du canton de Paris : « Il résulte, citoyen, des rapports que je reçois de la police, que l'affluence va toujours s'accroissant dans Paris et que le nombre des arrivants excède d'à peu près cent par jour celui des départs. Ce grand concours peut avoir des causes qu'il est important de découvrir. Je vous invite donc à porter un œil attentif sur le tableau des citoyens qui arrivent dans Paris, de ne rien négliger pour vous assurer de l'état de chacun et de prendre sur eux tous les renseignements les plus exacts[159]. » C'est de la température sociale, de la pression politique de la capitale qu'il est question, et dont les baromètres ou les thermomètres, en dépit de leurs insuffisances et de leurs biais, n'enregistrent pas moins des données essentielles du phénomène migratoire.

Au départ, on peut admettre le chiffre proposé en 1776 par M. de Malesherbes, alors chargé du département de Paris, et sans doute calculé à partir des relevés effectués chez les logeurs : 91 000 personnes hébergées par an. On n'est pas loin du chiffre avancé par Sébastien Mercier dix ans plus tard. Or c'est là une évaluation minimale des mouvements, car l'accueil ne se limite pas à l'espace surveillé par la police des logeurs et aubergistes. Clandestinité et hospitalité privée ou publique doivent peser vers la hausse des chiffres proposés. Les seuls rapports conservés entre 1795 et 1827 donnent deux courbes parallèlement croissantes : 75 676 hébergés en l'an III, 90 016 en 1810, 155 204 en 1827, correspondant à une estimation calculée des arrivées de 80 000 en moyenne avant l'an V, de 100 000 vers 1810-1815, de 170 000 entre le retour des Bourbons et la Monarchie de Juillet. Le taux d'accroissement avoisine 60 % à ce moment, et le mouvement ne va pas cesser par la suite : en 1867, 640 000 arrivées pour 1 800 000 habitants. L'accélération des déplacements est plus rapide que celle de la croissance de la population. Avant la Révolution, le phénomène a pu connaître une ampleur comparable, ce qui justifie l'opinion de certains auteurs évaluant en hausse la population parisienne, et surtout il n'a peut-être pas évolué de façon régulière et linéaire, faisant alterner des phases de ralentissement ou d'expansion que compliquent encore les variations conjoncturelles et saisonnières.

Arrivées et sans doute départs décalés de quelques mois opposent un maximum de printemps, redoublé à la fin de l'été, et cela sans bouleversement de 1795 à 1827. Le mouvement enregistre certainement l'entrée massive des migrants temporaires, ceux qui reviennent après l'hiver comme les hirondelles et rentrent chez eux à l'automne : les Limousins, les Auvergnats, les Savoyards. C'est la mobilité des ouvriers, qui n'est pas la même que celle des gens d'affaires et des touristes, plus autonomes dans leurs choix. La courbe que l'on peut établir avec les passeports entre l'an IV et 1810 le montre, mais avec seulement un léger écart des maxima et des minima. Une plus grande variété de mouvement n'est pas à exclure, dépendant de choix professionnels ou sociaux spécifiques, comme le suggèrent les épaves des registres de logeurs du début de XVIIIe siècle.

Une autre variable est à prendre en compte : la durée de séjour, qui dans les relevés de la police apparaît comme une démarche individuelle plus que familiale ou collective : 84 % des enregistrements sur l'ensemble des quartiers concernent seulement une personne. S'il y a des entrées familiales, elles peuvent correspondre à des groupes (fratries, père et fils), comme dans les métiers du bâtiment, ou à des couples avec enfants et domestiques, voire à des couples non officiels. Le fait ne signifie pas que les déplacements aient été effectués en solitaire : les nouveaux arrivants enregistrés sont très souvent associés avec un ou plusieurs compagnons de route, à une même date, et cela concerne toutes les conditions, des riches avec domestiques aux pauvres et aux ouvriers venus ensemble de leur province. L'ensemble renvoie à ce qui motive la circulation, que l'on voit dans les remarques des commissaires dès le règne de Louis XIV : affaires, commerce, foires, recherche de travail, études, procès et successions, services, prise en charge de nourrissons, pèlerinages, relations familiales, voyages et loisirs. Ce sont les facteurs du séjour qui, en dépit des difficultés de reconstitution, correspondent à une variété assez grande. Un quart reste plus de trois mois, un autre quart moins d'un mois, mais des durées très brèves peuvent être enregistrées avec des retours réguliers pour les marchés et les affaires, et des séjours longs existent : 2 % du total dépassent deux ans. Ce qui signifie deux choses. D'une part, une forte diversité à l'intérieur de Paris entre quartiers, le garni devenant pour certains un logement définitif. D'autre part, une forte mobilité interne : 23 changements de domicile pour 100 arrivées quotidiennes vers 1811, 60 vers 1825. La police enregistre mal les départs, qui sont massivement corrélés avec les migrations ouvrières, mais qui peuvent déjà correspondre à des mouvements plus autonomes, indépendants du temps : ceux des affaires, ceux des tourismes ou caractéristiques de la ville même, ceux des vacances que constate Mercier et que relevait déjà en début de siècle le *Théophraste moderne*, écrit par un anonyme imitateur de La Bruyère, en 1699 : « Paris ne possède ses habitants que six mois de l'année : citoyens infidèles, parce qu'ils furent prodigues, ils quittent ce séjour pour aller se confiner dans un reste de château, où ils font une pénitence rigoureuse des dépenses de l'hiver. Les délices de la vie champêtre ne sont point goûtés de ces gens trop sensibles aux plaisirs de la ville ; mécontents de leur sort, ils attendent l'automne ; Paris les revoit ; ses places sont de nouveau fréquentées, ses rues embarrassées par le nombre d'équipages ; tout est brillant et pompeux ; la froide saison s'écoule en joies et en spectacles, en jeux ; le prix de la récolte dissipé, le seigneur retourne à sa terre où il continue d'expier ses profusions. » Moins d'un siècle plus tard, Mercier reprend l'antienne de ce mouvement d'errance aristocratique, mais qui, au-delà des nobles, concerne domestiques, clients, fournisseurs : « On retombe l'hiver et de toutes parts sur la capitale ; c'est un penchant universel et presque invincible[160]. » Il s'agit donc d'une addition de multiples mobilités qui peuplent et animent Paris, et qui regroupent une multitude d'origines.

GÉOGRAPHIE DES NOUVEAUX PARISIENS

Les nouveaux Parisiens sont bien connus à travers la série de sources qui aident à baliser leurs parcours et leurs séjours, contrats de mariage, cartes de sûreté, sources hospitalières. Laissons de côté les étrangers, les non-régnicoles, sur lesquels nous reviendrons; ils ne sont pas à négliger dans la masse : entre 5 et 8 % au XIXe siècle, entre 7 et 5 % dans les contrats de mariage, de 3 à 2 % dans les sources judiciaires, 3 % dans les cartes de sûreté[161]. Les régnicoles, les provinciaux, viennent de toutes les régions françaises. Ce sont toutefois les régions proches qui fournissent les plus forts contingents : le Bassin parisien, l'Est et le Nord, la Normandie, la Bourgogne; au sud de la Loire, les flux se raréfient, à l'exception de ceux qui proviennent des montagnes du Centre, Auvergne, Limousin, Comté, Dauphiné. Les régions correspondant à des zones urbanisées (autour de Paris, dans la France septentrionale, autour de Lyon, Bordeaux, Marseille, Toulouse) fournissent avant, pendant et après la Révolution des contingents non négligeables qui semblent traduire le rôle des relais citadins actifs dans la croissance parisienne. La cause est entendue : les Parisiens arrivent de partout, même si la distance écrête les volumes migrateurs et surtout si leur composition renvoie à des facteurs locaux et à la compréhension de la chaîne qui organise la mobilité de place en place. Les régions proches semblent fournir une population plus diffuse, rurale et urbaine; les régions éloignées polarisent mieux leur départ; entre les deux des mouvements ruraux peuvent exister, comme pour les montagnards alpins ou les Limousins. Dans le cheminement vers Paris, des étapes plus ou moins longues sont visibles : ainsi chez les Normands recensés en 1792-1793, dont plus des deux tiers sont passés par Vernon; ainsi encore chez les domestiques.

Ceux-ci constituent une population intéressante et bien connue : près de 40 000 recensés par l'abbé Expilly d'après la capitation de 1764; 15 % des 2 500 contrats de mariage en 1749; 6 % des 3 000 contrats de mariage de 1787; de 4 à 5 % dans les sources hospitalières ou judiciaires. C'est un milieu mobile à fort recrutement provincial, et dont les mouvements peuvent reproduire partiellement ceux des employés. L'aire principale du recrutement se situe entre 50 et 60 kilomètres autour de Paris. De là viennent les gros effectifs, puisés dans les bourgades paysannes de l'Ile-de-France et complétés par l'apport normand, champenois, picard. Indice intéressant de la mobilité professionnelle, ils sont moins nombreux parmi ceux qui meurent à Paris à l'hôpital que parmi ceux qui s'y marient ou qui ont la malchance d'avoir affaire à la justice. Au total, c'est près de la moitié des domestiques qui provient de ce bassin d'émigration, ce qui laisse à penser qu'il existe des filières permanentes d'attraction vers Paris et vers le service domestique. Peu sont originaires des villes (15 %), et celles-ci sont réparties dans tout le royaume, avec une zone privilégiée : la France urbaine de l'Est, où l'on trouve Reims, Metz, Thionville, Strasbourg, Troyes, Besançon, Dijon ; la part citadine autour de Paris est nettement plus faible : 6 % en deçà de 300 kilomètres, 30 % au-delà.

On saisit là une mobilité de ruraux intervenant en deux temps : vers une petite ville de province, puis vers Paris. Notons aussi que les femmes viennent plus souvent des campagnes proches que les hommes : elles sont moins citadines et franchissent toujours des distances moindres. L'immigration domestique est majoritairement un mouvement parti de régions riches, peuplées, alphabétisées, et c'est dans la plupart des cas le fait de campagnards partis seuls, laissant leur famille au village et souhaitant y revenir. Leur aventure peut être tout autant dictée par la prospérité – c'est le cas de Jacob, héros du *Paysan parvenu* de Marivaux, et d'Edmond dans le *Paysan perverti* de Rétif – que conduite par la misère ou les conséquences des crises, comme le montre la fille de l'aubergiste dans *Jacques le Fataliste*. L'arrivée à Paris est souvent un aboutissement après marches et contremarches qui, de relais en relais, font converger les nouveaux venus : ainsi Versailles, étape indispensable pour les Bretons et les Normands, ainsi Troyes pour les Bourguignons, les Champenois, les Lorrains. Suivons Marie Mercier, partie à trente-trois ans de Neufchâteau en Lorraine. Elle s'arrête deux ans à Bréviande, près de Troyes, et plus de dix-huit mois à Saint-Pouange, qu'elle quitte pour travailler quelques mois à Reims. Cette fille d'un maçon et d'une couturière arrive à Paris au terme de six années de marche et d'arrêt ; elle s'y fait arrêter pour mendicité. On peut lire dans cet exemple les aléas de la misère, ceux de l'hésitation et de l'espérance, liés aux possibilités d'emploi inégales, aléatoires. Il s'achève par un échec, mais pour autant ce n'est qu'un cas et l'on ne peut négliger la propédeutique culturelle et sociale acquise au long de la route. Paysannes et servantes mal dégrossies se muent en soubrettes accortes et en femmes de chambre expertes, comme l'écrit joliment Jean-Claude Perrot[162] ; valets de ferme et journaliers inexpérimentés apprennent ainsi nouveaux savoirs et nouveaux gestes[163].

On va retrouver des caractéristiques analogues dans la population recensée par la police des garnis. D'abord, les origines géographiques sont identiques : de 6 à 10 % d'étrangers, de 5 à 10 % de Parisiens, mais plus de Parisiennes, de 60 à 90 % de provinciaux. Les contributions sont les mêmes, et toujours permanentes : Ile-de-France, Normandie, Champagne, Bourgogne majoritairement, peut-être moins de Savoyards, d'Auvergnats, de Lyonnais ou de Dauphinois. L'aire de provenance des populations semble s'être élargie et les principales zones migratoires apparaissent plus diversifiées. Elles se différencient aussi selon les sexes, bien que, pour les hommes comme pour les femmes, les pôles de migration soient toujours ceux du nord de la France. La zone de recrutement des femmes est plus réduite que celle des hommes : elle se concentre autour de Paris, mais plus loin dans l'ensemble Nord-Ouest, Normandie, Picardie, Artois, Flandres; au-delà, Lorraine, Bourgogne. La confrontation des cartes de sûreté et des registres de garnis permet de voir la différence entre les populations de passage et ceux qui sont restés. La distribution d'ensemble est identique, mais la Normandie, les régions du Nord et le Limousin sont mieux représentés dans les garnis. Dans les contrats de mariage, Limousins et Auvergnats sont presque absents, en tout cas moins nombreux; de même les Normands et les Lorrains. La mobilité propre aux populations logées dans les hôtels et les garnis s'inscrit bien, à la fin du XVIIIe et au début du XIXe siècle, dans des courants anciens, plus larges, liés à l'attraction de la capitale; leur population recueille moins de très proches, plus nombreux parmi les nouveaux Parisiens. Le cas auvergnat peut être évocateur d'une étape intermédiaire où le passage par les garnis peut apparaître comme un préalable à une installation plus durable. Celle-ci traduit la volonté qui pousse ou non à l'intégration au départ, la capacité offerte par la ville pour y répondre. La réponse est à chercher dans les composantes sociales et professionnelles.

Les métiers et la société

Le monde des passagers n'est pas totalement recouvert par l'opposition de ceux qui vivent en garnis et de ceux qui logent en hôtels : voyageurs, gens de condition et d'affaires d'un côté, populations laborieuses de l'autre. La documentation permet de constater mixité sociale et variété selon les quartiers. Vers 1700, trois groupes dominent les locataires recensés par le commissaire

Parisot dans le quartier Saint-Martin : les métiers de la terre (31 %) ; les négociants, bourgeois, rentiers, officiers (18 %) ; les gens de métier, maîtres et compagnons (21 %). Les mêmes se retrouvent en 1713 dans le quartier de la Verrerie, mais dilués avec une forte présence de militaires (41 %). Dans le quartier Saint-Eustache, on observe plus de domestiques (22 %), de nobles et de militaires (36 %), mais encore les groupes populaires mêlés au reste. En 1774, pour le Marais, la composante populaire atteint 86 %, et presque autant dans le quartier du Temple. Les hôtels et les garnis rassemblent les mêmes populations, qui se répartissent selon l'implantation et la notoriété des lieux d'accueil. Les recensements précis effectués en 1791 après réorganisation de la police imposent une vision majoritairement populaire : sur 3 000 locataires, 68 % regroupent le monde des métiers, des gagne-deniers, des domestiques. Pour les sections de la place Vendôme et de l'Oratoire, à l'ouest de Paris, quartier riche, c'est 85 %, pourcentage dû à la présence des ouvriers du bâtiment ; les mêmes catégories ne font que 50 % des citoyens recensés par les cartes de sûreté Elles dominent encore après 1810. Le peuple de Paris se nourrit du peuple des provinces, car la dynamique dépend directement des besoins de main-d'œuvre qu'elle permet de résoudre. La part des voyageurs, oisifs ou issus de catégories sociales supérieures, oscille toujours entre 7 et 20 % selon les quartiers ; le taux rassemble une fraction de clientèle aisée, nobles, magistrats, militaires, rentiers représentant des nouvelles classes politiques, petit groupe de rentiers, noyau de personnes appartenant au monde des arts et de la culture.

Deux secteurs professionnels accueillent les travailleurs des garnis : les métiers du textile, de l'habillement, de la parure, de la chaussure, du luxe à l'ordinaire, (40 % des femmes, 17 % des hommes) ; les professions du bâtiment et de la maison (19 % des hommes). Un troisième groupe important se recrute dans les emplois peu qualifiés : journaliers, gagne-deniers, portefaix, manœuvres des chantiers, des ports, des rues, des manufactures. L'alimentation et les transports regroupent respectivement 9 % des femmes et 6 % des hommes ; les domestiques, 5 % des femmes et 4 % d'hommes. La répartition professionnelle des garnis coïncide assez peu avec celle des contrats de mariage de 1749 et de 1787, bien que le vêtement et la parure concernent une proportion significative de 13 %. Elle est moins tirée vers le haut de la société des ordres. Elle se rapproche quelque peu de celle des personnes entrées à l'Hôtel-Dieu ou à la Charité. Au total, contrairement à l'idée répandue que la population flottante et passagère serait identifiable avec une masse d'individus peu qualifiés, les statistiques policières montrent que la circulation entraîne une réalité professionnelle très largement ouverte, et que l'on trouve les nouveaux venus partout. C'est par ce biais que la ville retient et que le métier peut conduire au mariage et à la sédentarisation, grâce à des épouses parisiennes – 60 % des futures épouses en 1749, 62 % en 1787, sont natives de la capitale.

Si aucune activité n'est totalement déterminée par un milieu provincial précis – on trouve de tout partout –, certains secteurs révèlent une géographie traditionnelle du travail. Les nouveaux venus des régions proches sont majoritaires dans toutes les fonctions non qualifiées et la domesticité. Certaines tâches sont dévolues à certaines communautés provinciales : les porteurs d'eau sont auvergnats (33 sur les 44 retrouvés dans les garnis de la section de Montreuil) ; les décrotteurs, les ramoneurs sont souvent savoyards, les cochers normands jusqu'au XIXe siècle. Dans le faubourg Saint-Marcel et le faubourg Saint-Antoine, le bâtiment rassemble 1 500 et 800 travailleurs, soit 10 et 7 % des actifs. Un bon tiers est parisien d'origine, 8 % viennent d'Ile-de-France, 17 % du Limousin, autant de Normandie. Dans le textile et l'habillement, on note une forte proportion de gens du Nord, de Lorrains et de Champenois ; la métallurgie recrute dans les provinces septentrionales et l'Est ; les métiers de l'alimentation, en Bourgogne et en Normandie. Le Paris des migrants et le Paris des passagers ne diffèrent pas fondamentalement dans leurs équilibres, car ils correspondent aux deux plateaux d'une balance dont le contenue varie selon de multiples facteurs. Les relations familiales, la chaîne de la mobilité des régions de départ à la capitale, la culture acquise ou non à travers les étapes, le type de mobilité (saisonnière ou plus durable), la capacité sociale de l'accueil dans les métiers et les quartiers composent un tissu infiniment complexe et repris par le temps. La fusion des éléments anciens et des nouveaux venus est envisageable à partir de cette homogénéité de la mobilité dont les origines ne varient guère, et parce que la structure sociale de Paris se modifie lentement. « De part et d'autre, les types de civilisation sont voisins ou restent aisément conciliables[164]. »

Si communauté de culture et relations sociales contribuent à l'insertion et à l'arrêt du mouvement, les différences ne sont pas gommées d'un seul coup entre migrants et Parisiens. Trois facteurs y contribuent : d'abord, l'habitude d'un mouvement régulier, continu ; ensuite, le rythme irrégulier qui scande la permanence ;

enfin, l'information et les sociabilités qui guident la mobilité et façonnent l'accueil. La capitale a une expérience longue du brassage, et les traditions d'hospitalité font partie de sa culture. Il existe des filières d'appui pour le travail, pour le logement. Les rythmes d'arrivées permettent de penser que la population parisienne peut faire face à l'afflux, car celui-ci se décompose en catégories qui, à plus ou moins longs séjours, sont arrivées à des positions différentes de leur processus de contact. Ceux qui font leurs premiers pas dans la ville y côtoient moins jeunes et plus anciens nouveaux Parisiens. Jeunes et célibataires en majorité s'adaptent aisément après quelque temps de résidence et une familiarisation progressive, avec des successions de tentatives. Les difficultés ne disparaissent pas, mais l'image construite par la police même montre que la mobilité ne se réduit pas à celle des marginaux et des criminels. Le phénomène doit être dédramatisé[165]. Il n'en demeure pas moins presque toujours ressenti comme tel par les contemporains, car dans la coexistence des migrants temporaires, des saisonniers, des autochtones, ce sont les contrastes qui l'emportent. Marivaux, Restif, Mercier nous ont familiarisés avec lui.

Citadins et ruraux s'opposent dans leurs apparences comme dans leurs manières. Les premiers sont gras, gros, dodus, roses et blancs ; leur teint n'est pas gâté par le travail des champs et leur idéal s'accommode des rondeurs bedonnantes du citoyen embourgeoisé, habitué à une bonne nourriture et que ne fatiguent pas les travaux manuels. Ils sont touchés par la mode et le culte des apparences. Les patronnes d'auberge sont toujours, comme d'ailleurs celles des bordels, fraîches et pâles, rondes et fermes. Les vrais Parisiens ignorent et n'aiment pas le soleil, qui pénètre peu dans les rues étroites des vieux quartiers. Le vrai citadin se lave et, dans la bourgeoisie et la noblesse, il accède aux délices de l'hygiène aquatique. Les nouveaux venus, eux, sont maigres, basanés, recuits par le soleil des campagnes et de la grande route ; leur corps est gâté par les travaux de force ; leurs vêtements sont sales, négligés, rapiécés ; ils ignorent les délicatesses de la propreté réduite à l'essentiel.

On voit tout l'artificiel de ce parallèle rhétorique, qu'il n'est pas nécessaire de développer et de prendre pour argent comptant. On peut toutefois penser qu'il est entretenu par la permanence des mouvements, mais aussi parce que la ville sécrète sa propre pauvreté et maintient les citadins novices dans les situations les plus médiocres. Cependant, la ville n'est pas seulement déculturante : elle retient, elle transforme tous les hommes, plus facilement sans doute ceux qui ont commencé leur métamorphose sur la route; elle leur fournit des modèles différenciés de comportements alimentaires, vestimentaires; elle leur donne des occasions nouvelles de se cultiver et de rêver. Ce serait un paradoxe de penser que tous les nouveaux venus bénéficient au même titre de cette capacité. Les archives sont là pour rappeler que la ville est dure pour les pauvres – et, parmi les nouveaux arrivés, ils sont plus nombreux que les riches. Ils sont guettés par le chômage, par l'échec, par les policiers et les commissaires. Toutefois, il existe d'autres modalités d'insertion et de réussite. La population hébergée dans les garnis permet de les entrevoir : comme elle rassemble différents types de clients qui ont parfois peu de points communs tout en étant, à l'occasion, amenés à cohabiter, elle montre comment ces différentes composantes parviennent à trouver leur place dans l'espace urbain par la médiation des établissements d'accueil. Cette façon conditionne les modalités de leur insertion dans l'ensemble de la population parisienne et contribue à nuancer le regard porté par les autochtones sur les nouveaux venus[166].

Les étrangers de Paris

La population flottante s'oppose à celle des citoyens domiciliés qui vivent dans leur famille et dans leur maison, les forains encore assimilés aux étrangers. En 1745, l'enquête effectuée à la demande du contrôleur général Orry précise que l'on compte à Paris 925 400 personnes, « non compris cent mille personnes ou environ, logées en chambres garnies, étrangers ou non, censés étrangers n'étant point sujets aux taxes de capitation ». C'est le non-paiement de l'impôt qui fait l'étranger à la ville et au royaume. L'abbé Expilly, en 1768, regroupe lui aussi tous les étrangers, régnicoles ou non, parmi les non-domiciliés qui s'opposent à ceux qui habitent ordinairement la ville, y compris les étrangers établis à demeure[167]. En 1887, le dénombrement de la population conserve cette distinction élargie du terme « étranger ». Elle se double d'ailleurs de leur assimilation à des populations sans foi ni loi, puisque sans feu ni lieu. C'est le point de vue de Trumeau de La Morandière dans sa *Police sur les mendiants et les vagabonds*[168], et de l'avocat des Essarts dans son *Dictionnaire de police*[169] : « Quels sont les instruments de ces calamités publiques ? Ce sont toujours des hommes dont on ne connaît ni le nom, ni la demeure : ce sont des individus qui semblent des étrangers dans la ville même qui fournit leur subsistance ; des êtres qui ne dépendent que du moment, et qui disparaissent avec la même facilité qu'ils se sont montrés ; des hommes enfin qui ne tiennent à rien, qui n'ont aucune propriété, et qui fuient avec la rapidité de l'éclair pour se soustraire à la recherche de la justice. » Dès lors, la question du nombre des habitants des garnis, et de la menace qu'il fait peser sur la sécurité de tous, est un des enjeux de toutes les évaluations.

Ceux-ci rejoignent les dangers supposés que les vrais étrangers font courir à l'État, même s'ils sont quelque peu minoritaires dans la population flottante. On a vu Mercier évaluer celle-ci à 100 000 personnes comme l'enquête de 1745. Entre les deux, Expilly avance un chiffre de 25 000 individus ; Malesherbes fait référence à 91 000 personnes ; les chiffres de la police révolutionnaires, à 74 000 les arrivées en l'an IV, et à 182 000 en 1825 pour 50 000 lits. Les écarts entre les évaluations du XVIIIe siècle et celle du XIXe ne peuvent pas correspondre à une baisse de la population passagère, même si l'on ne peut exclure une chute temporaire entre 1790 et 1815. Les définitions de l'enquête policière – où entre rarement la totalité de la population hébergée pendant une année, mais plus souvent celle entrée et accueillie à un moment donné – perturbent le calcul. A se contenter d'un minimum, celui que définit l'équipement, on peut admettre de 25 000 à 35 000 personnes vers 1790-1795, de 50 000 à 53 000 vers 1830, soit un accroissement de 40 à 70 %. La seconde éventualité correspondrait à une croissance plus rapide de la population des garnis que celle de la population globale. Le poids du groupe reste comparable : de 4 à 6 % de l'ensemble vers 1795, de 6 à 7 % vers 1830. Parmi celui-ci, la part des vrais étrangers demeure très comparable : de 5 à 6 %.

Avec le perfectionnement des outils de la surveillance, les vrais étrangers sont mieux connus que les Français non domiciliés. Les registres conservés dans les archives du contrôle des étrangers autorisent une bonne évaluation de leur présence dans ses diverses composantes, pour la période prérévolutionnaire[170]. Elle serait possible avec l'ensemble des papiers du ministère de l'Intérieur pour la période de l'Empire et de la Restauration : répertoires d'arrivée et de départ, délivrance des passeports, contrôle des hôtels[171].

On peut d'abord mesurer les flux d'arrivée chaque année et les caractéristiques générales d'une population sous haute surveillance qui tire les cibles en fonction de critères de rendement et d'utilité dont la finalité est de clarifier la suspicion politique et morale. Décomptes généraux et bulletins particuliers permettent de passer du collectif à l'individuel, des données numériques aux mobiles et aux pratiques de l'attention policière, donc au cœur de la relation entre réalité et imaginaire qui construit l'étranger. Entre 1700 et 1789, les étrangers affluent de toute l'Europe, mais peut-être pas avec la régularité que l'on admet. Les guerres et les refroidissements diplomatiques peuvent modifier certains voyages ; les conditions de l'accueil peuvent varier, et conférer à la société étrangère de Paris sa configuration particulière. Quand, entre 1697 et 1711, le gouvernement royal taxe les étrangers, il nous lègue une première image que les modalités fiscales élargissent vers le haut et rétrécissent vers le bas. Paris est alors sans doute la première ville d'Europe avec Londres et comme Londres, une capitale cosmopolite[172]. Elle déborde de personnalités du commerce venues d'Angleterre et de Hollande, de nobles arrivés de partout, d'artistes et d'artisans originaires des Pays-Bas et de l'Allemagne ainsi que de divers horizons. Les 829 étrangers qui y ont été taxés représentent à peine 0,2 % de la population parisienne, mais 10 % de tous les étrangers du royaume rattrapés par les traitants. Surtout, ils se situent au sommet de la richesse dévoilée par la taxe avec, quel que soit le niveau social, une moyenne (1 000 livres) supérieure à la moyenne nationale (300 livres. Les nobles se classent en tête, avec 8 000 livres, et 3 % de la population étrangère (marchands, professions libérales, officiers) se rangent entre 1 500, 2 000 et 2 250 livres de moyenne ; en dessous se trouvent les clercs, avec 1 100 livres, et les artisans ; 44 % de la population étrangère est taxée à 600 livres, quand la moyenne du royaume est à 200 livres pour toutes les catégories.

Les traitants ont trouvé le pactole avec un nombre suffisant de riches étrangers taxables et taxés, et plus encore de métiers et de familles plus riches que partout ailleurs. Les activités économiques représentent 70 % du total, sans ruraux. L'étranger de Paris installé et fiscalisé est donc déjà un riche dans la population étrangère et, par rapport à la population de Paris, il n'est pas en retard. L'élément négociant et marchand l'emporte avec 32 % du monde économique, alors que les artisans sont évalués à 68 % ; dans la population recensée, c'est l'inverse (21 % à 79 %). La richesse étrangère est donc directement articulée sur la mobilité des choses et les échanges, avec une représentation caractéristique des spécialistes de l'accueil (aubergistes et hôteliers) : ils sont 121 recensés parisiens et 31 étrangers dans le service hôtelier. La richesse visible de ceux qui sont engagés dans les mouvements spécifiques de la capitale – mouvements des capitaux, des objets, des hommes – est plus aisément imposable : « Ils sont au premier rang des nouvelles façons de produire, de consommer, dont la capitale offre le modèle, un modèle souvent décalé par rapport à une bonne partie de la France atteinte par les crises démographiques et les difficultés économiques au cœur des années de misère[173]. » Leur appartenance nationale souligne les mêmes écarts : 66 % d'Européens du Nord (Provinces-Unies, Pays-Bas, Flandres, Angleterre, Empire), 44 % de Méridionaux. Paris a basculé vers le septentrion ; si aucun groupe ne l'emporte, on compte 81 Allemands, 72 Lorrains (ils ne sont pas encore français), 150 Flamands, 52 Hollandais et 61 Anglais et Irlandais, pour 81 Italiens et 11 Espagnols. La richesse est concentrée dans le Nord, où une vingtaine de banquiers assurent la hausse des moyennes ; les Anglais et les Hollandais sont les plus riches marchands. Mme Van Robais paie 10 000 livres de taxe ; elle est dépassée par un chocolatier de Milan taxé à 15 000 livres, Jean-Marie Regnard, et par deux banquiers portugais qui paient 20 000 livres. On n'a malheureusement aucun moyen de comparer cette première vision, qui souligne l'intégration par la richesse et le résultat d'une immigration ancienne de proximité. Elle laisse échapper ceux qui passent, et sans doute nombre de nouveaux venus arrivés pour tenter leur chance et peut-être dans l'expectative quant à leur avenir.

LES ARRIVÉES D'ÉTRANGERS (1774-1789)

Après 1770, plus d'indications de richesse : l'enquête est à poursuivre, mais les archives policières livrent des renseignements multiples qui confirment le cosmopolitisme parisien et permettent de mesurer les mouvements, ce qu'interdisait – sauf approximativement – la taxe de Louis XIV. Près de 15 000 étrangers ont été recensés sous Louis XV et Louis XVI, parmi lesquels on retrouve passants et établis, même si une part échappe encore parce qu'elle n'est pas localisée en garnis ou en hôtels. Les policiers classent cette population selon les réalités politiques du temps, mais avec des points de vue qui varient : ainsi, les Anglais peuvent regrouper tous les Britanniques (Irlandais, Écossais et Anglais pur sang) ; à d'autres moments, ils sont distingués. Les registres des garnis ou les rapports de police individualisés sont sur ce point, toujours plus précis que les décomptes généraux. De même, Allemands et Flamands regroupent tous les sujets de l'impératrice-reine Marie-

Thérèse, ce qui mêle les Hongrois et les Belges, et laissent quelquefois échapper Prussiens, Saxons, Bavarois, pour lesquels les Affaires étrangères ont un intérêt particulier. La négligence des inspecteurs ou les impératifs de la curiosité diplomatique perturbent l'observation sans remède. A travers les relevés des garnis et les évaluations générales, on voit la population étrangère passer de 3 626 en 1772 à 4 845 l'an d'après, tomber à 2 486 en 1781, remonter en 1787 et 1789 de 1 873 à moins de 3 000. Par rapport à la taxe, l'écart constate la spécificité des sources ; par rapport à une liste sans doute incomplète retrouvée dans les archives de la lieutenance de police, la différence est notable pour 1743 [174]. Pour l'ensemble de la période, c'est un stock de plus de 15 000 personnes qu'on peut analyser.

Dans le premier début du XVIIIe siècle, c'est moins de 2 000 étrangers établis ; c'est moins de 1 000 étrangers passagers recensés en hôtels à la mort du cardinal Fleury. Les évaluations postérieures, trop dissemblables, suggèrent un accroissement probable qui accompagne l'accélération économique et les échanges de toutes sortes, même si les variations d'une année à l'autre ne sont pas négligeables. Difficultés politiques et peut-être problèmes économiques ont joué leur rôle, que permettrait de comprendre une étude plus poussée des origines. Les Suisses, les Liégeois sont moins sensibles à la poussée des années 1770 que les Anglais ou les Allemands. Départs qu'on ne peut évaluer, arrivées que l'on connaît mois par mois peuvent modifier le comptage, comme le souligne la différence entre relevés dans les garnis et décomptes généraux. Toutefois, les arrivées se font régulièrement sans morte-saison : de 200 à 400 par mois, exceptionnellement 500 au maximum en 1773. Elles augmentent avec la belle saison, du printemps à l'automne ; les variations dépendent de mouvements migratoires d'origine et de longueur différentes. Les rapports des policiers montrent que les riches étrangers restent fréquemment à Paris pendant l'hiver et prennent la route du Sud au printemps et à l'été. C'est, pour une fraction de la population étrangère, un mouvement dicté par la vie mondaine et l'activité générale de la capitale, une sociabilité qui s'efface à la belle saison par suite du calendrier des cours, de l'activité des théâtres, de la mobilité saisonnière des Parisiens de la classe de loisir. La sociabilité étrangère est facteur d'unité.

Les policiers sont sensibles aux origines nationales, mais pas toujours avec la même acuité. Leur regard peut glisser sur les uns et s'appesantir sur les autres. Le résultat d'ensemble n'en est pas moins assez probable. Quatre groupes arrivent en tête (58 % des

15 000), mais le restant se disperse entre de multiples nationalités. On y trouve des Scandinaves, et quelques personnages venus du bout du monde : un Bengalais, un Égyptien, un Haïtien – n'oublions pas que les Américains du Nord sont encore sujets anglais, comme certains Sud-Américains de l'Espagne. La faiblesse des Méridionaux est frappante : 6 % d'Italiens, peu d'Espagnols, peu de Portugais. Vers 1740, ils étaient plus nombreux : 15 % au total (sur moins de 1 000). Au sommet, les Anglais dominent largement pendant les deux périodes : 25 % à la fin du siècle, 37 % au milieu. Ce recul n'est que relatif, car il correspond à une extension de la mobilité des autres nations : les Allemands, avec 13 % sous Louis XV et Louis XVI, plus que les habitants des Pays-Bas autrichiens (10,5 %), les Suisses (11 %) ; les Hollandais sont eux aussi plus nombreux. La mobilité étrangère met en valeur, d'une part, la continuité des arrivées dictées par une circulation de proximité : Pays-Bas autrichiens, Liégeois, Flamands fournissent depuis longtemps leurs contingents importants, qui se rangent surtout parmi une migration de profession et de saison. En revanche, Anglais et Hollandais s'affirment comme les plus voyageurs ; ils conquièrent une réputation qui était celle des Allemands au XVIIe siècle. Ceux-ci sont encore dans le peloton de tête, mais partagés entre les gens de métier et les touristes, de même qu'on relève aristocrates et groupes populaires chez les Anglais et chez les Belges. Parmi les minorités, on retrouve les juifs, qui viennent surtout de l'Est (les deux tiers) : 313 personnes en dix ans, où se noie la mobilité séfarade et méridionale. Composante d'élite et composante populaire se partagent toutes les nations.

Dans l'ensemble, les femmes sont rares (6 %), mais ce sont celles qui voyagent seules et interrogent la police : ce sont surtout des Anglaises, quelques Russes, quelques Polonaises, et des voyageuses arrivées des Pays-Bas ou de Hollande, quelques audacieuses. Les rapports montrent plutôt des épouses accompagnant leur mari ; certaines familles viennent avec les enfants – Mylord Lusses réside à Paris avec sa famille le temps nécessaire pour perfectionner ses enfants dans la langue française[175]. On ne perçoit donc qu'une mobilité masculine, et souvent rassemblant des compagnies : aristocrates et leur suite, nobles ou riches et leurs domestiques, précepteurs et élèves, amis et compatriotes. La société étrangère est donc traversée par de multiples impératifs qui organisent présence et absence. Elle fait place au loisir et au travail : du premier côté, 27 % de nobles voyageurs, d'officiers en permission, de prêtres et de savants, d'artistes à la découverte de la capitale culturelle ; de l'autre, 58 % sont venus pour les affaires (artisans, 26 % ; marchands, banquiers, négociants, 17 % ; domestiques, 7 %) ; entre les deux, 16 % des étrangers qu'il est impossible de ranger clairement, et un groupe de compagnons de voyage (15 %) qui appartiennent à toutes les catégories.

Au total, on peut penser que 40 % des étrangers sont venus à Paris pour leur plaisir et pour leur détente, voire pour exercer des activités de représentation, et que 60 % y sont venus pour travailler. Ceux-ci sont loin de se ranger parmi un prolétariat misérable, mais ils prennent rang parmi les professions les plus techniciennes : le commerce international, les métiers des transports qui attirent selliers, bourreliers, fabricants de voitures, de manière générale tous les artisans qualifiés, ceux des métiers de luxe (confection, mode, ébénisterie), et moins largement les activités traditionnelles, pourvues en suffisance par les Français. Ainsi, au sommet comme à la base, l'immigration et la mobilité étrangère sont animées par tout ce qui fait de Paris la capitale de la civilisation des mœurs, celle du luxe, celle des illusions et de l'attrait des richesses matérielles et intellectuelles. La modernité technique y a sa part au même titre que le goût. L'échange se fait ici à somme égale, sinon nulle : la France a besoin de techniciens hautement reconnus (les horlogers suisses, les ébénistes allemands, les ferronniers flamands ou bruxellois) et elle forme à ses acquis une partie de ses étrangers (les hommes du livre, les médecins, des savants, voire des artistes). La société étrangère est alors le vecteur des transferts et des échanges culturels.

Chaque nationalité fournit son contingent de l'un ou l'autre modèle de mobilité, et l'on ne peut aisément distinguer le passage de l'une à l'autre. On perçoit, à une autre échelle, la même influence que celle exercée par la capitale sur les provinces, mais pour l'Europe. « Paris, asile de la liberté, des plaisirs et des jouissances les plus exquises[176] », retient et transforme ; c'est une maîtresse d'illusions et de distinctions. Mercier, là encore, a bien perçu l'enjeu, même s'il en aiguise la portée négative : « Ceux qui reviennent dans leur patrie se croient en droit d'y mépriser tout ce qui n'est pas selon les us de la capitale. Ils mentent aux autres et à eux-mêmes ; sont-ils obligés antérieurement de rabattre des idées qu'ils s'étaient formées ? Ils continuent à crier miracle, sans que leur cœur soit de la partie. Ils enflent les relations de Paris, qui ressemblent assez aux descriptions des fêtes publiques : ceux qui les lisent les trouvent toujours plus belles que ceux qui les ont vues. » Pour les Parisiens, le spectacle des nouveaux débarqués –

les échappés de la province, les voyageurs européens – est celui d'une étrange métamorphose. Un changement de maintien, un ton plus décidé, un air moins gauche, des habitudes nouvelles font le bagage des uns et des autres sans distinction sociale. Et c'est pourquoi « jamais un homme n'est parti de Paris gai ; quelle qu'en soit la raison, on est toujours triste en sortant de Paris », précise Sébastien Mercier ailleurs, citant les *Nouvelles Lettres d'un voyageur anglais*, Sherlock, éditées à Londres et à Paris en 1780, qui précisait la formule chimique de cette relation établie par le séjour : « Paris, où il a perdu sa santé ou son argent ; où il a laissé des attachements qui peuvent difficilement se remplacer en autre pays, des connaissances intéressantes qu'il est impossible de quitter sans regret[177] ». Le renouvellement incessant de cette médiation explique plus qu'une influence : une épreuve mutuelle des caractères, surtout un commerce plus fréquent, autorise l'alliance plausible entre les peuples les plus divers, le dépassement des politiques à courte vue[178]. « Déjà les dames portent sur leur tête la coiffure dite de l'union de la France et de l'Angleterre [directe au traité de libre-échange signé le 26 septembre 1786 entre la France et l'Angleterre]. Il y a plus de sens et de raison dans ce chapeau de nouvelle création que dans maints ouvrages diplomatiques. »

La variété des artisans du transfert est, à mes yeux, un gage de la réussite de cette conciliation des peuples qui gomme les stéréotypes nationaux pour imposer sinon des images plus vraies, du moins des relations mieux fondées. Les profils nationaux restitués par Jean-François Dubost montrent bien comment peuvent se partager les influences du travail et des loisirs. Les Anglais sont les plus oisifs : il y a 26 % de voyageurs actifs dans leur groupe, mais parmi ceux qui se rangent de ce côté, tout pousse à penser (et notamment les rapports des policiers) qu'ils sont là aussi pour le plaisir et la détente. C'est en tout cas l'affirmation d'un tempérament déjà touristique et quasiment unique. Les Hollandais, avec un tiers de négociants dans leurs effectifs, sont plus résolument portés aux affaires, mais 21 % d'entre eux (nobles et militaires) sont à Paris pour des raisons de tourisme ou de nécessité, politique chassés par les révolutions politiques et patriotiques échouées. Les Italiens, avec 60 % d'actifs, 16,5 % d'artisans et 16 % de commerçants, sont plus proches du profil moyen, mais cette forte proportion de négociants suggère une vivacité économique que l'on a tendance à gommer. Le groupe artisanal (artistes, orfèvres, diamantaires, l'essentiel de la catégorie des métiers du luxe), qui y domine, montre un rôle spécifique : la bonne tenue des techniques italiennes, comme celle de ses savants et de ses peintres. Les plus industrieux de la société étrangère se recrutent en Allemagne, en Suisse, en Savoie, dans les Pays-Bas autrichiens et dans l'évêché de Liège. Les Allemands sont plus artisans qu'hommes d'affaires : ils alimentent par une longue habitude d'échanges, les métiers du bois, du cuir et du vêtement. Les Suisses sont plus orientés vers le luxe, l'horlogerie et la banque ; les Liégeois pourvoient aux métiers nobles et autres : orfèvres, brodeurs, imprimeurs, typographes, marchands de fer, mais aussi domestiques et ouvriers de la manufacture parisienne.

En bas de l'échelle, comme le rappelle la tradition historiographique, figurent les Savoyards, qui occupent un statut social modeste et des métiers peu reluisants (journaliers, domestiques). Paradoxe : les listes de la police ne livrent pas de ramoneurs, qui sont pourtant nombreux à Paris. Avec les Piémontais et les Suisses, leur mobilité se rapproche de très près des migrations saisonnières générales, avec une forte popularisation, moindre chez les Helvètes que chez les sujets du roi de Sardaigne. Ceux-ci viennent de plus en plus nombreux depuis 1740, et ils sont de plus en plus de condition modeste. Ceux-là sont plus spécialisés et souvent plus riches, mais leur mobilité se range parmi les mouvements qui portent vers toute l'Europe des populations insérées dans de vastes réseaux sociaux et familiaux, qui font travailler l'ensemble de la société des villages montagnards. Ceux-ci offrent, au sommet, les négociants installés dans les villes du plat pays et, à l'autre bout, les hommes sans bien qui bénéficient des relations de clientèle et de crédit organisant la liaison des sédentaires et des migrants. Il n'est pas certain que ce modèle ne puisse se retrouver dans d'autres nations où la mobilité d'apprentissage et celle de la recherche de travail et du profit s'additionnent sans entraîner la rupture. La parenté reste au cœur du système, car elle n'épargne pas les milieux aisés qui l'utilisent différemment pour organiser, surveiller, mener à bien jusqu'au retour les partants, dont aucun pays ne souhaite se passer de façon définitive[179].

Des étrangers importants

Ce sont ces derniers groupes avantagés par la fortune qui mobilisent surtout les rapports de la police consacrés chaque semaine aux étrangers les plus importants : c'est à peu près de 2 à 10 % des étrangers, une *sanior pars*, qui fait l'objet de cette attention particulière, selon les impératifs de la Direction des étrangers qui sont constamment politiques, mais aussi guidés par le souci moral et religieux. La police peut faire plus ou moins sa pâture de détails croustillants et intimes, voire scandaleux, ou – c'est de plus en plus vrai sous Louis XVI – se contenter de caractéristiques plus stéréotypées. C'est pourquoi la société des étrangers mis en fiches ne coïncide pas totalement avec celle des étrangers recensés. De 1774 à 1789, les Britanniques sont entre 55 et 76 % (22 % seulement en 1781 avec la guerre) ; mais, par rapport à la population anglaise présente, on est passé de 10 à 20 % : la surveillance s'est renforcée et ne se relâche pas la paix venue. Les autres pays fournissent des contingents en moindre nombre, et qui tous reculent et se limitent à quelques individus. L'ensemble est tiré vers le haut, et c'est le bottin mondain des voyageurs que paraphrasent les policiers : 95 % des rapports concernent des nobles réels ou imaginaires, parmi lesquels beaucoup de militaires (25 %) et de diplomates, dont le nombre dépend de la représentation des États (5 %) ou de leurs déplacements entre deux postes.

La noblesse fascine la police, car elle est proche de tous les pouvoirs, détient les moyens d'une consommation abondante, et entretient avec l'aristocratie française des rapports souvent réguliers. En même temps, elle est le lieu social où peuvent se dévoiler l'usurpation, l'ambiguïté ; celles-ci concernent surtout les nobliaux continentaux, les parvenus de l'Europe centrale ou orientale, qui sont brocardés par les policiers. Ainsi le baron de Reick[180], « gentilhomme de nouvelle édition, l'un des plus riches particuliers de l'Allemagne qui, après avoir fait une fortune considérable dans les banques et le commerce, a été anobli par l'empereur » ; le prince Sukolwski, d'une famille polonaise[181], « quoique décoré du titre de prince, est d'une famille si nouvelle que des vieillards se souviennent d'avoir vu le moulin situé dans l'évêché de Cracovie qui a été le berceau de l'aïeul de Sukolwski actuellement existant ». En revanche, les vieilles familles reconnues sont considérablement louées : « On se croit dispensé de rapporter l'illustration et l'ancienneté de la maison de Gordon, qui a des alliances avec la plupart des souverains de l'Europe[182]. » L'ensemble regroupe privilégiés de la richesse ancienne et parvenus de l'enrichissement ; la dépense relève la figure et révèle les moyens. Le filtrage des intérêts policiers traduit les préoccupations générales des autorités : connaître les hommes de pouvoir qui visitent la capitale, avoir des dossiers sur un ensemble de relations et de conduites qui peuvent être utiles à la diplomatie et au gouvernement.

Les bonnes vies et mœurs préoccupent les observateurs, parce que les suspects dangereux se laissent ainsi surprendre (mais plus sous Louis XV que sous Louis XVI). Dans d'autres domaines – la prostitution, les mauvais livres –, la curiosité du monarque est incitatrice. Nombreux, en effet, sont les étrangers venus à Paris pour le plaisir. « Milord Bulkeley, l'un des plus beaux mortels que la nature ait formés [...] malgré tous ses avantages », se retrouve vérolé par la demoiselle Gertrude de l'Opéra. D'autres arrivent à Paris pour se faire soigner – ainsi le prince Dolgorouki, « pour y passer les remèdes[183] ». Mais ce glissement range les nobles étrangers parmi le monde, et ils ne se distinguent en rien des aristocrates français : les femmes, le jeu, les spectacles font partie des obligations comme la fréquentation des salons. La police des étrangers est ici au service des familles et de la société comme celle des mœurs étudiée par Erica-Marie Benabou[184]. Une même volonté de savoir les anime et un même souci d'utiliser les informations rassemblées à des fins sinon d'espionnage, au moins de pression et de contrôle politique. Attaché au pas des diplomates et des riches aristocrates, les inspecteurs notent ce qui peut servir. L'inspecteur Meusnier relève ainsi dans ses calepins personnels la liste exacte, l'adresse et les tarifs des cinq demoiselles que le comte d'Aranda, ambassadeur et grand d'Espagne, fréquente pendant son séjour à Paris[185]. Le nonce du Pape n'échappe pas à l'intérêt : « M. de Branciforte a envoyé plusieurs fois coup sur coup son valet de chambre chercher la demoiselle Duchesnoy et notamment hier à une heure de l'après-midi, chez la Baudouin [maquerelle de haut vol] où elle était à dîner, mais elle n'a pas jugé à propos d'y aller, parce que, dit-elle, il a fait venir plusieurs filles de différents endroits qui n'ont pas la réputation d'être saines, et que d'ailleurs il l'a plusieurs fois tourmentée pour s'en servir par l'endroit opposé, suivant le goût de son pays... » N'en doutons pas, les mouchards sont curieux, amateurs de stéréotypes, et fort moralistes[186].

L'intérêt des inspecteurs est aussi économique, car le libertinage entraîne la ruine des fils de famille, le crédit a ses limites, la fuite des mauvais payeurs est néfaste au commerce. Les Anglais les intéressent, parce qu'ils dépensent plus particulièrement : « On attend incessamment à Paris beaucoup de particuliers de cette nation fort riches, et nos demoiselles espèrent avoir le temps de les mettre sur le pied français, c'est-à-dire dans le goût de se ruiner pour elles. Je ne sais pas même si elles ne sont pas convenues d'un prix pour la première qui fait couler un Anglais à fond », précise l'inspecteur Marais en 1771 pour le lieutenant de police. Bref, les mœurs commandent, mais aussi l'intérêt car la surveillance des dépenses peut permettre de trier les individus douteux et d'éviter les catastrophes. Voici ce qu'écrit Buhot au lieutenant le samedi 19 octobre 1776 :

« Monsieur, j'ai l'honneur de vous rendre compte que, passant hier vers midi place du Carrousel, j'y ai trouvé la Garde et une quantité prodigieuse de monde qui entourait une voiture à quatre chevaux à la porte du commissaire Laubépie. Sur ce que j'appris qu'un créancier venait de faire arrêter une dame étrangère qui partait sans le payer, je suis monté chez mondit sieur le Commissaire où j'ai trouvé la comtesse Mattueskin, épouse du seigneur russe de ce nom, de laquelle il a été fait des rapports détaillés les 2 août dernier et 4 du courant, et Bader, maître tailleur. Celui-ci, prétendant qu'elle partait sans le payer, s'est cru en droit de la faire arrêter à la vindicte publique. L'étrangère lui a montré la fausseté de l'allégation en envoyant chercher son hôte qui non seulement avait assuré que la comtesse Mattueskin ne partait pas, mais avait voulu répondre de sa créance, et que pour plus grande sûreté encore il voulait bien recevoir son opposition sur plus de 150 000 livres d'effets qu'il avait entre ses mains. M. le Commissaire, convaincu de la vérité de l'exposé de cette dame, l'a reconduite à sa voiture, après toutefois, suivant le désir de la dernière, avoir pris acte de l'insulte qu'elle venait de recevoir, se proposant d'en avoir raison à son retour par voies qui lui seront indiquées par les ministres de Russie et de Prusse auxquels elle doit s'adresser à Fontainebleau : au premier comme femme d'un Russe, homme de qualité (à la vérité très mauvais sujet d'ailleurs), et au second comme née et résidente dans les États du roi de Prusse. Le maître tailleur Bader n'est fondé à aucun égard dans la conduite indécente qu'il a tenue. Il n'a d'autres titres qu'un mémoire de 1 500 livres qui n'est point arrêté et dont le paiement ne lui en sera fait qu'il n'ait été réglé sur la certitude que la comtesse Mattueskin a des prix exorbitants auxquels ledit Bader a porté ses fournitures et ses façons. »

La comtesse Mattueskin a été arrêtée sur la route de Fontainebleau à la suite d'un rapport du 4 octobre ; la diplomatie veille sur elle, comme la police. L'économie et l'activité mondaine, liées par la dépense du luxe, la circulation de l'argent à vive allure – le jeu n'y est pas étranger[187] –, sont devenues affaire de police parce qu'affaire d'État ; la ruine contrôlée des étrangers fait la fortune de l'économie somptuaire et des métiers de l'accueil[188].

A l'opposé, la police inscrit aussi – mais plus rarement – dans ses rôles les voyageurs venus pour se cultiver, ceux qui fréquentent les bibliothèques, ceux qui viennent pour se perfectionner dans la langue française, ceux qu'on retrouve dans les séances des académies, reçus dans les salons, lisant dans les cabinets de lecture, voire sérieux dans les concerts et les spectacles. Ce qui d'un côté attire le regard – la capacité des uns au dévergondage dans la mondanité – n'est que le cadre d'une vie d'innocents touristes et d'intellectuels sérieux, préoccupés d'études et de réflexion. Entre les uns et les autres, il n'y a pas de solution de continuité, parce que la société parisienne est, à son plus haut niveau de rang et de richesse, une société plutôt libérée, sinon libre, et parce que la mobilité entretient cette libération comme elle favorise l'usurpation d'identité. Le refus de la ségrégation se lit dans l'organisation de l'espace.

Intégration et espaces sociaux

Deux éléments apparaissent dans la surveillance policière – celle des Français de souche, celle des étrangers – pour montrer comment la mobilité intervient dans l'espace social, la domiciliation et les relations entre individus et groupes. On est mieux renseigné sur la façon dont les différentes composantes étrangères à la ville y trouvent leur place par la médiation des établissements d'accueil contrôlés que sur les modalités vécues de leur intégration. Mais l'insertion visible contribue aussi à déterminer le regard porté sur les nouveaux venus par les autochtones. Des pratiques se dessinent en haut comme en bas de la société. La distribution de la population hébergée dans les hôtels et les garnis de la capitale n'est pas homogène sur tout le territoire et, dans certains quartiers, le poids relatif des populations passagères peut devenir significatif et révéler une géographie sociale[189]; celle des régnicoles et celle des vrais étrangers ne coïncident pas totalement, car elles rassemblent des éléments produits par des mouvements qui ne concordent pas totalement.

En l'an IV, en frimaire, on peut confronter la population des sections recensées en l'an V avec celle des occupants des garnis. Il s'agit d'un mois d'hiver, morte-saison de la migration ouvrière. Les pôles du territoire urbain où la présence des habitants temporaires est plus perceptible sont bien mis en valeur : elle correspond à la répartition des lieux d'accueil dont on verra l'expansion plus avant, mais elle individualise surtout l'ensemble des quartiers Nord-Ouest, sur la rive droite. On y trouve les sections qui abritent, proportionnellement à leur population, le plus grand nombre de gens de passage : celle de la Halle-au-Blé, celle de la Bibliothèque. Le poids des étrangers dans la ville est, à ce moment précis, plus sensible dans l'espace qui est le terrain d'expansion de la capitale et le lieu de concentration de l'hôtellerie de luxe. Le rôle de l'hébergement en garni participe à la conquête de nouveaux espaces d'urbanisation. Les lieux de plus forte densité de nouveaux arrivants ne coïncident pas forcément avec les foyers de la pauvreté ou de la violence, de la criminalité ou de l'indigence[190].

Un document tardif, mais qui révèle l'intérêt porté à la question par les contemporains, permet un regard global vers 1817 : le *Tableau alphabétique des hôtels garnis et particuliers*, de Goblet, *avec le prix qu'il en coûte en temps ordinaire et leur importance*. Il s'apparente aux guides de voyage les plus utilitaires, mais il s'en distingue parce qu'il fournit un choix moins sélectif d'établissements et parce que son auteur, premier commis du bureau des hôtels garnis, a eu accès à des informations valables et privilégiées. Son intérêt vient de ce qu'il indique, pour chaque hôtel, une ou plusieurs catégories de clients auxquels il est destiné. Il ne recense sans doute que la catégorie supérieure des établissements : 1 099 sur 2 300 connus par la police. On y retrouve, dans l'ordre alphabétique des enseignes, la capacité d'accueil, les prix (pas toujours), les catégories de population reçue qui correspondent aux classements généraux des policiers, mêlant étrangers, gentilshommes anglais, Belges, ouvriers, fonctionnaires, paysans, princes, malades, les vénériens : cent vingt-cinq catégories au total. Goblet retient principalement deux modes de désignation complémentaires : quelques grandes catégories fondées sur la hiérarchisation sociale, et la désignation professionnelle qui paraît correspondre à une spécialisation établie depuis longtemps. La cartographie met en évidence la concentration géographique des arrivants selon les types de population. Sur la rive droite, les quartiers Nord-Ouest rassemblent la majorité des hôtels pour les étrangers – ce que l'on peut vérifier à partir des registres de la police au XVIIIe siècle : c'est l'espace des quartiers chics et de l'expansion de la ville au-delà des boulevards, mais tel qu'il se dessinait dans les contrats de mariage des nobles et des bourgeois de Paris dans les contrats de mariage en 1749 et en 1787[191]. C'est la ville des négociants venus pour affaires et des rentiers, propriétaires en goguette.

Un deuxième pôle de concentration apparaît sur la rive gauche : c'est l'héritage du vieux Quartier latin, la ville des étudiants localisés autour de l'université, des collèges, des grands établissements, des écoles. Si la présence des riches et des étudiants contribue à structurer l'espace urbain, puisqu'on ne rencontre pas les hôtels de ces catégories partout, elle n'aboutit pas à une ségrégation. Là où ces groupes l'emportent, on observe aussi des hôtels et des garnis fréquentés par les gens de métiers, les ouvriers, les petits marchands, les voyageurs, qu'on retrouve largement disséminés même si l'on constate une concentration centrale correspondant à la centralisation des activités urbaines (marchés, halles, commerce, boutiques et ateliers). Le phénomène de diffusion la plus accentuée touche les classes inférieures : peu de quartiers sans hôtels pour gens de métiers et ouvriers. Deux zones hôtelières définies pour la clientèle, à attirer par le guide, attirée par l'habitude, se dessinent alors assez nettement. A l'ouest et au centre de Paris coexistent toute une gamme d'établissements, à prix variés, destinés à des milieux variés ; à la périphérie et à l'est, rive droite, rive gauche, la gamme se restreint, l'éventail des prix se ferme, la clientèle est socialement plus circonscrite, séparant pauvres et riches.

Goblet a enregistré simultanément l'héritage et la tendance car, on le verra, la géographie des hôtels va suivre en corrélation avec l'accélération de la migration et la croissance. En amont et en aval, on peut retrouver des indices de ce changement profond. Vers 1740-1750, la population étrangère surveillée se concentre pour les trois quarts sur la rive gauche[192] ; avant la Révolution, ce pôle s'est déplacé rive droite ; en 1817, il glisse vers le Nord-Ouest. Cette présence est vraisemblablement représentative de celle des catégories les plus riches (négociants, rentiers et propriétaires) de Goblet. A l'autre extrémité de l'échelle sociale, les ouvriers logés en garnis sont partout. En 1739, le père de Ponbrian repère dans un but charitable les maisons ouvertes aux ouvriers savoyards et provinciaux : elles sont localisées dans seize des vingt quartiers de la ville. C'est encore le cas en 1817, et vers 1850 dans l'enquête réalisée par la Chambre de commerce, mais avec un déplacement double des logements ouvriers : vers l'Est et la périphérie, rive gauche et rive droite. C'est le mouvement inverse de celui observé pour les étrangers et les riches. La séparation des différentes composantes de la population se fait plus lisible à la fin du XVIIIe siècle. Les relevés de population établis par les commissaires avant 1789, les recensements effectués en 1791 montrent, comme les écrits des administrateurs de paroisse, que les facteurs de différenciation des populations hébergées apparaissent plus diffus, que les concentrations de certains groupes d'individus en fonction de leur appartenance sociale, de leur métier ou de leurs origines communes ne se répercutent pas nécessairement sur les milieux qui les accueillent[193].

Les gens de qualité et les riches agissent comme des marqueurs sociaux pour quelques-uns des espaces d'accueil. Leur présence n'exclut pas totalement celle des ouvriers et des pauvres : en 1791, la section de la place Vendôme, qui voit fleurir les hôtels de luxe, accueille aussi une masse considérable d'ouvriers du bâtiment. La différenciation sociale se lit à une autre échelle que celle du quartier ou de la paroisse. En 1721, dans le quartier Montmartre, une ligne sépare nettement les populations logées dans des établissements situés en deçà et au-delà des barrières : vers le centre, une majorité de clientèles aisées, notamment des officiers de l'armée royale, des couples ; dans les rues du faubourg, rue Montmartre, vers les Percherons, des ouvriers souvent de même origine provinciale (Normands, Limousins, Bourguignons). Même constat en 1791 dans les rues de la section de la Grange-Batelière, ou de la place Vendôme : ici, les travailleurs du bâtiment s'entassent dans les garnis des rues de la Ferme-des-Mathurins ou de l'Égout-Saint-Nicolas ; les riches, dans les artères proches de la place et rue Saint-Honoré. Ainsi deux formes de regroupement agissent à plusieurs échelles : le quartier, la rue, l'établissement, les affinités sociales et les associations professionnelles, les origines régionales et les filières d'immigration qui suivent les impératifs invisibles de la spécialisation provinciale et quelquefois paroissiale. C'est en tout cas l'intensification de la mobilité qui entraîne la redistribution des usagers et des usages, et qui accentue le déséquilibre entre une fraction supérieure relativement de plus en plus réduite et une présence massive des gens de métier et des ouvriers, dont la surveillance est devenue la principale préoccupation des autorités de police. Le phénomène se lit à la veille de la Révolution, quand le poids des classes populaires l'a emporté sur celui des gens de condition dans la population des forains logés en garnis ; il s'accélère de 1815 à 1830[194].

La géographie des étrangers

Globalement, les non-régnicoles ont très tôt leur géographie spécifique. L'afflux des étrangers entraîne l'expansion du réseau d'accueil, et certains établissements se sont déjà spécialisés dans ce commerce : « Nous allâmes prendre nos repas en une auberge qui était vis-à-vis de notre logis, écrivent les frères de Villers en 1656, on y traitait assez mal, et c'était une de celles où il ne va que des étrangers : aussi a-t-elle pour enseigne la ville de Hambourg[195]. » Les données cartographiques fournies par les relevés policiers au XVIIIe montrent que, de 1740 à 1789, la présence étrangère est concentrée en permanence dans certains quartiers. Dans les années 1750, la rive gauche, les quartiers Saint-Germain-des-Prés, du Luxembourg, de Saint-André-des-Arts, reçoivent 56 % des visiteurs. C'est une implantation déjà notée par les voyageurs du XVIe au XVIIe siècle, car là se concentrent les commerces de consommation luxueux, la foire Saint-Germain, les hôtels de l'aristocratie dont la sociabilité bénéficie de la rencontre des gens de nation et de qualité différentes – ainsi le Luxembourg et son jardin –, enfin les académies d'équitation où viennent se former des gentilshommes de l'Europe entière, à l'exemple des frères de Villers. Rive droite, on trouve des étrangers partout dans les quartiers bruyants et actifs des Halles, de Sainte-Opportune, de Saint-Jacques-de-la-Boucherie (6,3 % des étrangers), mais ceux-ci sont surtout rassemblés dans les rues des quartiers Saint-Denis, Saint-Eustache et du Louvre.

Dans les années prérévolutionnaires, la rive droite l'emporte. Les voyageurs se rassemblent autour du Palais-Royal qui, avec la rue Saint-Honoré, est devenu le centre symbolique de la mode et des commerces de haut niveau, mais on les retrouve là où ils descendaient sous Louis XV, jusqu'au quartier Saint-Martin. Le quartier du Louvre redémarre dans les années 1780, quand les clientèles se redistribuent entre les quartiers des Halles, de Montmartre, de Saint-Martin, de Saint-Denis et de Saint-Jacques-de-la-Boucherie. C'est désormais la rive gauche qui arrive au second rang, au profit des rues du quartier du Palais-Royal et de Saint-Eustache. Le quartier de Saint-Germain a commencé dès 1774 à perdre sa prééminence, tout comme ses satellites et voisins : il accueille encore 800 voyageurs, mais il n'en a plus que 240 vers 1780. Ce transfert de l'autre côté de la Seine repose sur des changements dans les caractères de la vie sociale parisienne. Après l'incendie des bâtiments de la foire Saint-Germain en 1762, l'attraction du Palais-Royal reconstruit l'emporte ; cinq hôtels importants sont logés dans ses arcades : hôtels de Beaujolais, de Montpensier, du Parc-Saint-James, de Penthièvre, de la Reine. Tout autour, l'attraction des boutiques d'articles de luxe correspond à une atmosphère nouvelle, à une autre conception de la promenade et du décor que celle qui prédominait rive gauche dans les magasins de la foire Saint-Germain rebâtie et toujours fréquentée. C'est le rendez-vous du beau monde, une enceinte magique, un temple élevé au commerce et aux divertissements triomphants[196].

On assiste d'une part à une concentration du tourisme de luxe, et d'autre part à la dispersion de la mobilité étrangère. Les quartiers privilégiés sont sélectionnés parce qu'ils offrent des établissements appropriés aux attentes de la riche clientèle, particulièrement celle des Anglais dont on sait qu'ils se plaignent en permanence du retard continental et français en matière d'hébergement[197]. C'est pourquoi cette clientèle déserte les zones populaires et peuplées, et de plus en plus les quartiers intermédiaires, comme le quartier Montmartre après 1780. Plusieurs ensembles, tant rive droite que rive gauche, regroupent les sommets de la clientèle qui peuvent payer les tarifs les plus élevés – Louvre et Palais-Royal en tête, mais le quartier Saint-Germain-des-Prés est toujours bien fréquenté. C'est lui qui, dans la population fichée, rassemble avec le quartier du Palais-Royal le maximum de visiteurs observés : 42 et 22 % de 1774 à 1787. Ce sont les deux pôles du snobisme, et la rive gauche avait commencé à exercer son attraction dès le XVIIe siècle, comme le commentait Abraham du Pradel dans son *Livre commode des adresses de Paris* pour 1692. Il y a là des appartements magnifiques pour les grands seigneurs, et toute une tradition déjà transmise par ceux qui fréquentent ces établissements. Un grand nombre de riches étrangers restent fidèles aux adresses anciennes de la rive gauche. La taille des hôtels intervient peu, mais les plus grands se trouvent dans le quartier Saint-Germain et celui du Palais-Royal. Au total, ce que l'on saisit, c'est la combinaison de multiples paramètres qui fixent les choix des riches et des modestes : le pays d'origine, la transmission des informations, l'adaptation progressive au déplacement de l'attraction parisienne au détriment de la rive gauche. Le réseau hôtelier et sa fréquentation suivent un mouvement général que les étrangers finissent par suivre, à leur tour[198].

Le recentrement des distractions et des commerces parisiens de luxe s'est fait suivant un rythme saccadé. La Comédie-Française reste toujours à la limite du faubourg Saint-Germain et, dans les années 1780, le nouveau théâtre de l'Odéon remodèle tout le quartier dans le sens d'une vie sociale urbanisée et policée[199]. Rive droite, la foire Saint-Laurent, l'Opéra-Comique, le Palais-Royal sont attractifs entre 1700 et 1750 déjà. La guerre de

Sept Ans ralentit l'essor touristique ; les grandes catastrophes de la foire Saint-Germain les incendies à l'Opéra-Comique (1782), de l'Opéra rive droite (1763 et 1781) sont causes de temps d'arrêt. C'est après que la trame urbaine et l'aménagement des beaux quartiers s'accélèrent et fixent plus fortement les lieux de distraction, de plaisir, d'achalandage. L'essor des boulevards après 1759, la multiplication des nouveaux théâtres, la reconstruction par la famille d'Orléans (confiée à Victor Louis) du Palais-Royal coïncident avec la mise en place de nouvelles structures de consommation et d'une culture nouvelle qui se substitue aux anciens réflexes du luxe ostentatoire et du paraître nobiliaire[200]. Tout cela attire et fixe les nouveaux tourismes, de même que ceux-ci sont sensibles à l'affirmation du Louvre comme premier des monuments français et à la vocation artistique du quartier avec ses expositions dès 1725. La mobilité des riches étrangers voit naître et contribuer à faire naître la ville des consommations matérielles et artistiques, intellectuelles et culturelles, avec ses lieux : théâtre, musée, boutiques de libraires, cabinets de lecture, cercles de sociabilité mondaine, cercles de jeu. La fréquentation des hôtels croise les logiques sociales, les niveaux de richesse, les traditions socio-professionnelles, les habitudes nationales. Les Anglais, le groupe le plus riche et le plus aristocratique, se partagent entre l'habitude ancienne (la rive gauche) et l'air du temps (la rive droite) ; dans les deux cas, il y a des rues et des établissements à l'anglaise. Les Allemands, chez lesquels dominent la composante artisanale et la composante aristocratique, sont plus partagés. Les riches oisifs se retrouvent dans les beaux quartiers de l'Ouest, rive gauche et rive droite ; les gens d'affaires et de métier vont dans les quartiers du Centre, du Nord et de l'Est, plus populaires et artisanaux (Saint-Martin, Saint-Antoine).

Dans le quartier Saint-Antoine, les registres des garnis en montrent un bon nombre, mais somme toute modeste et bien relatif par rapport à celui rencontré quartier Saint-Martin. C'est qu'on a là un moyen de voir la rencontre de plusieurs populations arrivées à des dates différentes : ébénistes, selliers, fabricants de voitures, rouliers allemands résident dans l'est de la capitale, dans des logements loués ou achetés ; leurs compatriotes plus récemment arrivés se retrouvent en garnis dispersés. Les ébénistes étrangers du faubourg Saint-Antoine sont bien connus[201]. Sur les deux cent cinquante noms réputés du métier d'ébéniste, un tiers de noms étrangers où l'apport germanique s'est accru ; parmi les luthériens de Paris, on peut en repérer cent cinquante[202]. C'est sans doute un bon tiers qui est d'origine étrangère, en tout cas pas moins de 20 %. Sur une centaine de contrats de mariage retrouvés après 1750, on compte 20 % d'Allemands, une dizaine de Flamands et de Hollandais, des Autrichiens, des Tchèques, des Suisses, des Danois. Si, au sommet de la profession, les Oeben et les Riesener sont allemands, les Dautriche et les Van Risenburg sont venus des Flandres et des Pays-Bas, et d'autres de Suède, voire d'Italie. De même, les Allemands peuvent être catholiques (ainsi les Rhénans, pas tous luthériens), et ils ne sont pas tous fils de menuisiers et d'ébénistes. Dans le faubourg, les Allemands forment de petites colonies regroupées dans certaines rues : grand-rue du Faubourg, rue de Charenton, rue de Charonne, rue Saint-Nicolas. Ils y côtoient les ébénistes français au cœur de l'espace artisanal des métiers du bois, que l'on retrouve dans les cartes de sûreté des sections des Quinze-Vingts et de Montreuil. Le nouvel arrivant y est accueilli par ses pairs, ses parents, ses anciens de même origine, et quelquefois avec plusieurs compagnons, souvent des frères, des cousins, et logés sous le même toit que l'atelier.

Quand ils s'installent, ils se font locataires ou sous-locataires, propriétaires, et accueillent à leur tour coreligionnaires et compatriotes. Certains passent dans les garnis, changent de domicile, connaissent alors des conditions d'hébergement et de cohabitation diversifiées à l'extrême. Les plaintes pour des incidents divers font apparaître ce monde d'amis, de voisins, de collègues de travail, témoins directs habitant dans la même maison ou voisins, fréquentant les mêmes ateliers et les mêmes cabarets, sans que l'insertion soit freinée par ces traits de communautarisme. Elle se fait par la maîtrise et par le mariage – en majorité avec des Françaises du quartier, quelquefois des compatriotes (surtout parmi les luthériens), presque toutes du moins installées à Paris. Le quartier agit comme un élément majeur du réseau d'intégration : « Ils imprègnent le faubourg autant qu'ils s'en imprègnent[203]. » Les relations agissent autant que le travail, mais la cohérence de la micro-société étrangère n'interdit pas l'acculturation et l'adaptation. Sans qu'il y ait rupture totale avec le pays d'origine, le retour est rare[204]. C'est un cas éclairant d'étrangers retenus, fixés ; et si leur domiciliation ne correspond pas aux espaces de la nouvelle société du luxe et des consommations, ils n'y sont pas étrangers, par leur clientèle, par leur production dont l'esthétique et la recherche procèdent des arts à la mode[205]. Les ébénistes allemands sont un monde à part parmi tous les étrangers d'origine allemande, dont la composante riche et aristocratique ne fréquente pas le faubourg. Les frontières de classe existent.

Ces logiques professionnelles et sociales se retrouvent pour d'autres groupes : les Belges qui s'implantent des Halles à Saint-Antoine, attirés majoritairement par la localisation des métiers du vêtement et du bois; les Liégeois qu'on voit rue Saint-Jacques dans les garnis proches des métiers du livre; les Suisses près des horlogers de la Cité; les Savoyards dans les zones populaires, mais aussi comme domestiques près du domicile de leurs patrons. Ainsi la géographie de l'ensemble est-elle massivement tirée par l'implantation des voyageurs qui déplacent le centre de gravité des étrangers vers l'Ouest et les beaux quartiers, alors que les artisans, les gens de métier, les migrants du travail arrivés en tête dans le palmarès socioprofessionnel sont répartis partout, dilués mais avec des concentrations spécifiques qui rendent compte de l'organisation et de la tradition de leur mobilité. La naissance d'un tourisme met en valeur des choix nationaux d'hébergement, de localisation; ainsi chez les Russes, les Anglais ou les Allemands, des conjonctures et des rythmes spécifiques faisant alterner fléchissements et reprises. C'est la population étrangère des romans et des guides. Mais elle ne doit pas laisser oublier l'imposante et constante arrivée des groupes populaires et actifs, qui pour une part renforce l'aristocratie ouvrière et artisanale de Paris, et qui fournit une partie des acteurs de l'économie financière et commerciale, mais aussi une partie de l'armée de réserve des services les plus divers. L'hétérogénéité de l'accueil est celle de l'hétérogénéité sociale d'un milieu étranger qui arrive, s'installe à plus ou moins long terme, et repart.

Pauvres et riches, nobles et ouvriers

Ce caractère fondamentalement non homogène est celui des mouvements propres aux régnicoles, avec là encore des logiques sociales et professionnelles contraignantes, même si les rythmes des migrants saisonniers, des mouvements les plus populaires, diffèrent fortement de ceux des étrangers. Au sommet, la noblesse de Paris offre un terrain d'autant plus intéressant qu'elle est liée à une internationale aristocratique où toutes les nationalités se côtoient. Dans la capitale viennent depuis longtemps confluer diverses mobilités sociales et géographiques nobiliaires, d'origine d'abord française. Tout y pousse : la curialisation du XVIIe siècle, la centralisation militaire et l'encasernement comme les nécessités du service[206], la concentration des bureaux et des administrations modernes comme celle, plus ancienne, des tribunaux et des cours de justice souveraine avec leur marché de charges et leur rôle actif pour la gestion des biens. Fisc, justice, bureaucratie locale sont autant d'aimants pour petits et grands gentilshommes qui y côtoient, fréquentent et souvent intègrent les nouveaux nobles, robins, financiers, hommes issus du négoce. Les fonctions et l'agrément alimentent le creuset parisien nobiliaire, dont la variété est à l'image des comportements nobiliaires, tous influencés par la nécessité de résider sur le lieu où ils exercent une activité et par la mobilité créée pour répondre au besoin de pratiquer une profession particulière, d'obtenir une charge, de suivre une carrière, de sauvegarder un état et d'éviter le déclassement.

La mobilité nobiliaire parisienne est sans commune mesure avec celle qu'impulsent les métropoles provinciales aux possibilités d'emploi peu développées, aux relations locales et provinciales plus traditionnelles. « La capitale est le seul endroit capable d'attirer et de produire une catégorie nobiliaire réellement dominante, par la puissance et le rayonnement dont s'y est pourvue la fonction[207]. » Ceux qui y résident par simple convenance, sans activité, y sont difficilement identifiables ; leur présence peut être un effet de l'âge (la retraite), du niveau de ressources (une fortune suffisante pour vivre à Paris, ville coûteuse, et y tenir son rang), voire de l'occasion (congé des militaires, voyages pour voir la famille, fréquenter les spectacles, renouveler sa garde-robe). De ce point de vue, le creuset parisien offre les mêmes agréments aux nobles qu'aux riches étrangers et produit les mêmes conséquences. La noblesse de Paris peut s'identifier à un type social supérieur, renforcé par le statut, homogénéisé par le mode de vie, la distinction plus ou moins forte, l'engagement dans la culture des apparences et la société de la consommation. C'est à Paris, et seulement à Paris, que l'on grimpe au sommet de l'échelle nobiliaire. On le mesure dans la part des provinciaux venus peupler les magistratures et les grades, se bousculant pour obtenir une place à la cour ; à plus ou moins long terme, la part des lignages parisiens se réduit. Au plus haut niveau, la domiciliation à Versailles brouille encore le jeu.

La ville fixe sans rupture avec les origines provinciales et locales, au terme d'une double évolution : l'urbanisation générale des noblesses, un mouvement migratoire ; l'accès à la noblesse par les charges et l'urbanisation, une mobilité sociale. Paris rejoue cette double représentation à l'échelle du royaume, mais son existence n'implique pas l'absence de rapports et de liens. Si la noblesse a pour une part abandonné son rôle local pour la quête des agréments urbains et la recherche de la fortune, elle reste attachée à ses propriétés et à ses alliances. Les moralistes (Mercier en tête), les généalogistes des ordres du roi (Chérin au premier rang), les mémorialistes du second ordre (Mme de Genlis, le comte de Tilly) lisent dans cette attraction un signe de dégénérescence et d'une démarcation accentuée entre provinciaux, dont la fortune commencée en province vient se consacrer à Paris, et Parisiens privilégiés[208]. La physiocratie y découvre un gaspillage des ressources par le refus du réinvestissement sous l'action de la surconsommation métropolitaine. Mais c'est trop suivre le discours contemporain et oublier combien le lien n'est pas rompu entre la noblesse et la terre. Ce lien dicte encore une partie de ses rythmes de vie, comme l'a entrevu Mercier, et la recherche des alliances. Deux mouvements permettent alors la circulation des individus entre Paris et la province : celui des filles à marier qui viennent épouser des maris parisiens ; celui des gendres qui quittent leur province natale pour fonder un foyer dans la capitale[209]. « Le mariage est l'une des raisons primordiales de la mobilité nobiliaire. En plus de ménager, de provoquer même ce mouvement à la fois intégrateur et migratoire, il assure un relatif équilibre des flux entre la capitale et la province. » La politique matrimoniale, la gestion des fortunes, le goût pour la nature, la nécessité d'entretenir le système des clientèles assurent la circulation temporaire et dictent les choix dans la famille. Cadets au logis, aînés à Paris, oncles à Paris, neveux du pays appelés à la rescousse : à tous les degrés, il existe une division géographique dans les familles. Cette dispersion fait accéder ces bénéficiaires à la rencontre cosmopolite qui se fait à Paris, car la ville est un lieu de sociabilité nationale et internationale. La forte présence des noblesses étrangères, entrevue dans les archives policières, débouche sur deux phénomènes : elle entretient un champ spécifique d'hospitalité et d'accueil ; elle autorise des alliances à l'horizon de l'Europe. La liste des mariages internationaux conclus aux plus hauts niveaux de l'aristocratie parisienne occuperait plusieurs pages, mais il suffit de rappeler ici ce trait, car il explique aussi la dynamique et le caractère des relations nouées ainsi que des aller et retour de nombreux nobles extérieurs à la capitale. En témoignent à la veille de la Révolution les *Mémoires* de la baronne d'Oberkirch, venue d'Alsace et bénéficiant de l'interaction du milieu familial, du milieu alsacien, du milieu diplomatique, de ses liens avec la famille impériale de Russie, du milieu curial où elle est présentée et où ses parents sont admis. C'est un bon exemple du résultat d'une mobilité spécifique menant de la provincialité à la parisianité[210]. De ce mouvement, on peut tirer argument pour souligner l'intégration de la noblesse dans une société du brassage social, le recul du particularisme, mais aussi pour voir la force maintenue d'un modèle dominant et fascinant.

A la base de la société, les maçons limousins fournissent un dernier exemple sur la manière de devenir parisien au XVIIIe siècle[211]. A l'image traditionnelle qui présente les Limougeauds repliés sur eux-mêmes, entassés dans les garnis de la place de Grève avec une seule préoccupation : retourner chez eux chaque année à la fin du mois de novembre avec le maximum d'argent en poche, tant qu'ils le peuvent, restant au foyer après quarante ans, lorsqu'un fils ou un gendre était capable de prendre le relais, on peut désormais grâce aux archives policières et aux cartes de sûreté, substituer une représentation plus convaincante[212]. Ces ruraux venus de province ne repartent pas tous, et sont capables de s'adapter à la vie urbaine. Leur mobilité, si elle est dictée par des raisons de différentiel économique – ils viennent à Paris chercher un complément nécessaire (pour les impôts, pour les dots) à leurs ressources locales –, n'est pas pure migration de la misère, ni mouvement inorganisé.

D'abord, ils font souvent l'apprentissage de la ville par étapes et dans l'expérience acquise sur les chantiers provinciaux et urbains. Ensuite, ils sont enserrés dans des réseaux de solidarité où se lisent l'exploitation et la sociabilité. Ce sont ces structures informelles qui facilitent les premiers pas dans la ville, la transmission des rites et des codes indispensables. Ces filières sont contrôlées par les cadres du métier plus que par les maîtres de la corporation, encore fermée aux Limousins. Ce sont des appareilleurs, des maîtres compagnons qui recrutent pour les chantiers, qui logent les travailleurs dans des dortoirs aux conditions souvent sordides. Ils s'intègrent peu à la population, gîtent ensemble, vivent ensemble, se divertissent ensemble ; la soupe et le couvert sont retenus sur les salaires. Ils ne peuvent changer librement de chantier. Voilà pour la dépendance, mais elle garantit le travail et une première installation. Une seconde étape passe par les solidarités familiales ou régionales, qu'on décèle dans les manières de se loger. Les migrants saisonniers se retrouvent aussi dans des garnis au recrutement plus diversifié, autour de la

Grève, autour de Sainte-Geneviève. Tous les âges y cohabitent, de dix-sept à cinquante ans, et tous les états, du manœuvre apprenti au maçon qualifié ; les Creusois et les non-Creusois s'y côtoient, et les ouvriers d'autres spécialités du bâtiment.

Les avantages de ce type de logement sont manifestes : la contrainte y est moins forte. Au nouveau venu, il fournit les informations essentielles pour trouver du travail au terme du voyage ; en échange, celui-ci donne des nouvelles du pays à ceux qui n'y sont pas allés depuis longtemps. En cas d'accident, la chambrée prend en charge les compagnons des mêmes paroisses. Le logeur, souvent originaire de la Creuse, est un médiateur entre Paris et la province. C'est la fraction de la migration déjà installée qui assure l'apprentissage de l'autre nouvellement arrivée. Les réseaux protègent les migrants, transmettent les rumeurs et les échos du pays, mais ils ne les isolent pas.

En effet les Creusois participent pleinement à la vie quotidienne du peuple de Paris. Ils côtoient les uns et les autres sur les chantiers, où leur spécialisation technique leur assure un rang supérieur au simple manœuvre : 10 % d'entre eux arrivent à la maîtrise, pour laquelle il faut avoir économisé 1 700 livres – deux ans de salaire –, et 20 % font office de maître. Ce sont les plus cultivés dans un milieu encore fortement analphabète. De la même façon, ils rencontrent Parisiens, provinciaux et étrangers au cabaret, lieu d'embauche, de rencontre, de loisir. Peu à peu le maçon limousin se transforme, achète de nouveau habits – on les connaît par les déclarations de vol. Certains franchissent le pas, restent à Paris pendant l'hiver, se font une clientèle, décident de s'installer. C'est alors le mariage qui conclut l'intégration, le plus souvent grâce à une Parisienne ou à une provinciale emparisianisée. S'ensuit sans doute une modification des relations avec la famille, mais les nouveaux couples peuvent rejouer leur rôle dans le réseau des solidarités. Au milieu du XIXe siècle, l'accélération de la migration transforme les filières, occultant en partie l'intégration.

Du XVIIe au XIXe siècle, avant la grande rupture démographique, le creuset parisien fonctionne à sa manière, mêlant largement les provinciaux venus de toute part et les étrangers. Dans un cas comme dans l'autre, les mobilités et les traditions de mobilité organisent l'apprentissage de la ville ; dans un cas comme dans l'autre, les rythmes de fréquentation et d'intégration temporaire ou plus durable dépendent des conditions offertes, mais aussi des bagages réels ou symboliques dont chacun dispose. La prodigieuse mobilité parisienne des Lumières participe, étrangers compris, de l'accroissement démographique de la capitale qui arrive à retenir un nombre important de nouveaux venus. En même temps, provinciaux et non-régnicoles se coulent dans la voie du tourisme; ils se font les relais, chacun à leur niveau, de la culture parisienne dont ils rapportent reflets et échos chez eux. C'est le résultat d'un apprentissage qui se joue entre l'hospitalité du don et celle de l'économie.

NOTES

1. J.-C. Beaune, *Le Vagabond et la machine. Essai sur l'automatisme ambulatoire. Médecine, technique, société, 1880-1910*, Paris, 1983.
2. M. Foucault, *Surveiller et punir*, Paris, 1975; A. Corbin, *Les Filles de noce. Misère sexuelle et prostitution aux XIXe et XXe siècles*, Paris, 1978.
3. G. Noiriel, *La Tyrannie du national*, Paris, 1991.
4. F. Dagognet, *Le Nombre et le lieu*, Paris, 1984.
5. W. Benjamin, *Charles Baudelaire*, Paris, 1982 (trad. fr.), p. 72.
6. D. Riesman, *La Foule solitaire*, Paris, 1964 (trad. fr.), pp. 19-52.
7. F. Dagognet, *op. cit.*, p. 57.
8. J.-C. Perrot, *Genèse d'une ville moderne. Caen au XVIIIe siècle*, Paris, 1975, Thèse, 2 vol., t. II, pp. 944-952.
9. R. Muchembled, *La Violence au village, XVe-XVIIe siècle*, Bruxelles, 1989, pp. 49-125.
10. *Ibid.*, pp. 45-46, 86-93.
11. J. Nicolas (éd.), *Mouvements populaires et consciences sociales, XVIe-XIXe siècle*, Paris, 1985; Y-M. Bercé, *Fête et révolte. Des mentalités populaires du XVIe au XVIIIe siècle*, Paris, 1976.
12. D. Nordman, *Frontières de France, de l'espace au territoire, XVIe-XIXe siècle*, Paris, 1998, pp. 415-442.
13. D. Roche et C. Michaut, «Les veilles aux advenues gabelous et contrebandiers, Piémont, 1662-1663», *Revue d'histoire moderne et contemporaine*, XVII, 1970, pp. 162-220.
14. D. Nordman, *op. cit.*, p. 62.
15. Voltaire, *Candide*, éd. R. Pomeau, Oxford, 1980, chap. XV, p. 175.
16. *Id., Correspondance générale*, éd. Besterman, Genève-Oxford, 1968-1971, 91 vol., D 973, t. III, 28 décembre 1735.
17. P. Sahlins, *Boundaries. The Making of France and Spain* in *the Pyrénées*, Berkeley, 1989.
18. *Ibid.*, pp. 111-113.
19. *Ibid.*, pp. 195-197.
20. *Analyse du Testament politique*, 1789.
21. A. Conchon, *Les Péages dans l'Ancienne France*, Thèse, Université de Paris I, 2000, 2 vol.
22. A.N., V 7, 350 cartons, qui forment le fonds de la thèse remarquable d'Anne Conchon.
23. A. Conchon, *op. cit.*, pp. 112-153.
24. *Ibid.*, pp. 137-143.
25. *Ibid.*, pp. 26-27.
26. J.-C. Perrot, *op. cit.*, t. I, pp. 47-51.
27. E. Briand, *La Mesure de l'Etat*, Paris, 1994.
28. J. Dupâquier, *Histoire de la population française*, Paris, 1988, 3 vol., t. I, pp. 1-2.
29. R. Cobb, *La Protestation populaire en France, 1789-1820*, Paris, 1975 (trad. fr.), pp. 65-70.
30. A. Farge, *Vivre dans la rue à Paris au XVIIIe siècle*, Paris, 1979, pp. 21-40, 163-190.
31. H. de Balzac, *Modeste Mignon*, Paris, 1984, p. 43.
32. A. Desrosières, *La Politique des grands nombres. Histoire de la raison statistique*, Paris, 1993.
33. J.-C. Perrot, «Les économistes, les philosophes et la population», in J. Dupâquier, *op. cit.*, t. II, pp. 499-545; A. de Montchrestien, *Traité de l'économie politique*, Paris, 1615, livre IV, pp. 351-353.

34. Montesquieu, *Lettres persanes*, lettre 122, et 116 et 117.
35. J.-C. Perrot, *op. cit.*, pp. 502-505.
36. J.-F. Dubost, «Les étrangers en France, XVIe-1789», in *Guide de recherches, Pour l'histoire des étrangers en France*, Archives nationales, Paris, 1993.
37. *Ibid.*, p. 57.
38. Ed. A. Gazier, Paris, 1879.
39. *Ibid.*, pp. 56-58.
40. M. Chassaigne, *La Lieutenance générale de police*, Paris, 1906, pp. 210-234.
41. V. Milliot, «La surveillance des migrants et des lieux d'accueil à Paris du XVIe siècle aux années 1630», in D. Roche, *La Ville promise. Mobilité et accueil à Paris, fin XVIe-début XIXe siècle*, Paris, 2000, pp. 21-76; J.-F. Dubost, «Les étrangers à Paris au siècle des Lumières», *ibid.*, pp. 221-290; V. Milliot, «Gouverner les hommes et leur faire du bien», in *La Police de Paris au siècle des Lumières, conceptions, acteurs, pratiques*, Thèse d'habilitation, Paris I, 2002, 3 vol., ex. dactyl., t. I, pp. 123-190, 199-229.
42. Guillauté, *Mémoires sur la réformation de la police de France soumis au roi en 1749*, éd. J. Seznec, Paris, 1974, pp. 46-47.
43. J. Chagniot, *Paris et l'armée au XVIIIe siècle. Etude politique et sociale*, Paris, 1985, p. 60.
44. Guillauté, *op. cit.*, pp. 85-87.
45. M. Foucault, *Histoire de la folie à l'âge classique. Folie et déraison*, Paris, 1961.
46. J.-P. Gutton, *Etat et mendicité dans la première moitié du XVIIe siècle, Auvergne, Beaujolais, Forez, Lyonnais*, Lyon, 1973, pp. 27-49.
47. *Ibid.*, p. 122.
48. N. Dyonet, «La maréchaussée et la population mobile dans l'Orléanais au XVIIIe siècle», in M. C. Blanc-Chaléard *et al.*, *Police et migrants*, Orléans, 2000, pp. 51-62.
49. J.-L. Laffont, *Policer la ville. La Police des capitouls à Toulouse, XVIIe-XVIIIe siècle*, Thèse, Toulouse, 1997, 2 vol.
50. C. Clément-Denis, *La Police et la sécurité dans les villes des Flandres, en France et en Belgique*, Arras, 1998, 2 vol.
51. J.-C. Perrot, *op. cit.*, t. II, pp. 555-556.
52. G. Noiriel, *Les Pratiques policières d'identification des migrants et leurs enjeux pour l'histoire des relations du pouvoir*, Orléans, 2000; *id.*, «Contribution à une histoire en longue durée», in M. C. Blanc-Chaléard *et al.*, *op. cit.*, pp. 125-133.
53. J.-C. Perrot, *L'Age d'or de la statistique régionale française, an IV-1804*, Paris, 1977; *id.*, *Pour une histoire de la statistique*, Paris, 1976, 2 vol.
54. A. Desrosières, *op. cit.*, pp. 88-89; M.-N. Bourguet, *Déchiffrer la France. La Statistique départementale à l'époque napoléonienne*, Paris, 1988, pp. 93-128.
55. V. Denis, *Surveiller et décrire. L'Enquête des préfets sur les migations périodiques, 1807-1813*, Mémoire de maîtrise, Paris I, 1994, p. 33; *Id.*, *Le Système des passeports. Institution d'un titre d'identité, XVIe-XIXe siècle*, DEA, Paris I, 1998.
56. *Id.*, *Surveiller et décrire*, *op. cit.*, pp. 39-50.
57. *Ibid.*, pp. 48-49.
58. *Ibid.*, pp. 55-69.
59. D. Roche, *Le Peuple de Paris. La Culture populaire au XVIIIe siècle*, Paris, 1981.
60. S. Kaplan, «La police de Paris et le travail», *Revue historique*, 1979, pp. 17-77; M. Botlan, *Domesticité et domestique à Paris dans la crise*, Thèse, Ecole nationale des Chartes, 1976, pp. 21-41.
61. *Collection de décisions nouvelles et notions relatives à la jurisprudence*, Paris, 1783-1807, 14 vol., 8e éd., t. LI, pp. 641-664; A. Thillay, *Le Faubourg Saint-Antoine et ses faux ouvriers*, Paris-Seyssel, 2002.
62. V. Denis, *Surveiller et décrire*, *op. cit.*, p. 49; J. Tulard, *Dictionnaire Napoléon*, Paris, 1987.

63. V. Denis, *Le Système des passeports, op. cit.*, pp. 19-25.
64. D. Nordman, « Sauf-conduits et passeports en France à la Renaissance », in J. Céard et J.-C. Margolin, *Voyager à la Renaissance*, Actes du colloque de Tours, 1983, Paris, 1987, pp. 145-158.
65. Des Essarts, *Dictionnaire universel de police*, Paris, 1781-1790 ; J. Peuchet, *Encyclopédie méthodique, Jurisprudence*, t. IX, Paris, 1789-1791.
66. L. Bély, *Espions et ambassadeurs au temps de Louis XIV*, Paris, 1990, chap. IV.
67. A. Corvisier, *Contrôle des troupes. Registres*, Vincennes, 1967, polygraphie, 2 vol.
68. A.N., F7 4L. 79, VD, p. 38.
69. V. Denis, *Le Système des passeports, op. cit.*, pp. 32-51.
70. *Ibid.*, pp. 82-90.
71. G. Noiriel, « Surveiller les déplacements ou identifier les personnes, Contribution à l'histoire des passeports en France de la Ire à la IIIe République », *Genèse*, n°30, 1998, pp. 77-100.
72. M.-A. Barret, *Etudes des registres des passeports de la commune de Rouen en l'an II*, Mémoire de maîtrise, Université de Rouen, 1969 ; V. Lecaillou, *Les Passeports du secrétaire d'Etat aux Affaires étrangères*, Mémoire de maîtrise, Paris I, 1994.
73. Stendhal, *La Chartreuse de Parme*, éd. H. Martineau, Paris, 1955, pp. 178-185.
74. J-F. Dubost, « L'étranger dans la France moderne : ambiguïté d'une perception », in *L'Image de l'autre dans l'Europe du Nord-Ouest à travers l'histoire*, éd. J.-L. Jessenne, Lille, 1996, pp. 33-42.
75. G. Noiriel, *art. cit.* ; *id., Etat, nation et immigration*, Paris, 2001 ; P. Weil, *La France et ses étrangers*, Paris, 1991.
76. J. Mathiez, *Les Etrangers en France sous l'Ancien Régime*, Paris, 1919-1921, 2 vol., montre une volonté de comprendre restée inachevée ; J.-F. Dubost, *L'Etat et les étrangers en France, XVIe-XVIIIe siècle*, Mémoire d'habilitation, Paris I, 1998, 2 vol., rassemble définitivement les problèmes actuels vus par les historiens.
77. *Ibid.*, t. I, pp. 124-126.
78. G. Noiriel, *art. cit.*
79. B. Cottret, *Terre d'exil, l'Angleterre et ses réfuiés, 16e-17e siècle*, Paris, 1985, pp. 55-56.
80. Fougeret de Montbron, *Cosmopolite ou le citoyen du monde*, éd. R. Trousson, Paris, 1970, p. 143.
81. Isambert, *Recueil des lois, etc.*, t. XX, p. 176 ; J-F. Dubost, *op. cit.*, t. I, p. 25.
82. *Ibid.*, pp. 23-24.
83. *Ibid.*, pp. 19-29.
84. J.-F. Dubost et P. Sahlins, *Et si on faisait payer les étrangers ? Louis XIV, les immigrants et quelques autres*, Paris, 1999, pp. 64-96 ; J-F. Dubost, *art. cit.*, in *Guide de recherches, op. cit.*, pp. 25-43, 55-59 ; *id., La France italienne, XVIe-XVIIe siècle*, Paris, 1997, pp. 19-20.
85. Ch. Mangeat, *Histoire de la condition civile des étrangers en France*, 1844, pp. 105-164.
86. M. Guyot, *Répertoire universel de jurisprudence*, t. X, Paris, 1784, 20 vol., p. 482.
87. J.-F. Dubost et P. Sahlins, *op. cit.*, pp. 16-37.
88. D. Roche, *La France des Lumières*, Paris, 1993.
89. J.-F. Dubost et P. Sahlins, *op. cit.*, p. 148.
90. J.-F. Dubost, *op. cit.*, p. 49 et C. Garcin, *La oposicion y conjonction de losdos grandes luminares de la tierra o lo antipatia de Franceses y Espagnoles*, 1617, éd. Alberta, 1679, pp. 203-205.
91. J.-F. Dubost, *op. cit.*, pp. 110-126.
92. *Ibid.*, p. 153.
93. *Ibid.*, p. 170.

94. F. La Mothe Le Vayer, *De la patrie et des étrangers*, in *Œuvres*, Paris, 1970, pp. 59-64 ; J.-F. Dubost, *op. cit.*, pp. 121-123.
95. V. Ferrone et D. Roche (dir.), *Le Monde des Lumières, op. cit.*, Paris, 2000, pp. 31-40.
96. M. Perthué, « La Police des étrangers sous la Révolution française », in M. C. Blanc-Challard *et al.*, *op. cit.*, pp. 63-74 ; M. Vovelle (dir.), *La Révolution et l'ordre juridique privé : rationalité ou scandale ?*, Actes du colloque d'Orléans, 11-13 sept. 1986, Paris, 1988, pp. 198-200 ; V. Azimi, « L'étranger sous la Révolution » ; in S. Wahnich, *L'Impossible Citoyen. L'Etranger dans le discours de la Révolution française*, Paris, 1997.
97. *Ibid.*, pp. 10-11 ; Saint-Just, 26 germinal an II, Archives parlementaires, t. LXXXVIII, p. 545.
98. P. Nora, « Nation », in F. Furet et M. Ozouf, *Dictionnaire critique de la Révolution française*, Paris, 1988, pp. 801-812.
99. A. Dupront (séminaire).
100. S. Wahnich, *op. cit.*, p. 357.
101. J.-L. Menetra, *Journal de ma vie*, D. Roche, 1988, pp. 92-94.
102. M. Garden, « Pour une introduction au débat contemporain », in Y. Lequin (dir.), *La Mosaïque France : histoire des étrangers et de l'immigration*, Préface de Pierre Goubert, Paris, 1988, pp. 429-461 ; M. Long (dir.), *Etre Français aujourd'hui et demain*, Paris, 1988.
103. J.-P. Poussou, in Y. Lequin, *op. cit.*, pp. 210-212.
104. J.-F. Dubost et P. Sahlins, *op. cit.*, pp. 97-99.
105. *Ibid.*, pp. 226-278.
106. *Ibid.*, pp. 197-199.
107. *Ibid.*, pp. 224-225.
108. *Ibid.*, pp. 144-145 ; J. Dupâquier, *La Population rurale du Bassin parisien à l'époque de Louis XIV*, Paris, 1972, pp. 209-211.
109. M. Garden, *Lyon et les Lyonnais au XVIIIe siècle*, Paris, 1970, pp. 51-81.
110. J-P. Bardet, *Rouen au XVIIIe siècle. Population et société*, Paris, 1983, 2 vol., pp. 210-230.
111. *Ibid.*, pp. 188-189.
112. J.-C. Perrot, *Genèse d'une ville moderne, op. cit.*, t. I, pp. 158-160.
113. *Ibid.*, pp. 717-720.
114. *Ibid.*, pp. 304-306.
115. J.-P. Poussou, *Bordeaux et le Sud-Ouest au XVIIIe siècle. Croissance économique et attraction urbaine,* Paris, 1983, pp. 63-100, 343-404.
116. J. Bottin et D. Calabi (dir.), *Les Etrangers dans la ville*, Paris, 1999.
117. A. Tillay, « Les étrangers dans le faubourg Saint-Antoine au XVIIIe siècle », *ibid.*, pp. 261-269.
118. J. Rives, *L'Evolution de la population de Toulouse, 1750-1792*, Toulouse, 1961 ; J.-L. Laffont, *op. cit.*, t. II, pp. 947-957.
119. J.-F. Dubost, *La France italienne, XVIe-XVIIe siècle, op. cit.*
120. J. Starobinski, *Montesquieu par lui-même*, Paris, 1953.
121. F. Hartog, *Mémoire d'Ulysse. Récits sur la frontière en Grèce ancienne*, Paris, 1996 ; *id., Le Miroir d'Hérodote*, Paris, 1991, 2e éd.
122. G. Lenclud, « Les Grecs, les autres et nous », *Annales HSS*, n° 3, 1998, pp. 695-713 ; S. A. Viselli, « L'Etranger dans le roman français du XVIIIe siècle », *Transactions of the Ninth International Congress on the Enlightment*, Oxford, 1996, t. II, p. 580 ; S. Marandon, « Caractères et images des peuples », *Ethnopsychologie*, 1971, XXVI, 2-3, pp. 245-255, XXVI, pp. 481-490 ; L. Trenard, « Images d'Italie », *ibid.*, pp. 90-123.
123. A.-M. Thiesse, *La Création des identités nationales. Europe, XVIIIe-XIXe*, Paris, 1999.

124. F. Laplantine, *Je, nous et les autres*, Paris, 1999; E. Hélin, «Le caractère national comme révélateur de détermination sociaux», in *Etudes sur le XVIIIe siècle*, Bruxelles, 1970, pp. 57-75; J-N. Jeanneney, *Une idée fausse est un fait vrai. Les stéréotypes nationaux en Europe*, Paris, 2000, pp. 9-20.
125. R. Aron, *Etapes de la pensée sociale*, Paris, 1967, pp. 32-53.
126. Montesquieu, *Esprit des lois*, livre XIX.
127. J.-N. Jeanneney, *op. cit.*, pp. 157-215.
128. H. Blumemberg, *La Leggibilita del mondo*, trad. ital., Bologne, 1984 (Francfort, 1981).
129. L. Van Delft, *Littérature et anthropologie. Nature humaine et caractère à l'âge classique*, Paris, 1993, pp. 36-35.
130. R. Chartier, *De la fête de cour au public citadin. Culture écrite et société. L'Ordre des livres, XIVe-XVIIIe siècle*, Paris, 1996, pp. 185-199; id., *Distinction et divulgation : la civilité et ses livres, lectures et lecteurs dans la France d'Ancien Régime*, Paris, 1987, pp. 45-86.
131. L. Van Delft, *op. cit*, pp. 35-40.
132. *Ibid.*, p. 55.
133. Montesquieu, *Pensées, Spicilège*, éd. L. Desgraves, Paris, 1991, p. 26.
134. C. Bertho-Lavenir, *La Naissance des stéréotypes régionaux en Bretagne*, Thèse, Paris I, 1979; J. Cambry, Voyage dans le Finistère ou Etat de ce département en 1794 et 1795, éd. crit. D. Guillou
135. M. Crépon, *Les Géographies de l'esprit. Enquête sur la caractérisation des peuples de Leibniz à Hegel*, Paris, 1999; O. Klineberg et W. Buchanan, «Recherches sur les caractères et les stéréotypes nationaux», *Bulletin international des sciences sociales*, t. III, 1951, pp. 541-563 (Résultats de l'enquête de l'Unesco, «Etats de tension et compréhension internationale»).
136. M. Crépon, *op. cit.*, pp. 12-13.
137. Montesquieu, cité par M. Crépon, *op. cit.*, pp. 90-93.
138. Arndt et Jahn, auteurs de *L'Esprit du temps* (1813) et du *Deutsches Volkstum* (1810).
139. E. Kant, *Anthropologie du point de vue pragmatique*, Königsberg, 1798, in *Œuvres complètes*, «Bibliothèque de la Pléiade», paris, 1966, 3 vol., t. III, p. 11.
140. M. Crépon, *op. cit.*, pp. 156-191.
141. *Ibid.*, p. 170.
142. Fougeret de Montbron, *Cosmopolite ou le citoyen du monde*, éd. R. Trousson, Paris, 1970, pp. 7-32.
143. J.-J. Rousseau, *Emile*, in *Œuvres complètes*, «Bibliothèque de la Pléiade», Paris, 1959, 5 vol., t. IV, p. 249.
144. Ch. Coutal, *Lumières de l'Europe*, Paris, 2000, pp. 102-103.
145. Goldsmith, *The Citizen of the World*, 1762.
146. W. Frijhoff, «Cosmopolitism», in V. Ferrone et D. Roche, *op. cit.*, pp. 31-40; T. J. Schlereth, *The Cosmopolitan Idea Enlightenment Thought. Its Form and Function in the Ideas of Franklin, Hume, Voltaire, 1694-1790*, Notre Dame, 1977; G Raulet, *Kant. Histoire et citoyenneté*, Paris, 2000.
147. J.-C. Perrot, *Genèse d'une ville moderne*, *op. cit.*, pp. 25-27; B. Lepetit, *Les Villes dans la France moderne, 1740-1850*, Paris, 1988, pp. 52-81.
148. J.-C. Perrot, *Genèse d'une ville moderne*, *op. cit.*, t. I, pp. 159-160.
149. D. Roche, *La Ville promise*, *op. cit.*
150. G. Benrekassa, *Le Langage des Lumières. Concepts et savoirs de la langue*, Paris, 1995, pp. 47-97.
151. L.-S. Mercier, *Tableau de Paris*, Paris, 1994, 2 vol., t. I, pp. 23-24, p. 1501.
152. *Ibid.*, «Chambres garnies», chap. XLCII, pp. 129-131.

153. *Ibid.*, «Etranger», chap. CC, pp. 498-501.
154. *Ibid.*, t. I, pp. 987-1004.
155. S. Juratic, «Mobilités et populations hébergées en garni», in D. Roche, *La Ville promise, op. cit.*, pp. 175-220.
156. D. Roche, *Le Peuple de Paris, op. cit.*, pp. 11-37; *id.*, «Les nouveaux parisiens au XVIIIe siècle», *Cahier d'histoire*, 1979, t. XIV, p. 3-20; S. Juratic, *art. cit.*, pp. 387-388, note 5; A. Blum et J. Houdaille, «12000 Parisiens en 1793», *Population*, 1986, pp. 259-302; D. Dubois, S. Dumas et C. Gaultier, *Les Contrats de mariage parisiens à la fin de l'Ancien Régime. Société, économie et culture à Paris en 1787*, Mémoire de maîtrise, Paris I, 1994; C. Piette et B.M. Ratcliffe, *Les Migrants et la ville. Un nouveau regard; le Paris de la première moitié du XIXe siècle*, ADH, 1993, pp. 263-302; O. Faron et C. Grange, «Un recensement parisien sous la Révolution. L'exemple des cartes de sûreté de 1793», MEFRIM, t. III, 1999, 2, pp. 795-826.
157. A. Perrenoud, «Croissance ou déclin, les mécanismes du non renouvellement des populations urbaines», *Histoire Economie, Société*, 1982, pp. 581-601; O. Faron et C. Grange, *art. cit.*, p. 801.
158. S. Juratic, *art. cit.*, pp. 176-180.
159. A.N., F7 3677, 9, 9 nivôse an IV.
160. L.-S. Mercier, *Tableau de Paris*, t. II, chap. DCXXXVI, pp. 382-383.
161. D. Roche, *Le Peuple de Paris, op. cit.*, p. 10. D. Dubois, S. Dumas et C. Gaultier, *op. cit.*
162. J-C. Perrot, *Genèse d'une ville moderne, op. cit.*, t. I, p. 18
163. D. Roche, *Le Peuple de Paris, op. cit.*, pp. 12-14; M. Botlan, *Domesticité et domestiques à Paris dans la crise, 1770-1790*, thèse de l'Ecole des chartes, ex. dactyl., 1976.
164. L. Chevalier, *La Formation de la population parisienne au XIXe siècle*, Paris, 1950, p. 236; C. Piette et B.M. Ratcliffe, *art. cit.*, pp. 285-288.
165. C. Piette et B. M. Ratcliffe, *art. cit.*, p. 288.
166. S. Juratic, *art. cit.*, pp. 203-205.
167. D. Roche, *Le Peuple de Paris, op. cit.*, p. 67-95.
168. Trumeau de La Morandière, Paris, 1764.
169. *Dictionnaire de la police*, 1768-1788, t. VII, pp. 458-464.
170. J.-F. Dubost, *art. cit.*, in D. Roche, *La Ville promise, op. cit.*, pp. 221-288.
171. Ch. Schmidt, «Une source de l'histoire contemporaine : le fonds de la police générale aux Archives nationales», *Revue d'histoire moderne*, 1902-1903, t. IV, pp. 313-327; J. Tulard, *Paris et son administration, 1800-1830*, Paris, 1976, pp. 105-110 et 328-332.
172. J.-F. Dubost et P. Sahlins, *op. cit.*, pp. 260-274.
173. M. Lachiver, *Les Années de misère. La Famine au temps du Grand Roi, 1680-1720*, Paris, 1991.
174. C. Debourdeau, *Les Etrangers à Paris dans les hôtels et chambres garnies au XVIIIe siècle*, Mémoire de maîtrise, Paris I, 1994; J.-P. Riera, *Les Etrangers à Paris au XVIIIe siècle d'après les archives de la Bastille*, Mémoire de maîtrise, Paris I, 1985; S. Lupano, *Le Contrôle des étrangers à Paris au XVIIIe siècle*, Mémoire de maîtrise, Paris, 1996.
175. Archives des Affaires étrangères, Contrôle des étrangers (CE), F° 56, 12 août 75.
176. L.-S. Mercier, *op. cit.*, t. I, chap. CCCLIV, pp. 877-879.
177. Sherlock, *Nouvelles Lettres d'u voyageur anglais*, Londres-Paris, 1780, lettre XXI, Senlis, p. 129.
178. L.-S. Mercier, *op. cit.*, t. II, chap. DXCIV, «Contraste des Parisiens avec l'habitant de Londres», pp. 207-209.
179. L. Fontaine, *Migration, itinéraire et circulation*, Mémoire d'habilitation, Paris I, octobre 2000, pp. 44-55.
180. CE, f° 32, 25 novembre 1774.

181. CE, 3, f° 87-90, 9 septembre 1774.
182. CE, 2, f° 49, 12 août 1774.
183. CE, 2, f° 110, 8 octobre 1778 ; CE, 2, f° 92-3, septembre 1774.
184. M.-E. Benabou, *La Prostitution et la police des mœurs à Paris au XVIIIe siècle*, Paris, 1987.
185. B. Arsenal, Ms. Bastille, 10234, 28 septembre 1754, Ms. 10252 – Journal de la Baudouin – 23 février 1753.
186. M.-E., Bénabou, *op. cit.*, pp. 112-116.
187. F. Freudlich, *Le Monde du jeu à Paris au XVIIIe siècle (1715-1800)*, Paris, 1995.
188. J.-P. Riera, *op. cit.*, pp. 52-62.
189. S. Juratic, *art. cit.*, pp. 208-220.
190. A. Farge et A. Zysberg, « Les théâtres de la violence à Paris au XVIIIe siècle », *Annales ESC*, 1979, 5, pp. 984-1015 ; M. Reinhard, *Nouvelle Histoire de Paris, La Révolution*, Paris, 1971, pp. 67, 176-179, 338-339.
191. D. Dubois, S. Dumas et C. Gaultier, *op. cit.*, pp. 50-76.
192. Cl. Debourdeau, *op. cit.*, pp. 80-89 ; S. Juratic, « Réseaux hôteliers et accueil des étrangers à Paris XVIIIe-XIXe siècle », in J. Bottin et D. Calabi (dir.), *op. cit.*, pp. 271-282 ; J.-P. Riera, *op. cit.*, p. 1114.
193. R. F. de Pontbriand, *Projet d'un établissement déjà commencé pour élever dans la piété les Savoyards qui sont dans Paris*, Paris, 1735, 1737, 1739 ; J. Kaplow, *Les Noms des rois. Les Pauvres de Paris à la veille de la Révolution*, Paris, 1974, pp. 84-89.
194. S. Juratic, *art. cit.*, in D. Roche, *La Ville promise, op. cit.*, pp. 218-219.
195. Ph. de Villers, *Journal de voyage de deux jeunes Hollandais à Paris, 1656-1658*, éd. A. Faugère, Paris, 1889, p. 30.
196. C. Walsh, « Shopping et tourisme : l'attrait des boutiques parisiennes au XVIIIe siècle », in N. Coquery, *La Boutique et la ville. Commerces, commerçants, espaces et clientèles, XVIe-XXe siècle*, Tours, 2000, pp. 223-238 ; O. Dautresme, « Une boutique de luxe dans un centre commercial à la mode. L'exemple du magasin d'effets précieux à prix fixe, au Palais-Royal à la fin du XVIIIe siècle », *ibid.*, pp. 239-247.
197. J. Blake, *The Grand Tour in the Eighteenth Century*, Londres-New York, 1991, pp. 65-66.
198. J-F. Dubost, *art. cit.*, in D. Roche, *La Ville promise, op. cit.*, pp. 263-274.
199. D. Rabreau, *Apollon en province*, Thèse, Paris IV, 1980, pp. 350-375.
200. D. Roche, *Histoire des choses banales. Naissance de la consommation, XVIIe-XIXe siècles*, Paris, 1997, p. 88-91.
201. P. Verlet, *L'Art du meuble à Paris au XVIIIe siècle*, Paris, 1988 ; N. Machetot, *Les Ebénistes étrangers du faubourg Saint-Antoine dans la seconde moitié du XVIIIe siècle*, Mémoire de maîtrise, Paris I, 1999.
202. J. Driancour-Girod, *L'Insolite Histoire des luthériens de Paris*, Paris, 1992.
203. N. Machetot, *op. cit.*, pp. 160-161.
204. *Ibid.*, pp. 31-34.
205. D. Roche, *La France des Lumières, op. cit.*, pp. 565-580.
206. J. Chagniot, *Paris au XVIIIe siècle. Nouvelle Histoire de Paris*, Paris, 1988.
207. M. Marraud, *La Noblesse de Paris au XVIIIe siècle*, Paris, 2000, pp. 23-32, 39-49.
208. *Ibid.*, pp. 42-45.
209. *Ibid.*, pp. 74-75.
210. *Ibid.*, pp. 57-59.
211. A.-M. Moulin, « Les maçons de la Haute Marche au XVIIIe siècle », Publications de l'Institut d'études du Massif Central, XXIX, Clermont-Ferrand, 1985.
212. A. Corbin, *Archaïsmes et modernité en Limousin au XIXe siècle, 1845-1880*, Paris, 1975, 2 vol. ; *id.*, « Les Paysans de Paris. Histoire du Limousin de Paris au XIXe siècle », in *Ethnologie française*, 1980, 2, pp. 169-176.

Chapitre VIII

L'hospitalité : du don à l'économie

L'accueil ou le rejet, la capacité à attirer et à retenir, les possibilités d'entretien de la mobilité même, sont tous inséparables d'un contexte de traditions, d'un ensemble d'institutions qui relèvent de la possibilité de faire une histoire intellectuelle et sociale de l'hospitalité. Celle-ci entraîne derrière elle un cortège de notions juridiques, morales et administratives qui ne pèsent pas du même poids du XVIe au XXe siècle. Comme en d'autres domaines, l'invariant apparent ne doit pas masquer les différences et l'érosion lente de pratiques anciennes.

Partir de l'*Encyclopédie* permet de faire le point vers 1750. Le chevalier de Jaucourt, dans son article « Hospitalité », nous renvoie à la jurisprudence et à l'éthique. Ce familier du refuge huguenot et du voyage sait de quoi il parle. C'est le rejeton d'une famille protestante d'ancienne noblesse du comté de Bar-sur-Aube, montée à la cour avec Henri IV. C'est l'héritier d'une tradition de carrière et de service : les armes, la cavalerie, la marine – sur dix générations, une seule carrière civile. C'est enfin, au tout début du XVIIIe siècle, le représentant d'un lignage, les Jaucourt d'Espeville, alliés aux Montginot, enracinés par leur patrimoine en province et attachés à leur vie de château à Brinon, que fréquente Dupont de Nemours. La famille ne s'est pas exilée après 1685 : elle respecte les airs catholiques nécessaires, mais elle professe la foi calviniste autant qu'on pouvait le professer si l'on voulait rester à Paris vers 1740. Le chevalier, né en 1704 rue du Coq-Héron, provincial de Paris, Parisien de province, a devant lui deux frères. Par conviction, son père l'envoie faire des études à Genève, chez son oncle et sa tante Caze-Montginot. Il a huit ans ; il va connaître, en terre étrangère mais de culture partagée, le goût d'une hospitalité familiale et familière à la noblesse. Il est inscrit en 1719 sous le nom de Louis de Neufville, *Parisiensis*, dans le livre du recteur de l'Académie de Genève, source incomparable pour connaître l'attraction sociale et intellectuelle de la capitale calviniste. En 1727, il gagne Londres et Cambridge, où il reste dix-neuf mois et devient anglophile et républicain des Lettres. De là, il part à Leyde en 1728, où il étudie la médecine sous le grand Boerhaave et dans un milieu cosmopolite. A Cambridge comme à Leyde, ce sont les maisons d'étudiants qui l'accueillent. Après un premier retour en France et un second voyage à Amsterdam où il croise Voltaire, le voilà fixé en France en 1738, le voilà stabilisé entre Paris, Chantome et Brinon. En 1750, il retourne en Hollande pour y imprimer son grand œuvre, le *Lexicon medicum universale*. Revenu en France, il expédie à son libraire hollandais le manuscrit – qui n'arrivera jamais, perdu dans un naufrage. Neufville est devenu Jaucourt, le médecin devient polygraphe. Une expérience de cette force nourrit, on peut le présumer, tous les articles qui tournent autour des voyages et de la mobilité, et que l'on retrouve dans les rubriques les plus diverses : 112 matières, 1 057 entrées (dont les articles « Hospitalité », « Voyage », « Paris »)[1]. L'hospitalité donc :

« Vertu d'une grande âme qui tient à tout l'Univers par les liens de l'Humanité. Les stoïciens la regardent comme un devoir inspiré par Dieu lui-même [...] je définis cette vertu comme une libéralité exercée envers les étrangers surtout si on les reçoit dans sa maison : la juste mesure de cette espèce de bénéfice dépend de ce qui contribue le plus à la grande fin que les hommes doivent avoir pour but, savoir aux secours réciproques, à la fidélité au commerce dans les divers états, à la concorde, et aux devoirs des membres d'une même société civile. De tous les temps, les hommes ont eu dessein de voyager, de former des établissements, de connaître les pays et les mœurs des autres peuples; mais comme les premiers voyageurs ne trouvaient point de lieu de retraite dans tous les endroits où il arrivaient, ils étaient obligés de prier les habitants de les recevoir et ils s'en trouvaient d'assez charitables pour leur donner un domicile, les soulager dans leur fatigue et leur fournir les diverses choses dont ils avaient besoin. »

Dans la vision encyclopédique, deux caractères comptent. L'hospitalité, c'est d'abord la pratique d'une vertu privée, dont l'exercice est réponse aux besoins du voyage, situation transitoire, par une disposition de l'âme, une capacité de l'individu. La vertu est universelle, mais son partage ne l'est pas forcément : « ils s'en trouvaient » est restrictif. Ensuite, l'hospitalité qui relève de « l'histoire sacrée et profane, du droit naturel et de la morale qui doit s'étendre à tous les mortels », concerne surtout une maison et son maître. Son modèle est la tente du nomade Abraham qui accueille trois voyageurs devant lesquels il se prosterne et auxquels il offre de l'eau pour laver leurs pieds et du pain pour rétablir leurs forces. Sa figure exemplaire, c'est celle de Job qui s'écrie : « Je n'ai point laissé les étrangers dans la rue et ma porte leur a toujours été ouverte. » L'histoire l'enseigne : l'Égypte, l'Éthiopie, la Perse, les anciens peuples d'Italie ont tous, malgré leur caractère sauvage, laissé des exemples hospitaliers que notent les voyageurs. Les Grecs ont pratiqué l'hospitalité, et « c'est un beau trait de la vie d'Alexandre que l'édit par lequel il déclare que les gens de bien de tous les pays étaient parents les uns des autres, et qu'il n'y avait que les méchants qui fussent exclus de cet honneur ». Les Romains surenchérissent en ce sens et « créent des lieux exprès pour domicilier les étrangers ; ils nommèrent ces lieux *hospitalia* ou *hospitia*, parce qu'ils donnaient aux étrangers le nom de *hospites* [...]. Rien n'est plus beau, disait Cicéron, que de voir les maisons des personnes illustres ouvertes à d'illustres hôtes, et la République est intéressée à maintenir cette sorte de libéralité. Tacite rappelle que c'est un sacrilège pour les Germains de fermer sa porte à quelque homme que ce fût, connu ou inconnu. Celui qui a exercé l'hospitalité envers un étranger, ajoute-t-il, va lui montrer une autre maison ».

Ainsi, presque tous les peuples du monde ont exercé autrefois l'hospitalité. Elle est parée de couleurs sacrées ; elle relève du privé, mais c'est un impératif collectif catégorique et qu'incarnent déjà des institutions et des chaînes d'obligations et de recommandations. L'Orient et l'Occident l'ont en commun partagée, et en partagent aussi des pratiques diverses d'un symbolisme accentué : l'accueil, le salut, la présentation, le repas, le pain, le vin, le sel, le lavement des pieds que Jésus reproche aux pharisiens d'avoir négligé. L'hospitalité est festive : c'est un exceptionnel ordinaire, qu'organisent le rituel de la réception, l'ordre des questions sur le voyage et l'identité, l'échange des dons et des souvenirs (les *tessere*) que l'on retrouve dans les cabinets de curiosités du XVIIe et du XVIIIe siècle. C'est, à cette époque, une vertu et une tradition sur laquelle on s'interroge. On le fait d'autant plus facilement que les exemples vécus (ainsi en Angleterre) font prendre conscience d'un changement profond, tout comme ceux que livrent les voyageurs orientaux. Pour les Lumières, pour Diderot, c'est une manière de relire le contact entre les civilisations. Toutefois, les pratiques de la mobilité des voyageurs révèlent un mélange d'usages anciens et modernes qui plaide pour une vision moins linéaire qu'on ne pouvait le penser des changements intervenus en ce domaine. Économie du don et accueil intégré dans l'échange continuent de se relayer. La tradition, l'histoire, les exemples le montrent.

LA TRADITION INTERROGÉE

La tradition s'affiche en clair : c'est celle de droits sacrés que ne détruit pas le droit de la guerre ; c'est celle qui lie les amis que séparent l'origine et la langue ; c'est celle enfin qui associe la capacité d'une sociabilité que l'on conçoit comme universelle à l'action des individus. Le lointain devient ainsi le prochain. L'héritage antique et la tradition chrétienne s'imbriquent de manière exemplaire en ce domaine, et le régime juridique du droit des étrangers n'est pas encore totalement miné par le soupçon comme on l'a entrevu dans les pratiques du contrôle progressivement mises en place et renforcées. Là également, la frontière reste poreuse et son usage concerne tout le monde. L'étranger, c'est l'autre, et celui-ci varie avec les circonstances que régissent des lois non écrites, mais que nourrissent d'une part les impératifs du christianisme et d'autre part les références culturelles, les héritages mentaux qui mêlent archaïsme et exotisme, source d'étrangeté. C'est ainsi l'interrogation historique d'une sensibilité tiraillée par les passions et l'imagination qui reste à poursuivre.

L'enquête lexicologique montre que la langue a enregistré jusqu'au XIXe siècle deux sens : 2 237 occurrences recensées dans le *Trésor de la langue française* renvoient explicitement à l'Antiquité classique et chrétienne, (c'est l'âge d'or d'une pratique) ; 1 833 occurrences ont un sens plus large qui recouvre tout ce qui a trait à l'accueil privé ou public[2]. Cette ambiguïté était déjà dans l'article de l'*Encyclopédie*, où le chevalier de Jaucourt croisait le regard historique et le questionnaire d'un témoin préoccupé d'une situation proche. Le cosmopolitisme du XVIIIe siècle est à l'œuvre dans la transformation de l'interprétation d'une loi non écrite, universaliste, dictée par la religion et l'histoire, modifiée par elles. Il est sensible à l'éloignement par rapport à la conscience d'hospitalité d'autrefois, au légendaire nomade et pastoral archaïque, au conseil charitable :

« Nous ne connaissons plus ce beau lien de l'Homme et l'on doit convenir que les temps ont produit de si grands changements parmi les peuples et surtout parmi nous que nous sommes beaucoup moins obligés aux lois saintes et respectables de ce devoir que ne l'étaient les Anciens. Il semble même que pour être tenu au service de l'Homme, prises dans toute leur étendue, il faut, premièrement, que celui qui les demande soit hors de sa patrie pour quelque raison valable ou du moins innocente; deuxièmement, qu'il y ait lieu de le présumer honnête homme, ou du moins qu'il n'a aucun dessein de nous porter préjudice; troisièmement, enfin, qu'il ne trouve pas ailleurs où que nous ne trouvions pas de notre côté à le loger pour de l'argent. Ainsi cet acte d'humanité était incomparablement plus indispensable lorsque des maisons publiques, commodes et à différents prix, n'existaient point encore parmi nous.

« L'hospitalité s'est donc perdue naturellement dans toute l'Europe parce que toute l'Europe est devenue voyageuse et commerçante. La circulation des espèces par les lettres de change, la sûreté des chemins, la facilité de se transporter en tous lieux sans danger, la commodité des vaisseaux, des postes et autres voitures, les hôtelleries établies dans toutes les villes et sur toutes les routes pour héberger les voyageurs, ont suppléé aux secours généreux de l'hospitalité des Anciens. L'esprit de commerce, en unissant toutes les nations, a rompu les chaînons de bienfaisance des particuliers; il fait beaucoup de bien et de mal; il a produit des commodités sans nombre, des connaissances plus étendues, un luxe facile et l'amour de l'intérêt. Cet amour a pris la place des mouvements secrets de la Nature, qui liaient autrefois les hommes par des nœuds tendres et touchants. Les gens riches y ont gagné dans leurs voyages la jouissance de tous les agréments du pays où ils se rendent, jointe à l'accueil poli qu'on leur accorde à proportion de leurs dépenses. On les voit avec plaisir, et sans attachement, comme ces fleuves qui fertilisent plus ou moins les terres par lesquelles ils passent. »

Citer ce texte superbe était indispensable, car il voit loin et clair. Du don à l'économie, l'Europe entière a changé ses pratiques sans abandonner ses références et ses images. La mobilité est le moteur de ce changement dont l'utilité n'est pas contestée, mais suggère des précautions morales où se lisent les partages du for privé et du for public. La pré-ethnographie du chevalier encyclopédiste lisait dans le temps et dans l'espace une éthique générale qui valait pour presque toutes les nations du monde : Grecs, Romains, Hébreux, Gaulois, Perses, Égyptiens, Indiens de l'Asie, sous des aspects divers, s'y soumettaient. L'expérience et l'histoire livrent le changement des mœurs qui rapproche les bornes d'une relation autrefois sacrée, aujourd'hui laïcisée par le choix de chacun et par le poids du marché des échanges économiques et symboliques. Un champ se rétrécit dont la définition souffre des tribulations politiques, des inquiétudes sociales portées sur tous les mouvements, des enfermements nationaux. Il se restreint en partie aux exilés chassés de leur patrie, terme qu'on associe à l'idée de la liberté. « Il n'y a point de patrie dans le despotisme », dit La Bruyère, et tous les auteurs du XVIIIe siècle se retrouvent dans cette dimension qui, par un amour spécifique aux lieux, à la terre natale, rend l'homme vertueux : Rousseau, et avant lui Montesquieu comme Jaucourt, qui conclut sur un rappel à la vigilance. Si, comme l'a remarqué Lord Bolingbroke dans ses lettres, l'hospitalité se corrompt, l'amour de la patrie n'y peut plus régner.

Pédagogies de l'hospitalité

Il reste à étudier la manière dont les notions antiques et la spontanéité vertueuse ont pu imprégner les hommes de la modernité. Pour le peuple, nécessité fait loi et la religion le démontre. L'accueil hospitalier s'inscrit dans l'enseignement des pasteurs et l'appel à la charité ; il s'incarne aussi dans des institutions dont la surveillance par l'État et les villes n'a pas éliminé le contrôle vigilant de l'Église, le rôle des congrégations hospitalières et la fonction protectrice des pauvres, des affligés, des malades sans ressource. N'en doutons plus : pour beaucoup, la lecture de l'Évangile de saint Luc et de la parabole du Bon Samaritain met l'accent sur une conception du prochain qui concerne non seulement le peuple de Dieu, mais aussi les Gentils. Imprégnés sans doute de la pensée grecque, les évangélistes rejoignent ici une conception de l'humain qui va marquer en profondeur la pensée occidentale. Avec Matthieu, Jésus s'adresse aux élus : « Car j'ai eu faim et vous m'avez donné à manger, et j'ai eu soif et vous m'avez donné à boire, j'étais étranger et vous m'avez recueilli » (que certains traduisent par « vous m'avez donné l'hospitalité »). Et comme eux s'étonnent et demandent : « Quand l'ont-ils fait ? », il leur répond : « En vérité je vous le dis : dans la mesure où vous l'avez fait à l'un des plus petits d'entre mes frères que voici, c'est à moi que vous l'avez fait[3]. » Pour les damnés, la formule est répétée de façon négative. La leçon est catégorique : l'amour du prochain est véhiculé et rendu manifeste par l'hospitalité parce que c'est en elle que Dieu apparaît sous la forme de l'étranger. Les Évangiles enseignent déjà le retour aux formes archaïques extrêmes de la coutume et de la pensée, de l'écriture et des traditions anciennes des peuples[4]. Le prochain s'actualise dans l'hospitalité, il ne la commande pas, et sur ce point il n'y a pas de frontières à l'origine entre l'ancienne Loi et la nouvelle, entre l'Antiquité païenne et le christianisme.

Les auditeurs des sermons, les petits écoliers et écolières des catéchismes, mais aussi les élèves des collèges, des séminaires et des facultés de théologie pouvaient, chacun à leur manière, entendre cette leçon et l'appliquer ou la rejeter. Pour la seconde catégorie, l'écho est plus limité, mais c'est l'élite de la culture. On sait qu'elle regroupe une proportion non négligeable de la population (c'est sans doute un garçon sur cinquante qui peut espérer entrer au collège : 60 000 élèves dès 1650 ; à la veille de la Révolution, c'est presque autant encore, et plus avec tous les établissements ; les universités accueillent 15 000 étudiants). On voit comment la leçon des Grecs et des Romains est largement transmise : les auteurs, la fable et la mythologie, la peinture et ses thèmes, les livres d'histoire font de l'Antiquité un trésor vivant, une humanité proche. Nourris de Cicéron et de Virgile, bercés des aventures de l'*Odyssée* ou de l'*Émile*, les bons élèves, les lettrés n'étaient pas confrontés à un universel abstrait, mais à des personnages familiers qui mettaient en valeur la vertu et l'institution, les dispositions de l'âme individuelle et les prescriptions de la loi ou de l'obligation religieuse. Imprégnant la morale chrétienne, Platon et Aristote, le maître des *Lois* (V, 729) et celui de l'*Éthique à Nicomaque* (IX, 10,1) que cite René Scherer, parlent dans le même sens. C'est une vertu de l'homme sage, du maître de maison, à pratiquer avec mesure – ce que peut entendre l'honnête homme et philosophe. Elle est le meilleur moyen de faire usage de ses richesses, de montrer la grandeur dans les dépenses, de prouver la magnificence. Pour Platon, c'est un devoir sacré auquel les dieux sont attentifs – Zeus est l'hospitalier. Quand la République vit en autarcie, les gardiens en sont exceptionnellement dispensés et, comme l'objecte Adimante : « Ne seront-ils pas ainsi privés du plaisir de recevoir des hôtes[5] ? » Mais, dans la cité plus ouverte et plus concrète des *Lois*, Platon prévoit de suppléer à la défaillance possible de l'hospitalité privée par la création de lieux d'accueil publics et pose déjà la question du contrôle de l'État sur ceux qu'on juge indésirables.

Ces injonctions, ces engagements à la vertu sacralisée se conjoignent sans problème dans l'enseignement chrétien. Les déchirures du XVIe siècle n'ont pas dû y changer grand-chose – l'entente est facile sur ce point entre protestants et catholiques –, mais cela reste à vérifier. Pour tous, certainement, l'hospitalité peut prendre l'image rassurante et quelque peu désuète qu'a décrite et dessinée Cesare Ripa dans son *Iconologie* (1643). L'allégorie la représente sous les traits d'« une dame dont l'âge est médiocre, le visage riant et la beauté singulière, [et qui] semble vouloir accueillir quelqu'un à bras ouverts ». Elle tient de la main droite une corne d'abondance renversée pour qu'un putto y grappille son butin. C'est l'emblème de la vie, de la fécondité, de la fortune, et un emblème qu'Ovide prête à Amalthée, chèvre nourrice et amante de Zeus[6]. De la main gauche, l'Hospitalité bénit un pèlerin, aisément reconnaissable à son bourdon et à sa garde. L'enfant et le voyageur pieux, deux hôtes préférés, « l'un ne pouvant chercher à vivre à cause de la faiblesse de son âge, l'autre en trouver que difficilement, pour ce qu'il est hors de son pays. Elle est peinte belle, parce que, en effet, elle se peut dire la chose du monde la plus charmante et la plus agréable à Dieu, puisque c'est par elle qu'il se fait connaître, comme dit saint Augustin [...], le monde doit se mobiliser, pour le maintenir, ce qui peut tourner à la honte de ces hommes mal avisés qui ont des maisons où les grands larrons et les riches sont toujours les bienvenus, au lieu que l'entrée en est défendue aux gens d'honneur et aux pauvres[7] ».

Le message des saints

Pour les pauvres – les vrais et les autres –, pour ceux qui les côtoient – car on sait que dans la société traditionnelle, avec sa précarité, la frontière est fragile, et que beaucoup peuvent un jour de crise se retrouver en deçà du seuil où se fixe la méfiance –, l'apprentissage de la vertu hospitalière passe par le culte des saints et un légendaire familier que peuvent transmettre lectures pieuses, historiettes de la Bibliothèque bleue, images de pèlerinage et de dévotion, discours de clercs, figurations d'artistes populaires et savants. On pourrait y ranger toute la cour sainte que la tradition charge de protéger les voyageurs et de veiller sur les métiers de l'accueil, de la route. Une commune relation à la circulation et souvent les événements de leur vie ou les incidents de leur légende, véridiques aux yeux de tous, les rassemblent pour un patronage transmis par les confréries et enrichi dans le culte. Tous n'occupent pas dans le florilège une place comparable, comme d'ailleurs dans le cœur des fidèles en quête de recours. Certains sont plus liés au voyage qu'à l'accueil : saint Antoine de Padoue ;

saint Joseph, qui renvoie à son exil; saint Martin, cavalier qui partage son manteau avec un pauvre; saint Raphaël, qui hérite certainement d'une part des vertus protégeant Tobie. Quant à sainte Gertrude, fille de saint Pépin de Landen (premier prince de Brabant) et de la bienheureuse Iduberge – car on était facilement saint de père en fille en ce temps –, elle protège des naufrages et fait trouver la bonne auberge; près d'Yvetot, en pays de Caux, une église lui est consacrée comme patronne conjointe des hôpitaux, des voyageurs et des pèlerins. Sainte Luce, elle, protège les cochers et les métiers du cuir, entre autres choses. Sainte Marthe, que l'on vénère à Tarascon et aux Saintes-Maries, peut se réclamer de son rôle évangélique : elle a servi Jésus à table, pourvoyant à tout avec abondance, et sa légende qui la fait vivre en Provence la crédite d'une capacité hospitalière sans réserve. Il est donc normal de la voir invoquée par les sœurs hospitalières ainsi que par les hôteliers, les aubergistes, les servantes et les domestiques. Le bréviaire d'Amiens en 1554 la qualifie d'hôtesse de Jésus-Christ, qui l'a aimée au point de vouloir être reçu et nourri par elle.

Cette cour sainte privilégiée par le don à des passants, à des pauvres, image du Christ, est dominée par deux figures encore plus efficaces. En premier lieu, saint Julien l'Hospitalier, saint Julien le Pauvre, qu'on fête au Mans et à Paris au Quartier latin et que l'histoire ignore, doit tout son prestige à la *Légende dorée*. Au XIXe siècle, Flaubert en fera le héros d'un des *Trois Contes* (1877). Il fut peut-être le premier évêque des Cénomans, qu'il avait évangélisés et tirés des erreurs druidiques. Saint avant tout fabuleux il rejoue le drame d'Œdipe : parricide et fuyard, il expie son crime involontaire en s'installant comme saint Christophe au bord d'une rivière et en la faisant passer dans sa barque aux pèlerins qu'il héberge dans son hôpital. Un soir d'hiver, il accueille un pauvre lépreux, transi, et le couche en son lit pour le réchauffer. C'était le Christ et le signe de son pardon. Avec sa femme, cause du drame (Julien avait cru la surprendre en flagrant délit d'adultère), il cantonne voyageurs, pèlerins, hôteliers, mendiants, saltimbanques, jongleurs; rue Saint-Martin, il est fêté pour cela dans la capitale. Par extension de ses pouvoirs, il protège les couvreurs, sans lesquels il n'y a pas de toit (hospitalier ou non), et il guérit galeux et dartreux, proches parents des vrais-faux lépreux.

A ses côtés, saint Jacques le Majeur, qui règne sur Compostelle et les jacquets. Son culte est solidement établi depuis le Moyen Age, et aux Temps modernes sa réputation n'est plus à défendre. Sa protection s'étend sur les routes, les chemins, les hôpitaux et d'innombrables sanctuaires, grands ou petits. A partir du XIIIe siècle, quand les dominicains ont attribué, au Majeur, l'essentiel de la légende forgée en Galice, on le distingue du Mineur. Quand les faits sont popularisés par Jacques de Voragine et sa *Légende dorée*, multipliée par d'innombrables manuscrits et sans cesse imprimée, le tour est joué : le pouvoir d'un saint Jacques que le laïc ordinaire ne cherche pas à identifier davantage est établi[8]. La dévotion repose sur le rapport du saint aux malades et aux mourants qui, à leur dernier voyage, sont préservés par l'onction qu'il recommande dans son Épître. C'est un infatigable intercesseur là où sont dispersées ses reliques : à Toulouse, Grenoble, Angers, Arras, et bien sûr à son tombeau de Compostelle. Des confréries hospitalières ont entretenu son influence auprès des sanctuaires : on les trouve à Blois, Paris, Tournai, Provins, plus tard à Lyon, Bourges, Nîmes ; elles organisent le pèlerinage, régularisent le flux des pèlerins, diffusent les marques d'appartenance et la sociabilité pérégrine. Parfois, elles pratiquent l'hospitalité à une grande échelle, appuyant l'œuvre des religieux hospitaliers. Le culte n'intéresse pas que les gens de peu : à l'époque moderne, les érudits s'en mêlent en Espagne, en Italie, en France – ainsi Nicolas Chorier, dans son *Histoire du Dauphiné* (1660). Pour tous, il y a des enjeux sur une conception de la religion, sur la manière dont se forme la créance publique et dont on doit pratiquer le culte, sur la façon dont on doit comprendre l'antiquité des fondations pieuses et celle des usages. Au Moyen Age, comme aux Temps modernes, l'attraction de l'apôtre repose sur le fait qu'il accompagne les hommes dans le pèlerinage de la vie humaine et qu'il les guide vers l'au-delà ; il s'offre ainsi à d'innombrables prières quotidiennes, et pas seulement celles des pèlerins sur la route[9].

Dans toute cette hagiographie où se lisent la force des recours et leur usure, ou les nettoyages que l'histoire leur a imposés, l'hospitalité centralise à travers ses acteurs l'hôte témoin et faiseur de miracles, le voyageur sans moyens accueilli ; le motif circule dans la culture occidentale au long d'une chaîne de sens qui conduit de Zeus hospitalier à Jésus et, au-delà, à ses émules. C'est le pivot et l'essence d'une légende[10] dont la force est l'ubiquité d'une mobilité permanente, outre qu'elle se nourrit, se renouvelle et s'entretient dans la lecture dévote et légendaire comme dans les pratiques hospitalières privées et publiques.

C'est que les deux niveaux sont liés par la force de la coutume qui régit l'*économie morale* et qui peut mobiliser à certains moments les foules accablées[11]. L'hospitalité s'inscrit dans le système social organique où l'accumulation de richesses est blâmée, où la redistribution justifie le profit par la circulation des dons, où l'on repère dans les comportements et les apparences la hiérarchie de la société et les règles de ses rapports. L'économie hospitalière peut se lire comme une des manifestations d'une circulation des biens et des hommes. L'importance des images originelles puisées dans les civilisations du nomadisme se confirme dans les sociétés sédentaires où l'hospitalité apporte de nouvelles respirations et de nouvelles inspirations[12]. En suivant Marcel Mauss, on y voit peut-être moins l'homme tel qu'il pouvait être avant l'établissement du marché et de l'économie moderne, que la permanence des relations régies non point par l'économie, le profit, mais par l'esprit de gratuité et de dépense[13]. Comme pour d'autres faits majeurs de la structuration des sociétés, l'hospitalité est un fait social global qui met en relation tous les rapports, juridiques, économiques, moraux, religieux, esthétiques, organisant la vie des hommes[14]. L'obligation de donner, celle de recevoir, celle de rendre ce qu'on a reçu sont à l'œuvre dans les conduites de l'âge moderne comme elles le sont dans les populations lointaines étudiées par les ethnologues. Consommer et rendre, présenter et recevoir tissent un mélange de conduites, de rapports privés, modestes ou ostentatoires, où s'exprime le mélange de liens spirituels entre les choses, les biens, les individus et les groupes, car tout est matière à reddition et à négociation. « Tout va et vient, dit Mauss, comme s'il y avait échange constant d'une matière spirituelle comprenant choses et hommes entre les classes, les individus, répartis entre les rangs, les sexes et les générations. »

La libéralité de l'hospitalité se range parmi les divers rituels qui unissent l'échange de dons, de présents, et la manière dont sont reconnues et traitées les personnes. Le viatique, le repas, les moyens offerts sont utiles au voyageur, les libations ne sont pas que symboliques, mais les limites du sujet sont dépassées, la chose l'emporte sur la personne, le don déclenche et calme les compétitions. C'est pourquoi également il engage toujours le sacré. Les voyageurs de l'Antiquité sont souvent perçus comme des dieux ; les découvreurs de l'Amérique le sont encore, et les voyageurs du Pacifique jouissent d'une reconnaissance analogue[15]. « Quand la loi de l'hospitalité s'est développée, la loi des amitiés et des contrats avec les dieux est venue assurer la paix des marchés et des villes ; les hommes se sont abordés dans un curieux état d'esprit, de crainte et d'hostilité excessive, mais qui ne sont folles qu'à nos yeux [...]. C'est dans des états de ce genre que les hommes ont renoncé à leur quant-à-soi et ont su s'engager à donner et à rendre. » L'hospitalité est partie prenante dans la stabilisation des rapports sociaux, et elle est un pari sur la pacification à l'œuvre derrière la *civilisation des mœurs*. C'est une vertu politique que retrouvent les Lumières avec Kant, et la manière de comprendre la paix entre les peuples autrement que par les seules relations diplomatiques. Un simple geste d'accueil, l'*allgemeine Hospitalität*, l'hospitalité universelle, infléchit l'hospitalité antique et chrétienne, et en élargit le champ d'application à la terre entière. Il s'agit, en même temps, de se méfier des formes colorées et séduisantes. On ne peut confondre totalement hospitalité et philanthropie. Il faut choisir, car l'on ne peut entendre toute la misère du monde, et surtout l'hospitalité est universalisable : aucun État n'a le droit d'interdire la circulation, en vertu du droit que chaque homme possède de visiter et de faire partie de n'importe quelle société. C'est pourquoi, dès le XVIIIe siècle, la vigilance s'impose sur le droit d'asile, sur l'application concrète de la bienveillance, l'amour pratiqué entre les hommes, version kantienne du « Aime ton prochain comme toi-même ». La *bienveillance* doit rapprocher l'*hospitalité* de la *philanthropie*, comme amour de tous les êtres humains. Refuser l'inhospitalité, c'est refuser les passions génératrices de conflit, c'est refuser les ruses de la raison, mais c'est accepter les contingences des relations humaines, l'unité des hommes par le commerce et par la culture. Pour Kant, l'hospitalité ne vient pas d'une bonté originelle, mais d'une philanthropie mutuelle cultivée et protégée par le droit[16].

Alors l'expérience – et l'on sait qu'elle s'enseigne – domine le débat sur l'utilité des voyages, comme l'ont montré les luttes autour du contrôle des étrangers et de la mobilité. On pourrait dire qu'il s'agit de faire comprendre l'hôte (celui qui reçoit) et l'hôte (celui qui est reçu, l'invité, l'inconnu). Ce rapport inégal qu'enseignent les grands textes antiques et les Évangiles, cette évocation du don et de la garantie divine qu'il implique, serait à suivre dans l'histoire, plus particulièrement moderne, à travers le récit des voyageurs comme le discours des écrivains, la littérature morale ou spirituelle, les fictions et les témoignages dont le modèle reste l'*Odyssée*, livre de l'hospitalité, cadre et repère du périple. Une trahison de l'hospitalité (l'enlèvement d'Hélène) nous ouvre le drame ; le massacre de prétendants (hôtes trompeurs) à Ithaque le ferme. Entre deux moments, l'aventure hospitalière se déroule non sans charme.

L'ENSEIGNEMENT DE *TÉLÉMAQUE*

Pour des générations de lecteurs innombrables, le *Télémaque* de Fénelon, connu en manuscrit dès 1698, a rassemblé l'essentiel et assuré la continuité avec Homère, moins accessible. Le livre a une finalité précise. Son auteur est le précepteur de l'héritier du trône et, quand il laisse imprimer son texte, il est archevêque de Cambrai depuis 1699, mêlé aux querelles religieuses du temps, adversaire de Bossuet et compromis immédiatement par le succès même du livre dans lequel Louis XIV reconnaît une critique de son règne. Les difficultés d'un auteur font souvent le succès d'un livre : outre les copies manuscrites, on connaît plus de trente éditions entre 1700 et 1705, une vingtaine encore jusqu'en 1789 ; c'est, au minimum, une centaine de milliers de lecteurs potentiels. La finalité pédagogique de l'œuvre, inséparable de la transmission de valeurs politiques et sociales, fait de l'ouvrage un exemple de l'application de la fiction à la littérature apodémique[17]. Il s'inscrit dans la grande vision classique qui veut instruire en amusant et à laquelle la tradition antique et moderne confère une portée universelle. Télémaque, fils d'Ulysse, et ses aventures, en comblant une lacune de l'*Odyssée* paternelle, en faisant écho à l'*Énéide* et aussi aux *Géorgiques*, pouvaient donner des leçons de sagesse politique, enseigner un rapport au salut et donc à l'autre, et ainsi une invitation aux pratiques d'hospitalité. Le Zeus de l'*Odyssée* et de l'*Iliade* patronne un idéal du commerce pacifique et de l'échange entre les cités[18], il donne le ton à la vertu, il confère sa dimension sacrale aux gestes qui apparaissent dans chacun des vingt-quatre chants de l'*Odyssée*. Le *Télémaque* est en ce domaine un héritier, un livre de l'hospitalité qui en est un thème comme trait de mœurs, mais aussi comme cadre d'une aventure.

Le livre premier ouvre le périple. Télémaque, jeté par la tempête, est accueilli par la déesse Calypso, inconsolable du départ d'Ulysse : « Fils qui cherche son père, venez dans ma demeure où je vous recevrai comme mon fils et je ferai votre bonheur… » Le changement d'habits, le feu de cèdre qui réchauffe, la robe de pourpre brodée d'or, don de l'hôte à l'hôte, le repas, les viandes, le vin, les chants[19], le récit réclamé des aventures, font de cette première étape un modèle des accueils hospitaliers, mais aussi de leurs pièges que peut cacher la séduction de l'hôtesse dont il faut triompher pour repartir. Deuxième étape à Thèbes, en Égypte. Mal accueilli, l'étranger retrouve l'échange hospitalier en satisfaisant la curiosité du roi Sésostris : « *Mon plaisir est de secourir la vertu malheureuse*[20]. » Au livre III, Télémaque et Mentor observent le développement économique des Tyriens, dont le succès repose sur l'accueil : « Mais expliquez-moi, lui disais-je, les vrais moyens d'établir un jour à Ithaque un pareil commerce. Faites, me répondit-il, comme on fait ici : recevez bien et facilement tous les étrangers ; faites-leur trouver dans vos ports la sûreté, la commodité, la liberté entière ; ne vous laissez jamais entraîner ni par l'avarice et l'orgueil [...]. Faites-vous aimer par tous les étrangers ; souffrez même quelque chose d'eux ; craignez d'exciter leur jalousie par votre hauteur. Soyez constants dans les règles du commerce. » Voilà l'éloge d'une activité et d'une mobilité soumises à l'échange et qui font de Tyr une seconde Amsterdam, un autre Paris – capitales économiques, capitales de la nouveauté à l'instar d'Athènes.

Chaque moment du voyage peut ainsi donner lieu à cette vision comparative des contraintes et des libertés qui orientent les voyageurs. Ainsi, au livre V, en Crète, où il faut combattre pour s'imposer et être accepté, avant de repartir après avoir refusé la royauté. Ainsi au livre VII, en Bétique, modèle des pays « où les peuples mènent la vie la plus heureuse dans une parfaite simplicité de mœurs ». Un repas magnifique est là aussi l'occasion de manifester les marques d'une amitié nécessaire à la paix d'une civilisation issue de l'accueil même. « Ces peuples furent étonnés quand ils virent venir, au travers des ondes de la mer, des hommes étranges qui venaient de si loin. Ils nous laissèrent fonder une ville dans l'île de Gadis, ils nous reçurent même chez eux avec bonté et nous firent part de tout ce qu'ils avaient, sans vouloir de nous aucun paiement[21]. » A Salente, accueilli par Idoménée, Télémaque demande et reçoit l'hospitalité que ratifie un sacrifice au temple. Le contre-don l'engage à combattre pour ses hôtes et à s'imposer au réconciliateur. Enfin, pour abréger, le retour à Ithaque achève le périple sur l'ultime leçon de Mentor-Minerve : les voyages forment la jeunesse, ils enseignent la vertu de la compréhension.

Concluons : voilà, pour plus d'un siècle, mises en place deux leçons nourries de l'Évangile et de l'antique. *Primo*, il n'y a pas de communauté de civilisation sans l'hospitalité qui par ses gestes unit les peuples dispersés sur la surface de la terre, divisés par la diversité des langues, affrontés dans la guerre. Le signe de la prospérité, c'est la présence des étrangers – ce que Fénelon fait entendre à nouveau dans les plans de gouvernement qu'il élabore en 1711 avec les *Tables de Chaulnes*[22] : « Permettez à tout étranger de venir en France et y jouir de tous les privilèges des naturels et régnicoles. » L'argument sera laïcisé au XVIIIe siècle. Mais, *secundo*, l'étranger et l'hospitalité font figure de test des rapports qui peuvent se nouer entre les peuples. L'hôte peut être un corrupteur ou un sauveur; il peut être reçu avec méfiance ou à bras ouverts. Les gestes et les pratiques servent alors à dénouer le dilemme, nommer, vêtir, nourrir, fêter; ils permettent de remercier les dieux, de gagner leur protection et d'éviter les pièges tendus par les passions. Ainsi une fable politico-théologique explicite-t-elle ce qui est à l'œuvre dans l'effort nécessaire aux yeux d'un économiste moral pour concilier l'ouverture et la fermeture, le développement et la méfiance envers le luxe, la sédentarité et la mobilité. Télémaque a pu ainsi retourner à Ithaque.

L'HISTOIRE ET L'EXOTISME DE L'HOSPITALITÉ

Avec Fénelon, on peut lire et comprendre comment l'histoire interroge la fable de l'hospitalité innocente de l'âge d'or antique. Comme toute démarche politique et sociale, elle cherche à tout moment ses modèles et il faut apprendre à marcher tout seul[23]. L'expansion européenne outre-mer, la montée des échanges perturbent les données d'une pratique fondée sur la charité et le don. Les exigences commerciales et la liberté de circulation sont à leur tour porteuses d'une manière d'unification de la terre et de l'instauration d'une harmonie entre les peuples, gages d'un progrès à espérer par la civilisation. L'hospitalité devient alors un élément opératoire pour répondre à une hospitalité source de l'impossible unité du monde. Mais ce qui est à l'œuvre dans la revendication de toute suppression des entraves à la liberté de circuler, à la facilité de lier commerce, peut ainsi animer la création de nouveaux rapports qui échappent à l'économie du don pour entrer dans celle des échanges.

L'exemple d'une rupture intervenue sur ce point à l'aube de l'Angleterre moderne illustre cette duplicité de l'histoire qui entraîne, contre-illustration, l'interrogation d'autres modèles vécus et représentés – ainsi dans l'Orient des voyageurs ou dans l'exotisme des grandes découvertes. L'homme n'a pas besoin de voyager pour s'agrandir: «Il porte avec lui l'immensité», dit Châteaubriant, grand voyageur quand même[24], faisant écho à la méfiance partielle de Fénelon dans le *Télémaque*[25]. Si le voyage est vanité et son récit également, ce qu'il faut en tirer, ce sont des vérités fondamentales aussi nécessaires à la civilisation que la circulation elle-même. Toutefois, en ce domaine qui mobilise les représentations – lesquelles changent avec les problèmes nés du développement –, c'est l'opinion qu'on interroge, et elle n'entretient pas un rapport simple avec ce qui est. Déchiffrer les archives mentales des sociétés sur ce seul problème appelle une démarche plus longue, dont on ne peut ici que baliser les voies à suivre afin de mesurer des écarts par rapport à ce qui est décrit et d'observer le rôle des représentations[26]. Il faut retrouver les deux versants de l'hospitalité : l'action respectueuse des lois indispensables au commerce des hommes et à l'accroissement de toute mobilité, mais aussi les comportements qui leur sont adhérents, par exemple la plus ou moins grande ouverture à l'autre.

L'Angleterre hospitalière (XVe-XVIIIe siècle)

L'étude en un lieu, en un temps, en un moment, soulève trois difficultés retrouvées dans l'Angleterre du XVIe et du XVIIe siècle[27]. En premier lieu, la définition large du phénomène entraîne une plus grande visibilité des phénomènes d'institution, matérialisant charité ou accueil, que de la fonction sociale libre, individualisée, souvent saisie en marge et le plus souvent ignorée ou redoutée officiellement[28]. Les statistiques peinent à saisir les activités noires cachées, et l'inventaire de ce qui correspond à l'hôpital et à la charité, à l'hôte et à l'accueil privé, à l'hôtel privé et à l'hôtel public, reste à suivre. Entre ces espaces, combien de libertés ont pu se créer et survivre ? En deuxième lieu, les sources sont bavardes et trop abondantes. Récits de voyage, prédications, traités de juristes, témoignages individuels, voire traces matérielles retrouvées dans le plan des demeures, fournissent des myriades d'exemples qui posent à tour de rôle le même problème que la fiction : qu'est-ce qui guide la sélection des faits et la vérité ou le mensonge du voyageur ? La logique du *ce qu'il faut dire et décrire* s'impose aux témoins confrontés plus rarement aux contraintes du droit. Au total, on recueille simultanément des préjugés et des impressions – et, faute de contrôles, l'historien doit accepter une cristallisation de tout ce que peuvent produire les échanges comme étant transposition de l'altérité. C'est donc, en troisième lieu, un jeu de codes et de principes qui se met en place et dont l'application varie dans le temps. L'hospitalité anglaise moderne, c'est le paysage découvert à travers ses prismes les plus divers. Elle jouit, dans le monde des Tudors et des Stuarts, d'une position centrale conforme aux valeurs de l'économie morale chrétienne et aux exigences de la société aristocratique. L'urbanité et la circulation font alors apparaître la contradiction entre gratuité et superfluité d'une part, nécessité du marché et du contrôle d'autre part.

C'est dans l'espace de l'accueil qu'elle se révèle pleinement. Celui-ci a un caractère quasi naturel, régi par des coutumes; il répond aux nécessités de la présence de l'étranger, celui qui n'est pas du lieu; il est inséparable de l'éthos nobiliaire et de la façon dont lords et gentilshommes de la *gentry* conçoivent les exigences de l'honneur. Ces thèses dictent l'hospitalité, car ses usages permettent d'afficher le mépris des richesses, le sens du don, la force des apparences qui condamnent l'avarice. L'obligation de l'accueil inscrit le don dans les relations de charité et de générosité réciproques qui doivent unir manoirs, abbayes et villages, qui en conditionnent les devoirs (accueillir, loger, nourrir), et enfin dans les relations symétriques et réciproques qui unissent l'hôte (*guest*) et l'hôte (*host*), dont la distinction dans le lexique figure le rapport noué dans le *jus hospitii*. Cette clef renvoie en premier lieu aux préceptes chrétiens, au « vêtir ceux qui sont nus », que rappellent les sermons et les livres laïques nourris de références humanistes, chevaleresques, religieuses. Cette conception oscille entre l'accueil nécessaire et universel, sans restriction, et l'accueil toujours nécessaire, mais sélectif, qui donne priorité aux pauvres. Elle impose le devoir de tenir porte ouverte, car les maisons fermées sur elles-mêmes révèlent les pécheurs inhospitaliers, justement dénoncés et quelquefois injuriés par les charivaris populaires[29]. La morale chevaleresque de la générosité impose en outre une publicité de la prodigalité. Elle dicte alors les manières de recevoir, l'attention à l'espace concerné : en effet, à la différence de la vertu théologale, l'hospitalité vise autant les voisins, les clients, les voyageurs, les égaux, que les pauvres à aumôner. Elle est toujours inspirée par la charité, mais elle peut en avoir une interprétation moins universelle. Éthique de la maison, l'hospitalité dicte à l'organisation de l'espace des manoirs ses impératifs et ses repères symboliques : distinguer l'espace ouvert et l'espace fermé, respecter l'*inside* et l'*outside*, mettre en valeur les limites de la politesse au pas de la porte. Théologiens et moralistes, catholiques puis anglicans, partagent une même vision de la circulation et du don charitable que Dieu reconnaît et récompense. Deux mondes sont ainsi imbriqués.

Dans le premier se définit une sphère égalitaire ouverte aux étrangers, aux voyageurs, aux parents passagers, aux voisins connus. Le thème du voyage spirituel en illustre métaphoriquement les harmoniques dans les sermons. Le don y fait circuler les biens matériels et peut aller jusqu'à la lutte ostentatoire entre les hôtes, pour lesquels faire assaut de magnificence dans la générosité, redoubler de bienveillance dans les festins traduit l'importance des lignages confrontés. Les choses acquièrent alors dans la redistribution une valeur spirituelle et une force symbolique, et leur échange induit la réciprocité des largesses. Dans le second monde règne l'inégalité, même si elle est masquée par la référence évangélique à l'égalité des pauvres et des riches devant Dieu. C'est celui de l'aumône aux pauvres, d'abord en espèces (nourriture, boisson, monnaie), qui participe autrement de l'économie de l'échange non lucratif : don matériel contre prière et grâce. Entre les deux espaces, point de solution de continuité. La famille et la maison entraînent la réponse conforme aux différents cercles qui organisent la mobilité des parents, des alliés, des amis, des tenanciers et des clients, des étrangers recommandés, des pauvres. L'exclusion porte sur les inconnus et les ennemis reconnus. Entre les deux sphères, ce qui caractérise l'Angleterre moderne, c'est l'éloignement qui s'instaure et la mise en question de l'obligation comme la réification de l'échange symbolique. L'hospitalité se fait à la fois sélective et politique. Au XVIIIe siècle, c'est presque une vertu électorale qui s'instrumentalise dans la relation de patronage : les largesses des squires ou des lords paient les votes de paysans.

DU MANOIR À LA VILLE

Différents facteurs agissent dans la transformation. La noblesse britannique se modifie à travers les crises[30]. La civilisation urbaine et l'attraction de Londres changent la donne hospitalière. De plus en plus, les discours moraux et les témoignages font écho à un idéal de magnificence et de libéralité qui caractérise le *gentleman*. L'organisation de la vie et de la maison en tient compte, comme le montrent l'importance conférée aux halls où sont filtrés les hôtes, le rôle des huissiers et des domestiques dans les circulations entre lieux privés et lieux ouverts. Le nombre de domestiques révèle la position dans l'ordre nobiliaire, mais aussi les capacités. Celles-ci se laissent entrevoir dans les comptes et les livres de raison où l'on va lire les rythmes hospitaliers. Ceux des présences régulières enregistrent les services rendus des paysans et des artisans, des professionnels, des juges et des officiers, notaires, baillis. Les fêtes donnent lieu à des rassemblements plus ouverts, avec les familles. Ces réceptions peuvent intéresser les pairs, les égaux, selon les occasions du voyage, ou l'accueil localisé, constant, n'exigeant pas la présence du seigneur. Elles sont distinctes de la distribution charitable aux pauvres. Le clergé, mobilisé au premier chef par celle-ci, n'échappe pas aux impératifs de la magnificence hospitalière. L'accueil est justifié par les biens, le revenu disponible et la tradition, tant que les monastères ouvrent leurs auberges aux pauvres comme leurs appartements au roi et aux grands. En échange, ils peuvent compter sur une protection qui n'épargne personne, puisque la chaîne des échanges hospitaliers descend jusqu'aux paroisses. Les comptabilités monastiques montrent que, à la veille de la Réforme, deux cents monastères consacrent entre 3 et 5 % de leurs revenus à ces pratiques sous la responsabilité des abbés et des prieurs, qui se comportent souvent comme les chefs de maison des manoirs. La sécularisation met l'accent sur le rôle de l'Église officielle et de ses représentations, ainsi que sur le conflit entre le comportement ostentatoire et l'idéal de pauvreté et de redistribution. L'hospitalité et les pratiques d'accueil sont alors au cœur du débat sur la Réforme et sur les biens des pauvres, sur la richesse ecclésiastique, sur la réorganisation de la charité paroissiale. Les éloges funèbres, les biographies des évêques du XVIIe siècle montrent la critique des personnes non charitables, l'accueil toujours loué et remarqué, les nuances dans l'application.

L'attraction de Londres, que la monarchie tente de freiner, va entraîner d'autres inflexions durables : l'absentéisme des grands, qui restreint les manifestations d'hospitalité aux fêtes et à la représentation du seigneur par ses administrateurs ; le goût pour la transformation des demeures, qui accentue la *privacy* ; le recul des grands banquets rituels, trop coûteux. Le modèle curial change les mœurs hospitalières, car le raffinement des comportements accroît les distances, dicte la séparation. Si l'on ne reçoit plus que ceux qui partagent les mêmes codes de politesse, on peut y voir la trahison des mœurs antiques que tentent de réhabiliter les défenseurs du *gentleman* anglais, tel Richard Braunwait en 1630. Celui-ci évoque la nécessité d'accueillir les étrangers avec magnificence, mais il y introduit une dimension de modération et de prudence qui transfère les vertus de la maison au comportement individuel. Progressivement, la vogue de la littérature exaltant le *country gentleman*, la poésie, les éloges, les épitaphes révèlent un monde en train de disparaître, et un autre en train de se développer. C'est celui de la *gentry*, avec ses rôles locaux et le désir de regrouper la société rurale dans ses chasses, ses réceptions. Le livre de Sir John Oglander de Wigh (1620-1650) montre clairement cet espace dominé par le voisinage et le paternalisme local. Pour les clercs anglicans qui participent à ce changement, l'enjeu est plus orienté vers les nouvelles pratiques de pauvreté qui sélectionnent bons et mauvais pauvres, vagabonds et mendiants étant exclus par la législation et son application dans les paroisses. Les transformations religieuses ont accentué l'individualisation des secours et, en même temps, l'aspiration du bas clergé à entrer dans la chaîne de la mobilité. Une hospitalité chaude, à l'antique, tente de se survivre dans les gestes de la *gentry* ; en milieu urbain, elle est entretenue dans ceux des corps. Une hospitalité froide entraîne collectifs paroissiaux et aristocrates absentéistes. La séparation entre les catégories sociales s'instaure, comme l'opposition entre régions touchées par le développement agricole, industriel, urbain, et les centres.

Les vieux gestes survivent dans les calendriers économiques (marchés, foires), religieux (fêtes traditionnelles et réunions interparoisses) et politiques (élections, assises). La générosité se fige dans une relation inégalitaire, toujours distinctive mais en recul. Dans l'hospitalité anglaise, la prédication puritaine et sectaire dénonce le gaspillage populaire – l'honneur des hôtes se survit comme il peut –, la connaissance réduite et sélective du voisinage, et la distanciation établie entre les groupes sociaux. Une formalisation des pratiques a fait reculer la vieille hospitalité dont se moque Thomas Smollet. Deux figures sont centrales à partir du XVIIe siècle : le pauvre, frappé d'exclusion et de laïcisation ; l'étranger, marqué par la méfiance et la fascination. Felicity Hall invite à réfléchir au paradoxe que formule le chevalier de Jaucourt dans l'*Encyclopédie* : quand l'Europe devient voyageuse et mobile, l'hospitalité décline. Le recul ne se fait pas partout au même rythme, mais partout l'individualisme religieux et économique, l'action puritaine, le développement font progresser les attitudes privées, grignotant l'espace du don.

L'HOSPITALITÉ ORIENTALE (XVIe-XVIIe SIÈCLE)

Comparer l'expérience des voyageurs et la fable, les discours moraux et les pratiques sociales, montre un rapport à une réalité qui n'est pas immuable. Dans la tradition française, une évolution comparable à celle de l'Angleterre est vraisemblable, mais doit encore être prouvée. Une même référence chrétienne, une même civilisation aristocratique de l'honneur et de la libéralité, un même système complexe de relations et de contraintes sociales diversifiées entre campagnes et villes règnent de part et d'autre de la Manche. Le monarchisme français, le rôle du clergé paroissial répondent depuis longtemps à l'obligation charitable. L'hospitalité, dans le royaume du Roi Très Chrétien, renvoie à deux acceptions également complémentaires : au sens étroit, c'est une séquence d'actions particulières (accueillir, nourrir, loger, respecter les lois hospitalières) ; au sens large, elle s'assimile à une attitude ouverte et bienveillante envers l'étranger. C'est ce que vont permettre d'entrevoir les références des voyages orientaux[31].

En Orient, les voyageurs français sont confrontés au nomadisme qui s'inscrit dans un milieu d'affrontement entre les clans, dans la hiérarchie des organisations tribales, et qui trouve dans l'hospitalité un moyen de contrebalancer les actions hostiles. Elle sacralise des lieux et des objets – l'eau et le puits, le pain et le sel – qui renvoient à une définition religieuse fondamentale inscrite dans le Coran[32]. Entre les conceptions préislamiques, coraniques et modernes, la religion et le droit définissent les devoirs de communauté ou de suffisance. « Donne leur droit au proche, au pauvre, au voyageur ! C'est un bien pour ceux qui désirent la face d'Allah, et ceux-là seront les bienheureux[33]. » L'accueil est, comme en Occident, acte religieux et acte social. L'hospitalité renforce une cohésion, garantit aux inférieurs une défense contre les abus dont pourrait toujours profiter l'hôte indélicat. L'horizon d'attente des auteurs et lecteurs des récits de voyageurs venus d'Occident n'est pas totalement séparé des pratiques orientales : on retrouve dans la gentilhommerie du XVIe siècle (ainsi avec Gouberville ou avec Montaigne) des gestes et des comportements motivés par la foi et l'honneur, mais que transforment déjà les besoins de l'économie et l'accélération des voyages[34]. La position sociale du voyageur modifie sa perception hospitalière, car elle renvoie à des expressions différentes de la culture matérielle, des relations induites par le status, de la culture intellectuelle renvoyant à l'humanisme antique et dictant une ouverture variable à la nouveauté, des objectifs variés aussi dans le voyage. Le simple pèlerin (tel le Saige) se contente d'un accueil sommaire, alors que l'ambassadeur ou le diplomate (tels M. d'Aramon ou Chesneau) ont des exigences plus relevées. La seule connaissance historique ou écrite de la civilisation musulmane peut induire des attitudes *a priori* favorables, comme pour Guillaume Postel[35]. Ce que transmettent les récits, c'est la vision différenciée d'un cadre matériel, c'est la conscience d'un écart par rapport à la religion et au droit, et c'est aussi une lecture politique.

L'Occidental découvre un Orient sans auberges, mais avec des structures d'accueil originales. Les *fondouks*, à fonction commerciale, dont le modèle est celui d'Alexandrie, montrent l'exemple d'un espace clos, contrôlé, protecteur, comparé dans son architecture aux monastères, mais lié à l'économie d'échange. Loué, le fondouk accueille et protège les nations étrangères. Les caravansérails assurent, eux, des fonctions sommaires mais efficaces d'hôtellerie[36], que les voyageurs trouvent cependant rudimentaires ; ainsi Maître Jean Gaissot à Constantinople ou Jacques Thénaud sur les grands chemins. Correspondant souvent à des fonctions pieuses et aristocratiques, ils matérialisent le devoir hospitalier, la générosité et le pouvoir social. Surtout dans leurs diversités, fondouk et caravansérail montrent l'écart des habitudes, les différences de perception : bruits, odeurs, mouvements, encombrement des bêtes et des hommes se retrouvent dans des descriptions révélatrices. D'où l'éloge des institutions correspondant aux modèles européens : l'accueil des compatriotes, la générosité des communautés étrangères du quartier de Péra, la présence des religieux hospitaliers accueillant aux pèlerins collectivement ou individuellement. La préférence accordée à ces institutions familières traduit le dépaysement qu'explique l'originalité juridique et religieuse de l'Orient musulman.

Ce sont le droit religieux et le droit civil qui fixent les normes hospitalières. Les récits les transmettent aux lecteurs, car leur connaissance peut garantir le succès du voyage[37]. Il faut respecter les interdits : ne pas entrer dans les mosquées, ne pas afficher une excessive richesse qui peut mettre en péril. La réglementation est la conséquence logique du statut de l'étranger chrétien en terre d'islam : étranger de passage, il est assimilé à l'ensemble des non-croyants et la tolérance le protège s'il n'insulte pas la religion, ne porte pas d'armes, ne monte pas à cheval en principe. C'est pour les voyageurs un cadre arbitraire, mais qui garantit la protection du sultan, responsable des routes et des pèlerinages. La sécurité dépend du droit ; le gîte et le couvert, des coutumes. La relation est concrétisée par la délivrance de sauf-conduits, avec les capitulations de 1535-1536, de règles plus précises pour les Francs et le droit de pavillon. Les dons des diplomates aux autorités s'apparentent à l'échange de présents de l'économie du don et concilient l'exigence du tribut que le sultan est en droit de réclamer. C'est un présent et un signe de soumission masqué, sauvegardant les intérêts de l'hôte et de l'invité. Les devoirs matériels des voyageurs sont toujours rappelés : pas de vêtements occidentaux, pas de couleur verte, pas de cheval – sauf comme signe d'un honneur reconnu et parce que la civilisation musulmane accorde aux chevaux une place culturelle centrale. Les cadeaux de chevaux sont en principe interdits comme leur commerce, mais l'on sait la vogue commencée de l'arabe sous ses divers aspects pour les écuyers d'Occident. L'inhospitalité décrite par les voyageurs peut correspondre au non-respect de ces règles, mais aussi à un décalage culturel ; les tribus, les pillards, les communautés peuvent alors refuser ou rejeter l'étranger, ou encore le faire payer. Dans l'ensemble, les populations ottomanes sont moins accueillantes, plus agressives que les élites : jets de pierre, injures, pillages ne sont pas rares ; l'accueil généreux se change en rejet violent, comme le constate M. de Nicolay à Alger en 1551. La complexité de la relation a pu renforcer les visiteurs dans leur vision simplificatrice et méfiante qui repose sur le décalage important entre les classes populaires et les classes dirigeantes, celles-ci ne parvenant pas à faire comprendre à leurs sujets la nécessité de l'accueil pour l'économie et la diplomatie.

C'est pourquoi l'hospitalité du sultan relève de la sphère politique et se traduit pour les ambassadeurs dans un rituel de puissance ; l'accueil va alors dépendre de la conjoncture particulière des relations diplomatiques. L'hospitalité des classes dirigeantes suit le modèle du sultan ; celle des populations est plus intéressée et encore plus variable. Au XVIe siècle, l'Occident amorce sa pénétration de l'Orient, et le rapport créé va peu à peu imposer une reconnaissance partielle et localisée des pratiques occidentales, dictée par les intérêts réciproques. Les notables musulmans associent encore évergétisme et don avec les aspects profitables : échange, mais réciprocité des devoirs. Les voyageurs occidentaux affirment leurs préférences pour les modèles occidentaux et recherchent l'hospitalité des compatriotes, des consuls et des ambassadeurs. La mobilité ne correspond pas ici à la recherche du dépaysement et à un éloge de l'adaptation : elle induit un respect d'exigences liées à l'honneur nobiliaire, à la pratique de l'hospitalité chrétienne, à la libéralité qu'on doit aux compatriotes. L'hospitalité occidentale n'a pas réussi à effacer les préjugés et la fidélité aux origines.

Nouveaux exotismes hospitaliers

Il faut de nouveaux exotismes pour bouleverser quelque peu cet horizon de rencontre. Avec les Grandes Découvertes, les voyageurs européens découvrent des mondes nouveaux, abordés sans références historiques précises, sans horizon d'attente hérité, même si les références culturelles à l'Antiquité par exemple interviennent dans la description. De surcroît, les peuples nouveaux ont derrière eux un passé et devant eux un avenir souvent tragique – une évolution qui s'accélère au XVIe et au XVIIe siècle. Dès ce moment, il y a un essai de compréhension d'une hospitalité somme toute favorable et où l'étonnement cède la place à une lecture universaliste et chrétienne – ainsi chez André Thevet ou Jean de Léry[38]. Les sauvages bons ou mauvais apportent alors argument aux thèses favorables ou défavorables à l'humanité indienne. Pour les découvreurs, s'imposent peu la nécessité de respecter les rites pour être accueilli, et l'obligation de donner après avoir reçu. L'accueil des nouveaux mondes est général, du Brésil d'André Thevet au Canada de Jacques Cartier. Il dépend du respect des pratiques qui font le passage et établissent les limites. Leur non-respect peut entraîner le massacre, ce qui arrive aux marins de M. de Laudonnière qui ont transgressé la réserve spatiale et dilapidé leur capital symbolique. L'attitude des populations varie dans le temps et s'explique par la continuité des contacts. L'hostilité et l'échange intéressés perturbent une hospitalité trop vite ressentie comme naturelle, mais soumise aux aléas de la colonisation. S'adapter à l'accueil indien avec ses rites, se montrer respectueux de la religion et de la culture, permet aux colonisateurs de détourner à leur profit le système du don et, en échange d'un comportement adéquat, de bénéficier d'un accueil plus favorable que celui qui est réservé aux Espagnols ou aux Portugais, voire aux Anglais. On assiste à une mercantilisation des pratiques d'hospitalité[39]. L'échange inégal peut alors entraîner la dégradation des relations et l'échec, comme au Brésil, comme plus tard en Amérique du Nord où le peuplement à la française prend un autre rythme.

L'exemple des Indiens de la Renaissance a l'avantage de montrer comment aucune fraction de l'humanité n'échappe à une définition historique du rapport étranger-autochtone et à son évolution. L'hospitalité est une des façons dont se lit l'altérité. Celle-ci a d'abord moins pour finalité de constituer une vraie connaissance des autres que de travailler à la seule science digne de ce nom qui retrouve derrière les êtres et les choses la volonté de Dieu[40]. Récits de voyageurs ou recueils de coutumes esquissent cependant une manière de comprendre le monde et d'enseigner le sens de la relativité des croyances et des mœurs, qui se dépouille progressivement de leur parure fabuleuse et enchanteresse. « La vérité, dit Sir Francis Raleigh, est que toutes les nations, si éloignées soient-elles, étant toutes composées de créatures raisonnables, et ayant une seule et même imagination, ont inventé selon leurs moyens et leurs matériaux les mêmes choses[41]. » Au lointain dans le temps s'ajoute désormais le lointain dans l'espace.

Les Lumières reprendront en main cet héritage. Diderot dénonce avec vigueur la duperie des récits de voyages ; à ses yeux, l'homme contemplatif est sédentaire, et le voyageur est ignorant et menteur. Lui-même voyage peu – huit mois en Hollande, cinq en Russie –, mais il affectionne son pays pour faire place à Langres et à la réalité provinciale dans son œuvre romanesque ou épistolaire. Diderot a cependant trouvé dans le voyage lointain une source exemplaire d'inspiration. Commentant le voyage du navigateur Bougainville dont il apprécie l'écriture et le sens de l'évasion exotique, il imagine un univers où l'hospitalité a pour fonction de nous renvoyer à nous-mêmes. Une vie sauvage sans loi, sans foi, sans contrainte sexuelle, libérale et généreuse, simple par comparaison avec nos sociétés qui sont des machines si compliquées, enseigne la possibilité de construire un monde plus libre, conciliant plaisir, bonheur et vertu paisible[42].

Le philosophe, qui projette sur la nature et la culture tahitiennes l'idée d'une sexualité instinctuelle[43], confie au sauvage Orou (l'Aotourou mentionné par Bougainville) le soin de réintroduire la relation sexuelle dans la relation hospitalière : « Soyez témoin, par la pensée, de ce spectacle d'hospitalité ; et dites-moi comment vous trouvez l'espèce humaine [...]. Elles le déshabillèrent, lui lavèrent le visage, les mains et les pieds, et lui servirent un repas sain et frugal. Lorsqu'il fut sur le point de se coucher, Orou, qui s'était absenté avec sa famille, reparut, lui présenta sa femme et ses trois filles nues, et lui dit : "Tu as soupé, tu es jeune, tu te portes bien ; si tu dors seul, tu dormiras mal ; l'homme a besoin, la nuit, d'une compagne à son côté. Voilà ma femme, voilà ma fille : choisis celle qui te convient ; mais si tu veux m'obliger, tu donneras la préférence à la plus jeune de mes filles, qui n'a point encore eu d'enfants[44]." » La malice de Diderot, c'est qu'il fait de l'hôte d'Orou l'aumônier de l'équipage et redouble son propos par la critique du célibat ecclésiastique, donc l'éloge d'une liberté sexuelle populationniste. L'impertinence renvoie à l'exemple de toutes les hôtesses aux bras ouverts qui peuplent depuis l'*Odyssée* l'évocation des voyages, mais aussi à l'injonction essentielle que, plus tôt, Diderot mettait dans la bouche du vieillard au départ de Bougainville pour dénoncer la folie de l'Europe : « Et toi, chef des brigands qui t'obéissent, écarte promptement ton vaisseau de notre rive : nous sommes innocents, nous sommes heureux ; et tu ne peux que nuire à notre bonheur. Nous suivons le pur instinct de la nature ; et tu as tenté d'effacer de nos âmes son caractère. Ici, tout est à tous ; et tu nous as prêché je ne sais quelle distinction du tien et du mien [...]. Nous avons respecté notre image en toi. Laisse-nous nos mœurs ; elles sont plus sages et plus honnêtes que les tiennes ; nous ne voulons point trop ce que tu appelles notre ignorance contre tes inutiles lumières[45]. » La rencontre hospitalière livre dans son miroir la facticité de notre monde, un mythe politique, pour convaincre de réfléchir à la possibilité d'un état policé, possiblement concilié avec la liberté de la nature[46].

Pratiques hospitalières, lieux et recours

Hospitalité privée et hospitalité publique ne sont pas séparables. De même, économie du don et mercantilisation hospitalière sont depuis longtemps imbriquées dans l'espace des mobilités. L'accueil chez les habitants est dans le récit de voyage un lieu commun qui, selon le niveau de culture et l'attente des publics, renvoie à une tradition ancienne, à un univers de représentations classiques. Le topos impose deux idées. En premier lieu, la réputation hospitalière d'un pays ou d'un groupe est proportionnelle à son enclavement, au retard du développement ; inversement, l'économie de l'hospitalité progresse dans les pays riches et développés avec la circulation des hommes, des biens et de la monnaie, avec le nombre d'auberges. En second lieu, des règles et des rites organisent l'échange entre l'hôte et le passant, mais à travers une hiérarchie d'espaces qui vont de l'inconnu au connu, du lointain au proche, de l'étranger au voisin, de l'invité de marque à l'ami, de la relation utile et intéressée à la famille. D'un cercle à l'autre, si le sens de la vertu demeure, sa pratique varie à l'extrême. Elle est d'autant plus fuyante et insaisissable qu'elle échappe à la statistique et se cache au for privé, et de plus en plus. Si les grandes lignes de cette interrogation sont assez bien balisées parce qu'elles éclairent pour une part une évolution perceptible, en ville d'abord, à la campagne peu à peu, elles laissent toutefois échapper une part considérable de la vie habituelle : l'imbrication dans l'atmosphère de la mobilité du don et de l'échange marchand, la persistance des vieux fonds traditionnels si chers à Marcel Mauss. L'invitation doit être rendue ; les fêtes sont toujours l'occasion de débordements et de dépenses. Une partie des pratiques d'accueil – l'affabilité de l'hôte, sa disponibilité à l'égard des clientèles auxquelles sont souvent sensibles les voyageurs, autant qu'aux détails matériels – ne relèvent pas de pratiques marchandes [47].

On aurait sans doute tort d'opposer exagérément l'accueil des simples, des paysans, des pauvres, en bref des peuples, du *peuple*, à celui des riches, des élites cultivées et nanties. Jusqu'à une époque récente, l'hospitalité privée n'oppose pas deux univers distincts, car les références de charité, de générosité, d'honneur circulent entre eux. Les uns et les autres peuvent bénéficier des pratiques les plus diverses, et l'inhospitalité peut caractériser les mauvais aubergistes comme les opulents ou les petites gens. Voici M. de La Tocnaye, émigré anglais de Bretagne, sur la route d'York :

« Un peu fatigué des trente miles que j'avais faits depuis mon déjeuner, je trouvai enfin une auberge d'assez bonne mine, mais seule dans cet endroit. Je demandai un lit. L'hôte me répondit en ricanant : *"You have no horse."* Aussi lui dis-je que ce n'est pas pour mon cheval que je le demande, c'est pour moi. A cela, il ne répondit rien. Croyant voir le motif de son silence, je lui présentai de l'argent et lui dis de prendre ce que coûterait un repas et une nuit, mais il me dit qu'il n'était pas habitué à recevoir des gens sans chevaux ni carrosse. Comme il n'y avait point d'autres auberges qu'à une grande distance, qu'il était fort tard et que j'étais trop fatigué pour aller plus loin, je fus obligé de coucher sur la paille chez un misérable paysan, qui fit tout ce qu'il put pour m'accommoder, mais qui n'avait que du pain et du lait à me donner [48]. »

Le gentilhomme français met ici en valeur l'arbitraire de l'hospitalité : c'est une économie du hasard, de l'occasion – sa forme monétarisée n'échappe pas à cela. Le destin du voyageur oscille entre plusieurs dimensions, dont le caractère exceptionnel ou banal fait la différence. On aurait tort de croire que dans les formes privées l'hôte, le voyageur ne paie pas son écot. Dans une relation dépendante, passive, l'équilibre ne se rétablit que par le respect des règles et l'invité étanche sa dette par son rôle dans la conversation, l'information et les nouvelles; c'est affaire de courtoisie, de bons usages qui s'enseignent [49]. Dans ses voyages à travers le pays de Galles, l'Écosse et l'Angleterre du sud au nord, le poète John Taylor met sa plume et ses vers au service de qui le reçoit. Vers 1620-1630, ses récits de voyage connaissent le succès pour cela, car ils dévoilent une géographie de lieux hospitaliers et de familles accueillantes. Quand il le peut, il descend à l'auberge à ses frais ou à ceux de ses amis ou de ses relations hospitalières satisfaites par une réception brève, et ce n'est pas forcément dans les zones où l'on a localisé la générosité à l'antique qu'il est le mieux reçu – ainsi dans le pays de Galles, peu propice à l'échange[50]. Rien n'interdit aux riches de payer le séjour dans la maison des hôtes d'un monastère par un don qui est loué au prône. Toutes les occasions sont possibles, quand l'une manque, l'autre peut y suppléer selon une hiérarchie guidée par les habitudes sociales et les moyens. Les pauvres se tournent vers les institutions charitables et les pauvres; les riches vers les riches, mais aussi vers les hospices du clergé et le réseau des auberges.

L'ACCUEIL DES PÈLERINS

L'exemple du pèlerinage confirme ce sentiment. La route des pèlerins est partout orientée et facilitée par la présence d'un réseau d'hospices dus à la générosité des riches et des grands, entretenus par des fondations pieuses et par le dévouement des congrégations hospitalières. A Rome, à Saint-Jacques, à Lorette, partout ils accueillent les pauvres et les riches, gratuitement ou en échange d'une obole, individuellement, en famille ou en groupe. Certes, une mutation guette les hôpitaux des pèlerins : d'abord réservés entièrement à ceux-ci, ils mêlent de plus en plus pèlerins et malades, accueil pérégrin et assistance. D'autre part, les États, préoccupés de la santé financière des établissements, tendent à réorganiser le système hospitalier, et ainsi à contrôler les migrations jugées inopportunes : les hospices des petites bourgades qui permettaient aux pèlerins de mendier leur *passade* tout au long des routes sont réduits de façon drastique. En Toscane, des cinq cents maisons de 1740, il ne reste pas le dixième en 1750! En Lombardie, les réformes hospitalières des années 1770-1780 réduisent pareillement hôpitaux et nombre de lits. En Autriche, la politique anti-monastique des Habsbourg va dans le même sens. Les sécularisations anglaises du XVIe siècle ont anticipé sur ce point l'évolution du continent. Dans la France du XVIIe et du XVIIIe siècle, on pressent un même resserrement dans le grand renfermement. Les hôtels-Dieu et les hôpitaux généraux accueillent malades et pauvres, et ils ont retenu l'attention, parce qu'ils caractérisent le traitement du paupérisme, de la folie, des maladies de tous. En revanche, les hospices et toutes les institutions susceptibles d'accueillir les pauvres passants sont à étudier. A Paris, sur une trentaine de maisons d'assistance recensées par Tenon en 1788, deux apparaissent : Sainte-Catherine (rue Saint-Denis) et Saint-Gervais (rue Vieille-du-Temple), pour les femmes et les hommes. L'étaminier Louis Simon y trouve hospitalité vers 1750, comme Guillaume Magnier le jaquet en 1726 ; les récits de voyage des pèlerins montrent d'ailleurs comment ceux-ci utilisent toutes les ressources offertes.

Guillaume Magnier couche un soir chez des fermiers amis, une autre fois au cabaret. Le 31 août, après Lière, il quitte la route pour visiter ses amis Louvet à la ferme de Bondouze, où il est bien reçu et abreuvé d'abondance ; il y dort, mais le lendemain soir c'est au cabaret du Plessis-d'Arcouges qu'il rencontre d'autres connaissances et passe la nuit. Les occasions se renouvellent à Saintes où Houpin, chantre du village de Carlepont, a un poste à la cathédrale ; il y soupe et couche, et en part avec un écu de trois livres. A l'hôpital de Pont, il touche sa chopine de vin et sa livre de pain, mais trouve la couche mauvaise. A Dax, c'est un ami Laborde, maître de poste, qui loge l'équipe – laquelle en profite pour faire sa lessive. Passé la frontière, les Picards trouveront un réseau d'hospices et de couvents qui les accueillent. Magnier en cite une douzaine, dont il critique parfois la misère et la saleté. Il lui arrive aussi de vanter la bonne nourriture, la morue, les lentilles de Saint-Louis de Madrid, les bons lits de l'hôpital des Portugais ; mauvaise couche à San Domingo avant Villafranca, mais bons lits à Burgos et excellent pain blanc. Nuit à la belle étoile après León. L'itinéraire de Magnier montre clairement l'éventail largement ouvert des choix offerts et acceptés. Son expérience est confirmée par celle d'un autre pèlerin picard, le maître d'école d'Amiens, Pierre Bernard (1730-1764) ; par celle encore de Gilles Caillotin le Rémois (1712-1724)[51]. Ce dernier décrit les rites d'accueil dans les hôpitaux de pèlerins : l'examen des patentes attestant son état, signées lors du passage ; celui des billets de confession. Parfois ces rituels sont plus solennels, comme à Florence où les membres de la confrérie de Santa Trinita lavent les pieds des pèlerins. A Bologne, à l'hôpital Saint-Blaise, les pèlerins sont conduits rudement à une prière un peu longue. Comme d'autres, Caillotin compare la qualité des gîtes, les accueils magnifiques et les « couches pouillaces », la plume et la dure. L'expérience la plus pénible est sans nul doute le refus de l'hospitalité, particulièrement fréquent en France. Ainsi, près de Mâcon : « Je m'approchai proche la porte de la maison, rebuté d'un chacun qui y entrait. On sortait sans même faire semblant d'écouter mes prières. Je les lassai enfin par mon importunité durant plus d'une heure que je fus debout, y ayant dans cette maison plus de trente personnes tant valets que servantes. Enfin, étant lassé de ma patience, on me fit entrer et chauffer proche un grand feu pour m'y réchauffer parce qu'il faisait assez froid. La dame de la maison qui mangeait la soupe avec ses doigts était derrière ceux qui étaient à table ; elle cessa de manger de cette soupe pour me la donner, quoique mon intention n'était précisément que de demander à coucher et non pas à souper ; puis quelque peu de pain avec fromage mou, et quelque peu de vin.

« On comprendra par cette remarque la triste situation où se trouve un pauvre voyageur d'endurer les rebuts contre sa propre répugnance, et si je fus si humble, Dieu sait l'état où je me voyais réduit de coucher sur terre dans les rues de ce village, dont je n'aurais certainement pas sorti de cette cour à moins qu'on m'y eût forcé par la violence.

« Il me fallut amasser de la paille des tasseaux qui étaient au milieu de la cour, pour la porter entre-deux rangs de bœufs qui étaient en l'écurie, dont l'entre deux n'était pas des plus séparés, et j'avais tout lieu de craindre qu'étant ainsi couché quelqu'un de ces bœufs ne vînt à me toucher en se couchant sur moi, ou de me donner quelque coup de pied, et le moins était de fienter sur moi[52]. »

Voilà l'expérience où l'inhospitalité et la méfiance rejettent le pèlerin, qui s'identifie aux figures de la littérature spirituelle : le pauvre Lazare, Job sur son fumier. C'est un cas unique, significatif d'une inflexion de comportement vers la méfiance. Dans l'ensemble, surtout en Italie, l'accueil est plus favorable et mieux organisé : 6 nuits à l'hôpital entre le Mont-Cenis et Reims sur 19 ; 16 nuits entre Rome et Novalesa sur 27. Si l'hospitalité se gagne sur la route, elle est payée non seulement par le gîte, mais encore peut-être par la sociabilité qu'elle permet à chaque étape et où se construit et se déconstruit la société pèlerine.

Un dernier cas montre comment peuvent se conjuguer les différents rapports entre passants et sédentaires dans le voyage des pèlerins. Nicola Albani, natif de Melfi, fait son pèlerinage à Saint-Jacques, au milieu du XVIIIe siècle, à l'époque de la guerre de Succession. Ce domestique, cultivé et supérieur, laisse un témoignage exceptionnel tant par la précision de la narration que par son illustration et son style théâtralisant le voyage et ses incidents. Par l'image et par le texte – vingt aquarelles, un manuscrit de plusieurs centaines de pages bien organisées –, Albani donne à voir comment se construit l'identité pèlerine à travers incidents et choix. Son expérience de l'hospitalité est vécue sous le signe de l'épreuve et du hasard. Chaque soir, après une marche souvent difficile, il faut trouver un gîte pour échapper aux rigueurs du climat ou aux dangers qui guettent les voyageurs isolés. Sur 254 nuits recensées, il en passe autant dans les auberges (86) que dans les hospices (86), mais plus quand il est en Espagne et en Italie que lorsqu'il traverse la France. Ses moyens le lui permettent et, après un long arrêt à Lisbonne, il a refait son pécule. Sa critique des hôpitaux est celle d'un homme déjà exigeant, cultivé et habitué à ses aises : il en dénonce les retards, l'archaïsme ; il en loue, quand cela arrive, la propreté. L'accueil monastique est plus rare : sept exemples, et tous localisés dans la péninsule espagnole. En France, les séjours hospitaliers sont rares, et l'accueil des couvents inexistant : c'est que les hôpitaux y sont plus nombreux, et que les autorités urbaines et religieuses préfèrent distribuer des aumônes avec lesquelles « le pauvre pourra s'en aller dans chaque logement ». Albani est reçu 58 fois chez l'habitant, dans les maisons ou les écuries, dont sept nuits à Perpignan ; c'est quelquefois la solution qu'il préfère quand les hôpitaux sont misérables comme en Galice ou quand il n'y a pas d'hôtellerie sur les routes comme en León. L'hébergement peut être frugal et l'hospitalité courte, mais Albani s'en contente et s'en émerveille comme d'un état d'hospitalité patriarcale régnant encore sur les mœurs des Espagnols : curé charitable comme à Villafranca del Bierzo où il partage une botte de paille entre une vache et un âne ; paysans religieux et regroupés dans le repas familial comme à côté de l'Escorial. L'expérience du Napolitain montre bien la variété des solutions : elles répondent à une différenciation des comportements, mais aussi des équipements ; elles varient avec les moyens (l'argent emporté abonde au départ, puis se raréfie, avant d'être regagné). Le pèlerin, quand il le peut, choisit la solution qui lui convient comme n'importe quel voyageur, mais le récit vise à reconstituer les leçons d'une expérience : outre une foi chevillée au corps, être pèlerin exige une bonne santé et une capacité d'adaptation à l'absence de propreté, de raffinement, de délicatesse alimentaire.

Image de l'hôpital, image de voyageurs

On peut lire dans l'expérience aussi la nécessité de redécouvrir à l'échelle de la route la géographie et l'histoire hospitalière dont, on le voit clairement, l'évolution n'est pas la même à travers l'Europe. La grandeur des cités intervient ; la distance aussi, qui peut occasionner des variations dans la capacité d'accueil ; enfin, les politiques locales en faveur des pauvres ou pour l'exclusion des mendiants. A Meaux, petite ville proche de Paris, coexistent deux institution. D'une part, un hôtel-Dieu, très tôt réformé vers 1520 et en 1626, qui accueille tous les malades et les femmes en couches. Il est au centre d'un réseau d'établissements hospitaliers, maladreries ou hôtels-Dieu de petits villages rattachés à l'hôtel-Dieu de Meaux : dix-sept au début du XVIIIe siècle, où s'exerce l'action charitable encouragée par Bossuet, de Coulommiers à La Ferté-sous-Jouarre, de Dammartin à Gandelu. Ils disparaissent en partie au XVIIIe siècle, ce qui traduit le resserrement des secours offerts et leur concentration. A côté de l'hôtel-Dieu, l'hôpital général, fondé après 1660 et reconnu dans ses droits en 1678, doit délivrer les habitants de l'importunité des pauvres et les retirer des débauches. Le bien public estompe ici l'accueil charitable et révèle le rôle des habitants et de leurs représentants. Dès 1672, cent pauvres y séjournent dans des dortoirs de quarante à cinquante lits. L'aumône faite à l'institution civile et religieuse a remplacé le don personnel, mais à côté des pauvres arrêtés par les archers on trouve ceux qu'envoient, certificats en main, les curés, et des vagabonds temporaires. Au total, c'est une population disparate : femmes, hommes, adultes, enfants, vieillards, chômeurs, incapables de travailler, habitants, passants temporaires. L'hôpital général est un asile, une prison, une maison de retraite, une école, un hospice pour les errants. Au XVIIIe siècle, il se ferme aux gens du lieu et reçoit surtout enfants et vieillards ; ce n'est plus la maison des bons pauvres ou des errants. A l'hôtel-Dieu se poursuit une mission d'accueil plus large : de 1680 à 1700, c'est seulement la moitié au maximum des malades qui viennent de la ville, les pauvres étant souvent originaires du diocèse et arrivés depuis peu ; l'autre moitié recrute parmi les ruraux proches, surtout quand il y a disette, et l'on relève dans les registres un volant permanent d'hommes et de femmes, principalement les premiers arrivés de partout. L'hôtel-Dieu fait figure d'étape sur les routes de Paris, de l'Est, du Nord, de l'Ouest ; il sert de relais aux mouvements attirés par la capitale où se mêlent tous les groupes (mendiants, soldats, pauvres, pèlerins). L'hôtel-Dieu de Provins joue le même rôle. Plus encore, il reçoit régulièrement les moissonneurs saisonniers venus de Picardie et de Champagne pour les grands travaux d'été. Il offre une hospitalité sommaire, brève, qui requinque les plus fatigués. Ainsi, à Meaux, à Provins, l'assistance et la répression se sont réparti les rôles autrement qu'on ne l'attend, et les contrôles de la mobilité distinguent bons et mauvais pauvres, butant sur l'existence de populations multiples, parfois indispensables (les jeunes moissonneurs) ou reconnues bien que surveillées (les pèlerins)[53].

Un dernier changement d'optique permet de voir et de comprendre comment l'hospitalité privée ou publique, la charité et l'économie composent très vite un paysage habituel dans les pratiques de circulation. Très tôt, on l'observe dans l'Angleterre du XVIe et du XVIIe siècle pour les pauvres comme pour les riches. Les mendiants continuent de croire à leurs droits, mais la répression les atteint et marginalise les inconnus. La *gentry*, les sectes et les églises gèrent les secours autrement, pouvant associer formes nouvelles et traditions, méfiance et dons avec largesse. C'est un geste de magnificence qu'entretiennent encore les grandes maisons, comme on peut le lire dans les instructions adressées à un fils du duc d'Argyll en 1651, ou le découvrir dans le récit de William Hutchinson dans le Northumberland en 1771[54]. La noblesse et les riches fréquentent très tôt les auberges, mais recherchent quand même la sociabilité des manoirs et des grandes demeures ; les pauvres, eux, jouent de toutes les occasions[55].

On peut suivre trois exemples de pratiques révélateurs des contrastes : en 1773, le docteur Johnson et Boswell décident de faire un voyage en Écosse et dans les Hébrides, dont le récit est presque immédiatement publié ; en 1787-1790, le gentleman agronome Arthur Young parcourt la France et l'Europe, l'Espagne et l'Italie, la plume à la main et son enquête devient très vite un *bestseller* ; dans les années 1830, Stendhal parcourt la France du Nord et du Sud, et de cette expérience – reprise en écho avec des voyages antérieurs ou contemporains – il tire les *Mémoires d'un touriste*, bien reçus par le public en 1838. Dans les trois cas, l'acte d'écriture repose sur l'observation et l'expérience, avec leurs discontinuités et leurs ruptures. A chaque fois, on peut saisir les figures familières de l'hospitalité et de ses jeux dans trois espaces bien différents : le nord de l'Écosse et les Hébrides, exemple type des zones reculées et peu ouvertes ; la France, l'Italie et l'Espagne prérévolutionnaires où les contrastes du développement sont clairement visibles ; la France de la Restauration, où le réseau routier et les échanges se sont simultanément développés et accrus.

Boswell est bien connu par sa *Vie de Samuel Johnson*. C'est un voyageur qui a fréquenté l'Europe des Lumières ; c'est le fils d'un grand lord écossais, Lord Auchinleck, un débauché lucide et un amateur de littérature et de littérateurs. Le docteur, lui, est le représentant de ce milieu intellectuel, connaisseur des poètes latins et des philosophes grecs, traducteur, philologue, plus lecteur des voyageurs que voyageur lui-même. Son *Dictionnaire* (1747) fait de lui un personnage majeur sans lui apporter la fortune. Johnson, «Hercule des lettres», trouve en Boswell un admirateur, un biographe un ami; la *Vie de Samuel Johnson* (1791) est le monument de cette rencontre entre polygraphie et érudition philosophique. Le voyage des Hébrides, du 18 août au 22 novembre 1773, est la mise à l'épreuve de l'amitié dans la cohabitation des étapes nécessaires entre un quasi-vieillard (pour le temps) de soixante-quatre ans et un gaillard de trente-trois ans, entre un goutteux mélancolique et maniaque et un hâbleur sociable, jouisseur curieux de tout. Leur voyage oppose deux points de vue; leurs récits différents se complètent et montrent la vision des voyageurs confrontés à la rudesse et à l'étrangeté de la vie des Écossais et des Iliens. C'est moins le pittoresque qu'ils recherchent que l'écart entre les civilisations et les mœurs. Les indigènes ne sont toutefois pas dupes du spectacle de l'ours (Johnson) traîné par un homme (Boswell), comme les décrit au retour la femme de ce dernier. Les lieux d'accueil ne sont pas toujours précisés, mais sur une soixantaine de nuits, c'est l'hospitalité à l'ancienne qui l'emporte : deux tiers des occurrences dans les deux récits. Cette prédominance correspond à un état de développement et d'équipement. Une fois passé la frontière des Highlands et quitté les zones urbaines, les cités (Édimbourg, Saint Andrews, Glasgow au retour), dans les montagnes et les landes, sur les eaux des détroits et des pertuis, Johnson et Boswell affrontent le mauvais temps, les tempêtes en mer, l'absence de pistes, le trot rugueux des poneys, l'incertitude des guides. Plus ils s'enfoncent dans ces sauvageries, plus les auberges sont rares et lamentables, plus les étapes deviennent nécessaires, la chevauchée moins longue, les arrêts prolongés – occasion de récupérer les forces perdues, occasion aussi d'observer l'étrangeté des habitants et les traditions hospitalières.

Deux modèles sont visibles. Pour les riches et les gentils-hommes propriétaires, nos deux hommes ne sont pas des inconnus : ils peuvent se recommander du prestige de la famille Auchinleck ; ils suivent un réseau de recommandations et de relations qui les guident et les fêtent dans des festins rustiques ou des réceptions plus civilisées. Pour les pauvres, ce sont des inconnus, des passants étranges ; face aux voyageurs, ils réagissent avec naturel, avec une spontanéité charitable, un sens de la chaleur hospitalière qui confère toute sa force à la fortune, au hasard. Quand le gîte est préparé, l'invitation acquise, la condition d'étranger se perd rapidement; quand la cabane d'un paysan est la seule ressource, les écarts sont souligné. Mais de part et d'autre l'arrivée provoque commentaires, curiosités, conversations, ce qui prouve une grande pénurie de sujets et de nouvelles. Dans l'un et l'autre cas, les solidarités des clans renforcent les conditions nécessaires de l'assistance qui est souvent fruste.

Le 30 août, après une journée de cheval, Boswell et Johnson sont reçus pour un bref moment dans une masure. On y entre sans problème, ce qui traduit la force conservée par les lois de l'hospitalité ancienne envers l'étranger qui n'est ni malhonnête ni indiscret : pas de porte fermée, pas de clef. La maison de pierres sèches, avec son âtre et sa fumée, rassemble les biens de la famille. Elle n'est pas des plus misérables, car elle comporte plusieurs pièces pour sept personnes. « Avec le sens de l'hospitalité qui est si naturel dans les campagnes, une vieille femme nous pria de nous asseoir et nous offrit du whisky. Elle était bonne chrétienne, car bien que l'Église fût distante de quatre miles, ou huit miles anglais sans doute, elle s'y rendait chaque dimanche. Nous lui donnâmes un shilling et elle nous demanda du tabac à priser, qui est le luxe des chaumières dans les Highlands. » L'étape s'achève dans une auberge point trop mal pourvue. Des occasions semblables se retrouvent ailleurs. Parfois, la différence entre une auberge peu spécialisée et l'accueil privatif est fort comparable. On échange un verre de lait ou de whisky contre un peu de monnaie, contre un lit pouilleux ou une botte de foin et un mauvais repas. Ainsi à Glenelghe, le 1er septembre, : Boswell, qui a emporté ses draps de lin, dort comme un gentleman, mais Johnson doit se contenter de son manteau. Dans les familles des lairds et de leurs alliés, chez les Frazer, chez les MacLeod, dont l'hospitalité familiale dure plusieurs jours, chez les MacLean à Corintachin, à Coll, à Mull, à Ulua, de cottages en manoirs, l'atmosphère est plus raffinée. Chaque hôte a sa chambre, les repas sont abondants, le séjour est reposant et se paie en patience et en conversation. « L'étranger est toujours bien accueilli dans les maisons » ; il est en tout cas fêté, nourri, diverti, quelquefois plusieurs jours de suite. Les gentlemen des clans, les femmes cultivées se réjouissent de donner et de recevoir. On mesure toute la différence à Inverary, sur le retour, quand Boswell et Johnson sont reçus avec condescendance par la duchesse d'Argyll. La politesse et l'intérêt sont là ; la réception se fait brève autour du thé. Les voyageurs logent à l'auberge, mais le 26 octobre ils repartent sur les chevaux du duc. Les Hébrides et l'Écosse sont en même temps le conservatoire des coutumes et l'observatoire des séparations intervenues.

Dans la France prérévolutionnaire, Arthur Young voyage *à l'anglaise* : en habitué d'une civilisation en grande partie fondée déjà sur le marché, et dont l'accueil se paie au prorata des capacités. En matière d'auberges, c'est un connaisseur : de Calais à Paris, de Paris à Luchon, de la France à l'Espagne et à l'Italie, il en expérimente les qualités et les défauts. Sur la route, c'est l'étape devenue normale du voyage qui suit les postes et le réseau des relais, à cheval ou en voiture. Mais les voyages de Young sont aussi organisés par les impératifs de l'enquête et par les relations qui existent au sein de la noblesse européenne. L'Anglais est un ami des La Rochefoucauld, et il partage avec eux un même intérêt pour l'agronomie, la société, la politique du temps. Le duc de La Rochefoucauld est un voyageur ; il envoie ses enfants en tourisme éducatif – sous la surveillance d'un gentilhomme précepteur, Maximilien de Lazowski – deux ans à travers la France et plusieurs mois en Angleterre, où les a reçus Young qui organise pour eux la visite du Suffolk. En 1786, Young leur prépare plusieurs routes pour un voyage en Écosse et en Irlande. Lazowski va inviter et accueillir l'agronome et l'accompagner, avec les La Rochefoucauld, vers la Catalogne et les Pyrénées. Ici se dévoilent donc les conditions les plus favorables, car elles assurent protection, affection, sociabilité, hospitalité. C'est la lecture des Lumières éclairées et aristocratiques de l'antique tradition des largesses seigneuriales et de l'échange réciproque entre égaux, amis, obligés. Un art sensible et subtil de la relation personnelle se trouve ainsi au cœur du voyage de Young, affleurant dans son texte, sa correspondance, son autobiographie[56].

Son hôte La Rochefoucauld est pour Young à la fois un conseiller de qualité et un protecteur de prestige grâce auquel il peut sillonner la France. « A l'hôtel de La Rochefoucauld, j'ai trouvé le duc de Liancourt et ses fils, le comte de La Rochefoucauld et le comte Alexandre, avec mon excellent ami Lazowski, que j'avais tous eu le plaisir de voir dans le Suffolk. Ils me présentèrent à la duchesse d'Estissac, mère du duc de Liancourt, et à la duchesse de Liancourt. La charmante réception et les amicales attentions de toute cette généreuse famille étaient bien propres à me donner la plus favorable impression[57]. » Désormais, Young peut bénéficier des clefs qui lui permettent de passer dans les lieux les plus divers, du domaine agricole d'un riche fermier au jardin de la reine, des laboratoires des grands physiciens aux salons provinciaux. Il loge à plusieurs reprises chez La Rochefoucauld au cours de ses différents séjours à Paris et à la campagne ; au retour d'Espagne, la duchesse lui fait préparer un appartement[58]. A Bagnères-de-Luchon, il retrouve toute la société et ses alliés ; les amis se transforment en compagnons de voyage pour un temps plus ou moins long, comme font encore les lairds sauvages des Iles. Les invitations peuvent prolonger le voyage (ainsi, Young reste à La Roche-Guyon en Normandie à la demande de la duchesse d'Estissac), entraîner des changements d'itinéraire pour bénéficier de conseils ou de renseignements. Young voyage seul, mais il n'est jamais isolé.

Quand le duc de La Rochefoucauld émigre, le lien d'amitié se fait solidarité et Young le reçoit, l'héberge, devient son protecteur, lui permet de faire une pause avant un nouveau départ, lui cherche d'autres occasions d'accueil à Euston chez le duc de Grafton, à Londres chez Lord Sheffield, jusqu'à ce que l'émigré gagne l'Amérique où il se fait fermier. Voilà donc le réseau d'hospitalité où se mêlent la tradition généreuse, les manières d'amitié essentielles dans les noblesses européennes, car tissant le filet de relations fondées sur l'estime réciproque et l'échange de services, le crédit symbolique et la générosité réelle. Elles se transmettent en héritage et montrent une capacité à intégrer l'autre dans un réseau de connaissances élargi, dans une aire de relations que l'on met gracieusement à sa disposition[59]. L'hospitalité et le voyage autorisent la mise en mouvement des Lumières ordinaires, lesquelles impulsent la transformation des espaces et l'expansion de l'économie de l'accueil devenue familière aux voyageurs.

Avec Stendhal, une dernière étape est franchie. Les *Mémoires d'un touriste* sont une fiction, dont le réel a nourri l'expérience de l'itinéraire et celle de l'accueil. Les intentions de l'auteur convergent dans une double volonté de donner une réalité au témoignage du voyageur qui est le double de Stendhal, mais aussi à celui des représentants des usagers de la circulation. Ainsi peut-il user de toutes les recettes du récit de voyage habituel – péripéties de la route, descriptions attendues, conversations utiles – pour séduire ses lecteurs et leur imposer l'image d'une France déjà transformée, mais encore transformable au mieux. La route est le miroir d'une société que l'économie nouvelle et la révolution politique ne cessent de travailler en profondeur. Le voyageur, un marchand de fer, est un industriel et son existence vise à autre chose qu'à mystifier, car il doit parler d'industrie, de commerce, d'échanges, de circulation, des aménagements, des écarts de développement. Sa présence justifie le parcours, les fantaisies de l'observation, le choix de certains sites (ainsi les forges d'Allevard en Dauphiné). Pour connaître la France en quelques mois, il faut aller au fond des provinces, car c'est dans les petites villes qu'on connaît bien le gouvernement et l'efficacité de la révolution industrielle. Dans ce contexte, l'hospitalité et son récit répondent à un double test : d'une part, mesurer le développement de la civilisation dans les indices que sont la rapidité des transports, la qualité des équipements, le niveau atteint par la culture matérielle des auberges, des cafés et des cercles, le confort des lits et la chaleur du thé ; de l'autre, montrer comment la sociabilité permet de comprendre un état de culture et de civilisation, d'information et de communication. Le marchand de fer, doté d'une biographie imaginaire, est par naissance et par essence le révélateur d'un monde. Il a couru pour sa partie, pour son état, l'Europe et le monde ; il va avec son expérience, avec sa culture, faire découvrir la possibilité du changement.

Si l'on compte les étapes dans les trois composantes du voyage stendhalien de 1837 à 1838, l'auberge l'emporte sans conteste, entourée de son réseau urbain de lieux plus spécialisés (cafés, cabarets borgnes, cabinets de lecture) : 180 occurrences sur 220, contre une quarantaine seulement pour l'hospitalité d'occasion ou dictée par les affaires. Mais les deux espaces ne se recouvrent pas exactement : celui de l'hospitalité théâtralise la relation d'affaires et l'amitié. Le 26 avril le marchand est accueilli au château de M. Ranville, où il rencontre les notables locaux, où la conversation aide à saisir les traits de comportement utiles pour les affaires, et dont l'aune est la politesse et la spontanéité qu'on apprend à Paris, ou en Italie. Les gens aimables, ceux du Midi, ne craignent jamais de compromettre leur dignité avec l'étranger ; la sociabilité confronte petitesse bourgeoise et sociabilité naturelle ou aristocratique. Un dîner à Nantes vous en apprend plus qu'une année de lecture[60], et les amis font les meilleurs cicérones. A travers le romanesque du réel perçu dans l'excursion à la Grande Chartreuse[61], on voit comment les rencontres fortuites informent, comment l'hospitalité monastique se fait payer assez chèrement, comment l'excursion révèle le caractère et l'histoire. Finalement, c'est la mémoire de l'hospitalité qui compte. A Marseille[62], à Gréoux, c'est chez les correspondants de la maison qu'on apprend le plus vite, « Heureux le voyageur qui peut passer une soirée en famille comme celle que j'ai rencontrée hier. Pas la moindre affectation », écrit aussi le marchand à Bordeaux. Accueils sans gravité, sans tristesse, sans patriotisme d'antichambre, font le succès du voyage. Stendhal laisse ainsi le témoignage le plus vivant qu'on puisse trouver sur une évolution qui s'achève : l'économie hospitalière est désormais dominante ; la force des relations amicales et familières nécessaires pour les affaires et les convenances, recherchées pour l'affection, maintient le parfum archaïque de l'hospitalité antique et naturelle réduite dans le temps et dans l'espace privé. Les hôtes ont maintenant les hôtes qu'ils méritent dans une société nouvelle urbanisée, en mouvement incessant, où l'hospitalité est passée du don à l'économie.

L'ÉCONOMIE DE LA MOBILITÉ : L'AUBERGE

Il n'y a pas de récit de voyage, il n'y a pas d'étude sur les voyages et sur leurs écrits qui ne contiennent une description des auberges rencontrées et fréquentées par les voyageurs. En apparence, une masse documentaire imposante est mise à la disposition des historiens en tout genre. Cette abondance même contraste avec l'absence d'interrogation sur ce que l'on en fait et sur ce qu'on peut envisager de faire face à ce matériel. L'entreprise n'est pas aisée : à la difficulté de comparer les composantes de l'accueil dans le temps s'ajoute en effet celle des inégalités induites par le témoignage des voyageurs à travers des espaces divers et par une documentation inégalement rassemblée. En un sens, l'auberge médiévale est mieux connue que celle des Temps modernes, mais il n'est pas facile de la considérer comme un point de départ, comme un niveau de référence pour les équipements, les acteurs et les pratiques : c'est un chapitre obligé de l'histoire des villes du Moyen Age qui permet de mettre au jour un indicateur sur l'établissement des flux des voyageurs, sur celui des colonies étrangères, sur la naissance d'une figure professionnelle que l'on retrouve dans les statuts corporatifs urbains, en France, en Italie, en Allemagne ou en Angleterre. L'histoire des pèlerinages pousse également à mesurer l'impact de la circulation sur l'évolution des institutions charitables et payantes, dont l'intérêt politique est très tôt amorcé, pour des impératifs de sécurité et de surveillance de la part des autorités urbaines. Le contrôle de l'espace commercial est une nécessité de la circulation, comme l'auberge et l'aubergiste tendent à occuper des fonctions d'intermédiaires polyvalents entre les hôtes et les autochtones[63].

Une histoire des métiers et une histoire de la surveillance des professions ont plus retenu pour un temps l'attention, de même que la part de l'anecdotique et du pittoresque a consolidé la place accordée aux lieux communs consacrés aux espaces et aux acteurs de l'accueil. La tradition est donc à interroger avec prudence, car elle est héritée de l'époque héroïque des villes et des voyages. Le déplacement temporel et spatial qui l'a guidée depuis longtemps a besoin de repères, qu'on peut tenter d'identifier à travers l'opération accomplie dans les récits, romans ou voyages, confrontés à d'autres types d'observation. Quel que soit le genre de mobilité, l'auberge (le terme est commode, bien que vague, pour désigner l'ensemble des lieux payants) se situe à un moment précis du voyage. Dans le récit, c'est forcément un moment de transition, entre une arrivée et un départ. Le lieu va permettre d'évoquer les multiples facettes du rapport d'exclusion ou d'inclusion dans la rencontre avec un cadre indispensable aux voyageurs, bien que transitoire. Dans l'histoire de la mobilité, c'est un moment et un espace particulièrement révélateurs, car ils correspondent à la capacité de comprendre les différences dans une médiation – l'action d'un personnel, celle d'une profession – à travers une attente et des normes qui construisent l'équilibre attendu à chaque étape des déplacements. Cet aspect fluide et passager de l'accueil en auberge fait totalement partie de l'expérience vécue et des lieux communs de sa mise en récit. Par ses effets sur les hommes, elle souligne le caractère passager et l'exaltation des difficultés. Le péril aubergial est l'un des obstacles que chacun rencontre sur sa route, et il constitue un bon révélateur des exigences que chacun porte en lui avec ses préjugés.

Pour tous les étrangers, le monde des hôtelleries et des relais est celui des adaptations et des apprentissages ; de part et d'autre, hôtes et hôte, c'est celui de l'agilité d'esprit et des connaissances rapidement assimilables. On tient là l'occasion de voir comment fonctionne un espace liminal ni totalement marginal ni totalement intégré, une position interstitielle dans la vie et les relations urbaines qui est le lieu des identifications, donc de la différenciation, selon des critères multiples (origines nationales ou régionales, position sociale et professionnelle, formation intellectuelle, étiquette et apparences). Le bon séjour dépend de la capacité d'observation des aubergistes et de la possibilité de réponse des voyageurs, plus ou moins bien informés au préalable. L'arrivée à l'auberge, temps d'acclimatation matérielle et sensible, est un moment décisif dans le jeu social dans tous les récits. Il a pour charge d'authentifier la réalité, fragile, d'une identité construite dans la réciprocité des perceptions ; il donne son existence à la société fluide des voyageurs ; il confirme ou transforme les leçons de l'expérience.

Dans son voyage en Angleterre, à la fin du XVIIIe siècle, le pasteur Moritz a pris conscience de cette richesse ambiguë de la relation hospitalière marchande. Il parcourt le pays à pied, ce qui ne correspond pas à sa condition et à son mode de vie. Arrivé dans une auberge, il est immédiatement jugé à l'aune de son moyen de transport – c'est un possible vagabond –, et l'accueil qui lui est réservé lui fait regretter son choix rousseauiste : on le toise, on lui refuse une chambre, on l'envoie à la cuisine. Toutefois, comme il est capable de changer de chemise – signe incontestable d'une appartenance sociale au monde de l'hygiène des riches et des moins riches, mieux pourvus –, il récupère une part de la dignité qu'il avait perdue quand l'aubergiste dans une maison vide de voyageurs lui avait concédé la grâce de dormir au coin du poêle sur un banc. Peu ou prou endormi Moritz, entend les gens de l'auberge s'interroger sur ce qu'il peut être : une femme le défend, voyant en lui une personne bien élevée, mais une autre écarte cette idée : n'est-il pas arrivé sans cheval ? c'est un errant[64]. Dans le temps comme dans l'espace de la circulation, l'auberge est un lieu et un moment d'échange. On va pouvoir y retrouver cette incertitude de l'individu et de l'économie que présentait déjà Montaigne : « A ceux qui me demandent raison de mes voyages : que je sais bien ce que je fuis, mais non pas ce que je cherche [...]. C'est toujours un gain de changer un mauvais état à un état incertain. » Deux hypothèses peuvent alors contribuer à éclairer le parcours. D'une part, à l'époque moderne, l'auberge n'est pas fille du voyage, mais de la mobilité et principalement de l'économie ; le réseau des équipements et les forces de l'hospitalité coutumière évoluent non pas en concurrence, mais en phase. D'autre part, l'économie de l'hospitalité est une économie du hasard : celui du choix des voyageurs, dépendant des occasions, et celui des aubergistes, qui tirent ou non la bonne carte. Répondre à cette double exigence – une nécessité du développement, une définition améliorée des pratiques où l'illusion a un rang notable – dicte le mouvement des implantations et fait de l'auberge un lieu d'acculturation : celle des consommations, celle des habitudes relationnelles à tous niveaux.

Auberges de papiers et de mémoires

Pratique du roman, image des voyageurs peuvent fournir des repères sur tous ces terrains. Dans l'espace romanesque, l'auberge est née avec le récit de fiction lui-même ; elle s'y installe, car elle autorise l'établissement entre les personnages d'un type de relation correspondant aux caractères et par rapport à une géographie de l'action. Elle est alors, comme d'autres lieux, au centre d'un ballet de mouvements et de cloisonnements qui éloigne ou rapproche les acteurs, qui crée l'intimité ou dicte la séparation. « Dans ces tracés se liront les rapports du désir avec ce qui lui fait obstacle, ceux de l'intériorité et de l'extériorité, de l'intime avec le public[65]. » On pourrait remonter à Chaucer et à Boccace, mais l'on ne retiendra que des exemples du temps où le roman, histoire ou nouvelle, a élaboré son esthétique, œuvre des romanciers eux-mêmes, et où il s'impose dans le goût du public. Pour le XVIIIe siècle entier, on compte dans la seule production française près de trois mille titres ; on a donc l'embarras du choix pour retrouver un motif récurrent. Dès le XVIIe siècle, la veine « réaliste » d'un Sorel, d'un Scarron ou d'un Furetière y installe des moments décisifs de l'intrigue. Ainsi au livre X du *Francion*, une auberge proche de Lyon est le théâtre d'une duperie aux dépens des villageois ; ainsi, dans le *Roman comique*, quand la troupe des comédiens s'installe au Mans aux dépens du sieur de La Rapinière et que la *Rancune* donne une mauvaise nuit à l'hostellerie entière, la chambre des comédiennes devient un salon propice à l'échange amoureux et à celui des contes ; ainsi, dans le *Roman bourgeois*, les auberges du quartier Maubert abritent les rencontres et les fêtes des bourgeois, les intrigues et les collations discrètes, à la Pissote ou ailleurs[66]. Comme la rue et la route, l'auberge est l'espace de l'inattendu, celui de l'arrivée de chaque véhicule et de chaque voyageur, celui des rencontres peu recommandables, celui des complicités nouées entre personnages. Des Grieux y rencontre Manon Lescaut, et de plus dans la cour, ce qui suffit à nouer son destin en marge de la bonne société[67]. Point de roman sans bonne ou mauvaise rencontre à l'auberge.

C'est sous ce signe que Marivaux place l'ouverture de sa *Voiture embourbée*. Le héros voyage par la voiture de Nemours ; il s'endort et à son réveil, dit-il, « je tirais ma tabatière de ma poche pour chasser par un peu de tabac les restes importuns de mon assoupissement. Je la refermais quand une dame passablement belle, ni jeune ni âgée, mais assez raisonnablement l'une et l'autre pour justifier l'amour ou l'indifférence qu'on aurait eu pour elle, quand cette dame, dis-je, d'un air doux et d'un geste de main assorti, y puisa une prise de tabac ; je lui demandai assez inutilement excuse de ne lui en avoir point présenté ; à peine achevais-je mon compliment qu'un cavalier de notre voiture me pria de lui en donner. Celui-ci donna aux autres l'envie d'en prendre aussi, chacun puisa ; notre cocher qui marchait auprès de la voiture avança la main pour en recevoir, le postillon suivit, de sorte qu'à mon réveil je régalais les nez de toute la voiture. » Voilà la société en place et le prélude à une première connaissance qui s'approfondit à l'auberge – un cabaret, pour mieux dire – pour le dîner et la conversation, qui porte sur la tendresse et l'amour dont chacun parle à sa façon. Cette connaissance se perfectionne quand, la voiture mal guidée s'étant embourbée et la nuit ayant chassé le jour, héros, belle dame, cavalier, vieillard, financier, demoiselle de quinze ans rieuse et naïve gagnent à pied le village proche. On s'installe comme on peut dans l'abri précaire d'un cabaret paysan où l'hôtesse improvise le repas (du lard, du lait caillé, des pommes cuites au four, des œufs, de l'excellent vin de Brie) et le gîte (deux lits, des bancs, des escabeaux, une cheminée), tout cela composant « un vrai remède contre le sommeil. Je proposai à la compagnie, pour nous divertir, d'inventer un roman que chacun de nous continuerait à son tour ». L'auberge de Marivaux est un dispositif discursif ; son pittoresque, sa sociabilité reflètent moins le réel qu'ils ne créent les conditions d'une attente : l'inconfort, le bon feu, le vin du curé provoquent le déclenchement du mécanisme des histoires emboîtées, écoutées par le public des passagers, augmentées par le neveu du pasteur, campagnard dégrossi par la lecture des civilités et la fréquentation des foires. L'espace est celui de l'horizon d'attente procuré par les fables et les romans. Cette petite histoire vivace participe de tous les genres en vogue : le récit de voyage, le roman burlesque, le roman parodique à la façon du *Don Quichotte*, le conte de fées. L'auberge est le cadre d'un exercice de style particulièrement réussi, un théâtre factice pour un récit d'illusions et de métamorphoses, un moment d'arrêt dans un mouvement accessible à tous.

Les auberges de Fielding

Traversons la Manche. Henry Fielding, vers 1740-1750, connaît alors un succès certain avec ses romans qui, par leur sens parodique et critique, donnent à la bonne société anglaise l'occasion de rire d'elle-même. Ouvrons *Tom Jones*, son œuvre maîtresse. Les auberges sont partout dans l'espace – au village, sur les routes, à Londres – inscrites comme le caractère des personnages dans la nécessité des péripéties. Ainsi passe-t-on du local (le comté de Somershire) aux circuits de communication, à la capitale, et le héros se voit confronté par le déplacement à des situations révélatrices : celle des conventions villageoises, celle des rencontres du hasard, celle de l'urbanité des mœurs plus diverses et plus épicées des Londoniens. Au départ, l'hospitalité du *squire* Allworthy (qui a recueilli le jeune enfant) est un trait qui souligne son humanité, son discernement et sa générosité : il sait ne pas transformer ses hôtes en domestiques et il les a affranchis de la subordination, suscitant ainsi le climat d'honnêteté favorable aux talents et au discernement social. Dépouillé de la protection du *squire*, puni de ses maladresses et de sa naïveté, Tom Jones est lancé sur la route[68]. Trois ou quatre étapes à l'auberge vont accueillir les temps cruciaux de son déniaisage social.

La première relève du hasard, car le guide a égaré les cavaliers sur le chemin de Bristol. Une série de rencontres y est organisée par la fortune : l'honnête mais insupportable quaker, les officiers et les soldats en marche contre les rebelles (nous sommes en 1745), les personnes du village ; l'hôte et ses domestiques font le chœur commentant la rumeur. On soupçonne le héros : est-ce un faux gentilhomme ? Une bagarre éclate pour l'honneur des dames ; Tom, blessé, est soigné par le barbier Partridge, qui devient son *alter ego* et son servant. On repart à Gloucester, et c'est la Cloche « excellente maison en vérité, que je recommande à tous ceux de mes lecteurs qui visiteront cette antique cité. Le patron en est le frère du grand prédicateur Whitefield [coup de patte de Fielding aux wesleyens et aux sectes] ; mais il n'est nullement contaminé par les principes pernicieux du méthodisme [remarque visant à justifier la simplicité et l'intelligence du ménage] ». Au dîner, nouveau moment où le faux et le vrai sont confrontés : qui est le héros, au fond des choses ? Jones fuit l'aversion de l'hôtesse[69]. A Upton, Tom Jones, après avoir délivré une dame des brigands qui l'attaquaient, descend dans une auberge de qualité, sur la route de Bath, et son commerce honorable est recommandé. Il faut toutefois franchir l'obstacle des coups de balai de l'hôte et de l'hôtesse, qui soupçonnent le couple de déshonorer l'auberge par son caractère inavouable. Nouvel armistice, nouvelle libation – l'arbitre est un sous-officier arrivé avec deux soldats et un déserteur –, nouveau théâtre de combats amoureux et amicaux, nouvel affrontement gastronomique et vineux. Tout rebondit encore avec l'arrivée de voyageuses épuisées ; le héros et l'héroïne se côtoient un moment[70]. Tout repart – restons-en là.

Pour Fielding, l'auberge de fiction est une scène où les types moraux *à la Molière* – le romancier a d'abord été dramaturge – confrontent les réalités sociales de la stabilité, (*squire*, avocats locaux, commerçants) aux figures de la mobilité (fuyards amoureux, soldats, gentilshommes voyageurs, postillons, cochers, guides, valets de pied). L'enjeu de ce théâtre est de dévoiler en accueillant, ce qui provoque quiproquos, poursuites, discussions sur les apparences et la réalité, sur la signification des dignités sociales que le ridicule, le grotesque, l'affrontement violent permettent de mettre à nu. L'espace romanesque de l'auberge révèle le principal aveu d'une société sédentaire régie par ses coutumes et sa connaissance proxémique, face à la circulation et à son trouble.

Retraversons le détroit. Diderot a lu Fielding, comme il connaît toutes les astuces romanesques. Avec *Jacques le Fataliste*, il affronte les possibilités et les limites de l'écriture de fiction[71]. En tissant page après page, en brisant la continuité du récit de l'histoire principale par l'imbrication des multiples aventures rappelées, il enseigne à se défier du roman et de ses illusions tout en reprenant sa force pédagogique et politique à son compte. L'hospitalité et ses lieux vont à chaque étape contribuer à décaper les stéréotypes de la civilité et de la culture des apparences. Diderot aime les auberges, les cafés, les lieux où la sociabilité n'est pas guidée par l'étroitesse des convenances. Jacques nous livre alors moins la réalité que les façons de sentir et de percevoir la réalité, soit quelque chose comme un modèle que chacun va lire à travers sa propre expérience. Jacques et son maître chevauchent à travers les campagnes selon la meilleure tradition picaresque. « C'était l'après-dîner, il faisait un temps lourd, son maître s'endormit. Les voilà fourvoyés[72]. » Le ton est donné : à tout voyageur la nuit impose le repos, la faim, la nécessité du gîte et du couvert. Sans celui-ci, on est quitte pour une bonne colère du maître contre le valet mauvais fourrier des étapes et pour une mauvaise nuit. A chaque fois, c'est une aventure :

« Celui qui prendrait ce que j'écris pour la vérité serait peut-être moins dans l'erreur que celui qui le prendrait pour une fable et que l'on ne sait pas toujours comment on va, où l'on va, donc nous pouvons imaginer. On peut ainsi choisir : soit qu'ils aient atteint une grande ville et qu'ils aient couché chez des filles ; qu'ils aient passé la nuit chez un vieil ami qui les fêta de son mieux ; qu'ils se soient réfugiés chez des moines mendiants où ils furent mal logés et mal repus pour l'amour de Dieu ; qu'ils aient été assimilés dans la maison d'un grand où ils manquèrent de tout ce qui est nécessaire au milieu de tout ce qui est superflu ; qu'ils soient sortis le matin d'une grande auberge où on leur fit payer très chèrement un mauvais souper servi dans des plats d'argent, et une nuit passée des rideaux de damas, dans des draps humides et repliés ; qu'ils aient reçu l'hospitalité chez un curé de village à portion congrue qui courut mettre à contribution les basses-cours de ses paroissiens pour avoir une omelette et une fricassée de poulets ; ou qu'ils se soient enivrés d'excellents vins, aient fait une excellente chaire et pris une indigestion bien conditionnée dans une riche abbaye de bernardins... »

Depuis le départ, nous lisons huit solutions offertes et trouvées pour les couchées des voyageurs, toutes différentes mais toutes vraisemblables, et ce n'est pas terminé. Il y a encore l'épisode de l'auberge où l'on porte Jacques le crâne rompu ; il y a, en plus long, l'arrêt à l'hôtellerie du faubourg où la bonne hôtesse fait face à de multiples situations dans le vacarme des demandes et où le temps détestable immobilise les cavaliers pour un entracte propice aux récits de multiples aventures, qu'interrompent le travail et l'activité d'une aubergiste bavarde et talentueuse ; il y a également l'hôtel où l'on fait chambrée avec des compagnons de voyage vite quittés ; il y a encore une couchée improvisée et enfin l'arrivée au château où s'arrêtent les voyageurs, Diderot et les lecteurs. L'auberge n'est qu'une possibilité dans l'histoire de tout voyage (mouvement, air des grands chemins, coup du hasard, poursuite, rencontre, accident, querelle, quiproquo) et dans la halte, plus particulièrement lorsqu'elle est prolongée (arrivée le soir du sixième jour, départ le huitième dans l'après-midi de la bonne et accueillante hôtellerie). C'est alors le lieu des rencontres rapides et entrecroisées, celui des récits, le centre du déplacement où convergent toutes les lignes de force du roman. Le voyage, qui est alors symbole de la narration et métaphore de l'écriture, où les hasards sont mieux contrôlés par l'écrivain que dans la vie, a besoin des temps d'arrêt et des séjours momentanés. L'auberge est, comme chez Fielding, un moment de confrontation des mondes et des voyageurs avec eux-mêmes et les autres.

Voyageurs et auberges

Les récits de voyage sont moins bavards sur ce point. Dire les auberges où l'on est passé est un lieu commun dont la nécessité coïncide avec le bornage des étapes, le découpage du temps et de l'espace, le moyen de placer – comme dans le roman – l'évocation du pittoresque local et des sociabilités de la route. Dans un corpus massif, on peut retrouver au fil du temps une géographie des impressions évocatrices des conditions faites aux hôtes, de l'écart entre le besoin, l'attente, la nécessité et le hasard. Dès le XVIe siècle, cette géographie est en place, opposant les pays à réseau dense (Angleterre, Hollande, France du Nord) à des régions moins bien pourvues (Espagne, Italie hors des grands axes routiers, Europe germanique septentrionale et orientale).

Montaigne, parti de Bordeaux à Paris, décrit son voyage à travers la Champagne, la Lorraine, la Suisse, Bâle, l'Allemagne du Sud de Baden à Augsbourg, l'Italie de Trente à Rome (où il fait deux séjours), de Florence à Sienne, Milan, et retour par Lyon, Thiers, Limoges, Périgueux. De septembre 1580 à novembre 1581, c'est moins de cent cinquante étapes, près de treize mois de chevauchées et de haltes. Dans une majorité de cas, le gîte ne mérite pas commentaire : « Charly, sept lieues, le mercredi après-dîner, vînmes coucher à Dormans. » Quelquefois, le rédacteur (on sait que le journal de voyage est partiellement l'œuvre d'un domestique et de Montaigne lui-même dans sa seconde partie), développe un peu constat ou critique, relevant des détails significatifs sur le logis : à Remiremont, les hôtels sont confortables comme presque partout en Lorraine ; à Bâle, l'auberge est d'une taille impressionnante, les chambres moins bien équipées, l'accueil épatant, les salles communes bien accommodées ; presque partout l'auberge suisse mérite une bonne réputation, mais elle peut décevoir (chambres sales, literie défaillante, chauffage souvent insuffisant). A d'autres moments, les lieux sont détaillés : à Bade, où les auberges sont magnifiques, immenses (100 lits et plus, 300 bouches à nourrir, 17 salles) ; à Lucques et aux bains, on est agréablement logé, rien ne manque dans les chambres, nul embarras, nulle sorte d'incommodités. Sur la route, passer un marché avec les voituriers permet d'échapper à la tromperie des logeurs et d'avoir toujours le bois, la chandelle, le linge et le foin.

Mais, au total, que peut-on lire dans ces remarques ? D'abord, l'intérêt de Montaigne pour les mœurs et la relativité des coutumes, le sens des réalités matérielles qui lui fait constater par exemple la supériorité du poêle sur les cheminées, du chauffage allemand sur le chauffage à la française. Ensuite, son exigence personnelle et celle de son milieu pour un confort, une propreté acquise, le bain et le nettoyage ou le chauffage des vêtements trempés de pluie, d'où l'ensemble des notations sur les lits, les tapis, le nettoyage, le rapport du privé et du commun, la couette qui convient mal en été et se dérobe en hiver. L'hospitalité à prix coûtant se mesure non seulement à ce qu'on paie, mais aussi à la disponibilité des hôtes et des personnels. Montaigne et sa bande – on s'en souvient, il voyage avec escorte, compagnons, valets, chevaux de selle et de bât – ont des besoins divers, et sans doute sur le terrain une attitude moins accommodante et moins relativiste que dans le récit du voyage. Il n'empêche que sa propension à l'observation et à la réflexion fait de Montaigne un bon témoin de la diversité des mœurs et des façons, et un expérimentateur apte à se faire servir à la mode de chaque pays. En tout cas, il se plaint rarement, en route comme au logis. Ainsi, entre le faire et le dire, il n'y a pas de coupure ; le commentateur de l'auberge est celui qui l'a saisie dans sa pratique concrète. « Les voyages ne me blessent que par la despence qui est grande et outre mes forces ; ayant accoutumé d'y estre avec équipage non nécessaire seulement mais encore honnête[73]. » Le voyage et ses étapes sont expérimentations profitables[74], car l'âme y est sollicitée en permanence et le corps n'y reste pas oisif : « Tout ciel m'est un », et « L'appétit me vient en mangeant ». Le voyageur doit prendre les auberges qui sont à sa portée, et c'est pour le philosophe une occasion de réfléchir à la façon dont le hasard régente la fantaisie des mœurs et des politesses hospitalières, dont le voyage livre à son observation le crédit variable de la coutume qui donne forme à notre vie, telle qu'il lui plaît[75].

Moins d'un siècle plus tard, le jeune Brackenhoffer quitte Strasbourg. Fils de notable, élève du collège et étudiant en droit, il va parcourir l'Europe pendant quatre ans, de 1643 à 1646. Sa chevauchée le mène de Strasbourg à Bâle et à Genève ; il gagne Grenoble et Lyon, où il séjourne jusqu'en avril 1644 ; de là, il traverse la France des anciennes places fortes protestantes – Sancerre, Saumur –, puis atteint Paris où il descend à l'auberge du Bœuf et se met en pension chez un logeur allemand, le sieur Georges Pfrund, un entrepreneur de voitures, rue Saint-Benoît, à côté de l'abbaye de Saint-Germain-des-Prés. Il y reste de septembre à février 1645. De là, il gagne Angers, Nantes, La Rochelle, Bordeaux, Toulouse, Montpellier, Marseille, Gênes. Par bateau, il rejoint Lerici et, de là, à cheval ou en voiture, Pise et Livourne. Le 10 août 1645, il est à Rome ; le 2 octobre, à Naples ; et le 14, de retour à Rome. De là, il regagne Strasbourg par Venise du 30 décembre 1645 à février 1646, et il fait un séjour prolongé. Il passe par Trente, franchit les Alpes, arrive à Innsbruck, Munich, Augsbourg, Constance, essuie une tempête sur le lac et s'ennuie à Zurzach, où la foire de mai rassemble une multitude d'hôtes peu intéressants. Il rejoint Bâle et par Gertsheim, où il couche dans la paille, accomplit sa dernière étape.

Son voyage est intéressant à double titre. D'abord, Brackenhoffer est un voyageur cultivé, intéressé, préoccupé de voir ce qui est curieux à ses yeux et toujours ce qu'il faut avoir vu. Il a lu

Göllnitz, et sait ce qui distingue peuples et classes sociales. Ses récits, malheureusement non entièrement édités, livrent une foule d'observations pittoresques et précises. Sur les auberges – et c'est son second intérêt –, il est assez bavard, citant souvent un nom, une enseigne, une brève évocation des conditions faites : le prix pour lui et ses compagnons de passage, chambre, repas, nourriture des chevaux, coût des voitures et des relais, pourboires, menues dépenses. Sur quatre années, c'est en moyenne de 10 à 20 livres quotidiennes : plus de 2 500 livres ! Brackenhoffer témoigne sur ce point d'une capacité financière surveillée et permise par son père, et de sa facilité à jongler avec les monnaies : passer des batz aux couronnes, aux florins, aux ducats, aux écus et aux livres le gêne moins que son lecteur. Il est, comme Montaigne, sensible aux prix élevés en Italie, en Suisse et en Allemagne, aux prix plus bas quand les routes sont moins fréquentées et les équipements réduits. Les récits de voyage montrent comment se mettent en place les dénivellations d'une Europe de la circulation et de l'urbanisation où certaines zones attractives ou très commercialisées voient les voyageurs converger, et les prix monter avec le mouvement accéléré. Toutefois, on a affaire à une topographie proportionnée par les habitudes plus que par la réalité des niveaux de vie locaux. Sur la route, les riches restent riches et les pauvres restent pauvres ; le coût est proportionné au statut de chacun, et la dépense varie avec les imprévus[76]. Brackenhoffer, comme d'autres voyageurs avant et après lui, décline l'adaptation aux conditions de consommation offertes et exigibles, et montre comment se construit une géographie des services.

Sautons encore un siècle, avec Arthur Young : on retrouve les mêmes contrastes, mais d'autres exigences. Traversant la France du nord au sud et d'ouest en est, il livre une expérience intéressante car variée et reliant directement la nécessité de s'arrêter régulièrement avec les conditions matérielles, établissant un lien de cause à effet dans la topographie et ses écarts. On est obligé de changer d'attelages, de se reposer, fût-ce dans des auberges sordides. Ainsi, « ce vilain trou que l'on appelle la Grande Maison, est la meilleure auberge que l'on trouve dans un relais de poste sur la grande route de Brest ; c'est là que doivent descendre maréchaux de France, duc et pairs, etc., en raison des accidents auxquels vous exposent de longs voyage[77] ». Une chute de cheval et c'est deux jours de purgatoire, par exemple à Aubenas au Cheval Blanc. Young est un bon témoin des aléas et des relais de nécessité qu'on évite, quand on peut, en utilisant recommandations et relations amicales. L'auberge n'est pour lui une nécessité que lorsque son réseau de connaissance est insuffisant.

C'est aussi le révélateur des attitudes et des préjugés de chacun. Le vocabulaire, les mises en garde de Young désignent à ses lecteurs des lieux dont il faut se méfier : « pauvre trou », « abominable trou », « vilain trou », « trop cher », « trop décevant »[78]. Mais surtout il mesure avec précision et il compare accueil, service, qualité des repas, hygiène des chambres, moelleux des lits, présence de toilettes, marchandage et bienveillance des hôtes. Neuf fois sur dix, l'accueil et le service le déçoivent : tant en France qu'en Espagne ou en Italie, il faut brailler pour avoir une servante ; à Souillac, ce sont des fumiers ambulants qui servent le voyageur, et dans toute la France on chercherait en vain une domestique proprement habillée[79]. L'hygiène et le sommeil sont pires encore. Dormir, se chauffer, se nourrir posent à chaque étape un problème : insalubrité, promiscuité, saleté, ordure, vermine, ni lit satisfaisant ni cheminée vraiment chauffante, repas repoussants et de qualité déplorable. En Espagne, on se contente de peu ; en France, cela varie avec les régions. En Provence, on jeûne toute la journée et, le soir, œufs gâtés, mauvais pain et mauvais vins sont le lot du voyageur. En Guyenne, à Aire, l'auberge de la Croix-Blanche fournit à Young un vrai banquet : soupe, anguilles, pain blanc, pois verts, pigeon, poulet, côte de veau, dessert de biscuit, pêches, abricots, prunes, un verre de liqueur, une bouteille de bon vin. Ce n'est pas cher (40 sols pour le voyageur, 30 sols pour l'avoine et le foin de sa jument), tout semble propre et bon, la servante est bien habillée, le feu pétillant – mais il faut le réclamer.

Dans une France où l'on continue à pisser dans les rues, les clos, les cheminées et les couloirs, Young, habitué au confort des auberges de l'Angleterre et à celui de son manoir de Bradfield, prouve l'écart des cultures matérielles. Dès le XVIe siècle, c'est un topos des voyageurs anglais sur le continent, car ils croient à l'identité anglaise et ils la recherchent partout, surpris par le décalage parfois violent d'une civilisation déjà engagée dans la voie de la consommation et dans celle de la séparation plus affirmée des espaces privé et public par rapport à la civilisation des mélanges continentaux les plus détestables. La critique anglaise des hôtelleries françaises s'inscrit dans un double registre : celui de l'éloge des identités et des types qui les construisent, et celui d'une évolution différenciée des conditions de vie.

Quand Stendhal avec les *Mémoires d'un touriste* parle d'auberges, il ne procède pas autrement : ce qui compte, c'est d'apprécier le confort et le *snug* par rapport aux modèles anglais, la chaleur de la chambre, son mobilier, la qualité du repas et des mets offerts, le prix de la tasse de café et le sens du décor. Symétriquement, l'accueil est mesuré par rapport à la sociabilité des hôtes italiens, à la prévenance générale d'une société qui est en train d'abandonner les rivages de l'hospitalité naturelle pour gagner ceux du marché. La joie native du Midi peut alors compenser la médiocrité de l'auberge ; l'affabilité des convives peut faire oublier l'isolement du voyageur. Plusieurs tensions déchirent les sentiments : celle que façonne l'écart par rapport à la sociabilité parisienne, l'opposition province-Paris ; celle qu'entraîne la différence sociale des habitudes matérielles acquises en matière alimentaire, hygiénique, calorique ; celle que suscite l'imprévu de la mobilité (à une étape néfaste peut succéder une bonne surprise ; une chambre magnifique, bien meublée, peut coexister avec une table médiocre ou un maigre dîner). Rares sont les hôtels bénis ou le décor, le personnel, la qualité des objets, le bon goût et la quantité des repas coïncident. La démarche peut être illustrée à Lyon, à l'hôtel de Jouvence, où la hauteur lyonnaise réduit à néant les effets d'un décor propre, mais prétentieux : « Toute cette civilisation manquant son but me serre le cœur à force de petitesse ou de bêtise inoffensive[80]. » Ou à Nantes, à l'hôtel de France, magnifique pour trois francs par jour, mais où le personnel vous réveille à six heures du matin en sifflant à tue-tête, en battant les habits, et où l'on meurt de faim à la table d'hôte, mais dans une superbe architecture[81].

Au total, ce qui se devine entre le XVIe et le XIXe siècle, c'est la conscience d'une géographie hiérarchisée de l'Europe des auberges, de l'ouest à l'est, du nord au sud, de l'Angleterre tôt développée à l'Espagne sous-équipée, de la Hollande et de la France à l'Orient et à la Russie. Dans chaque espace, un autre caractère s'inscrit dans la dépendance de la route et de la circulation, de la ville à la campagne, des grandes routes aux mauvais chemins, de la province enclavée aux métropoles régionales et capitales. Cette géographie recouvre en partie celle des traditions hospitalières et varie en fonction du commerce qui modifie les habitudes des hôtes, qui répond à une demande plus ou moins exigeante, libérant peu à peu les voyageurs de contraintes anciennes (avoir ses provisions, sa boisson, son lit portable, qu'on retrouve seulement dans le voyage d'aventure et de découverte). Progressivement, la carte du confort s'étale en fonction de ces exigences et de la réponse qualitative et quantitative donnée. Elle déclenche d'autres effets, car l'auberge agit de multiples manières sur les observateurs locaux. Les récits de voyage, les romans comme les guides déclenchent des effets de familiarité et d'attente qui ont changé le patrimoine collectif des habitudes.

La croissance d'un équipement

Aussi complexe, cette croissance est impossible à mesurer à l'échelle de l'Europe. Si les récits de voyage fournissent un cadre, ils n'en remplissent pas les lacunes : chaque voyageur livre une expérience certes comparable, mais à chaque fois limitée dans le temps comme dans l'espace (une ville, un axe routier). Les meilleurs historiens sont réduits à l'addition de témoignages significatifs d'abord par eux-mêmes pour eux-mêmes. Les leçons globales relèvent du constat attendu : satisfaction ou non. S'arrêter avec les voyageurs au fil de leurs étapes ne résout rien quant à savoir ce qu'il faut réellement penser d'une appréciation, d'un jugement, d'une liste d'adresses patiemment relevées à travers des récits divers, d'un agrégat de prix qu'on ne rapporte ni au niveau de vie local ni même au niveau de vie habituel du voyageur. Les témoignages favorables sont souvent majoritaires, ainsi en Hollande[82], mais ils pourraient aisément être contredits par d'autres exemples renversant les bonnes opinions. N'en déduisons pas l'inutilité d'une telle démarche : elle conserve une valeur illustrative importante, elle permet de mettre en évidence les convenances et dans certains domaines la capacité d'observation différenciée, voire l'appel au transfert culturel, ainsi pour les habitudes alimentaires ou encore la gastronomie[83]. Le récit de voyage permet de saisir des processus précis d'acculturation par la confrontation des pratiques et des manières de table, des coutumes vestimentaires, en bref des effets d'une mobilité qui permet d'affiner le jugement avec l'observation. Il est plus difficile, voire impossible, d'y saisir autre chose, c'est-à-dire ce qui a permis le changement ici ou là et guidé le choix des voyageurs : la présence des équipements, la variété de leur capacité et de la qualité offerte qui rassemblent des fonctionnalités multiples. C'est toutefois ce qu'on peut entrevoir à travers des exemples généraux ou locaux, principalement en France.

La comparaison avec l'Angleterre permet d'abord succinctement de mesurer l'enjeu quantitatif[84]. L'expansion de l'hôtellerie est le résultat de facteurs multiples. D'abord, les monastères y contribuent en en créant sous la pression de la charge accrue de l'accueil et de la volonté d'accroître les revenus dès le XIIIe siècle. Ensuite, les grands propriétaires y participent en installant dans leur seigneurie des auberges de village, de bourg, nécessitées par le mouvement des foires ou par la reconstruction d'un domaine et de ses dépendances. Ainsi, à Edensor, pour le duc de Devonshire, une auberge modèle est ouverte vers 1760, pour recevoir les voyageurs de simple condition, les gens venus visiter le nouveau château. De ce point de vue, la *gentry* et l'aristocratie, si elles n'ont pas créé beaucoup d'auberges, ont contribué de façon multiple à leur reconstruction et à leur définition architecturale. Une troisième strate vient de l'effort du gouvernement, surtout en Écosse, où sont fondées des auberges sur les routes militaires – on les retrouve sur celles de l'Irlande –, mais ce n'est qu'un secteur d'exception. Ce n'est qu'indirectement que l'intervention de l'État aide à augmenter les équipements hôteliers, par le biais des relais de poste officiels, par l'appui donné aux hôteliers dans la participation aux affaires publiques locales. C'est donc principalement l'accroissement de la circulation et le développement urbain qui sont à l'œuvre, tout comme le fait que le métier d'aubergiste peut se concilier avec d'autres activités : la double économie agricole et hôtelière en campagne, artisanale et hôtelière en ville. Le résultat est la mise en place d'un réseau dense et cohérent : en 1577, 2163 hôtelleries, 1700 cabarets et tavernes, auxquels s'ajoutent plus de 3500 auberges mal différenciées ; à la fin du XVIIe siècle, on en compte sans doute plus de 40000 et, vers la fin du XVIIIe siècle plus de 50000 pour l'Angleterre et le pays de Galles. La croissance est moins rapide que celle de la population entre 1700 et 1800, mais la réponse à l'accroissement du commerce et de toutes les circulations est patente.

La proportion des vraies hôtelleries, distinctes des débits de boisson, s'accroît très tôt : 2000 sur 20000 vers 1600, 3000 ou 4000 sur 30000 vers 1700 ; 5000 vers 1800. Il s'agit là d'une évaluation, et qui masque l'accueil fondamental des établissements indifférenciés. Ce qui est alors important, c'est de mesurer une spécialisation (révélatrice du rapport à la mobilité) et une capacité d'accueil mesurable en quantité (nombre de lits et de chambres) comme en qualité. On voit alors se dessiner une géographie où les plus grands centres rassemblent le plus grand nombre d'auberges et la plus grande capacité ; les plus petits villages, les petits ports n'ont qu'un ou deux établissements, peu de chambres, peu de place à l'écurie ; de nombreuses localités n'ont, dans les recensements, aucune auberge. Outre Londres et sa fonction métropolitaine, c'est la carte du développement économique qui se découvre : le rôle des vieux centres régionaux, marchés commerciaux et places de commerce ; celui des villes et des ports secondaires ; enfin, celui des cités de la croissance – au total, une conformité au reflet de la hiérarchie urbaine. On en perçoit un autre élément dans la densification progressive des auberges au long des itinéraires. De Londres à Bristol, c'est vers 1720 un millier d'établissements sur deux cents kilomètres entre les deux ports principaux du pays, deux jours de route en diligence, cinq jours pour un roulier. Les équipements se concentrent aux haltes induites par les différentes vitesses possibles, à pied, à cheval, en voiture. Dans chaque région, une carte de l'hôtellerie correspond à la hiérarchie des centres, à la position sur les routes et les fleuves, à la carte des foires et marchés. De ces diverses façons, les hôtelleries et la distinction entre *inns* et *pubs*, auberges et cabarets, correspondent à la concentration de la circulation et à sa diffusion plus ou moins dense dans le pays. On est ainsi renvoyé à la logique du profit que peut entretenir un métier et que peuvent souhaiter les investisseurs, à celle des modes de transport, à celle enfin du professionnalisme des logeurs.

Paris, entre le XVIIe et le XIXe siècle, permet de mesurer dans un cas précis le sens de l'évolution. Ses équipements, faute de statistiques, sont difficiles à replacer dans l'ensemble du royaume, sauf par comparaison de quelques cas. Toutefois, on peut évoquer un chiffre plancher qui correspond aux relais de poste, donc à une répartition directement liée à l'accroissement routier et au développement de la circulation. En 1800, c'est près de 1 400 relais qui voient passer le service régulier des voitures postales, des courriers et des voyageurs. On lit dans le réseau la densification routière de la France du Nord (33 relais dans le Pas-de-Calais, 33 dans la Meurthe, 30 dans la Somme), le rôle de la capitale (11 relais à Paris, mais 46 en Seine-et-Oise), celui des grands axes routiers (34 relais en Gironde, 31 en Côte-d'Or, 14 dans le Rhône), la viscosité des zones de montagne et isolées (4 en Corrèze, aucun en Lozère). L'indice est à retenir, mais il ne correspond qu'à l'une des dimensions de l'économie de l'accueil, dont l'un des caractères reste l'ambiguïté de ses limites et de ses définitions. A Paris, les filières traditionnelles ne s'évanouissent pas, mais l'accueil commercial progresse et sa géographie correspond au rééquilibrage de la population foraine et étrangère. Le glissement du centre de gravité des activités du Centre vers l'Ouest et le Nord transforme les manières de vivre des Parisiens et des populations de passage; il induit le déplacement et la transformation du recours aux auberges, et plus encore aux garnis, pour accueillir des populations fort diverses.

Cette activité peut être le fait de milieux et d'établissements multiples, même si le critère de la location de chambres et certains services offerts restent les caractères principaux. On y retrouve l'hôtellerie et l'hôtelier et l'hôtel, qui hébergent et encadrent les voyageurs et tous ceux qui n'ont pas de ménages établis. Les dictionnaires insistent toujours sur l'accueil des étrangers, des passants, des voyageurs, et semblent souligner le traitement d'une catégorie particulière. L'*Encyclopédie* remarque juste que seules les auberges possèdent des écuries et reçoivent les chevaux, qui y trouvent nourriture, eau et litière comme les cavaliers et les voyageurs y trouvent alimentation, vin et lit. C'est donc une institution fondamentale pour l'économie du voyage, la mobilité des affaires et de la curiosité, mais elle ne s'ouvre pas forcément aux classes laborieuses et à la mobilité du travail saisonnier. Une grande confusion lexicologique règne entre « auberges », « hôtelleries », « garnis », « tenanciers », « logeurs ». On peut retenir deux critères. Il existe une structure professionnelle de base fondée sur le logement garni, à laquelle peuvent se greffer des équipements secondaires organisant l'échelle des services et de la qualité, et c'est dans ce cadre que chacun peut construire sa propre adaptation aux nécessités et selon ses besoins et ses capacités, tant pour les logeurs que pour les logés. Les pratiques commerciales rejoignant les pratiques policières pour organiser un milieu chargé d'accueillir et de nourrir en permanence plusieurs dizaines de milliers d'individus riches ou pauvres, dépensiers ou chiches.

A Paris, hôteliers, aubergistes et logeurs ne forment pas un corps de métier. S'établir reste libre, et le contrôle s'appesantit sur le groupe pour des raisons fiscales et policières comme pour d'autres métiers du secteur de la boisson et des repas : marchands de vin, cabaretiers, traiteurs, limonadiers, qui sont près de 8 000 vers 1780 à fournir à tous des réponses à des besoins multiples[85]. Tous ces métiers vivent en symbiose, et les aubergistes plus que les autres. Ils illustrent la constellation des services offerts aux consommateurs : boutiques d'alimentation, marchands de vin, restaurateurs, métiers du corps, perruquiers, baigneurs, étuvistes. Dans la liste de l'*État de Paris* publiée par Jèze en 1757-1765, ce sont les traiteurs qui occupent la première place pour le cumul des activités : 43 sur 450 recensés (presque 10 %), et ils sont au sommet des établissements. Dans les quartiers de la ville, c'est certainement un tiers de professionnels des auberges, une moitié de logeurs avec quelques chambres, 10 % de frontaliers installés sur plusieurs métiers. On ne doit pas négliger, d'une part, l'importante économie souterraine qui fait que chacun peut se transformer en logeur d'occasion ; d'autre part, le fait que la précision dépend de la spécialisation des conditions matérielles offertes aux chalands, contrôlée par la police et détaillée par les guides.

Une frange de petits salariés, de femmes de maîtres, de représentants de l'artisanat et de la boutique peut trouver dans l'activité d'accueil un complément de ressources, surtout dans les quartiers où marché du travail et population mobile se croisent et créent des besoins, ainsi que le laissent penser les enquêtes de police dans les quartiers Saint-Antoine ou Saint-Denis. Par comparaison, un autre indice se fait jour dans les pratiques policières versaillaises. Versailles, ville de la cour, attire non seulement les visiteurs, mais aussi une population travailleuse diversifiée. Dans le registre des personnes tenant chambres et garnis, établi pendant les treize dernières années de l'Ancien Régime, 724 des 984 déclarations enregistrées émanent de personnes dont l'activité principale n'est pas le logement : domestiques, artisans, marchands, compagnons et ouvriers composent 70 % de l'activité surveillée. Le tiers restant regroupe quatorze dénominations : 58 aubergistes, 54 marchands de vin, 50 hôteliers-logeurs, 21 cabaretiers, 19 marchands de vin-aubergistes, mais on relève également quelques limonadiers, des marchands de vin-hôteliers, des marchands de vin-limonadiers, des marchands de vin-cabaretiers, des marchands de vin-logeurs, des cabaretiers-aubergistes, des aubergistes-limonadiers et des aubergistes-limonadiers et débiteurs d'eau-de-vie. Les combinaisons de métiers touchent près de la moitié des logeurs spécialisés et, pour la plupart, elles constituent des associations professionnelles courantes : les marchands de vin-aubergistes et les cabaretiers-aubergistes composent les deux tiers des doubles professions. C'est, pour les métiers du logement, une assurance. C'est aussi le signe que, dans la capitale, il existe vraisemblablement une très forte économie souterraine où chacun peut compléter ses revenus, temporairement ou de façon constante. A Versailles, sa capacité d'offre n'est pas négligeable : 2 000 lits sur 3 500 au total. A Paris, cette activité échappe à l'observation, mais elle est à prendre en compte. Enfin, la compréhension de la complexité professionnelle passe par la définition des services proposés, afin d'évaluer le niveau de spécialisation de chaque métier, et la diversité de l'offre et de la demande. Lorsque la police de Versailles recense les professions libres non érigées en communauté par l'édit d'avril 1777, elle distingue les logeurs en chambre garnie et les logeurs d'ouvriers, preuve supplémentaire que la location de chambre correspond à des modes de fonctionnement divers et que la différence entre l'auberge, le garni et l'hôtel est à analyser à partir des conditions matérielles offertes.

Depuis le XVIe siècle, l'administration fiscale a soumis l'ensemble à l'obligation d'obtenir des *lettres de permission* afin de prévenir les malversations et les abus en matière de prix et de qualité. La profession a obtenu, non sans lutte, une rémission de la taxe en 1693. Elle est réinstaurée autrement en 1723. Ces chicanes révèlent le flou statutaire qui recouvre le secteur et les formes de contestation, d'empiétement entre les uns et les autres qu'il offre pour capter la clientèle par l'offre de produits et de services divers. Le milieu semble aussi adaptable et fluide que sa clientèle. Les inventaires après décès parisiens du XVIIIe et du XIXe siècle confirment cette idée et montrent la confusion entre auberges et hôtelleries, qui peuvent offrir le gîte et le couvert simultanément ou séparément ; même si l'on trouve des hôteliers tenant garnis, ceux-ci sont plus qualifiés par le fait qu'ils ne donnent pas de restauration et que leur spécialisation est moins complète. La hiérarchie des fortunes mobilières indique que la population hôtelière est tirée vers le haut : 2 300 livres avant 1789, plus de 10 000 livres après 1800, alors que les logeurs dépassent rarement 250 et 3 500 livres. Ces moyennes montrent l'amélioration générale et le fait que le nombre de logeurs est plus représentatif de l'accroissement : 10 % de l'ensemble avant la Révolution, 30 % après l'Empire. L'ensemble reste très hétérogène avec de nombreux cumuls de second métier : 60 % pour les logeurs, 20 % pour les aubergistes. Dans tous les cas, les activités des uns et des autres sont à lire en termes d'économie et d'économie familiale. Les logeurs les plus démunis sont les plus enclins à pratiquer un second métier : fruitiers, fripiers, charbonniers, horlogers, loueurs de carrosses, serruriers, tapissiers, jardiniers, charrons, cordonniers, herboristes, marchands faiseurs de bas, cochers, employés, blanchisseurs, perruquiers, voire coiffeurs pour dames, colporteurs, tailleurs de pierre. Aubergistes et hôteliers sont plus fréquemment traiteurs, marchands de vin, restaurateurs, liés aux métiers de l'alimentation ou du transport.

LA CAPACITÉ ET LA QUALITÉ PARISIENNES

La documentation policière et celle des notaires livrent la même leçon : le secteur reste très perméable, et il faut compenser son flou statutaire par sa disponibilité et sa visibilité. La base est mesurable par l'accroissement de la population et l'adaptation d'une géographie déjà entrevue dans la géographie du logement offert aux étrangers. A la fin du XVIIe siècle, le nombre des établissements reconnus atteint le millier (soit 2,5 pour mille habitants) ; vers 1720-1725, il oscille entre 1 600 et 2 100 (soit de 3 à 4 pour mille) ; le niveau de 3 000 est vraisemblable vers 1790-1800 (soit, compte tenu d'une population accrue, un peu plus de 3 pour mille) ; de 1817 à 1836, le nombre ne cesse de croître, plus de 3 500 garnis et hôtels, mais le rapport passe de 3,28 à seulement 4,3 pour mille, le nombre d'habitants étant passé de 700 000 à 900 000 habitants. Après, la hausse est fulgurante : plus de 5 000 logeurs (5,5 pour mille habitants) dès 1841 ; l'afflux des nouveaux Parisiens est en partie absorbé par les hôtels garnis : la population a augmenté de 30 % entre 1817-1841, le nombre des garnis a doublé, le taux par rapport au nombre d'habitants a crû de 70 %. La naissance de l'industrie hôtelière, la variation de l'accueil offert s'est structurée dans le premier XIXe siècle, suscitant la mobilisation policière et commerciale, l'effroi des observateurs et des enquêteurs sociaux.

Alors le Paris hôtelier développé sous l'Ancien Régime survit, mais en basculant peu à peu dans un monde nouveau et encore plus complexe qui perdure jusqu'au XXe siècle, le niveau record des logements en garnis étant atteint en 1920[86]. L'hôtellerie bourgeoise – plus de 2 000 établissements vers 1882, du palace au simple hôtel pour voyageur modeste et populaire – se situe vers le haut d'une hiérarchie existant sous l'Ancien Régime, mais moins tranchée et dans l'espace et dans les conditions offertes qu'à la fin du XIXe siècle ; 9 500 établissements populaires, à clientèle ouvrière en majorité. Dès le XVIIe siècle, il faut tenir compte de variations importantes dans le temps, qui frappent surtout les établissements modestes et les logeurs non avoués, plus sensibles aux crises économiques ou politiques. Elles sont visibles dans un quartier, dans une rue visitée par les policiers : en 1659, la rue de la Vannerie, dans le vieux centre, rassemble 4 logeurs ; elle en a 6 en 1694, 12 en 1721, mais 14 au mois d'octobre. La géographie d'ensemble est donc tirée vers le haut par les établissements chics, ceux que recensent les guides – 200 chez Antoine de Blégny à la fin XVIIe siècle, 450 chez Jèze vers 1750, 2 000 dans le Goblet de

1817 –, et vers le bas par la multitude de logements garnis. Ce n'est qu'au XVIIIᵉ siècle que commence à s'affirmer la séparation complète qui triomphe avec l'accroissement démographique du XIXᵉ siècle et qui oppose définitivement les clientèles sociales[87].

La géographie parisienne des hôtels et des garnis peut se caractériser par deux traits principaux. En premier lieu, pendant deux siècles, on est passé de la prédominance de la rive gauche à celle de la rive droite. Sur la rive gauche, le quartier Saint-Germain, celui du Luxembourg présentent une forte concentration d'hôtels à porte cochère, établissements en moyenne de bon niveau : 56 % des logeurs en 1721, contre 44 % sur la rive droite où dominent les quartiers Saint-Martin, Saint-Germain-l'Auxerrois, Saint-Benoît, les Halles et la Grève. La rive droite va l'emporter à la fin XVIIIᵉ et au XIXᵉ siècle, avec deux phénomènes distincts. D'une part, les quartiers de l'Ouest se développent, vers les extensions urbaines des boulevards, à partir du Palais-Royal, de la rue Saint-Honoré, de la place Vendôme, rue de Richelieu, rue de Chartres, avec une hôtellerie pour riches voyageurs ; celle-ci se maintient rive gauche, où l'on retrouve les mêmes établissements renommés pour seigneurs étrangers et personnes qualifiées qui ont équipage, comme le précise l'*Almanach parisien* d'Hébert et Alletz entre 1751 et 1794. D'autre part, la rive droite accueille le maximum d'établissements (72 %) et de lits comme de personnes logées avec une densification du Centre, vers le Nord, le long des axes Ouest-Est. Le record de densité, en 1825, revient au quartier de l'Hôtel de Ville, avec 165 logeurs ; il en comptait 132 en 1822. L'expansion est liée à l'accroissement de l'arrivée des ouvriers, plus particulièrement ceux du bâtiment (5 000 ou 6 000 selon la police). Les rues de la Mortellerie, du Grenier-sur-l'Eau, du Long-Pont sont les artères des chambrées et des garnis misérables dont on a conservé l'image.

La deuxième dimension de cette évolution concerne l'opposition construite des deux villes de l'accueil. Pendant deux siècles, celles-ci ont vécu imbriquées, dans l'ensemble et dans le détail – l'espace de la rue ou du quartier. A l'échelle de la capitale, il existe une gamme étendue de prix correspondant à des conditions d'accueil diverses et sans que deux types d'établissements puissent se distinguer aisément. Il est toujours possible de dormir seul dans un garni et à plusieurs dans un hôtel ; tel établissement rassemble une forte proportion de riches et un faible contingent de pauvres ; telle rue concentre des chambrées et quelques établissements plus distingués. C'est en 1825 seulement que la police recense à la fois établissements, nombre de chambres et chambrées, nombre de lits. Les quartiers à hôtels ont plus de chambres, mais les quartiers à garnis en conservent un grand nombre pour une personne, une famille, un étudiant. Ce sont les arrondissements de l'Ouest, rive gauche et rive droite, qui sont dépourvus de chambrées qu'on retrouve au Centre, à l'Est, dans les anciens et les nouveaux faubourgs. Ce n'est que tardivement qu'on voit la ville des hôtels, celle des chambres distinctes, s'étendre vers l'Ouest et être entourée par celle des garnis concentrés au Centre, au Nord et à l'Est. C'est l'aboutissement d'un lent mouvement de spécialisation des espaces d'accueil. Au sein de chaque quartier, de chaque rue, de chaque établissement coexiste un ensemble de ressources de logement répondant à des critères sociaux et professionnels bien distincts. Dans le plus infâme des bouges du côté de la Grève, le tenancier tient à la disposition d'un client sa meilleure chambre, qu'il peut ou non partager. Dans le plus huppé des établissements de la rue de Richelieu, il y a toujours un recoin, un cabinet sans fenêtre où, pour une somme modique, on peut trouver un lit. La continuité marque l'espace des gens de travail, de métier, d'affaires ; elle caractérise l'espace du centre parisien du XVIe au XIXe siècle. En revanche, l'évolution et les changements d'exigences sont pilotés par les personnes de condition. Jusqu'au XVIIe siècle, les flots étudiants, universitaires et religieux ont forgé l'infrastructure de l'accueil, rive gauche. Les riches voyageurs étrangers et français ont très tôt fréquenté le faubourg Saint-Germain, mais ils gagnent la rive droite et le faubourg Saint-Honoré. La rive droite est en même temps le lieu d'une explosion hôtelière résultant de l'expansion démographique et économique, qui n'épargne aucun quartier de l'Est et du Centre. Ce que l'on constate dans la société des nouveaux Parisiens, des migrants, des saisonniers, des installés temporairement ou à plus long terme, comme dans le milieu des étrangers, voyageurs ou hommes d'économie, se traduit dans une fréquentation générale accrue, et peut-être même un accroissement plus rapide que celui de la population en général. C'est l'un des meilleurs indices de l'efficacité de la ville promise [88].

De Paris à la province, des cités aux villages

Un même bilan est difficile à tracer pour l'ensemble du royaume, faute d'enquête. On peut toutefois proposer quelques comparaisons – d'abord urbaines, ensuite villageoises –, dont l'intérêt est de montrer des écarts, parfois dus aux sources ou aux études, parfois enracinés dans l'évolution citadine ou régionale. Dans le Midi, Toulouse – dont on a vu le rôle dans la mobilité régionale du Languedoc s'accroître avec les communications fluviales et routières, les postes, les courriers – a eu très tôt une infrastructure hôtelière pour accueillir les voyageurs. Dès le XVIe siècle, un niveau privilégié se dégage de l'ensemble des logeurs : seize hôtelleries à enseignes désignées par le capitoulat accueillent les étrangers de tous pays et diverses nations, tant d'Église que temporels, grands seigneurs et notables personnages, tant pour raison de parlement et université, trafic de la marchandise, que passagère[89]. Entre le XVIIe et le XVIIIe siècle, on recense à Toulouse près de 150 établissements, dont une vingtaine hors la ville. Cela correspond à un logeur pour près de 450 habitants. Toutefois, vers 1750, c'est sans doute plus près de un pour 400 et, de surcroît, dans ce recensement sont mêlés des métiers divers : deux tiers d'hôtes et aubergistes, parmi lesquels les privilégiés, un tiers de cabaretiers et taverniers. La ville concentre au centre, dans les paroisses du commerce et des marchés : le quartier de Saint-Étienne (20 % de la population, un tiers des établissements en 1695, 40 % en 1750), celui de la Dalbade et celui de la Daurade. Dans les quartiers plus populaires ou plus excentrés, le nombre des auberges décroît, alors que monte celui des tavernes. Au total, aucun quartier sans auberge, mais l'intensité du trafic et le rôle des institutions sont déterminants pour localiser les meilleurs hôtels : le plus grand nombre d'enseignes privilégiées est dans le capitoulat de Saint-Étienne, cœur de la ville, centre des relais de poste, et où l'on retrouve le même cumul d'activités qu'à Paris : seize aubergistes sont aussi maîtres rôtisseurs, pâtissiers ou cuisiniers. Le rapport entre lieux de boisson et d'alimentation est plus serré que dans la capitale, où d'autres corps plus puissants ont une plus grande spécialisation (cabaretiers, traiteurs, marchands pâtissiers).

On saisit mal logeurs et logements en garnis, car ici encore tout nouveau venu peut, selon ses besoins, trouver logis à sa convenance ; les enquêtes toulousaines ne leur consacrent pas d'intérêt spécifique avant les années 1770. A ce moment s'accroissent les flux de forains et d'étrangers, et les capitouls introduisent non sans difficulté les pratiques de surveillance à la parisienne. Le 12 avril 1771, l'ordonnance capitulaire précise : « Les cabaretiers, traiteurs, aubergistes, fenassiers et autres habitants de quelque qualité qu'ils soient qui donnent à loger, en maison, ou chambres garnies ou qui louent des lits à tant par nuit seront tenus d'avoir sur leur maison un écriteau où seront imprimés en gros caractères ces mots : Céans on loge en maison, ou chambres garnies, ou on loue des lits, à peine de cinquante livres d'amende et de prison arbitraire. » Se dessine alors une évolution probable vers le bas : un accroissement des besoins entraîne celui des équipements et leur adaptation à plusieurs types de clientèle, dont les séjours peuvent varier. Auberges et cabarets peuvent aussi accueillir pour manger ou boire des Toulousains implantés, populaires ou non, comme ils peuvent loger et nourrir voyageurs, riches ou pauvres. En bref, c'est un espace intermédiaire comme à Paris, déjà spécialisé mais peut-être plus concentré et plus autonome aux niveaux les plus élevés. En 1789, les seize auberges privilégiées offrent 187 lits de maître, 113 de domestique et 523 places d'écurie, soit 1,6 lit par chambre et 1,7 stalle pour 300 voyageurs au minimum – on peut partager son lit comme on peut, ou non, s'entasser à plusieurs dans une chambre. Le modèle proposé évoque le cas des capitales régionales, administratives et commerciales, peu lancées sur les routes du développement, mais touchées essentiellement par la circulation des choses et des hommes. Certaines survivent largement à la révolution politique et aux transformations économiques du XIXe siècle.

A Caen, on perçoit une géographie qui s'ouvre sur l'Atlantique et l'Europe du Nord-Ouest. La croissance hôtelière prend place parmi d'autres indices : l'accroissement de la circulation des hommes et des nouvelles, la naissance de la presse locale, le développement accéléré plus qu'en Languedoc de la poste aux lettres, le mouvement des commerçants, des ouvriers, de toutes les formes de l'échange – essence du développement du fait citadin[90]. C'est encore une ville moyenne, avec une population de l'ordre de 30 000 à 36 000 habitants au début du XIXe siècle, 10 000 de plus sans doute depuis la fin du XVIIe siècle. Surveillés très tôt, taverniers, hôteliers, cabaretiers, logeurs apparaissent dans les listes fiscales. En 1666, tous ceux qui hébergent des voyageurs sont désignés comme *hosteliers*; en 1757, dans la capitation, tous les logeurs sont qualifiés comme aubergistes. Dans les deux, ils peuvent héberger voyageurs, étrangers, forains, passants ou non. Comme ailleurs, c'est un métier libre auquel peuvent s'agréger des maîtres de corporation, cabaretiers ou traiteurs, et tous les logeurs sont soumis à autorisation et à déclaration. A plusieurs reprises, ils entrent en conflit avec des communautés constituées (les maîtres cuisiniers, traiteurs, charcutiers, rôtisseurs poulaillers) et, en 1779, tous se retrouvent dans une seule jurande avec une organisation conforme aux règlements du moment. Les aubergistes jouent dans la corporation un rôle important, car leur nombre et la richesse de certains d'entre eux leur permettent de contrôler les postes clefs de syndic et d'adjoint. Vers 1780, c'est au total 125 aubergistes pour autant de métiers de restauration. Dans le groupe, le terme d'« hôtel » a tendance à coïncider comme à Paris avec les plus grosses et les plus célèbres hôtelleries. En 1790, l'hôtel d'Espagne accueille 1 287 personnes ; l'hôtel d'Angleterre, 1 520, soit la moitié des voyageurs arrivés à Caen en un an[91].

Le mouvement de formation du milieu se fait en trois étapes : vers 1666, 23 établissements recensés ; vers 1741, 47 ; de 1750 à 1790, on passe de 76 à 134. L'augmentation correspond à l'ascension démographique : 25 000 habitants au milieu du XVIIe siècle, 38 000 à la fin du XVIIIe. Caen a totalement bénéficié de l'ouverture routière ; ses foires, ses marchés attirent commerçants, manufacturiers, paysans, camelots, comédiens, musiciens. Le port se développe, et avec lui tous les services (alimentation, administrations, accueil) ; c'est alors à son tour un facteur attractif. L'implantation des auberges coïncide avec la densification de la population : deux tiers dans le Centre, dont 27 % pour la paroisse Saint-Pierre qui rassemblait les quatre cinquième du groupe dès 1666. C'est au cœur de la ville, entre la cathédrale et le château, proche de la place du Marché-au-Bois, que se concentrent les auberges : allée du Chat-qui-miaule, rue de la Cuisinerie, rue du Montoir-Poissonnerie, rue du Vaugueux, rue Saint-Pierre, rue du Gémare. L'essor est plus tardif et ralenti dans le quartier Saint-Jean, plus bourgeois, plus aristocratique, moins populeux, moins commerçant. Les auberges croissent aussi le long des axes principaux de communication : rue Saint-Jean, carrefour et rue Saint-Pierre, rue Notre-Dame, place Fontette et rue de Bayeux (plus de trente établissements en cette voie qui lie les routes de Paris et de Rouen à celles de l'Ouest et du Sud). Comme à Paris, un mélange de populations extérieures ou localisées, plus ou moins riches ou pauvres, coexistent dans les établissements qui se rangent dans une échelle d'équipements mobiliers, de services divers, avec de grosses auberges comme la Victoire qui comprend vingt-quatre chambres, de nombreuses écuries et une capacité en lits notoirement supérieure (car répartie dans les recoins, les passages) et qui permet de répondre à une demande temporairement accrue. Au cœur de la place du Marché-au-Bois, paroisse Saint-Pierre, au centre de la ville, c'est le symbole d'un développement qui contraste avec la modestie des logis et des logeurs majoritaires à Caen comme à Toulouse et à Paris[92].

Ce sont ceux-ci qui dominent sur les routes et dans les villages. Les grands établissements sont nés à l'ombre des murailles urbaines, ils ont crû avec le développement citadin; les autres ponctuent grands et moyens chemins, carrefours des routes et places des villages. Comme en Angleterre, au réseau des relais réglementés, organisés, mais de capacité d'accueil variable selon les routes et leurs circulations, s'ajoutent des établissements localisés pour accroître la demande de voyageurs plus lents, moins pressés, comme les besoins locaux des villageois, des paysans. Sur la route de Calais à Paris, les voyageurs anglais comme Young, Sterne et bien d'autres découvrent la négligence française et l'inconfort. Le hasard préside au choix des étapes. En route vers Arnay-le-Duc, le 2 novembre 1784, Miss Cradock déjeune à Romeray et, pendant qu'on répare les roues de la voiture des domestiques, elle constate : «Nous avons encore voyagé toute la nuit, pour atteindre le relais et échapper aux sales auberges du chemin[93].» Le changement de chevaux, un repos temporaire nécessaire, un peu de nourriture ont suscité la création de multiples haltes plus ou moins accueillantes et plus ou moins nombreuses selon l'importance des lieux. A Beaucaire, ville de foire, on compte dès le XVIIe siècle une dizaine d'auberges : le Logis du Faucon, l'Écu de France, la Couronne, l'Ange, l'Image de Saint Georges, le Cheval Blanc, le Lion d'Or, entre autres. Au XVIIIe siècle, les cadastres montrent un léger accroissement[94]; sous réserve de vérification, on peut penser que cette capacité d'accueil se multiplie en temps de foire, quand le moindre cabanon peut devenir auberge, la tente la plus modeste hôtellerie temporaire. A Buchy, en Normandie, étape entre Dieppe et Paris, Rouen et Neufchâtel-en-Bray, huit auberges et une douzaine de cabarets fonctionnent simultanément. Le village a six cents habitants, un marché le lundi et le jeudi, deux foires annuelles. Le Cornet d'Or fait relais de poste; la place du marché et les auberges s'animent ensemble et réunissent une population mélangée de résidents et de horsains, de personnes intégrées et de clients passagers. Partout en province, l'érudition locale, l'archéologie ont cherché la trace de ces vieux logis, de ces anciens relais dont l'antiquité peut aujourd'hui faire la publicité. La Cloche de Dijon est un des vestiges naturels de la trentaine d'auberges importantes et de logis de rouliers ou de pauvres qui existaient au XVIIIe siècle[95]. A Barr, en Alsace[96], l'Agneau, l'Aigle, l'Ange, le Bœuf, la Bosse, le Brochet (connu dès le XVIe siècle), le Cep de Vigne, le Cerf, la Charrue, le Cheval Noir, la Cigogne, la Clef, la Couronne (qui existe encore), la Cruche, la Cygne, l'Étoile, la Fleur, la Forêt Verte, la Licorne, le Lion Rouge, l'Ours, les Rois, le Tilleul, rassemblent le marché des buveurs locaux, les rencontres passagères, et les voyageurs qui fréquentent surtout le Brochet, la Couronne, le Tilleul. Au total, on décompte vingt-neuf établissements; trois ou quatre sont des logis permanents pour les voyageurs.

Au total, la nature des équipements, leur usage, l'accessibilité temporaire ou prolongée correspondent à une demande dont le moteur est la circulation et la consommation vineuse et alimentaire liée au gîte d'étape ou aux besoins locaux. La hiérarchie des établissements se fixe ainsi très tôt et la géographie des écarts enregistre celle des mobilités les plus variées, leur continuité, leur importance. En fonction des rythmes des voyages, des étapes créent la capacité d'accueil dans un réseau qui fonctionne à plusieurs vitesses, car son développement et sa spécialisation sont directement liés à la facilité attendue, aux moyens dont chacun dispose. De nouvelles implantations voient le jour avec le développement de certaines pratiques, telle la fréquentation des eaux minérales (Vichy, Bourbon, Luchon et les stations européennes).

En Vivarais, les structures d'accueil sont ténues, excepté sur le grand chemin qui borde le Rhône, où la densité de logis à enseigne est plus forte qu'à l'intérieur du pays. Dans les petits centres (L'Argentière, Le Cheylard, Saint-Agrève, Villeneuve-de-Berg), ce ne sont que des auberges à usage interne, des cabarets pour l'accueil de paysans des environs immédiats ou lointains, les jours de marché et de foire. Le Cheylard compte douze auberges, dont seulement trois ou quatre susceptibles de recevoir des voyageurs; deux à Theyt pour neuf gargotes et bouchons, trois cabarets à Mézilhac malgré ses foires. Dans les villes de la vallée, les hôtels accueillants sont nombreux : cinq à Bourg-Saint-Andéol, huit en 1747, et six cabarets; à Viviers, cinq auberges (le Cheval Blanc, le Griffon, l'Écu, la Croix Rouge, le Cheval Vert). Mais dans certaines paroisses on ne trouve que des débits de boisson : à Cornas, une pauvre veuve qui vend du pain, du vin, du fromage. Avec 19 logis, 13 hôtes et 6 cabaretiers en 1693, 24 en 1747, 14 auberges et 10 cabarets, Annonay tient le rang d'une petite capitale. Le chiffre est partout en hausse, mais plus forte pour tous les cabarets de la région que pour les auberges (respectivement 48 % et 25 %). L'accroissement de la circulation et des échanges, sans doute l'ouverture propice à un progrès du niveau de vie sont à placer au crédit de ce développement. Toutefois, les mémoires des subdélégués en soulignent la précarité : à Bourg-Saint-Andéol, la «petitesse de l'endroit» est cause que les hôtes trop nombreux ne font rien ; à Privas, «il ne passe que des étrangers, rarement, un seul cabaret y suffirait[97]», les hôtes sont des paysans ou des artisans. Ainsi Arthur Young va-t-il trouver en Vivarais l'une des auberges les plus sordides et les moins accueillantes du royaume, celle des sœurs Pichot à Pradelles : «étroitesse, pauvreté, saleté, obscurité[98]». L'exemple d'une région reculée nuance l'image d'un développement unifié homogène.

Certaines régions, telles celles où se localisent les stations thermales, connaissent une première efflorescence du XVIe au XVIIIe siècle[99]. Montaigne en témoigne en Lorraine, à Plombières, à Baden, où les baigneurs sont reçus dans des logis très magnifiques : «En celui où nous logeâmes, il s'est vu pour un jour trois cents bouches à nourrir. Il y avait encore grande compagnie quand nous y étions, et bien cent septante lits qui servaient aux hôtes qui y étaient. Il y a dix-sept poêles et onze cuisines, et en un logis voisin du nôtre on compte cinquante chambres meublées. Les murailles des logis sont toutes revêtues d'écussons des gentilshommes qui y sont logés.» Montaigne y reste du 2 au 7 octobre 1580, notant les fenêtrages bien vitrés partout, les devises des maisons, la beauté des fontaines, l'odeur de soufre des eaux et l'organisation des bains, où l'on rencontre des hommes et des femmes de toutes nations. «L'exaction du paiement y est un peu tyrannique [comme ailleurs], et notamment en la nôtre, envers les étrangers. Quatre chambres garnies de neuf lits, desquelles les deux avaient un poêle et un bain, nous coûtèrent un écu par jour chacun des maîtres ; et des serviteurs quatre batz, c'est-à-dire neuf sols et un peu plus pour chaque ; les chevaux six batz, qui sont environ quatorze sols par jour ; mais outre cela ils y ajoutèrent plusieurs friponneries, contre leur coutume.» La précision du secrétaire permet de voir le coût élevé du séjour : de 4 à 5 livres par personne et par jour. On assiste à la mise en place de l'économie du tourisme spécialisé et riche : les eaux, la montagne, les métropoles des arts vont bientôt drainer le flux des voyageurs. Ceux-ci ont des moyens, mais pas tous, et des exigences qui progressent plus vite ou moins selon les catégories sociales et les origines nationales. Alors, on remarque que le hasard perdure et que c'est lui qui fait la réputation, moteur du succès, les inégalités des réussites inséparables du travail hôtelier.

ÉCONOMIE, SOCIABILITÉ, ACCULTURATION, POLYVALENCE

Dès le XVIe siècle, les *Colloques* d'Érasme proposent aux lecteurs cultivés une série de questions sur les hôtelleries[100]. Le grand humaniste a l'habitude du voyage, et sa correspondance contient de multiples détails révélateurs de ce qui attend le voyageur au long des routes : brigandages, risques des saisons, marchandages de chevaux, incidents de voiture, accidents douaniers. En février 1500, il échappe ainsi à une tentative de vol soigneusement montée par les loueurs de chevaux de la grand-route de Paris, entre Amiens et Saint-Denis ; la complicité des aubergistes et des escrocs est patente. C'est un modèle du genre illustrant le théâtre dramatique dont les hôtelleries sont le cadre. Dans le colloque qu'il leur consacre, le point de vue change. Berthulphe, qui interroge Guillaume – on confronte ainsi les opinions –, oriente vite les questions sur le jugement qu'il faut porter sur les auberges françaises : « Pourquoi la plupart des voyageurs aiment-ils s'arrêter deux ou trois jours à Lyon ? [...] Parce que c'est un endroit d'où n'auraient pu s'arracher les compagnons d'Ulysse, car des sirènes s'y trouvent. Personne n'est mieux traité chez lui que là-bas dans une auberge... » Suivent les éléments d'une caractérologie du savoir-vivre des aubergistes français : « Une patronne accueillante, des servantes charmantes dont les propos et le caractère joyeux auraient réussi à dérider Caton lui-même. Et l'une et l'autre ne s'adressaient pas à nous comme des hôtes quelconques, mais comme à des amis ou à des vieilles. » C'est un des rares témoignages d'un phénomène majeur : ce qui fait le bon résultat d'une relation marchande, c'est de revenir aux recettes de l'hospitalité privée. Les repas sont bons, mais surtout divertissants ; les chambres sont confortables, mais le personnel y contribue par sa disponibilité. Berthulphe préfère l'hôtellerie allemande, où l'accueil est cependant plus rude puisque les aubergistes cherchent l'économie en entassant dans la même salle quatre-vingts ou quatre-vingt-dix personnes, chemineaux, chevaliers, négociants, bateliers, charretiers, paysans, enfants, femmes, certains bien portants, d'autres malades. Et voilà la mixité du public déjà ressentie par Guillaume comme incivile. C'est peut-être l'antique égalité des anciens et du Christ ; c'est surtout l'indice d'une civilisation encore rude, ce que traduisent parfaitement le repas plus grossier qu'en France et la longueur de son organisation, le vacarme et la boisson qui échauffent tout le monde. Dans l'auberge allemande est réalisée la République de Platon, mais les lits y sont malpropres, la chambre un dortoir, l'accueil rude ; les chevaux, eux, sont soignés comme des hommes.

Nous sommes vers 1500. L'Humaniste, qui est au sommet de la société – son public aussi –, sait ce qu'ils attendent : une politesse dans la relation marchande, des conditions de confort déjà précises, un coût valable, une sociabilité profitable car supportable. De l'économie à l'acculturation des hommes, l'auberge a dès l'aube de l'époque moderne la carte de ses usages qui séparent les nations connues par Guillaume (Lombardie, Espagne, Angleterre, pays de Galles). Les Anglais observent en partie les usages français, en partie ceux d'Allemagne ; ils sont en effet un composé des deux nations. Pour les populations que la nécessité ou le désir lancent sur les routes d'Europe, le réseau de l'économie d'accueil fonctionne comme un révélateur des différences et, simultanément, comme un transformateur des mœurs. Sa modernité tient au fait qu'il repose sur tous les jeux du commerce ; son homogénéité n'est pas garantie dans l'espace comme dans le temps, mais son hétérogénéité tend à s'atténuer sous l'effet de la circulation accrue et de la civilisation urbaine. Pendant deux siècles, les récits de voyageurs vont témoigner avec constance de ces différenciations et de ces progrès, bon accueil, prix bas, confort font la civilisation – celle du voyageur d'abord, celle des aubergistes ensuite.

LA POLYVALENCE DES FONCTIONS

Si l'auberge est un théâtre, c'est qu'elle offre en spectacle, tel le microcosme urbain ou humain, la diversité des conditions. Lieu né de la rencontre, elle met en rapport le local et le général, le connu, l'autochtone et l'inconnu, le passant ; c'est le point de conjonction de la route et des populations stables, de la ville et de la campagne, un territoire d'arbitrage entre les convenances des uns et les attentes des autres. Young en Vivarais, Stendhal en Basse-Bretagne sont à la recherche – comme tant d'autres voyageurs – de cet équilibre nécessaire aux vagabonds, et leurs remarques en construisent les repères, telles les étoiles des guides contemporains. On est au centre de l'économie des choses et des hommes. L'auberge, à tous niveaux, rassemble sur ce point les échanges et leurs acteurs. Au village de Feysseline, en Limousin profond, à l'écart de la grande route, dans la montagne isolée, mais au cœur d'un réseau de hameaux et d'écarts, la paroisse rassemble à Chaumeil douze villages dispersés. L'économie des échanges, liée à l'élevage, exige des transports (celui des grains, le déplacement de l'argent, la circulation et la vente des bestiaux : bœufs, vaches, ânes, chevaux, cavales) ; elle enclenche la mobilité saisonnière et régulière des hommes. Le centre même de la paroisse est à une heure de marche. Etre à l'écart est un avantage quand il y a troubles et guerres civiles – ce qui n'est pas rare encore au XVIe siècle –, mais dessert quand il y a paix et expansion. Treignac, Tulle, Ussel ou Égletons pâtissent de ces difficultés : ils voient peu de passants – des hommes surtout : pauvres, colporteurs, saltimbanques, mendiants, quêteurs, déserteurs ou soldats disciplinés. Etre loin des grands chemins n'implique pas qu'on vive sans horizon : s'il est borné, il est ouvert, et du XVIe au XVIIIe siècle, il s'agrandit. Vers le sud, plus vers le nord quand à partir du XVIIe siècle s'organise la migration [101].

Dans ce mode de vie que l'on retrouve sous d'autres cieux – tant dans l'Écosse de Boswell que dans la Pologne, l'Allemagne ou l'Italie du XVIIe siècle et du XIXe siècle, sans oublier la Castille où il n'y a rien dans les auberges rurales, sauf les Castillans [102] –, auberges et aubergistes sont des acteurs à l'indispensable ubiquité. Léonard et Lacroix à Chaumeil, Barbazange à Saint-Augustin, Monégin à Saint-Yrieix, par leur activité, assurent la marche des affaires locales, la mince circulation de l'argent. L'auberge est l'instrument de la lutte contre l'autarcie : elle permet de passer du troc à la civilisation du commerce ; elle est une étape pour le cheminement du fisc. C'est à l'auberge qu'on vend le bétail, à l'occasion ou non des foires ; l'aubergiste peut avancer le numéraire, et ainsi faire circuler la monnaie fiduciaire du crédit. Voituriers et marchands y passent contrats ; ils peuvent réinvestir immédiatement leur gain et limiter de la sorte le risque qu'entraîne le transport des pièces d'or ou d'argent convoitées. L'aubergiste est témoin des baux à cheptel, expert dans le commerce des chevaux ; il est allié par relations, convenances, liens familiaux, aux notables ruraux. Les notaires, qui dans ce recoin du Limousin sont des professionnels itinérants, tissent d'auberge en auberge leur réseau de travail et de sociabilité.

A une autre échelle et dans un autre contexte – celui des ports, des villes négociantes –, le réseau des auberges accueille partout les acteurs du grand commerce ; l'espace international va s'y structurer. A Rouen, à la fin du XVIe siècle[103], on saisit ainsi la présence d'une colonie flamande : de 1 200 à 1 500 personnes, familles et domestiques comptés, qui occupent une position prédominante. Leur mobilité est totale entre la Hollande, les Flandres et les Pays-Bas du Sud, la France de l'Ouest, d'Amsterdam à Séville. Leur installation peut utiliser des solutions multiples : accueil par une famille, location temporaire, seul ou avec d'autres. Les auberges assurent alors un rôle qui n'est pas réservé aux négociants de passage : elles sont souvent des lieux de résidence durable pour ceux qui attendent une occasion d'installation. Leur choix se fait par association de critères : le maître de l'auberge, sa clientèle flamande, les relations d'affaires, les origines géographiques, les affinités religieuses rapprochent hôte et hôtes – ainsi au Parc de Hollande, que tient le Liégeois Jean Heufft. Vingt-quatre auberges recensées accueillent les Néerlandais ; la moitié d'entre elles sont gérées par des marchands flamands, vrais aubergistes ou simples hôtes : la Ville d'Anvers, la Ville d'Amsterdam, le Parc de Hollande, mais aussi la Cornemuse, les Degrés, la Bannière de France. C'est ainsi que se rompt l'isolement et que se nouent plus aisément les relations commerciales. D'autres réseaux accueillent les Espagnols ou les Anglais – l'auberge fonctionne à l'affinité d'origine. On en retrouverait d'autres exemples à Paris, où autour de la Grève se rassemblent marché du travail et marché du commerce, ainsi qu'à Marseille ou à Bordeaux, où le marchand installé est toujours un hôte qui reste [104].

Les auberges des capitales de négoce permettent l'acclimatation, la transition, le passage de l'étranger au bourgeois. C'est que, à l'instar de la rencontre romanesque, le principe de l'œil neuf et de la confrontation nécessaire de l'information avec ce qui est disponible s'y implante facilement ; dans l'hôtellerie familière, on repère aisément le client qui convient, l'apprenti de bonne mine, l'employé expert, l'échantillon utile, le billet utilisable car négociable. L'incohérente bigarrure du public est un gage de succès. Les mêmes mécanismes rassemblent d'un bout de l'Europe commerçante à l'autre ceux qu'on voit agir à Rouen, à Londres, à Cadix. Pour un négociant de quelque envergure, très tôt, très longtemps, se déplacer est chose courante[105]. Quand la recommandation et la politesse organisent l'accueil, le négociant se transforme quand il le peut en hôte chez lui ; s'il ne le peut pas, il loge ses hôtes ou les retrouve à l'auberge et les invite à souper à l'occasion, en plus ou moins grande pompe. Le négociant se fait postier, banquier, philanthrope, logeur, mais aussi cicérone recommandant les connaissances, installant à l'hôtellerie recommandable, enlevant à l'occasion les recommandés logés dans une mauvaise auberge, prévenant les aubergistes de l'arrivée des passants honorables et importants. C'est donc entre le privé (la maison des négociants installés) et le public (l'espace local des auberges et l'espace international) qu'on va acquérir des connaissances indispensables dans des lieux de sociabilité spécifique. L'univers des échanges retrouve ainsi communication avec celui de la civilité, la courtoisie et le style de l'accueil réchauffant les rapports calculés de l'intérêt et du profit.

Mais, à l'auberge, d'autres effets sont induits en permanence. Certes, l'essentiel est de fournir aux itinérants, acteurs du commerce ou autres, le gîte et le couvert. On glisse cependant à d'autres services. Les hôteliers peuvent se charger de garder les marchandises ou de conserver les effets. Pierre Favre, modeste colporteur savoyard, laisse une partie de son fonds à l'enseigne de la Couronne d'Or de Lausanne, dans l'élégante et passante rue du Bourg. Descendre dans un logis cossu est un gage d'entregent commercial[106]. Mais, dans de nombreux villages, l'hôtelier exerce toutes les fonctions du commerce de la circulation : cabaretier, commerçant détaillant, prêteur, témoin, dans la Suisse du XVIIIe siècle comme dans le Limousin du XVIe siècle, à Paris comme à Rouen à l'âge moderne. A Berne, la moitié des auberges sont taxées comme boulangeries ou boucheries (150 sur 334), mais 15 sur 183 seulement en pays de Vaud. Le même cumul existe en Savoie, où les aubergistes sont boutiquiers, laboureurs, horlogers. Un mouvement double est à l'œuvre : il va dans le sens de la spécialisation dans les villes principales, comme dans l'Angleterre du XVIIe et du XVIIIe siècle, comme à Paris ; il anime la diversification polyvalente dans les campagnes et les maillons intermédiaires et inférieurs du réseau urbain. La hiérarchie des établissements correspond alors à une répartition des tâches familiales : les logis modestes – quelques chambres, une cuisine simple – sont souvent tenus par des femmes, veuves ou mariées, lesquelles sont rarement présentées (moins que dans les romans) comme les actrices capitales et comme les propriétaires des auberges importantes. A Berchy, en Normandie, l'auberge de la Vache Noire accueille le notaire et ses clients ; on y trinque après le contrat – il n'y a pas d'étude avant 1791. A côté, deux hôteliers abritent un magasin de quincaillerie, la boutique générale du temps, où l'on trouve de tout et de rien ; le client peut acheter son tabac à la boutique et s'attabler à l'auberge. Fondamental est le stockage des marchandises le jour de foire ou au passage ; capitale est la transmission des nouvelles insolites et celle des rumeurs – la Grande Peur y trouve ses relais, qui sont ceux de la poste et des marcheurs. A ces fins diverses répondent des capacités d'accueil et de resserre, pour les hommes et les marchandises.

Dans la construction des auberges, ces impératifs sont présents. Ils reçoivent le plus souvent une réponse improvisée dans la plupart des établissements des villages et des routes écartées de province : les écuries, les hangars, les granges peuvent accueillir les bêtes et les dépôts. A l'Image Saint-Jacques, rue d'Auron à Bourges, dans une paroisse où, à l'entrée de la ville, on compte sept auberges et deux cabarets, mais aussi cinq bourreliers et deux maréchaux, un charron et un marchand de chevaux, un état précis de l'établissement en 1827 décrit autour des cours les greniers, au-dessus des chambres, charpentés à la française, les trois écuries avec leurs auges et leurs râteliers, les remises diverses. L'auberge est un établissement type des auberges urbaines : elle peut accueillir une douzaine de voyageurs, et ses écuries une soixantaine de chevaux. Les marchandises peuvent rester dans les voitures un temps ou être déposées à terme avant d'être reprises. On a pu suivre son destin du XVIe au XIXe siècle[107]. Lorsque, à Paris, des entrepreneurs avisés obtiennent l'autorisation de bâtir marchés et auberges ou maisons adjacentes, les constructeurs prévoient cette fonction majeure du commerce et de l'accueil. Christophe Gamard a intégré son établissement, la maison de la Digue, à l'ensemble du marché Sainte-Margueritte avec une boucherie, trois étages de cave et un grenier. Le marché Saint-Germain est construit sur un modèle équivalent avec douze berceaux de caves, mais quand celles-ci sont pleines et les remises du marché réservées aux commerçants toutes occupées, il faut louer et s'installer dans les maisons voisines, où les auberges accueillent voitures, chevaux, marchandises.

Autour de la Halle, la circulation est intense avec ses chevaux, ses voitures, ses incidents et ses accidents multiples. On y relève des vols d'objets, de bêtes ou de charrettes appartenant aux marchands et confiés à l'hôtelier : ainsi Nicolas Franquet, vigneron de Fontenay-aux-Roses, qui a laissé son cheval avec son bât et ses paniers à la garde du sieur Coquelin, hôtelier du Pilori ; ainsi Marie-Denise Sion, marchande fruitière de Montreuil, avec un aubergiste de la rue de Viarne, portent plainte devant le commissaire[108]. Le nouveau marché Saint-Martin tente de répondre à tous ces besoins en aménageant caves et garages, mais la place est insuffisante là comme au marché Beauvau qui, de la place Beauvau à la rue d'Aligre, accueille une centaine de marchands. Une douzaine d'établissements, dont cinq sur la place, logent en garni ou en chambre, rouliers, marchands, voituriers et leurs matériels : au sol, les chevaux et les marchandises ; en hauteur, les hommes et les femmes, avec pour l'immobilier une valeur locative accrue. Sur toutes les routes, dans toutes les villes, ce phénomène se reproduit en permanence ; ces activités s'installent au centre comme en périphérie, où les espaces sont plus libres. Le voyage, lui, alimente une sociabilité spécifique, plus limitée, celle de la rencontre temporaire, et il nourrit le jugement porté sur les auberges par des voyageurs de plus en plus exigeants. Les plaintes concernent les simples fermes qui s'intitulent auberges, les relais de poste inconfortables, les maisons traditionnelles inadaptées, car de plus en plus bricolées pour répondre à la demande. Bruits, odeurs, chevaux à l'aise, clients à l'étroit, malpropreté générale, public mêlé, personnel incompétent construisent le catalogue général des doléances transmises par les récits de voyage[109].

C'est le signe que le marché de l'accueil se réorganise, du XVIe au XVIIIe siècle. D'abord, grandes routes irrégulières et mauvais chemins des pays enclavés sont ponctués d'auberges et de logis dont les personnes de qualité dénoncent déjà l'incertitude, mais elles suffisent aux flux principaux des migrants et des métiers de la circulation. Au XVIIIe siècle, les mobilités s'accélèrent et se transforment ; ce qui servait de gîtes d'étape et de points de ravitaillement, déjà nombreux et bien approvisionnés où un réseau de gîtes relevés apparaît très tôt – ainsi chez Montaigne et quelques autres, l'Italien Lipomano, le Rochelais Esprinchard[110] –, mais se déclasse. Les voyageurs riches et pressés deviennent plus indépendants, ils vont plus vite et ont besoin de moins d'étapes (certaines diligences roulent la nuit après 1776) ; grands axes et villes recommandés par guides et récits sélectionnent les auberges confortables. Des villes-étapes ponctuées dans leur rythme par la vitesse des chevaux et comme dans la vallée du Rhône concentrent des établissements où l'on ne séjourne pas longtemps. Des cités secondaires, des chefs-lieux de pays cumulent les fonctions dans leurs auberges. Entre les unes et les autres, gros villages et bourgades reçoivent encore les flux des passants moins pressés, des rouliers et des marchands locaux, des paysans allant aux foires, et elles concentrent le flot des critiques. Passé Lyon, le voyageur exigeant n'est pas assuré de trouver auberges à son goût, mais seulement des établissements bien tenus où l'on s'arrête pour la nuit, où les prix sont bas par rapport aux grandes villes et à l'Angleterre. Le reclassement d'ensemble se fait au XIXe siècle. Il est commencé à Lyon, où les hôtels qualifiés sont notés par les guides (Dutens, Nugent par exemple) : dès le XVIIIe siècle, une bonne centaine d'établissements dont certains qualifiés et appréciés, surtout après 1750 et l'essor du voyage d'Italie. Les plus beaux et les mieux aménagés sont au centre entre les Terreaux et Bellecourt : l'hôtel du Parc, l'hôtel des Trois Rois, l'hôtel de Malte, l'hôtel d'Artois, l'hôtel de Provence ; l'hôtel de Milan, au goût nouveau, est le plus coté. A Marseille, qui possède dès le XVIe siècle un bon équipement, le démarrage moderne de l'hôtellerie se produit plus tardivement et les meilleurs établissements, une quarantaine, sont tous au centre[111] : à l'hôtel nouveau, situation centrale, comme on l'a vu pour Paris avec un lien direct noué par l'expansion urbaine et la polarisation de la vie sociale.

La sociabilité hôtelière

On conçoit, dans ce jeu, l'importance de la sociabilité. Dès Montaigne, les notations abondent sur l'intérêt qu'il y a à fréquenter de bons gîtes, sur les occasions d'observation et les rencontres intéressantes et inopinées qu'ils offrent. Des logis bien chétifs succèdent à des auberges luxueuses tout au long du parcours, mais partout la presse et la mixité sociale font la toile de fond d'un accueil où elles compensent, avec la nourriture, la faiblesse du confort – ainsi à Bâle[112]. Pour Brackenhoffer, c'est à l'auberge que se construit et se déconstruit la sociabilité voyageuse. A Bâle en mars 1643, à Constance, à Lyon – c'est un scénario qui se répète –, le nouvel arrivant trouve à l'hôtel relations diverses et convenables. A Zurzach, il observe : « Le temps me semblait long, car si je trouvais là beaucoup de gens du pays, il ne m'était toutefois pas possible de prendre plaisir aucun à leur conversation : c'étaient des commerçants et ils avaient affaire... » Pour tous ceux qui parlent de leur voyage, la conversation et le plaisir de la rencontre sociale avec sinon des égaux, du moins des interlocuteurs valables font partie de la manière de voir, de juger, de hiérarchiser les logis en raison même de l'échelle des caractères et des mœurs. Locatelli, noble de Bologne, clerc au service du cardinal Lomellini, laisse une relation de son voyage en France, pittoresque et mondaine, mais qui sait voir les choses et les hommes : il indique toujours si les auberges sont bonnes ou mauvaises, les hôtes accueillants ou inhospitaliers, les voyageurs intéressants ou de peu d'attrait. Une auberge se juge à la beauté des servantes comme à la qualité des services rendus et à la société rencontrée. A l'hôtel de Mayence, au faubourg Saint-Germain[113], qui accueille cinq catholiques, deux anglicans et quatre luthériens, les repas se changent en lieu de controverse, l'entretien en propos théologiques qui passionnent une société déchirée, mais point encore totalement hostile et divisée en dépit du contexte : Locatelli est à Paris en novembre 1664. Un peu moins d'un siècle plus tard, Jacques-Louis Ménétra défend la foi catholique dans une auberge de compagnons à Saint-Hippolyte dans les Cévennes ; il y est accueilli par le cri : « Voilà un papiste ! », et la maréchaussée le tire de la bagarre où le Parisien défend le culte des saints, les parpaillots soutenant quant à eux Calvin, Luther, la liberté de croyance [114]. Les scènes de genre de tous les récits renvoient certainement à un contexte d'écriture propice à l'évocation pittoresque. Elles sont à la rencontre de deux sociabilités qui hiérarchisent aussi les établissements.

La première est celle de la criminalité, de la violence, de la marginalité [115]. L'auberge est, comme le cabaret dont elle est souvent proche, le lieu favorable aux transactions et aux exactions. Partout les historiens y ont retrouvé prostitution, grivèlerie, vol, fraude et escroqueries des hôtes, bagarres avec le voisinage, insultes, voire plus rarement meurtres. A Toulouse, entre 1685 et 1701, 70 affaires sont jugées par les capitouls ; entre 1744 et 1749, 69. Ce n'est pas d'un grand poids par rapport au millier de cas urbains : 56 % sont des bagarres, 17 % des vols, 13 % des insultes, 7 % des viols, un petit lot d'affaires concernant les aubergistes entre eux, 4 % seulement des arrestations de voyageurs. L'auberge dans sa marginalité est, comme en d'autres domaines, un lieu intermédiaire. C'est un asile de l'illicite parce qu'elle est d'abord lieu d'un brassage licite et que ses activités la livrent aisément à l'accueil de trafics multiples, donc au dérapage que surveillent les policiers parisiens et provinciaux : prostitution, recel, commerce de livres et de marchandises prohibées, abri de contrebandiers. La transgression n'est que l'autre face de la normalité et le désordre qui dégénère parfois en contestation politique. On le voit à Buchy dès 1789 quand, dans ce petit village, les aubergistes prennent la tête du mouvement patriote. Les discussions sont sans discontinuité avec les activités acceptées au grand jour [116].

La seconde sociabilité relève de cette exigence que porte avec lui le voyage. Sa réussite, l'intérêt de son compte rendu reposent sur le pittoresque et la richesse de la rencontre. Un exemple suffit à éclairer la cause. Arthur Young, dont on connaît la piètre opinion sur les auberges françaises – où il distingue la nourriture et la boisson, plutôt mauvais –, est très sensible à la sociabilité de la table d'hôte et à la fonction d'information des lieux d'accueil. Pas de journaux à Moulins : « J'aurais pu aussi bien demander un éléphant », dit-il du café de Mme Bourgeau[117]; ni le Lyon d'Or, ni la Belle Image ne le satisfont. L'année précédente, le 5 août 1788, il est à Rouen, à la Pomme du Pin, où la table est méritoire, peu chère, mais où « de toutes les réunions sombres et tristes, la table d'hôte est ce qu'il y a de pire; pendant huit minutes, un silence de mort, et sur la politesse qui consisterait à engager la conversation avec un étranger, on compterait en vain[118] ».

L'essentiel est dit avec force, qu'entendra Stendhal, lecteur de Young, et qui le fera entendre à son tour dans les *Mémoires d'un touriste* : l'auberge doit offrir à sa clientèle ce minimum d'ouverture à l'autre, au local, aux circonstances particulières, à la confrontation générale, qui fait l'une des dimensions générales de l'hospitalité. Le don s'est transformé en échange monétarisé, mais il n'en reste pas moins que l'on attend de l'hôte, de son personnel comme des hôtes privés, une capacité civile à bâtir les éléments instructifs et polis qui font l'essence des sociabilités mobiles. Ce n'est point encore une société froide et calme, sans espoir de relations humaines profitables. Pour Stendhal, c'est un test décisif de la réussite d'une étape *snug* : là on juge de la qualité des repas, là surtout on noue des rapports intéressants – ainsi à Valence où le touriste parle avec son voisin, « gros garçon dont je ne sais pas le nom[119] », le renseigne sur les transports, le fleuve, la route, et fume avec lui un cigare en parlant de Mandrin. L'ennui du soir peut pousser le voyageur à faire flèche de tout bois et, comme dans les diligences, le contraindre à aborder tous les objets qui excitent l'attention de gens actifs, de petits propriétaires, de commerçants, de rentiers : les nouvelles locales, les informations du moment. Au Havre[120], l'observateur est descendu à l'hôtel de l'Amirauté, où il retrouve le confort à l'anglaise, mais où il s'accommode peu facilement de la table d'hôte, partie qui lui paraît triste et imposée : « Le dîner, outre qu'il dure une heure et demie, on se trouve là vis-à-vis de trente ou quarante figures américaines ou anglaises dont les yeux mornes et les lèvres pincées me jettent dans le découragement. » Le centre de la gaieté dans une cinquantaine d'étapes s'est déplacé vers les cafés, ouverts plus tard, plus éclairés, plus animés. Le circuit de l'accueil urbain est ainsi engagé dans un développement à deux vitesses : l'une accélère tous les mouvements avec de nouveaux problèmes; l'autre les freine, car elle conserve des habitudes de rencontre qui désormais ne correspondent plus à l'attente générale autrefois divisée.

Celle-ci va se dévoiler dans la modernité de l'économie hôtelière qui se met en place partout, mais Paris fait ici figure de modèle. Plusieurs moyens permettent d'en jauger la visibilité. Les uns relèvent de la proto-publicité qui additionne les formes traditionnelles et les formules novatrices. Les enseignes ressortissent à une attraction ancienne ; elles ont fasciné partout les érudits et les historiens, car leur évocation renvoie à une civilisation de l'image pittoresque d'un espace prétendument plus riche et plus vivant. Leur dénomination suggère depuis longtemps qu'il existe un lien entre la façon de nommer l'hôtel et l'origine géographique et nationale des clients. On peut quelquefois constater des préférences tant chez les hôtes que chez les voyageurs, mais elles ne sont que rarement majoritaires dans les hôtels à enseigne, lieux déjà sélectionnés et en haut de l'échelle. Aucun Anglais à l'hôtel d'Angleterre entre 1774 et 1780! Aucun Espagnol à l'hôtel d'Espagne, mais en revanche un Anglais... De probables habitudes anciennes ont certainement disparu avec le mouvement accru. En revanche, le lien fonctionne de façon plus nette dans l'accueil aussi bien pour les étrangers (Anglais, Irlandais, Allemands) que pour les provinciaux. Toutefois, le logeur Schelling, un Allemand à clientèle germanique, accueille en aussi grand nombre Britanniques, Hollandais ou Polonais. Son établissement, rue de Tournon, est de grand luxe et l'exemple renvoie à l'étude à poursuivre sur les mobilités des choix. Le pittoresque et le cosmopolitisme du corpus de près de six cents enseignes parisiennes ne doivent pas faire illusion. C'est un mode ancien de lecture de l'espace reposant sur le sens physique du détail et l'appréhension, sans qu'on y pense, de formes incitatives pour un choix de consommation. Il est significatif que 57 % des enseignes renvoient à des évocations topographiques. C'est une géographie européenne en majorité, et principalement française et provinciale ; certaines enseignes correspondent aux routes de provenance, mais les établissements propices aux regroupements régionaux ne les attirent pas forcément[121].

Derrière le catalogue évocateur par sa symbolique, il faut imaginer les contraintes des choix. La stabilité d'une appellation procure un avantage certain : elle favorise l'héritage, la transmission, la continuité ; elle fixe les clients captifs. Un renouvellement peut cependant être favorable et profiter à un changement de propriétaire ; il annonce la nouveauté. L'imaginaire topographique dominant dans l'offre hôtelière est la preuve du lien qui dans l'accueil unit la mobilité, l'enracinement, et la circularité fondamentale de tout voyage entre chez soi et l'ailleurs. Au fil du temps les thèmes évoluent, mais dès le début du XIXe siècle on voit peu de changements, hôtel du Négoce, hôtel du Commerce, hôtel des Négociants, hôtel des Colonies, hôtel de la Marine. Ils montrent toutefois un changement d'accent, comme vont le faire plus encore le Grand Hôtel, le Palace, le Terminus, sans oublier le Ritz et le Meurice, quand s'affirme l'hôtellerie de luxe et d'affaires, à l'âge des palaces après 1850. Jusque-là, la fonction rassemble hôtelier, logeur, aubergiste, loueur de chambre recensé ou non, mais elle se différencie par la gamme des prix et l'éventail des services offerts. C'est une activité ordinaire des grandes métropoles modernes.

Les guides de Paris entre le XVIIe et le XIXe siècle en donnent les clefs indispensables. Cette littérature de l'accueil traduit la montée d'une visée utilitaire que n'ont pas exactement de la même façon les renseignements donnés par les récits de voyage, voire les romans : Sterne fit ainsi le succès de l'auberge du Lion d'Argent, tenue par M. Dessein, et de l'hôtel d'Angleterre à Calais où descend son voyageur sentimental. Les guides sur deux siècles révèlent l'évolution de l'habité offert, le statut reconnu aux hôtels garnis, aux meublés – distingués des hôtels aristocratiques –, aux chambres à louer. Ils ont assuré le succès des nouveaux usages en insérant dans l'écriture de la ville la liste des grands établissements, en l'accroissant au fur et à mesure des éditions – ainsi dans le Colletet de 1677 à 1708 –, en les replaçant aussi dans une vision touristique de la description urbaine dont les guides pour voyageurs se dégagent peu à peu.

Entre 1754 et 1761, le *Tableau de Paris* de Jèze, avec ses différents états, traduit en clair l'évolution. Il avertit des usages possibles de la ville – usages nécessaires, utiles, agréables –, il livre les informations indispensables pour se retrouver. En même temps, il véhicule la position administrative et policière qu'on perçoit dans la comparaison des éditions avec les enquêtes. L'auteur a bénéficié des informations de la police ; il a tacitement effectué un tri correspondant à la sélection de la surveillance qui distingue quartiers recommandables et paroisses mal famées. Le Goblet de 1817, le *Tableau des hôtels garnis*, avant lui le *Dictionnaire des rues* de La Tynna en 1812, parmi une production accentuée en quantité, (*Conducteur parisien, Conducteur de l'étranger*), associent la nomenclature topographique et la fonction utilitaire. La Tynna est aussi l'auteur d'un *Almanach du commerce* qui fournit la liste des hôtels garnis. Le guide donne encore le choix des choses remarquables et leur localisation, mais il offre également l'information utile pour l'hébergement, quelquefois mêlée dans les objets à voir et dès lors remarquables et conseillés. Les guides facilitent l'accès à la ville; ils veulent aussi être le *Manuel des voyageurs*, mais, comme l'écrit l'auteur du guide publié par la maison Roret en 1828, « non seulement pour les étrangers qui passent et visitent la capitale, mais aussi pour d'autres catégories, commerçants, hommes d'affaires, étudiants, dont les choix de logement s'inscrivent parmi d'autres besoins à signaler, nourriture, vêtement, hygiène, médecins, religion, bienfaisance, science, plaisir, commerces et manufactures, moyens de transport, sans oublier la description des lieux de notre dernier repos[122] ». De 1700 à 1850, les guides utilitaires précisent leur fonction, leurs information, les renseignements donnés; ils opèrent une sélection qui dessine la topographie du fréquentable et du remarquable; ils assurent une fonction régulatrice. L'espace urbain des grands établissements est recommandé par sa beauté, son calme, sa sécurité. Monumentalement riche, il est commercialement bien doté et administrativement bien quadrillé; les *beaux quartiers* agglomèrent les beaux hôtels.

A côté des guides, toute une littérature moins connue enseigne aux lecteurs ce qu'il faut savoir pour un bon usage des institutions d'accueil. C'est celle des *Manuels de conversation* qui permet, en apprenant une langue nouvelle, d'apprendre de nouvelles manières. Elle introduit aux réalités des pays visités par le détail quotidien. Le corpus est abondant depuis le livre de Gabriel Dugrès, publié à Oxford en 1639, *Dialogi Gallico-Anglico-Latini*, et les nomenclatures en quatre langues de Nataniel Duhesius, éditées à Amsterdam et à Leyde en 1656 et 1664, jusqu'au *Complete French Master* de Boyer, dont on recense onze éditions jusqu'en 1733. Mme de Genlis, on l'a vu, se range donc dans une longue tradition. Une structure commune peut se lire sans grand changement de la fin du XVIe au XVIIIe siècle. Le scénario organise un temps et un espace, de l'arrivée au départ, avec ses questions-réponses concernant l'accueil, les conditions faites, la qualité des chambres, les repas, les transactions sur les coûts, les heures de dîner ou de souper[123]. Cet enseignement s'accompagne de celui des formules de base où la politesse a sa place : « Peut-on loger ici ? interroge le voyageur de Dugrès. Oui, monsieur, répond l'hôte. Etes-vous seul ? », et il ajoute : « Entrez, messieurs, mes maîtres, gentlemen, vous êtes les bienvenus. » Enfin, l'examen des lieux, salles, chambres, voire écuries, enseigne un niveau d'exigence dont l'évolution renseigne sur celle des attentes. Les auteurs mentionnent les pots de chambre et les privés, ou celui du tas de fumier à la porte des écuries. « Donnez-moi le pot de chambre ! » s'écrie le voyageur du *French Master*, et quand son voisin de chambre demande : « Pourquoi sautez-vous du lit ? », il répond : « Pour aller à la chaise percée. » Le lit à deux commence tôt à poser un problème, mais après la propreté des draps, de la literie et des logis. Dès 1623, les Heures de relâche d'un soldat voyageur, *le mercenaire John Wodroephe, gentleman*, éditées à Dort, fournissent un modèle du genre. Cet ouvrage révèle la hiérarchie de l'univers social de l'accueil, la relation aux patrons, aux domestiques et aux autres voyageurs. Il enseigne les pratiques culinaires, les usages dont il faut se méfier et cependant connaître – en bref, toute une sagesse où la vie hésite, comme plus tard dans le *Télémaque*, entre la morale et le luxe. Apprendre la langue devient nécessaire, car il ne faut pas se fier aux apparences, et il faut connaître les hommes et les choses par soi-même[124].

La grammaire enseigne les usages des objets : *my lodging, my boy, mon logis, mon garçon, my horse is good, mon cheval est bon, son cheval est mauvais*. Le soldat a parcouru l'Europe ; il livre son expérience pour le bien des voyageurs, principalement à travers des situations concrètes d'échange social : se loger, obtenir qu'on change ses draps, qu'on graisse ses bottes, qu'on prépare le repas à l'heure, qu'on sèche ou qu'on répare ses hardes. Dix-huit dialogues familiers, une dizaine de discours sur les mœurs, les jeux, les caractères des voyageurs et des étrangers, les rapports galants, le souper et le coucher, forment un résumé de la vie en mouvement où, plus que chez soi, on a besoin de repères. L'auberge est l'un de ces amers attendus et offerts au hasard de la route. Le genre a perduré, car il est utile et, en mettant au premier plan les négociations nouées dans les relations matérielles, il montre ce qui est mis en question dans l'économie de l'accueil. On le voit clairement à Paris où s'est constitué, entre le XVIIe et le XIXe siècle, un milieu de spécialistes caractérisé par la dispersion et la qualification des entreprises : des logeurs en chambrée aux premiers grands hôteliers du centre entassé, aux quartiers du luxe. Trois indices concernent la hiérarchie : le nombre des domestiques (50 % des établissements avant 1789, 40 % après, le nombre des méchants logis s'est accru) ; la part des biens et des meublés professionnels (25 % au XVIIIe siècle, 50 % après) ; la capacité à faire fonctionner de petites entreprises avec un personnel familial, un réseau de fournisseurs, des créanciers accommodants. L'endettement révèle ici souvent un progrès, car il correspond à un effort d'équipement.

C'est alors un modèle de consommation qui apparaît peu à peu. Les conditions offertes, même au niveau le plus bas, sont souvent bien supérieures à celles que l'on connaît chez soi; en tout cas, c'est presque incontestable pour une majorité de ruraux venus travailler dans la capitale. Chacun peut, du sommet à la base, avoir recours à des services multiples qu'évoquent les différents postes des comptabilités retrouvées : loyers ou investissements mobiliers (ils proportionnent l'espace offert), alimentation (ils sélectionnent la qualité offerte et la variété des régimes), éclairage et chauffage (qui correspondent à la qualité des établissements). La moitié des dettes des inventaires d'hôteliers montrent l'importance des frais liés à l'aménagement des garnis et des hôtels, celle des frais domestiques, des blanchissages, des dépenses d'entretien, de menuiserie, de peinture, de tapisserie. L'hôtel parisien est l'un des réceptacles de la production de masse des artisans de la capitale. C'est le service au service de multiples services, qu'on peut quelquefois facturer à la demande et dont le paiement est plus garanti que pour d'autres secteurs professionnels : les inspecteurs y veillent de la même manière qu'ils surveillent la moralité des établissements.

L'espace des garnis et des hôtels n'est pas homogène, mais de grandes tendances y apparaissent sur trois siècles. D'abord, il n'est pas construit, ou rarement, pour sa fonction : c'est un lieu réaménagé et réapproprié qui suit les tendances et les occasions offertes dans l'expansion urbaine. La verticalité des établissements du centre contraste avec l'extension des auberges de la périphérie, des faubourgs et des nouveaux quartiers. Au premier, l'entassement, la multiplication des galetas et des retranchements; aux seconds, les jardins, les cours, les remises. Ensuite, il y a une spécialisation des pièces, une multiplication des chambres, une montée en puissance des lieux communs et collectifs. Le garni classique, c'est quelques pièces peu spécialisées; l'hôtel, c'est une dizaine de chambres en moyenne, avec plus de lits que de chambres. D'un côté, le logé a peu d'espace privé; de l'autre, il bénéficie très tôt d'une condition plus individualisée de logement. L'équipement d'ensemble, la cuisine, la salle à manger, le mobilier des chambres montrent l'ouverture vers le luxe – peu diffusé encore, mais certain – dans les grands établissements. Ce qui dynamise l'ensemble du secteur, c'est la demande croissante liée à l'arrivée des voyageurs et des migrants. Une partie, majoritaire, est celle des pauvres ou des miséreux; elle augmente quand la capitale attire un nombre accru de travailleurs. Une autre, minoritaire, est réservée aux riches, et les commodités attendues par les étrangers apparentent ces logis à ceux des catégories les plus relevées de la population. L'important est qu'il n'y a pas de solution de continuité béante entre ces deux espaces sociaux. Voilà qui permet de comprendre comment ont pu se produire les transferts de la culture matérielle – ceux de l'hygiène (literie, usages de l'eau), ceux du confort (mobilier, chauffage), ceux de la sociabilité et de la civilité qui se lisent dans les espaces et les dialogues des témoins.

Au sein d'une activité qui tend à se spécialiser, la diversité des solutions offertes à tous est extrêmement souple et ouverte : elle permet une utilisation parfaitement libre d'un réseau où toutes les possibilités existent à l'échelle de la ville entière, mais parfois même au sein d'un établissement. Une évolution double se joue ainsi dans le monde des logeurs : les uns sont entraînés par la transformation industrielle, l'aspiration à la salubrité, à l'hygiène, mais aussi par la vulgarisation d'un luxe de services auquel aspirent les nouvelles classes dirigeantes; les autres sont les victimes d'un dysfonctionnement profond qui a laissé se multiplier les logements précaires et insalubres. Entre les deux extrêmes se maintiennent les petits établissements, dispersés partout et coexistant dans le centre, voire dans les nouveaux quartiers, avec les autres établissements améliorés ou rénovés. C'est le Paris hôtelier qu'explorent les enquêteurs de la Chambre de commerce avant 1860. En province, existe un même contraste, mais il est concentré autrement. Dans les métropoles régionales, on le retrouve sans doute, avec des effectifs moindres qu'à Paris, mais l'essor des nouveaux établissements est patent après 1750. L'avenir des voyages, les temps du tourisme s'annoncent.

Hors des grandes villes, loin des axes routiers, l'occasion fait le larron, les établissements retardent, la sociabilité est plus traditionnelle, la promiscuité règne, les aubergistes rançonnent les voyageurs captifs. C'est pourquoi E.-P. Coste, propriétaire à Giroussens, propose au ministre de l'intérieur un vaste plan calculé pour mettre en place un réseau moderne d'accueil homogène sur tout le territoire. Toutes les exigences déployées par l'hôtellerie de pointe dès le XVIIIe siècle – lits séparés, hygiène, sûreté, propreté – sont ici évaluées et rassemblées. Le métier est à un tournant, dont l'activité renforcée suggère contrôle permanent et encouragements prodigués[125]. La façon de voyager de tous s'est transformée, et elle influe directement sur le coût du voyage. En voulant retrouver partout ses habitudes, le voyageur – pour ses affaires, pour la curiosité, bientôt pour le tourisme – a homogénéisé un espace de la culture matérielle et alourdi les dépenses, comme pour certains les bagages – Smolett, Hunter, Young en témoignent. Sterne, en prenant le contre-pied de leurs exigences et de leurs grognements, en se moquant de ses encombrements, en acceptant le hasard, l'aventure, le modeste bagage – un paquet d'une demi-douzaine de chemises et une culotte de soie noire, « l'habit que j'ai sur moi » –, renforce le stéréotype et sa puissance *a contrario*. Et c'est Arthur Young qui perçoit le mieux les raisons et les conséquences, qui sont d'ordre politique et économique : là où l'hôtellerie retarde, c'est que la communication est elle-même freinée. « Il y a une donnée politique dans ces petites observations. Nous ne pouvons demander que tous les registres de France soient ouverts pour prouver quelle est la circulation dans le royaume ; la politique doit donc le préjuger des choses à sa portée ; et parmi celles-ci, la circulation sur les grandes routes et la disposition des maisons établies pour la réception des voyageurs nous disent et le nombre et la qualité des voyageurs. J'entends les gens du pays que les affaires ou les plaisirs appellent hors de chez eux ; car, s'ils ne sont pas assez nombreux pour entretenir de bonnes auberges, ce ne seront pas certes ceux qui viennent de loin qui le feront : on le voit par la détestable hospitalité offerte sur le grand chemin de Londres à Rome[126]. » En multipliant les échanges, la circulation diffuse les exigences, mais celles-ci répondent aux besoins d'une majorité de gens modestes qui n'écrivent pas de récits de voyage.

NOTES

1. J. Haechler, *L'Encyclopédie de Diderot et de Jaucourt. Essai biographique sur le chevalier de Jaucourt*, Paris, 1995, pp. 17-123.
2. O. Genty, *Figures et pratique de l'hospitalité en France. De la vertu à la marchandise, 1750-1909*, Mémoire de DEA, Paris I, Paris, 1998.
3. Matthieu, XXV, 35-46; Luc, X, 3.
4. R. Scherer, *Zeus hospitalier. Eloge de l'hospitalité*, Paris, 1993, p. 21-25.
5. Platon, *République*, IV, 419; R. Scherer, *op. cit.*, p. 17.
6. Ovide, *Fastes*, V, 4.
7. R. Scherer, *op. cit.*, pp. 12-13.
8. D. Péricard-Mea, *Compostelle et culte de saint Jacques au Moyen Age*, Paris, 2000, pp. 10-14.
9. *Ibid.*, pp. 362-363.
10. R. Scherer, *op. cit.*, pp. 178-180.
11. E. P. Thomsson, *La Formation de la classe ouvrière anglaise*, 1963, Paris, 1988 (trad. fr.).
12. R. Scherer, *op. cit.*, p. 86-90.
13. M. Mauss, *Essai sur le don. Sociologie et anthropologie*, Paris, 1908, pp. 16-165.
14. *Ibid.*, p. 274.
15. R. Scherer, *op. cit.*, p. 89.
16. M. Mauss, *op. cit.*, pp. 277-279; R. Scherer, *op. cit.*, pp. 41-49; G. Raulet, *Kant. Histoire et citoyenneté*, Paris, 1996, pp. 184-192.
17. Fénelon, *Œuvres*, éd. J. Le Brun, «Bibliothèque de la Pléiade», Paris, 1997, t. II; F.-X. Cuche, *Une pensée sociale catholique. Fleury, La Bruyère, Fénelon*, Paris, 1991; J. Stagl, *A History of Curiosity. The Theory of Travel, 1550-1800*, Camberra, 1995.
18. R. Scherer, *op. cit.*, pp. 106-107.
19. Fénelon, *Télémaque*, in *Œuvres*, *op. cit.*, pp. 67-69, éd. J.-L. Gorée, 1968.
20. *Ibid.*, pp. 85-87.
21. *Ibid.*, pp. 192-211.
22. *Id.*, *Œuvres*, *op. cit.*, pp. 1084-1109.
23. F.-X. Cuche, «Fénelon, une politique tirée de l'Evangile», XVIIe siècle, janvier-mars 2000, 206, t. I, pp. 73-96.
24. F.-R. de Chateaubriand, *Mémoires d'outre-tombe*, «Bibliothèque de la Pléiade», Paris, 1947-1950, 2 vol., t. II, p. 966.
25. *Ibid.*, pp. 177-270; T. Todorov, *Les Morales de l'histoire*, Paris, 1991, pp. 99-100.
26. J.-C. Perrot, «Les concours poétiques de Basse-Normandie (1660-1792). Anglophilie et anglophobie au XVIIIe siècle», *Annales d'histoire de la Révolution française*, 1971, pp. 405-440.
27. F. Heal, *Hospitality in Early Modern England*, Oxford, 1990.
28. R. Scherer, *op. cit.*, pp. 15-16.
29. F. Heal, *op. cit.*, p. 15, exemples cités dans le Yorkshire.
30. L. Stone, *The Crisis of Aristocracy, 1558-1641*, Oxford, 1965, et *Social Change and Revolution in England*, Londres, 1965.
31. V. Meyzie, *L'Histoire et l'accueil dans les récits de voyages français du XVIe siècle en Orient et aux Amériques*, Mémoire de maîtrise, Paris I, 1994.
32. L. Gardet, *Les Histoires de l'islam. Approche des mentalités*, Paris, 1977, pp. 36-37.
33. *Coran*, sourate XXX, trad. R. Blachère, Paris, 1980, p. 433.
34. M. Foisil, *Le Sire de Gouberville, un gentilhomme normand au XVIe siècle*, Paris, 1981, pp. 181-191; M. de Montaigne, *Journal*, «Bibliothèque de la Pléiade», Paris, 1983, pp. 24-25, 101-105, 127; N. Z. Davis, *Essai sur le don dans la France du XVIe*

siècle, Paris, 2003 (trad. fr.).
35. V. Meyzie, *op. cit.*, pp. 18-21 ; Y. Bernard, *L'Orient du XVIe à travers les récits de voyageurs français. Regards portés sur la société musulmane*, Paris, 1988, pp. 24-31.
36. *Ibid.*, pp. 125-127.
37. V. Meyzie, *op. cit.*, pp. 41-59.
38. M. T. Hodgen, *Early Anthropology* in *the Sixteenth and Seventeenth Centuries*, Londres, 1964 ; F. Lestringant, *Le Huguenot et le Sauvage : l'Amérique et la controverse coloniale, en France, au temps des guerres de religion (1555-1589)*, Paris, 1999, et son édition de Thévet, *André Thévet, cosmographe des derniers Valois*, Genève, 1991.
39. V. Meyzie, *op. cit.*, pp. 88-105.
40. N. Pellegrin, « Vêtements de peau et de plumes : la nudité des Indiens et la diversité du monde », in J. Céard et J.-C. Margolin, *Voyager à la Renaissance*, Actes du colloque de Tour, 1983, Paris, 1987, pp. 509-530.
41. M.-M. Martinet, « Voyage de découverte et histoire des civilisations dans l'Angleterre de la Renaissance », *ibid.*, pp. 281-301.
42. G. Stenghert, « L'horreur du voyage », *Le Magazine littéraire*, n° 391, 2000, pp. 30-33.
43. R. Scherer, *op. cit.*, pp. 117-118.
44. D. Diderot, *Œuvres*, « Bibliothèque de la Pléiade », Paris, 1962, pp. 974-975.
45. *Ibid.*, pp. 970-971.
46. M. Duchet, *Anthropologie et histoire au siècle des Lumières*, Paris, 1977, pp. 452-463.
47. M. Mauss, *op. cit.*, pp. 258-260.
48. *Promenade d'un Français dans la Grande-Bretagne*, Brunswick, 1801, p. 86.
49. J. Evelyn, *A Character of England*, 1659 ; F. Heal, *op. cit.*, pp. 195-199.
50. *Ibid.*, pp. 203-216.
51. D. Julia, « Un pèlerin de Reims à Rome au XVIIIe siècle », in *Mélanges Sauzet*, Paris, 1995, 2 vol., pp. 355-373 ; *id.*, « Rome-Reims : Gilles Caillotin, pèlerin, 1724 », *ibid.*, pp. 341-345 ; S. Boesch Cajano et L. Scaraffa, *Luoghi sacri e spazi della santità*, Turin, 1996, pp. 327-364 ; D. Julia, « Roumieux et jacquaires aux passages des Alpes. Données quantitatives et récits de pèlerinage », in G. Bertrand et M. T. Pichetto (dir.), *Le vie delli Alpi : il reale e l'immaginario*, Aoste, 2001, pp. 180-199.
52. B.M. Reims, Ms. 2487, pp. 208-209 ; D. Julia, *art. cit.*, p. 345.
53. F. Martin et F. Perrot, *Pauvreté et assistance à Meaux*, Thèse de 3e cycle, Paris I, 1984, ex. dactyl., 2 vol. ; *id.*, *Les Pauvres malades de l'hôtel-Dieu de Provins*, Mémoire de maîtrise, Paris I, 1974 ; F. Lelu, *La Population des pauvres malades de l'Hôtel-Dieu de Paris de 1762 à 1791*, Mémoire de maîtrise, Paris I, 1975 ; J. Imbert, *Histoire des hôpitaux en France*, Toulouse, 1981.
54. F. Heal, *op. cit.*, pp. 180-191 ; *id.*, *Johnson et Boswell dans les Hébrides*, Paris, 1991 (trad. fr.) ; James Boswell, *Vie de Samuel Johnson*, Paris, 1954 (trad. fr.) ; *id.*, *Journal intime d'un mélancolique*, Paris, 1986 (trad. fr.).
55. F. Heal, *op. cit.*, pp. 199-205.
56. J. Birnbaum, *Arthur Young en Europe*, Mémoire de maîtrise, Paris I, 1997, pp. 39-72.
57. A. Young, *Voyages en France,* 1787, éd. H. Sée, Paris, 1931, 3 vol., p. 83.
58. *Ibid.*, p. 183.
59. J. Birnbaum, *op. cit.*, p. 50.
60. Stendhal, *Voyages en France, Mémoires d'un touriste*, in *Œuvres*, éd. V. Del Litto, « Bibliothèque de la Pléiade », Paris, 1992, pp. 237-240.
61. *Ibid.*, pp. 406-430.
62. *Ibid.*, pp. 495-496.

63. M. Berengo, *L'Europa della citta. Il volto della societa urbana europea tra Medievo e Eta moderna*, Turin, 1999, pp. 512-519; H. C. Peyer, *Von der Gastfreundschaft zum Gasthaus. Studien zur Gastlichkeit in Mittelalter Buchhandlung*, Hanovre, 1987, trad. ital., Rome-Paris, 1990.
64. Ch. Morritz, *Travel Chieffly on Foot Through Several Parts of England in 1782*; J. Pinkerton, *A General Collection of Pinkerton's Voyages and Adventurer*, Londres, 1808, t. II, pp. 563-564; E. J. Leed, *La mente del viaggiatore dal Odyssea al turismo globale*, Bologne, Londres, 1980 (Paris, 1991, trad. fr.), pp. 131-132.
65. H. Lafon, *Espaces romanesques du XVIIIe siècle, de Madame de Villedieu à Nodier*, Paris, 1997, pp. 6-7, 10-12.
66. *Romanciers du XVIIe siècle (Sorel, Scarron, Furetière, Madame de La Fayette)*, «Bibliothèque de la Pléiade», Paris, 1958, pp. 396-405, 532-552,1040-1041.
67. H. Lafon, *op. cit.*, pp. 30-31; Marivaux, *Œuvres de jeunesse*, éd. F. Delofre, «Bibliothèque de la Pléiade», Paris, 1972, pp. 317-325.
68. H. Fielding, *Romans, Histoire de Tom Jones*, «Bibliothèque de la Pléiade», Paris, 1964, pp. 592-597.
69. *Ibid.*, pp. 967-961.
70. *Ibid.*, pp. 1024-1138.
71. D. Diderot, *Œuvres*, «Bibliothèque de la Pléiade», Paris, 1962, *Jacques le Fataliste et son maître*, pp. 475-713; E. Walter, *Jacques le Fataliste*, Paris, 1975.
72. D. Diderot, *op. cit.*, p. 476.
73. M. de Montaigne, *Essais*, t. III, IX, in *Œuvres complètes*, éd. A. Thibaudet, et M. Rat, «Bibliothèque de la Pléiade», Paris, 1962, p. 926.
74. *Ibid.*, pp. 951-952.
75. *Ibid.*, t. III, XIII, pp. 1041-1096.
76. A. Maczak, *Travel in Early Modern Europe*, Cambridge, Varsovie, 1980, 1995 (trad. angl.), pp. 45-94; E. Brackenhoffer, *Voyages en France, 1643-1645*, éd. J. Hatt, Strasbourg-Paris, 1925; *id.*, *Voyages en Suisse*, 1643, éd. H. Lehr, Paris, 1930; une édition globale s'imposerait.
77. *Id.*, *Voyage en France, op. cit.*, 1788, p. 234; J. Birnbaum, *op. cit.*, pp. 29-35.
78. *Ibid.*, 1789, Nancy p. 337, Cherbourg, pp. 227-288.
79. *Ibid.*, 1787, p. 102.
80. Stendhal, *op. cit.*, p. 75.
81. *Ibid.*, pp. 232-242.
82. Madelein Van Strien Chardonne, *Le Voyage de Hollande*, Oxford, 1994, pp. 35-43.
83. Ph. Gillet, *Par mets et par vins*, Paris, 1985.
84. J.-A. Chartres, *Les Hôtelleries en Angleterre. L'Homme et la route en Europe occidentale au Moyen Age et aux Temps modernes*, Auch, 1982, pp. 207-227.
85. D. Roche, *La Ville promise. Mobilité et accueil à Paris, fin XVIIe-début XIXe siècle*, Paris, 2000, pp. 325-333.
86. A. Faure, C. Lévy-Vroelant et S. Paycha, *Recherches sur les garnis et les meublés à Paris aux XIXe-XXe siècles*, Nanterre, 1999, pp. 22-28.
87. *Ibid.*, pp. 44-45.
88. D. Roche, *op. cit.*, pp. 110-175, 205-220.
89. E. Bonnet et B. Mariotto, *Les Passagers et les étrangers à Toulouse au XVIIIe siècle*, Mémoire de maîtrise, 1974, pp. 148-167.
90. J.-C. Perrot, *Genèse d'une ville moderne. Caen au XVIIIe siècle,* Paris, 1975, Thèse, 2 vol., t. I, pp. 520-526.
91. *Ibid.*, p. 520; A. Boulligny, *Auberges et cabarets caennais (XVIe-XVIIIe)*, Mémoire de maîtrise, Caen, 1996.
92. A. Young, *op. cit.*, t. I, pp. 155-206; Mrs. Cradock, *Voyage en France, 1783-1786*,

Paris, 1896, pp. 95-96.
93. J. Roche, « Le gîte et le couvert. Les hôtelleries à Beaucaire du XVIe au XVIIIe siècle », *Bulletin de la Société historique et archéologique de Beaucaire*, 1994, n° 123, pp. 14-18.
94. Ch. Lormont, « Modes de sociabilité et stratégies de pouvoir : aubergistes et cabaretiers à Buchy à la fin du XVIIIe siècle », *Etudes normandes*, 1995, n° 3, pp. 45-60.
95. H. Giroux, « L'hôtellerie dijonnaise au XVIIIe siècle », *Annuaire de la Société d'histoire et d'archéologie de Dambach-la-Ville, Barr, Obernai*, 1979, pp. 61-73.
96. J.-M. Le Minor, « Auberges barroises XVIe-XVIIIe siècle », *ibid.*, pp. 61-75.
97. A. Molinier, « Accueil des voyageurs en Vivarais au XVIIe et XVIIIe siècle », *Revue du Vivarais*, 1985, pp. 23-28.
98. A. Young, *op. cit.*, t. II, p. 398.
99. Roy Porter, *The Medical History of Watersand Spas*, 1990.
100. Erasme, *Colloques*, Paris, t. I, pp. 277-284.
101. N. Lemaître, *Le Scribe et le mage. Notaires et société rurale en Bas-Limousin, aux XVIe et XVIIIe siècles*, Ussel, 2000, pp. 130-131, 146-157.
102. Bertrand, *Voyage en Espagne*, 1664 ; A. Maczak, *op. cit.*, pp. 41-48.
103. J. Bottin et D. Calabi (dir.), *op. cit.*, pp. 283-293.
104. G. Simmel, *Philosophie de la modernité*, Paris, 1989, « Les grandes villes et la vie de l'esprit », pp. 233-277.
105. R. Chamboredon, « Le négociant hôte : une forme diffuse de sociabilité au XVIIIe siècle », *Provence historique*, 1997, XLVII, 187, pp. 201-214.
106. A. Radeff, *Du café dans le chaudron. Economie globale d'Anciens Régime, Suisse occidentale, Franche-Comté et Savoie*, Lausanne, 1996, pp. 214-226 ; *Id.*, « Le réseau des auberges vaudoises au XVIIIe siècle », *Revue d'histoire des pays de Vaud*, 1993, pp. 125-137.
107. G. Bailly, « L'auberge Image de Saint-Jacques rue d'Auron à Bourges », *Cahiers d'histoire et d'archéologie du Berry*, 1988, 92, pp. 3-7 ; C. Poitou, « Tavernes, cabarets et auberges en Sologne sous l'Ancien Régime », *Bulletin de la Société archéologique et historique de l'Orléanais*, 1992, 2, 96, pp. 3-22.
108. J.-M. Roy, *Les Marchés parisiens, XVIIe- XVIII^{e}siècle*, Thèse, Paris I, 1998, 2 vol., t. II, pp. 43-59 ; A.N., Y. 15387, 12 juin 77, Y. 15394, août 1788.
109. M. Boyer, *L'Invention du tourisme. Origine et développement du tourisme dans le sud-est de la France, du XVIe au Second Empire*, 21 fascicules, 4 parties, Thèse de doctorat d'Etat, Université de Lyon II, 1987, t. I, pp. 55-60.
110. *Ibid.*, pp. 51-54.
111. *Le Guide marseillais*, Marseille, 1797, p. 102 ; M. Boyer, *op. cit.*, t. I, p. 706 ; t. II, pp. 21-24.
112. M. de Montaigne, *op. cit.*, pp. 91-94 ; E. Brackenhoffer, *op. cit.*, Suisse, pp. 25-26.
113. S. Locatelli, *Voyage de France*, Paris, 1906, éd. A. Vautier, pp. 30-32, 118-120.
114. J.-L. Ménétra, *Journal de ma vie. Autobiographie d'un compagnon vitrier au XVIIIe siècle*, éd. D. Roche, Paris, 1982, pp. 120-121.
115. A. Farge et A. Zysberg, « Les théâtres de la violence à Paris au XVIIIe siècle », *Annales ESC*, 1979, 5, pp. 984-1045.
116. Ch. Lormont, *art. cit.*, pp. 56-57.
117. A. Young, *op. cit.*, t. I, p. 375.
118. *Ibid.*, t. I, pp. 140-141.
119. Stendhal, *op. cit.*, pp. 151-152.
120. *Ibid.*, pp. 336-337.
121. D. Roche, *op. cit.*, pp. 300-302.
122. M. Lebrun, *Manuel des voyageurs*, 1828, pp. 175-185 ; G. Chabaud, in D. Roche, *op. cit.*, pp. 77-108.

123. A. Maczak, *op. cit.*, pp. 30-40.
124. J. Wodroeph, *Gent, The Spared Hours of a Soldier in His Travel or the True Marrow of the French Tongue, Where is in Truely Theaty*, Dort, 1623; j'ai consulté l'exemplaire de la bibliothèque de Wolfenbüttel, pp. 10-13, 137-138, 221-222.
125. A.N., F1 D11, 12; J. Hémardinquer, *Revue d'histoire économique et sociale*, 1975, pp. 289-303.
126. A. Young, *op. cit.*, t. I, p. 112.

TROISIÈME PARTIE

DÉCOUVERTE DE SOI, DÉCOUVERTE DU MONDE

Chapitre IX

Le voyage des étudiants

Contrôle, définition, accueil ont souligné l'importance des changements dans la perception comme dans la pratique des circulations. Des modèles multiples de mobilité existent avec plus ou moins de contraintes et de nécessités, de libertés et de hasards, qui toujours s'enchaînent dans des choix collectifs, familiaux, personnels. Ceux-ci ont des justifications diverses, et une croyance en l'*utilité* du voyage, dont la présence est au cœur des expériences les plus forcées et les plus embarrassées. Aucune typologie ne peut facilement rendre compte, selon les finalités des voyages, de l'équilibre qui s'instaure ou se rompt entre ces composantes de la motivation. En 1772, le professeur Schlözer, qui enseigne la philosophie à l'université de Göttingen, s'efforce d'y parvenir devant son auditoire d'étudiants, allemands majoritairement, lettrés et, on peut l'imaginer, curieux. Ses *Leçons sur les voyages par terre et par mer*[1] proposent une réflexion pionnière sur les manières de voyager. Il distingue deux catégories : « On voyage pour affaire ou pour voyager. » Dans le premier ensemble, Schlözer range les voyages religieux (dont les pèlerinages), les voyages commerciaux et les voyages éducatifs. Dans le second – le voyage sans finalité utilitaire, désintéressé d'un point de vue social –, il rassemble le voyage galant, le voyage de sociabilité mondaine et le voyage érudit. D'un côté, l'on trouve ce qui relève directement d'une professionnalisation, d'un métier et plus généralement d'une formation ; de l'autre, ce qui renvoie à la curiosité, à la rencontre, au désintéressement fondamental du savant.

La typologie de Schlözer peut soit évoquer un changement observé à la moitié du siècle des Lumières, soit proposer une réflexion suscitée par l'ensemble des pratiques et dont témoigne la vogue des voyages et de leurs récits. Il s'agit alors de distinguer et de comprendre, à partir des fonctions du voyage, les nouvelles façons de voyager caractéristiques de l'époque, l'élargissement de leurs motifs et celui du champ de vision qui lui correspond; il s'agit aussi de critiquer des façons anciennes. La cible est ici le « voyage galant », qui pour Schlözer s'identifie avec des choix mondains largement impulsés par la société des cours et comportant trop de « politique ». A l'opposé se situent les « voyageurs d'humanité », qui sont mis en valeur parce que mus par le désir de connaître et débouchant sur des connaissances utiles à tous. Ainsi, dans les « voyages statistiques », les voyageurs « voyaient, entendaient, collectionnaient beaucoup ». En fin de compte, le développement cognitif est le but principal de toutes les circulations. C'est ici qu'un second changement intervient : l'essor d'une production constatée à l'échelle de l'Europe et qui joue, pour ceux qui n'ont ni le temps ni les moyens financiers de partir sur les routes, le rôle d'un ersatz enrichissant ou pervertissant. La question relève du lien tissé entre les voyages réels, les voyages lus et la nécessité du voyage comme *expérience du monde et de soi*.

Un contemporain de Schlözer, le pasteur Kern, donne idée de cet état de choses : « Les récits de voyage permettent de mieux connaître notre pays, ses avantages et ses défauts, ses caractéristiques, ses mœurs, etc., tout en restant à la maison, et ainsi de savoir ce qui est déjà bon et ce qu'il faudrait changer. » Le voyage prend place, d'une manière générale, dans la pensée des intellectuels des Lumières européennes. C'est d'abord une occasion de voir, d'observer : il est confrontation des livres et de la vie; il est éveil à l'esprit de réforme et de changement. Pour les classes supérieures, c'est une école, une préparation indispensable à la réussite de l'avenir. Toutefois, cette dimension de pédagogie critique ne peut s'accomplir avec profit que par la découverte de son pays et ainsi de soi-même. Ce mouvement entrevu dans l'analyse de la production renvoie à une pratique dont le modèle est le récit par Friedrich Nicolai d'un voyage à travers l'Allemagne et la Suisse[2]. Le voyage cimente une unité culturelle car il est préparé, enseigné, car il mobilise inséparablement le réseau des relations et le bagage des connaissances. Ce qui se passe à l'échelle de l'Allemagne se joue, on n'en peut douter, à celle de l'Europe entière. Le changement dans la manière de concevoir le voyage correspond à une modification de l'espace européen lui-même et de la façon dont il est parcouru et conçu. La transformation dont l'accroissement général des circulations est la manifestation la plus visible s'opère simultanément dans les dimensions économiques, sociales, politiques et culturelles qui servent à tous, voyageurs ou non, de références concrètes.

Ainsi se dessinent, non sans nuances mais avec de fortes présomptions, deux espaces tendanciellement attractifs et chronologiquement peu à peu décalés. Jusqu'à la fin du XVIIe siècle, les modèles de l'Antiquité classique, directifs en matière politique, spirituelle et esthétique, vont se chercher au Sud. Au centre de cette zone, dont le rayonnement est celui de la chrétienté triomphante et réformée, celui aussi d'un humanisme christianisé, se trouve Rome[3]. Cette prédominance coïncide avec la force encore maintenue de l'espace économique méditerranéen et de l'espace politique des Habsbourg d'Espagne, qu'entretiennent la présence et la mobilité des diplomates, ambassadeurs, militaires, marchands, banquiers, intellectuels prestigieux et petites gens affairées. Elle est projetée et nourrie par l'expansion hispano-portugaise vers les terres nouvelles de l'Amérique, vers les rêves et les richesses – réels ou imaginaires – qui fascinent toute l'Europe et qui suscitent luttes et conflits. La rupture des Réformes n'a pas entraîné l'affaiblissement total de l'attraction du Sud : c'est celle-ci qui attire et capte les « déniaisés d'Italie [4] » ; c'est elle qui fait courir et sollicite les artistes, les savants, les curieux. En même temps, la culture du voyage révélée par l'*iter italicum* n'est pas immobile : elle se déplace et change d'efficace ; les sources d'une civilisation exemplaire ne se trouvent pas toujours dans les hommes, mais dans les traces, les choses, les monuments.

L'image d'une décadence, dont l'historiographie contemporaine a raison de douter[5], s'est imposée à partir du primat du politique et des mœurs. Elle se renforce quand la « crise de la conscience[6] », à la fin du XVIIe et au début du XVIIIe siècle, met en évidence une polarisation nouvelle dans une circulation accrue. Qu'on se souvienne de ces pages séduisantes et toujours jeunes : « Tout bouge », un monde immobile se met en mouvement, toutes les forces intellectuelles et pratiques y poussent. Peut-être sont-elles irremplaçables pour fixer une voie et tracer un cadre général ; peut-être sont-elles trop belles et trop globales pour rendre compte de tout. Le recul de la suprématie espagnole, la montée de la puissance française, l'affrontement avec les puissances septentrionales et orientales (Hollande, Grande-Bretagne, Prusse, Russie bientôt) changent certes la donne des équilibres européens, mais cette modification a-t-elle profondément transformé (sauf temporairement : songeons au Refuge) les fonctions utilitaires et intellectuelles des mobilités ? Si le voyage a changé de sens, comme le veut Paul Hazard, c'est à une certaine échelle, et l'opposition du Nord et du Sud ne doit pas faire oublier les nouvelles attractions vers l'Est quand la conquête turque s'arrête aux portes de Vienne, vers toutes les marges de l'Europe et, progressivement, à l'intérieur même des espaces qu'on oppose selon des découpages correspondant aux frontières qui s'instaurent et qui n'enferment qu'artificiellement les peuples et leurs mouvements. Le cours de Schlözer met l'accent sur la coexistence des changements et des continuités d'une mobilité dont l'enjeu intellectuel et cognitif est discuté depuis longtemps. Les moyens de comprendre cette évolution sont à retrouver à travers des traditions et des pratiques de déplacement, qui elles-mêmes transmettent les motivations nécessaires.

Mobilités pédagogiques, pédagogies de la mobilité

La dimension éducative intervient à plusieurs niveaux et concerne plusieurs espaces, dont les tensions mettent une fois encore en perspective les forces de l'obligation ou des choix libres, la mesure de la proximité ou de l'éloignement. La dimension scolaire, collégiale, universitaire, livre une première série d'expériences où se confrontent l'impulsion ou le fatalisme social, le choix des familles et la capacité des moyens personnels, les occasions offertes et saisies. Elles se jouent dans des dimensions variées, du local au national et de celui-ci à la relation internationale. L'histoire européenne des populations scolaires fournit le matériau de ces habitudes qui ont des résultats pour le savoir, la connaissance ainsi que pour la sensibilité et les comportements.

De la mobilité scolaire à la *peregrinatio academica*

Avec ses *Mémoires*, Jean-François Marmontel nous a sans doute laissé son chef-d'œuvre. Il est connu comme un exemple d'*homme de lettres*, dont il illustre un destin personnel exceptionnel : un fils de paysan parvenu au sommet de la République littéraire, écrivain applaudi et introduit, académicien, directeur du *Mercure de France*, fréquentant la ville et la cour, les salons et les princes. Avec la Révolution, son univers s'est effondré et le passé naufragé devient pour lui un refuge, l'écriture une thérapie d'équilibre – ce qui biaise probablement la force du témoignage, sa rigueur, mais n'enlève rien à sa valeur sensible. Les difficultés d'un temps font sans doute oublier les obstacles d'un parcours et figent l'expression des contrariétés affrontées autrefois[7].

DE L'ÉCOLE AU COLLÈGE

Marmontel voit le jour en 1723, et arrive à Paris en 1745. En vingt ans, il a franchi une distance considérable, intellectuellement sinon physiquement, et son chemin est coupé par des options majeures. Il est né à Bort, petite ville entre l'Auvergne et le Limousin; petit bourg, petit commerce, petite industrie, petits propriétaires, tout impose l'horizon restreint mais pas fermé par l'inégalité des grandes villes. Fils d'un artisan avec du bien, Marmontel se souvient de l'aménité des mœurs qui régnait alors, et de son attrait qui immobilise les enfants de Bort. Il n'y a rien de plus rare, en effet, que de les voir s'en éloigner : « Leur jeunesse était cultivée, et dans les collèges voisins leur colonie se distinguait; mais ils revenaient dans leur ville, comme un essaim d'abeilles à la ruche après le butin.[8] » C'est reconnaître deux nécessités : après un premier apprentissage des rudiments – Marmontel lui-même apprend exceptionnellement à lire dans un petit couvent de religieuses, et plus normalement le reste avec un vieux prêtre de la ville, qui fut son maître de latin –, il faut aller chercher ailleurs ce que les ressources scolaires locales ne peuvent offrir. Dans la plupart des cas, c'est pour revenir; dans d'autres, plus rares, c'est une rupture préliminaire pour une carrière ouverte. Marmontel, lui, part pour Mauriac, où se trouve le collège le plus proche. « Le latin ne fait que des fainéants », pense son père, qui toutefois consent, pressé par sa femme, que son aîné fasse des études et s'éloigne de la famille pour plusieurs années. De onze ans jusqu'à quinze, Marmontel fait ses humanités et sa rhétorique à 30 kilomètres à peine, n'interrompant son exil qu'aux vacances de Noël dans les montagnes transies, à celles de Pâques où le printemps se pare sous sa plume de lueurs virgiliennes, et plus longuement l'été à la fin de l'année, propice aux liaisons de la jeunesse. Parti pour Clermont-Ferrand afin d'apprendre le commerce – il y a cette fois plus de 80 kilomètres à franchir –, il choisit d'entrer dans la voie enseignante et de suivre les possibilités offertes par les collèges de la Compagnie de Jésus : payer les études par les études.

Ne méconnaissons point l'importance affective et sociale de ses ruptures : comme par hasard, le sujet que le préfet des études du collège de Clermont donne à traiter pour mesurer le niveau atteint par le jeune homme fut « les regrets et les adieux d'un écolier qui quitte ses parents pour aller au collège ! Je me rappellerais encore l'expression que je donnai au sentiment du fils et de la mère. Ces mots dictés par la nature, et dont l'art n'imite jamais l'éloquente simplicité, furent arrosés de mes larmes, et le préfet s'en aperçut. Mais ce qui l'étonna le plus (parce que la vérité même y ressemblait à l'invention), ce fut l'endroit où, m'élevant au-dessus de moi-même, je fis parler le jeune homme à son père du courage qu'il se sentait pour devenir un jour, à force d'application et de travail, la consolation, l'appui, l'honneur de sa vieillesse ». Faisons la part du style d'un temps : voilà le bon élève, mais qui n'en est pas moins sensible, lancé, engagé, dirigé.

Un passage à Limoges pour obtenir la tonsure après retraite chez les sulpiciens – c'est encore 200 kilomètres à additionner au compteur du futur ecclésiastique –, un écart envisagé pour obtenir un bénéfice de l'archevêque de Bourges, un choix confirmé par l'éloquence du professeur de rhétorique, le père Noaillac, et voilà Marmontel qui renonce aux grades de théologie (surtout ceux de Bourges, qui sont « décriés[9] »), et voilà le futur jésuite qui se retrouve à Toulouse, gagné *via* Aurillac à dos de mulet – moins de 400 kilomètres, mais décisifs car la capitale du Languedoc offre d'autres possibilités. Celles-ci entraînent l'apprenti jésuite à renoncer à la Compagnie, à se lancer dans les concours académiques – il est couronné par les Jeux floraux –, et finalement à choisir entre le séminaire à Paris, le barreau à Toulouse et la littérature dans la capitale. La bénédiction de Voltaire, à qui il a envoyé ses œuvres, l'accompagne à Paris, où il arrive à vingt-deux ans : il a peu d'argent, peu d'amis, des études inachevées, mais le soutien du plus grand poète du moment, et l'ambition. Il se loge à neuf francs par mois dans la rue des Maçons, près de la Sorbonne, chez un traiteur qui, pour dix-huit sous, lui donne un très bon dîner qu'il partage en deux pour souper. Marmontel a quitté la voie des écoles pour d'autres possibilités. Il est au cœur du monde, à 600 kilomètres de chez lui.

L'ATTIRANCE DES COLLÉGIENS

L'exemple de Marmontel évoque le destin de milliers d'enfants pour qui il n'y a pas d'études et de formation, voire d'avenir, sans rupture et sacrifice, qui mesurent des rayons de mobilité et d'éloignement de la vie familiale différents selon le niveau des scolarisations, selon les cursus choisis et possibles pour les familles. Dès la petite enfance, la petite école de paroisse exige déplacement et efforts proportionnés à l'échelle des petites jambes enfantines. L'établissement n'est pas toujours à côté : en campagne, c'est fréquent, quelques kilomètres ne font pas encore peur ; en ville, c'est possible plus facilement selon le quartier et la densité des équipements scolaires. Plus avant, le petit citadin a plus de chance souvent que le petit paysan, qui doit presque toujours se déplacer et vivre loin des siens pour apprendre. Chaque collège puise ainsi dans une zone de recrutement locale et régionale où l'éloignement plus ou moins grand varie selon les lieux, l'inconnu et le connu selon les cas. On le mesure dans les catalogues d'élèves qui enregistrent les provenances, la *patria* indiquée en latin.

En 1637, à Troyes et à Châlons, 24 et 47 % des élèves sont issus d'un environnement de moins de 50 kilomètres ; et au XVIIIe siècle, l'effectif régional recule à 18 et 20 %. Les élèves forains viennent de multiples villages, mais beaucoup ont quitté de gros bourgs comme Vertu ou Arcis-sur-Aube, et de petits chefs-lieux d'élection (Épernay, Sainte-Menehould, Vitry, Sézanne, Joinville, Bar-sur-Aube). Les écoles latines, les petits collèges, des curés attentifs, un régent cultivé ont dégrossi les petits grimauds qui vont poursuivre leur scolarité à Troyes ou à Châlons. Le modèle Marmontel est confirmé dans la France du Nord[10]. Une carte des collèges oriente les attentes des parents. Au XVIIIe siècle, à Lectoure, Auch, Avallon, Gisors et Condom, villes qui ont toutes moins de cinq mille habitants, c'est de 57 à 71 % des écoliers qui sont forains. A Gisors, le recrutement se concentre dans un rayon de 25 kilomètres qui correspond au Vexin normand, principalement avec des contingents venus du Vexin français ; certains viennent de Rouen, où le collège jésuite n'a pu absorber toute la demande sociale. L'Est est ainsi orienté vers Beauvais, Pontoise, au-delà Paris, le réseau de relations personnelles attirant le reste vers Gisors. A Avallon, l'attraction est plus large (40 kilomètres), drainant les plateaux bourguignons et plus tardivement, après 1760, le Morvan, attirant même des élèves envoyés par Paris, Auxerre, Dijon, Nevers ou Troyes, en partie sans doute pour des raisons de convenances doctrinales ou pédagogiques. Dans le cas d'Auch, la concurrence de Gimont et de Lectoure trace une frontière à 30 ou 40 kilomètres, celle d'Aire-sur-l'Adour, à 80 kilomètres ; celle de Tarbes, à 120 kilomètres. Bref, le chemin à parcourir dépend des possibilités ouvertes et du prestige de certains établissements – Toulouse et Agen ne sont pas très éloignés. Un rayon étroit (25 à 30 kilomètres) fournit les gros contingents ; un cercle plus large diversifie les occasions et oriente les vocations. Le réseau routier et l'ouverture font le reste, qui dépend beaucoup des moyens laissés à la fortune, car chaque départ coûte aux familles. L'internat est rare, et la pension chez l'habitant la règle, en tout cas pour les jésuites. A Condom, Avallon et Gisors, les collèges gèrent des *pensions* à 300, 200 livres, ce qui trie les entrées. On penserait à tort que tous ces élèves proviennent de milieux populaires : la petite noblesse gasconne envoie ses cadets se former à Auch, les hobereaux bourguignons à Avallon et les petits seigneurs normands à Gisors – dans les catalogues analysés, c'est toujours de 9 à 15 %. Partout, cependant, les gros bataillons viennent des professions libérales, des marchands, des laboureurs aisés, non sans variations locales. C'est dire combien les espérances d'accès et la capacité au départ sont inégales dans les campagnes françaises. *Nobiles* et *agricolae* coexistent dans les pensions (peut-être ces derniers ne sont-ils pas plus nombreux au XVIIIe qu'au XVIIe siècle), et surtout tout repose sur les habitudes, les relations des familles, les petits étrangers restant bien souvent moins de temps dans les petits collèges que les élèves urbains.

Au total, c'est la densité de tous les éléments d'une carte scolaire difficile à restituer qui fait la mobilité. Préceptorat individualisé ou transformé en petit cours de grammaire, maîtres publics et régences latines, collèges avec plus ou moins de classes et de réputation, jésuites avant 1762, oratoriens, doctrinaires, bénédictins, entretiennent une circulation complexe. Au sommet, certains établissements, dans les capitales régionales, à Juilly pour l'Oratoire, à Louis-le-Grand pour Paris, ont un recrutement national et le saut vers les études supérieures est possible seulement pour quelques-uns. La mobilité géographique scolaire n'induit que peu de mobilité sociale, sauf pour quelques groupes intermédiaires, tels les marchands. La seule voie ouverte à la non-reproduction à l'identique passe par la cléricature et le cheminement dans les institutions de l'Église, comme ce fut le cas pour Marmontel. La mobilité des écoliers se révèle incapable de corriger la distorsion des chances entre campagnes et villes, car elle n'est possible que par et pour des groupes ayant les moyens – le sort des enfants se joue en effet très tôt. Dans la seconde moitié du XVIIIe siècle, le phénomène se complique par la création de nouveaux établissements (grands pensionnats et écoles royales militaires, petites pensions privées des villes), mais il ne bouleverse pas la donne géographique et sociale. On le voit à Sorèze, qui recrute largement, mais surtout dans le Sud-Ouest, jusqu'aux îles, et quelques étrangers : en 1774, 60 élèves, dont un tiers de nobles et deux tiers de roturiers, surtout riches bourgeois, négociants et marchands, quelques artisans ; en 1789, 52 élèves, dont 21 roturiers et 31 nobles. En majorité, ils viennent de Languedoc, de Saintonge, d'Aunis et de Guyenne. Les études achevées, ils retournent au nid familial ou suivent les carrières de l'armée, de la robe et du commerce ; peu entrent dans le clergé. La modernisation et l'accroissement des possibilités n'ont pas changé les principes du fonctionnement où la mobilité des écoliers est une forte nécessité, mais un faible facteur de chances sociales[11].

Mobilités étudiantes à l'âge moderne

L'ouverture des collèges n'exclut pas leur fonction de reproduction sociale fondamentale : les études offertes et les aspirations des familles au sortir des classes orientent toute cette jeunesse, nobles mis à part, vers les offices, les professions libérales, la médecine, le clergé ; mais, pour accéder à ces fonctions publiques ou privées, il faut d'autres ruptures. L'opinion peut alors rêver d'ascension sociale ou, comme l'Église et l'État, s'inquiéter d'un mouvement qui vide les campagnes et modifie l'équilibre de la population improductive et de la population active. C'est une alarme générale à l'époque moderne et dans toute l'Europe, d'autant plus vive certainement qu'à l'instar de la migration urbaine[12], elle met en évidence d'autres craintes – celle de la transformation de l'ordre social, celle des *intellectuels aliénés*, celle de la menace morale : les universités sont filles des villes, elles partagent avec elles les traits qui caractérisent la force des attractions, et ceux qui tentent d'en limiter les effets. Du point de vue des étudiants et des familles, la fréquentation des universités impose des ruptures plus fortes que celles des collèges. Elle repose sur un réseau moins dense : moins de trente universités à la veille de la Révolution en France, contre plusieurs centaines de collèges. Elle s'appuie sur des cursus dont la durée n'est pas facilement la même partout, car dépendant de la présence ou non des facultés ouvertes ; arts, théologie, médecine, droit n'ont de surcroît pas la même audience partout. Elle impose ainsi un éloignement plus accentué et conditionné par le choix des études, donc par les options envisagées dans les familles.

Dès les origines médiévales, les universités inscrites dans l'universalisme chrétien sont directement entraînées par une double mobilité : celle des maîtres et des étudiants dans des attractions diversifiées par le prestige et la facilité d'accès qui complexifient encore les créations nouvelles du XIVe et du XVe siècle ; celle de l'articulation d'une demande satisfaite partiellement par un réseau national et du rayonnement intellectuel ou utilitaire dépendant d'une séduction internationale – surtout le fait de l'Italie qui, avec l'essor de l'humanisme, voit se diriger vers Bologne Padoue ou Pise nombre d'étudiants français. La tradition de chaque élément du principal réseau joue à chaque instant – rappelons l'hésitation de Marmontel entre Bourges et Toulouse, dans un autre contexte[13]. A l'époque moderne, ces mouvements ont évolué et se combinent avec d'autres qui intéressent toute l'Europe. S'il y a un changement d'échelle dans le nombre de personnes mobilisées par rapport à la première scolarisation (le nombre d'étudiants des collèges est vers 1650 de 60 000 et vers 1789 de 50 000, auxquels il faut ajouter un nombre imprécisé d'élèves des institutions nouvelles ; le nombre d'étudiants des universités est vers 1700 et vers 1789 de 10 à 15 000), il y a également un changement important dans la graduation du temps et l'espace des déplacements, dont les effets sont à lire dans une tradition majeure de l'expérience des inégalités culturelles, socialement, géographiquement et intellectuellement. Une politique de l'offre, où interviennent les pouvoirs municipaux et le contrôle royal, répond et entretient une demande sociale et le choix des familles. Elle interroge les fondements d'une mobilité éducative et savante constitutive de l'Ancien Régime culturel.

La mobilité légendaire du Moyen Age

Deux images discutables sont à réévaluer au moment où l'on perçoit l'inflexion de l'appel universitaire européen : celle de la splendeur de l'université médiévale, correspondant à une grande mobilité des professeurs et des étudiants, à une organisation cohérente par *nation*, qui renvoie à des traditions d'attirance et à des flux entretenus en permanence ; celle du déclin des universités modernes, que soulignent une mauvaise réputation intellectuelle, une fonctionnalité certaine, à finalité sociale, une rétraction de la mobilité qui se renferme dans les espaces nationaux. Les études récentes des universités françaises au Moyen Age montrent un point de départ moins brillant et un point d'arrivée moins sombre. La demande scolaire étudiante s'est accrue au XIVe siècle, le nombre des universités a suivi, mais la mobilité ne correspond toutefois pas à l'image léguée par la tradition de certains grands centres. Là où l'on peut la calculer avec certitude (ainsi dans le Midi, à Avignon, Montpellier, Toulouse), vers 1400 c'est moins de 10 % des étudiants qui semblent avoir fréquenté plusieurs universités. La mobilité étudiante médiévale, qui intéresse au XVIe siècle des effectifs accrus – mais non sans peine – depuis le XIVe siècle, est une mobilité régionale; elle ne devient donc nationale et internationale que plus rarement, et seulement pour certains cursus ou certains niveaux de spécialisation des études. Ce bilan des géographies universitaires du XVe siècle suggère des caractéristiques permanentes et sans solution de continuité avec les siècles postérieurs.

Le premier constat est celui de la faible représentation des étrangers non régnicoles. Les difficultés religieuses du temps, le Grand Schisme ont pu chasser nombre d'entre eux ou modifier la représentativité des sources – en l'occurrence, les suppliques et lettres conservées à Rome car envoyées au pape pour garantir l'accès des étudiants aux bénéfices ecclésiastiques, les registres de collèges, les archives judiciaires, municipales, notariales. De même, la multiplication volontaire des universités a pu entraîner la prépondérance du recrutement local et restreindre leur rayonnement général en freinant les départs par une *publicité* moins prestigieuse. Dans certains centres, les étrangers sont pratiquement absents, ainsi à Angers. Dans d'autres, les étrangers viennent principalement de zones proches, limitrophes du royaume (Pays-Bas, Flandres, vallée du Rhin, Franche-Comté, Aragon).

En second lieu, une certaine spécialisation existe déjà, et elle est source d'inégalité régionale. A Paris, de gros contingents d'étudiants normands viennent du diocèse de Rouen : 850 sur 2 250 maîtres et étudiants recensés en 1403, soit plus du tiers; Bretons, Tourangeaux, Champenois, Lorrains viennent s'asseoir sur les bancs de la faculté des arts et de la faculté de théologie; peu nombreux sont ceux qui arrivent du Midi en deçà de Bourges ou de Lyon. Les universités méridionales sont alors dominées par les facultés de droit, et attirent moins les étudiants besogneux en quête d'un avenir clérical. Avignon, au même moment, a déjà un recrutement large : 15 % d'étrangers (Allemands, Écossais, Espagnols, Franc-Comtois), mais beaucoup d'étudiants de la France du Nord et du Centre qu'attirent d'une part la présence du pape et de la curie, d'autre part celle de l'université : 342 Français sur 400.

Il y a déjà à peu près partout, sauf dans la France du Centre, des universités à recrutement régionalisé : Angers recrute à 75 % dans la province ecclésiastique de Tours ; Toulouse puise les siens à 50 % dans celle d'Auch et de Toulouse ; 83 % des étudiants parisiens arrivent de moins de 400 kilomètres, les Montpelliérains sont en forte majorité recrutés dans les diocèses du Bas-Languedoc et de Provence. Ainsi, une autochtonéité universitaire existe très tôt, et le phénomène de la *peregrinatio academica* (circulation entre les universités) est un fait limité, alors que la mobilité locale est forte. Celle-ci suscite une double réaction des populations urbaines et des municipalités : importante, elle donne du prestige et permet des profits, mais elle entraîne également méfiance et crainte à l'égard d'un groupe juvénile, arrogant, fier et assuré de sa force, souvent violent dans la défense de ses privilèges. Partout les relations entre villes, universités et étudiants sont conflictuelles et tendues, même s'il existe des terrains d'entente, une réelle municipalisation qui ne change qu'avec l'intervention réformatrice des rois de France, dans le sens d'une intégration au nouvel ordre politique et social qui se met en place au tournant du XVe et du XVIe siècle[14].

FACTEURS ET OBSTACLES DES ÉCHANGES

A ce moment on peut interroger, par rapport à notre propos – le maintien d'une mobilité étudiante –, l'idée reçue du déclin de l'université moderne. Les termes de crise, de décadence, l'absence d'éclat scientifique et intellectuel pendant trois siècles – qu'il faut d'ailleurs nuancer par rapport à la spécificité culturelle du temps –, la part nécessaire à faire au poids de la théologie dans une société encore sacralisée, n'expliquent pas grand-chose. Certes, les innovations décisives se font hors des universités, qui ne sont plus des foyers de pensée créateurs et indépendants. Le conservatisme des professeurs, la soumission aux autorités religieuses et politiques l'emportent sur l'esprit de critique ou de rébellion, sans exclure les conflits. Mais il ne faut pas se tromper : depuis le Moyen Age, la vocation des corps universitaires n'est pas définie par la recherche du progrès des savoirs ou par le développement des nouvelles disciplines exigeant des idées neuves[15], et des tensions multiples agissent entre les besoins et les aspirations et la stabilité des pratiques universitaires. Tout parle de la prédominance des fonctions de reproduction et de répétition, ce qui n'exclut jamais la capacité marginale d'innovation, mais ne place pas au premier rang les créateurs. Il existe cependant une circulation générale à travers le réseau universitaire : celle des textes, des manuels, des correspondances, celle des hommes, maîtres et étudiants. Cette mobilité limitée, mais permanente, assure dans chaque discipline des possibilités de réflexion et de changement qui ne sont pas négligeables. Entre le XVIe siècle et le XVIIIe siècle, en France et ailleurs, ce gyrovagisme marginal, mais entretenu par le renouvellement des populations étudiantes et par le changement générationnel et professionnel des professeurs, autorise un rôle intellectuel de transmission des idées qui n'est rien sans la mobilité des hommes. Ce sont ceux-ci qui, dans la controverse, la discussion ouverte et la circulation clandestine, ont contribué à la diffusion de la science moderne et de nouvelles valeurs qui ont été assimilées souvent indirectement.

Dans ce circuit, toutes les facultés, toutes les disciplines n'ont pas le même rôle et n'entrent pas de la même manière dans un dialogue plus fécond avec les savoirs scientifiques ou philosophiques qui contournent les vieilles forteresses universitaires. On aurait tort de les imaginer complètement à l'écart des institutions indépendantes développées par l'impulsion monarchique, le Collège royal (1530), le Jardin du roi (1635) ou les Académies ; une part de leur personnel et de leurs étudiants s'y retrouve à un moment ou à un autre. Les universités conservent une incontestable prédominance, du XVIe au XVIIe siècle, et un rôle social qui, face à la montée des collèges jésuites, oratoriens ou d'autres congrégations, demeure indispensable pour le fonctionnement social. Il s'agit moins d'un contrôle pour renforcer une hégémonie politique et intellectuelle propice à l'affermissement européen du pouvoir absolu des princes, que de l'expérimentation progressive d'un réseau d'institutions éducatives. Pendant longtemps, le système fonctionne parce qu'une partie de ses membres s'intéresse et se voue à des innovations scientifiques diverses alors qu'une autre les ignore. Durant trois siècles, une chose s'impose : les universités conservent le monopole des grades, et c'est le facteur majeur de l'attraction des étudiants et des échanges à l'intérieur du système entre les différents éléments du réseau, voire le recours aux formations extérieures pratiques ou théoriques, qu'offrent les villes importantes[16].

La concurrence entre les deux systèmes intervient seulement à la fin de la formation collégiale et au début de celle que dispensent les universités, mais elle suffit à animer les incertitudes des étudiants au terme ou au début du parcours, entre philosophie et faculté des arts, comme elle entretient la vivacité des conflits qui opposent tout au long du XVIIe siècle les pères jésuites principalement et les universitaires. Pour ceux-ci, l'avancée des jésuites et la multiplication des collèges dans des villes non universitaires font baisser le recrutement, surtout quand les grands collèges se dotent de chaires de philosophie et de théologie. L'enjeu est clairement exprimé dans *le Franc et Vénérable Discours du roi, sur le rétablissement qui lui est demandé pour les jésuites*, en 1603, de A. Arnaud : « Auparavant qu'ils fussent venus en France, tous les beaux esprits, tous les enfants du bon lieu étudient en l'université de Paris, où il y avait toujours vingt ou trente mille écoliers, tant Français qu'étrangers [...]. Les jésuites, qui ont trouvé moyen de s'établir petit à petit en toutes les meilleures villes du royaume, en ce faisant ont coupé les sources d'où venaient cette grande multitude d'écoliers; et par même moyen ont fait cesser un autre grand bien qui advenait à la jeunesse étudiante de Paris, laquelle se civilisait davantage en la langue française et aux mœurs et affection envers le général de l'État qu'elle n'a fait depuis, ne sortant pas des provinces. » Si l'esprit de corps anime ici les craintes et surévalue les effectifs (vers 1600, le chiffre total des étudiants parisiens immatriculés dans les quatre facultés n'atteignait vraisemblablement pas 15 000[17]), l'avocat de l'université n'en perçoit pas moins l'importance du passage par les facultés parisiennes : à tous les étudiants, il permet de se perfectionner dans la langue du roi, d'être près des sources du pouvoir administratif, d'acquérir l'indispensable connaissance des usages du monde. C'est montrer combien la mobilité étudiante a, dès les origines, son importance pour constituer un capital de savoir et un capital social.

CRITIQUES ET BESOINS

De la même façon, quand les jésuites revendiquent la collation des grades pour les arts et pour la théologie, les universités dénoncent la gratuité des études offertes par les collèges de la Compagnie, alors qu'au sortir des troubles religieux ceux des universités ont traversé une crise profonde[18], financière et pédagogique. Dans leurs attendus contre la multiplication des collèges, les défenseurs du monopole universitaire retrouvent aisément les arguments présentés par les moralistes et les hommes d'État contre la circulation et l'accroissement des villes. Ainsi Gaspard Froment, recteur de l'université de Valence, qui intervient en 1615 aux États généraux dans les cahiers de doléances du clergé : « Que si le privilège [de la promotion des grades] est rendu commun et qu'il soit loisible à tous les réguliers de promouvoir et de conférer les degrés, il y aura enfin autant d'universités que de villes ou de bourgs, qui est la ruine du royaume, ainsi que les plus clairvoyants ont jugé dès longtemps. Car la trop grande fréquence des collèges occasionne de quitter le commerce, l'exercice de l'agriculture et autres arts nécessaires à la vie et société politique pour se précipiter aux écoles sous l'espérance que chacun a d'accroître et d'augmenter sa condition en portant une robe plus longue que de l'ordinaire. » Derrière le déséquilibre social et économique causé par l'extension des collèges, il faut lire la méfiance d'une société pour la mobilité sociale et qu'entretient la mobilité géographique exigée par les études.

MOBILITÉ ET BESOINS SOCIOPOLITIQUES

Si les universités ont obtenu gain de cause, l'affaire n'a jamais été clairement achevée après 1626, car la Compagnie de Jésus a pu, grâce à la protection royale, mettre un pied dans certaines facultés de théologie (Toulouse, Cahors, Montpellier, Strasbourg, Besançon et Bourges[19]). Si la formation théologique est si disputée, c'est qu'elle reste l'un des éléments décisifs de l'attraction des institutions universitaires, que ne viendront pas concurrencer de la même façon les séminaires à leur tour multipliés dans les diocèses avant 1736 – moment où les évêques tentent sans succès d'obtenir l'agrégation aux universités, avant de remporter quelques victoires entre 1775 et 1789 en Lorraine, à Avignon, à Bourges. La surveillance doctrinale est à l'œuvre dans cette revendication, mais elle ne freine en rien l'entraînement des études à ce niveau encouragé. Sa force réside dans leur principe même : collèges et universités doivent avant tout former des pasteurs et reproduire des notables. Les enquêtes que les intendants effectuent à la demande du roi pour tenter de limiter le nombre des institutions scolaires, voire de réformer universités et collèges, ainsi en 1667 et en 1685, montrent bien qu'il était difficile de limiter la *fréquence* des écoliers et des étudiants dans des établissements assez largement ouverts, et en tout cas, socialement indispensables. Seules les incidences économiques, fiscales et surtout démographiques de la fin du XVIIe siècle ralentiront un mouvement qui reprend au XVIIIe, car il est entretenu par le rêve d'ascension sociale par l'accession aux bénéfices de l'Église et aux fonctions publiques[20]. Les études de sociologie scolaire montrent clairement la limite quantitative qui se trace dans les recrutements et le filtrage réel entre les milieux sociaux ; il n'empêche que la représentation n'a jamais cessé de se diffuser et d'animer les routes pédagogiques. S'il s'agit avant tout de produire des fils à l'image de leurs pères, bons et pieux artisans, bons et pieux marchands, surtout bons et pieux laboureurs, les besoins de l'Église et de l'État autorisent une évasion restreinte vers les trois robes noires des clercs, des juristes et des médecins. Collèges et universités sont moins des instruments de promotion que les instruments d'une « noria de dominants puisés toujours au même bassin » ouvrant une voie étroite aux fils des familles qui sont assez aisées pour soutenir des études longues[21].

C'est donc l'élargissement de la demande qui entretient l'offre. Elle est liée aux besoins en serviteurs qualifiés de la monarchie : le phénomène se rejoue partout en Europe, et pas seulement en France, dès le XVIe siècle. L'administration, la justice manquent de bons juristes ; la noria sociale leur en fournira sans déséquilibrer l'ensemble des États. Lancée dans la lutte contre le protestantisme, l'Église a une même appétence de sujets mieux formés et doctrinalement assurés dans les controverses ; collèges, facultés de théologie, séminaires en produiront. Dans l'un et l'autre cas, l'accroissement des exigences et le poids accru des grades contrôlés par des examens sérieux et des études réglées ne modèrent pas les mouvements, mais ceux-ci sont plus étroitement contrôlés par la nécessité de suivre des cursus définis. Ainsi, en droit, la *peregrinatio academica* est enserrée dans des règles étroites, puisque les étudiants devront passer au moins une année dans l'université où ils désirent prendre leur grade et rapporter, pour le surplus du temps d'étude nécessaire, des attestations des docteurs de l'université ou des universités où ils sont passés certifiant leur assiduité ». L'arrêt du 9 août 1700, valable pour les six facultés du ressort du parlement de Paris, « cherche ainsi à interdire le vagabondage des cancres ». Un règlement général de 1707 exprime les mêmes contraintes à l'égard de la mobilité des étudiants en médecine. L'accroissement des compétences professionnelles peut sans doute et de plus s'acquérir ailleurs : étude des procureurs, bureau d'un magistrat, stage au Palais, séjour à l'hôpital, passage par l'armée, fréquentation des institutions et des cours parallèles. La mobilité favorise les villes universitaires, la capitale en tête. Elle est liée à la politique du développement et des soutiens mis en place par les autorités religieuses et laïques des villes, comme aux variations des conflits religieux et internationaux. Sa base est solide d'abord régionalement, puis nationalement, moins intense entre les pays dès le Moyen Age à son crépuscule. Son intensité varie selon les universités, les facultés et les motivations qui peuvent accélérer ou contredire les choix familiaux. La mise en place d'un modèle au XVIe siècle s'est faite avec suffisamment de force pour que l'idée en perdure pendant trois siècles. Les transformations décisives ont lieu au XVIIe siècle.

La mobilité des professeurs

Un fait majeur marque toutefois jusqu'au XVIIIe siècle l'univers des collèges (même s'il reste à étudier globalement, on peut en cerner des traits pertinents) : c'est celui de la mobilité des professeurs, régents de la Compagnie de Jésus ou de l'Oratoire, rhétoriciens et philosophes des universités encore mal connus. Cette mobilité spécifique peut varier selon les congrégations, leurs réseaux nationaux et internationaux, leurs rapports avec Rome. Ainsi, dès le XVIe siècle, les jésuites français ou enseignants en France peuvent avoir fait une partie de leurs études au Collegio Romano ; de surcroît, le vœu d'obéissance, qui est un des éléments centraux de la spiritualité ignatienne, impose un devoir de soumission qui est exigence d'une mission, où que ce soit et quelle qu'elle soit. La croissance de l'ordre du XVIe au XVIIIe siècle entraîne celle des personnels, qui ont dû puiser dans les ressources sociales et intellectuelles locales. La hiérarchie du réseau des collèges et la variation de la présence des disciplines (mathématiques, physiques, philosophie) engendrent une variabilité dans le temps, voire la nécessité de faire flèche de tout bois et d'utiliser bons ou moins bons enseignants, là où l'on en a le besoin[22]. Les grands collèges ont tendance à stabiliser leurs personnels – ainsi La Flèche, Louis-le-Grand –, mais sans les immobiliser, car les besoins peuvent varier selon les disciplines et réclamer des cursus de formation spécifique suivis à travers le réseau des collèges eux-mêmes et dans les institutions universitaires ou para-universitaires[23].

A suivre les mathématiciens dans des établissements qui ont connu un enseignement ininterrompu au XVIIe et au XVIIIe siècle (La Flèche, Avignon) la durée moyenne de présence dans une chaire est de trois ans et demi, ou de quatre ans et demi : à La Flèche, 34 professeurs pour 154 années de cours consécutifs ; à Avignon, 46 pour 162 ans. Dans cette moyenne, il y a quelques présences fugitives, mais peu d'exemples de séjour d'une durée excessive. Changer de chaire n'implique pas forcément changer de collège. Des types de carrière peuvent se dessiner. Jean-Charles Della Faille est né à Anvers, en 1597, dans une famille connue de négociants; son oncle Jean Van der Wouwer a été plusieurs fois échevin, et il est conseiller des finances. Della Faille fait ses études chez les jésuites d'Anvers; il entre dans l'ordre comme novice à Malines en 1613; en 1615, il est en philosophie à Anvers, où il suit les cours du mathématicien Grégoire de Saint-Vincent. En 1620-1621, on le retrouve à Dôle, où il poursuit ses études de théologie tout en enseignant les mathématiques; en 1625, à Louvain; en 1628, à Dôle encore. En 1629, il est nommé professeur de mathématiques au Collège impérial de Madrid, où il remplace Saint-Vincent, comme il l'a déjà fait à Louvain. A partir de 1638, il enseigne l'infant don Juan, et il est cosmographe de la cour. Il suit son élève et meurt à Barcelone en 1654. Voilà un exemple de carrière illustre, internationale, dans l'espace des Habsbourg, et un professeur toujours en mouvement en fonction des tâches présentées[24].

Au XVIIIe siècle, Jean Bonfa évoque une mobilité différente. Nîmois d'une famille de drapiers ferrarais installée à la fin du XVIe siècle, il entre dans la Compagnie à seize ans en 1654; de 1655 à 1658, il est maître de grammaire à Besançon, où il affine ses études; de 1659 à 1661, il étudie la philosophie à Dôle; on le retrouve à Arles, enseignant la rhétorique, de 1661 à 1663; à Carpentras en 1664; à Avignon, inscrit sur les rôles de la faculté de théologie, de 1665 à 1668. Il passe ensuite deux ans à Nîmes, en rhétorique et en philosophie, puis deux à Grenoble et à Chambéry. Après 1676, il occupe diverses chaires, dont celle de mathématique d'Avignon, où il reste pratiquement jusqu'à la fin de sa carrière. C'est une mobilité plus obscure et plus besogneuse, limitée à la province de Lyon et au sud du royaume. Bonfa y a illustré l'astronomie provençale[25].

Changeons de point de vue et d'échelle d'observation en partant d'un collège: celui de la Trinité, à Lyon, entre 1630 et 1730[26]. La période de la régence, où la Compagnie teste les aptitudes des recrues pour l'enseignement, tourne autour de cinq ans du début à la fin du XVIIe siècle, mais elle s'accompagne d'une diversification des enseignements à pourvoir, de la grammaire aux humanités et à la rhétorique, que peuvent enseigner philosophes ou théologiens. C'est aussi un moment d'apprentissage de la mobilité, car la rupture avec le lieu d'étude devient de plus en plus la norme. La fréquence des changements de poste s'accentue; au début du XVIIIe siècle, les étudiants ont connu au moins deux, voire trois collèges, soit un temps passé dans chacun plus court:

trois ans en 1630, un peu plus de deux ans en 1690. L'espace des postes offerts s'est élargi : au début du siècle, les apprentis se retrouvaient dans les grands collèges (Dôle, Avignon, Lyon) ; à la fin, on les envoie partout, sans que les collèges prestigieux constituent un aboutissement de cursus. C'est la demande qui commande les déplacements contrôlés par les supérieurs.

En concentrant diverses activités (pédagogiques, scientifiques, théâtrales, pieuses), le collège constitue dans chaque cité un véritable nœud d'échanges dans le réseau d'ensemble des relations internationales et nationales : il reçoit et fait circuler les hommes comme les élèves et les informations; en accumulant les moyens du savoir – livres, instruments, collections, pédagogues –, il donne à tous une vision élargie du monde. La centralité d'un collège tient à la vertu de ces circuits d'information, d'accumulation, d'échange. C'est de leur contrôle que peuvent se préoccuper responsables locaux et supérieurs romains soucieux de ne pas pénaliser la province par rapport à Paris, les métropoles par rapport aux villes moyennes. La mobilité gardée et contrôlée est un moyen de maintenir un encadrement intellectuel qualifié sur place. Elle insère les jésuites lyonnais dans le cadre des voyages missionnaires et savants – on en retrouve jusqu'aux Antilles, au Levant, en Chine. Elle les introduit également dans une pratique du voyage accentuée à la fin du XVIIe siècle, comme le montre le « Livre des viatiques » du noviciat jésuite d'Avignon entre 1625 et 1715, qui relève les frais accordés, proportionnels à la fonction et sans doute à l'âge. Elle les mêle enfin aux pratiques de la sociabilité religieuse et laïque : l'hébergement des voyageurs se fait dans les maisons de l'ordre, mais les motifs de déplacement sont soigneusement vérifiés et tiennent compte des moyens (à pied, à cheval, en voiture). Après 1730, le voyage en voiture remplace le cheval, signe d'une amélioration générale du réseau des routes et du service des diligences, mais les quittances de maréchaux-ferrants, les factures de matériel montrent que le jésuite cavalier ne disparaît pas au XVIIIe siècle. Pour lui et sa monture, il est remboursé de ses débours en fonction des prix évalués pour chaque ville : aller à Besançon ou à Dôle nécessite un viatique de 30 livres. Ces conditions, somme toute avantageuses, autorisent une véritable culture de la mobilité, caractéristique de tout ou partie des enseignants.

La correspondance d'un professeur, le père Ménestrier, qui est à Lyon une célébrité d'envergure nationale, montre comment les déplacements ordinaires épousent le réseau social d'un érudit et celui du collège. Il est logé dans les résidences jésuites et dépend, pour la qualité de la réception, des bonnes relations entretenues avec les uns et les autres. Il écrit ainsi à son ami Guichenon, l'historien de la Savoie : « Le changement de recteur à Bourg a rompu mon voyage ; je me voulus faire inviter par le père Oflet, qui est toujours ici malade après vingt-deux accès de fièvre. Il faudra me servir d'une autre voie pour voir vos livres, vos sceaux, vos ouvrages » (6 septembre 1650). La visite et la recherche, une sociabilité mondaine qui sous-tend les rapports intellectuels, le travail dans les archives, d'abbaye en abbaye, motivent ces déplacements qui franchissent rarement les frontières provinciales et nationales. C'est l'affaire de quelques spécialistes ; c'est aussi celle de ceux qu'attirent à Rome les impératifs pédagogiques ou administratifs. Entre 1669-1670, Ménestrier gagne ainsi la capitale de la chrétienté par un itinéraire classique : de Turin à Venise, de Padoue à Rome, de là à Naples, avec retour par Florence, Bologne et Gênes. C'est le *Grand Tour* d'un jésuite où, à chaque étape, il retrouve amis, correspondants, protecteurs, où il visite cabinets de curiosités et bibliothèques. Comme dans le voyage des savants, astronomes et naturalistes, les parcours autorisés peuvent nourrir l'enseignement, entretenir un écho profitable entre les établissements, les milieux sociaux, les institutions savantes qui ont besoin de la correspondance des pères et de leurs observations régionales ou lointaines. Ainsi, du collège au collège, des élèves aux enseignants, la relation pédagogique qui forme la classe dirigeante est inséparable d'une pratique de circulation et d'échange, où se constitue et se retransmet un savoir. C'est un facteur qui ne va pas sans heurt ni résistance, car s'il est encouragé, il est coûteux et peut avoir ses dangers. C'est le même qui est à l'œuvre dans la circulation étudiante.

Mobilités étudiantes, circuits et images

Jusqu'au XVIe siècle, les mobilités étudiantes reposent sur un large éventail de traditions et de motivations qui les entretiennent. L'idéal de l'universalisme chrétien, les besoins et les appétences culturelles, la nécessité de diversifier les connaissances et les expériences ont été identifiés à l'idéal des humanités. La curiosité, la chasse aux textes et aux manuscrits poussent les humanistes au départ sur les routes du savoir où se croisent théologiens, érudits, savants, juristes, artistes. Si l'on suppose que le voyage des humanistes s'inscrit comme naturellement dans le réseau des centres universitaires – qui sont souvent, mais pas toujours, de grands centres de production imprimée –, on n'y voit pas les fonctions sociales et les motivations propres aux habitudes académiques qu'imposent le jeu des disciplines et l'encadrement des facultés. Or ce sont elles qui président au mouvement et aux choix des stratégies scolaires et familiales. La difficulté majeure pour reconstituer cette spécificité tient aux sources qui permettent de restituer volume et flux des populations universitaires[27]. La documentation est hétérogène, variable selon les pays, inégalement conservée et critiquée. Ainsi l'Allemagne, pays à forte tradition d'autonomie universitaire, a imprimé beaucoup de matricules ou de registres d'inscription, et elle a publié les premières courbes statistiques ; de même, la Hollande et l'Angleterre associent une extraordinaire richesse documentaire et l'abondance des répertoires[28]. En France, en revanche, peu de sources, beaucoup de pertes, peu d'imprimés : on ne peut analyser avec la même rigueur le nombre des étudiants inscrits, les disciplines fréquentées et les origines géographiques avec leurs variations locales ou disciplinaires. Le mouvement même des étudiants dans un temps relativement court sur des sites parfois éloignés perturbe passablement les évaluations, qu'il est malaisé de restituer globalement[29]

Rabelais ou Pantagruel sur la route

La mobilité étudiante est, au XVIe siècle, un phénomène suffisamment commun pour que Rabelais l'utilise à ses fins dans son *Pantagruel*, publié en 1531. Le voyage académique du fils de Gargantua est un prélude pédagogique aux récits d'aventures extraordinaires qui conduiront le jeune prince des îles de la Félicité, où les alouettes tombent toutes rôties dans l'assiette des voyageurs, à travers pays fabuleux que hantent d'animaux mythiques et monstrueux, jusqu'aux régions imaginaires des Papomanes ou aux îles des Paroles gelées. L'écrivain s'inspire et critique, utilise et parodie les récits des voyageurs médiévaux et ceux des nouveaux découvreurs, mêlant lieux communs de la tradition et inspiration satirique[30]. On peut lire de la même façon la pérégrination burlesque de Pantagruel : la *tradition* et l'*invention* s'y mêlent à loisir. Avant 1531, Rabelais a beaucoup roulé, même si l'on sait peu de choses assurées sur son enfance et ses études. Sa famille installée à Chinon, où son père est avocat, l'a sans doute confié à un oncle installé à Angers, où il a pu fréquenter l'université locale et peut-être s'inscrire comme novice dans un couvent de cordeliers voisins ;

après, il a fréquenté l'université de Bourges et celle de Poitiers. Son itinéraire le conduit à travers deux circuits importants de la mobilité pendant la Renaissance : celui des maisons religieuses tenues par les ordres mendiants (on cite ses étapes dans les couvents de la Baumette, du Puy-Saint-Martin, de Fontenay-le-Comte) ; celui des cercles humanistes de la province, qui n'est pas encore provincialisée. Fontenay-le-Comte est illustre avec son présidial, ses magistrats érudits, ses professeurs, ses juristes – Bouchard, Tiraqueau, qui correspondent avec Budé. L'influence des uns et des autres lègue à Rabelais une connaissance des réalités populaires et quotidiennes sensibles aux franciscains, ainsi que celle des belles-lettres et de la culture classique. Les deux se retrouvent dans la protection de Geoffroy d'Estissac, évêque de Poitiers, dont Rabelais a pu être le secrétaire après avoir traîné un temps chez les bénédictins de Saint-Pierre de Maillezais. Sa trajectoire universitaire commence après : elle l'oriente vers les études médicales, donc vers la rupture avec la voie cléricale, vers Paris peut-être, vers Montpellier enfin, où l'étudiant Rabelais est immatriculé en 1530 – il est bachelier le 1er décembre, docteur sept ans après. Sa vie mobile ne s'arrête pas là, puisqu'on peut le suivre médecin à Lyon vers 1531-1535, à Rome avec le cardinal Du Bellay, à Lyon à nouveau en 1538, en Italie encore en 1547-1549 après ses difficultés censoriales, à Paris enfin où il meurt en 1553. Le voyage de Pantagruel n'est pas nourri seulement par l'expérience de l'intellectuel gyrovague en quête de protection et de sécurité, mais aussi par les lectures multiples et par la connaissance du terrain acquise avant 1531. C'est un bilan entre deux moments d'une vie, entre deux âges intellectuels où sont confrontées les images durables du *retard* des universités scolastiques et de la fermentation intellectuelle des milieux novateurs des humanistes.

Trois traits construisent le modèle de cette pérégrination fictive. En premier lieu, Rabelais s'y intéresse moins aux études qui sont proposées à chaque étape – Poitiers, Bordeaux, Toulouse, Montpellier (où Pantagruel choisit de suivre les études de droit «parce que l'état de médecine était par trop fâcheux et mélancolique, et que les médecins sentaient les clystères comme vieux diables»), Avignon, Valence, Angers, Bourges, Orléans et la grande université de Paris – qu'aux loisirs des étudiants. Il évoque les jeux estudiantins, les rires des joyeuses compagnies, le vin coulant à flots, les fréquentations douteuses des prostituées d'Avignon – manière de moquer le pape –, les danses et les bagarres, au total une culture du divertissement juvénile. En deuxième lieu, il est plus question de vagabondage incertain que d'horizons intellectuels précis. Des raisons diverses, bonnes ou mauvaises, relancent le tour des universités : la peste à Angers (en 1530, elle y fut mortelle), les professeurs absentéistes à Montpellier, le pédantisme jargonneux des académiciens de Paris. Toutefois, en troisième lieu, l'appel des études réformées est à l'œuvre. A Bourges, Rabelais souligne l'éclat d'une tradition, mais il y dénonce aussi la pesanteur des glosateurs juristes; à Orléans, il fait soutenir la licence à Pantagruel; à Paris, il oppose la tradition et l'idéal pédagogique nouveau, la bibliothèque de Saint-Victor – témoignage immortel des niaiseries de l'institution gothique, d'où l'on sort «rêveux et rassoté» – et le programme admirable des études inspirées aux humanistes par la redécouverte de l'Antiquité et par la restauration des belles-lettres, la «manne céleste de bonne doctrine», que détaille Gargantua, prince éclairé, bienfaisant et pacifique, dans l'admirable lettre du chapitre VIII. : « Par quoi, mon fils, je t'admoneste qu'employes ta jeunesse à bien profiter en étude et en vertu. Tu es à Paris, tu as ton précepteur Epistémon (en grec un savant), dont l'un par vives et vocales instructions, l'autre par louables exemples, te peut endoctriner.» Le tour académique est programmatique; il s'achève par l'appel aux réformes : l'enseignement des langues anciennes (François Ier, rappelons-le, vient de fonder le Collège royal), les sept arts libéraux du *quadrivium* et du *trivium*, le droit, la philosophie, l'observation de la nature et de ses merveilles, l'étude de la médecine et l'anatomie, les Saintes Écritures, avant d'«issir de cette tranquillité et repos d'études pour apprendre la chevalerie et les armes». La fortune de l'avenir est, au terme du parcours, acquise au fils du prince pour lequel «science sans conscience n'est que ruine de l'âme». La force de l'imagination et celle du rire entraînent le lecteur comme l'écolier voyageur vers la reconnaissance nécessaire des réformes, bien en avant de la réalité du temps où règnent la diversité, le retard et l'avance, qui enclenche différentes mobilités étudiantes et n'enchaîne pas les étudiants dans l'espace du royaume. L'exemple de Rabelais montre combien la pérégrination est une formule complexe où se reconnaissent des «comportements collectifs et sociaux qui font le vrai intérêt de ces parcours académiques» et qui, en un même site, peuvent renvoyer à des réalités très différentes[31].

Circuits internationaux d'études

Hors des frontières, Ferrare est l'un de ces lieux attractifs dès le XVe siècle. Cette université attire d'abord les étrangers venus des Flandres ou d'Allemagne, étape d'un parcours qui les conduit à Bologne et à Padoue souvent en fin de course, car les droits d'examen y sont moins coûteux. Les Français y arrivent tardivement, après 1530, surtout pour entendre les leçons des juristes Alciat ou Coras, celles du médecin Gabriel Fallope. La ville est accueillante ; la cour des Este, où règne une princesse française, tolérante et riche. Des listes de gradués fournissent une centaine d'étudiants francophones aux parcours bien balisés. Un premier circuit a été suivi par ceux qui viennent avec régularité de quelques universités françaises – Toulouse en tête, Orléans, Valence, Poitiers –, et la plupart ont fait étape à Padoue, à Pavie, à Bologne (43 sur 47 Toulousains). Au terme des études, ils entameront une carrière administrative ou juridique (tel Charles de Lamoignon, docteur de Ferrare en 1543, conseiller au Parlement en 1543, conseiller d'État en 1572), ou bien ecclésiastique (tel Jean de Simiane, docteur en 1545, évêque de Vence après). C'est une élite étroite qui trouve dans les études italiennes un approfondissement neuf et, sans doute, des conditions politiques et religieuses moins contraignantes. Un autre circuit rassemble des étudiants comtois, espagnols de nation, qui après Louvain souvent fréquentent encore Pavie, Bologne, Padoue, et passent à Ferrare. Pour eux, le voyage est le point de départ d'une grande carrière au service de l'empereur, et c'est une pratique familiale de père en fils. Il annonce une spécificité impériale qui s'accentue après 1550, entre Dôle, Ingolstadt et Pavie, toutes villes situées en territoire d'Empire [32]. Globalement, et par comparaison avec d'autres parcours, l'exemple montre que les réseaux qui orientent l'espace universitaire se sont réorganisés ou sont en train de le faire à l'échelle de l'Europe.

Les analyses laissent à penser que le nombre des étudiants intéressés s'est accru, et peut-être aussi que l'espace parcouru a pu s'étendre, même si le phénomène est inégal selon les pays et les régions. La question problématique est de savoir comment s'interpénètrent les bassins traditionnels de recrutement des universités, donc les moteurs individuels et collectifs des mouvements et par conséquent de leur durée. En France, de nombreux indices montrent que l'accroissement se situe après 1550 et qu'un niveau maximal de présence étrangère est atteint dans la première moitié du XVIIe siècle. En Allemagne, une critique précise des statistiques calculées avec les matricules permet à Willem Frijhoff de prouver la montée du XVIe siècle et un maintien probable au XVIIe. A Bâle, vers 1600, les pérégrinants représentent près des deux tiers des inscrits, et le nombre moyen d'universités fréquentées auparavant par un étudiant est de deux. La courbe des étudiants de l'espace germanique atteint son point culminant à la fin du XVIIe siècle, sans que la guerre de Trente Ans l'ait fait redescendre fortement. Elle baisse après 1725 : 3 132 inscriptions annuelles en moyenne avant, 3 000 après, 2 434 après 1775[33] (indice 100 en 1576-1625, indice 148 en 1676-1725). La densification des établissements scolaires de niveau moyen, la professionnalisation des études peuvent alors expliquer un resserrement élitiste des universités, un repli intérieur de la mobilité jusque-là déterminé vers les universités étrangères, et des phénomènes importants de migration interne et inter-territoriale liés aux débouchés possibles. Entre 1477 et 1534, sur les 5 800 étudiants immatriculés à Göttingen, on retrouve 1 470 inscrits sur les rôles d'autres universités d'Allemagne (Bâle et Vienne compris) ; autrement dit, cinq immatriculations correspondent seulement à quatre étudiants, et l'on relève des taux proches ou supérieurs à l'étranger (Pise, Nimègue, Zweibrücken, Harderwijk, Dôle, Louvain). On touche ici encore une élite culturelle et sociale, où seul un petit nombre a pris ses grades dans les universités étrangères. Le taux de mobilité est plus élevé chez les gradués que chez les immatriculés et, de surcroît, tous les étudiants qui fréquentent une université ne se font pas immatriculer. Vers 1600, le taux allemand d'immatriculation est de 1,6 ; vers 1650, il est de 1,5, et il ne cessera plus de baisser. Dans un pays fortement équipé, le maximum de mobilité atteint sans doute un étudiant sur deux, voire sur quatre, dans l'espace germanique et hors des frontières. La baisse, qui est moins rapide que celle du chiffre des immatriculations, correspond à un reclassement des universités les unes par rapport aux autres. Ainsi la Suisse et Bâle vont partiellement sortir de l'orbite germanique, et désormais les étudiants suisses vont tourner en Suisse. Toutefois, quand il y a au total moins d'étudiants à pérégriner, certains peuvent conserver le goût – surtout s'ils en ont les moyens financiers – de fréquenter un plus grand nombre d'universités[34].

Mobilité des théologiens juristes et des médecins

La mobilité des étudiants est répartie inégalement entre les universités en fonction de leur prestige, celui-ci pouvant être entretenu par l'appel à des professeurs de renommée internationale, mais plus encore par l'attraction réservée aux diverses facultés. Le droit et la médecine se révèlent plus actifs internationalement que la théologie et les arts, aux recrutements très tôt fortement nationalisés. Si l'on excepte la Sorbonne et l'université de Louvain, les facultés de théologie n'invitent plus au voyage, comme c'était le cas au Moyen Age[35]. La multiplication des enseignements dans les couvents des ordres mendiants (franciscains, dominicains) ou d'autres ordres religieux, dans les collèges avec les jésuites, a contribué au ralentissement, qu'explique aussi le rapport de plus en plus étroit entre acquisition des grades et acquisition des bénéfices sous des conditions surveillées de près par les Églises et les évêques. La Sorbonne conserve longtemps le rayonnement obtenu dès le XIIe siècle par l'enseignement de la philosophie et de la théologie, qui lui confère avec l'appui de la papauté une autorité doctrinale dans tout l'Occident. Les incertitudes du XIVe et du XVe siècle n'ont pas fait disparaître ce prestige, renforcé par la conquête de l'autonomie de la théologie qu'illustrent Pierre d'Ailly et Gerson[36]. On sait maintenant que l'opposition radicale entre université et humanisme est une exagération reposant sur des définitions admises, mais critiquables, des deux entités : l'une identifiée totalement avec le Moyen Age, donc à l'archaïsme théologique et intellectuel, et l'autre à l'italianité antiquisante, paganisante, confondue avec la modernité. Or les deux courants s'interpénètrent, comme vont le faire les conceptions différentes de la Réformation et, plus tard, au XVIIe siècle, les controverses doctrinales et philosophiques.

On ne peut plus constater le succès d'une attraction universitaire forte et, simultanément, croire à l'isolement complet par rapport au monde intellectuel : l'échange se fait, mais selon des règles et avec une vélocité qui ne sont pas les nôtres. Ainsi, si les facultés dispensent uniquement la théologie dogmatique et, même à Paris, plus lentement la théologie positive, les études bibliques (la chaire de théologie positive n'est fondée qu'en 1606), une partie des étudiants y sont formés par le passage aux collèges et par la nécessité de lire par eux-mêmes l'intense production imprimée en la matière. Venir à Paris, c'est alors être aux sources mêmes de la diffusion du savoir, car en ce domaine la librairie et les bibliothèques parisiennes restent sans égales[37] ; c'est être aux sources des discussions, du XVIe au XVIIe siècle avec les grands théologiens protestants, du XVIIe au XVIIIe siècles avec les controversistes jansénistes, jésuites et dominicains, affrontés sur les problèmes du pouvoir pontifical, de la doctrine morale, de la grâce. Seule l'université de Louvain occupe dans l'espace religieux de l'Europe catholique moderne une place analogue, au contact des affrontements théologico-politiques[38]. Les étudiants catholiques hollandais continuent d'y venir parachever les études, comme ils persistent à fréquenter Cologne, Pont-à-Mousson et Rome[39]. Détenir un grade d'une université prestigieuse reste, pour les théologiens européens, une source de distinction avantageuse dans les carrières. Passer par la maison de Sorbonne demeure, jusqu'au XVIIIe siècle, un facteur largement positif : on peut en juger dans la promotion des grands vicaires et des évêques français ; on peut le comprendre dans la trajectoire d'un Turgot ou dans les *Mémoires* évocateurs de l'abbé Morellet[40].

Les forts recrutements étrangers, expatriés temporairement, reposent cependant beaucoup plus sur la réputation internationale des facultés de droit et de médecine : Padoue, Bologne, Orléans longtemps, pour les juristes ; Montpellier, Padoue, Leyde, pour les médecins. Entre 1553 et 1562, les circuits d'habitude attirent à Bologne 38 juristes français : 15 inscrits dans la nation des Bourguignons, 5 dans celle des Gascons et Auvergnats, 4 Bituriges, 3 Provençaux, 3 Tourangeaux et 8 Gallicans. Le nombre des Français est sans doute plus élevé, car la matricule Belvisi est loin d'avoir enregistré tous les passages[41]. Certaines universités bénéficient ainsi, par tradition, d'une véritable rente d'attraction coutumière. On le vérifie à Orléans où l'on voit passer, au XVIe siècle, peu de professeurs novateurs, où le milieu humaniste effervescent jusqu'au premier tiers du siècle se désagrège ensuite sous l'effet de l'attraction de ses membres par les universités italiennes ou par Paris, mais où le flux des étudiants – particulièrement venus d'Allemagne, d'Europe du Nord et de l'Est – ne se ralentit pas avant la fin du XVIIe siècle. Entre 1500 et 1546, la « Nation germanique » orléanaise rassemble 940 étudiants : les deux tiers viennent des Pays-Bas (diocésains d'Utrecht, Liège, Cambrai, Tournai, Thérouanne ou Arras) ; moins du tiers sont originaires du Saint-Empire (Cologne, Trèves, Constance et Mayence surtout). De surcroît, l'étape au bord de la Loire s'inscrit dans une mobilité interuniversitaire accrue : après 1515, trois étudiants sur quatre ont fréquenté au moins deux universités, soit un taux de mobilité proche de 1,8. Ils sont pour 11 % passés par l'université de Cologne, et pour 46 % par Louvain où ils ont suivi l'enseignement des facultés des arts. Les étudiants passés par l'Italie sont peu nombreux après 1530 (12 % avant, 6 % après), en raison des conflits politiques. Dans la seconde moitié du siècle, un net basculement se traduit par la montée des Allemands et par le recul relatif des contingents issus des Pays-Bas : les premiers sont multipliés par sept (1 977 contre 274, soit 56 %), les seconds par deux (671 contre 314, sur 3 510 étudiants inscrits entre 1547 et 1602). Les troubles, la politique restrictive de Philippe II qui limite la *peregrinatio* dans les États de la couronne espagnole, les guerres religieuses françaises, expliquent ce changement qui s'accentue encore au XVIIe siècle.

Le taux de mobilité des juristes orléanais dépasse désormais 2 : c'est, jusqu'en 1640, de 110 à 120 arrivées tous les ans, et le recul ne commence qu'après, jusqu'à la disparition de la nation germanique en 1689. La persistance du circuit s'accompagne de nouveaux changements, où se lisent encore les incidences de la conjoncture politique et militaire. La fin des troubles dans les Pays-Bas permet une remontée vigoureuse des étudiants néerlandais : 35,7 % pour les Provinces-Unies, 12,5 % seulement pour les Pays-Bas catholiques, 42 % pour les pays germaniques (Allemagne occidentale et orientale, Bohême, Autriche, Silésie, Suisse). La guerre de Trente Ans voit les contingents d'outre-Rhin diminuer, et ceux des Néerlandais doubler. L'attraction orléanaise transcende les frontières religieuses et laisse entrevoir un *irénisme pragmatique* caractéristique des nations germaniques, mais que peuvent entretenir les politiques de promotion temporaire lancées par les universités. A Avignon, la renommée de la faculté de droit est gagnée à prix d'or grâce aux nominations de Sannazaro et d'Alciat au début du siècle, de Ferreti après 1550. La situation de la ville et ses liens avec Rome ont pu détourner une part des étudiants catholiques. La fréquentation d'Orléans n'est pas séparable de celle de Bourges, où la réputation de Budé et d'Alciat (arrivé en 1529) assure sa force novatrice et attractive à l'enseignement du droit lié à l'étude philologique des textes. Calvin sera l'un des auditeurs d'Alciat. Avant de gagner Milan, celui-ci a fait de Bourges une rivale de la faculté d'Orléans, qui reçoit cependant les étudiants en droit civil venus de Paris. Rabelais évoque, dans son *Pantagruel*, cette rivalité. Jusqu'à la fin du XVIe siècle, l'attraction de Bourges se maintient, surtout avec Cujas. Dans le Midi languedocien, c'est Toulouse qui assume cette fonction, avec l'appui du parlement et des capitouls, et qui attire étudiants catalans, espagnols et portugais, italiens aussi. Jean de Coras y a enseigné. L'excellence de son enseignement juridique, son insertion dans les réseaux internationaux reconnus lui garantissent son caractère attractif jusqu'à la fin du XVIe siècle. Dans ces exemples, on perçoit comment ont pu s'organiser à travers l'Europe les échanges où la circulation étudiante correspond aux circuits de correspondance des humanistes, juristes et philologues, et assure l'entretien et la diffusion d'une culture cosmopolite vivante, travaillée en profondeur par les nouvelles curiosités, savantes et érudites, comme par les réflexions religieuses.

LE MAINTIEN TEMPORAIRE D'UNE ATTRACTION : MONTPELLIER

Montpellier en donne une autre illustration. Depuis longtemps, ses professeurs et ses docteurs assurent la réputation de la faculté de médecine dans toute l'Europe. Les sources permettent de connaître l'affluence étudiante pendant trois siècles[42]. La qualité de l'enseignement s'y maintient pendant toute la période, alors que la courbe des étudiants se stabilise au-dessus de 30-40 inscriptions par an de 1500 à 1560, descend à son étiage (une dizaine) vers 1580-1590, remonte irrégulièrement au-dessus de 20-30 jusqu'au début du XVIIIe siècle, où elle atteint jusqu'à 80 inscriptions. Deux crises ont freiné les recrutements médicaux (comme elles ont perturbé tôt ceux des facultés de théologie, pratiquement disparus après 1545, et ceux des facultés de droit, où inscrire dix étudiants relève du succès) : d'une part, les conflits religieux et les guerres entre protestants et catholiques, qui coupent en partie la route d'Espagne ; d'autre part, une somnolence savante commencée dès le XVIe siècle, après l'épanouissement humaniste, et que dérangent tardivement la demande médicale et le réveil scientifique du XVIIIe siècle. La transformation du recrutement pendant cette longue période passe moins par la seule évolution des effectifs que par l'effet des motivations au départ. S'il ne faut pas exagérer la modernité des études médicales, qui correspondent à un état moyen des savoirs en ce domaine – constat somme toute banal et presque toujours vérifiable –, la réputation internationale de Montpellier ne s'est restreinte que peu à peu. « Accipimus pecuniam et mittimus Stultos in Germania », rapporte Felix Platter, évoquant ironiquement le dicton qui court chez lui sur les universités françaises, Montpellier comprise, mais soulignant ainsi, vers 1550, « la reconnaissance sociale qui s'attache au lieu d'étude à un moindre degré au titre, et qui est sans doute plus importante que les savoirs qu'ils sont supposés garantir[43] ».

Pendant tout le XVIe siècle, la fréquentation foraine de Montpellier reste importante et largement internationale. De 1500 à 1512, elle représente 37 % des étudiants en médecine, mais elle n'est plus que de 14 % vers 1599, et moins de 6 % par la suite. Les raisons évoquées plus avant ont frappé la mobilité générale et particulière : les sympathies de Montpellier pour les réformés sont connues; elles peuvent toutefois séduire comme elles peuvent éconduire. Pour toute l'université, les effectifs étrangers sont constants (107 étudiants avant 1512, 115 avant 1559), alors qu'ils occupent moins de place proportionnellement. C'est l'histoire religieuse et politique qui commande le changement : au début XVIe siècle, l'espace ibérique procure les gros effectifs avec les Pays-Bas espagnols (90 sur 107) ; à la fin du siècle, ils sont remplacés par des Allemands, des Suisses et des Italiens. Montpellier s'inscrit dans un parcours qui passe souvent par Wittenberg, Tübingen, Bâle (universités réformées), par Paris, mais aussi par Padoue[44]. Les réticences religieuses, les interdits de Philippe II ont bloqué la mobilité traditionnelle et ancienne. Le caractère national et local s'est désormais accru : de la fin XVIIe à la fin du XVIIIe siècle, 17 % des étudiants viennent du diocèse de Montpellier; 15 % du nord-ouest de la France, du Val de Loire, de Normandie, du Bassin parisien (ils vont disparaître en partie après 1700) ; le Nord-Est fournit en permanence 4 % ou moins; la Provence, la Guyenne, le Languedoc et l'Auvergne envoient le reste, de 16 à 36 %, et l'Ouest atlantique entre 11 et 30 %. Les routes de l'Est et de l'Ouest forment, avec les locaux, les deux tiers du recrutement au XVIIe siècle. L'espace se réduit ensuite.

L'évolution des nations étrangères à Montpellier comme à Bourges ou Orléans fait mieux comprendre les ressorts extérieurs de la mobilité, mais éclaire moins les calculs qui motivent les choix familiaux et personnels : tendances religieuses, liens anciens entre pays de naissance et villes d'études, fréquentations collectives comptent autant que la qualité des enseignements. Les défaillances momentanées de la réputation d'une faculté ne suffiraient pas à l'ébranler définitivement, et dans « la pérégrination académique ce qui compte peut-être le plus, c'est la pérégrination académique elle-même[45] », son apprentissage social autant que professionnel ou savant. Si le voyage universitaire réussit tant bien que mal à former la jeunesse, c'est qu'on n'en revient pas totalement identique à ce qu'on était au départ, et que le bagage de solidarités et de relations s'est alourdi autant, sinon plus, que celui des connaissances qu'on aurait pu trouver – et qu'on trouvera de plus en plus – chez soi. Quand ces liens se rompent, comme on le voit à Montpellier dans la lutte religieuse des XVIe et XVIIe siècles, l'attirance se ralentit, la force de séduction change de cible sociale et religieuse. La persistance du circuit orléanais au même moment, et avant le reflux de l'âge classique, illustre autrement ces choix.

Raisons religieuses, motifs mondains

La crise religieuse a été surmontée après l'édit de Nantes, mais le déclin amorcé reprend vite et la durée des études et du séjour dans la capitale ligérienne se réduit certainement. L'expérience des étudiants néerlandais, étudiée par Willem Frijhoff et Hans Bots à partir des immatriculations faites aux Provinces-Unies et non plus dans les rôles orléanais, confirme ce premier constat. La proportion des étudiants pérégrins est extrêmement faible par rapport à l'ensemble des étudiants : moins de 13 % dans la deuxième moitié du XVIe siècle ; 8 % de 1600 à 1675 ; insignifiante après. De plus, seule une partie des séjours extérieurs se conclut par la réception d'un grade : 78 % des médecins, 52 % des juristes, un quart seulement des théologiens ont ainsi couronné leur voyage (80 % des juristes ayant été gradués à Orléans). Entre un quart et la moitié, sans doute moins encore, puisque l'analyse faite n'est assurée que sur une partie des étudiants, ceux du Brabant septentrional, des gyrovagues ne se souciant pas de la reconnaissance extérieure. On peut penser que ce qui compte pour eux, dans le tour universitaire, c'est l'initiation à d'autres pays et la consolidation des relations sociales. Celles-ci ne s'apprennent pas seulement à l'université, mais parfois aussi, pour ceux qui en ont les moyens, dans d'autres institutions comme les académies d'équitation.

Celle d'Angers fonctionne parallèlement aux collèges et à l'université, comme d'ailleurs à Paris où les académistes ont offert à la noblesse ancienne ou récente un modèle éducatif fondé sur les *arts du corps* et les apprentissages du monde. Orléans, Blois, Saumur, Angers, Caen et d'autres villes ont proposé les mêmes ressources. On connaît bien les élèves étrangers des écuyers angevins. Les recrutements sont pour plus de la moitié fournis par l'Allemagne et la Pologne (375 sur 712 entre 1601 et 1635) ; un peu moins du tiers par les Pays-Bas (207) ; 6 % sont danois et suédois, 12 % anglais et Écossais. On en retrouve une partie dans les catalogues des universités d'Orléans (80), et pour les Néerlandais seulement, dont 141 proviennent de Leyde. Le circuit Pays-Bas – Orléans – Angers est ainsi activé par la réputation des universités, comme par l'attrait de l'académie où les élèves apprenaient l'art de bien monter à cheval et possiblement d'autres choses telles que l'escrime, la danse ou les mathématiques. Le manuscrit qui donne la liste des étrangers venus ainsi à Angers célébrer la renommée de l'institution est l'œuvre de l'avocat Jacques Bruneau de Tartifume, qui y a enseigné le grec et « connu plusieurs princes, comtes, barons, seigneurs, milords, gentilshommes et autres seigneurs, allemands, bohémiens, danois, polonais, anglais, écossais, flamands, dont je pourrais rapporter les noms suivant les années qu'ils ont été en ladite ville ». Divers indices montrent que certains académistes ont aussi fréquenté les bancs de l'université, dont les matricules sont perdues. Corneille van Beveren, fils d'un bourgmestre de Dordrecht, l'évoque en 1612-1613 dans son récit de voyage. Nicolas van Beverwyck, dans l'*Album amicorum* tenu sans doute pendant son voyage, donne des dédicaces faites par ses amis étudiants à l'académie et dans les facultés. D'autres inscrits à l'université ne se retrouvent pas dans les listes académiques, mais ont vraisemblablement connu le sable de la carrière des écuyers Martin ou Hallot. Le cours d'équitation peut ainsi couronner un parcours – c'est le cas de Jacob de Long, qui a fait tout son voyage à cheval – où s'inscrire dans une étape à l'aller ou au retour. Un réseau de parenté se lit dans la liste, montrant que l'on a affaire à une élite locale : 25 % de nobles parmi les Néerlandais, 41 % de négociants, 31 % de détenteurs de charges publiques. Une partie des élèves est catholique, une autre provient des milieux réformés plutôt modérés. La pérégrination observée à Angers souligne le poids de la tradition familiale, le fait que la réputation et le prestige d'une université survivent à un réel crépuscule intellectuel, le mélange des motivations savantes et mondaines, la sensibilité à la conjoncture politique et religieuse, l'importance des études pour l'avenir d'une carrière et les appuis nécessaires à son accomplissement [46].

Revenus dans leur pays d'origine, les jeunes étudiants des Pays-Bas se retrouvent parmi les membres des municipalités, des cours de justice provinciales, des institutions administratives, universitaires ou ecclésiastiques. Leur degré de compétence se mesure par le passage dans une ou plusieurs universités : c'est, à partir du premier quart du XVIe siècle le cas des deux tiers des conseillers. Le séjour en France, et à Orléans, a joué dans ces promotions un rôle essentiel : s'il est moindre que celui de Louvain, il a marqué entre le quart et la moitié des carrières. Enfin, on perçoit que le mouvement a contribué au brassage et au renouvellement des élites du Brabant, de Frise et de Hollande, car les étudiants voyageurs ont peu à peu évincé les anciennes dynasties et constitué sur plusieurs générations le milieu nouveau des *fonc-*

tionnaires[47]. La démonstration vaut sans doute également pour les milieux de la noblesse et de l'administration allemandes et des cours impériales. Elle n'est malheureusement pas faite pour les étudiants français ; on peut toutefois penser qu'ils participent pour une part à un même mouvement d'intégration favorable aux élites administratives exigées par l'extension de l'État absolutiste, mais que pour une autre part ils ont obéi à l'impulsion religieuse.

A Bâle, le flux des étrangers venus du royaume atteint avec une petite centaine son maximum entre 1570 et 1590 ; il se réduit après. Cet apogée correspond au moment des persécutions les plus vives ; avec la paix religieuse, le recrutement des Français baisse car ceux-ci se dirigent plus nombreux vers Leyde, où les effectifs quadruplent quand s'alourdit la politique de Louis XIII et de Richelieu visant à briser le parti huguenot : 300 étudiants entre 1620 et 1629. Si les arrivées se maintiennent ensuite, elles remontent à nouveau après la Révocation. Une courbe moins précise, mais analogue, peut se lire à partir des registres du recteur de Genève à partir de 1660 : les petits réformés y arrivent en cohorte d'une vingtaine par an. Dans l'un et l'autre cas, le réseau se construit en fonction de relations géographiques anciennes : les étudiants de Leyde viennent de Normandie, du Poitou, du Sud-Ouest ; ceux de Bâle et ceux que l'on retrouve pour une courte période à Heidelberg entre 1600 et 1620 (une petite centaine) viennent aussi de l'Ouest, mais pour un quart dans les deux exemples du nord-est de la France – le Sud est encore défavorisé. L'identité confessionnelle n'induit pas un même engagement pour le départ, qui sélectionne les capacités : la France du Nord est partout favorisée, par son avance scolaire et par l'assise sociale ; la France du Midi envoie les meilleurs et les aisés et forme principalement à Genève ses pasteurs (de 30 à 40 % du XVIe au XVIIe siècle). La solidarité religieuse, ici calviniste, joue pleinement dans les choix universitaires. Les universités protestantes sont internationales dans leurs professeurs comme dans leurs étudiants ; les premiers attirent les seconds et forment l'élite protestante française du XVIIe siècle. Sans doute les universités catholiques, en Flandres, en Allemagne, en Comté, sont déjà plus rétractées sur elles-mêmes et ont des bassins géographiques de recrutement plus étroits ; l'Italie attire encore les plus riches ou les plus chanceux[48].

Deux facteurs contribuent à entretenir la pérégrination. C'est d'abord la recherche d'un titre au meilleur compte, qui peut dériver de la grande pérégrination vers des centres où les titres sont plus faciles à obtenir et moins coûteux (ainsi Avignon pour Montpellier ou Valence et Orange, ainsi Ferrare pour Padoue ou Bologne) ; cette recherche perdurera dans le cadre national, où se réorganise la mobilité étudiante du XVIIe au XVIIIe siècle. C'est ensuite, pour beaucoup, protestants et catholiques, le moyen d'entrer dans un monde social et culturel qui ignore les clivages confessionnels, qui fabrique des solidarités payantes, qui préfigure la République des Lettres.

LA *PEREGRINATIO* DES FRÈRES PLATTER

Retrouver Félix et Thomas Platter, déjà rencontrés et évoqués sur la route des voyageurs de la Renaissance, laisse entrevoir toutes les dimensions de la *peregrinatio*, sans doute à son apogée, entre 1550 et 1600, entre la Suisse, le Languedoc, la France. Rappelons l'essentiel d'un contexte familial qui a son importance pour restituer les motivations et les conditions de leur expérience. Félix et Thomas sont tous deux fils de Thomas Ier Platter senior, berger, chevrier, écolier ambulant, mendiant, cordier, imprimeur descendu du Valais pour connaître une réussite à tous égards éclatante à son époque comme directeur de collège à Bâle. Ils sont demi-frères et séparés par presque quarante ans. Thomas II naît d'un second mariage, en 1574, quand son père a soixante-sept ans, peut-être soixante-quinze, et son aîné du premier lit, Félix, trente-huit ans. Il enseigne la médecine pratique à l'université de Bâle et occupe le poste très officiel de médecin de la ville. Tous deux ont fait des études normales sur place, appris le latin, une teinture de grec ; tous deux sont envoyés aux frais de leur famille à l'université de Montpellier. En 1552, Félix a rejoint la métropole du Languedoc en vingt jours, du 10 au 30 octobre ; quarante-trois ans plus tard, Thomas met à peine dix jours en février 1595. Ils ont suivi le même itinéraire, mais pour l'un comme pour l'autre le voyage compte moins que le séjour : un peu plus de quatre ans pour le premier qui, parti à seize ans, revient à près de vingt ans ; un peu plus aussi pour le second, envoyé à Montpellier à vingt et un ans et rentré à vingt-cinq ans, en 1660. La présence de Thomas à Montpellier a d'ailleurs été quelque peu raccourcie par des expéditions diverses en Provence, dans les Cévennes, et par un long périple fait au retour : un mois vers la Catalogne, puis de Montpellier à Toulouse, par le chemin des écoliers, Bordeaux, La Rochelle, Poitiers, Saumur, Angers, Paris, où il séjourne près d'un trimestre, entre juillet et décembre 1599, et d'où il gagne l'Angleterre, les Pays-Bas, pour atteindre enfin Bâle attint en février. Il ne lui reste plus qu'à mettre ses pas dans ceux de son frère. Il soutient sa thèse, devient docteur en médecine deux mois après son retour – Félix avait mis plus de temps –, se met à pratiquer la médecine, épouse une nièce de sa belle-sœur, Chrischona Jeckelmann. Il meurt en 1628 à cinquante-quatre ans, professeur de l'université, ancien doyen, ancien recteur, avec trois enfants vivants dont l'aîné, Félix II, est à son tour allé à Montpellier, mais aussi à Leyde – indice que le milieu médical suisse perçoit la nécessité d'un élargissement de son horizon scientifique et relationnel.

On ne sait rien de cette troisième *peregrinatio*, mais on y pressent la faveur des trois forces qui signent le devenir des élites helvétiques et autres d'Ancien Régime[49]. La famille d'abord, grâce à laquelle la continuité d'une réussite s'est maintenue sur quatre générations, depuis l'oncle curé de Thomas Ier, qui lui a appris le rudiment et l'a muni d'un mince viatique qui lance l'ascension générale ; pour les trois autres, la protection gentilice qui ne cesse de jouer dans toutes les occasions, et surtout les mariages organisés par la parentèle. La fonction, le métier ensuite, qui, de l'imprimerie au collège, des classes à la médecine, de l'humanisme à la science, illustre les itinéraires fictifs et réels du temps – Montaigne, passant par Bâle, visite leur cabinet de curiosités en 1580. La fortune, enfin, dont les voies rejoignent celles du Seigneur : l'enrichissement matériel des quatre générations se fonde sur la diffusion du savoir, les livres et les choses, « l'étude conjointe de la nature et des textes sacrés, menés de front, sans conflit, grâce à la nouvelle théologie ». Dans le climat des cités helvétiques, dans la rudesse et la rigueur de l'époque où ne manquent ni les désastres de la guerre ni les deuils de la peste et de la famine, l'errance réglée des étudiants Platter éclaire les ancrages des promotions, les chances offertes, saisies par le père et entretenues par lui et par ses fils. Elle montre comment la mobilité permise à certaines familles, cultivée par certains acteurs de l'histoire, n'est pas en contradiction avec la stabilité et la reproduction. Un temps de changement, un moment de déplacement dans l'espace nourrit l'écriture de soi, l'article sur la tradition familiale, autorise la continuité comme il permet sans doute une certaine forme de coexistence confessionnelle, voire de compréhension pacifique en dépit des conflits – bref, cet œcuménisme de la pratique qui se fait discret dans les persécutions de l'âge classique pour renaître plus conquérant dans l'esprit du XVIIIe siècle[50].

L'ORGANISATION ET LA RELATION

L'aventure, somme toute ordinaire (exceptionnellement normale), des frères Platter autorise trois constats principaux : elle illustre l'organisation du déplacement et du séjour ; elle permet de comprendre le jeu des solidarités qui encadrent le voyage et celles qu'il produit et qu'il entretient ; enfin, elle rend plus évidente la manière dont la sociabilité et les études constituent le terrain d'un apprentissage qui est autant social que professionnel. Dès le départ du jeune Félix, on perçoit l'intégration de la pérégrination dans une stratégie familiale : jeune fils d'un père âgé (il n'a pas tout à fait seize ans), il porte tous les espoirs de la famille. Le récit, rédigé sans doute vers 1612, lu vraisemblablement peu après dans un cercle de parents et d'amis – où l'on connaît déjà l'autobiographie du père, écrite vers 1570 à la demande du fils aîné, et certainement aussi le récit de voyage de Thomas II, qui a comme son frère noté les événements principaux de son périple –, s'inscrit parfaitement dans l'esprit d'une tradition dynastique. C'est la saga d'une lignée attachée à la conservation de ses papiers, manuscrits, correspondances, voire dessins, que l'on retrouve en partie dans les archives bâloises.

Le titre du voyage que choisit Thomas Platter rappelle deux orientations. C'est la *Description des voyages que Thomas Platter, docteur en philosophie et en médecine à Bâle, a faits en quatre ans et cinq mois de Bâle dans le célèbre royaume de France, et de là en Espagne et de nouveau en France ; puis par le même royaume, dans les Pays-Bas, ensuite par la France et l'Angleterre et de nouveau par la France et les Pays-Bas ; enfin des Pays-Bas à Bâle en passant par la France : dans laquelle description il est raconté comment il a voyagé chaque jour, ce qui s'est passé de mémorable durant tout le voyage et ce qu'il a vu d'important dans chaque endroit ; avec quelques paysages, villes, édifices et autres choses remarquables décrits tout au long et dessinés en grande partie à la plume ou autrement...* Voilà pour l'étudiant touriste, qui ne prend pas la peine de rappeler le premier motif du voyage : aller à Montpellier, c'est déjà normal. Mais voilà aussi pour la famille : « Que le lecteur bienveillant veuille prendre en bonne part toutes les choses que j'ai écrites et songer que j'ai d'abord eu en vue la gloire de Dieu et le bien du prochain, ensuite la louange due à Monsieur mon frère le docteur Platter [Félix, l'aîné bienveillant] qui m'a entretenu si longtemps à l'étranger, et la pensée de rappeler tout ce qu'il a fait durant mon voyage de quatre ans et demi. » Dans la reconnaissance exprimée sous forme de dédicace se traduisent l'avancée du clan et les liens formels et réels de respect qui l'assurent pour l'avenir.

Les deux départs sont placés sous le double signe de leur nécessité dans des perspectives familiales immédiates et lointaines, et de la chance qu'ils offrent à leurs acteurs. Les circonstances sont plus solennelles en 1552, car c'est le patriarche qui commande et informe. Félix, lui, n'a pas d'illusions à se faire : son père se dit endetté, ses espérances sont réduites même s'il y a quelques biens ; il doit donc étudier avec zèle pour bien posséder son art et assurer sa carrière au retour. Dans un dernier soupir, dû au hasard ou plus probablement organisé, Thomas dit à Félix : « Assieds-toi à côté de Daniel (maître Frantz, chirurgien de Bâle), ton futur beau-père peut-être. » Le lapin rôti et les cailles levées pour lui et tuées pour lui soulignent la solennité d'un propos qui énonce un destin tout tracé : les études garantissent les positions gagnées ; le mariage, qui peut associer deux formes de cures complémentaires, médecine et chirurgie, peut renforcer plus encore celles-ci. L'envol loin du nid bâlois est préparé : Félix est recommandé par le docteur Wolfius à maître Catalan, apothicaire de Montpellier, qui lui avait confié ses fils. L'incertitude règne un moment, car il y a compétition et, surtout, la peste paralyse Bâle.

Avant l'arrivée, la famille et Félix lui-même savent qu'il peut compter sur un système d'échange compliqué mais sûr, intellectuel et matériel. Il est mis en contact avec toute une partie de la médecine et de la pharmacie montpelliéraines de tradition marrane, celle des exilés d'Espagne, mais il a conscience que la réussite de l'opération repose sur ses efforts. La volonté d'être égal à ce qu'on attend de lui pèse à tous instants dans le voyage et sur son récit. Arrivé à bon port, Félix n'a de cesse de se faire loger chez son correspondant qui a reçu, il y a quelque temps, Frédéric Rihener, fils du secrétaire de la ville, connaissance de Thomas Ier, en échange de son fils Jacques venu étudier à Bâle : Gilbert quittera le foyer Rihener pour aller chez Platter et le second fils le remplacera chez le secrétaire. Les deux enfants de Montpellier sont alors à Strasbourg (au gymnase, car il n'y a pas d'université) et logés chez les parents de deux autres étudiants qui ont pris pension chez l'apothicaire. Quand l'un d'eux, Jacques Meyer, meurt des fièvres, il permet au gymnasiaque de négocier l'échange : le fils Catalan chez lui, Félix Platter chez Catalan.

Quand ces hypothèques sont levées, Félix est sûr de son fait : en échange de l'hospitalité offerte aux deux frères Catalan, il sera reçu sans pension chez leur père et touchera l'équivalent de celle que, pour ses deux fils, l'apothicaire montpelliérain doit en principe verser à Thomas Ier : « Mon père était dans l'impossibilité de payer une pension pendant tout le temps de nos études », commente l'aîné. Si la raison de ce système d'échange est d'abord économique[51], il n'exclut pas un aspect intellectuel et pratique, quand on se rappelle l'importance de la tradition pharmaceutique empirique et savante des marranes et de Montpellier. Dans la période d'incertitude, l'apothicaire avait offert de prendre Félix comme précepteur de ses enfants, « ce qui est la ressource de bien des étudiants » – à moins qu'ils ne choisissent d'exercer dans une école latine de la ville, où l'on retrouve peu ou prou la plupart des étudiants en médecine. C'est quarante ans plus tard, chez Jacques Catalan, fils de Laurent Catalan, l'hôte et le mentor de Félix et petit-fils d'un marchand d'épices et de poivre marrane, que vivra Thomas II. Si son départ a posé moins de problèmes que celui de son aîné, il souligne comme lui l'importance du fait de se trouver au centre de la transmission du savoir de la *bonne culture* pharmaceutique : sa pension est payée sans difficulté par son aîné.

La situation du premier est intéressante, car elle révèle les poids qui pèsent sur l'organisation familiale du voyage et les solutions apportées à des situations que rien ne fixe. L'échange dépend des opportunités offertes, des moyens et des occasions négociées. La situation de Félix Platter n'est réglée que le 29 mai 1553, au terme de plusieurs mois de correspondance entre Montpellier et Bâle. Le 12 avril, le père Catalan exigeait encore le retour de ses fils ; l'aîné Gilbert, un fruit sec, est soupçonné de vouloir se convertir au protestantisme, de souhaiter, pour les beaux yeux d'une fille, rester sans rien faire, enfin de fréquenter plus les tripots que les cours.

Le voyage s'inscrit alors dans un double réseau de relations : parentales, savantes, médicales, pharmaceutiques, anciennes, tissées entre plusieurs familles de Bâle et de Montpellier, mais aussi commerciales et économiques. Les familles confient, dans les deux sens, leur progéniture à la protection de négociants qui vont ou qui reviennent des foires. Félix part pour Lyon à l'automne avec les frères Bering de Lyon, qui reviennent de Francfort, et avec un Parisien « aux belles manières ». Il a dans son baluchon deux chemises, quelques mouchoirs, sept couronnes d'or et un écu valaisan. Résultat d'un emprunt du père, la somme couvre largement les frais de la route : moins de douze livres tournois. Thomas II, le 16 septembre 1595, fait un départ aussi assuré : il est accompagné par un gentilhomme estudiantin de Bâle, Wolff, *alias* Wilhelm Dietrich Notthaft de Hohenberg, mais son autre compagnon de route est Antoine Durant, marchand de Lausanne. Il est matériellement plus à l'aise et, à Lyon, il peut faire état d'une lettre de change près d'un marchand de la rue Mercière, maître Noël Bastier, qui lui enseigne la pratique commune : « Vous n'avez qu'à trouver un marchand qui fournisse à votre entretien ; je le rembourserai ici sur une reconnaissance de votre part. » Pour le voyage, il peut compter sur l'argent avancé par son parrain, Jean Lutzelman, secrétaire de la ville de Bâle, envoyé à Lyon aux conférences qui s'y sont tenues avec Henri IV entré le 19 septembre. Il se fera rembourser à Bâle, en dix jours. Thomas, lui, a donc déjà dépensé une partie du viatique avancé par son frère ; sur tous ces points, qui le préoccupent, sans doute moins que son aîné, il est malheureusement moins bavard. Il embarque sur le Rhône dans un bateau chargé à fond de marchandises, et ne quitte le fleuve qu'à Pont-Saint-Esprit. Son trajet est plus coûteux, plus confortable : Félix, lui, s'était cassé les reins, tapé le cul en selle, sur son petit cheval bâlois jusqu'à Montpellier, et avait mis dix jours de plus.

L'arrivée comme le départ signalent la distance parcourue en quarante ans par la famille. Félix est parti en compagnie de son père, le vieux professeur, qui ne cache pas son émotion et bégaie ses adieux : « *Felix vale, Felix va...* » ; Thomas Schoeffins, un maître d'école, se joint à lui jusqu'à Lyon. Thomas II jouit d'une conduite moins rustique : son frère, docteur important, est flanqué d'un jeune apothicaire, Andreas (d'une famille du conseil de ville, les Bletz), d'un autre étudiant en médecine, Lucas Justus, de deux apprentis théologiens de bons lignages, Ludwig Lucius et Simon Grynaeus, et de quelques autres étudiants, sans oublier Frédéric Ryhiner qui est allé, comme Félix, chez Catalan et qui appartient à une grande maisonnée bâloise (son père, secrétaire de la ville, devait recevoir l'un des fils de l'apothicaire Laurent Catalan).

Voilà une petite cour urbaine, civique, médicale, solidaire du partant. Les frères de l'apothicaire et les oncles de son fils Jacques sont, il faut enfin le rappeler, connus dans le grand commerce international. En bref, d'Henri II à Henri IV, la famille a fait son chemin sans que changent les dispositifs de sa sécurité. Symbole de cet état de fait, le cérémonial de l'accueil à Montpellier par les hôtes. Thomas II en dit peu de chose ; il est déjà acculturé à la rencontre sociale. Félix, lui, se montre plus disert, car il entame la route et veut noter pour la famille ce qui est important. Pour le premier comptent les impressions pittoresques et la découverte des usages collectifs comme des paysages, dont il ignorait presque tout. Thomas parle moins que son aîné, dont les récits oraux avaient pu éclairer son enfance et son adolescence bâloises[52]. C'est un averti, capable d'une meilleure observation acculturante. Félix, lui, était plus novice et plus sensible au décalage social. Enfin, écrit-il le dimanche 30 octobre 1552, « avec l'aide de Dieu, nous franchîmes les portes de Montpellier un soir de bonne heure. Je priai le Seigneur de m'accorder la grâce d'achever mes études dans cette ville et de retourner ensuite sain et sauf dans ma patrie auprès des miens ». Arrivé place des Cévenols, l'apothicaire Catalan reçoit le futur carabin, sa femme à ses côtés. Il le harangue en latin, il reçoit et lit la recommandation du bon docteur Wolfius, ancien mentor de ses enfants, le beau-frère de Catalan ; un autre marrane est là, et le Strasbourgeois Johan Gelratzheim. La servante lui retire ses bottes, et l'apothicaire rachète le petit cheval bâlois (8 couronnes) ; l'instant est solennel, mais ne fait pas tourner la tête aux acteurs. Thomas II, le 8 octobre 1595, est moins loquace encore sur la suite : « J'ai été reçu comme pensionnaire nourri chez monsieur Jacques Cathalan, alors absent de sa maison et aujourd'hui décédé ; j'ai retenu une chambre dans sa maison. *Quod felix faustumque sit* [puisse tout cela être heureux et favorable]. » Les deux Rastignac bâlois sont à pied d'œuvre, mais le cadet a eu plus d'atouts que son aîné : à nous deux, Montpellier !

La très forte solidarité qui unit les membres d'une même nation a été relevée depuis longtemps par les historiens des universités. Elle est au cœur du récit des deux frères[53]. Chez Félix, les notations commencent sur la route, et se poursuivent systématiquement à Montpellier. Quand Thomas Schoepffins s'embarque sur le Rhône alors que lui continue sa route à terre, « la séparation me fit beaucoup de peine » ; ils se retrouvent en Languedoc, et quand le premier regagne Bâle, le second lui confie ses lettres pour la famille. Les Platter ne sont jamais seuls et totalement exilés : du départ à l'arrivée, ils sont intégrés dans un groupe d'âge qu'unissent la fraternité des études et l'éloignement. On partage ensemble les cours et les jeux, les festins et les lectures. L'entraide financière est habituelle, même lorsqu'il s'agit d'un « franc rustre » ; quand un escroc est démasqué, il est chassé du groupe. Le banquet des Rois scelle l'amitié de la compagnie. Félix retrouve immédiatement Baldenberg de Saint-Gall, qui a étudié à Bâle ; Lotichius, parent de l'évêque de Wurtzbourg, poète à ses heures; Stetius, venu de Leipzig, et le Flamand Vogelsang. Tous resteront plusieurs années; leur présence permet à Félix de dire, des années après : « Je ne fus pas long à m'acclimater. » Par la suite, il va noter les départs et les arrivées avec soin, et le souvenir de cette société amicale, soudée par la langue et par des références à une culture commune, sinon à un esprit national, l'emporte largement sur la description des études qui sont cependant le but théorique du voyage. Le séjour étudiant permet de se constituer un réseau de relations qui se révéleront utiles, si besoin est, au retour. Les notations sur le devenir professionnel et social des compagnons d'études montrent rétrospectivement l'imbrication des chemins de la réussite, des héritages, des études et des liaisons sociales et professionnelles.

Sociabilité, solidarités

Prenons l'année 1555, dans le récit de Félix. Le 7 janvier part Balthasar Hummel pour la Suisse; le 23 février, quatre autres étudiants allemands; le 16 avril, Conrad Forrer, de Winterthur, qui va devenir médecin et pasteur, accompagné du Bâlois Jean Zonion, arrivé en septembre 1653. Celui-ci est un maître d'école qui a épousé une femme de soixante-dix ans, laquelle paie ses études; revenu de France, il perd sa vieille épouse et retourne à Ravensburg sa patrie. Le 9 avril étaient arrivés trois Strasbourgeois, dont l'un deviendra médecin, et Théodore Birekmannus, «jeune homme de Cologne fort instruit et habile musicien, avec lequel je fis ensuite mon voyage à travers la France». Le 29 mai, Félix entend chanter dans la rue un pèlerin de Saint-Jacques, François Muller, de Helsinger près de Bâle, qu'il fait boire et manger, et auquel il donne trois barzen, une boîte de thériaque et une lettre. Le 19 juin, Casparius Wolfius, qui sera plus tard médecin à Zurich, est rendu à Montpellier. Le 26 juin, tous participent à un grand banquet en l'honneur d'Honoré Castellanus, Duchatel, qui demande à Félix de jouer du luth. Le 24 août s'en vont les fils du seigneur de Morrenholz, l'ami Culmann, et débarque Pietrus Millerus; la veille étaient arrivés Sigismond Roth de Strasbourg, plus tard médecin de cette ville et Jean Wachtel, aussi de Strasbourg, que Catalan emploie comme aide potard. Le 20 du même mois, c'est Sigismond Weisel, de Breslau, tireur et chasseur émérite qui a mangé tout son argent (les Allemands cotisent pour lui) ; il sera médecin à Breslau. Dix jours plus tard, le 9 septembre, c'est l'envol de Nicolas Cheverus, originaire de Neuchâtel, chirurgien qui saigne les Allemands de Montpellier; longtemps, il peaufinait ses talents chez le chirurgien Jean Perdrix, qui avait des parents à Héricourt près de Montbéliard. Le 6 octobre, le groupe reçoit trois Bâlois, camarades de Platter et que le fils Gilbert Catalan avait accompagnés jusqu'à Lyon; ils sont en costume allemand avec de longues rapières suisses, «vêtus en vrais soudards et affichant des manières grossières». C'est le moment, rappelons-le, où le soldat suisse se vend très bien sur le marché militaire européen : ces façons grossières traduisent le besoin de se faire remarquer et de se protéger. Le 21 octobre, les Catalans accueillent fraîchement Gilbert, revenu de Bâle; il est logé avec Platter, dont il partage le lit, mais chacun a son cabinet de travail. Le 9 et le 10 décembre, Félix reçoit deux lettres de son père et quatre lires. Le 17, Berus et Huguewaldt s'en vont, après deux mois de séjour déréglé : le premier a attrapé la vérole, le second a pris mal à la tête, et tous deux sont endettés; Théophile Berus vivra une existence aventureuse, et Oswald Huguewaldt fera le professeur à Tournon. Le 22, c'est le départ de Jean Culmann. Le 27 arrivent deux Allemands, sans doute revenus après son absence du mois d'août, qui ont été pensionnaires de Thomas Ier à Bâle. Voilà, pour une année, à peu près treize arrivées notées et quatorze départs retenus. Au total, sur quatre ans, cela donne une liste d'une soixantaine de noms.

Thomas II sera moins disert et moins précis, mais il relève une trentaine de cas, à moins qu'il ne soit sur ce point moins attentif – c'est peut-être aussi qu'il s'en soucie moins pour son avenir. On sait toutefois qu'il fréquente le groupe des élèves du docteur Ranchin, avec lesquels il part en excursion botanique. Parmi cette vingtaine de carabins figurent sans doute de nombreux Allemands, qui lui font la conduite quand il part pour Avignon le 22 février 1596 : le baron von Flodorff, d'une famille liégeoise, et son précepteur maître Eckberg; Karpfen, dont le château familial est situé dans le bailliage de Tuttlingen et qu'on retrouve à Bâle l'an d'après; Sébastien et Félix Rotmund, d'une grande et bonne famille de Saint-Gall qui commerce et qui a des comptoirs à Lyon et à Marseille; Rudolf Simmler, de Zurich, fils d'un théologien qui deviendra médecin et professeur; Kaspar Thomann, fils d'un bourgmestre de Kyburg, riche bourgeois et membre du conseil de la ville de Zurich; un Polonais, Naborov; un autre Allemand encore, Guillaume Leininger, étudiant de Heidelberg, fils du secrétaire de la ville bien connu pour ses duels. Pour Thomas II comme pour son aîné, c'est un défilé de l'intelligentsia médicale et philosophique allemande. La carte ainsi offerte montre une première concentration rhénane de Zurich à Winterthur, de Schaffhouse à Bâle, jusqu'à Strasbourg et Cologne, puis un recrutement d'autres régions helvétiques (Berne, Saint-Gall) : les deux zones rassemblent les quatre cinquièmes ; le reste est dispersé de Breslau à Halle, de Heidelberg à Wurtzbourg.

On en retrouve moins d'une centaine passés par l'université de Bâle sur les matricules de la patrie plattérienne, qui n'enregistre pas toutes les études faites à l'étranger. C'est peu par rapport aux 2 500 étudiants montpelliérains du XVIe siècle, mais c'est suffisant pour authentifier le témoignage des deux Bâlois et comprendre l'importance de la pérégrination solitaire : 44 ont fréquenté deux universités (à peu près la moitié), 46 sont allés dans trois établissements (dont 7 seulement dans plus de cinq). Le taux moyen de mobilité est proche de 3 (2,9) par étudiant ; il est abaissé certainement parce qu'on ne dispose pas des matricules françaises[54]. La lecture des frères Platter montre comment les solidarités d'origine et d'universités rendent moins aventureuse l'aventure de la peregrinatio et même la rendent la *peregrinato* moins aventureuse, et même profitable. Le coût payé par les familles est un pari sur l'avenir, que justifie l'acquisition d'un capital social et symbolique autant que culturel. On y tisse la trame d'un avenir profitable, qui n'exclut pas les investissements savants : on les voit jouer dans le réseau des correspondances et, avec l'âge, ils prennent d'autant plus de valeur qu'ils ont été testés dans la bonne foi et les occasions de la sociabilité de la jeunesse.

Tant pour Félix que pour Thomas, les études semblent moins importantes que ces relations. Les cours sont donnés irrégulièrement, mais le 4 novembre 1552 Félix est au travail, immatriculé par le docteur Castellan et avec pour parrain le docteur Antoine Saporta, compagnon de Rabelais ; Catalan l'a lui aussi recommandé. Il en suit le cours le soir et le matin, et s'il regrette l'absentéisme de certains professeurs, c'est que Félix est un étudiant assidu et exigeant, attentif aux promotions des uns et des autres (il note les bacheliers ou les licenciés un peu importants). En novembre 1556, il participe à un tumulte estudiantin rassemblant toutes les nations pour protester contre l'incurable fainéantise de certains, tel le vieux Schyronius, chancelier de l'université, qui est d'une nullité complète. En armes, les étudiants vont porter leurs doléances à la cour – en « l'hôtel du Parlement », écrit Platter, ce qui prouve qu'il a du mal à se retrouver dans les institutions locales. Surtout, la défaillance professorale est compensée par un travail intensif. Félix recopie des listes de remèdes compilées par Catalan ; en juillet 1556, il passe ses nuits à transcrire le *De componendis medicamentis* de son professeur Rondelet; il compile, sous forme de tableaux, Galien ainsi que des recettes thérapeutiques prêtées par un compatriote. On compense aussi le déficit de la faculté en organisant des disputes privées entre Allemands chaque semestre, et Félix les juge «très utiles».

Avec Catalan ou ses apprentis, il se donne une formation d'apothicaire; son logeur l'entraîne dans des excursions botaniques où l'on ramasse plantes, fossiles et coquilles sur le rivage de la mer. Dès novembre 1552, Félix note ses principales dissections publiques, qui sont encore de vrais spectacles offerts aux étudiants, à la noblesse, à la bourgeoisie, à quelques moines savants ou curieux – et même en présence de demoiselles, quoiqu'on fît l'autopsie d'un homme. Il voit ainsi découper un jeune homme mort de pleurésie, un vieillard, un homme accidenté, un singe hydropique, une courtisane morte en couches, une vieille femme, un juif, un enfant, et il couronne le tout par l'anatomie du cadavre de la servante de Catalan qu'on a pendue pour vol. L'assiduité de Félix ne fait aucun doute. Le 6 février 1556, il note à l'occasion d'une séance menée par Rondelet: «Je prenais soigneusement note de ses admirables explications.» Comme les opérations officielles ne lui suffisent pas, il est de toutes les dissections secrètes qu'on pratique sur des cadavres volés; il n'hésite pas – avec ses compagnons français pour une fois, il convient de le remarquer – à s'engager dans des expéditions nocturnes pour aller déterrer hors la ville, clandestinement, des cadavres fraîchement inhumés dans les cimetières des cloîtres et avec la complicité des moines augustins. C'est l'occasion unique, et difficile à renouveler, de mettre la main au scalpel lui-même. Le 11 décembre 1554, tout va bien; le 16 décembre aussi, mais non sans mal, car les moines sont devenus méfiants, on vole encore deux sujets dont *l'un est un étudiant de notre connaissance*; le 31 décembre, une autre autopsie a lieu dans le couvent, mais le risque est grand, car Platter se querelle avec ses compagnons allemands. En 1556, il note «une séance secrète pour nous autres allemands par Gallotus». En 1556 et 1557, il en signale deux également. Félix montre que, si l'on veut réussir, il faut de l'entêtement.

Thomas II, qui résume plus le fonctionnement de l'institution, exalte le prestige de l'université et de ses maîtres: «Il y a là, d'ordinaire, en médecine, plus de cent étudiants étrangers à cause des bonnes occasions qu'on a d'y progresser dans cet art. Et cela à cause des professeurs eux-mêmes et en raison de la possibilité qu'ont les étudiants d'accompagner les docteurs dans leurs visites aux maisons des malades. On peut voir ainsi et entendre ce qui leur manque et l'effet de tels remèdes, et puis c'est un grand honneur pour les docteurs de traverser les rues accompagnés de nombreux étudiants. » Il semble avoir trouvé une université à sa convenance depuis l'effort de rénovation engagé après 1590 avec l'appui de Henri IV, qui crée de nouvelles chaires, en anatomie et botanique, en chirurgie et pharmacie, auquel s'ajoute un dissecteur royal, et un théâtre d'anatomie où Thomas assiste au spectacle : « C'est un local construit en gradins de pierre afin que tous les spectateurs puissent bien voir les dissections. Elles se passent de la façon suivante : le docteur, qui préside, fait un discours et parle de ce qu'on va montrer. Puis le chirurgien nommé par le roi (c'était alors maître Cabrol) montre un organe après l'autre. Il les a découpés au préalable, avant l'arrivée des spectateurs ; il lance aussi quelquefois des plaisanteries polissonnes quand des dames, comme je l'ai vu faire, assistent à la dissection d'une femme. Les masques sur les visages des spectatrices sont alors bien nécessaires. »

Au début du XVIIe siècle, un effort financier a assuré cette amélioration des études, qui intéresse également le droit et la théologie protestante et qui a marqué le domaine de la médecine, de la chirurgie et de la pharmacie, ces deux dernières disciplines faisant l'objet de cours spéciaux[55]. Toutefois, toute une partie de la formation du jeune homme se fait encore par ce que l'on peut découvrir de la nature et des hommes dans d'innombrables excursions, herborisantes ou géologiques, proches ou plus lointaines. Le plaisir de la découverte se mêle ainsi amplement au sérieux de l'étude en plein air et des discussions entre maîtres et étudiants, à Balaruc, à Lattes, à Bouzigues, à Celleneuve, à Pérols, dans les Cévennes, en Provence, à Marseille et à Aix, Orange et Avignon. Du 21 avril 1597 au 25 octobre 1598, Félix exercera son métier à Uzès, sans jamais rompre avec l'université et ses maîtres puisque en septembre de la même année, à la demande du doyen, il revient à Montpellier soutenir sa licence – il avait obtenu le baccalauréat le 22 mars 1597 – et doit, pour avancer, faire des leçons magistrales que la faculté doit certifier avant son départ. Le médecin botaniste et géologue de l'Uzège, redevenu étudiant quelques jours, peut alors rentrer chez lui.

LES ÉTUDES ET LE RESTE

Dans les deux cas, on découvre l'importance sociale de la *peregrinatio academica*. L'ardeur au travail de Félix Platter compense largement les défaillances de l'institution : il acquiert ainsi une irremplaçable expérience sur le tas et un capital de relations utile pour son avenir professionnel. Il rentre bachelier. On perçoit dans son récit le souci de rentabiliser le séjour montpelliérain et la certitude qu'il a, pour pouvoir s'imposer sur le marché des emplois médicaux à Bâle, d'avoir à prouver une compétence supérieure à celle de ses concurrents, car les places sont peu nombreuses et chères (dix-sept postes en 1555). On devine la pression lointaine, constante et affirmée qu'exerce sur son aîné le vieux Thomas qui, dans ses lettres, recommande instamment la crainte de Dieu, la piété, le travail et l'application, surtout dans le domaine chirurgical : « parce que le nombre des médecins était trop considérable à Bâle et que jamais je ne pourrais lutter avec eux si je ne montrais un savoir hors ligne, moi fils d'un pauvre maître d'école, alors que les autres appartenaient à des familles riches et bien apparentées ». Si Félix passe son doctorat à Bâle sur les conseils de son père, c'est que ce choix sera plus *honorable* pour lui ; c'est qu'il entrera dans le cercle réservé et contrôlé par la ville. Peu importe que les études et les grades soient dissociés.

Thomas II a plus de chance, quarante ans plus tard. Son séjour à Montpellier est plus détendu ; son aîné le soutient apparemment sans pression excessive et avec plus de générosité. Ses quatorze saisons languedociennes se décomposent en une année et demie d'études à la faculté, une année et demie de pratique médicale en Uzège, et une année de voyages formateurs dont certains commencent avec les cours. Il peut soutenir sa thèse dès son retour et rejoindre le groupe des notables de la fortune et du rang. Il incarne déjà l'esprit d'un monde ouvert et préoccupé de toute la curiosité des choses.

Déclin et transformation des échanges étudiants

L'étude de la pérégrination académique à son âge d'or a montré que, jusqu'à la fin du XVIe et au début du XVIIe siècle, c'est d'abord un phénomène marginal qui ne concerne qu'une frange faible du monde étudiant (13 %, plus vraisemblablement 10°%), avec un taux de circulation relativement peu élevé : les étudiants fréquentent rarement plus de deux universités. Cet état de fait ne correspond pas totalement à un déclin des enseignements universitaires, qui conservent toute leur importance sociale, et le prestige des universités survit longtemps à leur recul réel. Le phénomène garde toute sa force pour une élite, parce qu'il s'inscrit dans des habitudes intellectuelles et savantes ainsi que dans des traditions familiales. Il peut ainsi s'entretenir par suite du double rôle tenu par les établissements, où l'on dispense les études et où l'on délivre les grades, mais aussi où la rencontre d'étudiants venus d'horizons variés anime une forte solidarité. Sociabilité et découverte du monde sont ainsi inséparables. On voit que le mouvement favorise d'abord les riches, mais les récits laissés par les frères Platter montrent la multiplication des solutions trouvées pour les voyages de formation, préparés, organisés par les parents. Au XVIIe et au XVIIIe siècle, l'espace européen se transforme à la suite des bouleversements religieux et politiques.

Le cloisonnement religieux découle du passage de l'Église aux Églises. L'unité chrétienne de l'Europe a éclaté en une vingtaine d'années; mais, après deux décennies décisives (de 1520 à 1540), toutes les conséquences de la séparation n'ont pas été tirées et toutes les situations n'ont pas été expérimentées. C'est progressivement, à partir des États de l'Allemagne, de la Suisse, de l'Angleterre aussi, que se sont élaborées des institutions nouvelles et que se sont diffusés et organisés des comportements nouveaux. Pendant toute une période, l'indécision a entraîné des phénomènes intenses de circulation. Une phase où des *chrétiens sans Église* étaient confrontés à ceux qui conservaient leur attachement à la tradition romaine ou qui se ralliaient aux Églises réformées a marqué toute l'Europe, favorable à des déplacements multiples, contraints ou choisis. Dans l'Allemagne luthérienne, la persécution s'est abattue sur ceux qui ne se ralliaient pas solidement: des disciples reconvertis fuyaient loin de chez eux, des prédicateurs indépendants se dispersaient dans tout l'Empire. Tous ceux qui, à un moment ou à un autre, voire définitivement, refusaient les anciens cadres ou les nouveaux décampaient, traqués au Nord par les disciples de Luther, au Sud par ceux de Rome. L'aventure de Thomas Münzer illustre sur le mode tragique ces dérobades[56]. De nombreux anciens fidèles de Luther, hostiles au ralliement inconditionnel à l'État, sont jetés sur les routes, «hébergés de couvent en auberge, prêchant un jour, dormant l'autre, toujours poursuivis, reconnus trop tard, accueillis avec bienveillance et protégés par les petites gens avides de bonnes paroles et habituées à voir venir de ces clercs sans étiquette et sans chapelle, prédicants sans église, qui continuent leur route au-delà de la solution luthérienne». Ces *Schwärmer*, ces *Erzketzer*, ces *marcheurs de Dieu* ont longtemps entretenu l'insoumission, l'indécision. Tous les pays ont leurs *Schwärmer*: les dissidents anglais, les sectaires suisses, les Français indécis entre le pape, Luther et Calvin sont, un temps, de la même eau insaisissable. Les guerres religieuses du XVIe au XVIIe siècle, les persécutions et l'insécurité qu'elles entraînent, la déchirure des corps et des familles n'en modèrent pas le flux irrégulier. Il va se tarir quand les États et les Églises reposeront sur de nouvelles orthodoxies plus strictes. A l'issue des troubles qui ont déchiré la France pendant près de quarante ans, Thomas Platter, calviniste zélé, constate l'établissement d'une coexistence interconfessionnelle et de nombreux exemples de mixité pacifique qui sont contemporains des phénomènes de renforcement des identités religieuses.

Les partages politiques interviennent dans le même sens, car l'intercession des princes a été essentielle pour le choix d'une orthodoxie ou d'une autre, et plus encore pour la mise en place progressive d'un rigorisme politique et religieux général. De ce point de vue, la fin des travaux du concile de Trente ouvre une période incertaine par suite de la réception plus ou moins rapide des décrets promulgués. Pour le monde catholique et pour les pays réformés confrontés à ces choix de l'Église romaine, ils proposent une réorganisation théologique et politique, des principes de vie et de réflexion qui sont particulièrement sensibles dans l'enseignement à tous les niveaux, car l'enseignement est un instrument décisif de la rechristianisation et de la lutte contre l'hérésie. Se reconvertir, s'adapter, choisir, changer devient un temps nécessaire : en effet, ni l'autonomie des sciences ni celle des intellectuels ne sont encore précisées ni acquises par rapport à la sphère religieuse. La carrière des enseignants peut s'infléchir dans ces passages d'une religion à l'autre, et ceux-ci s'accompagnent presque toujours de nécessaires déplacements. C'est le cas de Pierre de La Ramée (Ramus), philosophe, mathématicien, très tôt anti-aristotélicien. Il enseigne au collège de Presle ; l'université de Paris l'interdit, mais la protection du prince Charles de Lorraine lui permet d'y poursuivre ses travaux. Il entre alors au Collège royal comme professeur d'éloquence et de philosophie, et peut y enseigner plus facilement. Sa conversion en 1560 au protestantisme déclenche à nouveau des poursuites, cette fois plus dangereuses. Il se cache à Paris, puis gagne Strasbourg, Bâle, Zurich, Heidelberg, Zurich à nouveau. Revenu à Paris en 1572, il est assassiné pendant la Saint-Barthélemy. Ces ruptures, ces retours possibles dans le contexte d'indécision des luttes politico-religieuses ne sont pas rares et ont contribué au grand brassage des *intellectuels*, des professeurs et des étudiants pendant de longues années[57]. Un temps, l'espoir d'une influence positive de la monarchie française pour la réconciliation des Églises a renforcé l'importance du lien entre le gallicanisme et l'irénisme. En fonction du flux ou du reflux de cette espérance, le mouvement des professeurs et des érudits, savants, philosophes, théologiens, s'est étendu à travers le royaume et l'Europe comme il a entretenu les débats et les colloques. Des personnages comme Jean Hotman de Villiers, Jean de Serres ou Jacques de Thou illustrent ces oscillations où, progressivement, la *Respublica christiana* se change en République des doctes. La mobilité reste un moyen de négocier avec les orthodoxies.

L'échec du rapprochement religieux, plus particulièrement en France, entraîne une modification importante des rapports qu'entretiennent les *intellectuels* entre eux, et le réseau nouveau des échanges se fonde sur un irénisme essentiel, sur une tolérance pragmatique plus raisonnée qu'auparavant dans toute l'Europe moderne. En 1590, Edwyn Sandys, dans son *European Speculum, or a View of Survey of the Religion in the Western parts of the World*, qui est traduit en italien en 1625, montre cet infléchissement. Il y a dans tous les pays une espèce d'hommes, sans doute pas très nombreux mais de qualité, savants en doctrine et piété, qui espèrent toujours voir le christianisme rassembler les hommes, conjointement à une pratique de fraternité, d'amitié, de correspondance. De cet accord fondamental de quelques-uns doit naître un accommodement raisonnable. Cette conception de l'échange entre hommes de bonne foi touche directement – mais pas seulement – les milieux universitaires, car il peut simultanément créer une mobilité nouvelle par déplacement des antagonismes et freiner les traditions anciennes de circulation par cloisonnement des orthodoxies. La réorganisation de l'espace universitaire au XVIIe siècle et sa stabilisation au XVIIIe se traduisent par un rétrécissement, mais celui-ci n'est pas ressenti de la même façon par toutes les disciplines, alors que peuvent persister des échanges plus anciens, voire se manifester une confessionnalisation réelle qui conduit principalement les jeunes réformés français vers Bâle, Genève, Leyde ou Heidelberg. Pour une autre fraction de la population étudiante, le circuit universitaire peut se doubler des pratiques plus sélectives que prodiguent les académies équestres, surtout en France, occasions d'étapes dans un Grand Tour dont l'utilité se mesure au retour par l'entrée facilitée dans la vie mondaine et sociale. Au siècle des Lumières, ces phénomènes s'accentuent : les frontières religieuses sont solidement établies, et la politique de refus ou d'accueil des États se stabilise dans le contexte d'une régionalisation universitaire partout accrue. Toutefois, l'idéal de la formation du jeune noble ou du bourgeois promus aux charges de commandement nationales ou locales attribue une valeur de plus en plus importante au voyage à l'étranger. *Voir* du pays, visiter les lieux saints de la culture antique et moderne, côtoyer les célébrités de l'érudition ou de la science internationale, fût-ce de loin, permet de se sentir à l'aise parmi les grands et de devenir, pense-t-on, un *honnête homme*. Acquérir un grade au passage ne fait pas de mal[58]. La formule pédagogique du voyage d'études apparaît en fin de parcours dans certaine formation intégrant pratique et théorie.

Redistributions religieuses et politiques, mobilités universitaires

Les réformes catholiques et protestantes, les exigences politiques et administratives dans tous les domaines – accroissement du besoin en cadres capables, accroissement de la nécessité d'identifier l'État et la foi, que ratifie l'évolution de la diplomatie, en vertu du principe *Cujus regio, ejus religio* (Telle la religion du prince, telle celle du pays) – entraînent une réduction des mouvements et une contraction des bassins de recrutement. L'Europe des universités européennes se coule désormais dans l'Europe des États confessionnalisés, dont le traité de Wesphalie fixe en 1648 les nouvelles limites sans supprimer les conflits et les antagonismes. Seule la France catholique, et pour un temps limité (entre 1598, date de la proclamation de l'édit de Nantes, et 1685, date de sa révocation), continue d'admettre – mais selon des règles strictes et des interdits restrictifs de plus en plus nombreux – l'exercice public de la religion réformée. La plupart des États entendent intervenir de plus en plus dans l'administration des universités dont ils tirent les dirigeants et les acteurs de leur bureaucratie (le mot naît seulement au XVIIIe siècle) et de leur justice. Les deux mouvements agissent dans le même sens pour modifier les itinéraires et restreindre les recrutements forains et étrangers[59].

L'institutionnalisation des Églises réformées, le mouvement de la Réforme catholique entraînent la confessionnalisation des universités comme celle des collèges, même si un temps, en France surtout, deux systèmes coexistent et se font concurrence. On sait plus clairement aujourd'hui que si l'enseignement religieux demeure l'élément principal de la différenciation, pour le reste de la pédagogie les protestants des gymnases ou des académies ne sont pas éloignés des catholiques et surtout des jésuites. En 1565, Jean Sturm à Strasbourg le reconnaissait dans ses *Classicae epistolae, sive Scholae Argentiniensis restitutate* : « Ils nous forcent à plus de zèle et de vigilance, de peur qu'ils ne passent pour travailler avec plus de ferveur et former plus de savants et de lettrés que nous [60]. » Programmes et méthodes se rejoignent dans une fidélité longtemps maintenue au message de l'humanisme et de la nécessité de former l'honnête homme dans l'*art de conférer* comme dans celui de la piété sage et éloquente, qui est le mobile le plus actif – entretenu jusqu'au XVIIIe siècle – de l'attraction des collèges et académies protestantes disparus après 1685. Au XVIIe siècle, une vingtaine de collèges sont implantés dans les régions placées sous la protection des princes et des villes de sûreté huguenots : Val de Loire, Aunis, la Guyenne, Languedoc, avec Nîmes et Montpellier ; quatre académies, à Saumur, Die, Montauban et Sedan, attirent les étudiants protestants. Pas plus que pour les collèges jésuites, leur géographie de recrutement ne correspond à des stratégies anticatholiques entre les Églises, les congrégations et le vœu des municipalités ou des autorités locales. Il favorise les grandes villes surtout dans les cités universitaires qui confèrent les grades pour les catholiques, et l'intensité de l'attachement à leur survie manifestée par les communautés protestantes dans un contexte de plus en plus périlleux.

LA NOUVELLE CARTE DES GRADES NATIONAUX

La confessionnalisation des universités existantes s'est traduite d'abord par celle des corps enseignants, qui doivent prêter serment de religion et profession de foi – catholiques, luthériens, calvinistes ou anglicans, selon l'implantation des nouveaux cadres religieux. Dans de nombreux pays placés sous le contrôle et dans la dépendance du prince, les universités ont vu se restreindre leur autonomie au profit des municipalités ou du roi qui, dès la fin du XVe siècle en France, a limité les privilèges universitaires et contrôlé les exigences. Les statuts accordés par Henri IV aux professeurs et aux étudiants parisiens auront force de loi jusqu'à la fin de l'Ancien Régime et les règlements postérieurs, s'ils encadrent plus fortement la mobilité, lui fournissent un contexte plus régulier en précisant les conditions de scolarité, les cursus et les examens. Partout, on doit former de bons sujets et imposer l'obligation d'assiduité aux professeurs. Ces interventions comme les créations ont eu des répercussions évidentes sur l'attraction des universités et les flux de circulation locaux ou interuniversitaires. On le comprend aisément à repérer sur la carte les créations luthériennes : Marbourg, en Hesse, en 1527 ; Königsberg, en Prusse, en 1543 ; Iéna, en Saxe, en 1548. Les institutions fondées en France par les calvinistes – à Orthez en 1566, à Orange en 1573, à Sedan – ne sont très différentes ni dans leur but (former des serviteurs de l'État et des Églises) ni dans leur création par les princes (Jeanne d'Albret, Louis de Nassau, Henri de La Tour d'Auvergne) ; Nîmes, Montpellier, Montauban et Saumur dépendent, comme Die ou Castres, beaucoup plus des villes et des milieux réformés locaux[61]. Les forteresses du protestantisme théologique vont attirer largement au-delà de leur région proche : Saumur, Montauban, Sedan sont au cœur des réflexions intérieures aux Églises et des controverses face au catholicisme. Elles ont eu d'illustres professeurs et, parmi leurs étudiants et leurs enseignants de la seconde moitié du XVIIe siècle, on trouve de nombreux éléments étrangers venus d'Italie, de Suisse, d'Allemagne, voire d'Écosse, quand les persécutions catholiques se font plus pressantes[62]. Elles servent de refuge avant d'être à leur tour pépinière du Refuge. Quelques célébrités se manifestent dans les débats nationaux : à Saumur, John Cameron et Robert Boyd ; à Montauban, Duncan et Robert Weesmes [63]. C'est dans les provinces un incontestable élément de fermentation intellectuelle, dont une partie va jusqu'aux catégories sociales inférieures touchées par un enseignement, collégial et universitaire, faisant bonne place au français. Certains ont entretenu longtemps l'esprit de tolérance mitigée entrevu à Montpellier, où il disparaît vers 1630. Le pasteur Dumoulin ou Jurieu y ont exercé avant de gagner les Pays-Bas.

Face aux bastions protestants, les créations catholiques se sont également multipliées. Dans l'Empire, le mouvement est impulsé par les princes-évêques et soutenu par les jésuites, qui contrôlent totalement les nouvelles universités soumises au pouvoir du général de la Compagnie à Rome : Dilligen en 1562, Paderborn en 1616, Molsheim que crée le prince-évêque de Strasbourg en 1618, Munster en 1622, Osnabruck en 1632 et Bamberg en 1648. De surcroît, les pères jésuites obtiennent des facultés ou des chaires à Ingolstadt en 1549, Cologne à partir de 1656, Trèves en 1561, Mayenne vers 1562, Wurtzbourg en 1582, Fribourg-en-Brisgau en 1620, Erfurt en 1628 et Heidelberg en 1629. Pour tous ces établissements, le but principal est le «rétablissement et la propagation de la religion orthodoxe», comme le proclame le diplôme impérial accordé à Molsheim. Une logique identique dicte la création de Douai dans les Pays-Bas espagnols en 1562, celle de Pont-à-Mousson confiée par les ducs de Lorraine aux jésuites[64]. Confessionnalisation et dépendance des autorités entraînent l'organisation de parcours obligés et limitent le territoire de la pérégrination. On ne peut plus aller de Bâle à Ingolstadt ou de Wittenberg à Ingolstadt, mais on peut de Bâle gagner Iéna ou Königsberg. On saisit là pleinement, par le biais du contrôle, comment la mobilité s'identifie avec l'expansion de l'hérésie qui suit celle des livres et des idées[65]. Les étudiants au long cours risquent d'être «contaminés et mal affectionnés non seulement à la religion mais aussi à Sa Majesté et à la patrie et à toutes choses saintes et sacrées, de quoi par tel dégoût et contamination ne peut à succession de temps provenir autre chose qu'une peste irréparable et désolation de la foi catholique comme étant ladite jeunesse l'espérance de toute la République future», déclare le conseiller de la ville, Jérôme de France, à l'assemblée des états de Douai le 4 novembre 1560[66].

Autorités politiques et religieuses sont en accord pour fermer les frontières, interdire aux étudiants la sortie vers des sources contaminées de la doctrine: la Pologne de Sigismond dès 1534; le duché de Milan, aux mains des Habsbourg, en 1540 – Pavie est désormais isolée. Philippe II d'Espagne légifère de même façon pour tous ses États en 1559, mais il a autorisé et surveillé les déplacements vers Rome, Naples, Bologne et Coimbra; après 1570, Louvain et Douai doivent suffire aux étudiants des Flandres catholiques. L'édit souligne encore la corruption des mœurs par le voyage, le danger pour l'opinion et la fuite de l'argent – c'est-à-dire tous les arguments mercantilistes et moraux avancés contre les déplacements à l'étranger –, mais il admet une circulation dans les États de la puissance espagnole. La France s'enferme à son tour par un arrêt du parlement de Paris, en 1603, qui interdit la fréquentation des universités de la Compagnie de Jésus à Douai et à Pont-à-Mousson; la mesure est anti-ultramontaine et gallicane, mais elle renforce le pouvoir royal. De même, en 1629, l'interdiction faite à tous les sujets du roi, de quelque état et confession qu'ils soient, d'étudier hors du royaume sans autorisation vise surtout les départs protestants dans le contexte des révoltes et de leur répression.

Comme toujours, le problème de l'efficacité des mesures se pose. La réitération des interdits ne signifie pas forcément leur impuissance, mais plus souvent la volonté de réaffirmer leur nécessité et d'informer le public des risques et de leurs conséquences. Force est de constater le ralentissement (mais le maintien) de la circulation étudiante, comme le prouvent le recrutement permanent de la nation allemande d'Orléans, la présence des Suisses ou des sujets de l'empereur à Montpellier, les échanges maintenus mais diminués entre Leyde et les universités étrangères. Certains courants s'enferment dans un espace confessionnel ou politique, comme celui qui attire les catholiques de Franche-Comté vers l'Imperial Studium de Pavie. Le grand-duc de Toscane, qui revendique le titre de « prince catholique et chrétien », exige des futurs docteurs de Pise un serment d'orthodoxie dès 1566, et applique avec rigueur un décret de 1544 (puis 1575) qui réclame de tous les étudiants une protestation de fidélité au prince. Désormais, les étudiants allemands viennent moins nombreux et les Espagnols les remplacent : ils représentent dès la fin du XVIe siècle les trois quarts des candidats au doctorat pisan, et au même moment les étudiants extérieurs à la péninsule forment à peine 6 % des immatriculés, avec 48 % pour les seuls Toscans[67] (708 sur 1 700 à peine). La fréquentation contrôlée des universités étrangères a contribué à accentuer le caractère confessionnel régional des recrutements et la sélection sociale. Dans les cohortes étudiantes analysées par Alfred Kohler pour les États des Habsbourg et les universités de l'Empire[68] (sont concernées les universités d'Altdorf, Dillingen, Fribourg, Heidelberg, Herborn, Ingolstadt, Iéna, Leipzig, Marbourg, Tübingen et Vienne), deux phénomènes sont visibles.

D'abord, alors que le taux de fréquentation nobiliaire de l'université de Vienne est inférieur à 4 %, il dépasse 15 % pour les étudiants pérégrins. Pour les seuls Autrichiens, c'est un noble sur cinq qui se contente de passer par Vienne ; pour les roturiers, c'est trois sur quatre. Voyager est un privilège qui renforce la spécification sociale de certaines universités : Altdorf, Herborn et Ingolstadt sont plus aristocratiques que Iéna ou Leipzig. Les mesures restrictives ont été plus efficaces pour cantonner les étudiants roturiers en Autriche ; les familles nobles, qui ont quelquefois plus de moyens, peuvent s'y soustraire plus facilement. Pour le début du XVIIe siècle, un phénomène analogue concerne les étudiants des universités de Bohême à l'étranger. Les roturiers sont plus nombreux à voyager que les nobles, mais ils partent moins longtemps, s'inscrivent dans moins d'universités et sont souvent plus âgés ; leur coefficient d'immatriculation à l'étranger est de 1,2, tandis que celui de leurs camarades nobles est de 1,4. Dans les limites de l'Empire, les uns et les autres fréquentent universités luthériennes et calvinistes : le choix de ces dernières est plus nobiliaire et moins roturier, les premières attirent plus les germanophones que les Tchèques. Les roturiers vont vers les écoles saxonnes plus proches, Altdorf, Heidelberg, Marbourg, luthériennes ; au-delà, vers Leipzig, Iéna et Wittenberg ; plus rarement au-delà. La noblesse va à Wittenberg, Heidelberg, Altdorf, Leipzig, Dillingen, mais en plus grand nombre à Bâle, Genève ou Leyde (calvinistes). Les universités françaises sont représentées par Orléans, Bourges, Montpellier, Angers, où se retrouvent les jeunes seigneurs tchèques. Un contingent de catholiques fréquente les universités jésuites (Dillingen, Fribourg, Ingolstadt), où vont plus souvent les nobles, qui sont proportionnellement plus nombreux dans ce cas que leurs homologues bourgeois. Le rôle du clivage confessionnel demeure fondamental : les étudiants du Tyrol ou du Voralberg se dirigent massivement vers les universités catholiques, alors que ceux de Bohême-Moravie vont vers les établissements protestants, avec des choix et des rythmes qui séparent noblesse et bourgeoisie. La facilité d'accès, la confession, les traditions familiales et étudiantes pèsent encore sur les choix, et l'expérience sociale de la pérégrination, le savoir-vivre qu'on y engrange, l'emporte dans les élites [69].

Réglementation des études, contrôle des mouvements

La compartimentalisation et la spécialisation que la qualité des sources permet de mesurer dans l'espace germanique n'ont certainement pas épargné la France, où l'on voit mieux l'effet de l'État pour contrôler avec plus de précision le temps et le contenu des études, ce qui entraîne une transformation des conditions offertes dans l'ensemble du réseau des facultés à ceux qui recherchaient dans la pérégrination le prestige obtenu par un passage plus ou moins reconnu. Les dispositifs instaurés en ce domaine prennent alors place parmi tous ceux qui tentent de contrôler les formes les plus diverses de mobilité et contribuent à construire les caractères des identités personnelles. L'effort réglementaire est continu de la fin du XVe au début du XVIIIe siècle. Deux moments sont décisifs en ce qui concerne les études juridiques : la fin du XVIe et la fin du XVIIe siècle. En 1579, l'ordonnance de

Blois, régissant les conditions imposées pour l'entrée dans les offices, accentue la nécessité de régularité dans les enseignements, et leur surveillance, l'obligation d'assiduité, la garantie de qualité des examens exigés pour les officiers de justice. A l'époque de Colbert, quand de grandes réformes transforment les conditions d'exercice de la justice civile et criminelle, l'édit d'avril 1679 consolide la nationalisation des diplômes en réglementant les études juridiques à l'échelle du royaume. D'une part, la réforme s'attaque à tous les mécanismes qui étaient autant de moyens pour faciliter les déplacements des étudiants de faculté en faculté : les conférences domestiques qui ont été multipliées par l'interdiction d'enseigner le droit civil à Paris, le trafic éhonté des grades qu'elles permettent. Un étudiant peut, à moindres frais, fréquenter le cours privé d'un « docteur particulier » et obtenir d'un docteur régent complaisant des lettres de grade en blanc.

« Ainsi la plupart des facultés ont été presque désertes, n'ont plus servi qu'à débiter des parchemins, et principalement celle d'Orléans dont la prostitution est notoire depuis plus de soixante ans », écrivent les docteurs régents de la faculté de droit canon parisienne, qui ont démonté soigneusement les mécanismes de la fraude dans leur *Traité des véritables et justes prérogatives de la faculté de droit* qu'ils publient en 1665. Ces mécanismes ont longtemps été une incitation à des échanges plus ou moins furtifs. La vénalité qui apparaît dans les romans (le *Roman bourgeois* de Furetière), dans le théâtre (*Élomire hypocondre* de Le Boulanger) et dans les *Mémoires* (ceux de Charles Perrault, ceux de Jean Rou) ne frappe pas seulement Orléans, où « un âne pouvait obtenir sa licence », mais l'ensemble des facultés ; Orange et Montpellier, qui sont bien placées dans les circuits de la pérégrination, en offrent des exemples [70]. Derrière l'exigence de compétence se profile également un projet de limitation du nombre des étudiants, qui laisse deviner une difficulté sociale quand l'ensemble du marché des emplois offerts aux gradués commence à se saturer, d'où une crainte de déséquilibre par suite de la frustration des diplômés – leur déracinement et leur excès suggèrent un ébranlement de l'ordre traditionnel. La mobilité géographique entraîne la remise en question du fixisme social dominant où naissance, capacités, espérances et localisation sur place doivent aller leur train sans discordance, et se révèle contraire à l'utilité économique en diminuant la capacité productive primaire.

En 1667, *un Mémoire des raisons et des moyens de la réformation des universités* dénonce la multiplication des étudiants de «basse condition et de nul esprit. C'est la cause qu'il y a tant de procès et de chicane, si peu de personnes et si peu d'argent dans le commerce, si peu qui portent les armes et si peu qui labourent la terre, parce que dans les provinces, et particulièrement dans le Rouergue et le Quercy, dès qu'un paysan a plus de bien qu'il ne lui en faut pour vivre, il fait étudier ses enfants, lesquels se trouvent ensuite incapables des sciences, prennent le parti de la chicane ou se jettent témérairement dans le sacerdoce, et il arrive que les uns et les autres sont la ruine de l'Église et la ruine des communautés». La suppression des universités médiocres, en limitant la mobilité étudiante et en rendant malaisé l'accès aux études supérieures, rétablirait une hiérarchie sociale plus conforme à la modération chrétienne et aux besoins de l'État. «Elle rendra les études plus difficiles parce que les paysans qui, par la commodité du voisinage, envoient leurs enfants à une université voisine et qui les entretiennent facilement avec leurs propres denrées, ne sauraient les entretenir dans les grandes villes où il fait beaucoup plus cher vivre et où ils ne sauraient envoyer leur provision à cause de l'éloignement, et il y aura par conséquent moins de procès et de chicane, moins de prêtres et de moines fainéants et ignorants, et au contraire beaucoup plus d'argent et de personnes dans le commerce, beaucoup plus pour labourer la terre, et pour servir le roi et l'État dans les armées[71].»

Le motif est européen : on le retrouve en Espagne – ainsi dans le *Guzman de Alfarache*, de Mateo Aleman (1599 et 1602) –, dans l'Angleterre des Stuarts, en Hollande, en terre d'Empire, où partout l'on enregistre la poussée de la scolarisation du XVIe et du XVIIe siècle, et où l'on tente d'y remédier avec plus ou moins de succès[72]. La réglementation débouche sur la nationalisation des diplômes et sur la restriction de la mobilité internationale et intérieure. Dès 1679, les étudiants français ne peuvent plus être admis aux grades de droit au vu de certificats d'études étrangers; quant aux étudiants étrangers, ils pourront au vu de leurs attestations d'études nationales prendre leur diplôme en France, mais ils ne pourront y exercer. En mars 1707, un édit impose les mêmes mesures pour les études médicales : nul ne peut plus pratiquer la médecine dans le royaume sans être licencié d'une faculté française et en avoir suivi le cursus. Des affaires d'équivalence éclatent alors pour résoudre les difficultés; elles aboutissent – comme dans le cas Varin, Franc-Comtois diplômé à Rome – à une dispense, mais accompagnée de la proclamation par le chancelier

Pontchartrain lui-même en 1700 que l'exception n'infirme pas la règle, et celle-ci renforce la prééminence nationale. D'autres conflits soulevés par le caractère *étranger* des grades délivrés à Orange ou à Avignon confirment la jurisprudence qui interdit aux sujets du roi d'aller se graduer à l'extérieur du royaume. Quand l'université de Dôle est transférée à Besançon et rattachée au royaume après 1678, les docteurs professeurs décident en 1695 d'attaquer l'université d'Avignon. Les attendus évoqués dans le mémoire présenté rappellent les motifs et l'enjeu du conflit tranché par le Conseil du roi en 1698, puis en 1708 pour Orange, en faveur de la restriction.

« Quoi de plus certain que tous ceux de ses sujets qui, animés par des seuls désirs d'ambition, d'intérêts, pressés ou contraints par une aveugle destination de leurs parents, voudraient, contre leur honneur et leur conscience, l'intérêt de leur prochain et la bonne police de l'État, occuper des magistratures éviteraient avec soin les universités situées dans l'étendue du royaume, en fuiraient le temps d'étude, la diversité et la rigueur des actes et des examens pour aller chercher dans les universités situées hors du royaume des grades sans étude, sans peine et bien plus accordés à l'argent qu'au mérite. L'université d'Avignon étant évidemment celle qui attirerait un plus grand nombre de ces sortes de personnes par sa situation commode au milieu des États français [de surcroît, elle jouit du statut d'université régnicole], on y courrait de toutes parts, on ne verrait plus dans le royaume que des docteurs d'Avignon, les universités de France seraient désertées, en vain Sa Majesté aurait voulu y établir des leçons et des exercices publics, y prescrire un temps d'étude. Ses sujets auraient un moyen bien simple de s'en dispenser [73]. »

Ce texte, qui dramatise quelque peu la situation de façon à assurer la défense du corps, montre bien la contradiction – déjà entrevue face à la multiplication des collèges – entre la pression des familles soucieuses de procurer les moyens d'une promotion sociale à moindre coût, et les désordres qu'elle induit en jouant des possibilités offertes par les failles du système universitaire et par le jeu des mobilités. Quand la France annexe la Franche-Comté et y réorganise les études supérieures à la fin du XVIIe siècle, quand elle réunit la Lorraine au royaume – au même moment temporairement, puis définitivement en 1738 –, le processus de nationalisation est appliqué aux nouveaux sujets du roi et, sauf exception temporaire, il en va de même pour les étudiants de Douai entré dans le royaume en 1710.

On peut entendre les mêmes inquiétudes et suivre l'évolution des mesures dans l'espace germanique. Dès 1555, la Chambre impériale de justice impose à ses membres d'avoir étudié cinq ans au moins dans les universités confirmées par les empereurs. Dès 1610-1614, l'électeur de Brandebourg donne la préférence aux natifs dans les emplois publics. En 1695, c'est le roi d'Espagne, Charles II, qui, en interdisant les grades étrangers à ses sujets des Pays-Bas, leur réserve l'admission aux charges séculières et ecclésiastiques. L'empereur Charles VI réitère la mesure en 1731, et le Conseil privé marque le danger qu'il y aurait à accorder les emplois à « toutes personnes qui auraient passé leur tendre jeunesse dans la France et respiré l'air, l'humeur et les sentiments français[74]. » Ces mesures restrictives ont certainement, plus encore que les interdictions de pérégriner, entraîné le ralentissement des flux d'étudiants de pays à pays au cours des XVIIe et XVIIIe siècles. Il n'est pas sûr qu'elles aient freiné la mobilité locale : celle-ci a en effet été renforcée, mais dans une nouvelle perspective de concurrence entre les universités centrales (celles des capitales ou des traditions prestigieuses), et les établissements à vocation régionale. Les variations de la population étudiante selon les disciplines enregistrent le rayonnement universitaire, comme l'a montré Dominique Julia[75].

Nouvelle carte, mobilité restreinte en France

Dans la France de la fin du XVIIe siècle et du XVIIIe siècle, l'ère des créations est close : Strasbourg catholique (1681) et Pau (1722) sont plutôt des transformations de collèges jésuites, Dijon (1722) doit sa fondation au parlement, aucune de ces universités n'a toutes les facultés. En 1751, Cahors est rattaché à Toulouse. La réorganisation de la carte des vingt-trois universités de 1789 traduit le recul des études théologiques (catholiques et protestantes jusqu'au XVIIe siècle) et la croissance des facultés de droit. Dans cet ensemble, la courbe des recrutements ne s'est pas fortement élevée, le recul des effectifs dans les petites universités (Bourges, Poitiers) ayant été compensé par leur montée dans quelques grandes universités, et en fonction des disciplines : on peut accepter une population oscillant entre 12 000 et 13 000 étudiants, avec un maintien, voire une baisse (ainsi en théologie) des gradués. Globalement, Paris confirme son rôle général, mais quelques autres centres bénéficient des transferts qui drainent les transfuges des sanctuaires de Dieu vers les temples de Thémis ou d'Esculape[76]. Rapporté à la classe d'âge masculine 19-22 ans, c'est un garçon sur 108, qui parvient aux niveaux supérieurs des études, alors que pour les 40 000 ou 50 000 collégiens entre 8 et 18 ans, c'est un sur 50 en 1789[77]. Il est certain que, pour l'ensemble, deux traits complémentaires concernent la mobilité : le repli du recrutement estudiantin sur l'environnement proche ; le déclin de la pérégrination académique des Français hors de France et des étrangers en France. Les variations ne sont pas les mêmes selon les universités, les facultés et les disciplines – principalement le droit et la médecine, où l'on bouge toujours plus.

A Caen, du XVIe au XVIIIe siècle, 90 % des juristes viennent de Normandie ; en 1695, 40 % de la ville et 33 % des diocèses limitrophes ; en 1785, c'est 90 % qui proviennent des zones proches. Aix-en-Provence, Besançon, Orléans, Poitiers, Bourges font des scores analogues ; seule Montpellier conserve un espace plus étendu et un recrutement plus ouvert pour ses juristes, alors que le recul sur le local est net pour les *artistes* et les théologiens. Orléans a perdu sa réputation attractive ; 90 % des étudiants en droit sont des locaux. A Toulouse, ceux-ci sont passés des deux tiers aux trois quarts des effectifs. Le recul d'Orléans s'est produit en moins de cinquante ans, et un bon tiers des étudiants arrivent des diocèses limitrophes et de Paris. Au-delà de 50 kilomètres, Nancy ne reçoit pratiquement personne, et Angers peine à s'imposer à plus de 30 kilomètres. Dijon et Pau, Poitiers ont déjà une aire géographique limitrophe dominante bien constituée.

A cette évolution – l'on constate le repli majoritaire des juristes sur l'horizon local – échappent Orange et Paris, avec des modalités et des rythmes différents. A Orange, entrée dans le réseau français et soumise à ses contrôles après 1708, on observe trois aires de rayonnement différentes entre le début du XVIIe et la mi-XVIIe siècle. Avant 1640, 50 % des docteurs sont originaires de Basse-Provence ; la principauté et les diocèses limitrophes en fournissent à peine 20 %. A la fin du XVIIe siècle, le recrutement local atteint 42 %, et le Languedoc protestant fournit l'essentiel (46 %) ; c'est un refuge temporaire pour les étudiants huguenots au cœur de la persécution. Vers 1750-1760, la part régionale n'a pas bougé, celle du Languedoc s'est effondrée (11 %), mais l'université a étendu son recrutement dans le Sud-Est et en Dauphiné sous le contrôle du parlement de Grenoble. Paris évolue de façon plus complexe et, grâce aux travaux de Laurence Brockliss, on peut mesurer la diversité du rayonnement selon les facultés[78].

Recrutements parisiens, mobilité relative et nationale

En 1684, plus encore en 1734, le recrutement des juristes parisiens puise dans trois zones principales : Paris en tête, avec 26 et 36 % ; le ressort du parlement de Paris et, au-delà, dans la France du Nord, de Rouen à Reims (voire Nancy), de Sens à Lyon, l'Auvergne et le Limousin ; la France du Sud fournit moins de 15 %, et l'étranger 10 %. En 1750, le recrutement parisien a doublé ; celui du Nord a reculé de quelques points, gagnés par le Midi (25 %). De 1684 à 1750, les effectifs sont restés presque stables (579 et 552 étudiants) ; il s'agit moins d'un repli régional, comme ailleurs, que de l'affirmation d'une prééminence nationale, de l'établissement d'un clivage qui recoupe en fait deux fonctions : aux universités de province, une mobilité restreinte pour la formation professionnelle de fonctionnaires locaux ; à Paris, une circulation plus étendue pour la formation des élites robines et la préparation des recrutements des cours souveraines les plus prestigieuses. La part des vrais étrangers est stabilisée à moins de 4 %.

Un constat analogue caractérise l'évolution des autres facultés. Celle des arts recrute 443 étudiants en 1650 : moins du quart sont des Parisiens, et moins de 10 % des Méridionaux ; le reste vient de la couronne des diocèses (soit de 200 à 300 kilomètres), avec 2 % de vrais étrangers. C'est une ouverture plus large, mais surtout dans l'extension du bassin des migrations traditionnelles. Vers 1780, le diocèse de Paris a reculé à 12-13 % et la France du Sud est montée à 28 % ; le reste a peu changé, mais on compte une dizaine d'étrangers (4 % sur 419 immatriculés). Comme au XVIIe siècle, ce sont des Flamands, des Hollandais, des Lorrains et des Irlandais. Paris n'est pas une grande université internationale, et son aire de rayonnement national passe d'abord par la mobilité des étudiants de la France du Nord. La chute générale des effectifs (10 000 étudiants en faculté des arts vers 1500, 1 000 vers 1650, 3 000 à 4 000 entre 1779 et 1789) est due plus à la croissance des grands collèges parisiens et provinciaux qu'au recul du rayonnement hors des frontières (à peine 200 étrangers à la fin du XVIIIe siècle). En théologie, le rôle national s'est accru : 42 % des étudiants de 1732 viennent des diocèses septentrionaux (116 sur 276), 32 % arrivent du Midi (88) et 7 % de l'étranger (21) ; en 1782-1786, Paris est passé de 15 % (44) à 8 % (13), les Méridionaux sont désormais 44 % (69), les Septentrionaux plus du tiers encore (58) et les étrangers 10 % (17), mais la faculté a perdu une centaine d'inscrits (157). La faculté de théologie conserve une partie de son pouvoir attractif plus national qu'international. Celui de la faculté de médecine change d'assise : il touche seulement 55 % de provinciaux à la moitié du XVIIe siècle, dont 7 % de méridionaux – les carabins parisiens sont originaires de Paris. En 1773, on en compte moins de 10 % : les diocèses septentrionaux l'emportent (45 %), et le Sud suit (27 %). Entre ces deux dates, les effectifs sont passés de 44 à 122. Sans doute ici l'accroissement n'est-il pas uniquement dû à celui du prestige universitaire : la part des autres institutions et des ressources savantes y contribue également. Cette évolution des géographies universitaires enregistre les impératifs dictés par le cloisonnement national et religieux : certains circuits se sont fermés ou détournés. Le contrôle des grades et des études a certainement beaucoup compté pour la fixation régionale des étudiants. La montée de Paris dans son rôle régional et national s'est jouée au XVIIe siècle finissant, et elle accompagne l'accroissement de son prestige dans d'autres domaines – celui de capitale des arts, des sciences et des lettres.

La mobilité étudiante internationale parisienne a été réduite dès le XVIe siècle. Elle met en question des effectifs faibles et en proportion variable selon les facultés : ils sont 21 théologiens en 1732-1736 et 17 en 1782-1786 (7 et 10 %) ; aux mêmes dates, une quinzaine et une vingtaine à la faculté des arts (3 à 4 %) ; en droit, une cinquantaine au début du XVIIIe siècle (10 %) et une vingtaine à la fin ; en médecine, trois carabins étrangers (4 %) vers 1740 et cinq (4 %) vers 1773. La pérégrination académique parisienne a faiblement marqué l'âge moderne de la mobilité due à l'attirance de la capitale. Celle-ci correspond à la transformation profonde d'une France cloisonnée au XVIe siècle entre une série de régions dominées par une capitale qui en attire les forces vives ; des courants extérieurs les entraînent dans des circuits d'influence religieux ou économiques internationaux, les étudiants empruntant les mêmes routes. A partir du XVIIIe siècle, la France est devenue une entité universitaire nationale correspondant à une volonté politique, mais au service d'un travail économique, social et culturel allant dans le sens de la centralisation, et la force d'attraction universitaire de Paris le situe au sommet de la hiérarchie nationale. On peut cependant se demander comment comparer l'université parisienne avec les grandes universités d'Europe à partir de ce moment, alors qu'elle y trouvait sa place à la fin du Moyen Age. C'est certainement toute la recomposition du système scolaire des collèges aux universités, qui est responsable de cette position ambiguë : un prestige réel, attesté par l'attraction nationale et le niveau social élevé de ses étudiants ; une mobilité cloisonnée dans le royaume et attirant peu au-delà des frontières [79].

DE LA MOBILITÉ PÉDAGOGIQUE À LA PÉDAGOGIE DE LA MOBILITÉ

Les transformations majeures qui, du XVIIe au XVIIIe siècle, affectent la circulation des étudiants ont mis en évidence l'importance des choix confessionnels et le rôle des attractions fortement finalisées vers les professions – celles des juristes au premier chef, mais aussi toutes les situations relevant des Églises. Ces logiques interviennent de façon souvent associée, mais conservent leur part de spécificité. Les solidarités nouvelles s'expriment dans le réseau européen des universités réformées, où les étudiants vont chercher ce qui correspond à leur attente et à celle de leur famille ainsi qu'un moyen temporaire d'échapper au contrôle politique. Là encore, l'analyse des matricules des universités étrangères menée jusqu'ici sous-estime certainement le flux réel des étrangers qui ne courent pas les grades, surtout avant l'obligation de certification, les inscriptions. De surcroît, la continuité des mouvements est particulièrement troublée par la conjoncture du XVIe et du XVIIe siècle : les effectifs français à Bâle atteignent leur maximum séculaire vers 1570-1589, de même à Heidelberg ou à Wittenberg (44 % des Français inscrits au XVIe siècle le sont dans cette seule décennie). A Leyde, université fondée en 1576 seulement, les arrivées passent d'une dizaine à plus de cinquante à l'époque de la Ligue triomphante ; vers 1621-1630, quand Richelieu s'en prend au parti huguenot et réduit La Rochelle, leur nombre a dépassé les deux cents, et un sur dix est rochelais. Après 1685 et la Révocation, les listes enregistrent un nouvel afflux, comme on l'a déjà signalé. Le XVIIIe siècle est marqué par un affaissement général des courbes d'entrée. Le choix d'une université protestante peut répondre à une diversité d'attentes qui renvoie à des fonctionnements sociaux et à des choix familiaux incitatifs au départ, mais que n'épuise pas la seule détermination réformée [80].

MOBILITÉS CATHOLIQUES, MOBILITÉS PROTESTANTES (XVIIe-XVIIIe SIÈCLE)

La tradition catholique attire à Heidelberg (en Palatinat) quelques étudiants jusqu'en 1557-1560, années qui voient l'université passer du luthéranisme au calvinisme, et c'est alors seulement qu'elle commence à recevoir de plus nombreux Français : 564 inscrits de 1561 à 1620, soit 9 par an en moyenne – ce qui est un score assez médiocre, vu le prestige d'un vieux centre médiéval et de la proximité géographique. Heidelberg n'a pas résisté à la concurrence de Genève et de Leyde, sans compter l'attraction des académies protestantes dont la fréquentation est plus accessible et moins coûteuse. L'université de Wittenberg, avec des chiffres encore plus bas, n'a certainement été qu'un lieu de recours à l'attraction limitée, dépassé par Genève, Leyde et Bâle. Ces trois derniers établissements reçoivent respectivement 284, 147 et 199 Français entre 1575 et 1599, puis 310, 392 et 100 entre 1675 et 1699 (soit, en moyenne annuelle, 17, 15 et 5 étudiants). Bâle s'est incontestablement régionalisé et voit arriver dans ses murs les Alsaciens devenus français, ou les élites de la principauté de Montbéliard. La langue allemande et la proximité trient ici la mobilité estudiantine. En revanche, les Français vont à Genève, sans problème linguistique et pour la plupart afin de devenir pasteurs : 63 % au XVIe siècle, 74 % au XVIIe. C'est ainsi une université confessionnelle devenue professionnelle, mais elle perd son pouvoir attractif après 1670. La crise de l'enseignement genevois qu'entraîne l'âpreté des débats théologiques et philosophiques, l'intervention du pouvoir politique orientent l'Académie vers la sécularisation ; s'en détourne alors une partie de la clientèle aristocratique qui, s'y arrêtait à l'occasion du *Grand Tour*. Les huguenots français, qui comptaient pour la moitié des inscrits avant 1685, ne peuvent plus y parvenir, ou avec difficulté et non sans risque : on en recense moins de 150 après 1700 et, parmi eux, le nombre des futurs pasteurs a diminué encore plus rapidement (40 % des effectifs vers 1715-1725). La vocation de l'institution est sortie banalisée de la crise doctrinale et son pouvoir d'attraction s'est géographiquement restreint. Les familles cévenoles continuent toutefois d'y envoyer une partie de leurs enfants[81].

Par comparaison, la mobilité des Français vers Leyde connaît une courbe ascendante. L'institution tire bénéfice de l'exil protestant : des professeurs réputés s'y installent et peuvent exercer un attrait non négligeable sur les familles protestantes nouvellement converties du royaume. On peut ainsi passer de Genève à Leyde, ce qui est le cas du chevalier de Jaucourt, mais avec un détour britannique intermédiaire. Leyde s'inscrit dans un espace universitaire spécifique : il est récent, puisqu'il comporte aussi Franeker (fondé en 1585), Groningue (1614), Utrecht (1636) et Harderwijk

(1648). Ces deux derniers centres correspondent à une reconversion d'écoles illustres existantes dont on compte une dizaine au même moment, qui servent – comme à Amsterdam, Deventer ou Nimègue – de propédeutique sans avoir le droit de délivrer des grades. De 1575 à 1815, Willem Frijhoff a décompté plus de 5 350 gradués étrangers dans les registres des cinq universités. Leyde en attire près de la moitié (2 600), et 22 % des diplômés. Partout, ils représentent un cinquième ou plus du contingent étudiant local, avec une spécialisation à la fois régionale et professionnelle : Groningue forme des médecins et des avocats pour la Frise orientale ; Harderwijk, bien que protestante, fait de même pour l'évêché catholique de Munster. En bref, la mobilité des étudiants réformés français se coule dans un espace confessionnellement neutre[82]. Leur arrivée a toujours accompagné celle de maîtres prestigieux : en 1593, Scaliger ; vers 1630, André Rivet le théologien et Antoine Saumaize le philologue. Des dispositions réglementaires éphémères prévoient de réserver un accueil privilégié aux étudiants de Leyde qui gagnent la France, créant ainsi un cas exceptionnel de réciprocité – lequel en reste à la reconnaissance des droits reconnus aux autres nations étrangères, sans accepter (l'opposition de la faculté de médecine et du parlement de Paris se fait entendre dans cette résistance) la reconnaissance égalitaire du titre de docteur et le droit d'exercer en France.

Des motivations diverses poussent les étudiants néerlandais à franchir les frontières. Il y a ceux dont les parents demeurés catholiques pensent qu'une université catholique garantit une meilleure formation : ils vont de façon régulière à Louvain. Sur les 5 900 étudiants brabançons rassemblés à partir de trente-huit registres d'université analysés par Hans Bots et son équipe, le mouvement ne concerne que 5 % du total, et le *Grand Tour* détaché des obligations universitaires, moins de un pour mille. La *peregrinatio* se limite pour eux à l'axe Nord-Sud, fidèle à la vieille communauté de culture antérieure à 1550 et aux partages confessionnels : les Flandres, la Rhénanie, la Bourgogne, les villes suisses et italiennes. Elle s'adapte peu à peu au nouveau modèle culturel qu'offre la France du Nord avec Reims, Caen et Orléans comme au XVIe siècle, Angers, Bourges, Saumur et Paris, surtout pour ses académies d'équitation et pour les plus riches qui vont y chercher bonne éducation, bonne fortune, plus rarement les grades obtenus ailleurs dans le circuit. L'Allemagne du XVIIe et du XVIIIe siècle n'attire plus qu'un mince courant de Brabançons ; l'Angleterre encore plus exceptionnellement, en dépit du rapprochement dynastique[83].

Certains étudiants de Leyde poussent plus loin – Cologne, Pont-à-Mousson et Rome –, mais les départs se ralentissent après 1650[84]. A cette date, les gradués revenus de France atteignaient 500 par décennie ; ils sont moins de 150 avant 1700, et à peine quelques dizaines par la suite. Après un recul au XVIIe, vers 1650, les fréquentations immatriculées dans le réseau des universités allemandes reprennent leur souffle : grâce à leur proximité, les *studium* frontaliers conservent une attraction de 150 à 200 étudiants tous les dix ans ; les universités nouvelles (Halle, Göttingen, Erlangen) en attirent régulièrement moins d'une cinquantaine. Même dans l'hypothèse la plus optimiste, à peine 10 % des étudiants ont envisagé voyage et séjour ; ceux-ci demeurent un luxe, et leur coût prohibitif les interdit au plus grand nombre. A la fin du XVIIIe siècle, les sources et les enquêtes professionnelles de l'époque napoléonienne pour l'admission au barreau et dans les collèges de médecine enregistrent le flux spectaculaire vers les universités nationales : entre 1600 et 1699, 40 % des 384 médecins d'Amsterdam ont pris leur diplôme à Leyde, 20 % à Utrecht, 15 % encore dans les quatre universités (soit les trois quarts), mais le reste a fréquenté la France (13 %), l'Italie (6 %), la Suisse, l'Allemagne et le Portugal ; ils ne sont plus que 17 % entre 1700 et 1799 ; en 1813, 86 % sont en moyenne issus des formations néerlandaises. Le taux des avocats au Conseil entre 1724 et 1811 est proche de 94 %. Tout se joue désormais dans un marché national, avec ses inégalités régionales et sociales : le nombre des gradués représente 1,28 % de la classe d'âge ayant achevé les études supérieures vers 1675, et 0,85 % en 1815. Professionnalisation et localisation marchent de pair.

Observée de France, la démarche des étudiants de Leyde s'affaiblit régulièrement, comme celle de tous les étrangers, et plus encore le nombre des inscrits : à peine 7 000 entre 1701 et 1725, dont 45 % d'étrangers (soit dix points de gagnés par rapport à la fin du XVIe siècle) ; il y a moins de 2 000 inscrits de 1795 à 1813, avec 10 % d'étrangers – les troubles ont pu ralentir les flux, qui atteignaient 30 % des 3 845 inscriptions de 1751 à 1775. Dans ce laps de temps, les Français sont passés de 10 par an à la moitié du XVIIe siècle, à 15 vers 1700, pour redescendre à 4 ou 5 entre 1750 et 1794, et à 1 ou 2 après. Rien dans les études et la réputation ne justifie ce recul drastique de la mobilité vers la Hollande. C'est un élément d'un repli général qui contraste avec l'évocation que l'on a des relations privilégiées avec la France et certaines de ses universités[85]. Par exemple, l'université de Caen entretient des rapports avec Leyde depuis le XVIe siècle. Taffin de La Pré, ambassadeur des Provinces-Unies après la révolte, assiste en 1590 à la réception de Nicolas Michael comme docteur en médecine, celui-ci a enseigné les humanités à Caen. Jacques de Cahaigne, professeur de 1583 à 1617, correspond avec Pieter Pauw et avec Joseph Scaliger, et c'est à celui-ci qu'il envoie ses jeunes neveux (Étienne, seize ans, et Jacques, vingt et un ans), qui gagnent Leyde en 1607. L'ouverture intellectuelle de l'Église réformée caennaise, la vie érudite et scientifique ainsi que la tolérance de fait qui règnent dans la capitale de Basse-Normandie ont sans doute contribué à ces échanges : Samuel Bochart, pasteur, est le neveu de Pierre du Moulin, qui enseigne à Leyde de 1592 à 1598, et il y a étudié en 1620 ; son deuxième oncle, André Rivet, est professeur de théologie à Leyde de 1620 à 1632, et devient le précepteur du fils de Guillaume d'Orange ; il épouse une « Hollandaise », Suzanne Beverloys, installée à Caen avec sa famille ; il correspond avec Rivet et avec Claude Saumaize. L'afflux des jeunes Néerlandais venus pour apprendre la langue et pour leurs études, parfois pour prendre leurs grades, est garantie par la présence de la communauté protestante, dont les familles peuvent surveiller les étudiants ; il doit moins à la qualité des études, qui décline après 1620.

André Rivet écrit au père de Paul Ferry, fils d'un pasteur de Metz, dont il surveille les études de droit à la suite de quelques frasques : « Reste que vous donniez l'ordre pour l'envoyer au lieu que vous jugerez propre pour le faire graduer afin de le tirer de l'oisiveté et le jeter dans l'emploi. M. de Mory m'a fait savoir que vous pensez à Orléans. J'y trouve des difficultés, car premièrement c'est une université où tous les Flamands et les Allemands abondent et portent la débauche, et il y pourrait être reconnu. Secondement, il y a un statut de n'admettre aucun qui n'ait étudié deux ans en droit ès université de France ; ce qui me fait vous proposer que vous feriez mieux de l'envoyer à Paris, à Caen, le recommander à M. Bochart, neveu de M. du Moulin, lequel ne peut vous être inconnu, qui vous y servira soigneusement. Il y a là une belle église ; on veillera sur ses mœurs et sur sa conduite » (2 décembre 1643)[86].

On voit là comment choix et préoccupations des familles, solutions proposées et trouvées par les professeurs protecteurs, circulent dans les correspondances et s'inscrivent dans la mobilité des hommes et des idées. Les jeunes étudiants colportent manuscrits et livres nouveaux dans les réseaux savants ; ils servent ainsi d'intermédiaires, se font connaître par ceux qui les recommandent et les protègent, et paient de la sorte un droit d'entrée dans la République des Lettres. Le procès se poursuit dans les réseaux du Refuge[87]. Derrière les raisons qui agissent sur les recrutements des grandes universités protestantes d'accueil, des permanences sont à l'œuvre. D'abord, l'existence de parcours académiques traditionnels : les étudiants de la France du Nord et des universités ligériennes vont à Leyde, à Bâle ; ceux de la France du Sud, plutôt à Genève. Le rôle des communautés religieuses a été lui aussi considérable, et celui des habitudes familiales ne se dément pas : à Bâle, à Genève, à Leyde, on peut à partir des matricules reconstruire des dynasties normandes, alsaciennes, comtoises et cévenoles, dont la présence de génération en génération est attestée de la fin du XVIe au XVIIIe siècle.

Les circuits de complaisance, les grades offerts à moindre coût peuvent détourner les étudiants tant français qu'étrangers : Orange attire ainsi les catholiques d'Aix-en-Provence et d'Avignon, mais également les réformés passés par Montpellier ou par l'académie de Nîmes ; Dôle capte les Néerlandais et les Flamands, nobles et juristes ; Pont-à-Mousson, les étudiants de Liège et des Pays-Bas. Les sujets du roi d'Espagne n'ont pas fréquenté d'universités étrangères à la couronne de Sa Majesté catholique, dont les édits restrictifs ont sur ce point été efficaces. Ceux pris par Louis XIV ne réussiront pas à contrôler et à éliminer la fraude et la complaisance : Orléans, Reims, Orange, Valence conservent ainsi leur réputation régionale, voire nationale, jusqu'au XVIIIe siècle. Celle-ci ne constitue pas une dégradation de l'institution : elle en est un mode d'utilisation normale. Sa dénonciation, qui est symétrique de la pression des milieux juridiques et des familles pour entretenir ces circuits plus économiques, rejoint celle de l'accroissement du nombre de gradués et des *intellectuels frustrés.* La société d'Ancien Régime est ainsi partagée entre, d'une part, sa croyance profonde dans le monopole du savoir aux mains d'une élite étroite, seule capable de mener à bien le travail de connaissance sans danger pour le roi, la foi et les mœurs, et, d'autre part, la pression utilitaire qui accroît le nombre des clercs et crée les conditions d'une perversion de l'ordre et des savoirs. La mobilité, qui passe habituellement pour être la cause, voire la raison de l'échange intellectuel libre, est alors directement appréhendée comme un facteur utile et nécessaire mais aussi susceptible d'accélérer le danger social et politique[88].

La mobilité médicale

La circulation européenne – et de plus en plus nationale et régionale – des universités au XVIIe et au XVIIIe siècle est inhérente à une conception de la transmission des savoirs qui ne peut pas se juger en termes d'opposition entre tradition et modernité. Comme en Hollande, les universités sont des foyers de compétence : on y acquiert les connaissances et les titres nécessaires à l'exercice d'une profession et à la reconnaissance d'un statut social de notabilité qui compte certainement beaucoup. Partout, elles doivent fournir aux besoins des pays en cadres qualifiés et fiables, et dans certains domaines elles y réussissent : médecine, droit, théologie principalement. Le symbole de cette plus-value sociale reste partout l'attachement au latin. Dans d'autres domaines, les universités s'adaptent moins vite : ainsi pour les sciences, les techniques, l'économie. D'où le recours, comme en France, à d'autres circuits. D'une part, celui des grandes écoles – Ponts et Chaussées (1747), École du génie de Mézières (1748), Écoles militaires (1750), École des mines (1783), Écoles d'hydrographie –, qui inscrivent en marge des formes nouvelles de sélection par concours et d'enseignements répondant aux besoins, dispensés par un personnel qualifié ; leur recrutement est immédiatement national, drainant les élites locales vers des centres spécialisés. D'autre part, celui des lieux de formation multiples qui, sans cursus toujours définis, favorisent la capitale, mais peuvent se retrouver dans les métropoles universitaires ou académiques[89]. « Le modèle de la culture générale, de l'acculturation des étudiants à un monde où toutes les nouveautés se discutent et se mesurent en public, et de l'imbrication de l'enseignement et de la pratique scientifique », c'est le modèle du XVIIe siècle hollandais, du siècle d'Or, de l'essor socio-économique et d'une société ouverte à tous les renouveaux[90]. Au XVIIIe siècle, aux Pays-Bas mêmes, il se déplace dans la scolarisation secondaire ; ailleurs, il se construit plus ou moins intégré ou en marge du réseau universitaire et des collèges[91], et dans ces nouvelles possibilités se jouent les capacités de la mobilité étudiante à intensifier l'unification culturelle des provinces commencée par les universités. L'examen du modèle médical sur deux siècles donne l'occasion de suivre cette imbrication complexe.

Il obéit à ses propres logiques, puisqu'il entretient une circulation directement branchée sur la permanence des relations scientifiques et sociales au-delà des nouvelles frontières rigidifiées. Il attire une population étudiante assez constante (50 étudiants inscrits à la faculté de Montpellier vers 1700, peut-être une cinquantaine aussi à Paris vers 1740), ce qui donne des promotions de docteurs d'une dizaine par an (en 1790, Montpellier frôle la centaine d'inscrits, et Paris également; partout ailleurs, les chiffres dépassent rarement la vingtaine). La normalisation des études a été précoce dans les facultés, qui dispensent un enseignement fortement articulé sur un exercice professionnel bien identifié et étroitement contrôlé par les autorités locales, collégiales et corporatives, municipales et universitaires. De fait, l'espace médical a pu à la fois se fragmenter en de multiples ressorts qui communiquent peu entre eux, et se révéler favorable à une mobilité restreinte puisque popularisée autour de deux centres principaux, Montpellier et Paris, qui jouissent très vite d'un rayonnement national et international à moindre titre – et détourné temporairement, pour l'obtention de grades moins coûteux, par des universités spécialisées dans la graduation massive d'étudiants de passage, comme Orange et Reims. Enfin, pour une minorité, l'espace étranger reste ouvert avec deux pôles au XVIIe siècle : Padoue et Leyde. L'université de la république de Venise attire un mince flux d'étudiants en médecine ou en d'autres spécialités par suite de son ouverture philosophique, appréciée de savants souvent peu zélés en matière religieuse et dont l'étude de la nature reste l'idole. Elle sera l'un des lieux de transit des *libertins érudits*, médecins ou clercs indifférents mais respectueux des apparences[92]. Les déniaisés d'Italie sont relayés par les amateurs de liberté de Hollande et, dans les deux cas, ils trouvent un équipement – jardin botanique, amphithéâtres adaptés, bibliothèques – favorable aux recherches et à l'attraction savante.

Si certaines universités provinciales comme Caen conservent un temps un pouvoir d'appel, Paris reste l'université médicale la plus séduisante. A la fin du XVIe siècle, le taux des étrangers parmi les gradués est de 4 % ; la majorité des étudiants arrivent déjà de la France du Nord, et 10 % du Sud. En 1773, c'est toujours 4 % des 122 diplômés, mais (on l'a signalé) le Sud a fourni presque le tiers. Le recrutement de Montpellier, fortement international au XVIe siècle, s'est régionalisé, entre le XVIIe et le XVIIIe siècle, et en même temps ses gradués se sont répandus dans tout le royaume : on les trouve partout, jusqu'en Flandres, en Bretagne et en Normandie, en Bourgogne et en Lorraine, mais principalement dans la France du Midi – l'enquête de 1803 montre que la seule faculté de Montpellier a gradué 45 % des médecins français[93]. Paris, qui a vu passer autant d'étudiants, ne représente de façon surprenante que 3 % des médecins en place (2 900) : la déperdition peut se comprendre par le circuit des grades qui induit – à quelques détours près, pour des raisons économiques ou pour des choix savants – la coïncidence entre la résidence d'exercice du médecin installé et l'origine géographique des carabins, comme le prouve la confrontation des registres d'immatriculation et des listes de gradués : c'est le cas à Angers, Caen, Toulouse et Montpellier. La faiblesse de Paris correspond à l'ouverture de Reims ou de Nancy, au-delà encore de Valence ou d'Orange, peu coûteuses, ou de Montpellier, plus séduisante par sa réputation scientifique[94].

Le rôle des étrangers à Paris est attesté dans la seconde moitié du XVIIe siècle par la correspondance du médecin Guy Patin. En 1649, il reçoit un jeune Allemand qui a déjà étudié « in variis Academiis Germaniae » et que lui recommande Claude Saumaize ; il lui offre tout ce qu'il peut : conseils, introduction dans l'école et dans les hôpitaux pour assister aux consultations, voire de l'argent. En 1657, il accueille Sébastien Schoffer, fils d'un médecin de Francfort qui a suivi les cours de Helmstadt, Strasbourg et Leyde, ainsi que le Hambourgeois Scultet, recommandé par un ancien élève établi à Hambourg, le docteur Buncken, et passé par Nuremberg, Padoue, Bâle, Genève[95]. Guy Patin apprécie les étudiants studieux, se méfie des étrangers qui aiment trop « escarpiner et battre la semelle » et qui préfèrent les plaisirs et le tourisme aux aphorismes d'Hippocrate. Il se réjouit d'avoir un auditoire de cinquante à soixante personnes à son cours du Collège royal et, parmi eux, nombre de provinciaux parmi lesquels les fils de ses collègues et relations de province, Belin de Troyes, Salins de Beaune, Baudouin et Mazuray d'Orléans, Falconnet de Lyon, dont il assume le tutorat et règle le programme d'études en philosophie, deux ans avant d'aborder la médecine et les dissections. L'étudiant en médecine parisien, provincial ou étranger est ainsi pris en charge par un réseau de relations proches et amicales, formelles et informelles.

Tout ou partie des nouveaux venus se font graduer à Reims, et au XVIIIe siècle à Nancy : 3 sur 4, et 2 sur 5. De nombreux étrangers (Anglais, Irlandais, Écossais) qu'on ne retrouve pas dans le registre de la faculté de médecine conservé pour la période 1753-1774 s'inscrivent et se graduent en Champagne ou en Lorraine. D'autres n'éprouvent pas le même besoin, puisque leurs titres ne sont pas reconnus chez eux ; ils n'en ont pas moins suivi les cours parisiens, dans les école de médecine et de chirurgie, mais également au Collège royal, au Jardin du roi, dans les conférences privées. Une partie d'entre eux se détournent vers Leyde après passage à Nancy ou Reims, ou encore vers Louvain et Strasbourg. Ils constituent un tiers des docteurs de Reims, un bon quart à Nancy, et sans doute un contingent de 10 à 15 % selon les années à Angers et à Caen, où les circuits se sont resserrés à la fin du XVIIe siècle. Le prix exorbitant des grades parisiens, explique la déperdition des effectifs, évaluée à 86 % des inscrits pour le baccalauréat, à 88 % pour la licence, à 89 % pour le doctorat. Elle profite aux universités graduantes : il faut compter de 5 000 à 7 000 livres à Paris au XVIIIe siècle finissant, mais 3 500 seulement à Reims, 2 000 à Angers, quelques centaines de livres à Orange – trente-trois fois moins qu'à Paris et 60 % de moins qu'à Montpellier, où le taux de déperdition est nettement plus bas qu'à Paris. Le passage dans l'une et l'autre capitale de la médecine peut se faire bien souvent après avoir gagné un titre rapide à Reims ou à Orange. L'indulgence et le faible coût peuvent profiter aux étudiants médiocres, et aux moins riches qui ne peuvent faire face aux frais des cours particuliers.

La mobilité médicale repose donc sur les contraintes imposées par le cursus, le nombre des inscriptions contrôlées et les capacités de chacun offertes par leurs origines familiales quant à leurs chances d'intégration dans les chasses gardées urbaines après études faites : les fils de médecins y sont surprotégés, les autres s'installent où ils peuvent, et bien sûr les moyens financiers comptent. Ces différents facteurs dictent les choix, les stratégies étudiantes et familiales, et souvent coïncident avec des traditions de relations anciennes. A la veille de la Révolution, coût différentiel et bienveillance des facultés règlent la mobilité étudiante. Jean-Charles des Essarts, du diocèse de Langres, soutient son doctorat à Reims le 20 août 1756 ; il a commencé ses études à Paris en 1750, il y retourne après quelques années d'exercice à Noyon, et il est reçu en 1768 comme docteur régent. Le futur doyen de la faculté entre 1780 et 1782, Joseph Philippe, né à Entrevaux en Provence, a pris douze inscriptions à Paris de 1757 à 1760 ; il prend le bonnet de docteur avec félicitations à Reims le 16 avril 1761, se réinscrit à Paris en 1762 et y acquiert tous ses grades jusqu'en 1764 – au total quatorze ans, ce qui n'est pas rare parmi les futurs régents parisiens. « La complexité du circuit Paris-Reims peut ainsi être comprise comme une sorte de transaction entre ces différentes exigences » (valeur des titres et donc place sur le marché médical, ressources familiales, contrôle des corps)[96]. La route qui mène à

Montpellier fonctionne autrement, et moins sur l'économie à faire que sur l'attirance savante renforcée par le moindre coût.

LE CIRCUIT MONTPELLIÉRAIN

Cette route est en service dès le XVIIe siècle. Guy Patin envoie ses étudiants y achever leur cursus – ce qui exige un séjour d'au moins quinze mois pour arriver au doctorat – et, tout en accusant les régents montpelliérains « d'entretenir la chalendise et de débiter leur parchemin », il ne néglige pas de leur recommander ses candidats. Le mouvement se poursuit au XVIIIe siècle, et il est entretenu par le progrès scientifique de la faculté languedocienne. Les nouveautés pédagogiques sont en place dès le XVIe siècle : les dissections, l'enseignement de la botanique et de l'anatomie par des spécialistes et non plus par les professeurs de médecine théorique. L'enseignement de la chirurgie, la médecine chirurgicale, est devenu autonome dès 1732 ; une chaire d'obstétrique est créée en 1780 ; un cours de pharmacologie est donné dès 1676, et il devient au XVIIIe siècle celui d'analyse chimique qu'enseigne Venel, collaborateur de l'*Encyclopédie*. Les Montpelliérains qui peuplent l'Académie royale des sciences locale, associée à celle de Paris, sont nombreux à s'engager dans le mouvement encyclopédique[97]. Les candidats au doctorat sont, comme à Paris, examinés sur leurs connaissances en médecine pratique : dès le XVIIe siècle, ils sont censés faire deux visites hebdomadaires dans les hôpitaux et, pour le doctorat, prouver deux ans de service dans un hôpital ; la clinique devient ainsi un élément de la pratique, sans être encore théorisée et obligatoire. Un corps professoral nombreux, des chaires pourvues régulièrement, des bâtiments, un jardin botanique, un milieu attentif à l'émulation peuvent donc attirer les étudiants soucieux de perfection. Le détour, et quelquefois l'allongement des études qui lui correspond, ont pu se justifier par leur rentabilité professionnelle et savante.

François de Bordeu, frère cadet de Théophile ami de Diderot, encyclopédiste et docteur régent de la faculté de Paris, illustre ce cheminement. Il arrive de Barèges à Paris en 1755, et y reste deux ans. En 1757, son frère l'envoie à Montpellier car il peut, étant docteur, occuper le poste de médecin des eaux thermales dont le père, Antoine de Bordeu, est intendant : « Le doctorat de Montpellier est préférable à tout autre et ne coûte ni plus d'argent ni plus de temps, suivant les arrangements qu'on prend aujourd'hui », écrit l'aîné au père[98]. Après une année d'études,

François est reçu docteur, et il commence à exercer dans la station le mois d'après, en juillet 1758 : au total, trois ans d'études seulement où François de Bordeu a pu bénéficier assez rapidement des avantages parisiens et recevoir le coup d'accélérateur final en Languedoc dans une carrière soigneusement encadrée par la famille entre les Pyrénées, la capitale et la faculté languedocienne.

Dans les années 1770, Guillaume-François Laennec, arrivé de Quimper suit les cours trois années à Paris, douze inscriptions trimestrielles obligatoires, et part se faire recevoir à Montpellier après à peine six mois d'études et sans que l'on semble s'être montré très exigeant quant à l'exercice de la pratique. Il est docteur en avril 1773 et, dans ses lettres à son père, il laisse entrevoir les atouts offerts : la qualité des cours et la valeur que représente le titre montpelliérain sur le marché des postes. « Un motif plus puissant encore qui détermine ma préférence pour Montpellier est le préjugé. En médecine nous ne tenons notre crédit que de lui, c'est une sottise, je le sais, mais enfin c'est celle du public et il est de la politique du jeune médecin de la respecter. Or, de ce côté, Montpellier mérite incontestablement d'être préféré. Vous ne sauriez croire quelle impression son ancienne célébrité a laissée dans l'esprit du public : les grands mêmes et jusqu'aux gens de l'art conservent encore ce préjugé, et dans une concurrence pour une place être docteur de Montpellier est un titre suffisant pour obtenir la préférence. Peut-être est-ce la raison qui fait que cette université fournit toujours à nos rois leurs premiers médecins. »

Si la valeur d'échange du titre montpelliérain s'est dévaluée, elle est encore assez cotée pour que, dans de nombreuses universités, il détourne vers le Languedoc et désormais achève les cursus entamés ailleurs. C'est l'inversion du circuit de la Renaissance, et le signe que l'exigence de contrôle a fait sa route dans le processus de professionnalisation à l'échelle nationale de la médecine. Le réseau de formation et d'échange s'est complexifié, et les facultés ne peuvent se séparer d'un ensemble où les étudiants se répartissent à des degrés divers selon leurs moyens : collèges de chirurgiens des villes, cours des hôpitaux de l'armée et de la marine, examens des collèges urbains. La hiérarchie du prestige et celle de la qualité des facultés interviennent comme autant d'occasions offertes pour organiser les stratégies d'études et le déplacement des étudiants, qui peuvent opter pour la chirurgie ou la médecine.

Mobilité et marché des chirurgiens

Le marché des chirurgiens est grandiose par rapport à celui des docteurs en médecine : peut-être 40 000 postes sous Louis XV et moins de 50 000 sous Louis XVI, soit un pour 1 000 habitants, alors qu'il y a à peine un médecin pour 10 000 âmes. Au sommet de la profession, cinq cents villes regroupent 2 000 chirurgiens inscrits dans des communautés. C'est un groupe hétérogène, mêlant barbiers de village et professeurs des grandes cités. La formation, et la capacité à en parcourir les étapes, a sélectionné les détentions d'emploi. Sous la surveillance des chirurgiens du roi, elle se fait dans le cadre corporatif local des communautés de maîtres chirurgiens. Elles sont nettement plus rares au Sud et dans le Centre que dans la partie septentrionale (Normandie, Ile-de-France, Champagne, Bourgogne) ; avec plus de vingt communautés par province, le Languedoc se range d'ailleurs à ce niveau. La carte montre deux effets. D'une part, le cadre d'exercice est inégal : l'opposition ville-campagne est importante, mais pas totalement déterminante. D'autre part, le recrutement doit faire appel à des échanges interrégionaux, sinon nationaux, qui dépendent de la diffusion par tout le royaume de la culture chirurgicale parisienne. Les chirurgiens de Montpellier y sont plus sensibles que ceux de Bretagne ou de Bourgogne, en dépit de l'éloignement. C'est que, pour réussir, il faut concrétiser une vocation et une capacité par le passage au Collège royal de chirurgie, qui remplace en 1750 les cinq chaires de démonstrateurs royaux établies en 1724. Les cours sont accessibles à tous, mais ne fournissent aucun accès direct à une carrière professionnelle qui se joue dans les communautés locales.

En 1755, sur 1 038 étudiants inscrits à Paris, peu iront peupler les corps réputés. La majorité d'entre eux paient leurs études en exerçant comme chambrelans dans la capitale ; ils iront exercer dans l'armée, dans la marine, dans les villages et les campagnes. De 5 à 6 % viennent de Paris ou d'autres grandes villes ; les autres sont venus de partout. Un premier contingent, le tiers, est arrivé à pied du Sud-Ouest, et les Gascons y représentent à eux seuls plus d'inscrits que les diocèses des provinces autour de Paris, pourtant plus riches en communautés (Normandie, Ile-de-France, Champagne) : 111 en tout. Des régions peu populeuses, aux taux d'alphabétisation peu élevés, aux nombres de corps assez peu dense (Berry, Auvergne, Limousin, Poitou), en fournissent autant que les provinces du Nord. On constate là une mobilité de ruraux, sans doute dégrossis par le passage aux écoles et dans les premières classes des collèges, qui n'hésitent pas à franchir de longues distances pour bénéficier des études parisiennes.

Trente ans plus avant, les mouvements sont identiques, avec la même prédominance de la Gascogne et de la Guyenne. Toutefois, on voit moins d'étudiants venir du Centre (Berry, Orléanais), du Languedoc, du Dauphiné, par suite de la création de collèges de chirurgie locaux, à Grenoble, Montpellier, Orléans, Bourges, Toulouse. Enfin, les provinces proches de Paris voient s'accroître leurs contingents de plus de la moitié, soit désormais un peu moins du quart de l'ensemble. Deux populations étudiantes se côtoient dans le collège de chirurgie : l'une, plus professionnalisée et sans doute plus proche des communautés ; l'autre, les Gascons, les barbiers-perruquiers, les provinciaux, obligés de travailler et qui désertent les cours du matin plus prestigieux. D'un côté, les « vrais élèves » en chirurgie, protégés par les corps et leurs familles ; de l'autre, des proto-chirurgiens plus rustiques, moins dotés et plus aptes à répondre aux besoins des campagnes. Les communautés locales à mobilité limitée exigent une forte culture professionnelle, et les étudiants qui auront du mal à s'y insérer constituent la frange marginale, empirique, toujours dénoncée, toujours indispensable.

L'intérêt de cette mobilité originale est qu'elle est proche de celle des hommes de peine et des travailleurs. Les chirurgiens du collège de la capitale n'hésitent pas à parcourir à pied d'énormes distances, s'arrêtant sans doute fréquemment sur la route qui mène d'Auch et de Tarbes à Paris. La circulation est produite et entretenue ; elle dure plus longtemps, en raison inverse du rang obtenu dans la profession et du statut social reconnu. Elle correspond à une structure socioprofessionnelle qui n'est pas rigidifiée totalement et qui admet des qualifications hiérarchisées : chirurgiens des villes communautaires, chirurgiens des villes sans communauté, ceux des bourgs, des villages, des campagnes, des grands experts aux quasi-artisans et aux empiriques. Quelques grandes réussites concrétisent aux yeux de tous le lien entre mobilité géographique et mobilité sociale aux chances étroites : La Peyronnie, fils d'un barbier chirurgien de Montpellier, devenu chirurgien du roi, et le grand réformateur de la chirurgie française, fondateur de l'Académie ; Jean Faget de Castelnau d'Armagnac, qui saigne la cour et la ville, entre à l'Académie et à la Société royale de Londres. On saisit alors comment la mobilité est capable de relier la nationalisation et la professionnalisation[99].

Entre deux cultures : les échanges à Strasbourg

Un dernier exemple mettra en valeur l'importance que la localisation géographique et une tradition universitaire récente mais solide peuvent avoir sur le phénomène de la *peregrinatio* étudiante. Strasbourg, au XVIIIe siècle, est à la rencontre de deux espaces, celui du royaume et celui de l'Allemagne, où l'effort de modernisation agit avec un rapport différent à la tradition[100]. Le critère universitaire de base y reste confessionnel, et il impose la présence de deux universités : l'une héritée de l'Académie protestante et fondée par l'empereur Ferdinand II en 1621 ; l'autre, catholique, transférée de Molsheim à Strasbourg en 1702. Les arts et la théologie se partagent entre les deux, le droit et la médecine sont rattachés à l'université luthérienne, et ce n'est qu'en 1776 qu'une chaire de droit canon est créée à l'université épiscopale. Le rattachement à la France n'a pas changé le lien qui rattachait les universités à la ville depuis les origines, à la couronne depuis le nouveau statut : le chancelier est souvent un conseiller de ville ; le « prêteur royal » en est le protecteur, conjointement avec le magistrat. Le premier a été un juriste, Ulrich Obrecht, professeur à l'université qu'il maintient dans sa tradition d'autonomie et ses libertés. Le corps professoral est ainsi solidement ancré dans la tradition urbaine, et des prébendes lui conservent son prestige local et favorisent son attraction. Entre 1681 et 1789, la matricule enregistre 11 230 étudiants, soit une centaine par an, qui se répartissent entre les facultés : moins du quart en philosophie, un quart en médecine, 53 % en droit, et le reste (955) en théologie. Le régime des études strasbourgeois perturbe toutefois ces distinctions conventionnelles : les étudiants immatriculés une fois pour toutes dans une faculté après les arts suivent en effet les études de leur choix sans « inscription réitérée ». Goethe s'inscrit ainsi en droit, mais suit les cours de médecine, de sciences naturelles, d'analyse chimique.

L'attraction de Strasbourg révèle, à la fin de l'Ancien Régime, une mobilité exceptionnelle : sur 600 étudiants, un bon tiers viennent de la ville et de l'Alsace, mais 44 % sont originaires du Saint-Empire, 10 % de Suisse, 5 % de France et un faible contingent d'Europe orientale. Les Allemands, dont la présence a varié selon les événements politiques et militaires, dominent ; ils arrivent de Bade, du Wurtemberg, de Hesse, de Souabe, de Franconie et du Palatinat. Tous les cantons suisses sont représentés, Zurich en tête et même Bâle ; la faculté de médecine compte autant de Suisses que d'Alsaciens. Apparaissent des Anglais qui, selon un commentateur local, Longin, font « leurs études à table et à cheval », des Suédois qui « se font estimer pour leur conduite et leur amabilité », toute une pléiade de seigneurs allemands possessionnés en Alsace, alliés aux familles locales, qui rassemble frères, cousins et neveux succédant à leur père et à leur oncle. Le prince héréditaire de Fürstenberg, M. de Metternich et son frère s'y inscrivent. Ils viennent de Coblence où leur mère, amie de l'impératrice Marie-Thérèse, entretient des relations avec le prince des Deux-Ponts qui commande le Royal Alsace. Elle envoie ses deux fils à Strasbourg pour « qu'ils reçoivent des leçons et apprennent à vivre en gentilhomme » ; elle correspond avec eux en français. Les Russes s'y font de plus en plus nombreux, s'inscrivant surtout en médecine, ou sur les registres réservés à la noblesse. On en dénombre une centaine : une bonne moitié d'aristocrates des familles de Moscou ou de Pétrograd, mais aussi des roturiers estoniens, lituaniens, polonais. L'Académie des sciences de Saint-Pétersbourg fonde une bourse à Strasbourg en 1770 pour des élèves doués parmi les enfants trouvés de Moscou, à côté d'autres bourses qui permettent à des gens d'origines très humbles de faire des études : Lepchkine, fils d'un soldat, docteur en 1767, devient secrétaire de l'Académie ; Alexis Polenov, boursier, suit les cours de droit et d'histoire, puis devient secrétaire du Sénat. Ils côtoient les fils de grands seigneurs qui mènent grand train : les Razoumovski, les Orlov, les Galitzin, le comte Vorontzow. Ils arrivent avec leur précepteur et leurs domestiques, fréquentent la noblesse et l'élite locale, se retrouvent au théâtre, aux concerts, dans les salons.

Bref, sur la mobilité strasbourgeoise souffle un vent de cosmopolitisme qui, pour être restreint et élitiste, n'en est pas moins réel et important par ses conséquences[101]. Il prend sa source dans trois forces principales. La tradition strasbourgeoise a su concilier la vocation utilitaire – former des clercs, des juristes, des médecins – avec l'intérêt pour le renouvellement scientifique dans tous les domaines, de la faculté de médecine au droit. Elle a pu préserver une tradition d'ouverture et de coexistence religieuse, être à la fois une capitale de l'*Europe des dévots* [102] et une métropole de la religion luthérienne. Le contexte mondain (théâtre, école d'artillerie, école d'escrime, académie d'équitation) et l'infrastructure d'une grande cité commerçante sont des facteurs d'attrait pour les catholiques comme pour les protestants. De ces sources d'intérêt peut se nourrir une culture originale. Elle s'exprime dans les initiatives de Schoepflin et dans son rôle diplomatique et universitaire entre Paris et l'Allemagne[103]. L'enseignement du droit rassemble juristes français et allemands ; l'école diplomatique, issue des cours privés que Schoepflin donne à ses étudiants nobles étrangers ou français, est une institution unique dont les programmes ont un retentissement européen.

Au total, ce que cette belle jeunesse trouve à Strasbourg, ce que Goethe rappelle dans ses *Mémoires*, c'est le prestige de la civilisation française, et – ce qui compte – sans ses excès moraux et philosophiques toujours redoutés à Paris. C'est simultanément le primat de la raison qu'inculquent aux jeunes étrangers les professeurs de philosophie de la faculté des arts et les juristes de la faculté de droit, où Koch enseigne la nécessité de l'équilibre européen et l'idée que le droit doit limiter la puissance et la force. C'est aussi le goût pour le cosmopolitisme et la fraternité maçonnique qui fait passer par Strasbourg les courants ésotériques ou rationaux, l'influence de Lavater, celle des loges anglaises. Ce que la mobilité permet de découvrir dans la capitale de l'Alsace, c'est la force du passé et de l'histoire présents dans les monuments et les cérémonies qui perpétuent les vérités établies et se pérennisent dans les institutions en place, mais c'est aussi le goût de la connaissance des autres, des peuples et des cultures, inséparable des libertés qui sont le bien de tous. Dans un espace recomposé, les nouveaux courants de la pérégrination académique ne peuvent plus se séparer des traditions élitistes qui encouragent l'apprentissage du monde par la mobilité du voyage. La *peregrinatio* prend ses distances par rapport à l'université, mais conserve sa croyance dans l'utilité des échanges qu'elle amplifie par d'autres moyens.

Apprentissage du monde, savoir-faire et connaissance

Très tôt apparaît le rapport entre la pérégrination académique et le voyage d'agrément et de curiosité. Les étudiants éloignés de chez eux, entraînés au loin pendant plusieurs années quelquefois, ne peuvent échapper à la fréquentation de la société, pas plus qu'ils ne peuvent séparer leurs études d'une curiosité pour les choses, la nature et les hommes qu'impose au moins pour certains le contexte savant et humaniste des études. Félix et Thomas Platter, en racontant leurs aventures, montrent comment cet aspect est lié à un apprentissage social autant qu'à la découverte du monde. Quand les tuteurs d'étudiants s'inquiètent des risques moraux qui menacent à Paris ou ailleurs leur pupille, ils dévoilent que les inquiétudes pour des voyages incontrôlés rejoignent celles qui pèsent sur toutes les mobilités et les risques d'inutilité que certains repèrent dans les errances juvéniles. Toutefois, ces expériences – exceptionnelles dans leur témoignage, puisqu'on ne peut les connaître qu'au travers des récits conservés et parce qu'elles sont réservées à une élite riche, seule en mesure de financer l'entreprise d'un voyage européen pouvant durer plusieurs années – ne semblent pas diminuer, et surtout ne paraissent pas caractériser une seule nationalité. Allemands, Anglais, Néerlandais ont laissé certainement plus de données sur cette pratique, mais elle n'épargne personne : c'est une caractéristique d'abord aristocratique qui a pu progressivement s'étendre. De cette expérience fortement individualisée et dirigée par les familles, les exemples sont nombreux du XVIe au XVIIIe siècle[104].

Au début du XVIIe siècle, les trois frères Van Limburg-Stirum, « issus d'une famille d'ancienne noblesse alliée aux meilleures maisons allemandes », se sont lancés dans le voyage. Ils quittent Helmstedt en 1605, sont à Tübingen l'année suivante, à Leyde en 1608, à Angers en 1609 ; ils ont traversé l'Allemagne, la France, touché l'Angleterre. On retrouve le puîné – Georgius Ernestus de Wych, comte de Brocost – à Padoue, inscrit en faculté de droit, et à Sienne. Sur les deux cents élèves de l'Académie d'Angers, c'est un exemple presque unique[105] : une centaine de cas pour des voyages à travers deux pays (Pays-Bas et France majoritairement), 28 pour trois (Pays-Bas, France, Italie, Allemagne), 2 seulement pour quatre. Jacob Olferst de Jong, qui a laissé une description détaillée de son *Tour*, avait le projet d'aller en Italie ; atteint d'une maladie à Saumur, il se restreint à la France en 1621 et 1622. Il passe d'abord en Angleterre, puis gagne Rouen où son frère cadet avait appris le négoce chez un marchand néerlandais ; il reste à Paris un mois en *touriste*, décroche un doctorat en droit à Orléans au bout de trois mois, et arrive enfin à Angers. Il supporte mal le climat hostile aux *parpaillots* et retourne, non sans difficulté, en Hollande. Ce fils d'un bourgmestre illustre et fortuné éclaire les séjours d'études rapides, couronnés cependant par un grade d'université encore renommée, et les parcours consacrés à l'observation des mœurs, à l'apprentissage de la langue, que le cloisonnement confessionnel rend moins aisés et moins agréables.

C'est encore un voyage fortuné qu'évoque Guy Patin en 1663 : « M. le prince de Danemark, qui n'a que dix-sept ans passés, brave et bien fait, partira d'ici dans peu de jours pour aller faire un tour par la France. Il va d'ici à Orléans, Tours, Angers, Nantes, La Rochelle, Bordeaux, Toulouse, Lyon, Genève, Bâle, Strasbourg, Francfort, Hambourg, Copenhague. Je lui ai donné un mémoire afin qu'il vous voie quand il passera à Lyon, et je l'ai recommandé à M. de Panberg, brave gentilhomme qui est son gouverneur.» L'itinéraire mêle sites du protestantisme, universités, centres de réputation mondaine. Le médecin Falconnet doit faciliter au jeune homme la découverte de la métropole lyonnaise dont on sait, par le récit de Brackenhoffer, combien elle est appréciée par les nombreux voyageurs qu'elle attire. Certains *Tours* peuvent être entièrement voués à l'étude, comme celui du Hollandais Van Erp qui, après sa maîtrise à Leyde, fréquente Oxford, Cambridge, Paris, Saumur (il y reste une année), Milan, Venise, Bâle, Heidelberg. C'est un voyage de maîtres prestigieux en professeurs renommés; c'est un circuit protestant, mais encore italien; c'est une route à travers les bibliothèques et les collections qui contribuent à former un grand orientaliste.

D'autres tournées sont plus des voyages de reconnaissance sociale et culturelle que des voyages d'études: ainsi celle du fils aîné du président de Lamoignon en Angleterre, en Hollande, en Flandre et en Allemagne, qu'évoque en 1655 Guy Patin; ainsi celle du fils Colbert. S'il est difficile de tracer le partage entre les usages pédagogiques et ceux du monde, pour certains milieux ils font partie d'une initiation indispensable, malgré les critiques et le scepticisme que l'on entend chez Christian Huygens à propos de son passage à Paris[106]. «Je vous eusse requis pour assister à un débat notable qui se fit en notre plein conseil, la première fois que nous fûmes à Paris, où vous eussiez entendu proposer chacun sa pensée, à savoir pourquoi il était venu en France, l'un disant [être] venu pour apprendre à vivre parmi les honnêtes gens, l'autre pour voir les hommes illustres, le tiers pour voir ce qu'il y a de beau en bâtiment et modes nouvelles; quelqu'un aussi pour n'être pas chez lui, et après de longues disputes avouant presque généralement que tout ce qu'il y a à faire ici ne vaut pas la peine de venir de si loin.» La dispute met en évidence la critique et la méfiance permanente à l'égard d'une pratique coûteuse, à un moment où la jeunesse est particulièrement influençable et facile à détourner du droit chemin, et qui de surcroît favorise la *contamination* des diverses patries par le mode des habitudes étrangères – matérielles, intellectuelles, religieuses, sociales – rapportées au retour. Ainsi pour l'aristocratie anglaise en crise, ainsi pour les élites allemandes.

Vue de Londres, la formation du gentilhomme, du *gentleman*, dont le modèle est fortement influencé par celui du courtisan à la manière de Castiglione[107], se fait autant par les pratiques familiales, préceptorales et celles du voyage continental que par le passage dans les universités d'Oxford ou de Cambridge et dans les Inns of Court ouvertes aux juristes : le nombre des étudiants nobles formés dans les deux grandes universités britanniques tombe à moins d'une vingtaine à la fin du XVIe siècle. Compte alors pour beaucoup l'expédition vers la France, l'Allemagne, l'Italie, en grand ou petit haroi, avec précepteur, aumônier, domestiques, clients, artistes, où pendant plusieurs mois, voire plusieurs années, le jeune noble infléchit son parcours et ses objectifs dans des circuits qui s'imposent, car bornés peu à peu par la fréquentation des uns et des autres, recommandés par les guides publiés partout, en latin, en anglais, en français, susceptibles d'atteindre toute personne un peu cultivée – ainsi, entre plusieurs, le *De peregrinatione Gallica* publié en 1631 par l'orientaliste Thomas Erp, entrevu dans son tour franco-italien-allemand. Comme pour les fréquentations universitaires ou celles des Inns of Court, la finalité du voyage est de franchir une étape dans un destin social ouvert par les héritages, les privilèges de la famille et ceux de la fortune. Après le premier tiers du XVIe siècle, ce *Grand Tour* nobiliaire se développe et s'allonge de plus en plus dans le temps (deux ou trois années ne sont pas rares) et dans l'espace, notamment vers l'Italie, modèle des études de l'Antiquité où les flux de la seconde et dernière Renaissance, pour dire vite, brillent avec éclat.

Pour une carrière à conduire dans les charges et le service public, pour la fréquentation de la cour, c'est désormais indispensable à une réussite. On acquiert alors pratiques approfondies ou superficielles des langues italienne et française, critères de référence esthétiques, normes de critique politiques ou religieuses, manières de vivre. L'apprentissage de l'art équestre y tient une place majeure, avec son accompagnement académique pour les arts de la guerre et de la société. Dans cette pédagogie nécessaire à l'homme de guerre, à l'homme d'État, au simple virtuose, se lit l'élargissement d'un idéal éducatif où la noblesse anglaise, comme celle de France ou d'Italie, a sa stratégie particulière[108]. Edward, comte de Rutland, Lord Clifford, William Glingsby se retrouvent parmi les élèves de Pluvinel à Paris. Enfin, ces voyages sont sensibles aux changements religieux comme aux guerres : les troubles en France les détournent vers l'Allemagne ; la guerre de Trente Ans et la paix française les reportent vers la vallée de la Loire et Paris ; l'Italie est toujours un but permanent. Le circuit s'organise avec la stabilisation entre la France (l'hiver est souvent passé en Touraine), l'Italie (quelques mois) et un retour par Paris, où les académistes italiens ou élèves des Italiens sont venus s'installer en nombre[109]. Partout, la tentation mondaine et le danger moral sont forts et, quoique totalement inhérents aux voyages, dénoncés par les *patriotes anglais*, par les puritains, par les adversaires des jésuites. Menacé dans ses mœurs – débauche, homosexualité, courtisanes, prostituées vénales le guettent sur le continent –, le jeune noble anglais doit se méfier et si possible éviter Rome, en tout cas y fuir les discussions théologiques et la subtilité italienne en ces matières, et se sauver grâce à un mentor sourcilleux sur l'athéisme, la prodigalité et l'immoralité antibritanniques. Car, si la dépense est un signe d'honneur, le coût des *Grands Tours* effraie les familles : en 1580, Sir Robert Dallington dépense 150 livres sterling pour l'année (il a ses domestiques et ses chevaux) ; en 1630, le comte de Cork accorde 750 livres à son aîné et seulement 500 à ses cadets ; Edward, comte d'Oxford a dissipé 4 500 livres en quatorze mois de voyage – de quoi se payer plusieurs bons domaines. Lawrence Stone estime que la moitié du groupe social des pairs et des membres du Parlement ont cédé à l'attraction européenne, devenue dès lors un élément majeur de l'éducation aristocratique anglaise, de l'ouverture aux arts (plastiques et musicaux) de la cour et de la noblesse, mais aussi de la construction du patronage puisqu'elle contribue à créer le tissu social de relations et d'influences où vont se mouvoir les adultes revenus au port.

L'approche systématique de ces grands voyages reste à faire à partir d'une documentation dispersée, privée, comme les expéditions, correspondances, comptes familiaux, récits et journaux, publiés ou non. A travers quelques exemples favorables pour le XVIIe siècle, la France trouve une place centrale[110] dans ces voyages de formation. Trois facteurs sont intervenus pour entretenir le succès de l'étape française. C'est d'abord la reconnaissance d'un rôle politique prépondérant et de son affirmation diffusée partout par le modèle curial et absolutiste. Paris devient alors le lieu d'observation des expériences, rassemblant diplomates, curieux des événements, réfugiés politiques ou religieux, espions, voyageurs qui s'enorgueillissent au retour d'avoir approché le sismographe principal des affaires du temps. Devenu langue des négociations, le français devient pour tous, sinon indispensable à maîtriser, du moins utile à connaître, fût-ce superficiellement. Le rôle culturel du royaume que signale ce changement ne va cesser de s'étendre par le succès de sa littérature et de son esthétique. Dans la production des livres qui s'exportent partout à partir de 1650, le latin a cédé la place au français[111]. Il va peu à peu reculer comme véhicule de transmission des savoirs cultivés et de la culture généralisée[112]. La mobilité des voyages les plus divers, mais plus certainement des voyages de formation, a sans conteste contribué à imposer son usage parmi les autres langues latines aux élites des pays du nord de l'Europe et à celles de l'Est peu à peu. Dès 1710, l'Académie de Soissons et, en 1711, l'Académie française s'interrogent sur les raisons d'une expansion et de l'universalité du français. Les académiciens y lisent une propension des Français sinon à voyager, du moins à vivre à l'étranger ; l'amour du gain, la simple curiosité, l'attachement à l'erreur religieuse s'y additionnent.

Le poids de la conversation française

Le raffinement des arts et des lettres, l'attraction pour les études séduisent les praticiens d'une langue désormais clarifiée et normalisée. Des traits toujours rappelés – élégance, précision, justesse, ordre – la font convenir à toutes les sciences. Pierre Bayle, célèbre expatrié, en reconnaît la force[113] : « Veut-on qu'un libelle coure le monde, aussitôt on le traduit en français lors même que l'original est en latin, tant il est vrai que le latin n'est pas si commun en Europe que la langue française[114]. » Il s'agit ici de supplanter non pas les langues vernaculaires, mais la principale langue véhiculaire de la culture humaniste et classique, et ce mouvement se fait par les livres, les journaux, les traductions, le théâtre, les salons, une partie de l'enseignement – car on a vu que les universités ont, selon les facultés, résisté à l'entraînement. Le voyage des privilégiés est alors l'occasion d'apprendre le nouveau langage, même si les oppositions politiques se durcissent – ainsi pour la gallomanie anglaise qu'imposent le succès intellectuel et celui des modes françaises. Dans *The English Monsieur* de Howard, dans *The Widow Rantes* de Mistress Behn, on voit apparaître les gentilshommes britanniques revenus de France où ils ont appris à jurer *Morblew, Mordew*, où ils découvrent que le Louvre est plus grand et plus beau que White Hall, où ils ont acheté une *toilette* au goût du jour, reçu un *grand coup* d'une marquise française, dépensé tout leur argent – et ils arrivent « comme ils sont partis », mais superficiellement ou plus profondément changés. Le langage se modifie ; Davenant s'en moque comme d'un snobisme dans *The Play House to be let* : « Your seviteur, très humble Monsieur », baragouine Sir Fop. Un mouvement comparable a saisi les Pays-

Bas et l'Allemagne, où les réfugiés enseignent en français, où les cours reçoivent les voyageurs français.

La correspondance de Christian Huygens[115] témoigne de cette rencontre entre milieux mobiles et pratiques des usages policés. La cour d'abord et la haute administration (le père, Constantin, est secrétaire de Frédéric-Henri, de Guillaume II et de Guillaume III d'Orange) comme la haute société et quelques littérateurs ont suivi l'enseignement des chantres de l'Église wallonne. Le précepteur français de Huygens a l'ordre de faire comme s'il ignorait le néerlandais. Mais la familiarité est obtenue par le voyage et la fréquentation des sociétés où s'impose le modèle de la *conversation française*[116]. Elle est entretenue par la correspondance écrite en français et où l'on témoigne des progrès effectués lors du séjour étranger et d'une aisance qui permet la relation avec les grands auteurs, tel Corneille. Le fils de Constantin Huygens part à son tour avec son frère pour Paris, afin d'« y étudier la belle et bonne conversation [117]. » Christian et Louis font part à leur père de leurs soucis financiers en français : « Toutefois, en nous ordonnant tant de visites, je vous prie de ne vous point étonner de la dépense que nous faisons, étant chose certaine que pour hanter les hommes de qualité il faut en passer par là... (15 octobre 1655). La dépense mensuelle est évaluée un mois plus tard à 1 000 livres pour deux par mois, soit 6 000 livres par personne et par an. De quoi entretenir une vingtaine de curés congruistes pendant une année ! Par mois, c'est deux fois le salaire annuel d'un ouvrier qualifié[118].

Comme pour les Anglais venus en France, les jeunes Néerlandais y découvrent les bienfaits de la mobilité bien conçue, ainsi que l'exprime Samuel Maresius dans une lettre à Nicolas Heinsius dont la publication dans l'un des grands textes de la vulgarisation pré-encyclopédique, le *Polyhistor literarius, philosophicus et practicus*[119], prouve la pertinence pour le public lisant le latin : « Outre la connaissance des langues étrangères et l'expérience qu'on acquiert grâce à ces voyages à travers différentes régions, vous pouvez, vous, amis de la science, y trouver encore un autre avantage, à savoir : la rencontre des hommes savants qui se trouvent partout, les liens d'amitié que l'on peut nouer avec eux, et les fruits que l'on retire de leur fréquentation et de leur entretien ; tout cela bien souvent est source d'une plus grande utilité que ne peut l'être la lecture des livres. » Dans le débat qui depuis longtemps oppose expérience et lecture, voilà l'affirmation de la pratique que l'on retrouve dans l'exemple personnel de Heinsius, venu à Paris après deux courts voyages – l'un en Angleterre, l'autre des Pays-Bas espagnols à Aix-la-Chapelle. Il tient au courant de ses rencontres son père, qui a organisé le périple de l'automne 1645 et recommandé son fils à ses amis parisiens : les frères Dupuy, Jacques de Thou, Sarrau. En quelques semaines, Heinsius se fraie un chemin dans le milieu érudit. En avril 1646, il gagne l'Italie et arrive à Florence en juillet ; il séjourne deux ans dans la péninsule, rentre par Paris en août 1648 et arrive à Leyde en octobre. Son tour humaniste, curieux, érudit, se situe au moment où les séjours français commencent à occuper une place majeure dans le trajet vers l'Italie le plus souvent.

Toutefois, à ce niveau d'échange, c'est l'Allemagne qui vint en France et non l'inverse. Le margrave de Hesse pousse ses gentilshommes à venir prendre l'air de France, où l'on trouve «plus de respect, plus de crédit et d'assurance» qu'ailleurs. On dit même que les Allemands apprennent le français dans les cuisines ou les écuries, mais on a vu aussi leur fidélité universitaire et la tolérance calculée de Louis XIV envers les princes allemands protestants, en autorisant les avantages face à l'empereur et aux catholiques toujours attirés par Rome. En 1670, le Français Chapuzeau fait un tour d'Allemagne : il y observe les progrès des mœurs à la française, ceux de la langue, le réseau des conquêtes (Cassel, Stuttgart, Baden-Baden, Dourlach, Iéna, Gotha, Merzebourg), celui des alliances et des mariages, la présence de réfugiés protestants. A l'ouest, le français est acquis ; à l'est, les précepteurs y travaillent. Le voyage contribue à se débarrasser de l'*air germanique*, gauche, naïf, timide, et à prendre de l'assurance ; il donne aussi l'occasion d'acheter une garde-robe neuve. Dès 1643, dans le *Souhait des Allemands*, Rayot de Saint-Julien fournit des modèles d'usage, des exemples de compliments à servir, des façons de recevoir ses hôtes, sans oublier comment avoir un bon cheval et quelle est la bonne formule d'un passeport. En 1710, *Die neuste Manier franz zu reden*, publiée à Hambourg, vante le charme et la douceur gallique : avec les dames il faut parler français, c'est-à-dire aimablement et amicalement ; avec l'ennemi on parle allemand, comme avec son cheval. Ces outrances irritent les meilleurs et amorcent un courant gallophobe. Leibniz, cosmopolite, se proclame «teutophile», mais la mobilité germanique vers la France ne se ralentit pas ; les jeunes vont encore à Angers, à Paris, dans le circuit des institutions équestres. Le guide de Nemeitz, *Séjour de Paris, c'est-à-dire instructions fidèles pour les voyageurs de condition*, est publié en 1716 par le conseiller du prince de Waldeck, et c'est un succès éditorial[120].

Pour clore ces circuits et revenir sur l'apprentissage des mœurs, il faut rouvrir le récit de voyage à Paris en 1656-1658 des frères de Villiers, fils d'une famille de grands notables, neveux de l'ambassadeur des Provinces-Unies en France. Leur séjour correspond dans l'esprit de leur famille à un projet très explicite : « Pour vivre dans un état comme celui-là, il ne faut pas peu d'adresse et de connaissance. Nos pères et mères, pour nous refaire acquérir le plus qu'il se pourrait, jugeant qu'il n'y en avait point de meilleur moyen que le voyage, où l'on apprend à vivre avec tout le monde et avec toutes sortes d'humeurs, où l'on remarque le fort et le faible des esprits, et où l'on s'instruit par soi-même des vertus et des vices des nations, résolurent de nous faire passer en France. Ils nous destinèrent Paris pour lieu principal de notre séjour comme étant une ville où l'on peut étudier toutes les autres de l'Europe et où, pour l'assemblage de plus d'un million d'âmes qui l'habitent [ce qui est fortement exagéré], on rencontre tout ce qui peut façonner l'esprit et le corps, et donner de belles lumières à l'un pour la conversation, et un beau port, de l'adresse et de la vigueur à l'autre pour les exercices qui s'y enseignent parfaitement bien [121]. »

Voilà décrite la séduction parisienne, capitale européenne de qui veut faire son chemin dans les affaires publiques et orner sa vie privée. C'est le centre de la *culture des apparences* et de l'*esprit de conversation* que l'on acquiert à travers l'enseignement fourni par la sociabilité des Hollandais parisiens de passage à l'auberge ou en résidence à l'ambassade, à travers les leçons et les exemples de la bonne société protestante que l'on retrouve au temple de Charenton et dans ses hôtels, à travers encore les leçons de l'« *académie équestre* » soigneusement choisie au faubourg Saint-Germain, enfin dans la fréquentation des hauts lieux du pouvoir et des personnes de qualité. Le journal, la correspondance régulièrement tenue, l'assiduité à recueillir et à transmettre un ensemble d'informations utiles à toute une classe sociale montrent qu'ils font partie d'un réseau étendu à toute l'Europe. « L'activité épistolaire joue, pour les voyageurs, un double rôle : elle apprend à réfléchir sur le quotidien aux dimensions de l'Europe tout entière ; elle requiert d'eux aussi une discipline de travail et rappelle que le Grand Tour n'est pas seulement placé sous le signe du divertissement [122]. »

Il faut revenir, pour le XVIIIe siècle, sur ces pratiques de sociabilité qui aident à construire la connaissance des hommes et une vision du monde que mettent en ordre la réflexion et l'écriture des voyageurs. A s'en tenir au voyage de formation, on sait qu'il n'a jamais mobilisé et envoyé sur les chemins qu'une élite, même si longtemps des étudiants de modeste origine peuvent bénéficier de moyens, d'aides (bourses, façons d'échanges). Le coût des longs séjours à l'étranger reste dispendieux, mais leur importance sociale les a fait survivre et se réadapter aux grands changements religieux et politiques du XVIe au XVIIe siècle. Ils s'inscrivent désormais dans un ensemble de pratiques qui, par la mobilité, créent des liens sociaux et modifient l'image des peuples. Certains intellectuels, et non des moindres, n'ont pu en bénéficier : ils peuvent en garder une méfiance pour le voyage lui-même (c'est le cas de Diderot) ou en tirer une impulsion plus tardive (c'est celui de l'abbé Morellet). Quelles que soient cependant leur expérience ou leur méfiance, la croyance en l'utilité pédagogique de la mobilité ne leur est pas inconnue : elle nourrit leur œuvre de fiction et de réflexion, elle est au travail dans l'expansion de leur philosophie. Ces itinéraires qui évoquent le repli débouchent malgré tout sur une accélération propice à la circulation, car mise en route par l'attraction et la diffusion des nouvelles idées – celles-là même qui vont à l'aube du XIXe siècle, héritier des Lumières, modifier les expériences de la pédagogie des voyages.

MOBILITÉ RESTREINTE, MOBILITÉ SOUHAITABLE.
DIDEROT ET MORELLET

Denis Diderot est né à Langres, calme et austère ville de province, où l'on a le parler lent mais la «tête inconstante comme une girouette», dira le philosophe qui attribue cette vivacité au climat; il écrira dans sa correspondance que seuls le séjour de Paris et «l'application assidue m'ont un peu corrigé [123]. » Avant cela, c'est la solitude intellectuelle d'une certaine province à l'écart, et le poids de la religion et de la famille – trois sœurs, et son frère avec lequel il ne s'entend guère, peut-être parce qu'il est devenu un chanoine pieux et revêche. A dix ans, Diderot entre dans les petites classes du collège jésuite, à quelques pas de la maison; c'est un petit privilégié citadin, et c'est un bon élève – «*ingeniosum adolescentem*», dit son certificat. Il ne sera pas coutelier, mais abbé – certainement pour partir à Paris. Il est tonsuré en 1726, peut-être même sollicité par les jésuites : c'est, comme pour Marmontel, le seul moyen de poursuivre des études. Diderot franchit les 300 kilomètres en 1728, accompagné par son père qui s'est assuré que tout allait bien. Le voilà élève de collèges parisiens (Harcourt, Louis-le-Grand, Beauvais) et maître ès arts quatre ans plus tard, ce qui implique de l'assiduité. Il aime l'étude, ne refuse pas l'état ecclésiastique comme beaucoup, mais découvre peu à peu qu'il peut en rusant se passer des subsides paternels, vivre au jour le jour de leçons, de polygraphie, renoncer à la théologie et envisager les études de droit. Il hésite aux portes du séminaire de Saint-Sulpice, pour finalement épouser clandestinement une provinciale de La Ferté-Bernard, Anne-Toinette Champion, qui tient avec sa veuve de mère un petit commerce de lingerie.

C'est l'occasion, en 1742, d'un unique voyage à Langres en quatorze ans, et celle d'une coupure temporaire avec une famille outrée. C'est le point de départ, en 1743, d'une union orageuse car mal assortie, mais surtout d'un enracinement complet et quasi définitif (sauf occasions rares et proches) dans la capitale dont les ressources sociales et culturelles lui suffisent totalement et où il va faire son chemin. Quelques voyages à Langres pour les affaires (cinq au total), l'expédition en Hollande et en Russie (il voit l'océan pour la première fois à soixante ans; il a rêvé d'aller en Italie, mais ne l'a jamais fait) bouleversent sa santé et son moral, mais font de lui à peine un voyageur. Diderot considérait les voyages comme une sorte de drogue[124], et dans une lettre à Sophie Volland il écrit : « Pour moi, je n'approuve qu'on s'éloigne de son pays que depuis dix-huit ans jusqu'à vingt-deux [125]. » Le frère Platon est un sédentaire, perdu à dix lieues de Paris, et s'il reconnaît qu'on peut voyager avec profit, c'est à l'âge où l'on forme ses idées et ses choix. Pour le reste – le mal du pays, les coliques, la froideur de Catherine II – la déception l'emporte. Pourquoi se déranger alors qu'on est si bien chez soi et que le séjour à l'étranger, s'il n'est pas inutile (Diderot quitte la Hollande, qu'il a appréciée car on n'y rencontre nulle part la vue de la misère ni le spectable de la tyrannie), n'est pas nécessaire? Avec l'âge, il est presque dangereux. La mobilité fictive des romans, la réflexion sur les conséquences des grands voyages, tel le *Supplément au Voyage de Bougainville*, montrent qu'on peut suppléer par la lecture et la réflexion à la nécessité du voyage réel qu'on n'a pas eu la chance de faire.

Le trajet de l'abbé André Morellet offre une autre occasion de tester cette dimension. Né en 1727, à Lyon, fils d'un marchand papetier borné dans ses capitaux, son avenir semble tout tracé : pas besoin de se déplacer pour passer de la régence latine au collège. Pour prendre un parti, le père et l'oncle optent pour l'Église. Paris, Lyon, Lyon, Paris : voilà le premier espace franchi vers quatorze ans. Morellet, reçu boursier au séminaire des Trente-Trois, y trouve de bons maîtres, devient régent au collège de Navarre, obtient d'un cousin un subside pour couvrir la licence et s'agréger à la Maison de Sorbonne, où l'on est – après concours – logé, nourri, pourvu d'une bibliothèque et promis aux plus belles destinées de l'Église. C'est, pour une carrière quelconque, une étape profitable. Morellet, lui – il a alors vingt et un ans –, y rencontre tous ceux qui protégeront sa carrière future : Turgot, Loménie de Brienne, l'abbé de Cussé-Boisgelin, devenu archevêque d'Aix. Il y passe cinq années décisives qui lui ouvrent le champ des seconds rôles : préceptorat, polygraphie, travaux littéraires divers, collaboration à l'*Encyclopédie*, écrits pour le gouvernement. L'abbé Morellet, assez peu ecclésiastique, peut largement passer pour un modèle du philosophe engagé dans les luttes de l'espace public[126]. Ce sont toutefois ces fonctions mêmes qui lui font franchir les frontières.

En 1758 – il a dix ans de plus –, il part pour Rome avec son élève, le jeune abbé de La Galaizière, qui est conclaviste à l'occasion de l'élection du pape Clément XIII : c'est un *Tour* classique, à travers la péninsule, ses villes, ses monuments, ses bibliothèques, ses universités – et sans rompre avec Paris, d'où Diderot et d'Alembert lui en « écrivaient de bonnes » à propos de l'*Encyclopédie* et de la censure, et d'où Boulanger veut le persuader de l'intolérance romaine que l'abbé ne perçoit pas clairement. Neuf mois profitables, à lui certainement, à son pupille incontestablement : abbé de Saint-Mihiel, La Galaizière devient évêque de Saint-Dié, mais il est plus connu, selon un mot de Louis XV, « par sa très haute taille que comme une lumière de l'Église ». Deux autres voyages vont encore marquer l'existence de Morellet. D'abord en Angleterre, en 1771, où l'envoie Trudaine et sous la protection de Lord Shelburne et du parlementaire Barré, venus à Paris et qui le prennent en amitié. Il découvre l'Angleterre, Garrick, Franklin, mais il ne parle pas l'anglais car tout le monde le comprend et entend le français ; il voit les industries, les enclosures, le commerce et son influence civilisatrice en six mois. Là encore, la correspondance maintient la communication avec Paris. Dans les années 1780, Morellet réitère son expédition outre-Manche, après un bref voyage à Ferney chez Voltaire, en 1775. C'est un couronnement pour le traducteur de la *Richesse des nations*, mais après passage en 1783 par les Pays-Bas et la Hollande, un voyage provincial éclair à travers la France, de Brest à Bordeaux, de Marseille à Toulon, retour par Lyon et Dijon, avec Sir Fitzmaurice que lui confie son père, le marquis de Lansdown ;

trois mois entre Londres et le Witshire, où loge son protecteur. Là encore, pas de moyens, pas de *peregrinatio*, mais des voyages tardifs – et, chez Morellet, une appétence ignorée de Diderot. Acceptant de jouer les mentors, en Italie, en France, l'abbé académicien a montré dans ses *Mémoires* sa foi en l'efficacité de la pédagogie d'une mobilité socialement bien organisée par la sociabilité aristocratique. Cette croyance se retrouve dans les projets et les réalités pédagogiques.

Mobilité des grandes écoles

On la retrouve à l'œuvre dans les expériences des écoles centrales mises en place par les réformes révolutionnaires[127], mais comme un équivalent raisonné et repensé dans le rôle que l'École des mines et l'École des ponts et chaussées font jouer à la mobilité dans leur cursus. Le voyage des élèves existe dès la création de l'École des mines (1783) : il est stipulé dans l'ordonnance du Conseil et repris dans les textes de réorganisation de 1816-1817. Les départs organisés des élèves recommencent dès l'été 1817 car, pour qu'un élève soit nommé aspirant, il faut qu'il ait passé « trois campagnes ou séjourné dix mois consécutifs dans une école pratique ou sur un établissement des Mines », est-il précisé à l'article 10 de l'arrêté du 6 décembre 1816. A partir de 1819, les voyages d'études de chaque promotion vont s'enchaîner sans problème. Leur mise en œuvre correspond à la réflexion des fondateurs de l'École, Balthazar-Georges Sage et Daniel Trudaine. Sage a sillonné pour le ministère la France et l'Europe et, comme premier directeur, il a incité les voyages de ses élèves. « Je les faisais voyager tous les ans dans diverses exploitations afin qu'ils se familiarisent avec les travaux métallurgiques[128] », rappelle-t-il dans sa biographie publiée en 1817. C'est la leçon tirée d'une expérience pratique, comme pour Jars[129], dont la mobilité exemplaire visait aussi à comparer la situation minière et sidérurgique française avec celle de l'Europe.

Trudaine, intendant de finance, comble les besoins français en créant l'École des ponts et chaussées en 1747 et offre aux métallurgistes d'y entrer. Dans son projet, il prévoit les voyages d'études : les deux premiers bénéficiaires sont Jars et Guillot-Duhamel, admis en 1751 et 1754. Tous les deux multiplient les enquêtes métallurgiques et familiarisent tout un milieu avec les techniques étrangères. Leur expérience se retrouve dans le cursus des élèves et se distingue des autres pratiques du *Grand Tour* ou de la *peregrinatio* académique, voire du compagnonnage qui se révèle encore plus lié au métier à apprendre. L'ingénieur en voyage doit, lui, suivre un projet et un itinéraire, confronter ce qu'il a appris avec le travail des forgerons, mineurs, boiseurs, laveurs, essayeurs, fondeurs, affineurs et maîtres, pour être capable d'en comprendre les travaux et d'avancer leurs capacités dans chacune de ces parties, comme le prévoyait le Conseil de l'École en 1796. C'est donc le moyen de se familiariser concrètement avec les choses apprises, d'unir la théorie et la pratique, de rencontrer tous ceux qui sont capables de renforcer cette relation (ingénieurs du corps, directeurs d'établissement, industriels). Le réseau de sociabilité qui organise le voyage est celui de l'enseignement et de l'industrie. Enfin, un compte rendu doit définitivement concrétiser la découverte de la diversité des sites et des procédés. L'élève lui-même est responsable de sa mission et, ainsi, de son avenir. Le voyage construit ici l'homogénéité d'un corps d'élite, comme c'est aussi le cas dans les premières étapes de la carrière des ingénieurs des Ponts et Chaussées[130]. Le Conseil de l'École surveille de près les voyages des élèves et reste très attentif à en évaluer l'apport, voire à en limiter l'extension pratique, privilégiant l'observation à la mise en situation locale comme pour les ingénieurs des Ponts[131].

Tous les élèves n'ont pas satisfait à l'obligation réglementaire (76 sur 125), avec sans doute quelque différence selon le statut (interne, externe ou étranger, aspirant). Ceux qui ont fait le voyage l'ont organisé par eux-mêmes, à leur initiative, et plus souvent en groupe que seul, tant en France qu'à l'étranger. Le Conseil de l'École n'intervient que pour adapter les projets à l'utilité de chacun, et pour que chacun acquière une expérience comparable. Si l'on ne peut suivre ici les élèves dans leur voyage avec ses imprévus, de sa préparation à son accomplissement, il est incontestable que les courses minéralogiques ont renforcé la solidarité et l'esprit de camaraderie dans les brigades qui mêlent les étudiants de conditions et de promotions différentes, et ont fait jouer à chaque séjour la sociabilité du corps. Chaque étape sur un site dure en moyenne dix jours ; les voyageurs sont accueillis par les anciens élèves, ingénieurs des arrondissements miniers ou inspecteurs, souvent membres du Conseil de l'École. Les rapports témoignent de la qualité des réceptions de tous ces interlocuteurs, et parfois de la méfiance des industriels. L'engagement des élèves est également physique, car ils voyagent à pied (quelquefois 700 kilomètres, en quatre mois) ; ceux qui vont plus loin (3 000 kilomètres), peuvent emprunter un moment la diligence ou le bateau. Avec 225 francs par mois, ils en ont les moyens[132].

Voilà donc une expérience unique, et les rapports conservés montrent que les étudiants minéralogistes ne s'enferment pas dans leurs études : ils ont un regard curieux sur le monde, ils s'étonnent et s'enthousiasment pour ce qu'ils découvrent – curiosités urbaines, paysages pittoresques, rythme des saisons et beauté des montagnes, conditions sociales des populations. Le voyageur, ici, se révèle à lui-même : tel Michel Chevalier, élève ingénieur, futur disciple de Saint-Simon, très attentif au paupérisme. Le voyage des élèves des Mines conserve ainsi la fraîcheur des errances anciennes, mais il vise à une professionnalisation contrôlée, élargie par l'expérience et la sociabilité. C'est celui d'un étudiant, d'un observateur, d'un touriste quelquefois, mais il est désormais au service de l'École elle-même et de ses ambitions en matière de formation et d'information. L'industrie française, plus rarement étrangère, y est observée sous ses divers aspects. Tous concourent au progrès des attentes et des impératifs de tous ceux qui plaident en faveur de l'utilité pédagogique de la mobilité. En dépit de sa passivité partielle – on observe plus qu'on ne fait –, l'élève en sort différent, comme changent sa connaissance technique et celle du monde.

Diderot (l'anti-Marmontel), Morellet (un intellectuel arrivé) et Marmontel (un audacieux repenti) ont tous les trois suivi le même itinéraire qui impose déplacements et ruptures dans le cadre national. Toute éducation est alors conquête sur l'espace et le temps : celle des petits enfants des villages isolés, transis l'hiver sur le chemin de l'école ; celle des collégiens anxieux, coupés de leurs parents s'ils n'ont pas la change d'être nés en ville ; celle des étudiants partis loin de chez eux, voire au-delà du royaume. A chaque étape, un brisement d'habitudes ; à chaque étape, un coût matériel et affectif qui en règle l'amplitude. Le mouvement idéal de la pérégrination pour la découverte des autres et l'accroissement des savoirs bute depuis longtemps sur les capacités familiales, que le mouvement des réformes scolaires et l'extension du réseau à l'époque moderne satisfont dans le localisme. Toutefois, la mobilité continue d'entretenir le mouvement de la réussite sociale limitée et les carrières ouvertes aux minorités par les bourses, les concours. Comme une conséquence implicite de la fermeture, elle devient une norme conseillée et parfois un moyen pédagogique. De cela, nous vivons encore plus avec ou moins d'engagement selon les pays.

NOTES

1. Schlözer, *Leçons sur les voyages par terre et par mer*, reprint 1962, H. E. Bödecker, *Travel Writing in the Historical Discourse of the German Enlightenment*, communication manuscrite, à paraître.
2. *Beschreibung einer Reise durch Deutschland une die Schweiz in Jahre 1781*, Stettin, 1783, 1796.
3. G. Labrot, *L'Image de Rome. Une arme pour la Contre-Réforme, 1534-1677*, Paris-Seyssel, 1987.
4. R. Pintard, *Le Libertinage érudit dans la première moitié du XVIIe siècle*, Paris, 1943, reprint 1983, pp. 209-271.
5. F. Waquet, *Le Modèle français et l'Italie savante, 1660-1715*, Rome, 1989.
6. P. Hazard, *La Crise de la conscience européenne, 1680-1715*, Paris, 1935, pp. 3-81.
7. Jean-François Marmontel, *Œuvres*, an XIII (1804), 4 vol., éd. J. Renwick, 2 vol., Clermont-Ferrand, 1972.
8. *Ibid.*, p. 4.
9. *Ibid.*, pp. 40-41.
10. F. de Dainville, *L'Education des Jésuites*, Paris, 1978, pp. 100-102.
11. W. Frijhoff et D. Julia, *Ecole et société dans la France d'Ancien Régime*, Paris, 1975, pp. 28-34, 49-50, 61-76 et 91-94; J. Fabre de Massaguel, *L'Ecole de Sorèze (1758-1796)*, Toulouse, 1956, pp. 137-147.
12. F. de Dainville, *op. cit.*, pp. 148-149.
13. J. Verger (dir.), *Histoire des universités en France*, Toulouse, 1986, pp. 77-135.
14. *Ibid.*, pp. 84-87, 116-124.
15. *Ibid.*, p. 189.
16. B. Dooley, «Social Control and the Italian Universities from Renaissance to Illuminism», *Journal of Modern History*, 1989, pp. 205-239; R. Chartier, M.-M. Compère et D. Julia, *L'Education en France du XIIe au XVIIe siècle*, Paris, 1976, pp. 249-292.
17. L. W. B. Brockliss, in R. Chartier, D. Julia et J. Revel, *Les Universités européennes du XVIe au XVIIe siècle. Histoire sociale des populations étudiantes*, Paris, 1986-1989, 2 vol., t. II, pp. 489-499.
18. D. Julia, in J. Verger (dir.), *op. cit.*, pp. 149-151.
19. *Ibid.*, pp. 151-152.
20. F. de Dainville, *op. cit.*, pp. 134-149; R. Chartier, D. Julia et J. Revel, *op. cit.*, pp. 154-158.
21. R. Chartier, M.-M. Compère et D. Julia, *op. cit.*, p. 196.
22. A. Lynn Martin, *The Jesuit Mind. The Mentality of an Elite en Early Modern France*, Cornell, 1988, pp. 54-55.
23. A. Romano, *La Contre-Réforme mathématique*, Rome, 1999.
24. *Ibid.*, pp. 350-355. Je tiens à remercier Antonella Romano des calculs précis qu'elle m'a communiqués sur ce point.
25. J.-M. Homet, *Astronomie et astronomes en province, 1680-1730*, Marseille, 1982.
26. S. Van Damme, *Savoirs, culture écrite et sociabilité urbaine. L'Action des enseignants jésuites du collège de la Trinité de Lyon (1630-1770)*, Thèse, Paris I, 2000, 3 vol., plus particulièrement chapitres I et X.
27. W. Frijhoff, «Université et marché de l'emploi dans la République des Provinces Unies», in R. Chartier, D. Julia et J. Revel, *op. cit.*, t. I, pp. 21-61.
28. L. Stone, *The University in Society. Oxford and Cambridge from the 14th to the Early 19th Century*, Princeton, 1974, vol. 1; W. Frijhoff, *La Société néerlandaise et ses gradués, 1575-1814*, Amsterdam, 1981.
29. R. Chartier, D. Julia et J. Revel, *op. cit.*, t. I, pp. 16-18.

30. G. Demerson, *François Rabelais*, Paris, 1991, pp. 104-105.
31. R. Chartier, D. Julia et J. Revel, t. II, p. 34.
32. *Ibid.*, t. II, pp. 34-36.
33. W. Frijhoff, *op. cit.*; R. Chartier, D. Julia et J. Revel, *op. cit.*, t. II, pp. 48-52.
34. W. Frijhoff, *op. cit.*; R. Chartier, D. Julia et J. Revel, *op. cit.*, t. II, pp. 41-44.
35. R. Chartier, D. Julia et J. Revel, *op. cit.*, t. II, pp. 37-40.
36. J. Verger, *op. cit*, pp. 59-60, 127-129.
37. H.-J. Martin, *Livres, pouvoirs et société à Paris au XVIIe siècle, 1598-1702*, Paris, 1969, 2 vol., t. I, pp. 472-553, t. II, pp. 922-958.
38. R. Chartier, D. Julia et J. Revel, *op. cit.*, t. II, pp. 223-231.
39. W. Frijhoff, *art. cit.*, in R. Chartier, D. Julia et J. Revel, *op. cit.*, t. I, pp. 210-211.
40. M. Péronnet, *Les Evêques de l'ancienne France*, Lille, 1977, 2 vol., t. I, pp. 3-69; *Mémoires de l'abbé Morellet, de l'Académie française, sur le dix-huitième siècle et sur la Révolution*, 1821, Paris, éd. J.-P. Guicciardi, 2001, pp. 43-85.
41. R. Chartier, D. Julia et J. Revel, *op. cit.*, t. II, p. 93.
42. M. Gouron, *Matricule de l'université de médecine de Montpellier, 1503-1599*, Genève, 1957; R. Chartier, M.-M. Compère et D. Julia, *op. cit.*, pp. 269-273.
43. R. Chartier, D. Julia et J. Revel, *op. cit.*, t. II, p. 39.
44. *Ibid.*, t. II, pp. 93-94.
45. *Ibid.*, t. II, p. 43.
46. H. de Ridder-Symoens, J. Illmer et C. M. Ridderikhoff, *Premier Livre des procurateurs de la nation germanique de l'ancienne université d'Orléans, 1444-1546*, 2e partie : *Biographie des étudiants*, Leyde, 1978-1980, 2 vol.; R. Chartier, D. Julia et J. Revel, *op. cit.*, t. II, pp. 45-54; W. Frijhoff, *op. cit.*
47. R. Chartier, D. Julia et J. Revel, *op. cit.*, t. II, pp. 49-51.
48. *Ibid.*, t. II, pp. 53-54; R. Chartier, M.-M. Compère et D. Julia, *op. cit.*, pp. 263-269.
49. J. Nicolas, « L'Europe des Platters », *Quinzaine littéraire*, janvier 1995, pp. 5-7.
50. Quatre textes sont à retenir pour suivre l'histoire des Platter : l'édition en allemand donnée par R. Keiser des *Basler Chroniken*, Bâle-Stuttgart, 1968 sq.; M. Kieffer, *Felix et Thomas Platter à Montpellier*, Montpellier, 1892; E. Le Roy Ladurie, *Les Siècle des Platter*, t. I : *Le Mendiant et le professeur*, Paris, 1995 et t. II : *Le Voyage de Thomas Platter, 1595-1599*, Paris, 2000.
51. R. Chartier, D. Julia et J. Revel, *op. cit.*, pp. 171-172.
52. E. Le Roy Ladurie, *op. cit.*, t. II, p. 19.
53. R. Chartier, M.-M. Compère et D. Julia, *op. cit.*, pp. 172-173.
54. R. Chartier, D. Julia et J. Revel, *op. cit.*, t. II, pp. 41-43.
55. E. Le Roy Ladurie, *op. cit.*, t. II, pp. 108-115, 612-618.
56. R. Mandrou, *Des humanistes aux hommes de science, XVIe et XVIIe siècle. Histoire de la pensée européenne*, Paris, 1973, pp. 64-95.
57. C. Vivanti, *Lotta politica e pace religiosa* in *Francia fra Cinque e Seicento*, Turin, 1963.
58. W. Frijhoff, *art. cit.*, in R. Chartier, D. Julia et J. Revel, *op. cit.*, t. II, pp. 209-210.
59. *Ibid.*, t. II, pp. 56-57; G. Dehon, *L'Université de Douai dans la tourmente, 1635-1765. Heurs et malheurs de la faculté des Arts*, Villeneuve-d'Ascq, Presses universitaires du Septentrion, 1998, 304 p.
60. R. Chartier, M.-M. Compère, D. Julia, *op. cit.*, pp. 160-161.
61. *Ibid.*, pp. 164-165.
62. E.-G. Léonard, *Histoire générale du protestantisme*, t. II : *L'Etablissement*, Paris, 1961, pp. 151-163.
63. De Visme, comme on l'écrit parfois.
64. R. Chartier, D. Julia et J. Revel, *op. cit.*, t. II, pp. 57-58.
65. E. Droz, *Les Chemins de l'hérésie*, Genève, 1970, 4 vol.

66. G. Cardon, *La Fondation de l'université de Douai*, Paris, 1892, pp. 145-147.
67. R. Chartier, D. Julia et J. Revel, *op. cit.*, t. II, p. 96.
68. *Bildung und Konfession, Zum Studien der Studenten aus den Habsburgischen Ländern an Hochschulen im Reich, 1560-1620*, Bildung, Politik und Gesellschaft, Munich, pp. 61-123.
69. J. Pezek et D. Saman, *Les Etudiants de Bohême à l'étranger, 1596-1620, op. cit.*, t. I, pp. 89-111; R. Chartier, D. Julia et J. Revel, t. II, pp. 60-61.
70. R. Chartier, D. Julia et J. Revel, *op. cit.*, t. II, pp. 111-113.
71. F. de Dainville, *op. cit.*, pp. 119-149; Bibliothèque de l'Arsenal, Ms. 5759, f°s 2-4; R. Chartier, D. Julia et J. Revel, *op. cit.*, t. I, pp. 252-255.
72. *Ibid.*, t. I, p. 254.
73. *Ibid.*, t. II, pp. 62-63; AD Vaucluse, D 138, f°s 37-41.
74. R. Chartier, D. Julia et J. Revel, *op. cit.*, t. II, p. 65; Recueil des ordonnances des Pays-Bas autrichiens, 3e série, 1700-1794, Bruxelles, t. IV; 1877, pp. 388-391.
75. R. Chartier, D. Julia et J. Revel, *op. cit.*, pp. 163-186.
76. R. Chartier, M.-M. Compère et D. Julia, *op. cit.*, pp. 275-276.
77. *Ibid.*, pp. 190-191.
78. L. W. B. Brockliss, «Paterns of Attendance at the University of Paris, 1400-1800», in R. Chartier, D. Julia et J. Revel, *op. cit.*, t. II, pp. 487-526; *id., The University of Paris in the Sixteenth and Seventeeth Centuries*, Cambridge, 1976.
79. *Id., art. cit.*, pp. 512-516.
80. R. Chartier, D. Julia et J. Revel, *op. cit.*, pp. 178-179; R. Chartier, M.-M. Compère et D. Julia, *op. cit.*, pp. 264-279.
81. R. Chartier, D. Julia et J. Revel, *op. cit.*, t. II, pp. 78-79; E.-G. Léonard, *op. cit.*, t. III, pp. 20-29, 53-59.
82. W. Frijhoff, *op. cit.*; *id., art. cit.*, in R. Chartier, D. Julia et J. Revel, *op. cit.*, t. I, pp. 204-243.
83. H. Bots, J. Matthey et M. Meyer, *Noord-brabantse studenten 1550-1750*, Tilbourg, 1979.
84. W. Frijhoff, *art. cit.*, in R. Chartier, D. Julia et J. Revel, *op. cit.*, t. I, pp. 210-211.
85. R. Chartier, M.-M. Compère et D. Julia, *op. cit.*, pp. 264-268.
86. G. Cohen, *Les Ecrivains français en Hollande*, Paris, 1920, p. 348; R. Chartier, D. Julia et J. Revel, *op. cit.*, t. II, pp. 80 et 102.
87. H. Bots et F. Waquet, *La République des Lettres*, Paris, 1997, pp. 29-55; A. Goldgar, *Impolite Learning, Conduct and Community in the Republic of Letters*, New Haven-Londres, 1995, pp. 174-218.
88. R. Chartier, D. Julia et J. Revel, *op. cit.*, t. I, pp. 256-260, t. II, pp. 83-86.
89. R. Chartier, M.-M. Compère et D. Julia, *op. cit.*, pp. 287-292; W. Frijhoff, «Pesanteur ou renouveau? Les universités des Provinces-Unies et leur recrutement au XVIIIe siècle», in R. Chartier, D. Julia et J. Revel, *op. cit.*, t. I, pp. 211-231; R. Chartier, in R. Chartier, D. Julia et J. Revel, *op. cit.*, t. I, pp. 246-253; D. Julia, «Conclusions», in F. Cadilhon, J. Mondot et J. Verger, *Universités et institutions universitaires européennes au XVIIIe siècle entre modernisation et tradition*, Bordeaux, 1999, pp. 261-277.
90. W. Frijhoff, «Cosmopolitism», in V. Ferrone et D. Roche, *Le Monde des Lumières*, Paris, 1999, pp. 229-230.
91. R. Taton, *L'Enseignement et diffusion des sciences en France au XVIIIe siècle*, Paris, 1974.
92. R. Pintard, *op. cit.*, pp. 218-225.
93. R. Chartier, D. Julia et J. Revel, *op. cit.*, pp. 166-167.
94. *Ibid., op. cit.*, pp. 169-170, t. II, pp. 260-264.
95. Guy Patin, Lettre à Charles Spon, 23 novembre 1657; R. Chartier, D. Julia et

J. Revel, *op. cit.*, t. II, pp. 67 et 99.
96. *Ibid.*, t. II, pp. 287-288.
97. J. Proust, *L'Encyclopédisme dans le Bas-Languedoc au XVIIIe siècle*, Montpellier, 1968.
98. H. Théophile de Bordeu, *Correspondance*, éd. M. Fletcher, N. Labbé et A. Laforcade, Montpellier, 1977-1979, 5 vol.
99. T. Gelfand, «Deux cultures, une profession : les chirurgiens français au XVIIIe siècle», *Revue d'histoire moderne et contemporaine*, 1980, XXVII, 3, pp. 468-484; *id.*, *The Training of the Surgeons in 18th Century. Paris and its Influence on Medical Education*, Thèse PhD, John Hopkins, Baltimore, chap. V, ex. dactylo., s. d.
100. G. Livet, «L'université de Strasbourg et son environnement européen au siècle des Lumières», *Revue des sciences sociales de la France de l'Est*, 1989-1990, 17, pp. 50-66.
101. J. Voss, *Deutsche-Russische Bezichungen im 18. Jahrhundert*, Wolfenbüttel, 1999, pp. 362-373.
102. L. Chatelier, *L'Europe des dévots*, Paris, 1987.
103. B. Vogler et J. Voss, *Strasbourg, Schoepflin et l'Europe au XVIIIe siècle*, Bonn, 1996; J. Voss, *Universität, Geschichtswissenschaft und Diplomatie im Zeitalter der Aufklärung, J.-D. Schoepflin (1694-1771)*, Munich, 1979 (Strasbourg, 1999, trad. fr.).
104. R. Chartier, D. Julia et J. Revel, *op. cit.*, t. II, pp. 86-92.
105. W. Frijhoff, *ibid.*, t. I, pp. 20-22 et 62.
106. *Id.*, *La Société néerlandaise*, *op. cit.*, pp. 25-36.
107. l. Stone, *The Crisis of the Aristocracy, 1558-1646*, Oxford, 1965.
108. R. Chartier, M.-M. Compère et D. Julia, *op. cit.*, pp. 168-173; J. Boutier, *Matériaux pour une histoire comparée des noblesses européennes, XVIe- XVIIIe siècle*, Thèse d'habilitation, Université de Paris I, 1998, 3 vol., t. I, pp. 67-95; M. Motley, *Becoming a French Aristocrat. The Education of Court Nobility, 1580-1715*, Princeton, 1990, pp. 105-119, 123-169.
109. J.-F. Dubost, *La France italienne, XVIe-XVIIe siècle*, Paris, 1997, pp. 107.
110. R. Chartier, D. Julia et J. Revel, *op. cit.*, t. II, pp. 88-90.
111. J. Martin, *op. cit.*, t. II, pp. 597-661.
112. F. Brunot, *Histoire de la langue française des origines à nos jours*, Paris, 13 vol., t. V, VII et VIII, donne de nombreux exemples.
113. Pierre Bayle, *Œuvres*, 1684, t. I, pp. 113-114.
114. F. Waquet, *Le Latin ou l'Empire d'un signe*, Paris, 1999.
115. F. Brunot, *op. cit.*, t. V, pp. 163-194 et 195-240.
116. M. Fumaroli, *Quand l'Europe parlait français*, Paris, 2001.
117. Ch. Huyghens, Correspondance, La Haye, 1888, t. I, pp. 355-356; P. Dibon, *Le Voyage en France des étudiants néerlandais au XVIIe siècle*, La Haye, 1963.
118. H. Bots, *Voyages faits par de jeunes Hollandais en France. Deux voyages types : Gÿsbert de With et Nicolas Heinsius. Découvertes de la France au XVIIe siècle*, Marseille, 1975, pp. 469-480.
119. *Polyhistor literarius, philosophicus et practicus*, 1688, rééd. Munich, 1970, p. 167; H. Bots, *op. cit.*, pp. 472-473.
120. J. Mathorez, *Les Etrangers en France sous l'Ancien Régime*, 1921, t. II, pp. 18-48.
121. Ed. A. Faugère, Paris, 1862, p. 3.
122. R. Chartier, D. Julia et J. Revel, *op. cit.*, t. II, p. 91.
123. D. Diderot, *Correspondance*, éd. G. Rooth et J. Varloot, Paris, 1955-1970, 16 vol., t. II, pp. 207-208.
124. C. Wilson, *Diderot*, p. 514.
125. D. Diderot, *op. cit.*, 12 octobre 1760, t. III, 131.
126. D. Goddman, *The Republic of Letters. A Cultural History of the French Enligh-

tenment, Ithaca-Londres, 1995, pp. 40-41, 107-110, 309-310.
127. D. Julia, *Les Trois Couleurs du tableau noir*, Paris, 1981.
128. B.-G. Sage, *Notice biographique*, Paris, 1817.
129. A. Garçon, que je remercie des renseignements fournis, thèse à paraître.
130. A. Picon, *L'Invention de l'ingénieur moderne : l'Ecole des ponts et chaussées, 1747-1851*, Paris, 1992.
131. S. Riché, *Le Voyage des élèves de l'Ecole des mines de Paris, 1816-1830*, Mémoire de maîtrise, Paris I, 1995, pp. 16-54.
132. *Ibid.*, pp. 80-95.

Chapitre X

Mobilité et sociabilités

La connaissance des voyages a montré l'enjeu d'une élaboration culturelle et intellectuelle de la mobilité, les acquis présentés dans les discours et les récits, les pratiques et leur diffraction sociale. L'utilité est le mot clef d'une série d'habitudes qui relèvent plus de la polyphonie que de la gamme monodique des expériences : connaissance des hommes, connaissance du monde, connaissance de soi sont ainsi étroitement mises en relation. C'est la justification permanente, mais discutée, d'un comportement qui implique tous les mondes sociaux. Retrouver le jeu des contraintes et des libertés montre alors les permanences et les ruptures qui marquent les Temps modernes. Elles relèvent de la culture matérielle dans la révolution des routes et de la vitesse qui débloque les espaces et le temps. Elles mobilisent les pouvoirs spirituels et matériels qui utilisent et surveillent les formes de la circulation des hommes. Une nouvelle culture du contrôle, de la surveillance, signale une autre conception de l'autre et de soi-même : l'*étranger* existe plus clairement. C'est dans l'accueil, et dans l'évolution qui infléchit son usage social entre le don et l'économie, que s'est formée une autre manière de rencontre et de négociation entre les mondes domestiques et leur chaîne de dépendances personnelles, les mondes civiques et leur prééminence dans les dimensions collectives de la vie, les mondes marchands où l'ordre des relations ne relève pas seulement du marché[1]. La formation des connaissances, l'identification des personnalités nationales, l'existence des individus ne peuvent se comprendre sans retrouver la dimension d'échange, de négociation, d'appropriation, qu'implique la circulation – moteur de la conscience des différences à travers la découverte de l'espace et des hommes. La réalisation de ce qui libère des relations habituelles, coutumières, passe par l'attention à une pédagogie de la mobilité qui se dévoile dans des pratiques de déplacement, dont l'échelle varie infiniment, dont les modalités changent avec le temps et avec les positions sociales. D'autres espaces se créent alors dont les figures sont principalement les lieux de sociabilité, les valeurs de la *République des Lettres*, entre l'opinion et l'espace critique, les principes de transaction et d'identification d'une mobilité générale où voyageurs sans bagages et touristes bien armés en capitaux sociaux, culturels ou symboliques sont moins éloignés qu'on ne le croit. On y découvre un art de vivre différencié.

La sociabilité est une clef commode pour lire les relations sociales – à condition de n'en point retenir une définition préalable, mais plutôt de comprendre sa capacité heuristique[2]. Trait de tempérament, qui se réfère aux pratiques associatives, elle met en valeur l'aspiration des hommes à vivre en bonne harmonie. Au XVIIIe siècle, l'abbé Pluquet en a fait l'éloge analytique en quelques centaines de pages[3]. Maurice Agulhon y a enraciné l'étude des institutions concrètes et des associations constituées[4], la montée du besoin et d'une aptitude à accepter intensément des relations publiques et, finalement, la force d'une psychologie collective motrice de la sensibilité démocratique. L'étude des formes culturelles et mondaines de la sociabilité a montré comment l'échange a progressivement construit l'espace public[5]. Le concept permet de donner une trame à l'interrogation sociale des pratiques de mobilité. Il permet de confronter des traditions sociales et nationales diverses, des inégalités et des différenciations d'usages, des situations précises[6]. Le long des routes et des circuits qui organisent les déplacements, des situations multiples vont éclairer la question principale : quel bilan, quel profit et quelle perte s'établissent dans le jeu des échanges impliqués par la mobilité générale ? Pratiques des rois et des grands, choix des notables, enjeux des savants et des touristes animés par la curiosité et par la mode du *Grand Tour* éclairent déjà autrement les modalités et les résultats attendus ou obtenus. L'aventure sensible des artistes, le spectacle des comédiens sur les chemins de l'Europe, la comédie sociale des aventuriers saisie dans leur existence capricieuse entre le masque et l'ostentation, les voyages du peuple de l'errance au travail, permettent d'entrevoir les multiples facettes d'un ordre où se fondent la réunion et l'instruction des hommes. A l'instar des francs-maçons dont la République universelle crée un espace utopique et réel, la mobilité générale réunit « des hommes qui sans cela seraient restés à une distance perpétuelle ». Entre pouvoirs et savoirs, relations personnelles et interactions collectives, il en va de la construction identitaire de tous au miroir de l'autre[7].

LE MONDE EN VOYAGE : ROIS, GRANDS, TOURISTES

Depuis toujours, les rois voyagent. L'époque moderne hérite en ce domaine d'un lourd capital d'habitudes où les monarques chevaucheurs narguaient les frontières des royaumes, conquéraient et pacifiaient les provinces, maîtrisaient les difficultés dans un tourbillon qui étonne encore. La naissance des États modernes et le développement européen des cours entraînent un double phénomène qui n'a pas eu partout une vitesse et un développement à échelle identique : la localisation du pouvoir et de ses agents ; la spécialisation des déplacements et, progressivement, leur limitation. Napoléon, militaire et empereur, marque à l'échelle d'une Europe bouleversée par la Révolution une dernière étape ; sa trajectoire fulgurante impose simultanément l'image de l'histoire en marche, et celle de l'ultime confrontation dans l'espace qui se constitue en territoire maîtrisé, et du pouvoir affronté aux limites acceptables de la communication des échanges dans le contexte ancien de la géopolitique. En l'absence et en la présence de l'empereur se dénoue la capacité de commander et de transmettre, se joue l'échec d'une tyrannie pesant sur les États européens. Auparavant, les *rois de guerre* commençaient à pantoufler. L'idée de la présence consubstantielle des monarques s'affaiblit ; Louis XIII comme Louis XIV, à la tête de leurs armées, révèlent un dernier éclat de la tradition d'identification du roi et de la pratique de la guerre. Le « J'ai trop aimé la guerre » prononcé par le Grand Roi à sa fin symbolise l'attirance d'un plaisir irrésistible en même temps que la conscience de son essoufflement. Dans la formation de l'État-nation, combattre n'est qu'un aspect du gouvernement des hommes, et tous les autres mobiles de la puissance conduisent à cacher le monarque au fond du palais, à le dissimuler aux yeux des soldats et des peuples, à accélérer d'autres représentations du pouvoir[8].

Jusqu'à ce tournant du XVIIe siècle finissant, les voyages royaux ont exercé, au-delà des expéditions militaires, une fonction politique et symbolique dont l'efficacité réelle ou supposée a été incontestable[9]. Le XVIe siècle fournit une ample moisson d'exemples convaincants qui unissent le gouvernement de l'espace à la marche des rois de France à travers leurs provinces. A la séquence courte mais constante qu'impose alors le simple changement de résidence, quand Paris n'est pas encore tout à fait Paris, s'opposent des déplacements plus longs où se révèle une relation plus continue et plus singulière avec le territoire[10]. L'analyse de la mobilité royale avant les Lumières met en évidence les facteurs qui la dynamisent et qui reculent devant les forces de la sédentarisation : il en va d'un rapport aux territoires et aux hommes où se construit l'identité relationnelle du roi et du royaume, l'unité du corps organique et sacrée.

Du roi-chevalier aux périples classiques

François Ier est un monarque cavalier, chevalier qui entraîne dans son itinérance ses troupes et sa cour. Sa descente en Italie lui vaut sa captivité madrilène, une immobilité forcée où il peut méditer sur le « Tout est perdu fors l'honneur ». Les historiens du roi-chevalier ont tous insisté sur cette propension[11]. Le roi visite la Provence en 1516, la Picardie en 1517, l'Anjou et la Bretagne en 1518, le Poitou et l'Angoumois en 1519, la Picardie en 1520 à nouveau, la Bourgogne en 1521. Michelet voit dans sa vie « un roman mobile, un pèlerinage pantagruélique, de château en château, de forêt en forêt. Partout, les grandes chasses et l'étourdissement du cor. Partout, les grands banquets et la table sous la feuillée pour quelques milliers de convives[12] ». Les historiens actuels y recherchent une modalité de gouvernement et une anthropologie de la puissance en acte [13].

En 1518, le voyage breton constitue un bon révélateur de l'ensemble des pratiques liées à la découverte et à l'union des bigarrures provinciales tombées dans l'escarcelle des rois de France. C'est une première, car après les mariages bretons, avec Charles VIII et Louis XII, François Ier est le premier de nos rois à visiter la Bretagne. Ses successeurs ne feront qu'effleurer le duché définitivement réuni au royaume. Du 3 août au 15 octobre, en quelque soixante-dix jours, le roi découvre son pays de Bretagne. Il a quitté Paris en mai 1517, visité la Picardie et la Bretagne, passé l'hiver à Amboise, parcouru l'Anjou, atteint les marches bretonnes. Depuis son avènement, il a rarement passé plus d'un mois dans la capitale[14], et le parcours breton se fait par petites étapes, avec des séjours plus ou moins longs – de 20 à 30 kilomètres journaliers, ce qui n'est qu'un rythme normal. Dix jours passés à Nantes attestent la prééminence de l'ancienne capitale ducale. Les trois quarts de la séquence bretonne se font dans la Haute-Bretagne, un quart seulement dans la Basse-Bretagne bretonnante, et le roi va de ville en ville, de château en château, de port en ports – Nantes, Vannes, Auray, Brest, Saint-Malo. Morlaix, en Basse-Bretagne, rassemble tous les intérêts du souverain : c'est un port notable, c'est un centre aristocratique et artistique avec les Rohan, c'est un pèlerinage. La cour est restée à Nantes, soit quelque trois ou quatre mille personnes avec chevaux, mulets, chiens, chariots, tout l'*ustensile du ménage*, la maison, le conseil, la grande chancellerie[15]. François Ier chevauche avec une escorte restreinte – ses gardes, quelques conseillers, un groupe de courtisans –, et les villes comme les hôtes assument l'hospitalité nécessaire.

Comme d'autres visites provinciales, la course bretonne met en valeur une triple opération de connaissance. Il s'agit d'appréhender un espace mal connu, mal cartographié, avec ses limites, les frontières intérieures, ses ancrages institutionnels qui articulent l'exercice de la souveraineté. C'est par là même l'occasion de percevoir concrètement la capacité des pays, les forces urbaines et les ressources, et ainsi de mesurer le ralliement dans la distance stratégique, militaire, économique et sociale. La logique et les rythmes de l'itinéraire sont ceux d'une prise de possession. Aller voir et se faire voir, s'approprier et se faire admettre concrétisent une légitimité nouvelle et récente qui guide les pas royaux. François Ier est d'abord justicier, semant sur sa route sa grâce et les lettres de rémission, répétant les gestes des anciens souverains locaux et mettant ses pas dans les leurs, tel un légitime successeur des ducs. De fait, il peut recenser le parti français, les clients anciens ou les ralliés plus récents, accélérer le dévouement par la distribution des largesses. Petits nobles, officiers de justice, municipalités, bourgeois voient leurs privilèges reconnus et entrent dans la clientèle royale sans trop de difficulté, tandis que l'*équipe dirigeante* prend la mesure de l'effort fiscal acceptable par les populations. Les résultats sont sur ce plan médiocres, et l'on sait aussi que la tournée bretonne a freiné le gouvernement royal dans d'autres secteurs, la demande des lieux contredisant l'effort unitaire. L'attachement à la pratique politique trouve son efficacité dans le domaine symbolique et dans la médiatisation qu'elle autorise entre le roi et les peuples.

C'est ce qu'on retrouve à l'échelle générale de la France dans le grand voyage de Charles IX en 1564-1566. Quarante ans après le roi-chevalier, c'est toute la cour qu'on retrouve cette fois sur la route, durant vingt-sept mois, soit 829 jours : 201 de déplacement et 628 de halte, dont quelques-unes (douze) dépassent deux semaines. Par étapes de quatre à cinq lieues journalières le plus souvent, de ville en ville, privilégiant les périphéries et les marges méridionales, de Paris à la Champagne et à la Bourgogne, de Lyon à Avignon et à Marseille, d'Arles à Bordeaux en passant par Toulouse et Bayonne, par le Poitou et la vallée de la Loire, le centre du pays (Clermont, Moulins) et l'ultime retour à Paris, deux ans après le départ, c'est tout le royaume qui est reconnu à l'exception du Nord et de l'Ouest. L'originalité par rapport aux autres voyages royaux réside dans la longueur, l'organisation en Tour et le grand écart méridional. A une pratique régulière, répétée, le plus souvent circonscrite autour de Paris et dans les circuits du vieux territoire capétien, s'oppose ici le trajet séparé qui est l'expression d'un projet politique et qui s'inscrit dans une conjoncture précise. C'est une *marche pacificatrice* quand le pouvoir royal tente de réconcilier les *religions* et les *partis* – ainsi de faire danser ensemble huguenots et papistes, clients du roi et des princes. Si le bilan est incertain, c'est que le dispositif de reconquête l'est encore plus[16].

La revue du royaume en 1564-1566 a les mêmes objectifs qu'en 1518 : connaître et se faire connaître, perception du territoire et pédagogie allant de pair pour un roi encore débutant et qui perçoit la réalité à travers des écrans divers. Celui du train ordinaire est le plus lourd : plusieurs milliers de personnes, peut-être dix mille chevaux. Avec ses noyaux fixes (la maison, l'écurie, peut-être deux mille individus), et ses morceaux agrégés par moments, détachés à d'autres, il impose de sérieuses contraintes physiques : la lenteur (de 20 à 30 kilomètres par jour), un cortège qui s'étale sur 20 kilomètres (voire plus), une pesanteur accrue aux étapes. Les facilités offertes et la raison politique doivent s'accommoder et reposer sur les réquisitions possibles ou sur la lutte distinctive pour loger les hôtes royaux. Les villes et les châteaux seigneuriaux se partagent l'hospitalité, absorbent les tensions et paient les taxes, créent les occasions de rencontre. L'État nomade fonctionne, l'administration travaille en route, la chancellerie scelle ses lettres, le courant passe entre l'espace local et les manifestations de la puissance nationale du monarque et de ses conseillers, au premier rang desquels la reine mère Catherine qui a suivi, ballottée dans sa litière. C'est un gouvernement mobile et épistolaire qui intensifie la correspondance et qui impose son autorité à l'ensemble du territoire, du centre aux périphéries. L'art combiné de la distance et de la présence, entre Paris et les provinces, perpétue un lien organique, impulse les institutions locales, rapproche le pouvoir central des instances et des notables provinciaux, fait entendre les demandes politiques, les doléances, anime l'espace politique du temps dans l'alternance et le relais des fidèles et des agents. L'incertitude et le hasard des nouvelles et des communications se jouent dans un espace provincial segmenté, mais que la personne du roi unifie dans l'ordre symbolique[17].

De 1518 à 1566, on peut suivre sur le terrain le rituel de la mobilité royale et la mise en scène de l'autorité. Ce qui compte, c'est l'idée d'une accessibilité directe et sans obstacle, qui fonde le rapport du roi et de ses sujets. Ce qui le manifeste c'est le cérémonial politique et les formes festives que symbolisent les entrées. Avec le sacre, le lit de justice et les funérailles, l'entrée est l'une des quatre principales manifestations de la politique organique de la Renaissance où se rencontrent et se consolident l'ordre des cités et la fête du pouvoir princier. La réciprocité du spectacle met en présence le peuple spectateur et le cortège royal qui rassemble ordres et états de la ville. C'est par excellence une fête plurielle, préparée dans les délibérations des corps citadins, imbriquant cortèges, cavalcades, défilés, jeux théâtraux, tournois, carrousels, jeux de bague, tableaux vivants, feux d'artifice. La ville entière rassemblée – ainsi à Nantes en 1518, à Lyon en 1564 – reconnaît une domination symbolique qui conduit peu à peu à resserrer le pouvoir des notables sur la majorité du peuple urbain. Un ordre, une hiérarchie dans les cortèges, des trajets signifiants, les dons et les cadeaux mesurent le dévouement et l'extension de l'autorité. Les divertissements réservés à la cour et aux invités distingués – bals, spectacles, tournois, mascarades – placent le roi au centre d'un monde enchanté[18].

Sédentarisation, publicité et incognito

A l'aube du classicisme, le père Ménestrier confère, dans l'ensemble du cérémonial politique, une place première aux entrées royales. Il y dévoile l'inflexion majeure qu'offre pour la période entière la mobilité royale. Le roi et la cour sont devenus les spectateurs privilégiés du cérémonial qu'ils jouent eux-mêmes pour eux-mêmes devant un ordre urbain plus passif et plus figé. Mobilisant tous les exemples imaginables, le savant jésuite souligne l'évolution qui inscrit la cérémonie de l'entrée dans l'affirmation du contrôle et du pouvoir absolutistes. Dais, pavillons, remise des clefs aux portes, harangues orientent ainsi vers l'hommage sacralisé du prince les antiques traditions d'accueil qui s'adaptent, triomphales ou nuptiales, aux exigences de la vie de cour. Le spectacle politique demeure, et son but est d'asseoir le pouvoir des souverains, de manifester le lien mystérieux qui doit les unir à leurs sujets, sinon à leurs peuples. La construction politique et sociale des nouvelles entrées accompagne la restriction spatiale des déplacements, voire le changement de leur organisation et de leur signification.

Le dernier voyage royal où s'est manifestée l'union du roi et du royaume a eu lieu en 1659-1660; après, le monarque se contente de déplacements courts entre les résidences royales (à l'occasion des chasses, des opportunités saisonnières, des fêtes), ou de mouvements limités dans le temps d'une campagne militaire. La mobilité royale cesse d'être l'instrument central d'une politique et l'occasion d'une communion coutumière. L'itinéraire parcouru en ce début de règne a suivi un plan d'ensemble, maîtrisé de Paris à Bordeaux, plus improvisé en Languedoc et en Provence, avec des allers et venues, des avancées et des retours en arrière qui le distinguent fortement des trajets antérieurs. La cour a suivi, mais de façon originale : le gouvernement, avec le cardinal Mazarin, emprunte parfois d'autres routes que le roi. Pendant plus d'une année (parti le 23 juillet 1659, le cortège revient à Paris le 26 août 1660), Louis XIV avec sa troupe a suivi les grands chemins habituels, séjournant plus longuement que ses prédécesseurs à certaines étapes (80 jours à Toulouse, 47 à Bordeaux, 46 encore à Lyon, mais 16 seulement à Aix), marchant un jour sur quatre. Là encore il a embrassé les périphéries du royaume, mais en prolongement d'un déplacement plus court et plus scandé en 1658 du Nord à la Lorraine, de la Bourgogne au Lyonnais. Ce qui fait qu'au total, en trois années, le roi a sondé les limites de son pouvoir territorial et mis en scène les relations entretenues avec ses voisins, la Savoie, l'Espagne, la papauté et la principauté d'Orange, de Lyon à Bayonne, de la Provence au Roussillon.

Dans tous les cas, c'est prescrire territorialement les limites du royaume vis-à-vis des prétentions de l'Espagne, et le déplacement est marqué par des rencontres et des conférences majeures. L'apogée et le but en ont été révélés à Bayonne et à Saint-Jean-de-Luz, lieux des négociations de paix et de la célébration du mariage espagnol. Louis XIV n'a pas quitté le territoire national ; la frontière réelle devient alors une réalité moins fragile. Ce tour royal n'innove pas sur le plan politique : il est d'abord un geste de pacification après les troubles de la minorité, et avant la proclamation définitive de la paix avec l'Espagne. C'est aussi le triomphe du cardinal Mazarin et de ses stratégies de reconquête. L'entrée en force – par une brèche symbolique – à Marseille comme dans une ville conquise, où le roi reste une petite semaine, fait ainsi figure d'affirmation, prise de pouvoir à entendre et dont la dimension fiscale s'élargit. C'est l'ensemble des villes qui, par leur zèle – *sollicité* par Mazarin –, contribuent aux frais de l'avènement et au coût de l'événement. La gestion centrale de l'État de finance franchit là une étape décisive. Mais, plus encore que dans les voyages antérieurs, on saisit l'intention pédagogique. Le cardinal se fait à cette occasion le mentor du jeune souverain, dont il stimule l'intérêt et éveille par une correspondance assidue l'application aux affaires par la connaissance du détail. Dans ce voyage, Mazarin a enseigné au roi comment mettre en scène sa volonté, sans délai et sans réplique, comment faire son métier de monarque absolu, impressionnant les peuples, séduisant les grands, brillant dans le faste. L'expérience concrète de la mobilité régalienne mêle la politique et la stratégie, le tourisme et la dévotion. Dans *Le Métier de roi*, il soulignera plus tard l'intérêt de ce périple ultime : « Je commençais à jeter les yeux sur toutes les diverses parties de l'État et non pas avec des yeux indifférents mais avec des yeux de maître[19]. »

Versailles et la cour vont, pour la France, mettre fin à une histoire multiséculaire. Le voyage de 1659-1660 mêle les temps anciens et les caractères nouveaux qui induisent une autre relation avec le royaume, mais également avec les autres princes, où les signes et les symboles s'adaptent à une situation de clôture, où s'installe l'incognito des voyageurs royaux. Dès le XVIIIe siècle, les princes pouvaient être contraints à voyager masqués[20]. Comme l'écrit Sainctot, l'introducteur des ambassadeurs : « Il est bon pour éviter l'embarras de toutes les cérémonies du dehors ; mais comme tout prince qui est incognito ne veut pas perdre son rang, c'est son avantage que l'introducteur soit auprès de lui pour l'avertir des coutumes et usages qu'il peut ignorer, et aussi pour lui faire rendre le respect par des gens qui, ne le connaissant pas, pourraient en manquer... » Autour du Roi-Soleil s'organise ainsi une négociation nouvelle entre la vie privée des princes voyageurs et les nécessités de la vie publique et des préséances qu'on ne peut oublier. Si, au temps des Valois ou des premiers Bourbons, il s'agissait d'occasions particulières – mariages, successions, expression d'un caractère singulier qu'on peut lire dans l'incognito fulgurant et embarrassant de la reine Christine de Suède[21], ou dans l'hommage discret du duc de Lorraine Léopold en 1699, que regrette Saint-Simon –, après le voyage bien connu du tsar Pierre, la pratique du déguisement dévoilé est la règle pour les visiteurs. Cette fausse ambassade mêle étroitement les honneurs et le secret, et montre aux contemporains la mutation en cours.

Elle va être expérimentée durant tout le XVIIIe siècle avec Jacques III Stuart qui, en 1707-1711, se déguise sous le nom de chevalier de Saint-Georges et inaugure un cérémonial particulier, privatisé, humanisé. Elle se poursuit avec d'autres honorables visiteurs : les électeurs de Cologne et de Bavière, beaux-frères du Dauphin, Frédéric-Auguste de Saxe en 1714, le duc de Wurtemberg en 1770 et, dans le dernier quart du siècle, une série de représentants du despotisme éclairé : en 1775, l'archiduc Maximilien, frère de Marie-Antoinette (l'«archibête», comme le surnomme l'opinion) ; en 1777, Joseph II qui passe trois mois en France ; en 1782, Paul de Russie ; en 1784, Gustave III de Suède, sous le nom de comte de Haga ; la même année, Henri de Prusse, frère de Frédéric II. Ces séjours masqués accommodent la reconnaissance officielle et le souci de respecter le rang avec une volonté d'expérience personnelle, moins politique. Ils humanisent les figures royales, que l'opinion accompagne de ses commentaires. Ils les rangent dans une sphère de la curiosité publique et mondaine qui s'exprime dans les journaux, les pamphlets de circonstance, les chansons largement entendues. Par comparaison avec la sédentarité des monarques français, ils révèlent un double souci : celui de l'information par les rencontres, la découverte des techniques ou des nouveautés littéraires ; et celui de la privatisation des personnages publics qui donnent une image nouvelle du pouvoir, autrement visible et accessible. Ils suggèrent l'allégement du cérémonial qui rapproche la fonction royale de la personne qui l'assume, et l'importance des liaisons affectives familiales. L'incognito des voyageurs royaux désigne et brouille à la fois. Il a pu, comme le propose Lucien Bély, contribuer à désacraliser l'image du souverain et à ruiner les artifices habituels du pouvoir qui s'exposaient dans le spectacle ancien de la mobilité des princes entre faste et politique[22].

Aristocraties et espaces

Saisie au sommet, la mobilité politique de l'ancienne société s'inscrit parfaitement dans un idéal de formation du prince et dans une affirmation symbolique et concrète du pouvoir. C'est un exemple offert à tous et qui, on l'a entrevu, peut mobiliser tous les acteurs de la société curiale, placés au premier rang de l'événement et jouant leur partie dans le spectacle de la conviction. Gouverner, c'est faire croire, mais l'accès aux conditions d'exercice du pouvoir change et, avec le recul de la mobilité, les aristocraties curiales ont vu se modifier une part de leurs habitudes. Le modèle du voyage royal, tel qu'il a été présenté du XVIe au XVIIIe siècle dans les traités d'éducation des princes, enregistre cette évolution. Pendant les minorités delphinales, précepteurs, littérateurs, ecclésiastiques – Bossuet et Fénelon sont les plus renommés[23], mais on peut aussi citer Guillaume Budé, Claude Fleury, voire Condillac ou Jacob-Nicolas Moreau – ont ainsi proposé à la fois un programme théorique et une invitation au changement. Pour les gentilshommes, cette cinquantaine de titres offrent matière à réflexion sur leur rapport au pouvoir et au savoir dans ses trois dimensions politique, économique et pédagogique. Le XVIIIe siècle voit les auteurs privilégier des démarches nouvelles, la critique des traditions et la nécessité d'une connaissance économique pour gouverner –, entées sur de nouvelles – pratiques *ad usum delphini* : l'apprentissage de la réalité par l'enquête descriptive (Fénelon et l'abbé de Saint-Pierre fondent l'ambition et la relient à une pédagogie de la lecture et de la conférence) et, simultanément, le voyage éducatif. C'est, pour tous, le moyen de sensibiliser le futur roi aux réalités du temps et de l'amener à prendre conscience de la dimension des besoins des peuples et de ses moyens d'action[24]. On retrouve ici le débat sur l'utilité des voyages. Au-delà de la seule personne du prince, il faut en voir l'écho social et plus particulièrement nobiliaire.

On se doute que l'éthos aristocratique a intériorisé la pratique, mais il reste à comprendre sa fonction et son extension. La conversion culturelle de la noblesse aux études depuis le XVIe siècle est un point acquis de l'historiographie[25] ; elle entraîne les noblesses dans la mobilité pédagogique qui peuple les collèges, les pensionnats et les universités de jeunes nobles à éclairer. Mais l'on ignore encore beaucoup de choses sur le détail de ces obligations scolaires et familiales, toujours coûteuses, et surtout sur leurs conséquences à plus long terme dans le cours même de la vie nobiliaire. On sait que l'image de la vie cloisonnée des gentilshommes campagnards, façon Gouberville, doit être nuancée avec le temps. Les hobereaux bougent, mais chacun selon ses moyens et ses capacités. Ils sont entraînés dans le mouvement général par une triple aspiration d'ordre économique et social. La première relève du lien qui se transforme entre la terre et la ville : l'urbanisation nobiliaire et, ce qu'il ne faut pas exagérer, le déracinement des noblesses provinciales. La deuxième se joue dans l'attraction des carrières civiles et militaires, et dans leur accomplissement au fil du temps qui arrache temporairement ou non les gentilshommes à leur maison. Si l'on ne peut plus croire sans réticence à l'image d'une armée de déracinés lancés sur les routes principalement vers les armées, comme le voulait Pierre de Vaissière[26] – et cela conformément à une image léguée par la littérature parisienne antiprovinciale –, on doit entendre les appels au retour à la terre et en vérifier l'enracinement local ou général. Reste, en troisième lieu, l'effet curial. On en a vu les manifestations à Paris, et l'on sait avec le marquis de Mirabeau que «tout ou partie de la noblesse de France, attirée à la capitale par l'ambition, le goût du plaisir et la facilité de réaliser ses revenus en argent, depuis que les métaux sont devenus plus communs, chassée des provinces par l'exemple de ses voisins, par la chute de toute considération dans son canton et par le dégoût d'obéir à certains préposés de l'autorité, s'est transplantée autant qu'elle a pu dans la capitale, et qu'il n'est demeuré dans l'éloignement que deux qu'un reste d'habitude ou de pauvreté a retenus [27].» La mobilité s'inscrit ici dans la transformation de la société et du pouvoir, des mœurs et des relations administratives qui changent le sens des carrières. La cour – où, comme l'a montré Norbert Elias, ont été transformés les rapports entre les hommes et façonnées de nouvelles règles de comportement, une sensibilité autre qui séparent le courtisan du vulgaire – a certes joué un rôle décisif, mais son influence n'a pas touché tous les milieux nobiliaires ni toute la société d'un seul coup. Elle rassemble et elle divise ; c'est une plaque tournante et un modèle.

Dans la vie des noblesses, ce sont des moments divers qui sont soumis à l'attraction de l'exterritorialisation, à la force des mouvements. L'«Ami des hommes», moins perspicace pour lui-même que pour le second ordre, voulait donner l'exemple et, ce faisant, révèle un pan de cette complexité. De 1737 à 1742, il sert à l'armée ; mais, après son mariage, il réside peu sur ses terres entre Manosque et Pertuis. Il s'installe en Périgord, dans le domaine de sa femme à Salvebœuf, où il commence ses premières expériences agronomiques. Puis il s'implante à Bignon, près de Nemours, non loin de Paris à cheval. C'est de là qu'il raille les manies nouvelles, le luxe et le gaspillage ostentatoire. Résidant au Bignon, il y est populaire ; non résidant à Mirabeau, il y est détesté[28]. En tout cas, il fréquente Paris et frôle la cour à l'occasion. Où le situer par rapport à une mobilité générale ? Son fils, avant d'entrer dans notre légendaire politique, illustrera les errances du service, du refus, de la proscription, de l'aventure. D'évasion en exil, c'est un fou de liberté qui, de Londres à Berlin, court après la richesse et la reconnaissance. Son heure arrive avec l'immobilité et le succès d'Aix à Paris. Les cours ne sont pas son champ de bataille.

Un courtisan voyageur : Emmanuel de Croÿ

D'autres exemples montrent que la privation de liberté dont a pu souffrir la noblesse européenne dans le cadre du procès de civilisation curiale s'accompagne de l'appropriation d'autres espaces et de la pratique maintenue d'une mobilité de manœuvre stratégique au cours de la vie, plus encore certainement de l'impératif appel à la pratique du voyage pour la formation et pour la connaissance[29]. Le duc de Croÿ illustre la formation aristocratique française. Né en 1718 et mort en 1784, il a suffisamment écrit pour permettre de saisir sur ce point le devenir nobiliaire au niveau de la société qui compte vraiment en Europe, de Versailles à Vienne et de Bruxelles à Florence. Prince du Saint-Empire, grand d'Espagne, maréchal de France, grand veneur héréditaire du Hainaut, baron de Condé, gouverneur provincial dans une région stratégique qui fait face à l'Angleterre entre Calais et Amiens, il a hérité d'assez de biens et de la dynamique famille qui s'est imposée en trois générations aux snobs de Versailles, parmi eux Saint-Simon, qui se riaient des prétentions généalogiques des Croÿ voulant descendre d'Attila et des illustres rois de Hongrie. On peut découvrir dans son journal une ambition qui fut de porter à la hauteur d'un passé légendaire l'éclat d'une famille francisée, unie, au service du roi, et le modèle d'une réussite. Né à Bailleul, Emmanuel de Croÿ est un enfant provincial qui grandit à Condé, fait ses études à Paris au collège de Clermont, reçoit une éducation d'élite mais sans voyage spécifique. L'armée y pourvoit : il y entre à dix-huit ans en 1736, est engagé à Fontenoy et à Lawfeld, est nommé maréchal de camp en 1748, date à laquelle il se retire par choix. C'est qu'il veut s'occuper de ses enfants, car il est précocement veuf ; c'est aussi qu'il est courtisan, mais sans excès ; c'est enfin qu'il garde des commandements locaux actifs dès 1757, de l'Artois au Boulonnais. Cultivé, soucieux de la grandeur familiale et des lettres, il cultive son jardin comme les sciences, collectionne les livres et surtout les lit : sa bibliothèque compte huit mille volumes, et les quarante et un volumes de son journal manuscrit montrent ses intérêts[30] et ses modes d'action[31].

Ses collections révèlent déjà le goût des voyages : l'histoire et la géographie où l'on recolle leurs récits composent plus du tiers de l'ensemble, un peu moins qu'au premier quart de sa vie (40 %). La montée des sciences et des arts, le goût pour les romans ou l'économie compensent ce recul, et l'intérêt pour d'autres mondes peut se retrouver partout : ce philosophe chrétien a lu Bayle et Pufendorf, Clarke et Newton, *Les Cérémonies et coutumes des peuples du monde* qu'édite splendidement à Amsterdam Jean-François Bernard (1723-1743), de même qu'il collectionne les pamphlets politiques et les *Négociations*. Son penchant érudit l'oriente d'abord vers le voyage dans le temps, mais en histoire on trouve le *Voyage du jeune Anacharsis en Grèce* de l'abbé Barthélemy, Hérodote, les voyageurs d'Italie et quantité d'autres textes devenus classiques sur l'Empire ottoman, l'Espagne, la Perse (Tavernier, Chardin) – l'européocentrisme de sa bibliothèque se dissout peu à peu tout au long du siècle[32]. La culture de Croÿ embrasse les cinq continents et l'on y retrouve tous les grands succès, toutes les grandes collections recensées par Boucher de La Richarderie. La vision du duc rassemble l'attachement à la province, à l'histoire ancestrale, et l'intérêt pour l'évolution géopolitique du monde occidental. A Versailles, à Paris, dans les camps du Boulonnais, il côtoie les préoccupations concrètes et la part des événements décisifs où les voyages trouvent dans la pratique et les discours leur pleine signification philosophique et politique.

Son expérience personnelle se lit dans la série des observations journalières. Croÿ note tout ou presque, ce qui permet une évaluation sur quarante ans : quatorze mille jours, quatorze mille nuits. Ouvrons ce texte prodigieux au hasard :

« Mai 1742. Le 5, je partis de Paris. Le 7, je partis de Maubeuge ; j'y demeurai deux jours dans ma tente. Le 10, je partis de Maubeuge. A 6 heures, je passai par Avesnes. Il y a cinq lieues d'une magnifique chaussée. Ferlon, Chimay, Pesches. Je partis le lendemain de Pesches à 8 heures. Je passai à Mariembourg, où je changeai de chevaux. J'arrivai à Philippeville. J'en partis le 12 pour Liège. Il y a dix-neuf lieues. Il faut monter la montagne très rude, tout le reste est d'un bon chemin. J'arrivai à 8 heures et demie ; j'y trouvai les chevaux que j'avais demandés. Le 14, je partis de Grauza pour aller à Maestricht. J'en partis le lendemain. Le 16 j'allai à Meyll. Le 17, nous allâmes dîner et coucher à Fronenbrouch chez M. de Millevouck. Le 22, nous vînmes à Dusseldorf. 22 mai : départ du régiment d'Alpen et arrivée à Dorsten ; séjour à Dorsten. Je partis de Dusseldorf le dimanche 27 et je vins dîner à Kempen. Je vins encore un jour à Fronenbrouck, quoiqu'il y ait dix lieues de Dusseldorf. J'y couchai et, le lendemain de bon matin, j'allai à Gelder voir exercer et tirer le régiment prussien. Je revins à Fronenbrouck. Le 29 mai, je revins à Alpen. Le 31, j'allai chez M. de Brézé à Rhinberg. »

Continuer serait lassant, mais on voit paraître tout ce qu'on peut tirer du journal. Ici en guerre, le duc va de Paris en Flandres et de là en Rhénanie ; il est en route tous les jours, change de logis et revient en arrière. Le voyage est inhérent au métier militaire, mais son expérience déborde largement ce cadre. Si l'on reporte pour toute sa vie tous les espaces de son expérience, on arrive au résultat suivant : le duc a passé 6 147 jours à Paris et à la cour (43 % de sa vie) ; 5 147 journées ont été consacrées aux déplacements du militaire et du gouverneur (36 %) ; il a séjourné moins de 3 000 jours dans ses résidences provinciales, à Condé, L'Hermitage, Le Quesnoy, et quelquefois chez des proches comme le prince de Ligne qui l'accueille à Belœil (20 % du total). Les vrais voyages, le tourisme n'ont mobilisé que 178 jours (à peine 1 %). Ce comptage met en valeur trois types de mobilité. D'abord, une appétence de circulation due au changement de résidence entre Paris et la province, entre les châteaux, entre les villes (Calais, Boulogne, Arras, Saint-Quentin, Hesdin), l'emporte au quotidien. Ensuite, une mobilité professionnelle s'impose au militaire et au représentant du roi. Enfin, le duc de Croÿ a été un voyageur au sens restreint, intéressé par l'Angleterre et la Hollande. Ce n'est pas un exemple de sédentarité et d'immobilité curiale ou provinciale : il a vécu entre plusieurs espaces reliés par des mobilités contraintes et libres dont le rapport change peu avec le temps : Paris, la cour arrive toujours en tête, l'engagement ensuite, la vie provinciale et privée après. Seul le *tourisme* compte plus avant 1749 et de 1760 à 1769, avec 85 et 65 jours : il visite alors les Pays-Bas et fait une brève excursion en Suisse, il parcourt l'Angleterre et la Hollande en 1766 et 1762.

La guerre est à la fois un impératif et un prétexte : Croÿ est obligé d'en suivre le déroulement, mais elle lui permet certains voyages annexes. Quand il traverse la Manche, il est toujours guidé par un souci d'observation qui nourrit les cinq mémoires envoyés à Choiseul. Il fréquente quand besoin est les stations thermales allemandes, et de même il voit dans les villes d'étape des cités à prendre ou à défendre : il établit des notices soigneuses de la plupart, ainsi Ostende en 1739 [33] ou Walcheren en 1762 [34]. La vie entre la province et la cour dicte des trajets brefs (moins d'un jour ou deux à chaque fois), mais surtout autorise promenade, chasse, chevauchée vers les amis. Les vrais voyages sont, eux, à l'exemple des arts apodémiques : le duc voit ce qu'il faut voir, (le « joli peigné » des rues d'Amsterdam, la richesse accumulée, la propreté, les palais; à Londres, le palais du roi, le Parlement, le port), mais il n'est pas insensible aux monuments et à l'art des pays germaniques qu'il traverse en militaire. C'est donc une imbrication d'occasions et d'expériences diverses qui compte; il s'en dégage un parfum de philosophie et le souci de comprendre la différence entre les pays et les hommes : la liberté anglaise, la confusion des rangs, d'autres mœurs en Hollande, la civilisation et l'économie, les lieux de la culture, bibliothèques et collections, et les manufactures. Les récits de Croÿ complètent son journal, ce qui souligne son intérêt. Soldat, courtisan, provincial, le duc est du côté de ceux qui savent combien les voyages forment la jeunesse – il fera voyager son fils –, mais aussi qu'il faut s'y préparer et s'appliquer tout au long de sa vie les exigences d'une pratique essentielle. Au bilan d'une vie, les profits du voyage dépassent largement les pertes. Les connaissances acquises permettent de sortir du commun, et c'est ce que le duc a transmis à son fils lors de leur chevauchée commune, durant l'année 1761, en Allemagne[35].

Ce modèle tardif prend certainement ses racines dans les pratiques européennes de l'époque classique et se range parmi les objets d'une histoire comparée des noblesses européennes à l'âge moderne [36]. C'est un principe éducatif que l'on retrouve aussi bien en France qu'en Allemagne et en Italie, et qui n'est sûrement pas réservé aux Anglais. Entre la *peregrinatio academica* plus universitaire et le *Grand Tour*, il anime un espace éducatif spécifique, et toutes les nations sont intéressées : Suédois, Danois, Polonais, Tchèques, Hongrois, Autrichiens, Néerlandais, sujets de l'empereur, originaires de tous les États italiens; ni les Russes ni les Espagnols n'y échappent, et les Hollandais ne restent pas à l'écart du mouvement. Ainsi, la tradition britannique n'est pas la seule à prendre en compte [37] : pour toutes les noblesses et pour toutes les catégories qui aspirent à une intégration nobiliaire, le voyage est le complément logique et indispensable des études, il en fournit l'application pratique, il donne du concret à l'abstrait des anciennes formations[38]. Surtout, à l'instar des pérégrinations du duc de Croÿ, il mêle les préoccupations, le sérieux et le mondain, la politique et la science, le sacré et le profane, les curiosités et le plaisir. C'est l'illustration pratique des trois cents traités de l'*ars apodemica* qui en formalise les impératifs.

Acquisition de connaissances, usage d'un réseau de relations, triomphe de multiples obstacles matériels et culturels sont très tôt stabilisés dans les *Instructions*. On les retrouve dans l'immense corpus des écrits (manuscrits ou publiés) des voyageurs, dans les correspondances des nobles et de leurs rejetons, dans les journaux et les gazettes qui commentent souvent les passages importants. On peu, en suivant Jean Boutier, en dégager les traits principaux. Les espaces visités ne sont pas identiques pour tous, même s'ils s'enferment dans une géographie très balisée qui ignore l'Orient, la Russie et la Scandinavie, et qui effleure à peine l'Espagne entre 1700 et 1760 – plus avant, et moins de voyageurs dans ce demi-siècle philosophique. Dans cet espace, les itinéraires ne sont pas fixes individuellement, mais se fixent sur plusieurs circuits : de Paris en Italie, par la Hollande, l'Allemagne, la Suisse, en droiture (par exemple pour les Anglais) ou avec des dérivations. Dans le court terme, la mobilité aristocratique s'adapte, évite les zones de conflit, fuit les régions infestées. La France fixe les trajets au XVIIe siècle, pour les Anglais, les Allemands, les Hollandais. Les Français rayonnent de préférence vers le sud et les Italiens vers le nord, à travers l'Empire ou le royaume de Sa Majesté catholique. A chaque étape, c'est une Europe urbaine qui se différencie, articulée sur les capitales (Paris, Rome, Vienne, Berlin, Turin, Venise) où se regroupent les institutions.

Les universités d'abord et des écoles diverses – les jeunes nobles se mêlent alors à d'autres populations scolaires –, les académies nobiliaires ensuite, où l'on apprend les arts équestres, les armes, la danse, les rudiments des connaissances savantes. Sur ce plan, l'Europe moderne passe certainement de la primauté italienne à la priorité française, dont le symbole – arbre qui masque la forêt – est l'installation à Paris de Pluvinel, parmi d'autres maîtres souvent d'origine italienne et qui s'établissent aussi en province : Angers, Saumur, Toulouse, Béziers, Lyon, Aix, Riom, Lille, Arras, Reims, Nancy, Strasbourg, Dijon, Besançon, Montpellier, Bordeaux, Caen tardivement en 1728. Les académies d'équitation se retrouvent ailleurs et donnent une éducation identique, adaptée aux conditions locales. Toutefois, dans la seconde moitié du XVIIIe siècle, on voit – en France tout au moins – leurs activités se ralentir. Ce dépérissement, à Saumur ou à Angers, peut correspondre à l'évolution des habitudes pédagogiques, au renforcement des réseaux locaux dans chaque pays, et donc à la diminution des études externes, au changement des usages des voyageurs déjà formés et de moins en moins apprentis. Ces hypothèses restent à vérifier à l'échelle internationale et nationale.

Reste enfin que le voyage des jeunes nobles européens prend tout son sens par sa fonction initiatique au monde des cours. C'est une étape de l'entrée dans la vie : « Qui a reçu une éducation obscure et basse ne supporte pas les rayons de la grandeur, est terrorisé quand le roi et les importants lui adressent la parole ; il est embarrassé, honteux et ne sait quoi ni comment répondre ; alors que les honnêtes gens ne se laissent pas aveugler par le rang supérieur, ils lui rendent tout le respect qui leur est dû, sans être déconcertés, et conversent avec le roi comme avec n'importe quel sujet. C'est le grand avantage d'être admis dès la jeunesse à parler avec ses propres supérieurs. » Cette lettre de Lord Chesterfield à son fils qui parcourt l'Europe entre 1746 et 1751 (de l'Allemagne à la Suisse, de Lausanne à Dresde et à Vienne, de l'Autriche à l'Italie et à la France, avec retour par Bruxelles) montre bien l'attente des grandes familles et les retombées escomptées[39]. Les savoirs divers acquis avant le *Tour* et sur la route ne prennent sens que dans la confrontation aux usages et à la réalité des affaires. La mobilité est alors le moyen de confirmer et de renforcer une position. La fréquentation sans risque des petites cours européennes et le spectacle des grandes mettent à l'épreuve les acquis et livrent les clefs psychologiques et sociales des fonctions du pouvoir dans le contact avec les souverains et leur entourage[40].

Les voyages des jeunes nobles, où les trois quarts du temps sont consacrés aux séjours urbains (six mois à Paris, de deux à quatre mois à Rome, quelques semaines ailleurs), forment très tôt la cohésion d'un milieu, et ils contribuent à construire la distance qui sépare celui-ci de la société entière. Inséparables des relations familiales, unifiés par les correspondances échangées et les recommandations, les voyages tissent à travers l'espace et le temps, entre les générations et les individus, la cohérence d'une culture, l'unité d'un mode de vie. Sur ce terrain des arts apodémiques et des traités de politesse ou encore des civilités nobiliaires à l'instar du *Cortegiano*[41] qui se diffusent à travers l'Europe et provoquent imitations et réactions hostiles, ils expriment une pratique[42]. La culture antérieure aux voyages compte : on la voit à l'œuvre dans le *Kavaliertour* de Ferdinand-Albert, duc de Brunswick-Lunebourg, entre 1659 et 1666, tracé de la France à l'Italie, de l'Angleterre à la Hollande et aux marges orientales de l'Empire[43]. Buts et moyens, curiosités et acquisitions y sont conformes aux attentes. Les voyages du jeune duc ne cesseront pas après son retour et son mariage en 1667 avec Christina de Hessen-Eschwege, mais ils se cantonneront à l'Allemagne du Nord et aux pays scandinaves : point d'année ou presque sans quelques ruptures, point de jour sans lecture de récits de voyage et sans écriture de notes ou de lettres. L'exemple illustre bien les conséquences d'une exigence qui travaille les représentations et les pratiques du voyage nobiliaire au-delà des diversités nationales; il replace le *Tour* dans l'ensemble des activités liées au pouvoir, (diplomatie, négociations) et des curiosités spécifiques au milieu. L'enjeu pour les noblesses est d'équilibrer acculturation et enrichissement[44], critique de l'autre et adhésion aux manières étrangères.

On ne saurait penser que l'inflexion utilitaire générale épargne les façons aristocratiques. Elle se lit déjà dans le souci pédagogique plus raisonné et dans les normes imposées aux tuteurs et aux précepteurs. Elle apparaît à tous comme la garantie du profit obtenu. Elle se découvre également dans la façon dont se forment ainsi les grands commis et les administrateurs des États. Ni voyage de commerce, ni excursion de gouvernant comme le périple de Joseph II, les voyages du jeune comte Karl von Zinzendorf, dont la famille et le réseau proposent comme modèle les instructions écrites par Colbert pour son fils, renouvellent le regard attendu. La tradition familiale retrouve les pratiques évoquées : fréquentation des cours, assiduité aux *Ritteracademien*, pédagogie moderne et fréquentation de l'université – pour le jeune homme il s'agit d'Iéna, choisi pour sa qualité et sa situation politique. Le voyage s'inscrit alors au terme d'un plan d'études qui bénéficie des leçons du caméralisme, de l'économie progressiste façon Forbonnais, du souci statistique. La politesse, l'amitié y trouvent leur compte, mais le voyage ajoute à l'art de nouer des relations profitables pour le futur homme d'État, déjà engagé par ailleurs, le souci de l'enquête sur les forces vives des Etats. Ce n'est plus du tourisme, ni de la reconnaissance du monde; c'est, comme le prouvent les instructions données au jeune voyageur pour son périple en Pologne, en Suisse, en Italie et en

France, en Angleterre et en Hollande, l'illustration de la tournée européenne d'un administrateur éclairé à travers l'espace des administrations à éclairer. Ici, la noblesse se range au premier rang d'un changement décisif : la fin du voyage d'information pratiqué depuis le XVIIe siècle et la montée de l'enquête statistique économique, qui s'accompagne de l'échange des techniques par le livre et les contacts concrets. Le voyage et sa mobilité élargissent la culture politique des dirigeants à la dimension de l'Europe des Lumières [45].

LE GRAND TOUR À NOUVEAU

Il importe de revenir sur le *Grand Tour* car la formule, on vient de le voir, ne se sépare pas des pratiques voisines en place dans l'Europe du XVIIe siècle, et surtout ne saurait être réservée à l'objet spécifique et autonome d'un tourisme britannique [46]. La formalisation des usages dans les récits et les traités de voyage consacrés aux jeunes aristocrates anglais a fourni depuis longtemps un modèle que l'anglomanie européenne du XVIIIe siècle – elle est loin d'être l'apanage de la France seule – a en quelque sorte authentifié et diffusé partout [47]. La qualité des voyageurs anglais et leurs relations avec le continent font le reste ; c'est à leur intention que sont publiés les journaux de voyage au succès littéraire attesté partout (Sterne, Smolett, Goldsmith, Moore, Young), et c'est pour eux qu'est éditée et rééditée la littérature du *Grand Tour* (guides, itinéraires, descriptions, informations pratiques : Nuggent, Dutens, Wraxall). Choix du parcours, conseils prioritairement utiles construisent pas à pas les obligations du *Grand Tour* et le piège ou le *Leurre de l'Italie triomphante* [48]. S'impose alors à l'historiographie une image unifiante des destinations et des buts du voyage pratiqué par les classes dirigeantes de l'Europe. Le terme *Grand Tour* lui-même apparaît sans doute pour la première fois dans la traduction française en 1670 du livre du catholique Richard Lassels, *A Voyage or a Compleat Journey through the Italy*. Désormais, un flot ininterrompu de publications correspondant au flot accru des voyageurs anglais, et de toutes nationalités, va témoigner du succès d'une formule, de sa diffusion sociale sans doute et de ses attentes : la formation culturelle d'un milieu par la découverte des arts, de leur héritage magnifié, et par celle des mœurs qui produisent autant de fascination que de rejet depuis le XVIe siècle. « Jamais ni homme ni cheval ne s'amenda d'aller à Rome », disait déjà l'humaniste Henri Estienne. L'accumulation des bonnes raisons de visiter l'Italie n'a jamais manqué, et l'éventail des intérêts et des questions n'a cessé de s'élargir avec le temps. Une sorte de conscience unitaire se forge ainsi autour de la péninsule. Les Italies diverses, divisées, ont été rassemblées et liées par un esprit et une intelligence vivifiés dans l'imagination créatrice du continent européen[49].

La difficulté principale réside ici dans l'incapacité à cerner facilement la pratique à travers des catégories clairement définies, ni l'âge, ni la condition sociale, ni les buts intellectuels et sensibles, ni le temps accordé aux voyages, ni la distance et les itinéraires ne sont unifiés. Chaque voyageur a vu son Italie, a construit son rapport à un besoin personnel où tout peut se retrouver : l'attente sacrale du pèlerin, les curiosités de l'érudit et du savant, le sentiment de découverte d'une incomparable richesse esthétique, les profits attendus de l'observation de régimes politiques différents et diversement interprétés. Venise, pour certains, est un modèle de gouvernement, qui offre à réfléchir aux fondements républicains dans un temps et un espace majoritairement monarchiques; Naples et le régime des Bourbons, Rome et le régime pontifical suggèrent à Montesquieu ou à Sharp des réflexions critiques. Goethe y trouve plus que partout ailleurs un état de coexistence pacifique entre les classes dirigeantes et les peuples, en dépit de la misère que corrigent – bienheureux stéréotype – les bienfaits du soleil[50].

La construction du Grand Tour

A s'en tenir à quelques traits, on peut toutefois tenter d'élargir la question, au-delà des récits de voyage, et dans le cadre d'une plus vaste circulation. La montée du *Grand tour* et ses transformations peuvent alors prendre place dans une interrogation plus ample sur les effets mêmes de la mobilité. Au départ, depuis longtemps, l'intention pédagogique est première. Le voyage italien conduit à adopter les représentations mentales accumulées et réfléchies dès le XVe et le XVIe siècle. Pour les jeunes insulaires britanniques et septentrionaux, aristocrates et gentilshommes aisés, c'est l'aboutissement – parfois jamais atteint – d'un déplacement continental dont la géométrie est infiniment labile et où l'approfondissement intellectuel et artistique reste difficilement mesurable dans ses effets. L'historien suppose le problème résolu à la lecture des récits qui révèlent principalement une attente et des obligations à accomplir.

Francis Bacon en rassemble l'argumentaire, que l'on retrouve dans les instructions écrites pour les jeunes voyageurs, dès la fin du XVIe siècle[51]. Dans ces trois pages, une expérience et un idéal se confortent. Bacon, fils du garde des Sceaux d'Élisabeth, neveu de Lord Cecil, a voyagé deux ans en France, avant d'entamer une carrière politique et de proposer une rénovation intellectuelle fondée sur la science et l'observation de la nature, des États, des sociétés. L'essai vise à faire du voyage un outil de connaissance à efficacité générale. Il est nécessaire à la formation du *virtuoso*, de ceux qui ont la fortune, les loisirs, et qui y ajoutent la *libido sciendi* en tous domaines. Les conseils de Bacon rejoignent l'ample courant apodémique et additionnent les conseils pratiques, gages du succès : langue, préparation, tuteur, guides et cartes, lettres de recommandation, tenir un diaire, et leçons à tirer au retour. Rien de neuf dans le contexte général, mais une insistance sur la formalisation éducative qui structure le *Tour* et que l'on retrouve dans les instructions données en 1561 par Sir William Cecil à l'intention de son fils Thomas, recommandé à l'ambassadeur à Paris, et plus explicitement encore en 1571, pour son pupille le jeune Edward, comte de Rutland, à la veille de son départ en France[52]. Le jeu d'une quadruple tension s'y dévoile qui oppose amateurs et professionnels, virtuoses et savants, esthétique de la rareté et de la curiosité et utilité sociale et savante, Italie mère des arts et de la philosophie et en même temps terre papiste, menace pour la fermeté des mœurs et des croyances, matrice du cynisme politique. La finalité baconienne unit alors la fermeté scientifique et la finalité politique et mondaine.

Voir les cours des princes, visiter les personnes éminentes, les secrétaires d'ambassade, les hommes d'État, fréquenter les cours de justice, n'exclut pas d'aller regarder ce qu'il faut avoir vu : églises, monuments, antiquités, ruines, bibliothèques, collèges, mais aussi ports et bourses, entrepôts, manèges d'équitation, cortèges, masques, banquets, fêtes, spectacles – sans oublier les exécutions capitales. Le voyage de Sir Francis Bacon détaille un vaste champ d'enquête qui rejoint la description des relations de Botero[53] et de Davity (les *États, empires et principautés du monde*, édités en 1613, publiés en anglais dès 1615), et qui suggère les pratiques mondaines vulgarisées par le *Cortegiano* ; Thomas Hoby, le traducteur anglais de Castiglione, se trouvait en Italie entre 1548 et 1550. L'attraction peut ainsi l'emporter pour longtemps sur les mises en garde et, en ce domaine, il ne faut certainement pas négliger la fascination du sensible et la séduction de la différence. C'est un public captif qui obéit aux instructions comme il rêve à la lecture des récits de voyageur. Soleil, lumières, pierres dorées, paysages autrement construits, autrement perçus, habitudes de vie différentes, choses moins banales que chez soi s'exercent fortement sur l'esprit des voyageurs du Nord. S'il n'y a pas d'itinéraire idéal dès le XVIe siècle, il se façonne peu à peu des trajets et des raisons ; dans son *Compleat Gentlemen*, John Gaillards conseille d'arriver en septembre, d'être à Rome en novembre, d'y assister aux célébrations de Noël – spectacle intéressant pour des protestants sevrés de fêtes –, de gagner Naples et la Campanie au printemps. En moins d'un an, on a fait ce qu'il fallait. Cette temporalité est généralisée.

Trois initiateurs ont compté dans la tradition britannique. Le pionnier, Thomas Coryat, voyage dans un esprit baconien. C'est un homme hardi et d'intelligence étrange ; il parcourt l'Europe en cinq mois et publie à son retour ses *Crudies* (1611), que présentent des préfaces prestigieuses (Ben Jonson, John Donne, Inigo Jones qu'on retrouvera). S'il utilise les sources usuelles – Munster, l'*Itinéraire* de France Schott, la *Peregrinatio* de Pighins –, il fonde une tradition descriptive à partir de l'observation des villes de l'Italie du Nord qui est constamment reprise après lui. Il faut définir le territoire des cités, ou préciser leur topographie, exposer tous les détails monumentaux (ports, murs, constructions), dépeindre l'organisation administrative et viaire. Coryat crée ainsi le véritable mythe littéraire à usage universel où la richesse et la variété de la Lombardie sont vues à l'instar des « Champs Élysées », et qui font désormais de l'Italie une métaphore du bonheur. L'humanisme érudit ne manque pas à Coryat, qui aime les arts et qui à sans doute lu Vasari. Il est l'initiateur de l'intérêt archéologique et érudit, le créateur de l'image de l'Italie heureuse.

Peu de temps après lui, Inigo Jones et son commanditaire, le comte d'Arundel, ainsi que John Evelyn vont retrouver ses propositions. Le grand architecte, qui a traversé la France, rencontré Philibert Delorme et retrouvé à Venise les grands maîtres dans la suite de Lord Roos en 1557-1603, retourne en Italie en 1613 avec d'Arundel, qui est l'un des premiers à aller chercher systématiquement au-delà des Alpes livres et tableaux qui seront à la base d'une des plus grandes collections du temps. Pour lui, l'artiste se fait cicérone et son itinéraire est le paradigme des virtuoses jusqu'au XVIIIe siècle. En juillet, de Milan à Venise, et l'explosion de la découverte de Palladio ; en octobre, la Toscane ; en hiver, Rome et ses fouilles – l'Italie s'arrête à Naples, et le retour se fait par Venise et Vicence. Dès lors, une vraie tradition est fondée qui ira, avec de multiples variantes, dessiner ses exemples et trouver ses modèles – ainsi Nicolas Stone, Sir Roger Pratt, amoureux du palladianisme.

Vers 1650, Sir John Evelyn, humaniste, antiquaire, créateur de jardins, traducteur de Lucrèce, élargit tous ces centres d'intérêt[54]. L'esthétique du sensible y joue désormais un rôle central : l'Italie n'est plus seulement le trésor des beaux-arts et de la culture des honnêtes hommes, mais aussi un climat, une ambiance, une séduction qui ne sépare plus les monuments des sites et d'un environnement. La tradition descriptive de Coryat et de Jones est devenue avec lui bagage intellectuel, mental, qui guide le voyageur dans les cités mortes et les ruines, vestiges d'une splendeur outragée par l'indifférence. Les grands maîtres de la peinture sont, chez Evelyn, vus et évalués dans un contexte très moderne de production par le milieu ; la passion musicale et théâtrale est inscrite à l'agenda de ce qu'il faut vivre. Dès lors, les thèmes et les itinéraires sont proposés à tous ; le voyage doit concourir à former le goût et les habitudes, nourrir la conversation, le regard et l'expérience, fournir sa provision d'objets et de livres à l'avenir d'une vie passée sous des cieux moins clément. En 1740, Thomas Nuggent propose aux voyageurs anglais le *Guide* désormais indépassable de cette tradition.

DE LA CURIOSITÉ DES VIRTUOSES
À LA DÉCOUVERTE DE LA SOCIÉTÉ

L'Antiquité et sa reviviscence sont au cœur du voyage de formation où elles se déclinent sous des formes multiples, de l'art au politique. Si l'écart constaté avec les mœurs et la civilisation modernes interroge souvent le moderne voyageur, ceux-ci offrent aussi leur part d'attirance et de sympathie. Des étudiants anglais continuent de signer les registres d'inscription des grandes universités, comme d'innombrables curieux se laissent séduire par l'ambiance et la beauté des cités. Le fondement intellectuel de ce goût créateur de sociabilité – celle des voyageurs entre eux, celle des rencontres dans les villes – met en valeur une esthétique de la rareté et un comportement fondé sur le sens de la curiosité[55]. Le *virtuose*, qui domine jusqu'aux Lumières, unit en continuité les fondements de l'humanisme renaissant et les principes de la connaissance des secrets de la nature déduits de l'observation, et point encore analysés par le raisonnement inductif. La collection constituée dans le voyage joue alors un rôle capital, car elle incarne dans le rassemblement des objets la possibilité de décrire et de dominer le monde. Essentiel est cependant le fait que le *cabinet des merveilles* n'a pas seulement pour but la connaissance, mais qu'il correspond à une passion, donc à un plaisir né de l'accumulation, reflet de la diversité de l'univers et des hommes. Le *virtuose* obéit dans son effort à des règles qui organisent le classement des collections par règne, par origine (objets naturels, objets fabriqués, objets d'art). On les retrouve par exemple dans Thomas Hill, *A Brief and Pleasant Treatise of All Recreations to delight the Mind* (Londres, 1588), au titre éloquent. C'est au total un encyclopédisme dont les liens sont la rareté et le curieux, l'étrange, sources de réflexion et réflexion du réel. Les jeux savants, mathématiques ou mécaniques y ont leur place. L'Antiquité est toujours là avec ses médailles, ses monnaies, ses inscriptions, ses menus objets.

En France comme en Angleterre, il n'y a pas de coupure à tracer dans ce monde des collectionneurs entre les soucis de la science nouvelle et les appétits de l'amateurisme éclectique. Former l'honnête homme et le *gentleman* aux pratiques de l'acquisition comme à la civilité figure parmi les buts des traités et des récits. Le cabinet de curiosités est l'un des points d'ancrage du *Grand Tour*, comme il est aussi l'un des aliments des correspondances[56]. Le dialogue par lettres de Pepys et d'Evelyn l'illustre. On y voit ce qu'il faut visiter à Paris – les collections des grands curieux, le Jardin du roi, les cours de chimie –, mais Evelyn sait qu'on peut déjà être initié aux antiquités et à la science en Angleterre même dans de nombreux cabinets et de nouveaux laboratoires[57]. De même, le voyageur informe son correspondant des capacités éducatives continentales, coût compris. La visite des cabinets de curiosités est une expérience éducative complète[58] que redouble la lecture des premiers catalogues, le *Museum museorum* de Valentini (1704-1714) ou celui de Einckel (1727).

On pressent derrière l'établissement d'un marché qui s'épanouit à l'époque des Lumières en précisant les limites et les spécialités du collectable[59]. On voit encore comment l'esthétique de la rareté et la curiosité pour les sciences peuvent aussi être un obstacle à la science[60]. L'étonnement devant ce qui est frappant, la vision des monstres et des monstruosités, ce qui est spectaculaire (ainsi la tarentule) dominent sur la rigueur de l'information, comme la crédulité l'emporte sur la tradition critique. De nouvelles inspirations vont alors guider les voyages dans la lignée des instructions de la Société royale de Londres ou de l'Académie des sciences, à travers leurs réseaux de correspondants. L'Italie n'échappe pas aux nouveaux objectifs de la science ; mais, peut-être plus qu'ailleurs, ils se greffent et coexistent longtemps avec les pratiques des *virtuoses*. Entre les deux domaines, la mobilité entretient de multiples relations fondées sur l'échange entre les personnes[61]. La mutation de sensibilité qu'on a décelée dans les conseils et les récits fait son chemin progressivement, et il n'est pas tout à fait indifférent qu'elle s'ouvre et s'accélère après une rupture politique. Dans les années 1650, un lien se fait entre le refuge des exilés de la Révolution et la recherche des traces d'une grandeur passée de l'Italie dont les leçons nourrissent le moment machiavélien[62]. On le perçoit déjà chez John Raymond, et son itinéraire des années 1646-1648, en particulier ceux des membres de la Société royale, Ray, Willoughby, Skippon, commencent à faire une place aux intérêts politiques et économiques. Le voyageur du *Grand Tour* suit dès lors les impératifs de l'utilité, mais sans abandonner – du moins jamais totalement – les anciennes curiosités. L'itinéraire se complique nécessairement, faisant plus de place à la Hollande et à la France. Dans ses *Lettres d'Italie*, l'orangiste Gilbert Burnet dévoile ses curiosités savantes et politiques; il met ses lectures, la presse, la philosophie naturelle, la science du gouvernement, au service d'une réflexion analytique sur l'équilibre du commerce, le problème de l'évolution de la civilisation italienne et de sa décadence. Il y voit se conjuguer l'effet des superstitions religieuses, des mauvais gouvernements – dont Rome fournit maintes références –, de l'immobilisme économique et de la corruption. Burnet sera lu par Misson, qui est, comme on sait, l'auteur du bréviaire des nouveaux voyageurs anglais, éclairés, nourris d'une lecture protestante anti-papiste et d'une vision anti-absolutiste, et qui vise un public en cours de transformation[63].

Si l'aristocratie domine encore la vie culturelle et le *Grand Tour*, le développement de la commercialisation culturelle[64], l'alphabétisation croissante et l'essor des lectures de tous types contribuent certainement à ouvrir le voyage aux représentants de la *middle class* anglaise qui s'incorpore à la *société civile*. On lira ce tournant chez Addison et *ses Remarques sur plusieurs régions de l'Italie* éditées en 1705. C'est pour lui le musée de la nature et de l'histoire, une Italie vue à travers les poètes et les œuvres d'art, mais interrogée sur son présent, sa pauvreté, ses inégalités, les habitudes décadentes de ses aristocraties, le refus du mercantilisme actif. Sa lecture est en consonance avec le caractère de la société anglaise, et le débat entre whigs et tories a son écho dans les discussions sur le *Tour*. Pour les premiers, ses étapes doivent nourrir l'homme politique et le commerçant, lui fournir des connaissances solides propres à accélérer l'échange, le nouvel esprit civilisateur du commerce. Pour les seconds, c'est un mal inévitable, car on peut désormais tout trouver en Angleterre et le danger moral guette le voyageur. Si le goût des curiosités l'impose, si les références esthétiques y contraignent, c'est pour construire une Italie imaginaire. Les whigs poussent à l'observation sociale ; pour eux, la société curiale italienne est un motif de réflexion, pas forcément un mode de vie. Les tories, eux, induisent le goût des arts, le sens de la sensibilité dans l'observation de ce qu'on va appeler le *pittoresque*. Entre les deux complexions, il n'y a pas d'oppositions tranchées, mais des inclinations tendancielles. Le *Grand Tour* du *gentleman* fait alors glisser l'observation de l'Italie à l'Angleterre elle-même. Il impulse une découverte de son originalité que Horace Walpole voit, au milieu du siècle, dans le *middling people* : ce qui nous est particulier, ce sont les *middling houses* (le foyer des classes intermédiaires) et combien elles sont confortables (Snug). Le voyage, qui formait le futur homme d'État, le jeune courtisan, le *gentleman*, contribue désormais à construire l'identité nationale et devient geste de l'émergence du privé dans l'espace public[65].

Cette analyse fondée sur l'exemple britannique peut être comparée à d'autres. On sait déjà ce qui le situe par rapport aux *Arts apodémiques* et à une évolution générale des exigences où le *Patriotic Traveller* du comte Léopold Berchtold peut passer pour emblématique. Il illustre la *middling virtue*, entre l'Empire et la culture allemande de ses origines, l'Angleterre où il vit de 1788 à 1789 et où il écrit son grand traité, la France où sa traduction lui assure la diffusion la plus large. Voyageur, il peut apparaître comme un homme de la Renaissance, *homme universel*, transféré à l'âge des Révolutions. Confronté à de nouveaux problèmes, il leur applique d'anciennes solutions qui dégagent de nouvelles questions. Appliquées à l'ensemble de l'Europe et à l'Italie, elles guident les *voyageurs philosophes* mais en même temps soucieux de leur ego, unissant l'universel et l'individuel[66]. S'interroger sur les limites sociologiques du phénomène n'est pas inutile. L'opération permet de tracer la frontière entre un voyage réservé à l'élite et une circulation beaucoup plus générale que les visiteurs aisés croisent et côtoient sur les routes et les auberges. De 1701 à 1800, le dictionnaire des voyageurs anglais et irlandais en Italie ne recense que près de six mille personnes. On y retrouve sans surprise les auteurs de voyages et le milieu qui les produit et les entend. Une majorité de nobles, jeunes ou moins jeunes (sans doute les deux tiers), mais de tous niveaux, des lords aux *squires* ; le reste se répartit entre clercs souvent d'une même origine nobiliaire, précepteurs qui n'en sont pas éloignés, artistes (près de quatre cents), domestiques, quelques négociants – on peut s'en étonner quand on sait l'importance du commerce anglais avec Livourne et l'Italie –, et divers professionnels tels que les aubergistes installés plus ou moins à demeure. Dans cet ensemble, plusieurs éléments apparaissent comme décisifs : l'âge et la répétition du voyage, l'accompagnement intellectuel et la motivation souvent politique, la diversité des expériences qui sont parfois reprises par des générations successives et largement familiales. Voilà une somme où les cas sont diversement documentés, mais qui éclaire définitivement motifs, conditions sociales et durée d'un *Grand Tour* italien commencé, on s'en doute, ailleurs. Une même vision unifie ainsi progressivement la lecture de l'espace et, certainement, la construction des paysages à travers l'Europe [67]

A priori, on ne peut dire que l'aspect éducatif, la conscience cosmopolite ou celle de la différence échappent à la majorité des populations mobiles. Pour elles, la culture du voyage existe à travers des expériences multiples. Le fait qu'elles n'en parlent pas ne saurait les exclure[68]. On y reviendra. Ici, on peut esquisser les questions posées par les limites mêmes quand les mobilités se chevauchent. Près de deux mille passeports visés entre 1740 et 1797, après demande à Grenoble, révèlent un point de passage majeur vers le Mont-Cenis, entre la France et le Piémont, vers l'Italie entière, et celle-ci est concernée par un bon millier d'individus (1 158 demandes). Le contrôle, on le sait, dépend des circonstances ; en 1742, la guerre avec l'Espagne ; en 1797-1799, les campagnes de la Révolution engagées par la *Nation armée*. Un fait est éclairant : on n'y trouve pas, ou presque pas, à l'entrée ou à la sortie, les étrangers voyageurs franchissant pour le plaisir ou pour leur formation les frontières alpines. N'en doutons pas, ils prennent leur passeport ailleurs, et ils empruntent d'autres routes : c'est ce qu'on lit avec Marc Boyer dans les récits et les itinéraires[69] ; la vallée du Rhône reste la voie normale des voyageurs, vers Marseille et Nice. Les passeports livrent l'image inversée du *Grand Tour*[70]. On y voit les domestiques, les cuisiniers, les maîtres à danser, qui trouveront un emploi outre-monts : ils gagnent Rome (35 %), le Piémont (37 %), le reste se répartissant partout. Pèlerins, mendiants, travailleurs, négociants, artisans, soldats, administrateurs, sans oublier un lot peu important de voyageurs pour le plaisir, se partagent les motivations inscrites à l'aller et au retour, où s'équilibrent motifs personnels – vaquer à ses affaires, raisons familiales, santé, tourisme, religion – et précarité, travail, en continuité.

C'est, au total, une série d'expériences différentes confrontées à l'accueil et livrant déboires et enrichissements. C'est aussi une indication précieuse du fait majeur que la circulation ne peut plus être identifiée au seul voyage. Six mille Anglais recensés pour un siècle, mille enregistrés en six ans : passons sur le biais des sources et soulignons la différence d'échelle évidente entre les voyages qui font de l'Italie un objet culturel dénoncé, conseillé, toujours rêvé, et les déplacements de liberté ou de contrainte, temporaires ou durables. Les deux mouvements se rencontrent et s'ignorent, mais il est peut-être significatif qu'à la fin du XVIIIe siècle, à la manière de Rousseau, les adeptes du *Grand Tour* lancés à la découverte du pays réel se mettent à voyager à pied, à leurs risques et périls, au contact de la nature et des peuples. Ainsi Johann Gottfried Seume, ultime héritier des errances populaires anciennes, pionnier à sa façon du voyage des romantiques, parcourt à pied – 30 kilomètres par jour – l'Italie provinciale, emprunte les voies de traverse, marche sous la pluie, attentif aux besoins des hommes et à la magie des paysages. Son voyage est déjà un *controviaggio* par rapport à la tradition du *Grand Tour*. C'est une autre philosophie, propre à écouter les voix silencieuses du peuple[71].

La science et le monde

Le *Grand Tour* montre comment une exigence de statut culturel et social rassemble des besoins éducatifs et politiques divers : il contribue à former l'homme d'État, l'homme du monde, l'homme sensible. Alors les voyages ne peuvent échapper au mouvement qui crée la sphère publique au-delà de la représentation organique et aristocratique. Leur récit assume ici une fonction générale au-delà de la sphère privée, car il se réfère de plus en plus à l'univers mental de la science nouvelle. Victor Ivo Comparato a analysé les conséquences de ce déplacement progressif dans la pratique des auteurs anglais des *Travels*, comme Hans Blumenberg l'a suivi pas à pas dans le domaine de la pensée : il s'agit dans l'un et l'autre cas de postuler la possibilité d'une *légibilité du monde*, ce qui relève de la lecture, puisque les livres deviennent une métaphore de l'univers et que les voyages découvrent des réalités manifestes en termes intelligibles et au-delà des apparences. De la nature à la société, le mouvement entamé à l'époque moderne conditionne encore notre vision, et la question de la mobilité interroge les fondements sociaux et intellectuels de nos connaissances, les pratiques par rapport aux discours. Quand Berkeley, dans ses *Commentaires philosophiques* (Londres, 1707-1708), postule qu'une chose qui n'est pas perçue est une contradiction logique, et ainsi que le monde doit être conservé au seul mérite de sa *visibilité* pour la nature de l'être sensible et rationnel, il entend les leçons de Robinson Crusoé, voyageur, naufragé sédentarisé par force, solitaire sur son île, avant même qu'il ait une existence littéraire, acquise dix ans après. Il y confirme la primauté de la perception sur les mots et le discours, son empirisme et ses inventaires fondant une phénoménologie qui interroge la façon dont se conceptualise l'espace à partir de l'expérience [72], et qui place aux côtés de la lecture galiléenne, newtonienne et kantienne les forces des pratiques sensibles, l'activité vigoureuse des impressions, la capacité du vu confronté au lu et au pensé.

Une interrogation du même type peut être posée dans le domaine des pratiques sociales et culturelles. Dans la conception traditionnelle de la métaphore du *théâtre du monde*, l'homme, l'auteur sont d'abord spectateurs d'une création et d'un spectacle social dont Dieu est – avec le destin, la fortune – l'animateur. Quand le voyageur découvre le monde non pour le décrire mais pour obtenir dans son récit une véracité et une vérité à partir de l'observation et de sa critique organisée, le statut de l'auteur change, la science et l'esthétique du visible conquièrent de nouveaux domaines, par les classifications du réel, par l'extension à l'économie et à la politique du champ d'observation. Le voyageur produit des informations, la mobilité fabrique de la communication, les journaux, (comme autrefois les correspondances) en diffusent les échos. Ce changement n'est pas lié à une inflexion sociologique des voyageurs, l'ensemble reste dominé en cette matière par les classes dirigeantes, intellectuelles et artistiques, mais le processus n'épargne pas les classes populaires et d'innombrables voyageurs sans bagage, lecteurs occasionnels des livres, observateurs contraints de la diversité de l'univers. La transformation réside principalement dans la dynamique des pratiques culturelles dans leur rôle de médiation globale. Contribuant à former l'espace public et l'opinion critique, elle produit du politique qui est, par essence, le domaine du concret, des choses concrètes. Le lecteur des voyages n'est plus seulement, s'il l'a jamais été, un voyageur en puissance ; c'est aussi un consommateur de nouvelles, d'informations, de faits interprétés, propres à former son jugement. Le statut de l'observation est analogue à celui de l'expérience : il implique la comparaison et la vérificabilité. Ce qui relève de l'érudition tend à se séparer de ce qui relève des éléments dynamiques nécessaires à une action : constitutions politiques, commerce, population, religion, psychologie collective. La mobilité, peut-on postuler au moins à titre d'hypothèse, avec Vittor Ivo Comparato, joue un rôle fondamental et précoce dans la formation de l'opinion critique. Elle en manifeste les caractéristiques fondamentales : l'extériorité du voyageur par rapport à la société politique qu'il décrit, la reconnaissance d'une représentativité aux institutions intellectuelles qui émergent de la société civile, l'objectivation de la sphère sociale par rapport à celle du politique et l'émancipation du poids de la culture de l'État et de la cour, la montée de l'individualisme, de la personne dont l'expérience devient critère, utile, raisonnable, pour juger des sociétés [73].

L'enjeu impliqué dans ce développement va au-delà de la naissance du tourisme et de l'histoire descriptive des mobilités. Il souhaite éclairer autrement que d'habitude les espaces de la sociabilité intellectuelle et mondaine au-delà des représentations que produisent les écrivains et les philosophes soucieux de leur rôle et de leur statut. La République des Lettres et des Sciences ne peut plus être perçue comme l'espace clos replié sur le monde de l'érudition, de l'échange entre savants, mais doit être vue dans un rôle de communication sociale et dans une construction de pratiques d'échanges sociaux et intellectuels, entre légitimation des positions et élaboration des connaissances dont la mobilité est un moteur.

La construction sociale d'un espace intellectuel

Les voyageurs de l'âge classique et ceux des Lumières ne parcourent pas un territoire inconnu. Ils y suivent des chemins balisés depuis longtemps ; ils s'arrêtent à des étapes convenues et cartographiées mentalement, indispensables au repos dans le trajet et désignées par les habitudes, attendues, préparées par la correspondance, les lectures, les lettres de recommandation – tout un système d'échanges antérieur au départ et qui survient au retour pour les doctes et les mondains. Il en va de la fiabilité même des échanges et de leur force permanente. Les lettres des savants et des érudits ne sont pas toujours réservées à un destinataire isolé et solitaire ; elles circulent dans le cercle des amis de ce dernier, entre le particulier et le public. Elles sont aussi reprises en résonance dans la presse, dont les *Nouvelles de la République des*

Lettres, fondées par Bayle en 1684 à Amsterdam, deviennent la formule exemplaire, écho du *Journal des savants* [74], des *Philosophical Transactions* (créés la même année à Paris et à Londres), du *Giornale dei litterati* de Rome (1668) ou des *Acta eruditorum* de Leipzig (1682). On l'a vu, les journaux relaient le voyage, en même temps qu'ils entraînent les acteurs de la République savante à la pratique de l'esprit critique, ce qui entame un consensus dont on n'a pas fini de discuter. La mobilité des hommes intensifie de toute évidence les échanges et les réflexions, mais elle emprunte des formules diverses dont on a vu les modèles étudiants et les stéréotypes littéraires[75]. On ne peut les réduire aux seuls exemples des érudits et des savants illustres, mais on doit comprendre leur signification par rapport à un ensemble mal défini de lettrés et d'hommes de science de moindre réputation, le *vivier* d'où les grands hommes sont sortis avant d'occuper la première place dans les Éloges académiques, les biographies immédiates, voire les autobiographies [76].

Entre stabilité et changement : la République des Lettres

En même temps, la République des Lettres enregistre les fluctuations de la mobilité même et de ses significations sociales[77]. Son territoire n'est pas immuable et, s'il dépend de la perception que les hommes du temps ont eue de l'espace et du poids qu'ils conféraient à leur action et à leur pensée, il varie aussi en fonction de l'ensemble des conditions et des cadres de la vie intellectuelle entre XVIe et XVIIIe siècle. Sa dimension est celle de l'universel, car « la République des Lettres est répandue sur tout le globe terrestre », comme le démontrent Carolus Fredericus Romanus dans sa dissertation académique soutenue à Leipzig en 1698, Christian Loeber en 1708 ou Vigneul-Marville peu avant. Aucune république n'est plus grande : elle s'étend sur toute la terre, à l'infini et de manière indéfinie. Elle s'impose ainsi par-delà les frontières des États nationaux, celles des grandes formations territoriales comme celles des petites principautés ou de plus minuscules entités, en Allemagne ou en Italie, où s'ancre fortement le *Landespatriotismus*. De même, elle triomphe des cloisonnements religieux nés des réformes et ratifiés en 1648 ; elle en oriente les capacités de discussion comme les durcissements sectaires[78], et tranche sur les particularismes. Pendant au moins deux siècles, elle a façonné une conscience de double appartenance dans un esprit unitaire tissé par l'aune intellectuelle et dans l'attachement à deux ensembles territoriaux, l'un circonscrit et l'autre indéfini. Références antiques – celles de Cicéron ou de Sénèque – et cosmopolitisme moderne s'y accommodent : Peiresc se veut «citoyen de l'Univers», comme avant lui Érasme; Voltaire réclame la liberté de choisir sa patrie, voire de n'en avoir aucune sinon universelle, comme encore auparavant Leibniz. La *fraternité* dans le savoir nourrit dès le XVIe siècle le rêve unitaire, quand elle postule que la connaissance ne peut plus être l'œuvre d'un seul et qu'elle exige ainsi la collaboration. Les hommes de lettres et les philosophes de toutes les nations doivent se considérer eux-mêmes et chacun d'eux comme «les parties constituantes et les membres d'une seule et même illustre République»,proclame la Royal Society de Londres recevant en 1753 l'Américain Benjamin Franklin. C'est, par analogie, l'expression du besoin de résoudre une double tension : celle qu'entraîne l'extension du monde clos à l'univers infini, du macrocosme au microcosme; celle qu'impose la dilatation de l'impérialisme européen à l'ensemble du monde.

On en comprend plus aisément comment l'objectif de maintenir la communauté par-delà les dissensions n'échappe pas à la défense des intérêts nationaux et à l'impératif de la gloire des princes. La coopération et l'échange ne sont pas angéliques et supposent la discussion sur la validation des découvertes, leur antériorité, et la divulgation des procédés. L'idéal, souvent démenti dans les faits, n'en demeure pas moins hautement défendu[79]. Il circule dans un espace hiérarchisé qui se confond pour l'essentiel avec l'Europe occidentale, ses zones frontalières et ses extensions coloniales[80]; il correspond à un espace inégalement distribué et diversement occupé. Les voyages permettent sur ce point de souligner la cohérence géographique, réelle et imaginaire.

En 1639, Johann Frédéric Gronovius (1611-1671), savant philologue, Hollandais d'adoption, précepteur de deux jeunes patriciens d'Amsterdam, gagne l'Angleterre, Paris, la France, l'Italie, l'Allemagne. Quelque peu déçu par l'accueil britannique, il fait l'éloge de la France et voit dans Paris les «Champs Élysées du savoir». Déçu également par l'Italie, il en regrette le dépérissement savant et montre ainsi le décalage qui peut exister entre pratiques aristocratiques et pratiques des républicains des Lettres : la librairie languit, les lettrés y sont peu nombreux. Quand, vers 1710, l'abbé Bordelon propose un voyage d'imagination à travers l'Europe du livre, c'est une même Europe intellectuelle qu'il découvre, avec le recul de la typographie méridionale, le désert oriental et septentrional, la densification inégale de la France, de l'Allemagne et des Pays-Bas. Les deux entreprises placent la France au centre et voient dans la Hollande le nouveau monde du savoir, la patrie des lettrés, la terre bénie du Refuge.

On peut lire ces différenciations avec diverses grilles d'interprétation. On peut y voir une modulation des stéréotypes nationaux et de la théorie des climats qui les sous-tend, et qui justifie aussi la nécessité des voyages et celle de leur adaptation. On peut également y retrouver les inégalités du développement et le poids différent des États. Enfin, cette hiérarchisation correspond à des histoires culturelles et à des procès des croissance culturelle différents, dont les mécanismes sont ceux du déploiement institutionnel, des basculements du monde intellectuel vers de nouveaux équilibres du Sud au Nord entre 1640 et 1715[81], mais aussi le résultat des déclassements qui font de l'Italie un *pays musée*, de l'Espagne et du Portugal des nations exotiques, réceptrices d'une culture centralisée entre Paris, Londres et Amsterdam, grignotant sur les marges les terres nordiques ou orientales. Si cette évolution met en évidence trois facteurs principaux contribuant à la fermeture ou à l'ouverture des espaces nationaux (l'équilibre politique européen; le cloisonnement confessionnel, qu'on a vu à l'œuvre dans la *peregrinatio academica*; les conflits militaires du XVIIe et du XVIIIe siècle qui, à plus ou moins long terme, changent la donne des rapports culturels et, en tout cas, nuisent au commerce épistolaire comme aux voyages), elle n'a pas à tout moment la même dynamique, et les causes peuvent se séparer et se cumuler. Les guerres frappent tous les échanges, mais elles déclenchent la contrebande, la ruse et le subterfuge qui contrebalancent l'effet des hostilités[82]. Le cosmopolitisme et la sociabilité à l'œuvre dans la diplomatie sont en prise avec le monde de l'intelligence : la langue française, pratiquée par les diplomates, y est favorisée pour tous. Moyen d'obtenir de l'information ou de la dissimuler, elle bénéficie ainsi du rôle d'une carte de crédit social et culturel général de forte valeur. La mobilité permet de la réutiliser et de la recharger partout[83].

Réseaux intellectuels et échanges sociaux

La République des Lettres peut se passer en partie du voyage, mais son idéal de progrès, de communication et de collaboration y trouve un ferment existentiel : rien ne peut remplacer l'accès direct, sinon à la connaissance, du moins à ses médiateurs. Le libre commerce des idées suppose la richesse de la rencontre sociale où se construit le sentiment d'une appartenance commune qui triomphe de la spécialisation, encourage l'idéal encyclopédique, confirme les rêves et les utopies pacifiques ainsi que la tolérance [84]. Ces idées perdurent au XVIIIe siècle, en même temps que les principes se fracturent et que d'autres tendent à s'imposer : la philosophie critique et utilitariste contre la vision apolitique où la République des Lettres peut rester, face à l'État absolutiste, le seul espace de liberté (l'équilibre se rompt au midi du XVIIIe siècle) ; la science et la logique rationaliste et laïcisante des philosophes contre les forces de l'érudition et la rhétorique des belles-lettres. Le voyage se place alors au centre des tensions : il interroge l'idée d'une communauté égalitaire fonctionnant en réseau ; il met en lumière un conflit de valeurs sur la façon dont doit être conduite la vie littéraire et savante, et dont elle a dû s'adapter à des impératifs nouveaux entre sociabilité intellectuelle et sociabilité mondaine.

Le voyage de Gronovius fait figure d'archétype. Il mêle des impératifs de plusieurs natures qui définissent les échelles de déplacement et le fonctionnement du réseau. C'est un premier mélange de *peregrinatio academica* et de mobilité pour trouver un poste ou une position sociale ; le jeune précepteur passe son doctorat en droit à Angers et se situe ainsi sur l'échelle académique des valeurs universitaires ; on lui propose une chaire d'histoire à Deventer, un poste à Upsala, un emploi à Paris, un autre à Leyde, un autre enfin à Dantzig. Au terme du voyage, il se fixe à Deventer et se marie. C'est un second modèle de sujétion et d'ouverture. Le précepteur supporte mal ses obligations délicates de *tuteur* avec des élèves peu faciles, au caractère impérieux et peu disciplinés, dépensiers, au mode de vie nobiliaire, qui s'opposent au *vir eruditus* « sage avant les années, vieux avant l'âge », un peu pédant qu'est leur guide [85]. Mais en même temps, c'est l'occasion unique de parcourir le monde civilisé, de découvrir les richesses de l'Europe savante, d'unir l'*iter gallicum* à l'*iter italicum* avec leurs lieux notables, leurs curiosités naturelles, leurs monuments fameux, leurs spectacles curiaux et curieux.

Les lettres de Gronovius, en latin, permettent de restituer le voyage et d'en comprendre les effets mélangeant les gens selon les interlocuteurs et les lieux. Elles oscillent entre le rapport du voyageur consciencieux et la correspondance littéraire, savante, érudite où le jeune homme – il a vingt-huit ans – est plus à l'aise en France quand le voyage savant se réalise pleinement. Ainsi voit-on se construire la communauté à travers la mobilité et la rencontre qui concernent les jeunes et les moins jeunes, qui multiplient les objectifs simultanés, qui s'accommodent du pré-tourisme érudit[86] ou de la mission diplomatique. On songe à Grotius qui parraine Grovenius[87]. De la même façon, on perçoit le capital de recommandations qui assure le succès partout quand le voyageur rencontre les relations et les amis de ses maîtres (Petit, Dupuy, Casaubon, Selden, Farnèbe) : c'est la concrétisation du réseau, et l'occasion d'entrer dans un jeu encore plus vaste de relations quand le savant prouve par ses œuvres sa capacité. Enfin, si la communauté internationale se veut symboliquement unie, elle se noue sur les solidarités nationales et l'entraide des compatriotes (Sengeber à Angers, Holstenius à Rome). L'*Album amicorum* permet de prendre la mesure du succès : 83 noms entre juin 1639 et janvier 1642 ; 33 signataires se retrouveront dans les correspondants de Gronovius établi. La France est au premier rang (40), avec presque la moitié des inscriptions savantes et érudites ; l'Italie arrive ensuite avec 25 représentants, principalement à Venise et Padoue, Rome et la Toscane ; l'Allemagne n'offre qu'une dizaine de prestations et l'Angleterre également. Le livre des amis exprime le bilan d'une quête où, par les qualités de *comitas*, d'*humanitas*, de *benevolentia*, se définissent la sociabilité lettrée et la disponibilité du voyageur. Il montre les horizons de l'activité intellectuelle poursuivie sur la route à travers bibliothèques et rencontres, achats de livres, pratique des langues, manuscrits transcrits. Il laisse pressentir sous l'activité de premier plan l'importance des contacts fortement personnalisés, dont le bilan est fait au retour et pèse sur toute une vie. La mobilité savante produit de la connaissance, mais celle-ci ne peut se séparer d'un environnement médiateur et d'une organisation que la qualification en réseau permet d'expliquer.

Lorsqu'on parle de réseau[88], on se réfère à quelque chose qui existe aujourd'hui à l'évidence. Chemins de fer, autoroutes, téléphone et *web* l'imposent dans nos vies. La question est alors de savoir si la notion peut franchir les cercles du temps et servir à comprendre analytiquement le mode des communications, leur dynamisme et leur accélération, voire leur lenteur et leur viscosité à l'âge moderne. La circulation des hommes – celle des savants n'étant qu'un exemple pour un ensemble – permet de s'interroger sur les besoins, les capacités, l'organisation de la réticularité, dans une mobilité productrice de savoirs et animant l'information. Les sociologues enseignent ici qu'on peut prendre en compte deux choix de méthode[89]. Le premier voit partir le réseau du point de vue des individus, des acteurs, qui grâce à lui s'agrègent dans des ensembles dont les fins leur échappent partiellement, car elles préexistent à leur entrée dans le système d'échange : voilà les mouvements de la République des Lettres mis en phase à partir des finalités mêmes de son effort d'homogénéité intellectuelle. Le second voit en premier lieu le groupe, l'organisation, les institutions qui rassemblent les personnes, renforçant leur connivence et définissant de nouvelles logiques d'adhésion et de fonctionnement : voilà les républicains des Lettres engagés dans des expériences dépendant des fonctions, des lieux, des moments, où les mécanismes de la sociabilité intellectuelle et mondaine fonctionnent à des moteurs identiques – la recherche de la distinction sociale, académique ou salonnière, et la capacité de multiplier et diffuser le savoir.

Des types d'espace rassemblent ainsi les efforts et les facteurs d'intégration des hommes comme d'intériorisation des normes du milieu. Dans l'un et l'autre cas, et dans l'une et l'autre perspective, l'historien, plus empêtré dans le temps que le sociologue, va choisir de saisir l'articulation des deux composantes et de voir leurs effets qui peuvent résonner à double sens. Comme pour tout système d'éléments complexes en interaction, organisant et organisés, la difficulté consiste à comprendre mieux dans les systèmes ce qu'il n'est pas que ce qu'il est[90]. Le réseau qui aujourd'hui s'impose sous nos plumes renvoie l'utilisateur à tous les problèmes de l'analogie. Des vieilles évocations du filet du chasseur ou, plus moderne, de l'organisation du cristal – l'abbé Haüy s'en est fait le propagateur au XVIIIe siècle –, l'historien des pratiques culturelles retient l'idée de capture et de circulation dans une capacité à transmettre et à hiérarchiser. Il trouve dans l'expérience trois questions à poser, dont quelques exemples éclaireront plus avant la pertinence pour les échanges savants. Il s'agit d'abord de voir comment les individus relèvent toujours de multiples réseaux. On l'observe dans l'imbrication des distances qui organisent les circulations des déplacements courts et quotidiens liés aux habitudes familiales et personnelles, localement, aux mouvements plus amples dictés par les besoins didactiques, la nécessité de s'informer par la rencontre et, au-delà, d'aller vers de nouvelles découvertes. Le voyage savant – on l'a déjà entrevu avec Gronovius, « pèlerin de la République des Lettres » – s'organise dans les nœuds du réseau : villes et pôles culturels, institutionnels ou privés. Les déplacements de migrations professionnelles pour trouver postes ou fonctions, majoritairement conçus dans une perspective individuelle, se rangent dans le système car leur forme collective peut affecter durablement le fonctionnement de l'ensemble. Les vagues de créations d'institutions diverses – universités, sociétés de recherche, protection étatique offerte par le biais des carrières – modifient l'équilibre entre les pôles de savoir. L'émulation par les nominations, donc l'évaluation et la réputation, sont les guides d'*Homo academicus*[91]. Les contraintes de l'exil peuvent, un temps, offrir des possibilités nouvelles, comme l'illustrent la librairie, la presse et les écoles du Refuge.

Il faut voir aussi, en second lieu, comment se fait sentir le rapport des individus au réseau. La pérégrination académique, le *Grand Tour*, les échanges divers des mobilités savantes prouvent qu'on y vit moins une dépossession imposée par l'action d'organismes qui dépassent les hommes – mais que l'on entrevoit autrefois dans l'histoire des contrôles et des censures de la mobilité intellectuelle –, qu'un enrichissement, une protection, un échange de services et l'occasion de participer à la force des communautés par la cohésion des sociabilités. Les réseaux de la République des Lettres se présentent comme l'interface entre les individus et le monde, dont les relations peuvent être analysées comme un rapport de groupe à groupe, de groupe à individu, d'individu à groupe et d'individu à individu[92]. Tout voyageur se rend vers un horizon de mobilité privé ou public qui fonctionne à l'instar d'un *horizon d'attente* entre sédentarité et circulation ; la correspondance y redouble le voyage. En dernier lieu, les réseaux de l'âge moderne sont multiples et inégalement accessibles ; la question de leur maîtrise et de leur efficacité pose celle de la liberté privée et collective, celle de la capacité à bénéficier du fonctionnement de l'échange organisé, et donc celle de l'attitude passive ou critique des acteurs engagés dans les institutions. Les réseaux de la République des Lettres matérialisent de l'intelligence et supposent une économie, soit un coût réel ou symbolique, un rapport au don ou au marché. Pour y entrer, il faut payer un droit de passage, offrir des services, garantir des prestations et, ainsi, obtenir reconnaissance et statut. Voilà comment s'enclenchent les relations qui rompent l'isolement, qui enchaînent – livre pour livre, service pour service, information pour information – et qui se consolident dans les échanges au gré des voyages. C'est leur résultat tangible.

Tout l'art, dit Willem Frijhoff, consiste à savoir obtenir un profit en dépit des obstacles rencontrés : portes closes, rivalités pour les chaires, argent perdu ou volé, maladies coûteuses, absence des savants, voire leur mort inattendue. En général, un cruel manque de temps sur place, par rapport à la lenteur des voyages et aux heures perdues dans la société soupçonneuse et hiérarchisée de l'Ancien Régime, frappe les voyageurs et élargit l'écart entre les attentes, les espoirs et les acquis, entre surprise, déception et marchandage. C'est pourquoi le fonctionnement du réseau exige préparation, recommandation et crédit[93], voire directives ou questionnaires qui organisent de plus en plus voyages et enquêtes savantes. L'organisation de la République des Lettres repose sur cette convention d'artificialité créatrice, et non pas seulement sur l'établissement temporaire d'un simple rapport de contiguïté dans le temps et dans l'espace. Elle hiérarchise les situations selon la profession, le statut social, la localisation géographique, les provinces ou les capitales, les effets de proximité et de réputation. La mobilité dans le réseau s'appuie sur un ordre formalisé, un respect de règles sociales, le choix et le respect d'une civilité et d'une politesse, le ton de ce qui se dit ou non. Cet ordre lie plus ou moins fortement les acteurs dans l'espace et à travers le temps, et il dépend des procédures d'établissement, des filiations, des échanges qui rassemblent les voyageurs. Le rôle des réseaux dans les références actuelles est important pour voir dans la mobilité ce qui rassemble, transmet, unit, distingue ou écarte, et comment est possible une optimalisation de la communication conforme aux conditions sociales et aux moyens techniques d'un développement des échanges.

Ces moyens et ces besoins apparaissent à un moment où la République des Lettres s'interroge sur elle-même dans le périple de Charles-Étienne Jordan retracé par Anne Goldgar[94]. Cet héritier d'un lignage huguenot français réfugié en Prusse, fils et frère de marchands, pasteur, a des ambitions littéraires. Devenu veuf, il s'octroie un semestre de voyage à travers l'Europe des Lettres : Halle, Leipzig, Paris, Londres, Oxford, Amsterdam et Leyde. C'est un périple littéraire plus qu'un *Grand Tour* à l'instar de celui de Gronovius un siècle avant. Son but est de connaître le monde intellectuel et d'entrer dans le réseau des échanges savants, érudits. L'*Histoire d'un voyage littéraire fait en 1733*, qu'il publie dès 1735 à La Haye chez Adrien Moetgens, est un vrai guide à l'usage des républicains des Lettres. L'homme qui voyage pour visiter les bibliothèques, rencontrer les savants, voir les cabinets de curiosités ou, visitant l'atelier des artistes, découvrir les débris de la civilisation antique, peut redouter de perdre son temps. L'espace du cabinet est sans doute plus profitable que les tribulations du voyage pour le progrès de la réflexion, et Jordan souligne la tension placée au cœur des études entre sédentarité et mobilité. Le choix d'un départ suppose une contrainte, la nécessité de reconnaître les possibilités offertes dans le réseau des institutions qui se développent à ce moment, et ainsi d'en comprendre les règles qui effacent la diversité de nationalité et de religion, et en apparence celle des classes et des distinctions reconnues, comme celles qui séparent les belles-lettres et les sciences. Les contacts personnels recherchés par Jordan peuvent être plus efficaces que l'identification intellectuelle ou mentale fournie par la correspondance ou la lecture des *Nouvelles littéraires*.

Le statut du voyageur dans la communauté en dépend. Comme Jordan le souligne avec insistance et comme le développe l'auteur de son Éloge après sa mort, ce qui compte, ce sont les relations utiles, profitables, avec les grands esprits qui honorent leur pays et leur temps. Dans sa constitution, la République des Lettres fonctionne à l'établissement de savoir à travers les institutions qui vont donner naissance à l'espace public critique. Son fonctionnement est moins localisé dans des espaces formels – la Société royale des sciences de Berlin ou de Londres, l'Académie française – que dans la relation qui en unit les membres et dont seul le voyage permet d'acquérir les normes et de découvrir les occasions, rencontres, querelles, bavardages, dîners, séances publiques, échanges de nouvelles, de livres et d'informations immédiatement, au jour le jour et à plus long terme. La mobilité n'est plus seulement le moyen d'un transfert de connaissances, mais l'une des manières dont se construit la connaissance, parmi lesquelles le comportement des individus, les valeurs sociales qui l'autorisent, guident aussi la construction de la science[95]. Elle est le champ d'expérience des techniques sociales qui renforcent la communauté au-delà des différences d'appartenance. Quand Jordan découvre Paris ou le Refuge, il se situe à un moment où les échanges intellectuels et les voyages savants se formalisent et se cristallisent autour des institutions, et où la République des Lettres change simultanément de style, de valeurs politiques et utilitaires, de références scientifiques et littéraires. La communauté présentée par Jordan est en grande partie imaginaire, mais les contacts et les ambitions l'ancrent fortement dans une réalité concrète dont le but est d'avoir une place reconnue dans la République des Lettres[96]. Les noms célèbres ouvrent les portes : La Croze à Paris et à Londres ; Bourguet aide Jordan à trouver un éditeur et le recommande à Desmaizeaux en Hollande. Les références du *Journal* montrent l'importance de ses protecteurs à Berlin, et lui permettent d'accroître et d'étendre son réseau européen actif. Son voyage s'apparente à un compte rendu des visites importantes car faites à des personnages importants, dont le comportement est un modèle, la façon de recevoir l'indice d'une relation de protection, le moyen de se faire admettre. Quand s'accélère la rencontre des philosophes et des gens du monde, quand monte la reconnaissance par les Académies au détriment de l'aveu personnel, la mobilité comme la République s'infléchissent, la finalité sociale s'amplifie.

LES JEUX DE LA MOBILITÉ : HIÉRARCHISATION ET INSTITUTIONNALISATION DES MOBILITÉS SAVANTES

Au midi du XVIIIe siècle, la montée des lettres et des sciences déclasse partiellement les activités érudites dans un double engagement. Les philosophes rêvent d'une société plus harmonieuse, voire d'un ordre politique modifié ; ils privilégient la réflexion sur le contenu de leurs discours par rapport à l'autonomie communautaire et une finalité sociale réduite qui unissaient la République des Lettres. On aurait tort de croire que les nouvelles valeurs s'imposent d'un seul coup, et la pratique du voyage savant le prouve. Elle continue de s'organiser dans le réseau des pôles culturels, mais elle privilégie désormais des circuits institutionnels plutôt que des contacts individuels et personnalisés ; l'accélération des circulations facilitée par les conditions matérielles du voyage, l'unification des échanges culturels par la généralisation de la langue française parmi les élites quand recule le latin – et avant les revendications des langues vernaculaires de la fin du XVIIIe siècle et du XIXe contribuent à hiérarchiser autrement les carrières et les échanges, les possibilités offertes, les chances de succès, les échecs.

LIVRES, SOCIÉTÉS, ESPACE URBAIN

Trois réseaux déjà en place au XVIIe siècle jouent leur rôle. Le premier est celui du monde des livres, qui rassemble lieux de production, boutiques de libraires, espaces de consultation où l'on a accès aux livres imprimés et manuscrits. La carte européenne de l'imprimerie, fixée dès le XVIe siècle, étoffée au XVIIe, se modifie peu au XVIIIe, mais laisse apparaître vers le milieu du siècle une réorganisation des relations. Tous les centres de production majeurs où l'on retrouve les voyageurs se situent dans une zone centrale qui a Bâle pour épicentre et qui se limite à l'ouest par Anvers, Paris, Lyon et Londres, à l'est par Lubeck, Hambourg, Nuremberg, Augsbourg, Francfort et Leipzig, au sud par les capitales italiennes, de Venise à Rome, avec quelques centres mineurs vers l'Orient ou en Espagne. Après 1750, la carte a peu évolué, comme on le découvre en 1771 dans la topographie de la bibliothèque que Jean-Jacques Dortous de Mairan vend au comte Wielhozki. Ses trois mille quatre cents titres proviennent majoritairement de Paris et des éditions françaises (62 %) ; le reste a été produit par les presses de toute l'Europe éditoriale dans la zone centrale dessinée autour de 1500[97]. Deux zones, toutefois, orientent les voyageurs : l'aire septentrionale et occidentale, entre Londres, Amsterdam et Leyde ; le secteur périphérique du royaume français, des Pays-Bas à la vallée du Rhin et à la Suisse avec Genève et Neuchâtel. Hors de ces limites, il n'y a plus que des cas isolés et une production – donc une attraction – réduite. Le *De bibliothecis* de Johannes Lomeyer offre à la fin du XVIIe siècle un inventaire utile des institutions fréquentables avec leurs compositions, la qualité des fonds, leur réputation, voire leur histoire. C'est un instrument de travail et un guide pour le voyageur que viennent compléter au XVIIIe siècle les guides de voyage et les inventaires établis sur le modèle national de la France littéraire[98].

Pas de surprise, au total. L'Italie arrive en tête avec 40 % des bibliothèques recensées : 113 villes citées, 202 institutions. La péninsule offre un réseau serré de bibliothèques princières, ecclésiastiques, universitaires, particulières : c'est, avec 80 possibilités, le paradis du livre, et plus encore du manuscrit. Seul Paris présente une densité comparable, et le triangle Londres-Cambridge, Oxford. Les Provinces-Unies et les Pays-Bas méridionaux offrent une quarantaine de collections. C'est la République des Lettres et celle du voyage lettré, celle aussi de la *peregrinatio academica*. Un demi-siècle plus tard, pour la seule France des villes, la carte s'est étoffée partout. Le réseau des capitales provinciales et des sociétés savantes s'est agrandi, tout comme la part des bibliothèques privées importantes et celle des cabinets de lecture : seize villes possèdent une bibliothèque publique.

Pour le voyageur savant, trois processus concourent à l'extension de l'accès possible en permanence. Tout d'abord, l'ouverture des grandes collections religieuses : ainsi Saint-Germain-des-Prés ou Sainte-Geneviève. Ensuite, l'ouverture des fonds des grands collectionneurs et bibliophiles ; et, avec pour modèles la bibliothèque du collège des Quatre-Nations et la bibliothèque du roi, les collections ouvertes au public. A Lyon, c'est trois bibliothèques publiques qui rassemblent avant 1789 le capital de livres de la cité. Enfin, l'accès au livre offert aux visiteurs s'accélère avec la pratique des chambres littéraires, des cabinets de lecture ouverts par des libraires en quête de ressources ou avec une souscription privée par l'association. On les rencontre partout, et dans les années 1830 le touriste de Stendhal y trouve à sa disposition livres, imprimés, journaux, mais aussi nouvelles et informations utiles. Entre toutes les formules, les frontières sont indécises, mais l'on sait que les voyageurs en bénéficient partout – signe certain que le monde des mobilités ne se réduit plus aux seuls membres reconnus de la République des Lettres. Dans ses différentes éditions, l'*Almanach parisien en faveur des étrangers*, de 1762 à 1792, souligne cette évolution dans son article «Bibliothèque publique» : « On doit mettre ces sortes de bibliothèques au nombre des secours que l'on trouve à Paris pour se perfectionner dans les sciences ou pour éclairer les doutes des savants. On les appelle publiques parce que tous les particuliers y ont un libre accès aux jours et heures qu'elles sont ouvertes, qu'ils peuvent demander les livres qu'ils veulent, consulter et faire les recherches dont ils ont besoin. » L'accès au livre passe désormais par une mise à la disposition des demandes communes, même si celles-ci n'entraînent pas la disparition des accès particuliers[99].

Le réseau des institutions littéraires et scientifiques met en prise directe le voyage sur les institutions de la sociabilité intellectuelle. Avec le livre et les bibliothèques, il entraîne pour sa communication les hommes de lettres et les savants dans la constitution d'un espace public sans proximité, d'une communauté sans présence visible[100]. Depuis le XVIe siècle, celle-ci ne cesse de se densifier, et au XVIIIe elle atteint son apogée intellectuel avec ses différentes composantes : elle est pendant deux siècles un lieu d'action et de réflexion sans égal et sans concurrence décisive quant au «progrès de l'esprit humain», pour parler comme Condorcet. Boutiques de libraires, bibliothèques, cabinets et collections ont pu assister à sa naissance sans statut et de manière informelle. Quand les réunions ont un caractère spontané et convivial, elles participent aisément de la fonction acculturante du voyage, elles accueillent le savant étranger, le provincial débutant, le jeune prodige, voire le curieux ou le touriste. Elles adoptent un type de fonctionnement intellectuel qui se réfère au modèle antique – platonicien pour l'essentiel – et aux pratiques mythiques des jardins d'Academos. Des philosophes élus, distingués par leur savoir et leur mode de vie, se rencontrent dans un espace préservé où l'homme se réconcilie avec lui-même, où il est soumis dans sa réflexion à la seule rigueur de ses propres lois, autonome par rapport à l'extérieur. Alors, l'idéal ancien que l'*Encyclopédie* exalte et retrouve dans les compagnies intellectuelles de la Renaissance et de l'Italie classique peut se concilier avec l'idéal cartésien du doute rationnel, dont on a rappelé ce qu'il doit à l'esprit même du voyageur philosophe. L'enjeu pour la mobilité savante est à chercher dans la tension entre l'esprit d'ouverture et les pratiques de clôture qui animent les cénacles académiciens, tout comme dans leurs références politiques – ainsi de leur autonomie réelle par rapport aux forces sociales et aux pouvoirs[101].

Pour que le réseau académique joue son rôle d'armature de la République des Lettres, il faut qu'il puisse accueillir le voyageur savant, donc qu'il résolve la double tension incluse dans son autonomie entre ésotérisme et publicité, accueil et exclusion méfiante, pédagogie réservée et esprit de discussion. Les récits de voyageurs érudits du XVIIe siècle, les comptes rendus des pérégrinations étudiantes de l'âge classique montrent que les visiteurs assistant aux réunions privées, informelles et non réglementées, pouvaient y trouver un espace d'information et de communication libre et sans crainte de scandale[102]. Les néo-académies relaient ainsi par leurs entretiens *privatissime*, pour une petite élite, le système universitaire plus contrôlé – bien que largement, fût-ce relativement, plus ouvert. Là ont lieu les rencontres personnelles les plus réussies et les plus amples socialement, intellectuellement. A ce premier âge européen des néo-immortels correspondent l'éloge du voyage et de l'ouverture, le souvenir riche et complice des réunions de cabinet chez les frères Dupuy à Paris, les soirées déniaisées des libertins d'Italie (Naudé et Bouchard à Rome vers 1630), les visites chez le médecin Trouillet ou le comte de Bouthillier. Une après-dînée à l'académie Putéane mêle une infinité de voix : celles des permanents et celles de ceux qui débarquent du coche. Sans ordre, sans apprêt, on peut y voir un auditoire élargi et mouvant auquel René Pintard a fait amplement justice[103]. Dans ces cercles fragiles, liés à la personne du fondateur, sans moyens et parfois sans protecteur, souvent surveillés pour leur aspiration à la liberté intellectuelle et à la libre communication, sans projet collectif, fonctionne à plein temps l'idéal de la rencontre internationale.

Ce n'est pas innocemment qu'on voit, à la fin du XVIIe siècle, une nouvelle génération l'emporter définitivement sous le regard de l'État. L'abbé Mallet et d'Alembert, qui se partagent dans le premier volume de l'*Encyclopédie* (1752), les articles «Académiciens» et «Académies», sont tous deux sensibles à la césure. L'évolution des cercles privés vers les sociétés modernes montre un changement de statut des hommes de lettres et des savants, un nouveau rapport du savoir et du pouvoir, qui n'est pas partout le même en Europe : serré en France et en Italie, qui fournit les modèles; plus lâche en Angleterre et en Hollande. Dans le royaume, la redéfinition de l'espace académique avec la réglementation offerte, avec la confiscation des cercles littéraires privés – ainsi celui de Conrart pour l'Académie française, ou celui des héritiers de Mersenne pour l'Académie des sciences, ou encore pour les historiens la transformation de nombreux cercles privés en Académie d'histoire –, donne aux rencontres continuité et publicité, mais en contrepartie d'un service et d'un contrôle.

Cette étape, à laquelle n'échappe pas la province, induit un rapport différent aux données du voyage et de la communication. Loin de s'étoffer, le réseau des sociabilités se concentre. Dans la province du XVIIe siècle français, on recense, toutes disciplines confondues, un peu moins d'une centaine de sociétés privées sous le nom de «conférences», «compagnies», le plus souvent «académie», mais sans statuts, qui rassemblent amateurs, professionnels, hommes de lettres et artistes, savants et érudits. A Paris, après 1650, on en compte cinq avec des règlements. La plupart des sociétés ont eu une existence courte, et la diffusion du modèle parisien en réduit encore le nombre après 1700[104]. Elles constituent, avant la fermeture institutionnelle, un lieu de sociabilité : partout, passant et nouveau venu peuvent, en les fréquentant, éviter l'isolement. Elles entretiennent ainsi la formation et l'information, majoritairement pour les littérateurs : les quatre cinquièmes ont une finalité littéraire, neuf seulement relevent du domaine scientifique. Enfin, par un soutien mutuel, elles entretiennent activement la reconnaissance par les pairs. Ces trois caractères sont autant d'atouts pour l'échange et l'accueil sans restriction. La clôture change cette possibilité et introduit dans la mobilité la hiérarchisation de l'accessibilité et une réorganisation de l'échange[105].

On en mesure l'effet dans la France du XVIIIe siècle et dans le réseau de solidarités qui se tisse autour des institutions parisiennes et provinciales. La généralisation des statuts sur le modèle de Paris impose l'organisation de l'affiliation des associés et des correspondants, moyen de régler le respect des valeurs sociales et d'assurer les relations savantes. Pour les académiciens élus, c'est une manière d'acquérir une notoriété, un investissement publicitaire, une réputation surveillée par les académies elles-mêmes. Certains *beaux esprits* collectionnent les titres. Sur l'ensemble des sociétés, force est de constater que le recrutement de type parisien et local l'a emporté tout au long du siècle : sur cinquante, sept seulement ont recruté plus de 7 % (jusqu'à 20 %) de leurs membres hors des frontières. Des sociétés sont totalement closes (ainsi l'Académie française ou, en province, Pau, Soissons, Agen) ; d'autres ont une implantation provinciale dominante, et moins locale que générale (voyez Arras, Caen, Metz) ; un petit groupe (avec en tête l'Académie des sciences et celle des inscriptions, voire Lyon, Montpellier, Châlons-sur-Marne ou Dijon) s'ouvre assez largement aux influences étrangères ou extérieures. A chacune correspond un espace spécifique qui rassemble leur rayonnement propre, leur volonté d'échange, les donnes propres du service savant dans le royaume et à l'étranger. L'Académie royale des sciences a donné l'exemple avec 57 % de ses élus (20 % seulement chez les érudits des Inscriptions) ; c'est un modèle à suivre, mais pas généralisé. La Société royale de Londres et l'Académie de Berlin se rangent dans ce groupe, avec 70 % d'étrangers à Londres et 60 % chez Frédéric II. L'intégration académique est, pour tous les érudits et les savants concernés, un moyen de communication par l'échange épistolaire et, à un moindre titre, par la visite réservée aux noyaux des voyageurs dont on ne mesure pas le nombre.

C'est pourquoi la participation sur le terrain prend un caractère particulier qui relève de l'ordre de la représentation et de la réception, de la rencontre brève et de la curiosité. L'organisation du travail académique lui-même impose cette ouverture assez limitée, entre séances privées, réservées aux seuls membres, et séances publiques, ouvertes à tous les spectateurs et qui tiennent dans le calendrier des événements mondains une place majeure – ainsi les réceptions de l'Académie française ou la Saint-Louis en août, presque partout. Ces grandes réunions rendent visibles la culture académique et souvent les débats, la novation. On y proclame les résultats des concours et des prix que tous les candidats ne viennent pas recevoir (ainsi Rousseau à Dijon) ; on y lit les éloges des académiciens, où se définissent l'idéal et les normes, où se proclament les valeurs de l'échange et de la mobilité des voyageurs savants[106].

Si entre les sociétés la communication écrite l'emporte, entre leurs membres, la visibilité de la participation aux activités dans la visite oscille entre le spectaculaire et le confidentiel. L'histoire a retenu les premières cérémonies qui concernent les princes et les grandes figures. Dès le XVIIe siècle, la reine Christine inaugure le mouvement à l'Académie française, à laquelle elle offre son portrait, mais le 11 septembre 1656 sa visite convainc moins les lettrés qu'elle ne surprend, car elle y parle plus italien que français, discute les préséances et se révèle, au-delà du discours officiel, comme la reine des folles que peint Conrart officieusement. Complimentée par M. Patru en réponse à son éloge de la vertu et de la solitude, l'Académie la mécontente quand, dans la lecture de son article « Jeu » du *Dictionnaire*, elle évoque les jeux de prince. Ces paroles fleuries marquent l'incertitude de l'institution, encore en quête d'officialisation. Celle-ci va se concrétiser plus avant avec la visite rituelle des souverains aux Académies : Pierre le Grand, qui y trouve l'exemple à suivre pour sa grande entreprise de modernisation de la Russie, mais aussi les rois de Danemark et de Suède, Joseph II, Paul Ier avant son couronnement. Dans ces visites, la science, l'histoire ou la littérature occupent moins de place en elles-mêmes que l'éloge de la rencontre du savoir et du pouvoir, et l'expression de leur légitimation réciproque. Pour tous les spectateurs choisis, la dimension mondaine l'emporte sur les autres, dont le sérieux se dilue dans le pittoresque. En 1762, quand l'Académie des sciences communique ses travaux sur le méphitisme, ses expériences semblent avoir plus impressionné l'odorat que l'esprit du futur tsar[107]. C'est le témoignage que la civilité intervient encore dans la construction sociale de la science, comme l'ont montré Steven Shapin et Christophe Licope à Paris et à Londres. C'est aussi un signe que la professionnalisation éloigne les visiteurs non spécialistes des discussions réservées aux vrais savants. Les voyageurs se retrouvent alors dans les laboratoires, les cabinets, les amphithéâtres d'anatomie, les lieux où se font les sciences, où se modulent les preuves, où se comparent les résultats[108].

Cet écart, valable pour toutes les sciences, fait partie de la réorganisation entamée avec le classicisme et qu'on lit dans le mouvement des carrières. Si l'on s'en tient au lieu de résidence, la prédominance des capitales l'emporte – le principe étant sans dérogation pour l'Académie française –, mais s'accommode d'une modulation variable dans le temps (celui de la vie des savants) celui des saisons, et dans l'espace pour toutes les sociétés. Si l'on regarde les lieux de naissance, on constate que le drainage des élites de province par Paris est commencé et s'accélère. Il préoccupe la police, comme le montrent les procès-verbaux de l'inspecteur d'Hémery ; il mobilise les auteurs eux-mêmes, qui y font écho dans les éloges, dans les biographies, dans les répertoires comme ceux que publie la *France littéraire* : quatre hommes de lettres sur cinq vivent à Paris ou y meurent. On mesure là le résultat de la concentration des privilèges culturels de tous ordres à Paris, et dans quelques grandes métropoles étrangères. L'Académie française accueille ainsi 56 % de provinciaux, dont certains sont parisiens par leur famille et leurs liaisons lignagères ; ils sont encore 60 % parmi les érudits des Inscriptions et Belles-Lettres, et autant chez les scientifiques. Le marché des postes et des carrières, les nécessités de la protection, la construction ambiguë d'une autonomie des champs disciplinaires fortement ancrée dans le discours des acteurs et l'autoréférence animent l'attraction autant que la visite. Le milieu culturel provincial en est incontestablement transformé en France – moins peut-être dans le reste de l'Europe, ou à une autre échelle, comme on le voit en Italie[109]. Michel Vovelle en a donné un exemple illustre en suivant la carrière de Théodore Desorgues et de ses frères. Leur père, arrivé au sommet de la notabilité aixoise, retient l'un de ses fils sous son aile et fait de Jean-François un conseiller à la Cour des comptes. Le cadet monte à Paris après un voyage italien et peut-être anglais. La Révolution réunit les deux frères dans la capitale, comme d'autres Aixois illustres et à l'instar de tous les Rastignac passés et à venir. Ils peuvent solliciter en l'an II leur réquisition comme hommes de lettres[110].

Le reclassement qui guide les carrières de tous genres et qui unit directement mobilité sociale et mobilité géographique, dans leurs succès comme dans leurs échecs, n'épargne pas les activités et leurs résultats cognitifs. Trois exemples vont l'illustrer : celui des voyages de Mabillon, père fondateur de la modernité historique ; celui, collectif, de l'expédition Maupertuis ; celui, enfin, des Dilettanti londoniens. L'interférence des sociabilités personnalisées, savantes et mondaines s'y dévoile.

Dom Mabillon est une illustration de tous les voyages savants. La mobilité l'entraîne de la Champagne à Saint-Germain-des-Prés, de la terre familiale à l'abbaye qui reste un des grands centres intellectuels de l'Occident. Elle lui fait parcourir le monde des lettrés européens : le royaume vu de Bourgogne (1682), l'Allemagne (1682), l'Italie (1685-1686), la France encore par diverses pérégrinations en Lorraine, Alsace, Normandie, Touraine, Champagne. A sa mort, en 1707, il a parcouru des milliers de kilomètres à pied, à cheval et en voiture. L'auteur du *Re diplomatica* ne se distingue pas d'innombrables autres voyageurs érudits par ses itinéraires, par ses choix d'étape, par son butin (manuscrits, documents, livres), par ses implications personnelles et ses relations durables. Le bénédictin illustre les pratiques habituelles : les rencontres avec les libraires et les savants, la fréquentation des lieux indispensables (monastères isolés ou foyers urbains, de Saint-Gall à Rome). Surtout, il montre comment la circulation intellectuelle articule plusieurs impératifs. Le premier est d'intégrer la règle même d'un ordre savant, qui y voit un moyen de formation depuis sa réforme et qui l'exploite dans le réseau de ses maisons : près de deux cents monastères et près de trois mille religieux au début du XVIIIe siècle. Le deuxième répond à la dispersion des sources et des moyens de travail ; il résout l'obstacle spatial tout en proposant et imposant une révolution épistémologique dans la confrontation des sources et l'utilisation des documents : il fonde intellectuellement le processus de production des preuves dans un effort de référenciation et de classement qu'organise le monde des mots, comme le fait l'inventaire scientifique de l'univers[111]. L'effort d'autonomie de l'histoire passe ici de l'accumulation à la critique[112]. Il est toutefois inséparable du troisième impératif : l'application de l'État moderne à se justifier. Dans la plupart de ses voyages, dom Mabillon agit en représentant du roi, avec la protection de Colbert et celle des autorités religieuses et politiques locales. Le voyage qui produit la science civile est impensable en dehors de ces trois réseaux qui fonctionnent à l'échange symbolique, au don intellectuel et spirituel, nourri par le crédit politique et les finances de l'ordre. Ici encore la mobilité permet l'enquête, et le récit de voyage dans sa monotonie célèbre le travail intellectuel et le succès de l'acculturation.

Vers 1740, Paris bruit dans ses salons et ses cercles, dans la rue même et les cafés, des exploits de ces « Messieurs du Nord ». Depuis qu'ils sont revenus de Laponie et des confins du pôle en août 1737, qu'ils ont été reçus par le roi à Versailles, que l'Académie des sciences les a fêtés dans sa séance du 28 août, ils bénéficient d'une de ces gloires de mode dont commencent à jouer les savants et dont l'opinion sait s'exalter et se réjouir. Le *monde*, ici encore, peut rencontrer la science dont le voyage est l'instrument : il y trouve l'occasion de participer à un débat, il y découvre tous les oripeaux de l'exotisme et du décalage. Avec bien d'autres expéditions du temps, celle des savants français en Laponie suédoise met en valeur d'innombrables registres et la manière dont ils sont orchestrés. Mode de relation à l'espace et à la nature, elle est d'abord un moyen de connaissance dont les résultats sont acquis parce qu'elle respecte des conduites réglées, des pratiques codifiées. Maupertuis et ses compagnons (Camus, Clairault, Lemonnier, l'abbé Outhier, le secrétaire Sommereux et le Suédois Celsius) ont d'abord travaillé à résoudre un problème physique fondamental, celui de l'aplatissement de la Terre au Nord, comme d'autres collègues le vérifient autrement à l'équateur pour répondre au problème posé par Newton aux tenants du cartésianisme. Après 1737, l'affaire est réglée par la leçon des étoiles et par la mesure mathématique de la longueur des degrés du méridien. Simultanément, les savants ont montré la collaboration implicite née dans le monde des sciences et le rôle de l'État transmis par l'Académie royale. Dans ses procédures (préparation, achat de matériel, affrètement d'un navire, navigation de Dunkerque à Stockholm, marche, triangulation, observations, calculs, visites officielles à la cour et à l'université, hivernage dans le froid et la neige qui impose les usages finnois), le voyage du Nord montre bien comment l'on a vécu un projet d'exploration géographique et scientifique du monde comme objet d'investigation autonome. Dans le déplacement, il en va de la proclamation de l'universalité de la nature et de la régularité de ses lois. Le voyage utilise le local comme médiateur d'une leçon globale, et l'aventure lapone illustre la mobilisation des objets, des plantes et des hommes en même temps que celle des méthodes quantitatives qui établissent les comparaisons[113].

Son écho par le journal, par le livre – ceux de Maupertuis, celui de l'abbé Outhier, associé modeste de l'Académie des sciences –, la publicité faite à la culture lapone par les demoiselles lapones exhibées par le vainqueur des Cassini (quelque peu provocateur, et que Voltaire ridiculisera après sous le nom de « docteur Akakia le grand aplatisseur ») montre comment la vérité – la figure newtonienne de la Terre aplatie aux pôles, renflée à l'équateur – convainc les spécialistes dans la controverse, mais en même temps séduit le public mondain dans ses assemblées gagnées par le pittoresque des faits. « Ce s'appelle, monsieur, se frotter à l'essieu du pôle et être au bout du monde », écrit Regnard dans son *Voyage en Laponie*, édité en 1731, et les observations des voyageurs dont Outhier fait justice en 1744 dans son journal, on voit non seulement comment Maupertuis « a aplati aussi bien les deux Cassini, père et fils [cartésiens convaincus], que la Terre elle-même », comme le dit Voltaire du savant déguisé en Lapon, mais aussi de quelle manière le voyage comme expérience a créé l'observation et la connaissance inductive. C'est une autre cohérence de la nature et de l'homme qu'il a aussi révélée et mise en place par l'appel à l'opinion [114]. Quand le Français Maupertuis découvre les Lapons voisins du pôle, il a conscience, comme le dit fortement Jean-Pierre Martin, de se faire découvrir par eux. Le voyage du Nord débouche aussi sur la leçon du relativisme cher aux philosophes des Lumières.

Avec la société des Dilettanti à l'œuvre entre 1734 et 1804 à Londres, on découvre un autre déplacement, un autre milieu, d'autres résultats[115]. Cette société de *gentlemen* et d'aristocrates, une des plus aristocratiques d'Europe (10 % de ses membres ont eu une activité professionnelle ; la majorité relève de la *ruling class* et des gros intérêts fonciers indirectement engagés dans la croissance urbaine et commerciale), illustre la fonction culturelle qui unit les familles et les artistes. Elle organise le brassage social par la sélection des candidats dans un cercle restreint et entre Londres et sa vie mondaine d'une part, les domaines des comtés de l'autre. Son activité intervient après le passage dans les écoles, les universités et le *Grand Tour* : celui-ci est obligatoire pour les artistes qu'on élit (ainsi Reynolds, Stuart, Garrick), mais aussi pour la plupart des grands seigneurs. C'est au terme d'une double circulation que se noue l'activité culturelle. Intérieure, elle a mené à Londres chaque année les jeunes aristocrates, tous élus vers l'âge de trente ans, et quand la plupart ont entamé leur carrière politique au Parlement ou dans les administrations : 248 membres sur 353 ont été chez les Lords et aux Communes, une bonne centaine dans les administrations et la diplomatie. Extérieure, elle a contribué à former les amateurs et les professionnels aux arts et à orienter leur goût.

Dans la rencontre des patrons et des artistes italiens et français, dans l'enthousiasme de la découverte des fouilles archéologiques à Herculanum et à Pompéi, dans les séjours prolongés à Venise, à Florence, à Rome, à Naples et sur l'itinéraire à Paris, le rôle des Dilettanti a pu être double : d'une part, ils servent de médiateurs au goût culturel du continent, introduisent la mode de l'opéra italien et les principes du classicisme ; d'autre part, ils contribuent à la mise en pratique du nouvel idéal, fondateur du néoclassicisme et de la renaissance grecque, par un mécénat collectif et un mécénat privé associés. Leur patronage musical décline après 1750 quand monte leur action auprès des peintres et des architectes. C'est alors qu'ils cautionnent la création de l'Académie royale, qu'ils subventionnent les voyages en Grèce de Stuart et de Revett, les expéditions de Chandler en Asie mineure, qu'ils en diffusent les résultats par les souscriptions, telle celle des *Antiquités d'Athènes et d'Ionie*. L'aventure des Dilettanti est à regarder dans la dimension sociale du marché des biens symboliques. Libertins, volontiers provocants, attachés à leurs banquets arrosés mensuels, à leurs plaisanteries, à leurs déguisements, les joyeux Dilettanti, entre deux toasts, élisent sérieusement des comités, entendent procès-verbaux et comptes rendus, et finalement donnent vie à un mouvement intellectuel et architectural qui a marqué en profondeur la culture anglaise. Un engagement culturel et critique correspond ici pleinement à un type d'existence sociale. Les Dilettanti sont des consommateurs de culture qui ont encouragé les créateurs et favorisé leur autonomie, sans abandonner un idéal aristocratique et cependant universel qui fonctionne entre sociabilités intellectuelles et sociabilités mondaines.

LE POIDS DU MONDE

La part de la sociabilité intellectuelle et celle de la sociabilité mondaine se dissocient difficilement à tous les moments du voyage[116]. On les retrouve aux mêmes étapes, mais l'historiographie confère aux lieux qui les accueillent une place et une fonction différentes. D'un côté, les institutions savantes, qui se sont imposées aux cercles privés et aux réunions libres sans les faire totalement disparaître, attirent avec régularité les visiteurs pour une communication plus réglée au service de la langue, de l'histoire, de l'observation des choses et du monde. De l'autre, les assemblées mondaines, les salons entre autres, assurent une fonction d'accueil et d'hospitalité provisoire et sans contrôle. Dans l'espace urbain du *Grand Tour*, on y voit une sphère où l'autonomisation du jugement littéraire et artistique coïncide aussi, progressivement, avec l'esprit critique, la formation de l'opinion et de l'espace public. Entre le XVIIe et le XVIIIe siècle, un même lieu social passe ainsi d'un espace de représentation, préalable ou appendice de la société de cour, à un espace de culture et de la discussion politique ou politisée. Pour les historiens des Lumières, les salons parisiens (ceux du reste de l'Europe ont moins de prestige, ce qui souligne peut-être un décalage intéressant dans la réalité et dans le temps – ainsi pour l'Italie), par l'accueil d'un public mobile dans son essence – il est alimenté par l'attraction même de la capitale et de la cour, il module son activité selon leur rythme –, s'inscrivent alors dans la médiation d'une communication égalitaire et dans l'essor de la critique rationnelle. L'évidence est rarement discutée, mais le XVIIIe siècle même a vu apparaître avec Rousseau et dans les débats révolutionnaires l'interrogation principale : comment des institutions sociales fonctionnant au moteur du divertissement (aristocratique, théâtral), reposant sur le masque et sur le paraître, peuvent transformer la conversation et les bons mots en arguments et contribuer ainsi à l'autonomie de l'intelligence ? La réponse donnée peut être double[117].

LE DILEMME DES SALONS

Pour les uns, le salon confirme une identité philosophique placée sous le patronage des maîtresses de maison. C'est une institution centrale de la République des Lettres où les *littérateurs* rencontrent les *gens du monde* depuis le temps de la ruelle des Précieuses, à l'époque de Louis XIII et de Louis XIV, jusqu'à celle de Louis XV et de Louis XVI. Un idéal de civilité s'y forme et s'y diffuse, une philosophie critique s'y impose dans l'harmonie d'une conversation polie dont les femmes sont les gardiennes, bergères actives de leur petit troupeau d'hommes fascinés par le brillant et par le sérieux. Pour l'essentiel, l'idéal salonnier du XVIIe siècle dominé par l'éthos de la *conversation*, une méthode de vie, une façon de travailler qui sont projetés dans les rapports avec autrui, se transforment ainsi, dans l'alchimie d'une sociabilité informelle, en investissements politiques et philosophiques[118].

Pour les autres, la rencontre des salons repose sur une permanence, l'existence de relations égalitaires et ainsi l'opposition d'une sociabilité rassemblant des *citoyens sans souveraineté* avec l'espace curial et le monde contrôlé dans tous les domaines par les tenants de l'absolutisme. Au XVIIIe siècle, en faisant place aux philosophes, ils conduisent à la revendication égalitaire, les salons diffusent le projet intellectuel des Lumières[119]. L'espace de la conversation contribue à l'élaboration de l'opinion selon laquelle la fondation de la communauté ne doit plus reposer sur la seule volonté du roi, mais sur la vérité qui émerge de la discussion. L'œuvre de l'abbé Morellet peut être en ce sens retenue comme la démonstration exemplaire de l'alliance des salons – modèles de la bonne conversation, de la liberté d'expression – et de la volonté de réforme éclairée et modérée, entre l'expertise et l'affirmation académique, les controverses de l'opinion et le commerce du monde[120].

Dans ce débat, la mobilité a son mot à dire, d'abord parce qu'elle montre le rôle essentiel de la sociabilité dans la circulation des hommes et des savoirs comme moyen d'une interaction entre des pratiques sociales différentes dans des ensembles où s'estompent continuellement les frontières entre privé et public, intérieur et extérieur, étrangers et nationaux, voyageurs et sédentaires, monde comme forme ludique de sociabilisation[121], et comme transformateur des savoirs et des relations. Le voyage désenclave les points de vue et, hier comme aujourd'hui, entraîne la comparaison des usages et la diversité des pratiques mondaines et intellectuelles. Il met en communication des milieux différents. S'il ne permet pas de choisir entre les interprétations qui confèrent au salon sa fonction constitutive de l'espace public ou qui la lui contestent, il autorise l'interrogation du discours aux pratiques – ainsi du fonctionnement réel de la référence admise à l'égalité de tous dans l'accueil salonnier. Les récits des voyageurs comme les traités apodémiques conseillent la fréquentation des salons et des cercles mondains dans le tour des capitales européennes, comme ils préconisent la fréquentation des hommes instruits et renommés ; ce faisant, ils construisent d'une certaine manière un espace idéal dont la clef est la recommandation élective et sélective. Ils élaborent un discours d'homogénéité qui confère à la rencontre de l'intelligence et des mœurs sa vertu pacificatrice et sa force cardinale pour instituer le lien social.

Il n'est pas sûr que l'on passe aussi aisément d'un espace à l'autre et que la conversation savante fraie partout la voie aux échanges courtisans, au jeu serré des négociateurs et à toutes les formules mondaines que les textes diffusent partout, de Castiglione à Pluquet, du chevalier de Méré à Paradis de Moncrif. Certes les muses – celles du collège, des musées et des assemblées – instruisent le territoire des sociétés civilisées, certes *l'esprit des conversations* anime la *discipline générale des progrès de l'esprit*, inséparable de l'agrément, mais ces muses n'enseignent pas directement à triompher des obstacles et des barrières, ne suppriment pas l'apprentissage des conventions qui, dans les salons, dédouble l'homme social et peut frapper le nouveau venu d'indigence dans l'échange. Le salon est le royaume *du masque et de la parole*[122], de la feinte entre l'être et le paraître, entre le rôle inventé et le vrai moi, qui est l'un des ressorts de la bonne compagnie. Celle-ci marche à la complaisance, et non à la connaissance ; sans cela, toute société serait intenable[123].

Les récits, les romans, les traités recommandent la fréquentation des salons comme celle des institutions de culture, mais ils n'ont jamais transmis la capacité d'y être à l'aise. Leur leçon est différente. C'est celle de l'imbrication des choix qui tirent les pratiques lettrées vers les façons mondaines, et qui rassemblent dès le XVIIe siècle les professionnels des lettres et un certain nombre de familles aristocratiques ou nobles, voire en ascension vers la noblesse comme la finance et la robe : tous communient dans le partage des manières de civilité distinctive, le divertissement et l'échange d'informations. C'est celle également de la vie d'échanges d'un microcosme mondain que brassent la route et l'accueil plus ou moins ouvert. Le jeu de la société y trouve son intégrité et, comme il comprend tout le monde, il n'y a pas de spectateurs privilégiés. La métaphore du théâtre convient au jeu social des salons et à leur rapport avec le voyage. Pour Chamfort[124], une anecdote le montre : « La différence qu'il y a de vous à moi, me disait M..., c'est que vous avez dit à tous les masques : "Je vous connais" ; et moi je leur ai laissé l'espérance de me tromper. Voilà pourquoi le monde m'est plus favorable qu'à vous. C'est un bal dont vous avez détruit l'intérêt pour les autres et l'intérêt pour vous-même ». L'accent est placé sur le divertissement ; le dénonciateur de masques est un homme trop sérieux, un trouble-fête. Pour paraphraser Stendhal, la politique dans les salons, trop sérieusement discutée, pouvait être ressentie comme un coup de pistolet dans un concert.

LE VOYAGE AUTOUR DU SALON

Dès le XVIIe siècle, on voit ces problèmes évoqués dans les récits de voyage. Ainsi, à Paris, les jeunes Hollandais, les frères de Villiers, ou Christian Huygens, entre 1656 et 1660, dévoilent dans leurs journaux le fonctionnement de la bonne société. Patriciens hollandais, les deux frères fréquentent d'abord les milieux diplomatiques et protestants, mais aussi d'autres maisons et d'autres cercles. Quant à Christian Huygens, savant déjà renommé, il montre une même variété de pratiques avec une orientation plus intellectuelle. L'« après-dînée » des Villiers se passe en promenades et en visites à des dames qui reçoivent avec leurs filles, dans leur ruelle, une petite compagnie. Chez Mme L'Advocat, femme d'un maître des comptes, qui n'est pas une précieuse en vue, on les voit goûter le plaisir d'une conversation agréable et galante : « Nous fûmes voir Mme L'Advocat, qui est la femme d'un maître aux comptes : nous la trouvâmes sur son lit, où elle s'était mise pour recevoir ses visites avec moins de contrainte, autant que pour se mieux délasser des fatigues du voyage de Bourbon [aux eaux], dont il y avait fort peu qu'elle était de retour. C'est une dame qui fournit bien à la conversation et qui reçoit le monde de fort bonne grâce. Elle a deux grandes filles qui, sans hyperbole, sont les plus belles personnes que nous ayons encore vues, et les mieux élevées [...] elles ne sont pas moins avantagées d'esprit que de corps, si bien que nous eûmes une conversation fort agréable. » Politesse, intelligence des dames, réception ouverte mais ici point d'homme de lettres – les frères de Villiers en croisent peu ailleurs, et la sociabilité salonnière ici perçue s'ouvre sur des relations multiples (le monde, le quartier). Chez Mme de Saint-Pont, une belle idiote, ils regrettent son inaptitude à la conversation et sa passion du jeu. Chez Mme de La Fayette, précieuse du plus haut rang et de grand esprit, ils soulignent sa distinction et son rang, sans montrer les poètes ou les écrivains qu'on pouvait y rencontrer. L'important, c'est la réputation qui lie le rang et la naissance, et l'*entregent*, le *je ne sais quoi* qui font l'intérêt et fournissant les principes adoucisseurs des réunions. Christian Huygens rapporte des exemples analogues, auxquels il ajoute les assemblées du monde savant : ainsi, chez M. de Montmor, où il rencontre Auzout, Frenicle, Desargues, Pequet, Rohau, Lapoterie et Sorbière, on lit des lettres, on discute de mathématiques, et l'on voit des aristocrates comme le marquis de Sourdis; de même chez l'abbé Charle ou chez Mme de Bonneveaux. Dans les dîners en ville, Huygens discute avec de grands seigneurs comme avec une pléiade de savants. Au total, dans le Paris pré-absolutiste, la sociabilité des voyageurs mêle tous les genres, le monde et l'intelligence.

Rouvrons maintenant le *Journal de voyage* d'Arthur Young, dont on connaît la capacité de témoin placé au centre de la société mondaine grâce à l'hospitalité des La Rochefoucauld. Son réseau repose sur une amitié internationale; il mêle relations recommandées et rencontres arrangées à Paris et en province; il fonctionne à l'esprit du monde et à l'échange intellectuel, que Young oriente vers l'agronomie et l'économie politique – voire, en 1789, vers la politique tout court. Pour lui, tout passe par la trame subtile des liens personnels et grâce à l'apprentissage des procédures et des formes qui ouvrent les portes d'une société cloisonnée. Dans la capitale, ses fréquentations sont majoritairement celles qui ont leur place dans *l'Almanach des personnes de qualité, le Who's Who* du moment. Lorsqu'il franchit les frontières, vers l'Italie et vers l'Espagne, les mécanismes de la sociabilité ne changent pas, même si le hasard tient plus de place dans les fréquentations, comme on le note aussi dans la province française, en 1789, lors du troisième voyage. Les salons parisiens y sont moins évoqués; les relations roturières, ecclésiastiques ou paysannes, et avec elles la dimension d'enquête gagnent du terrain. Son récit s'achève de façon significative sur un essai consacré aux usages dans les différentes nations en ce qui concerne la vie de tous les jours[125]. Young, à Paris principalement, d'étape en étape, révèle la multiplicité des manières empruntées par la rencontre (collective, individuelle) et la porosité des activités, du ton de l'intimité à la discussion savante, de la mondanité au sérieux. Son texte est une sorte d'illustration des formes alors actives de la *conversation* qui anime soupers et dialogues. On y est libre ou compassé ; mais, si Young compare la cour et la ville, c'est pour dénoncer la contrainte qui pèse sur les repas versaillais[126] et pour louer la liberté de réunion que donne autour de la table le plaisir de retrouver dix ou douze personnes qui vous contentent. Il y a la « trop bonne compagnie », comme il la voit à Florence[127], et la « franche société » où l'on peut rire à gorge déployée. Pour lui comme pour Kant[128], « la forme du bien-être qui paraît le mieux s'accorder avec l'humanité est un bon repas en bonne compagnie ». L'important alors, pour les voyageurs, est de nouer ensemble l'esprit de communication positif et les avatars de la conversation muée en spectacle. « L'égalité d'humeur et la douceur du caractère sont les premières conditions d'une société particulière ; mais l'esprit et les connaissances ou l'originalité doivent en rompre la surface pour permettre à une certaine divergence d'opinions de se faire jour, ou bien la conversation ressemble à un voyage sur une plaine illimitée [129]. » De cet espace particulier peut émerger en partie l'espace du jugement critique ; pour Young, c'est plus dans le repas entre hommes, plus libres [130] – comme on peut le remarquer aussi chez l'abbé Morellet –, que dans les salons, voire après les visites aux salons, que se fabrique cette métamorphose du dialogue d'idées. Le voyage permet alors de désigner autrement une conversation ininterrompue que poursuit une société composite et rarement fixe de gens du monde, d'hommes de culture, de savants, d'artistes, d'hommes et de femmes. Raconter son voyage et ses rencontres devient le commentaire de cette métaphore[131].

Fermeture et ouverture, égalité et inégalité

C'est pourquoi l'on en débat encore. Le premier ressort de la fréquentation voyageuse et passagère des salons européens est l'attraction offerte par la diversité – diversité des temps et des lieux, diversité des rencontres sociales. Chaque salon a sa régularité comme il a son style de direction, tant par les femmes – c'est le modèle qui a fasciné principalement l'historiographie – que par les hommes. Car ceux-ci reçoivent aussi : à preuve la coterie du baron d'Holbach et les récits des voyageurs anglais – ainsi le musicien Burney à Paris, mais plus encore les *conversations* à l'italienne qui se tiennent dans les palais des cardinaux ou des grandes familles, dans les appartements des grands à Florence ou à Milan. Que serait le *Grand Tour* sans l'hospitalière sociabilité du consul anglais de Florence, Horace Mann, où les Britanniques donnent le ton à la société toscane ? Que serait Rome sans les innombrables *conversations* particulières et qu'offrent les prélats (l'ambassadeur de France, le cardinal de Bernis, y occupe longtemps une place spécifique) ? Un rapport de la police de Clément XI (1700-1721) montre, dans la capitale de la chrétienté, l'hétérogénéité des sociabilités : « Dans les conversations publiques, de nombreux prélats interviennent plus pour leurs affaires et leurs ambitions que pour autre chose, et parmi celles-ci les principales sont celles de l'illustre Corsini, le lundi et le jeudi, celle du prince Ruspoli, le dimanche, celle d'Ottoboni, le mercredi, actuellement suspendue. Elles sont de deux sortes. Dans certaines, on discourt des nouveautés et beaucoup de prélats y interviennent comme chez Panciani, chez Raggi, chez le comte Spada, chez les Christianelli della Pace et d'autres lieux. Dans d'autres conversations privées, comme chez la princesse Rossano, se trouvent MM. d'Assier di Giudici, Altieri, et ce sont les plus fidèles, mais y vont également Bottini, Dandini, Manieri mais plus rarement. » Le rapport vise à cerner les coutumes à surveiller ; il énumère déjà une vingtaine de sociétés, et surtout montre la publicité reconnue quand il y a un grand personnage de l'État et le caractère privatif qui domine à d'autres moments [132].

À Paris, c'est presque une centaine de ces sociétés qui animent la vie mondaine et culturelle, et dont on a retenu à peine une dizaine pour leur éclat. Entre la cour et la ville, en France comme en Italie ou en Angleterre, elles comblent différemment un espace de discontinuité. Alessandro Veri, à Rome, y voit une des caractéristiques des salons de l'aristocratie avant de se familiariser avec ses pratiques après son voyage à Paris, où il a fréquenté d'autres sociétés plus accueillantes aux étrangers et aux philosophes [133].

Comptent alors la multiplicité des activités offertes qui entraînent le voyageur dans la vie des salons, qu'on peut distinguer par leur attraction sociale : certains plus aristocratiques et d'autres plus bourgeois, certains plus mondains et d'autres plus littéraires. Les invitations ne reposent pas que sur un seul plaisir attendu : la table, un repas, le thé y ont leur place, la musique et les petits concerts aussi, le théâtre sans doute où les noblesses montent sur les planches avec une prédilection particulière. A l'hôtel de Brancas, on joue les petites pièces du comte de Forcalquier ou du président Hénault; les proverbes de Carmontelle ont égayé la société du duc d'Orléans et celle du baron de Frémilly; Beaumarchais fait ses premières armes chez Lenormant à Étiolles. Le jeu tient une place importante, tout comme la lecture et les intrigues littéraires, amoureuses et savantes[134]. Cette mondanité est structurelle comme le prouve Antoine Lilti.

Les salons que fréquentent les voyageurs n'échappent pas aux frémissements de la culture matérielle, à l'entraînement de la mode et du luxe; ils sont comme sa vitrine concrète dans leurs espaces[135]. Ce qui importe, c'est de les voir fonctionner en réseau, car les habitués du lieu comme les visiteurs sont rarement reçus dans une seule société : on le voit dans la coterie de d'Holbach comme chez Mme d'Épinay, comme dans la société de Mme Necker. Choisir ses jours et son salon classe une personne dans un espace et révèle une circulation et des convenances. La marquise de La Ferté-Imbault, malgré son opposition aux philosophes et son amitié avec Maurepas, reçoit Condorcet et Grimm; Mme Geoffrin, très modérée dans ses opinions, fréquente le salon de d'Holbach et Grandval. Alors, aucun doute : les étrangers entrent dans les salons et s'en font gloire. En reprendre la liste relèverait d'une autre analyse, mais on sait qu'elle est nourrie : dans les fichiers de police et les récits de voyage, c'est une bonne centaine de noms qui, vers 1750-1780, illustrent la colonisation anglaise de la sociabilité. Comme pour les Français ou les autochtones, les voyageurs doivent obtenir l'entrée grâce à des recommandations, par lettre ou par amitié présente. Le rôle des compatriotes est partout essentiel : à Paris, Grimm recommande les Allemands comme Hume les Britanniques. Ainsi, périodiquement, l'intérêt, la curiosité, l'*air du temps* font d'un étranger la coqueluche des salons : l'abbé Galiani, Horace Walpole, Garrick, Hume, Goldoni. A l'inverse, Adam Smith fait figure d'ours; il préfère l'opéra et les choses sérieuses aux bavardages.

Cette machinerie sociale a-t-elle produit de l'égalité et de l'esprit critique ? Par son entraînement en réseau, a-t-elle participé à la conversion de l'Europe tant aux idéaux de la République des Lettres qu'à la diffusion des Lumières ? La question, débattue, ne peut recevoir une réponse universelle et intemporelle. Celle-ci doit prendre à son compte les discours comme les pratiques, et ceux-ci varient dans l'espace et le temps. Le voyageur et son accueil travaillent sans aucun doute à homogénéiser le réseau lui-même, et les commentaires discursifs sont des éléments constitutifs des champs impliqués, de la politique à la littérature, voire à la science qui se construit aussi dans la civilité de l'expérience dont on parle. Toutefois, on aurait tort de conclure à la réalité absolue d'un monde égalitaire : n'y pénètre pas qui veut, mais qui peut, et la rencontre entre autochtones et visiteurs étrangers ne fonctionne pas aussi idéalement qu'on veut bien le croire. Le Russe Fonvizine, dans ses *Lettres de France* (1777-1778), dresse là-dessus un tableau critique et rompt avec la mode gallophile qui règne alors en Europe et en Russie ; l'Italien Beccaria ne supporte pas le parisianisme, pas plus d'ailleurs qu'il ne peut se passer de spaghetti à l'huile. Ils nous invitent à avoir une vision plus lucide et plus globale des conditions du transfert culturel. Par ailleurs, entre *gens de lettres* et *gens du monde*, l'égalité qu'on associe avec la fusion des élites dans la seconde moitié du XVIIIe siècle reste un combat à gagner. De même que Fonvizine dénonce ce qui est le ciment même de la société curiale et salonnière – conversation légère, politesse artificielle, galanterie et culte du spectacle, et en bref la corruption des mœurs –, les hommes de lettres ne sont pas les derniers à déplorer l'inégalité réelle du monde. « Il y a des grands qui sont capables d'amitié, mais les gens de lettres n'en doivent attendre que de leurs égaux », dit Duclos[136]. La vexation que certains vivent tristement, tels Rousseau et d'Alembert, permet de dénoncer la priorité des attentions pour le rang plus que pour le talent. Cette conscience nouvelle indique la volonté d'autonomie des lettres et des sciences ainsi que leur besoin de reconnaissance et de protection, difficiles à démêler.

Marché de la sociabilité et économie de l'intelligence

L'espace de la République des Lettres et celui de la République des Mœurs fonctionnent alors comme le marché dans le domaine économique qui, sous l'Ancien Régime, avance au don et à l'échange économique, à la protection et à la liberté, à l'économie morale et symbolique comme au ressort des intérêts et de l'utilité. Tout est affaire d'adéquation au lieu, au moment, aux finalités. Pour la mobilité et ses acteurs, c'est par rapport à l'espace et à son organisation pour les étapes du voyageur et les institutions ou les lieux d'accueil obligé qu'il faut regarder la réalité des réseaux, les libertés qu'ils autorisent ou qu'ils imposent, qu'il faut regarder au-delà des textes normatifs pour saisir la force des usages. Le salon bénéficie, de ce point de vue, d'une grande souplesse : il s'adapte aux conditions locales et, sans effacer la distance entre capitales et provinces, il contribue à la réduire. Ainsi, de son jardin nîmois, le grand épigraphiste et botaniste Séguier peut attirer à lui la fine fleur du monde et des belles-lettres, mais son double réseau – celui de la correspondance avec 338 personnes, celui des voyageurs avec 1 536 visiteurs inscrits dans son carnet d'adresses –, s'il se recoupe et s'entretient en phase, diverge dans la composition sociale. Dans le premier, la majorité de privilégiés, nobles et clercs (54 %), laisse place aux enseignants, aux savants, au gotha des érudits européens, souvent nobles mais pas toujours; dans le second, ce sont les aristocrates et les dominants de la fortune qui l'emportent (75 % des visiteurs) sur la bourgeoisie talentueuse. Dans l'exemple académique et provincial, on retrouve le dilemme de la République des Lettres entre le XVIIe et le XVIIIe siècle. L'idéal retrouve dans la mobilité le moyen de gommer les distances et d'homogénéiser l'espace lettré et mondain, mais la capacité des voyageurs, leurs expériences concrètes montrent la hiérarchisation de l'armature urbaine et la force des représentations sociales. Ce n'est qu'un aspect des relations construites, négociées dans un ensemble plus vaste et entre des mondes différents. D'autres lieux peuvent apparaître et en modifier les attaques : ainsi les stations thermales, les *Spa*, qui réorganisent le *Grand Tour* à la fin du XVIIIe et au début du XIXe siècle[137].

Aller aux eaux met en valeur les regards et les expériences médicales, le zèle des aubergistes et les premières entreprises des stations, le besoin des clients qui fréquentent les sources réputées et les stations aristocratiques : toutes les sociabilités s'y retrouvent, comme le constate encore Arthur Young à Luchon. A l'exemple de Bath au Royaume-Uni, c'est une autre révolution des pratiques qui mobilise le monde de la cour et de la ville, change les mœurs par des pratiques qu'en 1 730 *Les Amusements de Spa* proposent à la lecture du public, et crée son propre espace et ses propres architectures. On les retrouve en Allemagne et en Italie comme en France, du Sud-Est au Sud-Ouest, du Massif central aux Vosges. Dans le voyage intellectuel comme dans le *Tour* mondain, aller aux eaux crée un rythme nouveau : la saison suscite une attraction nouvelle, impose de nouvelles contraintes (locales et générales) et de nouveaux contrôles. Cette transformation n'a d'égale que celle qu'entraînent le désir de rivage et la découverte, entre 1750 et 1840, de la mer et de la plage : de nouveaux salons s'y concrétisent, d'anciens voyages s'y détournent.

La comparaison avec la mobilité que dicte la science et avec la sociabilité du monde suggère la nécessité d'associer la sociologie des pratiques en leur temps à l'attention sur l'histoire des curiosités et des systèmes perceptifs et discursifs qui organisent les témoignages et dévoilent la complication du spectacle social ouvert aux voyageurs [138].

NOTES

1. L. Boltanski et L. Thévenot, *De la justification. Les Economies de la grandeur*, Paris, 1991, pp. 206-259.
2. S. Van Damme, «La sociabilité intellectuelle. Les usages historiographiques d'une notion», Hypothèse, 1997, pp. 123-131.
3. Abbé Pluquet, *De la sociabilité*, Paris, 1764.
4. M. Agulhon, *La Sociabilité méridionale*, Aix-en-Provence, 1966.
5. D. Roche, *Le Siècle des Lumières en province : académies et académiciens provinciaux, 1680-1789*, Paris-La Haye, 1978; R. Chartier, *Les Origines culturelles de la Révolution française*, Paris, 1991, pp. 32-52,167-203.
6. D. Roche, «La République des Lettres ou royaume des mœurs. La sociabilité vue d'ailleurs», *Revue d'histoire moderne et contemporaine*, n°43, 1996, pp. 293-306.
7. P.-Y. Beaurepaire, «Le cosmopolitisme des Lumières à l'épreuve», *Revue d'Histoire*, n° 608, 1998, pp. 795-822.
8. J. Cornette, *Le Roi de guerre*, Paris, 1993, pp. 151-207.
9. J. Boutier et al., *Un Tour de France royal*, Paris, 1984, pp. 7-8, 269-282.
10. *Ibid.*, pp. 348-349.
11. R. J. Knecht, *François the First*, Cambridge, 1982, pp. 92-95; J. Jacquart, *François Ier*, Paris, 1981.
12. J. Michelet, *Histoire de France. La Renaissance triomphante*, t. I, Paris, 1966, p. 350
13. C. Audran-Delhez, *Un périple politique, François Ier visite son duché de Bretagne en 1518*, Mémoire de maîtrise, Paris I, 1990.
14. R. J. Knecht, *op. cit.*, p. 93.
15. J. Jacquart, *op. cit.*, p. 112.
16. J. Boutier et al., *op. cit.*, pp. 13-39, 267-275, 347-349.
17. *Ibid.*, pp. 276-282, 286-323.
18. *Ibid.*, pp. 193-345; L. Bély, *La Société des princes*, Paris, 1999, pp. 396-439.
19. J. Mazarin, *Mémoires pour l'instruction du Dauphin*, Paris, 1992, p. 9; M.-A. Vandroy, *Le Dernier Voyage de Louis XIV*, Mémoire de maîtrise, Paris, 1994.
20. L. Bély, *op. cit.*, pp. 441-535.
21. *Ibid.*, pp. 459-468
22. *Ibid.*, pp. 534-535.
23. J.-M. Le Gall, *Pouvoir et savoir dans les Mémoires pour l'instruction des princes*, Mémoire de maîtrise, Paris I, 1989.
24. *Ibid.*, pp. 97-99.
25. R. Chartier, M.-M. Compère et D. Julia, *L'Education en France du XIIe au XVIIe siècle*, Paris, 1976, pp. 175-185; J. H. Hexter, *New Views on History and Society in Early Modern Europe*, Chicago-Londres, 1979.
26. P. de Vaissières, *Gentilhommes campagnards de l'ancienne France*, Paris, rééd. 1976, pp. 180-185.
27. Mirabeau, *L'Ami des hommes*, Avignon, 1756, t. I, pp. 110-115.
28. L. de Loménie, *Les Mirabeau. Nouvelles Etudes sur la société française au XVIIIe siècle, 1879-1891*, 5 vol., t. I, pp. 250-450; H. Carré, *La Noblesse de France et l'opinion publique au XVIIIe siècle*, Paris, 1920, pp. 107-110.
29. N. Elias, *La Société de cour*, Paris, 1985.
30. Bibliothèque de l'Institut, Ms. 1640-1680. Je remercie ici Sabine Melchior Bonnet de son aide pour cette analyse.
31. M.-P. Dion, *Emmanuel de Croÿ, 1718-1784. Itinéraire intellectuel et réussite nobiliaire au XVIIIe siècle*, Bruxelles, 1987.
32. *Ibid.*, pp. 151-187.

33. E. de Croÿ, *Journal*, t. I, 24, 14 août 1733.
34. *Ibid.*, XVIII, 160, 26 juillet 1762.
35. *Ibid.*, XVII, 2, 26 mars 1761.
36. J. Boutier *et al.*, *op. cit.*, t. I, pp. 67-68.
37. *Ibid.*, t. I, pp. 71-72, pp. 75-79.
38. W. Frijhoff, in *Histoire de l'éducation*, 1984, 21, pp. 91-95, compte rendu du livre de A. F. Van Westrienen, *De Groote Tour*, Amsterdam, 1983.
39. J. Boutier *et al.*, *op. cit.*, pp. 86-90.
40. *Ibid.*, pp. 117-118.
41. P. Burke, *The Fortunes of the « Courtier »* : *The European Reception of Castiglione's Cortegiano*, Cambridge, 1995.
42. *Ibid.*, pp. 90-95.
43. J. Bepler, *Ferdinand Albrecht, Duke of Braunschweig-Lüneburg, 1636-1687* : *A Traveller and his Travelogue*, Wiesbaden, 1988.
44. J. Boutier *et al.*, *op. cit.*, t. I, pp. 132-143.
45. *Ibid.*, t. II, pp. 435-466; C. Lebeau, *Aristocrates et grand commis à la cour de Vienne, 1748-1791. Le Modèle français*, Paris, 1996, pp. 24-29, 81-101, 122-139.
46. J. Towner, « The Grand Tour. A Key Phase in the History of Tourism », *Annals of Tourism Research*, 1985, t. XII, pp. 299-310.
47. L. Réau, *L'Europe française au siècle des Lumières*, Paris, 1951, pp. 347-355.
48. *Grand Tour, The Lure of Italy* in *the Eighteenth Century*, éd. A. Wilton, Ilaria Biguamini, Londres, 1996; C. de Seta, *Le Grand Tour, The Lure of Italy in the Eighteenth Century*, pp. 13-20.
49. *Ibid.*, p. 17.
50. *Ibid.*, p. 18.
51. Francis Bacon, *Of Travaile* (Des voyages), in *Essays or Counsels Civill and Morall*, Londres, 1625.
52. J. Boutier *et al.*, *op. cit.*, t. I, pp. 82-83.
53. Botero, *Relazioni Universali*, Rome, 1591.
54. S. J. Evelyn, *The Diary of Sir J. Evelyn*, 5 vol., Clarendon Press, Oxford, 1955, vol. II.
55. C. de Seta, *L'Italie du Grand Tour de Montaigne à Goethe*, Naples, 1992, et parmi une bibliographie innombrable : J. Stoye, *English Travellers abroad, 1604-1667*, Londres, 1989; J. Blake, *The Grand Tour in the Eighteenth Century*, Londres-New York, 1991.
56. Clara Marburg, *Mr. Pepy's and Mr. Evelyn*, Philadelphie, 1935.
57. S. Shapin, *A Social History of Truth : Civility and Science* in *Seventeenth Century*, Londres-Chicago, 1994; *id.* et S. Schaffer, *Léviathan et la pompe à air : Hobbes, Boyle, and the Experimental Life*, 1985 (Paris, 1987, trad. fr.).
58. D. Murray, *Museum, their History*, Londres, 1904, 2 vol.
59. K. Pomian, *Collectionneurs, amateurs et curieux. Paris, Venise, XVIe-XVIIIe siècle*, Paris, 1987.
60. G. Bachelard, *La Formation de l'esprit scientifique. Contribution à une psychanalyse de la connaissance objective*, Paris, 1965.
61. R. L. W. Caudill, *op. cit.*, pp. 150-180.
62. J. Pocock, *Le Moment machiavélien*, Paris, 2000 (trad. fr.).
63. H. Harder, *Le President de Brosses et le voyage en Italie au XVIIIe siècle*, Genève, 1987, pp. 20-60.
64. J. Brewer, J. Mac Kendrick et N. Plumb, *The Birth of a Consumer Society. The Commercialisation of Eighteenth Century England*, Londres, 1982.
65. V. I. Comparato, « Viaggiatori Inglesi in Italia tra Sei et Settecento. La formazione di un modello interpretation », *Quaderni storici*, 1979, 42, pp. 851-882.

66. J. Stagl, *A History of Curiosity. The Theory of Travel, 1550-1800*, 1995.
67. A. Corbin, *Le Territoire du vide. L'Occident et le désir de rivage, 1750-1840*, Paris, 1988.
68. G. Bertrand, MEFRIM, t. III, 1999, pp. 847-881.
69. M. Boyer, *L'Invention du tourisme. Origine et développement du tourisme dans le sud-est de la France, du XVIᵉ au Second Empire*, 21 fascicules, 4 parties, Thèse de doctorat d'Etat, Université de Lyon II, 1987, *t.* I, pp. 31-62
70. G. Bertrand, *art. cit.*, pp. 865-866.
71. J.-C. Seume, *L'Italia a piedi*, Milan, 1973; M. Ingemeine, *L'illuminismo pessimistico di J.-C. Seume*, Venise, 1978; C. de Seta, *Le Grand Tour, op. cit.*, pp. 219-223.
72. H. Blumenberg, *op. cit.*, pp. 14-49.
73. V. I. Comparato, *art. cit.*, pp. 876-879.
74. J.-P. Vittu, *Le Journal des savants, 1660-1725*, Paris, 2003.
75. H. Bots et F. Waquet, *La République des Lettres*, Paris, 1997.
76. W. Frijhoff, «La circulation des hommes de science», in H. Bots et F. Waquet, *Commercium litterarum*, Amsterdam, 1994, pp. 229-260.
77. *Ibid.*, pp. 230-240.
78. L. Kolakowski, *Chrétiens sans église. La Conscience religieuse et le lien confessionnel au XVIIᵉsiècle*, Paris, 1969 (trad. fr.).
79. H. Bots et F. Waquet, *La République des Lettres, op. cit.*, pp. 69-70.
80. J. E. McClellan, *The Science Reorganised. Scientific Societies* in *the Eighteenth Century*, New York, 1985, pp. 41-68, 153-198.
81. P. Hazard, *La Crise de la conscience européenne, 1680-1715*, Paris, 1935, pp. 54-80; H. Bots et F. Waquet, *La République des Lettres, op. cit.*, p. 82; P. Dibon et F. Waquet, *Johannes Fredericus Gronovius, pèlerin de la République des Lettres : recherches sur le voyage savant au XVIIIᵉ siècle*, Genève, 1984.
82. F. Waquet, *Le Modèle français et l'Italie savante, 1660-1715*, Rome, 1989, pp. 88-90; L. Bély, *Les Relations internationales en Europe, XVIIᵉ-XVIIIᵉ siècle*, Paris, 1992, pp. 50-60, 203-208, 336-350, 583-593.
83. Ph. Contamine (éd.), *Guerre et concurrences entre les Etats européens du XIVᵉ au XVIIIᵉ siècle*, Paris, 1998.
84. M. Firpo, *Il problema della toleranza religiosa nell eta moderna*, Turin, 1978; A. Retondo, «La tolérance», in V. Ferrone et D. Roche, *Le Monde des Lumières*, Paris, 1999, pp. 71-86.
85. P. Dibon et F. Waquet, *op. cit.*, pp. 10-11.
86. *Ibid.*, pp. 20-36.
87. W. Frijhoff, *art. cit.*, in H. Bots et F. Waquet, *op. cit.*, pp. 232-234.
88. D. Roche, «Réseau des pouvoirs, pouvoir des réseaux dans l'Europe des Lumières», *La Plume et la toile*, P.-Y. Beaurepaire (éd.), Colloque Arras 1999, Paris, 2002, pp. 15-30.
89. Ph. Dujardin, *Du groupe au réseau*, Paris, 1988; D. Parrochia, *Philosophie des réseaux*, Paris, 1994.
90. F. Dagognet, *Rematérialiser, matière et matérialisme*, Paris, 1985.
91. W. Frijhoff, *art. cit.*, in H. Bots et F. Waquet, *Commercium litterarum, op. cit.*, pp. 233-236; P. Bourdieu, *Homo academicus*, Paris, 1984, pp. 99-170.
92. Ph. Dujardin, *op. cit.*, pp. 10-11.
93. W. Frijhoff, *art. cit.*, in H. Bots et F. Waquet, *Commercium litterarum, op. cit.*, pp. 232-233.
94. A. Goldgar, *Impolite Learning*, 1995, pp. 1-7, 239-245.
95. S. Shapin, *A Social History of Truth, op. cit.*, pp. 66-83.
96. A. Goldgar, *op. cit.*, pp. 219-250.
97. W. Frijhoff, *art. cit.*, in H. Bots et F. Waquet, *Commercium litterarum, op. cit.*, pp.

239-240.
98. D. Roche, *Les Républicains des Lettres : gens de culture et Lumières au XVIIIe siècle*, Paris, 1988, pp. 47-83.
99. *Paris, 1776*, rééd. D. Roche, Saint-Etienne, 2001, pp. 7-32.
100. R. Chartier, *Les Origines culturelles de la Révolution française, op. cit.*, pp. 46-52.
101. D. Roche, *Le Siècle des Lumières en povince, op. cit.*, t. I, pp. 151-165; F. Waquet, *op. cit.*, pp. 140-141.
102. H. Bots et F. Waquet, *La République des Lettres, op. cit.*, pp. 101-111.
103. R. Pintard, *Le Libertinage érudit dans la première moitié du XVIIe siècle*, Paris, 1943, reprint 1983, pp. 101-122, 209-269, 291-296.
104. A. Viala, *Naissance de l'écrivain. Sociologie de la littérature à l'âge classique*, Paris, 1985, pp. 13-50.
105. D. Roche, *Le Siècle des Lumières en province, op. cit.*, t. I, pp. 280-320.
106. *Ibid.*, pp. 323-385.
107. P. Maury, *L'Académie des sciences*, Paris, 1864, pp. 181-182.
108. J. E. McClellan, *op. cit.*, t. III, pp. 153-198.
109. P. del Negro, «Italie», in V. Ferrone et D. Roche, *Le Monde des Lumières, op. cit.*, pp. 425-433.
110. M. Vovelle, *Théodore Desorgues ou La désorganisation*, Aix-Paris, 1763-1808, Paris, 1985, pp. 67-101.
111. B. Barret-Kriegel, *Les Académies de l'histoire. Les Hstoriens et la monarchie*, 1988, t. III, et t. I, *Jean Mabillon*, Paris, 1988.
112. A. Momigliano, *Problèmes d'historiographie ancienne et moderne*, Paris, 1983, pp. 244-293.
113. M.-N. Bourguet, *Le Voyage scientifique au XVIIIe siècle*, Mémoire d'habilitation, Paris I, 1993, ex. dactylogr.
114. J.-P. Martin, *La Figure de la Terre. Récit de l'expédition française en Laponie suédoise*, Cherbourg, 1987.
115. F.-G. Mougel, *La Société des Dilettanti (1734-1800)*, Thèse, Université de Paris IV, 1973, 2 vol.
116. J. Hellegouarc'h, *L'Esprit des sociétés. Cercles et salons parisiens au XVIIIe siècle*, Paris, 2000; M. Fumaroli, *Quand l'Europe parlait français*, Paris, 2001.
117. N. Schapira, *Conrart et la naissance de l'auteur au XVIIe siècle*, Thèse, Université de Paris I, 2002, 2 vol.; A. Lilti, *Les Salons parisiens au XVIIIe siècle*, Mémoire de DEA, Paris I, 1995, ex. dactylogr.
118. D. Goodman, *The Republic of Letters. A Cultural History of the French Enlightenment*, Ithaca-Londres, 1994; R. Chartier, *Les Origines intellectuelles, op. cit.*, pp. 188-192.
119. D. Gordon, *Citizen without Sovereignty, Equality and Sociability in French Thought, 1670-1789*, Princeton, 1994, pp. 199-208.
120. *Ibid.*, p. 209-241.
121. G. Simmel, *Sociologie et épistémologie*, Paris, 1991 (trad. fr.), pp. 120-125.
122. Ph. Stewart, *Le Masque et la parole. Le Langage de l'amour au XVIIIe siècle*, Paris, 1973 (trad. fr.).
123. C. Ossola, *Dal Cortegiano all' Uomo del mondo : storia di un libro e di un modello sociale*, Turin, 1987; Ph. Stewart, *op. cit.*, pp. 80-89.
124. Chamfort, *Maximes et pensées*, Paris, 1968, p. 287; E. Goffman, *La Présentation de soi*, New York, 1959; Ph. Stewart, *op. cit.*, p. 85.
125. J. Birnbaum, *op. cit.*, pp. 59-72, 83-89.
126. A. Young, A. Young, *Voyages en France*, éd. H. Sée, Paris, 1931, 3 vol., t. I, p. 87.
127. *Id.*, *Voyage en Italie et en Espagne pendant les années 1787 et 1789*, Paris, 1860 (trad. fr.), pp. 142-143.

128. E. Kant, *Anthropologie du point de vue pragmatique*, Königsberg, 1798, in *Œuvres complètes*, 3 vol., « Bibliothèque de la Pléiade », Paris, 1966, t. III, p. 128.
129. A. Young, *op. cit.*, t. I, pp. 118-119.
130. *Ibid*, t. II, pp. 388-389.
131. E. Le Grandic, « Les salons en voyage ou le débat politique, esthétique et moral des voyageurs français en Italie au XVIIIe siècle », *Revue d'histoire littéraire de la France*, 1988, pp. 1047-1063.
132. M. Madignier, *Sociabilité informelle et pratiques sociales en Italie. Les Salons à Rome et à Florence au XVIIIe siècle*, Thèse IUE Florence, 1999, pp. 43-95.
133. *Ibid.*, pp. 44-45, Carteggio Veri Milan, 1919-1923, pp. 379-380, 2 juin 1767, lettre à son frère Pietro.
134. A. Lilti, *op. cit.*, pp. 55-60.
135. N. Coquery, *L'Hôtel aristocratique. Le Marché du luxe à Paris au XVIIIe siècle*, Paris, 1998, pp. 48-85.
136. D. Roche, *Les Républicains des Lettres, op. cit.*, pp. 118-119; A. Lilti, *op. cit.*, pp. 67-72.
137. R. Porter, « The Medical History of Waters and Spas », *Medical History*, supplément n° 10, Londres, 1990.
138. A. Corbin, *op. cit.*, pp. 213-265, 321-322.

Chapitre XI

Voltaire et Rousseau voyageurs

Une œuvre peu connue de Voltaire nous installe au centre d'un questionnaire qui rassemble le philosophe et son œuvre, l'Europe et la France, les Lumières. L'*Histoire des voyages de Scarmentado* publiée en 1756 au tome V de la collection complète des *Œuvres de M. de Voltaire*, éditées à Genève par Cramer, est un conte court et rapide que ne commentent pas les auteurs de Voltaire en son temps[1]. En huit pages, il reprend pourtant les procédés habituels du polémiste et certains artifices des récits de voyage habituels : un itinéraire, l'expression d'une nécessité et d'un désir de voyager, la confrontation expéditive avec les autres sociétés, une morale tirée de l'incertitude et du danger. «J'avais vu tout ce qu'il y a de beau, de bon et d'admirable sur la terre ; je résolus de ne plus voir que mes pénates. Je me mariai chez moi ; je fus cocu, et je vis que c'était l'état le plus doux de la vie[2].» Certes, *Micromégas* ou *Candide* ont plus de souffle, mais la pochade a son sens. Le voyage du jeune Candiote vers 1600 trimbale sur les voies européennes, à l'âge de quinze ans, un écolier pour étudier à Rome, qui attire encore les élites de l'Orient : «J'arrivai dans l'espérance d'apprendre toutes les vérités ; car jusque là on m'avait enseigné tout le contraire, selon l'usage de ce bas monde depuis la Chine jusqu'aux Alpes. Monsignor Profondo, à qui j'étais recommandé, était un homme singulier et un des plus terribles savants qu'il y eut au monde. Il voulut m'apprendre les catégories d'Aristote, et fut sur le point de me mettre dans la catégorie de ses mignons : je l'échappais belle. Je vis des processions, des exorcismes et des rapines. On disait, mais très faussement, que la Signora Olympia [la belle-sœur du pape Innocent X], personne d'une grande prudence, vendait beaucoup de choses qu'on ne doit point vendre. J'étais dans un âge où tout cela me paraissait plaisant [...]. Je courus le risque d'être excommunié et empoisonné. Je partis très content de l'architecture de Saint-Pierre. » Voltaire n'y va pas de main morte avec les stéréotypes de la *peregrinatio* et du *Grand Tour*. C'est qu'il entend, par la plaisanterie philosophique inciter son secteur aux décalages connus par la raison [???] à travers l'Europe et entendre la question qui le mobilise : peut-on éclairer les esprits avec la flamme des bûchers ?

La suite du voyage le prouve. Voilà la France de Louis le Juste en proie aux guerres de religion ; voilà l'Angleterre déchirée par les mêmes querelles, et où l'on brûle encore les hérétiques ; dans la Hollande, plus flegmatique, on coupe la tête aux dissidents ; à Séville, des armées de moines et d'inquisiteurs persécutent juifs et marranes, et les familiers de l'Inquisition envoient Scarmentado dans les cachots. Le voilà en Turquie, où la tolérance coexiste avec les persécutions. Il pousse jusqu'à la Chine, les Indes, l'Afrique ; les leçons du désastre et de l'intolérance s'accumulent sous les pas d'un jeune homme désormais formé à la prudence. On aura compris : l'espace imaginaire de Voltaire a besoin du voyage pour éclairer une route assombrie, mais on ne peut le séparer de l'expérience acquise, révélatrice, clairvoyante d'un rapport instructif avec la société de son temps et avec une culture qui n'est plus, mais qui est encore la nôtre. *Candide*, en plus éclatant, reformulera le même message : voyager découvre le monde et le besoin d'humanité, et pose la question du retrait.

Voltaire sur la route

Voltaire est une figure centrale de la République des Lettres, et son rapport à la circulation rejoint un ensemble de pratiques et de relations sans solution de continuité. Il va dévoiler raisons et moyens du voyage, et sa stature intellectuelle est immédiatement européenne ; quant à sa culture, elle n'ignore rien du reste du monde. Mais suivre ce propos impose un minimum de précautions. La vie de Voltaire, comme toute vie, s'ouvre sur un avenir qu'on ne peut anticiper et ordonner. Le *théâtre du monde* se découvre tôt à l'écrivain, mais il reste à le parcourir selon une route non tracée. Le point de vue biographique, qui demeure d'essence profondément romanesque, ne doit pas trahir sa vocation intellectuelle, et l'on peut y retrouver ce qui mobilise un trajet invisible, imprévisible, à travers pratiques matérielles et comportements intellectuels, et au total révéler l'incertitude, la contrainte, enfin la route achevée, fractures, obstacles et impulsions, la merveilleuse distribution du hasard qui contribue à la réussite des grands hommes et qui fait qu'ils ont triomphé de l'espace comme de la durée.

Voltaire, parisien, suprêmement parisien, a traversé et vu tant de sociétés différentes, en France, en Europe, qu'on peut y voir une des figures symboliques du *voyageur philosophe*. Il affirmait avoir été anglais en Angleterre, allemand en Allemagne, et il signait sa correspondance helvétique « le Suisse Voltaire ». Son cas, exceptionnel par la grandeur du personnage et par l'importance de son action, illustre l'utopie cosmopolite (un espoir), mais il parle aussi de l'expérience commune (une réalité concrète). Sa mobilité, qui suit un ordre dans sa vie, à l'œuvre dans l'*œuvre*, est celle d'un homme instable, insaisissable, aimant à sa façon le masque et l'aventure[3]. Le contraste, qu'impose son choix d'établissement après 1755, entre une vie accélérée et déployée dans l'espace européen et une existence sédentarisée en Suisse, achevée par un ultime voyage parisien – dont les péripéties posthumes sont aussi très évocatrices –, dicte une image sans doute en partie recherchée et construite. On la voit se fixer et s'imposer dans la correspondance, dont l'importance étonne encore (des milliers de lettres échangées, quatre-vingt-dix volumes à lire, des centaines de correspondants[4]), mais qui, pour notre propos, ne peut se substituer à un récit des voyages qu'il n'a pas écrit, à une autobiographie plus révélatrice sur ce point, comme on le voit avec Rousseau et les *Confessions*. On peut alors tenter de suivre un cheminement, d'en fixer les détours et les caractères, de l'instabilité à la stabilité, et ainsi de voir une attention aiguë, mobilisée par l'ouverture au monde et à ses acteurs, la matérialisation des choses autant que l'abstraction de l'intelligence.

Le temps du voyage

L'Europe de Voltaire n'est pas toute l'Europe. Il n'en a parcouru qu'une faible partie et, comme le dit René Pomeau, ce grand frileux a surtout visité les pays du Nord. Voilà donc un témoignage en faveur du basculement septentrional, dont on a vu la fragilité; mais il compte, car il a été à l'origine d'un déplacement culturel amplifié par son influence longue et retentissante. Voltaire ne réalisa jamais un rêve qui était de voir l'Italie et Rome, mais il est moins curieux qu'on impute cet échec à l'image qu'il voulait donner, celle d'une victime potentielle, dictée par la crainte des difficultés possiblement soulevées par les inquisiteurs italiens. Mais, le fait est là : ses pas l'ont porté vers les pays séparés de Rome depuis la Réforme, et parmi les plus puissants et les plus prospères. Peut-être aussi parce que, grâce aux leçons qu'ils donnaient, ils étaient des espaces à conquérir, pour lui-même – la *Henriade* est, à Londres, l'objet d'une souscription décisive et immédiatement heureuse –, pour ses idées aussi car, sous les traits du poète qui soigne sa réputation, on ne peut oublier le prosélytisme du philosophe qui pense séduire les autocrates et conquérir l'opinion qui se forme.

Paris – Amsterdam – Londres

Né et élevé à Paris, fils d'un notaire parisien devenu receveur des épices de la Cour des comptes, François Arouet, avant de devenir Voltaire, n'a pas échappé à la dynamique des capitales. Il en a connu les proximités de voisinage au cœur même de la ville, dans cette cité et dans la cour du Palais, ville dans la cité, avec son agitation judiciaire, parisienne, provinciale, avec son tintamarre commercial qui résonne dans la Grande Galerie, avec ses libraires et ses merciers qui diffusent les œuvres et les produits du monde. Quand il parcourt l'Europe des capitales, il ne peut que comparer les grandes cités traversées (Amsterdam, Londres, Berlin, Francfort, Genève), et les petites, à ce grand foyer civilisateur, fruit d'un travail continu d'innombrables acteurs : les monarques et le discours pétrifié du pouvoir absolu, les peuples et leurs activités, les étrangers dont on sait la présence constante et croissante. Connaître la ville fut sans doute pour Voltaire la même expérience que celle des jeunes Parisiens, entre maison paternelle, résidence de banlieue à Gentilly, à Châtenay. Interne au collège Louis-le-Grand en 1704, il a tout juste franchi la Seine, mais c'est pour trouver à dix ans à peine la fine fleur de la noblesse parisienne et provinciale, une bonne moisson de représentants d'une bourgeoisie roturière, soucieux d'avancer leurs familles et leurs intérêts en plaçant leurs rejetons aux côtés de ceux de la plus haute aristocratie. En bref, un compendium du monde dont Voltaire usera en permanence et qui fournit l'horizon de ses premiers déplacements, dictés par sa découverte de la bonne société. De ce passage, il garde aussi le souvenir des jésuites, ordre ubiquiste et aux dimensions universelles avec lequel il ne rompt pas, mais qu'il tient à distance.

Au total, pendant vingt ans ; le premier départ voltairien date de 1713. C'est l'espace proche qui est son domaine : celui des cercles mondains (le Temple, Sceaux, Maisons), et sans doute celui de quelques hôtels importants et des châteaux accueillants où un jeune poète peut faire son chemin. C'est aussi celui des salonnières : Mme la marquise de Mimeure, parente de son ami de collège le Bourguignon Fyot de La Marche, et Mme de Ferriol qui protège Jean-Baptiste Rousseau. Une brève escapade à Caen, dont on ne sait pas grand-chose, est certainement en 1713 le choix de son père qui veut sauver un fils qu'il juge en perdition. Voltaire y découvre la province dévote, et aussi qu'il souhaite surtout échapper à la tradition familiale, se faire un nom.

Un deuxième départ, la même année, l'envoie comme secrétaire d'ambassade en Hollande. La tentative tourne court : une aventure risquée avec la pimpante Pimpette, fille d'une aventurière du Refuge, la Dunoyer, provoque les foudres de l'ambassadeur, la colère du père Arouet, le retour en catastrophe et la soumission du fils – qui ne renonce ni à sa vocation, ni à sa vie tulmutueuse. La Régence voltairianisante y contribue, mais le fixe dans les cénacles où il peut s'avancer. Paris reste le centre du succès, et le théâtre la forme la plus prestigieuse de l'activité littéraire. Voltaire s'y lance avant la fin du Grand Règne ; il y progresse entre libertinage de mœurs et libertinage d'idées. Ses désordres l'expédient chez Maximilien-Henri de Béthune à Sully-sur-Loire où, dans le « donjon gothique », il est censé « corriger son imprudence et tempérer sa vivacité », mais où il ne retrouve de fait que les divertissements parisiens communs. Voltaire goûte peu les charmes de la province et, quand en 1717 il regagne Paris, la police (qui le surveille depuis un bon moment) l'expédie à la Bastille pour des vers exécrables qui visaient le Régent. On le libère un an après. C'est une leçon qu'il n'est pas près d'oublier et qui peut faire comprendre une première instabilité durable.

En 1722, le voilà en route pour la Hollande avec Marie-Marguerite-Élisabeth d'Alège, veuve du comte de Ruppelmonde. L'auteur d'*Œdipe* décide de l'accompagner aussi pour ses affaires. La mort de son père l'a libéré et lui a fourni un bon pécule – malheureusement à venir, car le vieux notaire lui a interdit d'y toucher s'il ne se corrige pas avant trente-cinq ans. Le départ permet d'envisager la rencontre avec la librairie de Hollande, et la redécouverte d'un peuple étranger – le locataire du « magasin de l'univers » –, de la magnificence et de la simplicité d'une civilisation « embarrassée de richesse [5] », ouverte et tolérante. La *Lettre de Hollande* adressée à Mme de Bernières témoigne de cette conscience nouvelle des vertus du commerce et de la dynamique intellectuelle du Refuge, qu'il rapporte à son retour en France par Bruxelles, où il se brouille avec Jean-Baptiste Rousseau lors d'une promenade en carrosse. C'est une triste fin de cette première ouverture vraie sur l'étranger et la librairie internationale. Si l'éditeur d'Amsterdam fait faux-bond, l'idée reste sous-jacente[6], et elle reprend corps quand Voltaire découvre à Paris et au château de la Source (près d'Orléans) Mylord Bolingbroke, grand seigneur, tory, réfugié en France après 1715. Le succès d'*Œdipe* a répandu le nom de Voltaire hors du royaume, et celui-ci cultive les protections étrangères : George d'Angleterre, le Prince Eugène et la cour de Vienne, peut-être celle de Suède. Le voyage de Hollande, en 1722, s'inscrit aussi dans une vision diplomatique : celle des offres faites au cardinal Dubois, celle d'un poète en quête de ressources et toujours espionné, voire bâtonné par la police. Il prépare le départ en Angleterre, qu'accélèrent l'algarade avec le chevalier de Rohan, un nouveau séjour bref à la Bastille, l'autorisation de partir. Voltaire franchit la Manche le 10 mai 1726[7] sur le packet-boat *Duke of Charost* ou sur le *Betty*, autre courrier du Channel.

LONDRES – BERLIN – GENÈVE

Pendant deux ans, Voltaire se fait anglais, principalement à Londres. Son exil suit de près une ascension évidente, ralentie par les «mortifications» (l'affaire Rohan) qu'il évoque dans son *Commentaire historique* et ses lettres. Sa liberté témoigne des ménagements qu'on lui reconnaît; son départ est une «permission», non pas un «ordre» (5 mai 1726 à Hérault). «Lorsque je débarquai auprès de Londres, c'était dans le milieu du printemps; le ciel était sans nuage, comme dans les plus beaux jours du midi de la France [dont il ne parle pas d'expérience], l'air était rafraîchi par un vent doux d'occident qui augmentait la sérénité de la nature et disposait les esprits à la joie, tant nous sommes machine et tant nos âmes dépendent de l'action de nos corps.» Voilà le moment de grâce du premier contact. Après Voltaire, qui devance Montesquieu et l'abbé Prévost, le séjour anglais pour apprendre à penser et à réfléchir aux libertés de penser devient un poncif[8].

Pendant deux ans, il vit en bon Britannique; il fréquente la cour, les whigs et les torys, les gens de lettres et les négociants, les banquiers juifs et les membres du Dissent. Il semble avoir été partout bien accueilli et bien intégré; les *Lettres anglaises* sont presque un récit des épisodes marquants d'un voyage modèle, moderne. Londres est certainement la ville la plus peuplée du monde et, plus que Paris encore, ouverte sur l'univers. Le négociant Fawkener, revenu de Turquie et rencontré à Paris, offre à Voltaire son hospitalité à Wandsworth. Il hante les théâtres, soupe avec Pope, s'initie à la politique aux Communes, accepte les gratifications royales, prépare la souscription et l'édition de la *Henriade* que protège Robert Walpole, voit les bibliothèques et boit dans les tavernes, multiplie tous les contacts possibles, directs et indirects, lit tous les journaux et tous les livres. Le grand nombre de ses relations prouve son attirance pour la nouveauté et sa mobilité d'esprit et de corps. L'expérience a des répercussions profondes et définitives : la découverte du Refuge anglais et du « doux commerce » civilisateur, la capacité même limitée de circonscrire l'intolérance, toutes saisies dans le « caractère de ce peuple étrange [9] ».

Le retour à l'automne de 1728 n'est pas spectaculaire. Voltaire se cache d'abord, et retrouve précautionneusement les chemins de la bonne société ; il fréquente les eaux de Plombières, découvre la Lorraine aristocratique, et opère sa rentrée littéraire et dramatique. Il mêle déjà intrigues littéraires et philosophiques ; il s'inquiète des poursuites et des pièges qu'on lui tend. En 1733, il songe à fuir en Avignon, ce dont le dissuade l'abbé de Sade qui le prévient du danger des inquisiteurs. Le déclencheur d'un nouveau départ est sa liaison avec Émilie, marquise du Châtelet, femme de goût et de science, libérée pour son temps. Elle entraîne le poète à Cirey, qui offre à Voltaire un asile sûr à quelques lieues de la frontière de l'Empire, et d'où il peut rayonner en Lorraine, en Allemagne, dans les Pays-Bas. Une liaison de quinze années est ainsi le cadre d'une semi-sédentarisation studieuse, consacrée au travail dans une « retraite profonde, un désert », comme Voltaire l'écrit à Frédéric II en 1739[10] : une situation de bienséance à peine sauvegardée, un mode de vie élégant grâce à l'argent du poète, une sociabilité ouverte aux voyageurs lointains ou proches. Avec son théâtre, ses soupers, ses visiteurs, c'est une scène propice à toutes les curiosités, à tous les échanges. De brefs séjours à Paris, une intense correspondance dont le réseau s'accroît (il en entame notamment une avec le futur héritier de la Prusse) maintiennent les contacts avec l'extérieur. Si, en décembre 1736, Voltaire gagne Amsterdam, c'est qu'un nouveau danger apparaît et qu'une incontestable persécution grandit contre lui à la cour. Après son retour se succèdent calmes et orages, séjours à Cirey et courts voyages : à Bruxelles en 1739 pour un procès, à Paris à la fin de l'été, et jusqu'au début de l'hiver à Clèves en 1740 pour rencontrer le jeune roi de Prusse, qui veut fixer le poète à sa cour. Voltaire rejoint Frédéric II à Berlin le 6 novembre 1740, puis à Remersberg, à Aix-la-Chapelle en septembre 1742, à nouveau à Berlin et à Berlin encore, un an plus tard. Un quatrième séjour aux Pays-Bas, en 1740, a eu pour objet de surveiller l'impression de l'*Anti-Machiavel* de Frédéric II.

La sphère des déplacements s'élargit en même temps que celle des idées : l'idéal du prince philosophe se construit dans la relation épistolaire et les rencontres. L'engagement diplomatique accompagne les effets de la séduction : « J'ai obéi aux ordres que Votre Éminence ne m'a point donnés », écrit Voltaire au cardinal Fleury[11] alors qu'il gagne par étapes la cour du roi de Prusse et que s'ouvre la guerre qui conduit à la défaite de Dettingen (27 juin 1743). Voltaire renseigne incontestablement le cabinet français, et sert d'intermédiaire avec les Prussiens. Entre deux absences, les amants se retrouvent ; la solitude les séduit, puis les abandonne à nouveau. De fil en aiguille, de Cirey à Versailles et Paris, de la Lorraine à la Prusse, de Bruxelles à Nancy et Lunéville, de Mme du Châtelet à Mme Denis (avec laquelle Voltaire inaugure une liaison de trente ans en 1745), entre guerre et paix, entre la cour et l'Académie (il y est élu en avril 1746), l'Opéra et les *sociétés*, la Comédie-Française et les concerts privés, Anet et Sceaux, Babylone (Paris) et le paradis (Cirey), le décor ne cesse de changer. À tous ces voyages ne manque même pas l'anecdote du carrosse brisé en février 1746[12] : « L'essieu de derrière vint à casser du côté de M. de Voltaire. Mme du Châtelet et les femmes de chambre tombèrent sur lui et l'étouffèrent de leur poids ; il criait comme un désespéré... On ne pouvait le tirer que d'en haut comme d'un puits. Un postillon se détacha avec son cheval pour aller chercher du secours dans un village éloigné d'une demi-lieue. En attendant, on avait tiré les coussins du carrosse, qu'on mit sur la neige et sur lesquels Mme du Châtelet et Voltaire s'étaient assis à côté l'un de l'autre, considérant la lune et les étoiles et mourant de froid. » Le récit du factotum (qui n'assistait pas à la scène), écrit longtemps après, traité à la façon d'un nocturne romanesque, n'en laisse pas moins une impression durable et somme toute valable : deux *philosophes* en voyage, jetés dans le froid et la neige, oublient leur situation critique et leurs soucis pour, quasi morts de froid, considérer la lune et les étoiles, « ne regrettant au monde que des télescopes ». La suite est connue. Émilie meurt en septembre 1749. Voltaire cède aux sollicitations prussiennes et, le 25 juin 1750, il quitte Paris où il ne reviendra qu'en février 1778. Il est à Berlin pour deux ans et demi, hôte fêté et surveillé.

De Berlin à Genève au midi du siècle

Le voyage prussien fait de Voltaire un poète de cour et un passeur culturel. Frédéric II, intelligent et cultivé, brutal et quelque peu pervers, est féru de littérature française, il ne parle allemand qu'avec ses chevaux et ses valets, il s'avoue poète, il se veut philosophe. La relation entre le roi poète et le poète philosophe sera tout orageuse et sous le signe du désenchantement. Ce qui compte ici, c'est le dépaysement et son coût, et sans doute la déception : « Frédéric II aurait été le plus heureux des rois aussi bien que le plus riche s'il avait été aussi philosophe qu'il a cru l'être quelquefois[13]. » Les querelles internes au milieu intellectuel de Berlin ne font qu'amplifier le décalage : celui de l'éloignement et de l'environnement suspicieux, celui de l'ironie et du sérieux, celui du despotisme réel et du besoin de liberté pour penser et réformer qui guide de plus en plus Voltaire. Celui-ci attend son congé de janvier à mars 1753 ; il traverse l'Allemagne par Gotha et Cassel, où il découvre le charme des petites cours princières ; il échappe au guet-apens que lui tend à Francfort le résident de Frédéric II, Freytag, entre le 11 avril et le 7 juillet, et il tente de revenir en France. Son voyage d'Allemagne est d'abord l'histoire d'une désillusion ; c'est aussi celle de ruptures successives, avec Maupertuis et les académiciens courtisans de Berlin. Ce n'est pas l'interruption totale des rapports du philosophe avec l'espace germanique. Il reste en relation épistolaire durable avec le roi, et garde des liens avec les familles des cours et « courettes » d'outre-Rhin qu'il a côtoyées entre 1750 et 1753 : la margrave Wilhelmine (sœur de Frédéric II) à Weimar, le duc et la duchesse de Gotha, l'électeur palatin Charles-Théodore à Schwetzingen, le duc de Bade à Buckeburg, pour qui il reste une première étoile poétique et où on le fête, où l'on joue ses pièces, où l'on feint de croire à la capacité d'un despotisme éclairé d'entendre les philosophes.

Le retour de Voltaire est une évasion courtoise. Par Mayence, Mannheim, Strasbourg, c'est une course libre qui le reconduit en France, mais précédé par sa réputation sulfureuse. On lui prête une *Idée de la personne et de la manière de vivre du roi de Prusse* (juin 1753), anonyme encore aujourd'hui et qu'il désavoue – elle n'est rien moins que flatteuse. Cela suffit à lui fermer les portes du royaume, en dépit de l'accueil partout favorable de la bonne société. Par Colmar (où la volonté de Louis XV lui parvient : il est interdit de séjour à Paris et à Versailles), l'abbaye bénédictine de Senones (où le reçoit trois mois dom Calmet, qui lui ouvre sa bibliothèque), Besançon, Dijon (où l'accueille M. de Ruffey, mentor de la Société littéraire), Lyon (où il retrouve le maréchal de Richelieu, le margrave de Bayreuth, le cardinal de Tencin), le voilà à Genève. Il s'installe dans les environs, bien accueilli par la tribu Tronchin, les éditeurs, une noblesse pacifique et terrienne. Le voilà propriétaire aux Délices, à Ferney, à Tourney. Le voyageur s'arrête pour trente ans.

Pratiques du voyage voltairien

L'ennui de l'exil guettait Voltaire depuis longtemps ; la nécessité le fixe en Suisse pour longtemps, et c'est une manière de tenir à la liberté de tous les côtés. Le travail et la présence de Mme Denis font le redoux d'un midi tumultueux au bord du Léman. L'état de disgrâce en faisait un voyageur perpétuel, c'était la seule liberté qu'on lui reconnaissait. L'établissement, la propriété, la solitude hospitalière, protégé par sa richesse et par la stabilité des lois de Genève, n'en font pas tout à fait un casanier. Voltaire endosse, à l'heure d'un premier bilan, la tenue du patriarche : « Nous oublions dans notre ermitage les rois, les cours, les sottises des hommes ; nous ne songeons qu'à nos jardins, et à nos amis. Je finis enfin par mener une vie patriarcale ; c'est un don de Dieu qu'il ne nous fait que quand on a la barbe grise, c'est le hochet de la vieillesse. » Voltaire a la quarantaine, et encore un quart de siècle à vivre. Désormais son réseau est installé, comme le montre sa correspondance : c'est celui des capitales grandes et petites de l'Europe éclairée ; c'est aussi celui des satellites de la culture française et de la culture de la France des notables et des académiciens, que Voltaire raille mais sollicite ; c'est enfin celui d'un capitalisme commercial et éditorial triomphant.

Voilà un premier résultat des voyages : l'axe Paris-Londres-Berlin-Genève-Amsterdam. L'Italie ne commande plus l'espace, même si Voltaire y conserve – à Rome, Florence, Venise – une part de son capital d'admirateurs et de correspondants. C'est un peu, d'ailleurs, l'histoire d'un rendez-vous manqué. Voltaire, dont les idées étaient si fort en opposition avec celles qui régnaient outre-monts subit l'attrait de l'Italie toute sa vie : il l'appelait sa patrie et sa mère, et il eut « la rage » de la découvrir[14]. Il voulait y aller et négocia plusieurs fois son voyage. Mais, soit impossibilité matérielle – manque de temps plus que de moyens –, soit crainte excessive, il ne la connut jamais que par les livres, les journaux, les lettres, la langue, l'Arioste, le théâtre italien qui retient son attention, et ce que l'on fait de son propre théâtre, et ce que l'on en dit en Italie. Les jeunes novateurs de Milan, de Naples ou de Florence ne l'oublient pas, même s'il n'est pas le seul Français reconnu et s'il suscite des réserves[15]. Le Nord l'emporte sur le Sud, mais celui-ci compte, et dans cette prédominance se lisent les contraintes et les hasards qui ont présidé à l'instabilité voltairienne.

L'INSTABILITÉ VOLTAIRIENNE

Elle n'a pas suivi un programme ou un ordre à la façon de la *peregrinatio* ou du *Grand Tour*; elle a été le résultat de nécessités diverses, et certainement d'un goût pour la découverte qui donne à l'utopie cosmopolite et à la République des Lettres leur force concrète et leurs valeurs. Un premier espace est bien tracé après le collège et l'entrée dans le monde, et le philosophe va le retrouver en permanence au centre et à la périphérie de ses déplacements : c'est celui d'un monde aristocratique où règne la sociabilité du rang et des apparences; y entrer est une intégration qui, pour Voltaire, se double de la reconnaissance littéraire. Ici, notre homme prend place dans une société organisée selon la conception coutumière et organiciste, où la réputation curiale fait les noms sans qu'interviennent, au moins au départ, les institutions de l'espace public. Celles-ci se dessineront peu à peu dans l'itinéraire de Voltaire avec la presse et la reconnaissance académique, dont on voit clairement dans son cas qu'elle ne libère pas totalement. La configuration de son œuvre – poésie, théâtre, libelle – est d'abord celle de cette mobilité de proximité et de cercles. Le champ littéraire qui couronne Voltaire est celui des institutions parisiennes et royales; l'espace qu'il parcourt d'abord est celui des protecteurs et des plaisirs élégants et libertins qui sont aussi des foyers d'animation intellectuelle. Le Temple, le château de Sceaux, où l'on joue à l'opposition politique, Sully-sur-Loire, Forges-les-Eaux, plus tard Cirey et les demeures de la noblesse lorraine sont pour lui le théâtre où s'est faite sa réputation de satiriste et de suspect. Son insolence et son talent ironique cultivé aux dépens du pouvoir font le reste, ce qui lui impose la nécessité de fuir. Le jeu n'est pas pur théâtre, et la Bastille le prouve. Mieux vaut l'exil temporaire que la prison, car la quête de liberté pousse à partir afin de pouvoir dire et écrire. Revenu d'Angleterre, écrivant à son ami normand Jean-Baptiste-Nicolas Fourmont le 6 décembre 1732, Voltaire exprime la tension qui déséquilibre son travail, placé entre la sphère traditionnelle des aristocraties protectrices et celle, entrevue à Londres, des libertés novatrices. L'écart, creusé par le voyage, se lit dans une production : d'une part, les billevesées, le théâtre ; la science, la philosophie de l'autre :

« J'aurais dû employer une partie de mon temps à vous écrire et l'autre à corriger *Zaïre*. Mais je l'ai perdu tout entier à Fontainebleau à faire des querelles entre les actrices pour les premiers rôles et entre les reines et les princesses pour faire jouer des comédies, à former de grandes factions pour des bagatelles et à brouiller toute la cour pour des riens [...]. Je suis enfin déterminé à faire paraître ces lettres anglaises, et c'est pour cela qu'il m'a fallu relire Newton ; car il ne m'est pas permis de parler d'un si grand homme sans le connaître. J'ai refondu entièrement les lettres où je parlais de lui [...]. J'ai la hardiesse de soutenir le système d'Isaac qui me paraît démontré. Tout cela fera quatre ou cinq lettres, que je tâche d'égayer et de rendre intéressantes autant que la matière peut le permettre ; je suis aussi obligé de changer tout ce que j'avais écrit à propos de M. Locke, parce qu'après tout je veux vivre en France, et il ne m'est pas permis d'être aussi philosophe qu'un Anglais. Il me faut déguiser à Paris ce que je ne pourrais dire trop fortement à Londres [...]. Le cœur m'en saigne[16]. »

La contradiction vécue par Voltaire explique en permanence les raisons des voyages. Entre la contrainte et la volonté d'échapper à la contrainte, sa vie est désormais une quête de liberté ; mais en 1753, après tant de péripéties vécues en France, en Lorraine et en Prusse, il choisit de s'installer près de Genève et de se faire roi chez lui. Ferney donne son sens, par la sédentarisation protectrice, à la logique épuisante des mouvements. Le calme succède au tourbillon.

Contraint, le jeune Arouet l'a d'abord été par son père qui, soucieux de le modérer et de lui faire parcourir une carrière conforme à la volonté sociale d'une famille en ascension, l'expédie à Caen et à La Haye. Dans les deux cas, l'échec est patent : les premiers voyages ne forment pas toujours la jeunesse. Voltaire y a toutefois découvert deux attentions : l'obsession de la dévotion provinciale, obstacle à la liberté de mœurs, et l'action diplomatique. La déception paternelle éclate : le bon bourgeois obtient une lettre de cachet et songe à expédier son fils encombrant aux Iles (c'est à la mode, voyez Prévost) ou au fond du désert provincial. Voltaire s'accommode et joue pendant un temps le jeu resserré que permet l'espace social parisien. Très vite, ses écrits et ses écarts bousculent la sécurité que ses relations lui assurent. La censure policière, l'opinion du monde – soucieuse des réputations personnelles, lignagères – y veillent ; elles lui prêtent désormais plus qu'il n'en peut, et on l'accuse de propos ou de livrets séditieux ou immoraux ou plutôt immoraux parce que séditieux[17]. En 1716, on lui impute les *J'ai vu* ; l'anonymat ne protège plus le jeune poète, qui s'est placé dans le camp des suspects. Ainsi, une épigramme sur la réforme des chevaux de la Grande Écurie qui s'achève en flèche empoisonnée : « On eût mieux fait de supprimer la moitié des ânes dont on avait entouré Sa Majesté[18] » a préparé la crise. Le satiriste n'épargne rien, il a tout vu : « J'ai vu ces maux et je n'ai pas vingt ans. » Le Régent, qui a le sens de la famille et de l'État, l'expédiera à Tulle ; on lui accordera, on l'a vu, Sully-sur-Loire, et un exil doré – mais tout de même un exil : « Il serait délicieux de rester à Sully s'il était permis d'en sortir[19]. »

L'OMBRE DE LA BASTILLE

Une course-poursuite est commencée. En 1718, après l'embastillement, voilà Voltaire cantonné à Châtenay, dans la maison de campagne paternelle ; la coupure avec la haute société est faible. En 1726, le départ est autorisé, mais l'exil s'impose dans son esprit. La nécessité de fuir va désormais régler la dynamique des départs. En 1734, les *Lettres philosophiques* font scandale ; c'est pour beaucoup déjà un « manifeste des Lumières », travaillé, préparé[20], approuvé aussi par le censeur, l'abbé Rothelin, sur une première version adoucie. C'est également le révélateur des tactiques de clandestinité éditoriale dont Voltaire va devenir coutumier ; la fuite en fait déjà partie[21], comme la mobilisation intense du réseau de correspondance. La menace n'est pas inexistante : le libraire Jore a été embastillé, et perquisitionné à plusieurs reprises ; le 3 mai 1734, une lettre de cachet est lancée contre Arouet de Voltaire, et transmise à l'intendant de Dijon, car le philosophe se trouve alors au château de Montjeu, près d'Autun pour le remariage du maréchal de Richelieu avec Mlle de Guise. Le départ a permis aux libraires et aux colporteurs de répandre sur le marché le dangereux ouvrage. Celui-ci est condamné ; les protections n'arrêtent rien. Voltaire, sur le conseil de Richelieu, roule déjà vers Cirey et, quand la maréchaussée se présente, on lui répond qu'il est à Plombières pour raison de santé[22]. Il y est le 8 mai, et peut revenir à Paris en mars 1735 à condition qu'il ne s'occupe plus que « d'objets qui ne donneront plus aucun sujet de former contre lui les mêmes plaintes que par le passé [23] ».

En 1736, nouvelle affaire : le *Mondain*, diffusé clandestinement à Paris, relance les poursuites. Cet éloge du luxe et de la consommation inquiète par ses formules à l'emporte-pièce : « *Le superflu, chose si nécessaire, a réuni l'un et l'autre hémisphère »*, *« Le paradis terrestre est où je suis.* » Nouveau départ, car si l'affaire n'est pas sérieuse, elle n'est point innocente : les ministres, les dévots, l'Église flairent le persiflage, l'irrespect. Voltaire s'éloigne ; il hésite entre Bâle, Nancy, Berlin, et choisit la Hollande où il peut soigner ses intérêts éditoriaux. C'est un départ sans permission. Il reviendra trois mois plus tard. M. Revol, passé par Bruxelles et Anvers, laisse courir le bruit qu'il va gagner la Prusse ou l'Angleterre. A Amsterdam, Voltaire prépare les bonnes feuilles des *Éléments de la philosophie de Newton*. S'il hésite à s'exiler, c'est qu'il est confronté à un double choix, par les autorités, par Mme du Châtelet aussi : ou bien publier des tragédies et des ouvrages approuvés en France (mémoires savants ou réflexions historiques), ou bien, ailleurs, donner libre cours à sa passion philosophique dans la liberté[24]. Désormais, cette pulsion-ci va l'emporter.

Une carte des éditions sorties des presses entre 1730 et 1750 montrerait que la majorité de l'œuvre de Voltaire est publiée hors du royaume. Son activité d'auteur l'entraîne sur les routes : il n'a jamais négligé ses intérêts, et sait combien le milieu des éditeurs exige la proximité. Les aller et retour qui alternent avec les séjours de travail à Cirey correspondent à ce besoin déjà visible avant, dès 1722, avec la Hollande et la *Henriade*. Toutefois, liberté et curiosité l'animent avec une force identique. Certes les menaces existent, certes les conditions éditoriales offertes par la librairie périphérique (elles sont moins contraignantes[25]) pèsent dans la balance, mais Voltaire a pris goût au voyage : à chaque départ, il se sent renaître. « Pierre qui roule peut amasser mousse[26]. » C'est cette appétence qui est à l'œuvre, en partie, dans le séjour anglais préparé par le succès d'*Œdipe* et par les discussions avec Bolingbroke. L'exilé, au moment où basculent les alliances diplomatiques de la France et du Royaume-Uni, lui fait découvrir les aléas d'une nouvelle politique ouverte à l'alternance, mais point encore dépourvue d'incertitude : l'exil des *Oies sauvages* et des partisans du prétendant le prouvent à Paris. De surcroît, outre la liberté, Voltaire peut trouver à Londres une reconnaissance plus assurée que celle qu'il espère du roi en France, et qu'il n'obtient qu'à demi. Il a envoyé à George Ier son *Œdipe*, il en reçoit une montre en or. Il est mêlé aux intrigues diplomatiques qui ont suivi la mort du Régent, Philippe d'Orléans, en décembre 1723. En août 1724, à Forges-les-Eaux, boire de l'eau minérale est un prétexte pour rencontrer une partie de la cour, dont Richelieu, et le duc de Bourbon qui gouverne la France pendant la seconde régence. Voltaire rêve de conseiller les princes et d'être autre chose qu'un poète de cour. Ni les missions diplomatiques, ni les voyages comme informateur ne l'imposeront. Il s'est sans aucun doute rêvé agent secret et diplomate. On le voit à Berlin. Les *Mémoires* qu'il ne publie pas orchestrent principalement les harmoniques de sa relation avec Frédéric II : l'admiration, l'espoir placé dans un monarque victorieux, poète, musicien, philosophe, qui change le *système de l'Europe*, la séduction et le panégyrique, le fonctionnement du favoritisme à la cour de Potsdam, la justification personnelle, la critique (celle d'un caractère singulier, celle d'un despotisme pesant), la duperie. L'exil doré de Berlin, le personnage qui réussit à l'« enquinauder » proprement, les services rendus à la cour – tout cela revu et corrigé au pied des Alpes, vers 1759 sans doute – s'inscrivent dans une aspiration à la protection qui lui échappe en France, et à un rôle qu'on lui refuse et dont le roi de Prusse fait miroiter la revanche[27].

Le point de vue de Ferney

Disgracié pour avoir critiqué le choix du monarque qui place à la tête de son Académie le *Docteur Akakia* – Maupertuis, le conquérant exilé du pôle parisien –, Voltaire a pu mesurer la fragilité de la relation entre le pouvoir éclairé et le savoir critique. Ferney marque alors plus qu'une étape, l'installation de Voltaire loin des cours l'instaure dans une royauté intellectuelle à sa mesure. La sédentarisation, qui trouve son explication dans le tourbillon des voyages, implique une autre dimension. A partir de la Suisse, une forme nouvelle de la République invisible des Lettres se donne un monarque, et celui-ci l'anime au centre d'un réseau qui est à la fois celui de la correspondance et celui des voyageurs. Pour Voltaire lui-même, un changement de vie décisif s'impose : il investissait dans la mobilité nécessaire à la conquête des positions attendues de la protection et de la vie curiales, poète et courtisan, comme de la renommée éditoriale. Cette sociabilité culturelle qui l'a conduit à l'Académie française, qui le fait collectionner les affiliations à une vingtaine de sociétés provinciales et étrangères, le range parmi les exemples de la double conscience opératoire et efficace que l'on retrouve chez d'autres (ainsi d'Holbach, ainsi Montesquieu) et pour laquelle il n'y a pas de réforme dans la fracture ouverte entre idéal philosophique, position sociale et apparence de conformisme. A Ferney, Voltaire engage une capacité de rupture qui, sans changer le dispositif de ses relations sociales, confère à la correspondance, aux voyages des autres, aux lectures, aux emprunts et aux échanges savants, une ouverture cosmopolite et une vraie force politique dans la République des Lettres [28].

Il serait intéressant de calculer le coût des voyages voltairiens afin de les comparer aux frais engagés dans l'économie domestique. Le voyage, privilège social, coûte cher ; la fuite et l'exil se paient, et certainement plus que les déplacements ordinaires – surtout si, comme Voltaire, on ne change pas d'habitudes ; or, il a celles de la haute société parisienne. Doté par son père d'une petite pension qui lui permet tout juste de vivre[29], il dépend de sa famille lorsqu'il est envoyé à Caen ou en Hollande, il dépend de ses protecteurs pour entrer dans le monde où la consommation s'accélère et fait le train de vie des riches. C'est pourquoi on le voit perpétuellement se plaindre de son manque de fortune et tâter le terrain pour trouver un état rentable en France, mais aussi à l'étranger : ainsi, en 1722, il songe à partir pour Vienne. C'est pourquoi aussi il se montre très tôt attentif à la gestion économique de son œuvre, qui l'entraîne en Hollande à plusieurs reprises. La fréquentation des milieux de la haute finance l'introduit dans le monde des affaires et des spéculations, qui vont constituer l'un des pôles de sa correspondance[30]. Avec les pensions de la cour, il est ancré dans l'ancienne société, comme avec les rentes héritées ou acquises ; avec les bénéfices du commerce, il a un pied dans le monde du développement et de la circulation.

En permanence, les voyages entrepris ponctionnent une part de ses bénéfices. En août 1726, il s'en plaint : « Ma petite fortune est très dérangée par tant de voyages. » En 1727, il reprend l'antienne : « Le mauvais état de ma santé et de ma fortune sont les seuls motifs qui m'engagent à revenir à Paris[31]. » Le retour d'Angleterre, les spéculations heureuses marquent un changement, et il répond à une demande encore accrue par la fuite en Lorraine, mais sans arrêter les plaintes. Désormais, il essaie de négocier ses frais, en particulier avec le roi de Prusse : « Je suis riche et même très riche pour un homme de lettres, lui écrit-il en 1750 ; malgré cela, il m'est impossible de faire actuellement une dépense extraordinaire : premièrement parce qu'il m'en a beaucoup coûté pour établir mon petit ménage [entendez qu'il a retapé le vieux château de Cirey et qu'il entretient la famille], en second lieu parce que les affaires de Mme du Chatelet mêlées avec ma fortune m'ont coûté encore davantage. Je ne peux y avoir un bon carrosse de voyage, ni partir avec les secours nécessaires à un malade [on voit qu'il a depuis longtemps utilisé sa santé comme un moyen de défense], ni pourvoir à mon ménage pendant mon absence à moins de quatre mille écus d'Allemagne. » La richesse complique la vie des riches : elle oblige Voltaire à des déplacements procéduriers à Bruxelles, à Paris ; mais elle lui assure la liberté de voyage et protège sa liberté de penser [32].

La sédentarisation ne fait pas diminuer la dépense, elle en change les équilibres ; mais le poids du voyage n'en disparaît pas pour autant, car il est transféré sur l'hospitalité. « Je vois tous les orages, mais je les vois du port, et je vous assure que mon port est bien joli et bien abrité [33] », écrit Voltaire, filant la métaphore maritime pour marquer la rupture. Il vient d'acheter le château de Ferney et cette installation, loin de diminuer son influence, l'élargit à toute l'Europe. Il devient alors « l'aubergiste de l'Europe [34] ». On ne peut plus voyager sans venir voir le grand homme. Notons qu'il est aussi réinstallé dans une autre économie du déplacement de proximité. Les Délices, d'abord, sont sa demeure principale, mais il a acquis une maison à Montriond, près de Lausanne, où il va quand il fait froid aux Délices. Il va acheter une autre maison à Lausanne, au 6, rue du Grand-Chêne. Bref, il vit dans l'une de ses résidences estivales à la campagne, mais sans rompre avec l'espace des villes – Genève et ses amis, les Tronchin, les Vernet, les Cramer ; le docteur, le banquier et l'éditeur sont ainsi proches. Deux ans plus tard, il acquiert les propriétés de Ferney et de Tourney, qui sont situées dans le pays de Gex, terre du roi ; la distance avec Genève commence à augmenter, mais à distance de Dijon et loin de Versailles. « C'est, dit-il, pour n'être ni en France ni à Genève, car mon idée est de mourir parfaitement libre [35]. » Genève est à six kilomètres de chez lui, Gex à dix kilomètres. Le second domaine est à moins de cinq kilomètres du premier : une heure de trajet en voiture à cheval. Le patriarche, heureux entre ses livres, ses jardins, ses chevaux, ses vaches, son aigle, et « ses lapins qui se passent la patte sur le nez », peut partager ses invités entre l'un et l'autre château : dans le premier, il les loge et les reçoit, les divertit par ses propos et par ses spectacles ; dans le second, il les héberge en plus grand nombre. Le voilà seigneur, propriétaire (Ferney coûte près de 90 000 livres), maître chez lui comme au centre du « petit royaume de Cachemire [36] ». Les visiteurs doivent admirer la prospérité du domaine, et les résultats obtenus dans le cabinet de physique qu'est alors « sa campagne [37] ».

L'AUBERGISTE DE L'EUROPE

Voir retrouver par Voltaire les vertus de l'hospitalité à l'antique et le rôle des grands seigneurs permet de percevoir une des dimensions quelque peu oubliées du fonctionnement de la République des Lettres, que l'on ne situe qu'en ville. Ici, les moyens financiers et les dynamiques de la mobilité intellectuelle et mondaine font la sociabilité de Ferney, dont l'étude détaillée serait souhaitable et possible. Elle montrerait comment l'on passe d'un réseau à l'autre, mais ici on ne peut l'esquisser qu'à grands traits. L'*ermitage* de Voltaire se situe non loin du grand axe, Nord-Sud du *Grand Tour*, de Lyon et de Genève. Avant la grande découverte des Alpes et de la montagne, du voyage aux glaciers de Savoie, c'est déjà un lieu d'engouement réel pour un *jardin dans la nature* et la découverte de mille spectacles étonnants. Pour les citadins que sont la majorité des voyageurs, les campagnes genevoises marient la campagne et l'urbanisation ; elles dépaysent, mais sans rupture, et fournissent le cadre d'une thématique littéraire et d'un esthétisme naturel auxquels Rousseau va conférer une nouvelle attraction, largement entamée avant lui et la *Nouvelle Héloïse* [38]. La présence de Voltaire pimente le voyage genevois pour les initiés et les élus, qui peuvent d'ailleurs bénéficier d'autres trames de sociabilité et d'hospitalité. Genève est une ville éclairée ; d'intenses relations sociales s'y pratiquent, qu'on découvre dans la Lettre sur les spectacles ; c'est un « salon à ciel ouvert ». Voltaire au pied des Alpes a été l'une des meilleures publicités pour les Alpes, mais on se rend à Ferney pour découvrir autre chose : un accueil renommé et une possibilité de voir s'établir une relation plus durable et plus essentielle[39].

Les visiteurs qui viennent à Ferney passent et repassent par Genève, chez Saussure, Bourrit, Bonnet, Deluc et son cabinet de curiosités renommée, Tronchin qui les accueille aussi aux *Délices* qu'il a rachetés et leur ouvre sa collection de tableaux. Ainsi, c'est une étape accessible et qui a pendant vingt ans reçu plusieurs centaines de visiteurs qu'on retrouve dans la *Correspondance*. Pour les Anglais, on a là un détour obligé : Gavin de Beer et André-Michel Rousseau en ont retenu 156, dont une trentaine ne sont pas identifiés. C'est, sans surprise, l'aristocratie britannique du *Grand Tour* et du voyage en Suisse, les consultants de Tronchin et les primitifs de l'alpinisme, sans compter les jeunes nobliaux qui fréquentent l'université de Genève et son académie d'équitation. Au total, de vieux et de moins vieux *touristes*, venus parfois à plusieurs, qui se succèdent de père en fils comme les Fox, qui se recommandent les uns et les autres : pairs, députés, politiciens, militaires, savants, agronomes comme John Olgivy, professeurs comme Sharpe, médecins comme Smith Ogilvey, hommes de lettres comme George Macktney ou Gibbon, artistes comme Ramsay, Britanniques, Écossais, Irlandais, Américains, les *fans* de la génération qui a remplacé celle des souscripteurs de la *Henriade*. Ils font la réputation de l'accueil, quelquefois non sans ironie et humour, mais c'est celle du maître de maison qui compte, et ce qu'on lui reconnaît comme rôle d'intermédiaire entre la culture anglaise et la culture française, comme maître à penser autorisé pour une société cosmopolite[40].

D'autres nationalités franchissent les portes, qu'attirent le *pittoresque* genevois, la montagne proche, la culture politique de la république calviniste[41]. Des Français : le chevalier de Boufflers, Mme d'Épinay, d'Alembert, l'acteur Le Kain, Mme de Genlis, le duc de Richelieu (venu en 1762 avec quarante personnes), le duc de Villars, et bien d'autres membres illustres de la République des Lettres et du monde. Ils y croisent des Italiens, dont Algarotti ; Voltaire regrette de ne pas avoir reçu Goldoni ; quant à Casanova, il laisse de son entrevue un récit peu favorable. On y rencontre aussi des Allemands, des Russes, des Espagnols. C'est l'Europe des Lumières notables et aristocratiques qu'accueille Mme Denis, devenue l'hôtesse-maîtresse de son oncle. Elle a cinquante personnes à table, le double au théâtre. Mme Suard, reçue, écrit : « Voir Voltaire est devenu une curiosité véritable, et sa visite fait partie de l'instauration du culte du grand homme autant que de la proclamation du grand intellectuel. Il me semblait que j'étais en présence d'un dieu, mais d'un dieu dès longtemps chéri, adoré, à qui il m'était donné enfin de pouvoir montrer toute ma reconnaissance et tout mon respect [42]. »

Ce monde spirituel, en changement perpétuel – un voyageur remplace l'autre –, est construit dans une stabilisation peu durable et participe de l'artificialité d'une rencontre où Voltaire déploie ses dons de comédien : un jour malade, valétudinaire inépuisable, un autre jour fringant, hypertendu, maître de maison ironique et cinglant s'il le faut. Casanova le perçoit bien : cette duplicité repose sur des codes. Il y a ceux qui sont recommandés parce que du même monde, à Paris, Londres, Berlin ou Rome ; il y a ceux qui tentent la chance. Voltaire choisit de satisfaire ou non leur curiosité et la politesse. En août 1776, Mme de Genlis séjourne à Genève, et elle souhaite le rencontrer : « Je n'avais point pour lui de lettres de recommandation, mais les jeunes femmes de Paris sont toujours bien reçues. Je lui écrivis pour lui demander la permission d'aller chez lui [...]. Le philosophe de Ferney me fit une réponse très gracieuse, il m'annonça qu'en ma faveur il quitterait ses pantoufles et sa robe de chambre, il m'invita à dîner à souper[43]. » Il en coûtera à Voltaire une ou deux pages, mais, commente le bas-bleu, « je ne l'aurai empêché que d'écrire quelques impiétés et quelques lignes licencieuses de plus[44] ». On entend là la communauté de civilité et l'hétéronomie des idées échangées dans la politesse. Pour Jean-Claude Bonnet, c'est de cette façon que Voltaire a voulu se rendre présent à ses contemporains : assurer une diffusion méthodique de son image et de son œuvre, se pliant à cette *corvée* où il trouve par ailleurs un sujet de gaieté, de plaisanterie, d'information renouvelée par le mouvement même des visiteurs du meilleur des mondes possibles, à la fois très codifié et parfois très spontané[45]. Dans ce réseau d'hospitalité, chacun paie sa part : l'hôte en accueil, proportionné à la reconnaissance des qualités civiles et intellectuelles de ceux qu'il reçoit ; l'hôte reçu en échos du monde, en informations, en propos divers, voire en occasions de rire. Les voyageurs se reconnaissent chez Voltaire parce qu'ils y arrivent les yeux fermés et, pour eux, l'essentiel est moins dans ce qu'ils peuvent voir que dans la « nécessité de ressentir physiquement la communauté intellectuelle liant les esprits qui prennent l'Européen civilisé pour l'universel ». A Ferney, l'effet de réel est plus accentué qu'ailleurs dans un univers simultanément clos, réservé, et ouvert, unifié par le partage social et la communauté culturelle, sinon par le débat[46]. C'est une étape où l'on se retrouve, mais aussi où l'on peut découvrir autre chose dans la présence d'un personnage fascinant, présent dans sa force expressive comme il l'est dans ses luttes pour les Lumières[47].

DE LA PRATIQUE À L'ŒUVRE : DE GENÈVE À PARIS

Le voyage voltairien, l'hospitalité voltairienne sont d'abord un mode de vie qui a son prix et ses effets. Entre la réalité du déplacement et la réflexion se tissent des relations multiples, mais aussi se dévoile une dépendance de médiations diverses. La lecture en est une : à Londres, Voltaire emporte le très détaillé guide de Miege, *The Present State of Great Britain* (1723) ; malade à Francfort, il emporte des livres et des manuscrits, et l'on s'empare de ses effets[48]. A Ferney, sa bibliothèque contient plusieurs milliers de volumes et plusieurs centaines de guides, relations, récits, descriptions, ouvrages de géographie littéraire et érudite[49]. Tous les classiques du genre et qui méritent attention, sur l'Europe et le reste du monde sont là. S'ajoute à cela une capacité pour les langues : Voltaire a appris l'anglais à Londres, il s'efforce d'écrire et de converser en italien[50], il a tiré de son séjour en Prusse une connaissance sommaire de l'allemand, il entend l'espagnol qu'il préfère aux « caractères tudesques[51] ». Voltaire fut un grand liseur[52]. La diversité des séjours complète et rectifie l'enseignement livresque du philosophe principalement dans la découverte des cours, avec leurs divertissements dont il est l'un des fournisseurs de Paris à Berlin, de Versailles aux « courettes » de Lorraine et d'Allemagne. Partout on joue ses pièces, on récite ses poèmes, on est « hors du temps[53] », et le seigneur de Ferney rejoue en plus petit le spectacle appris près des princes, la *grandeur* dans la *simplicité* qu'il évoque lors de son passage à Mannheim[54]. De la ville européenne il entend la culture, celle des milieux du livre, celle des hommes de lettres et des cercles académiques, mais aussi – et peut-être est-ce plus original et plus important pour sa conception philosophique du monde et de la mobilité – celle du commerce et du grand négoce.

Là encore, Londres marque une étape. En 1726, il y retrouve Everard Fawkener, héritier d'une grande fortune du commerce au Levant, dirigeant d'une maison d'importation et d'exportation, Snelling and Fawkener, et dont il avait fait la connaissance à Paris en 1725. C'est par lui qu'il rencontre Nathaniel Harley, héros de la dixième *Lettre philosophique*, frère de Lord Oxford, facteur à Alep, connaisseur des circuits de la fortune et de l'islam. Il rompt alors définitivement avec un préjugé qui interdit à la noblesse de commercer et qui alimente le débat sur le développement en France et dans toute l'Europe. Lorsque le fils de Fawkener, le jeune William Augustus, passe avec son frère par Paris, Mme Du

Deffand informe Horace Walpole qu'il « passera par Genève et verra Voltaire »[55]. Celui-ci l'accueille amicalement[56]. La leçon anglaise est toute de comparatisme entre plusieurs milieux sociaux, entre plusieurs univers politiques ; la leçon des cours, et plus particulièrement de celle de Potsdam, c'est de retrouver la familiarité, un « petit Paris[57] » : « Je soupe avec le premier des hommes quand j'ai un peu de santé, je reste chez moi quand je souffre. Je m'intéresse peu aux affaires publiques. » Sur fond de diplomatie secrète, de culture curiale, d'Europe à la française, on pressent la montée d'une tension entre deux espaces intellectuels[58]. Celui de Sparte et d'Athènes, où « l'on ne fait tous les jours que des revues et des vers[59] », et l'Europe cosmopolite avec une ambiance libérale, où le Nord communique avec le Midi idéal, où tous les esprits des honnêtes gens commencent à être éclairés[60].

A Ferney, ce monde, qui est celui de la flatterie, du compliment, de la louange et des hommages adressés aux grands de ce monde (rois, princes, hommes d'Église), celui des grands genres aussi (poésie, théâtre, épopée), ne disparaît pas. Il persiste car il correspond à un accord profond entre l'auteur et son public originel[61]. Voltaire s'y plaît, il en accepte les règles, mais il coïncide avec un espace nouveau où se distinguent l'esprit public, l'opinion, et qu'anime le travail incessant du philosophe. Aux yeux des grands, l'hospitalité et les mots d'esprit de Voltaire, excusent beaucoup de choses, le distinguant en tout cas des encyclopédistes ennuyeux ou des pédants de la philosophie. Sa réputation, que diffusent les rencontres, les lettres, les voyageurs, lui assure un crédit de tolérance, la capacité admise à dire ce que d'autres pensent sans le dire. La propagande voltairienne gagne sur tous les tableaux, et c'est l'intense circulation mondaine qui la fait entendre dans toute l'Europe au sens propre (il arrive à Voltaire de confier à ses hôtes des manuscrits clandestins ou un paquet de livres interdits et d'autant plus désirés) comme au sens figuré : cette Europe attend de ses nouvelles, le voit – et accepte d'écouter les sarcasmes qu'il adresse aux pouvoirs dans son salon de Ferney, où il est libre –, lit ses lettres avec enchantement, et devient par là, sans volonté consciente, complice et associée dans la lutte qu'il mène du fond de sa « manufacture de pensée » et que fait revivre le peintre Jean Huber avec talent et malice.

La *Voltairiade* montre le philosophe dans tous ses états : à son lever, à son déjeuner, jouant sur le théâtre, jouant aux échecs, plantant un arbre, domptant un cheval, en promenade équestre, en cabriolet, dansant, malade, de face, de profil, en paysan avec ses paysans, en écrivain. Deux scènes ne sont pas purement fortuites dans cette talentueuse évocation de la vie de l'«aubergiste de l'Europe» : *Voltaire accueillant ses visiteurs* et *Le Souper des philosophes*. Le premier tableau du musée de l'Ermitage évoque le défilé permanent et le succès ; le second révèle une difficulté à traduire l'unité des pratiques et de l'idéal. Huber, qui se représente lui-même autour de la table avec d'illustres convives, imagine une scène qui n'a jamais eu lieu. On y reconnaît, attentifs ou railleurs autour du patriarche levant la main, d'Alembert, La Harpe, Grimm, le père Adam (le jésuite qu'il protège), le peintre, Sophie d'Houdetot, Saint-Lambert, Diderot, Marmontel. Ni Diderot, qui n'aime pas les voyages, ni Saint-Lambert, qui a cocufié Voltaire, ne sont venus à Ferney. Aucun des autres n'y était en même temps que tous les autres. D'Alembert vint aux Délices en 1756 et à Ferney en 1770. Quant à La Harpe, il en fut exclu pour avoir volé un manuscrit, ce dont Voltaire s'aperçoit quand le voyageur, retourné à Paris, fait circuler des copies du chant II de la *Guerre civile de Genève*, où sont brocardées les autorités de la République. Revenu à Ferney en octobre 1767, Voltaire l'expulse – ce qui fâche beaucoup Mme Denis[62], qu'il chasse à son tour. Ce qui ouvre par ailleurs une période nouvelle pour l'hôte et les hôtes du château suisse[63]. La diversité du public extérieur, la diversité des visiteurs, la diversité des paysages découverts autrefois ont nourri l'œuvre et orienté la vie de Voltaire. On peut y découvrir une philosophie du voyage.

Une philosophie du voyage

Voltaire est pleinement l'un des ouvriers philosophiques qui tirent les enseignements de la dilatation de l'espace qui ouvre alors l'Europe sur le monde et sur elle-même. Il y saisit l'un des traits essentiels du temps, porté à la découverte des mœurs ; il y voit un enrichissement, ce qui le range parmi les défenseurs du voyage et de l'enquête. Les leçons qu'il en retient, les vertus qu'il y découvre, sont à ranger au double titre du rêve et du divertissement, des manières de lire le *théâtre du monde* et d'en tirer les enseignements pour l'avenir. Voltaire est l'un de ceux qui attirent à eux les civilisations orientales, inaccessibles par le voyage banal, découvertes par la lecture : celle des *Mille et Une Nuits* que publie Antoine Galland pendant sa jeunesse en 1704, celle de la Chine que décrivent les jésuites et les *Lettres édifiantes*. Il va en peupler son théâtre et travailler à la fiction du « despotisme asiatique » – projection sur les civilisations orientales de l'ombre portée des valeurs européennes et d'une vision stéréotypée de l'autre, éloigné par sa religion et par ses mœurs[64]. C'est à la fois le *concept d'un fantasme* et une invitation à relire les modes d'exercice du pouvoir, l'enracinement historique et anthropologique des mœurs[65]. A l'occasion, le philosophe va découvrir aux marges des Lumières un moyen de donner une réponse aux rêves de l'élite dirigeante, en identifiant la sagesse d'une classe mandarinale avec celle d'un pouvoir parfaitement paternel. Du voyage imaginaire naît peu à peu l'image d'un fonctionnaire voyageur, disponible aux quatre coins de l'Empire, que reprendront Quesnay et à sa façon encore Turgot[66].

On ne peut oublier que, au collège Louis-le-Grand, Voltaire avait pris goût à tout ce qui concerne les missions chinoises et qu'il y a pu voir six jeunes Chinois confiés par Louis XIV aux jésuites, parmi d'autres « jeunes de langues », élèves destinés au service du roi dans la diplomatie orientale[67]. Les vertus pédagogiques du voyage prennent naissance au confluent des rencontres et des lectures, et c'est alors qu'il devient, de la pratique au récit, outil philosophique avant d'être instrument de connaissance. Tout un pan de l'œuvre voltairienne, du roman aux essais philosophiques, est travaillé par ce décentrement intellectuel, des *Lettres anglaises* aux *Contes*, la fiction rejoignant l'analyse, préparant une nouvelle représentation du monde et du savoir.

Comprendre pourquoi les autres peuples nous ressemblent et se différencient de nous-mêmes passe tout autant par le lecture du roman que par celle des traités plus sérieux comme l'*Essai sur les mœurs*, car ce que Voltaire recherche dans la sagesse de son jardin suisse, c'est tout sauf de s'y enfermer. Très tôt la fréquentation de Swift, l'admiration pour les *Lettres persanes* lui ont révélé la force destructrice de l'usage imaginaire de la mobilité. De l'un à l'autre ouvrage, il va en retrouver les procédés, ceux du voyage dans les pays imaginaires ou ceux des voyageurs réels dans les pays de la réalité. *Candide* joue son succès sur les deux recettes. Jan Van Heuvel a montré comment Voltaire et son expérience pouvaient se lire, transposés, littérarisés, dans ses contes[68], de *Micromégas* à l'*Ingénu*, de *Candide* à l'*Histoire de Jenni*. Il ne s'agit pas ici de retrouver l'homme dans l'œuvre ou dans des confidences déguisées, mais de rappeler le lieu de l'expérience d'une mobilité longtemps tirée entre contrainte et choix libre, et relation romanesque mais philosophique.

Le ressort principal devient la différence et le procès d'idéalisation critique de l'autre qui remet l'Europe, la France, à leur vraie place sur une échelle comparée des archaïsmes et des progrès. *Micromégas* enseigne à sa façon le relativisme et la nécessité de se méfier des coutumes et des affirmations absolues et invérifiables. C'est aussi une invitation à puiser dans la science un recours pour comprendre mieux le monde. Si l'œuvre, rédigée à Cirey avant 1738, coïncide avec la curiosité de l'auteur pour Newton, c'est aussi un écho des aventures des «Messieurs du Nord». Voltaire y présente sous un jour sympathique les aventures de l'expédition en Laponie. Dans le naufrage et le danger, ce sont des savants qui ne perdent ni leurs instruments ni leur tête. L'un d'eux va jusqu'à mesurer avec une audace tranquille – mais dans les règles de l'art – la taille du géant, et le petit nain de Saturne qui accompagne Micromégas[69] a quelques raisons de prendre «pour des sorciers ces mêmes gens auxquels il avait refusé une âme un quart d'heure auparavant. On sait que dans ce temps-là même une volée de philosophes revenait du cercle polaire, sous lequel ils avaient été faire des observations dont personne ne s'était avisé jusqu'alors. Les gazettes diront que leur vaisseau échoua aux côtes de Botnie et qu'ils eurent bien de la peine à se sauver; mais on ne sait jamais dans ce monde le dessous des cartes. Je vais raconter ingénument comment la chose se passa, sans y rien mettre du mien, ce qui n'est pas un petit effort pour un historien». La rencontre de l'infiniment grand et de l'infiniment petit confirme, à travers le raisonnement et l'expérience des voyageurs[70], la capacité de comparer et de comprendre l'immensité de l'univers et la petitesse des hommes, et ainsi de voir dans un voyage newtonien la faille de l'anthropomorphisme.

De la découverte de la nécessité naît un apaisement; de la mobilité bien vue procède la sagesse raisonnable[71]. Ce sera aussi la leçon de *Candide*: le parcours à travers le monde ne révèle pas un ordre accessible; la relativité des aventures est celle-là même du bien et du mal, un chaos indébrouillable[72], mais comme le scepticisme n'aide pas à vivre, il faut tenir compte du mal et être capable de l'absorber. C'est la sagesse que Voltaire est loin de s'appliquer à Ferney. C'est en partie celle de *Zadig*, «homme d'aventure et tout aimable», mais que l'expérience conduit à découvrir l'infinie variété des mœurs, croyances et usages, ôtant au lecteur la présomption d'avoir cru que «les orgues de la paroisse Saint-Séverin donnaient le ton au reste du monde[73]».

Voltaire à Paris (1778)

Il restait un dernier voyage à faire, et qui relève de l'apothéose : c'est celui du sacre du philosophe autorisé à revenir à Paris. On va y voir confluer toutes les composantes d'une mise en scène commune, mais ici portée à son paroxysme. Le retour dans la capitale répond à un appel : celui de ses correspondants, de ses amis qui l'encouragent, le rassurent, abolissent ses craintes. Au malade, on conseille d'aller retrouver Tronchin qui s'y est installé. A l'auteur d'*Irène* que programment les Comédiens-Français, on avance que rien ne se peut faire sans lui. On lui affirme que la reine, la cour, la ville l'engagent à venir. La famille, Mme Denis, les Villette et d'autres poussent au départ. La correspondance fait état de l'envie du patriarche et de l'attente des *hommes sensibles*, des *hommes de bien*. Louis XVI n'est pas Louis XV, et ne fait pas obstacle à ce retour. Tout se passe comme si le choix de Voltaire réconciliait les sphères de son appartenance intellectuelle, le vieil espace curial et le jeune espace public, et cette réconciliation renforce le constat que le roi ne peut plus s'opposer à l'opinion. Le 5 février 1778, à midi, Voltaire prend la route ; les familles sont parties l'avant-veille en avant-garde. Il est avec son cuisinier et son secrétaire Wagnière[74].

Les étapes du voyage sont celles d'un triomphe. A Nantua, toute la ville se rassemble ; le maître de poste donne à l'illustre voyageur ses meilleurs chevaux et ordonne au postillon : « Va bon train, crève mes chevaux, je m'en fous, tu mènes M. de Voltaire ! » Les relais sont faits sous les acclamations. A Dijon, il est assailli, et peut à peine apercevoir les conseillers du parlement et le rapporteur d'un procès préoccupant. La route se poursuit en hâte, malgré la fatigue. Le carrosse est confortable ; il est chauffé par un poêle. Voltaire est « d'humeur agréable ». A Moret, on casse un essieu sans mal. Aux barrières, aux commis de l'octroi qui demandent s'il n'y a rien à déclarer, Voltaire répond : « Ma foi, messieurs, je crois qu'il n'y a ici de contrebande que moi. » La fouille est interrompue : « On laisse passer la voiture avec un étonnement respectueux. » Les pèlerins de Ferney avaient fait de lui un héros du siècle ; le peuple parisien, la bonne société vont proclamer sa royauté à l'image de sa générosité active, de son hospitalité aristocratique et de sa stature philosophique et engagée. La *visite à Ferney* est devenue un genre littéraire dont les jeunes littérateurs et les voyageurs se font une spécialité. La visite de Voltaire à Paris est décrite comme une apothéose, dont les quatre lieux symboliques marquent la continuité des espaces de sociabilité du voyage.

Le 30 mars, il est reçu à l'Académie française, premier lieu symbolique, où on l'admet à la place de directeur. Il reçoit son jeton de présence après avoir écouté d'Alembert relire son *Éloge de Boileau*. A la sortie, la foule l'attend. C'est la République des Lettres réconciliée avec le public. Le deuxième lieu est le théâtre, où l'on prépare sa venue et où il reçoit sa couronne le 30 mars au soir. C'est la sixième représentation : « Vive M. de Voltaire ! Vive le Sophocle français ! Vive notre Homère ! » Un tumulte de vingt minutes, et l'illustre vieillard remercie. Dans la foule, au-dehors, on entend : « Vive le défenseur des Calas ! » La cour, elle, n'entend pas : le roi est resté à Versailles, la reine est allée à l'Opéra, seul le comte d'Artois s'est rendu à la Comédie. Le troisième lieu, c'est la loge des Neuf-Sœurs, le 7 avril, où il est reçu avant de rencontrer les d'Orléans au Palais-Royal. Voltaire, peut-être déjà franc-maçon, attend de la loge une affirmation, sinon une confirmation, d'alliance enthousiaste. « Vous étiez franc-maçon avant même que d'en recevoir les caractères », proclame le vénérable dans l'Orient illuminé : c'est la reconnaissance d'une dimension universelle. Le soir, tout le monde se retrouve encore au théâtre : la plupart des membres de la loge, les familiers, les partisans d'un prince qu'on imagine libéral et libre. C'est le redoublement d'une alliance entre la philosophie et l'espoir politique. Reste le dernier lieu – espace privé, espace public – où Voltaire achève le voyage, après y avoir reçu pendant trois mois la procession des visiteurs répétant les éloges et les faveurs, en privé et en détail. Il voit venir Diderot, Benjamin Franklin, des acteurs, des savants. Les journaux font écho aux rencontres les plus importantes ; ses bons mots sont partout colportés. Lorsqu'il sort, il est attendu. La rue relaie le paroxysme et montre certainement que les Lumières sont descendues vers le peuple. Entre le triomphe à domicile et les manifestations publiques ne se manifeste rien de subversif, mais une reconnaissance qui fonde un culte déjà pressenti, déjà discuté, pour un maître incontesté mais jalousé de l'opinion publique. Le 30 mai, c'est la dernière étape.

C'est le dernier voyage : le corps mort du philosophe, ficelé tout habillé, placé dans un carrosse, file sur la route de Champagne et gagne l'abbaye de Scellières, où règne en abbé cistercien Mignot, le neveu de Voltaire. Le 1er juin 1778, il aura droit, à Paris, à un service modeste. La Révolution le fera revenir au Panthéon. Ces derniers voyages s'inscriront durablement dans l'imaginaire public. Ils hantent les voyageurs mélancoliques qui, tel Chateaubriand, se rendent encore à Ferney : rôdeur solitaire, l'auteur des Mémoires d'outre-tombe peut opposer les « trompettes de la Renommée » de celui « qui forçait l'Europe à venir l'admirer » aux choses infimes – un filet d'eau, des libellules, des fougères – qui le ravissent en ces lieux désertés où le pèlerinage a changé de sens. La mobilité a conservé son intensité, mais c'est à une autre place et dans le cérémonial du *sacre des écrivains* [75].

JEAN-JACQUES ROUSSEAU, ERRANCE ET APPARENCES

L'opposition de Voltaire et de Rousseau n'est pas qu'un sujet rhétorique comme les affectionnait autrefois l'enseignement de la littérature. C'est une interrogation de fond par rapport à leur vie, par rapport à leur œuvre, et donc d'une expérience sociale où l'on peut mettre en vis-à-vis une forte intégration avec Voltaire et une irrésistible marginalité avec Rousseau. La confrontation mobilise à son appui, comme un argument supplémentaire, l'errance de l'auteur du *Contrat social* et le rapport à la stabilité étudiée du conteur de *Candide*. Dans ces portraits croisés ne réside pas que l'habitude, mais aussi la volonté de comprendre par la vérité du symbole ce qu'il y a de plus authentique dans une figure d'intellectuel. Rousseau peut alors aisément se ranger dans la catégorie des vagabonds, comme Voltaire dans celle des hommes qui ont su trouver leur place. Rousseau est insaisissable : entre les religions et les Églises, entre la raison et le sensible, entre les situations abritées et le refus, entre les repères psychologiques, le réel et l'imaginaire qu'on entend jusqu'à l'extrême dans les récits de ses *persécutions*, où le situer ? Ses démarches intellectuelles elles-mêmes peuvent se replacer dans l'optique de la rupture qui joue d'un passage essentiel entre la marginalité et l'errance subie, une mobilité de contraintes et de besoins, voire une marginalité et un cheminement voulus, une mobilité de libertés et de choix qui réoriente son destin. Suivre ainsi ses voyages impose un constat sans doute trop équilibré, car il n'est pas facile de choisir, dans la construction de lui-même léguée par Jean-Jacques, entre ce qui est *voulu et comme imposé*, et ce qui est *choisi et comme subi*. C'est cette ambiguïté même qui le rend particulièrement intéressant pour notre propos. Elle replace une expérience commune dans un horizon d'attente et dans une pratique particulière mais collective : celle de la figure de l'*intellectuel* et des fractures sociales qui en cautionnent l'apparition[76].

Rousseau a pu être qualifié, à la fin du XIXe siècle, de « dromomane constitutionnel ». Ce qui qualifiait son besoin irrépressible de mouvement parmi les symptômes de « la neurasthénie obsédante de l'homme de lettres » et faisait de l'errance un trait majeur d'une folie déjà débattue au XVIIIe siècle, dont le mérite est de ranger l'écrivain parmi les exemples d'un vagabondage menaçant où l'on voit comment la mobilité révèle la pathologie du corps social, comment elle en éclaire la santé[77]. Il s'agit donc moins d'analyser les seuls voyages de l'écrivain que de mettre au jour l'entrelacs construit dans sa vie et de percer, entre ses déplacements, leurs raisons, leur efficace dans des territoires et des espaces, leurs dimensions privées et leurs dimensions sociologiques et intellectuelles, car son succès et son originalité transcendent les frontières sociales, confrontent les milieux. Sa production intellectuelle et sa réflexion sur le voyage confèrent à sa réputation une dimension supplémentaire, philosophique. Le statut de la mobilité rousseauiste éclaire les pratiques du temps autrement que les analyses littéraires, si on lui accorde une fonction de révélateur social et, plus particulièrement, une signification par rapport à l'identité des gens de lettres et aux tensions qu'ils vivent au midi des Lumières. La multiplicité des contacts sociaux perçus dans le déroulement d'une vie, la mobilité inscrite dans son accomplissement ne sont plus à lire à partir d'un aboutissement réalisé qui relève déjà du culte littéraire, mais dans une analyse de relations et de communications spécifiques. Le fil de l'existence, la « chronologie des attitudes et des idées de Rousseau » sont à prendre tels qu'ils se donnent dans cette fusion et cette confusion de l'existence et de l'idée, comme le propose Jean Starobinski[78]. La carte des voyages devient alors un outil permettant d'entendre l'interaction des faits, leurs imbrications, sans téléologie, car on y voit se nouer deux itinéraires, deux aspirations. Dans le premier itinéraire, on suit le besoin de répondre à une vocation, de se donner un état et de résoudre ce qui demeure un problème moral général : faire coïncider ses actes et ses paroles. Dans le second, on lit le refus personnel, mais aussi peut-être celui d'un milieu qui se reconnaît dans Jean-Jacques et dans ses tourments : le déni des contraintes – celle du citoyen par l'État, celle de l'individu par la société – et l'aspiration au libre choix d'un asile.

L'inadéquation entre le désir et les possibilités sociales offertes et autorisées par le monde des Lumières conduit à la réflexion sur une autre société, où le citoyen serait réconcilié avec les institutions, le territoire, lui-même. La critique du monde de la République des Lettres, de la dépendance, d'une part, le sentiment désespéré d'un désenchantement et d'une persécution, d'autre part, se traduisent dans les modes d'écriture : celui de l'*écrivain politique*, autrefois brillamment restitué par Michel Launay, ou celui du témoin de lui-même, du personnage clef du tournant autobiographique[79]. Cette double perspective bénéficie d'une documentation extraordinaire : Rousseau parle dans une *Correspondance* aujourd'hui entièrement accessible[80], où le dialogue avec les hommes de son temps est d'une particulière richesse, (six mille lettres, plus de cinq cents correspondants rassemblés dans les étapes successives de la vie, de gîtes en «délogements», dans des rencontres multiples) ; Rousseau parle dans ses *Confessions*, dans ses *Dialogues*, dans ses *Rêveries* [81]. Dans l'un et l'autre corpus se dévoilent le fonctionnement et les choix de cette mobilité existentielle ainsi que les leçons de l'expérience. Lettres et écrits personnels mettent en scène les milieux traversés, les relations attractives et répulsives ; ils tracent le réseau rousseauiste tel qu'il le voit et tel qu'on pouvait le voir, tel qu'il marche et évolue dans le temps comme organisation collective, comme outil de stratégie personnelle, et presque comme instrument analytique. Il s'agit donc moins de saisir définitivement la vérité d'une existence et d'un caractère – Rousseau a souhaité témoigner de ce qu'il a voulu être autant que de ce qu'il a été – que la véracité d'une vision de la réalité dont les discordances sont aussi intéressantes que les accords[82]. Le système personnel de représentation de la mobilité rousseauiste n'est alors pas distinct de celui de son public, adversaires ou admirateurs réunis. La question ainsi posée est identique à celle que Jean Starobinski a pu énoncer à propos de *Montaigne en mouvement* : une fois que l'individu, dans un accès d'humeur mélancolique, a récusé l'illusion du paraître, quelles expériences lui sont-elles réservées? La mobilité acceptée, refusée, devient manifestation, découverte d'un rapport individualisé et collectif au monde et à la vie[83].

CHRONOTOPES ROUSSEAUISTES ; VOYAGES ET DÉPLACEMENTS

Au terme de sa vie, Jean-Jacques Rousseau aurait pu dresser la carte de son Europe personnelle avec ses oublis, ses erreurs imposées par la mémoire et par l'histoire d'une correspondance inégalement conservée. Par rapport à celle de Voltaire, elle n'en relie pas moins une série de milieux originaux qui n'ont pas joué d'un bout à l'autre de sa vie un rôle identique et où les voyages, les déplacements, la proximité et l'éloignement sont intervenus diversement. L'espace rousseauiste est à concevoir à l'échelle de l'Europe sous l'aspect d'un filet assez lâche, dont les mailles se font et se défont pendant les cinquante années que dure la correspondance. A l'horizon français, Paris domine massivement, mais au centre d'une constellation provinciale moins dense, dispersée entre Lyonnais, Savoie, Dauphiné, Provence et Languedoc. Au-delà du royaume, les solidarités sont de deux ordres : helvétiques avec Genève et tout le réseau des villes et des campagnes suisses, avec leurs émigrés retrouvés ailleurs, à Paris ou à Londres; aristocratiques et négociantes, saisies dans l'espace des capitales, des villes et des résidences, la ruralité et l'urbanité. De l'Angleterre à l'Allemagne, de l'Italie à l'Europe des Lumières du Nord. C'est, comme l'Europe de Voltaire, une Europe cosmopolite, mais la présence des provinciaux et des calvinistes, des marchands et des artisans, des femmes et des jeunes, des pasteurs et des porte-parole exemplaires de milieux modestes lui confère son originalité totale[84]. C'est là la résultante d'une autre topographie qui a canalisé les voyages rousseauistes et orienté la manière dont ils correspondent à des rencontres inégales dans l'espace des sociétés et dans le temps des liaisons nouées plus ou moins durablement. A l'origine, c'est une vie partagée entre errance et stabilité : de Genève à Paris, elle correspond à une phase d'ascension sociale incontestable, puis le temps se fait aux voyages plus rares, à une stabilité temporaire qui prélude à l'exil.

DE GENÈVE À PARIS, L'ESPOIR D'UN ÉTAT

La mobilité d'ensemble domine entre 1728 et 1744, et elle s'organise de trois façons. Des déplacements plus ou moins lointains, des séjours plus ou moins courts conduisent Jean-Jacques d'un foyer où il a grandi – Genève et son canton – à des lieux plus transitoires – Turin, capitale du royaume savoyard à cheval sur les Alpes (1728-1729), Lausanne et Neuchâtel (1731) – ou encore plus durables : Annecy (1731-1740) et Paris. Installé à Chambéry près de Mme de Warens, il ne reste pas en place, partant « pour affaires » en direction de villes proches (Lyon, Grenoble, Genève) ou plus éloignées (Montpellier). Ces parcours sont brefs et rapides, le plus souvent effectués en voiture ou à cheval – alors qu'auparavant il allait à pied –, et les séjours sont assez courts, de quelques jours à plusieurs semaines. Enfin, l'exterritorialité hors du cadre préalpin et alpin conduit Rousseau vers d'autres horizons : l'intérieur du royaume, Lyon, Paris, l'étranger, Venise (1744). Entre chaque moment, distances, contraintes, libertés et motivations changent sans qu'il y ait de l'un à l'autre une substitution totalement évidente. Les *Confessions* restituent de ces instants juvéniles le romanesque et la volonté de faire comprendre la montée du désenchantement, le passage de l'innocence perverse à la lucidité[85].

C'est le temps des voyages à pied et de l'errance aux buts incertains : « Je n'ai voyagé à pied que dans mes beaux jours, et toujours avec délices. Bientôt les devoirs, les affaires, un bagage à porter m'ont forcé de faire le monsieur et de prendre des voitures ; les soucis rongeants, les embarras, la gêne y sont montés avec moi, et dès lors, au lieu qu'auparavant dans mes voyages je ne sentais que le plaisir d'aller, je n'ai plus senti que le besoin d'arriver [86]. » Le texte des *Confessions* tend à prouver l'enracinement ancien d'une différence que Rousseau trouve dans l'exemple majoritaire des voyageurs piétons sans bagage[87] : « Jamais je n'ai tant pensé [...]. La marche a quelque chose qui anime et qui avive mes idées. Oh ! si l'on eût vu [les ouvrages] de ma première jeunesse, ceux que j'ai composés et que je n'ai jamais écrits ! D'ailleurs, portais-je avec moi du papier, des plumes ? Où prendre du temps pour écrire ? En arrivant, je ne songeais qu'à bien dîner. En partant, je ne songeais qu'à bien marcher. » La théorisation du voyage à pied viendra plus tard ; pour le moment, il s'agit de prouver que la précarité autorise le bonheur.

C'est certainement qu'elle coïncide avec un choix libre et une libération par rapport à la cité calviniste, à la fois accueillante et tatillonne quant au statut de ses habitants et à la surveillance des allers et venues. C'est le centre d'une diaspora de mercenaires, de pasteurs, de banquiers, d'intellectuels, d'artisans, d'étudiants, et d'une attraction déjà entrevue avec le patriarche de Ferney. « Les Genevois sont les plus grands vagabonds de l'Europe », et le vagabondage de Rousseau a pu puiser dans ces habitudes une incitation culturelle renforcée par l'éducation religieuse et le Refuge. Le départ, qu'il place sous le signe de la fatalité, et sa conversion hâtive au catholicisme à Turin montrent la volonté d'échapper à un cadre hostile – ou du moins ressenti comme tel – et à un milieu déchiré sur lequel pèse le climat spirituel alourdi du calvinisme. De la dépendance filiale à l'esclavage artisanal de l'apprentissage, Rousseau pouvait être poussé à l'aventure qu'attire le réseau des convertisseurs savoyards qui l'envoient chercher appui près des catéchumènes de Turin. La conversion n'est pas le but du voyage, mais l'aboutissement d'une crise personnelle et le fruit de la nécessité. En tout cas, elle rend la rupture avec Genève définitive et le retour impossible, plus que la fermeture assez symbolique des portes de la cité. Elle relance l'instabilité du jeune voyageur, dont les finances sont courtes et qui connaît la faim et la misère[88]. Son existence est désordonnée pendant trois années. Il vit au jour le jour, de ville en ville, des nuits à la belle étoile aux étapes dans les cabarets borgnes et peu coûteux. Il accepte les travaux les plus divers, faisant état de compétences prétendues (en musique) ou réelles (l'instruction). Il est commis de boutique à Turin, valet, se pense mercenaire à Paris, se dit maître de musique à Lausanne et à Neuchâtel, copie déjà de la musique, à Lyon, vit de la recommandation des aubergistes et des hôteliers[89].

C'est aussi le temps des fréquentations largement ouvertes à tous les milieux, clercs, nobles, bourgeois, et surtout à des personnes de statut incertain et douteux : l'apprenti Bacle, Venture, le père Athanasius qu'il suit de Soleure à Berne. C'est celui également de la dépendance et de la quête, où l'expérience de Rousseau s'éloigne le plus largement de celle de Voltaire : c'est celle des vagabonds et des pauvres, c'est celle des intellectuels débutants, dépourvus d'héritage et de capitaux symboliques lourds[90]. Entre ces deux attractions, les repères s'acquièrent au contact de milieux qui détiennent le pouvoir et les moyens de venir en aide aux marginaux : les églises et les hôpitaux, les curés et leurs aumônes, tel le curé de Confignon, les représentants de l'État comme l'ambassadeur de France. Si Rousseau, vingt ans plus tard, donne de ses premiers voyages une image paupériste, il ne faut pas l'exagérer. La marche à pied n'est pas l'apanage des mendiants, l'incertitude ne mène pas forcément à la marginalité irrépressible, et surtout le romanesque du déplacement se révèle favorable à l'évocation de la capacité offerte par la rencontre. Etre jeune, se bien porter, avoir des idées et des espoirs ne sont pas des arguments négligeables. Rousseau est confronté à différents milieux, à différents horizons géographiques : il peut s'inventer un état civil à sa convenance, il est disponible, il est libre. Accepter de se sédentariser plus longuement, c'est renoncer à l'aventure et tenter une autre formule d'intégration.

Il la trouve entre 1731 et 1740, moins de dix ans, pendant lesquels il partage le foyer de sa protectrice et amante, Mme de Warens, une nouvelle convertie de la bonne société de Chambéry, déjà croisée en 1728. Son espace s'organise désormais entre

Savoie, France et canton de Genève, soit un territoire disputé, frontalier, sillonné de circulations militaires et commerciales. En 1739, il tire de cette expérience un intéressant *Projet de diligence de voitures pour les marchandises de transit venant de France, Suisse, Allemagne, Genève, au-delà des Alpes*, qui révèle une vision de l'économie des circulations montagnardes et de leurs facteurs comme de leurs obstacles. C'est que l'espace savoyard, comme l'a montré Jean Nicolas, n'est pas figé par la frontière, et la mobilité des hommes y pose moins de problèmes que celle des choses. Une sociabilité et des relations informelles, solidaires des réseaux d'affinités, y rassemblent les élites du duché francophile. D'Annecy à Chambéry, c'est là le monde que Rousseau découvre chez *Maman* qui lui donne un foyer de substitution et de la tendresse bienfaisante. C'est une hospitalité payée par de menus services, chrétienne, aristocratique, mais au bilan largement positif. Mme de Warens lui a transmis une culture française, le goût définitif des livres, la curiosité du monde, la lecture des gazettes, une propension à la musique et au chant, toutes choses qui ne se démentiront plus comme point de réunion de ses goûts[91]. Réseaux de connaissances et d'amitiés sont ainsi ouverts à la disposition de Rousseau pour de fréquentes mais courtes absences.

Il y règle de petites affaires : à Besançon pour consulter l'abbé Blanchard à propos de musique, à Genève pour régler l'héritage de sa mère, un peu partout pour assurer les commissions de Mme de Warens. Sa vie est ambulante plutôt que totalement immobile, et le met à portée de multiplier ses relations. Il ne part jamais pour longtemps, sauf quand il se rend à Montpellier, excursion mémorable du 14 septembre 1737 au mois de janvier 1738. La dimension sociale des voyages est double : c'est d'abord celle des élites savoyardes ; au-delà, c'est celle du hasard des rencontres (à Lyon le commerçant Perrichon, à Genève le résident de France, les voyageurs de la diligence de Montpellier). Le côté aventurier de Jean-Jacques s'affirme dans un ton plus relevé, même s'il n'a pas l'argent dont il a besoin. De Montpellier, le 23 octobre 1737, il écrit à Mme de Warens qu'il a tout dépensé et qu'il n'a plus un sou pour payer ses logeurs[92], quelques livres sur les deux ou troiscents livres emportées. Son échelle de valeurs se modifie dans le voyage comme change son comportement : il raconte son itinéraire à la façon d'une *idylle*, il travestit son identité et fraie avec la noblesse provinciale, le temps de la course en chaise de poste, il fréquente l'opéra et regrette, faute de recommandations, de n'être pas reçu dans les salons.

Au total, on saisit Rousseau à une étape décisive et à l'ouverture de ses ambitions. Ce qui signifie qu'il calcule les possibilités offertes par le marché savoyard des places et qu'il lui faut songer à partir. A Lyon, il trouve un relais auprès des milieux de l'académie avec Jean de Mably, grand prévôt du Lyonnais, le frère des philosophes Gabriel de Mably et Étienne de Condillac. A Paris, il arrive une première fois avec les appuis lyonnais. Dans ces séjours, « grimé en petit-maître », Rousseau découvre les salons de la province. Une dernière occasion lui fait franchir un pas de plus : un poste de secrétaire auprès de l'ambassadeur de France à Venise le transforme en bel esprit, mondain, fréquentant les bals et les courtisanes, les concerts et les parties fines. Il se voit alors en diplomate et pense, avec un peu trop de rapidité, qu'il a diminué la distance sociale qui le sépare encore de son protecteur Montaigu. La querelle de préséance soulevée par un dîner lui révèle que si sa promotion est réelle, elle reste fragile et en tout cas artificialisée par l'exterritorialité. En août 1744, c'est le retour à Paris, la déception, le ressentiment [93].

Paris et le monde des lettres

Le basculement de l'horizon de Rousseau est confirmé dans la correspondance. L'expérience vénitienne, après la transition lyonnaise, a été celle d'une avancée sociale – moins qu'une révélation touristique – comme d'une ouverture géographique de son réseau de correspondants. Rousseau a trente-deux ans ; une expérience ambiguë de la société, des relations utiles, le temps des voyages d'exploration proches ou autres s'achèvent. Le départ pour Paris lance un nouveau dynamisme qui va le conduire à la notoriété, le sortir de la marginalité possible. La capitale exerce, comme pour tant d'autres, une attraction décisive. Voltaire, lui, n'avait pas eu à la quitter pour monter – ou si peu –, et leurs exils ne sont pas tout à fait comparables. Pour Rousseau, il va s'agir d'échapper à une autre marginalisation, celle des intellectuels débutants et non encore intégrés, de se faire reconnaître par sa découverte – le système d'annotation musicale –, de s'introduire dans les salons, de trouver des protecteurs plus efficaces encore, de profiter des chances de promotion offertes et qu'il ne refuse pas : la collaboration à l'*Encyclopédie*, le *Devin de village*, les concours de l'Académie de Dijon n'en font pas un bohème littéraire ; toutes ces occasions le placent au centre. C'est le résultat de la mobilité attractive parisienne. Mais en même temps subsistait chez Rousseau une double tentation : celle héritée des vagabondages et de ses attitudes liminales ; celle vécue dans l'autodidactie et dans une formation intellectuelle et sensible faite de pièces et de morceaux raccommodés – une autre forme d'errance, culturelle cette fois. Ces deux tendances renversent la vapeur de la réussite : l'attraction se transforme en répulsion[94].

L'insertion de Rousseau dans la capitale suit des chemins classiques, et les *Confessions* sont sur ce point bavardes et significatives. On y comprend le soutien des intermédiaires provinciaux installés et déjà protecteurs. Il fonctionne dans le réseau des recommandations : l'élite de Chambéry (le comte d'Amezin, officier de la princesse de Rohan-Soubise, née Savoie-Carignan), les académiciens provinciaux médiateurs près des institutions de Paris (Charles Bordes, l'abbé de Mably, proches de Fontenelle, Caylus, Gros de Boze, Réaumur, le père Castel, mais aussi les Dupin, les Besenval[95]). Les voies de l'ascension passent par l'antichambre, la cuisine et l'humiliation, les salons, la fréquentation spécifique des gens de lettres – Diderot, Grimm et quelques autres beaux esprits qu'on retrouve dans les fiches de l'inspecteur d'Hémery[96]. Le lauréat déjà un peu scandaleux de l'Académie de Dijon franchit encore d'autres portes ; le voilà autre chose qu'un semi-domestique, le voilà reçu chez Mme d'Épinay, chez le baron d'Holbach : c'est un auteur et un hôte. Les adversités musicales, la querelle avec Rameau, la *Lettre sur la musique française* mettent un frein à cet essor ; le voilà qualifié d'« étranger » et devenu Jean-Jacques Rousseau, « philosophe genevois faisant grand bruit », et menacé d'une lettre de cachet. Sa critique est présentée comme une atteinte à l'essence même de la civilisation française[97].

Le philosophe choisit alors de s'en démarquer. Il rompt avec un mode de vie et des habitudes qui avaient été le cadre de son succès, et progressivement avec ceux qui avaient été ses amis. Deux traits marquent ici la rupture. Elle est désignée comme une « réforme », dont les conséquences pratiques sont le renoncement aux projets de « fortune » et d'« avancement »[98], et la transformation de son mode de vie et de ses apparences. Le philosophe affirme sa liberté en prenant les vêtements et les allures d'un autre monde ; accusé d'être un étranger, il le devient. Il adopte aussi le mode de vie de ceux qui font la majorité de la population parisienne et qui vivent de leur travail : vie errante de garni en logis, vie de travail payé par le travail, qu'il trouve en copiant de la musique. Il aspire moins à la misère qu'à un niveau de capacité justifié par une échelle de besoins transformés et l'abandon du superflu. Le foyer de Rousseau n'est pas misérable : il dispose, avec quelque 2 100 livres dans les années 1750, de dix fois plus par an que 90 % des Français. Ces choix visent à créer une distance et à affirmer une étrangeté qui le rapproche de ses origines. A partir de 1750, il se fait appeler le « Citoyen de Genève[99] » et renoue avec les membres de la communauté genevoise de Paris (Mussard, Lenieps, Coindet). Le voyage à Genève intervient alors logiquement dans ce ressourcement : c'est un retour dans la patrie[100].

Notons qu'en juin 1754 Rousseau n'y retourne pas à pied, et qu'à Genève il est accueilli surtout par le parti des opposants à l'oligarchie genevoise[101], même si les plus hautes autorités le reçoivent. Il acquitte sa taxe de citoyenneté, il retrouve une identité civique perdue sur les chemins entre Genève et Paris, mais il ne s'y réinstalle pas. La Genève idéale lui convient mieux que la cité divisée dont les élites viennent d'accueillir Voltaire. Jean-Jacques rentre à Paris. La question de ses ressources comme copiste a pu jouer car, sur ce point, il dépend de ceux dont il va se distancier, la clientèle des riches amateurs de musique. Il quitte Paris et s'installe à l'Ermitage, près de Montmorency, chez le prince de Conti, à quatre lieues de la capitale, dans un lieu accessible – les d'Holbach sont au Grandval, les Dupin à Choisy, les Mussard et La Popelinière à Passy, à peine plus ou moins éloignés quand ils se mettent au vert. La rupture se joue dans une proximité continuée et dans une sociabilité renouvelée, mêlant les familles de l'aristocratie curiale et les familles plus récentes comme les d'Épinay. Le calendrier habituel des salons estivaux repliés à la campagne est modifié, comme d'ailleurs les oppositions. Les élites à Montmorency échappent à un groupe unifié et unique, et Rousseau vit au centre d'un monde de visiteurs attirés par sa « folie » même – c'est ainsi que la bonne société qualifie son choix – et d'un milieu de petites gens, employés, curés, petits officiers, aisés sans plus, instruits assez. De 1756 à 1757, il s'isole sans trouver son indépendance, dont le départ de l'Ermitage montre les malentendus[102]. De l'Ermitage à Montlouis, la rupture s'accentue, en même temps que Rousseau tente d'imposer à ses relations aristocratiques et philosophiques sa conception de l'amitié et celles-ci leur point de vue : la nostalgie d'un ordre ancien chez les premières (les Conti, les Luxembourg), la nécessité de concilier engagement philosophique, protection et finalement négociation avec le pouvoir politique pour les autres. La fuite va alors révéler totalement cette question amicale.

Un philosophe en exil

Jusqu'en 1762, le parcours de Rousseau mêle la pratique habituelle du monde des lettres et la singularité. C'est le produit d'une montée provinciale et étrangère pour une reconnaissance parisienne, surveillée par la police, dénoncée par une partie de l'opinion[103]. C'est le refus qui distingue simultanément l'étranger sous l'« habit d'Arménien » et le candidat heureux des concours académiques provinciaux, qui vient de constater l'écart entre ses « sévères principes » et ses « projets d'avancement[104] ». Le désaccord est patent avec les philosophes qui y lisent un recul, car une grande partie d'entre eux bénéficient des ressources sociales du mécénat royal, des institutions, des grands. Ne plus accepter pensions et postes s'enchaîne alors sur la place accordée à l'écrivain dans la société même et sur son droit à la solitude, qui montre toute l'importance du débat sur la sociabilité, le monde, l'ambiguïté des salons déjà perçue dans leur accueil sélectif et leurs codes distinctifs. Des institutions à la ville, Rousseau saute le pas : « Vous êtes plaisants, vous autres philosophes, quand vous regardez les habitants des villes comme les seuls hommes auxquels vos devoirs vous lient. C'est à la campagne qu'on apprend à aimer et à servir l'humanité », écrit-il à Diderot le 16 mars 1757, et c'est ce qu'il reprend dans une lettre à Malesherbes le 28 janvier 1762[105]. Rousseau peut alors jouer de façon assez libre de son statut d'étranger et de ressortissant genevois, de la protection de quelques grands qu'il choisit, et ainsi dessiner, à l'instar de Voltaire réfugié à Ferney, mais au centre même – ou à proximité du centre – des activités intellectuelles, son espace de liberté. Cette intériorisation et ce recul entraînent un accroissement de son écho public, enregistré dans sa correspondance où montent les Parisiens, les Genevois, les Anglais, voire les Hollandais, et où entrent de nouveaux lecteurs-admirateurs. Ceux-ci font à leur tour le voyage de Montlouis où se pressent les visiteurs. « Je n'ai plus de temps à moi », s'écrie Rousseau[106]. Entre 1757 et 1762, la correspondance permet d'en recenser une bonne vingtaine qui correspondent à l'évolution du champ des relations sociales et où l'on retrouve les Genevois de Paris, un groupe de compagnie aristocratique (les Luxembourg, le duc de Villeroy, la duchesse de Boufflers, le prince de Conti), des étrangers de passage (commerçants suisses comme l'horloger Beauchâteau, ou François Favre ; nobles, tel le comte Telecki, qui vient accompagné du chapelain de l'ambassade d'Amsterdam) [107]. C'est le premier public de l'écrivain, que vont immédiatement émouvoir et mobiliser les mesures prises à son encontre après l'édition de l'*Émile* et du *Contrat social*.

Mobilité, exil, liberté

De juin 1762 à juin 1770, de Paris à Paris, la mobilité reprend le pas, mais elle dessine une nouvelle géographie et correspond à d'autres rythmes qu'imposent l'attitude des autorités politiques en face d'un problème encombrant – faut-il ou non accueillir Rousseau? – et les tergiversations de Rousseau lui-même, pressé d'échapper à la persécution et en même temps soucieux de se stabiliser. Dans un premier temps, les distances s'allongent : de Montmorency à Môtiers en Suisse (juin-juillet 1762), de Môtiers à Wootton en Angleterre (juillet 1765-1766), du Royaume-Uni à la France en 1767. Dans un second temps, elles s'amoindrissent et Rousseau, rentré en France, s'y cantonne : de Trye à Bourgoin, en Dauphiné, aux marges du ressort du parlement de Paris, car il est toujours sous le coup du décret de prise de corps lancé le 9 juillet 1762[108]. On a donc ici l'occasion de confronter les motivations du mouvement à ces conditions d'exécution, la fuite prenant tout à la fois le caractère d'un tour triomphal qu'amplifient sa notoriété et la curiosité qu'il inspire, et celui d'un jeu du chat et de la souris entre les gouvernements et l'écrivain, soucieux d'être protégé et tout autant préoccupé de conserver une liberté totale. L'insécurité, l'isolement temporaire font naître l'idée d'un véritable complot. L'hospitalité offerte, loin de le rassurer, lui fait craindre la tutelle de ses protecteurs. Ainsi se forge la théorie du complot qui instrumentalise ses mouvements, et dont l'absurdité objective cache en fait une logique subjective liée aux choix faits dès 1750 et à ses refus, à son hésitation aussi à choisir entre la semi-intégration des années de Montmorency en France et le retour aux côtés des autres citoyens de Genève, qui le culpabilisent[109].

On peut lire les déplacements comme une illustration de la politique des autorités européennes face à la célébrité encombrante d'un philosophe critique. Jean-Jacques les place à tout moment devant une responsabilité de protection et d'intervention pour régler une question plus générale; de là, les appels adressés aux baillis helvétiques, à Yverdon, à Nidau dans la république de Berne, au gouverneur de Neuchâtel, Mylord Keith et, par-delà, à Frédéric II. Il incarne dans ses demandes la figure de l'étranger pourchassé et réclame la protection des lois en contrepartie de sa soumission et de son engagement à ne pas, par ses écrits, compromettre l'hospitalité offerte. Il est douteux que le parlement de Paris, que les autorités françaises aient réellement voulu le rattraper dans sa fuite, et cependant, de ce point de vue, la sortie du royaume facilite les choses. Le retour devra être négocié; certains s'y emploient dès 1767, tels Hume, Turgot, Conti. L'important est de sauver les apparences. En 1770, le parlement de Paris et le roi acceptent la rentrée. Cette valse-hésitation de dix ans correspond aussi à la relation que Rousseau a entretenue avec Genève et ses gouvernants. En 1762, ils ont condamné l'*Émile* et le *Contrat*; Rousseau est menacé chez lui, et il rompt avec la citoyenneté genevoise en mai 1763. C'est pour lui une nouvelle étape dans son soutien à une rénovation politique de la cité, mais son geste le relance sur les routes et ne supprime pas les conflits. Ceux-ci éclatent à Môtiers, entre 1762 et 1765, où la prédication des pasteurs mobilise contre lui les populations. Le danger que ses œuvres représentent pour les religions – catholiques et protestants les condamnent – tend à lui fermer les frontières, et l'attitude dépend beaucoup des capacités d'action des souverains éclairés : Frédéric II le protège, l'Angleterre va l'accueillir en janvier 1766[110].

Cette période révèle aussi la disparité des attitudes dans l'Europe des Lumières. C'est une géographie de la mobilité et de l'accueil fortement personnalisée. Elle se nourrit de la correspondance et elle nourrit la correspondance, où l'on voit se distinguer l'hospitalité des uns et le refus des autres. A Yverdon, Victor de Gingins, le bailli, accueille Rousseau avec sympathie; Mylord Keith se place à sa disposition; en Angleterre, Hume, John Stewart, le docteur William Rose, Richard Davenport, qui le loge à Wooton en mai 1766, et bien d'autres se mettent en quatre pour l'accueillir, organiser son séjour, le retenir à sa convenance[111]. Partout, à ce premier cercle hospitalier qu'on retrouve de la Suisse au Royaume-Uni, du Staffordshire au Dauphiné, un second vient s'agréger, mû par une curiosité plus générale. L'attention pour un personnage d'exception attire les foules, quelle que soit la taille de la ville (bourg ou métropole, Môtiers, Spalding ou Bourgoin). Ces démonstrations marquent le changement de statut acquis par l'écrivain dans la société et la part de spectaculaire qui nourrit désormais le culte des grands hommes[112]. A chaque étape, son arrivée est annoncée, l'empressement se mobilise, son logis ou son auberge est assiégé. Rousseau est sollicité en permanence; il reçoit visites et invitations, celles des élites notables, des corps municipaux à Amiens et à Bourgoin, des autorités – l'intendant d'Alsace à Strasbourg en 1765 (le journal de son séjour dans la capitale alsacienne est immédiatement publié par Grimm dans la *Correspondance littéraire* de décembre). Ailleurs, ce sont les aristocrates parisiens, londoniens (le beau-frère du roi George III, le prince héritier, le duc d'York, Lord Nuneham), les parlementaires, les *squires*, les particuliers qui affluent à Buckingham Street à son arrivée. Ailleurs encore, ce sont les savants, les érudits locaux (Richmon Webb, Daniel Malthus, Edmund Jessop), les *petits littérateurs*, les lettrés, les artistes.

L'errance prend souvent les allures d'une reconnaissance triomphale. A Londres, en janvier 1766, on rend hommage à Rousseau en présentant le *Devin du village*, et la famille royale est là. Le spectacle est dans la salle : les yeux se tournent vers Rousseau. L'hommage rendu au musicien pallie celui qu'on refuse à l'écrivain publiquement. A Strasbourg, même liesse en décembre 1765, où il a été un hôte choyé, dînant en ville, recevant force visites à l'auberge de la Fleur, chez Koenig, rue de la Douane[113]. S'il n'y a nulle part unanimité sur son compte, le docteur Samuel Johnson aurait déclaré à la taverne de la Mitre, le 15 février 1766, qu'il méritait d'être arrêté sur l'heure et déporté avec les pires scélérats[114]. On distingue facilement la méfiance des ruraux et l'attirance des citadins. La lapidation de Rousseau à Môtiers parle en ce sens, comme la réserve de certains villageois de Trye et leurs marques de malveillance. La solitude recherchée, la marginalité voulue ne réussissent pas à s'imposer. A Môtiers, les visiteurs accablent Rousseau[115]. James Boswell fait pour lui le détour, comme le comte von Zinzendorf. C'est un petit pèlerinage, où un cérémonial s'instaure comme à Ferney : il vaut mieux être recommandé (ainsi Boswell par le pasteur Montmolin) ; Rousseau refuse quelquefois. La conversation porte sur tout (art, littérature, politique) ; on sent que, pour beaucoup, elle se prépare. Après la visite, la correspondance continue parfois, et le nombre des échanges entre 1762 et 1766 est en accroissement constant. Les fidèles sont toujours là, les visiteurs de Montmorency et les nouveaux venus avec les Suisses genevois et neuchâtelois ainsi que les Anglais. L'exil de Rousseau est encadré par la protection de certains de ses correspondants, quand certains l'abandonnent (Hume en juillet 1766, d'Alembert, Boswell, Mme de Boufflers, Mylord Keith). C'est une partie du réseau, solidaire jusque-là, qui se détache quand Rousseau s'en est pris à Hume et a contrevenu encore aux règles de la bienséance.

D'autres peuvent arriver et renforcer leur présence. C'est, à nouveau, la mise en évidence de la protection et de l'hospitalité par la recherche d'un lieu d'accueil, le financement et l'organisation de l'exil[116].

FUITE, DÉPENDANCE, REFUS

Dans sa fuite, Jean-Jacques Rousseau est largement pris en charge par ses proches, ses familiers et ses correspondants. En 1762, ce sont les Conti et les Luxembourg qui l'organisent; la comtesse de Boufflers, dans ses lettres, lui propose des lieux d'accueil possibles. Le recensement de ces propositions établi par Élodie Milles permet de découvrir une géographie des offres faites et de leurs origines dans la société : sur une cinquantaine au total, une vingtaine émane de l'aristocratie française, un peu plus d'une dizaine de Suisses, et le reste d'Anglais ou de représentants de la noblesse européenne (le prince de Ligne, le prince de Wurtemberg). Les ramifications de l'aristocratie des protecteurs s'étendent au-delà des frontières et s'organisent très vite. Dès juin 1762, Mme de Boufflers s'adresse à Hume : « Je présume qu'ayant l'occasion de m'obliger dans la personne d'un de mes amis, vous voudrez bien ne pas la rejeter [...]. Rousseau est donc parti, incertain [de] quel asile il choisirait. Je lui ai conseillé de se retirer en Angleterre, lui promettant des lettres de recommandation pour vous, monsieur, et pour d'autres personnes de mes amis. Je m'acquitte de ma promesse, et je ne puis pas à mon avis lui choisir un protecteur plus respectable par ses lumières et plus recommandable par son humanité. M. Rousseau passe chez la plupart des gens en ce pays pour un homme singulier[117]. »

Trois solutions sont possibles : l'Angleterre, un château en Allemagne, le domaine de Trye[118]. En 1765, Mylord Keith, qui vient de s'installer à Berlin, multiplie les offres et les contacts en Italie (Venise, Turin), en Allemagne (Clèves, Silésie), en Angleterre (Guernesey, Cornouailles). Le prince de Wurtemberg sollicite la cour de Vienne et celle de Prusse avec le prince Henri, frère de Frédéric II[119]. Le réseau s'organise autour d'une cause; ces aristocrates veulent aussi aider Rousseau matériellement, et lui proposent des secours. En 1766, Hume obtient pour lui une pension du roi George III. Sur le plan pratique, Rousseau peut compter sur l'appui des maisons d'affaires, des libraires, des banquiers. Ses intérêts sont placés à Lyon chez les Boy de La Tour, dans la famille de son ami Roguin; Mme de La Tour le loge à

Môtiers. Il a aussi compté sur les Delessert, Rougemont, du Peyrou, de Luze, qui tous participent à la gestion de ses fonds. Le libraire Guy, le libraire Rey sont mobilisés.

Mais Rousseau est sur l'œil quant à son indépendance. En 1762, il dispose de près de 6000 livres en capitaux de rente et en pensions d'origines diverses. Il faut beaucoup d'argent pour vivre en fuite, même en serrant les cordons de la bourse ; lors du séjour à Môtiers, il calcule qu'il lui faut près de 1200 livres par an. Il se plaint de l'alourdissement de ses charges : frais de courrier, frais de réception de ses hôtes. On peut penser qu'en trois ou quatre ans il aura dépensé son capital, qu'il reconstitue seulement par ses ouvrages. L'exil casse ses ressources et le place dans une situation de dépendance qu'il refuse et qui repose sur les initiatives de tous ceux qui s'intéressent à son sort. Il s'en méfie de plus en plus, car c'est le reconduire dans l'espace commun des hommes de lettres – celui des gratifications curiales et celui du mécénat –, dans l'enchaînement des obligations[120]. Ce problème est au cœur de la brouille avec Hume : celui-ci a fini par exaspérer Rousseau par un excès de précipitation et d'attention, alors que l'écrivain, forcé de fuir, est tiraillé entre la crainte du manque de ressources et sa volonté de refuser l'aliénation de sa liberté. L'unanimité est dans le camp de ceux qui veulent l'aider et sont persuadés de la nécessité d'un système qui lie le monde et les gens de lettres. Rousseau, lui, est seul dans le camp du refus : c'est sa singularité, et certainement l'une des raisons de ce qu'on va nommer définitivement sa folie, sa « manie de la persécution ». Le refus de la pension royale en Angleterre ne peut être compris, et il déclenche la rupture avec les milieux littéraires et philosophiques parisiens au terme d'une querelle majeure où s'affrontent salons, coteries, aristocrates et administrateurs protecteurs (tel Malesherbes, toujours favorable et nuancé). La mobilité révèle ici la nature du lien social qui rassemble gens de lettres et gens du monde, et d'une autre manière la division entre la République des Lettres et celle des Mœurs.

Rousseau a besoin de ses protecteurs, et c'est son drame. Il le laisse voir dans sa correspondance avec le prince de Conti : celui-ci, par intérêt politique, a favorisé la fuite, mais il montre aussi le poids de sa volonté, qui repose sur la caution négociée avec les autorités politiques. Lors du retour en 1767, il impose le séjour en Dauphiné sous la protection du gouverneur, le comte de Clermont-Tonnerre. C'est une manière de maintenir les apparences de la justice, car Grenoble échappe à l'autorité du Parlement et le roi n'intervient pas *à l'extraordinaire*. Toutefois, l'asile dauphinois ne convient pas à Rousseau, qui veut choisir son séjour en liberté, disposer de lui-même. L'affirmation de cette volonté dans une rencontre à Nevers le 1er septembre 1769 rompt la protection du prince, mais Rousseau peut, à ses risques et périls, revenir à Paris. Il s'y installe en juin 1770, rue Plâtrière, avec Thérèse. C'est la fin d'une grave crise psychologique qui lie le divorce social et l'appréhension de l'errance. Rousseau justifie son retour dans la capitale par la nécessité de gagner sa vie avec son travail de copiste. Il a vendu sa bibliothèque à Londres, il a été contraint d'accepter la pension de George III d'abord refusée. L'indépendance rejetée avant l'exil, perdue en partie pendant la fuite, peut alors s'entrevoir. Les *Confessions* et les *Lettres* montrent en parallèle la construction de l'interprétation rousseauiste de sa marginalisation et de sa figure – face à Voltaire et aux encyclopédistes – d'écrivain, d'*intellectuel* du refus[121]. En le condamnant à errer et à chercher en vain une retraite, l'exil et la contrainte font passer Rousseau de la lecture de son destin en termes de « fatalité de malédiction » à l'interprétation comme persécution. « Les tracas d'une vie ambulante et ceux d'une multitude de survenants ont absorbé tout mon temps, jusqu'à ce que je sois parvenu à obtenir un asile un peu tranquille », écrit-il le 1er août 1767 à Bernard Granville, un Anglais resté en relation avec lui. « Tourmenté, battu d'orages de toutes espèces, fatigué de voyages et de persécutions depuis plusieurs années, je sentais vivement le besoin de repos dont mes barbares ennemis se faisaient un jeu de me priver », commente-t-il dans les *Confessions*, dont il a poursuivi la rédaction pendant son exil. Le point essentiel, c'est qu'il a cru aux complots et qu'il a trouvé dans cette obsession l'explication de son existence et de sa fuite.

PARIS, PROXÉMIE ET PUBLICITÉ

L'installation à Paris résoud d'une certaine manière la crise[122]. Elle lève en partie le souci des difficultés financières : Rousseau conserve 1 400 livres de rentes annuelles en viager, il a encore un peu de capitaux à épuiser, le travail de copiste le stabilise et, dans les dernières années de sa vie, il peut retrouver progressivement un calme intérieur. Rue Plâtrière, dans le logis abandonné quatorze ans plus tôt, il ne vit pas en solitaire. Les témoignages le montrent au contact de plusieurs milieux : les Suisses, les visiteurs étrangers, quelques hommes de lettres acceptables (tel Bernardin de Saint-Pierre, qui a réussi à gagner sa confiance), quelques représentants de la bonne société (tel le marquis de Girardin, dont il va accepter l'hospitalité à Ermenonville où la mort le surprend le 2 juillet 1778, deux mois après Voltaire). Il fréquente aussi quelques gens de peu, ainsi le vitrier Ménétra :

« Je travaillais rue Plâtrière pour l'hôtel du Saint-Esprit, tenu par la dame Bellegarde en garni. On m'envoie chercher, monte avec moi jusqu'au troisième derrière, [on] me montre une cloison d'un cabinet pour coller du papier. J'aperçois un homme en robe de chambre et en bonnet de poil. Je colle ce papier. Cet homme s'informe de quel pays je suis. Je réponds que je suis de Paris [...]. Je lui dis que j'ai fait mon tour de France [...]. Il me questionne sur mes aventures et bonnes fortunes. Il m'envoie chercher souvent [...]. C'est Monsieur Rousseau. »

Ce texte où, comme à l'accoutumée, Ménétra se donne un peu d'importance, est pourtant l'un des rares à montrer les contacts que le philosophe pouvait avoir avec le petit peuple parisien. Il éclaire les autres témoignages sur le réel écho d'estime rencontré alors par Rousseau[123]. Il contribue à le situer dans un espace qui est celui des garnis – (l'hôtel du Saint-Esprit), celui des rues du vieux centre, celui des lieux de sociabilité (les cafés, les promenades, le Palais-Royal, le café de la Régence où Rousseau joue aux dames avec le vitrier). Il montre aussi le philosophe acclamé dans l'affluence de ses admirateurs, et comment il discute de l'actualité au pied de l'arbre de Cracovie dans le jardin du Palais-Royal. Il dévoile un Rousseau à la fois épris de solitude et sensible à l'éloge et à l'amitié. Ménétra voit en lui un vrai protestant qui a été persécuté et un sage qui l'invite à partager ses promenades botaniques au Pré-Saint-Gervais – lequel était, en ce temps-là, rempli d'arbres et de verdure d'un genre tout à fait « pittoresque ». Ce qualificatif, arrivé d'Angleterre peu de temps avant 1778, situe peut-être la rencontre et authentifie la conversation d'un homme de bien et d'un homme de peu[124]. Il évoque un Rousseau apte à la rencontre au terme de son errance, et quand commence le temps des *Rêveries du promeneur solitaire*.

Son itinéraire entraîné de Genève à Paris lui a fait parcourir un chemin social considérable, et découvrir de multiples visages de l'Europe des Lumières. C'est un parcours exemplaire, parce qu'il retrouve ceux des hommes attirés et repoussés par la capitale. C'est un cheminement unique, parce qu'il est aussi celui d'un refus et d'une marginalisation recherchée que l'écriture va redoubler et en quelque sorte proposer en modèle. Les tourments de

Rousseau conduisent à son culte et à l'enthousiasme inconditionnel que suscite sa célébrité. Le prince de Ligne, qui le visite rue Plâtrière, le lui fait comprendre avec beaucoup de perspicacité : « Monsieur Rousseau, plus vous vous cachez et plus vous êtes en évidence ; plus vous êtes sauvage, et plus vous devenez un homme public [125]. » Son errance s'achève en parcours héroïque[126], et la célébration de l'écrivain après sa mort, à Ermenonville, venge sa mémoire. C'est un pèlerinage avec ses guides, ses rites, ses gestes, ses récits, où l'on entend le succès collectif d'une représentation collective – celle d'un saint philosophe au destin légendaire grâce à l'errance.

L'ÉCRITURE DE LA MOBILITÉ

Au livre IV des *Confessions*, Rousseau nous confie l'un de ses souvenirs qui comptent, c'est un texte célèbre et superbe :
« La chose que je regrette le plus dans les détails de ma vie dont j'ai gardé la mémoire est de n'avoir pas fait des journaux de mes voyages. Jamais je n'ai tant pensé, tant existé, tant vécu, tant été moi, si j'ose ainsi dire, que dans ceux que j'ai faits seul et à pied. La marche a quelque chose qui anime et avive mes idées ; je ne puis presque penser quand je reste en place ; il faut que mon corps soit en branle pour y mettre mon esprit. La vue de la campagne, la succession des aspects agréables, le grand air, le grand appétit, la bonne santé que je gagne en marchant, la liberté du cabaret, l'éloignement de tout ce qui me fait sentir ma dépendance, de ce tout ce qui me rappelle ma situation, tout cela dégage mon âme, me donne une plus grande audace de penser, me jette en quelque sorte dans l'immensité des êtres pour les combiner, les choisir, me les approprier à mon gré, sans gêne et sans crainte. Je dispose en maître de la nature[127]... »

Le regret de la jeunesse enfuie aidant, c'est là un révélateur puissant de l'effet cathartique du voyage à pied et de sa capacité à comprendre un environnement sensible. Il contribue à former l'individu dans son identité, à façonner son unité et à conférer à la nostalgie élégiaque une force de compréhension du monde et des êtres, sans obstacle[128]. La conviction poétique de Rousseau est ici du même ordre que dans le savoir historique exposé dans les *Discours*. La mobilité des voyages à pied se range parmi les instruments de son analyse de l'homme : « Pour en devenir l'historien, il n'a pas eu à remonter au commencement des temps, il lui a suffi de se peindre lui-même et de se rapporter à sa propre intimité, à sa propre nature.» C'est un moyen parmi d'autres de supprimer une distance, et l'évocation d'un mode inhabituel de déplacement à l'échelle des gens de la bonne société confère de surcroît une force critique à son propos et à son expérience[129].

Rousseau n'est pas un adepte du voyage de curiosité ou du voyage philosophique : il se range parmi les praticiens de la contrainte et de la nécessité en même temps que du choix libre. Longtemps il s'est déplacé dans l'urgence, à pied faute de moyens. «En voyage, quand les devoirs, les affaires m'ont forcé de faire le monsieur et de prendre des voitures, les soucis rongeants, les embarras et la gêne y sont montés avec moi», avons-nous déjà rappelé en citant un autre passage des *Confessions*, qui est écrit pour souligner l'écart entre le plaisir enfui et l'ennui qu'impose la dépendance. Ainsi, Rousseau n'a pas gardé de récits de voyage, mais ses façons de voyager ont beaucoup d'importance pour fixer sa conception du monde, nourrir sa réflexion, enrichir ses idées. On sait qu'il a lu aussi Béat de Muralt et son invitation à ne pas sacrifier à l'air du temps en ce domaine[130]. Il y a trouvé simultanément une critique de la société française et de la société anglaise; il a pu y découvrir aussi une exhortation au localisme comme lieu privilégié de l'introspection, donc une manière de révélation de sa propre personnalité[131]. Deux grands ensembles de textes rassemblent, au-delà des détails livrés par les *Confessions* et la correspondance, sa position sur la mobilité. Ils concernent d'abord une vision classique mais critique du voyage et de son récit, sous-tendant sa version originale du rôle qu'il reconnaît à la pratique dans l'éducation avec l'*Émile* et dans la vision anthropologique des civilisations. Ils regardent aussi un usage spécifique qui, de la jeunesse à la vieillesse, réunit plus qu'une façon de faire : c'est un moyen de se retrouver, l'éloge d'un mode de vie[132].

Vision du voyage, critique des voyages

Jean-Jacques Rousseau a passé d'abord une partie de son temps à lire des relations de voyages, et il les a délaissées. Il a pu en trouver aux Charmettes, dans la bibliothèque de la famille Dupin pour laquelle il travaille. Il évoque ces lectures dans l'*Émile*, et leur utilité pour instruire une compagnie sur les usages des peuples lointains; il emprunte le *Voyage* d'Anson au baron d'Holbach, dont la bibliothèque en contient une centaine[133]. La reconstitution de ses lectures à travers ses écrits fournit une dizaine de références dont l'importance est masquée, car il s'agit de collections plus que de récits isolés – ainsi l'*Histoire générale des voyages* de Prévost, et de nombreux textes consacrés aux découvertes lointaines. A ces premiers renvois, il convient d'ajouter les romans, les aventures de Robinson, les dictionnaires et les œuvres géographiques et scientifiques à la manière de Buffon et de Maupertuis. L'horizon de Rousseau est vaste, et pas seulement orienté par les explorations comme par les conquêtes coloniales ; ce qui le retient, c'est la diversité géographique et les leçons qu'il peut en tirer pour une anthropologie de l'homme entre la nature et l'histoire – ainsi des origines des coutumes alimentaires ou vestimentaires. Ce qui l'inspire, comme l'*Émile*, c'est son intérêt pour les sociétés indigènes saisies par l'acculturation coloniale. *Robinson*, l'unique lecture d'Émile enfant, devient un modèle de l'état de l'individu livré à lui-même : « Ce n'est pas celui de l'homme social », mais il permet d'apprécier tous les autres États[134]. Cela, peut-être, parce qu'il s'agit de s'en méfier.

Ici, Rousseau va rejoindre Béat de Muralt et les contempteurs de la relation critique des voyages. « Les particuliers ont beau aller et venir, il semble que la philosophie ne voyage point [...] il n'y a guère que quatre sortes d'hommes qui fassent des voyages de long cours : les marins, les marchands, les soldats, les missionnaires. On ne doit guère s'attendre que les trois premières classes fournissent de bons observateurs, et quant à ceux de la quatrième, occupés de la vocation sublime qui les appelle, quand ils ne seraient pas sujets à des préjugés d'état comme tous les autres, on doit croire qu'ils ne se livreraient pas volontiers à des recherches qui paraissent de pures curiosités [...]. Ce qu'on retire du voyage dépend en fait de l'objet qui le fait entreprendre[135]. » Des *Discours* à l'*Émile*, la croyance en la capacité des voyageurs à transmettre des témoignages véridiques a reculé et Rousseau peut, comme d'autres, se moquer des « philosophes de ruelles » qui étudient le monde depuis leur cabinet. Le temps des vrais voyages est fini ; c'étaient ceux des vrais philosophes (Platon, Thalès, Pythagore) et, comme en d'autres domaines, ce qui est visé, c'est la pratique culturelle de la société parisienne. « De tous les peuples du monde, le Français est celui qui voyage le plus, mais plein de ses usages il confond tout ce qui n'y ressemble. De tous les peuples d'Europe, c'est celui qui en voit le plus et les connaît moins[136]... » L'usage de la lecture et le voyage pédagogique sont frappés d'un même discrédit et doivent être réformés. La critique est une démarche vers la théorie du voyage et un prélude à la remise en question de la civilisation européenne[137].

DE LA THÉORIE DES VOYAGES À LA CRITIQUE DES MŒURS

Le chapitre des voyages de l'*Émile* s'inscrit – inutile de le développer longuement – dans la tradition des *Arts apodémiques* et apporte sa contribution à l'édifice du « Comment les voyages peuvent-ils former la jeunesse ». Rousseau y décrit une pratique élitiste de l'utilité; il est de ceux qui vont au contact du grand livre du monde et d'un voyage méthodique. C'est l'affaire des gens formés et des jeunes gens bien élevés, bien guidés. Si Émile voyage à pied (mais pas toujours), le cheval et la voiture lui font gagner du temps. C'est un déplacement aristocratique avec ses règles. L'*Émile* est ici à comparer avec les extraits de la *Nouvelle Héloïse*, car le roman, en la personne de Saint-Preux, est aussi une illustration de son propos, avec le départ et le séjour à Paris, avec le voyage autour du monde[138]. Il s'agit d'en définir les objectifs, dont le principal est de connaître les hommes, de comparer les pays visités : on doit commencer par observer ses semblables, on observe les choses si on en a le temps[139]. Mœurs, coutumes, civilisation, génie des autres nations, goût dominant, arts utiles, sciences, manufactures, commerce sont les maîtres mots de la pédagogie en voyage. « Il faut étudier la société par les hommes et les hommes par la société [140] », et ainsi saisir les rapports (physiques, moraux, politiques) qui s'établissent entre eux; par comparaison, on les comprend, car « *comparer c'est juger : juger et sentir ne sont pas la même chose* [141] ».

Le choix du voyage à pied, mais pas seulement, a une signification éloquente et précise : il répond à un retour aux sources de l'histoire, il rapproche le sujet de l'objet. Le cabinet du philosophe se confond avec la terre entière sans qu'interviennent des impératifs de temps ou d'itinéraire, sans contrainte autre que le choix libre et le hasard. La connaissance fait partie du plaisir de vivre. A cheval, à pied, on part à son moment, on va où on veut, on jouit de toute la liberté dont un homme peut jouir. Un mode de transport, celui de l'aristocratie, se combine avec celui du peuple, pour se placer au service d'un idéal philosophique. C'est ainsi qu'on découvre ce qui est à l'œuvre au-delà des préjugés inscrits dans les caractères nationaux; c'est ainsi qu'on analyse les écarts de richesse et de développement, les divisions entre les *états*, la vraie richesse des campagnes et la vraie pauvreté des villes qui corrompent la nature humaine. « C'est le peuple des campagnes qui fait la nation [142]. »

Le voyage d'Émile est une propédeutique à la citoyenneté ; elle vise le lecteur du *Contrat social*, et c'est pourquoi l'on peut laisser tomber les récits de voyage : ils ne sont pas crédibles.

Philosophie et réalité du voyage

Le philosophe, lui, doit donner au voyage sa capacité de révéler le réel, de le décrasser des préjugés et des visions imaginaires. Son approche de la réalité fait partie de l'histoire de l'abstraction et de son rapport au pragmatisme. Dans l'*Émile*, Rousseau fait de sa correspondance avec les étrangers un moyen de combattre les opinions admises. Dans plusieurs textes *politiques*, il montre comment on peut tirer du voyage une leçon pour comprendre le monde. Ainsi quand il commente en juillet 1756 pour M. de Gauffecourt la civilisation du Valais, ou encore pour le capitaine Buttafoco la réalité corse[143]. Rousseau, retenons-le, n'a fait que traverser le Valais en 1744 et n'ira jamais en Corse, mais connaît par ses lectures ce dont il parle comme un voyageur[144]. Dans l'un et l'autre cas, on peut découvrir ce à quoi aurait servi une relation en bonne et due forme : donner aux lecteurs les bases d'un jugement politique sur une société. L'approche livresque, dans les deux cas, autorise des questions analogues sur l'organisation des territoires, leur population, leurs aptitudes, leur richesse. Rousseau y traque les signes et les symptômes de déséquilibre et de crise, et il propose d'adapter aux résultats de l'analyse les organisations politiques. C'est une lecture du monde guidée par ses propres intérêts qu'il tente de vérifier quelquefois dans une mise en parallèle des deux situations[145].

Les impressions du voyageur rassemblées par Élodie Milles dans la correspondance confirment à l'occasion comment Rousseau a puisé dans le réel de quoi alimenter son système sociopolitique. A l'automne 1737, on le découvre dans le tableau sans concession qu'il dresse de Montpellier pour Mme de Warens et son ami Charbonnel[146]. En 1763, c'est au maréchal de Luxembourg qu'il livre son sentiment sur son refuge suisse, et ainsi sa manière de lire le réel. Deux dimensions guident son regard : d'une part, celle de l'intérêt pour ce que l'on appellerait aujourd'hui l'environnement, et le paysage montagnard ou urbain ; d'autre part, la critique sociale, qui s'est précisée de 1737 à 1763[147]. C'est une ville organisée par la trame de ses rues qu'il perçoit à Montpellier, mais il y constate surtout le désordre, l'atmosphère délétère, la saleté ; c'est ce qu'il retrouve à Paris[148]. Le

Valais et la Suisse sont en revanche un pays de gros villages, un monde où la nature est moins la réalité alpestre que la diversité d'une campagne riche et aménagée comme un parc. Le val de Travers est comparé à Montmorency, à Versailles; la Reuse devient le Lignon. La ville incarne à sa façon les maux d'une civilisation, et la campagne, *natura naturans*, leur remède.

C'est, de fait, un homme des villes qui parle de la campagne, et son objectif est de revenir à l'essentiel: comment décrire et intervenir sur les mécanismes de la corruption sociale. Celle-ci se lit dans l'accueil refusé aux étrangers, à Montpellier comme à Neuchâtel. Elle se dévoile dans l'opposition richesse-misère, manières de vivre simples ou dissolues. Elle s'entend dans les pratiques culturelles, la déliquescence des loisirs urbains, la simplicité des campagnes; on la lit dans l'alimentation comme dans le vêtement. En 1737, à Montpellier, Rousseau décrit l'effet urbain de la mobilité; en 1763, il en vérifie les méfaits, comme dans la *Nouvelle Héloïse*, et conseille aux contemporains le retour du naturel. Le modèle suisse, avec le second *Discours*, avec la *Lettre à d'Alembert*, avec les *Lettres* de Julie et de Saint-Preux, avec l'utopie de Clarens, travaille à la destruction du cosmopolitisme des Lumières. Il est construit au terme de l'expérience des premiers voyages, de l'errance; il est vu comme menacé à son tour par l'influence du luxe et l'importation des mœurs étrangères, par les voyageurs. Menacée de décadence, la Suisse n'est qu'un exemple de ce qui attend l'Europe, le monde. Herbert Luthy pourra écrire: «Ce vagabond apatride qui pourtant était si peu citoyen du monde a consommé la rupture avec l'esprit cosmopolitique.» La leçon est celle du repli local, l'éloge des constitutions adaptées aux *petites républiques*, le recul dans la culture de soi-même.

Repli sur soi; promenade à pied

Au terme de ses voyages, Émile doit se fixer.

«Le gouverneur à Émile: Un champ qui soit à vous, cher Émile! Et dans quel lieu le choisirez-vous? En quel coin de la terre pourrez-vous dire: Je suis ici mon maître et celui du terrain qui m'appartient? On sait en quels lieux il est aisé de se faire riche, mais qui sait où l'on peut se passer de l'être? Qui sait où l'on peut vivre indépendant et libre sans avoir besoin de faire du mal à personne et sans crainte d'en recevoir? Émile au gouverneur: A quoi je me fixe? A rester tel que vous m'avez fait être, et à n'ajouter aucune autre chaîne à celle dont me chargent la nature et les lois [...]. J'ai cherché dans nos voyages si je trouverais quelque coin de la terre où je pusse être absolument mien, mais en quel lieu parmi les hommes ne dépend-on pas des passions[149] ? »

Interrogation et réponse montrent ce qu'est la fin, la conclusion des errances (celles des héros et celles du philosophe : Émile, Saint-Preux, Jean-Jacques) : il faut, au retour, se fixer. Le voyage rousseauiste aboutit à faire l'éloge du local et du privé ; on va le lire d'abord dans l'asile imaginaire de Clarens et dans son économie domestique autarcique. « Ici se trouvent les sentiers qui nous dérobent à la foule et nous font faire agréablement le passage de la vie », disait déjà Béat de Muralt[150]. « Le signe le plus assuré du vrai contentement de l'esprit est la vie retirée et domestique, et que ceux qui vont chercher leur bonheur chez autrui ne l'ont point chez eux-mêmes », reprend Saint-Preux[151]. Clarens propose comme l'utopie maçonne un « monde où tout vit dans la plus grande familiarité ; tout le monde est égal et personne ne s'oublie[152] ». C'est aussi un monde ouvert et accueillant aux étrangers : « Venez, hommes rares, augmenter et partager le bonheur de cette maison », écrit M. de Wolmar à son ami Woston[153]. La nostalgie des années passées aux Charmettes, plus insouciantes et libres, est à l'œuvre dans l'élégie romanesque qui ne rétablit pas l'innocence et n'instaure pas l'égalité, mais idéalise la sensibilité, l'affectivité et le monde enchanté des sociétés intimes et stabilisées[154].

La stabilisation parisienne de Rousseau unit deux dimensions : pour l'écriture, le recours à l'autobiographie devient nécessaire ; pour l'expérience du repli sur soi, la promenade devient le champ où se conjuguent le besoin de nature et le rejet de la publicité. Dans les *Confessions*, écrit de l'errance, le moi s'exhibe, l'écrivain se défend ; dans les *Rêveries du promeneur solitaire*, il n'écrit que pour lui. A ce moment, le thème de la promenade à pied permet à l'individu et à l'écrivain de se retrouver avec lui-même hors des conventions sociales admises en son temps[155]. C'est l'affirmation définitive de la distance prise à l'égard du monde, du public, du statut d'écrivain et de ses conventions mondaines. « La vie ambulante est celle qu'il me faut », et cette affirmation tardive crée une unité entre les *promenades* de la jeunesse revécues dans les *Confessions* et celles du *promeneur solitaire* autour de Paris après 1770.

C'est une activité qui, à l'époque, consacre un loisir utile pour le plaisir et pour la santé, comme l'énoncent Furetière et le chevalier de Jaucourt. Au sens propre, c'est aller prendre l'air à la campagne, à pied, à cheval, en carrosse; c'est chercher à voir quelque chose de nouveau – ici, l'on frôle le voyage. Au sens figuré, c'est promener son imagination, ses rêves, sur les êtres de la nature et pour admirer son créateur. La finalité curative et hygiénique n'exclut pas la logique philosophique et morale. C'est une activité de sociabilité que codifient l'usage, les habitudes, les lieux (plus particulièrement en ville, où la nature fait défaut). La Bruyère y voit un trait de la société mondaine et l'une des manifestations de la culture des apparences[156], mais le peuple n'ignore pas la promenade: Ménétra le prouve, les guides de Paris (ainsi Jèze) et d'autre guides en donnent des exemples ciblés (ainsi guinguettes et cabarets, au-delà des barrières). Pour Rousseau, les deux fins se retrouvent: il pratique la promenade bénéfique pour sa santé très tôt, à Genève, à Paris, à l'Ermitage, dans le parc de Montmorency; et c'est aussi une occasion de se retrouver dans une société choisie, amicale, vécue égalitairement, ainsi avec Mme d'Houdetot ou avec le maréchal de Luxembourg. Avec sa «réforme», ce qui change, c'est la recherche de la solitude, hors de Paris, au Luxembourg, plus tard au bois de Boulogne[157], et après le retour il étend son parcours à toute la ville et à ses proches banlieues: les Invalides, le Jardin du roi, Ménilmontant et Saint-Gervais, les Champs-Élysées et Montceau.

«J'aime mieux errer deux heures à chercher inutilement, je porte une carte de Paris dans ma poche à l'aide de laquelle et d'une lorgnette je me retrouve à la fin, j'arrive crotté, recru, souvent trop tard mais tout comblé de ne rien devoir qu'à moi-même[158].» Rousseau échappe ainsi aux opportuns; il compense par la solitude sa célébrité vécue comme une aliénation; il est plus seul au milieu de Paris que Robinson dans son île[159]. Les *Rêveries*, les *Dialogues* nous montrent la valeur du mouvement: sans lui, la vie n'est que léthargie; inégal et trop fort, il détruit le charme de la rêverie et replace le promeneur sous le joug de la fortune et des hommes; sans secousse, uniforme, modéré, il distrait, repose, procure la paix. La promenade est une morale. C'est une expérience de méditation dans la nature mère de l'ataraxie. Dans une lettre à Huygens, Descartes qualifiait déjà de rêveries ses *Méditations philosophiques*. Pour Jean-Jacques Rousseau, c'est le lieu d'une pacification et d'une mise en ordre. De l'illumination de Vincennes – où il utilise une vieille figure de style pour raconter ce qui a été, à l'occasion d'une réelle promenade, le choix d'un nouvel univers explicatif – aux déambulations dans les rues et les prés parisiens de 1750 à 1770, il y a une continuité de pratiques.

La découverte de la botanique sans maître ajoute alors une dimension sensitive à sa morale du mouvement. C'est une manière de ne plus subir l'environnement et d'en analyser les composantes importantes – ainsi d'analyser les objets qui nous entourent, de les «aménager de telle sorte que leur influence nous soit favorable [160]». C'est un moyen de se libérer sans contrainte des choses. Dans la botanique, Rousseau trouve un apaisement, car il ne la pratique pas en naturaliste ou en classificateur. Ce n'est pas une action, mais une activité qui, à l'instar de la copie musicale, est salutaire à l'esprit libre, qui lui permet de divaguer. La botanique peut même supplanter la rêverie. Il en découvre l'impulsion dans les prés et les bois de Neuchâtel; il en continue la pratique dans le Derbyshire, où il en discute avec Lady Margaret Cavendish, duchesse de Portland. Il se fait de «jolis herbiers», il les offre. Il botanise pour lui et pour les dames dans les bosquets et les prairies autour de la capitale; les amateurs, naturalistes, français, étrangers, savent tout ce qu'il doit aux «amitiés végétales». Dans les *Lettres sur la botanique* adressées en 1771 à Mme Delessert pour ses filles, il écrit sans doute un traité élémentaire, un véritable «traité pédagogique pour les ignorants», dont il savait qu'il serait diffusé en dehors du cercle familial des Boy de La Tour. Il n'y ignore pas Linné, mais ce qu'il vise est moins la science que de convaincre de la pureté de la nature en désertant les salles de cours. Il la découvre dans la promenade douce, il la retrouve dans ses herbiers, il la mémorise dans les écrits et les lettres amicales[161].

De Voltaire à Rousseau, les facettes évoquées ici de la mobilité dans la République des Lettres sont autant de tests pour refuser la lecture simplifiante des institutions et des acteurs. Dans l'un et l'autre cas se dessine à travers la pratique du voyage, libre ou contraint, un rapport à l'espace social et au statut intellectuel du philosophe. Pour le premier, vivre l'espace correspond, dans le cadre d'une Europe sans frontières, à la quête d'une intégration qui conduit à l'action de l'intellectuel; Voltaire ne théorise pas le voyage qui n'est qu'une expérience des obstacles et un moyen. Pour le second, dans une même géographie sans limites contraignantes, ce qui peu à peu se dessine, c'est la conscience des obstacles et celle du refus d'entrer dans le statut commun. Le parcours s'achève dans le refus d'agir, dans le repli sur soi-même, dans le refus individualiste des obligations. Rousseau peut théoriser le voyage à partir de sa pratique et pour une pédagogie qui se conclut sur un échec : « En quel lieu parmi les hommes ne dépend-on pas de leurs passions[162] ? » Rousseau devient un *étranger* fascinant et vénéré dont l'esprit libertaire sape un ordre social. Voltaire, au terme de sa persécution, reconnu, couronné, ne fabrique plus de culte comme il avait pu le faire à Ferney. Tous les deux contribuent à une mutation profonde des valeurs, chacun à leur façon, mais on parle des « Rousseaux du ruisseau », et non pas des Voltaires du caniveau[163]. L'un inspire les cosmopolites, l'autre les nationalistes. L'un accepte les contraintes du progrès, dont il découvre les possibilités dans ses voyages; l'autre peu à peu les redoute et rêve d'une harmonie sociale improbable et démentie par son exil. Le débat du lyrisme ambigu et de l'ironie décapante n'est certainement pas clos[164].

NOTES

1. R. Pomeau, *Voltaire en son temps*, Oxford-Paris, 2 vol., 1985-1995.
2. Voltaire, *Romans et Contes*, « Bibliothèque de la Pléiade », Paris, 1954, pp. 97-104.
3. R. Pomeau, *op. cit.*, pp. XII-XV.
4. D. Roche, *Le Siècle des Lumières en province : académies et académiciens provinciaux, 1680-1789*, Paris, 1978, pp. 290-324; *Œuvres complètes de Voltaire, Correspondance et documents*, éd. T. Besterman, Oxford Foundation, t. LXXXVI-CXXXV, 2e éd., 1966-1987. Nous y renvoyons, selon la convention, par « D », suivi du numéro de la lettre.
5. S. Schama, *L'Embarras de richesses. La Culture hollandaise au siècle d'Or*, Paris, 1987 (trad. fr.).
6. A.-M. Rousseau, *Voltaire et l'Europe*, pp. 102-106; *id., Les Lumières et les libertés anglaises*, Paris, 1994.
7. *Id., Voltaire et l'Angleterre*, Oxford, 1976.
8. Voltaire, *Lettres philosophiques*, Paris, 1964.
9. Voltaire, *Correspondance, op. cit.*, D 303, 26 octobre 1726, à Thiriot.
10. *Ibid.*, D 1879, 15 février 1739.
11. *Ibid.*, D 2347, 26 novembre 1740.
12. Longchamps, *Mémoires*, 1954; R. Pomeau, *op. cit.*, t. I, p. 534.
13. Voltaire, *Correspondance, op. cit.*, D 7443, 2 novembre 1757.
14. *Ibid.*, Lettre à Mme de Fontaine, 23 septembre 1750, D 4624.
15. E. Bouvy, *Voltaire et l'Italie*, Paris, 1898, pp. 3-9.
16. *Ibid.*, p. 187-317.
17. A. Farge, *Dire et mal dire. L'Opinion publique au XVIIIe siècle*, Paris, 1992; R. Darnton, *Le Grand Massacre des chats. Attitudes et croyances dans l'ancienne France*, 1984, Paris, 185 (trad. fr.), pp. 137-167, 171-193.
18. R. Pomeau, *op. cit.*, t. I, pp. 68-69
19. Voltaire, *Correspondance, op. cit.*, D 40.
20. R. Pomeau, *op. cit.*, t. I, pp. 255-266
21. J.-D. Melot, *L'Edition rouennaise et ses marchés vers 1600-1730. Dynamisme provincial et centralisme parisien*, Paris, 1998, pp. 551-552 et 643-653.
22. Voltaire, *Correspondance, op. cit.*, D 738, 740, 741.
23. *Ibid.*, D 848, 2 mars 1735.
24. R. Pomeau, *op. cit.*, t. I, pp. 334-335.
25. R. Chartier et H.-J. Martin, *Histoire de l'édition française*, Paris, 1989, 2e éd., 4 vol.; t. II, sous la direction scientifique de D. Roche, *Le Livre triomphant, XVIIe-XIXe siècle*, pp. 385-495.
26. N. Morin, *Voltaire et les voyages*, Mémoire de maîtrise, Paris I, 1995, pp. 20-35
27. Voltaire, *Mémoires*, éd. J. Hellegouarc'h, Paris, 1998, pp. 5-26
28. D. Margairaz, *François de Neufchâteau. Du lieu commun à l'espace public*, Thèse, Paris I, 2001, 2 vol., t. II, pp. 727-734.
29. Voltaire, *Correspondance, op. cit.*, t. I, app. II, 1722, p. 438.
30. D. Roche, *Le Siècle des Lumières en province, op. cit., t.* I, pp. 285-301.
31. Voltaire, *Correspondance, op. cit.*, D 299, 12 août 1726; D 312, 18 avril 1727; N. Morin, *op. cit.*, pp. 50-56.
32. *Ibid.*, D 4139, 8 mai 1750.
33. *Ibid.*, D 8825.
34. *Ibid.*, D 14897, 30 mars 1768.
35. *Ibid.*, D 7871.
36. *Ibid.*, D 6965, 9 août 1756; D 8871, 23 avril 1760.
37. *Ibid.*, D 8866, 14 mars 1760.

38. A. Merle d'Aubigné, *Les Voyageurs à Genève à la fin du XVIIIe*, Mémoire de maîtrise, Paris I, 1992, pp. 47-90.
39. J.-C. Bonnet, «La visite à Voltaire», *Studies on Voltaire*, 1987, Hommage à R. Pomeau, pp. 125-130.
40. Sir Gavin de Berr, «Voltaire's British Visitors», *Studies on Voltaire*, 1967, Genève, vol. XLIX.
41. D. Candaux, *Voyageurs européens à la découverte de Genève*, Genève, 1975, et Répertoire chronologique des relations de voyage intéressant Genève (manuscrit).
42. *Correspondance de Madame de Grafigny*, t. III, Oxford, 1985, 1775, p. 176; J.-C. Bonnet, *art. cit.*, pp. 129-130.
43. Mme de Genlis, *Mémoire inédit sur la Révolution française et le XVIIIe*, Paris, 1925, 2 vol., pp. 315-317.
44. *Ibid.*, pp. 318-319.
45. J.-C. Bonnet, *art. cit.*, pp. 126-127.
46. F. Moureau, «L'œil expert, voyager, explorer», *XVIIIe siècle*, 22, 1990, pp. 6-22.
47. Voltaire, *Mémoires, op. cit.*, pp. 157-163.
48. *Ibid.*, pp. 123-129, 254-255.
49. M. Duchet, *Anthropologie et histoire au siècle des Lumières*, Paris, 1977, pp. 68-70.
50. E. Bouvy, *op. cit.*, pp. 2-36.
51. Voltaire, *Correspondance, op. cit.*, D 11868, à d'Argental, 14 mai 1764.
52. G. R. Havens et N. C. Torrey, «Voltaire's Catalogue of his Library at Ferney», *Studies on Voltaire*, 9, 1959, à compléter par V. Lublinski, *Bibliothèque de Voltaire*, Moscou, 1961.
53. Voltaire, *Correspondance, op. cit.*, D 3728.
54. *Ibid.*, D 5469, 3 août 1753.
55. Madame Du Deffand, *Correspondance*, Paris, 1866, t. II, pp. 375-381.
56. N. Perry et Sir E. Fawkner, «Friend and Correspondant of Voltaire», *Studies on Voltaire*, 133, 1975.
57. Voltaire, *Correspondance, op. cit.*, D 4217, 12 septembre 1750.
58. *Ibid.*, D 4448, 24 avril 1751.
59. *Ibid.*, D 4450, 27 avril 1751.
60. *Ibid.*, D 16071, 6 janvier 1770, à Tannuci.
61. J. Sareil, *Voltaire et les grands*, Genève-Paris, 1978, pp. 135-145.
62. R. Pomeau, *op. cit.*, t. II, pp. 295-298.
63. F. Bléchet, *Voltaire et l'Europe*, Paris, 1978-1979, pp. 186-192.
64. A. Grosrichard, *Structure du sérail. La Fction du despotisme asiatique de l'Occident classique*, Paris, 1979.
65. *Ibid.*, pp. 34-35; G. Benrekassa, *Le Concentrique et l'excentrique. Marges des Lumières*, Paris, 1980.
66. *Ibid.*, pp. 53-87.
67. R. Pomeau, *op. cit.*, t. I, pp. 31-32.
68. J. Van den Heuvel, *Voltaire dans ses Contes : de micromégas à l'Ingénu*, Paris, 1982.
69. J.-P. Martin, *La Figure de la Terre. Récit de l'expédition française en Laponie suédoise*, Cherbourg, 1987, pp. 132-133.
70. J. Van den Heuvel, *op. cit.*, pp. 114-126
71. R. Mauzi, *L'Idée du bonheur au XVIIIe siècle*, Paris, 1960, pp. 554-555.
72. *Dictionnaire philosophique*, article «Tout est bien», Oxford, 1995.
73. *Ibid.*, «Géographie».
74. R. Pomeau, *op. cit.*, t. II, pp. 562-566.
75. J.-C. Bonnet, *Naissance du Panthéon. Essai sur le culte des grands hommes*, pp. 239-241; R. Pomeau, *op. cit.*, t. II, pp. 616-647.

76. B. Baczko, *Job mon ami. Promesses du bonheur et fatalité du mal*, Paris, 1997, pp. 178-198; *id., Rousseau. Solitude et communauté*, Paris, 1974; B. Mely, *Jean-Jacques Rousseau. Un intellectuel en rupture*, Paris, 1985; J. Starobinski, *Jean-Jacques Rousseau. La Transparence et l'obstacle*, Paris, 1976.
77. E. Régis, *Rousseau dromomane. Chroniques médicales*, Paris, 1910, XI, pp. 129-139; E. Milles, *Jean-Jacques Rousseau, promeneur solitaire et homme de lettres. Faits de mobilité dans la vie et l'œuvre au siècle des Lumières, 1726-1778*, Mémoire de maîtrise, Paris I, 1995.
78. J. Starobinski, Avant-propos, *op. cit.*, pp. I-II.
79. M. Launay, *Jean-Jacques Rousseau écrivain politique, 1712-1762*, Grenoble, 1971; M. Lejeune, *L'Autobiographie en France*, Paris, 1971, pp. 43-71; *id., Je est un autre*, Paris, 1980.
80. R. A. Leigh, *Correspondance complète de Jean-Jacques Rousseau*, Genève-Oxford, 1965-1999, 52 vol. Nous désignons cet ouvrage par C. C.
81. J.-J. Rousseau, *Les Confessions et autres textes autobiographiques*, in *Œuvres complètes*, éd. B. Gagnebin et M. Raymond, Paris, «Bibliothèque de la Pléiade», 5 vol., 1954-1969, plus particulièrement t. I, 1954, et t. IV, *Emile, Education, Morale, Botanique*, 1969.
82. B. Gagnebin, *Vérité et véracité dans les «Confessions». Jean-Jacques Rousseau et son œuvre*, Paris, 1964, pp. 7-21, Colloque Paris 1962.
83. Paris, 1982, pp. 7-9, 360-369.
84. D. Roche, «Les primitifs du rousseauisme», *Annales ESC*, t. I, 1971, pp. 151-172.
85. E. Milles, *op. cit.*, pp. 17-47.
86. J.-J. Rousseau, *Les Confessions*, livre II, *op. cit.*, t. I, pp. 58-59.
87. G. Arbellot et B. Lepetit, in F. Furet et M. Vovelle (dir.), *Atlas de la Révolution française*, t. I, *Routes et communications*, Paris, 1987, pp. 58-71.
88. J.-J. Rousseau, *Les Confessions*, livre IV, *op. cit.*, t. I, p. 170.
89. E. Milles, *op. cit.*, pp. 29-30.
90. B. Baczko, *op. cit.*, pp. 180-183.
91. J. Nicolas, *La Savoie au XVIIIe. Noblesse et bourgeoisie*, Paris, 1978, 2 vol., t. I, pp. 297-300.
92. C. C., 18, 23 octobre 1737.
93. J.-J. Rousseau, *Les Confessions*, livre VII, *op. cit.*, t. I, pp. 309-326; E. Milles, *op. cit.*, pp. 44-46.
94. B. Baczko, *op. cit.*, pp. 186-187; E. Milles, *op. cit.*, pp. 49-101.
95. J.-J. Rousseau, *Les Confessions*, *op. cit.*, livre VII, t. I, pp. 282-295.
96. E. Walter, «Les auteurs et champ littéraire», in R. Chartier et H.-J. Martin, *Histoire de l'édition française, op. cit.*, t. II, pp. 383-399.
97. B. Mely, *op. cit.*, pp. 70-72.
98. J.-J. Rousseau, *Les Confessions*, livre VIII, *op. cit.*, t. I, p. 362.
99. C. C., 30 janvier 1750, à Voltaire.
100. E. Milles, *op. cit.*, pp. 68-70; B.M., pp. 75-99.
101. M. Launay, *op. cit.*, pp. 230-235.
102. B. Munteano, «La solitude de Jean-Jacques Rousseau», *Annales Jean-Jacques Rousseau*, XXXVIII, 1946-1949, t. I, pp. 79-168, t. II, pp. 103-168; B. Mely, *op. cit.*, pp. 81-88; E. Milles, *op. cit.*, pp. 76-102.
103. J.-M. Goulemot et D. Oster, *Gens de lettres, écrivains et bohèmes. L'Imaginaire littéraire, 1630-1900*, Paris, 1992, pp. 80-82; E. Walter, *art. cit.*, pp. 394-398; R. Darnton, *Bohème littéraire et Révolution. Le Monde des livres au XVIIIe siècle*, Paris, 1983 (trad. fr.), pp. 7-42; *id., Gens de lettres et gens du livre*, Paris, 1992 (trad. fr.), pp. 11-138.
104. J.-J. Rousseau, *Les Confessions*, livre VIII, *op. cit.*, t. I, p. 362.

105. C. C., 484, 16 mars 1657 ; 1654, 28 janvier 1762.
106. C. C., 1411, 25 mai 1761 à Coindet.
107. E. Milles, *op. cit.*, pp. 98-100.
108. *Ibid.*, pp. 102-142 ; B.M., *op. cit.*, pp. 171-274.
109. B. Mely, *op. cit.*, pp. 279-281.
110. J. Texte, *Jean-Jacques Rousseau et les origines du cosmopolitisme littéraire*, Paris, 1909 ; L.-J. Courtois, *Le Séjour de Jean-Jacques Rousseau en Angleterre, 1766-1767*, Genève, 1911.
111. *Ibid.*, pp. 15-72.
112. J.-C. Bonnet, *op. cit.*, pp. 269-316.
113. C. C., Annexes, 425-426, t. XXVII, pp. 331-340 ; Annexes, 428, t. XXVII, pp. 345-347.
114. L.-J. Courtois, *op. cit.*, p. 18.
115. J.-J. Rousseau, *Les Confessions*, livre XII *op. cit.*, t. I ; C. C., 3076, 25 décembre 1763, à Alissan de La Tour.
116. E. Milles, *op. cit.*, pp. 125-127.
117. C. C., 1868, 14 juin 1762.
118. C. C., 2019, 21 juillet 1762 ; 2151, 10 septembre 1762.
119. C. C. 4304, 17 avril 1765 ; 4410, 17 mai 1765.
120. B. Mely, *op. cit.*, pp. 219-242.
121. B. Baczko, *op. cit.*, pp. 186-187.
122. C. C., 6000, 1er août 1767 ; J.-J. Rousseau, *Les Confessions, op. cit.*, t. I, livre XII, p. 650.
123. E. Foster, *Le Dernier Séjour de Jean-Jacques Rousseau à Paris*, Paris, 1911.
124. J.-L. Ménétra, *Journal de ma vie. Autobiographie d'un compagnon vitrier au XVIIIe siècle*, éd. D. Roche, Paris, 1982, pp. 218-220.
125. *Lettres et pensée du prince de Ligne*, Londres, 1809, 2 vol., t. II, p. 246.
126. J.-C. Bonnet, *op. cit.*, p. 200.
127. J.-J. Rousseau, *Les Confessions*, livre IV, *op. cit.*, t. I, p. 162.
128. J. Starobinski, *op. cit.*, p. 15.
129. *Ibid.*, pp. 20-21, 24-25
130. B. de Muralt, *Lettres sur les Anglais et les Français*, s. l., 1725 ; éd. C. Gould, Paris, 1933.
131. A. Ferrazzini, *Béat de Muralt et Jean-Jacques Rousseau. Etude sur l'histoire des idées au XVIIIe siècle*, La Neufville, Suisse, 1951, pp. 30-40 ; J. Texte, *op. cit.*, pp. 42-89 et 122-123.
132. E. Milles, *op. cit.*, pp. 148-149.
133. M. Duchet, *op. cit.*, pp. 66-70.
134. J.-J. Rousseau, *Emile, op. cit.*, t. IV, pp. 453-455.
135. *Id., Discours sur l'inégalité, op. cit.*, p. 212 ; *id., Emile*, V, pp. 629-631.
136. *Id.*, p. 619.
137. E. Milles, *op. cit.*, pp. 159-169.
138. J.-J. Rousseau, *Nouvelle Héloïse*, IV, lettre III, *op. cit.*, t. II, pp. 412-415.
139. *Id., Emile*, V, *op. cit.*, t. IV, p. 832.
140. *Ibid.*, IV, p. 524.
141. *Ibid.*, IV, p. 571.
142. *Ibid.*, V, pp. 852-855.
143. C. C., A. 189, juillet 1756 ; 3573, 15 octobre 1764.
144. M. Launay, *op. cit.*, pp. 280-281.
145. E. Milles, *op. cit.*, pp. 170-175.
146. C. C., 18, 23 octobre 1737 ; 19, 4 novembre 1737 ; 20, 4 décembre 1737.
147. C. C., 2440, 20 janvier 1763 ; 2457, 28 janvier 1763.

148. J.-J. Rousseau, *Les Confessions*, livre IV, *op. cit.*, t. I, p. 159.
149. *Id.*, *Emile*, V, 835, *op. cit.*, t. IV, pp. 855-856.
150. *Ibid.*, p. 283.
151. *Id.*, *Nouvelle Héloïse*, IV, lettre X, *op. cit.*, t. II, p. 466.
152. *Ibid.*, lettre VII.
153. *Ibid.*, lettre V, p. 488.
154. J. Starobinski, *op. cit.*, p. 125.
155. J.-M. Goulemot, «Les pratiques littéraires ou la publicité du privé», in Ph. Ariès, *Histoire de la vie privée*, t. III : *De la Renaissance aux Lumières*, Paris, 1986, pp. 399-401; E. Milles, *op. cit.*, pp. 205-214.
156. J. de la Bruyère, «De la ville», in *Caractères*, VII, Paris, 1688, éd. 1932, pp. 181-182.
157. J.-J. Rousseau, *Les Confessions*, livre VII, *op. cit.*, t. I, pp. 288, p. 347 et livre VIII, p. 390.
158. *Id., Mon portrait, op. cit.*, t. I, p. 1127.
159. *Id., Rousseau juge de Jean-Jacques, op. cit.*, t. I, p. 883.
160. J. Starobinski, *op. cit.*, pp. 265-266.
161. *Ibid.*, pp. 292-296; J.-J. Rousseau, *Le Botaniste sans maître ou Manière d'apprendre seul la botanique*, éd. A.-G. Haudricourt, Paris, 1983.
162. *Id., Emile*, V, *op. cit.*, t. IV, pp. 855-856.
163. R. Darnton, *Bohème littéraire et Révolution, op. cit.*
164. F. Dagognet, *Le Nombre et le lieu*, Paris, 1984, pp. 31-33.

Chapitre XII

La mobilité sensible

La République des francs-maçons n'est pas la République des Lettres. Elle s'en distingue par un fonctionnement, un réseau, une chronologie de diffusion originale, même si elle s'en rapproche par un idéal universel et par une mise en valeur de la force des sociabilités culturelles identiques. Ses pratiques introduisent à l'examen de la transformation des hommes par les rêves et l'imaginaire, par la dimension du fraternel et de la sensibilité. Entre les deux espaces, il est certain qu'on peut retrouver des échanges, tant à Paris qu'en province dans la France des Lumières, c'est peut-être une frange de 10 à 20 % selon les instances (académies parisiennes, académies provinciales, sociétés littéraires et chambres de lecture, salons et cercles), qui se retrouve, mue par des attractions différentes à des moments différents. Certaines loges, comme la très mondaine loge des Neuf Sœurs –, présentent un profil social à la fois académique et mondain et une activité mobilisant les valeurs intellectuelles du temps – littéraire, artistique, scientifique placée sous l'autorité de l'astronome Lalande (de l'Académie des sciences) et du fermier général Helvétius. On y reçoit le diplomate et philosophe Benjamin Franklin en 1779, et un an avant, le 7 avril 1778, la loge avait accepté Voltaire à l'initiation. Ajoutons pour la bonne règle que cette orientation des Neuf Sœurs était l'objet de discussions. Ce qui importe ici, c'est de comprendre comment la culture de la mobilité de l'âge moderne a contribué à unir ou non les frères rassemblés dans les temples. Plusieurs forces concourent à cela. C'est d'abord l'extension même du phénomène maçonique, dont la géographie est celle de l'Europe des Lumières et de ses excroissances, de l'Angleterre à l'Empire russe, de la Scandinavie à la Méditerranée, et, au centre, de la France à la Hollande et à l'Empire. Cet espace contribue à une transformation radicale d'échelle dans les échanges possibles ; 50 académies, 830 loges fondées entre 1730 et 1793 par le seul Grand Orient français – avec les autres obédiences et les loges non affiliées, c'est sans doute plus d'un millier d'ateliers. C'est un fait social national, mais totalement articulé sur l'extérieur dont il dépend par ses références, par ses expériences, par la correspondance et la circulation.

Le changement est patent et confère à la franc-maçonnerie tout son intérêt pour la sociabilité. C'est d'abord un cercle de fréquentation élargie qui donne à la circulation son énergie : elle permet d'entrer dans une sphère ou, comme le disait un maçon, « chacun peut espérer fréquenter ceux auxquels il n'a pas l'habitude d'adresser habituellement la parole ». C'est une société de perfectionnement éthique dont les idéaux ouverts s'accommodent de la tolérance et modulent largement ses relations extérieures entre une volonté initiatique favorable à la clôture et une générosité de fait propice à l'ouverture. Enfin, l'« Art royal » œuvre à transformer les hommes et adopte pour cela une pédagogie complexe, faite d'appels à la mobilité et de références à la nécessité du *secret* et à la communication – l'échange rationel comme le jeu de l'irrationnel. L'intérêt du phénomène, outre ce qu'il permet d'éclairer (non sans discussion) dans la formation de l'espace public critique et de la sociabilité politique, c'est de montrer, à travers des facteurs de brassage social incontestable et dans la diffusion d'un idéal de réconciliation et de conquête pacifique par les *mœurs*, la volonté de fonder une république universelle comme espace de circulation libre et fraternel par-delà les obstacles religieux, nationaux et politiques, géographiques et culturels. On y retrouve alors l'occasion de confronter l'idée du cosmopolitisme dans ses pratiques et ses canaux d'échange, comme sa réalité inscrite dans la culture de la mobilité générale du XVIIIe siècle et la circulation des Lumières, avec les facteurs de remise en cause et de ralentissement – ainsi du renfermement local et national, sinon nationaliste[1].

RÉSEAUX ET PRATIQUES DE LA MOBILITÉ MAÇONNIQUE

La circulation même fonde et justifie les origines sociales et philosophiques du fait maçonnique. Si la légende y voit le résultat d'un transfert symbolique et mythique de l'Orient proche à l'Occident, de Jérusalem et son Temple à l'Angleterre des loges de bâtisseurs, puis à l'Europe des ateliers spéculatifs, ce n'est pas sans volonté de souligner en permanence la fluidité de la rencontre, à la fois sa puissance expansive et sa dynamique fraternelle universelle, autant que de lutter contre sa fragilité. Toute diaspora, tout espace de circulation éprouve sa vitalité et sa capacité d'intégration en luttant contre l'exterritorialisation par la communication et l'échange des hommes, des idées, des objets. Il en allait ainsi de la République des Lettres, des solidarités du monde ; il en va de même de la franc-maçonnerie.

On peut en prendre conscience dans le mouvement historique du transfert de l'Angleterre au continent. Laissons de côté l'itinéraire qui mène des bâtisseurs du Temple aux architectes des cathédrales, dont l'intérêt est ailleurs ; il relève des mythologies et aussi de leur histoire, mais n'éclaire pas facilement le problème. La maçonnerie de la fin du XVIIe siècle est anglaise, née où les corporations-confréries l'ont installée depuis des temps incertains, entre la capitale et les villes de province ; l'Écosse y précède certainement l'Angleterre, et dès le début du XVIIIe siècle on relève des loges un peu partout. Le moment essentiel et l'événement cristallisateur d'une expansion au-delà du *Channel* sont la réunion des quatre ateliers – l'Oie et le Gril, la Couronne, le Pommier, le Gobelet et les Raisins – qui se rassemblent en 1717 et fondent la Grande Loge londonienne. Celle-ci se donne lois et principes entre 1721 et 1723, et entraîne ralliements et créations dans les îles Britanniques. Soulignons une présence essentielle parmi les fondateurs : celle du révérend Jean-Théophile Desaguliers, protestant, fils de huguenot émigré, érudit, héritier d'une famille de pasteurs et de négociants réfugiée à Londres, étudiant à Christ Church College (Oxford), docteur en loi civile, physicien, conférencier populaire, membre de la Société royale – dont il devient bibliothécaire –, pasteur dans le Middlesex à Whitchurch, auteur, reçu dans le *monde*, chapelain du prince de Galles, correspondant de l'Académie de Bordeaux, expert en hydraulique de la ville d'Édimbourg. Bref, dans une vie bien remplie, toutes les formes de la circulation sont convoquées par le grand maître de la Grande Loge de 1719 à 1720. C'est un agent de liaison, un médiateur, un conseiller, entre la cour, la sphère dirigeante et la maçonnerie. Nul doute, il a été l'un des acteurs du démarrage et de la propagation[2].

Celle-ci, dont l'histoire est toujours en chantier, repose sur une conquête de l'univers. L'exemple français des origines suffit pour évoquer les faits majeurs et les orientations qui ont donné force aux constitutions anglaises et à leur réinterprétation. On ne peut négliger l'émigration des jacobites et celle des *oies sauvages* fidèles aux Stuarts exilés, leurs contacts avec la cour et avec le chevalier de Saint-Georges, leurs traversées de l'Europe, la capacité qu'elles eurent à informer, sinon à fonder immédiatement. Citons Philippe Warton, grand maître à Londres en 1722, exilé en France et en Espagne en 1725, qui contacte en 1729 les frères parisiens et en devient le grand maître; James Hector Maclean, du clan Maclean et Duart, fils d'un émigré à la cour de Saint-Germain-en-Laye, toujours entre l'Écosse, l'Angleterre et la France, et qui meurt à Rome; Charles Radcliffe, comte de Dewenter, évadé de Newgate, condamné à mort en 1716, réfugié à Bruxelles, à qui l'on prête la fondation de la première loge parisienne, et qui meurt sur l'échafaud après la seconde révolte jacobite en 1746. Si, en ce domaine, rien n'est assuré – car l'enjeu est de savoir qui domine, Londres ou Paris, l'autochtone ou la mobilité –, il y a un lien assuré entre tous ces cercles émigrés, aristocratiques, et les premiers ateliers parisiens, mais il n'y a pas homogénéité des pratiques entre jacobites et maçons solidaires de Londres. Une autre figure illustre ces échanges entre lieux, entre milieux : celle de Ramsay. Écossais, précepteur, militaire, il est en 1709 dans le cercle de Fénelon; il arrive de Hollande. En 1724, il rejoint le prince de Galles à Rome; en 1725, il quitte le futur *Bonni Prince Charlie*, Charles-Édouard, et entre au service du duc de Sully. En 1727, ses *Voyages de Cyrus* imitent le *Télémaque*. Il est membre de l'Académie des sciences, initié à la loge Horn de Londres, peut-être déjà maçon avant, entre la France et l'Angleterre, qu'il abandonne vers 1735. Son discours et ses écrits, qui refusent de discuter des origines, sont fondateurs pour tout le système français et continental[3].

FONDATIONS, MOBILITÉ, ÉCHANGES

« Des îles Britanniques, l'Art royal commence à repasser dans la France sous le règne du plus aimable des rois – Louis XV –, dont l'humanité anime toutes les vertus, et sous le ministère d'un mentor, le cardinal Fleury, qui a réalisé tout ce qu'on avait imaginé de fabuleux dans les temps heureux où l'amour et la paix est devenue la vertu des héros. La Nation française, une des plus spirituelles de l'univers, deviendra le centre de l'ordre. Elle répandra sur nos ouvrages, nos statuts et nos mœurs, la grâce, la délicatesse et le bon goût, qualités essentielles dans un ordre dont la base est la sagesse, la force, et la beauté du génie. C'est dans nos loges, à l'avenir, que les Français verront sans voyager les caractères de toutes les nations et que les étrangers apprendront par l'expérience que la France est la patrie de tous les peuples, *patria gentis humana* ⁴. »

Le discours de Ramsay, qui en 1737-1738 vise le pouvoir et le public, postule la capacité maçonnique à l'universel, mais il la place aussi dans l'orbite de la sociabilité et de la culture française, dans une perspective encyclopédique et politique, religieuse et civile car civilisatrice. Avec lui, la *société* fait sa percée dans le monde, et sa diffusion même, le rôle qu'elle prête aux étrangers, lui attirent les attentions de la police. On sait que ni les foudres du pouvoir royal, ni celles du pouvoir pontifical – avec la bulle *In eminenti* de Clément XII, promulguée en 1738, réitérée en 1751 par Benoît XIV avec *Providas* – n'ont freiné un mouvement général et un phénomène qu'on ne peut appréhender totalement.

C'est toutefois l'ubiquité résultant du succès qui prouve la cohabitation pacifique entre pouvoirs religieux et politiques d'un côté, maçonnerie de l'autre. C'est elle aussi qui va nourrir l'idée du *complot* : celle-ci n'est plus crédible, mais elle a la vie dure. Son ancrage, c'est qu'il y a des maçons partout, dans tous les milieux sociaux – bien au-delà des milieux familiers de la République des Lettres et du monde – et en tous lieux. La société maçonnique apparaît comme une société ouverte, et le provignement des ateliers entre 1730 et 1789 montre à l'œuvre l'effort des créateurs, pères de loges durables ou non, et leur lien avec une mobilité fondatrice. La carte des implantations cumulées, mais aussi photographiées dans leur dynamique, met au jour une croissance régulière, accélérée entre 1760 et 1773, continuée ensuite, et qui ne se ralentit qu'après 1785 et à peine⁵. En 1789, l'omniprésence des loges dans le royaume enseigne une série de leçons. Avant 1750, outre la capitale, l'implantation des ateliers est périphérique : elle se concentre dans les métropoles du Sud-Ouest et de l'Ouest, du Sud et de l'axe rhodanien. L'expansion qui suit est faite de poussées irrégulières sur le plan local, mais qui densifient partout le réseau en dépit des disparités.

Plusieurs raisons organisent ici les interprétations. La première est à chercher dans le rôle social des catégories mobiles et sillonnant les axes traditionnels de passage. Les côtes et leurs ports, les fleuves et les routes, les frontières et leurs passages citadins – surveillés, mais empruntés par tous les types de voyageurs – rassemblent assez d'exemples pour que, de la Guyenne à la Normandie, de la Lorraine à la Provence, de la capitale aux métropoles provinciales, la mobilité des initiés recrutés ailleurs ait servi à fonder des ateliers partout. A Bordeaux, le 17 avril 1732, trois capitaines de navire anglais (Martin Kelly, Nicolas Stainton et Jonathan Robertson) constituent la première loge régulière, l'Anglaise, que patronne la Grande Loge de Londres et qui va attirer profanes étrangers et locaux du grand port pour les transformer en maçons ; on y parle anglais jusqu'en 1743 [6].

La même explication peut se lire dans l'histoire de l'Orient de Marseille, et dans la création de Saint-Jean d'Écosse qui, de surcroît, va longtemps défier le Grand Orient de France. L'atelier a sans doute été fondé (ce n'est toutefois pas certain) par un aristocrate jacobite, Duvalmon, mais la dépendance revendiquée de ses origines écossaises est un artifice pour justifier sa propre politique de création, de surveillance et d'influence. C'est ce qui anime la conquête de l'espace urbain des loges, mères attentives et rivales, qui voient leurs frères mobiles, voyageurs, créer de nouvelles filiales et offrir aussi à l'intérieur du réseau national et international maçonnique une possibilité d'intégration, d'accueil, voire de secours plus large. Paris, capitale de la maçonnerie, peut ainsi cumuler les fondations, les origines, les mouvements, les modèles de recrutement social de l'aristocratie à l'artisanat : une véritable sociabilité de l'accueil s'y dessine. Après 1780, *le Guide des amateurs et des étrangers* de Thiery énumère les loges présentables et attractives ainsi que leurs interventions dans le domaine de la sociabilité profane, le recoupement avec la vie mondaine ou savante, musicale ou esthétique. Un effet « club à l'anglaise » anime certains ateliers comme la loge des Amis Réunis, où se retrouvent les milieux d'affaires internationaux. L'adhésion de voyageurs aristocratiques devient un trait distinctif de la sociabilité maçonnique parisienne et, parmi les loges, certaines créent des institutions mondaines parallèles : ainsi la loge Olympique de la Parfaite Estime, qui fonde à la fin des année 1780 la Société olympique au Palais-Royal, un des hauts lieux de la mode avec des centaines d'adhérents. C'est le gotha de l'Europe, dont les activités rythment celles d'une société totalement cosmopolite, totalement insérée dans un solide réseau de relations sociales et politiques [7].

En province, si les loges locales peuvent être la création de frères voyageurs – ce qui permet à la maçonnerie de gagner les échelons inférieurs du réseau urbain, les villes de deux mille habitants à peine –, le climat est moins agité, le ton moins brillant. Si la filiation varie beaucoup des cités majeures (capitales administratives, politiques, culturelles, économiques) aux gros bourgs (moins peuplés, moins accessibles à l'effervescence intellectuelle), si le hasard permet de fixer l'offre et la demande, ce sont partout les facteurs extérieurs qui ont joué. Des maçons introduisent les nouvelles habitudes, d'autant plus attractives qu'elles dessinent une frontière d'appartenance à la notabilité locale. Les maçons font les maçons, mais parmi eux certaines catégories ont joué un plus grand rôle. Au premier rang les militaires, dont les exemples abondent partout : marins, soldats, Anglais, Français. Jacobites à Paris ou en province, prisonniers de la guerre de Sept Ans à Angoulême, militaires initiés à Foix, Anglais encore à Niort, soldats et marins à Toulon, à Laval, à Ernée, à Épinal. L'armée, avec sa propre mobilité, entraîne l'initiation civile et mondaine. A la veille de la Révolution, elle a sa maçonnerie spécifique : sur 104 régiments d'infanterie (près de 7 000 officiers), 40 ont une loge, et 10 % des cadres sont maçons. Au total, c'est une centaine de loges militaires dans toutes les armes : cavalerie (18 loges pour 62 unités), artillerie, Maison du roi, gardes du corps, suisses, marine, rien n'échappe aux sirènes maçonnes qui unissent de 80 à 90 % des officiers subalternes dans leurs listes (peu de simples soldats). La haute noblesse militaire a ses loges; les gardes françaises ont la leur, l'Union des bons Français, dont les quatre cinquièmes sont des provinciaux. En province, militaires en exercice et anciens militaires se rangent en grand nombre parmi les fondateurs de loges et les maçons locaux.

Deux facteurs contribuent à cette action majeure. Le premier relève de la vie mobile des régiments, du déracinement de garnison en garnison, qui trouve remède dans le phénomène associatif propre à renforcer la cohésion du groupe, à assurer une protection et une solidarité à ses membres, voire une forme d'aide pendant les guerres et dans le danger des combats. Le second facteur tient encore à la séparation du militaire par rapport aux sociétés locales : c'est un modèle (Lucien Leuwen) qu'on entrevoit ici, avant et après la Révolution. La grisaille de la vie du soldat cantonné en temps de paix favorise les sociabilités autonomes (le choix d'un café, d'un cercle) ou ouvertes (la fréquentation d'une société, d'un théâtre). Comme le salon, comme le café, la loge offre un terrain de récréation et de communication, des relations agréables avec les notables, un milieu de discussion dont Choderlos de Laclos a, comme d'autres militaires, cherché la chaleur. On y entend aussi, dans le discours des fondations, une volonté de participer à un phénomène plus universel[8].

Avec les négociants, il est inutile d'insister encore sur la mobilité essentielle du métier. Leur activité commence à tisser un réseau de relations d'une province à l'autre, d'un pays à l'autre ; leur genre de vie travaille au décloisonnement général : l'attrait d'un commerce agréable, prolongement du commerce, l'avantage de rencontrer la société locale, mais aussi la possibilité d'entrer dans une sphère de sociabilité large, alors que leur position ambiguë dans la société d'Ancien Régime les exclut des sociétés académiques[9]. Sur vingt mille maçons de Paris et de province, les hommes du négoce, de la manufacture, de la banque, font une percée victorieuse avec 36 % du recrutement total. Dans les villes de moindre importance, celles de l'ouest de la France[10], en Provence[11], c'est souvent la moitié des effectifs d'un atelier. Ils regroupent toute une population mobile liée au commerce : marchands, capitaines de navire... On entrevoit là un double phénomène. Le premier est l'accroissement des échanges et la libération des routes et des trafics, qui font du voyage une aventure moins risquée et qui en élargissent et la nécessité et l'espace. Le second tient à la situation du négoce entre le local et l'extérieur. Le négociant maçon fondateur n'est pas toujours un voyageur, mais il relie deux espaces : celui du milieu urbain et provincial, la sphère cloisonnée de l'espace proche ; celui, infiniment ouvert, des territoires de l'expansion marchande. Sur place, le négociant trouve ainsi une intégration, une ouverture vers d'autres milieux, et en même temps une vision élargie du monde, par une solidarité plus autonome.

A Lyon[12], la présence du négoce est fondamentale : c'est plus de 40 % des contingents maçonniques, tous milieux confondus, dont un tiers est issu du milieu des fabricants, des entrepreneurs. Surtout, si l'on regarde l'animation créée par le passage, on découvre un carrefour de la société maçonnique tout entière. Sur le millier de francs-maçons lyonnais recensés, le groupe des étrangers associés – de toutes origines sociales, nobles ou roturières – occupe une place importante, mais il faut les chercher aussi dans le réseau des correspondances (largement plus d'une centaine). Une orientation germanique et italienne est bien marquée, surtout parmi les visiteurs et les correspondants de Jean-Baptiste Willermoz. Certains séjournent longtemps, d'autres ne font que passer (ainsi les nobles), tous peuvent jouir d'affiliations croisées. Au-delà, on voit apparaître de tout : Anglais, Russes, Polonais, Suédois, Espagnols, Portugais, Américains. On peut lire, de ce point de vue, deux principes qui organisent la sociabilité et la vie de Lyon : celui d'un commerce qui s'élargit vers les profondeurs de l'espace européen ; celui d'un rapport discuté avec Paris, qui pousse les Lyonnais à s'ouvrir à l'étranger comme moyen d'échapper à la provincialisation. On saisit alors l'importance des débats qui ont pu agiter la communauté maçonnique comme la cité par rapport à la capitale pour choisir leurs références. Parmi les grandes figures de la maçonnerie lyonnaise, Jean-Baptiste Willermoz, fabricant et commissionnaire en soierie, fondateur de loges[13], voyageur, a pu ainsi entretenir un vaste bureau de correspondance, accueillir les frères étrangers, trouver dans ses activités profanes un support à son rayonnement maçonnique et, en même temps, participer activement aux discussions visant à conserver aux ateliers lyonnais une certaine autonomie comme métropole à part entière par rapport au Grand Orient. Pour tout un groupe, il s'agit alors de privilégier l'ouverture sur la fermeture et de refuser de choisir, à la croisée des chemins, entre des options spirituelles et idéologiques (anglaise, allemande, française). La circulation des hommes et leur association contribuent à cette vocation.

C'est pourquoi, si l'on regarde les ateliers de province ou de Paris, on doit distinguer ceux qui se ferment et ceux qui s'ouvrent à l'accueil des étrangers – ce qui correspond quelquefois à une capacité d'ouverture sociale. Notons tout de suite que l'univers des frères est régi par des principes de ségrégation sociale qui polarisent les loges soit sur des milieux professionnels, soit sur une élite de notables. Selon l'importance urbaine et le nombre des ateliers, le phénomène joue plus ou moins activement. Dans les villes dotées d'un seul atelier, la méfiance vis-à-vis des milieux sociaux inférieurs rassemble les élites. Le prix des cotisations fait le reste. Dans les cités avec plusieurs loges, l'égalité des frères se module diversement, et l'accueil avec[14]. Pour être affilié, il faut, si l'on n'est pas du lieu, montrer ses titres et ses certificats. A moins de passer dans la classe des frères domiciliés, les voyageurs n'ont ni voix élective ni voix délibérative, sauf si une question l'exige. En bref, l'accès au réseau est contrôlé et se paie : à Toulouse, selon les loges, l'initiation et l'association se paient 96 livres à la Parfaite Amitié, 84 aux Cœurs Réunis, mais les frères passagers ne paient que 72 livres, et les affiliés 12 livres seulement. Dans les loges militaires, les cotisations sont du même ordre, et c'est un réel obstacle : en 1787, il en coûte 72 livres pour être reçu à Paris, 6 pour être compagnon, 12 pour être maître dans la loge de Bourbon Infanterie (la solde des bas officiers oscille entre 600 et

800 livres) ; il en va de même dans l'atelier des gardes du corps, La Régularité[15].

Si la barrière n'est pas infranchissable, elle existe, et elle s'inscrit au terme d'un circuit de présentation et de recommandation sélectif. La présence dans les tenues de nombreux «frères visitants» – de six à vingt dans les ateliers de Toulouse – est cependant importante. C'est qu'ils réinscrivent les loges dans leur espace, où l'on voit s'affirmer plusieurs tempéraments. Localisme majoritaire sans doute, la loge reçoit peu de visiteurs : ses affiliés sont de la ville, ou de la province. C'est le cas des Cœurs Réunis de Toulouse, de la Sagesse de Valence, de la Sincérité de Besançon. L'ouverture caractérise les loges parisiennes huppées, les ateliers recherchés de Lyon, de Saint-Jean d'Écosse de Marseille. Si l'affirmation passe d'abord par une influence et un ancrage régionaux, le rayonnement, la notoriété correspond à une circulation plus générale et à la saisie des occasions de communication assurées et régulières. Saint-Jean d'Écosse, à Marseille, est résolument extravertie : son réseau de fondations retrouve les mailles des correspondances du grand commerce (Palerme, Naples, Malte, Le Cap-Français, Gênes, Constantinople, Salonique, Smyrne, la Martinique, l'île de France) et, dans le royaume, Saint-Jean d'Écosse de la Vertu Persécutée à Avignon. En 1789, les membres non domiciliés s'inscrivent dans un espace identique, mais auquel viennent s'adjoindre Paris et quelques villes du royaume, la Provence, le Sud-Ouest, la Suisse et la Hollande[16]. Si l'on ajoute dans les ateliers les passagers devenus résidents[17], on retrouve dans cette loge – aristocratique autant que négociante – l'ouverture dans les mêmes directions qui sont celles du négoce marseillais : l'Italie et les cantons helvétiques en tête, dont proviennent 7 des 40 membres non domiciliés en 1789. Avec une orientation plus germanique – la Hanse et la mer Baltique commandent –, plus anglaise, les mêmes choix prévalent à Bordeaux.

Strasbourg, entre le royaume et l'Empire, fournit un dernier exemple. C'est un centre de transit et, sur le plan maçonnique, un Orient médiateur. La Candeur y tient la place de Saint-Jean d'Écosse : elle a des relations privilégiées avec l'Allemagne, l'Europe du Nord et de l'Est. Les réseaux financiers y ont leur rôle entre Rhin, Main et Danube. C'est un enjeu dans les luttes entre les obédiences et entre les courants rationnels ou mystiques. C'est aussi un rayonnement qui redouble celui de l'université et de la *peregrinatio academica* : les étudiants des facultés s'affilient à la Candeur. Les Allemands et les Baltes forment les deux tiers du lot ; Russes, Anglais, Scandinaves se partagent le solde. L'initiation fait partie du rituel de l'étudiant et de ses précepteurs ; elle rassure et intègre à une étape essentielle – celle de l'âge et des études. Si la Candeur forme des francs-maçons, elle fonctionne aussi comme une société d'initiation et de rites de passage dans la mobilité générale.

Pierre-Yves Beaurepaire a montré la présence constante des francs-maçons étrangers dans la France des Lumières : les Britanniques en tête, fondateurs de loges, étudiants, initiés, militaires ; les Allemands ensuite, dont les séjours maçonniques sont réguliers, continus, et qui servent de médiateurs entre les obédiences. Le voyage français du frère Hillmer de Vienne, affilié à Genève, et son parcours contesté et surveillé l'entraînent de Besançon aux loges de l'Ouest ; sa présence à Paris, vers 1785, marque une étape dans les échanges maçonniques franco-allemands. La loge L'Amitié de Bordeaux offre, elle, un point de vue local sur l'initiation des marins et des négociants venus en Aquitaine dans leurs rapports avec les Bordelais face à l'Anglaise. Scandinaves et Suisses enchevêtrent les réseaux commerciaux, diplomatiques, aristocratiques, et montrent une circulation extensive et intensive où s'imbriquent les trames de la correspondance, de l'affiliation, du voyage, et la manière dont elles sont à l'œuvre dans les débats. Le passage de Johann Joachim Christoph Bode à Strasbourg, à Paris, reste de ce point de vue exemplaire. Le voyage maçonnique met en présence des milieux nationaux différents, mais principalement parce qu'il est inséparable de la perspective d'unifier, de pacifier l'Art royal, de mettre fin aux dissensions. Ce faisant, il demeure profondément ancré dans l'ensemble des pratiques des loges.

Accueil, solidarités et méfiance

Comme la République des Lettres dans ses institutions les plus formalisées, la franc-maçonnerie tend à constituer son espace et à en surveiller le passage. L'initiation marque alors l'entrée dans une nouvelle vie par l'élection et la reconnaissance d'une capacité à l'intégration. Sa signification sociale est – à l'instar de celle des noblesses d'État – de consacrer une élite, distincte et séparée, reconnue et reconnaissable[18]. Les cérémonies d'entrée en loge ouvrent ainsi le cycle d'une pédagogie qui, sans faire disparaître totalement les distinctions du monde profane, conduit progressivement les candidats dans un itinéraire balisé, de grade en grade. Chaque étape est marquée, tel le voyage, par des manifestations rituelles où l'on peut retrouver la trace du respect des distinctions, une pratique de l'accueil et de l'affiliation idéalement égalitaire, concrètement adaptée à la condition de chacun. A l'Orient de Clermont-Ferrand, le négociant Pouget et le comte de Clermont-Tonnerre ne sont pas reçus de la même façon à l'initiation : l'une est plus secrète, l'autre plus publique. Dans le cérémonial maçon, le fait que les fêtes des loges s'inscrivent quelquefois dans le cycle des cérémonies urbaines renforce le lien entre le monde profane et la société close, intégrant ainsi l'accueil des voyageurs et des passagers dans une pédagogie à double effet pour l'intérieur et l'extérieur. On ne doit alors pas oublier que la cérémonie de l'initiation est placée sous l'invocation des voyages[19].

Cette première entrée permet l'éveil à une autre vie ; c'est un départ. S'il n'existe certainement pas au XVIIIe siècle et partout un cérémonial identique comme aujourd'hui, les traits en sont fixés. L'impétrant a été préparé à l'initiation par des commissaires qui lui ont appris les réponses à donner aux questions posées par le Vénérable. C'est le dévoilement des connaissances et des règles d'un trajet initiatique ; des signes sont transmis et expliqués pour faciliter le parcours. L'isolement dans la chambre de réflexion, la rédaction parfois d'un testament de mort, le dépouillement du vieil homme et de ses marques, constituent une première étape. Ensuite, aveuglé par un bandeau, désorienté et bousculé, l'impétrant est conduit dans le temple : cette deuxième étape vise à faire prendre conscience des obstacles et des dangers du voyage dans le monde terrestre qui prépare à l'entrée dans le monde spirituel. Enfin, le dialogue, les questions et les réponses ont pour objectif de faire préciser identité et intention. Le « frère terrible » conduit le candidat – qui n'a toujours pas retrouvé la vue, quelquefois pieds nus et en chemise – pour accomplir les trois voyages initiatiques dans le sens des aiguilles d'une montre, du nord à l'orient et aboutissant au midi. Rendu à la lumière, l'impétrant prête serment et reçoit divers enseignements. Ainsi, métaphore concrète, le voyage de l'apprenti sert à intégrer des règles de déplacement dans l'enceinte de la loge. Après que l'on a remis tablier et gants, enseigné la « marche et autres signes de maçons », la cérémonie s'achève par un vivat et les francs-maçons éprouvent symboliquement la chaîne fraternelle qui doit les unir malgré leur dispersion à travers les deux hémisphères. Si les réceptions et les affiliations des visiteurs se font plus simples et plus courtes, il y a toujours vérification de l'état maçonnique et profane, soit par certificat, soit par témoignage, vote, présentation et serment. L'idée de conformité et les rituels cernent avec plus de formalisme des manières qu'on retrouve à d'autres niveaux de la circulation des hommes de lettres et de mœurs. A chaque étape, il y a la « chiquenaude du départ et la volonté d'un contrôle ordonné ».

VISITEURS ET ACCUEIL

Partout, les visites proclament l'idéal d'hospitalité des loges, mais servent aussi à rendre visible une forme distinctive de sociabilité qui est à la croisée des chemins : ni totalement mondaine, ni entièrement spirituelle, ni complètement livrée à la politique démocratique. A un niveau national, la visite et quelquefois l'enquête contribuent à confirmer le sens d'une recherche d'unité, d'une affirmation de pacification dont le Grand Orient de Paris assume une part de responsabilité. En 1776, le duc de Chartres, grand maître, gagne le sud de la France pour aller servir un temps à Toulon, dans la flotte royale ; il se détourne par Poitiers, Bordeaux, Toulouse et Montpellier. Il est vrai que c'est un amateur de voyage à toute bride : comme il l'écrit à sa maîtresse Mme de Genlis, « je m'aperçois que tous les jours mon goût pour les voyages augmente, car mon plaisir en partant d'un lieu pour aller dans un autre augmente à chaque fois [20] ». Il galope incognito le plus souvent dans sa berline : 1 400 kilomètres en trois semaines – voyage de luxe, voyage de prince, voyage éclair. Mais ce parcours revêt une autre signification, car il est balisé par l'accueil des loges du Grand Orient dont le duc est le grand maître et dont il ne se désintéresse pas. L'année d'après, c'est l'ordre lui-même qui publie *Le Voyage du S.G.M. dans les provinces méridionales de la France*. De Paris à Toulon, c'est une douzaine d'ateliers qui l'accueillent. A Bordeaux, les cérémonies rituelles et profanes organisées du 12 au 14 avril font prendre acte du caractère profondément maçonnique de ces accueils, souvent plus rapides. Un moins long séjour a lieu à Toulouse, où le prince et sa femme sont les hôtes des Vrais Amis Réunis ; en quelques heures, ils rencontrent toutes les autorités et deux cents francs-maçons. Un grand banquet clôt la visite de l'Anglaise et de l'Amitié à Bordeaux ; une audience plus courte est l'occasion de réconcilier les ateliers en guerre à Toulouse. Journaux, chroniqueurs suivent ce voyage comme d'autres rencontres dynastiques ou princières. *L'Ode à Son Altesse* qu'impriment les maçons à Bordeaux, et qui est presque immédiatement rééditée à Toulouse, insiste sur l'union du franc-maçon, du chef d'escadre et du prince du sang.

L'accent mis sur les espaces marins évoque moins l'union entre les peuples que la guerre qui s'annonce avec l'Angleterre, mais il souligne l'union égalitaire des loges placées sous la protection royale et dans la réconciliation grâce aux voyages[21].

Retracer le parcours des illustres visiteurs qui ont partout franchi à l'occasion la porte des ateliers redoublerait inutilement cet exemple, mais il importe de voir qu'il y a là une rencontre avec l'opinion publique éclairée. Les visites relèvent alors des travaux de promulgation extérieure des fins maçonniques et, en même temps, des honneurs protocolaires comme des activités symboliques. Ainsi, à Bordeaux, on enregistre après le duc de Chartres la visite du comte d'Artois, celle du comte de Provence, celle de Joseph II. En 1782, c'est l'arrivée du comte d'Estaing, lieutenant général des armées navales, l'un des vainqueurs de la guerre américaine, lui-même franc-maçon. On retrouve des visites comparables dans tous les Orients importants du royaume : Paris bien sûr, Lyon, Marseille. Toutefois, les visites ordinaires sont permanentes et assument d'autres rôles. D'abord, elles guident à l'intérieur du réseau maçonnique selon des motivations multiples qui reçoivent réponse par la mobilité et l'accueil. Ensuite, elles rendent visibles les réseaux d'alliance et de correspondance qui mêlent les relations personnelles, maçonniques et sociales, les affaires et l'amitié. Elles concrétisent l'espace de rayonnement au-delà du local et, ainsi, la conscience universaliste et l'unité. Le droit de visite est généralement admis, mais contrôlé : sous le masque maçonnique peuvent en effet se cacher des aventuriers que l'ordre craint. C'est ainsi que les loges irrégulières sont interdites ou déconseillées, et que les chevaliers de fortune sont mis à l'index. Le Palermitain Joseph Balsamo fournit un exemple complaisant de ces jeux autorisés entre la norme et l'exception. Son itinéraire européen utilise une possibilité offerte par la franc-maçonnerie et la création marginale de nouvelles pratiques – ici le rite égyptien –, mais il révèle aussi une série d'autres questions sur l'utilisation sociale de la mobilité. Le comte de Cagliostro, en sillonnant l'Europe maçonnique et mondaine, ouvre alors au questionnement de l'aventure et des écarts entre les vraies manifestations et les fausses démonstrations identitaires acceptées.

Dans de plus modestes proportions qu'à Paris ou dans les grandes métropoles, la visite permet de gérer les alliances et les réseaux, et de gagner des points dans des luttes réformatrices concurrentes – ainsi entre le Grand Orient, les Illuminés qui gagnent du terrain dans l'Empire, le martinisme en France, le swedenborgisme et le théosophisme en Angleterre. Le voyage anime et mobilise l'espace intellectuel et spirituel créé par l'intégration des correspondances. On peut penser qu'il permet aux hommes qui sans cela seraient restés à perpétuelle distance de se découvrir, de se reconnaître comme frères et de montrer la force du message cosmopolite[22]. C'est un test de cohésion pour la société fraternelle que constitue la loge. Cercles choisis, élus, réunis par la cooptation, par les liens familiaux, professionnels ou géographiques, les ateliers se doivent de donner l'*hospitalité* au frère étranger qui est un inconnu. La rencontre révèle alors le paradoxe d'une société close et organique, livrée aux délices de l'affinité avec l'extérieur et fascinée par le moyen d'y consolider une «chaîne d'union fraternelle : vous ne serez étrangers en aucun lieu, partout vous trouverez des frères et des amis; vous êtes devenus citoyens du monde entier». C'est pourquoi le voyage est préparé et que le maçon voyageur part avec son passeport maçonnique comme avec ses lettres de recommandation profanes. L'inflation de ces passeports, pas toujours contrôlée, les déprécie et accroît la méfiance après 1770 – beaucoup d'étrangers en sont pour leurs frais –, mais la pratique accrue par les voyages accélérés et augmentés révèle la confiance dans ce viatique. Rédigé majoritairement en français, bien que les Anglais en contestent l'usage, il procure la protection de l'ordre et l'assistance des frères tout au long du périple. Le voyage maçonnique retrouve tous les procédés des autres mobilités qui visent à en assurer le succès. Il se prépare par des lectures : celle des guides et des atlas qui indiquent les implantations maçonniques; celle des annuaires publiés par les obédiences et où figurent les ateliers, les adresses, les noms des «vénérables». Le résultat s'enregistre dans le volume de certificats maçonniques mis en circulation, qui ne cesse d'augmenter avec la croissance des ateliers. Dans certaines loges de transit, comme Saint-Louis des Amis Réunis de Calais, Amitié et Fraternité de Dunkerque, les demandes accablent les secrétaires. Certains candidats à l'initiation protectrice ne font que passer. Le flot des visiteurs enregistrés et invités peut alors perturber le fonctionnement matériel d'une loge, qui n'a pas toujours assez de place pour les accueillir dans ses actes et autour de la table des banquets. «Que Bacchus soit de notre voyage, souvent le bon vin raccourcit le chemin», proclame une chanson de J.-B. Moranges, initié à la loge Saint-Maurice de Clermont, qui célèbre le divin pèlerinage des frères[23].

C'est pourquoi aussi l'association se normalise, les associés et les frères visiteurs entrant dans un carcan d'obligations. Un texte montre le dilemme entendu et réglé, mais également sa généralité. Il émane des officiers de la Candeur à Strasbourg :

« Nous n'ignorons pas, mon vénérable frère, que jadis il était libre d'aller visiter les loges, mais nous savons aussi que c'est cette trop grande facilité qui avait plongé notre ordre dans une sorte d'avilissement. C'est ce qui a déterminé la plupart des loges établies dans les grands villes de s'écarter des anciens usages et d'en établir des particuliers : à Francfort, il y a une loge très brillante, on n'y est admis que présenté par un de ses membres, et en outre muni d'une patente en bonne et due forme ; à Lyon, on y est encore plus difficile à la loge appelée des Douze, et ce qui peut paraître extraordinaire, c'est que tel qui y est reçu et qui a payé au moins cinq louis d'or pour les premiers grades ne jouit pas de l'avantage d'être membre de ladite loge, il n'a que le titre d'assistant et il n'est pas toujours appelé. Quel abus n'en résulterait-il pas si, dans cette ville où il y a un très grand nombre de maçons, nous avions la facilité d'ouvrir nos portes à tous ceux qui voudraient nous visiter ! Bientôt, nous nous verrions dans la dure nécessité d'abandonner une possession pénible et coûteuse, ou peut-être que la police qui ferme les yeux sur nos assemblées les ouvrirait si nous sortions du cercle étroit qui nous environne et qui lui est connu : son agrandissement pourrait l'effrayer et l'engager à mettre fin à des travaux innocents qui ne peuvent se faire que dans la paix, l'union, le silence [24]. »

C'est pour les maîtres des loges une crainte qui a comme ressort la montée des initiés et les désordres qu'elle entraîne ; il est à l'œuvre dans le succès même du mouvement, et dans son effet attractif, à l'extérieur et dans les relations proches, de fréquenter des cercles de plus en plus fermés où la société se retrouve entre soi. Pour Casanova, le certificat maçonnique devient un passeport pour le monde ; pour Bode, c'est un moyen de connaître et d'unir [25].

Pour le premier, faire son chemin dans la société exige « d'être initié à la franc-maçonnerie, ne serait-ce que pour savoir même superficiellement ce que c'est [26] ». Casanova se fait initier à Lyon en 1750, devient apprenti à Paris deux mois plus tard, maître peu après ; les autres grades qu'on lui accorde n'ajoutent guère à la dignité de la maîtrise qu'une valeur symbolique dont on discute. En 1759, en mission à Amsterdam, il est invité à souper à la loge des Bourgmestres [27] ; il en signe le livre d'or et se pare d'une dignité de grand inspecteur des loges de France. Surtout, ce qui compte, c'est qu'il est reçu dans la loge huppée de la ville, parmi les plus riches millionnaires de la Bourse, et où l'on ouvre les travaux en français. « On fut si content de ma personne qu'on me déclara surnuméraire pour tout le temps que je resterais à Amsterdam », souligne-t-il, car c'est une faveur insigne. Ainsi a-t-il pu, tout au long de ses voyages, bénéficier de l'appui des réseaux maçonniques. La plupart des souscripteurs de son *Isocameron* sont des maçons. Son principal protecteur en Bohême, Waldstein, est également maçon[28] ; il en fait son bibliothécaire. Pour Casanova, la franc-maçonnerie a été un moyen, mais pas plus que pour d'autres, et ce n'est qu'une instance de sociabilisation parmi d'autres. Elle a fortement contribué à constituer sa conscience cosmopolite, comme elle le fait pour tant d'hommes des Lumières, développant l'accueil chaleureux et la solidarité.

La sociabilité de ceux qui sont partout étrangers et en même temps partout chez eux se dessine dans les cercles fréquentés par un autre maçon, non moins aventureux mais moins aventurier : Johann Bode. Il vient, lui, pour confronter son expérience allemande à celle de la France, et sa volonté d'amplifier le courant des Illuminés le fait rencontrer les dirigeants maçonniques d'abord à Strasbourg. Il y fréquente lui aussi La Candeur, les cercles du baron de Turckheim, grand maître provincial, membre du magistrat, les sermons du recteur de l'université affilié à la Candeur également, le baron de Lutzelbourg qui répand en Alsace la fièvre des magnétiseurs et le baquet mesmérien à la Société harmonique. Il va aux séances des théâtres locaux et laisse sur les milieux strasbourgeois un témoignage révélateur de l'action maçonnique parmi étudiants, professeurs, notables locaux et visiteurs[29]. Son séjour à Paris, en juin 1787, multiplie les contacts, la surprise et l'émerveillement. Bien informé, Bode descend à l'hôtel du Parlement d'Angleterre, rue Coq-Héron, où sont organisés les concerts de la Société olympique et que fréquentent les maçons étrangers de marque. Il en dénonce l'atmosphère, et tout lui paraît exécrable : le café, le chocolat, les restaurants (en train de naître). D'innombrables portes maçonniques, françaises ou étrangères, s'ouvrent à lui : Savalette de Lange, grand animateur des Philalèthes, le diplomate Ludorf, Lord Inverny, les Bernstorff, Grimm. On le voit au Palais-Royal et dans tous les lieux à la mode : à Choisy, à Marly, à Versailles, à l'Opéra, aux Italiens, à l'Opéra-Comique, sans oublier les bons ateliers illuminés – sans doute la Réunion des Étrangers, les Sociétés de l'harmonie, l'Age d'Or. Entre le monde, la mode et les cercles irrationnels, Bode traduit les échanges qui animent

Paris et dynamisent les Lumières radicales. S'il n'a pas rencontré Nicolas de Bonneville, il en partage les idées, qui commencent à mobiliser les adversaires de la maçonnerie. On comprend alors pourquoi le voyage de Bode fut immédiatement interprété comme une preuve d'un vaste complot contre la religion, en préparation dans le réseau des loges dont on connaît maintenant la défiance et la distance [30].

La sociabilité maçonnique entraîne d'autres valeurs dans le sillage des initiations voyageuses. Elle constitue un univers de solidarités actives et réelles dans l'accueil des étrangers qui vont au-delà des avantages procurés aux francs-maçons voyageurs. Les loges ont appliqué à l'accueil un idéal de bienfaisance qui n'est ni limité dans l'espace ni réservé aux figures de premier plan. Les initiatives ne se comptent plus pour secourir les réfugiés politiques : les émigrés jacobites, persécutés en Angleterre après Culloden (1745) et qui échouent sur le pavé parisien ; les patriotes hollandais, en 1787, qu'on retrouve à Dunkerque, Boulogne, Calais, Saint-Omer. Les ateliers sont venus au secours des victimes de persécutions anti-maçonniques : un négociant hollandais chassé de Gênes par l'Inquisition en 1762 ; le Napolitain Lioy, qui devient le symbole de l'ordre persécuté. Naufragés, captifs, prisonniers de guerre, étrangers sont secourus dans leur détresse par l'action maçonnique qui, de même, s'intéresse aux frères étrangers et aussi aux profanes dans le besoin. Le réseau et la correspondance entrent en jeu pour concrétiser la chaîne d'amitié et d'entraide transfrontalière. La mobilité s'inscrit ici au centre de la construction même de la « réunion des francs-maçons » que défendent des pionniers comme l'Anglais John Coustos, fils du Refuge, le Lorrain Joseph Vriot, acteur installé à Francfort, le Montpelliérain Pierre de Guénet qui, de Strasbourg, soutient l'orthodoxie et l'ouverture. Tous ont joué, dans leur activité, de l'interaction des réseaux de correspondance et des relations entretenues par la circulation.

Ainsi, l'accueil de milliers d'étrangers – évalués à deux ou trois mille pour le seul royaume de France par Pierre-Yves Beaurepaire – retrouve les chemins des sociabilités privées et collectives des groupes qui composent la société des loges. Dans une étude consacrée à la Normandie, on les voit organiser la composition des ateliers. Surtout, au-delà de la coupure révolutionnaire, ce monde multipolaire se révèle ainsi capable d'accueillir des pratiques variées et d'accorder une place importante aux militaires de l'Ancien Régime à l'Empire) et aux clercs – notamment les réguliers dont on connaît la capacité d'ouverture[31], tels les mauristes. Négociants, nobles, bourgeoisie à talents donnent à l'ensemble un caractère élitiste, mais sans rejeter d'autres milieux – ce qui n'entraîne pas la fusion des élites, mais la permanence de la discussion, voire des tensions sociales[32]. C'est pourquoi la question de l'intégration ou du refus des étrangers est capitale : par-delà la mécanisme de cooptation qui favorise la famille, le milieu professionnel, en bref la prédominance du local, elle montre la capacité des loges à l'ouverture, et pour une part leur faculté à parler le langage des Lumières[33]. A ce niveau, c'est un phénomène général en Europe. En Normandie, douze communautés étrangères sont représentées sur les registres des ateliers : c'est une minorité non négligeable, peut-être 12 % des six mille maçons de la province. On y retrouve les catégories déjà entrevues, réfugiés, secourus, les négociants allemands, juifs, hollandais, écossais, prospères et actifs à Rouen, au Havre surtout. En dessous, l'accueil se ralentit, mais il est publicitaire et symbolique quand il vise Benjamin Franklin, affilié chez les Bons Amis de Rouen. A l'échelle des capitales, l'attente multipliée des voyageurs a suscité la création de structures d'accueil adaptées : les Neuf Muses à Londres, la Réunion des Élus du Nord à Saint-Pétersbourg, la Réunion des Étrangers à Paris où les responsables insistent sur cette fonction de médiation culturelle et d'accueil :

« Ce n'est qu'en voyageant particulièrement chez l'étranger, et en comparant les diverses connaissances, qu'un ouvrier actif et intelligent parvient à donner à son œuvre la régularité, le poli, le beau fini qui sont l'annonce de la perfection, et qui lui concilient les suffrages de ses compagnons, l'estime et l'amour de ses semblables. Nos emplois civils ne nous laissent pas la ressource des voyages ; il nous serait cependant possible, du moins nous le croyons, de concentrer dans un seul et même foyer, par une correspondance suivie, toutes les lumières éparses dans les Orients étrangers en formant à celui de Paris un atelier sous le titre distinct de la Réunion des Étrangers. Nous osons croire qu'il n'appartient qu'à de bons maçons de concevoir un semblable projet. »

On sait comment la loge a répondu par sa politique ouverte à ce besoin et qu'on ne doit pas, dans la capitale comme ailleurs, séparer de l'action des autres ateliers – les Amis Réunis, les Neuf Sœurs, la Candeur, Saint-Jean d'Écosse, voire la Chambre d'administration du Grand Orient[34].

Derrière ces protestations hospitalières et ces comportements qui assurent dans le dispositif maçonnique une liaison profitable aux maçons voyageurs, on entrevoit la réalisation d'un projet que les rites d'accueil rendent visibles partout, du Nord au Midi[35]. Deux limites sociales posent ici une question quant à la réalisation de cette République universelle, et cette question retrouve en partie celle que dévoilent les fonctionnements de la République des Lettres. Une première exclusion aux limites imprécises vise les capacités sociales et trace la frontière sur des critères d'origine, de culture, de mœurs; on en connaît les tensions et les conséquences conflictuelles importantes, partout vérifiées. La maçonnerie reste un art de rendre les gens égaux sans rien leur faire perdre de leur dignité et de leur rang[36]. La méfiance frappe des catégories où le mouvement est déjà suspect : les ouvriers, les domestiques, parfois les acteurs – point de certificat aux hommes de théâtre! s'écrie-t-on à Bordeaux. Mais on voit cette ségrégation s'élargir et interroger plus généralement les ateliers et les institutions centrales sur l'accueil des étrangers plus étrangers que d'autres. La fraternité universelle discute de la discrimination, retrouvant ainsi des débats extérieurs sur les différences irréductibles d'apparence et d'origine. Si les ateliers sont ouverts sans restriction aux protestants, car on peut les inclure dans un idéal de chrétienté, tel n'est pas le cas pour les juifs, les musulmans et les Noirs[37]. Il en va donc de la tolérance, de l'ouverture et du rejet réel.

A Londres, la présence des juifs est admise assez tôt dans les ateliers, mais certains la contestent, car le cosmos maçonnique ne peut être que chrétien. Une part du comportement ouvert est à lire du côté de l'histoire même des diasporas séfarade et ashkénaze, comme une autre est à rapporter aux impératifs de cohérence morale et culturelle tels que La Tierce ou Lessing peuvent l'exprimer : «Le franc-maçon doit être chrétien.» De même, les constitutions de 1723 rejettent les ennemis du christianisme, au premier chef les musulmans; et, dans la pratique, les loges méditerranéennes les excluent comme aux Iles les Noirs. En fait, les juifs séfarades sont peu à peu admis, mais non sans conflit – ainsi à Bordeaux et à Bayonne. A Bordeaux, ils bénéficient d'une reconnaissance sociale locale sans effet; à Bayonne, ils sont à la fois reçus et rejetés. A Berlin, le philosophe Moses Mendelssohn ne sera jamais initié. On peut alors parler d'une semi-neutralité, peu favorable à la communauté juive. Pour les Noirs, d'autres incitations, d'autres obsessions défavorables ferment partout les loges coloniales et bloquent les demandes de sang-mêlé. Quant aux mahométans, quelques affaires notoires penchent toutes vers la méfiance et embarrassent le Grand Orient. Sur le pourtour de la Méditerranée, les conditions de rencontre existent moins que dans les Orients qui, tels Paris, Bruxelles ou Dunkerque, acceptent l'échange au goutte à goutte.

Expulsion, ségrégation, discrimination ne sont pas à lire exactement avec les explications d'un racisme contemporain. Elles correspondent à une double volonté : assurer la cohésion culturelle et morale du milieu (la chrétienté en assure les bases) ; neutraliser religieusement l'espace des loges et en contrôler les agitations qu'entraîne la circulation. Ces zones d'ombre du discours des Lumières et de la maçonnerie montrent clairement comment un discours universel et tolérant ne peut venir à bout, dans la pratique et dans la pensée, d'autres facteurs identitaires. Ils sont à l'œuvre d'une façon comparable à celle retrouvée dans l'interrogation de la mobilité générale et dans les tensions politiques et sociales qu'elle provoque. Comme toute rencontre, la relation maçonnique, organisée ou fortuite, permet à chacun de préciser ce qu'il est par rapport à l'autre et de refuser ou d'admettre la différence, ses préjugés et ses principes. C'est un échange où les positions de l'hôte et de l'étranger se construisent simultanément[38]. Dans le cas de la maçonnerie, la question est d'autant plus cruciale qu'elle agite constamment le milieu et qu'elle alimente la réflexion des adversaires en quête d'une utopique conspiration, organisée de l'étranger (Allemagne, Angleterre) par des étrangers. C'est alors une manière de confronter la réalité d'un projet utopique dans un environnement qui ne l'est pas[39], et ainsi de retrouver la question essentielle à la compréhension d'une culture de la mobilité, dans ses liens avec la sociabilité des Lumières.

COSMOPOLITISME MAÇONNIQUE : TENSIONS ET OBSTACLES

L'affirmation d'un discours de tolérance universelle, en dépit de quelques restrictions précises, est originelle et permanente. L'ordre maçonnique est par nature cosmopolitique, comme il est libre par essence. L'univers est la patrie du maçon et rien de ce qui regarde l'homme ne lui est étranger, lit-on dans les *Règles maçonniques à l'usage des loges réunies et rectifiées au convent général de Wilhelmsbad en 1782,* article IV, «Devoirs envers l'humanité en général». Multiplier les citations serait aisé, mais tous les indices discursifs convergent pour souligner la diffusion là où l'on ne l'attend pas forcément : à Valognes, au cœur de la Normandie, ce sont les Fidèles Cosmopolites vers 1780 ; à Nîmes, ce sont les frères d'Henri IV et Sully et de la Philanthropique en dépit de leurs dissensions et dans un milieu très lié au négoce et réconciliant catholiques et protestants[40]. Cette unanimité de la pensée maçonnique correspond au mythe fondateur de la franc-maçonnerie spéculative qui est, comme l'a montré Pierre-Yves Beaurepaire, moins la construction du Temple de Jérusalem par Salomon que celle de la Tour de Babel[41]. Les frères sont hantés dès l'origine par l'idée de la parole perdue et par l'impossibilité de communiquer. La légende d'Hiram, les références mythiques à l'Égypte et à la Chine dans la mémoire des loges attestent cette volonté, qu'on veut consolider par l'histoire et l'archéologie. Le spectre de la désunion plane sur la fraternité et impose une réflexion sur la capacité de réunir « les esprits et les cœurs pour les rendre meilleurs et former dans la suite des temps une nation toute spirituelle où, sans déroger aux devoirs que la différence des états exige, on créera un peuple nouveau qui, étant composé de plusieurs nations, les cimentera toutes en quelque sorte par le lien de la vertu et de la science », écrit le marquis de La Tierce, auteur de l'histoire des francs-maçons et propagateur exemplaire de la fraternité, vers 1747. Le réseau des loges et leur capacité d'accueil prennent alors sens dans cette volonté de construire largement une identité autonome, spécifique, transcendant les appartenances particulières, tant sociales que nationales.

Cette aspiration rejoint toute une pensée pacificatrice de l'âge des Lumières, depuis l'abbé de Saint-Pierre et son *Projet de paix perpétuelle* (1713) jusqu'aux réflexions d'un Schoepflin sur l'apprentissage de la diplomatie et la négociation dans ses cours de Strasbourg. L'équilibre politique instauré à l'aube du XVIIIe siècle en Europe, la « balance de l'Europe », dont se réclame aussi Rousseau, est un concept majeur où les acteurs pionniers de la République universelle maçonnique peuvent trouver incitation, sinon inspiration[42]. Établir une communication générale devient un but qui, dans son extension, consoliderait une cosmopolitique du droit des gens, ouvrirait un espace de dialogue et de reconnaissance, ce qu'exprime le marquis de Chefdebien dans les *Disquisitions maçonniques* [sic] dédiées au convent des Philalèthes[43] : *« Sans cesser de regarder tous les hommes comme nos frères, nous nous lierons plus étroitement avec ceux à qui le goût des mêmes vertus inspirera la même manière de les manifester. Nous nous encouragerons les uns les autres à notre amélioration, par la réciprocité de l'exemple et par le souvenir de quelques maximes choisies. Une correspondance confiante et régulière portera la circonférence de notre union fraternelle jusqu'aux confins de l'univers.* » Personnage central à une époque de difficultés et de remise en cause, *Eques a capite galeato*, comme on le surnomme, animateur du rite primitif, correspondant des Philalèthes et de Savalette de Langes, organisateur du convent de Wilhelmsbad, le marquis mesure justement le bien réel et les expériences confuses qui animent des maçons de toutes obédiences concurrentes dans l'affirmation unitaire : rapprocher les individus et les nations, propager les Lumières, la raison, les connaissances et les langues étrangères, familiariser les Français à la pratique de l'anglais, affaiblir les préventions d'états, de préjugés ou de revendications nationales, instaurer ainsi une civilité et une bienveillance mutuelle générales[44]

Tolérance et division

Tous les missionnaires de l'Art royal semblent d'accord sur ce plan afin de construire l'Europe maçonnique, mais tous ne partagent pas le même point de vue quant à la façon d'organiser le gouvernement des maçons, divisés par la distance des lieux, la diversité des idiomes, des cultes, des usages et des comportements plus ou moins portés à l'ouverture. A ce compte, il n'y aurait que des maçons et point d'ordre maçonnique – ce que pointe Joseph de Maistre dans son *Mémoire au duc de Brunswick-Lunebourg*, supérieur général de la Stricte Observance[45]. Il en va de la tolérance et du prosélytisme même des frères et de leur volonté d'aboutir dans leur unité. C'est l'enjeu permanent des luttes opposant les obédiences anglaise et française, qui n'agissent pas selon un plan établi de conquête et d'expansion ou selon un processus linéaire finalisé, mais qui utilisent les occasions et obéissent à des impératifs d'unité plus ou moins respectés et pressants. Aux origines, les rapports avec la Grande Loge de Londres sont liés aux circonstances et à la circulation qui propagent les fondations. Après 1740-1750, l'unité progresse à partir de Paris, mais la réaction provinciale, l'attachement à une indépendance particulariste jouent en ce domaine comme dans celui de la sociabilité académique ou de la lutte contre une autorité parisienne insuffisamment négociée. La recherche d'indépendance maçonnique qui se lit dans le rôle des loges mères fondatrices à Marseille, Bordeaux, Lyon ou Strasbourg s'oppose à la volonté unificatrice du Grand Orient, qui prône une organisation française centralisée et une structure européenne fédérant les corps maçonniques nationaux et souverains : le modèle du soleil irradiant généreusement les corps qui gravitent autour de lui doit s'imposer de proche en proche. Les grandes loges provinciales doivent rentrer dans le rang et ne plus correspondre et échanger leurs visiteurs qu'en voie directe ; les interférences indirectes avec Londres ou Amsterdam sont alors canalisées et l'harmonie peut régner entre les loges et la nation par l'« uniformité de gouvernement » et de principes. En 1765, un traité a régularisé les rapports entre la Grande Loge de France et la Grange Loge d'Angleterre. C'est un *gentleman's agreement* qui survit à l'instauration du Grand Orient centralisateur, mais qui n'est pas toujours lu de la même façon par les deux entités. Le défi étant de savoir qui a le droit de fonder une loge étrangère et de régler ses activités et ses relations.

La chicane sur les fondations anciennes et nouvelles brouille les rapports fraternels, et certaines loges de province en jouent habilement pour maintenir leurs libertés. La crise est ouverte quand le Grand Orient entend renforcer son égalité avec la Grande Loge anglaise et quand celle-ci prétend affirmer son hégémonie en France et en Hollande[46]. Ce qui apparaît dans l'affrontement, c'est la nécessité de prendre en charge l'existence sur le continent des Grandes Loges nationales concurrentes. Ainsi voit-on, au cœur même d'un espace ouvert à la circulation libre des idées et des hommes, se durcir les frontières, et de même on perçoit l'expression d'un comportement inégalitaire qui ne peut jouer que comme un frein. La Grande Loge anglaise refuse ainsi, au nom de son antériorité, de traiter avec égalité avec ses filles émancipées ; elle reconnaît l'autonomie, mais point l'indépendance complète. Ce qui gêne sa position et guide son refus de traiter, c'est à la fois l'extension réelle de l'influence maçonnique française sur le continent (en Italie, Allemagne, Pologne, Scandinavie) et le prestige accru de la République des Lettres françaises dont se réclament les négociateurs (Lalande, l'astronome ; l'abbé Rozier, de l'Académie des sciences), sans compter la présence de francs-maçons étrangers au sein des instances dirigeantes de l'obédience française (ainsi, en 1779, le prince Stroganoff). La solution française, qui gagne ainsi du terrain, fait coïncider la carte maçonnique avec la carte politique ; elle enferme la mobilité et l'échange dans les limites nationales. La méfiance des souverains y trouve son compte, en Savoie-Piémont, en Autriche, en Suède ; la gestion de la mobilité en découle, et l'incitation à la surveillance des flux et des règles, qui garantissent plus d'union entre les sociétés conciliant la prudence et la bienveillance envers les frères voyageurs[47]. « Circulation et correspondance sont, comme au sein de la République des Lettres, un enjeu de la république universelle des francs-maçons [48]. » Les obédiences ne peuvent pas plus que les grandes sociétés savantes laisser circuler en leur nom n'importe qui et n'importe quoi sans courir le risque de voir leur autorité morale et intellectuelle remise en question. La franc-maçonnerie rencontre alors les aspirations au cloisonnement et au retour au local que l'on entend dans les projets des polices, que l'on retrouve dans la réflexion sur l'accueil et l'hospitalité, sur la définition de l'étranger et la compréhension de l'autre. Elle accepte le risque de s'enfermer dans la « circonférence nationale ».

Cosmopolitisme et diplomatie

Son cosmopolitisme est ainsi contredit, et une véritable diplomatie de la puissance oppose les obédiences aux revendications anglaises qui jouent sur la fibre universaliste avec plus de constance. C'est le plaidoyer qu'adresse la Grande Loge de Londres aux représentants des maçonneries continentales – ainsi vers les Polonais, les Suisses ou les Scandinaves. Il en va du projet initial, menacé par la rivalité des nations. Il en va d'une conception ouverte de l'échange qui permettait, dans le cadre d'un équilibre diplomatique général précaire mais négocié, d'entretenir l'idéal fraternel et son support : la mobilité et les relations d'homme à homme. Ce sont les hommes qui, d'ailleurs, agissent pour maintenir les connexions du réseau : négociants, prisonniers de guerre, militaires, maîtres de langues, voyageurs maçonniques, à l'instar de La Tierce de Tschoudy, de Bode, du comte suédois Carl-Frédéric Scheffer, du Français La Beaumelle. Ce protestant cévenol, initié à Genève, a été un utile intermédiaire entre les ateliers qu'il visite en Scandinavie et les maçons suisses ou français, savoyards ou rhénans, tels le libraire Philibert de Genève, le pasteur Meydan ou le militaire d'Aurillon. Il y va certes de sa promotion personnelle et de sa carrière – qu'il pousse auprès de la cour danoise, des grands personnages et de l'Église réformée – autant que de ses aspirations maçonniques, mais celles-ci l'ont cependant guidé et aidé dans son voyage vers le Nord, à Francfort, à Hambourg. Il trouve à Copenhague un ordre florissant, qu'il décrit à ses correspondants de façon enthousiaste et faisant fi des différences nationales. La « Lumière » peut désormais venir du Nord, et il n'est pas indifférent de voir le Français La Baumelle chargé de rédiger le discours que la loge Zorobabel, composée de gens de distinction et d'hommes éclairés, adresse au roi lors de sa visite en août 1747 [49].

S'il ne faut pas imaginer les ouvertures du Grand Orient et les réticences de la Grande Loge anglaise totalement enfermées dans le cadre national tel que nous le concevons depuis la révolution des nationalités et l'affirmation de leur principe au XIXe siècle, il n'en demeure pas moins que les puissances maçonniques et leurs relations autonomes tendent à se clore dans les limites profanes, même si celles-ci ne coïncident pas encore exactement avec des communautés nationales et citoyennes. Cette vision aveugle les autorités quant à l'effort qu'entretiennent les prosélytes de la fraternité transfrontalière et entraîne des effets pervers : l'incapacité par exemple du Grand Orient de France à reconnaître les vœux d'étrangers qui sollicitent sa protection, la déception de maçons qui ont rencontré sur leur chemin de nouveaux rites, de nouvelles obédiences, de nouvelles attractions, et qui se retrouvent plus à l'aise dans un modèle étranger qui concurrence l'obédience dans son propre ressort, à Strasbourg, Lyon, Bordeaux ou Montpellier, ainsi la réforme de la Stricte Observance.

Ce que fait émerger la mobilité maçonnique, c'est la concurrence entre deux conceptions, l'une refusant l'intrusion des principes profanes et politiques, l'autre souhaitant contrôler et organiser la sphère maçonnique en espaces nationaux dont les ressorts épouseraient les frontières politiques. Le modèle de la sociabilité et de la fraternité cosmopolites entretenues par le voyage et l'échange dans une société d'élite reste parfaitement en phase avec la culture de la mobilité des classes dirigeantes et participe des manières et des moyens des voyages. Il y a toutefois à l'œuvre deux tensions qui travaillent l'ensemble des relations : celle qu'impose le localisme dominant du recrutement des loges, qui ne sort guère de la sphère des proximités immédiates et qui provoque le jeu de la méfiance entre l'extérieur et les forces unitaires ; celle que manifestent les actions des intermédiaires et des médiateurs maçonniques tissant individuellement ou en groupe ésotérique des réseaux de rapports personnels qui redoublent et concurrencent ceux des grandes institutions. S'ils concrétisent souvent à l'intérieur des cadres préexistants l'esprit cosmopolite et la volonté d'ouverture et de réforme, ils compliquent à l'infini les mouvements que l'historien non initié et le profane plus encore peinent à déchiffrer et à comprendre. On entend cette distorsion dans la plainte que les maçons de la loge L'Amitié de Bordeaux, peuplée en majorité de négociants allemands et baltes, adressent à Paris en 1775 : « Vos travaux sont immenses, très respectables frères, mais nous croyons voir qu'au lieu de simplifier la machine, vous multipliez les circuits [50]. »

Patriotisme et utopie

Ces controverses modifient les conditions de la vie maçonnique et les effets de la mobilité dans le dernier quart du XVIIIe siècle. De nombreux indices montrent un patriotisme maçonnique à la dérive et l'affirmation des différences par-delà les appels à l'unité. Les maçons sortent partout des temples et prennent position sur les affaires du temps. La guerre d'Indépendance américaine est l'occasion de nombreuses déviations profanes, individuelles ou collectives. Les frères lancent des souscriptions pour soutenir l'effort naval, Benjamin Franklin est acclamé partout, une part importante de l'aristocratie militaire maçonnique s'engage aux côtés des insurgés, les Orients du littoral soutiennent le projet de la loge La Candeur pour associer l'ensemble des frères à la guerre, cent mille maçons pouvaient faire cadeau au monarque de plus de 1,2 million de livres. Sans verser totalement dans l'anglophobie, une image de l'autre est en train de changer et les loges fournissent alors un florilège supplémentaire à joindre au catalogue des stéréotypes nationaux. Dans son *Discours sur les origines et les progrès de la franc-maçonnerie*, Edme Béguillet, avocat au Parlement, membre de l'Académie des sciences, collaborateur de l'*Encyclopédie*, et secrétaire de la Réunion des Étrangers, présente les Anglais à la fois comme des frères et des rivaux : il est temps, en 1784, de remettre en question leur hégémonie. Il s'oppose ainsi au chevalier Ramsay comme à Voltaire, au cosmopolitisme intégral à la manière de Fougeret de Montbron. Dénoncer la « canaille anglaise » s'inscrit aussi dans l'arsenal anti-maçonnique le plus complaisant. L'anglophobie et le nationalisme s'insinuent dans le discours des loges, divisent l'ordre, divisent les frères d'un même atelier jusqu'au sein de la Réunion des Étrangers et des Neuf Sœurs. L'« individualisme cosmopolite » est menacé par un patriotisme nourri de préjugés locaux et nationaux[51].

Il est mis en danger pareillement par le radicalisme maçonnique qui s'épanouit en France et en Allemagne dans les années 1780. Pour ses partisans, tel Nicolas de Bonneville, la franc-maçonnerie est au cœur de la lutte entre les Ténèbres et les Lumières. L'auteur des *Jésuites chassés de la franc-maçonnerie* (1788), membre de la Réunion des Étrangers, nourri des spéculations propagées par les Illuminés, réussit – malgré les interdictions du Grand Orient et de son atelier – à engager les francs-maçons vers l'abandon du dogme de la neutralité politique et, en partie, vers un universalisme plus militant au début de la Révolution.

Son action rejoint à un moment décisif la montée du sentiment de méfiance envers les étrangers[52]. Le cosmopolitisme des maçons, celui des Lumières deviennent suspects. L'individu qu'on pense délié de son identité locale, nomade, citoyen du monde, n'a plus sa place légale; ce n'est plus un hôte désirable – c'est un individu sans aveu, apatride, sans accueil possible.

Si cette mentalité obsidionale correspond à une rupture sur laquelle nous vivons encore et où les maçons d'autrefois vont nourrir longtemps les hantises des menaces permanentes contre ce que l'on conçoit comme l'ordre légitime, son écho institutionnel va bénéficier de la reconnaissance politique par les autorités politiques à la sortie de la crise révolutionnaire. L'Empire renforce allégeance et centralisation, utilisant à son profit le message cosmopolite. La rupture est en partie consommée et, quand Fichte proclame dans sa *Philosophie de la maçonnerie* (1806) sa foi dans l'union entre le cosmopolitisme et le patriotisme, il arrive trop tard pour désamorcer les craintes.

«Épicures chrétiens», pour reprendre la jolie formule de Gérard Gayot[53], les francs-maçons qui accueillaient largement les étrangers ont trouvé du plaisir à remettre à l'honneur des valeurs fondamentales : l'hospitalité, l'égalité, le cosmopolitisme fraternel. Leur miroir renvoie l'image de l'étranger et celle de la maçonnerie sans rupture avec les représentations du temps. Là se révèlent les tensions de la mobilité entre la crainte et la générosité, les préjugés et la connaissance concrète des hommes.

Artistes, arts, mobilité

Parlant de la franc-maçonnerie, de ses fêtes et de ses assemblées, nous aurions dû souligner la place particulière qu'y occupent le décor, la musique et une évocation sensible du voyage initiatique. A Paris, la Société olympique est souchée sur la loge L'Olympique de la Parfaite Estime, et les affiliés y accordent beaucoup d'importance à la musique, comme tout l'ordre maçonnique. Cantiques, hymnes d'ouverture et de clôture, chants et chansons ponctuent les tenues et les banquets. En 1743, Louis-Nicolas Clérambault donne au public une cantate, intitulée *Les Francs-maçons*, qui montre comment l'art musical a largement servi aux images qui circulaient dans le public. Cela fait partie intégrante de la sociabilité des loges, tout comme l'architecture, le décor et les *décorations*, les ornements et les symboles graphiques des rites et des grades. Nul ne peut entrer en loge sans être décoré ; la loge est un théâtre symbolique. Sensibilité et idéologie sont inséparables, et l'exemple de Mozart et de *La Flûte enchantée* ou des *Odes funèbres* montre en quoi l'interprétation musicale maçonnique s'inscrit dans la métaphore même du voyage et de l'errance de la vie. Le triomphe de la lumière sur l'ombre fait apparaître l'une des raisons de l'incomplétude révélée par les détracteurs de la mobilité et, en définitive, la réponse à une question essentielle : quel est le but social de l'art[54] ?

S'interroger sur les liens entre la mobilité et les arts, sur le rôle qu'elle peut jouer dans leur développement, ne peut se faire sans précaution. Par rapport à l'histoire des arts figuratifs et musicaux, la question a-t-elle son importance ? Elle ne saurait à l'évidence répondre à l'essentiel qui est de montrer comment les artistes maîtrisent le langage et les conventions de leur temps, et surtout comment certains sont capables de recréer le formalisme des procédés après les avoir adoptés totalement ou partiellement. Si l'on admet que l'art n'est pas un simple reflet, l'art n'est pas un outil commode au service de la société et des idéologies d'un groupe social, même s'il peut servir à cela. Il en va ici d'un problème fondamental qui est celui de l'autonomie ou de l'hétéronomie des champs d'expression saisis dans leur histoire – ni pure histoire des formes, ni province indépendante de l'histoire des idées, de l'esthétique (le mot et la science apparaissent après 1750), des sociétés. Si l'on veut comprendre les relations établies entre l'art et la société, avec des façons qui ne soient pas inégalitaires et passives, il faut envisager, comme l'enseignent Pierre Francastel ou autrement Pierre Bourdieu, d'apprendre à lire la complémentarité des œuvres artistiques et d'autres activités matérielles et intellectuelles. Alors les arts et la vie des artistes importent, car ils permettent de connaître des « liens durables ou non qui les unissent avec les différents éléments du corps social, en acte », dans leur genèse et leur continuité. La gratuité de l'art échappe en partie à l'historien s'il veut unir un mode d'action et de compréhension, une activité matérialisée et intellectualisée, symbolique et réelle, qui ne se limite pas à l'élaboration d'objets inusuels, mais il en retrouve des dimensions majeures qui sont créatrices de techniques, de représentations, d'institutions. La mobilité peut servir à éclairer le système de signes qui unit les objets figuratifs et sensibles, car elle se situe dans les sociétés d'Ancien Régime – et d'une autre manière dans les milieux contemporains – à des moments décisifs. Le milieu des artistes, celui des musiciens, des peintres, des sculpteurs, des architectes, est depuis longtemps agité par un mouvement intense et des circulations comparables. Son étude, elle, fait partie de la sociologie historique des groupes créateurs, voire de celle des œuvres et des moyens d'expression puisqu'elle peut éclairer le voyage et le transfert des signes, des thèmes, des sujets, des motifs, des symboliques. Elle se situe du côté des actes qui font l'œuvre, et donc des règles qui contribuent à l'authentifier. C'est une place modeste, mais qui en vaut bien une autre. Elle a l'avantage de nous aider à comprendre autrement la contextualisation des œuvres, car elle les inscrit immédiatement entre l'espace collectif longtemps dominant et la singularité du *génie*, notion résolument moderne ; elle les remplace au cœur des dispositifs de formation, de production et de diffusion dans l'échange des valeurs et de la communication des codes visuels, des choix, des inspirations, comme dans celui des moyens[55].

S'il est difficile historiquement de prendre position sur l'existence des domaines spécifiques et autonomes des activités artistiques, les frontières étant en ce domaine moins évidentes qu'on ne le dit parfois – ainsi dans le statut de l'artiste par rapport à l'artisan, comme dans celui de l'écrivain indépendant ou du musicien libéré –, l'époque moderne fait apparaître des tendances et des tensions qui reformulent les hiérarchies et les positions des créateurs, qui redessinent les rapports aux publics à l'instar des transformations de l'espace public et de toute la vie intellectuelle. Le voyage, l'aventure sensible, où il y a une part de hasard, y contribuent sans conteste.

Raisons d'un départ, conséquences d'un mouvement

Les artistes de l'ancien temps, entre Renaissance et Lumières, n'échappent pas à un appel banal qui est celui qu'entendent tous les travailleurs. Ils appartiennent à une sphère sociale intermédiaire qu'il est difficile d'accrocher aux barreaux de l'échelle d'une société d'ordres, à l'instar de celle des écrivains. Producteurs ou créateurs de biens culturels et symboliques, ils s'inscrivent dans les circuits d'une production et d'une consommation spécifiques. On en lit plus aujourd'hui la trajectoire comme l'affirmation d'un progrès où s'établit une relation entre des instances sociales et intellectuelles, des espaces et des liens sociaux, des pouvoirs et des marchés qui fonctionnent selon les règles de l'économie symbolique ou de celle du profit. Difficilement classables dans une lecture organiciste, ils ne le sont pas moins dans une appréciation économique et libérale – c'est tout au moins ce que révèlent les hésitations d'Adam Smith : «Le travail de quelques-unes des classes les plus respectables de la société ne produit aucune valeur [...]. Quelques-unes des professions les plus graves et les plus importantes [serviteurs de l'État, magistrats, militaires], quelques-unes des plus frivoles doivent être rangées dans cette même classe : les ecclésiastiques, les gens de loi, les médecins et les gens de lettres de toutes espèces, ainsi que les comédiens, les farceurs, les musiciens, les danseurs, les chanteurs d'opéra, etc. » Si les préséances et les distinctions sont interrogées par la société de marché, il n'est pas sûr que celle-ci ait trouvé pour les artistes une place conforme à leurs fonctions, pas plus d'ailleurs qu'à tous les travailleurs intellectuels et autonomes[56].

Les mobilités multiples des artistes modernes contribuent à définir de nouveaux rapports aux instances publiques et privées qui transforment leur hiérarchie, leur relation à l'argent, aux clients, à leur propre image, mais dont les facteurs et les effets ne rompent pas d'un seul coup la trame de relations anciennes. Celles-ci s'organisent autour de trois impératifs : la conquête d'un état, donc la formation ; l'établissement, donc l'organisation d'un marché des postes et des clientèles ; un marché des arts, avec des impulsions qui relèvent de plusieurs niveaux d'attraction (de l'État à la sphère privée, de l'économie mécénale ou clientélaire à celle du commerce des objets esthétiques). Il peut apparaître artificiel de réunir ici artistes et musiciens, car la fusion du pictural et du musical est un rêve et une illusion, en même temps que l'expression d'une entente ou le champ d'un conflit. Cette *correspondance des arts* n'est toutefois pas à exclure puisqu'on l'entend dans les évocations plastiques, puisqu'on la voit dans l'univers musical et la vieille théorie des affects. La pratique reste à découvrir, mais longtemps, comme l'écrit Gérard Denizeau, tous les arts principaux se trouvent réunis ainsi : pour Véronèse, «la peinture est inscrite dans une architecture colossale et l'intervention de la musique qui habite cet espace matérialise la durée de cette scène. Véronèse, amateur particulièrement éclairé, sollicita souvent l'aide de musiciens pour créer une atmosphère favorable à son activité de peintre ». Il s'agit ici des *Noces de Cana*, dont le climat évoque la collaboration des artistes, sinon la fusion des arts[57].

Les muses sont baladeuses, leurs adeptes plus encore ; elles sont aussi, dans l'ancienne vision aristotélicienne, toutes musiciennes, afin de pouvoir diriger les sphères célestes. Ainsi, leurs adeptes ont des attirances communes que renforcent l'accessibilité à un certain niveau de notoriété et de clientèle, la passion des élites pour une ambiance musicale attestée de la Renaissance aux Lumières.

La vocation d'artistes

Devenir peintre ou musicien impose une rupture spatiale, comme d'autres apprentissages. Les filières peuvent s'en recouper, mais aussi se distinguer, et surtout la mobilité n'intervient pas au même moment et avec des significations identiques pour tous. La frontière se complique encore si l'on tient compte de l'opposition entre les amateurs et les professionnels, les créateurs, les exécutants et les consommateurs. Une pédagogie identique peut rassembler, même si elle ne s'exerce pas de la même façon à tous les niveaux sociaux. Apprendre le dessin, connaître l'art vocal et la musique font partie du bagage du courtisan et de l'honnête homme dans toute l'Europe. Monsieur Jourdain en fait l'expérience sur le théâtre. Les maîtres ne manquent pas que l'on voit se multiplier à Paris du XVIIe au XVIIIe siècle et recruter leur clientèle dans les *petites annonces des Affiches*. Dans l'un et l'autre domaine, la séparation de l'exécutant, du créateur, du consommateur sans pratique et de l'amateur capable de tenir sa partie dans un concert comme de faire une œuvre (gravure, dessin, croquis, peinture) relève du processus de spécification des artistes et des modes de communication, de l'élargissement de la consommation et de la diffusion artistique et musicale. Compositeurs et exécutants, peintres et connaisseurs vont alors jouer de partitions et d'instruments sociaux différents, dans des lieux différents. Une logique de la distanciation et de l'abstraction est à l'œuvre en même temps que celle qui spécialise les artistes, créateurs et exécutants.

A l'échelle de l'Europe, l'apprentissage du musicien est déjà l'apprentissage des horizons de réception et il fonde l'interrelation entre le compositeur, l'exécutant et le public. La famille et l'Église en sont les deux pôles : l'un s'accommode de la stabilité, l'autre instaure de la mobilité. Souvent fils de musiciens, le jeune compositeur, instrumentiste, chanteur, tout cela à la fois, peut perfectionner les premiers rudiments transmis sur le tas – c'est encore le cas de Mozart à Salzbourg, mais déjà sous l'œil de l'archevêque employeur –, comme il peut suivre le circuit local, souvent dans les institutions ecclésiastiques. En France, avant 1789, on évalue à six cents le nombre de ces institutions dépendant des cathédrales et de leurs chapitres canoniaux, de collégiales ou de paroisses importantes; cela peut représenter près de cinq mille postes. Tous les élèves ne demeurent pas au service de l'Église ou à celui de la musique[58]. Certains y reçoivent une instruction gratuite : c'est le cas de Jacques-Louis Ménétra à Saint-Germain-l'Auxerrois, qui restera toute sa vie amateur de chansons et de fêtes, sinon de cantiques. Le choix des enfants doués draine les meilleurs dans les grands centres : Paris, les métropoles provinciales, les grands chapitres (Aix, Bordeaux, Avignon) et, au-delà, Rome, Vienne, Leipzig, Westminster, Oxford, Cambridge, Édimbourg. L'enfant de chœur et le chœur des enfants prennent place dans le bas-chœur des chapitres et dans les tribunes des églises, de Venise à Dresde, de Paris à Naples. Ils se rangent parmi la capacité distinctive de ces organisations dans et pour le service religieux, pour une prière. Recrutés sur concours, ils sont le plus souvent d'origine proche – de 30 à 40 kilomètres, soit l'aire de recrutement des collèges – et leur engagement ressemble étrangement à un apprentissage corporatif avec contrat, obligation, surveillance[59]. Les manécanteries les retiennent sept ou huit ans et les relâchent après la mue, qui marque le terme de leur expérience angélique. Quelques-uns sont devenus instrumentistes, chanteurs ou compositeurs : Grétry a fait ses classes à Saint-Denis de Liège, Gossec à Saint-Pierre de Maubeuge ; Bach avait fait les siennes à l'école de Saint-Michel de Lunebourg, à quinze ans, après avoir quitté son frère aîné Johann Christoph, installé à Ohrdruf comme maître d'école et organiste.

Le circuit se complique quand coexistent l'apprentissage des manécanteries et celui des corporations. A Paris, celui-ci se fait dans le cadre de la «communauté des joueurs d'instruments», fondée vers 1407 et réglementée par les statuts de 1658. Il peut s'accommoder du cadre familial[60] comme du déracinement provincial, que tempère parfois l'accueil d'un membre de la famille déjà musicien. Un quart des apprentis et la moitié des alloués arrivent de province au milieu du XVIIe siècle ; une majorité des exécutants et des compositeurs sont des provinciaux au XVIIIe siècle.

C'est une attraction identique qui sélectionne peintres, sculpteurs, architectes : l'apprentissage dans l'atelier d'un maître, dans le cabinet d'un entrepreneur, soit dans le cadre corporatif, soit dans celui de la famille, soit dans celui des institutions qui règnent sur la construction (les bâtiments des princes, les maisons des grands). Depuis la Renaissance, les *botteghe* accueillent les jeunes apprentis comme autrefois et parfois encore les chantiers. Ce sont de petites entreprises avec des patrons et des assistants, un va-et-vient d'apprentis, de tâches et de responsabilités. Dans les cités, elles sont au service de clientèles variées et assument de multiples travaux, modestes ou flatteurs, inégalement rémunérateurs. L'enchaînement des activités artistiques ne disparaîtra jamais totalement, et l'attirance des ateliers citadins encadre la formation des jeunes artistes venus de leur province avec un succès étroitement lié à la notoriété du maître, avec une capacité dépendant du volume des affaires et des aspirations de la clientèle[61]. Dans le Paris du XVIIe et du XVIIIe siècle, l'atelier corporatif et celui de l'artiste reconnu par les académies peuvent accueillir de jeunes élèves, en apprentissage comme pour une instruction relevée qui fait le connaisseur. Contrats d'apprentissage et contrats de mariage montrent une forte mobilité (de 30 à 40 %), qui s'inscrit dans l'attraction de la capitale : 10 % viennent de la couronne urbanisée, de la banlieue rurale ; 30 % de la France du Nord et de l'Est (Valenciennes, Sedan, Épernay, Dijon, Caen, Rouen) ; le Midi apparaît plus rarement à ce niveau, car les cités y ont leurs propres ateliers. L'accès à la maîtrise dans le cadre de la corporation élargit le cercle à des étrangers et à un plus grand nombre de provinciaux, souvent associés aux dynasties parisiennes. Ainsi, l'aîné des frères Mignard arrive tardivement de Troyes, où il est né et où il a pris ses premières leçons avant 1612, et se fixe près de la cour après 1657. On voit Fragonard, arrivé de Provence à Paris avec son père, passer de l'atelier de Chardin à celui de Boucher, et de là chez Van Loo avant de gagner Rome. Greuze, qui est de Tournus, passe par Lyon (chez Grandon) et à Paris, où il est accueilli par Natoire. Watteau, cinquante ans avant, venait de Valenciennes ; il travailla dans un atelier d'imagier du pont Notre-Dame, puis chez le grand peintre décorateur Audran.

David, à la fin du siècle, est un Parisien, mais son atelier, vite célèbre après 1780, accueille provinciaux et étrangers. C'est à la fois une famille et une école, lieu d'un travail partagé et de concurrences exacerbées, monde d'hommes jeunes ou moins jeunes liés par une histoire commune, des sentiments puissants, un engagement qui se veut civique et matériellement novateur. L'atelier des peintres transmet des moyens picturaux, des recettes, une culture, des techniques et des connaissances intellectuelles, le savoir des normes à respecter, mais quelquefois aussi la rupture avec les conventions de l'émulation. On peut y découvrir également une première initiation au marché et au public. La mobilité entretenue par les ateliers travaille à constituer l'espace autonome des arts et à agir sur les relations avec le public[62].

LES ASPIRATIONS DU MARCHÉ

Le marché des postes et le marché des arts font le reste. La circulation des artistes n'échappe pas à la loi qui organise le besoin et le luxe au sommet de la société. Les clientèles de l'art, celles de tous les artistes et de tous les musiciens sont principalement en ville, même si l'aménagement des résidences rurales et le mode de vie tiré entre la province et la cour peuvent mobiliser le déplacement des artistes sur des chantiers temporaires. La mobilité des uns et des autres est la fille directe d'un système de consommation qui fait graviter tout ou partie de la vie intellectuelle et artistique autour de la société des privilégiés, le clergé et la noblesse, Dieu et le roi.

C'est la redistribution du produit net qui assure le prestige d'une haute société consommatrice de biens symboliques et de luxe; les objets d'art, le service des musiciens y trouvent leur place, dans un art de vivre. C'est une des vertus du tableau économique de la physiocratie de faire entrevoir cette constitution fondamentale[63]. Les commandes de l'État, de l'Église et des propriétaires animent le marché de l'art. Dans ce jeu, l'offre des postes est décisive : c'est elle qui sélectionne les musiciens des cathédrales, des chapitres, des princes. La musique royale rassemble à Paris et à Versailles les instrumentistes, les chanteurs, les créateurs de la Chapelle royale, de la Chambre du roi, de la Grande et de la Petite Écurie, de la Maison des reines. C'est au total plusieurs centaines de postes; une partie d'entre eux sont cumulés par des acteurs qu'on retrouve dans les institutions de la ville – l'Opéra, l'Opéra-Comique[64]. En province, les gouverneurs, les grandes maisons ont leur musique; les chapitres entretiennent à grands frais et pour leur prestige leur psallette. A Saint-Sernin de Bordeaux, la qualité des exécutions musicales est notoire; le nouvel orgue fait l'admiration du public, et pour cela les chanoines comptent sur de grands interprètes bien payés comme l'Allemand Franz Beck, venu de Mannheim, chef d'orchestre du Grand-Théâtre et cantor de Saint-Sernin. La musique fait encore partie intégrante d'une spiritualité et les chanoines de Guyenne, comme ceux de Paris, sont prêts à attirer des candidats prestigieux auxquels ils offrent des gages confortables. La concurrence et la diversité des postes assurent une mobilité des carrières : les maîtres de musique viennent à Bordeaux de la France entière; partout on rêve d'avoir un Campra, un Lalande, un Rameau. L'inconstance des chapitres et des fabriques qui gèrent les fonds des églises, le goût de l'aventure et de la recherche d'une meilleure place concourent à l'instabilité.

Les offres venues de loin, l'appel des cours étrangères, la demande parisienne et celle de la cour, la fascination du théâtre et des concerts privés qui se développent au XVIIIe siècle favorisent les échanges. Ils sont à l'œuvre partout à travers l'Europe, en Allemagne comme en Angleterre, en Italie comme en Espagne. Ils créent une relation intense qu'encourage aussi l'homogénéité des conditions de l'édition musicale et sans doute des principes de la fabrication des instruments comme de ceux de l'exécution quand l'écriture musicale se fixe. Des cours aux villes, la consommation musicale fait foisonner les déplacements des musiciens. La vogue des concerts publics dans le Paris de la fin du XVIIIe siècle montre simultanément la montée du commerce – ce sont des institutions payantes – et l'accroissement d'une demande ; celle des concerts privés amplifie la chalandise et la gravitation. Un milieu musical avec ses rythmes, ouvert aux artistes et aux compositeurs étrangers (songeons à Haydn, à Mozart, bien sûr à Gluck), avec ses éditeurs, ses almanachs et ses guides, ajoute une force supplémentaire au crédit de la mobilité. Celle-ci toutefois ne transforme pas le statut des musiciens, dont ils commencent à dénoncer le caractère servile et instrumental (« Les musiciens exécutants n'étaient guère regardés que comme des instruments de musique bons à déposer dans le même étui après qu'ils avaient joué leur sonate », se plaint Grétry dans un texte rétrospectif de 1801, *De la visite*) [65]. Elle ne peut pas davantage trier entre les traditionalistes et les conventionnels d'un côté, les novateurs de l'autre. Ce sont des choix de carrière et de rapport aux institutions qui font dans l'Europe entière la différence, et où l'on retrouve la nécessité du voyage.

A l'âge moderne, deux forces confèrent à la circulation des artistes une acuité particulière en même temps que continuent d'agir avec plus ou moins d'importance l'action et la réaction des organisations corporatives. D'une part, les cours européennes libèrent partiellement peintres et musiciens des contrôles corporatifs. D'autre part, la montée des académies et la hiérarchie qu'elles créent leur offrent une plus grande possibilité de carrière, sinon une plus grande indépendance. Les deux espaces se recoupent en permanence. Dès la Renaissance, l'artiste de cour est émancipé partiellement des commandes citadines, ecclésiastiques, et des impératifs communautaires. De nouvelles libéralités (pensions, présents, exemptions d'impôts, anoblissement), toutes distinguées de l'attribution d'un salaire ou d'une rémunération pour une tâche donnée, inventent une pratique esthétique différente. L'artiste, créatif, le compositeur, grand exécutant, n'y sont plus des artisans, mais des créateurs reconnus comme tels. L'autonomie se crée dans la dépendance : celle des commandes royales pour les chantiers royaux, celle des princes, des cardinaux mécènes, en réalité toujours proches des cours ou ayant leur propre cour, des courtisans et de leurs imitateurs. Rome fait ici figure de symbole quand l'austérité et les tensions de la Contre-Réforme se relâchent devant l'effet du luxe et la prolifération des entreprises artistiques. La commande multipliée fait le milieu artistique le plus ouvert du monde dès le XVIIe siècle, où se juxtaposent les Italiens installés, venus de toute la péninsule, et les étrangers. Ceux-ci se regroupent par affinités nationales ou locales, et ne sont pas exclus des institutions corporatives, telle l'Académie de Saint-Luc. Mais l'influence curiale a fait du milieu une profession libéralisée et il y a moins de contrats d'apprentissage ou d'écoles corporatives, comme pour d'autres métiers artisanaux. Le métier s'apprend dans les ateliers et le jeune peintre prend place dans le marché des mécénats divers ou des travaux corporatifs[66]. Comme à Paris, les artistes reconnus ou non peuvent rencontrer les amateurs et les connaisseurs. La multiplication des collections fait également le marché, car désormais toute une société achète ; il y a marchés et marchands, donc médiation économique mais aussi esthétique entre artistes et publics, qui transmet une demande, l'oriente et l'accentue.

La culture de la curiosité qui se retrouve au cours du voyage des connaisseurs à travers l'Europe est sans discontinuité avec celle du goût pour les œuvres. Dans le Paris du XVIIIe siècle, artistes, marchands, curieux et connaisseurs subissent une commune attraction et se rangent dans des usages communs, dont l'un, en peinture, est la classification par écoles nationales et le progrès des attributions. Gersaint, le grand marchand du pont Notre-Dame, l'ami de Watteau, peintre de son enseigne renommée, est un voyageur qui a effectué plusieurs séjours en Hollande où se sont affinées ses relations et ses pratiques de catalogage[67]. C'est à l'intérieur de ces milieux que les artistes rencontrent désormais le goût des curieux et celui des connaisseurs, adhèrent à la conviction qu'il existe des normes et obtiennent la possibilité de côtoyer les marchés.

L'ACADÉMISME ET SES CIRCULATIONS

Le trajet des grandes capitales est aussi l'objet d'une accélération donnée aux carrières et aux stratégies des familles par la création des Académies et par la diffusion d'une autre sociabilité artistique. Au moment où l'œuvre devient marchandise et prend place dans les trafics, elle bénéficie d'un autre modèle de sélection et de circulation par la promotion académique. Celle-ci, à l'instar de la cour, fait l'artiste moderne et dessine un autre rapport au pouvoir, garant d'une indépendance par la hiérarchisation des artistes. Le modèle italien a, aux XVIe et XVIIe siècles, influencé toute l'Europe. L'Accademia del Disegno a été créée à Florence en 1563, et l'Académie de Saint-Luc à Rome a bénéficié de statuts à la fois corporatifs et libéraux accordés par le pape Grégoire XIII dès 1577. A Paris, la rupture a lieu vers 1648, quand Mazarin fonde l'Académie royale de peinture et sculpture, définitivement officialisée par Louis XIV en 1661. Dans le domaine musical, mais avec des modalités différentes, la création de l'Académie de danse en 1659, puis de l'Académie royale de musique en 1662, offre de nouvelles ouvertures à la mobilité artistique dans le cadre du privilège dont dépendent presque toutes les autres institutions[68]. Comme l'a montré Nathalie Heinrich, la rupture partielle des artistes académiciens avec le monde des corporations suscite une nouvelle mobilité. Le peintre itinérant des temps anciens devient marginal; l'artiste se fixe en même temps qu'il se libéralise, se dégage du statut artisanal quand il devient académicien. Cette stabilisation, qui encourage et euphémise la relation marchande, qui entraîne une conception neuve des artistes et de leurs œuvres, repose toutefois sur une mobilité plus sélective[69].

La promotion par le mouvement fait partie intégrante du processus curial et académique. C'est elle qui entraîne Rubens dans la fréquentation des cours, qui en fait un diplomate et un courtisan; c'est elle qui fait du Vénitien Canova le commensal des pontifes et des cardinaux romains. L'Académie parisienne montre l'efficacité du mécanisme en place dans les cadres instaurés à Rome au XVIIe siècle. Deux voies sont ouvertes aux artistes : celle de la réception à la maîtrise et celle de l'entrée à l'Académie (qui donne autant de garanties que la corporation, et surtout un supplément de notoriété monnayable sur le marché, quant à l'affirmation symbolique). La création de la compagnie met Paris sur un pied d'égalité avec Rome. Les deux voies ne s'opposent pas totalement, mais la maîtrise se déprécie et l'attraction académicienne consacre les vraies réputations comme elle diffuse la hiérarchie des genres dans le cadre de la politique culturelle monarchique et reçoit, à quelques exceptions près, tous les grands artistes.

Ce redéploiement entraîne une nouvelle géographie des relations : Paris attire désormais comme le faisait autrefois Rome. Si celle-ci continue à jouer son rôle avec la création de l'École-Académie de France en 1666, où le roi envoie les élèves sélectionnés, la fréquence du voyage diminue : 57 % des peintres actifs au début du XVIIe siècle, 30 % seulement vers 1700. C'est surtout vers la province que se font percevoir les effets : 40 % des académiciens sont d'origine provinciale sous Louis XIV ; ils sont majoritairement provinciaux après, et plus encore si l'on analyse les successions générationnelles. La provincialisation s'accentue proportionnellement à ce drainage, comme le montre l'exemple provençal. L'académisation centralisante crée les conditions d'une mobilité à la fois professionnelle (grâce à la définition d'une nouvelle carrière, d'un nouvel accès au marché des postes et des titres, voire au succès économique) et géographique (grâce à la polarisation sur la capitale qui se substitue à un espace migratoire vers l'étranger plus ouvert et plus partagé – on connaît la place hollandaise à Paris avant 1650, l'appel aux Italiens. Là où, aux XVIe- XVIIe siècles, le marché traditionnel était assuré par une perméabilité des recrutements (l'appel aux artistes locaux et aux étrangers, la domination des encadrements traditionnels, corporations et confréries, la part des dynasties), on voit se substituer à la mobilité régionale très forte la mobilité vers Paris. La circulation ancienne entre les centres urbains et les chantiers locaux est illustrée par le cas de Pierre Puget, Marseillais, sculpteur et peintre, passé par la Toscane et qui finit sa carrière entre Toulon et Marseille. La promotion vers Paris est consacrée par la carrière de Mignard, Troyen, fixé à Avignon après séjour à Rome, définitivement installé à Paris par l'Académie royale qui l'élit en 1663 et où il rivalise avec Lebrun. De la province à Rome, de Rome à Paris, les carrières sont désormais canalisées. Ici, la mobilité spatiale ne se sépare pas de la mobilité géographique et souvent sociale.

Le XVIIIe siècle verra se durcir ces circulations et la provincialisation comme la parisianisation. La montée vers Paris consacre les talents provinciaux et leur offre le marché des postes, des concours, des prix, des gratifications, des commandes de l'État et des particuliers, et la connaissance du marché des marchands. Le décalage institutionnel n'est pas corrigé par la création des académies provinciales des beaux-arts à Marseille, à Toulouse, à Montpellier et ailleurs, qui est tardive et rencontre surtout un crédit local[70].

Le rôle des académies a été décisif dans la socialisation de l'art par les nouvelles circulations qu'elles entraînent en imposant des conventions nouvelles, en mettant les artistes au contact de milieux ouverts. C'est aussi pourquoi l'on ne doit pas oublier combien s'accentue l'*effet capitale*, au moins dans la France du XVIIIe siècle, par la hiérarchisation des relations et la localisation des activités corporatives minorisées ainsi que par la concentration parisienne des institutions distinctives. Les salons et les critiques – ils se rencontrent dans le talent et sous la plume de Diderot[71] – ne sont pas séparés de la caution royale et académique, mais ils établissent de nouvelles correspondances avec les artistes et avec leur public. Des sociétés différentes se créent au dernier quart de l'Ancien Régime : musées, sociétés littéraires et artistiques, correspondances des arts. Elles ont en commun d'ouvrir un nouvel espace de discussion et de rencontre entre les professionnels des arts et le monde, et de consacrer une polyphonie esthétique, mêlant expositions, concerts et lectures[72]. Avec le Salon, elles attirent les étrangers, les provinciaux, les gens du monde, et par leur ouverture créent une sphère de discussion plus mêlée, plus large. La rencontre des jugements critiques et des aspirations des artistes souvent formés dans le voyage italien et à l'école de Rome, familiarisés avec des principes nouveaux, bouleverse la hiérarchie et confère au public son autorité[73]. C'est désormais en termes d'échange qu'on peut lire les tensions et les trajets qui caractérisent la fonction sociale d'une mobilité artistique dégagée des apprentissages corporatifs, orientée vers une formation plus générale, et l'affirmation coexistante d'une économie et d'une distinction sociale à l'échelle de l'Europe. La tension entre la corporation et l'académie, entre le marché curial et les débouchés les plus ouverts, met l'accent sur le rapport qui a été lié entre l'autonomisation de l'activité esthétique et la mobilité. Le voyage musical et celui des musiciens, le voyage des artistes vont éclairer autrement ces trajets et ces spécificités. Ils contribuent à nourrir l'espace public et à changer les conditions de la lecture et de l'audition des œuvres dans un premier élargissement vers le public visiteur qui alimente le flux des touristes attirés par le Salon, les expositions, les musées plus encore[74].

Voyages musiciens, mobilités musicales

Il y a trente ans, Pierre Chaunu montrait superbement la place que l'art musical occupait dans la civilisation de l'Europe classique et de celle des Lumières[75]. Il la situait à la rencontre du religieux et du rationnel, de la liturgie sociale et curiale, et dans la possibilité d'atteindre en tout domaine un apogée dans la fidélité à des traditions. On relira ces pages avec un vrai plaisir et avec une incitation à réfléchir sur les composantes de l'empire musical, de l'apogée baroque au sommet classique du XVIIIe siècle[76]. Alors la musique domine tout, des peuples aux élites, expression d'un génie théâtral avec l'opéra et d'une conquête instrumentale aux moyens multipliés. Dans l'un et l'autre cas, dans la fabrication comme dans l'exécution, collabore tout un peuple, une éducation sans doute mieux partagée en Allemagne qu'ailleurs, mais sans opposition totale dans les pratiques et les conditions d'une extension des consommations[77].

Dans ce climat, le voyage des musiciens ne se sépare pas aisément de celui des amateurs, et il correspond en Europe à une double opposition, à la fois religieuse et sociale. Si l'on pouvait en peser les composantes, on verrait sûrement l'importance majoritaire, vraiment populaire du religieux musical et de son organisation, art au service de Dieu, des Églises et de tous. Les Europes musiciennes et musicales entretiennent ici une forte attraction, que renforcent celle des théâtres et des concerts – c'est le gradient des notoriétés –, la réputation des exécutants, la virtuosité des chanteurs et l'originalité conforme ou inventive des compositeurs qui fait l'ouverture de l'espace. Dès l'âge des Réformes, une géographie s'est dessinée entre les influences : celle du Sud, qui fixe à la musique instrumentale une place limitée pour la *musica mundana* et ses instruments, mais où l'art musical entrecroise les apports de la tradition gothique et des idées humanistes et neuves dans sa capacité à proclamer la gloire divine, à redevenir le symbole de l'éternité ; celle du Nord, qui se méfie du chant pour le seul plaisir de l'oreille, mais qui autorise et mobilise la pratique comme moyen de lutter contre le mal dans le temple ou dans la famille. La faculté d'écoute et les traditions familières s'implantent sur cette grande partition, et l'entrée en jeu du théâtre des relations humaines dans l'environnement de la fête aristocratique constitue un agrément et une attraction supplémentaires pour les musiciens et les amateurs. Les créateurs qui œuvrent entre ces espaces peuvent entendre et atteindre des formes sociales diverses. Norbert Elias, dans son *Mozart, sociologie d'un génie* [78], situe l'enjeu dans le conflit accru des musiciens bourgeois avec la société de cour, qui se déroule aussi bien dans le champ social que dans l'esprit de nombreux individus qui trouvent l'occasion de se libérer de la prégnance des normes du goût de la cour et de l'Église, et qui commencent à recueillir un écho par l'intermédiaire du livre, de la copie, de l'exécution. La dépendance des musiciens est générale en Allemagne, en France, en Italie, car ils ne peuvent nourrir leurs familles et être reconnus qu'en s'assurant une position dans le réseau des institutions aristocratiques et ecclésiastiques, par une charge officielle, par l'intégration à la maison des grands ou dans le service des temples.

Cette contrainte sociale qui fait la tradition crée l'espace d'une mobilité régionale et nationale, seul moyen de développer le talent dans le conformisme de la conduite et la maîtrise totale des valeurs du goût et des exigences des normes. Aux marges des cours, dans le sein des chœurs, une certaine capacité d'écart à la norme existe, mais elle est négociée, sinon toujours acceptée. En 1708, Bach devient organiste du très pieux duc Guillaume-Ernest de Weimar, mais il doit en même temps jouer du violon en costume turc dans le petit orchestre de chambre de la cour. Ses démêlés avec la fabrique de Saint-Thomas de Leipzig sont connus[79]; ils entraînent l'arbitrage princier, en l'occurrence celui de Frédéric-Auguste, roi de Pologne, duc de Saxe. Entre Bach et Mozart, la différence profonde est que le premier a trouvé dans les étapes d'une mobilité à l'échelle de l'Allemagne du Nord – de Lunebourg à Arnstadt, de Lubeck à Weimar, de Coethen à Leipzig, pour ne retenir que les axes principaux d'un voyage qui aboutit à la stabilité – une force pour son art et sa vocation. C'est le sommet de l'instrumentiste créateur. Pour le second, le destin se joue dans l'Europe des Lumières et dans une translation des pôles de l'Europe musicale. De la France à l'Italie, de l'Allemagne à l'Angleterre, c'est une manière de rupture avec l'espace des cantors et des corps. Un immense chemin parcouru dans la réalité comme dans l'univers de la création et de l'imaginaire[80]. Il faut alors interroger la mobilité musicienne qui révèle le champ de l'innovation et le pouvoir des institutions à travers le réseau des centres attractifs. Elle rejoint celle des œuvres et des styles grâce à l'édition, et cette diffusion peut être largement entendue sans que les créateurs aient longuement quitté leur terrain familier : c'est le cas des musiciens français et italiens, tels Lully, Couperin, Pergolèse, Tartini, et du répertoire de l'opéra, dont le voyage est spécifique au contact de sociétés éloignées et pour un transfert triomphant à partir de l'Italie. Le voyage musical livre de ce point de vue une première conscience du marché potentiel : l'itinéraire mozartien, entre coutume et réforme, montre une diversité des raisons et des effets du voyage du musicien ; l'intérêt des voyageurs en Italie pour la convergence des formes d'expression littéraires, musicales et plastiques révèle le lien social qui s'établit entre la création et sa consommation.

LE VOYAGE MUSICAL : LE VOYAGE DE CHARLES BURNEY

Aux derniers siècles de la musique fonctionnelle, entre le religieux et le profane, la multiplication des foyers musicaux a suscité une curiosité intense. Oratorios, cantates, musiques instrumentales, chants, opéras ont leurs amateurs, souvent préoccupés de retrouver les sources d'une musique qui triomphe loin des premières sphères où sont nés et où ont été instruits et formés les créateurs. Lully termine en France une carrière commencée en Toscane, et sa réussite éclatante à la cour est celle de l'opéra à la française. Le fils de meunier n'est plus un baladin ordinaire[81]. Haendel a tenté sa chance à travers l'Allemagne et l'Italie, mais il trouve sa patrie musicale à Londres, au service d'un roi qui est d'origine allemande, et il y acquiert une gloire de son vivant qui dépasse en son temps celle de Bach. C'est déjà un musicien internationalisé et européen par excellence. Il est enseveli à Westminster. Du milieu musical anglais, Charles Burney, qui a été maître de chant dans les œuvres de Haendel, donne une bonne idée et surtout fait voir comment le voyage est un moyen de découvrir l'Europe musicienne, de s'instruire et de se faire connaître pour des groupes au service de l'*establishment* de la cour et de l'Église, mais qui ne sont pas refermés sur eux-mêmes et sur les traditions locales.

Ses journaux de voyage sont un observatoire privilégié pour scruter le XVIIIe siècle musical. Avant 1770, il a quitté sa province, le Shtropshire, étudié l'orgue à la Free School de Chester, assisté l'organiste de Shrewsbury. Il a dix-huit ans quand le compositeur Arne le prend comme apprenti à Londres. Il joue dans les orchestres, copie les partitions, fait répéter les chanteurs, puis entre au service de Grenville. Son patron l'introduit dans le groupe des musiciens étrangers de la capitale (Corelli, Geminiani, Haendel) et dans les milieux des voyageurs qui sont épris de Hasse, Pergolèse, Galuppi et Scarlatti. Les voyages et les goûts de la haute société anglaise sont alors au cœur d'une mutation décisive : le passage du baroque au style galant. Répétiteur de Haendel, Burney frôle les sommets ; il en culbute quand son médecin l'oblige à respirer l'air du Norlforkshire, où il tient l'orgue de Kings' Lynn. C'est là qu'il accumule les lectures théoriques, les leçons françaises ; il souscrit à l'*Encyclopédie* et pense que l'*Essai sur la musique* de Rousseau (1753) est peut-être le meilleur texte jamais écrit sur cet art. Revenu à Londres, il tâte de l'opéra, monte seize fois le *Devin du village*, et se décide à s'occuper à la confection d'une *Histoire générale de la musique* qu'on lit encore.

En juin 1769, il est docteur d'Oxford et, un an plus tard, il entreprend son premier voyage. Le docteur Burney a soif de découvrir aux sources une musique dont il n'a entendu que les versions transférées, sous la forme d'«œuvres polluées». Il n'a pas quarante-cinq ans. En 1772, il repart. De ces deux *Grands Tours*, nous retiendrons l'itinéraire et les effets pour une carrière érudite et musicienne, autant que pour l'amour des Anglais, pour la musique du continent. Burney est un intermédiaire incontestable à l'affût de ce qui se passe partout, entre les espaces musicaux comme entre les milieux sociaux. En 1810, Napoléon en fait un membre de l'Institut; il meurt en 1814.

Le premier voyage mène Burney de Calais, Saint-Omer, Lille, Cambrai, Paris, Auxerre et Lyon à la quasi-totalité des métropoles italiennes : Turin, Milan, Padoue, Venise, Bologne, Rome, Naples. Le retour se fait par Gênes, Aix et Paris. A chaque moment, Burney est attentif à toutes les formes d'expression musicale. A Lille, il discute du chant et des enfants de chœur avec l'organiste de la cathédrale Saint-Pierre, M. Devillers. A Paris, il va au spectacle, trouve le chant des Italiens mauvais, mais le hautbois admirable; il va entendre chanter la grand-messe de la Fête-Dieu à Notre-Dame et se rend au Concert spirituel : le motet de Delalande est détestable, mais il loue les concertistes italiens. Le docteur Burney fréquente les salons et les dîners, chez Suard et chez Monnet, l'entrepreneur de spectacles. A son retour, il rencontre d'Holbach, Morellet, Diderot et Rousseau, l'«homme montagne» dont il loue le dictionnaire et trace un portrait mémorable : «Il ne me mordit pas, ni ne me frappa, mais il me dit avoir été heureux de converser avec quelqu'un qui aimait et cultivait la musique à un tel point.» Bref, le docteur suit tous les canaux habituels de la sociabilité. De même en Italie où il passe six mois studieux, parlant avec les musiciens, les *musicologues*, les compositeurs, consultant les bibliothèques et fréquentant les théâtres, les cérémonies, la Chapelle royale de Turin, les conservatoires de Venise, retrouvant des compatriotes éminents à Rome (le duc de Dorset, William Beckford), assistant à des concerts privés donnés en son honneur – à Naples, les Hamilton le font recevoir partout. Au total, il a la chance de voir et d'entendre la fine fleur de la musique italienne, et ainsi d'interroger le savoir de son temps et d'appeler les musiciens à réfléchir sur leur art, ce que leur condition n'encourage guère.

En 1772, le voilà sur les routes de l'Allemagne; il publie de ce voyage un témoignage remodelé, mais éloquent, sur la géographie de la musique allemande. Des Pays-Bas au Rhin, par Liège, Aix-la-Chapelle, Cologne, Francfort, Mannheim, Ludwisburg, Augsbourg, Munich, Linz, Vienne, Prague, Dresde, Leipzig, Berlin, Hambourg, Brême, la Hollande, c'est à chaque étape une exploration intense des institutions et des hommes, un inventaire des possibilités (compositeurs, spectacles, orchestres, églises, chœurs, éditeurs et libraires, concerts privés, amateurs). Il est passé par presque toutes les capitales de l'Allemagne, accumulant matériaux et observations dont il résume l'essentiel dans des conclusions générales, un état présent qui rassemble une foule de « musiciens d'un talent peu commun, dont les ouvrages et les exécutions ont charmé l'Europe entière ; j'irais même jusqu'à dire que les meilleurs musiciens allemands, à notre époque, et à quelques exceptions près, se trouvent hors de leur pays [...]. En voyageant, les musiciens perdent, entre autres habitudes locales, cette vénération pour un style particulier qui a pour effet d'augmenter le nombre des imitateurs et de les maintenir dans une totale sujétion à leurs modèles. » Dans un double voyage entrepris pour le plaisir de l'oreille et par intérêt érudit, Burney adopte deux attitudes : celle d'un pèlerin aux sources de l'art en Italie, celle d'un connaisseur critique en Allemagne.

Au terme de la comparaison, le bilan est équilibré. Le docteur Burney a traversé l'Europe musicale avec ses préjugés, avec la volonté de se faire connaître qui lui fait souvent accorder plus de place à ses hôtes et à ses hôtesses qui le mettent en valeur. Londres, capitale accueillante, est incontestablement le centre du goût, mais le témoignage révèle la force de la circulation, l'intérêt de confronter les particularismes locaux, la musique nationale – comme le fait également Rousseau – avec les œuvres plus savantes, la capacité aussi de comparer dans leurs variables les pratiques, celles des chanteurs (les Italiens le déçoivent, les Allemands le charment), celles des exécutants et celles des écritures (instrumentales, orchestrales, théâtrales). En d'autres termes, le voyage de Burney montre les décalages qui se sont instaurés entre des types d'écriture musicale (ainsi en France), entre des styles d'interprétation et des goûts, entre le conservatisme et la fureur de nouveauté. Si le voyage ne lui confère pas un don de prophétie et la capacité de prévoir la grande révolution qui s'amorce au dernier quart du XVIIIe siècle, avec Haydn, Mozart et Beethoven, il lui permet d'entendre la nouveauté et de lancer un appel au changement directement lié aux échanges des hommes, quitte à ne rien comprendre à l'originalité des œuvres. « Si Jean-

Sébastien Bach et son admirable fils Emmanuel, au lieu d'être directeurs de la musique dans des villes de négociants, avaient eu la chance d'être employés à composer pour la scène et le public de grandes capitales comme Naples, Paris ou Londres, et s'ils avaient disposé d'exécutants de premier ordre [...] ils seraient devenus sans conteste les premiers musiciens de notre siècle [82]. » Voilà l'éloge de toute circulation !

LES VOYAGES MOZARTIENS

Toutes ces forces à l'œuvre se retrouvent dans le voyage des Mozart. Leurs raisons de partir sont ici plus révélatrices des implications d'un contexte musical et social que des répercussions sur un style et sur la formation d'un génie[83]. La correspondance (hélas réduite dans la traduction française), les *Reisenoten* éditées dans les *Briefe und Aufzeichnungen*[84] fournissent les moyens du constat. Le voyage crée pour Mozart une possibilité de suivre des chemins de traverse qui le font évoluer dans un espace social étendu, entre les barrières des conditions (le prince et le cocher, le courtisan et le bourgeois), mais aussi dans un espace géographique ouvert (du nord au sud de l'Europe et de l'est à l'ouest), d'autant plus ouvert peut-être qu'il instaure une rupture profonde avec la vie sédentaire habituelle et que, même réfléchi et organisé, il varie avec des impondérables multiples : « On ne peut jamais dire ce que l'on fera. Vous savez combien de fois le contrôleur céleste a dérangé mes projets », écrit le 29 novembre 1767 Léopold à Haguenauer. Toutes sortes de hasards entravent ou accélèrent les déplacements : la maladie, une gratification retardée, un accident de voiture, l'espoir d'une commande prestigieuse. Comme à d'autres, les voyages imposent leur rythme et permettent l'essentiel : une libération.

Celle-ci ne se joue pas de la même façon à tout moment. Au départ, il y a Salzbourg et ses contraintes qui enferment Léopold et son fils dans le cadre des musiciens de la cour archiépiscopale, une inégalité fondamentale, un comportement accepté par le père, et de moins en moins par le fils. A l'arrivée, il y a le célèbre coup de pied, la rupture avec le prince-évêque et l'affirmation d'une révolte personnelle contre l'adaptation forcée au rang subalterne de serviteur d'un monarque absolu. Entre 1770 et 1781 (l'installation à Vienne), il y a de multiples péripéties et des allers et venues qui, progressivement, changent de chance. Pendant plusieurs années, le voyage est concilié avec l'attachement à la réputation de la cité et de sa cour. Les voyageurs partagent leur notoriété avec celle du milieu original. Peu à peu, le fossé s'agrandit et l'accueil à chaque retour refroidit l'enthousiasme. Les lettres de Léopold à son ami Haguenauer rendent compte, pour un cercle d'amis, des bienfaits et de l'utilité attendus des périples. Ils ont une double fonction. Elle est d'abord pédagogique : accéder à l'empire cosmopolite de la musique qui fait qu'un homme de talent supérieur échappe à la médiocrité qui le guette s'il reste au même endroit. Le voyage en livre les moyens : connaître les maîtres, les langages, les pratiques, les langues – dont le français et l'italien, indispensables pour le chant et l'obtention des contrats. Les voyages ont aussi une fonction sociale : ils autorisent en effet Léopold et son fils à espérer trouver un poste, et ainsi ne pas avoir à rentrer. Le conflit entre le père et le fils se durcira sur ce point, car le premier préfère la stabilité de la dépendance et le second les risques de l'indépendance : « L'archevêque ne me paiera jamais assez de l'esclavage de Salzbourg », écrit-il à Léopold le 12 novembre 1778 [85].

Les premières tournées sont celles d'un jeune prodige promené par et avec sa famille : d'abord à Vienne en 1762, puis dans un grand tour européen en 1763-1766, la dernière fois encore à Vienne de septembre 1767 à janvier 1769. Le père Mozart choisit le risque d'exposer la santé de Wolfgang sur les routes, il se comporte en guide et en imprésario du groupe, qui bénéficie de l'attraction offerte par un musicien de six ans à des publics accrochés par la virtuosité et la curiosité. Ce n'est pas le seul cas à l'époque. Léopold parie aussi sur la capacité de ressources offerte à chaque étape par les concerts privés, ou plus officiels, à Paris, Londres, La Haye, Munich, en termes de gains et de recommandation. C'est un trait de la sociabilité des salons et une façon de mécénat musical. Les concerts publics en bénéficient partout, et l'imprésario familial sait en évaluer le rapport – ainsi à Paris. Dans un second temps, les voyages sont dictés par la volonté de trouver un état : ils conduisent Mozart et son père en Italie en 1769 et 1771, en 1771 encore et 1773, à Vienne en 1773, à Munich en 1774 et 1775. Libérés par Colloredo après un long séjour à Salzbourg, Mozart et sa mère (qui meurt subitement à Paris) font le tour des capitales, du 23 septembre 1777 au 15 janvier 1779, par Munich et Mannheim. En mars 1781, Mozart s'installe dans la capitale de l'Empire ; les voyages ne lui ont pas procuré les situations espérées et, pour l'archevêque comme pour l'impératrice sollicitée, ils contribuent à lui conférer un statut méprisé. L'impératrice, malgré son fils, refuse de le prendre à son service, car « ces gens courent le monde comme des gueux », et Wolfgang sait que Marie-Thérèse et Colloredo ne supportent pas « qu'on voyage ainsi comme des mendiants, et ne croient pas sensés les gens qui ont voyagé ».

L'expérience et le voyage effraient les mécènes, car ils affaiblissent leur autorité. La recherche errante d'un travail ne bénéficie pas de la même estime que les grands voyages culturels réalisés par l'élite intellectuelle européenne – en dépit des constats du docteur Burney, qui remarque à Florence en 1770 qu'il est avec le jeune virtuose Linley, son compatriote, considéré « dans toute l'Italie comme les talents du jour qui portent le plus de promesses[86] ». Il existe encore un fossé entre, d'une part, l'objet d'un culte et d'une fonction nécessaire qu'incarne la musique, d'autre part l'image dont bénéficient ses créateurs et ses exécutants. Progressivement, le statut des voyages mozartiens se modifie : après la rupture, ils correspondent à la demande et à la commande. C'est désormais un moyen d'entrer dans le marché, en Italie, à Munich, et finalement à Prague où Mozart remporte un triomphe avec les *Noces de Figaro*. Au total, son errance met en valeur les lieux d'accueil et les possibilités offertes aux principaux musiciens allemands (Gluck, Haendel, Hasse, Haydn, Reichard, J.-C. Bach) : en Italie, Milan, Bologne, Rome ; en France, Paris, où le discrédit de la musique française n'entraîne pas le recul d'une grande effervescence attractive, le rôle de l'édition et des grands concerts ; Londres ; dans le Saint-Empire, Mannheim, Munich et Vienne. On y voit se différencier les centres d'accueil hospitaliers et exceptionnels que sont Londres et Paris, qui manquent de créateurs reconnus ; l'Italie, qui reste un lieu de formation, un modèle de production et de consommation avec l'opéra et la musique des conservatoires religieux ; l'Allemagne, qui entame sa conversion nationale et bénéficie de l'incomparable effort collectif de la musique du luthéranisme. Mozart révèle comment l'espérance d'un statut libéré n'est pas séparable de la recherche des nouveaux langages. Sa mobilité l'entraîne à travers l'Italie et l'Allemagne italienne d'abord ; sa rupture le fait délaisser les tribunes d'orgues et le tabouret des cours. L'opéra et le concert, d'autres voyages, ajoutent à l'ouverture cosmopolite un parfum de *Sturm und Drang*. Mozart est stabilisé à Vienne comme créateur indépendant à nouveaux risques, et continue de rayonner à travers l'Allemagne pour interpréter ses œuvres ou monter ses opéras.

L'écho des péripéties de Burney ou de Mozart s'entend dans l'attention que tous les voyageurs européens ont accordée aux événements musicaux. C'est un lieu commun des relations de voyage, surtout des *Tours* en Italie. Montesquieu, comme d'autres, y découvre l'opéra, spectacle théâtral par excellence, à Venise, à Vérone, à Florence et à Rome, par habitude de société comme par conversion personnelle : « Dans mon séjour en Italie, je me suis extrêmement converti sur la musique italienne. Il me semble que dans la musique française les instruments accompagnent la voix, et que dans l'italienne ils la prennent et l'enlèvent. La musique italienne se plie mieux que la française, qui semble roide. C'est comme un lutteur plus agile. L'une entre dans l'oreille, l'autre la meut. » C'est retrouver un goût qui emporte l'Europe et qui va porter Rousseau sans convaincre ni tout le public français ni la totalité de l'opinion des voyageurs, dont certains (et non des moindres : de Brosses, Duclos, Lalande, l'abbé Richard) ne supportent pas les règles de l'*opera seria* et le décalage existant sur le théâtre entre le jeu et la virtuosité. C'est aussi découvrir l'enjeu du voyage des musiciens comme des amateurs de musique. C'est toujours la découverte d'une pratique sociale à travers des institutions – églises, *scuole*, conservatoires, compagnies théâtrales, concerts des grands et des princes. C'est également retrouver les possibilités offertes par les singularités techniques, le grand problème de la musique d'opéra dans les rapports de la voix humaine et de la musique instrumentale, avec cette idée singulièrement baroque d'une musique qui meut l'oreille, c'est-à-dire de l'être entier animé par l'ouïe[87]. C'est encore confronter la capacité italienne à innover et la force du conservatisme français de Lully à Rameau.

D'autres voyageurs, comme de Brosses, retrouveront en Italie dans le génie musical celui de la nation, conforme au génie de la langue et au genre de voix que produit le pays, un goût spécifique du spectacle. La musique – et plus particulièrement l'opéra, avec toutes les résonances techniques et émotives que peut provoquer le terme même – se trouve alors placée au centre du jeu social et des rites du voyage. C'est un des moments de la sociabilité péninsulaire (Stendhal s'en fera le défenseur, le témoin, le publiciste), mais à l'horizon de l'Europe entière, c'est aussi l'expression sensible, intense, qui impose un rythme de renouvellement rapide. Avec le spectacle, avec le chant, avec la musique, le public des voyageurs avoue ses préférences émotives ou son refus d'une musicalité dominante, socialement indifférenciée puisqu'elle règne à l'église, au théâtre, au concert, et qu'elle unit, comme le dit Alphonse Dupront, « dans une même sublimation collective, dans un même divertissement, et les privilèges de la fortune et les peuples avides de spectacle, fût-ce des miettes[88] ». Dans ces rencontres, la mobilité est porteuse de conquête par la confrontation des habitudes nationales et des tensions sociales; elle travaille à modifier le statut du musicien comme à transformer la chaîne de communication qui rassemble les producteurs et les consommateurs. Le récit de voyage confère à ces effets et à ces débats une publicité redoublée[89]. L'aventure mozartienne, le conflit familial et social, montre qu'on ne peut distinguer les nécessités professionnelles, les contraintes et les choix possibles, des niveaux de connaissances musicales et des capacités d'invention[90].

LES VOYAGES DE L'ŒIL ET LES VOYAGES DE LA MAIN

Les voyages des artistes, peintres, sculpteurs, architectes, graveurs, n'ont jamais fait l'objet d'une étude en soi. Ils sont pourtant au cœur de l'approche biographique et monographique; ils marquent ou non une étape dans la déclaration des talents et dans leur reconnaissance sociale. « Nés sous le signe de Saturne », les peintres sont frappés par une instabilité essentielle qui souligne leur *mélancolie* et s'inscrit dans l'étrangeté de leur comportement. Rudolf et Margot Wittkower en donnent beaucoup d'exemples entre l'Antiquité et le XIXe siècle[91]. Annibal Carrache ne tient pas en place : lassé de Rome, « il tenta d'aller trouver la fortune ailleurs et, pour éviter d'autres ennuis, il s'en alla à Naples et il n'en fut que plus mal. Aussi, après y être resté quelques jours, il décida de revenir à Rome ». Dans le récit de son biographe Baglione, qui le connaissait, il s'agit de souligner une originalité caractérielle et de distinguer périodes d'inactivité et moments d'activité. Très tôt, dans ses *Vite*, Vasari trouve souvent le moyen de distinguer les parcours et d'opposer les sédentaires (ou les artistes qui ne connaissent qu'une itinérance de profession) et les autres, quand le voyage fait partie intégrante des nouvelles aspirations, l'alliage étrange de la soif de connaissance et du désir de liberté[92]. Le voyage de Brunelleschi et de Donatello à Rome, au début du XVe siècle, avec son épilogue à Cortone, commence une rupture dont l'histoire est celle d'un attrait et marque toute la culture européenne. Pour l'histoire de l'art, il y a ceux qui bougent et les casaniers – la différence crédite ou non leur importance ; c'est un élément constitutif de toute vie, de la compréhension des années où se forme le style, dont on ne commence à discuter que si l'on vient à constater son absence. La Tour est-il allé en Italie ? Le Sueur, les frères Le Nain, Champaigne et bien d'autres Parisiens ont-ils pu devenir ce qu'ils ont été sans aller à Rome ? Le génie de Rembrandt est d'abord une étrangeté et un manque : il n'a jamais visité la péninsule ou d'autres pays où il aurait pu étudier les *antiques* et la *théorie des arts*, fréquenter les amateurs et les académies. Ces constats avalisent une conception officielle et dominante, et rangent la mobilité artistique dans le mouvement général du public et de l'éducation impérative par le *Grand Tour*[93]. Ils avalisent aussi une nécessité qui rejoint l'affirmation du changement de statut : à l'itinérance de l'artisan, à l'errance du mélancolique se substitue une norme de distinction ; c'est par le voyage que le peintre, le sculpteur, l'architecte peuvent être intégrés dans un monde social supérieur. L'argument intervient dans la formation de l'Académie royale : « Il importe au public que des peintres et des sculpteurs qui ont appris leurs arts en Italie ou ailleurs avec beaucoup de fatigues viennent en embellir la première ville de l'univers et que leurs ouvrages qui ne sont que pour l'ornement des temples et pour exciter à la piété, pour enrichir les palais et les autres édifices, pour instruire et pour recréer la vue, ne doivent pas être exposés à l'examen du vulgaire comme les marchandises… » Dans sa requête au roi, en 1648, Martin de Charmois distingue l'artiste du maître peintre et retient en priorité pour cela le voyage en général[94].

La montée de cette contrainte née sur l'horizon d'une libération distinctive et intellectuelle, voire l'affirmation d'une *esthétique* de la référence avec ses modèles, ses conventions, ses idées sur la nature, sa conception de la hiérarchie et d'une expérience commune du génie, la Renaissance et l'humanisme avec leur conception du renouveau antique, l'idée principale que la grandeur d'une époque se mesure au nombre des grands hommes qu'elle est capable de produire, ouvrent la réflexion au sens de l'histoire. Une nouvelle culture qui s'affirme peut-elle se prolonger ? L'espace intervient pour introduire dans le temps une capacité de durée par la reproduction. Le transfert du renouveau dans toute l'Europe, la nouvelle dynamique des cours et des cités confèrent aux voyages des artistes un rôle complexe : ils sont manifestations honorifiques, symboliques et réelles, profitables, du grand talent ; ils sont indispensables à la formation et à la carrière ; ils s'inscrivent dans une dépendance de service avant de conduire à une véritable autonomie, celle de l'artiste voyageur pour lui-même.

Honneurs et notoriété distinctives

Le catalogue des grands artistes reconnus illustre à foison le voyage triomphant de certaines grandes étoiles accueillies de ville en ville et de cour en cour, honorées par les princes et les amateurs. Dès le XVIe siècle, Dürer en laisse un exemple. On sait ce qu'il doit à l'Italie et à Venise, qui élargissent sa connaissance bien au-delà de Nuremberg : « A Venise je suis un seigneur, là-bas un parasite ! » Son dernier grand voyage aux Pays-Bas entre 1520 et 1521, par Cologne, Anvers et Bruxelles (à Aix, il assiste au couronnement de Charles Quint), est un parcours où il confirme ses positions, vend ses gravures, étudie les anciens maîtres, observe les curiosités exotiques et les monuments. Reçu avec honneur par les élites, il est couronné comme un « nouvel Apelle », un peintre qui est aussi homme de savoir et de conversation. D'autres illustreront ces attractions de la reconnaissance : Rubens entre Paris et Rome, Bernin de Rome à Paris, Titien de Venise à Rome, et même Poussin, installé dans la capitale de la catholicité et des arts, casanier s'il en fut, qui revient à Paris pour rencontrer le roi [95].

Le tropisme méridional a été le plus fort, et il vaut à Rome sa réputation où se transmettent les traits qui font les réputations. Le voyage permet d'acquérir une autonomie artistique, d'oublier les manières de son école et de sa patrie, de se défaire de ses préjugés – « ennemi principal de la perfection », comme l'écrit le comte de Caylus à propos du sédentaire Le Sueur. Rome est une ville ouverte, où les corporations n'interdisent pas aux artistes étrangers de travailler, où une clientèle avisée offre un marché rémunérateur et l'occasion de voir et de faire voir les œuvres. C'est une ville cosmopolite, internationale, où les artistes bénéficient d'un brassage de voyageurs, compatriotes et forains de toute l'Italie, de toutes nationalités, qui assurent leur publicité dans toute l'Europe. De surcroît, les institutions religieuses, les églises et les confréries nationales sont là pour encadrer les artistes comme d'autres voyageurs, pour les secourir à l'occasion. D'attrait, le voyage est devenu une obligation ; et la papauté sortie de l'épreuve du XVIe siècle peut, après le concile de Trente, engranger les profits artistiques d'une reconquête spirituelle. La communauté artistique ne cesse plus alors de s'étoffer. Les recherches d'Olivier Michel ont rendu justice à toutes ces composantes [96].

LE VOYAGE ET L'ACADÉMISME

Les artistes transalpins franchissent les Alpes, venus de toute part. Les Flamands sont plus de cinq cents au XVIIe siècle; les Francs-Comtois, les Lorrains, les Allemands du Sud sont aussi nombreux. Ils l'emportent sur les Français et les Espagnols, qui jouissent cependant de situations privilégiées; parfois, ils se convertissent et font souche. Leurs collections sont disputées après leur mort par les princes et les grands collectionneurs. Certains entrent dans les institutions littéraires et artistiques mondaines, comme les Arcades qui, entre 1690 et 1800, reçoivent 156 artistes sur 9 000 membres : 86 Italiens et 39 Français, mais aussi 10 Anglais, 8 Allemands, 6 Scandinaves, 2 Espagnols, 2 Suisses, un Russe, un Hollandais et un Flamand. On a là un indice de la présence décroissante des groupes d'artistes étrangers, parmi lesquels sont favorisés ceux qui ont sélectionné d'autres académies. C'est une élite culturelle, et pas seulement professionnelle, qui bénéficie de l'encouragement des liens institutionnels. Les Français directeurs ou membres de l'Académie de France à Rome y sont bénéficiaires, même si beaucoup ne sont que des passagers. L'académisme est devenu le moyen de parvenir dans toute l'Europe, et après 1750 le rôle des institutions romaines, dont l'Arcadie, peut servir de première étape – on les retrouve ailleurs après. Mais il n'y a pas antinomie entre talent et culture puisque, sur les 39 arcadiens artistes français, 22 appartiennent aussi aux Académies de Rome et de Paris, et comptent parmi les plus renommés : peintres comme Vernet, sculpteurs comme Slodz, architectes comme Soufflot[97].

Si leur voyage, dans sa matérialité, son organisation et ses itinéraires, ne diffère guère de tant d'autres, il aboutit à une situation originale créée par l'attachement des nations différentes à leur identité, à leurs confréries et à leurs fêtes comme à leur langue. Les Italiens venus de partout n'échappent pas à cette caractérologie sociologique que renforcent la langue, l'habitat dans les mêmes quartiers, la protection des diplomates et des cardinaux de chaque nation. L'épithète de « Romain » accrédite, au retour, leur valeur. Parmi eux, certains sédentarisés facilitent le séjour des nouveaux venus; leur renommée romaine agit sur l'attraction acquise, comme Claude Lorrain et Poussin au XVIIe siècle. Les liens, un moment très forts, entre l'Académie et les Français souffrirent des querelles qui opposèrent Louis XIV à la papauté, mais se renouèrent autrement avec la fondation de l'Académie de France à Rome. Ses pensionnaires devaient y trouver dans le modèle antique des moyens de servir la gloire du roi. Les directeurs, choisis parmi des artistes éprouvés, connaissent bien Rome comme Vlenghels, de Troy, Ménageot – tous, sauf un, reçus en Arcadie –, facilitent les rencontres et les recommandations, animent une vie mondaine et toute une sociabilité profitable. D'autres nations imitent la France et encouragent des regroupements plus ou moins heureux : le Portugal, la Toscane, la Lorraine, l'impératrice Marie-Thérèse, l'Espagne, avec des principes moins formels. Ce formalisme explique et cautionne un repli de l'Académie de France avant 1789, quand les directeurs vivaient le regard tourné vers Paris et dans une indifférence croissante envers la vie artistique romaine – ainsi Lagrenée ou Ménageot. Un décalage croissant s'instaure entre l'attente des élèves sensibles à l'effervescence de la réflexion néo-classique, le prestige de l'Allemand Winckelmann, l'attraction des fouilles méridionales. Symbolique, le coup d'éclat de David venu peindre à Rome le *Serment des Horaces*, hommage et manifeste de la nouvelle fascination, alors qu'il n'est plus pensionnaire. Rome est alors plus que jamais la *communis patria*, et son attraction s'est encore élargie dans l'espace.

Rome et sa mobilité sont devenues le lieu et l'occasion d'un conflit important entre les exigences divergentes du devoir académique et de la liberté personnelle [98]. La réflexion sur les œuvres incite à s'interroger sur le fonctionnement du voyage de formation : il n'est pas séparable de l'apprentissage préparatoire, des lectures et de la vision des modèles dans les collections locales et à travers la circulation fondamentale des estampes. Il sert à organiser le réseau symbolique et économique des carrières : à Rome, on remplit une nécessité profitable, mais dont l'exercice dépend des conditions offertes. La vie des peintres y est tirée entre le passé (modèle, source de profit réel par le pillage des antiques où les artistes ont leur part) et le contemporain, où l'on ne retrouve pas toujours les marques recherchées. La ville est alors un marché, et d'une manière générale toute l'Italie. Vues de cité, peintures de campagne, copies, portraits, destinés aux touristes en mal de souvenirs : peinture étrangère pour clientèle étrangère, mécénat immédiat et au retour surtout national. A la fin du XVIIIe siècle, ce commerce est devenu pour les Britanniques un des aspects du voyage. Près d'un millier d'artistes anglais, écossais et irlandais y ont trouvé ressources et notoriété. Sir Joshua Reynolds étudia en Italie de 1749 à 1752 ; réinstallé à Londres, portraitiste et artiste renommé, il ne quitte plus la capitale hormis de brèves visites à Paris et à Bruxelles. Sa culture et son succès aboutissent à la création de la Royal Academy et, paradoxalement, à l'exaltation d'une école nationale et des artistes trouvant leur inspiration dans la nature plus que dans la théorie, contre l'Italie envahissante.

Il faudrait d'autres études pour mesurer semblablement l'attraction de Paris, *Rome nouvelle*, mais où la renaissance des arts, la séduction, l'offre des chantiers royaux et des grands collectionneurs ont plus retenu les Français sur place qu'attiré les étrangers au travail. Pour les premiers, le départ devient une récompense et un besoin ; pour les autres, la venue à Paris est un passage instructif : les artistes de toute espèce représentent moins de 2 % parmi les étrangers de toute nationalité recensés dans le contrôle des étrangers. L'enseignement de l'Académie, la richesse des collections attirent les jeunes artistes, les Espagnols, les Allemands, surtout les Anglais qui traversent la France. Le tropisme méridional continuera longtemps de dominer le marché des biens symboliques, avant que l'élargissement de la culture artistique n'entraîne celui des voyages pour une autre modernité.

DU SERVICE À L'AUTONOMIE

Dans l'analyse des flux passagers, on découvre l'imbrication dans la mobilité artistique de multiples motivations qui peuvent dicter des séjours plus ou moins longs et des engagements professionnels plus ou moins actifs. Les marchés locaux contribuent à la formation et à l'emploi selon l'occasion. On le perçoit bien à Lyon aux XVIIe-XVIIIe siècles, car la ville n'a jamais cessé d'attirer les artistes, hommes du Nord surtout, Français et étrangers, peintres principalement. L'italianisation de Lyon est plus le fait d'artistes français revenus d'Italie que d'Italiens venus s'y installer. C'est aussi que, pour une ville de fabrique, une grande quantité de peintres est inutile alors qu'on a besoin de l'imagination des dessinateurs au service de la mode textile et soyeuse. De surcroît, les artistes lyonnais, à l'instar des Coysevox, des Blanchets, de Soufflot, sont allés travailler ailleurs avec succès. La mobilité générale est alors, à l'échelle des capitales nationales et régionales, à comparer avec des flux d'échange et dans le contexte des conditions offertes, la tension entre le mouvement, l'arrêt, l'intégration. C'est que le voyage des artistes est intégré dans une fonction sociale double[99]. Il est au service du voyage lui-même, il accompagne d'autres mobilités.

Le premier rôle est lié à la formation et à la pratique du *Grand Tour*, quand les artistes acceptent d'accompagner à l'étranger des compatriotes qui paient leurs frais au même titre que ceux des domestiques ou des précepteurs sur le *Tour*. Au XVIIIe siècle, la pratique est devenue courante. Charles-Nicolas Cochin l'illustre avec son voyage en Italie[100]. L'épisode est essentiel pour l'art français.

En 1746, M. de Vandières – qui prendra, à la mort de son père en 1754, le titre de marquis de Marigny – est désigné, grâce à la protection de sa sœur, Mme de Pompadour, pour diriger les Bâtiments du roi. Bien documenté par la correspondance immédiate et par les écrits de Cochin, le voyage montre une tradition, celle de Colbert envoyant outre-monts son fils le marquis de Seignelay, et, pour une même finalité, la formation d'un jeune administrateur à la culture, aux connaissances nécessaires à sa charge. Vandières part avec un homme de lettres, l'abbé Le Blanc, et avec un architecte, Soufflot, qui rentre pour raison de santé au bout de six mois et que remplace Bellicard, un graveur qui, en 1749, est un illustrateur à la mode, apprécié des gens de lettres, et de surcroît ami de Soufflot. Tous entretiennent un rapport avec le pouvoir : Le Blanc est historiographe des Bâtiments ; Soufflot est recommandé à la favorite, ancien pensionnaire à Rome, considéré pour ses premiers travaux comme un espoir ; Cochin est lié à Quesnay et au président Hénault. Si l'on choisit non pas un peintre comme Mignard qui a accompagné Seignelay, mais un graveur, c'est qu'il jouit d'une réputation d'artiste cultivé et, à en croire tous les témoins, d'homme de commerce agréable, ce qui compte dans un voyage qui va durer deux ans. On y voit les artistes prendre place dans un train de vie fastueux avec, à l'appui, diverses gratifications. Ils suivent l'itinéraire habituel qui les conduit par Turin à Rome et à Naples, du 20 décembre 1749 au 22 août 1751 ; le voyage fut écourté par la nécessité de rentrer vite à Versailles pour recueillir la succession de Lenormant de Tournehem. Il fut totalement officiel, à travers cours et milieux aristocratiques principalement. Il additionne la sociabilité et les études. Au retour, la protection de M. de Vandières est acquise aux trois artistes qui prêcheront d'exemple pour infléchir les commandes royales, confirmer la nécessité de voyager en Italie si l'on veut comprendre quelque chose à la peinture, et former le goût entre élection et acquisition, entre celui qui fait préférer une manière de faire et celui, acquis par l'étude, l'éducation, qui correspond au sentiment des beautés de la nature.

Le récit de voyage de Cochin est un *guide*, mais aussi un *manuel* d'initiation pour les amateurs. Il repose sur l'idée d'une perfection de la peinture fidèle à la tradition et qu'on a placée aux sources d'un retour au *grand goût*. D'autres artistes français, comme Fragonard avec l'abbé de Saint-Non et M. Bergeret (un financier, associé à l'Académie de peinture), en 1759-1760 et en 1773-1776, jouent le même rôle; ils s'initient eux-mêmes en accompagnant l'initiation des autres. Joshua Reynolds gagne l'Italie avec le capitaine Keppel et la protection de Lord Edgcumb, avec lequel il correspond de Rome; il y rencontre l'aristocratie du *Tour* au fil de sa route, entre 1750 et 1751. Il n'a pas joué les précepteurs, mais utilisé les multiples relations offertes, tels Sir William Lowther ou M. Edgar à Capoue. Faute de moyens, il a pendant longtemps servi d'introducteur et d'intermédiaire, entre voyageurs et collectionneurs, entre deux mondes. A l'occasion, la rencontre peut produire des œuvres pleines d'unité : c'est ce qui arrive à Goethe et au jeune peintre Kniep en 1787. L'artiste trouve en accompagnant l'écrivain en Sicile le moyen de rester en Italie, et Goethe trouve dans le secours de l'artiste une occasion d'illustrer le miracle de la *Reine des Iles*[101].

Dans un second rôle, les artistes peuvent se placer au service de la science : ils accompagnent alors savants, voyageurs, enquêteurs, en Europe comme à travers le monde. Ils sont payés pour illustrer les voyages : ainsi Gaspard Duché de Vancy qui part avec Lapérouse sur l'*Astrolabe*, ou Vivant Denon qu'on voit aux côtés des savants de l'expédition d'Égypte, artiste voyageur qui saura monnayer à son retour les profits de la relation d'une conquête plus en écrivain et en administrateur qu'en dessinateur[102]. L'accent des études est surtout placé sur les grands voyages exotiques, de l'Amérique à l'Orient, mais on ne doit pas oublier la rencontre qui peut se produire en Europe même et qui reste à analyser à nouveaux frais, car elle a joué un rôle important dans la conquête de la nature. Les artistes, au retour du voyage, ont été des auxiliaires de la botanique, de la géologie, de l'archéologie érudite et pratique. Hans Sloane à Chelsea, Sir Joseph Banks font travailler des peintres dessinateurs comme Georg Dionysos Ehret ou Frederic Nodder, Catesby ou Sydney Parkinson à Londres; ils les encouragent à partir. Autour du Jardin du roi à Paris, l'appel aux dessinateurs est aussi entendu et leurs travaux accompagnent les publications. Arbres, plantes, animaux, coquillages, phénomènes naturels les plus curieux et les plus spectaculaires retiennent l'attention des artistes en voyage, et bientôt des artistes voyageurs.

Ils participent à la découverte des Alpes et des Pyrénées, ils accompagnent les enquêtes de Guettard et de Lavoisier exécutant *l'Atlas minéralogique de la France* en 1780. Marc-Antoine Bourrit se spécialise dans la peinture des Alpes, et Jean-Pierre-Laurent Houel dans la représentation des volcans, l'Etna et le Stromboli, comme Pierre-Henri de Valenciennes et Jean-Antoine Ducros qui travaillent à Naples à la fin du XVIIIe siècle[103].

Le voyage des artistes a contribué à faire franchir une étape à la nouvelle prise de conscience de la nature et de son spectacle[104]. Il fonde une distance nouvelle qui s'établit entre les élites de la République des Lettres et le rapport à l'environnement. On peut y lire l'histoire de l'art du paysage (le mot apparaît chez Estienne en 1594), et quand le peintre Valenciennes écrit : « Le peintre doit voyager à petites journées et le plus souvent à pied comme Émile », il enregistre l'effet d'une tradition et il lance un appel vers l'avenir. La tradition, il faut la chercher dans la relation ancienne établie entre l'homme et la nature par la représentation idéalisée du monde et des choses. Le paysage, comme le peintre voyageur, ne connaît qu'une autonomie tardive à la fin du XVIIIe siècle et peindre la nature sur le vif comme le souhaite Valenciennes, c'est inviter à inventer une nouvelle langue pour décrire ce que les artistes voyaient, une nouvelle familiarité et des techniques libératrices – l'huile sur papier et l'aquarelle, le petit format, la rapidité d'exécution. L'émergence de la nature est en premier lieu une invention formelle. Elle rompt avec une habitude paysagère de subordination et d'idéalisation dans le cadre d'autres thèmes (illustrer la présence du pouvoir, le cadre de la sainteté). Elle en mobilise les techniques, comme celle que Claude Lorrain a mise au point pour capturer la réalité et la lumière de la Ville éternelle. La naissance du paysage ne se sépare pas d'une longue marche et du jeu de l'influence des voyageurs mêlant à travers l'Europe plusieurs traditions picturales.

On sait ce qu'on doit à la Hollande, pays des peintres des apparences contingentes, du vent, de la mer et des eaux ; on sait ce qu'on doit aux védutistes italiens, petits et grands, qui fixent des phénomènes qu'on ne peut immobiliser que dans le reflet des lumières sur les murs pétrifiés des cités. L'intemporalité du paysage classique avec ses symboles (l'arbre, la montagne, la mer), cède alors la place au voyage de l'œil à travers le temps (celui des saisons), à travers l'espace et dans sa diversité du Nord au Sud. Pendant longtemps, le paysage hésite entre l'*arcadie* méridionale, qui impose son ordre idéalisé à la désorganisation des apparences, et le *réalisme* du Nord, moins narratif et plus sensible au plaisir de regarder le monde et ses richesses. En Hollande, où l'on peint tout, plus qu'ailleurs, la peinture est liée à l'observation savante, à la cartographie, au récit d'exploration et de conquête. On y cherche ce que l'on ne pourrait pas voir autrement par un rapport à la pratique dans une culture mobilisant différemment que dans la tradition aristocratique la présence de l'image. Le renouvellement de la fin du XVIIIe siècle s'opère dans la rencontre entre le Nord et le Sud, et le rôle principal y est tenu par des Anglais aquarellistes, au courant des traditions néerlandaises, face aux paysages italiens. Francis Towne, Thomas Jones, John Robert Cozens, bientôt Turner, font d'une pratique jusque-là limitée au dessin coloré au lavis un instrument de libération qui entraîne des résonances multiples sur la manière de peindre en général.

Ni la peinture des académies ni la littérature n'ont libéré le paysage. Celui-ci est né dans de nouvelles conventions et dans le mélange des expériences nationales sur le terrain, dans les ruines et les bois, sur les pentes des montagnes et les forêts des Apennins ou des Alpes, dans le passage de la contemplation paysagère aménagée, des jardins, des villes et des parcs à la recherche des correspondances entre les états d'âme et le paysage. C'est le moment où, avec Rousseau, avec les premières tensions fortes entre le localisme et l'universel, le triomphe de traditions esthétiques plurielles fait éclater en partie la *multinationale néoclassique*. Anglais, Français, jusqu'aux impressionnistes, vont *faire voir ce qu'ils ressentent*. Les traités de Pierre-Henri de Valenciennes, *Éléments de perspective pratique* (1800) et *Principes raisonnés du paysage* (1804), ont, à ce moment, formulé de nouvelles conventions où Rome et l'Italie ont été le cristalliseur d'expériences nationales et le lieu d'un éclatement diversement réapproprié. Pour le peintre voyageur, son atelier est désormais borné par l'horizon et le firmament [105].

NOTES

1. R. Halévy, *Les Loges maçonniques dans la France d'Ancien Régime. Aux origines de la sociabilité démocratique*, Paris, 1984; D. Ligou (éd.), *Histoire des francs-maçons en France*, Toulouse, 1981; G. Gayot, *La Franc-maçonnerie française. Textes et pratiques, XVIIIe- XIXe siècle*, Paris, 1980; P. Chevallier, *Histoire de la franc-maçonnerie française*, Paris, 2 vol., 1974; D. Roche, *Le Siècle des Lumières en province : académies et académiciens provinciaux, 1680-1789*, Paris-La Haye, 1978, t. I, pp. 256-280, t. II, pp. 419-451; G. Giarrizo, *Massoneria e illuminismo nell' Europa del Settencento*, Venise, 1994; M. Jacob, *Living the Enlightenment. Freemasonry and Politics in Eighteenth-Century Europe*, Oxford, 1991; P.-Y. Beaurepaire, *L'Autre et le frère. L'Etranger et la franc-maçonnerie en France au XVIIIe siècle*, Paris, 1998.
2. D. Ligou, *op. cit.*, pp. 13-24.
3. P.-Y. Beaurepaire, *op. cit.*, pp. 636-640; R. Halévy, *op. cit.*, pp. 113-114.
4. La Tierce, *Discours préliminaire pour servir d'introduction aux obligations, aux statuts et aux règlements des francs-maçons*, Paris, 1741, pp. 147-149.
5. R. Halévy, *op. cit.*, pp. 45-50.
6. J. Coutura, *La Franc-maçonnerie à Bordeaux, XVIIIe-XIXesiècles*, Bordeaux, 1988, pp. 21-31.
7. P.-Y. Beaurepaire, *op. cit.*, pp. 446-495.
8. J.-L. Quoy-Bodin, *L'Armée et la franc-maçonnerie au déclin de la monarchie*, Paris, 1987, pp. 37-99.
9. D. Roche, «Négoce et culture dans la France du XVIIIe siècle», *Revue d'histoire moderne et contemporaine*, 1978, XXV, 3, pp. 375-390.
10. J. Quéniart, *Société et culture dans les villes de la France de l'Ouest au XVIIIe siècle*, Lille, 2 vol., 1977, t. II, pp. 1002-1006.
11. M. Agulhon, *La Sociabilité méridionale*, Aix-en-Provence, 1966, pp. 174-180.
12. M. Garden, *Lyon et les Lyonnais au XVIIIe siècle*, Paris, 1970, pp. 528-550; A. Ladret, *Le Grand Siècle de la franc-maçonnerie. La Franc-maçonnerie lyonnaise au XVIIIe siècle*, Paris, 1976; P.-Y. Beaurepaire, *op. cit.*, pp. 264-265, 435-450, 493-535.
13. A. Joly, *Un mystique lyonnais au XVIIIe siècle, Jean-Baptiste Willermoz et les secrets de la franc-maçonnerie à Lyon, 1730-1824*, Mâcon, 1938, pp. 5-61.
14. D. Roche, *Le Siècle des Lumières en province, op. cit.*, t. I, pp. 300-322; M. Taillefer, *La Franc-maçonnerie toulousaine sous l'Ancien Régime et la Révolution*, Paris, 1984; M. Garden, *op. cit.*, pp. 545-550.
15. J.-L. Quoy-Bodin, *op. cit.*, pp. 49-50.
16. R. Verrier, *La Mère Loge écossaise de France à l'Orient de Marseille, 1751-1814*, Marseille, 1950, pp. 23-26
17. Ch. Carrière, *Négociants marseillais au XVIIIe siècle. Contribution à l'étude des économies maritimes*, Marseille, 1973, 2 vol.
18. P. Bourdieu, *La Noblesse d'Etat*, Paris, 1989, p. 140.
19. P.-Y. Beaurepaire, *Les Francs-maçons à l'Orient de Clermont-Ferrand*, Clermont-Ferrand, Université Blaise-Pascal, Publications de l'Institut d'études du Massif central, 1991, pp. 153-189.
20. Bruxelles, 29 juillet 1773.
21. M. Taillefer, *op. cit.*, pp. 191-192.
22. V. Ferrone et D. Roche, *Le Monde des Lumières*, Paris, 1999, pp. 267-277.
23. P.-Y. Beaurepaire, *L'Autre et le frère, op. cit.*, pp. 208-210.
24. *Id., La République universelle des francs-maçons, de Newton à Metternich*, Rennes, 1999, pp. 110-111.
25. *Ibid.*, p. 112.
26. G. Casanova, *Histoire de ma vie*, Paris, 1993, 3 vol., t. I, pp. 553-554.

27. *Ibid.*, t. II, p. 238.
28. Ch. Porset, « Casanova franc-maçon », *Cahier d'histoire maçonnique*, 1998, 49, pp. 11-12.
29. P.-Y. Beaurepaire, *L'Autre et le frère, op. cit.*, pp. 423-451.
30. *Ibid.*, pp. 423-441 et 477-485.
31. E. Saunier, *Révolution et sociabilité en Normandie au tournant des XVIIIe et XIXe siècles. 6000 francs-maçons de 1740 à 1830*, Rouen, 1998, pp. 93-118.
32. *Ibid.*, pp. 313-390.
33. M. Jacob, *op. cit.*, pp. 143-169.
34. P.-Y. Beaurepaire, *L'Autre et le frère, op. cit.*, pp. 308-319, 445-483.
35. M. Taillefer, *op. cit.*, pp. 127-130. La relation de voyage de Languedoc, Provence et Comtat d'Avignon du négociant bordelais J.-B. Vendebrande, en 1774, montre les types de rapports personnels et collectifs.
36. D. Roche, *Le Siècle des Lumières en province, op. cit.*, t. I, pp. 260-280.
37. J. Katz, *Juifs et francs-maçons en Europe, 1713-1939*, Paris, 1995 ; P.-Y. Beaurepaire, *La République universelle des francs-maçons, op. cit.*, pp. 540-595.
38. S. Wahnich, *L'Impossible Citoyen, op. cit.*, pp. 35-36
39. P.-Y. Beaurepaire, *L'Autre et le frère, op. cit.*, p. 717.
40. R. Mercier, *La Sociabilité à Nîmes au XVIIIe siècle*, Mémoire de maîtrise, 1989, pp. 128-136.
41. P.-Y. Beaurepaire, *L'Autre et le frère, op. cit.*, pp. 23-51.
42. B. Vogler et J. Voss, *Strasbourg, Schoepflin et l'Europe au XVIIIe siècle*, Bonn, 1996, pp. 205-252.
43. Ch. Porset, *Les Philalèthes et les convents de Paris : une politique de la folie*, Paris, 1996, pp. 317-318.
44. P.-Y. Beaurepaire, *La République universelle des francs-maçons, op. cit.*, pp. 3-5.
45. J. de Maistre, *Ecrits maçonniques*, in *Œuvres*, Paris, Genève, 1983, t. II, pp. 101-106.
46. P.-Y. Beaurepaire, *La République universelle des francs-maçons, op. cit.*, pp. 151-179.
47. J. de Maistre, *op. cit.*, pp. 101-102.
48. P.-Y. Beaurepaire, *L'Europe des francs-maçons*, Paris, 2002, pp. 8-9.
49. C. Lauriol, *La Beaumelle : un protestant cévenol entre Montesquieu et Voltaire*, Genève, 1978, pp. 88-95.
50. P.-Y. Beaurepaire, *L'Autre et le frère, op. cit.*, pp. 210-211.
51. *Ibid.*, pp. 607-652.
52. S. Wahnich, *op. cit.*, pp. 4-39.
53. G. Gayot, *op. cit.*, pp. 127-129.
54. J. Chailley, *La Flûte enchantée, opéra maçonnique*, Paris, 1968 ; J.-V. Hocquard, *La Pensée de Mozart*, Paris, 1958.
55. P. Francastel, « Problèmes de la sociologie de l'art », in G. Gurvitch, *Traité de sociologie*, 2 vol., Paris, 1963, t. II, pp. 278-298 ; *id.*, « Pour une sociologie de l'art. Méthode ou problématique », *Etudes de sociologie de l'art*, Paris, 1970, pp. 7-41 ; P. Bourdieu, *La Distinction. Critique sociale du jugement*, Paris, 1979 ; *id. Les Règles de l'art. Genèse et structure du champ littéraire*, Paris, 1992.
56. A. Smith, *Essai sur la richesse des nations*, Paris, 1796, 2 vol. t. I, p. 414.
57. *Musiques et arts*, Paris, 1995, p. 110 ; J.-Y. Bosseur, *Musique et beaux-arts*, Paris, 1999, pp. 48-49.
58. B. Brevan, *Les Changements de la vie musicale à Paris au XVIIIe siècle*, Paris, 1980, pp. 72-75
59. Ph. Loupès, *Chapitres et Chanoines de Guyenne aux XVIIe et XVIIIe siècles*, Paris, 1985, pp. 159-179 ; J.-A. Clerval, *L'Ancienne Maîtrise de la cathédrale de Chartres du*

Ve siècle à la Révolution, Paris, 1899.
60. C. Massip, *La Vie des musiciens de Paris au temps de Mazarin*, Paris, 1976, pp. 55-73.
61. A. Chastel, *Italie, 1460-1500. Le Grand Atelier*, Paris, 1965, pp. IX-XI.
62. Th. Crow, *L'Atelier de David*, Paris, 1995 (trad. fr.); *id., La Peinture et son public au XVIIIe siècle*, Paris, 2000 (trad. fr.); J. Chatelus, *Peindre à Paris au XVIIIe siècle*, Paris, 1991; *id., Les Peintres dans la société parisienne au XVIIIe siècle*, Thèse, Paris, 1987, 5 vol.; J. Richefort, *Peindre à Paris au XVIIe siècle*, Paris, 1998.
63. L. Salleron, F. *Quesnay et la physiocratie*, 2 vol., Paris, 1958, t. II; H. Luthy, *La Banque protestante en France de la révocation de l'édit de Nantes à la Révolution*, 2 vol., Paris, 1961, t. II, pp. 20-25; D. Roche, *La France des Lumières*, Paris, 1993, *op. cit.*, pp. 110-113.
64. M. Benoit, *Versailles et les musiciens du roi. Etude institutionnelle et sociale, 1661-1733*, Paris, 1971; M. Brenet, *Les Concerts en France sous l'Ancien Régime*, Paris, 1900.
65. A.-E.-M. Grétry, *De la vérité*, Paris, 1801, 3 vol. t. II, pp. 3-4, in B. Brévan, *op. cit.*, p. 88.
66. F. Haskell, *Mécènes et peintres. L'Art et la société au temps du baroque italien*, Paris, 1986 (trad. fr.); M. Warnke, *L'Artiste et la cour aux origines de l'artiste moderne*, Paris, 1990 (trad. fr.); I. Richefort, *op. cit.*, pp. 209-219; O. Michel, *Vivre et peindre à Rome au XVIIIe siècle*, Rome, 1996, pp. 211-284; K. Begin, *Les Princes de Condé. Rebelles, courtisans et mécènes dans la France du Grand Siècle*, Paris, 1999.
67. G. Glorieux, E. F. *Gersain (1694-1750)*, Thèse, Paris IV, 2000, 5 vol., t. I et II, texte pp. 409-418; K. Pomian, *Collectionneurs, amateurs et curieux, Paris-Venise, XVIe- XVIIIe siècle*, Paris, 1987, pp. 163-194.
68. C. Massip, *op. cit.*, pp. 75-78; B. Brevan, *op. cit.*, pp. 32-40.
69. N. Heinich, *Du peintre à l'artiste. Artisans et académiciens à l'âge classique*, Paris, 1993; «Académisation et carrières de peintres, provincialisation des arts», *Annales ESC*, 1990, 6, pp. 1301-1315.
70. J. Locquin, *La Peinture d'histoire en France, 1747-1785*, Paris, 1912, pp. 130-135; D. Roche, *Le Siècle des Lumières en province*, *op. cit.*, t. I, pp. 67-74.
71. J. Seznec, *Les Salons*, Oxford, 1957-1962, 5 vol.
72. H. Guénot, *Pahin La Blancherie (1751-1811). La Correspondance générale et les Nouvelles de la République des Lettres. Contribution à l'histoire des sociétés littéraires et de la presse de la seconde moitié du XVIIIe siècle*, Mémoire de maîtrise, Paris, 1981, 2 vol., t. I, pp. 45-66, t. II, pp. 172-192, 270-285.
73. Th. Crow, *op. cit.*, pp. 23-44, 211-250; V. Van de Sandt, «La fréquentation des salons sous l'Ancien Régime», *Revue de l'Art*, 73, 1986, pp. 47-48, qui a prouvé l'élargissement de l'audience salonnière.
74. D. Poulot, «L'Académie saisie par la modernité», *Revue d'histoire moderne et contemporaine*, 1989, pp. 108-127.
75. P. Chaunu, Paris-Grenoble, 1966 et 1971.
76. *Id., L'Europe des Lumières*, Paris-Grenoble, 1976, pp. 397-426.
77. N. Dufourq, *J.-S. Bach. Le Maître de l'orgue*, Paris, 1948; P. Collaer et A. Van der Linden, *Atlas historique de la musique*, Paris, 1960.
78. N. Elias, *Mozart, sociologie d'un génie*, Paris, 1991 (trad. fr.).
79. G. Cantagrel, *Bach en son temps*, Paris, 1997, pp. 219-248.
80. P. Chaunu, *op. cit.*, pp. 424-425.
81. J.-F. Dubost, *La France italienne, XVIe-XVIIe siècle*, Paris, 1997, pp. 103-104.
82. Ch. Burney, *Voyage musical dans l'Europe des Lumières*, Paris, 1992, pp. 33-34.
83. N. Elias, *op. cit.*, pp. 80-125.
84. W.-A. Mozart, *Briefe und Aufzeichnungen*, Paris, 1986-1992, 5 vol.; Kassel-Bâle-

Londres, 1962-1971, 6 vol.
85. H. Tristiany, *Les Mozart voyageurs*, Mémoire de maîtrise, Paris I, 1993, pp. 14-20.
86. *Ibid.*, pp. 159-160.
87. A. Dupront, *Art et société dans l'Europe du XVIIIe siècle*, Paris, 1965, 2 vol., t. II, pp. 3-4.
88. *Ibid.*, p. 18.
89. A. Lagneau, *Les Spectacles en Italie dans les récits de voyageurs français*, Mémoire de maîtrise, Paris I, 1993, pp. 120-127.
90. R. Halliwell, *The Mozart Family. Four Lives in Social Context*, Oxford, 1998.
91. R. et M. Wittkower, *Les Enfants de Saturne. Psychologie et comportement des artistes de l'Antiquité à la Révolution française*, Paris, 1985 (trad. fr.).
92. *Ibid.*, pp. 66-77 et 140-141.
93. J. Thuillier, «Il se rendit en Italie. Notes sur le voyage à Rome des artistes français au XVIIe siècle», *Etudes offertes à André Chastel*, Rome-Paris, 1987, pp. 321-335 ; C. Michel, «Les voyages d'artistes. La circulation des élites à l'époque moderne», communication dactylographiée (je le remercie vivement de cette confiance).
94. *Ibid.*, p. 2.
95. *Ibid.*, pp. 7-8 ; *Journal de Dürer*, 1993 (trad. fr.).
96. O. Michel, *Vivre et peindre à Rome au XVIIIe siècle*, Rome, 1996.
97. *Ibid.*, pp. 95-107.
98. R. et M. Wittkower, *op. cit.*, p. 72 ; O. Michel, *Art, artistes étrangers à Rome*, 1992, pp. 30-40 ; G. Labrot, *L'Image de Rome, une arme pour la Contre-Réforme, 1534-1677*, Seyssel-Paris, 1987, pp. 153-230.
99. M.-F. Perez, *Le Rôle de Lyon dans les échanges artistiques, séjours et passages d'artistes à Lyon*, Lyon, Cahiers de l'ERA 445, n° 2, pp. 3-108.
100. C. Michel, *Le Voyage en Italie de Charles-Nicolas Cochin*, Paris, 1991 ; *id.*, *Charles-Nicolas Cochin et l'art des Lumières*, Paris, 1993 ; A. Bouteille, *Le Voyage de M. de Vandières en Italie, 1749-1751*, Mémoire de maîtrise, Paris I, 1994.
101. M. Augry-Merlino, «Kniep ou l'aventure sicilienne», in *L'Œil aux aguets ou l'Artiste en voyage*, éd. F. Moureau, Paris, 1995, pp. 23-30.
102. Fr. Chenet, «L'artiste chargé de mission. Le rôle de l'artiste de quelques missions scientifiques», *ibid.*, pp. 135-145.
103. M. Pinault, *Le Peintre et l'histoire naturelle*, Paris, 1990, pp. 9-95.
104. F. Roche-Pézard, «Space, Borders, Identity ; Espace, frontières, identité. Borders-Frontières», *Images*, Somogy, Harvard University, 2001, pp. 33-62.
105. A. Ottani-Cavina, *Paysages d'Italie. Les Peintres du plein air, 1780-1830*, Paris, 2001, pp. XXI-XLVIII ; *id.*, «Les enfants gâtés de la nature. Du paysage à la nature», in F. Haskell, *op. cit.*, pp. 522-565 ; S. Alpers, *L'Art de dépeindre. La Peinture hollandaise au XVIIe siècle*, Paris, 1989 (trad. fr.) ; P. Galassi, *Corot en Italie*, Paris, 1991 ; B. Lamblin, *Peintre et temps*, Paris, 1983, pp. 347-440 ; W. Gombricht, *Norm and Form*, Londres, 1966, pp. 107-121 ; G. Romano, *Studi sul paesaggio : storia e immagini*, Turin, 1991, pp. 87-176 ; J.-C. Lebensztejn, «L'art de la tache», introduction à la *Nouvelle Méthode d'Alexandre Cozens*, Paris, 1990, pp. 31-51 et 377-395.

Chapitre XIII

Le théâtre et l'aventure

Au chapitre XI de la seconde partie du *Don Quichotte*, une curieuse aventure arrive au chevalier errant et à Sancho. Ils viennent de quitter Toboso, où la *folie* du héros s'est une fois encore manifestée. Ils sont en route vers Saragosse, où ils pensent arriver à temps pour les grandes fêtes que l'on y célèbre chaque année. Au détour du chemin paraît une charrette : « chargée des figures et des personnages les plus étranges qu'on puisse imaginer. Celui qui guidait les mules et faisait office de charretier était un horrible démon. La charrette était découverte, roulant à ciel ouvert, sans bâche ni claie. Et la première personne qui s'offrit aux yeux de don Quichotte fut la Mort en personne, avec un visage d'homme. Elle avait auprès d'elle un ange aux grandes ailes peintes et à ses côtés un empereur coiffé d'une couronne qui avait l'air d'être en or. Aux pieds de la Mort se tenait le dieu que l'on appelle Cupidon, sans bandeau sur les yeux, mais avec son arc, son carquois et ses flèches. Il y avait aussi un chevalier, armé de pied en cap, à ceci près qu'il ne portait ni morion ni salade, mais un chapeau garni de plumes de diverses couleurs, et d'autres personnages encore, aux costumes et aux masques variés ». Pour don Quichotte, voilà l'occasion d'une nouvelle aventure ; pour Sancho, une nouvelle série d'inquiétudes et de désagréments. Voilà cependant sur la route espagnole la rencontre du roman et du théâtre, et l'attestation – à un moment décisif de l'histoire de la scène européenne, quand elle se transforme en Espagne comme en Angleterre, en France ou en Italie – d'une présence quotidienne de l'art dramatique sur les routes. Pour don Quichotte, entre la réalité et la représentation, la frontière est ici une fois encore fragile ; sa propre errance ne peut que se refléter dans celle d'une troupe dont les rôles et les costumes sont ici évoqués avec précision, mais non sans un certain décalage recherché par rapport au vrai théâtre : les héros mêlent dans la charrette, et dans leur costume, l'univers de la scène et celui de la vie – Cupidon n'a plus de bandeau, le chevalier porte un chapeau à plumes[1].

De surcroît, il ne s'agit pas de n'importe quelle pièce, ni de n'importe quelle troupe, comme il ne s'agit pas de la seule allusion faite au théâtre dans le roman : on retrouve le Quichotte discutant esthétique et règles dramatiques quand il rapporte le dialogue d'un chanoine de Tolède avec le curé de son village comparant romans de chevalerie et spectacles, règles, publics, rôle du divertissement, discutant du mélange de l'histoire, du réel, de l'imaginaire et de la marchandise qu'est devenu le spectacle – le comédien paie l'œuvre, le public paie le comédien –, mais gagner le public impose accommodements avec les règles et recherche de la renommée à travers le monde. A un autre moment, aux chapitres XXV et XXVI, apparaît maître Pedro, fameux montreur de marionnettes avec son singe devin et son *retable*, son répertoire et son auditoire rassemblé à l'auberge pour voir les aventures de Mélisendre et de don Gaifferos qui provoquent la colère du chevalier contre les Maures, fantoches de carton assaillis. La rencontre sur le chemin avec la troupe d'Andrés de Angulo, comédien de Tolède et interprète de la pièce de Lope de Vega *Las Cortes de la Muerte*, s'enracine dans le débat sur l'illusion. Elle est loin d'être isolée dans l'ensemble du roman espagnol, où sont évoqués les principes de l'art dramatique, les auteurs, les acteurs, les œuvres, les représentations, les difficultés des troupes. C'est l'un des points de départ d'une grande tradition romanesque qu'on peut suivre jusqu'au *Capitaine Fracasse* et après[2].

L'AVENTURE DU SPECTACLE

L'anecdote de don Quichotte avec les comédiens représentant la mort sur scène et sur la route de village en village, n'ayant pas eu le temps de quitter leur costume, confère à la mobilité des troupes de l'Europe une double capacité. Elle devient d'abord, l'espace d'un instant, l'occasion d'évoquer l'image du théâtre comme métaphore de la vie : au moment où s'achève l'existence, rôle et personnes finissent mêlés, « tous égaux dans la fosse » ; le symbole, l'allégorie de la vie comme comédie et de la comédie comme voyage se retrouvent dans l'auto-sacramental de Calderón, le *Grand Théâtre du monde*. Elle permet ensuite de retrouver un nomadisme inhérent au théâtre de l'âge moderne, et qui perdure bien après la stabilisation des grandes scènes du XVIIe au XVIIIe siècle. Lieu d'échange entre le vu, le dit, la musique, l'oral, l'écrit, le livret et le journal, le spectacle et ses acteurs constituent un lieu particulièrement expressif de l'échange culturel où le *mundus est fabula* tient une place intellectuelle et matérielle décisive, révélatrice de l'organisation de la société, de son rapport à l'espace et au temps.

L'art du théâtre, dont les comédiens sont aussi les dépositaires, est à l'époque moderne à la recherche de ses cadres sociaux, de sa reconnaissance religieuse, morale et philosophique, de son équilibre économique. Il est partagé entre le désir de constituer un public et un marché, et le besoin de trouver une assise fixe. Il élabore lentement ses assises entre le voyage et la circulation, et la procuration économique a pu modeler une esthétique qui s'est imposée à la société où elle n'a pas nécessairement sa place[3]. Si la querelle du théâtre joue un rôle si important dans l'histoire de la société du XVIIe et du XVIIIe siècle, c'est que les légitimités religieuse et morale des spectacles peuvent être contestées au nom du trouble causé par la réalité de l'illusion, créé par la mobilité même : l'art du théâtre, en s'imposant par ses moyens matériels, par la présence physique des acteurs et de leurs discours directs, devient une imitation simple du voyage de la vie et de la réalité du monde. En même temps, c'est un plaisir sensuel et intellectuel qui repose sur le masque, la frontière ambiguë du bien et du mal, les convenances stabilisées et l'immoralité pédagogique. Entre la scène et le public, l'acteur est un médiateur condamné, voire exclu. A la fin du XVIIe siècle, Bossuet tonne contre les comédiens et la comédie ; à la fin du XVIIIe, Rousseau et ses disciples continuent de s'interroger sur la moralité des spectacles et des gens du voyage.

C'est aussi qu'ils restent difficiles à classer et à intégrer. La France catholique est le seul pays d'Europe à excommunier ses comédiens et à rejeter les acteurs et les actrices hors de la communauté, comme elle refuse de leur accorder une légitimité sociale. Si dans la vie ordinaire les accommodements sont nombreux – on parle des scandales (Mlle Lecouvreur jetée à la voirie), on ignore les cas moins intéressants –, il n'en demeure pas moins que le statut fait aux acteurs reste arbitraire et, comme tel, discuté et discutable avant la Révolution qui leur rend une égalité, désormais celle de tous. A l'œuvre dans ces débats, la représentation liée à la vie réelle des troupes, celle du comédien lui-même, son ubiquité entre la personne et le rôle, son mode de vie entre les classes et les sociabilités, celui d'un homme qui sort de sa place et celui d'une femme qui s'offre aux désirs de tous les publics, son instabilité dans un monde qui la rejette[4]. L'image trop prégnante d'un grand théâtre stabilisé dans les capitales ne doit donc pas masquer l'existence d'un nomadisme permanent dont l'ignorance fausse la réalité et privilégie le monde des sédentaires au détriment du reste, qui est l'espace du mouvement et du voyage, celui des métropoles de province, celui des campagnes.

Entre stabilité et errance

Le théâtre avant le *Théâtre* vit sur les grands chemins. La forme de rencontre qu'il crée avec ses publics s'enracine dans une permanence qui est celle de la *culture de la place publique*, ouverte à des mobilités multiples. Ce sont celles qui attirent les villageois vers la ville comme les acteurs vers les campagnes. La foire et le marché sont les lieux où s'établissent les tréteaux des bateleurs, comme s'y rassemblent sur les ponts parisiens et aux carrefours les montreurs d'images, les charlatans, les vendeurs de chansons, les farceurs et les meneurs d'animaux, les marionnettistes et les arracheurs de dents[5]. Pour les paysans, les villes sont déjà un spectacle, et pour les badauds il se renouvelle comme la vie même. Dans cette dimension, l'inhabituel et la mobilité sont liés, la théâtralisation de l'existence ordinaire et celle de l'expérience inhabituelle et hors du commun. Il existe, dans la vie des cités, un passage insensible à la mise en représentation spontanée ou organisée des uns et des autres à travers de multiples occasions sociales et la mise en scène du théâtre. La religion et l'économie sont les deux faces qui le font partout agir sur tous.

La vie politique et religieuse, les fêtes municipales, les processions, les cortèges, les entrées offrent des instants multiples et durables où s'interprètent le spectacle des apparences sociales et les tableaux vivants de comédiens amateurs ou professionnels. L'interpénétration de la mobilité de tous et de celle du spectacle se joue sur plusieurs plans. Celui d'une participation où chacun peut tour à tour être acteur et spectateur; la dévolution de la représentation symbolique à des professionnels distincts n'efface pas les connivences. De la même façon, l'expérience des comédiens va traduire autrement l'essence même de l'organisation sociale, son rapport à Dieu et au pouvoir; les hiérarchies ou les ridicules de la scène ne peuvent échapper à l'ensemble des publics de la France processionnaire des ordres, des corps. Elles sont enseignées ainsi de diverses manières aux voyageurs venus en ville, aux paysans montés au marché ou à la foire. Le théâtre s'inscrit alors dans les calendriers liturgiques et civils : ce sont eux qui lui confèrent un rôle dans l'attraction des cités. Au sein des collèges, les représentations rassemblent les parents spectateurs des élèves comédiens. Dans la saison des capitales, le spectacle mobilise les élites à l'Opéra et à la Comédie ; la clôture de l'une dicte celle de l'autre et entraîne les départs comme son ouverture faisait les arrivées. Enfin, dans le théâtre de la vie politique urbaine comme dans celui des troupes passe une forme d'échanges essentiels, une forme de don qui transite par le spectaculaire et le principe du vieil adage du pain et du cirque. Les spectateurs attirés en ville, les spectateurs urbains ne sont pas passifs ; c'est pour cela un public avec ses codes de rejet et d'approbation qui font le refus ou le succès. La mobilité théâtrale contribue à élargir cette audience, même si l'évolution sociale et politique impose entre le XVIe et le XVIIIe siècle de nouveaux rapports entre la participation, l'adhésion et l'organisation. Le passage d'un moment organiciste à un temps de durcissement social hiérarchisé, affirmé et confirmé change la donne et transforme la relation des acteurs et des spectateurs. L'ensemble des mises en scène s'organise dans le cadre d'une société qui se veut reprise en main, religieusement, politiquement, socialement ou autrement ordonnée. L'évolution reclasse la signification des spectacles ; loin d'être un frein, elle a pu être un accélérateur du mouvement, car le déplacement de la frontière culturelle touche la forme même du théâtre, son organisation et son rôle. L'échange et la mobilité vont faire entendre l'ajustement des théâtres à de nouvelles conditions favorables à l'émergence de règles nouvelles où se fonde le grand théâtre classique qu'a couronné l'histoire littéraire.

On entend cette agitation quand, en 1691, le magistrat de Lille publie comme chaque année une ordonnance : « Considérant que tous les ans avant le carême il arrive beaucoup de désordres et inconvénients préjudiciables au salut des âmes et au bien de la chose publique par la licence que se donnent plusieurs personnes d'aller et venir par la ville masquées ou autrement travesties, interdisons... » Suit la proclamation des éléments qui cristallisent l'enjeu du carnaval et de son effet multiplicateur de spectacles, de désordre, d'attraction et de *masques*. Le terme révèle l'ambiguïté, puisqu'il désigne au même moment les moyens du déguisement et les artifices de la licence ainsi que la nature d'un spectacle de cour et d'une pratique littéraire. La nouvelle situation hiérarchise, des campagnes aux villes, la capacité d'intervention des acteurs et des troupes soumis à un contrôle renforcé de leurs mouvements, mais elle classe autrement aussi les publics et leurs mobilités. Le théâtre devient un des arguments de la culture des voyageurs, et les guides en relaient l'existence et la situation dans la hiérarchie des spectacles : c'est une brèche pour le discours ludique proposé aux touristes qui s'intéressent autant au contenant (la monumentalité et la salle) qu'au contenu (la nature des représentations). Ainsi, pour ne donner qu'un exemple, Hurtaud et Magny placent largement en tête – pour leur dignité, leur mérite, leur majesté et leur agrément – l'Opéra, la Comédie-Française et la Comédie-Italienne, avant d'évoquer les petits spectacles des boulevards et des foires.

Dans cet espace plus largement fréquenté, sinon plus populaire, le décalage s'introduit peu à peu, mettant l'accent sur les théâtres installés et sur d'innombrables salles plus embourgeoisées. La multiplicité des amusements offerts n'a pas diminué, et certainement moins encore le mouvement des acteurs et des bateleurs qui en assurent le succès public. Ce qui a changé, c'est le discours de distanciation, parfois de ségrégation, celui des mœurs civilisées et des plaisirs jugés triviaux, irréfléchis, curieux, de la plèbe. Le théâtre et sa mobilité deviennent alors un caractère déterminant de la *ville spectacle* et de son système d'information attractive, mais également de l'image qualitative des quartiers, le même écart pouvant disqualifier le théâtre et son environnement. En 1729, Nemeitz conseille aux voyageurs de se loger faubourg Saint-Germain, « car on y est près de la foire Saint-Germain et de la Comédie, et pas trop loin de l'Opéra rue Saint-Honoré, surtout si on traverse la Seine sur un frêle esquif ». Un peu plus tard, Hurtaud et Magny placent leurs suffrages sur le Palais-Royal, le quartier du Temple, « car la proximité de la promenade des boulevards en rend le séjour de la ville le plus récréatif et le plus gracieux, par la variété des jeux et des loges de baladins [6] ». On a rappelé la place tenue par l'espace théâtral dans le voyage des touristes et des amateurs en Italie : il s'inscrit immédiatement dans la traduction monumentale d'un besoin collectif, car il incarne la représentation globale du merveilleux spectaculaire et de la rencontre des arts. Une expérience collective qui s'impose à l'Europe depuis le XVIIe siècle, *teatro e meraviglia* étant à la fois objets de l'admiration des voyageurs et moyens de l'intense succès de la scénographie en Italie, effet du voyage et accélérateur du voyage.

ATTRACTION SPECTACULAIRE, MOBILITÉ DES PUBLICS

Au temps de la dissociation entre la culture de la classe publique, la culture des peuples, et celle des élites – dissociation qui, n'en doutons pas un instant, ne se fait jamais totalement –, la curiosité et le spectaculaire rassemblent autant qu'ils opposent, sur le terrain plus que dans les sermons ou dans le discours critique. Les théâtres aux champs sont une réalité. Celle-ci s'enracine dans la familiarité du spectaculaire dont l'Église et ses fêtes sont les propagateurs. Les missions théâtralisent vivement la reconquête spirituelle et jouent de l'effroi convertisseur dont les procédés attirent les foules, jamais déçues par la participation des acteurs spontanés, l'artifice et le miraculeux. La magie missionnaire est d'essence affective; elle touche aux larmes. D'autres occasions donnent toutefois leurs chances aux comédiens allant de villes en villes. Les pèlerinages et la diversité des foules pérégrines en sont une. Ainsi, à Alise Sainte-Reine en Auxois, le culte et les fêtes qui attirent de partout mendiants, vagabonds et gens à pied sont un terrain de choix pour les bateleurs. Il existe une dramaturgie de Sainte-Reine, avec un temps fort dans la seconde moitié du XVIIe siècle : on connaît alors six versions imprimées différentes, ce qui suggère la vitalité d'une production théâtrale enracinée dans le terreau régional et un très fort rapport au lieu et à sa résonance attirante pour un grand concours de peuple de « toute condition, âge et sexe ». Les acteurs sont locaux, parfois d'une même famille, et le public, majoritairement régional, est celui du pèlerinage. La retombée économique du pèlerinage enregistre aussi bien les profits offerts par ces foules que la présence des colporteurs vendeurs de livrets de théâtre, le succès des auberges, les occasions données aux baladins, aux jongleurs et aux filous. Au pied du mont Auxois et jusqu'au déclin de la fin du XVIIIe siècle, c'est certainement tous les ans plus de vingt mille personnes qui participent à la scénographie baroque du pèlerinage et du mystère après 1660, quand la reine mère Anne d'Autriche professe une grande dévotion à sainte Reine d'Alise, faisant remettre à l'Hôpital un os métacarpien qu'elle a reçu de l'abbaye de Flavigny avec son reliquaire[7].

Le déclassement des spectacles n'impose pas forcément la baisse de la fréquentation et d'un certain type d'intérêt mobilisateur d'un public occasionnellement plus large. Dans le midi de la France, en Savoie, en Dauphiné, en Provence, dans les basses et les hautes vallées des Alpes françaises et italiennes, survit un univers théâtral profondément lié à la conception d'un spectacle pour tous et de tous – l'«immense conclave». Ce sont des représentations de communautés rurales, des spectacles de clercs et de confréries, des occasions offertes par les notables et les sociétés de jeunesse. Ils sont souvent liés aux mouvements qu'entraînent les passages vers la Savoie et le Piémont, la culture d'un espace montagnard ouvert par la route, irrigué par des échanges nombreux avec les plaines proches ou lointaines. C'est un théâtre majoritairement religieux, Passion et mystères, pour lequel on engage les acteurs sur place, voire ailleurs. En 1606, la communauté de Modane n'hésite pas à faire venir un chameau de Turin par le Mont-Cenis. En 1754, le ministre de l'Intérieur de la cour de Piémont-Sardaigne autorise les représentations de la vie et du martyre de sainte Barbe, à condition d'interdire tout désordre et de surveiller la dépense engagée par les notables de Gravère. Un synchronisme existe avec les invasion (la surveillance des frontières politiques éveillant la méfiance qui accroît leur déplacement), les fléaux comme la peste, les fêtes votives, les pèlerinages, les foires comme celle de Briançon, le mouvement des soldats. Le maintien du théâtre religieux bénéficie des mouvements initiaux les plus variés et d'une émulation entretenue entre les communautés par la dévotion : on accepte de payer pour tenir un rôle – ainsi à Salbertrand, dans la vallée de la Doire-Ripaire, où l'on représente de manière attestée le mystère de saint Jean-Baptiste entre 1546 et 1725. Cette permanence, que masquent le silence des sources et les discontinuités des enquêtes, pourrait coïncider – comme le montrent parfois les résurgences du XIXe siècle – avec une ouverture limitée et un enracinement dans le localisme, le phénomène communautaire et religieux, mais les facteurs de désenclavement n'y manquent pas, puisqu'ils sont ceux qui animent la circulation des routes de commerce et de pèlerinage, ou l'instabilité qui se crée sur les marges et les frontières[8].

Mobilité de la foire, mobilité des farceurs

Le lien qui unit le théâtre et la foire est ancien. Loin de se rompre avec l'essor du théâtre clos, il se distingue et s'amplifie, créateur d'une mobilité spécifique. Si, dans la théâtralisation des mystères provinciaux, la place des acteurs n'est pas autonome des rôles tenus par les personnages sociaux qui exercent une activité véritable et contrôlable, qui ont une place dans la communauté, intégrée à l'ordre commun, dans le théâtre greffé sur la circulation et le commerce, l'acteur devient un autre personnage et sa mobilité géographique et sociale en fait une profession et un intermédiaire entre les classes et les milieux, entre les cultures et les transferts qu'elles permettent. Les acteurs exercent alors une fonction d'intégration des mentalités et des valeurs. Faute d'une véritable sociologie de la profession, on ne peut qu'admettre la possibilité de ce rôle et, surtout, le vérifier dans l'attraction qu'il exerce sur des acteurs originaires de milieux divers. Les troupes foraines, comme les plus relevées, recrutent partout : dans la petite noblesse comme Floridor, arrière-petit-fils d'un page de Coligny, qui est un héros du théâtre du Marais ; dans la boutique comme Favart, fils d'épicier ; souvent dans le menu peuple, plus encore sans doute dans toutes les couches intermédiaires. A partir d'un certain moment, c'est le milieu qui commande, et les vocations naissent dans les familles qui assurent la reproduction professionnelle. Quelques familles constitueront de véritables dynasties[9]. Le théâtre engendre le théâtre. Au XVIIIe siècle, le grand acteur Garrick s'enflamme pour les troupes de comédiens ambulants qui séjournent à l'occasion des fêtes et des foires ; à onze ans, ce fils de marchand fonde sa première troupe. C'est pourquoi l'on ne doit point lire le phénomène du théâtre forain comme le seul contrepoint du grand théâtre ou pour en faire le modèle d'un contre-théâtre plus libre, lisible en termes d'avant-garde. Il n'est qu'une province à l'intérieur d'une plus grande nation où le nomadisme a coexisté avec la stabilisation sous des formes diverses. L'installation, voire la *fonctionnarisation*, c'est-à-dire le service direct du pouvoir, n'entraîne pas une disparition, mais comme un partage des rôles.

L'espace scénique des farceurs et des forains ne représente pas une tradition condamnée : il est occupé par une multitude de troupes et une grande variété de personnages qu'on saisit mal parce qu'entraînés dans une intense circulation entre Paris et la province. Quelques figures ont laissé plus de traces du début du XVIIe siècle au XVIIIe : Gros-Guillaume, Gaultier Garguille, les frères Girard, Turlupin et l'illustre Tabarin. Dans les rues, sur les places et aux carrefours, plus souvent dans les loges des foires parisiennes et provinciales, ils fondent une tradition théâtrale très importante – et pas seulement pour avoir annoncé le Molière grotesque que n'aime pas Boileau. On leur doit l'*échafaud* mobile, l'*estrade* facile à démonter et facile à monter dans un lieu occasionnel (salle d'auberge, cabaret, jeu de paume, coin de rue, parvis d'église, emplacement de marché plus fixe). Le lieu théâtral ainsi limité sépare le public des acteurs et du jeu ; il implique une nouvelle relation ; il exige peu de décor et une mise en scène simple qui confère leur importance majeure aux gestuelles, aux vêtements, aux conventions des personnages. Tout peut se charger dans une charrette comme celle des *Cortes de la Muerte*.

ATTRACTION DES FOIRES

L'importance du théâtre forain repose sur sa capacité à se couler dans le réseau des échanges – à Paris, mais aussi à Beaucaire, à Guibray, près de Caen, à Reims – et à replacer l'économie culturelle dans l'économie et la montée des consommations. Le mépris des moralistes et des critiques patentés du bon goût enregistre cette méfiance qui engendre le changement. Il permet encore de retrouver les valeurs spectaculaires et physiques qui marquent une tradition par rapport à une évolution générale où l'emportent la sédentarisation des troupes et l'alignement sur les valeurs des grands genres. Ceux-ci imposent à la cour les succès de la ville, mais ceux-là dans leur permanence et leur guerre contre le théâtre officiel, s'inscrivent dans un conflit plus large, après 1715 principalement, entre Opéra, Comédie-Française, Comédie-Italienne, Opéra-Comique, pour la défense des privilèges et contre les empiétements des uns sur les autres. Le danger est que pendant la session de la foire un spectacle bon à l'origine pour la canaille, s'inspirant des théâtres à la mode, et après 1697 celui des Italiens interdits – concession faite à bon marché au goût moral – attirent tous les publics et concurrencent trop les grands spectacles. Hors de la saison, les forains peuvent aller exercer ailleurs. C'est donc du déclassement et de l'échange entre les publics qu'il est question par suite de leur arrivée et de leur départ. Les forains consolident la hiérarchie des genres en même temps qu'ils peuvent bénéficier de l'encanaillement.

Ils créent ainsi dans la vie parisienne une sphère d'exception avec son calendrier : celui de la foire Saint-Germain, ouverte plus de quarante jours avant la Semaine sainte ; celui de la foire Saint-Laurent, en août et septembre ; celui de la foire Saint-Ovide, à la fin d'août également. Après 1762, la foire de la rive gauche décline, ruinée par l'incendie ; après 1777, un autre désastre fait disparaître la foire Saint-Ovide, mais le recul provient de la transformation intense de l'espace parisien et de la montée des nouveaux quartiers du commerce et des muses, avec les boulevards rive droite et la Comédie rive gauche. C'est dans cette survivance longue que s'est imposé le monde des forains, d'abord dans des installations temporaires, puis dans l'architecture de bois et de toile des loges et des bâtiments. Les spectacles n'ont fait que se multiplier au fur et à mesure du succès, et la foire aime à se mettre en scène – ainsi en 1695 dans le spectacle de Gherardi, *La Foire Saint-Germain* : on y voit une mise en scène exotique et parodique de la réalité, on y entend les cris des vendeurs de rubans, d'oranges, de dentelles, de *fontanges*, de thé, de café, de marchandises d'un luxe modeste ou plus coûteux. Le thème est celui de l'accumulation carnavalesque et des effets recherchés dans les genres burlesques pour fixer la représentation du peuple urbain[10]. En 1753, l'*Affiche de la foire* regroupe une douzaine de spectacles : les grands danseurs de Nicolet, l'académie des singes et des chiens de Myoli, les animaux des deux Vénitiens, l'escamoteur de la loge palatine, le théâtre de curiosités de Dupin (où l'on peut voir un cheval savant), les marionnettes du théâtre Dupin, le paysan North Holland, le théâtre des marionnettes de Renaud, le théâtre d'enfants, les monstres et les pièces du sieur Prévost, enfin le théâtre de Monnet qui occupe la salle de la rue de Bussy.

On voit la diversité des spectacles qui est celle des troupes, mêlant généralement dans de petites entreprises familiales sauteurs, acrobates et comédiens, rassemblés par contrat pour une tournée entre la province, Paris et la province. Ainsi les frères Alard, fils d'un barbier étuviste de la rue Saint-Paul, s'associent avec von der Berck-Moritz (qui deviendra Maurice), pour un spectacle, *Les Forces de l'amour*, et pour une saison de la foire Saint-Germain, exploiter une salle de jeu de paume rue d'Orléans. La « troupe de vingt-quatre acrobates » acteurs est dissoute après le carême de 1678. Les troupes se font et se défont au gré des réussites et des occasions. Elles sont animées par de petits entrepreneurs, dont certains font souche de dynastie comme les Constantini, les Nicolet, les Maurice. Ils trouvent appui dans une bourgeoisie locale qui spécule sur le théâtre. Ils se marient entre eux. Ce sont souvent des étrangers (Italiens, Flamands), plus encore des provinciaux. Beaucoup débutent en province avant de monter à Paris : c'est le cas de la troupe de Dolet avant 1704, et de la plupart des acteurs qui constitueront la troupe de l'Opéra-Comique installée à la foire par Monnet reprenant le bail de Rebours (1730-1743). Une fois les foires parisiennes terminées, il faut gagner sa vie en province, et les forains rejoignent des troupes ambulantes. En 1709, Dominique et sa troupe entrent au théâtre de la veuve Maurice et s'associent pour les « deux campagnes d'été et d'hiver d'entre les foires Saint-Germain et Saint-Laurent », stipulant « qu'ils cesseront la campagne en temps utile pour honorer les engagements contractés par chacun aux foires ». Les contrats sont tous passés à Paris, d'où les comédiens peuvent partir à l'aventure. Ils rejoignent ainsi sur les routes les comédiens qui traversent les campagnes et visitent les grandes villes où les recettes sont prospères. On voit alors se dessiner une mobilité spécifique qui tisse entre les provinces et Paris un autre réseau de relations que celui de la centralisation attractive qu'on va retrouver. La vie des troupes foraines impose ses solidarités[11]. Leur instabilité favorise à la fois le renouvellement et l'incertitude, car elles ne sont guère à l'abri des coups du sort. En même temps, cette instabilité favorise l'esprit d'entreprise et le renouvellement technique, la volonté de retenir les publics les plus divers.

Ceux-ci sont rassemblés par la concentration des spectacles et des commerces, une double ouverture au monde. Pour les classes supérieures et, parmi elles, les voyageurs qui observent la foire, on note très tôt l'effet d'encanaillement : on se bouscule pour découvrir une gaieté plus salée, pour voir des spectacles où la force et la souplesse conservent longtemps une priorité, qu'il s'agisse des comédiens à l'italienne ou des danseurs. L'exotisme est recherché dans les pièces, car il plaît à tous les spectateurs. Les grivoiseries et les saletés font rougir les dames non sans plaisir. Pendant la Régence, les forains iront à la cour comme la cour viendra à la foire. Il y a là sans doute, au-delà de la nouveauté et de la mode, un lien plus fort : le goût du masque, le culte du corps, le dépaysement de la parodie où l'on se retrouve. Pour le peuple, les mêmes ingrédients peuvent intervenir. La foire a sa place dans le calendrier de ses loisirs carnavalesques ; elle lui procure le spectacle des grands et des étrangers comme elle lui fournit l'accès aux merveilles de l'univers, aux curiosités de la nature. En bref, c'est à sa façon un condensé du voyage. L'esthétique foraine, la créativité des entreprises se nourrissent incontestablement des expériences offertes par le voyage et l'échange cosmopolite. Elles postulent une union des effets (visuels, musicaux, gestuels, expressifs), des procédures de détournement qui les place au cœur d'un système d'échange national, international, entre les différents théâtres. Les troupes ne sont pas stabilisées, mais leurs valeurs s'uniformisent et se stabilisent. La dramaturgie foraine est parodiée par les grands théâtres et les spectacles des nobles amateurs. La foire subversive se coule dans les canaux officiels. Les *petits spectacles* vont obéir au déplacement qui entraîne tous les théâtres vers les boulevards. Ils n'arrêteront pas leur excursion provinciale par nécessité et ils fonctionneront longtemps entre instabilité et stabilité.

Le comédien est certainement devenu une figure de l'instabilité d'autant plus forte dans les représentations que la société a multipliées quand les initiatives stabilisent le théâtre. Le moment de cette stabilisation n'est pas aisé à décrire et, chronologiquement, à cerner. Il n'est pas sûr que la trajectoire française – après une phase longue de nomadisme et de présence régulière, la fixation *fonctionnarisée* de quelques groupes d'acteurs dans la capitale – soit applicable partout. La fin du XVIIe siècle est en France l'aboutissement d'une ligne politique commencée avec Louis XIII et Richelieu, et qui se retrouve dans d'autres segments attractifs et stabilisants de la République des Lettres : la protection et le patronage de la cour et de l'aristocratie offrant une sécurité légale et financière, dans l'ambiguïté de statut, la moralisation et le raffinement de la culture et du langage surveillé par l'Académie française. La vie des comédiens s'en trouve changée, mais aussi les attitudes dans le jeu et le comportement, la compréhension des rôles, l'influence des répertoires écrits et imprimés, celle de la critique concentrée dans les capitales entre le public et le *journalisme* naissant[12].

Stabilisation et mobilité des théâtres et des troupes

Le sort du théâtre et son avenir se sont joués entre le XVIe et le XVIIIe siècle en ville, où ni le mélange des genres ni celui du profane et du sacré ne conviennent aux Églises et aux pouvoirs politiques, et de moins en moins à la culture dominante où triomphent le théâtre clos et la recherche de la monumentalité des salles adaptées aux nouvelles techniques. Au début du XVIIIe siècle, la France ne compte pas plus d'une douzaine de salles construites ; elle est en retard sur l'Italie où l'on en trouve partout, fixées par la civilisation de cour, mais aussi sur l'Angleterre et sur la Hollande. Elle comble ce retard au XVIIIe avec la construction des *théâtres temples* dans une cinquantaine de cités, dont les quatre cinquièmes ont plus de dix mille habitants – Besançon, Bordeaux, Dijon, Lille, Marseille, Nantes, Strasbourg après 1780 ayant donné l'exemple. Du XVIIe au XVIIIe siècle, les enjeux sont les mêmes : il en va du prestige culturel du pouvoir et des élites provinciales ralliées, d'un effort de contrôle et de discipline des publics hiérarchisés, de la force d'un modèle esthétique, et encore de la spéculation immobilière et du commerce de la culture. A Paris, les théâtres sont protégés par la *gloire du prince*; en province, c'est un secteur de liberté et de concurrence négociées entre les entrepreneurs de spectacles, les spéculateurs des terrains urbains et leurs actionnaires, et les autorités. Cette situation ne doit pas masquer l'envers du décor, qui est tracé par le fait que la stabilisation des troupes ne correspond pas à la fixation des salles qui les accueillent, et que la séparation entre la *culture publique* et la perspective sociale et politique triomphant dans le théâtre n'intervient pas de la même façon, dans les troupes de comédiens qui jouent de tout, et en province, à la différence de la séparation parisienne et londonienne au XVIIIe siècle.

La variété des expériences théâtrales implique la mobilité, et celle-ci interdit une unification formelle complète. Cette instabilité a été longtemps le trait dominant. Si, à Paris, deux troupes s'implantent et ne bougent pas de l'hôtel de Bourgogne et du Marais avant 1630, de multiples comédiens s'y rassemblent pour un temps – Espagnols, Anglais, Italiens – avant de tourner ailleurs. La faveur du roi fixe et les compagnies et les vedettes. Le cas des Italiens illustre la première transformation : ils sont en France dès 1550, triomphant par leur virtuosité, leur force comique, leur capacité spectaculaire et technique. Soucieux de plaire à sa mère Catherine de Médicis, Henri III a retenu les *Gelosi* tombés entre les mains des protestants et rachetés à haut prix pour montrer à Paris la variété de leurs talents. Ils sont entre la foire et le grand spectacle, entre l'improvisation et la machinerie coûteuse et curiale. Leur séjour s'allonge peu à peu avec des tournées entre l'Italie et la France, où ils reviennent et se fixent en obtenant des «Lettres de naturalité». De 1600 à 1700, les mêmes acteurs, les mêmes familles, les mêmes pièces de la *commedia dell'arte* font la gloire comique italienne qui plaît à la jeune cour des années 1660. En 1697, la bigoterie du vieux roi ferme leur théâtre stable; mais, s'ils reprennent leur errance, ils participent aux foires, reviennent en force avec Riccoboni et retrouvent leur monopole qu'ils partageront en 1762 avec l'Opéra-Comique. Le succès de ce transfert culturel est illustré dans la musique par Lully, à l'Opéra; dans les nouveaux théâtres, par Goldoni, venu de Venise à trente ans passés, aventurier honnête à travers l'Italie, attiré à Paris où il mourra après avoir écrit ses inoubliables *Mémoires*. Goldoni cependant, maître d'italien à la cour, impose la nouvelle esthétique comique qui refuse en partie les vieux canevas de la *commedia dell'arte* [13].

L'ILLUSTRE THÉÂTRE SUR LES ROUTES

Molière illustre le second cas avec la *peregrinatio* de l'Illustre-Théâtre. Il est bien connu[14]. Ce Parisien, fils de bon bourgeois, élève sans doute du collège de Clermont, abandonne la justice pour les planches par amour de la tragédie et des actrices. Il met quelque temps (et non sans difficulté) à s'imposer à une troupe et débute par un échec qui lui permet un second départ vers le succès, et celui-ci s'obtient d'abord en province et avec des protections gagnées peu à peu : celle du duc d'Épernon, qui protège déjà en 1643 Madeleine Béjart et la troupe de Dufresne qui rayonne en Guyenne dès 1630 ; celle du prince de Conti en 1652. De 1646 à 1658, ce sont des années décisives durant lesquelles les chariots de l'Illustre-Théâtre entraînent Molière dans la France du Sud, la vallée du Rhône, le Languedoc où, à Pézenas, il associe le patronage du gouverneur à celui du public des États. Suivons-le en 1654 : il est en janvier à Montpellier, en mars à Lyon, en septembre à Vienne, en novembre à Lyon, en octobre à Lyon encore sans doute, en décembre à Montpellier et à Pézenas ; il quitte le Sud en mai pour Montpellier, Montélimar ; revenu à Montpellier où il se trouve le 1er avril, il est le 26 avril à nouveau à Lyon, le 25 juin à Dijon jusqu'en juillet ; à l'été, le revoilà à Lyon où il joue *L'Étourdi*, en octobre à Avignon, en novembre et jusqu'en février à Pézenas ; il retourne à Paris en 1657-1658, avec passage à Lyon et à Rouen. Il a avec lui soixante-dix quintaux de hardes et de décor, qu'attestent les quittances des voituriers et des coches d'eau. Les comédiens, eux, ont recours aux services des carrosses. Si Molière s'impose à la capitale, c'est qu'il a perdu un protecteur – Conti, devenu dévot, s'écarte du théâtre – et qu'il troque des protections instables pour celle, plus assurée et plus permanente, du roi.

Molière a toujours eu un port d'attache dans les capitales de province, sa troupe n'est pas misérable (les acteurs peuvent faire des économies, placer leurs gains), il n'a pas perdu le contact avec Paris où il est revenu quelquefois et où il a conservé des appuis, des auteurs. Autour de lui, en 1658, il y a dix comédiens et actrices (Molière, les quatre Béjart, les de Brie, les Du Parc, Charles Dufresne), et toute une caravane (J.-B. L'Hermite et sa femme, leur fille, la nièce de la Du Parc, d'autres encore). Tous ne resteront pas, mais ce que ce tohu-bohu évoque tant sur les routes que dans l'installation au Marais, au Petit-Bourbon, au Palais-Royal, c'est le double triomphe de Paris et du roi, du marché et de l'économie de la reconnaissance. C'est dans la capitale que celle-ci s'obtient désormais pour les auteurs et pour les acteurs ; c'est là que naît la figure du comédien stabilisé par les bravos, les protecteurs, le luxe de la vie que Molière appréciait avec largesse. Entre marques de faveur reçues et capacités offertes aux talents, on retrouve à l'œuvre les mécanismes de la centralisation et comment ils ont créé un répertoire qui a rejeté la farce et les autres divertissements dans l'ombre, souvent en les transformant.

Un même schéma se retrouve dans d'autres lieux : l'Italie des villes et des cours, l'Espagne de la *comedia* et des grands théâtres madrilènes, l'Empire, la Hollande. Il coule la mobilité des troupes dans un système d'échanges plus vaste, inséparable de multiples circuits matériels ; le comédien est un voyageur comme un autre, dépendant de la régularité routière ou des hasards, associant son destin à celui des villes et des cours, au triomphe aussi de l'écrit et de l'institutionnalisation. Toutefois, dans la vie réelle des sociétés d'Ancien Régime, la présence des acteurs et des troupes entraîne une effervescence particulière, indissociable de ce qui est constitutif de la vie même des cités. C'est, dans la *ville promise*, une proposition de plus pour la transformation qui se joue dans la relation des créateurs, des spectacles et des publics : le théâtre dévoile le champ des possibilités et la vitalité, qui est aussi un instrument de la compréhension du monde et de ses acteurs, celle des apparences et celle de la vérité de l'être. Sa force, le théâtre la doit à la circulation qu'entretient à partir du centre le passage des troupes et que l'on retrouve partout à l'appel des publics – notables, militaires, bourgeois, gens de peu à l'occasion.

TROUPES FIXES, TROUPES MOBILES EN ANGLETERRE

Dans l'Angleterre de Shakespeare, entre 1520 et 1640, les statistiques livrent la réalité de cette influence[15]. La vitalité du théâtre anglais s'incarne simultanément dans la fixation des grandes scènes à Londres, où les troupes se multiplient : (deux y sont connues en 1520, treize en 1580, une dizaine encore en 1640), et dans la visite des troupes professionnelles en province, soit celle des acteurs londoniens, soit celle des compagnies provinciales. Le nombre des troupes recensées passe de neuf à plus de trente. En même temps, les pièces nouvelles sont aussi décuplées : 13 en 1520, 225 en 1590, 152 encore vers 1630. Le mouvement s'est greffé sur celui des vieux mystères locaux, sur celui aussi des baladins et des foires. Les grandes cités (Bristol, Douvres, Norwich, Gloucester, Canterbury, Ipswich) reçoivent de 10 à 30 visites par décennie. Le record est battu à Coventry avec 42 ; la moyenne est de 3 ou 4 par an, avec des séjours plus ou moins longs. Le réseau des villes touchées est passé de 7 à 46. On n'a là, de surcroît, que ce qui est documenté.

Si la demande baisse après cette période brillante, ce n'est pas uniquement parce que les théâtres de Londres fixent les groupes. On connaît leur essor, qui accorde pour une ville de quelque 500 000 âmes vers 1688, 400 000 en 1640 sans doute, deux ou trois théâtres privés, cinq ou six théâtres publics, localisés dans toute la ville et patronnés par l'aristocratie. Avant 1630, Paris peut offrir moins de salles temporaires, et accueillir aussi des troupes temporairement. Londres a atteint les limites de son public, et n'échappe pas aux restrictions qui frappent la province également. Elles sont dues aux pestilences, aux difficultés religieuses, aux problèmes économiques. Le puritanisme crée un facteur de freinage qui fait reculer l'hospitalité provinciale dans certaines cités, mais pas partout. Le choix repose sur les municipalités, qui accordent les licences, et les restrictions renvoient à des conjonctures locales très variées : celles des disettes, des crises du commerce, de la guerre civile qui va opposer monarchistes et parlementaires. Désormais, ce qui est en question, c'est la disponibilité politique des foules spectatrices plutôt que la moralité du spectacle en lui-même. La crainte des rassemblements provoque le déclin après 1640. La Restauration permet une reprise, mais avec moins d'effervescence, et une centralisation plus évidente. La scène s'est modifiée ; le répertoire et le public évoluent ; la circulation, avec ses salles de fortune et ses troupes, a changé de sens. Londres attire comme Paris ; la province suit[16]. C'est à Londres que le grand acteur Talma a découvert Shakespeare, Addison et le style pathétique qui va marquer son jeu et influencer la génération des années 1780-1830 ; il a hésité à devenir comédien et Anglais.

L'ESPACE DES COMÉDIENS DE CAMPAGNE

Loin de disparaître, les *comédiens de campagne* – qui laissent peu de traces – ont pu bénéficier de tout ce qui profite à la mobilité, à l'échange, au développement commercial et urbain. Ils figurent dans toutes les images de foire avec les opérateurs, leurs tréteaux de fortune, un mince décor, le rideau, des costumes disparates[17].

Dans cet espace se joue la « transformation capitaliste de la profession comique [18] ». Elle s'opère sous le regard des autorités locales : gouverneurs de province (ils ont la responsabilité de l'armée et de la discipline), villes, intendants (ils contrôlent et parfois impulsent). L'installation des troupes régulières se fait par la transformation des salles, jeux de paume, auberges et autres lieux théâtraux de fortune, qui sont remplacés par des *salles de comédie* coûteuses. On les loue aux entrepreneurs de spectacles, mais l'itinéraire des troupes suit aussi l'appel des protecteurs et des amateurs citadins. Au XVIIe siècle, le répertoire de Georges Mongrédien permet de voir qu'en dépit de l'Illustre-Théâtre, la moitié septentrionale a été plus visitée que la partie méridionale du royaume. Les troupes passent 72 fois à Dijon, 57 fois à Lyon, 53 fois à Rouen et à Nantes, 48 fois à Lille ; au sud de la Loire, on les voit 22 fois à Marseille, 21 fois à Bordeaux et seulement 11 fois à Toulouse. La carte enregistre le décalage de l'état du réseau routier et de la trame urbaine, plus dense au nord, mais aussi les différences culturelles, le progrès plus lent de l'alphabétisation méridionale, la constitution des publics de notables passés par le collège, et le bilinguisme qui peut entraîner l'*archaïsme* de la fidélité au théâtre des passions et des mystères. Dès la fin du XVIIe siècle et malgré les malheurs des temps, une dizaine de cités reçoivent en permanence, régulièrement, sans les installer, des troupes de comédiens : Avignon, Bayonne, Bordeaux, Besançon, Amiens, Lille, Nancy, Nantes, Dijon, Rouen, Strasbourg ; une autre douzaine de villes les reçoivent par intermittence, et les flux ne se tarissent pas tout au long du XVIIIe siècle.

Le lexique des troupes de comédiens au XVIIIe siècle montre que le retard de la France du Sud ne s'est pas totalement atténué, mais que la concentration des visites dans les métropoles méridionales majeures (Bordeaux, Toulouse, Marseille, Aix, Avignon) a travaillé à homogénéiser le territoire, dans la vie des troupes comme dans le répertoire. Un premier indice apparaît dans la montée des acteurs provinciaux à Paris : avant d'entrer dans le monde du spectacle parisien, Monnet est né à Condrieu, l'acteur Richaud est un fils d'Aix. Un deuxième est à lire dans le fait que des acteurs importants, Préville, Dazincourt, Fleury, Baptiste, ont fait leurs débuts en province. Un troisième se voit dans la durée de la vie des troupes et dans la définition de la sphère d'influence qu'elle rend possible. Entre 1712 et 1723, à Metz, ville de garnison, dix-huit chefs de troupe se succèdent; vers 1730, Saint-Gallier tient le pouvoir en Bourgogne vingt ans; la Montansier, avant de s'installer à Versailles et à Paris, règne pour vingt ans sur l'Ouest; Mme Lobreau-Destouches revient à Lyon pendant un quart de siècle. La stabilité des groupes organise la mobilité des spectacles, leur régularité, mais elle ne stabilise pas l'emploi des acteurs qui circulent de troupe en troupe. Cet effort correspond à l'ouverture des villes sur la vie nationale : négoce, parlements, garnisons, académies font le réseau où les entreprises trouvent leur réseau et leur public. Le succès des comédiens de passage entretient le goût du théâtre amateur et de société. Le duc de Croÿ, dans ses *Mémoires* [19], évoque l'intégration des spectacles dans la vie de la noblesse provinciale ou parisienne en province. A L'Hermitage, on monte des divertissements coûteux; on y trouve l'occasion de multiples libertés, moins contraintes par l'étiquette; on y voit venir l'intendant, les voisins, beaucoup de monde arrivé de Valenciennes[20]. Le maître de maison tient un *Journal de théâtre* (1766-1781) [21]. D'autres manières, d'autres acteurs, d'autres familles d'acteurs circulent dans la province même; on retrouve partout des Lavoy, des Poisson, des Gavaudan. Les Hus sont de Lyon. Le fils Jean-Baptiste est lui aussi acteur; il a trois enfants, à leur tour comédiens, qu'on voit passer à Bordeaux, Nantes, Marseille, Lyon, Brest. Adelaïde Hus devient sociétaire de la Comédie-Française. En définitive, les pratiques – celles des contrats de recrutement, des clauses d'association, d'indemnités pour les voyages, des frais remboursables – se précisent; elles organisent les *équipages*, l'usage de *voitures* convenables s'il faut suppléer aux coches publics, la définition des rôles et des obligations de chacun *selon son emploi* (souvent défini par les convenances parisiennes) les routes des troupes rassemblées en limitant les risques et en précisant les responsabilités[22].

Les routes comiques

Les *routes comiques* peuvent ainsi faire se rencontrer de pauvres diables, des saltimbanques miteux ou des bateleurs d'hôtellerie avec des acteurs et des actrices moins bohèmes. Certaines troupes sont plus installées et plus longuement stabilisées; d'autres ne cessent de bouger. Des itinéraires privilégiés apparaissent. L'un dessert le Nord, de Paris à Calais, Dunkerque, Béthune, Amiens. De là, il rejoint une deuxième route qui gagne Reims, Laon, Compiègne, Châlons-sur-Marne et l'Est par Nancy, Lunéville, Épinal,

Colmar. Une troisième, à partir de Strasbourg, s'infléchit vers Belfort, Bâle, Dôle, Chalon-sur-Saône, Dijon, Lyon, d'où les comédiens rayonnent vers le Sud, le Sud-Est et le Sud-Ouest. Entre Loire et Seine, un itinéraire conduit régulièrement de Tours au Havre, par Le Mans, Alençon, Falaise, Caen, et par Orléans, Chartres, Évreux, Rouen. Des transversales, des itinéraires annexes et souvent rayonnants affirment la part des hasards et le rôle des occasions offertes. Les régions les plus pauvres, tel le Massif central, ne sont pas évitées, mais la circulation comique y suit les grands axes, desservant les grandes villes (Limoges, Périgueux, Poitiers, Le Puy, Rodez). Le comédien Beaumesnil en a tenu le relevé de 1746 à 1777. Il ne donne pas toutes les étapes fréquentées, omet les moins importantes, et ne cite pas toutes les offres. Toutefois, il confirme les tracés des troupes connues et déclarées, et surtout il montre des traverses et des lieux qui ne sont pas toujours cités. C'est ainsi que les comédiens rencontrent les paysans et que les directeurs des troupes rentrent dans des frais de voyage très lourds : en 1775, il en coûte 1 800 livres pour mener une troupe de dix personnes de Montpellier à Aix.

Pendant les haltes, l'on regarnit la caisse et l'on joue à la vieille mode sur des estrades provisoires. La longueur d'une étape dépend des contrats conclus, et parfois des offres inattendues. Des étapes longues et plus courtes se succèdent ; de 40 à 50 kilomètres par jour est une moyenne que confirment les voyages de Clerval en 1763, de Dieppe à Saint-Omer par Abbeville et Hesdin, ou encore Borsary en 1784. De Chablis à Joigny, 40 kilomètres, Villeneuve-le-Roi, 20 kilomètres ; Sens, 20 encore ; Montereau, 30 ; Nogent, 45 ; Arcis-sur-Aube, 50 ; Vitry, 45 ; Épernay, 70 km, Château-Thierry, 50 km, La Ferté-sous-Jouarre, 30, Epernay, 70 : au total, moins de 450 kilomètres et 40 à peine par jour. Le soir on joue, à la halte. Le progrès des diligences va allonger les étapes, accélérer les vitesses et les échanges généraux – sans modifier les circulations régionales, souvent organisées par des séjours longs et des déplacements plus courts, des va-et-vient, des aller et retour. Ceux-ci obéissent fréquemment au calendrier des fêtes et des foires ; ils révèlent l'existence des publics dans les profondeurs du *royaume paysan*. Le père Vannières, un jésuite dans le Languedoc du XVIIe siècle, fournit dans son *Praedium Rusticum* de 1710 (traduit en 1756 et qui est une espèce de traité d'économie rurale) un témoignage de cette rencontre. Une jeune femme regarde un bohémien, baladin, forain, marionnettiste : « Il varie la scène pour amuser le peuple, il lui fait voir à travers son verre [il s'agit d'une lanterne magique] le ciel et les étoiles, ou les vagues de la mer irritée ; il lui fait passer ensuite sous les yeux les rois et leurs superbes ministres, tous vêtus d'or, ou bien des troupes rangées en bataille avec leurs armes éclatantes ; après cela, c'est une longue avenue plantée de chênes, et puis une vaste forêt où l'on voit des lions, des ours, des loups cruels [...]. D'un autre côté, on regarde la gent pygmée des marionnettistes qui, montés sur un char, font des éclats de rire derrière une toile tendue, puis montrent leur petite taille haute d'un pied tout au plus et ensuite semblent parler, être en dispute, poursuivre leurs adversaires avec un bâton, après quoi elles se dérobent.» Voilà le petit spectacle en campagne sous la plume d'un lettré citadin et bucolique, mais le coup d'œil dérobé met en valeur cette part de rêve que fait partager tout spectacle inhabituel, et celui des pantins de bois n'est pas séparé de celui des comédiens de chair et d'os.

LES COMÉDIENS HORS DU ROYAUME

D'autres troupes franchissent les frontières, et l'on connaît le succès des comédiens français à l'étranger. Elles font de grands parcours, parfois reviennent dans le royaume et repartent. De 1777 à 1785, la troupe Casimir dessert un territoire assez restreint, mais du Nord aux Pays-Bas, à partir de Valenciennes sans doute, on les voit à Cambrai, Arras, Amiens, Gand, Anvers, Courtrai, Lille, en Hollande, à Bruges. L'intérêt de la troupe est qu'elle n'hésite pas à jouer un répertoire assez neuf : soixante-quinze pièces, où Voltaire compte pour six pièces, Marivaux pour trois, Molière pour cinq, mais où figurent aussi *Le Barbier de Séville* et *La Vestale*, interdite en 1765 pour irréligion.

Plus loin encore, on sait ce qui détermine l'attraction des troupes. C'est d'abord la volonté des princes qui, par *gallomanie* et par souci d'être dans le vent, attire les troupes et les acteurs. C'est ensuite la renommée du répertoire français : les classiques, et le théâtre de Voltaire partout joué. C'est enfin la recherche de l'emploi et du succès, quelquefois plus facile à gagner ailleurs car, au théâtre aussi, nul n'est forcément prophète en son pays. C'est l'offre et la demande qui animent le mouvement géré par les entrepreneurs de spectacles, tels Fierville à Berlin de 1768 à 1771 ou Duruel, *Hoftanzmeister* à la cour électorale palatine sous Charles-Théodore. C'est ainsi qu'acteurs, comédiens, danseurs, musiciens et chanteurs se succèdent à Schweizingen, Mayence, Heidelberg, Cassel, Potsdam. On connaît la composition des troupes, leurs dépenses, leurs contrats, leurs difficultés, leurs rapports avec la société. En Allemagne, elles participent de la construction de l'Europe française avec ses goûts, ses modes, ses consommations. On la voit s'implanter aussi bien en Prusse qu'en Suisse et en Hollande, où le théâtre permanent est venu relayer les représentations intermittentes des comédiens de campagne[23]. La Haye, dès le XVIIe siècle, attire l'opéra et les comédiens venus de France et de Bruxelles. Ceux-ci composent la Troupe du prince d'Orange avec Brécourt, dont Louis XIV disait qu'il ferait rire des pierres. Ils nourrissent les spectacles du premier opéra français avec François du Perier. Le flux ne tarit pas au XVIIIe siècle, malgré le scrupule des consistoires. La prospérité hollandaise fait le reste. De là, les acteurs et les actrices rayonnent vers la Suède, vers l'Angleterre. Le prince d'Orange, la princesse de Nassau protègent les installations permanentes et les troupes qui recrutent à Paris pour jouer à Amsterdam, à La Haye, à Utrecht. *L'Observateur des spectacles*, de Chevrier, en diffuse la chronique et les anecdotes après 1762. On joue de tout : du Voltaire, du Favart, le *Père de famille* de Diderot, de l'opéra-bouffe et des tragédies, des farces et du Molière. Collot d'Herbois et Fabre d'Églantine viennent y taquiner la fortune après avoir tâté de la province, et avant de changer de rôle sur la scène de la Révolution.

A l'instar des mobilités suscitées par le livre et le champ littéraire, le théâtre a provoqué des mouvements multiples. La leçon la plus évidente est qu'on n'y retrouve pas la hiérarchie claire des genres et des spectacles. Les *petits spectacles* ne sont pas marginalisés : dans une ville comme Lyon, leur recette est d'autant moins négligeable qu'ils attirent très largement tous les publics. De même, le théâtre populaire brasse les spectateurs à Paris, où ils deviennent comme dans toutes les capitales un élément d'attraction qui profite à tous les genres et au renouvellement. Partout, la mobilité entretient une relation entre le grand théâtre – ses acteurs, ses techniques, ses formes – et ceux de niveau inférieur. La province, l'étranger accueillent aussi tous les répertoires, et s'il y a partage formel, il n'y a pas solution de continuité. Vis-à-vis du grand théâtre, les spectacles de petit niveau jouent un rôle de complément et de subsitution[24].

Espace du théâtre et mobilité, permanence foraine

La mobilité des théâtres et celle des acteurs qui ont fait les grandes compagnies des débuts de l'âge moderne leur ont conféré à l'âge des sociétés absolutistes un rôle d'intermédiaire, qui ne disparaît pas avec le triomphe du théâtre clos, la stabilisation des comédiens de cour, l'organisation plus régulière d'une profession, d'un métier. Elles entretiennent toutefois dans le milieu une capacité de diversité qui fait coexister les formules et les formes distinctives avec tout un répertoire plus disqualifié. C'est ce qui fait le triomphe de la foire.

A Reims, où pendant plusieurs siècles quatre foires attirent à époque fixe le monde du commerce et celui des campagnes, surtout à Pâques et à la Saint-Remy (le 1er octobre), c'est place de la Couture un rassemblement de spectacles. De 1604 à 1775, René Gandilhon a pu retrouver près de deux cents suppliques, dont seulement une trentaine pour le XVIIe siècle, par lesquelles les troupes sollicitaient l'autorisation de jouer près du bailliage ducal, qui est la justice de l'archevêque; on les retrouve dans la série B des archives de la Marne. La pétition enregistre règles, horaires, calendrier, et surtout respect des bienséances; elle montre aussi les taxes versées au profit des pauvres et payées avant l'ouverture de la foire, car on craint le départ à la cloche de bois des forains. Les saltimbanques et les comédiens s'efforcent de prouver l'intérêt de leur spectacle par le succès remporté en France, en présence du roi, rappellent Étienne Lejeune et Charles Lejeune en 1725, devant le Dauphin, déclare Jean Desorme de Toul en 1753.

Logés dans les auberges proches de la foire (le Lyon d'Or, la Garde de Dieu, le Petit Saint-Quentin, la Porte Royale, la Ville de Montpellier, l'Écu de France) ou bien chez des logeurs particuliers, saltimbanques et comédiens obtiennent leurs loges et leurs emplacements comme tous les autres commerçants – drapiers, marchands de cotonnades, épiciers, vendeurs de sucre, de café, de limonade, quincailliers, merciers, charlatans. On trouve parmi eux quatre cinquièmes de Français (Parisiens, Champenois, Picards, Lorrains) ; les quelques étrangers sont surtout italiens et allemands. Au long des jours de foire et dans l'affluence, tous ces forains présentent ménageries, animaux, *hommes des bois*, crocodiles, bêtes dressés (singes, chiens et chevaux). Ils montrent des phénomènes (nains, géants, monstres divers), vendent de l'orviétan, organisent des jeux, des récréations mathématiques ou mécaniques, voire optiques comme Antoine de Vannes, originaire de Paris, qui dans une boîte contenant différentes figures montre Versailles, Saint-Germain, « le Cercle royal et le Cercle céleste ». Restent tous les spectacles : celui de

Jacques Campagne rassemble 450 figures mouvantes et des tableaux d'histoire ; celui de Charles Garnier, des sujets religieux. Les sauteurs, acrobates, danseurs de corde présentent des exercices et de petites scènes comiques ; parmi eux, on retrouve en 1679 Moritz von der Beck et Jacques Mall, sauteur du roi d'Angleterre, qui viennent de la foire Saint-Germain de Paris. Les marionnettistes assurent la transition avec les bateleurs et les comédiens de foire qui installent leur théâtre dans le jeu de paume de la Fleur de Lys. En 1754, Charles Regnault obtient de Louis de Bourbon, gouverneur de Champagne et de Brie, le privilège de la salle en dur avec théâtre, loges, balcons ornés de sculpture, lustre et plancher de bal comme celui de l'Opéra de Paris, pour y faire jouer tragédies, comédies françaises et italiennes, opéras-comiques et excluant les autres. De la foire au théâtre à l'italienne, pas de solution de continuité. De 1604 à 1780, on a joué tous les répertoires et reçu une centaine de troupes. Dans les personnages de cire de François Kirchener, en 1773, on pouvait voir Voltaire.

Entreprises, intérêts, mobilité novatrice

Les *Mémoires* de Monnet montrent de la même façon l'imbrication des intérêts et celle des entreprises. S'il faut se méfier quelque peu de Monnet, car il a la fibre romanesque (outre sa biographie, il a écrit des romans libertins) et, comme souvent, se donne le beau rôle, il n'est pas un mauvais témoin des enjeux culturels. C'est un faiseur de projets et un réformateur ; c'est aussi un entrepreneur avisé, sinon à succès. Provincial, parlant peu de sa famille – la distance accomplie entre le fournil de la boulangerie paternelle à Condrieu et le bureau du directeur de l'Opéra-Comique peut l'expliquer –, il a été domestique chez la duchesse de Berry. Sa montée est à la fois celle de la liberté de la Régence et celle de la foire, les mœurs d'un *greluchon* et les facilités du luxe et du spectacle. Il s'essaie à l'écriture et produit des textes légers (les *Annales amusantes, Les Dortoirs de Lacédémone, Les Soupers de Daphné*) qui l'envoient au Fort-l'Evêque, la Bastille des comédiens. Il collabore pour vivre avec Meunier de Querlon et, par protections diverses, il obtient en 1743 le privilège de l'Opéra-Comique enlevé à Prouteau avec un bail de six ans, une redevance de 12 000 livres à verser chaque année, et le champ de son avenir ouvert. Tout le monde défile à la foire Saint-Germain, où les forains suspects et mal vus se sont imposés grâce à Le Sage et avec Monnet; ils vont avoir avec eux Piron, Vadé, Favart. C'est un tournant du rire. Le succès de Monnet lui vaut d'être remplacé, et en 1745 l'Opéra-Comique est supprimé.

Monnet part pour Lyon, où il dirige le théâtre permanent et y attire les troupes les plus diverses. Il s'y endette de 35 000 livres, mais ses actrices, ses acteurs, ses auteurs et ses créanciers signent un arrangement pour lui permettre de survivre. Il avait investi 25 000 livres dans le magasin de décors et costumes. Avec sa troupe, il avait passé quatre mois à Dijon pour remonter les recettes avant l'été 1746, embarqué tout le monde sur le coche d'eau de la Saône, repris à Chalon la diligence de Paris, obtenu le succès dans la capitale de Bourgogne. Chassé de Lyon, il regagne Paris et passe en Angleterre, où les Anglais ne veulent pas rire des comédies de Favart. Nouveau déficit (28 000 livres), nouveau retour parisien. Là, il obtient en 1751 le rétablissement de l'Opéra-Comique et il s'installe à la foire Saint-Germain, et surtout à la foire Saint-Laurent, dans une salle qui va longtemps rester un modèle de technique. En 1767, il cède son privilège pour 87 000 livres et se voue à la littérature. Ses *Mémoires*, se présentant comme le *Supplément au Roman comique* en avril 1772, se vendent bien. C'est la référence à Scarron qui compte ici. La vie agitée de Monnet, ses voyages, ses succès financiers, ses endettements, son esprit d'entreprise et son inventivité – il en fallait pour imaginer de réunir en un seul spectacle l'Opéra, la Comédie-Française, l'Opéra-Comique, acteurs, danses, orchestres, décors en rapport et costumes, en bref une belle machine spectaculaire et luxueuse. Tout cela le range aux antipodes des comédiens faméliques du romancier qu'il invoque au début de son chapitre IX, «Voyage et aventures, etc.», pour mieux dire qu'on est dans un autre monde que celui de Scarron.

Théâtre et comédiens dans le roman moderne

La représentation du théâtre dans le roman n'a d'égale dans sa complexité que celle du théâtre dans le théâtre ou, encore plus fascinante, dans la peinture. La *Fête à Saint-Cloud* de Fragonard comme tous les personnages de Watteau nous invitent à réfléchir, mais c'est ici un autre voyage. Retenons que le monde des comédiens a sa place dans le romanesque du XVIIe au XVIIIe siècle, et qu'on y peut interroger les effets de la mobilité dans l'écart d'une pratique avec son image. De Scarron à Goethe, du *Roman comique* aux *Années d'apprentissage et de voyage de Wilhelm Meister*, c'est un moyen d'entrevoir l'enjeu d'une démarche sociale, sa signification dans les relations humaines.

L'univers théâtral de Scarron est un compendium picaresque à l'instar du *Quichotte*. Le roman mêle les premières années du siècle – celles vécues par les vieux comédiens qui y évoquent leur jeunesse –, avec les souvenirs des environs de 1630-1640 et, enfin, l'époque de son écriture et de sa publication (1651 et 1657, dans ses deux parties). De 1600 à 1660, le théâtre a vu et son statut et ses formules bouleversés par le modèle italien emparisianisé de la scène close et cubique, de la perspective hiérarchisée. De même – et ce n'est pas négligeable –, il incorpore des registres divers (burlesque, réaliste, romancé), souvent distincts, épisode par épisode. Les titres des chapitres l'indiquent : « Une troupe de comédiens arrive dans la ville du Mans », titre réaliste, (I, 1) ; « qui contient ce que vous verrez si vous prenez la peine de le lire », titre burlesque (I, 11) ; « malheur imprévu qui fut cause que l'on ne joua point la comédie », titre romanesque (I, 23). Ces ruptures de ton contextualisent le sens des passages, comme d'ailleurs elles signalent les personnages. Le Destin est un héros romanesque comme les comédiennes, la Rancune est burlesque, la Caverne hésite entre les modes d'expression[25]. Quand celle-ci raconte sa vie dans la seconde partie, au chapitre III, aux chapitres VII et VIII, c'est un roman dans le roman : fille de comédien, mêlée à la troupe familiale, elle en partage les aventures, se fait enlever par un seigneur, reprend la route, se marie, perd son mari dans une ville de Flandres et retrouve la « Troupe de Monsieur le Destin » en Hollande. Le thème de la rencontre sociale (la petite noblesse, les comédiens) a toutefois son importance : il souligne l'infériorité du statut en même temps que la capacité offerte par la fuite. Entre protection et misère, les comédiens n'ont qu'une liberté : celle du nomadisme. Le propos de Scarron serait alors de comprendre comment le théâtre s'insère dans la vie sociale, comment le mouvement et ses effets rencontrent le stable :

« Le soleil avait achevé plus de la moitié de son cours et son char, ayant attrapé le penchant du monde, roulait plus vite qu'il ne voulait [...]. Pour parler plus humainement et plus intelligiblement, il était entre cinq et six quand une charrette entra dans les halles du Mans. Cette charrette était attelée de quatre bœufs fort maigres, conduits par une jument poulinière, dont le poulain allait et venait à l'entour de la charrette, comme un petit fou qu'il était. La charrette était pleine de coffres, de malles et de gros paquets de toiles peintes, qui faisaient comme une pyramide, au haut de laquelle paraissait une demoiselle habillée moitié ville, moitié campagne. Un jeune homme aussi pauvre d'habit que riche de mine marchait à côté de la charrette. Il avait un grand emplâtre sur le visage, qui lui couvrait un œil et la moitié de la joue, et portait un grand fusil sur son épaule dont il avait assassiné plusieurs pics, geais et corneilles, qui lui faisaient comme une bandoulière au bas de laquelle pendaient par les pieds une poule et un oison qui avaient bien la mine d'avoir été pris à la petite guerre. Au lieu de chapeau, il n'avait qu'un bonnet de nuit [...]. Son pourpoint était une casaque de grisette avec une courroie, laquelle lui servait aussi à soutenir une épée qui était si longue qu'on ne s'en pouvait aider adroitement sans fourchette. Il portait des chausses troussées à bas d'attache, comme celle des comédiens quand ils représentent un héros de l'Antiquité [...]. Un vieillard vêtu plus régulièrement, quoique très mal, marchait à côté de lui. Il portait sur ses épaules une basse de viole... » Le Mans accueille les comédiens.

Dans le thème somme toute banal de l'entrée dans la ville, le début du roman de Scarron fait figure de texte matriciel. Ses héros – la comédienne la Caverne, le jeune acteur le Destin, le vieux comédien la Rancune – affichent tous les traits d'un décalage dans les mœurs : attelage rudimentaire et mêlé, charrette surchargée, vêtements dépareillés, costumes de scène et de ville mélangés, gibier tiré au vol et volailles dérobées à l'instar de la maraude, noms de théâtre à l'identité mystérieuse. Immédiatement, les comédiens attirent à eux la population : notables et représentants de l'autorité, bourgeois et *canailles*. La suite est d'une grande complexité, mêlant les épisodes manceaux et la réaction des habitants, les répétitions et les représentations, la curiosité certaine et les conséquences déplorables du succès obtenu, les aventures d'hôtellerie et l'ivresse des acteurs, l'arrivée d'autres camarades et le récit de leurs aventures, avec les digressions romancées et les chroniques de vie de chacun, dans lesquelles on se retrouve comme on peut – mais non sans plaisir – aller jusqu'à la fin : on a quatre cents pages à franchir pour arriver à la mort de Ragotin, bourgeois provincial converti à la vie de théâtre pour les beaux yeux d'une étoile de campagne. Le picaresque du roman ne peut nuire au divertissement attendu par le public du temps et souligné par la bouffonnerie et le ridicule des situations – orages de coups, pots de chambre vidés, chariots qui s'embourbent, fuites, déguisements.

Respect du théâtre, progrès sans rupture

L'important, c'est la signification apportée par Scarron au théâtre et à ses défenseurs. Il en souligne les progrès comme il s'interdit de confondre les acteurs avec des bohèmes, des charlatans, des aventuriers sans le sou. Ils ont tous une histoire, une origine jamais déshonorante, des réactions de gentilshommes authentiques (ainsi pour le Destin et pour Léandre), des vertus sans bégueulerie pour les femmes de la troupe, qui se défendent du patinage et des avances tentées par les provinciaux. Ce n'est donc pas un monde sublime, mais une société intermédiaire ; le rappel des aventures individuelles la montre entre des milieux divers. Dans la société comme sur la scène, il rejoue un rôle médiateur. Les comédiens sont des personnages fascinants pour la société d'une ville subalterne, plus encore qu'à Paris, et cela correspond à une société à la fois plus ouverte et moins hiérarchisée, picaresque dans sa diversité et diverse parce que picaresque, mêlant comme dans la vie le rire et les larmes, aux antipodes de la séparation des genres, en tout cas plus libre que le monde des classiques. Le romancier sait montrer ce que le public attendait d'une troupe de passage : un divertissement dans un monde de divertissement rare et qu'offrent le voyage, la circulation des compagnies. Leur arrivée provoque la mobilisation des sociétés ; elle ouvre les bourses et crée l'hospitalité ; les aubergistes avares se sentent généreux pour fêter ensemble noblesses locales et comédiens. Leur présence anime toutes les sociabilités, l'attention des hommes pour les actrices – révélateur du décalage des mœurs entre provinciaux et Parisiens –, la soif de vie des sociétés et, au total, on entend là le prestige d'un théâtre encore libre, mobile, sachant trouver son public.

« Le Mans donc se trouva plein de noblesse, grosse et menue. Les hôtelleries furent pleines d'hôtes et la plupart des gros bourgeois qui logèrent des personnes de qualité ou des nobles campagnards de leurs amis salirent en peu de temps tous leurs draps fins et leur linge damassé. Les comédiens ouvrirent leur théâtre, en humeur de bien faire comme des comédiens payés par avance. Le bourgeois du Mans se réchauffa pour la comédie. Les dames de la ville et de la province étaient ravies d'y voir tous les jours des dames de la cour, de qui elles apprirent à se bien habiller, du moins mieux qu'elles ne faisaient, au grand profit de leurs tailleurs [...] le bal se donnait tous les soirs, où de très méchants danseurs dansèrent de très mauvaises courantes et où plusieurs jeunes gens de la ville dansèrent en bas de drap de Hollande ou d'Usseau et en souliers cirés [ce qui est un ridicule à Paris]. Nos comédiens furent souvent appelés pour jouer en visite. L'Étoile et Angélique donnèrent de l'amour aux cavaliers et de l'envie aux dames [...]. Ce soir-là, on joua *Dom Japhet.* »

Ici Scarron se cite, car c'est un auteur de théâtre, parisien, cloué dans sa chaise, recevant les esprits libres de son temps, rue Neuve-Saint-Louis au Marais, quartier chic, accueillant aux gens de lettres comme à ceux du monde. Un bénéfice modeste en avait fait un abbé au Mans et lui révéla la province. Il épousa Françoise d'Aubigné, qui, sous le nom de Mme de Maintenon, fit la carrière que l'on sait, laquelle peut par son horizon de hiérarchisation stabilisée à la cour s'opposer aisément à celle de son premier époux bourgeois. Celui-ci a su dire l'émoi du spectacle, le goût du changement, l'effet de bouleversement positif du théâtre et qui, on peut le penser, ne disparaît pas avec l'avènement du classicisme et du théâtre clos.

Les voyages de Wilhelm Meister

C'est celui-ci qui forme le cadre du second grand texte romanesque où l'on peut interroger la relation de la société et du théâtre : le *Wilhelm Meister* de Goethe, commencé en 1777, repris en 1791, publié en 1795-1796, et qui confronte l'individu à la société. Le théâtre ambulant et médiateur crée un espace de contact où l'on peut apprendre à vivre[26]. Entre 1657 et 1795, le monde du théâtre n'a pas disparu du roman, mais il s'y est partiellement figé dans les stéréotypes. Il tient une place dans l'univers fictionnel parce qu'il fait partie de l'espace ordinaire de ceux qui vivent, dans le roman comme dans la vie, l'obligation d'aller au théâtre et qui, le plus souvent, l'associe au libertinage féminin – même chez Diderot dans les *Bijoux indiscrets*, et plutôt chez Lesage dans le *Gil Blas* encore proche de Scarron, et où la vie de la troupe de Melchior Zapata est marquée par les intrigues de l'amour plus ou moins vénal. Lesage conforte certainement un préjugé du public et, en même temps, la contradiction du statut. Le moralisme l'a emporté[27].

Goethe se situe fort loin de cette vision. Son roman vise autre chose : une thérapeutique sociale par le mouvement et dans la confrontation de la liberté du théâtre avec la stabilité génératrice de *mélancolie* pour les jeunes bourgeois. C'est un roman d'apprentissage. Goethe s'y affronte à une réalité qui n'est pas celle perçue par le roman. La réalité du théâtre du *Wilhelm Meister* élargit la réalité de la vie dans la confrontation sociale. En effet, la réalité sociale du théâtre de Goethe, de son enfance à son âge mûr – quand il est devenu intendant des théâtres de Weimar et serviteur du duc de Saxe-Weimar –, est celle du théâtre clos, celle des grands ouvrages de la dramaturgie classique, dont le répertoire ne le satisfait pas, dont les acteurs et les actrices sont à la hauteur d'une capitale provinciale et le déçoivent par leur médiocrité comme par leurs intrigues. Goethe a gouverné une province du théâtre qu'il songeait à élargir par l'exemple des tragiques grecs, qui l'inspirent, et par celui de Shakespeare, qui le déçoit. L'expérience se coule totalement dans le monde des comédiens de cour, des acteurs et des metteurs en scène de Voltaire. Elle se coule aussi dans un type de scène et dans un mode d'interprétation ; elle correspond à une lecture théâtrale au service de la puissance politique et sociale[28].

Le théâtre du *Wilhelm Meister* nous introduit à autre chose. Il évoque moins la dépendance que le prix de l'indépendance. Goethe, qui a voyagé, qui a accueilli les troupes à Weimar, sait ce que représente l'attraction de l'arrivée pour le public, l'effet de fascination des acteurs et des auteurs que l'on retrouve dans un autre grand roman du temps, l'*Anton Reiser* (1786) de Karl Philipp Moritz, qu'il a connu à Rome et fréquenté par correspondance.

Dans la formation d'un jeune bourgeois, classe intermédiaire et enrichie à l'ombre de l'aristocratie, le théâtre apparaît très tôt. Le goût du spectacle naît avec le théâtre de marionnettes reçu en cadeau et avec la naissance d'une affectueuse sollicitude pour le spectacle des comédiens de bois[29]. Il tient sa place dans un voyage voulu par les parents, dont le prétexte est commercial et manufacturier, mais qui permet au héros de se soustraire à la vie quotidienne et de trouver sa voie, confrontant le cheminement ordinaire avec l'empire ouvert par le théâtre, machine à élargir la vie, à la multiplier et à la réchauffer par la fiction[30]. « Que le sort de l'acteur lui semblait enviable alors ! Il le voyait [lui, jeune bourgeois à l'abri du confort] en possession de tant de majestueux costumes, d'armes et d'armures, sans cesse appliqué à de nobles attitudes, et l'esprit un miroir de tout ce que le monde avait conçu de plus magnifique et de plus éclatant dans l'ordre des situations, des sentiments et des passions. » En bref, la grandeur opposée à la médiocrité. C'est une réconciliation que Wilhelm attend de sa rencontre programmée avec la troupe de

Serlo, comme il l'écrit à sa fiancée Marianne pour l'informer de sa résolution secrète[31].

Suivre les étapes du voyage recouperait des motifs entrevus : la rencontre à l'auberge, la troupe de saltimbanques et de jongleurs excentriques, le monde de la foire, la vie d'une compagnie, la représentation d'*Hamlet*, les digressions picaresques, le retour (non sans détours) à la société après la rupture avec la troupe[32] – le théâtre n'est pas le salut pour qui y cherche l'évasion, et non la vocation. On n'oublie pas facilement tous les moments dans lesquels Goethe, à l'instar de Scarron, dévoile sa sympathie pour les acteurs, et ainsi comment une fois encore le théâtre nomade est capable de révéler la société à elle-même. Il n'est certes pas indifférent de voir Wilhelm interpréter *Hamlet*, pièce où Shakespeare met en scène les « comédiens de la cité » jetés sur les routes « par les derniers bouleversements du royaume : « L'orchestre s'était tu et la pièce avait commencé. Il s'examina devant la glace, enfonça son chapeau et raviva son fard. A ce moment-là, quelqu'un se précipita dans le foyer en criant : « Le spectre ! le spectre ! » De toute la journée, Wilhelm n'avait pas eu le temps de penser à la grande préoccupation de tous : le spectre allait-il venir ? Maintenant, il n'y avait plus de souci à se faire et il n'y avait plus qu'à attendre le plus étrange acteur de passage qui fut jamais. Le régisseur vint demander différentes indications ; Wilhelm n'eut pas le loisir de chercher à voir le spectre et il s'empressa d'aller se placer auprès du trône, où le roi et la reine entourés de leur cour brillaient dans toute leur splendeur ; il n'entendit que les derniers mots d'Horatio qui, complètement troublé, parlait de l'apparition du spectre et semblait presque avoir oublié son rôle. La toile se leva, il vit la salle comble devant lui... » Wilhelm Meister fut un parfait Hamlet : il fut couvert d'applaudissements, fêté, renvoyé à son destin, hors du drame[33].

Le nœud du *Wilhelm Meister* se comprend quand l'acteur-amateur découvre l'artificialité du monde comique, et qu'en réalité il n'est que ce que le monde peut être : « Ce que vous venez de dépeindre, ce n'est pas le théâtre, c'est le monde, et que je vous trouverais dans toutes les classes, dans tous les métiers assez de modèles et de faits pour vos rudes coups de pinceau. » L'acteur est serviteur de deux maîtres : lui-même et le public. C'est pourquoi il faut se souvenir des inflexions apportées par Goethe à sa création. En 1786, une première rédaction s'intitulait *La Mission théâtrale de Wilhelm Meister* : au centre se place la question des rapports du poète avec la société bourgeoise, et le théâtre signifie la libération d'une âme poétique à l'étroit dans un monde prosaïque ; la mobilité révèle la capacité d'évasion des individus. Dans *Les Années d'apprentissage*, le héros devient acteur, car il peut y gagner plus encore, être lui-même : « Je ne sais pas ce que vaut un royaume, mais je sais que j'ai conquis un bonheur que je ne mérite pas et que je ne voudrais échanger contre rien au monde [34]. »

Le rapport de l'individu au théâtre s'est élargi à la société tout entière et au conflit qui oppose le talent et l'entreprise à la naissance. La mobilité du théâtre, son nomadisme protégé, sa confrontation entre les publics et les protections conduisent à deux effets. Pour Wilhelm Meister, c'est une rupture avec sa classe, et non pas une révolte, avant de retrouver sa vraie place et de s'enraciner dans son état. La critique polémique depuis deux cents ans sur le sens de cette intégration[35], car elle n'est pas sans contradiction par rapport au développement social et à ses conflits. Pour le public, les comédiens des *Années d'apprentissage*, attendus et fêtés, enseignent la capacité d'imitation et la nécessaire communication des valeurs perceptibles par tous les groupes de la société, une capacité aussi à l'expérience du changement, inhérente à la vie des acteurs, à celle des troupes, une autre libération. C'est une des faces lumineuses de la circulation du théâtre. Elle est opératoire car elle ouvre le monde à l'aventure.

Les aventuriers des Lumières

Dans l'Europe des Lumières, la figure de l'aventurier mérite une place, car il ne s'agit pas d'une exception : ils sont trop nombreux et trop insaisissables au-delà de quelques figures grandioses qui hantent encore nos rêves et l'image que nous acceptons d'avoir des Lumières. La mobilité, qui implique le plus souvent circularité, prend avec eux un autre sens : elle semble être vécue pour elle-même et sans retour possible, sans point fixe ; le parcours pour le parcours loge alors les chevaliers de fortune aux marges, entre les pays comme entre les milieux sociaux. La stabilité peut se gagner par la réussite ; l'insuccès contraint à la fuite. Notre fascination exige une mise au point, car si l'on peut aborder la question à partir d'un outillage littéraire, il n'est pas facile de définir historiquement le territoire social de l'aventure[36]. Il faut aller au-delà du pittoresque et de l'anecdote, si faciles à mobiliser pour comprendre des Lumières sans problème et sans conflit. Or l'aventure révèle les tensions de la vie sociale, sans doute une forme de l'inconscient des cultures, mais surtout comment un comportement est suscité par l'attraction qu'il sait gagner et par le refus qu'on peut lui opposer. Ce qu'il révèle, c'est non pas le refus du normal, du stable et de l'assuré, mais une extraordinaire volonté de s'intégrer dont la dynamique même jette les aventuriers dans l'économie du hasard, la fuite en avant, le risque, et frôle le succès ou tombe dans l'échec.

Les dictionnaires nous rassurent sur ce point. Pour Furetière : « L'aventurier est celui qui cherche la gloire par les armes, et à faire fortune. Il y avait bien des aventuriers volontaires, en cette armée. Les anciens paladins étaient des aventuriers. Les aventuriers d'amour sont des coquets qui courent de belle en belle pour trouver quelque aventure. On a fait depuis peu une belle histoire des aventuriers qui sont des corsaires qui ont couru les îles de l'Amérique. » Les registres de l'aventure sont ici clairement définis : la guerre, l'amour, le romanesque. C'est à la grammaire que renvoie l'*Encyclopédie* dans son tome premier, l'*aventure* y relève de l'événement (le rapport a un fait unique et indéterminé), et aussi de l'accident (ce qu'on ne peut prévenir ni préparer). Mais l'*aventure* relève également de la *fable* « c'est un événement extraordinaire ou surprenant, soit réel soit imaginaire, voyez *roman* » et encore du *commerce* (c'est mettre de l'argent dans les affaires maritimes que guettent les risques), et enfin de l'*art militaire* (ce sont alors « les anciens exercices militaires qui se font à cheval). L'*aventurier* se définit alors sur trois plans « *C'est le nom qu'on donne* [dans le commerce] *d'un homme sans caractère et sans domicile qui se mêle hardiment d'affaires, et dont on ne saurait trop se défier.* » On retiendra l'antithèse avec la vie ordinaire et la routine, l'invocation du romanesque et de la méfiance, car pas d'état connu et trop d'audace vous lance dans les échanges fébriles et le risque tout autant moral et intellectuel qu'économique. C'est en tout cas ainsi que les aventuriers eux-mêmes sentent ce qu'on pense de leur destin : ils protestent de leur honorabilité, ils se défendent si on les traite d'escrocs et de flibustiers sociaux[37].

La difficulté ici est d'essayer de définir ce qui l'est peu aisément, car l'aventure et ses acteurs principaux fascinent et déclenchent la suspicion, car ils occupent de multiples positions sociales, brouillent les pistes, vivent sous le masque – c'est-à-dire à l'abri de la *culture des apparences* –, car ils sont partout et nulle part. Rédacteurs de romans et héros de romans, ils transforment en stéréotypes les ingrédients ordinaires de la sociabilité. Constater avec Vladimir Jankélévitch que la condition nécessaire de toute aventure est l'ennui[38] transforme l'aventurier en aventureux sans histoire, marginalise l'aventurier aux lisières de la vie prosaïque, c'est-à-dire confond la représentation d'une exceptionnalité avec sa réalité. La démarche aventureuse de toute quête exaltante – la vie, l'amour et la mort – devient un idéal-type intellectuel, qui ne correspond pas à la défamiliarité du réel que postule l'aventurier et qui varie avec le temps[39]. L'exterritorialité de l'aventure devient alors essentielle non seulement par rapport à la trame sociale de la vie quotidienne et de ses répétitions lassantes, mais aussi parce qu'elle situe l'aventurier au cœur des imbrications d'itinéraires et de cercles offerts par la vie. L'aventure est l'occasion historique de mesurer la capacité d'un monde à accepter une vie autrement conçue et autrement rêvée. A l'horizon des sociétés européennes organicistes, on en voit l'intérêt, car il y a là une interrogation simultanée de toutes les mobilités, géographiques et sociales, et de la relation profonde en une représentation hors du temps : l'aventurier n'est déterminé par aucun passé et il n'a pas d'avenir fixé ; la conscience du présent le domine en une figure historique du procès social entre liberté et contrainte, hasard et nécessité. L'aventurier des Lumières fait ainsi rendre visible ce qui est le sens de chaque aventure, même chez l'être humain non aventureux. A travers la sociabilité spécifique d'une catégorie ubiquiste et inclassable, ce sont les autres formes de sociabilité et de catégories sociales qui se retrouvent interrogées[40].

Les aventuriers dans l'espace social

D'une certaine manière, l'aventurier du XVIIe et du XVIIIe siècle construit l'individualisme moderne. Il situe la capacité des uns et des autres à confronter la passivité (rester chez soi et dans son état) à (tenter de saisir la chance d'un changement), et de même à opposer la sécurité et l'insécurité de la vie, le fatalisme qui pousse à se retirer des stabilités de l'existence quotidienne et l'acceptation que le hasard et le risque conduisent à un accomplissement assuré. Casanova aurait fait à Venise un très joli petit prêtre, mais il a cru avec certitude qu'il pouvait jouer et réussir sur le grand échiquier du monde. Seul l'âge freine l'attrait et la capacité de son aventure ; il l'enterre à Dux, au fond de la Bohême, dans une situation médiocre. Jusque-là, comme disait de lui le prince de Ligne, Casanova ne croit à rien, excepté à ce qui est le moins croyable. La vieillesse met un terme à sa force et à sa chance, comme au crédit qu'il leur portait[41]

Dans l'aventure, ce que l'on voit se moduler, ce sont les lieux communs et les gestes de la vie ordinaire. La différence avec le comportement d'habitude est que l'aventurier est capable de se couler dans des postures multiples et de métamorphoser constamment sa vie. Il est partout et, pour un temps, totalement à sa place. On en retrouve dans des territoires sociaux multiples : l'armée – la guerre est propice au changement de camps –, le commerce, la République des Lettres, le service de l'État. En 1728, à Venise, ville propice à l'aventure et aux masques, Montesquieu rencontre M. de Bonneval; dix mille putains, trente mille étrangers font un théâtre propice à la culture de l'aventure. Le militaire limousin passé au service de l'empereur, avant d'être à celui du Grand Turc – Casanova le retrouve à Istanbul –, devient le modèle du transfuge de bonne maison. C'est d'abord un inventeur au courant des nouveautés de l'artillerie, un politique aussi, informateur en tout genre, critique de la politique européenne, connaisseur de l'*esprit des cours*, ayant rencontré tout ce qui compte (Law, Vendôme, le Prince Eugène). Montesquieu affirme : « Nous ne nous sommes pas quittés [42]. » Avec Bonneval, on trouve la mobilité, sinon le changement social, car on reste dans la même sphère – celle des carrières militaires, du service des États –, où le masque est moins nécessaire que le bluff[43]. Pour la plupart, ce qui compte, c'est d'apparaître ce qu'on n'est pas, et ainsi de convaincre par ses allures, par sa politesse, que l'on maîtrise les normes de la bonne société et de la République des sociabilités. Jean-Jacques Rousseau, un temps, a su jouer habilement au petit-maître et chercher dans les apparences mondaines son intégration. Avant la rupture, il était plus aventurier qu'après. Souvent, le chevalier de fortune surprend : il attire les regards et ne passe pas inaperçu, grand comme Casanova ou Pictet surnommé le Géant, trapu et robuste comme le comte de Saint-Germain, basané et d'une beauté magnétisante comme Cagliostro.

Les aventuriers aiment à s'habiller avec élégance; ils étalent leur richesse vestimentaire, leurs bijoux, l'amour des pierres précieuses. Saint-Germain, qui s'habille avec une simplicité magnifique et recherchée, et Cagliostro, qui se déguise parfois en mage oriental, pratiquent autrement l'un et l'autre – mais avec le même succès – l'art de la dissimulation. L'abbé de Choisy entre la cour et la ville, le chevalier d'Éon entre l'épée et la diplomatie, cultivent la science du travesti et placent leur mise dans le déguisement théâtral qui ne vise qu'à faire voir. Beaucoup, mais pas tous, car il y a d'authentiques aristocrates parmi les chevaliers de fortune : Choisy, d'Éon, le baron de Tschoudy, le baron de Bilistein sont des transfuges sociaux et rêvent de s'enrichir et de s'établir. Casanova est fils du petit monde des comédiens vénitiens, un déclassé de naissance. Cagliostro, Joseph Balsamo, le « Grand Cophte » de Goethe, le « Charlatan sicilien » de Schiller, arrive quant à lui des couches sociales inférieures de Palerme où son père était petit libraire. Moins illustre, Fougeret de Monbron, l'auteur du *Cosmopolite*, n'est pas tout à fait du peuple : son père Jean Fougeret est un financier, spéculateur du Système de Law, acheteur de biens, officier du Conseil provincial d'Artois; il achète à son fils Louis-Charles une charge de valet de chambre du roi (33 000 livres), mais celui-ci laisse tout en plan et se lance dans la vie des « Rousseaux du ruisseau » et des chevaliers de fortune. Il les fréquente tous – le chevalier de Mouy, espion et polygraphe, l'abbé de Boismorand, Chevrier, un pamphlétaire –, avant de quitter Paris pour des années d'errance de 1745 à 1755[44].

Dans l'univers réglé et hiérarchisé de l'ancienne société, les aventuriers brisent un ordre, mais en se travestissant, en se dissimulant, en changeant de rôle comme de costume, et c'est ce qui les apparente aux acteurs. Le changement d'identité fait partie de leur anticipation. Saint-Germain se fait appeler général Saltykov, prince Razoszy, comte Zarogy, marquis de Montferrat, comte de Bellani, comte de Veldon; Balsamo est successivement comte de Cagliostro, comte Fenix, comte Pellegrini; et lorsqu'on demande à Casanova pourquoi il se fait appeler chevalier de Seingalt (anagramme de son nom de Rose-Croix), il rétorque que l'alphabet appartient à tout le monde. L'homme libre est libre de choisir son nom[45]. L'aventurier se distancie ainsi par rapport à sa famille ou s'en fabrique une à sa mesure, de préférence de haut lignage. Au total, tout le range parmi les familiers de la société du luxe, de la politesse et de l'apparence. Ce sont les moyens de parvenir qui en font un groupe totalement hétérogène dans les trajectoires multiformes et les profils individuels, mais totalement homogène dans un comportement de séduction. C'est certainement pourquoi la société se laisse fasciner et tromper, avec peut-être d'autant plus d'illusion qu'elle trouve là des modèles d'apparente réussite sociale.

LES MOYENS DE RÉUSSIR

On est frappé de voir régner entre eux concurrence et connivence, solidarité et trahison. Les *Mémoires* de Casanova sont remplis de ces conflits : il règle ses comptes avec Ange Goudar, les frères Zannovitch, Cagliostro, Saint-Germain. Le chevalier d'Éon attaque – comme il se défend – Beaumarchais (moins connu sur ce terrain que sur celui du théâtre), Goudar, Thévenot de Morande. Quand ils publient, c'est souvent pour se justifier et assurer leurs prétentions contre les rivaux. Il faut pour cela une communauté de savoir, qu'ils ont reçu dans les collèges, les séminaires, les écoles de droit, ou qu'ils se sont donné. C'est une des clefs pour entrer dans le monde et y réussir, comme la politesse et les bonnes manières. C'est un des moyens de saisir les occasions qui vont trier les hors-la-loi et les fortunés. Dans le cours d'une même vie, les situations changent et les moyens de parvenir ne sont bien souvent que des moyens de subsister. Pour chacun, on peut multiplier les situations traversées qui unissent seulement l'économie de l'occasion et du risque.

Ange Goudar en est un exemple, et qui sait ce dont il parle quand il évoque un escroc (un *grec*, dit-on alors) : « C'était un homme prodigieux. Un de ces archi-aventuriers qui avait fait plus de rôles dans vingt ans qu'un acteur de comédie ne peut en jouer dans trente. Il avait été abbé, moine, soldat, chevalier, marchand, ministre d'État en Corse, commis dans les vivres en France, général au Maroc, aubergiste en Danemark, colonel en Espagne, maître des postes en Bohême, ambassadeur à Liège, et actuellement marquis à Paris. » Son livre, qui s'intitule *Histoire des grecs* et se veut l'histoire des fripons, c'est-à-dire de ceux qui corrigent la fortune au jeu, publié à La Haye en 1758, prétend informer le public des règles qui président aux marches et aux contremarches de gens partout infiltrés et menaçants : « La France est aujourd'hui un bois plein de filous. » Goudar lui-même n'ignore rien des théâtres de la filouterie. C'est le fils d'un inspecteur général des manufactures de Montpellier, le frère d'un négociant anobli pour ses inventions drapières, le frère d'un prieur nîmois ; c'est aussi un cadet qui choisit l'aventure. Il a voyagé, fréquenté le monde des lettres à Paris et acquis une solide et mauvaise réputation de tricheur.

Un texte le lance et le fait définitivement glisser dans la bohème aventurière : le *Testament de Mandrin* (1755), qui s'en prend à la Ferme générale. Il survit au succès de scandale et aux poursuites, publie des textes économiques tout à fait importants, *Les Intérêts de la France mal entendus* (1755) ou la *Relation historique du tremblement de terre de Lisbonne*, qui est une des premières tentatives pour mesurer les effets d'une grande catastrophe et en tirer les leçons en vue d'une reconstruction. Il est alors expulsé de Paris, réfugié à Avignon, à Londres en 1762, où il rencontre Casanova ; il vend sa plume à qui le paie, et également sa femme. En 1764, à l'imitation des *Lettres persanes* et de quelques autres épigones, il écrit *L'Espion chinois*, qui lui garantit simultanément l'interdiction du retour en France et le succès en Europe. On le retrouve à Venise, à Naples, à Saint-Pétersbourg, incapable de se fixer, joueur, maquereau, à Londres encore où il devient espion pour Vergennes et l'ambassadeur de Venise, et pamphlétaire rétribué par la cour avec *Le Procès de trois rois* (1780). Goudar est un subversif : il dévoile la stratégie d'un comportement antisocial sans pouvoir rompre, à l'image du héros de son roman *L'Aventurier français*, avec le monde tel qu'il est[46].

Ange Goudar n'entre dans aucune catégorie sociale précise et dans toutes à la fois. Il n'a pas suivi d'autre carrière que celle qu'imposent les circonstances au-delà d'une rupture initiale avec la sphère familiale et locale. Ceux qu'il a côtoyés et fréquentés sont comme lui, tantôt un pied dans la légalité, tantôt hors la loi et en fuite. Après des années de brigandage dans les montagnes de Dalmatie, Stiepan Zannovitch, ancien moine, ancien négociant, ancien escroc, se fait prince en Albanie. Il correspond avec Voltaire dès 1773 et joue le rôle d'un héros voltairien, citant *Candide* et s'identifiant à l'un des princes personnages du *Dîner des rois en exil*. Il se présente aussi bien comme un philosophe solitaire émule de Rousseau, dont il fait les éloges poétiquement. On ne reprochera jamais à Jean-Jacques de s'en être méfié, comme il le confie en 1766 au chevalier d'Éon. Zannovitch converse avec les gens de lettres comme avec les rois – le prince Frédéric-Guillaume de Prusse, le grand-duc Paul de Russie, Catherine II, avec laquelle il rompt quand ses frères sont arrêtés en Russie pour faux-monnayage. Le « prince d'Albanie » a certainement droit à une place dans la littérature : comme auteur, il est prolixe ; comme personnage, il évoque très précisément une tentative de réussite par la marginalité et l'escroquerie, par de sombres affaires comme par les ruses de l'intelligence et du savoir. Sa vie fut une errance continuelle de l'Italie à Paris, en Saxe, à Berlin, à Varsovie, de Vienne à Belœil et à Ath (car il a séduit le prince de Ligne), des Flandres à l'Autriche, de Vienne à Bad Ambach, où l'accueille un vieil ermite, de là en Hollande où, arrêté, il se suicide à trente-cinq ans. Pendant vingt ans ou presque, il a tissé une toile d'illusion diplomatique et écrit une œuvre étrange, réaliste et pessimiste. C'est un modèle où la réalité dépasse la fiction, l'autoportrait et l'auto-analyse étant constamment à l'œuvre dans ses écrits pour revendiquer son droit à s'identifier avec tous les personnages qu'il s'est attribués. Son destin tragique clôt une destinée pathétique, chef-d'œuvre de contradiction et d'égotisme[47].

Peu d'aventuriers ont franchi des distances sociales comparables à celles de celui qui se proclamait dans les cours «descendant de Scanderbeg». La cour de France se fait duper par le prince de Chio qui était *Gros-Guillot*, petit paysan berrichon, des terres de M. de Maurepas, venu avec son frère («prince Justiniani») mystifier les gouvernants qui croient dans leur généalogie de descendants en ligne directe des empereurs d'Orient. Théodore de Neuhof est aussi cela qui mène en bateau la Hollande et l'Angleterre, Gênes et la France, pour se faire roi de Corse; il meurt à Londres en 1756, accablé de dettes – *Candide* lui fait un bref écho.

Plus fréquents sont ceux qui savent jouer de leur entregent social et changer de protecteurs, de postes, de situations. Certains princes, certains grands sont la proie rêvée des aventuriers, qu'ils aimantent par leurs largesses. Stanislas Poniatowski, qui se pose en roi philosophe, attire autour de lui les charlatans et les escrocs[48]. Cobenzl, ministre de Vienne en Flandres, rassemble les étrangers, facilement dupé par tous ceux qui passent, écrivains, faiseurs de projets, journalistes. Ainsi Jean-François Bastide, l'auteur des *Confessions d'un fat* (1742) et des *Petites Maisons* (1753), s'impose à lui par sa flagornerie, par le talent d'un homme de conversation et par la ténacité dans les projets. Cobenzl le rejette quand il a épuisé ses ressources de journaliste. Les réputations acquises ici ne vous lâchent pas ailleurs, ce qui accélère l'errance. A certains moments, tous les moyens sont bons qui peuvent faire passer d'un pays à un autre. Le changement de religion en est un : Bonneval se fait pacha; Rousseau se fait catholique; l'abbé Prévost se fait plus ou moins calviniste avant de se reconvertir à sa foi première et de rentrer moins dans le giron de l'Église que dans la capitale des lettres; le chevalier de Saint-Martin, né Bigon, est protestant, et se fait catholique à Rome. Sara, la femme d'Ange Goudar, est rousse, irlandaise et catholique; elle abjure l'anglicanisme sous les auspices de la reine de Naples – «cette conversion ne fut qu'un jeu», a commenté Casanova. *Psalmanaazaar*, natif de la vallée du Rhône, élève des franciscains et des jésuites, se transforme en étudiant irlandais, court à travers l'Italie, l'Allemagne et la Hollande avant d'imaginer de se faire Japonais, de se convertir à l'anglicanisme à Londres et d'enseigner comme il pouvait les langues orientales à Oxford. Découvert, ruiné, il avoue sa comédie dans ses *Mémoires*.

Le commerce, l'industrie peuvent un moment tenter les uns, enrichir certains, ruiner les autres. Les aventuriers vendent de tout, et surtout du rêve ; ils sont champions en escroquerie sur la santé et le destin. Casanova, Cagliostro, Saint-Germain sont des mages et des guérisseurs. Casanova a inventé un régime à sa façon, il sait pratiquer une saignée, il connaît un peu de botanique et de chimie – son talent fait le reste, et le message bien enveloppé. Exposer un savoir secret sans dévoiler réellement aucun pouvoir occulte est la clef de sa réussite sur ce plan. Il séduit, convainc et en tire parti cinq ans de suite avec la marquise d'Urfé, à qui il promet l'éternelle jeunesse. La bonne visionnaire, comme il la nomme, est faite pour être dupe et pour payer. C'est un témoignage sur une société qui, comblée de croyances, est prête à croire à tout et aux pires fantasmagories. « Je tirais parti de la folie d'une femme qui, n'étant pas trompée par moi, l'aurait été par un autre. »

Prestige personnel et don de comédien font le succès des guérisseurs : Balsamo, avec son thé miraculeux, peut duper le prince de Rohan. La société entière est à tromper ou à convertir, à guérir ou à instrumentaliser au service d'un succès. Venus d'ailleurs, les aventuriers jouent en ce domaine d'une force attractive sans doute logée au centre même d'une sociabilité où la curiosité, la mode, l'exotisme sont les mécanismes d'une consommation accélérée d'événements sociaux. Ils doivent combler un monde oisif de blasés élégants et ennuyés. Ce n'est pas ici l'ennui qui pousse à l'aventure les aventuriers, mais il favorise leur succès car c'est celui d'une société. Mesmer, qui n'est pas un chevalier de fortune, connaît avec son baquet et ses cures un même succès que d'autres moins sincères, et le don de guérison est un aliment sérieux pour les clients des thaumaturges. Pour peu que ceux-ci bénéficient tant soit peu du soutien de la franc-maçonnerie, le succès peut se garantir. Dès la fin des années 1760, c'est toute une partie des loges qui bascule dans le mysticisme. La mobilité des aventuriers rejoint celle qui fait le succès des loges de salon et de carrefour[49]. Cagliostro a bien choisi son milieu, de Strasbourg à Paris : aux mondains assoiffés d'innocence primitive, il expose tous les mystères espérés. Ses tournées lui assurent le succès, à Lyon, à Bâle, à Varsovie (où il ouvre sa première loge égyptienne), en Russie. Persécuté à Rome, mort en prison, il est le même qui s'est imposé en Europe. En un mot, la république universelle et cosmopolite des francs-maçons a pu accueillir et aider la mobilité des aventuriers au même titre que d'autres échanges. Le mystère ajoute son piment à l'adhésion.

Les réseaux de l'insertion

Deux réseaux ont pu guider l'économie aventurière qui ont en commun de jouer sur la capacité d'information : la République des Lettres, l'État et ses services secrets[50]. Dans l'espace européen, les principaux aventuriers s'y croisent et s'y recroisent, car ils ont essayé les métiers par dizaines selon les occasions. Casanova est tour à tour enfant de chœur, étudiant, prédicateur, comédien, gazetier, agent secret, soldat, marin, mathématicien, chimiste, alchimiste, avocat, inventeur, industriel, bibliothécaire, indicateur de police et, bien sûr, homme de lettres. Cette dernière carrière leur permet fréquemment de chercher dans l'espace public des cours protecteurs et ressources. Ils bombardent les princes de lettres, mémoires et projets; ils peuvent être secrétaires, historiographes, hommes de confiance. Le plus souvent, ils sont les manouvriers de la République des Lettres : libellistes, pamphlétaires, journalistes. C'est un premier réseau qui les reçoit, celui des *nouvelles à la main* et de leurs agences, dans lequel on retrouve bon nombre de ceux qui se placent plus directement encore au service des États comme agents des services d'espionnage. A Paris, le ministère des Affaires étrangères et le *secret du roi*, dont Louis XV s'occupe directement, se partagent à tour de rôle le service des agents. Casanova, Bernardin de Saint-Pierre, Ange Goudar ont été mêlés à ces affaires secrètes, mais d'importance publique quand elles mettent en cause par les pamphlets de la pornographie politique la reine, le roi, la cour[51].

Le chevalier d'Éon est le plus célèbre du lot. Fils du directeur des Domaines du roi à Tonnerre, Louis d'Éon de Beaumont, de petite noblesse honorable, Charles-Louis, Geneviève part pour Paris au collège des Quatre-Nations où son oncle Éon de Tissey, au service des d'Orléans, a réussi à le faire entrer en 1743 – il a quinze ans. En 1749, il est licencié en droit. De mince fortune, il entre au barreau; l'ingénieur géographe Berthier, ami de Belle-Isle, l'introduit à la Chancellerie comme censeur. Il écrit en 1753 un *Essai sur l'histoire des finances*, des *Éloges*. Il a des appuis (le duc de Nivernais), il a déjà une réputation de salon, il est recruté pour le service secret royal. Maquillé en femme, il part pour la Russie, et ainsi commencent sa légende hermaphrodite et une carrière ponctuée de missions diverses qui le font rouler sur les routes à travers l'Europe – il n'a pas trente ans. On le retrouve capitaine de dragons dans le régiment d'Autichamps en 1761. L'an d'après, il est secrétaire d'ambassade à Londres, où il va rester jusqu'à la fin des années 1770, participant à des reconnaissances militaires, à des négociations secrètes ou délicates – ainsi, en 1773-1775, pour racheter les libelles de Théveneau de Morande face à Beaumarchais. A son retour, il est exilé à Tonnerre et n'est autorisé à retourner à Londres qu'en 1785; il y est mort en 1810, et l'autopsie prouve bien qu'il était un homme. C'est un aventurier de premier ordre aux yeux de Choiseul. À Londres, il a salué Jean-Jacques Rousseau. Il a beaucoup joué sur tous les tableaux, et surtout construit sa légende à travers des aventures multiples et des écrits nombreux (lettres, mémoires, romans). Toute sa vie, il a collectionné les livres – qu'il veut vendre à Catherine II comme Diderot, mais sans succès. Si sa figure ambiguë lui a assuré un succès immédiat et dans la petite histoire, le chevalier illustre bien tous les états intermédiaires qui ont rassemblé les aventuriers des Lumières et comment des agents secrets peuvent se transformer en diplomates et retomber dans l'aventure. Il illustre bien aussi l'un des principes qui organisent l'économie de la vie de tous les chevaliers de fortune : la fin justifie les moyens. Ils s'installent dans l'occasion, ils acceptent toutes les situations offertes et ils placent leur destin sous le signe du hasard. Leur mobilité est faite des contraintes acceptées.

C'est pourquoi le jeu tient pour tous une place centrale et devient un ressort principal de leur arrivée et de leur départ. Vivant souvent de l'hospitalité offerte par des protecteurs trompés ou séduits, les aventuriers adoptent les modes de vie de la haute société. A ses marges, beaucoup ont été mêlés à la finance européenne. Ils négocient des emprunts, inventent des impôts, proposent des mémoires pour réformer le système économique et politique. D'Éon, Saint-Germain, Goudar, Bilistein ont illustré cette dimension qui mériterait une analyse plus approfondie. Leurs rêves alchimiques, voire leurs escroqueries théosophiques, ne sont jamais éloignés d'un projet d'enrichissement qu'ils conçoivent à l'ombre de l'État ou aux dépens des riches. Casanova peut penser assurer son avenir par des loteries profitables, dont l'effet déplace sur le plus grand nombre les ressources du hasard. Le jeu est d'un bien meilleur profit[52]. C'est qu'il est partout dans la société, en dépit des moralistes et de la police. On peut en vivre à la cour et à la ville, dans les salons et les tripots. Pour La Bruyère, il égalise les conditions et rapproche les extrêmes. C'est en tout cas un passeport efficace dans la *société de cour*. Les aventuriers ont su en vivre et, quand Casanova s'évade des Plombs, il fait du jeu une métaphore de l'aventure : « J'ai mis ma vie sur une carte à pharaon, elle est venue second et j'ai gagné ma liberté [53]. »

C'est pourquoi la position d'Ange Goudar retient l'intérêt : son *Histoire des grecs ou de ceux qui corrigent la fortune au jeu* présente, sur le mode parodique des traités de classification sociale, le monde des joueurs. Il reconstitue ainsi une société imaginaire avec ses pratiques, ses associations, ses lieux d'accueil à Paris et ailleurs, ses catégories et leur rapport à la société parisienne et provinciale, avec ses gestes chargés de faire balancer le hasard en faveur des chevaliers de fortune. S'il s'essaie à présenter les grecs sous la forme d'une organisation réglée, façon corporation ou académie, c'est pour mieux montrer comment une classe d'hommes peut, par la tricherie, accroître ses ressources et, par la solidarité, décupler ses possibilités. Casanova, à plusieurs reprises, démontre comment ces procédés peuvent être efficaces entre le calcul et la *drogue* que procure la chance. On peut en vivre sans tricher et avec ostentation, perdre plus encore, ainsi éblouir et risquer sa vie. Derrière les options de Goudar se profile une réflexion fondamentale pour le siècle. C'est celle qui place l'individualisme et l'entreprise au centre du changement économique, « Dans le système politique, les vices peuvent devenir nécessaires et les joueurs sont gens méprisables dans la société, mais utiles à l'État parce que leur oisiveté est la source d'une industrie que le jeu seul soutient. » Goudar a lu la *Fable des abeilles* du docteur Mandeville et, à ses yeux, l'histoire des fripons peut renseigner et éviter d'être leur dupe, mais en même temps elle dévoile les mécanismes de la redistribution des richesses et de l'utilité économique. Il se fait par la friponnerie une compensation générale comme par le vol, et les passions vont toujours leur train : vice privé, prospérité publique. Les aventuriers prennent rang, ici, parmi les agents du changement. Ils doivent consommer pour paraître, et le jeu n'est pas pour eux nécessairement un métier (Casanova s'en défend : « Rien n'a jamais démontré dans toute ma vie aux joueurs davantage que j'étais de leur clique et, malgré cela, ils voulurent toujours me croire grec »), mais un moyen par lequel ils tentent d'apprivoiser la chance. Pour Goudar, le jeu est une métaphore de la vie humaine et le voyage s'y impose, car il permet d'élargir le marché du hasard et de la duperie[54]. Les grecs rendent toujours d'une main ce qu'ils prennent de l'autre.

L'ESPACE DE L'AVENTURE ET LE VOYAGE COMME MOYEN

Si la majorité des aventuriers voyagent, c'est qu'ils y sont contraints. Toutefois, certains peuvent évoluer dans des espaces restreints et rester ancrés dans un port d'attache unique. Le chevalier d'Éon a traversé l'Europe d'ouest en est et d'est en ouest à la vitesse d'une comète, mais il a passé les trois quarts de sa vie en Angleterre, à l'abri des libertés anglaises dont il sait parfaitement jouer. S'il souhaite rentrer en France, c'est avec précaution et non sans recommandation (Vergennes le protège et le loge à Versailles en octobre 1777); s'il repart, c'est que ses protecteurs le lâchent, refusent de lui accorder une mission, l'exilent en Bourgogne où il tue le temps, et enfin le réexpédient à Londres après 1783 et la signature de la paix de Versailles. Il y est devenu francmaçon à la loge L'Immortalité, et l'aventurier disparaît dans la misère – dans une dernière incertitude, il vivait en femme et on le découvre homme. Si l'on insiste sur son travestissement, c'est qu'il lui a servi de passeport et d'argument publicitaire à travers les frontières[55].

Exemplaire plus sédentaire encore, le chevalier de Mouhy, espion de la police parisienne, romancier, gazetier, dont les livres et les chroniques scandaleuses révèlent les curiosités et les méthodes policières. Son bureau d'adresses est un office de surveillance et d'informations qu'il expédie à travers le royaume et le monde européen. Voltaire l'utilise à Cirey, comme le duc de Richelieu; tous deux admirent son sens de l'intrigue. Son unique voyage est celui qui l'exile six mois à Rouen en 1745, et en Hollande quatre ans. Pour le reste il est parisien, et jusqu'en 1763 fidèle informateur des lieutenants de police, créature des ministres et de Belle-Isle. Il disparaît.

Le plus souvent, les aventuriers sont en route pour assurer leur survie et leur sécurité, jusqu'au moment où les accidents de parcours ou l'âge les forcent à l'arrêt. Ils passent les frontières, courent la poste, hantent les auberges à l'instar d'autres voyageurs, mais avec une intensité et une nécessité particulières[56]. Pour la plupart, mais certainement pas pour tous, ils ont brisé les amarres avec ce qui fait la solidité de l'Ancien Régime social : l'attachement à la famille, l'enracinement local, la sédentarité qui procure la sécurité à l'abri des corps, des institutions. S'ils s'installent aux marges du monde, c'est pour s'y assimiler; s'ils vivent dans l'espoir de servir l'État moderne, c'est que celui-ci offre partout des vides à combler où leur talent peut servir, fût-ce temporairement.

« Le voyage, en les arrachant à un statut social qu'ils reniaient, leur donnait au moins les apparences de celui qu'ils auraient voulu gagner [57]. » Il devient une nécessité, car vivre sous le masque, changer d'identité a bien souvent la contrepartie d'être démasqué et obligé de décamper. Il leur faut, après expulsion ou menace de voir leurs masques découverts, aller chercher fortune ailleurs. Une frontière franchie, un nouveau nom, un nouveau déguisement, et les voilà à l'œuvre. Changer d'identité se révèle utile, mais c'est le voyage seul qui leur permet d'endosser de nouveaux noms avec de nouvelles relations. Casanova raconte qu'en Autriche on le fit *baron* : « Je devais convenir de l'être si je voulais, à Vienne, être admis quelque part. »

Stiepan Zannovitch est le champion de tous ces protées : il a été tour à tour le père Sarra, le sieur Talbladas, M. Babylone, Bellini, Czernowitch, Babindon, Bonenski, Warta, sans compter son titre principal de prince Castriotto d'Albanie, duc et capitaine général de Monténégro, despote de Gruda, duc de Saint-Saba, dynaste des Hautes-Montagnes et prétendant au trône albanais. Dans son procès de 1786, on voit comment il justifie ses changements en invoquant les dangers courus s'il avait été le vrai descendant de Scanderbeg. Les instruments de contrôle de police sont insuffisants à empêcher la comédie renouvellée des usurpations salvatrices[58]. C'est ainsi que Stiepan Zannovitch réussit à duper ses victimes. En 1786, à Amsterdam, il rencontre dans une librairie le baron Jean-Baptiste Cloots du Val-de-Grâce, neveu du chanoine de Pauw, familier de Frédéric II, correspondant de Voltaire et qui se voulait – comme son oncle et comme le roi de Prusse – philosophe. Zannovitch l'aborde en ces termes :

« J'apprends que vous êtes prussien, auteur et millionnaire. Votre nom ne m'est pas inconnu, car le prince de Prusse m'a chargé de vous dire des choses qui vous intéresseront infiniment. Comme vous demeurez ordinairement à Paris, je comptais vous y trouver, ainsi que Madame la duchesse de Kingston, qui obtiendra tout en Russie par mon canal et celui de mon ami intime le prince de Prusse. Il y a deux ans que je suis venu en Hollande avec le comte d'Oginski, grand général de Lituanie, qui me doit cent mille ducats et l'expectative de la couronne de Pologne. Je viens demander aux États généraux, pour les vingt mille hommes que je leur offris contre l'empereur, mon ennemi personnel, un million. »

On voit là les ressorts de l'illusion, et comment le voyage y joue sa partie entre les capitales européennes. L'habileté à mêler le faux et le vrai, le choix de la victime (Cloots est riche d'héritage), les références et les relations évoquées, peu après les propositions fabuleuses, suffisent à convaincre Cloots, qui a perdu l'esprit critique et qui a besoin de croire. Son nouvel ami, preuve convaincante, ne lui a-t-il pas promis de réaliser en sa compagnie un voyage à pied de deux mille kilomètres dont il rêve en pèlerin rousseauiste convaincu, en converti récent ? Il faudra l'arrestation du prince – dénoncé par le marchand drapier Van Dirk Veeling pour créance impayée – pour lui faire perdre sa crédibilité et conduire Cloots au reniement. « Comment les gens d'esprit peuvent-ils être dupes d'escrocs et d'aventuriers ? » s'interroge-t-il dans une lettre au comte d'Oginski pour l'alerter, le 15 avril 1786. « C'est que l'homme d'esprit se défie moins de lui-même que le sot. » Riche le plus souvent, l'homme d'esprit en est quitte pour quelques égratigures, alors que le sot moins assuré est perdu sans ressource : il n'a « pas toujours un fil qui le retire du labyrinthe ». On voit là l'autosatisfaction sociale qui caractérise le gentilhomme, mais aussi, comme dans sa correspondance tout entière, le goût pour le romanesque et l'irruption dans la vie qui fait l'alliance des dupés et des dupeurs[59]. Le voyage seul permet de la rentabiliser, comme d'en garantir toutes les ressources avec plus de sécurité.

Le déplacement des aventuriers ne se distingue pas des plus habituels : ils en empruntent les mêmes moyens et des itinéraires identiques. Ce sont ceux de tous, mais avec une gravitation particulière dictée par l'aventure elle-même, l'intérêt, la nécessité et le plaisir. C'est peut-être ce qui distingue Casanova dans son errance : il a le goût du changement et il s'en donne les moyens. Le voyage est l'un des ressorts principaux de ses *Mémoires*. Typique, il témoigne pour tous ; atypique, il a plus que d'autres su allier toutes les facettes qui contribuent à conduire l'aventurier au succès ou à l'échec. Sa vie est le voyage même. Ses déplacements tiennent dans ses *Mémoires* une place essentielle, par leur distance, par leur durée, par leur nombre, « mais aussi parce que l'auteur leur doit la conviction que sa vie valait la peine d'être écrite ». Il est condamné à l'exil par deux fois : en 1756, après son évasion ; en 1783, après son expulsion de Venise où il était revenu vivre en 1774. Ces deux dates marquent les étapes d'une intense circulation, commencée très jeune et achevée dans son dernier refuge et dans un insupportable ennui que rompent à peine les visites des amis, de brèves escapades à Prague, Leipzig, Dresde, Tübingen, ou les voyages imaginaires dans la bibliothèque de Joseph-Charles de Waldstein à Dux[60].

La lecture statistique des *Mémoires* ne peut qu'impressionner : de 1734 à 1774, Casanova a parcouru 52 000 kilomètres ; de 1774 à 1797, il faut en rajouter 13 000, soit un total de 65 000 kilomètres en quelque soixante ans. On peut le suivre pas à pas comme l'a fait, carte à la main, Pablo Günther[61]. Respirations spatiales et accélérations des rythmes correspondent à des étapes précises de sa vie. À vingt ans, il a déjà fait le voyage de Corfou et de Constantinople deux fois, et il est allé à Rome ; le but n'est pas de s'instruire, comme lorsqu'il a gagné Padoue, mais de réussir dans l'armée ou l'Église. De 1749 à 1753, c'est un premier tour d'Italie et d'Europe jusqu'à Paris, Dresde, Vienne, et retour à Venise : il y poursuit sa famille exilée, est initié à la franc-maçonnerie, vit d'expédients et de magie, fréquente les comédiens italiens de Paris ainsi que les troupes des cours germaniques, et multiplie les aventures avec les comédiennes. Envoyé en prison après ses frasques que la Sérénissime juge excessives, il s'évade et gagne Paris par Bolzano, Munich, Augsbourg et Strasbourg ; il y arrive le jour de l'attentat de Damiens, le 5 janvier 1757. C'est son entrée dans le monde de la finance proche de la cour ; il propose une loterie à Pâris-Duverney, et il peut compter sur Bernis rencontré et séduit à Venise. On l'envoie en mission à Dunkerque, en Hollande, et en 1761 à Augsbourg. Entre-temps il joue, gagne, perd, se travestit en magicien, séduit Mme d'Urfé, noue les fils de machinations aussi secrètes qu'infructueuses à long terme. « Il y a des secrets dont il n'est pas le maître, fait-il croire en confidence[62]. » Il a passé quatre jours avec Voltaire en 1760, et descend ensuite vers le Sud. En 1763, il est à Londres, qu'il laisse en 1764 pour arpenter pendant quatre ans les Allemagnes, la Russie et la Pologne. A Vienne, en 1767, on l'expulse ; il atteint Paris, mais on l'expulse encore ; il gagne l'Espagne, où il passe deux ans. En 1774, le revoilà à Venise. Les années où il parcourt moins de 2 000 kilomètres sont rares : en 1751, il a battu tous ses records (4 700 kilomètres) ; après 1764, il ne dépasse que rarement le millier de kilomètres annuels. En revanche, le rythme, le nombre d'étapes, les aventures s'accélèrent après 1770 et le second départ de 1777. Le revoilà sur les routes, en Vénitie, à Vienne en 1783 ; en janvier, il parcourt 900 kilomètres, de Trieste à Venise, et de là à Vienne ; en juin et septembre, c'est 2 000 kilomètres de plus au compteur, Vienne, Venise, Francfort, Spa, Amsterdam, Paris ; en novembre, décembre et janvier, 2 800 kilomètres ou presque, Paris, Vienne, Dresde, Breslau, Dessau, Leipzig, Dresde, Brünn. Les étapes qui suivent l'installation à Dux ne dépassent pas 300 kilomètres par mois.

La circulation de Casanova

La mobilité et la carrière de Casanova sont européennes. Il a frôlé l'Orient dans son jeune âge, il a connu quelques mois la Russie ; pour le reste, c'est l'espace des capitales et ce sont les étapes des routes et des relais de poste, plus rarement les chemins qui marchent – sauf obligation pour traverser la Manche, remonter ou descendre la Brenta. Pablo Günther, auquel rien n'a échappé, lui attribue 8 500 kilomètres par voie d'eau (13 %) pour une cinquantaine de milliers parcourus en malle-poste, en calèche, en diligence, en chaise, en chariot, en coupé. Les *Mémoires* sont un musée des voitures et des attelages du temps ; Casanova monte peu à cheval ou à dos de mulet (570 kilomètres seulement), marche encore moins à pied en dehors des villes (275 kilomètres) et, comme un bon voyageur, il a franchi le Mont-Cenis porté à bras d'homme. Deux enseignements sont à tirer de ces remarques : Casanova est l'homme des routes de la poste, en Italie, en France, en Angleterre, en Allemagne ; c'est aussi un personnage qui a eu les moyens de son confort et de sa rapidité. En se fondant sur les tarifs proposés par les guides, tel le Nuggent (1749-1778), on a calculé qu'il a englouti une fortune dans ses voyages : un revenu évalué sur trente ans à plus de 21 millions de baiocchi vénitiens, dont 11 millions par le jeu, et le reste en ressources propres et sales, en cadeaux divers. On se doute qu'on a là une évaluation imprécise, en dépit de l'érudition allemande : ces dépenses se sont élevées à plus de 5 millions, les pertes au jeu à 5 millions, les voyages (en achats et locations de véhicules, en frais d'auberges) à plus de 2 millions. Réduit en livres tournois, cela représente moins de 118 000 livres, et pour l'ensemble de sa consommation et de ses cadeaux – car, s'il vit de l'hospitalité, il est très généreux envers ses amis et ses maîtresses –, il dépense plus de 24 000 livres par an. Même approximatifs car reposant sur les confidences du mémorialiste, ces résultats soulignent trois caractéristiques de l'économie des aventuriers de haut vol : l'importance du jeu et de la dépendance des occasions, dons, commissions, revenus de livres, paiements pour missions ou pour mémoires et projets commandés ; la dépendance de l'accueil offert à tous les niveaux de la société ; enfin, l'imitation forcenée du train de vie nobiliaire. Les aventuriers sont la vitrine du luxe consommé[63].

Les *Mémoires* de Casanova contiennent d'autres richesses. Ses historiens ont su montrer comment il a été le lecteur des guides de voyage et comment il les confirme ou les commente parfois de façon détaillée. Les hôtels qu'il fréquente sont ceux qu'il faut choisir ; les tables qu'il conseille sont celles que les voyageurs du temps recommandent. De tous, c'est certainement Misson dont il suit le plus volontiers les conseils, et lui-même n'est pas un très bon guide ni même un très bon auteur de récits de voyage. Il n'intervient en ce domaine que pour tracer un cadre au périple et proposer une liste sèche de ce qu'il faut voir. Point de pittoresque urbain là où d'autres se laissent aller, point de pittoresque naturel, mais partout des réminiscences de lettré, une émotion toute littéraire. « Cela est partout », « Je n'en dirai rien », « Je n'en parlerai pas, car tout le monde peut connaître », sont des formules constamment reprises et qui montrent qu'il partage la culture de tous et n'a pas l'intention d'agir en cuistre. C'est lui-même qui compte et, au-delà, le champ et les territoires sociaux qui accueillent les aventuriers et bornent leurs aventures[64].

Les capitales de l'Europe sont au premier rang. Défilent Venise, Vienne, Rome, Naples, Berlin, Augsbourg, Riga, Pétersbourg, mais les toutes premières places, avec les séjours les plus longs, reviennent, outre Venise, à Paris, Londres, Naples, Vienne, Amsterdam. Les aventuriers ne peuvent prospérer que dans les grands centres qui brassent les populations et la richesse, qui rassemblent la fortune et la dépense, qui mêlent les populations de toute origine, sédentaires et passagères, provinciaux et étrangers. Si les étapes intermédiaires peuvent être innombrables, elles ne comptent que pour organiser un trajet, fournir des occasions de rebondissement à la fortune. Ce sont des relais, buts passagers, où le séjour dépend des chances offertes (voyageurs à plumer, souverains des « courettes » allemandes à séduire). La halte peut y être l'occasion de se refournir, car les bruits des exploits accomplis ailleurs n'ont pas toujours précédé les chevaliers de fortune. A l'occasion, ces cités moyennes peuvent attirer les mieux informés et les plus rapides. Ainsi Utrecht, en 1712, où les discussions de paix voient s'accumuler plénipotentiaires, valets, secrétaires, agents secrets, avoués, espions, femmes entretenues, troupes de comédiens, curieux, soldats. Bonneval y était, comme les frères Chavigny chassés de la cour. C'est une caisse de résonance pour tous les bruits comme pour l'information ordinaire. Les représentants de la France sont ravis de rencontrer des compatriotes informés comme Théodore Chavigny, le comte de La Vergne qui avait servi contre les Turcs et l'empereur – il fut arrêté sur sa route. Bref, ce qui compte ici, outre le brassage favorable à l'aventure et à ses profits, c'est la sociabilité européenne qui s'installe avec ses rites et ses habitudes, l'apparat de ses fêtes, la richesse de ses banquets.

Pour les aventuriers, le cosmopolitisme des négociations diplomatiques est un terrain particulièrement choisi ; c'est aussi un royaume du masque et de la liberté qu'il confère sous la protection momentanée du mensonge[65]. A l'annonce d'une conférence internationale à Augsbourg, en 1761, une même attraction se reproduit. Casanova y court. Les villes d'eau, Spa, Aix-la-Chapelle, Plombières, Bagnères, assument un rôle comparable pour les aventuriers. La variété des visiteurs, le mélange de fortunes, la confusion pittoresque, l'absence de cérémonies, la «liberté de s'assortir à son gré», comme dit Pollnitz dans les *Amusements des eaux de Spa* (1734), sont autant de facteurs favorables. «C'est une enceinte où je ne sais en vertu de quelle convention se rendent une fois par an, tous les étés, toutes les nations de l'Europe pour faire mille folies [...] je fis les miennes aussi», écrit en 1783 Casanova à son ami l'abbé Della Lena pour évoquer son second séjour à Spa. Ange Goudar confirme l'expérience : les malades et les valides jouent avec ardeur. C'est le paradis des grecs et des femmes, et la circulation d'argent y est étonnante. On y va pour affaires, pour le jeu, pour espionner, pour l'intrigue, pour l'amour. La quintessence des grandes capitales y brille chaque année quelques mois de ses feux multiples[66].

Au total, la sociabilité des aventuriers est celle des élites, et les lieux qu'ils fréquentent aux eaux comme dans les capitales sont ceux qui exposent la capacité sociale des attractions les plus diverses. Paris est, à ce titre, le lieu le plus social et le plus attractif du monde. De l'auberge aux cafés et aux cabarets, les aventuriers peuvent se mêler à tous, car tous s'y mêlent, petites gens et gens de bien. Casanova, à Londres, sait qu'au Prince d'Orange se regroupe la lie des mauvais sujets italiens ; il y rencontre Martinelli, qui devait lui rendre bien des services dans un pays inconnu et qui ne lui réserve que des déboires pour sa santé et sa fortune. Le théâtre, avec ses acteurs, sa mobilité et son attraction, juxtapose les sociétés autonomes et offre une multiplicité de rencontres en tous genres. Casanova, encore lui, y cherche de belles spectatrices, de belles actrices, mais aussi des occasions de plaisir – et les Italiens, à Paris, le savent qui le fêtent lors de ses séjours. C'est pour lui, et pour d'autres, une occasion d'entrer dans la société parisienne et d'y trouver ce qu'il cherche. Là également, le modèle est européen.

Les aventuriers et la République des Lettres

Les chevaliers de fortune ont certainement été des agents actifs de la République des Lettres. Celle-ci, pour eux, ne se sépare pas de celle des mœurs, du *monde* qu'il leur importe de séduire. Bien sûr, tous n'y ont pas obtenu un succès identique ; mais ce qui compte, c'est de voir comment, par leur culture et leur action, ils en répercutent habitudes et pratiques, comment ils réussissent quelquefois à faire de leur vie une occasion d'œuvre d'art, un espace littéraire spécifique. Le ressort de cette transformation est à lire dans l'efficacité que la mobilité leur confère dans les relations sociales et humaines. Sociabilité et cosmopolitisme sont les deux dimensions principales de ce succès qui surprend toujours [67].

Si l'ennui ne fait pas l'aventurier, il fait les occasions de son succès et, à tout le moins, les raisons de son accueil dans la société que guettent la routine et les pratiques de l'oisiveté. L'aventurier bénéficie de l'aura des étrangers en général et de la fascination des voyageurs en particulier. Tout le monde ne peut voyager, et la lecture du voyage des autres ne suffit pas à combler la curiosité du monde pour le monde. L'*Histoire de ma vie* donne des exemples nombreux de cet exotisme attractif, dont le plus connu est celui de la fuite des Plombs. En 1787, trente ans plus tard, Casanova en écrira le récit dans l'*Histoire de ma fuite*, éditée à Prague et rééditée une cinquantaine de fois depuis. L'aventure – celle d'un exploit, car on ne s'échappait pas facilement de l'une des prisons les mieux gardées de l'Europe – et la façon dont il a pu la raconter, si elle pouvait soulever la méfiance de certains, le plus souvent fascinait l'auditoire. C'est déjà une manière de raconter sa vie. C'est pendant longtemps son morceau de bravoure, mais quelquefois une corvée, car le récit pouvait durer plus de deux heures. Cependant, ajoute-t-il, « j'étais en devoir d'être complaisant vis-à-vis de ceux qui s'en montraient curieux, car ils n'auraient pu l'être sans le vif intérêt qu'ils prenaient à ma personne ». Le voici face à Choiseul :

« Après avoir achevé sa lettre, il me dit en italien que M. l'abbé de Bernis lui avait conté une partie de l'histoire de ma fuite. « Dites-moi donc comment vous avez fait pour y réussir. – Cette histoire, monseigneur, dure deux heures et Votre Excellence me semble pressée. – Dites-la en bref. – C'est dans la plus grande abréviation qu'elle dure deux heures. – Vous me direz une autre fois les détails. – Sans les détails, cette histoire n'est pas intéressante. – Si fait. On peut raccourcir tout, et tant qu'on veut. – Fort bien, je dirai donc à Votre Excellence que les inquisiteurs d'État me firent enfermer sous les Plombs. Au bout de quinze mois et cinq jours, j'ai percé le toit; je suis entré par une lucarne dans la chancellerie, dont j'ai brisé la porte; je suis descendu à la place; j'ai pris une gondole qui m'a transporté en terre ferme, d'où je suis allé à Munich. De là, je suis venu à Paris, où j'ai l'honneur de vous faire ma révérence. – Mais qu'est-ce que les Plombs? – Cela, monseigneur, dure un quart d'heure. – Comment avez-vous fait pour percer le toit? – Cela dure une demi-heure. – Pourquoi vous a-t-on mis là-haut? – Encore une demi-heure. – Je crois que vous avez raison, le beau de la chose dépend des détails. Je dois aller à Versailles. Vous me ferez le plaisir vous laissant voir quelquefois. Pensez, en attendant, en quoi je peux vous être utile [68].» »

La citation montre les enjeux : divertir, et s'adapter au protecteur possible. Plus tard, Choiseul démentira le témoignage, mais pourquoi le croire plus que Casanova? Pour une fois, l'auditoire n'était pas complaisant, mais Choiseul n'a pas freiné l'entrée du conteur dans le cercle des serviteurs potentiels. Son expérience a toujours eu une saveur unique. A Londres, chez Milady Harrington, il est reçu dans une assemblée de vingt-cinq à trente personnes : « Pour trois quarts d'heure au moins, je fus seul parlant, demandes et réponses, toujours les mêmes qui se font en occasion d'un étranger [69]. »

« Étonner est ma passion », disait Casanova, et il répond ainsi à une attente avec d'autres aventuriers par sa vitalité, par sa belle humeur, par le prestige de la nouveauté. Ce qui est aussi une raison de partir, car la nouveauté s'use et, comme l'enseigne Crébillon père à l'aventurier vénitien, ses italianismes, sa légende le servent, mais dans deux ou trois mois les moqueries succéderont aux applaudissements. Il faut alors changer d'artifice, multiplier l'offre. On ne peut alors séparer le mouvement des aventuriers d'une émigration bien plus large qui leur prépare la voie. Celle des gens qui sont les moteurs et les acteurs de la diffusion des modes françaises, de la politesse et du goût qu'on imite avant de rejeter : acteurs, danseurs, cuisiniers, précepteurs, tailleurs, marchands, qui concourent aux marges des Lumières – en Russie, en Pologne, en Allemagne – à apporter un ton nouveau. La Russie, comme l'a montré Alexandre Stroev, est le front pionnier de l'aventure[70] à l'instar de l'Europe orientale, de la Pologne au Monténégro, de la Baltique à la mer Noire. L'instabilité politique et les besoins de réforme se combinent pour faire espérer à un nombre croissant de faiseurs de projets un succès profitable.

« Dans la mythologie des Lumières, la Russie attend avec impatience des étrangers qui se chargeront de la civiliser et policer. Elle semble une terre promise pour appliquer de nouvelles idées philosophiques et politiques. » Ils s'y précipitent, venus de tous côtés – Allemands, Anglais, Italiens, Serbes et Français.

Parmi ceux-ci, Bernardin de Saint-Pierre qui, après plusieurs tentatives en Hollande, Pologne, Prusse et Saxe, arrive en Russie en 1762, où il reste deux ans. Venu sans argent, sans invitation, sans recommandation avec une troupe de comédiens, il change de nom, devient le chevalier de Saint-Pierre, entre dans la confiance du comte de Munich, du général de Bosquet, du chef de l'artillerie russe Guillemot de Villebois, tous étrangers et intégrés. Ils en font un capitaine du corps du génie, lui proposent diverses situations, mais en vain : il rentre en France après l'échec. A Varsovie, il trahit la tsarine pour le roi de France et retrouve Paris, criblé de dettes, sans poste, sans argent. Il réglera ses comptes dans le *Voyage de Russie*, mais ne trouve une certaine sécurité qu'avec son voyage à l'île de France (1773). D'autres exemples montrent la montée des demandes de service et la difficulté des intégrations décisives.

Le baron de Bilistein est un Lorrain qui cherche honnêtement fortune à travers l'Europe. Charles-Léopold commence à proposer ses services vers 1757 en Westphalie, puis en Hollande. À Amsterdam, il fait la connaissance de Casanova, qui le trouve « homme d'esprit très versé dans les mathématiques et grand architecte hydraulique ». Il y prépare l'édition d'une demi-douzaine de livres, sur la Lorraine, sur l'armée, sur l'hydraulique et les canaux. Ni la cour de Nancy ni celle de Versailles n'acceptent ses offres. En 1763, Frédéric II s'intéresse à son projet de liaison du Rhin à la Meuse, et l'on voit que le Lorrain joue la carte du développement économique – celle du modèle hollandais, celle des enquêtes statistiques et des grands travaux avec de forts investissements. Hélas ! Berlin n'est pas prêt à investir. Bilistein part alors pour la Russie, où Catherine II le nomme conseiller de commerce en 1765. Dans un premier temps, tout marche : il est accablé de travail, la noblesse russe le soutient, comme les francs-maçons, l'Académie où Johann Albrecht Euler est secrétaire perpétuel. Puis commence la désillusion car, si l'on veut bien ses projets, on n'entend guère – faute de moyens – les réaliser. Bilistein se lance alors dans l'urbanisme et propose un grand programme de célébration monarchique. Malchance encore : la statue de Pétersbourg lui échappe, et c'est Falconet qui l'édifiera.

Il tente alors sa chance dans la guerre qui s'engage avec la Turquie sur les frontières méridionales de l'Empire ; ses réflexions diplomatiques sont discutées et acceptées. Cela ne réussit pas à l'imposer, ni un remariage moldave – « c'est un homme à mettre aux petites maisons », écrit M. de La Fermière, bibliothécaire du grand-duc Paul. Au total, de projet en projet, de négociation en négociation – il a tenté aussi de séduire Vergennes –, Bilistein reçoit son congé. En 1777, il n'a plus qu'à retourner en Lorraine ; il disparaît.

La figure du baron lorrain, dont les plans ont inspiré des réalisations posthumes, montre bien l'ambiguïté de l'accueil réservé aux étrangers que sont les aventuriers, en dépit de leur entregent social. Faire fortune en Russie n'est en rien facile, pas plus qu'on ne peut pénétrer et s'imposer au-delà d'un succès transitoire dans les élites installées de tous les pays d'Europe. Si l'impératrice recrute de nombreux étrangers, Allemands (hommes d'État, savants, paysans et artisans), Italiens (musiciens et chanteurs), Français (libraires, modistes, précepteurs, artistes, artisans, coiffeurs, cuisiniers et militaires), la Russie retient plus les hommes immédiatement utiles et dont on ne parle pas que les aventuriers marginaux du sommet ou les philosophes conseillers des transformations. Le service patient paie plus que les tentatives fulgurantes, toujours soumises à la fortune. Casanova a fait les frais de cette incertitude.

Son récit russe raconte un an de séjour (1764-1765). Ainsi que le montre Alexandre Stroev[71], il est organisé comme un roman où les thèmes se répondent entre eux – pouvoir et théâtre, amour et argent – et expliquent son échec par des registres différents. Séducteur, Casanova échoue dans les pays où les femmes gouvernent : il n'a aucune chance avec la tsarine, ses tentatives avortent et sa liste de bonnes fortunes russes est assez courte. Les étrangers ne peuvent réussir en Russie, où leur succès est toujours fragile. Casanova ne parvient pas à entrer au service, la franc-maçonnerie ne lui sert pas à grand-chose, sa réputation l'a précédé – et pas à son avantage. Il y vit encore plus en nomade qu'ailleurs dans sa *dormeuse* où il voyage, mange, dort, fait l'amour. Il n'a plus qu'à partir. L'image laissée par les aventuriers dans l'espace russe – imaginé ouvert, réellement fermé – a l'avantage d'éclairer, à la limite, toutes les difficultés et toutes les solutions imaginées. Ce sont celles que rencontrent de façon identique pour s'imposer l'utopie et la réforme, la vie dans la mobilité et la liberté. D'une autre manière, l'exemple russe interroge aussi en profondeur le cosmopolitisme réel et le triomphe de la civilisation française par en bas autant que par en haut. Les solidarités révélées correspondent finalement à la façon dont on veut voir fonctionner la sociabilité de la République des Lettres et dont on imagine son efficacité universelle. Les figures aventurières questionnent cette construction car, si leur patrie est partout, l'accueil qui leur est réservé et la fonction acculturante de la mobilité dépendent partout d'un équilibre fragile entre l'accueil et le rejet.

Aventure et littérature

C'est sur ce terrain qu'il faut revenir, et à la place ouverte par l'aventure dans l'espace littéraire. La chance offerte, c'est que les aventuriers dont on parle, ceux qui ont écrit, sont également ceux qui ont balisé leur chemin à travers les archives, les correspondances, les rapports de police. Leur confrérie échappe au bornage et ne trouve son existence qu'à travers la bibliographie de leur vie ou de leurs transactions avec la société. Leur sociologie se révèle étroitement dépendante de leur volonté d'aveu qui transforme une vie en une œuvre et devient ainsi un élément clef de l'histoire de la République des Lettres. On ne peut qu'être étonné de la manière dont les plus illustres personnages d'une époque sont prêts à les entendre, à les recevoir, à accepter leurs récits. Rois, grands de la terre, écrivains, penseurs, savants suivent leurs aventures, correspondent avec eux, perdent des heures à recevoir de tristes sires ou des individus fascinants. Une première réponse est, comme on l'a vu, qu'ils ont pour la plupart assimilé les codes exigés, politesse, costume, sens du jeu social, usages des réseaux efficaces. C'est ainsi que leur entregent mondain ne fait qu'obéir aux règles qui sont celles de tous.

Les aventuriers ne font que reprendre sur le motif de la répétition les demandes et les réponses de tous ceux qui veulent parvenir. Rien d'original chez eux, en cela, par rapport aux héros et aux héroïnes des romanciers, paysans parvenus et paysannes perverties. Ils arpentent les mêmes territoires, ils en partagent les mœurs, ils n'en contestent pas les hiérarchies. En ce sens, tous montrent la fragilité des frontières entre le réel et son récit, et comment celui-ci partage des réalités qui les inspirent souvent. Ils offrent alors une occasion de voir comment se construisent et circulent des stéréotypes sociaux dont ils durcissent les caractères, l'appartenance à une civilisation qui s'impose par le mode de vie, la culture matérielle et les idées acceptables après transformation et appropriation en étant le trait principal. Dans la République des Lettres, les chevaliers de fortune imitent les modèles proposés, les petits-maîtres dans le domaine des habitudes morales et matérielles, les manières et la langue autant que faire se peut, les philosophes dans la sphère des idées et des projets. Par rapport aux uns et aux autres, ce qui les distingue, c'est leur instabilité chronique et leur incapacité finale à obtenir une reconnaissance sociale et idéologique que le monde ne refuse pas aux plus mobiles et aux plus instables des républicains des Lettres. Voltaire est intéressant sur ce point quand il écrit le 24 janvier 1765 à Tronchin : « Jean-Jacques Rousseau est aussi fou que les Déon et les Vergé ; mais il est plus dangereux. » De même Casanova qui, après avoir visité Rousseau à Montmorency avec la marquise d'Urfé, trouve « l'homme qui raisonnait juste, qui avait un maintien simple et modeste, mais qui ne se distinguait en rien ni par sa personne, ni par son esprit ». Peu importe sans doute que la visite soit imaginaire ; elle montre que c'est la singularité même de Rousseau qui lui assurait son succès, ce que ne comprend pas le Vénitien[72].

Cette anecdote nous mène sur la piste d'une seconde réponse : le succès même des aventuriers est lié au rôle qu'ils jouent dans la construction de l'espace philosophique et littéraire. Ils en ont propagé les habitudes, ils en ont réfléchi dans leurs écrits les questionnements et les gages de succès. Les chevaliers de fortune participent du triomphe de la métaphore du voyage comme instrument de la lecture du monde et du monde comme livre intelligible. Dans le dialogue de Voltaire et de Casanova, l'image est centrale : « Oserais-je vous demander à quelle espèce de littérature vous vous êtes adonné ?, interroge le patriarche de Ferney. – A aucune, mais cela viendra peut-être, répond le Vénitien. En attendant, je lis tant que je peux, et je me plais à étudier l'homme en voyageant. – C'est le moyen de le connaître, mais le livre est trop grand[73]. » Les aventuriers sont, pour la plupart, des hommes du livre à la culture inépuisable. Casanova, Stepian Zannovitch, le chevalier d'Éon, Bilistein, Goudar sont des bibliothèques vivantes. En 1764, Casanova reste une semaine entière dans la bibliothèque de Wolfenbüttel : « J'ai passé huit jours sans jamais en sortir que pour aller dans ma chambre et sans jamais sortir de ma chambre que pour y rentrer. » La bibliothèque de Dux sera son ultime point d'attache. L'histoire de celle du chevalier d'Éon est un roman dans le roman de sa vie. Il passe son temps avec ses livres ; il construit son existence d'après les livres, et comme un livre, et à partir des livres[74]. Il a toujours acheté des livres, à Pétersbourg comme à Paris, et plus encore à Londres. En 1769, quand il songe à vendre sa collection à Catherine II, il en rédige un catalogue ; en 1791, il en propose un second pour la vente qu'organise Christie's : six volumes rassemblent manuscrits, papiers de Vauban, documents politiques, financiers, historiques, et livres manuscrits divers, enfin 674 titres – ce qui est peu pour une grande bibliothèque, mais correspond au choix de livres rares ou propres à intéresser le public anglais. D'Éon a cependant l'essentiel, et sans doute plus encore. Sa bibliothèque, remise en vente en 1793, est sa dernière ressource.

Sur la carte littéraire de l'époque, les aventuriers sont tirés entre le roman et les mémoires, mais l'on sait que depuis longtemps les faux mémoires ont la faveur du public. A leur tour, ils rédigent des romans et suivent sur ce point les pentes de leur temps, sur lesquelles on ne peut les suivre ici pas à pas[75]. Il n'est toutefois pas inutile de rappeler que leurs récits ont des ressorts analogues à ceux des aventures picaresques et qu'ils ont su puiser dans leur expérience de quoi animer leurs intrigues : Ange Goudar avec *L'Aventurier français* (1746), le chevalier de Mouhy avec *La Mouche ou les Aventures de M. Bigand* (1736), Maubert de Gouvest avec *L'Ami de la fortune* (1754), Robert-Martin Lesuire avec *L'Aventurier français* (1782). Ces quatre textes rassemblent des aventures semblables, mêlant les intrigues, l'ascension et la chute, les trahisons et les fuites, les aventures amoureuses et le changement de statut. Les mêmes motifs principaux se retrouvent de l'un à l'autre : fourberies, enquêtes, persécutions, présages, théâtre, jeu, duels, habits neufs, séductions mondaines. De la même façon, on peut en suivre la production théâtrale, puisqu'on les retrouve dans d'innombrables comédies et dans toutes les littératures nationales, du *Méchant* de Gresset (1747) à *L'Aventurier honnête* de Goldoni (1751), de *L'Aventurier comme il y en a peu* de Mme de Montesson (1773) au *Grand Cophte* de Goethe (1791).

Les aventuriers fournissent d'inépuisables scénarios sur les thèmes du hasard, du masque, de la fortune, de l'étrangeté : tous les personnages sont fidèles au comportement qu'impose leur réputation douteuse. *A contrario*, Goldoni est sur ce point exemplaire, il met en valeur le caractère romanesque et mystérieux de son sujet, il insiste sur son caractère quasi autobiographique : « Le protagoniste avait cependant un principe historique, car si l'honnête aventurier qui donne le titre à la pièce n'est pas mon portrait, il a essayé au moins autant d'aventures et il a exercé autant de métiers que moi[76]... » Le titre n'est pas si paradoxal que cela : il est là pour plaider l'honnêteté des gens de lettres qui réussissent grâce à leur talent, et son heureux dénouement coïncide avec une proposition significative : l'honnête aventurier triomphe de l'infortune, son rêve de réussite sociale aboutit, mais il lui faut pour cela prouver son conformisme. Il le fait en proposant au vice-roi de Palerme un projet de contrôle des étrangers : « C'est le devoir de qui gouverne de garder la ville purgée des personnes oisives, des vagabonds, des imposteurs [77]. »

Entré en littérature, l'aventurier prouve sa capacité à cheminer dans le monde. Casanova est d'abord un homme de lettres. Il devient ensuite un auteur. Cette identité peut lui ouvrir les portes de la société, le conduire vers des situations au service de l'État ou des grands. Sa production s'adapte aux occasions : celle des petits genres (petits vers, madrigaux, épîtres, chansons, comédies fugitives) qu'apprécient les salons de l'espace public aristocratique, celle aussi des libelles et des pamphlets qui installent les aventuriers au premier rang de la bohème littéraire[78]. Quelques-uns sortent du rang, s'attaquent à des projets plus amples et plus érudits. Casanova et Ange Goudar sont à leur façon des écrivains de premier plan. Le premier est incontestablement un *voyageur philosophe*; *L'Espion chinois* du second est tout à fait important. Dans l'un et l'autre cas, leurs œuvres consolident souvent les stéréotypes – l'Anglais est excentrique et le Russe sort tout juste de la barbarie –, mais ils proposent une géographie passionnelle et plus encore une analyse des réalités qui nettoient les préjugés et révèlent les tensions, les conflits[79].

Pour la plupart des aventuriers, la littérature cohabite avec des activités multiples; elle dépend aussi des occasions données qui la suscitent et l'autorisent – ils y glissent comme ils en sortent. L'abbé Prévost et Jean-Jacques Rousseau sont à cet égard exemplaires : ce qu'ils abandonnent pour un travail médiocre et stabilisé, c'est moins la passion d'écrire qu'un transfert de leurs ambitions mondaines – le premier vers l'édition, le second vers le commentaire de soi – et, dans ce sens, ils échappent à l'aventure, mais leur vie n'a pas totalement dominé leur œuvre. En revanche, l'existence aventurière et son bricolage enclenchent l'inverse : la vie est devenue l'œuvre[80]. C'est elle qui fait de leurs *Mémoires* autre chose qu'un simple témoignage parmi d'autres. Ils apportent au genre leur expérience de cosmopolites, c'est-à-dire le moyen d'une comparaison active de mouvements et des sites aventureux, ils généralisent le point de vue neuf des individus à travers le romanesque de l'aventure, ils fondent l'autobiographique comme domaine du littéraire, ils livrent une réflexion d'hommes en marge, conscients de vivre une expérience unique, et ainsi ils éclairent les ressorts principaux des relations collectives. Raconter ses voyages, parler de soi, retrouver le bonheur fragile de l'enfance ou de l'amour, mettre en scène les personnages croisés sur le théâtre du monde, permet de mettre en évidence une liberté foncière confrontée à de multiples contraintes dont la plus forte est la méfiance sociale en face de tout ce qui bouge. C'est pourquoi ils dévoilent la force commune d'un groupe mimétique, à la fois hors des structures qui organisent la société et fasciné par le conformisme, le besoin d'une reconnaissance qui se refuse.

Du monde social, les aventuriers montrent les forces lumineuses et sombres, et ce n'est pas leur moindre mérite que de nous faire comprendre la complexité des Lumières, leur rapport incertain avec l'obscurité, les tête-à-queue de la raison, ses dérapages dans l'irrationalité. L'énergie aventureuse puise une part de sa dynamique dans les ressources de la critique et de la clarté (c'est son côté philosophique), mais elle se nourrit également des influences de l'illuminisme et de l'obscurité (c'est son aspect instrumental). Comme le montre Chantal Thomas à propos de Casanova[81] et de ses rapports avec les grands mystificateurs – Cagliostro, le comte de Saint-Germain, qui l'exècrent –, c'est ce qui unit l'imposteur et leurs dupes qui est l'essentiel. Le théâtre des charlatans est celui d'une crise générale ; pour les aventuriers, l'imposture est une marchandise, et pour leurs dupes un besoin social inscrit dans la crédulité et les songes de la raison, un besoin spirituel et une autre volonté de puissance parce que savoir, c'est toujours pouvoir.

Dans cette perspective, le mouvement est central, car seul il permet de renouveler la demande et l'offre nécessaires à l'utopie d'un *besoin de société neuve* [82]. La crise est la revanche du sujet ; la mobilité, la possibilité du changement d'état ; l'ésotérisme et l'imposture, la forme perverse d'une communication[83]. La hantise des aventuriers, c'est alors la paralysie. Casanova l'exprime dans un article « auquel il s'oppose de toute son hostilité au vocabulaire de la France révolutionnaire et de toute sa fureur, contre cette demi-mort qui est la vieillesse. « Paralyser », c'est le seul mot qui fait fortune même hors de France, par la raison qu'il ne sonne pas mal, et qu'il a une étymologie grecque. Un grand nombre d'honnêtes écrivains s'en servent de la meilleure foi du monde, et je me trouve toujours seul dans mon avis, quand le propos vient, et que je le fronde, car je ne peux pas le souffrir, mais je n'en démords et je n'en démordrai jamais. Si on avait le mot « affaiblir », quel besoin avait-on du verbe « paralyser » ? Si on avait besoin d'un nouveau mot, non synonyme, fait pour dire un peu plus qu'« affaiblir », que ne l'a-t-on pas pris de nous, quand ce n'aurait été que par le droit de représailles ; car le riche ayant de tout temps volé le pauvre, nous avouons franchement d'avoir, en fait de langue, volé les Français tant que nous pûmes [...]. Je conclurai enfin pour dire que le mot « paralyser » exprime trop. Ce mot sembler tuer, tandis qu'« affaiblir » laisse un reste de vie. La vieillesse par exemple a affaibli tous mes membres, et tout mon individu, qui comme une chemise de toile parfaite, dont les parties vieillissent également toutes ensemble, jusqu'à ce qu'elle tombe tout entière en lambeaux, parviendra lentement à sa fin. Si elle les avait paralysées, je me verrais paralytique, peu différent d'un mort, ce que je ne suis pas, quoique généralement affaibli[84]... »

Cette page, où l'on entend toute la détresse d'une vie figée définitivement dans l'immobilité, fait entendre comme un adieu à l'existence, comme une déchirure décisive dans l'illustration du grand livre du monde, le triomphe du théâtre et des mirages de l'aventure.

NOTES

1. M. de Cervantes, *Don Quichotte*, «Bibliothèque de la Pléiade», Paris, 2001, 2 vol., t. I, pp. 975-977.
2. H. Recoules, «Allusions au théâtre dans le roman espagnol de la première moitié du XVIIe siècle», in J. Jacquot, *Dramaturgie et société. Rapports entre l'œuvre théâtrale, son interprétation et son public aux XVIe-XVIIe siècles*, 2 vol., Paris, 1968, t. I, pp. 133-148.
3. J. Duvigneau, *L'Acteur. Esquisse d'une sociologie du comédien*, Paris, 1965, pp. 66-69.
4. M. de Rougemont, *La Vie théâtrale en France au XVIIIe siècle*, Paris, 1988, pp. 73-78, 205-212; L. Zorzi, *Il teatro e la città. Saggi sulla scena italiana*, Turin, 1977, donne des exemples précis sur Ferrare et Venise.
5. R. M. Isherwood, *Popular Entertainment in Eighteenth Century*, Paris-New York-Oxford, 1986.
6. G. Chabaud et J.-P. Monzani, *Les Guides de Paris aux XVIIe et XVIIIe siècles. Images de la ville*, Mémoire de maîtrise, Université de Paris I, 1979, pp. 231-253.
7. Ph. Boutry et D. Julia, *Reine au mont Auxoix. Le Culte et le pèlerinage de Sainte-Reine des origines à nos jours*, Dijon-Paris, 1997, pp. 189-242, 243-278.
8. J. Chocheyras, *Le Théâtre religieux en Savoie au XIIe siècle*, Genève, 1971; *id., Le Théâtre en Dauphiné du Moyen Age au XVIIIe siècle, domaine français et provençal*, Genève, 1975.
9. J. Duvigneau, *op. cit.*, pp. 51-58.
10. V. Milliot, *Les Cris de Paris ou Le Peuple travesti. Les Représentations des petits métiers parisiens, XVIe- XVIIIe siècle*, Paris, 1995, pp. 217-272; *id., Paris en bleu, images de la ville dans la littérature de colportage, XVIe- XVIIIe siècle*, Paris, 1985.
11. A. Paul, *Les Théâtres des foires Saint-Germain et Saint-Laurent dans la première moitié du XVIIIe siècle, 1697-1762*, Thèse de l'Ecole nationale des chartes, 1983.
12. M. de Rougemont, *op. cit.*, pp. 212-220; J. Duvigneau, *op. cit.*, pp. 65-67; P. Mélèze, *Le Théâtre et le public à Paris sous Louis XIV, 1659-1715*, Paris, 1934; H. Lagrave, *Le Théâtre et le public à Paris de 1715 à 1750*, Paris, 1972; J. Lough, *Paris, Theatre Audiences in the 17th and 18th Centuries*, Oxford, 1957; J. S. Ravel, *The Contested Parterre: Public Theater and French Political Culture, 1680-1791*, Ithaca, 1999.
13. J.-F. Dubost, *La France italienne, XVIe-XVIIe siècle*, Paris, 1997, pp. 100-104; C. Goldoni, *Tutte le opera*, éd. G. Ortolani, Milan, 1935, vol. I, pp. 441-603.
14. M. Jurgens et E. Maxfiel-Miller, *Cent ans de recherches sur Molière, sur sa famille et sur la Comédie de deux troupes*, Paris, 1963.
15. L. G. Salingar, «Les comédiens et leur public en Angleterre (1520-1640)», in J. Jacquot, *Dramaturgie et société, op. cit.*, t. II, pp. 525-576.
16. W. Van Lennep, *The London Stage, 1660-1800*, Carbondale (Illinois), 1965, 2 vol.
17. M. de Rougemont, *op. cit.*, pp. 279-291.
18. M. Fuchs, *La Vie théâtrale en province au XVIIIe siècle*, Genève, 1933, p. 7.
19. Bibliothèque de l'Institut, Ms. 1661, f° 90, 12 mai 1766.
20. *Ibid.*, Ms. 1671, f° 67-68.
21. M.-P. Dion, *L'Art du théâtre à Valenciennes au XVIIIe siècle*, Exposition, 1989, B.M., Valenciennes, 1989, pp. 70-72.
22. M. Fuchs, *La Vie théâtrale en province au XVIIIe siècle. Personnel et répertoire*, Paris, 1986, pp. 47-77, 127-147.
23. J.-J. Olivier, *Les Comédiens français dans les cours d'Allemagne au XVIIIe siècle*, Paris, 1901-1905, 2 vol.,; J. Franzen, *Les Comédiens-Français en Hollande au XVIIe et au XVIIIe siècle*, Paris, 1925.

24. D. Zeller, « En marge du privilège. Petit spectacle et théâtre amateur à Lyon, 1785-1787 », in *Théâtre et spectacle, hier et aujourd'hui, époque moderne et contemporaine*, Actes du 115ᵉ Congrès national des sociétés savantes, Avignon, 1990, Paris, CTHS, 1991, pp. 83-98; J. Monnet, *Mémoires de J. Monnet, directeur du Théâtre de la foire*, éd. H. d'Almeras, Paris, s. d., et A. Heulhard, *Jean Monnet, vie et aventure d'un entrepreneur de spectacles au XVIIIᵉ siècle*, Paris, 1884.
25. J. Truchet, « Le Roman comique de Scarron et l'univers théâtral », in in J. Jacquot, *Dramaturgie et société, op. cit.*, t. I, pp. 259-266.
26. J.W. Goethe, *Romans*, « Bibliothèque de la Pléiade », introduction de B. Groethuysen, Paris, 1954.
27. M. Béthery, « Le petit monde des comédiens dans l'univers romanesque du XVIIIᵉ siècle » in *Micro-sociétés du XVIIIᵉ siècle*, éd. L. Perol, Groupe interdisciplinaire d'études du XVIIIᵉ siècle, Faculté des lettres et sciences humaines de Clermont-Ferrand, 1993, fascicule 42, pp. 55-90.
28. J. Duvigneau, *Sociologie du théâtre*, Paris, 1969, pp. 424-426.
29. J.W. Goethe, *Romans, op. cit.*, pp. 370-372, 380-383; J. Duvigneau, *Sociologie du théâtre, op. cit.*, p. 427.
30. K.P. Moritz, *Anton Reiser*, Préface de Michel Tournier, Paris, 1986, pp. 12-13.
31. J.W. Goethe, *Romans, op. cit.*, pp. 415-416 et 420-422.
32. *Ibid.*, pp. 446-447, 825-826.
33. *Ibid.*, pp. 665-669.
34. *Ibid.*, p. 938.
35. G. Lukacs, *Goethe et son époque*, Paris, 1949 (trad. fr.), pp. 45-50.
36. S. Roth, *Les Aventuriers au XVIIIᵉ siècle*, Paris, 1980; A. Stroev, *Les Aventuriers des Lumières*, Paris, 1997. Ces deux travaux sont différents, indispensables et essentiels.
37. S. Roth, *op. cit.*, pp. 13-17.
38. V. Jankélévitch, *L'Aventure, l'ennui, le sérieux*, Paris, 1963.
39. *Ibid.*, pp. 42-45.
40. G. Simmel, *Philosophie de la modernité*, Paris, 1989 (trad. fr.), pp. 305-325.
41. *Ibid.*, pp. 312-315.
42. Montesquieu, *Voyages*, in *Œuvres complètes*, « Bibliothèque de la Pléiade », Paris, 1951, 2 vol., pp. 563-583.
43. S. Gorceix, *Bonneval Pacha*, Paris, 1953.
44. R. Trousson, Introduction à Fougeret de Montbron, *Cosmopolite ou le citoyen du monde*, Paris, 1970, pp. 7-32.
45. A. Troev, *op. cit.*, pp. 20-22.
46. A. Goudar, *L'Espion chinois*, Bordeaux, 1990, Avant-propos de J.-F. L'Hérété, pp. 19-30.
47. R. Mortier, *Le Prince d'Albanie. Un aventurier au siècle des Lumières*, Paris, 2000; A. Stroev, *op. cit.*, pp. 67-69, 83-92, 222-223 et 293-295.
48. S. Roth, *op. cit.*, pp. 169-190.
49. A. Viatte, *Les Sources occultes du romantisme : illuminisme, théosophie, 1770-1820*, Paris, 1965, 2 vol., t. I, pp. 140-225.
50. A. Stroev, *op. cit.*, pp. 28-51.
51. R. Darnton, *La Fin des Lumières. Le Mesmérisme et la Révolution*, Paris, 1984 (trad. fr.), pp. 40-49.
52. S. Roth, *op. cit.*, pp. 182-190; F. Freundlich, *Le Monde du jeu à Paris, 1715-1800*, Paris, 1995; O. Grussi, *La Vie quotidienne des joueurs sous l'Ancien Régime à Paris et à la cour*, Paris, 1985.
53. S. Roth, *op. cit.*, pp. 184-185.
54. J. Dunkley, *Gambling. A Social and Moral Problem in France, 1685-1792*, Oxford,

1985.
55. M. de Decker, *Le Chevalier d'Eon*, Paris, 1998; G. Perrault, *Le Secret du roi*, Paris, 1998; S. Steinberg, *La Confusion des sexes*, Paris, 2000, pp. 240-245.
56. S. Roth, *op. cit.*, pp. 79-122.
57. *Ibid.*, p. 80.
58. R. Mortier, *op. cit.*, pp. 101-124.
59. *Ibid.*, pp. 107-112.
60. M.-F. Luna, *Casanova mémorialiste*, Paris, 1998; J. Rives-Childs, *Casanova*, Paris, 1962 (trad. fr.); G.G. Casanova, *Histoire de ma vie*, éd. F. Lacassin, Paris, 1993, 3 vol., et *Mémoires de J. Casanova de Seingalt, écrits par lui-même*, Editions La Sirène, Paris, 1924-1935, 13 vol., indispensable pour les notes.
61. P. Gunther, *The Casanova Tour*, Heidelberg, 1996.
62. J. Rives-Childs, *op. cit.*, pp. 129-198.
63. P. Gunther, *op. cit.*, pp. 211-228.
64. M.-F. Luna, *op. cit.*, pp. 349-360.
65. L. Bély, *Espions et ambassadeurs au temps de Louis XIV*, Paris, 1990, pp. 120-130, 380-410.
66. S. Roth, *op. cit.*, pp. 89-90.
67. *Ibid.*, pp. 113-163; A. Stroev, *op. cit.*, pp. 52-92.
68. G.G. Casanova, *Histoire de ma vie*, t. II, V, ch. I, pp. 18-19.
69. *Ibid.*, t. III, IX, ch. VII, pp. 143-145.
70. *Ibid.*, pp. 215-333.
71. *Ibid.*, p. 312.
72. *Ibid.*, t. II, pp. 183-184; A. Stroev, *op. cit.*, pp. 60-73.
73. *Ibid.*, t. II, p. 403.
74. A. Stroev, *op. cit.*, pp. 101-109.
75. *Ibid.*, pp. 111-121.
76. G. Goldoni, *Mémoires, Œuvres complètes*, s.d., p. 235.
77. *Id.*, *L'Honnête Aventurier*, Paris, 1996, acte III, scène 5, pp. 100-101.
78. R. Darnton, *Bohème littéraire et Révolution. Le Monde des livres au XVIIIe siècle*, Paris, 1983 (trad. fr.).
79. M.-F. Luna, *op. cit.*, pp. 356-371.
80. S. Roth, *op. cit.*, pp. 267-275.
81. C. Thomas, *Casanova, un voyage libertin*, Paris, 1985, pp. 249-275.
82. A. Dupront, *Qu'est-ce que les Lumières*, Paris, 1996, pp. 115-136.
83. J.-D. Vincent, *Casanova. La Contagion du plaisir*, Paris, 1990.
84. G.G. Casanova, *A Leonard Snetlage*, Paris, 1903, pp. 48-49; C. Thomas, *op. cit.*, pp. 110-111; R. Darnton, *La Fin des Lumières, op. cit.*

Chapitre XIV

Les voyages du peuple

Si l'on dispose d'un moyen d'observation assez juste, les déplacements quantitativement majoritaires sont ceux des peuples. Ouvrons quelques registres de passeports, dont on sait qu'ils se généralisent à la fin du XVIIIe siècle. Leur étude est à peine commencée, mais des résultats probants apparaissent en dépit des caractères fragmentaires, dans le temps et dans l'espace, qui biaisent l'interprétation. Quels que soient leurs défauts, ils corrigent sur ce point essentiel tout ce que l'on rappelle à partir du texte des élites et permettent d'entrevoir l'ensemble de la société jetée sur la route : les pauvres et les riches, les oisifs touristes et les travailleurs de toute sorte[1]. Voici Grenoble, entre 1743 et 1799, où passent les trafics franco-italiens et inter-alpins : le travail et les affaires représentent plus des quatre cinquièmes des déclarations faites, et les déplacements d'activités ne cessent de s'accroître. Ils peuvent être ceux des forains en quête de moyens d'existence, ceux des artisans, colporteurs et marchands, ceux des ouvriers en quête de subsistance ou disposant d'une activité stable. Si la conjoncture peut troubler les mouvements, elle n'en change pas les équilibres. Dans un univers proche, à Genève, voici la clientèle des principales auberges dont les registres conservés de 1792 à 1798 livrent l'identité : 16 000 voyageurs. Ils confirment les procès-verbaux dressés pour les permis de séjour, les registres de la Chambre des étrangers : la majorité est là pour des raisons professionnelles et économiques. La clientèle se renouvelle rapidement, et elle n'est pas la même à la Couronne, aux Écus ou aux Balances, ni en toute saison identique. Les plus nombreux, négociants et artisans, sont là en permanence. On a vu qu'à Paris la mobilité et l'accueil étaient organisés de façon comparable[2].

Changeons d'espace, le constat est le même. A Amiens, ville de négoce, une belle série de registres livre 10 000 voyageurs de 1767 à 1791 : peu de femmes (11 %) ; une majorité d'individus jeunes, capables de supporter les fatigues et l'inconfort des déplacements ; beaucoup de voyages solidaires avec des associations brèves, nouées pour des raisons professionnelles ; une majorité de négociants et de marchands, de colporteurs et de commerçants itinérants, de paysans convertis temporairement en voituriers ou en marchands forains, d'ouvriers du textile, du bâtiment, du vêtement. En 1772, le registre livre le nom d'une dizaine de bateleurs, de montreurs de marionnettes, d'acteurs ; en 1784-1785, les passeports enregistrent la tournée du marionnettiste Pierre-Jean Baptiste-Thierry, natif de Paris, dont le trajet en huit mois relie Lille, Béthune, Arras, Boulogne, Amiens et Abbeville – 150 lieues, avec des étapes de 10 à 12 par jour. Ici encore, on entrevoit la dynamique d'attraction de la ville et ses motivations diverses mêlant professionnalité et affaires privées[3]. En l'an II, à Rouen (un port, une capitale régionale), 7 127 personnes sortent de la ville : deux tiers d'hommes, un tiers de femmes ; 20 % gagnent Paris, les deux tiers vont dans les départements proches ; 22 % sont sans profession, les quatre cinquièmes partent et bougent pour des motifs professionnels, et les mouvements sont accélérés par la situation économique, politique et militaire, par la réquisition et le problème des subsistances[4]. Depuis longtemps, la prospérité de Rouen est liée aux transports et à des mouvements multiples qui affectent ses aires de ravitaillement et d'attraction productives. Pour survivre, la ville se renouvelle sans cesse, et l'on repart aussi : 26 % des couples entre 1642 et 1702 quittent la ville après y avoir résidé, et les individus sans doute sont plus nombreux dans la population passagère, comme ailleurs[5].

Voyages des peuples, errance, expédients

Ainsi, les lieux et les sources les plus diverses enregistrent les turbulences, mettent au jour les périodes d'anxiété qui marquent la circulation de populations multiples. Le système même des contrôles, le renforcement des efforts pour connaître – sinon pour arriver réellement à discipliner – les flux révèlent les inquiétudes de la société. En temps normal, celle-ci peut sans problème excessif admettre une instabilité des peuples : elle est nécessaire au fonctionnement social tel qu'on l'a entrevu à travers des incitations diverses, la carte du tendre rural, la géographie des échanges et celle de l'urbanisation, la recherche d'une mobilité créative pour les familles comme pour les individus. C'est à certaines périodes où les destins des peuples se brisent sous l'effet des circonstances – les difficultés économiques et leurs effets, les turbulences religieuses ou politiques – que les interrogations se multiplient. Une mobilité permanente, structurelle, devient un signe plus évident de la présence des classes dangereuses, de tous les problèmes qu'elles soulèvent sur les routes, à l'arrivée et au départ. Si l'on admet que les seules migrations ne sont pas exclusivement orientées vers les villes, mais entraînent les individus et les familles d'un village à un autre village, avant ou après le mariage, le mouvement (qui se répartit de façon très inégale) enregistre les contraintes et les choix des milieux qui l'alimentent. Entre le normal et la pathologique social, la mobilité est un révélateur précis de la manière dont les sociétés anciennes ont certainement géré les risques que dictaient les conditions de l'économie. C'est pourquoi la relecture de la migration s'est imposée dans l'interrogation des espaces, familiaux et matrimoniaux, professionnels et patrimoniaux. Dans la France préindustrielle, l'ampleur géographique des mouvements de proximité – celle qui correspond à un espace d'interaction social maximum vraisemblable – a une extension variable, mais elle est tributaire de la distance parcourue en une journée de marche : de 15 à 20 kilomètres à pied. Là se jouent échange et mouvement interne aux campagnes où la connaissance peut limiter l'inquiétude. C'est l'univers des migrants proches. Au-delà, le seuil de rupture est calculé à partir de 90-100 kilomètres et au-delà de 250-300 kilomètres. Paris n'est pas le terme exclusif des migrations urbaines, ni celui des mouvements à longue distance (qui commencent au-delà de cinq lieues). L'agitation de certaines périodes facilite la confrontation entre ces échanges, et perturbe les habitudes ; mais la tension est permanente entre les composantes acceptées, normales, et les éléments inquiétants des mobilités. Les unes et les autres ne se manifestent pas partout de façon égale[6].

La question se pose à l'échelle de l'Europe, comme aujourd'hui, parce que les mouvements sont transfrontaliers, et qu'ils existent partout – et il ne fait aucun doute qu'ils ont joué un rôle de premier plan dans la métamorphose des sociétés agraires et dans celle de leurs relations avec les villes. Derrière la circulation des individus se profilent les mécanismes de régulation des sociétés rurales et leurs logiques.

Travail, famille, mobilité

Les remues d'hommes sont familières aux historiens de la migration[7]. Elles sont gênantes, car elles perturbent tous les paramètres de l'histoire des populations ; elles le sont plus encore si l'on s'en tient à l'hypothèse d'une stabilité fondamentale des sociétés anciennes et si l'on néglige la continuité persistante entre micro-mobilité et migrations éloignées, entre mouvements temporaires et mouvements saisonniers, réguliers et irréguliers. Qu'une bourrasque agite la population tout entière, et l'on voit s'émouvoir les autorités et s'inquiéter la masse sédentaire. C'est ce que montre, en 1807-1813, l'une des grandes enquêtes lancées de Paris par les préfets sur les migrations périodiques[8].

Les rapports envoyés à Paris révèlent l'existence d'une question des migrations répétées, et comment il s'agissait simultanément de décrire et de surveiller. L'enquête correspond d'abord à un grand moment intellectuel et statistique : c'est celui d'une administration héritière des pratiques descriptives de l'Ancien Régime et mobilisée face à la désorganisation et à la réorganisation de la société. C'est l'âge d'or d'un moment de l'information et de la documentation[9]. Tout un milieu intellectuel et politique se mobilise d'abord pour un inventaire général[10] dont l'échec partiel enclenche des enquêtes plus sectorielles et plus comptables, surtout après 1806. Celle de 1809 est motivée par la nécessité de localiser et de dater les flux migratoires, dont l'importance était signalée dans les réponses des préfets aux questions de Chaptal[11]. La tradition de suspicion et de défiance pèse sur les migrants temporaires, surtout dans les villes d'accueil où l'on n'a aucun mal à les distinguer des habitants du cru[12]. Toutefois, la police voit ses observations se déliter une fois les faubourgs franchis, et le changement de régime politique a modifié les habitudes. Pour l'administration, l'enquête sur la mobilité relève d'abord du maintien de l'ordre : les migrants sont considérés comme des fauteurs de troubles potentiels[13]. Les recenser, c'est tenter d'établir un niveau de normalité et c'est essayer de prévoir les crises à l'avenir. Localiser les flux de circulation, c'est se donner les moyens de les limiter, de les canaliser en temps voulu – voilà ce qui explique l'extension dans le temps de l'enquête : elle a vécu avec celle de la crise économique impériale. La défiance se manifeste du lieu de départ à l'arrivée, car on redoute simultanément l'étrangeté – elle s'entretient en même temps que la mauvaise réputation des migrants, et elle rassure les populations plus sédentaires sur elles-mêmes[14] – et l'acculturation, par le mauvais esprit rapporté des territoires éloignés. L'émigration et les résistances à la conscription font un autre faisceau de raisons, parce que la guerre a besoin d'hommes et que le refus et surtout son inégale représentation sur le territoire national laissent les militaires et les administrateurs perplexes et désarmés. Mieux connus, et parce que beaucoup de réfractaires se cachent dans les mouvements migratoires habituels (ainsi dans le Cantal ou le Puy-de-Dôme), les flux seront localisés, filtrés et contrôlés. Aux frontières (ainsi dans l'Ariège, dans les Alpes), l'enjeu est augmenté à chaque levée de conscrits[15].

La gestion des populations oppose alors détracteurs de la mobilité et défenseurs du mouvement. Les premiers avancent des arguments moraux : à trop bouger, les paysans se gâtent, s'enrichissent, se dépravent, ne font plus d'enfants, sont soupçonnés de malhonnêteté. A ce danger moral s'ajoutent des arguments médicaux ; le préfet du Cantal dénonce ainsi les conséquences sanitaires des séjours parisiens : « Leur séjour dans la capitale influe considérablement sur leurs mœurs. Plusieurs d'entre eux rapportent des maux vénériens et, ne trouvant pas dans leurs foyers les moyens de guérison, ils communiquent les virus d'une manière effrayante et dont on remarque les effets affligeants aux levées de conscription. » La corruption des individus montre le risque de la dégénérescence morale de l'espèce et de la société agraire. Une « race perverse » se forme dès l'enfance qui oublie ses devoirs loin de la maison ; l'amour de la famille s'efface avec l'autorité, et l'on n'emporte pas aux yeux des préfets la patrie à la semelle de ses souliers. Le migrant devient un élément incontrôlé, résistant au service militaire, protégé par la solidarité régionale et familiale, se cachant aisément ; il contribue à la dépopulation territoriale, car il est à craindre que la vue de contrées plus heureuses n'engage beaucoup beaucoup d'émigrants à ne plus rentrer, déclare le rapporteur des Hautes-Alpes. C'est l'attachement au sol natal qui s'efface avec trop de départs, et avec lui s'effondre l'image d'une économie familiale, domestique et locale stable[16]. Ces craintes sont à l'œuvre dans la vision des mouvements populaires.

Les partisans du mouvement ont une vision différente des raisons qui y poussent. Leur argument principal est d'ordre démographique et économique : la migration est nécessaire et utile, car il y a des dénivellations démographiques et économiques, un marché de la main-d'œuvre et une offre d'emploi. Sans le secours des migrants, l'activité de certaines zones, temporairement ou à plus long terme, ne peut que se ralentir. En ville, on en a besoin en permanence; sans eux, pas de route, car les ouvriers étrangers sont rares et les ouvriers du pays n'y ont pas la même aptitude et la même disponibilité. Dans le contexte de la crise, la désorganisation des réseaux d'échange traditionnels met à nu la dépendance et les liens anciens qui unissent certaines régions. Dans les départements d'émigration, les préfets et les administrateurs ont vanté l'intérêt, l'utilité, la nécessité du point de vue économique. C'est depuis toujours un facteur d'aisance quand il n'y a pas d'industrie, peu de commerce; ainsi, pour la Creuse, l'Ariège ou le Cantal, c'est une ressource pour les familles, c'est une garantie pour le fisc. L'argument de l'utilité réciproque est développé par le préfet du Sésia : « Ces déplacements sont doublement utiles : 1° parce qu'ils favorisent les progrès de la population dans des régions ingrates et que la nature a condamnées à la stérilité; 2° parce que, reversant temporairement dans des contrées plus heureuses et non assez habitées, ils y secondent d'une part le développement de l'industrie, et de l'autre ils procurent à ces ouvriers ambulants des ressources qu'ils rapportent à leurs familles au milieu des arides montagnes qui les ont vus naître [...] cette dépendance réciproque les rapproche, les unit et établit entre les diverses contrées une égale balance de prospérité. Il résulte une sorte d'équilibre entre la population et la richesse des diverses contrées en portant dans chacune d'elles ce qui lui manque, soit en bras, soit en argent, soit en produit. » La circulation des hommes et la liberté des échanges doivent niveler à terme les inégalités économiques et unir les hommes par la prospérité. C'est le programme de la *richesse des nations* contre l'idéal de l'espace cloisonné des populations stabilisées, pour un espace traversé et animé de flux incessants[17].

Derrière les partisans comme derrière les adversaires de la mobilité des peuples au travail, le front n'est jamais clairement mobilisé. Les clercs peuvent condamner l'immoralité redoutée, mais, avant la déchristianisation, ils dépendent trop de leurs ouailles pour ne pas accepter leurs dons. Les hommes du roi, les administrateurs n'y trouvent rien à redire : c'est un mal nécessaire et les gains des migrants paient les impôts, font marcher le bâtiment et le commerce. Ce sont les dominants locaux, les gros propriétaires, les gros fermiers, qui redoutent le plus la migration, car elle raréfie la main-d'œuvre locale, renchérit les salaires, remet en question les rentes de situation et crée de l'insoumission. Au XIXe siècle, les mêmes arguments continueront d'être échangés[18]. Ils restent essentiellement moraux, ajoutant aux critiques anciennes la hantise de la déchristianisation et du danger social. L'enquête de 1807-1813 est aussi un miroir des préjugés et des craintes pour obtenir une aide de l'État, afin d'enrayer un mouvement trop souvent perçu en termes d'exode définitif qui menace les cadres traditionnels de la vie rurale, afin de protéger et d'encourager les investissements privés et le développement local, afin de se protéger des classes dangereuses. Pour les informateurs, la migration est une clef d'aménagement; pour les administrateurs, les préfets, l'économie est interprétée à travers la mobilité : primauté des conditions naturelles qui font les inégalités, équilibre nécessaire entre ressources et population, traditions de mobilité dictées par le temps et le rythme de l'économie rurale, climat pourvoyeur de travail, activités et attraction des villes, bouleversement des troubles et des guerres qui asphyxient des échanges traditionnels.

De même, ils y trouvent un modèle de classement des hommes selon les caractères locaux et les stéréotypes qui distinguent les provinciaux comme les étrangers. L'axe majeur de ce naturalisme anthropologique est l'opposition entre gens de la montagne et habitants des plaines. Le montagnard est fort, robuste, ardent au travail, sobre et doté de vertus simples et naturelles; c'est ainsi que le décrivent les préfets des Alpes, des Pyrénées, du Massif central, des Apennins, ou ceux des régions qui les accueillent. Dans les plaines et les vallées ouvertes, les populations sont moins rudes, voire amollies, partisanes du moindre effort, âpres au gain, refusant les travaux pénibles, aimant déjà le luxe, indisciplinées. Dans les zones de départ, surtout les montagnes, les préfets découvrent une population ensauvagée, mais apte à l'évolution, et leur rôle est de proposer un constat de plasticité pour unifier le divers. Il s'agit alors de dénoncer la soumission des migrants aux contraintes de leur environnement naturel, à celles de la passivité et des passions, de l'inclination casanière ou des habitudes. La mobilité devient argument pour le changement. Le préfet du Finistère déplore la torpeur, l'immobilisme, et raille le conformisme rural : « Il existe, dans nos campagnes, surtout des préventions très défavorables contre ceux qui se déplacent sans de fortes raisons : dire ici d'un homme qu'il n'est pas du pays, c'est une injure, du moins dans les classes dont il s'agit. On peut juger de cette opinion populaire, généralement répandue, même dans nos villes, combien les progrès de la civilisation et des arts industriels doivent être lents et peu sensibles. On trouvera peut-être la raison de ce goût territorial dans la diversité des costumes et des dialectes qui varient d'un canton à l'autre et qui jettent une sorte de ridicule sur ceux qui ne peuvent ou ne veulent s'y conformer... » A tous égards, le comportement des populations rurales justifie l'intervention et la surveillance. De la différence naît une véritable science de l'observation : les préfets, à l'instar du voyageur philosophe, voient dans le recul et la diversité de leur département une occasion de diffuser les Lumières, et les migrants qui sont doublement étrangers leur ménagent une distance favorable à la naissance de l'analyse. Le migrant entretient toujours chez l'observateur une tension entre crainte et intérêt, défiance et curiosité[19].

C'est ainsi que la mesure du problème en révèle l'extension. On arrive d'une part à une évaluation de 175 000 à 200 000 migrants temporaires quittant annuellement leur département : 2 % de la population active, la moitié de travailleurs agricoles, la moitié vivant d'un métier industriel et commercial, mais d'origine majoritairement rurale. Le questionnaire et les réponses même incomplètes renseignent en abondance sur les forces, les moyens, les raisons des remues d'hommes, leurs conséquences réelles ou non. C'est incontestablement une source de revenus pour les départements pauvres : la Creuse en reçoit annuellement près de 2 millions de francs, le Puy-de-Dôme 1,5 million, de même le Cantal, les Hautes-Alpes près de 1 million, la Haute-Loire 550 000, l'Ariège 225 000, la Corrèze 200 000. Si sur ce point l'enquête demanderait vérification, le transfert est incontestable, et l'on ne peut négliger les avantages sociaux et intellectuels. Il y a un brassage, il y a un élargissement du champ de l'expérience et certainement des connaissances. Le migrant a pu faire profiter au milieu local de ce qu'il a pu apprendre dans ses déplacements. Les craintes des notables peuvent ici se lire comme le constat d'une transformation efficace et peut-être pour cela redoutée. Le catalogue des métiers exercés est d'une diversité extrême, rassemblant des occupations indéfinissables et des professions solidement organisées. Les migrant auvergnats qui « vont à la pique » sont des mendiants qui passent du travail à la rapine selon l'occasion. Les préfets sont curieux de l'extraordinaire confusion de cette masse de travail dispersée, individualisée à l'extrême, mêlant le chercheur de vipères au bouvier-voiturier, le joueur d'orgue au petit ramoneur, d'innombrables marchands forains aux gros bras des bâtisseurs de la terrasse. Deux traits sont à retenir parce qu'ils confirment les enquêtes antérieures (ainsi celles des intendants de Louis XIV) et qu'ils sont eux-mêmes confirmés par les travaux des historiens récents.

Les préfets livrent la géographie d'une mobilité massive. La carte oppose régions de départ et d'accueil. Le Massif central est certainement en tête avec la Creuse, le Puy-de-Dôme, la Corrèze, le Cantal, la Haute-Loire, l'Aveyron et la Lozère : 50 000 départs chaque année ; Creuse et Puy-de-Dôme se partagent la première place, avec 15 000 émigrants chacun. C'est le réservoir des ouvriers du bâtiment de la France entière, dont les déplacements et les démarches sont illustrés par la migration saisonnière des maçons de la Haute-Marche, calculée avec précision : c'est 20 000 hommes par an ! La surpopulation est en rapport direct avec un phénomène migratoire qui conduit essentiellement à la belle saison les Creusois à Paris avec d'autres Limousins : c'est de 20 à 30 % de la population adulte qui est touchée. Des terres pauvres, une production insuffisante, un manque certain de numéraire – un maçon gagne 20 sols par jour à Limoges, de 40 à 50 à Paris –, une organisation familiale efficace et surtout les besoins des régions d'accueil font la dynamique de la nécessité du mouvement. Elle incite au départ une population jeune et qualifiée qui se renouvelle régulièrement : le Creusois gagne Paris vers quatorze ans et, sauf choix d'installation, cesse ses campagnes vers quarante-cinq ans. Ils se qualifient avec l'âge : 47 % sont des compagnons, 17 % des manœuvres. A chaque saison – comme le montrent les courbes de nuptialité et de natalité, à Banise ou à la Courtine qui voit la migration reculer –, c'est une évasion d'avril et un retour pour le travail de fin d'automne : elle est guidée par le rythme saisonnier du travail parisien, où le gel et le mauvais temps ferment les chantiers. Pour eux, le voyage n'est pas une aventure : il se fait toujours en groupe, vite et régulièrement, il n'est pas payé et il faut une semaine à pied pour gagner la capitale. On ne traîne pas, on enterre les morts en route et l'on suit toujours les mêmes itinéraires ; les plus âgés sont responsables des plus jeunes pour qui le départ est un saut dans l'inconnu, le voyage une initiation à d'autres modes de vie. L'intégration parisienne bénéficie des mêmes encadrements par village et par paroisse d'accueil, voire par rue ou par garni. On les retrouve à Lyon, à Bordeaux, à Nantes, et les maçons de la Marche ont été les artisans de la croissance urbaine, les acteurs de la diffusion régulière des maisons de pierre, construites ou reconstruites. Beaucoup retournent définitivement au pays ; quelques-uns s'installent, souvent comme aubergistes[20].

Le Massif central fournit de multiples professions, souvent sans grande qualification, quelquefois avec plus de ressources professionnelles et techniques, une palette de spécialités étendue : scieurs de long, peigneurs de chanvre, ramoneurs, chiffonniers, montreurs d'animaux, marchands de bestiaux, tous les métiers du cuir et du métal, chaudronniers pittoresques, cordonniers, savetiers, petits commerçants. La règle du double métier règne sur tous qui, hormis ceux qui se détachent du pays, sont des paysans. C'est le même sort que connaissent les migrants descendus des Alpes : Basses-Alpes, Hautes-Alpes, Isère et Savoie (département du Léman dans l'enquête de 1807) fournissent 15 000 à 20 000 travailleurs, colporteurs, ramoneurs, moissonneurs, bergers, portefaix, commissionnaires, mais aussi instituteurs. Les mécanismes sont les mêmes : c'est une exportation de travail et quelquefois de qualification par laquelle toute une paysannerie qui ne peut faire venir à elle les choses s'est résolue à aller aux choses, là où elles se trouvent, et qui n'envisage pas pour cela la rupture impensable. Dans le centre de la France comme dans les Alpes, le rayon d'action et la durée de l'absence peuvent s'allonger. On trouve des Auvergnats en Castille depuis le XVe siècle, et des Alpins en Allemagne et en Vénétie depuis le XVIe siècle[21]. En Espagne, le système des compagnies familiales, une organisation solide adaptée aux besoins des zones d'accueil, permet aux Auvergnats de poursuivre des activités ancestrales : ils sont boulangers et meuniers, marchands drapiers, épiciers de village, chaudronniers colporteurs, courtauds de boutique.

De la campagne aux villes, rupture et maintien

Peu d'autres régions concurrencent les chiffres montagnards cités. L'Ariège et les Hautes-Pyrénées ne fournissent que quelques centaines de migrants vers l'Aquitaine ou l'Espagne. Dans l'ouest de la France, la Normandie, la Bretagne, la Vendée donnent des contingents annuels de 15 000 à 20 000 migrants ; ils sont principalement ouvriers agricoles, maçons, terrassiers, tailleurs de pierre, colporteurs, sans compter d'innombrables petits métiers. Le Nord et l'Est ont leur mobilité propre gagnant l'Ouest et le Sud, où se distinguent les colporteurs juifs et les domestiques.

Au total, on voit qu'aux zones d'émigration correspondent principalement la région parisienne et le Midi méditerranéen, des Pyrénées aux Alpes. Dans la première, Paris est le principal moteur : les chiffres ne sont pas donnés dans l'enquête, mais il ne faut pas oublier le besoin de brassiers et de manouvriers des campagnes d'Ile-de-France, de Beauce, de Brie, de Bourgogne, que bien souvent l'immigration n'arrive pas à satisfaire. Dans la région méditerranéenne, les six départements côtiers absorbent selon les préfets de 30 000 à 40 000 travailleurs par an, venus des Alpes, de l'Ariège, du Massif central et de l'étranger. Au centre, Marseille et ses garnis illustrent cette attraction commerciale, industrielle, rurale. Michel Vovelle les observe à travers les registres de police et les cartes de sûreté entre 1791 et 1793. Il compte un peu moins de 6 000 entrées, soit un peu moins du quart de la population flottante, estimée à 25 000 personnes qui ont pu s'inscrire dans une soixantaine d'hôtels et dans 350 à 400 garnis. Les voyageurs pour tourisme, convenance ou affaires, marchands et petits négociants, quelques princes italiens, une trentaine de familles anglaises, 34 comédiens, ne dépassent pas 600 personnes. En revanche, les travailleurs et les employés composent plus de 80 % de l'ensemble. Les matelots échappent (ils logent à bord), les mendiants aussi. Pour le reste, c'est la main-d'œuvre de la grosse manufacture marseillaise (11 %), les ouvriers et les compagnons de l'artisanat (50 %), les portefaix et les manœuvres (28 %), une poignée de petits cadres (5 %) et de ruraux (5 %). Les origines identifiées pour 1 228 personnes montrent une tradition de rayonnement très proches : Bouches-du-Rhône, Var et Vaucluse représentant le tiers des apports ; ils se dispersent vers le Languedoc et le Nord, avec un axe rhodanien et un recrutement gavot dans les montagnes. Les autres viennent de partout : Paris, Lyon, l'étranger en tête, l'Italie et le Piémont. Le compagnonnage fournit son contingent avec des menuisiers et des tonneliers provençaux, comtadins, alsaciens, bourguignons, angevins, de même avec les tailleurs et les cordonniers. En revanche, le bâtiment arrive de toute part en France : du Forez, du Velay, des Alpes. Les origines des manœuvres sont localisées sur la côte et dans le terroir jusqu'à Gênes. C'est la mobilité gavotte et provençale des gens peu qualifiés, et parfois de la misère. Le mouvement des entrées entraîné par les catégories dominantes suggère deux poussées saisonnières : l'une en hiver, l'autre de juillet à septembre. La belle saison développe les échanges, et les foires de Beaucaire sont proches. C'est en hiver que les manœuvres et les artisans s'entassent dans les garnis. Voilà un centre d'attraction pour une population majoritairement masculine (un dixième de femmes seulement), qui est hétérogène dans ses formes d'intégration, tirée entre les formules organisées (le négoce, l'artisanat) et les libertés précaires des métiers sans qualification, ouverte à des ruraux de tous âges. Les deux populations cohabitent sans se mêler[22].

L'observatoire urbain a mis en valeur la discrimination opérée par la distance et les habitudes, les activités concentrées et les services dévoreurs de manœuvres. Les migrations ouvrières correspondent à quatre groupes professionnels principaux dont l'histoire régionale montre la qualité des relevés de l'Empire –, ainsi à Bordeaux et à Lyon. Le premier, et de beaucoup le plus important, est celui des travailleurs agricoles. Faucheurs, vendangeurs, moissonneurs qui ne se déplacent généralement que pour le temps des récoltes, souvent en bandes, parfois en famille, avec les instruments de leur état. Le déplacement peut être bref, ou plus long quand les mouvements atteignent les grandes plaines agricoles du Bassin parisien, de la vallée du Rhône, de l'Aquitaine. Certains, le moment venu, empruntent les vastes bateaux que l'administration des coches prépare chaque année. Le trajet est plus ou moins long, au rythme du calendrier ouvert par les bans de récolte. Certaines spécialités ont des déplacements de mauvaise saison : les scieurs de long, les bûcherons, les charronniers, les défricheurs de terre, les peigneurs de chanvre. Les bergers accompagnent leur troupeau au printemps et à l'automne. Déviés de leur troupe, ils peuvent grossir les prolétariats flottants des villes. Le deuxième groupe rassemble les ouvriers de la bâtisse qui, on l'a vu, sont partout saisonniers. Le troisième est animé par la coutume du Tour de France pour nombre de corps de métier à travers le réseau urbain – il faudra y revenir –, de même que pour la société mobile des colporteurs. D'autres métiers pourraient compléter la liste qui n'apparaissent que furtivement : les bateliers des grands fleuves, dont le métier exigeant s'adapte aux caprices des eaux ; les citoyens du large ou des navigations côtières. Toutes ces populations ont leurs espaces, leur rythme, leur hiérarchie, et surtout des rapports différents avec les populations sédentaires. La mobilité leur confère leur identité, qu'authentifient les observateurs ou les juges dans les conflits. La classe des mariniers et des matelots est précieuse et indispensable pour le service de l'économie et pour les impératifs militaires, qui demandent de plus en plus de bras. On les crédite souvent d'une sauvagerie, d'une violence où une admiration mêlée les renvoie à la nature ancestrale dans la confrontation avec un espace immuable. Pêcheurs, marins, mariniers sont un peuple à part et imprévisible, mais en même temps enraciné dans la société de ses ports d'attache, villes et villages à l'influence inégale selon l'activité et le développement[23]. D'un groupe à l'autre, on ne doit plus imaginer des frontières imperméables, mais des mouvements nés du mouvement lui-même et des occasions qu'il offre.

Quand la seule industrie des habitants est de s'expatrier, pour parler comme les autorités, cela ne signifie ni la misère totale ni la rupture, mais la mise en place d'une économie de l'expédient[24]. Celle-ci révèle une capacité d'adaptation, et souvent la croyance qu'un mieux-être peut être gagné ailleurs. Quand les circonstances locales le permettent – ainsi au cœur de l'Auvergne, en Limagne –, la mobilité se ralentit. A Thiers, à Ambert, l'industrie coutelière et textile retient une partie des hommes l'hiver; les nécessités d'une culture plus intensive mobilisent aussi à la mauvaise saison les agriculteurs; le passage des routes transforme les paysans en voituriers, porteurs, aubergistes[25]. De surcroît, il existe en France comme en Allemagne, ou en Angleterre, des profils de mobilité paysanne qui organisent le rapport à l'emploi dans les régions proches et maintiennent sur place les familles des journaliers, dont les jeunes hommes vont à l'extérieur chercher d'autres champs d'activité. En bref, l'économie de l'expédient doit être désormais revue à la lueur de la capacité des populations rurales – moins passives et plus innovantes qu'on ne l'a imaginé – à exploiter de multiples ressources entre le local et le lointain[26].

C'est pourquoi la décision individuelle est insuffisante à expliquer les choix entre mobilité courte, mobilité lointaine et sédentarité. Les ruptures ne se font pas en une génération, mais en plusieurs; elles ne se font pas plus et toujours directement du village à la ville, mais souvent de la ville à la ville, et la mobilité saisonnière et temporaire complique encore le rapport à l'espace. Dans tous les cas, le maintien ou la rupture se conçoit dans les relations familiales, où il y a toujours des gagnants et des perdants, ces derniers pouvant être poussés au départ. Celui-ci ne s'impose pas toujours, car le groupe familial peut fonctionner comme un monde où le risque est réparti entre ses membres, et la famille peut sélectionner et former les candidats à la mobilité. La variété des ressources locales et celle des motivations dépendent ainsi des investissements éducatifs et des ressources globales disponibles. Au XIXᵉ siècle, la migration longue n'est ni le privilège des pauvres, ni celui des riches; ce qui tranche, c'est la capacité d'organisation des réseaux familiaux, voire certainement les logiques coutumières des communautés. Le capital spatial fait partie de l'héritage immatériel, c'est-à-dire des comportements transmis : 72 % d'enfants nés de parents migrants migrent à leur tour. L'ensemble de ces situations dépend d'une relation générale à l'espace et de l'ouverture des villages au monde, par lesquelles les organisations familiales sont capables de créer, d'entretenir et d'utiliser des chaînes de migration temporaires ou durables. Une double logique régit ces mouvements : celle de l'appartenance à un lieu, et celle de l'adaptation domestique aux circonstances. Pour parler de façon moins abstraite, la mobilité des ruraux s'inscrit dans le principe économique et affectif qu'il vaut mieux ne pas placer tous ses œufs dans le même panier. Le XVIIIe siècle a vu incontestablement s'accentuer les mouvements qui répondent au trop-plein d'hommes et au déséquilibre des ressources permanentes ou conjoncturelles. Ils corrigent la nature par une mobilité qui imbrique des aires d'extension successives mais inséparées, des temps qui modulent absence et retour. La clef des parcours est à lire dans les solidarités familiales et communautaires plus que dans les doléances des administrateurs, des moralistes, voire des notables locaux. Ce sont elles qui font la culture de la migration qui s'inscrit entre l'espérance et l'abandon, l'aventure solitaire et l'entreprise collective. L'opposition entre sédentaire et migrant est en partie factice puisque, comme l'ont démontré les analyses des migrations montagnardes, dans les Alpes, en Auvergne, la vie des communautés est toujours fondée à chaque étape de la vie sur une capacité au départ, et sur le hasard du retour. C'est ce qui fait la fragilité et l'inégalité, et la solidarité en partie aléatoire, de ces mondes. La capacité d'accueil et d'insertion offerte sur le parcours et en ville livre l'autre facteur de la rupture ou du maintien[27].

Dans ces déplacements multiples, locaux, régionaux, nationaux, transfrontaliers, à la fois visibles quand ils sont concentrés et invisibles quand ils se dispersent, on entrevoit un versant optimiste de l'ancienne société solidaire. On ne perçoit pas ici l'autre côté, pessimiste, de la question que fait entrevoir le discours des élites sur la crainte du déracinement et sur le déséquilibre social prévisible dans le mouvement avec ou sans retour. Ces plaintes reconnaissent le rôle ambigu des migrants comme intermédiaires culturels[28]. Le brassage des populations a certainement été un facteur progressif de transfert d'innovations diverses et de besoins nouveaux ; l'usage du français, la pratique régulière de l'écrit, pour les affaires et pour le cœur, une maigre disponibilité fiduciaire, de nouveaux vêtements, de nouvelles habitudes alimentaires ou autres, ainsi dans l'habitat, distinguent les Parisiens en Limousin et partout les expatriateurs. Ils parlent plus haut au village, ils sont plus avides de nouvelles et de nouveautés, nouveaux clients de nouveaux marchés politiques ou économiques. Toutefois, il ne faut pas exagérer les résultats : à passer le temps entre deux existences, en effet, le durcissement des habitudes acquises avant le départ contrebalance les capacités novatrices gagnées. Une majorité reste des ruraux ; un noyau se caractérise comme des bourgeois d'hiver, peut-être un peu plus étrangers. L'apogée du XVIIIe siècle, perçu dans les enquêtes impériales, révèle les déséquilibres qui vont renforcer le procès de réaction et d'attraction, changer les rapports temporels et spatiaux de l'absence.

L'inquiétude, elle, est restée permanente. Elle se situe sur deux plans. Le premier est la confrontation des sédentaires au changement et à l'acculturation ainsi que la peur d'un exode plus massif. La mobilité comme école de perdition et facteur de déclin. Sa résonance à long terme est politique, et les grands flux de travailleurs sont perçus dans leur nécessité comme un facteur de trouble. Dans la Beauce, que parcourent durant les grands rendez-vous de juillet des milliers de moissonneurs, c'est une école de réflexion : « C'est là ordinairement », déclare l'agent national du district d'Auxerre dans une lettre au Comité de salut public en l'an II, « que les citoyens de notre district, en conversant avec ceux du pays où ils travaillent, se forment un plan de conduite pour leur retour. C'est à de pareils voyages que je me rappelle très bien que nous avons dû, en 1789, les premières impressions de la Révolution, et j'ai souvent remarqué que les citoyens des campagnes préfèrent ce qu'ils ont appris à trente ou quarante lieues de chez eux à ce qu'ils n'apprennent pas souvent sur le lieu[29]... » Pour les pouvoirs politiques de l'Ancien Régime à la République, il faut encourager la migration utile, il faut la surveiller pour éviter qu'elle ne dégénère en désordre entretenu par les adversaires politiques. Sur un second plan, à la fois permanent et conjoncturel, la mobilité entretient une inquiétude plus générale dont le moteur est la frontière imprécise à tracer entre le monde des errants par pauvreté et celui des migrants disciplinés, moins redoutables. L'opposition des nomades et des sédentaires met en jeu celle des pauvres et des pourvus. Des présences inquiétantes sont visibles sur les routes, comme l'ont analysé les historiens de la pauvreté du Moyen Age au XIXe siècle[30].

DE LA MIGRATION À L'ERRANCE, VAGABONDS ET CRIMINELS

L'errance dans les sociétés traditionnelles est considérée un mal et comme un danger en soi, comme un facteur d'anomie. Elle est tolérée et acceptée à deux conditions : qu'elle soit temporaire et ne devienne pas une façon de vivre ; qu'elle soit organisée et encadrée par les institutions et les solidarités de la société tout entière. S'il permet d'améliorer les conditions de vie, le nomadisme est acceptable ; s'il conduit à la remise en cause des formes coutumières de la vie, il devient condamnable. La migration, on vient de le voir, ne déchire pas le tissu social, et même elle le renforce : au départ et à l'arrivée, le migrant répond de ses actes ; il ne rompt pas avec les autorités, le seigneur, le curé, les notables ; il est reconnu par les organisations coutumières et peut compter sur sa famille. En revanche, l'errant peut susciter la méfiance s'il a rompu les ponts, si les garanties ne fonctionnent plus, s'il trouve dans sa façon de vivre une capacité à survivre et s'il apparaît de plus en plus comme une menace qui déclenche la répression de manière de plus en plus organisée. C'est ainsi que le vagabondage devient un délit, que les ordonnances royales s'efforcent de préciser dans toute l'Europe. Du XVe au XIXe siècle, c'est un des enjeux sociaux les plus importants de la modernité, que situe bien à mi-parcours la mobilisation des Églises et des pouvoirs pour le renfermement des pauvres dont le dossier a été autrefois ouvert par Michel Foucault[31]. Si les historiens ont affiné ses conclusions, ils n'ont jamais totalement remis en question la rupture instaurée entre le XVIe et le XVIIe siècle pour interner les catégories dangereuses, dans les *work houses*, les hôpitaux généraux, les dépôts de correction. L'errance prend à partir de là un autre sens, car elle correspond à une autre sensibilité à la misère et à l'entraide, aux devoirs d'assistance, à l'éthique du travail et de l'oisiveté. La misère est dépouillée de sa positivité mystique ; la charité se calcule et se laïcise pour éviter qu'elle n'entretienne le mal. L'hospitalité élargie devient équivoque et le vagabondage autorise la formulation de nouvelles exigences de contrôle[32].

La pauvreté ne disparaît pas du coup, bien au contraire ; elle change de figure progressivement, et cette évolution des représentations entraînée par les menaces récurrentes de la crise et de la mobilité des gueux impose le relevé de présences inquiétantes et l'interrogation sur les moyens d'agir contre ces menaces obsédantes[33]. Sans-aveu, errants, marginaux composent le terreau d'une inquiétude constante qui oscille entre la banalité et l'exception. Les errants sont sur les grands chemins à tout moment s'ils ont rejeté les références et les normes, et leur présence régulière n'entraîne pas de distinction entre le vagabondage paisible et le vagabondage redoutable. On ne les connaît que parce qu'ils s'arrêtent ou parce qu'ils sont arrêtés, secourus dans les hôpitaux ou jetés dans les prisons, relevés moribonds ou morts sur la route, au coin d'un bois, dans une grange. On les enregistre alors dans les livres de l'état civil. Dans tous ces vagabonds décrits, on perçoit le vagabond type : il est sans domicile, c'est le plus souvent un homme, c'est majoritairement un adulte. Les signalements de ces routards sont généralement à l'inverse de ceux des bons pauvres, sédentaires, plus âgés, et où les femmes sont plus nombreuses que les hommes. Au-delà, les classifications charitables ou policières relèvent l'hétérogénéité et la porosité des catégories. Le passage du travail au non-travail, le chômage, l'insuccès d'une famille victime de la maladie, l'insuffisance des salaires font à la fois les vrais pauvres, les mendiants de bonne foi, les mendiants par nécessité, les mendiants en permanence à qui la société reconnaît une place, et les autres, les pauvres passants, mendiants, mendiants sédentaires, vagabonds, mendiants vagabonds errants, errants vagabonds, errants incorrigibles, vagabonds errants et brigands.

Recteurs et curés de paroisse, syndics de village, officiers de justice, gendarmes montrent bien les liens invisibles qui font cette société de la misère instaurée par le processus continuel de la pression démographique ou de l'insuffisance de ressources. Quitter sa paroisse est une décision lourde et qui n'entraîne pas toujours la chute dans les rangs de la société des mendiants nomades. Quand la mobilité est nécessaire, pour certaines professions, pour certaines régions, les autorités l'admettent[34]. Bien des mendiants peuvent monnayer un temps un petit talent, rejoindre et quitter la troupe saisonnière des travailleurs. Les déserteurs alimentent le flux autant que les chômeurs ; les clercs errants et les pèlerins sans ressource s'y mêlent à leur tour. Les guerres jettent dans les aléas de la route les paysans fuyards, et la ruine des villages nourrit la migration. Les mauvaises saisons réduisent les journaliers à la besace ; la pression fiscale entretient les fuites, tout comme les transformations sociales des campagnes qui privent, en Angleterre et en France, nombre de paysans de leurs terres et les jettent à l'aventure, déracinés de leur village, sans qualification. Les crises et leurs émeutes accélèrent un temps ces processus et la suspicion. Les villes qui attirent les flux misérables se ferment, internent les pauvres, les rejettent. Naissent alors les représentations de la gueuserie familière qui, du *Liber vagatorum* du XVe siècle aux *Figures de la gueuserie* et aux *Jargons de l'argot réformé*, proposent des taxinomies dénonciatrices de la marginalité vagabonde et prétendent permettre de démasquer le faux du vrai, les fourberies et les astuces employées pour vivre des secours du monde crédule et sédentaire. Faux malades, faux infirmes, vagabonds couverts d'ulcères imités, faux blessés des combats, fausses femmes enceintes, faux aveugles, faux pèlerins construisent l'image d'une société dispersée, mais qui professionnalise dans le non-travail tout un monde. Ils acquièrent l'identité d'un peuple à part dans l'exercice littéraire des clercs et des lettrés, dans le fonds de commerce des romanciers picaresques. C'est la curiosité même pour l'étrangeté, la mobilité, ses exotismes et ses secrets, qui anime les représentations de la réalité et leur confère leur réalité qu'on entrevoit parfois, de façon plus ou moins pittoresque, dans les documents de la police[35].

Le moyen d'un déclassement

La mobilité n'est pas la cause du déclassement et de la marginalisation où on lit la rupture d'une participation aux liens et aux devoirs sociaux; elle en est le moyen et le critère par lequel on jauge les effets d'un refus. « Elle crée un milieu mouvant et variable qui ne se laisse saisir qu'en processus continuel de déclassement et de réintégration dans le cadre social[36] », où se jouent les divers degrés du rejet et de la réprobation. Le bannissement peut alors rejeter et exclure, au nom de la xénophobie (ainsi des Juifs), de la méfiance envers l'hérésie, de l'infamie qui frappe les malades et les infirmes, les criminels bannis, certains métiers, et en général les oisifs qui refusent le travail. Les mendiants qui conservent une certaine place et une dignité rejoignent ce groupe. Le vagabondage devient la marginalité par excellence, même si ses normes et les pratiques de la loi n'en précisent que lentement les contours. L'absence de domicile fixe et celle de ressources définies : avec le Code Napoléon, c'est le contenu de la bourse qui constitue le critère selon lequel l'homme errant est considéré comme vagabond ou non. L'errance, alors, va de pair avec un mode de vie incertain et au fond asocial[37]. Si elle devient un délit, c'est qu'elle enfreint les divisions fonctionnelles de l'ordre social; et si elle est réprimée plus ou moins durement, c'est en regard des besoins de l'offre de travail, comme les économistes commencent à l'envisager au XVIIIe siècle – ainsi Frederic Morton Eden dans *The State of the Poor*, publié à Londres en 1793. Le traitement de la pauvreté réserve un sort particulier aux mendiants et aux vagabonds, qu'il faut interner, rééduquer par le travail, tirer de l'instabilité afin de dissoudre les forces d'attraction qui les entraînent vers la criminalité. Dans toute l'Europe, cette politique n'aboutira jamais totalement et l'incertitude du sort continuera d'entraîner vers le vol, la contrebande et la prostitution une part notable des populations errantes. On peut tenter de la saisir d'une part dans l'activité répressive sur le terrain, d'autre part à partir d'une impulsion fondamentale, l'association qui confère à la mobilité ancienne son rôle cristallisateur de l'insécurité redoutée, réelle ou imaginaire, les deux mobilités s'entretenant l'une et l'autre et alimentant les bandes criminelles.

Les ruraux constituent, on l'a dit, une part importante des vagabonds entraînés par les guerres, les chertés, les enclosures et le rejet par l'endettement. Dans cette errance, les villes jouent par leur attrait un rôle essentiel[38]. A Lyon, durant tout le XVIIIe siècle, on voit arrêter les mendiants venus massivement des régions proches, Lyonnais, Dauphiné, Savoie, Forez, Auvergne, Bresse, plus irrégulièrement de l'Ile-de-France, du Nord, de l'Est ou de l'Ouest. C'est une étape dans un exil où mendier sert de gagne-pain ou de refuge définitif. Les mendiants, en réponse aux interrogations, savent se retrancher derrière une profession, des causes réelles improuvées qui forcent à gueuser temporairement. La grande déclaration royale sur la mendicité, en 1724, concernant les vagabonds et les mendiants, sait très bien la difficulté de discerner vagabondage et activité temporaire : « N'entendons néanmoins que sous prétexte de la présente déclaration il puisse être apporté aucun trouble ou obstacle aux habitants de nos pays de Normandie, Limousin, Auvergne, Dauphiné, Bourgogne et autres, même des pays étrangers qui ont accoutumé de venir soit pour faire la récolte des foins ou des moissons, ou pour travailler ou faire commerce dans nos villes et autres lieux du royaume. » Le même motif est repris dans la déclaration de 1750 afin de protéger la mobilité et l'activité des migrants temporaires. Sur le grand chemin les gendarmes, dans les tribunaux les juges, ne sont pas dupes : ils connaissent la menace qui guette le peuple menu et les pauvres, et la fragilité d'une limite qui sépare le pauvre diable des vagabonds dont les expédients ne sont plus guère que des alibis.

On la voit se dessiner dans les procès-verbaux des brigades de la maréchaussée en action autour de Paris, parfaitement conservés de 1760 à 1790. Ces brigades appliquent les déclarations royales de 1750 et 1764, qui distinguent les vagabonds et gens sans aveu des mendiants (la première assez mal, la seconde avec précision) : seront considérés comme vagabonds ceux qui n'auront exercé ni profession ni métier depuis six mois révolus et qui ne justifieront pas d'un domicile. La mendicité, elle, est traitée à part, et les mendiants internés temporairement dans les dépôts établis à partir de 1767 doivent être renvoyés chez eux. C'est le dernier effort de l'ancienne monarchie pour lutter sur le terrain contre l'errance; après, son action se tournera vers l'assistance. Par sa compétence en matière de répression des violences et des vols commis sur les grands chemins, la justice prévôtale dont relèvent les vagabonds agit donc à un double titre : réprimer les menaces qui pèsent sur l'ordre public, lutter contre les éventuelles entraves à la libre circulation des hommes et des marchandises[39].

Dans les registres d'arrestation des brigades, on relève entre 1761 et 1781 près de 1 500 délits pour errance, vagabondage ou crimes divers. La totalité de l'activité des gendarmes est certainement beaucoup plus élevée, car on trouve trois fois plus de jugements portés devant le grand prévôt au Châtelet de Paris[40]. Les deux sources comparées permettent de dresser un panorama valable de la population errant sur les routes, celle des piétons que leur comportement ou les plaintes des sédentaires désignent à l'attention. Les arrestations sont principalement opérées sur les *grands chemins*, mais souvent aussi en dehors des grands axes, dans les villages, dans les cabarets, sur les marchés, dans les forêts et sur les chemins de traverse des banlieues autour de Paris. La majorité, calculée à partir des registres et des procès-verbaux, se compose de mendiants (49,75 %), d'errants (21 %) et de déserteurs (10 %). La maréchaussée recense en même temps un millier de criminels : une majorité de voleurs (54 %), 20 % de violents et 5 % d'assassins, auxquels on doit ajouter un lot de rebelles, de frondeurs, de petits escrocs. Pour une année, les résultats de l'action ne retiennent pas plus de quelques centaines de personnes arrêtées et jugées : c'est peu par rapport à la foule de ceux qui gagnent Paris chaque année, si l'on se souvient que la population flottante a compté au même moment près de cent mille personnes. On sait que le sentiment d'insécurité ne correspond pas à la réalité de la délinquance, et que la réalité d'une criminalité ne coïncide pas avec les résultats enregistrés par la police. Ce qui compte ici, c'est l'attention apportée à l'errance et le fait qu'elle est assez stable jusqu'en 1777, pour s'accélérer ensuite : entre 1770 et 1781, on enregistre 42 % des arrestations effectuées, et la part de vagabondage ne cesse de croître. La montée des arrestations ne traduit pas leur montée réelle, mais certainement celle de la crainte et la mobilisation de la maréchaussée impulsée par la législation, même si la prévôté de l'Ile-de-France n'a pas été touchée par la réforme de 1778. C'est surtout une délinquance contre les biens (les objets plus que l'argent), où la violence est occasionnelle. Elle correspond tout à fait à l'économie bouche-trou de l'errance, à la nécessité, au hasard ; elle est inorganisée et individuelle[41].

Cette hypothèse est confirmée par la sociologie des arrêtés. Leur société est celle de la mobilité temporaire : des hommes jeunes, entre 20 et 45 ans en majorité, peu de femmes ; 85 % viennent de la France du Nord, et peu de l'étranger comme des provinces méridionales, ce qui ici nuance le rapprochement avec la migration temporaire. Professionnellement dominent les métiers de l'artisanat (57 %) et le secteur agricole (31 %). On a là une population mêlée de ruraux journaliers et manouvriers, de professions liées à la route (charretiers, muletiers), de salariés, de compagnons et de petits marchands. Là encore, on enregistre une résultante de la désintégration sociale qu'ont pu accentuer la migration inorganisée et la rupture avec la cellule familiale. C'est en tout cas ce qui apparaît en clair dans le système de défense face aux juges. Les prévenus invoquent trois raisons majeures qui justifient leur errance ou la recherche d'expédients : le chômage et la quête de travail qui accélèrent la montée vers la capitale ; l'espoir de trouver de l'ouvrage (c'est la cause majoritaire : 76 % des cas jugés entre 1761 et 1780) ; la fuite et la rupture qui se jouent soit après la désintégration de la cellule familiale, soit après un échec parisien ; restent la désertion et le bannissement après jugement de la prévôté. On voit là que la délinquance de l'errance enregistre les facteurs de désintégration – ils sont essentiels pour lancer les provinciaux sur les routes –, mais aussi ceux de la non-intégration dans la capitale. C'est pourquoi sans doute la répression est plus préventive que résolument punitive : entre 50 et 75 % des arrêtés sont renvoyés chez eux après admonestation, et les peines frappent seulement les vrais criminels. De surcroît, une part importante ne passe même pas devant le juge. Une mansuétude sociale certaine apparaît ici, mais qui correspond peut-être à l'incapacité d'enfermer les coupables dont la faute principale est de s'être laisser prendre, par leur attitude suspecte, par l'absence de papiers ou de références sociales, par un dérapage momentané. Ce qui compte pour la justice prévôtale, c'est de faire des exemples. Elle entend assez bien la demande de l'opinion qui, à la veille de la Révolution, tend à dissocier le besoin d'une présence et de moyens accrus des forces répressives, car la conjoncture accentue la visibilité de la criminalité, et en même temps le contrôle de toutes les procédures expéditives[42].

Le pauvre est un danger social, et la mobilité accentue son caractère dangereux, car on le retrouve lors des révoltes et des émotions, car on lui prête une tendance quasi naturelle à glisser vers le crime, car la mendicité apporte l'occasion de rompre les liens qui le rattachaient à sa communauté. Du XVIIe au XVIIIe siècle, les émeutes reculent, mais les troubles ne cessent pas[43]. Cette lecture donne un sens au désordre qui prend sa source dans la misère, l'insuffisance de la production, la protestation des producteurs, la révolte des consommateurs[44]. Ce qui lie l'errance, la criminalité des pauvres, c'est que la mendicité constitue de plus en plus une menace pour l'ordre public : il ne s'agit en effet pas que d'un fait individuel, mais d'un fait social, et le phénomène est perçu comme alimentant régulièrement le vivier des classes dangereuses[45]. Il convient alors de comprendre le caractère pathologique que peut induire l'errance replacée dans l'existence rurale ou urbaine.

La difficulté de l'entreprise est aisée à comprendre, sinon à résoudre, car il faudrait d'autres recherches. Toutefois, on peut y contribuer en montrant le décalage qui existe entre une imagination collective et des représentations diffusées par la littérature descriptive et la littérature de la gueuserie, des textes du *Tableau de Paris* de Sébastien Mercier aux livrets de la Bibliothèque bleue, consacrés à Mandrin, aux argotiers, aux filous, aux brigands, avec la réalité entrevue, le travail de la justice. Dans les procès-verbaux, peu de bandes : trois en vingt ans sur les routes d'Ile-de-France, de 1760 à 1789 ; un peu plus en Normandie, un peu plus en Languedoc, étudiées à la même époque. Dans les procès, les organisations criminelles sont rares, mais quelques grands événements spectaculaires frappent l'imagination collective. Cartouche, avec son procès gigantesque, reste l'idéal des voleurs grâce à son réseau de complices et de receleurs ; plus de 1 000 personnes interrogées, 800 poursuites, qui témoignent d'une activité exceptionnelle, mais qui à Paris a eu des ramifications intenses entre 1715 et 1721. La répression fut à la hauteur du danger perçu, mais d'innombrables textes ont montré la fascination d'une figure d'autant plus fascinante qu'elle est proche[46]. D'autres bandes ont laissé leur marque dans l'imaginaire de tous : Mandrin, le Normand Guillery, le fanfaron Nivet. Dans tous les récits, ce qui compte, c'est le mélange du banditisme social avec la séduction de la violence portée par une criminalité organisée. La transformation littéraire des expériences sociales inscrit dans l'imaginaire des lecteurs des motifs qui se donnent pour réels[47]. Deux d'entre eux importent ici. En premier lieu, la vision d'un banditisme très structuré, avec ses chefs et ses séides, à l'image des corps de la société réelle : « Il faut savoir qu'il existe dans le beau royaume de France une armée ennemie de plus de dix mille brigands ou vagabonds qui, chaque année, se recrutent et commettent des délits de toute espèce. La maréchaussée fait perpétuellement la guerre à ces individus malfaisants qui battent les grandes routes », dit Sébastien Mercier dans le *Tableau de Paris*. En second lieu, l'assimilation de cette contre-société de misérables et de truands à l'errance et à l'ubiquité. Entre la société normale et la société criminelle, la mobilité professionnelle des mendiants perçue dès la fin du Moyen Age[48] établit une liaison, généralise un soupçon, justifie une répression et autorise toute la gamme des sentiments, du rejet à la pitié, de la crainte à l'admiration.

L'ANGOISSE DES BANDES

La criminalité d'occasion domine sur les grands chemins, mais il existe assez d'exemples passés devant les justices pour que l'imaginaire se renouvelle, pour que la rumeur entretienne la réalité des faits imaginés. La bande d'Orgères, magnifiquement étudiée par Michel Vovelle, révèle ce passage. Les brigands beaucerons font partie du folklore local que les almanachs, avant les érudits, rappellent périodiquement du XVIIIe au XIXe siècle aux paysans et aux citadins. L'importance de l'affaire explique déjà l'intérêt : près d'un millier de prévenus, disait-on, drainés dans les prisons de Chartres pour une instruction qui dure plusieurs mois en l'an VIII quand le Directoire, par sa politique répressive, tente de remettre partout de l'ordre. Les archives permettent de suivre pas à pas la formation de cette population errante et son passage au crime. On y voit près de 400 personnes : 150 femmes et plus de 225 hommes ; les deux tiers ont moins de quarante ans ; pour près de la moitié, ils sont recrutés dans les trois départements illustrés par les exactions de leur bande (Eure-et-Loir, Loiret, Seine-et-Oise), dans les campagnes, mais surtout dans les campagnes de grande culture et leurs horizons forestiers, bocages normands, marges armoricaines, confins de l'Ile-de-France. Peu de brigands sont natifs du sud et de l'est de la France. On saisit là une part des courants saisonniers traditionnels, et surtout le maintien d'un vaste déracinement entre villes et campagnes : un quart des prévenus arrivent de Paris, étape obligée, centre de transit, où les provinciaux qui n'ont pas été assimilés par le milieu urbain sont rejetés vers la plaine ; un tiers de citadins, deux tiers de ruraux – tension réelle d'un exode que n'éclaire pas toujours l'information sur les déplacements.

Deux exemples montrent les cheminements. Gervais Morel dit le Normand, de Rambouillet, est né dans un village de l'Orne ; il le quitte à dix-sept ans pour Sées jusqu'en 1789 ; il gagne alors les plaines beauceronnes. L'hiver, il travaille à Rambouillet ; l'été, il fauche les foins et sème les blés entre Longjumeau, Arpajon et Palaiseau, à l'automne, il fait les vendanges dans la vallée de la Loire ; faute de besogne, il mendie. Michel Paris, dit le père Paris, a soixante ans en 1799 ; il est né près de Domfront, dans la Manche, qu'il a quittée vers l'âge de dix ans. Il a travaillé une dizaine d'années à Alençon, qu'il quitte vers 1759 pour Paris, où il est porteur d'eau, manouvrier, sert les couvreurs et les maçons de Normandie. En 1789, il fait les moissons et les vendanges entre Seine et Loire, et il parcourt les villages et les fermes en mendiant. Tous les prévenus ont eu une profession, rurale ou artisanale ; quelques ouvriers des manufactures et quelques déserteurs complètent le tableau noirci par l'échec, l'invalidité et la maladie autant que par la ruse. La foule des mendiants de Chartres ne manque ni d'estropiés ni de vrais ou faux misérables connus par leurs surnoms –, Julien le Teigneux, Jules le Manchot, le Borgne de Jouy. Rajoutons au lot les femmes et les enfants abandonnés, les veuves et les délaissées nombreuses, après séduction. Le déracinement total est ici le résultat de l'insuccès total : l'absence d'ouvrage, les infirmités font le mendiant. Il a augmenté avec la crise et la disette des dernières années, comme le reconnaît le procureur Durand Claye. Il a bénéficié d'une manière d'organisation qui est une solidarité, celle qui assure la transition entre la normalité et l'errance définitive, qui enseigne les solutions transformant le *calvanier*, l'*aoûteux*, le *saisonnier* sans histoire en voyageur sans retour. La vie, alors, se partage entre la route et les gîtes.

Chaque mendiant a son aire de déplacement : de la Beauce au Gâtinais, de Paris à Orléans, rarement au-delà, car les refuges connus diminuent avec la distance. Ils voyagent seuls, mais il ne faut pas croire leurs déclarations, car ils savent que la police redoute les coalitions et les témoins savent dénoncer les connivences. Ce sont des associations précaires, réunions de deux à six individus, transitoires, peu familiales, avec quelques bandes de mioches, de moins de vingt ans, quinze ans, qui ont frappé les dénonciateurs. Ils se rassemblent aux gîtes de fortune, dans les granges des grandes fermes isolées où ils font régner la terreur des incendies. Un laboureur déclare en recevoir à un certain moment plus de trente par nuit. C'est au hasard des nuitées que se font les connaissances, que s'établit le rituel entre les mendiants et les laboureurs, la soupe et le foin contre la paix. C'est dans ces conditions que se forment et se défont les bandes. De la mendicité au brigandage, le passage est logique : les bandes errantes sont, par leur situation même, hors de toute légalité puisqu'elles sont composées de gens sans aveu, mendiants sans passeport, sans autorisation hors de leur canton[49].

La législation directoriale a encore renforcé la répression : être mendiant, désormais, c'est être passible d'une année de prison ferme, deux en cas de récidive. Le mendiant, qui est devenu hors-la-loi de fait, glisse insensiblement au vol, par nécessité et par choix. Les véritables brigands vont apparaître dans cette masse comme une aristocratie avec ses réseaux d'indicateurs et de complices, tous mobiles, tous errant entre chien et loup. La bande d'Orgères est la fille d'une longue tradition que le récit de P. Leclair, *Histoire des brigands, chauffeurs et assassins d'Orgères* (édité à chaud à Chartres dès l'an VIII) rappelle avec complaisance. La forêt d'Orléans et la Beauce résonnent encore des exploits de Renard, dans les années 1750-1770 ; de Robillard, réfugié entre Montargis et Étampes, vers 1783 ; de Fleur d'Épine, égorgé à Versailles en 1792 pendant les massacres de Septembre ; de Beau François, Jean d'Angers et son second, le Rouge d'Auneau, qui reprennent à partir de l'an III la bande jugée à Chartres. Là se cristallisent les modèles d'organisation qui vont ravir les romanciers ; là existent une discipline, une hiérarchie, un apprentissage technique qu'on ne peut absolument pas retrouver dans les errances dominantes. La crise révolutionnaire accélère le recrutement, le déracinement, les crimes : 25 assassinats entre 1791 et 1799, 95 délits reconnus, 56 non imputables. La Révolution n'a pas créé le brigandage – elle l'a facilité un temps, parce qu'il était l'exutoire d'antagonismes sociaux et de tensions qui opposent et qui réunissent sédentaires, riches fermiers, receleurs, marchands, cabaretiers, et brigands, mendiants, errants, les hommes qui font peur et ceux qui ont besoin d'être rassurés, craignant les bijoutiers du clair de lune.

Un peuple sans lieu : les Tsiganes

Dans la société ancienne, un peuple voyageur va exercer une fascination analogue, le rejet et l'attirance, et susciter des hantises comparables. Les Tsiganes, les Bohémiens, les Égyptiens, comme on les appelle entre le XVe et le XIXe siècle, interrogent la société tout entière. Les autorités et la police parce qu'ils sont insaisissables et mobiles, à la fois visibles et identifiés et cependant invisibles et sans autre identité que légendaire ou, pis encore, criminelle ou marginale, parce que sans lieu. Les clergés parce qu'ils craignent leurs agissements et la crédulité populaire, parce qu'on ne peut les accuser d'hérésie, mais qu'on redoute leurs sortilèges (la pratique de la bonne aventure, les arts des devins et autres astrologues sont, sinon interdits, du moins condamnés). On prête aux Bohémiens des mœurs trop libres et une force de séduction que la peinture va illustrer : ainsi celle de Georges de La Tour, du Caravage, de Valentin de Boulogne ou de Régnier. Pour le peuple, il s'agit de la méfiance ordinaire envers tout ce qui erre et vague sur les grands chemins sans apparence de travail et, simultanément, de la capacité des Bohêmes à séduire et à accomplir de multiples petits travaux dans les villages. On les dissocie mal de la cohorte des vagabonds et des mendiants, sinon par une arrogance particulière qu'on leur prête rapidement. Environnés d'hostilité, ils font bloc et jouent des craintes, des crédulités, des attirances des populations, sans jamais se mêler totalement à elles.

Comme d'autres errants, ils ont fasciné les littérateurs et les artistes. L'abbé Prévost, dans son journal *Le Pour et le Contre* de 1738[50], leur accorde son attention : « Quelque origine qu'on veuille donner à cette espèce de créature humaine qui court le monde et le trompe sous le nom d'Égyptien, il paraît certain, par le témoignage de toutes les nations de l'Europe, que ces vagabonds sont connus depuis fort longtemps et que, malgré la différence de langue, ils ont dans tous les pays le même caractère, la même occupation, les mêmes usages. Leur caractère est la friponnerie, leur occupation de dire la bonne aventure et de mettre à l'avantage leurs usages, de s'attrouper pour courir les provinces et de former une société d'hommes et de femmes qui ont entre eux leur discipline et leur loi, et qui ne dépendent à proprement parler d'aucune autorité... » Voilà tous les ingrédients de la fascination et du rejet à nouveau rassemblés : l'ancienneté, le mystère, l'organisation hors des normes, la vie en marge, les usages répréhensibles mais attendus. L'abbé Prévost, dans son texte, cite la jurisprudence anglaise et les résultats d'un interrogatoire du juge Cook de Coventry qui a fait reconnaître aux Tsiganes leur nomadisme sans faille, leur ignorance de la religion, leur endogamie forte, leur attachement aux pratiques divinatoires, leur oisiveté errante. Il illustre leur histoire par une aventure singulière qui donne la parole aux Bohêmes rencontrés au bord du Rhône. Il voit des gens qui ne font de mal à personne, prêts à rendre service à qui veut les employer, disposés à corriger la nature en se noircissant plus le teint afin d'être visibles, aptes à se familiariser avec certaine population. Ainsi les charbonniers reconnaissent-ils leurs talents de chapardeurs de poule, de baladins et de danseurs appréciés de la Provence à la Gascogne. Ils sont organisés avec des chefs, observent une justice capable de limiter la criminalité dans les bornes de ce qui est tolérable (on peut voler un poulet, jamais le pain du pauvre), se montrent généreux et sont prêts à accueillir les victimes. Le récit tourne ensuite au roman, avec enlèvements, aventures, persécutions, mais aussi une incontestable capacité à faire voir la différence, non sans sympathie. Toute l'histoire des Tsiganes est là en raccourci : c'est celle du nomade et du sédentaire confrontés de part et d'autre de la frontière des lois et des manières de vivre. C'est celle d'un passage de la tolérance à la répression.

Les Tsiganes apparaissent aux XIVe et XVe siècles, et les chroniqueurs leur confèrent une image immédiatement mythique et marginale – bons chrétiens expulsés d'Égypte par les Turcs, petits-enfants de Noé, fuyards aux comportements prophétiques et guerriers – qui leur vaut souvent protection et accueil. Leur mobilité même interdit de rapporter à un espace déterminé ces voyageurs curieux que les ecclésiastiques et les rois, tel Sigismond de Bohême, protègent par leurs sauf-conduits. La société urbaine, habituée à la circulation du commerce et des troupes, les reçoit, les nourrit en cas de besoin. Un tournant se produit au XVIe siècle et s'accentue au XVIIe : le pouvoir royal et ses juges commencent à les considérer comme des « galarous, mauvais garçons, trompeurs, abuseurs de gens, ne vivant que de larcins », et leur retire progressivement leur protection. La Bohême change alors de visage, et les incidents se multiplient : à Chappe en 1453, à Nîmes en 1521, à Bayonne en 1571 ; de 1529 à 1533, la crise qui frappe le Languedoc fait clore les portes des cités et monter la dénonciation. Pour le grand juriste Étienne Pasquier, il est étonnant que les Tsiganes aient pu tromper si longtemps le monde par une sotte renommée, et le mythe de leur origine apparaît comme une supercherie supplémentaire. Ils rejoignent à ce moment les rangs des populations vagabondes et mendiantes. Leur identité se fixe dans cette première vague répressive, car leur cohérence, celle de leur mode de vie et d'une armature sociale adaptée à la vie nomade, assure leur survie en évitant la dispersion, en limitant les contacts avec les milieux pour eux étrangers, généralement peu favorables. Les Bohémiens s'adaptent ; ils refusent une acculturation profonde mais acceptent langues et usages nécessaires pour mieux préserver leur culture particulière. Dans un monde qui se fixe, ils ont de moins en moins de place et finissent par apparaître comme un danger permanent, effet du désordre et obstacle à l'ordre[51].

Des années 1600 à l'aube du XVIIIe siècle, on assiste à la montée de la répression et, avec elle, à la fixation identitaire. La rigueur des textes est exemplaire dans sa cohérence ; elle est générale, et pas seulement française. Il n'y a pas de migration possible vers des régions hospitalières ; tout se ferme et le groupe dissident, sans doute peu nombreux, donne par sa mobilité l'illusion du grand nombre. Ils sont partout et nulle part, et comme tels redoutables, rangés parmi les vagabonds sans pouvoir être assistés. Charles IX les expulse du royaume, mais ils restent. Exclu des compagnies de gens d'armes, chassé des villes, menacé des galères, renvoyé de province en province, le peuple bohême tourne en rond. Entre 1682 et 1693, la justice durcit ses arrêts pour en purger le royaume et, cette fois, le gouvernement applique ses décisions : 1673, les Bohêmes sont assimilés aux voleurs et soumis à la justice des prévôts ; 1680-1681, Colbert enjoint aux intendants de les chasser partout ; 1682, la déclaration du roi renouvelle les anciennes mesures et les précise, s'attaquant en particulier aux femmes, condamnées à être rasées et bannies en cas de récidive après avoir été fouettées. Désormais, les autorités provinciales peuvent agir et les parlements, celui de Paris en tête, saisissent toutes les occasions pour sévir contre les Égyptiens et contre ceux qui les hébergent et les nourrissent. Passeports et sauf-conduits sont supprimés. Parmi les gens sans aveu, les Tsiganes jouissent ainsi d'une position particulière qui montre bien l'enjeu : le nomadisme est devenu intolérable, d'autant plus qu'il est un fait collectif. Les juristes royaux ne procèdent pas à partir d'une définition raciste ou raciale : ils s'attaquent à une figure asociale et dont le risque est d'entretenir vagabondage, mendicité, mobilité périlleuse.

Les textes du XVIIIe siècle confondent la diffuse nation bohémienne dans la condamnation générale du vagabondage et la réprobation de la mendicité. L'opinion administrative entrecroise les catégories répréhensibles jusqu'à ne plus distinguer celles qu'il convient de corriger et celles qu'il s'agit de réduire. Delamare, au livre VII du *Traité de la police*, se réfère explicitement aux Bohémiens, mais en les confondant avec les filous, les voleurs, les revendeuses publiques, les vagabonds, les gens sans aveu et les mendiants. L'*Encyclopédie* signale seulement la condamnation du métier de diseuse de bonne aventure et ne fait plus allusion aux troupes égyptiennes. Tout se passe comme si la législation, après les avoir rendues visibles, les faisait disparaître dans l'ensemble des catégories sociales soumises aux exigences de domiciliation et au contrôle. C'est la qualité de vagabond qui les désigne à la justice des prévôts. Dans les innombrables textes consacrés au vagabondage et à la mendicité (1724, 1764, 1778), les Tsiganes ne sont pas identifiés spécifiquement. En 1740, un arrêt du parlement de Paris les désigne plus clairement pour rappeler les anciennes condamnations et les traités des pratiques juridiques et policières. Muyard de Vouglans dans ses *Lois criminelles de France* (1780) comme Lepoix de Fréminville avant lui dans son *Dictionnaire ou Traité général de la police des villes, bourgs; paroisses, seigneuries de campagne* (1758) les désignent à peine. Les textes oscillent entre la définition minimale (les Bohémiens sont mêlés aux vagabonds et aux mendiants) et une définition maximale (ils forment des bandes aptes à tous les brigandages), soit encore de l'errance à la criminalité. Tous insistent cependant sur leur penchant à la paresse, ce qui les fait échapper – on le sait depuis le XVIe siècle – à la charité admise. La procédure révèle l'embarras des juges devant une mobilité structurelle. Le simple délit ne suffit pas, car l'interrogatoire peut s'arrêter à l'origine des biens, aux circonstances. La lettre des ordonnances appliquée à un groupe de vagabonds contraint les magistrats à une enquête sur ses origines, sur les mobiles du voyage, afin que peu ou prou ils avouent la qualité de Bohémien, ce qui est facile à contourner par la ruse[52].

IDENTITÉ BOHÉMIENNE ET ACCUEIL SOCIAL

On peut dire que c'est l'ensemble des représentations collectives qui ont peu à peu construit l'identité du groupe. Il ne devient menaçant par sa mobilité et ses mœurs qu'au terme d'une période où l'on a poursuivi avec rigueur les formes d'un brigandage multiforme et où les violences qui menacent les villages hantent les imaginations[53], et aussi tout ce qui porte atteinte à l'utilité économique et à la morale du travail rédempteur à l'œuvre dans le renfermement du XVIe au XVIIe siècle. La vie errante et libre des Bohémiens est une insulte à la conscience éthique de la stabilité et de la localisation clanique. C'est un retournement par rapport à la situation qui leur fut reconnue aux origines. Les temps s'y prêtaient avec leurs cortèges de malheur et d'indécision. Les troupes de Tsiganes et leurs « ducs et comtes de petites Égyptes » reçoivent de la part des villes un accueil réservé aux grands et assument peu à peu une fonction militaire. Le mystère de leurs origines et celui de leur vie étrangère peuvent en imposer aux consuls et aux échevins, comme on le perçoit en Bourgogne, en Provence et en Languedoc, en Champagne, en Lorraine et en Alsace : aumônes et courtoisies cantonnent les étrangers et limitent les dégâts ; les premières sont proportionnées aux facultés, les secondes peuvent être sans limite. Le fait que les Bohémiens utilisent aussi largement l'argument du pèlerinage est porté à leur crédit, même si l'on peut douter de l'authenticité des lettres pontificales ou épiscopales qu'ils exhibent. Les États donnent, dès le premier quart du XVIe siècle, les signes d'une certaine méfiance : ainsi Charles Quint dès 1537 qui expulse tous les Égyptiens, les ducs de Lorraine en 1534 et 1541, l'empereur Maximilien aussi, en 1500, qui les accuse de servir le Grand Turc.

Leurs campagnes n'en cessent pas pour autant, et les *mesnages* d'Égyptiens trouvent d'autres protections temporelles. François Ier, Henri II, Henri IV autorisent les mouvements de groupes reconnus : celui de Georges Léonard en 1547, celui du sieur Palque en 1552 qui est autorisé à recevoir partout confort, aide et assistance, et logis et vivres par toutes villes et villages. Les privilèges qu'ils délivrent contredisent les ordonnances générales et embarrassent les autorités urbaines et les cours souveraines quand les Bohémiens mettent en coupe réglée les faubourgs ou les villages. Ce qui les sauve et les compromet, selon les moments et les hasards politiques, c'est qu'ils sont au service des princes et des chefs militaires avec lesquels ils passent contrat et desquels ils obtiennent certificats, sauf-conduits et passeports qui garantissent la sûreté de passage de la compagnie, le *mesnage*, à la fois subdivision militaire et familiale. Certains, comme le capitaine La Fleur, arrêté et interrogé à Thionville, se proclament « Égyptien Français », c'est-à-dire qu'ils servent le camp catholique ; les « Égyptiens allemands » combattent avec les protestants, et la Lorraine est un foyer de redistribution au gré des besoins de la lutte religieuse et militaire. Le témoignage de Jean La Fleur éclaire les liens d'appartenance à la race d'Égypte, l'approximation des liens familiaux par rapport aux normes du mariage tridentin – le capitaine reconnaît plusieurs épouses – et les conditions d'une errance commencée très tôt auprès des nobles lorrains et continuée dans la fidélité au service du roi d'Espagne et des ducs défenseurs de la religion catholique. Il recevait salaire à Lyon, à Anvers, connaît les lettres de change et se moque du magistrat quand on l'interroge sur ses voleries, car, dit-il, ce métier ne vaut plus rien, trop de gens s'en mêlent et plus habiles que lui.

Les protections n'ont pas supprimé les tensions et la montée du refus. On le lit dans les lettres de rémission royales que le pouvoir accorde à certains, dans les affaires locales qui éclatent entre villageois et Bohémiens, dans la manière dont gouverneurs de province et municipalités transigent pour mieux les faire circuler et se débarrasser à prix d'or de leur menace. Face au durcissement, les Égyptiens ne baissent pas la garde et leur arrogance est attestée. Les conflits opposent violence à violence et s'achèvent en transaction : en 1610, Jacques de La Brande, «capitaine conducteur» de trois *mesnages* égyptiens, obtient ainsi des notables de Cuperly (bailliage de Châlons-sur-Marne) 85 livres pour débarrasser le plancher. En Alsace, où les bandes sont nombreuses jusqu'à la guerre de Trente Ans, ils trouvent refuge malgré les édits d'expulsion; les paysans s'en accommodent, et le rattachement met fin à leurs insolences. L'intendant Colbert leur ferme l'asile des communautés et expulse une nation pour l'inclination qu'elle a de se porter plutôt au mal qu'au bien. L'ordonnance de 1682 contre le vagabondage fera le reste. La répression gagne, la protection s'atténue désormais et se transforme.

Le maintien prolongé de la tolérance qui caractérise la mobilité des Bohémiens tient à ce que ceux-ci ont su jouer des lacunes de la répression, des possibilités offertes par le réseau des protections et, plus particulièrement, de l'appui des noblesses et des seigneurs locaux. Entre le XVIe et le XVIIe siècle, l'identité nobiliaire se constitue entre la reconnaissance du milieu et celle du roi, l'anoblissement opaque et l'ascension sociale achetée et confirmée. Les contacts anciens entre noblesses et comtes d'Égypte, troupes seigneuriales et compagnies de Bohémiens, assurent un écran entre les forces centrales et les résistances périphériques dans un royaume encore instable. C'est à l'ombre des châteaux provinciaux que les *mesnages* d'Égypte trouvent protection contre le refus. C'est un patronage qui à la fois s'accommode d'un mode de vie nomade et s'inscrit dans l'affirmation d'une opulence, à l'instar de celle des grands frondeurs de l'autorité royale. Le tour de France des archives qu'a mené à bien Henriette Asséo repère ainsi ces protections seigneuriales en Poitou, en Orléanais, en Anjou, en Maine, en Haute-Auvergne, en Languedoc, en Champagne. Grands et petits seigneurs se révèlent à l'occasion de conflits – ainsi, en 1629, l'assassinat sur la route des ponts de Cé d'un des plus prestigieux capitaines bohémiens du temps, Charles de La Grave, qui commande les gardes tsiganes du maréchal-duc de Brissac. Des dynasties apparaissent; telle celle des Charles qui passent d'armée en armée, de seigneur en seigneur, surtout dans les régions accueillantes. Les dissidences seigneuriales – qui, en Guyenne, en Limousin, en Albigeois, perdurent longtemps – croisent les fidélités parapluies : celle des Guise, celle des ducs de Nevers, celle du duc d'Anjou, celle du marquis de Malauze, celle du baron de Lauraet. Dans ce climat d'indécision, ce qui marque le plus fréquemment l'allégeance est le parrainage accordé aux Bohémillons et qu'acceptent les curés de village, lesquels inscrivent leur caractère d'étrangers (Bohême de nation, Éthiopien, Égyptien).

Le geste qu'accorde un parrain prestigieux à un nomade bohème prolonge le patronage, avec d'autant plus de force symbolique qu'il correspond sans doute à des traits anthropologiques anciens de la société tsigane où le parrainage scelle l'adhésion à un chef de guerre et obtient en échange l'assurance d'une fidélité dynamique. Les compagnies se coulent aisément dans le moule des comportements nobiliaires; leur arrivée est un événement familier – le sire de Gouberville les accueille sans problème[54]. Les romanciers leur font une place. Dans le *Roman comique*, Scarron confronte Ragotin, avocat au présidial du Mans, à une troupe de Bohémiens installés dans sa demeure, et c'est en trinquant à la mémoire des deux chefs de guerre bien connus, les capitaines Dodo et de La Grave, que l'on résout l'affaire. Dodo et La Grave ont été l'un pendu et l'autre assassiné, vraisemblablement vengé par les hommes du pendu. L'exclusion de la Bohême traduit le recul de la protection des châteaux et le triomphe de la justice royale. Désormais, les tribunaux font injonction aux seigneurs de lever leur assistance. Les Égyptiens ne vont pas disparaître, mais entrent dans une longue phase de métamorphose qui hérite de la solidité héritée du parrainage. Celui-ci avait transformé une assemblée de soudards libertins et dangereux en un réseau de familles stables, reliées par des liens collatéraux et assurées d'une identité généalogique. La mobilité, loin d'être le signe de la marginalité et le résultat d'une répression accrue, a favorisé et accompagné un procès de conscience familiale. Elle a triomphé de la menace la plus lourde qui pèse sur le monde des pauvres et des exclus contraints à l'errance. Dans le dernier feu d'un devoir de révolte, les seigneurs, bientôt subjugués par l'autorité de la monarchie administrative, ont permis cette construction identitaire qui d'une certaine manière assure au nomadisme exemplaire des Tsiganes les moyens de sa continuité[55]. Les processus d'exclusion qui dans la société classique ont tiré argument de la mobilité et de ses dangers ne jouaient pas, on le voit ici clairement, de façon univoque.

Avec l'accentuation de la répression, avec la précision de la législation des délits et peines imputables aux Bohémiens, avec la défaite nobiliaire, commence une longue marche du peuple aux semelles de vent[56]. Le cycle répressif fonde l'inutilité sociale des Bohémiens; le bannissement proclame l'exclusion collective et sociale qui les frappe, surtout s'il s'accompagne d'un bon cortège de peines infamantes – condamnation aux galères pour les hommes, enfermement dans les hôpitaux pour les femmes, placement pour les enfants, procédures lourdes des justices prévôtales. Les Bohémiens sont condamnés par la société à reprendre une errance continuée jusqu'à nos jours. Ils se coulent dans la masse rurale errante et les mailles du filet répressif. C'est le reflux et la dissolution des grandes compagnies sans employeurs[57]. Les derniers membres de la bande des Charles se dispersent vers 1710. Elle tenait ses quartiers en Forez : trois hommes, deux femmes, deux enfants, quatre méchants chevaux, une jument borgne, un poulain galeux, un petit mulet, mais la troupe a un armement imposant. Leur chef se fait appeler M. le Vieux ou M. de Boivillier; il a soixante-douze ans et a traversé tout le royaume, de la Saintonge à la Bretagne, du Périgord à l'Auvergne, du Limousin à l'Ile-de-France. Quelques serviteurs et servantes s'agrègent à ce noyau bohême, enfants ou filles de laboureurs ruinés. La bande a longtemps bénéficié de la protection des gens de qualité, et elle s'en vante devant les prévôts dont la compagnie met fin en mars 1710 à des années de cohésion. La procédure retrace haltes, étapes, trajets, moyens de pression sur les sédentaires, plaintes des victimes soumises au chantage de un à dix jours d'affilée souvent. Les hommes finiront sur les galères du roi; les femmes, fouettées, marquées, paieront une amende de 500 livres.

L'affaire de Roanne illustre la fin d'un processus. D'autres exemples en souligneraient la pertinence : en Languedoc avec la bande des Cocaroux, que poursuit le duc de Roquelaure, en 1717; en Bourgogne à Arnay-le-Duc, en 1720; ailleurs. Les attroupements sont poursuivis; l'état militaire collectif, fermé. La survie s'obtient par des expédients temporaires : le travail comme maître d'armes, la vente des chevaux, le déguisement, le chapardage. La mobilité bohémienne répond à trois impératifs pour échapper au contrôle individuel ou collectif : effrayer sans terroriser, afin de ne pas susciter l'hostilité absolue des sédentaires villageois; forcer l'accueil, mais en évitant de saturer les possibilités, d'où une circulation constante; établir des itinéraires à la fois profitables et plausibles lors des arrestations, avec des retraites naturelles ou dans des refuges assurés par des comparses domiciliés. C'est ainsi toute une économie qui se met en place avec l'alternance de la violence, de l'extorsion et de la séduction par la curiosité, le costume, l'exotisme. Les femmes y jouent un rôle essentiel, car c'est le maillon faible des troupes. Elles sont contraintes d'assurer la subsistance des familles; elles sont une avant-garde repérable et moins redoutable que les hommes armés et prêts à se défendre. Dans les procédures, elles témoignent d'une grande habileté à plaider leur cause, à brouiller les pistes, à défendre la respectabilité, le veuvage, l'abandon, la fidélité au modèle familial nucléaire et parentélaire, à accumuler les enfants. D'un autre côté, elles savent surprendre la crédulité des paysans et, si elles nient d'avoir pratiqué la bonne aventure comme d'être libertines, on sait que leur existence en dépend. La liberté des femmes bohémiennes, les spectacles de danse qu'elles affectionnent font partie de la dénonciation morale dont elles tentent toujours de se démarquer en se retranchant derrière des occupations compatibles (colportage, filage, petits services).

Les juges préfèrent entendre les stéréotypes, et ils voient dans les Bohémiennes et leurs paroles enchanteresses des actrices dans le théâtre d'une criminalité intelligente qui sait manier les arguments les plus divers, la menace insidieuse, la séduction du spectacle offert, la mendicité pour le pain ou un asile. A la fin du XVIIIe siècle, il est toujours tentant d'exiger par force ce qu'on ne saurait quémander, et parfois les bandes bohémiennes en abusent. L'équivoque règne sur leur mobilité : elles essaient de se domicilier pour échapper au piège, mais il leur est difficile alors d'éviter la dissociation. Le cercle de l'exclusion se maintient et, avec lui, l'économie précaire. La diffuse nation bohémienne continuera longtemps de pérégriner à travers l'Europe avant que ne se précise au XXe siècle la ligne de partage ethnique qui justifie encore aujourd'hui l'exclusion et le refus de l'hospitalité. Avec les *fils du vent*, l'historien tient un exemple dont les caractères sont propres à montrer le fonctionnement des effets de la circulation, de la rencontre entre sédentaires et nomades, des rapports entre une société constituée en un jeu de solidarités sécurisantes et les intrus, inconnus, dangereux, étrangers. La civilisation classique a mis un terme à l'ambiguïté, qui régnait jusqu'à la fin du XVIIe

siècle, opposant la bienveillance des seigneurs et la forte hostilité des communautés paysannes[58]. Le rapport de la mobilité au travail montre des relations comparables.

Travail et mobilité

L'importance de la mobilité pour le travail a déjà été aperçue dans l'évocation des mouvements de migration large, saisonnières ou plus durables. Ils correspondent à des façons de vivre dictées par des nécessités et des besoins, et confirmées par les habitudes et les coutumes villageoises et urbaines. Les appels des économies, le besoin de mains-d'œuvre spécialisées ou non qualifiées, temporairement ou plus durablement, alimentent d'incessants mouvements que des traditions culturelles ont encadrés et organisés qu'ils intéressent principalement la frange active et productive des populations citadines et rurales, et parce qu'aucune société ne peut reposer sur la rupture définitive. Les migrations montagnardes, bien connues, ont longtemps servi de modèle pour l'ensemble des paysanneries : la pauvreté de masse, constatée dans les plaintes des habitants et des administrateurs, le trop-plein d'hommes, imposaient ces flux pendulaires qui relient périodiquement plaines et hauts pays. L'image de l'infériorité et de ses causes se retrouve sous la plume des voyageurs, tel Pierre-Jean-Baptiste Legrand d'Aussy dans sa lettre XXXII des *Voyages faits en 1787-1788* en Haute et Basse-Auvergne et édités en l'an II et en l'an III. Les pays ne fournissent pas le quart des grains qui sont nécessaires pour la subsistance des habitants ; l'état des routes enfermant les montagnards dans leur canton et limitant le développement des échanges, « la misère et la stérilité du pays forcent de s'expatrier » : il en est qui se rendent en Espagne, et les autres sont ceux que l'on voit à Paris exerçant le métier de chaudronnier, vêtus d'un habit – veste d'un brun marron.

L'observateur émet sur le phénomène un double jugement concernant le caractère moral de l'Auvergnat et son intelligence pratique. « Forcé de quitter sa terre natale, il ne va point, comme d'autres peuples, mendier sans pudeur dans les départements voisins. Né laborieux, s'il abandonne son pays et ses parents, c'est pour chercher ailleurs du travail ; et voilà, selon moi, ce qu'un écrivain honnête ne saurait trop louer ; voilà aussi pour l'éloge, mais voilà encore pour le blâme ou l'incompréhension. Dans ses manières de subsistance qu'ont imaginées depuis plusieurs siècles ces émigrants, il n'en est pas une seule qui montre une certaine industrie [...] savetiers, portefaix, chaudronniers, scieurs de long, terrassiers, maçons, porteurs d'eau, etc. ; c'est-à-dire, embrasser toutes professions grossières dans lesquelles l'esprit n'a aucune intelligence à déployer[59]. » On ne peut aujourd'hui oublier que ces faits s'inscrivent dans l'économie d'expédients et les migrations de maintien qui sont au cœur des civilisations montagnardes, et des cultures paysannes anciennes d'une manière générale. L'économie de l'absence, les métiers de la migration, les liens familiaux ne sont pas à inscrire au passif économique ou moral des villages producteurs de migrants. Ce serait adhérer à une fable politique et sociale qui proclame l'excellence de l'homme de la nature, non corrompu par les villes, et qui fige les ruraux dans l'immobilité[60]. Toutefois, dans cet ensemble, le point de vue citadin n'inverse pas les options économiques et morales. L'arrivée des travailleurs est une nécessité, mais elle suscite la défiance, et ce d'autant plus qu'une mobilité plus spécifiquement urbaine anime les ateliers et le marché du travail. C'est à celle-ci que nous devons nous arrêter si l'on veut comprendre le travail et la mobilité qui lui est inhérente en termes de culture, et le travail comme culture originale[61]. S'il ne s'agit pas de rétablir une frontière difficile à tracer entre ruraux et citadins, il est nécessaire de voir comment, entre les espaces, la mobilité crée du travail, met en valeur des formes de présence originales du travail, construit un horizon culturel parfois inédit entre les libertés revendiquées, les contraintes subies et les contrôles imposés à travers des variations d'échelles temporelles ou spatiales extrêmement diverses. C'est affaire de représentations et de pratiques qui se construisent et évoluent sur les chemins qui marchent comme sur les routes opposant nomades et sédentaires.

Dans le monde des villes, deux images viennent spontanément à l'esprit pour évoquer le rapport des migrations et de l'atelier. La première donne du travail et des travailleurs anciens une représentation idyllique : un maître, des ouvriers, des apprentis sont réunis par un même labeur, une hiérarchie d'autorité et de salaires, une vie en commun où l'on partage le logis et la table, le pain et le vin avec la famille, la femme et les enfants du patron. C'est un lien réel, partiellement vrai, partiellement reconstitué par une historiographie soucieuse de rendre compte de la dégradation des choses, et qui, quelles que soient ses options idéologiques, situe la modernité dans la rupture avec le temps que nous avons laissé derrière nous, perdu à jamais, et où pouvait exister un espace de convivialité et de solidarité qui accueille, en dépit des conflits, la population laborieuse. Il s'y forme une commune mentalité[62]. C'est une évocation d'un idéal de sédentarisation, de clôture acceptée et d'accord défendu. La seconde figure montre aux portes des villes ou à la croisée des routes des bandes de jeunes ouvriers endimanchés, agités, rassemblés par la pratique compagnonnique de la conduite. Ils offrent aux spectateurs locaux l'image d'un groupe joyeux, enrubanné, quelque peu enivré, chantant, accompagnant les ouvriers sur le départ. Gestes et propos, chansons et ordre hiérarchisé de la colonne évoquent le passage du monde de l'atelier familial et de la ville disciplinée à celui des hasards et de l'incertitude des routes du tour de France[63].

Cette deuxième évocation renvoie semblablement à l'historiographie abondante du compagnonnage, qui propose une vision quelque peu intemporelle des associations ouvrières semi-clandestines révélées au milieu du XIXe siècle dans le contexte des bouleversements du marché et des conditions du travail lancés par le développement de l'industrie à travers toute l'Europe[64]. Il ne s'agit plus ici de revenir sur les formes de travail directement créées par la circulation – celles des métiers de l'échange, de l'hospitalité, de la construction routière et de l'aménagement, voire de la nécessité inquisitoriale ou de la curiosité voyageuse –, mais plutôt de comprendre l'existence d'une mobilité incessante, moins intangible que profondément instable et directement liée aux formes anciennes de la production dans laquelle les variations sont plus irrégulières que stables et l'organisation du travail un acte en constant réaménagement selon les besoins saisonniers ou professionnels spécialisés[65]. L'image de l'atelier et sa sédentarisation correspondent alors à un nécessaire équilibre qui s'établit, à coût économique, à coût humain, entre les besoins de la main-d'œuvre pour être capable de répondre à la demande, et les nécessités de la stabiliser en dépit de ses comportements nomades. La mobilité des ouvriers, et parmi eux des affiliés aux associations des compagnonnages, est au cœur des conflits sur le contrôle du travail comme elle l'est dans l'opposition morale et culturelle qui oppose sédentaires et itinérants.

Conflits et ententes

Sur la route, tous les acteurs se croisent : les citadins rencontrent les ruraux, les ouvriers saisonniers se mêlent aux paysans installés, les compagnons du Tour de France côtoient les villageois. Un moment, un temps, on peut troquer une situation pour une autre et, contre l'image d'une mobilité de déracinés et de vagabonds, on voit agir le maillage serré des dépendances et des relations qui élargissent ou rétrécissent les mécanismes de la conjoncture, les dynamiques urbaines et leur écho. Dans son *Autobiographie*, Jean-Joseph Esmieu, un gavot de Barcelonnette, évoque ces métissages de hasard[66]. Après une enfance montagnarde et pauvrement vécue dans une famille de *ménagers*, cependant à l'aise, petits notables du village de Goudissart, et avant une vie agitée et aventureuse de marchand colporteur pendant la Révolution, le petit paysan qui a appris à lire avec son père se brouille avec sa famille pour une affaire de sous, et il décide de partir.

Le voilà sur la route avec son sac, trois chemises, une vieille culotte, un gilet, une veste, trois paires de bas, trois mouchoirs de poche et trois autres de col, quelques francs. Ses parents croient à une plaisanterie, et le laissent s'envoler avec des ouvriers laboureurs qui vont faire leur saison en Basse-Provence et qu'il doit rejoindre au Lauzet, où ils l'ont devancé dans la tempête de neige de ce mois de novembre 1773. A l'auberge du lieu, son père maître Jean Esmieu est connu, et le fils est recommandé par les laboureurs. Il leur montre d'ailleurs des lettres pour des compatriotes installés en plaine. L'aubergiste, qui a plusieurs fois logé le père Esmieu – «lorsque celui-ci venait des foires du Dauphiné acheter des bœufs pour les labours de ses terres, ou même en faire le commerce, il logeait dans cette auberge cinq ou six fois par an» –, le prend sous sa protection et le recommande aux manouvriers jusqu'à Digne. Là, un muletier lui fait un bout de route ; le surlendemain, il est à Valensole où un autre aubergiste ami de son père l'accueille et le confie à l'un de ses valets jusqu'à la route de Marseille par Pertuis, et par Aix. Il fait alors le tour des relations familiales, un cuisinier à l'hôtel du Cerf ; M. Lallemand, maître cafetier à Fort-Longue, qui lui conseille de rentrer ; Joseph Dernez, un domestique qui se propose de le faire engager comme valet après un brin d'accommodement aux habitudes vestimentaires, qui polira le petit montagnard aux gros souliers ; Pierre Chauvet, compagnon boulanger près la porte de Rome, qui le fait engager comme apprenti. Diverses professions, diverses vicissitudes l'accompagnent jusqu'à ce que le jeune homme choisisse le métier du colportage. Le hasard d'un gain à la loterie, un bref apprentissage, et le voilà à nouveau sur les routes. La leçon est qu'il faut du courage et de la protection pour se faire admettre dans le monde des sédentaires comme dans celui des nomades.

Pasteurs, bergers, paysans

Dans les premières années d'errance, on lit la rencontre – faite de défiance et de liens consolidés – des villageois, des citadins et des errants. Elle peut parfois correspondre à des habitudes ancestrales de mobilité et d'échange, ainsi dans la transhumance. Depuis longtemps, les échanges saisonniers de troupeaux animent la relation entre les plaines et les hauteurs, selon des itinéraires fixés et avec des durées de voyage variables (à la belle saison vers l'estive, à l'automne vers les basses terres). Localement, c'est une habitude générale ; dans les grands massifs montagneux, les mouvements sont plus spectaculaires. Presque partout, les bovins stationnent en altitude ; mais dans le Midi, les Alpes, les Pyrénées, les moutons animent le mouvement saisonnier[67]. De l'Isère au Var, de la Drôme à la Loire, les pâturages d'été attirent les bergers et leurs troupeaux qui regagnent les tièdes pâtures d'hiver après cinq mois d'absence. Au midi du XIXe siècle, Mistral en brossera un tableau pittoresque dans *Mireille*. Certainement les *carraires*, des tracés déterminés et admis sont établis dès le XIVe siècle pour garantir le passage des troupeaux, leur parcage nocturne et les abreuvoirs. Les Arlésiens en ont obtenu l'usage en franchise dès 1232-1235, et les rois de France les ont confirmés après le rattachement. Le fait est important, car l'accroissement des cultures a multiplié les causes de conflit et les entrepreneurs de transhumance, à l'instar des Camarguais ou de Noé de Barras, doivent défendre leurs privilèges, indispensables contre les cultivateurs prêts à limiter la largeur des *drailles* et des *ramades*. L'enjeu est de taille : vers 1480-1500, Noé de Barras rassemble chaque année près de 34 000 bêtes en trois troupeaux qu'il fait monter du pays d'Aix au confluent de la Durance et de l'Ubaye à travers ses seigneuries. Il établit les itinéraires, négocie le droit de passage, organise les haltes nocturnes, règle les contentieux et, pour cela, il mobilise un vaste réseau de mandataires, de répondants, de correspondants, de clients, de fermiers, d'intermédiaires. Il tient soigneusement ses comptes, note les lieux et les dates, les prises en charge, le nombre de bêtes, le nom des propriétaires, les provenances, les bergers, les honoraires, les tarifs de péage, les contrats passés, les dettes, les amendes, les quittances[68]. Au XVIIIe siècle, les carnets des conducteurs de troupeau fournissent des indications analogues, et l'on évalue à 500 000 têtes les troupeaux en 1790 : un berger accompagne 350 ovins ; pour 10 000 moutons, il faut une trentaine d'hommes. Ce sont souvent des mouvements de villages et de familles qui organisent la transhumance.

Les plaintes des bergers et des propriétaires – ainsi celles que déposent en 1783 les Arlésiens auprès de l'intendant – sont symétriques des méfiances paysannes. Pour les paysans, les troupeaux menacent les cultures : les *carraires* doivent être limitées, réduites, les tracés fixés, les haltes déterminées et payées. Pour les bergers, il faut respecter les usages, abolir les taxes prélevées indûment par les villages, les *pulvérages*, les droits de passage sans titre ni concession. Il faut maintenir la largeur des chemins pour ne pas retarder la marche des compagnies de bétail à laine et exposer les conducteurs aux prétentions de dommages de la part des propriétaires voisins que les juges locaux défendent. Il faut encore ne point avoir à verser des présents arbitraires aux consuls et officiers des communautés, aux gardes-terres des seigneurs, en argent, en laitage, en repas somptueux. Bref, de part et d'autre, les vexations existent et les journaux des *bailes* notent, à l'instar de celui de Noé de Barras, tout ce qui se passe sur la route : à Savine, on paie repas aux officiers de la communauté, 3 livres au garde-terre, 3 livres au chasseur de Monsieur, 3 livres au lieutenant, 2 livres au secrétaire, 48 livres au receveur, 28 livres au brigadier et la même somme en descendant, sans compter l'agneau de M. de Savine, 8 livres pour les consuls, un fromage gras et un maigre (le *seras*) pour chacun. Le troupeau qui en 1752 a gagné Barcelonnette compte 10 402 têtes ; il est ponctionné à chaque étape, d'Arles laissé en juin à l'alpage atteint au début de juillet. En 1753, un autre troupeau dépense en route plus de 1 230 livres, sans compter la nourriture des bergers.

En 1783, un règlement tente de mettre fin au conflit – sans grand résultat, car les communautés trouvent leur intérêt à tirer profit de la transhumance, et la Révolution ne changera rien. En même temps, si les bergers ont besoin des *drailles*, s'ils ne peuvent se passer des parcs clos et des abreuvoirs au long de la route, ils peuvent négocier leur passage. La fumure des pacages n'est pas négligeable pour les agriculteurs : les nuits s'achètent aux bergers comme les droits de route aux communautés. De surcroît, les pasteurs savent vendre les produits de la montagne en échange de la halte ou les productions de la plaine (laine, toison, fromage contre huile d'olives et céréales) ; les béliers et les boucs pastoraux peuvent saillir les brebis et les chèvres locales. Les bergers savent aussi prodiguer leurs soins aux bêtes et aux hommes, car on les sait faiseurs de remèdes et, s'il le faut pour s'en débarrasser, quelque peu sorciers et jeteurs de sorts, ce dont s'offusque le citoyen Daubenton : « C'est très mal de soupçonner injustement des bergers de vouloir faire des sorcelleries, mais s'il s'en trouve qui se disent sorciers ou qui tâchent de le faire croire par des menaces ou qui promettent de guérir des troupeaux par des paroles ou par des moyens extraordinaires, il faut regarder ces bergers comme de malhonnêtes gens[69]. » Dans cette rencontre, le travail des pasteurs et celui des laboureurs imposent leurs contraintes, mais elle est faite tout autant d'échanges de services que de conflits, de conventions et d'arrangements que de procès, de discussions et de négociations que de constants affrontements.

DES FLEUVES ET DES HOMMES

Fleuves et rivières fournissent des exemples nombreux de ces rivalités et de ces complémentarités entre mobilité et stabilité. Tous et toutes sont des voies de passage essentielles, des centres de vie économique, des lieux de fixation des villes et de la croisée des chemins; les chemins qui marchent ouvrent sur l'extérieur, relaient l'insuffisance du réseau routier, font pénétrer les marchandises et les productions exotiques au cœur du royaume profond. Dans le labeur des batelleries, sur la Dordogne, la Garonne, la Loire, la Seine, le Rhône, le Rhin, sur tous les affluents et les canaux de liaison utilisables, se retrouvent tous les trafics. Ceux des flottes du haut qui font descendre vers les plaines et les littoraux les radeaux de bois, les bateaux légers souvent démolis à l'arrivée et que l'on a chargés de vin, de pierres, de fourrage, des productions montagnardes, de papier comme dans les argentats et les courraux de Bergerac. Ceux des bateaux du bas porteurs de sel, de poisson séché ou salé, de cargaisons exotiques, du sucre et des toiles, tous les produits des entrepôts portuaires. Les descentes sont dangereuses, irrégulières, dictées par les courants, souvent redoutées par les voyageurs – relisons encore les *Mémoires d'un touriste* : à l'aube du XIXe siècle, ni le Rhône, ni la Saône, ni la Garonne, ni la Loire, ni la Seine ne sont des passages tranquilles. A la remontée, on hale les bateaux à la corde, avec des équipes de haleurs qui changent de rive quand la manœuvre l'exige, avec des bœufs tranquilles et des chevaux associés par dizaine et en file. Les villes et les ports sont des points de passage difficiles avec leurs ponts, leurs moulins, leur grève.

Les chemins de halage indispensables à laisser libres sont alors, comme les *carraires* et les *drailles*, l'objet de conflits entre les batelleries nomades et les riverains propriétaires ou locataires, pêcheurs, meuniers, planteurs d'arbres et d'oseraie. La grande ordonnance de 1669 a prévu dans l'article du chapitre XXVIII de garantir 24 pieds de place en largeur sans arbre ni clôture ni haie, 30 pieds (9,60 mètres) sur le passage et 10 sur la rive opposée. L'encombrement par empiétement cultural et l'inégalité de traitement selon les rives expliquent tous les conflits et toutes les résistances quand il s'agit d'élargir ou de libérer le halage, et surtout de faire passer d'une rive à l'autre les relais jugés trop dangereux ou trop incommodes parce que la présence de constructions, d'arbres, d'îles ou de confluents oblige les détours et les allongements. L'ordre des navigateurs, l'ordre fluvial sont là encore un résultat de compromis[70].

Le halage est une pratique coûteuse et conflictuelle. Il faut embarquer des hommes en supplément (cinq ou six sur la Dordogne, une dizaine sur la Loire) ; l'usage des chevaux est délicat, surtout si l'on veut les embarquer sur les grosses embarcations. Dans les pays d'amont où les vents sont peu favorables, le recours aux haleurs s'impose : en 1766, à Orléans, pour une gabarre chargée de vin d'Anjou, il faut compter jusqu'à Digoin 1 640 livres, et peu de marchandises peuvent accepter un tel surcoût. L'inconstance des rivières et les besoins incompressibles auxquels elles pourvoient compliquent encore la navigation; l'eau pour les hommes et les bêtes, les métiers multiples qui en dépendent, avec leur digue, leur puisoir, leurs abreuvoirs, les roues de moulin, font obstacle aux cordes. En 1787, l'ingénieur Bouchet dénonce l'insolence brutale et offensive des meuniers, toujours disposés à déclencher des rixes et à profiter de l'avantage du nombre : à la moindre plainte des mariniers, les bagarres éclatent au long des fleuves[71]. Sur la Dordogne, les témoignages décrivent les troupes paysannes sédentaires de haleurs qui veulent imposer leur cordée aux bateliers, guettant les bateaux aux relais, se disputant le travail. Ils oublient leur rivalité seulement pour s'opposer à l'emploi des animaux de tire que proposent laboureurs et bouviers, et que préfèrent les équipages. A la différence des lourds trains de barges remontant le Rhône, le Rhin, voire la Seine, la Dordogne peut plus longtemps maintenir ses files de tireurs (vingt, trente) au long de chaque relais, et le tracé trop accidenté ralentit l'usage des chevaux et des bœufs qui n'interviennent qu'aux endroits les plus fréquentés et les mieux aménagés. Les incidents se multiplient à la fin du XVIIIe siècle et le législateur tente d'imposer la traction animale quand les troupes de haleurs, mobilisées par la marine et l'armée, ont déserté les berges. En 1837, le halage à bras est définitivement prohibé. C'est la fin d'une longue période de conflit où les attroupements de paysans et de brassiers pouvaient imposer aux maîtres d'équipage leurs prix, par la menace, et accentuer leurs exigences : « La prochaine fois, une pinte au lieu d'une chopine, ou il leur fout les tripes au vent[72]. »

Au total, cependant, les riverains sédentaires et les mariniers mobiles composent pour leur intérêt. La nécessité du commerce et les contraintes fluviales imposent la conciliation des utilisateurs qui ont à maintenir et à adapter une navigation constante et l'activité de toute une population stationnaire fixée autour de la batellerie : passeurs, haleurs, fabricants de bateaux, rassembleurs de marchandises et de bois, marchands, tonneliers, appareilleurs, pêcheurs, transporteurs en tous genres, péagers qui prélèvent leur part sur les trafics et que l'administration royale s'efforce de limiter et de concentrer. Toutes ces catégories qui vivent les pieds dans l'eau des multiples possibilités offertes par la rivière dépendent du maintien de la mobilité : si le malheur des péages dont les tarifs se réduisent fait le bonheur des mariniers, des marchands, des pêcheurs, les affrontements ne sont pas permanents et peuvent dépendre de circonstances locales – ainsi l'action du marquis de Civrac et de ses fermiers. Sur tous les grands axes, les gens de rivière forment une population hétérogène, souvent concentrée dans quelques paroisses, dans les bas quartiers portuaires, fréquemment avec une implantation semi-rurale, semi-urbaine, comme aux bords de la Dordogne ou de la Loire, et dans la complémentarité des milieux. L'aventure fluviale homogénéise la vie de ceux qui partent et passent une grande partie de leur existence sur l'eau[73]. Les voyages, le partage d'une vie dure, le travail en équipe créent des solidarités fortes et souvent une violence banale, des altercations d'humeur susceptibles de s'aggraver quand la boisson s'ajoute à la cause première. Les querelles, portées devant notaires, finissent fréquemment par des transactions. Certaines bagarres dégénèrent quand la promiscuité fluviale ou riveraine voit se déchirer les mariniers ou les pêcheurs entre eux, ou quand ils s'affrontent rudement avec d'autres utilisateurs du fleuve. Les pêcheries, les relais de tire, les ports sont les lieux où éclatent le plus souvent ces incidents La violence n'est certainement pas une qualité déterminante du caractère des bateliers ; c'est aussi un argument brandi par les plaignants qui voient dans la solidarité et la cohérence des nomades un facteur de danger accru par rapport aux autres habitants. Le fleuve attire les conflits, car il mêle les populations, confronte les intérêts, rend possibles la confusion des droits, les empiétements, l'impunité des coupables.

Là résident peut-être l'un des traits les plus originaux de ces populations mobiles autant que la difficulté de les connaître parce qu'elles ne sont pas du pays où éclatent les incidents, qui révèlent alors tout ce qu'on redoute des populations flottantes d'une manière générale. C'est un rapport direct à l'environnement naturel qui permet les comportements différents : l'instabilité des rivières, les débordements saisonniers, les étiages trop marqués enlèvent aux uns ce qu'ils offrent aux autres. Les barrières s'écartent entre l'honnête et le malhonnête, entre le vol et la récupération[74]. Les occasions ouvertes par les débordements autorisent larcins et batteries. Le bateau fournit un asile et permet de fuir, ce qui décourage les gardes et les poursuivants. L'étude des procès-verbaux montre que le groupe des plaignants et celui des inculpés changent peu au XVIIIe siècle : d'un côté dominent les seigneurs, les propriétaires, les représentants de l'autorité et les métiers riverains fixés ; de l'autre, le recrutement s'opère par les maîtres de bateau, les gabariers, les matelots, les marchands, parfois les travailleurs de la terre. On y voit se durcir les tensions de classe et l'opposition aux vieilles coutumes et aux droits seigneuriaux. Dans la liste des témoins, c'est toute la population du fleuve et de ses rives qui prouve, rassemblée par les incidents, la solidarité née de la vie partagée. Les rivières offrent partout l'occasion de trouver du travail temporairement, permettent des distractions – ainsi dans les cabarets et les auberges qui jalonnent les parcours –, procurent des consommations occasions de nouveaux échanges, propagent les bruits, les rumeurs, les informations. Il faudra une rupture décisive pour qu'avec les chemins de fer se déchirent tous les liens anciens tissés entre les hommes et leur milieu. Elle se fera progressivement, et inversera la hiérarchie entre l'exploitation du fleuve et celle de la terre. Elle a été préparée. Le groupe des bateliers est certainement à part dans la société sédentaire. Leur contact avec la nature, la mobilité essentielle, la dureté du métier, la solidarité les distinguent. Toutefois, on ne peut réduire les rivières à n'être que des voies de communication : elles sont un lieu de vie et d'échanges complexes et multiples noués par la circulation et l'ouverture.

Police des métiers, police des commerces

L'espace citadin bénéficie de tout l'apport des migrations rurales traditionnelles, mais il est aussi continuellement traversé par les mouvements multiples qui animent le marché du travail dans l'ancienne société. La mobilité propre des travailleurs est l'un des leitmotive des plaintes des maîtres de l'artisanat, qui y perçoivent une capacité à organiser et à combiner l'offre d'emploi pour obtenir de hauts salaires ; partir, revenir est alors une arme défensive et offensive[75]. On voit ainsi à Rouen, dans les années 1770-1780, les corps de métier organisés pour prévenir les conflits et, avec le soutien du parlement, ouvrir des registres de contrôle pour un bureau de placement où doivent se présenter les candidats à l'ouvrage – ainsi pour les ouvriers tailleurs. Près de 300 maîtres y ont recruté entre 1778 et 1780 plus de 2 300 ouvriers (100 par mois, 10 par maître), dont un tiers à peine de candidats étrangers, le reste étant domicilié sur place, mais changeant continuellement de boutique. Les tailleurs viennent massivement de la France du Nord et de l'Ouest, mais avec des représentants de toutes les régions qui sont arrivés à Rouen après des étapes nombreuses dans le réseau des villes, 288 venant de Paris. Ils ne séjournent que temporairement et bénéficient d'associations salariales qui les protègent à Lyon, à Marseille, à Bordeaux, à Nantes, à Paris, à Rouen ; plus ou moins secrètes, celles-ci ne sont pas toujours liées aux compagnonnages. Les rythmes du mouvement et les pratiques d'embauche expliquent alors l'apparent paradoxe d'une image de solidarité établie dans l'atelier familial contredite par la circulation constante. La capacité d'accueil dépend alors de l'information donnée sur le travail dans les auberges, les cabarets, les réunions, et de la façon dont les bons maîtres font et diffusent une bonne réputation – bon salaire, bon accueil, et mode de vie libre quant aux divertissements et aux horaires. La circulation du travail est sans conteste fondée sur ce réseau qui est ancré sur les lieux d'accueil. La production artisanale urbaine autorise la fabrication des choses, mais simultanément elle produit des comportements solidaires et des conventions implicites qui homogénéisent des comportements et arbitrent les conflits. C'est ce qui permet de ne pas conclure à la fermeture des métiers : à Caen, 51 % des ouvriers sont des immigrants, et près de 49 % des maîtres ; à Dijon, c'est 30 à 40 % des nouveaux maîtres ; à Chartres, 35 %[76]. Partout, sans doute, les corps et les jurandes intègrent de nouveaux venus, assurant comme dans la capitale une mobilité sociale restreinte dont la restriction provoque les conflits.

C'est pourquoi, sans doute, le jugement des sédentaires porte principalement sur les migrants ruraux, au moins à travers les écrits de leurs porte-parole. A Paris, Louis-Sébastien Mercier se méfie même des ouvriers des bâtiments, travailleurs rusés et encore plus heureux que les procureurs dans ce qu'ils piratent ;

car ils ont eu l'art, jusqu'ici, de conserver leur réputation[77]. Il s'en prend aux domestiques et aux paisibles suisses, qui font barrage aux gens du peuple ; il critique les perruquiers-barbiers provençaux et gascons qui, à partir de Paris, inondent l'Europe[78]. Il lui arrive toutefois de reconnaître l'activité de telle ou telle catégorie : les porteurs d'eau, les Savoyards, les chaudronniers auvergnats. En bref, ce qui frappe, ce sont les salariés des marges, les migrants temporaires qui s'intègrent difficilement dans le système des jurandes et dans ses interstices – ainsi le travail au noir, des chambrelans ou des alloués qu'on a remerciés par-devant et qu'on fait travailler par-derrière. C'est alors toute une production et toute une masse de services divers qui sont assurés par les arrivées successives et les départs des nouveaux venus, qui font un séjour plus ou moins long et profitent à leur tour de l'essor urbain. En acceptant les tâches rebutantes (ramonage, ramassage des vieux chiffons et des vieux objets, réparation des choses usées), les acteurs de la mobilité s'inscrivent entre économie de la rareté et économie de la consommation[79].

La mobilité des travailleurs n'est jamais une errance ; c'est un mouvement organisé et correspondant aux structures techniques, économiques et juridiques des métiers de l'ancienne société et à leur adaptation à l'évolution proto-industrielle. La circulation réglée ou non, de ville à ville, d'atelier en atelier, est liée aux traditions professionnelles, aux coutumes. Elle peut être quasi obligatoire, comme dans la pratique temporaire pour les jeunes artisans du *Wanderzwang* germanique ; elle se fixe un double but qui est celui de la formation et de la possible transformation du salarié en patron. Elle répond à une prescription de convention qui n'est pas reprise à l'âge des manufactures (où l'offre de travail et le gradient des salaires règlent les mouvements) et qui tend à se confondre avec les fluctuations de la population paupérisée. De surcroît, les flux de la mobilité artisanale dépendent principalement de leur ancrage citadin et de la force d'attraction des villes[80].

Certaines cités, certains métiers entraînent plus de mobilité que d'autres, en fonction de leur importance économique, en fonction des comportements des jurandes envers les nouveaux venus, en fonction d'une bonne ou mauvaise conjoncture. Paris attire en permanence ; Brême, Mayence, Francfort de même, et Londres qui a un marché déjà national de sa main-d'œuvre. Les partages confessionnels peuvent se manifester entre différentes régions d'Allemagne ou d'Angleterre. Ils sont certainement masqués dans les compagnonnages. C'est dans ce contexte que fonctionne le Tour des compagnons, mais l'on ne connaît rien de comparable en Allemagne et en Angleterre où la mobilité s'oriente, se cloisonne différemment en fonction des contacts régionaux et des habitudes professionnelles. Celles-ci désignent les lieux ouverts en fonction de lignes de démarcation invisibles, tracées par une sentence d'exclusion et d'ignominie prononcée par certain métier ou par tout l'artisanat contre l'artisanat même ou contre un métier distinct d'une autre ville, d'une autre région. A Augsbourg, en 1723, l'interdit est jeté par les cordonniers de la cité; en 1760, c'est à Nantes la proscription des vitriers; en 1703, celle des tailleurs à Leipzig. Les ouvriers qui franchissent aisément – et le plus souvent de façon temporaire – les frontières nationales réussissent moins à traverser ces obstacles qui ferment ou qui ouvrent un marché urbain. Dantzig reste ville interdite pendant cinquante ans!

Les transformations économiques ont pu accroître la circulation dans certaines régions. C'est le cas de l'Angleterre et de ses régions industrielles, où le système du *tramping* canalise les flux dans un réseau semi-clandestin d'entraide. On y voit d'abord comment, après les débuts de l'apprentissage et avant un établissement, les ouvriers acquièrent une expérience plus large dans la mobilité interurbaine. On y découvre l'organisation d'une régularité des emplois par métiers, surtout quand les corps et les jurandes sont confrontés au développement manufacturier. On y retrouve un système associatif d'entraide qui, sans équivalent au moyen du compagnonnage, fournit soutien, secours, information. Dans la masse globale des populations salariales, il est difficile de savoir la dimension réelle des populations mobiles, difficiles à évaluer du fait de leur mobilité, faute de statistique et pour des raisons de terminologie. Dans chaque cité, la part des travailleurs passagers peut varier fortement; finalement, ce qui compte, c'est la manière dont ils sont perçus, parce qu'ils peuvent par leur comportement changer le style des relations avec les maîtres et les entrepreneurs sédentaires, bloquer temporairement la production. Le poids social du monde du travail peut apparaître comme un danger public parce que leur organisation et leur mobilité ne peuvent être contrôlées[81].

Cette fronde circulatoire dicte les attitudes des patrons et des autorités administratives, dont l'idéal est de fixer une population indispensable, d'assurer ainsi l'harmonie et la concorde à un milieu où elles n'étaient pas naturelle. Discipliner une communauté turbulente et mutine devient un impératif catégorique de la police du travail comme de celle du commerce. La subordination et la hiérarchisation, qui passent par l'assimilation de l'ouvrier au domestique, et resserrent les liens du modèle de l'atelier domestique sont alors sujets de conflit. Les compagnons les refusent, en dépit des ordonnances et des procès. Ils ne tolèrent pas de perdre la liberté de partir à leur guise et de refuser le travail, moyen de se soustraire à la surveillance et à l'autorité. Quand Turgot démantèle les corps en 1776, il supprime du coup les armes de la police et affaiblit tout ce qui cherche à limiter la mobilité des ouvriers ; il importe une fracture dans l'idéal vanté de l'harmonie régnante et de la chaîne des réglementations qui limitent le danger des cabales et des grèves pour l'emploi, les salaires, voire la bravade et l'indépendance ou les conditions de placement. C'est sur ce point que le système se bloque, car les ouvriers mobiles s'insurgent et souvent refusent le contrôle et l'enregistrement, plus encore le livret que d'aucuns voudraient imposer. L'usage des *congés* devient un enjeu car, pour protéger les maîtres, ils deviennent obligatoires pour qui veut changer d'atelier ou de ville. Quitter son maître est une mutinerie, et l'information lancée peut suivre les audacieux dans le circuit des ateliers. Dans les manufactures, la police doit rechercher les fugitifs. Pour retrouver un emploi, les compagnons doivent montrer leur certificat et, sur la route, la maréchaussée les exige. Etre sans aveu est aussi dangereux que de cabaler et, pour la police et les maîtres de métier, l'incarcération temporaire qui suit est un moyen de prévenir le désordre, l'oisiveté, l'insubordination que l'on voit poindre dans le compagnonnage comme dans toutes les associations. Dans le Paris, dans la France de la fin du XVIIIe siècle, la montée dénoncée de l'insubordination, la turbulence tiennent sans doute à la détérioration de la capacité d'une société artisanale en crise à conserver ses équilibres entre la mobilité et la stabilité à un moment de récession[82].

De la même manière, les luttes entre marchands forains, colporteurs, et boutiquiers constituent l'un des fronts où se heurtent les intérêts des sédentaires et ceux des nomades. Dans les grandes villes comme dans les petits bourgs et comme dans certains villages, le commerce de détail est entre les mains de boutiquiers souvent maîtres artisans. Or, ils sont confrontés à la concurrence insaisissable et permanente des commerçants ambulants. Dans une société essentiellement rurale, ceux-ci jouissent d'une liberté et d'une activité que ne peuvent égaler les marchands sédentaires. Ils passent de la ville à la campagne, ils animent foires et marchés, ils suivent les grands chemins et les sentiers moins fréquentés pour atteindre les fermes les plus isolées. Dans une France qui vit sur ses propres produits, ils jouent un rôle essentiel sur lequel il faut revenir plus à fond. Ici, ce qu'il est nécessaire de rappeler, c'est que le boutiquier citadin, installé, connu, qui attend le client, n'apprécie guère ces personnages inconnus, sans adresse (ce n'est pas toujours le cas), sans répondants (c'est encore moins vrai, mais on imagine aisément qu'on ne sait pas d'où il vient et où il va). La crainte d'une concurrence efficace se greffe sur le problème de la liberté et du contrôle de la circulation, de la vente, de sa valeur morale autant qu'économique. C'est affaire de police locale une fois encore et, après la Révolution, d'une politique préfectorale où s'affrontent les commerçants détaillants et leurs concurrents migrants. Sous l'Empire et la Restauration, la balance penche en faveur de ceux-ci après une longue période de contrôle, et c'est celui-ci qui l'emporte, comme on peut l'entendre dans les propos du ministre de l'Intérieur en 1798 qui visent à défendre la loi garantissant la faculté de vendre à tous. On y entend aussi la force des représentations à l'œuvre et celle des besoins de l'économie et de la lutte contre les privilèges. L'intérêt qu'ont les manufactures à trouver le placement des produits de qualité inférieure et l'intérêt de la classe des consommateurs qui, par l'exiguïté de leurs moyens, sont obligés de se contenter de ces produits, ont fait accorder une protection constante à cette profession ; et l'autorité supérieure doit veiller à ce qu' aucune atteinte ne soit portée aux lois qui la protègent.

La police réprime le vagabondage, la contrebande et le recèlement des effets volés ; les règlements qui émanent d'elle doivent pourvoir en outre à ce qui intéresse le bon ordre et les étalages sous le rapport de la liberté de la voie publique. Mais les attributions confiées à l'administration municipale ne vont point au-delà ; elles ne confèrent pas le droit de repousser une profession légitime, ni de limiter arbitrairement. Cette administration doit soumettre les voyageurs aux règles de sûreté communes à tous les citoyens ; mais, en les considérant comme marchands ou colporteurs, elle n'est fondée qu'à exiger l'exhibition d'une patente de classe suffisante pour leur industrie. Ainsi, tout citoyen muni d'une patente peut exercer son activité dans toute l'étendue de la France, mais le certificat délivré par les agents des contributions autorise le contrôle de la circulation. L'intérêt de cet épisode des luttes nées de la rencontre des passagers et des habitants qui vivent dans un lieu fixe est du même ordre que celui qui vise les populations ouvrières et migrantes[83]. Le faux ouvrier est d'ailleurs souvent un colporteur autant qu'un travailleur et un artisan installé, et cet ensemble de situations marginales reste non intégrable dans les schémas classiques que l'historiographie a eu du mal à prendre en compte comme autrefois la société[84]. Il en va de même des solidarités et des compagnonnages, d'autant plus redoutés et incompréhensibles qu'ils sont supposés encourager l'insubordination et organiser la mobilité du peuple ouvrier.

Compagnons, compagnonnages, mobilités

Il ne s'agit pas ici de refaire l'histoire du compagnonnage, que l'on peut définir comme des associations fraternelles semi-clandestines de jeunes ouvriers célibataires dont le but est de défendre les intérêts communs des membres et de pourvoir à leurs besoins d'entraide, d'assistance et de solidarité[85]. Deux raisons sont à invoquer. La première est que cette histoire a été amplement faite ; on peut en prendre conscience dans la bibliographie exhaustive de Roger Lecotté (1 066 références citées jusqu'en 1950 !). La seconde est que le terme de « compagnon » déborde dans ses usages les frontières du compagnonnage, qui n'organise que certains métiers : c'est une désignation usuelle de la hiérarchie des professions qui indique un état subordonné aux maîtres, une fonction dans l'ouvrage salarié, un âge, car il se situe après les apprentissages de la jeunesse – en bref, une place dans le système corporatif où dominent le flou, l'arbitraire et le changement. Le compagnon, appelé parfois « garçon », se distingue par sa capacité professionnelle, quelquefois par son langage et ses vêtements ; ce qui le caractérise, c'est qu'il peut atteindre la maîtrise et arriver à passer la frontière que les communautés opposent à son ascension, mais qu'il reste dépendant longtemps, et dans certains corps de plus en plus. Compagnons des compagnonnages, compagnons des boutiques sont souvent confondus dans le monde des travailleurs, salariés des manufactures, multiples hommes de peine et de bras, manouvriers – catégories où certains peuvent se retrouver. En définitive, c'est l'opinion des dominants, de la police et des maîtrises qui fait le compagnon et investit le milieu ouvrier d'une cohérence moins objective que normative[86].

L'habitude de se déplacer ne caractérise donc pas seulement les compagnons membres des Devoirs, ainsi qu'on désigne à leur façon les diverses associations ouvrières rivales, comme plus tard les syndicats (le terme « syndicat » est employé pour la première fois en 1730 à Montpellier, comme synonyme d'association de défense) [87]. C'est en tout cas à travers les luttes que depuis le XVIIe siècle on voit apparaître, dans les plaintes des maîtres de métiers statués, dans les dénonciations de l'Église et de la justice, dans les procès-verbaux des policiers parisiens et provinciaux, les sociétés du Devoir ou des Bons Drilles, les Renards, les Gavots, les Enfants de Salomon, les Enfants de maître Jacques, les Compagnons du père Soubise, qui se désigneront ainsi plus nettement au XIXe siècle. Un problème important se pose alors : ces associations ne sont connues que par le hasard des conflits et de l'action policière qui a saisi témoignages et documents servant de preuve ; les informations directes sont plus rares, moins pour le XVIIIe siècle (dont le récit autobiographique de Jacques-Louis Ménétra[88]), plusieurs dizaines au XIXe siècle.

Le biais est à prendre en compte qui correspond à une période décisive de transformation où la classe ouvrière, bouleversée par la révolution industrielle, se cherche d'autres modèles de vie et d'autres références sociétales où se construit l'illusion d'un passé plus harmonieux. Agricol Perdiguier, le menuisier provençal ; Antoine Arnaud, le compagnon boulanger de Château-Renault ; Joseph Voisin, le charpentier d'Angoulême ; le bourrelier Anglet, bâtard de Mantes ; Abel Boyer, le maréchal-ferrant périgourdin, et tant d'autres, illustrent l'épopée compagnonnique et mettent en valeur un pittoresque certain. Rites, mots d'ordre, chefs, signes particuliers, secrets, mystères, baptême au vin rouge des initiés nouveaux, bagarres à mort, chansons, réjouissances festives, entraide et fraternité distinguent les compagnons du tour de France mieux que le voyage, les départs, l'itinéraire, les déplacements et les modes de relation avec les patrons et les sociétés locales. Leurs récits multipliés donnent aux compagnons organisés une visibilité que n'ont pas les autres, et où le droit de partir est revendiqué par tous – parfois même dans le milieu rural, comme le prouve le témoignage de Louis Simon, cet héritier d'une famille de paysans-artisans du Maine dont les confidences illustrent bien l'enracinement dans la mobilité proche et la possibilité d'une évasion brève, d'aventure et de formation, quand un jeune rural, étaminier, tisserand, bat aux champs sans façon, pour mieux revenir[89]. Ménétra, Simon et les autres sont à lire dans une approche plus générale, car tous ces récits qui prouvent la compétence culturelle ont en commun de mettre l'accent sur une mobilité essentielle, inhérente et sans frontière aux conditions du marché du travail. Sur la route se mêlent les statuts sociaux, et la participation temporaire aux voyages laborieux définit presque une condition, un moyen de liberté avec ses pratiques et ses codes plus ou moins partagés, indispensables pour se faire reconnaître et admettre dans un monde qui n'accorde les honneurs corporatifs qu'aux sédentaires et qui les conteste aux autres. L'organisation fournit alors des atouts que tous ne peuvent avoir ou que certains ne recherchent pas, tels les migrants ruraux des grands chantiers ou des métiers polyvalents des villes. En tout cas, pour une part, on doit se demander comment la mobilité peut faire les ouvriers intelligents, et ce d'autant plus que l'histoire des migrations a depuis longtemps montré la nécessité d'esprit critique et de réflexion qu'imposent les départs bien orchestrés vers la ville[90]. Au-delà du pittoresque, au-delà du seul rôle protestataire, la mobilité est inséparable du contexte symbolique et des logiques de hiérarchisation et de structuration de la main-d'œuvre.

Logiques des mouvements ouvriers

La mobilité est facultative et la paix sociale est tout autant mise en danger par la présence d'ouvriers sédentaires, organisés ou non. Des statuts de métier l'imposent (ainsi à Lyon), d'autres l'ignorent. Les manufactures l'interdisent sans autorisation, et le constat vaut pour toute l'Europe[91]. Maîtres, policiers, administrateurs redoutent à la fois l'indiscipline incontrôlée et le coup porté à l'idéal d'harmonie et des chances offertes à tous. La mobilité peut être interdite, elle peut être autorisée, mais elle est toujours perçue comme un risque et elle ne garantit pas le succès : stabilité et déplacement peuvent organiser les carrières artisanales comme la mobilité verticale ; l'ouvrier des manufactures est plus généralement contraint à l'immobilité, mais, comme on le voit à Paris chez Réveillon à la veille de la Révolution, ce n'est pas toujours le cas[92]. Partout, les entrepreneurs redoutent le départ soudain des bons ouvriers et des employés modèles. Quatre fonctions justifient, dans l'état des mondes productifs, la pérégrination laborieuse.

Le premier argument met en valeur la formation technique : l'échange diffuserait les améliorations, les futurs maîtres profiteraient de la leçon des voyages, les ateliers urbains auraient une main-d'œuvre plus apte au travail. Certains économistes songent à l'imposer au nom du progrès. Un deuxième argument tient à la nécessité de désencombrer, fût-ce temporairement, les marchés locaux du travail ; l'analyse des situations françaises et allemandes tend, quand elle constate l'allongement des absences et la fréquence des départs, à le justifier plus que la motivation pédagogique. Les corporations y trouvent un moyen de satisfaire les besoins de main-d'œuvre, mais non sans contradiction avec la crainte d'encourager ainsi l'insubordination et l'organisation des sujets indisciplinés. En troisième lieu, la conviction que la mobilité géographique atténue les disparités économiques et technologiques est souvent admise, ce qui renvoie à une question mal connue : celle du transfert possible, et de ses moyens, des savoirs techniques. Les connaissances peuvent suivre plusieurs routes : celle du livre parfois, celle du dessin plus encore, celle de l'habileté manuelle acquise et transmise. L'idéal économique mercantile voit dans ces pratiques une richesse dont la diffusion doit être encouragée mais contrôlée, et l'exportation interdite. Le libéralisme y trouve une revendication pour le progrès et la croissance. La réalité économique oscille entre le refus et la réglementation, la permissivité et l'attraction facilitée. Les enquêtes économiques visent encore à repérer les techniciens et les ouvriers débauchables.

Enfin, la mobilité apparaît comme un élément de régulation d'ordre simultanément économique et social, politique générale ou expression de la culture des artisans et des ouvriers. Le départ peut être provoqué moins par l'offre que par des conditions intolérables – ainsi à Lyon au XVIIIe siècle, quand la crise de la soierie contribue à détériorer la condition artisanale des non-marchands, donc à repousser les spécialistes tout en attirant les non-qualifiés des régions proches[93]. Les ateliers urbains et les entreprises sont constamment dépendants de ce mouvement, qui pour certains métiers, est quasi perpétuel. Ainsi chez les ouvriers imprimeurs que l'on voit, à Paris, à Lyon, à Neuchâtel, presque partout agités de mouvements incessants. Ils tiennent à la conjoncture locale des travaux : chaque atelier ajuste ses effectifs en fonction de la demande et de l'urgence, et incorpore à un noyau d'ouvriers stables, peu nombreux, mariés, établis, des compagnons de passage qui restent le temps d'épuiser les carnets de commande. A la Société typographique de Neuchâtel, le personnel est presque totalement renouvelé tous les six mois, mais avec des ouvriers fixes et âgés, et de plus jeunes qui s'envolent au bout de trois ou six mois, quitte à revenir. Un large volant de main-d'œuvre mobile nourrit le marché national et international de l'emploi typographique. A Paris, le mouvement est constant, car c'est la plaque tournante de la profession et une étape recherchée, comme Lyon ou Rouen, pour une confirmation de valeur professionnelle. Mais il n'y a nulle part d'itinéraire codifié, comme le montre la comparaison de la carte des ateliers et de celle des itinéraires.

L'ordre des étapes est dicté par le réseau des métropoles imprimantes, l'activité des ateliers demandeurs, l'humeur des ouvriers. Antoine Chrétien, à la fin du XVIIe siècle, est un compagnon parisien, il est à quinze ans sur les routes ; il évite d'abord les régions peu accessibles et peu lettrées du centre, préférant les villes de foire, les bonnes cités commerçantes (Orléans, Nantes, Bordeaux, Toulouse, Lyon, Marseille), avec quelques écarts vers le Nord (Amiens, Abbeville, Rouen). C'est la géographie de l'imprimerie au début du XVIIIe siècle, et que révèle l'enquête de 1701. Les compagnons imprimeurs peuvent vivre ainsi leur vie sans s'installer, mais en possédant un foyer – tel le Lyonnais Jean-Pierre Sourdet dans les années 1770-1780, entre la Suisse, le Piémont, le Dauphiné et la Bourgogne, et qui revient toujours à Lyon où il a épousé une faiseuse de dentelle, devenue tenancière de garnis, rue Grollé. Derrière ces déplacements interviennent le goût du changement, la nécessité de mieux se former et d'apprendre à vivre autant qu'à travailler, la capacité à maintenir ainsi un haut niveau de salaire quand les pressions de la demande à satisfaire le permettent. C'est aussi un moyen d'échapper aux contraintes, d'aller d'aventure en aventure sans régler ses dettes. Les patrons savent en jouer, qui acceptent de payer frais de voyage et prime d'embauche. La mobilité devient alors arme et manière culturelle. Ouvriers et compagnons l'utilisent et l'organisent : leur voyage ne se fait pas au hasard ; ils en trouvent les occasions et l'information au cabaret et dans les auberges compagnonniques. On sait où l'ouvrage va commencer, mais aussi comment un départ est parfois une menace efficace pour obtenir de l'augmentation[94]. Pas de cabale, pas de grève sans mobilité, et pas de pérégrination ouvrière sans l'arme du départ. Elle relève tout autant d'une manière de vivre et de penser la liberté du travail qualifié que de la contrainte économique, et elle contrarie le rêve et le besoin d'une société moins mouvante où le temps du travail comme son espace pourraient être fixés et contrôlés, échappant à un dérèglement qui est en réalité une autre façon de vivre, comme on le voit dans les trajets et les rituels compagnonniques.

Routes du travail, routes du changement

Les périples des compagnons des Devoirs se distinguent des voyages multidirectionnels des ouvriers imprimeurs et des itinéraires répétitifs et pendulaires des grandes migrations rurales. Ce sont majoritairement des trajets conduits de ville en ville. Le choix du compagnonnage se lit dès le départ. Ménétra y est dirigé de Paris à Tours ; il a vingt ans quand il décide de rompre avec l'autorité paternelle et de fuir les ateliers de sa famille. Perdiguier, vers 1820, quitte Morière pour Avignon après avoir fait ses premiers pas dans l'atelier de son père, et en accord avec celui-ci ; il a alors dix-sept ans. Les départs et les initiations dépendent de l'occasion, mais Ménétra comme Perdiguier ne manquent pas de recommandations. Ménétra devient compagnon à Tours, en 1758, dans une auberge du lieu, et se réclame de la tradition des Enfants de maître Jacques, compagnons passants ou dévorants, avec comme surnom Parisien le Bienvenu. Perdiguier, lui, est initié avant de quitter Avignon ; il devient Avignonnais la Vertu après avoir rencontré les compagnons du Devoir et gavots ; il est affilié, puis intégré dans cette dernière société. Sans être totalement tracée, la route des deux compagnons, qui dans ses étapes dépend beaucoup des circonstances, est déjà fortement orientée. A chaque séjour, les compagnons de chaque métier peuvent être installés par le rôleur, ou s'intégrer avec la même protection dans une vacation plus large. Unifiée par ses rites, ses légendes, ses symboles et ses fêtes, chaque société offre à la halte un cadre d'accueil et d'entraide, où se diffuse une commune vision du travail et du monde. C'est l'affirmation d'une fraternité d'âge par la défense des intérêts communs, par la proclamation de l'excellence du Devoir secrètement et publiquement face aux autorités urbaines, par la définition d'une sphère de relations sociales, avec sa hiérarchie et ses habitudes, entre l'échange et la subordination négociée avec les maîtres, entre les rivalités d'ateliers et de sociétés compagnonniques. Clandestinement et seulement révélé par les poursuites, le compagnonnage, qui s'est sans doute développé à l'âge classique et que la mobilité rend ubiquiste, devient une organisation tolérée et surveillée. Au milieu du XIXe siècle, l'action collective des compagnons et la généralisation des grèves animées par les Devoirs rendront encore plus visibles les organisations.

Le secret n'en demeurera pas moins l'un des caractères compagnonniques les plus évidents à titre de précaution et de défense, parce que c'est le moyen de maintenir l'unité du groupe dans le réseau des déplacements, de connaître les impétrants, de poursuivre traîtres, mouchards, fraudeurs, renégats et fripons qui sont exclus, pourchassés de ville en ville, frappés d'amende et interdits de travail. Les menuisiers du Devoir du Tour tiennent ainsi le registre des fautifs que la société réunie a désignés, qu'elle reconduit *manu militari* – c'est au XIXe siècle la conduite de Grenoble hors la ville – et qu'elle signale aux villes du Devoir (Saumur, La Rochelle, Avignon, Montauban, Bordeaux, Montpellier, Marseille, Lyon, Toulouse, Nantes). Régulièrement, les signalements sont rafraîchis et le compagnon fautif est décrit par son nom, la ville du délit, sa taille et ses traits physiques (couleur des yeux, couleur des cheveux, signes particuliers), les vêtements qu'il porte, ses traits de caractère : fainéant, ivrogne, « grand putassier », « grand babillard », « grand priseur de tabac », « grand riboteur », « enjôleur », « mal embouché », « beau de figure », « un air sale », « marqué de la petite vérole », « marchant à la militaire », « élégamment », « comme un pâtre », « portant un anneau d'oreille » – tels sont les signes les plus fréquemment employés et envoyés tous les ans aux premiers compagnons des villes associées. Pour moins de dix ans (1792-1800), le registre compte une petite centaine de ces cas pour un peu moins de trois cents arrivées enregistrées dans le *Livre des arrivées* qui, pour les trois quarts, culminent à la belle saison. Au total, l'entrée dans le réseau se paie. Elle a un coût financier : quelques livres de cotisation, et surtout la participation aux activités diverses, arrosées ou non ; elle a un coût symbolique et moral : le respect des règles, la politesse et le sens de la hiérarchie interne. Devenir compagnon engage une responsabilité, mais les rites la confirment et, à l'instar de la société sédentaire, voire de la police, les compagnonnages instaurent un contrôle de la mobilité : il est nécessaire à l'embauche et à la régulation du travail, il est indispensable à la cohérence du groupe[95].

Cynthia Truant a montré l'importance des conduites symboliques pratiquées sur le tour de France, mais surtout elle signale comment le contrôle des arrivées et celui des départs sont administrés en symbiose avec la gestion des rites de cohésion. Très tôt, à Dijon en 1676, on sait que les compagnons logés à l'auberge du Cheval Blanc tiennent un livre des arrivées, comme on l'a vu à Tours. On le constate encore en 1707, à Lyon en 1696, plus tard à Nantes, à Bordeaux. De surcroît, la correspondance entre les villes est régulière et efficace. A chaque arrivée, après la levée de sac et la vérification de l'identité, le nouveau venu paie parfois un droit de pied, droit d'entrée à la cérémonie qui rappelle le rite chrétien du Vendredi saint quand le Christ lave les pieds poudreux de ses disciples ; ici, le rôleur ou le premier compagnon surveille plus symboliquement le lavement des mains de l'arrivant avant de l'accueillir à table. Au départ, le rituel de la conduite accompagne le compagnon en règle, quand il a achevé son travail, payé ce qu'il doit, réglé sa note à l'auberge et à la Mère des compagnons, respecté les obligations signées avec les maîtres. Il a droit à la *guilbrette* fraternelle, au cortège enrubanné, au son des violons et des fifres, au toast de bonne santé répété, au dialogue par questions et réponses qui montre que l'ordre est respecté et que la solidarité fonctionnera sur la route. C'est parfois une occasion de s'affirmer par la bagarre contre les concurrents, et souvent par la provocation contre les maîtres et la police. C'est aussi une fête qui organise la transition entre le travail et la route, prélude intercesseur aux dangers attendus et aux fatigues vécues, intermède qui veut ouvrir et éclairer le chemin – si possible fait à plusieurs – en le plaçant sous le signe de Bacchus et des muses compagnonniques. C'est l'occasion des chansons en vers maladroits qu'affectionnent Ménétra et ses compagnons[96].

Il est difficile d'évaluer et le volume des populations ouvrières impliquées, et l'ampleur de l'espace attractif des cités, faute de documents, parce que les variations saisonnières et conjoncturelles perturbent la régularité des séjours. A Tours, dans la seconde moitié du XVIIIe siècle, c'est sans doute en bonne moyenne plusieurs centaines; à Paris, à Bordeaux, beaucoup plus, et à Lyon également. Tables des messes, livres des arrivants sont tenus par profession et difficiles à additionner, mais ils semblent prouver partout et dans chaque métier un accroissement après 1740-1750[97]. A Bordeaux, une assemblée de serruriers, de charpentiers et de tailleurs de pierre regroupe près de deux cents compagnons, non inscrits au seul Devoir, et au même moment les cordonniers sont deux cent cinquante. Les rapports sur les bagarres donnent quelquefois des chiffres supérieurs et allongent la liste des métiers impliqués. A en croire leurs surnoms, ces passagers viennent de partout, mais principalement du Nord-Ouest, de l'Est et des régions méridionales; toutefois, ce qui importe le plus, c'est sans doute le trajet, sa durée et ses conditions.

Prenons comme témoin Jacques-Louis Ménétra, ouvrier du XVIIIe siècle, même si l'on ne peut se satisfaire de ce texte fulgurant mais unique. Son tour de France a duré près de sept ans, en deux temps. De 1757 à 1763, il parcourt la France de Paris à Orléans, Vendôme, Tours, Angers, Nantes, Saint-Malo, Poitiers, Bordeaux, Toulouse, Bayonne, Narbonne, Montpellier, Nîmes, le Comtat Venaissin, Arles et Lyon; il est à Paris en juin 1763. Il repart la même année pour Nîmes, où il a songé s'installer auprès d'une veuve séduisante, et rentre à nouveau par Lyon, Mâcon, Bourg et Genève. Durant ce laps de temps, il est continuellement resté en contact avec sa famille et a exercé les diverses responsabilités du compagnonnage. Toutefois, le parcours n'est pas toujours clair : il a ses déviations aventureuses – Ménétra s'engage dans la marine et déserte. Amoureux, il reste à Nantes dans un atelier accueillant ; il séduit et est séduit à Nîmes ; il a aussi ses expériences pèlerines, à *Saint-Gavot*, Saint-Jacques de Compostelle où il ne parviendra, mais il s'arrête à la Sainte-Baume. Le déplacement est dicté par le choix, l'occasion, la négociation, les possibilités d'embauche, les relations bonnes ou mauvaises avec les maîtres, la police, les chantiers qui s'ouvrent. Les étapes peuvent être rurales, quand le travail se fait dans les châteaux et les monastères, et le plus souvent dans les villes où les occasions et la demande sont plus complexes et où l'on peut quelquefois espérer une installation. Le retour fait de Ménétra un maître, un sédentaire, mais il conserve du voyage le goût du changement, la curiosité, l'amour de la blague et le sens de l'aventure. Sur le Tour, les séjours sont quelquefois longs : de deux à six mois, rarement plus. Dans la capitale, le compagnon établi dont le destin est tracé ne fera plus que des excursions proches et courtes. Dans son expérience, on voit clairement l'histoire d'un passage, un moment du cycle de vie. Le compagnonnage et son voyage organisé imposent à un monde de jeunes célibataires agités, prompts à la violence et au défi, une discipline minimale. Entre vingt et vingt-sept ans, Ménétra montre le double visage de cette mobilité : son côté sérieux, où il faut être solidaire, prendre ses responsabilités, assister les camarades, leur assurer le travail ; son côté fougueux et festif, avec bagarres, conflits, jeux et cérémonies. A Lyon, sans doute en 1763, il connaît son triomphe en organisant les divertissements de la Saint-Luc, fête des vitriers : chaises à porteur, superbe cortège, banquets, bouquets, de trois à six livres dépensées par compagnon – de trois à six jours de salaire ! –, violons, hautbois, bal plusieurs jours de suite.

Stabilité et changements

Comportements et habitudes ne changent guère au XIXe siècle, mais l'abondance des témoins rassure quant à l'efficacité gagnée par le compagnonnage. Les périples sont longs : huit ans pour Arnaud Libournais le Décidé ; quatre ans pour Avignonnais la Vertu, Perdiguier le bien nommé pour son sérieux ; sept ans pour Abel Boyer. Surtout, on voit dans les trajets se confirmer la géographie méridionale du mouvement qui exclut comme avant les villes du Nord d'où l'on part, mais où l'on ne va pas, soit que les traditions ferment les guildes septentrionales, soit que les techniques artisanales s'acquièrent ailleurs. En tout cas, c'est le même réseau urbain qui est ouvert à l'accueil des compagnonnages, avec les grandes métropoles des axes routiers et des croisées fluviales : la capitale (qui est préservée des conflits), Tours, Orléans, Nantes, Bordeaux, Toulouse, Montpellier, Marseille, Lyon, Dijon. Les étapes entre les grands centres sont les arrêts autorisés par l'usage et l'emploi offert. Dans ce réseau citadin, l'accueil se fait dans les auberges, souvent aux portes, où les Mères choisies par les compagnons jouent un rôle capital. Souvent épouses d'anciens compagnons, elles organisent pour les ouvriers passants et sans famille locale un foyer de substitution, elles tiennent registre des dépenses et, si elles traitent les ouvriers comme leurs enfants, ceux-ci doivent leur porter un respect maternel. Chez les Mères ont lieu assemblées, rituels, banquets ; chez elles sont déposés papiers, registres, lettres. Depuis le XVIIIe siècle, la police les surveille, voire leur interdit de prendre le titre et de monopoliser le logement d'un métier. En tout cas, dans les villes désignées des Devoirs dont la géographie est changeante, dont le nombre varie selon les métiers, les Mères ont beaucoup compté pour le fonctionnement du réseau, sur le plan affectif (elles construisent le lieu où l'amitié remplace la famille), sur le plan économique (elles permettent de vivre à crédit) et sur le plan ésotérique (elles garantissent le secret des sociétés) [98].

Comme au XVIIIe siècle, le Tour du XIXe admet diversion, tourisme, pèlerinage. Perdiguier sait admirer les monuments parisiens ou lyonnais ; la Sainte-Baume attire les compagnons. Paris fascine et repousse, et sans doute la ville est-elle trop surveillée, trop grande, trop ouverte au brassage : personne n'y peut réellement imposer l'embauche, sinon les maîtres et les entrepreneurs. Les compagnons s'y perdent alors dans le nombre et la complexité des relations sociales[99]. Les conditions du déplacement ne changent pas : tout ce monde marche à pied, sauf si l'occasion ou la finance permet de prendre coche d'eau ou diligence. Les compagnons sont étroitement surveillés par les brigades de la maréchaussée : Ménétra a été arrêté à plusieurs reprises, Avignonnais la Vertu et son ami Vivarais la Palme de Gloire sont arrêtés et contrôlés près de Bourg-Saint-Andéol ; désormais, le livret ouvrier permet aux autorités plus d'assurance. Comme avant, on préfère voyager en petit groupe (deux, trois ou quatre compagnons) pour se garantir des voleurs, des escrocs, des rivaux en compagnonnage. Comme avant aussi, le voyageur est léger : il porte son sac avec quelques vêtements, les insignes du compagnonnage, quelques outils, un carnet. Se faire voler son sac est une petite tragédie compagnonnique, comme se faire dérober son livret ou son calepin dans lequel Ménétra et Perdiguier notent les astuces du métier, quelques pratiques intéressantes. Au total, pendant plusieurs siècles, tous ont connu la difficulté de la route faite à pied : les ampoules, les chaussures qui s'usent, les espaces qui s'allongent avec la fatigue. Mais, jeunes et bien portants, les compagnons peuvent dévorer de 50 à 60 kilomètres par jour ; avec les gendarmes aux fesses, Perdiguier est capable de faire 90 kilomètres d'une traite. En cas d'accident, les copains se cotisent pour payer une place dans les diligences, dont les tarifs baissent.

On peut lire dans les autobiographies du monde compagnonnique ce qui en fait la force : l'union, bien sûr, mais surtout une façon violente – et différente de ce que nous pouvons connaître – de partager les plaisirs de toutes sortes, la dépense, l'amour du travail bien fait, voire les filles. S'il ne faut pas croire à la capacité exemplaire du chef-d'œuvre (dans la plupart des métiers, il ne sert qu'à prouver la conformité et la maîtrise des fabrications, à révéler l'aptitude habituelle, une base en somme), les compagnonnages ont pu effectivement diffuser les techniques. Pour un métier assez simple comme la vitrerie, on en a la preuve chez Parisien le Bienvenu : c'est un artisan modeste du progrès, du confort, de l'éclairage des fenêtres vitrées, des lanternes urbaines. Dans le bâtiment, avec Perdiguier, c'est le triomphe de l'art du trait, de la pratique des techniques de la géométrie descriptive et du dessin, enseignée comme un art libéral par les bons maîtres de la menuiserie et de la charpente. Le compagnonnage organise la formation de ses membres : ceux-ci confrontent leurs expériences, apprennent entre eux à manier le compas, l'équerre, le décamètre, la ficelle et la cordelle, à tracer une ferme, à dessiner une voûte, un escalier. Les outils sont des instruments dont le symbolisme est renforcé par l'habitude et la pratique. L'atelier enseigne aussi les mesures, soit une unification par l'abstraction intelligente du monde, surtout quand le système métrique unifie une diversité extrême. Il apprend ainsi l'ordre et une adaptation des rangements à l'efficacité. Le beau travail témoigne de l'adresse et de l'astuce : pour Ménétra, ce sont les lanternes qu'il installe à Montpellier ; pour Perdiguier, l'escalier tournant et les portes à lames ; pour Boyer, homme du fer, le forgeage à la provençale ou à l'anglaise. Les différents Devoirs se défient au travail : le

27 mars 1771, les Enfants de Salomon lancent la gageure de composer la meilleure pièce au trait, et les Compagnons de maître Jacques relèvent le défi. Le concours a ses protocoles, son jury, ses enjeux ; le conflit est tel que les experts extérieurs renverront dos à dos les sociétés. D'autres compétitions, à Lyon en 1824, mettent comme enjeu la possession de la ville – ainsi à Montpellier et Marseille.

La mobilité du compagnonnage livre accès aux formes de l'idiome corporatif et à une éloquence des messages de la valeur du travail ; elle sert ainsi à contrôler la capacité professionnelle, comme elle détermine l'attachement aux principes de l'économie morale. Les représentations qui sont à l'œuvre dans la réalité des épreuves du tour de France exaltent les normes d'une société organique, où l'autorité consacrée par la coutume et la pratique qualifiée, où les inégalités sont compensées par le don, la générosité. Le jeune compagnon qui a vu du pays et qui s'est formé s'est affirmé comme personne et comme membre d'un groupe dont le choix sur la route orientera sa vie. S'il n'est pas question de confondre l'idéal et le réel, on a ici la clef d'une vision historiographique qui a tenté de retrouver dans cette fraternité potentielle des principes chargés de répondre aux désordres et aux conflits de la société industrielle. « De bon matin, je me suis levé, vivent les garçons papetiers ! De bon matin, je me suis levé, vive la feuille blanche ! Vivent les garçons papetiers qui font le tour de France ! » Au risque d'inculquer aux compagnons du compagnonnage un évident complexe de supériorité, les sociétés ont parié sur la dignité du travailleur, mais à sa place ; elles les protègent, comme d'autres institutions les plus faibles (ainsi les confréries), mais elles les durcissent face à la masse des inorganisés avec laquelle ils ne veulent pas être confondus. La mobilité éducative du tour de France perd de son efficace quand les progrès de la grande industrie rendent problématique l'avenir des métiers traditionnels[100].

Dans les récits des compagnons, on peut aussi saisir autre chose qu'imposent la circulation et ses rencontres. On y voit d'une façon progressive s'affirmer l'individualité, sinon l'individualisme, des gens de peu. Leur expérience de découverte est, toute chose égale, aussi valable que celle des voyageurs de plus haut vol. Leur voyage est également le terrain d'un changement culturel. Jacques-Louis Ménétra est capable de raconter le picaresque spontané de la route ; Louis Simon montre ce que pouvait souhaiter comprendre un jeune rural éveillé ; les différences régionales, la variété des spectacles urbains, la beauté des cathédrales. Les aventures des compagnons décrivent autrement les dangers, les brigands, les voleurs, les méfiances des aubergistes et des fermiers devant les étrangers, les craintes devant la maladie attrapée sur le trimard, le froid, le chaud, la poussière et la soif, les nuits où l'on s'égare dans la neige comme le petit Joseph Esmieu. Elles nous livrent aussi les leçons de l'hospitalité, l'attirance et la curiosité, l'affirmation des citadins – et plus encore des Parisiens, façon Ménétra – devant les ruraux, les *bouseux*. Elles parlent enfin de la capacité de changement, dont on peut retenir deux exemples fournis par Parisien le Bienvenu : parti antisémite résolu, il reviendra compréhensif et tolérant après avoir découvert la réalité des ghettos et des persécutions à Avignon, à Carpentras ; ignorant de l'intolérance alors, il se heurte à la violence des Cévenols persécutés et se bat pour défendre saint Jérôme et saint Augustin, et pour conclure une fois encore à la nécessité de la tolérance religieuse. En bref, le changement d'horizon autorise celui des idées ; la mobilité, ici, a vraiment favorisé la découverte de l'autre et sans doute contribué à une forme de progrès.

Mobilité des hommes, mobilité des choses

La mobilité du travail fait partie d'un système d'échanges généralisés, et elle est très certainement inséparable de l'ouverture progressive de la France, et de l'Europe rurale, à la consommation de multiples produits. Le réseau des marchés et des foires irrigue les campagnes ; par lui, la société marchande et le monde des villes rencontrent la société paysanne. Il se densifie, et les lieux de vente des produits se multiplient pendant les Temps modernes. On en a depuis longtemps regardé les moyens, les lieux, les flux et les acteurs en ce qui concerne le grand commerce, d'abord international (ports, routes, trafics) et ensuite national. On a commencé à interroger les dispositifs économiques et sociaux, les capacités de changement et d'habitude qui traduisent et autorisent, à travers les boutiques, de la production aux consommations, l'évolution des comportements des consommateurs[101]. A une vision qui sépare dans les espaces commerciaux et manufacturiers ouverts aux grands espaces, ruraux enfermés dans l'autarcie ou l'auto-approvisionnement, citadins immédiatement informés et pourvus, et qui a été longtemps efficace pour comprendre l'essor de la *civilisation matérielle* comme l'a montré Fernand Braudel, on songe désormais à voir comment celui-ci a été lié à une diffusion plus capillaire, plus labile, en un mot à une capacité de la société à être plus mobile[102].

Pour reprendre l'approche des théoriciens de l'économie du XVIIIe siècle, on sait que sans ces échanges généralisés et leur accélération – des campagnes à la ville, de la ville aux campagnes –, le processus de transfert et d'accumulation du capital n'aurait pu entraîner la modernité économique et, à son tour, l'accélération de son moteur principal, le goût des nouveautés et la diffusion des échanges. Dans des espaces différents (locaux, régionaux, transnationaux) la circulation des choses, inséparable de celle des hommes, a, à des échelles de capacité différentes, progressivement, sans bouleversement immédiatement visible, transformé les comportements de tous. A l'instar de la migration sans rupture et des mobilités du travail, les mouvements que provoquent les grands trafics et les petits commerces ont lancé sur les routes les objets d'un vaste transfert et ont créé en résonance l'omniprésence des exigences nouvelles.

La route rassemble alors produits et acteurs multiples car, plus qu'aujourd'hui, chacun peut commercer à sa façon à un moment ou à un autre : fermiers, laboureurs, voituriers, bergers, marchands de bétail et de chevaux, bateliers, paysans commerçants et commerçants paysans, marchands spécialisés, courtiers, commis voyageurs, contrebandiers, aubergistes, boutiquiers des villes qui surveillent conditions et qualités sur place, juifs installés en marge de la société chrétienne urbaine[103]. Que l'on puisse parfois passer d'une catégorie à l'autre, à un moment ou à un autre de la vie, selon les occasions rencontrées, est presque une règle. Louis Simon, le tisserand manceau, après son tour de France, bref dans le temps (trois mois) mais non négligeable dans l'espace (1 300 kilomètres, de 50 à 70 par jour, de La Fontaine à Angers, de Nantes à Rennes et de Saint-Brieuc à Paris, Amiens, Beauvais, Reims, Chartres et Le Mans), s'établit, se marie, refait de l'étamine, devient chantre, sacristain, fossoyeur, greffier, aubergiste et exploitant agricole sur quelques hectares, écrivain de village, sédentaire voyageur[104]. De la même façon, l'Ardennais Ponce Millet, natif de Doux en Champagne, né paysan, devenu domestique parisien, homme de peu, chrétien réservé, ne rompt jamais avec le réseau familial et se mue en colporteur entre la capitale où il se ravitaille et les foires et villages des campagnes ardennaises qu'il parcourt. A cinquante ans, on le voit vers 1722 faire les moissons, récolter le chanvre chez son ami le laboureur Gilles Leroy. C'est un invétéré voyageur, toujours sur la route, à pied, en coche ou en bateau. C'est un témoin des déplacements généralisés et des activités polyvalentes. Ponce Millet et ses parcours singuliers illustrent l'imprécision des frontières catégorielles et, en même temps, le besoin de références pour désigner ceux qui, de la marginalité à l'intégration, apparaissent ou disparaissent pour exercer une fonction de redistribution majeure. La figure du colporteur est à la fois familière et inquiétante, plus proche de celle du vagabond que de celle du marchand itinérant reconnu, à la fois sédentaire et mobile, mais installé. L'historiographie récente permet d'en mieux connaître les actions qui se déploient à l'échelle de l'Europe, et cela en rompant avec les idées reçues et les images admises.

Hétérogénéité des activités et des espaces

Deux traits guident nos imaginations vis-à-vis du colportage. Celui de l'archaïsme, qui identifie une activité devenue atypique avec le retard du développement : c'est un produit de l'imaginaire citadin, économique et policier, comme de l'historiographie. Celui de la médiocrité, voire de la petitesse des activités : petits marchands, petits objets, petits profits, petits métiers, petits déplacements. Les deux traits sont unifiés dans la méfiance des sédentaires face aux nomades. La littérature et la lexicologie s'accordent sur ce point. De Furetière à l'*Encyclopédie*, du *Dictionnaire de l'Académie* au *Dictionnaire du commerce*, le colporteur, marchand ambulant des villes et des campagnes, petit mercier, porte-balle, mercelot, coureur ou brocanteur, vendeur de tout et de rien, reste un personnage marginal et inquiétant, vu d'un mauvais œil et dont il convient de se méfier et de se protéger. En Angleterre, le *chapman*, qui vend à bon compte, les *petty chapmen* plus cossus qui achètent aux grossistes, revendent au détail, tiennent parfois boutique et fournissent les petit colporteurs ruraux, les *hawkers*, les *peddlers*, portent tous selon le moment et le lieu leur macule péjorative. On retrouve la même distanciation en Espagne, en Italie, en Suisse, en Allemagne. Retenons partout le destin ambulatoire, la fonction redistributive hiérarchisée par le volume des transactions, la part de l'entregent, de l'astuce, de la ruse et de la filouterie possible. « C'étaient anciennement des gens de mauvaise foi qui rôdaient de ville en ville en vendant ce qu'on ne doit vendre qu'en plein marché », commente l'*Encyclopédie* qui distingue les vendeurs de livres et les porteurs de balle chargés de menues et petites merceries. La variété des appellations finit par être fort utile, puisqu'elle désigne de fait une incapacité de classement raisonnable et la familiarité à travers la collection des métiers possibles dont les variétés morales et immorales ne sont pas différentes de celles du tout-venant des commerces sédentaires[105]. Le bricolage lexicologique souligne l'absence de spécialisation géographique, la fonction mobilisatrice d'un personnage à part, *circum foraneus pro populati*, gyrovague, la multiplicité des activités, la pratique de la rue et de la route, le glissement de sens générateur de surveillance et de punition. Colporter, c'est vendre, mais c'est aussi diffuser rumeurs, vraies et fausses nouvelles ; c'est donc réunir un rôle commercial et un rôle culturel.

Partout les colporteurs brouillent le jeu des corps établis, des métiers installés, du monde de la librairie au milieu des merciers, au bas de la hiérarchie d'un encadrement qui rassemble maîtres des jurandes et policiers dans une même idéologie, et à proximité des populations dont on peut douter qu'elles refusent les avantages des meilleurs prix et de la nouveauté offerte. Le conflit des commerçants établis et des vendeurs mobiles est général et quasi permanent ; il fait partie de la mythologie des cultures populaires comme de la réalité des échanges. Pour se déprendre de ces deux attractions, il faut quitter la ville, retrouver la diversité des espaces et celle des activités où se met en place et évolue la migration marchande des Temps modernes.

Ruses, conflits, normalité

La mobilité des colporteurs les désigne pour représenter aux yeux des sédentaires une double crainte : on ne sait pas trop d'où ils viennent ni où ils vont, et l'on ne sait pas davantage ce que vaut vraiment la pacotille qu'ils débitent. L'un des textes les plus représentatifs et les plus diffusés de la Bibliothèque Bleue, avec le *Jargon de l'argot réformé*, est la *Vie généreuse des mercelots, gueux, bohémiens*, éditée à Lyon en 1596 et dont le titre, avec l'association de ces trois termes, doit immédiatement inviter à la méfiance[106]. C'est une construction littéraire qui peut vouloir initier à un monde différent et qui, pour le comprendre décalque les traits de la société ordinaire, avec sa hiérarchie, ses organes et sa langue – le jargon, le *blesche* que les gens normaux ne peuvent comprendre. On est dans le même type d'entreprise d'écriture que celle du *Liber vagatorum* et des littératures de la gueuserie. Les auteurs créent des effets de réalité persuasifs, les personnages réels pouvant s'identifier avec ces êtres étrangers, imaginaires mais fascinants. Les *mercelots* des éditeurs de la littérature de colportage font partie de cet ensemble, qui vise un public plus général du XVIᵉ au XIXᵉ siècle. Ils ont fait le succès de l'astuce et du boniment, du discours du camelot, pavillon qui cache la marchandise, plaisanterie qui autorise la grivèlerie et qui la fait pardonner. En même temps, ils soulignent les frontières indistinctes entre l'écrit et l'oral, la route et l'étape, le vu et l'entendu, qui font d'eux des intermédiaires de légende, comme de réalité – ce qui fait, en ville et en campagne, leur succès. Le bonimenteur et le charlatan du Pont-Neuf et des foires ne procèdent pas autrement.

Voilà le *mercier inventif* de 1632, édité à Troyes, qui déclare : « Comme un mercier trafiquant sur les mers, j'ai vu de mon grenier maints pays étrangers, j'ai passé le Canada, Vaugirard, l'Étrurie, Montmartre, Papagosse et toute la Syrie. De là, je suis venu en ces bois étrangers. Eh! que voilà de gens! Je suis fortunément arrivé en ce lieu pour vendre promptement toute ma mercerie avec ma bannete, je veux les abordant crier ma marchandise. » En élargissant la géographie du commerçant errant aux limites de l'univers et à l'imaginaire, le mercier intrigue, provoque, se présente comme celui qui a vu et qui sait. Son cri, qui rejoint ceux des petits commerces citadins, propose un mélange exotique et fabuleux, fantaisiste et réel, d'objets en tous genres : lapin, andouille, vilebrequins, de vieux engins, clystères d'amour, papier, plume, encre, torche-cul, cure-dent. Le fatras éveille la curiosité ; il désigne aussi, en langage de libraire, les mauvais livres ; il suscite la méfiance. C'est le commerce de Mercure, dieu des voleurs, adversaire des policiers, qui depuis longtemps inspire la méfiance, dicte les protestations des métiers sédentaires, provoque la méfiance policière. Dans le *Conte d'hiver* (1611), Shakespeare reprend les mêmes harmoniques quand paraît le joyeux Autolycus qui se met à chanter le printemps et à développer ses intrigues[107] : « Mon trafic à moi, c'est les draps. Quand le vautour fait son nid, attention à votre linge. Mon père m'a donné le nom de cet Autolycus qui, ayant été mis bas comme moi sous le signe de Mercure, fut lui aussi un escamoteur de menus objets. Ce sont les dés et les filles qui m'ont fourni cet accoutrement, et mon revenu est le petit vol [...] et plus avant, toujours chantant, il présente ses marchandises, il les détaille si bien qu'on dirait qu'il a avalé des romances et toutes les oreilles s'élargissent pour l'écouter[108]. » Vrai fripon, vrai détrousseur de bergers, vrai vendeur de bagatelles, vrai voleur et vrai marchand, le personnage incarne les tensions du réel avec une conviction qu'on retrouve dans la littérature espagnole du siècle d'Or[109]. Voilà pour la réputation qui change peu avec le temps, tantôt parée de valeurs efficaces et presque morales, tantôt dépréciée, tant en Angleterre qu'en France.

L'organisation des circuits et des opérations des colporteurs recoupe les résultats donnés par l'analyse des grandes enquêtes sur la migration[110]. La volonté d'entreprendre et l'appartenance à un milieu spécifique des échanges différencient les migrants du négoce du flot de l'émigration du travail, dont les acteurs se contentent de louer leur force de travail, soit pour survivre, soit pour compléter – et c'est sans doute le fait majeur des remues d'hommes – les ressources de l'économie des villages[111]. Si dans tous les mouvements la primauté des circulations de montagnards l'emporte, de la Savoie et de l'Oisans au Tyrol, des Pyrénées aux hauteurs du Massif central, du Jura et des Vosges aux plaines orientales ou occidentales, du Piémont aux Apennins, des montagnes écossaises au bassin de Londres, certaines régions aux horizons plus calmes et à la réputation moins misérable sont également concernées : dans les villages de Normandie, de Bretagne, de Lorraine ou d'Alsace, on connaît en effet des réservoirs de colporteurs. Le colportage recrute aussi en ville, et c'est sans doute sa diversité que retrouvent ses historiens, même si dès la fin du Moyen Age les montagnes ont été les sources d'une circulation de marchandises multiples qui, en s'appuyant sur de multiples relais, ont irrigué de plus en plus intensément les basses terres où les trouvaient les montagnards. Ce sont les espaces d'un colporteur et d'un entrepreneur général.

La valorisation des produits de la montagne (ceux de l'élevage ou des forêts), celle aussi des métiers et des techniques, ont très tôt orienté les déplacements dont on perçoit les axes et les étapes dans les habitudes de l'âge moderne. La mobilité entreprenariale des montagnards alpins ou pyrénéens a certainement progressé sans interruption. Elle atteint l'Allemagne et irrigue la Suisse, l'Italie du Nord au Sud. Celle des montagnards écossais s'implante en plaine jusqu'à Londres et dans les cités méridionales. C'est d'ailleurs le seul espace pour lequel on puisse trouver des chiffres. Ceux-ci sont à prendre avec précaution : en effet, ils ne concernent que les colporteurs à pied ou avec chevaux, capables de payer une licence imposée après 1782 par le gouvernement britannique, ils ignorent la masse des colporteurs recensés localement, dix ou vingt fois plus nombreux ; enfin, ils ne concernent pas l'Écosse. C'est, dans les dossiers, 1 313 licences de *hawkers*, dont les deux tiers pour les *hawkers* à pied, un colporteur pour 7 000 habitants, les deux tiers dans les comtés du Sud, mais là où des statistiques de la même période montrent qu'il y a le moins de boutiques sédentaires. L'activité du colportage relaie ici le développement manufacturier, suscite la demande, par sa capillarité et par son agressivité qu'apprécient tout particulièrement les industriels des Midlands. Cette documentation a l'avantage de montrer que, dans l'économie de la distribution, les sédentaires et les nomades ont des actions compétitives, concurrentes, mais en même temps complémentaires, et que les pratiques commerciales des colporteurs sont reprises par les marchands boutiquiers[112]. Les *hawkers* licenciés ne sont sans doute pas plus d'un dixième de la totalité sur le continent. On retrouve des Écossais de la mer du Nord à la Baltique, jusqu'au XVIIIe siècle, jusqu'en Russie ; des Italiens dans tout l'Empire ; des Auvergnats, des Corréziens jusqu'en Espagne ; des Limousins un peu partout de la Castille à l'Aragon. Dans la seconde moitié du XVIIIe siècle, les compagnies auvergnates se sont développées et les commerçants français échappent à la méfiance et à la mauvaise réputation qui les frappaient jusque-là et dont rendent compte à la fois les portraits littéraires picaresques et les édits de proscription. Le mouvement se maintient jusqu'au XIXe siècle[113]. Des filières durables ont là aussi entretenu et autorisé la mobilité des colporteurs, parmi d'autres. Du XVIe au XVIIIe siècle, ces commerces irriguent toute l'Europe, assurant la distribution. Ils font vivre partout de multiples communautés villageoises, en montagne et en plaine, en ville et en campagne. Observées des Alpes françaises ou italiennes, des parentèles heureuses prospèrent dans les grandes cités marchandes. Les Bittot, de Montagny en Tarentaise, sont à Strasbourg en 1611 ; leurs créances les montrent en relation avec dix grandes cités marchandes, de Venise à Lyon, de Lyon à Haarlem, de Harlem à Dantzig et Venise. Sur plusieurs générations, ils se sont imposés aux marchands locaux, car la souplesse de leur commerce s'appuie sur la mobilisation de la migration montagnarde qui fournit commis, apprentis et colporteurs ambulants qui, dans le plat pays, s'installent temporairement et rediffusent les produits des fabriques et dépôts urbains[114].

La force de ces grands colporteurs est d'avoir réussi à entrer dans les cités, à s'y intégrer diversement, à cimenter par les mariages et les relations d'affaires les besoins du réseau que peuvent tisser dans l'espace commercial urbain de l'Europe les compagnies familiales. C'est le cas des Giraud, descendus du

Dauphiné à Genève et à Lyon, ou des Brentano, envolés des vallées du lac de Côme comme petits marchands, devenus négociants, boutiquiers, grands notables à Francfort où la firme et la famille perdurent jusqu'au XVIIIe siècle. Les Écossais de Suède et de Pologne ne procèdent pas autrement et trouvent leur point d'appui, sans rompre la chaîne de solidarité, à Dantzig ou à Oslo. Les plaintes qu'on enregistre partout montrent le succès des ambulants face aux marchands locaux, mais elles ne doivent pas cacher les liens qui articulent tous les espaces marchands comme ils articulent les diverses migrations. La conjoncture d'essor, entre crises et guerres, a permis d'accepter les marchands étrangers et leurs colporteurs. Parfois les villes refusent l'intégration, parfois elles la tolèrent et ne peuvent s'opposer à l'intégration par le mariage (ainsi des cités rhénanes) – profits réels et concurrences se compensent alors. Ailleurs, en Pologne ou en Suède, progressivement dans l'Empire, les corporations résistent[115].

La variété des situations prouve les intérêts contradictoires et la puissance des réseaux de colporteurs qui rendent inefficaces les législations les plus sévères. Jouant sur la mobilité, sur la qualité de l'information qu'elle permet, sur la solidarité qu'elle entretient dans le monde de la distribution, sur la force que procure la chaîne production-crédit-distribution, sur les rivalités des pays, des villes et des communautés, les marchands colporteurs se sont imposés. Entre le XVIIe et le XVIIIe siècle, ils perdent ces avantages et, progressivement, se replient sur les espaces nationaux et régionaux – à l'exception notable des vendeurs d'imprimés qui, de l'Europe du Nord à l'Europe du Sud, maintiennent le modèle d'un colportage à grand rayon d'action où le travail des petits colporteurs ambulants profite encore du réseau de boutiquiers mis en place par les commerçants importants. Produit nouveau et très demandé, l'imprimé permet de jouer sur tous les types de commerces légaux et illégaux, de joindre à sa distribution de petits et de gros ouvrages divers produits de la mercerie et de la quincaillerie, le plus souvent à bon marché, et d'atteindre les recoins isolés des sociétés rurales. En 1754, François Grasset, premier commis des éditeurs genevois Cramer, écrit à Malesherbes : « Le commerce de la librairie en Espagne et au Portugal, de même que celui des livres des villes d'Italie, est tout entre les mains des Français, tous sortis d'un village situé dans une vallée du Briançonnais, dans le Dauphiné. Ces gens actifs et laborieux, extrêmement sobres, passent successivement en Espagne et s'allient presque toujours entre eux [...] non seulement le commerce de la librairie est dans leurs mains, mais encore ceux des cartes de géographie, estampes, horlogerie, toiles indiennes, bas, bonnets, etc. » Des diffusions semblables fonctionnent à partir des Pyrénées, de Paris, de Rouen, des villages du Cotentin, de Troyes, de Lorraine. En Angleterre, après 1650, un système identique est en place et un recensement de 1696-1698 relève dix fois plus de marchands ambulants qu'à la fin du XVIIIe siècle, période de basses eaux : dix mille dans les registres de licence, principalement à partir de Londres, du Sud et des Midlands. Les éditeurs populaires de Bassano, les Remondini, font reposer sur leurs colporteurs la diffusion de la production de cinquante presses pour les livres et les estampes. Les grands réseaux ne se rétréciront dans ce secteur qu'après la Révolution et les cloisonnements[116] nationaux, le chemin de fer, le développement des banques et des représentants de commerce, et quand s'imposeront les colporteurs d'aventure prêts à s'élancer vers la steppe russe ou le Moyen-Orient, le Mexique ou l'Argentine. En même temps, la figure marginale mais toujours dénoncée du colporteur famélique, pauvre hère à la limite de la mendicité et du vagabondage[117], va s'étouffer.

L'émigration entreprenante dans sa diversité – diversité des négoces, diversité des espaces conquis, diversité des réussites et des succès, que dictent principalement la négociation et les conventions conclues entre cités et villages, sédentaires et ambulants – retrouve ainsi des rythmes d'essor et de repli qui sont ceux de tous les phénomènes culturels où la mobilité a joué son rôle. Ainsi le cloisonnement national et la construction d'un marché intérieur unifié ; ainsi les clôtures religieuses et intellectuelles. La révocation de l'édit de Nantes a été un moment de difficulté, mais aussi de mutation et d'adaptation. Le réseau protestant marchand et colporteur du Haut-Dauphiné en sort partiellement brisé, car une partie de la population choisit l'exil. Les hautes vallées s'appauvrissent. Au XVIIIe siècle, ce réseau se reconstitue avec une série de déplacements des villages du départ et d'adaptations. A partir de La Grave, il retrouve les anciennes routes et en crée de nouvelles. Les marchands de Savoie, peu nombreux dans l'Europe protestante, abondent dans l'Alsace devenue française à partir de Strasbourg, où ils sont bien accueillis par les nouveaux maîtres. De là, ils gagnent les territoires occupés de la rive gauche du Rhin, où les troupes françaises les protègent. La position charnière entre les deux grands pôles économiques de l'Italie du Nord et de l'Allemagne du Sud, avec leurs productions et leurs grandes foires, a entretenu les circuits catholiques du Mittelland suisse au

Rhin et du Rhin au Danube, par Mayence, Stuttgart, Francfort, Ulm, jusqu'à Vienne et à Budapest.

Depuis le XVIIe siècle, la célèbre foire de Zurzach, petite cité d'un millier d'habitants au bord du Rhin, attire les Savoyards ; elle dure huit jours et, en septembre, coïncide avec le pèlerinage à Sainte-Vérène. Si l'attraction des foires de la Pentecôte et de la fin d'été diminue au XVIIIe siècle, Zurzach reste une plaque tournante de l'émigration savoyarde et piémontaise. Le trafic des marchands décroît, mais le rôle financier se maintient et, avec lui, la zone d'influence et de redistribution de multiples marchandises : textiles fabriqués dans toute l'Europe, bimbeloterie, épices, livres. A Vienne, les Savoyards de Maurienne sont là, protégés par le Prince Eugène. Partout en terre alémanique, on relève leur présence et leur possible intégration. En 1726, la *Consigne des mâles* de Faucigny enregistre près de deux mille émigrants : un tiers va en Allemagne, un autre en Suisse et le reste vers la Lorraine, l'Alsace, Paris, Lyon. Le courant s'inverse au XVIIIe siècle, et la France l'emporte. A Bonneville, en 1843, deux tiers des passeports délivrés aux colporteurs sont à destination de la France, et un tiers vers la Suisse ; les riches commerçants ont laissé la place aux jeunes. La Révolution a annexé le mouvement et le territoire[118]. Le processus de fragmentation a accéléré la sédentarisation et reconverti les courants commerciaux, en même temps que le centre économique de l'Europe basculait vers le Nord-Ouest. La double appartenance des grands marchands alpins se réduit ; celle des petits se maintient, mais s'adapte – ils conservent longtemps un rôle d'intermédiaires. La montagne a pour une part perdu sa capacité d'investissement en plaine, mais elle a conservé sa force d'entreprise commerciale.

Les réseaux constitués entre l'Écosse et la Baltique ont évolué de la même façon. Les Écossais non sédentarisés en Suède, Allemagne, Hollande et Pologne sont désormais d'un niveau inférieur et modeste. Partout, on va assister à une croissance du nombre de colporteurs. L'Angleterre donne l'exemple dès le XVIIe siècle, et le réseau de ses *petty chapmen* et de ses *pedlars* atteint les endroits les plus reculés du pays[119]. Au milieu du XIXe siècle, on en recense encore trente mille[120]. En France, l'accroissement est notable, mais impossible à mesurer ; on le pressent sur place dans les documents notariés, dans les sources administratives et les enquêtes. La poussée est la conséquence du développement du commerce citadin et de la demande, mais les colporteurs, les marchands colporteurs ne travaillent pas seulement pour les familles commerçantes de leurs villages. Ils se spécialisent en même temps qu'ils s'autonomisent dans la migration laborieuse. En Espagne, avant la rupture révolutionnaire, la migration marchande a construit son succès sur les alliances qui ont assuré celui des colporteurs dauphinois et savoyards, la parentèle et la hiérarchie. La guerre casse le réseau. Il repart au XIXe siècle. Du nord au sud de l'Europe, la mobilité colporteuse s'est ajustée à des conditions nouvelles et homogénéisées[121].

Diversité et hiérarchie des acteurs

La fragmentation des grands réseaux et l'insertion des grands marchands et de leurs familles ont changé un rapport entre les composantes de l'entreprise colporteuse sans en atténuer ni la diversité, ni l'organisation spatiale et sa dualité. Avec Laurence Fontaine et Anne Radeff, on voit bien que ni la distance, ni la durée, ni la qualité de la marchandise colportée ne permettent de comprendre la flexibilité qui a fait la force du mouvement. Celui-ci rassemble un milieu qu'unissent des rapports de dépendance et de domination, d'alliance et de solidarité, et la longue chaîne qui relie le colporteur de la plaine où il exerce ses talents à la montagne ou au village où restent sa famille et ses parents repose sur des liens, des avances, des crédits financiers et symboliques qui permettent des migrations sans rupture. C'est une manière d'organiser par les relations, les informations, les échanges et la circulation de vastes territoires à partir des communautés enclavées[122]. L'unité et la hiérarchie sont l'œuvre des modes de financement des acteurs et de leurs commerces, en fonction des patrimoines, des soutiens accordés, des engagements conclus et des résultats obtenus. Ils sont à lire non seulement tout au long de la vie des individus, mais aussi dans le cycle familial et sur plusieurs générations où les équilibres sédentarités mobilité ne sont pas les mêmes. De surcroît, il est possible là encore de passer d'une situation à une autre, de monter ou de descendre d'un degré dans l'échelle de la notabilité professionnelle.

A la base, les plus misérables et les plus faméliques n'ont rien à offrir et dépendent des expédients. Les origines géographiques et les rapports familiaux se brouillent ; ils se confondent souvent dans le monde des gueux, des cités et des vagabonds de la route. En ville, ils constituent la masse des métiers de la revente, de la population féminine des regrattiers et des regrattières, des crieurs de journaux, des chanteurs ambulants, d'innombrables brocanteurs, tous liés à la deuxième ou troisième main du commerce, à l'occasion, et parfois – comme dans la distribution du livre et des pamphlets – au monde de l'interdit et de la clandestinité. Ils sont dans leur majorité sans organisation, solitaires, sinon sans famille. Parfois, ils appartiennent à des ensembles mieux structurés; parfois, ce sont des marginaux de la misère et de l'errance, rejetés par l'échec, tendant la main, portant la balle, et qu'une occasion peut sauver : ils n'ont pas rompu avec les villages, ils sont les réserves de la main-d'œuvre urbaine que permettent de reconstituer le besoin, l'économie de l'absence. Un degré de franchi, ils s'organisent en pseudo-corporations comme les aveugles espagnols vendeurs de livrets ou chanteurs, ou en groupes temporaires comme les baladins. Ce que vendent ces colporteurs, c'est eux-mêmes, les mots plus que les objets, et ils sont actifs sur la place publique. Les plus nantis ont quelques marchandises à vendre (mercerie, jouets, livres) et, comme Autolycus ou le colporteur rencontré par *Jacques le Fataliste*, vendeur de montres volées, ils mettent en contact le monde de la stabilité et celui de l'aventure, imaginaire, transportant le villageois ou le citadin vers l'ailleurs, les initiant à la fantaisie, à la mode. Ils nourrissent plus que d'autres l'intérêt des littérateurs et les marges du spectacle. Le montreur d'ours des Pyrénées, le petit ramoneur savoyard avec sa marmotte et sa vielle, le présentateur de singe y trouvent place, quittant les limites pour passer de la rue au cœur du palais et dans la faveur des grands. Clindor, dans *L'Illusion comique* de Corneille, passe ainsi de la foire au théâtre et à l'art prisé des élites[123].

Le colporteur familier est, lui, intégré ; il a des liens réguliers avec sa parentèle, des fournisseurs attitrés, des biens qui, si minces fussent-ils, peuvent garantir le crédit. Son activité est souvent pendulaire : il part en fonction du travail agricole, des récoltes à faire ou déjà rentrées, des foires où se vendent le bétail et les produits, à l'automne. Les Gouraud, de Clavans en Dauphiné, au XIXe siècle, où le père peut rester au village, voient leurs deux fils gagner la Bourgogne après les récoltes ; chez les Eymard, le père de famille ne peut partir qu'à l'automne. Chez d'autres, le père et les enfants, les frères se partagent les départs et les retours. Pour la plupart, le retour du printemps s'impose, mais c'est le commerce qui dispose, car il ne faut pas perdre les mois de bonnes ventes. De même, les colporteurs spécialisés dans les imprimés se partagent selon les saisons, sans se laisser guider par les contraintes de la terre. Les uns et les autres organisent leurs déplacements à partir des fournisseurs du plat pays, qu'ils préfèrent choisir dans le réseau des alliés et des connaissances. Ils s'y réapprovisionnent quand ils ont épuisé le contenu de leur balle ou de leur charrette. Leur itinéraire se coule dans ces relais. Il est très décentralisé en France, plus centralisé en Angleterre, mais la politique d'achat et de crédit reste la même. A la fin du XVIIe siècle, Londres fournit les deux tiers des marchandises, les trois quarts des tissus, que peuvent compléter les achats dans les régions de production, comme à Manchester pour les aiguilles et la quincaillerie. Les colporteurs s'endettent auprès de marchands londoniens, comme en France auprès des Parisiens, des Lyonnais, des Avignonnais ou des Strasbourgeois. Tous achètent et revendent à crédit : le porte-balle est le champion de l'économie à bilan différé où tout ne se règle qu'à l'occasion, car apurer définitivement un compte, ce serait – sauf nécessité – choisir de rompre une relation économique qui est aussi une relation humaine et où les prix, qui ne sont pas fixes, peuvent se négocier. Le crédit est ainsi le moyen qui entretient la mobilité, et le gage que le système qui l'organise va se maintenir[124].

Au sommet enfin, plus rare, établi et solidement engagé dans le réseau, le marchand colporteur est un chef d'entreprise avec boutique, locaux, entrepôts, commis, colporteurs à sa dépendance, charrettes, chevaux ; il est prêt à reprendre la balle si les données familiales ou le marché l'imposent. Dans le système de la manufacture, il peut trouver sa place, comme au XVIIe siècle il s'intégrait aux commerces des cités. Le champ de ses affaires se réduit quand il délaisse l'appui de la main-d'œuvre du village et les crédits accordés aux compatriotes ; l'insertion dans le site choisi l'emporte sur la mobilité. De même, la réussite du négoce sédentaire et la montée de l'industrie imposent de nouvelles relations plus indirectes et passent de moins en moins par les rapports originels et les parentèles. La figure anglaise du *Manchester man* est liée à un fabricant allant non pas de maison en maison, mais de boutique en boutique. C'est encore un marchand de place en place, mais il opère comme intermédiaire entre les manufactures du Nord et des Midlands et tous les revendeurs, boutiquiers, colporteurs, merciers des magasins généraux des contrées reculées. Il sillonne l'Angleterre avec sa caravane chargée de marchandises, vendant en grosses quantités, achetant aux foires, offrant son crédit, utilisant la publicité naissante. Une étape est à nouveau franchie quand l'entreprise recrute ses commis voyageurs et les envoie assurer sa promotion – ainsi la Société typographique de Neuchâtel ou les fabricants horlogers suisses[125]. Dans les

Mémoires d'un touriste, Stendhal met en action un marchand de fer qui parcourt la France pour promouvoir ses productions : il se présente comme un simple commis de commerce, et cela lui permet d'associer au tourisme des préoccupations concernant le développement et le progrès.

Trajets et mouvements

Les itinéraires des uns et des autres suivent des chemins établis et balisés, de la montagne à la plaine et, dans le plat pays, des cités aux villages et aux hameaux. Au XIXe siècle, les routes améliorées et le chemin de fer facilitent l'accès aux dépôts et aux boutiques citadines. Les Pyrénéens se partagent l'espace : « Les colporteurs d'été parcourent le Midi, les Alpes, la Haute-Loire, la Bretagne, la Normandie. Ceux d'hiver se partagent par bandes et se rendent directement à Toulon, Limoges, Bourges, Guéret et Auxerre, où ils reçoivent les premiers achats qu'ils ont faits par correspondance à Paris. De ces premières stations, ils se répandent par les routes de traverse dans toutes les contrées jusqu'à soixante lieues de Paris ; ils convergent pour y arriver, les uns au commencement de janvier, les autres au printemps seulement[126]. » Ensuite, le nomadisme de ces vendeurs de livres peut être fixé, préétabli ou sans plan. Les registres de la police du milieu du XIXe siècle montrent que les campagnes durent environ six mois, d'octobre à mars ou d'avril à septembre, selon la date du départ et l'affluence saisonnière dans les département irrigués. Régularité et irrégularité des trajets coexistent. Les colporteurs de livres des Pyrénées voyagent rarement seuls : ils ont une bande, un maître, des directives, une sorte de carrière. Ils marchent à pied, avec une charge de 25 à 40 kg dans un panier d'osier. Ils parcourent 6 à 8 lieues (de 27 à 36 kilomètres) par jour. Arrivés dans un bourg important, ils se partagent villages, hameaux, fermes, travaillent isolément pendant une semaine et se regroupent pour une nouvelle étape. C'est la communauté de culture et la complicité qui se crée entre acheteurs et vendeurs qui font leur succès, et l'on voit même les paysans les soutenir contre les brimades gendarmesques et administratives. Le lien qui casse et le repli du colportage viennent moins de la clientèle que de la réorganisation globale de la production.

Plus solitaires sont les tournées que permettent de restituer les carnets de compte de Jean Eymar, colporteur de l'Oisans dans la Nièvre vers 1859-1860. Il y a noté ses trajets, les fermes et les lieux, les liens familiaux, les professions et les surnoms, et toutes les caractéristiques de la vie des villages. Des portes de Corbigny au canal de l'Yonne, d'écluse en écluse, de hameaux en métairies, du canal à Marcilly : c'est un petit circuit de moins de 20 kilomètres linéaires, mais étendu par les allers et venues que dictent les solidarités, les habitudes, les relations, les dettes notées dans le carnet – des espaces blancs y sont prévus pour accueillir des renseignements nouveaux. En une année, c'est une tournée de 170 jours : 355 maisons visitées, 4 022,95 francs de recette. Les ventes s'amplifient avant Noël et après le Carême ; les foires de l'été y sont favorables. Tous les clients paient à crédit, mais les deux tiers remboursent l'année même ou celle qui suit : quatre clients seulement n'ont jamais payé sur 340. Ainsi, l'ensemble des règles de la sociabilité et de la confiance assure la bonne marche de cette micro-économie, et la nécessité de faire place au crédit court – ouvert par les fournisseurs alors que les clients, pour être fidélisés, doivent bénéficier d'un crédit long – engage les colporteurs dans un monde nouveau des rapports marchands[127].

Il est difficile de savoir si le modèle de l'Oisans est déjà en place un siècle ou deux plus tôt. Les conditions générales et les quelques exemples dont on dispose soulignent une telle possibilité. Dans l'arc alpin, le colporteur savoyard Joseph Violland, de Nancy-sur-Cluses, se rend chaque hiver dans les villages de Suisse. De 1685 à 1718, on le suit grâce à ses papiers dans les grandes foires de Zurzach, Bâle, Berne, Lucerne, Zurich. Il y achète ses marchandises de mercerie, qu'il revend ensuite au détail. Depuis son village, il a fait 250 kilomètres pour atteindre Zurzach en une semaine ; on peut s'y rendre en bateau partiellement. De Zurzach à Zurich, c'est une cinquantaine de kilomètres ; de Zurich à Lucerne, encore 50 de Lucerne à Bâle, 120 ; de Bâle à Berne, une centaine ; et de Berne à Lucerne, encore 80. Violland revient dans les mêmes foires et les mêmes villes : quatre ou cinq fois à Lucerne ou à Zurich, deux fois à Zurzach, à Berne et à Bâle. Ses fournisseurs courent les mêmes foires. Son itinéraire est urbain, mais il peut écouler une partie de ses achats entre deux cités. Jean-Pierre Violland, un chaudronnier du même village, peut-être de la même famille sans être parent proche, dans la haute vallée de l'Arve, sans doute vendeur et réparateur, parcourt les campagnes entre 1760-1764 ; il rachète, il vend aussi des merceries, mais il ne fréquente pas les foires urbaines ; il ratisse les campagnes au nord du lac de Zurich. Ses livres de compte signalent son passage dans 163 localités au cœur de la zone textile proto-industrielle, sur la rive droite du lac. Il se fournit chez un grossiste de Zurich, et il écoule ses achats en dix-huit semaines autour de Rapperswill de la mi-octobre à la mi-mars. Son itinéraire quadrille quatre zones d'une vingtaine de kilomètres, où il passe et repasse avec régularité, selon le principe entrevu chez Eymar un siècle plus tard. S'il y a divers types de colportage, deux choses comptent : la fidélité à l'itinéraire ; le lien entre l'ampleur de la tournée et la capacité de marchandises transportables. A pied, à cheval, en bateau ou en voiture, d'innombrables colporteurs ont ainsi pu irriguer en marchandises anciennes ou nouvelles les contrées les plus diverses de l'ancienne Europe. C'est la chance qui s'offre à certains et qui se refuse à d'autres[128].

Quand le hasard fait un colporteur comme Ponce Millet, il le fait dans des canaux coutumiers. C'est à l'occasion de ses allers et venues entre Paris et les villages de l'Ardenne que le domestique devient marchand. Il a trente-deux ans en 1705 ; en mai, il se ravitaille à Paris, redevient domestique en novembre, mais au printemps de 1706 le revoilà colporteur : il vend à la foire rémoise de Pâques. Revenu à Doux, il se transforme à nouveau, et pour sept ans, redevient domestique. En 1714, avec ses gains, il reprend la route et la balle. Jusqu'à la fin de son carnet, on peut suivre ses hésitations et ses parcours. A son dernier voyage à Paris, il a noté : « ampoule au talon ». C'était le dix-huitième et ultime. Au terme, l'activité de colporteur repose sur l'alternance entre la sécurité, le salaire et le risque, la subordination et la liberté, les expériences parisiennes et les solidarités des campagnes ardennaises. Ses comptes discontinus de 1692 à 1722 mentionnent le coût de ses transports et celui de ses hardes, puis le montant de ses achats divers – menus objets, toile, fil, vêtements usagés, ruban, manchon, chemises, cahiers, livres, brochures. Il vend de tout (et le plus souvent à perte) à des bourgeois rémois, à des villageois, à des veuves, au maître d'école de Doux, peut-être à sa famille. C'est un professionnel en marge, quelque peu amateur, mais qui peut se refaire par l'emploi ancillaire et grâce à l'accueil familial[129]. Jean-Joseph Esmieu, lui, soixante-dix ans plus tard, devient un vrai colporteur dans la tradition des gavots descendus en Provence.

A Toulon, après quelques aventures, sans relations familiales, le voilà engagé par M. Bourges, marchand quincaillier vis-à-vis du Palais. Il a déjà une brève expérience, ayant acheté avec ses gains une *boîte* de marchandises chez un grossiste d'Aix, mais il se fait proprement arnaquer par un colporteur malhonnête qui lui propose une association et lui confisque ses recettes, mélange les comptes et finalement le roule : 260 francs au départ, 8 francs en poche à l'arrivée et un reste de pacotilles, 60 francs. M. Bourges, qui est d'Embrun, connaît les hautes vallées et les villageois. Il prend Jean-Joseph Esmieu sous son aile, lui donne l'hospitalité, le conseille. Dans sa première tournée par Aix, Rians, La Verdière, Barjols, Varage, Saint-Maximin, Tourves, La Roque, Méounes, Belgentier, Solliès, La Farlède et La Valette, Esmieu revient à Toulon avec 400 francs. Il rembourse M. Bourges et lui achète pour 100 francs comptant. Le crédit de l'arnaqueur l'a sans doute rendu méfiant. «Petit à petit, je vis croître mes fonds [il s'approvisionne désormais à Aix], j'abandonnai alors la quincaillerie ; j'achetai des mouchoirs. Ensuite, pour porter ma pacotille, je fis l'emplette d'un âne que je gardai deux ans, sans revenir à Toulon voir mon protecteur». Il étend ses trajets jusqu'à Grasse, «et enfin je fus retrouvé ce brave homme qui me reçut comme son fils.» Il repart le lendemain pour La Valette, avec un mulet et quatre quintaux de marchandises textiles. Son territoire est la Provence intérieure et côtière ; ses aventures sont celles des voyageurs aux pieds poudreux, et il les raconte avec complaisance : bandits italiens, muletiers violents, accidents, voleur de petits chemins – les gendarmes le capturent sur la route de Rians à Tourves –, hospitalité des auberges, échec commercial quand les prix s'effondrent, vol de mille écus de marchandises à l'auberge du château à Sollies-Pont en l'an II de la République, poursuite des créanciers et poursuite du voleur par le volé pour récupérer son pécule (ce qui est fait par chance). De procès en association, de vente en vente, de foire en village, Jean-Joseph Esmieu finit par prendre boutique à Hyères, avec un associé. Quand la société est dissoute, il a plus de 28 000 francs. Il est marié, il a quatre enfants, *son sort est doux*. On peut voir que l'écriture est l'expression du chemin parcouru et de la distance franchie entre le village et la réussite boutiquière et sédentaire. Esmieu n'a pas conservé beaucoup de liens avec les parents et les amis du village, ou du moins il n'y fait guère d'allusion, ce qui permet de nuancer peut-être la toile de fond des solidarités dominantes et persistantes.

Une fois encore, la révision des analyses traditionnelles s'impose : ni la misère ni la séparation ne suffisent à expliquer la circulation des colporteurs et à comprendre l'originalité des sociétés qui sont à la fois migrantes et sédentaires. Les montagnes y apparaissent comme particulièrement évocatrices, mais d'autres régions donnent des exemples comparables où la migration n'intervient pas uniquement comme une conséquence de la nature et comme celle des logiques d'une rupture obligée, symétrique du retranchement des communautés. La mobilité telle que nous la décrivent les historiens des colportages ne fait pas de distinction entre ceux qui partent et ceux qui restent ; elle traverse les parentés et les alliances, elle les réforme et les resserre. L'identité sociale des colporteurs se construit autant dans la relation que dans l'espace[130].

Les liens avec les villages sont multiples. La terre, qui reste la base de l'économie, est essentielle pour les partants et pour les sédentaires. Elle est rarement concentrée, mais surtout la propriété ne se confond pas avec l'exploitation qui établit la hiérarchie des richesses et des revenus, dans laquelle l'apport migratoire n'a jamais manqué. Ceux qui partent gardent des biens et font leurs affaires avec le pays ; intégrés dans les réseaux plus larges, ils peuvent se situer au sommet d'une hiérarchie de relations et de protections utiles à tous qui fonctionne, par exemple, entre Paris et la Savoie, entre Madrid et l'Auvergne. La vraie hiérarchie se calcule sur la réputation et le mouvement, l'accumulation des créances. En Dauphiné, on n'a pas affaire à de petites républiques égalitaires, mais à des sociétés de petits propriétaires où quelques gros propriétaires créanciers assurent le travail, la location des terres, le crédit. La migration sert alors non seulement à régler l'impôt, mais aussi à entretenir l'ensemble, et la vie au village et le départ. C'est pourquoi les réussites ou les échecs ne peuvent être pris isolément, car c'est le système des parentèles, unions de familles nucléaires, qui règle le fonctionnement de l'ensemble. C'est ce qu'illustrent les relations de la famille Pic et Picques à La Grave au XVIIIe siècle et à Paris, ou celles des Bérard de Mizoen ou de Lyon à la fin du XVIIIe siècle[131]. Tous conservent des biens au village ; tous sont engagés dans la nébuleuse la plus large des relations multiples autorisées par les parentèles ; tous contrôlent travail, commerce, crédit ; tous vivent avec un certain faste qui honore l'ensemble. La parenté cimentée par le profit s'inscrit bien dans une conception organiciste du monde modelée par la chance.

La souplesse de ces réseaux permet plusieurs types de mobilité : la migration qui individualise, avec la réussite ou l'insuccès qui peut enclencher la séparation ; celle des riches intégrés, dont le crédit reste la clef de voûte autour de laquelle tout tient ; celle des pauvres qui n'ont plus rien à obtenir. De même, la migration temporaire des petits marchands et des petits métiers qui sont tous débiteurs des fortunés. Le lien entre la terre et le crédit qu'elle garantit peut quelquefois s'atténuer (c'est le cas en Écosse ou en Angleterre, quand il se transforme dans le cadre du développement industriel de grandes zones rurales proto-industrielles) ; enfin, il peut encore s'accélérer et se tendre quand les crises agricoles et les difficultés retombent sur tous. On voit alors, comme le démontre superbement Laurence Fontaine, comment les créances lient les colporteurs, leurs fournisseurs et les clientèles dans l'ajustement des temporalités de la dette, longues aux villages, courtes à la ville, intermédiaires sur le terrain. Leur articulation ouvre et ferme le voyage, suscite les cautions villageoises – les vieux pour les jeunes, les notaires pour tous –, renforce les pouvoirs des négociants urbains. Leur capitalisme peut admettre la logique des groupes ruraux, car elle leur garantit la force de travail et la caution solidaire. Quand il faut faire rentrer l'argent plus vite dans les caisses citadines ou les bourses villageoises, la contradiction s'accroît et, avec elle, les tensions. La fragilité des sociétés de colporteurs qui se maintiennent jusqu'au cours du XIXe siècle s'accentue, et la chaîne des solidarités tend à se briser.

Le colportage et les métiers ambulants ont été valorisants et profitables pendant deux siècles. Par la mobilité géographique large et la mobilité sociale restreinte, ils ont permis d'ouvrir les villages sur le monde et de faire place aux logiques du capitalisme commercial dans les milieux ruraux. Quand le réseau urbain de boutiques se densifie, quand les communications s'accélèrent, le recul du colportage s'amorce. On le voit en Angleterre dès le XVIIIe siècle[132]. Les colporteurs se survivent à eux-mêmes avec la spécialisation et grâce à des ancrages sérieux dans des traditions de production industrielle (ainsi pour le livre) et commerciale (ainsi pour la revente) [133].

Mobilité, consommation, transfert culturel

La concurrence des colporteurs et des sédentaires est révélatrice d'une fonction distributive disputée autant que du conflit habituel entre stabilité et mobilité. On l'entend dans l'ordonnance sur le colportage édictée en Alsace en 1740[134] :

« Vu que de fréquentes plaintes nous sont parvenues que de nombreux étrangers et des personnes non domiciliées dans le royaume, tels que Savoyards, Italiens et autres populaces de merciers et crocheteurs et juifs errant à l'entour, avec toutes sortes de marchandises et épiceries de basse qualité, mauvaises, font du colportage dans les villes, bourgs et villages, et fournissent fâcheusement aux gens des marchandises en partie mauvaises et sans valeur, les incitent à acheter, et parfois gagnent beaucoup d'argent et l'exportent hors du pays. Par contre, ils n'acquittent ni impôts et taxes, ni douanes, ni corvées, ni autres charges, mais ils enlèvent de leurs bouches nourritures et pains aux merciers et marchands sédentaires, devenus bourgeois, qui tous supportent et subissent les charges de bourgeoisie et les gênent dans leur commerce ; et ces ambulants, comme l'expérience l'apprend, sont la plupart du temps des gens fort suspects et de simples errants. Gracieusement, nous décrétons que le colportage n'est pas permis à des étrangers et à des personnes non résidentes sans autorisation spéciale de notre part et de notre chambre de commerce... »

Dans les attendus du décret, plusieurs plaintes et plusieurs motivations s'additionnent : la fermeture mercantiliste, l'identification d'un double danger – celui de l'étranger, celui de l'errance –, les causes et les concurrences pour le commerce de détail de la présence du colportage, mais aussi sa nécessité réservée aux autochtones, ce qui suggère également les moyens d'une transformation intégratrice passant par le droit de bourgeoisie et la naturalisation. On retrouve, mais dans une dimension désormais nationale, non seulement les mêmes doléances et les mêmes craintes chez les commerçants de Bretagne relayés par les sous-préfets (ainsi dans l'Ille-et-Vilaine à Rennes et à Saint-Malo avant et après 1815[135]), mais aussi l'affirmation administrative de la liberté de la circulation commerciale qui fait le maintien de la migration temporaire saisonnière et viagère. Le préfet Ladoucette y voit pour les Hautes-Alpes une nécessité et une crainte, car il serait à redouter que la vue de contrées plus heureuses et le penchant aux passions et aux vices ne décident beaucoup d'émigrants à ne plus venir. La sédentarisation guette le monde du colportage et immobilise la circulation des biens, des richesses, des choses et des idées[136].

Comme tous les migrants, les colporteurs sont des intermédiaires culturels. Ils assurent le transfert des habitudes d'autres lieux, tant par leurs acquisitions que par leurs récits ou l'affirmation d'opinions différentes. Les inventaires après décès de certains d'entre eux, revenus au pays dans l'aisance, le montrent par la présence d'objets empruntés et sans doute de mœurs. Cet emprunt est dans la logique et la continuité du commerce ambulant et d'une culture duale qui a marqué manières de vivre, façons de penser. Par les colporteurs, la culture citadine, matérielle et intellectuelle ou spirituelle, pénètre dans les villages de montagne ou dans les zones d'immigrants enclavées. C'est une culture du paraître et de l'ostentation, des apparences aussi. Elle se traduit dans l'habitat, car les maisons des élites du colportage tranchent sur celles des villageois stables : elles sont plus imposantes, plus ouvertes, plus décorées, plus cossues. L'intérieur montre des raffinements bourgeois : abondance de meubles, de tissus, de tapis, services de table, argenterie parfois, garde-robe à la parisienne, vaisselle multipliée. En 1685, Jean Giraud, contraint de fuir le royaume pour ne pas trahir sa religion, fait l'inventaire de ses biens conservés à Hières. La maison est garnie de rideaux, de tapis de Rouen, de meubles ; il a collectionné dix tableaux, et sa fille joue avec une poupée vêtue de soie ; son service de table est riche de nappes, serviettes, plats, assiettes, couverts. Il conserve une centaine de volumes et on lui en a volé ou brûlé d'autres. A la fin du XVIIIe siècle, il n'est pas en retard sur les bourgeoisies des villes de négoce, ou sur les classes marchandes et boutiquières de Paris. Seule une étude plus générale permettrait de montrer la représentativité de tels cas, mais ils prouvent la vertu des échanges[137].

L'attention portée aux apparences est un test caractéristique, car elle correspond à l'intégration sensible des représentations de la hiérarchie sociale générale qu'accélère la logique de la mobilité. Le souci vestimentaire est un premier avoir, un capital qui témoigne du crédit et de la confiance. Il peut, avec un train enlevé ou exagéré, convaincre les fournisseurs. C'est le cas du colporteur normand Noël Gilles, dit la Pistole, qui impressionne ainsi les intermédiaires de la Société typographique de Neuchâtel. A son retour, le migrant doit, par ses habits et ses parures, montrer qu'il a bien travaillé. C'est un moyen de contrebalancer la fragilité de la fortune et de lutter contre la peur que l'on suscite. La guerre des apparences entre dans la compétition villageoise et ses dépenses somptuaires. Elle s'apprend dans la révolution vestimentaire urbaine et en gravissant les échelons du métier et des responsabilités. Au départ, le statut vestimentaire est celui des ruraux ; à l'arrivée, il permet de distinguer et d'être distingué, car il a changé[138].

D'autres signes attestent cette attention distinctive : faire exécuter son portrait, offrir à l'église du village tableaux ou ex-voto, tels ceux que Pierre Cornuty, marchand banquier, offre à Notre-Dame-des-Neiges à Valloire et où il se fait peindre d'une façon destinée à prouver sa réussite matérielle : ample perruque ondulée, jabot de dentelle ou de mousseline, manchettes, habit cossu, air épanoui et satisfait. Au pied du Galibier, il atteste en 1717 sa réussite lyonnaise. D'autres portraits évoquent les états du colportage et les chemins de la réussite. D'autres églises montrent les dons et les dévotions que rapportent les migrants et qui affichent le zèle pieux. Ils font un sort à François de Sales, célébration locale, mais aussi à des cultes allemands, bavarois, italiens – la dévotion de Notre-Dame des Ermites, de Notre-Dame d'Oropa, de Notre-Dame de Lorette. Saint Jean Népomucène ou saint Léonard sont, sinon présents partout, du moins implantés – ainsi à Sallanches par François Biollay, revenu d'Augsbourg, ou à Sainte-Foy en Tarentaise. Des prêtres issus de familles marchandes peuvent ici servir de relais. Ils appellent et obtiennent dons pour les bâtiments, pour les pauvres, pour les missions. Les craintes des clergés et des notables apparaissent quand la migration se prolétarise et se cloisonne. Jusqu'au XIXe siècle, en Savoie tout au moins, fonder une paroisse est, comme édifier une chapelle ou créer une régence scolaire, un geste de magnificence pieuse. Il fait du hameau une paroisse, il assure un meilleur culte, il entretient l'instruction religieuse et civile ainsi que des possibilités éducatives qui assurent aux régions de migration des taux d'alphabétisation souvent élevés[139].

Ces réussites de notables reposent sur la diffusion des choses, et l'on ne peut qu'être frappé par leur diversité qui est celle de l'émigration elle-même et des types de négoce. Vente et réparations, revente et bricolages utiles sont souvent mêlés à la base, avec les rémouleurs, les aiguiseurs, les chaudronniers, les ferblantiers, les potiers d'étain, capables de remettre en état, de commercialiser des produits autochtones et des objets achetés ailleurs, chez les grossistes ou les particuliers. Les merciers vendent de tout, en gros ou en détail ; ce sont eux qui font le succès des tissus nouveaux, mais qui assurent aussi la vente du fil, parfois acheté ailleurs, et de tous les colifichets. Dans le pays de Berne, une enquête de 1790 montre la variété des échanges entre ruraux et commerçants locaux ou lointains, le transfert des productions agricoles et des produits manufacturés de tous ordres : indiennes, cotonnades, rubans, bas, aciers, coutellerie, montres, objets de corne et imprimés. Le commerce ambulant a été l'un des moyens d'une économie d'échanges généralisée à l'échelle largement internationale[140]. Courir les foires et colporter ne se dissocient pas et contribuent à généraliser la capacité d'accepter de nouvelles consommations. Deux exemples servent à montrer l'entraînement quasi fonctionnel qui est ainsi mis en œuvre, le colportage des imprimés, le colportage des objets de la culture des apparences et de la civilité.

COLPORTEURS D'IMPRIMÉS, COLPORTEURS DE CULTURE

Comme formule de diffusion de l'imprimé, c'est un moyen ancien. Au XVIe siècle, Rabelais s'en fait l'écho au livre IX de *Gargantua* : « Qui vous meut? Qui vous oinct? Qui vous dict que blanc signifie foy et bleu fermeté? Un (dictes-vous) livre trepelus qui se vend par les bisouars et porte bales, au titre le blason des couleurs. Qui l'a fait quiconque il soit en ce a été prudent qu'il n'y a point mis son nom... » Voilà mis en scène le colporteur charlatanesque, vendeur d'objets minables (*trepelus*) et transmetteur de sottises. Martin de Strasbourg, au XVIIe siècle, reprend autrement l'antienne : « Mais proprement qu'est-ce qu'un colporteur? C'est un mercerot qui porte un panier pendu à son col, garni de rubans de soie, de fleuretons de laine, lacets, aiguillettes, peignes, petits miroirs, étuis, aiguilles, agrafes, et autres semblables choses de petits prix. Il y en a d'autres qui portent çà et là des almanachs, livres d'ABC et des petits romans, de Mélusine, de Maugis, des Quatre Fils Aymon, de Geoffroy la Grande Dent, de Valentin et l'Ours, des chasse-ennuis, des chansons mondaines, sales et vilaines, dictées par l'esprit immonde, vaudevilles, vilanelles, airs de cour, chansons à boire... ». Ici apparaît la spécialisation et aussi la dénonciation, topos des juristes et des clercs contre une littérature de divertissement. Le colporteur qui vend de tout, pas toujours, pas seulement, peut se cantonner aux livres et aux brochures. Surtout, il vend de tout à tous, à la chaumière et au château, en ville et à la campagne, aux notables, aux curés, aux paysans. Louis Simon, à La Fontaine, attend avec impatience les retours du colporteur Boistard qui lui fait lire romans et cantiques. Sans le colporteur de livres, il faut quitter le village, marcher vers les bourgs, attendre les jours de foire[141]. Les pratiques attendent le marchand forain, le guettent, lui rendent de menus services; les aubergistes et les paysans entreposent ses effets et ses marchandises, mais la sympathie se gagne et se conserve si le crédit et la confiance l'emportent. En Italie, les curés font sonner les cloches quand les colporteurs représentants de Satan arrivent aux villages; en France, ils les dénoncent aux évêques, et avec eux les mauvais livres et les mauvais esprits, diffuseurs de philosophie comme avant le XVIIIe siècle d'hérésie, « proxènes ambulants ». La montée de la méfiance ne cessera pas et elle culmine au XIXe siècle avec l'attachement des consommateurs.

Charles Nisard dénonce «les huit millions de livres immoraux répandus par mille mains dans nos villages et nos campagnes [...] telle était la situation en 1847 [...], le colportage, s'il ne pouvait s'exercer qu'à de pareilles conditions, devrait être absolument interdit. Mais huit millions de bons livres offerts comme moyen d'instruction à des populations impatientes de l'ignorance, leur ouvrant après le labeur le domaine des sentiments honnêtes et des idées saines, leur inspirant un acte d'adoration pour Dieu, d'amour pour la patrie, de reconnaissance pour le souverain, popularisant dans les hameaux les noms les plus glorieux de notre littérature nationale, ce sont là aussi des avantages incontestables et auxquels un gouvernement éclairé ne renonce pas de gaieté de cœur». Un siècle plus tôt, le directeur de la Librairie, Malesherbes, recourait à des arguments identiques réunissant l'utilité et l'instruction : « Le goût de la littérature est si général qu'il serait bien dur et bien difficile d'empêcher entièrement ce genre de commerce. Ce serait priver d'une grande commodité les seigneurs qui vivent sur leurs terres, les curés des campagnes et beaucoup de particuliers qui sont retirés dans les bourgs et les villages où il n'y a point de librairie. Je pense quant à moi que les lois qui gênent trop le public ne s'exécutent jamais et, dans l'espèce présente, je voudrais citer seulement qu'on restreignît le commerce de la librairie à quelques porte-balles qui prendraient dans chaque généralité l'attache de l'intendant, et qui seraient assujettis à un règlement[142]... » Le syndic de la Librairie, peu avant, défend une thèse analogue[143]. « Les colporteurs se pourvoient à Paris, Lyon, Toulouse et autres grandes villes, et ils sont d'une grande ressource pour tous, libraires et clients de tous ordres. » D'une certaine manière, à l'heure du cloisonnement régional et national, les colporteurs de livres ont maintenu la tradition, tant à l'échelle internationale que provinciale.

La preuve de l'importance des colporteurs du Briançonnais se lit dans les livres de compte des libraires de Genève (tels les Cramer) ou de Lyon, comme celle des marchands de livres ambulants normands dans les registres des grands libraires de Rouen. A Bassano, les Remondini entretiennent un réseau de 1 560 correspondants à travers l'Italie et l'Europe. Ainsi les livres du Nord descendent vers les marchés du Sud, ainsi les livres des métropoles typographiques roulent vers les villages reculés. En Normandie, Noël Gilles et le réseau qu'il révèle peuvent fournir un dernier exemple bien documenté par les archives policières. On le rencontre pour la première fois quand l'inspecteur Joseph d'Hémery l'arrête derrière le chevet de l'église de Montargis, le 23 juillet 1774. On saisit dans son fonds de 800 à 900 volumes, quelques livres interdits; une perquisition à son domicile et l'interrogatoire montrent qu'il roule avec un cheval et une charrette en Ile-de-France, en Anjou, en Normandie et en Champagne, et qu'il vend toutes sortes d'ouvrages, contrefaçons fort impies comme l'*Histoire critique de Jésus-Christ* ou le *Ciel ouvert à tous les hommes*. Noël Gilles a des correspondants à Genève, à Orléans, à Bourges, et on le voit, une fois relâché, nouer une relation avec Paul Malherbe, client et intermédiaire de la Société typographique de Neuchâtel, à qui il réclame des livres prohibés : « Il avait un chariot très chargé et un commis avec lui. Il paraît bien assorti. Il me paya une dizaine de louis et m'en prit pour 300 à 400 livres d'autres... » Les colporteurs peuvent faire illusion, et cela sans être de pauvres diables et tous des escrocs comme le redoutent les directeurs de la Société typographique de Neuchâtel. Les francs-tireurs de la librairie, et les Normands en particulier, ne sont pas des déracinés et l'on doit considérer leur action comme essentielle. Les correspondants de la veuve Machuel se retrouvent tous les hivers les pieds au chaud et dans un contexte analogue à ceux que l'on voit œuvrer à partir des Alpes. Le panorama social des lectures qu'ils ont ouvertes révèle alors un système de tolérance inavoué : leur commerce est réputé illégal, mais utile au public[144]. Ce sont les agents actifs de la civilité du commerce et du commerce des civilités.

Pour les économistes, le commerce est civilisateur. La rencontre des imprimés utilitaires et divertissants, légaux et illégaux, philosophiques et pieux, avec de multiples objets dans la hotte ou la charrette des colporteurs élargit le constat à tous les niveaux de l'échange. Les livres de civilité qui enseignent la culture du paraître y ont leur place à côté des objets qui font les apparences et la mode, comme avec les images de mode. Les colporteurs deviennent ainsi, peu à peu, des pédagogues de la novation : ils enseignent l'art de l'inutilité et le goût de la nouveauté. Dans une société stable qui se méfie du changement, ils introduisent l'air du dehors et les attraits du superflu. Dans les inventaires des marchands de la montagne, trois types d'objets et trois niveaux d'usages apparaissent entre leurs mains.

Le premier, dominant, regroupe tous les tissus, tous les textiles, mais principalement tous ceux qui rompent la tradition du vêtir lourd et coutumier – coton, soie, mousseline, tissus légers –, tous les produits des nouvelles industries. Le deuxième rassemble une pacotille de menus objets manufacturés, de choses banales et intimes : les merceries et les pièces vestimentaires, gants, foulards de col, mouchoirs, bas et chaussettes. Le mouchoir à lui tout seul symbolise, avec la fourchette, la civilisation des mœurs et la volonté de faire reculer la grossièreté rustique. Sa large diffusion par les colporteurs au XVIIe et au XVIIIe siècle, sous des formes multiples, dans des matières variées (fil, coton, soie, dentelle, façon indienne, façon Cholet) et à des prix extrêmement différenciés en fonction de la qualité et de la taille, témoigne sans doute du progrès des bonnes manières. C'est qu'il a de multiples usages, du porte-monnaie à l'hygiène, à moucher comme à essuyer les larmes. C'est ainsi qu'il est très tôt, en ville et en campagne, un signe de distinction spécifique qui marque l'appartenance au monde de la politesse. Un troisième groupe d'objets réunit tous les ingrédients du luxe des pauvres : petits bijoux, cols, lunettes, rubans de soie, miroirs de poche, peignes, ciseaux, lacets, plumes, papiers à lettres, images, livrets de civilité. Certains colporteurs du Haut-Dauphiné, les *Scotch-drapers*, les chamagnons, les colporteurs juifs de l'Angleterre rassemblent les menus objets de luxe avec le reste, ou se spécialisent dans la vente ambulante de certains seulement. Le ressort du succès est partout le même : en s'adressant à toutes les clientèles possibles, il associe les besoins de l'intimité et du corps, le souci de l'individualité et des relations entre les sexes dans la galanterie, les nécessités des remèdes, ceux de l'âme et souvent ceux du corps. Il montre du banal pour vendre de l'inédit et de l'imaginaire, pour donner à vivre et à rêver[145].

Le succès de la diffusion, s'il ne peut se montrer directement, peut se déduire des pratiques. Parures, jeux, objets de piété sont d'ailleurs sous-représentés dans les inventaires. En France comme en Angleterre, on voit toutefois partout les nouveaux objets progresser parmi d'autres biens : le linge, les bas, les montres, les lunettes, les images, les nouveaux produits des manufactures textiles ou des usines de quincaillerie. Ils atteignent, en ville comme dans les campagnes, les catégories intermédiaires et tous les milieux qui sont en relation avec l'échange et la ville. Si la montre se répand, c'est par le réseau actif des colporteurs et des marchands suisses. On le voit à Paris, où les auberges les accueillent, où Jacques-Louis Ménétra est un de leurs clients : en 1789, 70 % des inventaires de domestiques et 36 % de ceux des salariés comptent au moins une montre[146]. Au départ, le livre de compte d'un colporteur-horloger-bijoutier savoyard du Châtelard, venu à

Paris entre 1771 et 1774, révèle l'organisation de ce commerce de petit luxe qui s'approvisionne à Genève, dans la capitale aussi et plus rarement en province. Pierre Rullier vend en majorité à des commerçants, mais également au détail, aux clients de la France du Nord. Comme tous les colporteurs, il commerce à crédit et, comme beaucoup, il saisit les occasions offertes par un marché indispensable et en expansion : celui de la coquetterie et celui de la rationalité qui s'introduit dans la gestion du temps[147]. L'adoption des nouveaux objets sous l'action des colporteurs a sans doute été aussi efficace que sous la pression de l'imitation distinctive. Les marchands ambulants répondent à des besoins, mais ils les suscitent également. C'est le réseau des *hawkers* et des *pedlars* qui, par leur travail saisonnier et leur capacité à conquérir de nouvelles cibles, a permis à l'Angleterre une véritable révolution vestimentaire au XVIIe siècle[148]. C'est le même type de réseau qui, au XVIIIe siècle, introduit le confort, le thé et la vaisselle au fond du pays de Galles et dans les campagnes britanniques : dès 1705-1715, livres, montres, lunettes, nouveaux tissus y révèlent l'efficacité du colportage. Il faut attendre la fin du XVIIIe siècle pour voir un progrès comparable en France, dans les campagnes d'Ile-de-France, en Bourgogne, dans quelques sites bretons, et d'une manière générale dans les villes après 1750[149].

Les colporteurs ont mis à la disposition du peuple des villes et des campagnes des objets, des livres, des idées. Ils ont aidé à changer les manières et à transformer les personnalités, certainement à proposer un autre niveau d'exigences. A la suite du colporteur de livres et de pacotilles, les publics les plus variés ont pu exprimer de nouveaux goûts et répandre ceux-ci grâce à la réponse du commerce et du crédit. Les colporteurs ont été des acteurs du changement culturel. La mobilité commerçante a créé ici de nouvelles sensibilités ; elle a mis la mode à la mode. C'est cette transformation redoutable que redoutent ouvertement les agents de la Librairie royale et que désignent les moralistes, par exemple dans la *querelle du luxe*[150]. Quand le règlement de 1688 interdit aux « porteurs de balle et soi-disant merciers allant dans les campagnes de vendre et débiter aucun livre », il veut ralentir les effets d'un changement possible par la diffusion des imprimés. Si la législation ne se transforme que peu à peu, le travail des brigades de la maréchaussée, lui, persiste.

En 1724, le grand prévôt de Guyenne arrête un colporteur entre Lamothe et Montrevel en Agenais ; il est accompagné d'un commis et d'un âne. Dans ses balles coexistent des livres sérieux (ceux de la théologie politique protestante, Racine, Boileau) et les petits livrets bleus (*Cartouche*, les *Malices des femmes*, les *Sermons de Michel Morin*). En 1772, les gendarmes arrêtent près de Tarare un jeune gueux qui est porteur d'images ; en 1782, ce sont des marchands parisiens vendeurs d'imprimés, de chansons, de mercerie, et aussi Lyonnais débiteur d'almanachs. Les routes qui unissent les épicentres de la migration – les villes de fournisseurs, la Normandie, les Alpes, les villes de Lorraine et de Champagne comme Troyes – sont surveillées. On sait aujourd'hui que les réseaux de colportage, tolérés et nécessaires, l'ont emporté. En 1758, à Étourvy près de Troyes, un Suisse, anonyme, meurt subitement ; il est qualifié de quincailler. Il n'est pas pauvre : il est bien vêtu – habit gris, gilet de velours à boutons de cuivre –, on trouve 10 livres dans sa bourse, et il transporte deux balles contenant couteaux, ciseaux, aiguilles, miroirs, boucles de soulier, boutons, peignes, tresses, pipes, écritoires, portefeuilles, douze almanachs de Dôle et Châtillon, six *Chemins du ciel*, dix *Offices*. Voilà l'un des acteurs du mixage culturel qui, entre villes et campagnes, ont – de la personne à la maison, de l'intelligence à la matérialité – diffusé la *civilisation des mœurs* et amorcé son interrogation. Le paradoxe, c'est frappant : en Angleterre, en France et ailleurs, du XVIIe au XIXe siècle, ce sont les ruraux les plus enclavés allant vers d'autres ruraux non moins enclavés qui sont les plus actifs parmi les agents de la naissance de la société de consommation. La mobilité des colporteurs a été l'agent d'une transformation profonde et efficace.

NOTES

1. G. Bertrand, « En marge du voyage des élites dans l'Italie des Lumières. Du peuple regardé au peuple voyageur », *Mélanges de l'Ecole française de Rome. Italie et Méditerranée*, t. III, 1999, pp. 847-881.
2. A. Merle d'Aubigné, *Les Voyageurs à Genève à la fin du XVIIIe siècle*, Mémoire de maîtrise, Paris I, 1992, pp. 18-28 ; D. Roche (éd.), *La Ville promise. Mobilité et accueil à Paris, fin XVIIe-début XIXe siècle*, Paris, 2000.
3. Ch. Engrand, « Pôle urbain et circulation des hommes à la fin de l'Ancien Régime. L'exemple de la Picardie » *Revue du Nord*, 1997, 320-321, pp. 447-462.
4. M.-A. Barret, *Etude des registres des passeports de la commune de Rouen en l'an II*, Mémoire de maîtrise, Rouen, 1969.
5. J.-P. Bardet, *Rouen aux XVIIe et XVIIIe siècles. Les Mutations d'un espace social*, Paris, 1983, pp. 192-196, 210-221.
6. J. Bourdieu, G. Postel-vinay, P.-A. Rosenthal et A. Suwa-Eisenman, « Migrations et transmissions intergénérationnelles dans la France du XIXe siècle et du début du XXe siècle », *Annales HSS*, 4, 2000, pp. 749-786.
7. J.-P. Poussou, « Les mouvements migratoires en France et à partir de la France de la fin du XVe siècle au début du XIXe siècle. Approche pour une synthèse », *Annales de démographie historique*, 1970, pp. 11-78 ; article décisif pour mesurer les enjeux démographiques de la migration et qu'accompagnant plusieurs articles de méthode et d'illustrations régionales.
8. P.-A. Rosenthal, *Les Sentiers invisibles. Espace, familles et migrations dans la France du XIXe siècle*, Paris, 1999, pp. 45-62 ; G. Mauco, *Migrations ouvrières en France au début du XIXe siècle*, Paris, 1932 ; V. Denis, *Surveiller et décrire. L'Enquête des préfets sur les migrations périodiques 1807-1813*, Mémoire de maîtrise, Paris I, 1994 ; A.N., F20, 434-435.
9. J.-C. Perrot, *L'Age d'or de la statistique régionale française, an IV-1804*, Paris, 1977, pp. 50-55.
10. *Ibid.*, p. 39.
11. M.-M. Bourguet, *Déchiffrer la France. La Statistique départementale à l'époque napoléonienne*, Paris, 1988.
12. R. Cobb, *La Protestation populaire en France, 1789-1820*, Paris, 1975, pp. 46-48.
13. V. Denis, *op. cit.*, pp. 35-37.
14. L. Fontaine, *Histoire du colportage en Europe*, Paris, 1994, pp. 207-209.
15. A. Forrest, *Déserteurs et insoumis sous la Révolution et l'Empire*, Paris, 1988, pp. 10-15, 70-75.
16. V. Denis, *op. cit.*, pp. 58-60.
17. *Ibid.*, pp. 62-63.
18. A. Corbin, « Migrations temporaires et société rurale au XIXe siècle : le cas du Limousin », in *Revue historique*, n° 500, 1971, pp. 293-334.
19. V. Denis, *op. cit.*, pp. 95-96.
20. A.-M. Moulin, « Les maçons de la Haute Marche au XVIIIe siècle », Publications de l'Institut d'études du Massif Central, XXIX, Clermont-Ferrand, 1985.
21. R. Duroux, *Les Auvergnats de Castille. Renaissance et mort d'une migration au XIXe siècle*, Clermont-Ferrand, 1991.
22. M. Vovelle, « Le prolétariat flottant à Marseille sous la Révolution française », *Annales de démographie historique*, 1968, pp. 111-138.
23. A. Cabantous, *Les Citoyens du large. Les Identités maritimes en France, XVIIe- XIXe siècle*, Paris, 1995 ; F. de Person, *Bateliers sur la Loire, XVIe- XVIIIe siècle*, Chambray, 1994.
24. O. Hufton, *The Poor of Eighteenth Century France, 1750-1789*, Oxford, 1974, pp. 70-106.

25. J.-P. Poussou, *art. cit.*, pp. 68-69.
26. W. Trosbach, «Immobilisme et mutations des sociétés agraires dans les territoires allemands du XVIIIe siècle», *Bulletin d'information de la Mission historique en Allemagne*, 1999, 35, pp. 144-178; J. Schlumbohm, «Incertitude et régularité des parcours de vie dans une paroisse rurale allemande XVIIe- XIXe siècle», *Annales de démographie historique*, 1998, 2, pp. 115-138.
27. P.-A. Rosental, «Maintien, rupture», *Annales ESC*, 1990, 6, pp. 1403-1431; L. Fontaine, «Solidarités familiales et logiques migratoires en pays de montagne à l'époque moderne», *ibid.*, pp. 1433-1450; J. Bourdieu, G. Postel-vinay, P.-A. Rosenthal et A. Suwa-Eisenmann, *art. cit.*, pp. 749-788; A. Poitrineau, *Remues d'hommes. Les Migrations montagnardes en France, XVIIe- XVIIIe siècle*, Paris, 1983, pp. 82-96, 230-265.
28. *Ibid.*, pp. 281-285.
29. AD Yonne, L 782, f° 60, in A. Châtelain, *Les Migrants temporaires en France, de 1800 à 1914*, Lille, 1970, 2 vol., t. I, pp. 155-170.
30. B. Geremek, *Truands et misérables dans l'Europe moderne, 1350-1600*, Paris, 1980; J.-P. Gutton, *La Société et les pauvres en Europe, XVe- XVIIIe siècle*, Paris, 1974; id., *La Société et les pauvres. L'Exemple de la généralité de Lyon, 1534-1789*, Paris, 1971; O. Hufton, *op. cit.*, pp. 107-127.
31. M. Foucault, *Histoire de la folie à l'âge classique. Folie et déraison*, Paris, 1961.
32. *Ibid.*, pp. 54-96.
33. J.-P. Gutton, *La Société et les pauvres en Europe, op. cit.*, pp. 11-51.
34. O. Hufton, *op. cit.*, pp. 110-121.
35. B. Geremek, *op. cit.*, pp. 180-212.
36. *Ibid.*, p. 221.
37. *Ibid.*, pp. 226-227.
38. J.-P. Gutton, *La Société et les pauvres. L'Exemple...*, *op. cit.*, pp. 128-176.
39. C. Paultre, *De la répression de la mendicité et du vagabondage en France aux XVIIe et XVIIIe siècle*, Paris, 1906; J. Depauw, «Pauvres, pauvres mendiants, mendiants valides ou vagabonds? Les hésitations de la législation royale», *Revue d'histoire moderne et contemporaine*, 1974, 3, pp. 401-418.
40. G. Garner, *La Répression de la criminalité de grand chemin par la prévôté d'Ile-de-France à la fin du XVIIIe siècle*, Mémoire de maîtrise, Paris I, 1989. La série totale Y 18603-Y18800 compte 197 dossiers. La commodité offerte par le dépouillement des registres de procédure versés au greffe et des arrestations permet un sondage; l'étude des procès confirmerait sans doute les résultats, comme le montrent M. Chrétien, *La Population marginale dans les environs de Paris à la veille de la Révolution*, Mémoire de maîtrise, Paris I, 1985, étude des procès en 1780; et M. Jeunechamp, *La Criminalité des environs de Paris d'après les archives de la maréchaussée en 1761*, Mémoire de maîtrise, Paris I, 1985.
41. *Ibid.*, pp. 86-87.
42. N. Castan, «La justice expéditive au XVIIIe siècle», *Annales ESC*, 1976, 2, pp. 331-361.
43. J. Nicolas (éd.), *Mouvements populaires et conscience sociale, XVIe-XIXe siècle*, Paris, 1985; *Id., La Rebellion française, mouvements populaires et conscience sociale, 1661-1789*, Paris, 2002.
44. J.-P. Gutton, *La Société et les pauvres en Europe, op. cit.*, pp. 85-121.
45. L. Chevalier, *Classes laborieuses et classes dangereuses à Paris pendant la première moitié du XIXe siècle*, Paris, 1958.
46. H.-J. Luzebrinck, *Histoires curieuses et véritables de Cartouche et de Mandrin*, Paris, 1984.
47. R. Chartier, *Figures de la gueuserie*, Paris, 1982.

48. B. Geremek, *op. cit.*, pp. 132-135.
49. M. Vovelle, «De la mendicité au brigandage. Les errants en Beauce pendant la Révolution», *Actes du 86ᵉ Congrès national des sociétés savantes*, Montpellier, 1961, Section d'histoire moderne et contemporaine, Paris, 1962, pp. 483-512; par comparaison, J.-C. Gégot, «Etude par sondage de la criminalité dans le bailliage de Falaise. Société criminelle ou criminalité diffuse», *Annales de Normandie*, 1966, 1, pp. 103-163; P. Goubert, «Le monde des errants. Mendiants et vagabonds à Paris et autour de Paris au XVIIIᵉ siècle», in *Clio parmi les hommes*, Paris, 1976, pp. 265-278; N. Castan, *art. cit.*
50. Abbé Prévost, *Le Pour et le Contre*, 1738, t. XV, pp. 3-23.
51. H. Asséo, *Le Traitement administratif des Bohémiens. Problèmes socioculturels en France au XVIIᵉ siècle*, Paris, 1974; *id., Les Tziganes. Une destinée européenne*, Paris, 1994. Je remercie tout particulièrement H. Asséo de ses informations inédites.
52. *Id., Le Traitement administratif, op. cit.*, pp. 33-35.
53. R. Muchembled, *La Violence au village, XVᵉ-XVIIᵉ siècle*, Bruxelles, 1989.
54. G. de Gouberville, *Journal*, éd. R. de Beaurepaire, Caen, 1892, 2 vol., t. I, p. 174.
55. H. Asséo, «Visibilité et identité flottante. Les Bohémiens ou Egyptiens, Tziganes, dans la France d'Ancien Régime», in *Historian : A Review of the Past and Other Stories*, River Vale, Etats-Unis, 2000, 2, pp. 109-122.
56. *Id., Le Traitement administratif, op. cit.*, pp. 55-64.
57. F. de Vaux de Folletier, «La vie quotidienne d'un groupe de bohémiens. Forez au début du XVIIᵉ siècle», *Etudes tziganes*, janvier 1960, pp. 12-26.
58. H. Asséo, *Les Tsiganes, op. cit.*, pp. 32-39.
59. J.-B. Legrand d'Aussy, *Voyages faits en 1787-1788*, Roanne, 1982, lettre XXXII, pp. 102-123; A. Poitrineau, *op. cit.*, pp. 5-24.
60. L. Fontaine, *Migrations, itinéraires et circulation*, Habilitation à diriger des recherches, Paris I, ex. dactyl., 2000, 3 vol., t. I, pp. 3-9, t. III, pp. 37-59.
61. S. L. Kaplan et C. J. Koepper, *Work in France. Representation, Meaning, Organization and Practice*, Cornell, Ithaca-Londres, 1986, pp. 27-29; A. Fauve-Chamoux, «Continuity and Change among the Rhemish Proletariat; Pre-industrial Textile Work in Family Perspective», *History of the Family*, 2001, 6, pp. 167-185, en particulier pp. 179-183.
62. M. Sonnenscher, «Journey's Migration and Workshop Organization in Eighteenth-Century France», in S. L. Kaplan et C. J. Koepper, *op. cit.*, pp. 74-96; E.-J. Sheppard Jr, «Social Mobility and Geographic Mobility of the Eighteenth-Century Guild Artisan : An Analysis of Gueld Receptions in Dijon, 1700-1790», *ibid.*, pp. 97-130; C. M. Truant, *The Rites of Labor. Brotherhovels of Compagnonage and Old and New Regime*, Cornell, Ithaca, 1994; W. H. Sewell, *Gens de métier et révolutions. Le Langage du travail de l'Ancien Régime à 1848* (1980), Paris, 1994 (trad. fr.), pp. 133-160.
63. M. Sonnenscher, *art. cit.*, pp. 74-76; C. M. Truant, *op. cit.*, pp. 160-167.
64. C. Lis, J. Lucassen et H. Soly, «Before the Unions, Wagrearners and Collective Action in Europe, 1300-1850», in *International Review of Social History*, Supplement 2, Amsterdam, 1994.
65. R. Darnton, *L'Aventure de l'Encyclopédie. Un best-seller des Lumières*, 1979, Paris, 1982 (trad. fr.), pp. 145-186.
66. «La vie pénible et laborieuse de J.-S. Esmieu, marchand colporteur sous la Révolution française», présentée par P. Dubois, *Annales de Haute-Provence*, 1969, pp. 329-342, 414-427, 453-375; 1970, pp. 33-49; 1971, pp. 161-185. En 1967, le manuscrit était la propriété d'une famille de Cogolin.
67. J. Fournier, «Les chemins de transhumance en Provence et en Dauphiné d'après les journaux de conducteurs de troupeaux au XVIIIᵉ siècle», *Bulletin de géographie historique et descriptive*, CTHS, 1900, n° 1-2, pp. 137-262; J.-Y. Royer, «Journal de

Noé de Barras. Un entrepreneur de transhumance au XVe siècle», *Alpes de Lumières*, n°90, 1988; Daubenton, *Instructions pour les bergers et les propriétaires de troupeaux*, Paris-Pont-de-Vaux, an III (1re édition Paris, 1782).
68. J.-Y. Royer, *op. cit.*, pp. 5-7.
69. *Ibid.*, pp. 2-3, 26-39.
70. A.-M. Cocula, *Un fleuve et des hommes. Les Gens de la Dordogne au XVIIIe siècle*, Paris, 1981, pp. 95-118; F. de Person, *Bateliers sur la Loire, XVIIe- XVIIIe siècle*, Chambray, 1994.
71. *Ibid.*, pp. 35-58.
72. A.-M. Cocula, *op. cit.*, pp. 110-114.
73. F. de Person, *op. cit.*, pp. 241-242; A.-M. Cocula, *op. cit.*, pp. 374-398.
74. *Ibid.*, pp. 381-383.
75. M. Sonnenscher, *art. cit.,* pp. 78-85.
76. E.-J. Shephard Jr., *art. cit.,* pp. 118-120.
77. L.-S. Mercier, *Tableau de Paris*, Paris, 1994, 2 vol.
78. *Idem.*
79. D. Roche, *Histoire des choses banales. Naissance de la consommation, XVIIe-XIXe siècles*, Paris, 1997.
80. U.-C. Pallach, «Fonctions de la mobilité artisanale et ouvrière. Compagnons, ouvriers et manufacturiers en France et aux Allemagnes (XVIIe-XIXe siècle) », *Francia*, 1983.
81. *Ibid.*, pp. 370-383; H. R. Southall, «The Tramping Artisan Revisits. Labour Mobility and Economic Distress in Early Victorian England», *Economic History Review*, 1991, n° 2, pp. 249-271; R. A. Leeson, *Travelling Brothers. The Six Centuries Road from Craft Fellowship to Trade-unionism*, Londres, 1980; E.-J. Hobsbawm, «The Tramping Artisan», *Economic History Review*, 1989, 3, pp. 299-320.
82. S. L. Kaplan, «Réflexions sur la police du monde du travail, 1700-1815», *Revue historique*, 1979, CCLXI, pp. 17-77.
83. A. Châtelain, «Lutte entre boutiquiers et colporteurs en France pendant la première moitié du XIXe siècle», *Revue d'histoire économique et sociale*, 1974, pp. 140-165.
84. S. L. Kaplan, *La Fin des corporations*, Paris, 2001, pp. 328-333.
85. C. M. Truant, *op. cit.*, pp. 2-16; S. L. Kaplan, *art. cit.,* pp. 58-59; A. Poitrineau, *Ils travaillaient en France. Métiers et mentalités du XVIe au XIXe siècle*, Paris, 1992, pp. 62-77; *id.*, *Histoire du compagnonnage*, Lyon, 1992.
86. S. L. Kaplan, *art. cit.,* pp. 20-22; R. Lecotté, *Essai bibliographique sur les compagnonnages*, Paris, 1951; citons encore E. Cornaert, *Les Compagnonnages en France du Moyen Age à nos jours*, Paris, 1966.
87. A. Poitrineau, *Histoire du compagnonnage, op. cit.*, p. 69; *Guide du musée du Compagnonnage*, Tours, 1990, p. 29.
88. J.-L. Ménétra, *Journal de ma vie. Autobiographie d'un compagnon vitrier au XVIIIe siècle*, éd. D. Roche, Paris, 1982 et 1998.
89. Une mise en place convaincante des récits du XIXe siècle dans P. Barret et J.-N. Gurgand, *Ils voyageaient la France. Vie et tradition des compagnons du tour de France au XIXe siècle*, Paris, 1980; A. Fillon, *Louis-Simon, villageois de l'ancienne France*, Rennes, 1996.
90. J.-C. Perrot, *Genèse d'une ville moderne. Caen au XVIIIe siècle,* Paris, 1975, Thèse, 2 vol., t. I, pp. 303-307; J.-P. Poussou, *op. cit.*, pp. 63-150.
91. U. C. Pallach, *art. cit.,* pp. 383-386.
92. C. Velut, *Décor de papier. Production, commercialisation et usages des papiers peints à Paris, 1750-1820*, Thèse, Paris I, 2001, 3 vol. dact., t. I, pp. 249-300.
93. M. Garden, *Lyon et les Lyonnais au XVIIIe siècle*, Paris, 1970, pp. 190-195 et «L'attraction de Lyon à la fin de l'Ancien Régime», *Annales de démographie historique*,

1970, pp. 205-222.
94. U. C. Pallach, *art. cit.,* pp. 394-396; Ph. Minard, *Typographies des Lumières,* Paris, 1989, pp. 110-135.
95. J. Jarraud, *Les Compagnons menuisiers du Devoir à Tours à la fin du XVIIIe siècle, 1792-1800,* Mémoire de maîtrise, Tours, 1995, ex. dactyl., pp. 15-22, 70-90; C. Calvet, *Les Compagnons du tour de France à Tours,* Mémoire de maîtrise, Université de Tours, 1994, pp. 20-27.
96. C. Truant, *op. cit.,* pp. 60-65, 97-104, 134-139; BHVP, Ms. 678, écrits divers inédits.
97. C. Truant, *op. cit.,* pp. 138-147.
98. *Ibid.,* pp. 189-193.
99. E. Cornaert, *op. cit.,* pp. 67-70.
100. A. Poitrineau, *Ils travaillaient la France, op. cit.,* pp. 65-66, 73-74.
101. Mise au point et bibliographie dans L. Fontaine, *Histoire du colportage en Europe, op. cit.;* A. Radef, *Du café dans le chaudron. Economie globale d'Ancien Régime, Suisse occidentale, Franche-Comté et Savoie,* Lausanne-Pontarlier, 1996; D. Roche, *Histoire des choses banales, op. cit.,* 1997.
102. F. Braudel, *Civilisation matérielle, économie et capitalisme, XVe-XVIIIe siècle,* Paris, 1979, 3 vol.; D. Roche, *La France des Lumières,* Paris, 1993.
103. A. Radeff, *op. cit.,* pp. 141-247.
104. A. Fillon, *Louis Simon, étaminier, 1741-1820, dans un village du Haut-Maine,* Paris, 1984; id., *Louis Simon, villageois de l'ancienne France, op. cit.,* pp. 31-37 et 75-89 – ce dernier ouvrage contient la chronique de Simon et son exégèse.
105. L. Fontaine, *Histoire du colportage en Europe, op. cit.,* pp. 11-18.
106. R. Chartier, *op. cit.,* 1979.
107. Shakespeare, *Conte d'hiver,* Acte IV, scène 3.
108. Paris, 1957, trad. Y. Bonnefoy, pp. 626-649.
109. L. Fontaine, *Histoire du colportage en Europe, op. cit.,* pp. 13-14.
110. A. Châtelain, *op. cit.,* pp. 435-475; G. Mauco, *op. cit.,* pp. 18-29.
111. C. et G. Maistre et G. Heitz, *Colporteurs et marchands savoyards dans l'Europe des XVIIe et XVIIIe siècle,* Annecy, 1992, pp. 11-25.
112. H. C. et L. H. Mui, *Shops and Shopkeeping in Eighteenth-Century England,* Montréal-Londres, 1989, pp. 73-106.
113. R. Duroux, *Les Auvergnats de Castille, op. cit.*
114. L. Fontaine, *Histoire du colportage en Europe, op. cit.,* pp. 25-34.
115. *Ibid.,* pp. 34-49.
116. *Ibid.,* pp. 90-94; M. Spufford, *The Great Clothing of Rural England. Petty Chapman and Their Warer in the Seventeenth-Century England,* Londres, 1984.
117. L. Fontaine, *Histoire du colportage en Europe, op. cit.,* pp. 67-68, 74-90; *Remondini, un editore del Settecento,* Milan, 1990 éd. M. Infelise et Paola Marini, pp. 19-33, 334-355.
118. C. et G. Maistre et G. Heitz, *op. cit.,* pp. 30-42.
119. M. Spufford, *op. cit.,* pp. 27-28.
120. N. McKendrick, J. Brewer et J.-H. Plumb, *The Birth of a Consumer Society. The Commercialisation of Eighteenth-Century England,* Bloomington, 1982, pp. 85-90.
121. L. Fontaine, *op. cit.,* pp. 65-68, 90-95.
122. *Ibid.,* pp. 95-175; A. Radeff, *op. cit.,* pp. 130-180, 193-249.
123. P. Corneille, *L'Illusion comique,* 1636, acte I, scène 2.
124. L. Fontaine, *Histoire du colportage en Europe, op. cit.,* pp. 116-117.
125. N. McKendrick, J. Brewer et J.-M. Plumb, *op. cit.,* pp. 77-90.
126. Ch. Nizard, *Essai sur le colportage de librairie,* Paris, 1855, pp. 47-49.
127. L. Fontaine, *Le Voyage et la mémoire. Colporteurs de l'Oisans au XIXe siècle,* Lyon, 1984, pp. 113-145.

128. C. et G. Maistre, *L'Emigration marchande savoyarde aux XVIIe et XVIIIe siècle. L'Exemple de Nancy-sur-Cluses*, Annecy, 1986; A. Radeff, *op. cit.*, pp. 299-309.
129. J-P. Marby, *op. cit.*, pp. 16-25.
130. L. Fontaine, *Migrations, itinéraires et circulations, op. cit.*, pp. 1-65.
131. L. Fontaine, *Histoire du colportageen Europe, op. cit.*, pp. 121-175.
132. R. B. Westerfield, *Middlemen in English Business, particularly between 1660 and 1760*, New York, 1968, pp. 310-315.
133. N. Coquery, *La Boutique et la ville. Commerces, commerçants, espaces et clientèles, XVIe-XXe siècle*, Tours, 2000; L. Fontaine, *Histoire du colportage en Europe, op. cit.*, pp. 178-205.
134. C. et G. Maistre et G. Heitz, *op. cit.*, pp. 49-50.
135. A. Châtelain, *art. cit.*, pp. 140-165.
136. J.-Ch. François, baron de Ladoucette, *Topographie, histoire, antiquités, usages, dialectes des Hautes-Alpes*, Paris, 1820, pp. 124-126.
137. L. Fontaine, *Histoire du colportage en Europe, op. cit.*, pp. 215-228; D. Roche, *La Culture des apparences. Une histoire du vêtement, XVIIe- XVIIIe siècle*, Paris, 1989, pp. 69-149, 313-339.
138. D. Roche, *Histoire des choses banales, op. cit.*, pp. 208-237; L. Fontaine, *Histoire du colportage en Europe, op. cit.*, pp. 226-227.
139. C. et G. Maistre et G. Heitz, *op. cit.*, pp. 119-188.
140. A. Radeff, *op. cit.*, pp. 95-137; H. Jahier, *Le Commerce entre l'Angleterre et la Suisse au XVIIIe siècle*, Thèse, Paris IV, 1995, 2 vol.; J. Tanner, B. Veyrassat, J. Mathieu, H. Siegrist et R. Vecker (éd.), *Geschichte der Konsumgesellschaft, Märkte, Kultur und Identität, 15.-20. Jahrh.; Histoire de la société de consommation, marchés, culture et identité, XVe-XXe siècle*, Zurich, 1998; B. Veyrassat, *Commerce de détail et lieux de consommation*, pp. 81-84; A. Radeff, *De Gênes à Amsterdam. Voyage et consommation à l'époque de la République helvétique*, pp. 85-100.
141. D. Roche, *Les Républicains des Lumières, op. cit.*, pp. 375-376.
142. J.-J. Darmon, *op. cit.*, pp. 26-27; M. Ventre, *L'Imprimerie et la librairie en Languedoc*, Marseille, 1958, Lettre à l'intendant de Besançon, 1752.
143. BNF, Ms. FF. 22128, f° 92, 1755.
144. J.-D. Mellot, «Libraires forains à Rouen. La veuve Machuel et ses correspondants, à la fin du XVIIIe siècle», *Bibliothèque de l'Ecole des chartes*, 1989, 147, pp. 503-534; A. Sauvy, «Noël Gilles dit la Pistole, marchand forain, libraire roulant pour la France», *Bulletin des Bibliothèques de France*, 1967, t. XII, pp. 177-190.; *id.*, «Le livre au champ», in in R. Chartier et H.-J. Martin, *Histoire de l'édition française*, Paris, 1989, 2e éd., 4 vol., t. II, 1984, pp. 430-433; R. Darnton, *Bohême littéraire et Révolution. Le Monde des livres au XVIIIe siècle*, Paris, 1983 (trad. fr.), pp. 111-153; L. Fontaine, *Histoire du colportage en Europe, op. cit.*, pp. 69-95, 229-253.
145. *Ibid.*, pp. 230-232.
146. D. Roche, *Le Peuple de Paris. La Culture populaire au XVIIIe siècle*, Paris, 1981, pp. 226-227.
147. L. Fontaine, *Pierre Rullier, colporteur horloger-bijoutier savoyard au XVIIIe siècle*; «Quand la montagne a aussi une histoire», in *Mélanges offerts à J.-F. Bergier*, M. Korner et F. Walter ed., éd. Berne, 1997, pp. 167-176.
148. M. Spufford, *op. cit.*, pp. 144-146.
149. L. Weatherill, *Consumer Behaviour and Material Culture in Britain, 1660-1760*, Londres-New York, pp. 43-79, 182-193; D. Roche, *Histoire des choses banales, op. cit.*, pp. 216-217; *id.*, *Le Peuple de Paris, op. cit.*
150. D. Roche, *La France des Lumières, op. cit.*, pp. 494-518.

Conclusion

La mélancolie du voyageur rentré à la maison n'a d'égale que celle de l'auteur de récit de voyage achevant son ouvrage. Il faut savoir finir un livre, mais comment le faire sans avoir conscience d'en avoir trop peu dit ou beaucoup trop ? Les lecteurs des six mille *relations* publiées à l'époque moderne ne seront pas découragés ; les autres choisiront leur itinéraire et leurs étapes, comme l'écrivain qui voyage et à la différence du voyageur qui écrit – on peut leur demander de ne pas être dupes. Nous souhaitons les aider en décapant le mythe des voyages et en remettant, avec d'autres [1], le tourisme à sa vraie place. Il reste que l'expérience ancienne du monde n'était pas tout à fait la nôtre, qui s'est fondée sur le développement progressif et concret de la circulation et sur la modification des pratiques anciennes. Pour les voyageurs de tous ordres, l'effort intellectuel et physique qui caractérisait les voyages dans le temps et dans l'espace s'estompe, et désormais les lieux existent de façon moins autonome. Le monde est devenu un grand magasin de villes et de paysages [2]. La survie des flâneurs est menacée au même titre que la solitude du touriste ou du randonneur. Le *bon usage de la lenteur*, *l'art de se promener* ou celui de la *sieste*, comme de la *marche*, trouvent leurs défenseurs préoccupés de faire admettre une maîtrise autre de l'emploi du temps et des pratiques de l'espace [3]. Karl Gottlob Schelle voyait en cela, dès la fin du XVIIIe siècle, un signe distinctif de la classe cultivée et dégrossie par l'esprit des Lumières, mais pour une *philosophie populaire* tendant à réconcilier la pensée et le quotidien. *L'art de la promenade* est une chose sérieuse parmi les objets de la vie, et son moyen principal, la marche à pied, mobilise ce qui était la pratique la plus ordinaire et la plus courante des siècles anciens. Certainement aussi parce qu'elle bénéficiait de l'aura conférée par la religion et les motivations spirituelles. Le Christ est la *voie* offerte à tous parce qu'il a été un grand marcheur ; celui qui le suit ne marche pas dans les ténèbres. Dans ce domaine comme en d'autres mieux connus, le désenchantement gagne le monde et distingue les milieux sociaux qui apprennent l'art de la marche autrement que par nécessité, besoins professionnels, appel moral ou contrainte culturelle. La civilité et la bienséance font des moyens de la circulation la plus lente un instrument de représentation et d'activités socialisées. Le cheval, le coche, les voitures transforment plus subrepticement encore l'exercice et l'instrumentalisent dans l'art de classer et de hiérarchiser la société. Marcher en public par obligation vous déclasse, sauf circonstances particulières et précises[4]. La première révélation de la vitesse trie les cheminements par son coût. Le train, la voiture, l'avion feront le reste en élargissant nos capacités sans limite, ou presque. C'est le privilège ambigu du mode de civilisation occidentale qui, depuis M. Cook, fournit les quatre cinquièmes des touristes[12].

Ce que la trajectoire enseigne, c'est que les cultures vivantes sont celles qui sont capables de s'ouvrir aux autres cultures. A l'âge des Lumières, des indices multiples de cette vie et de cet accueil apparaissent dans le goût pour le voyage réel et pour la lecture des récits, mais aussi dans la diffusion large des pratiques de curiosité, vers le bas, vers l'échange le plus ouvert. L'adaptation des moyens (routes, postes, techniques, accélération de la vitesse et des instruments de repère, guides, cartes) confère à la mobilité sa force et son ubiquité efficace et étendue. Elle opère dans la croyance laïcisée en la capacité du déplacement à produire connaissance, modification de l'être, aptitude à négocier dans le commerce des choses et des hommes. En même temps, elle suscite de nouvelles oppositions entre centres et périphéries, entre peuples des capitales et peuples des provinces, entre intégrés et exclus. La redéfinition des règles de l'hospitalité, la naissance des contrôles et de la surveillance des étrangers travaillent depuis longtemps l'espace européen, que traversent les fugitifs des persécutions et tous les hétérodoxes. La montée de l'État-nation impose enfin une rupture où se rejouent les débats de la civilisation moderne, entre surveillance et liberté, entre raison et sensibilité, entre violence et obscurité. Le débat sur l'utilité des voyages ne semble intéresser que le sommet de la société; en réalité, il concerne tout le monde.

A l'instar d'autres grandes questions qui mobilisent les intellectuels de l'ancien temps sur le luxe et sur le négoce, son enjeu est la possibilité d'un progrès et d'une capacité à civiliser les hommes dans le passage d'une certaine forme de mobilité (celle des nomades et des migrants) à une autre forme plus diversifiée (celle de la société sédentaire, agricole, urbaine et commerciale, ayant ses mobilités spécifiques). L'antithèse, qu'animent les racines religieuses, l'idée même de la *terre promise*, est à l'œuvre dans la pensée sociale, historique et philosophique des Lumières. Montesquieu en est l'un des grands témoins, qui lit dans la sédentarisation une bonne part du capital nécessaire au progrès des sociétés et qui postule une manière d'aversion des hommes envers le déplacement. L'individu qui abandonne le lieu et le climat de sa naissance ne peut qu'inévitablement souffrir et dégénérer[6]. Répondre à la question : « Bouger, est-ce un mal ou est-ce un bien ? », n'est pas facile, pas plus de nos jours qu'hier. C'est un pari qu'il faut faire sur la nécessité de l'échange et sur la façon dont il peut orienter l'avenir de la civilisation aujourd'hui comme il l'a fait autrefois. C'est alors admettre une mobilité sans frontière et sans rupture, celle de la solidarité et non celle de l'errance, telle qu'on peut la lire dans la démarche des pieds poudreux, celle aussi des transferts culturels profitables à tous, libres et non imposés par quelques rapports de force.

Paris 1955 – Paris 2002

Notes

1. C. Lévi-Strauss, *Tristes Tropiques*, Paris, 1955, p. 1.
2. J.-D. Urbain, *L'Idiot du voyage. Histoires de tourisme*, Paris, 1991.
3. P. Goubert et D. Roche, *Les Français et l'Ancien Régime*, 2 vol., Paris, 1984; F. Braudel, *Civilisation matérielle, économie et capitalisme*, 3 vol., Paris, 1979.
4. On en trouvera les références principales au fil des chapitres, mais deux ouvrages sont à lire, car ils tranchent sur une histoire essentiellement dominée par l'analyse littéraire et les conventions formelles : *le voyage de [???] à, les voyageurs en [???]* : E.J. Leeds, *La mente del viaggiatore d'all'Odissea al turismo globale*, Bologne, trad. ital., 1992; A. Maczak, *Travel in Early Modern Europe*, Cambridge, trad. angl., 1995 (Varsovie, 1980).
5. C. Lévi-Strauss, *op. cit.*, p. 79.
6. M-N. Bourguet, "L'explorateur", i, *L'Homme des Lumières*, M. Vovelle dir., Paris, 1996, pp. 286-346.
7. R. Koselleck, *Le Futur passé. Contribution à la sémantique des temps historiques* (1979), trad. fr., Paris, 1990; W. Schivelbush, *Histoire des voyages en train*, trad. fr. Paris, 1990, (1977) et id., *Histoire des stimulants*, trad. fr. Paris, 1991 (1980), plus particulièrement "Histoire du voyage... ", pp. 198-200.
8. M. Boyer, *L'invention du tourisme*, I, pp. 28-45; E.J. Leed, *op. cit.*, pp. 315-322, 347-355.
9. W. Schivelbusch, *Histoire des voyages...*, *op. cit.*, pp. 196-197.
10. T. Paquot, *L'Art de la sieste*, Paris, 1998; P. Sansot, *Du bon usage de la lenteur*, Paris, 1998; Karl Gottlob Schelle, *L'Art de se promener* (1802), trad. et préface de P. Deshusses, Paris, 1996; E. Lebreton, *L'Art de marcher*, Paris, 1996.
11. D. Arasse, *Les Figures de la marche*, Catalogue de l'exposition du musée d'Antibes, Paris, 2000; "La meilleure façon de marcher. Introduction à une histoire de la marche", pp. 35-62.
12. M. Boyer, *Le Tourisme*, Paris, 1979; G. Laugero, Infrastructures of Enlightenment : Road making. The Public Sphere and the Emergence of Literature", Eighteenth Century Studies, 29, 1, 1995, pp. 45-67.
13. Je reprends ici les termes d'un échange épistolaire du 11 juin 1991 avec G. Abbatista, que je remercie encore.

Table

Introduction 9
   Notes *14*
Remerciements 15

Première partie
Connaissance des voyages – Espaces de mobilité

Chapitre premier

La production des récits de voyage 19
   Une production conquérante, sa bibliographie *21*
   Le contexte d'une publication *22*
   Espace du livre, espace des voyages *24*
   L'instrument de travail et la capacité d'une source *28*
   Les résultats d'un choix, l'espace d'une bibliographie *33*
   Montée d'une production, inflexions géopolitiques *38*
   explosion éditoriale, augmentation des voyages ? *41*
   Notes *46*

Chapitre II

De l'utilité des voyages 49
   L'invitation au voyage discipliné *53*
   Du voyage humaniste au voyage érudit *57*
   De l'érudition à la science du monde *62*
   Inflexions éclairées : vers les voyages du citoyen *68*
   L'œil expert : juger et voir *68*
   Anticipation : moyens matériels, moyens intellectuels *71*
   Questions et débats : utilité, inutilité *75*
   La fiction pédagogique *77*
   Profits des voyages : science et morale *82*
   Notes *88*

Chapitre III
Le voyageur en chambre 95
Pratiques de lecture, voyages intérieurs 97
Les lunettes des lecteurs 98
Lectures lettrées, lectures bibliophiliques 101
Pratiques des collections, autres façons de lire 104
Journalisme et voyages 106
Guider le voyageur 110
Découvrir la France, comprendre le royaume 111
Découvrir Paris, imaginer la ville 59 116
Voyages dans la chambre, ironie des voyages 122
Parodies et exotismes sur place 128
Notes 131

Chapitre IV
L'expérience et la mémoire 137
Mobilité, culture du voyage 137
Le voyageur et son récit 143
Du voyage à l'écrit, tribulations formelles 145
Correspondre, voyager, informer 148
Voyage, lettres, mobilités, échanges 153
De la lettre au récit 159
De Montaigne à Montesquieu 163
Du quotidien à sa relation raisonnée 167
L'intrigue des relations 170
Romanesque du récit, voyage en romancie 173
Notes 180

Chapitre V
Expériences, nécessités et moyens 187
Les espaces et leur maîtrise 188
Immobilité des villages, mobilités des villageois ...190
Attraction des villes, mobilité sociale 192
Mobilité des hommes, volatilité du temps 195
Proximité et éloignement 197
Immobilité, localisme et attraction 200
Mobilité des humbles, agilité des notables 203
Mobilité des choses, mobilité des hommes, foires et marchés 207
Du monde aux pays : mobilité des échanges 210
De la distance aux communications 214
L'évolution des réseaux 215
Des hommes, et des chemins, et des routes 218
Circulation, lenteur, vitesse 224
Hiérarchie des dépendances, inégalité de la mobilité 230
Notes 235

Deuxième partie

Contraintes et libertés

Chapitre I
Le poids du monde 245

    Mobilité et migrations *246*
    Les variables de changement *248*
    Liberté conditionnelle, pèlerins et pèlerinages *251*
    Une démarche purgatrice *252*
    Grands et petits pèlerinages contrôlés *256*
    Pèlerins et expériences *258*
    La mobilité militaire *264*
    L'importance des recrutements,
    l'importance des mobilités *265*
    Un brassage accru par le nombre *266*
    L'inégalité des échanges *268*
    Nationaux et étrangers *269*
    Guerre, mouvement et acculturation *272*
    Mobilité et violence des guerres *272*
    Disciplines, connaissance et modification physique *281*
    Mobilité des armées, discipline des soldats *283*
    Administration des hommes, des choses et des âmes *285*
    Mobilités de l'économie *286*
    Mobilité temporaire, mobilité permanente *288*
    Mobilité de formation *289*
    Les marchands, la cité *291*
    Sociabilité, culture marchande *292*
    Administration et mobilité *294*
    Diplomatie, information, commerce *295*
    L'État mobile, l'État sédentaire *297*
    Administration et mobilité des agents *298*
    Pratique des intendants *299*
    L'espace et la mobilité fiscale *301*
    Conséquences intellectuelles de
    la mobilité administrative *305*
    L'Église et la mobilité *307*
    Des clercs résidants *307*
    Formation et informations, de l'épiscopat aux fidèles *310*
    La mobilité des missionnaires *313*
    Du royaume à l'étranger *317*
    Les fuites et les exils *319*
    Le déploiement d'une diaspora :
    les séfarades (xve-xviiie siècle) *322*
    Diversité des situations de départ,
    diversité des mobilités *323*
    L'expansion continuée au xviiie siècle *325*

Cheminement des hommes, profusion des étrangers 326
Destins et réseaux familiaux 327
Mobilité protestante, refuge huguenot 329
Du premier au second refuge :
le mouvement provoqué 330
Accueils et cheminements 333
Mémoires de la fuite 335
L'émigration 1789-1800 339
Une femme de lettres dans la tourmente 340
Notes 351

Chapitre VII
Contrôle et identité 359
Mobilité et suspicions sociales 359
Le lieu et le mouvement 361
Des raisons aux interventions 363
Frontières, bureau, péages 363
Mobilités frontalières, normes et délits 365
Contrôle des marchandises et des hommes :
les péages en question 368
La police de la mobilité, des campagnes aux villes 371
Le fisc et la circulation 373
La production des papiers 375
Le modèle policier parisien 376
Mobilité, transparence, utopie 380
Liberté et sécurité : la surveillance matérialiste 383
Techniques d'identification 386
Le triomphe du passeport 390
L'étranger insaisissable 394
Définitions, attente et suspicion 396
Le statut des étrangers et le droit 398
La révolution identitaire 404
La place et le poids des étrangers 406
Le nombre des étrangers 408
La géographie étrangère en 1697 409
L'Europe des nouveaux Français 410
Accueil et travail : la visibilité des étrangers 411
La France italienne 417
Caractères des nations – géographie de l'esprit 419
Le marché des stéréotypes 420
Les images des peuples 422
Caractères et diversité du monde 423
Le creuset parisien 431
Des volumes aux flux, des flux à l'espace 433
L'adoption des nouveaux venus 434
Flux migratoires – nature des mouvements parisiens 435
Géographie des nouveaux Parisiens 439

Les métiers et la société *441*
Les étrangers de Paris *445*
Les arrivées d'étrangers (1774-1789) *448*
Des étrangers importants *453*
Intégration et espaces sociaux *457*
La géographie des étrangers *460*
Pauvres et riches, nobles et ouvriers *465*
Notes *471*

Chapitre VIII
L'hospitalité : du don à l'économie 479

La tradition interrogée *482*
Pédagogies de l'hospitalité *484*
Le message des saints *486*
L'enseignement de Télémaque *490*
L'histoire et l'exotisme de l'hospitalité *493*
L'Angleterre hospitalière (xve-xviiie siècle) *494*
Du manoir à la ville *496*
L'hospitalité orientale (xvie-xviie siècle) *498*
Nouveaux exotismes hospitaliers *501*
Pratiques hospitalières, lieux et recours *504*
L'accueil des pèlerins *506*
Image de l'hôpital, image de voyageurs *509*
L'économie de la mobilité : l'auberge *517*
Auberges de papiers et de mémoires *519*
Les auberges de Fielding *521*
Voyageurs et auberges *524*
La croissance d'un équipement *530*
La capacité et la qualité parisiennes *536*
De Paris à la province, des cités aux villages *538*
Économie, sociabilité, acculturation, polyvalence *545*
La polyvalence des fonctions *546*
La sociabilité hôtelière *552*
Notes *562*

Troisième partie
Découverte de soi, découverte du monde

Chapitre IX
Le voyage des étudiants 569

Mobilités pédagogiques, pédagogies de la mobilité *572*
De la mobilité scolaire à la peregrinatio academica *572*
De l'école au collège *573*
L'attirance des collégiens *574*
Mobilités étudiantes à l'âge moderne *577*

 La mobilité légendaire du Moyen Age 578
 Facteurs et obstacles des échanges 580
 Critiques et besoins 582
 Mobilité et besoins sociopolitiques 583
 La mobilité des professeurs 585
 Mobilités étudiantes, circuits et images 588
 Rabelais ou Pantagruel sur la route 589
 Circuits internationaux d'études 591
 Mobilité des théologiens juristes et des médecins 593
 Le maintien temporaire d'une attraction : Montpellier 597
 Raisons religieuses, motifs mondains 599
 La peregrinatio des frères Platter 602
 L'organisation et la relation 604
 Sociabilité, solidarités 609
 Les études et le reste 613
 Déclin et transformation des échanges étudiants 614
 Redistributions religieuses et politiques, mobilités universitaires 618
 La nouvelle carte des grades nationaux 619
 Réglementation des études, contrôle des mouvements 623
 Nouvelle carte, mobilité restreinte en France 627
 Recrutements parisiens, mobilité relative et nationale 629
 De la mobilité pédagogique
 à la pédagogie de la mobilité 631
 Mobilités catholiques,
 mobilités protestantes (xviie-xviiie siècle) 631
 La mobilité médicale 637
 Le circuit montpelliérain 641
 Mobilité et marché des chirurgiens 643
 Entre deux cultures : les échanges à Strasbourg 645
 Apprentissage du monde, savoir-faire et connaissance 647
 Le poids de la conversation française 652
 Mobilité restreinte, mobilité souhaitable.
 Diderot et Morellet 656
 Mobilité des grandes écoles 659
 Notes 662

Chapitre X
Mobilité et sociabilités 667

 Le monde en voyage : rois, grands, touristes 669
 Du roi-chevalier aux périples classiques 670
 Sédentarisation, publicité et incognito 673
 Aristocraties et espaces 677
 Un courtisan voyageur : Emmanuel de Croÿ 679
 Le Grand Tour à nouveau 686
 La construction du Grand Tour 687
 De la curiosité des virtuoses
 à la découverte de la société 690

La science et le monde 695
La construction sociale d'un espace intellectuel 697
Entre stabilité et changement : la République des Lettres 698
Réseaux intellectuels et échanges sociaux 700
Les jeux de la mobilité : hiérarchisation
et institutionnalisation des mobilités savantes 707
Livres, sociétés, espace urbain 707
Le poids du monde 718
Le dilemme des salons 719
Le voyage autour du salon 721
Fermeture et ouverture, égalité et inégalité 723
Marché de la sociabilité et économie
de l'intelligence 726
Notes 729

Chapitre XI
Voltaire et Rousseau voyageurs 735

Voltaire sur la route 736
Le temps du voyage 737
Paris – Amsterdam – Londres 738
Londres – Berlin – Genève 740
De Berlin à Genève au midi du siècle 743
Pratiques du voyage voltairien 744
L'instabilité voltairienne 745
L'ombre de la Bastille 747
Le point de vue de Ferney 749
L'aubergiste de l'Europe 752
De la pratique à l'œuvre : de Genève à Paris 755
Une philosophie du voyage 757
Voltaire à Paris (1778) 760
Jean-Jacques Rousseau, errance et apparences 762
Chronotopes rousseauistes ; voyages et déplacements 764
De Genève à Paris, l'espoir d'un état 765
Paris et le monde des lettres 769
Un philosophe en exil 772
Mobilité, exil, liberté 773
Fuite, dépendance, refus 776
Paris, proxémie et publicité 778
L'écriture de la mobilité 780
Vision du voyage, critique des voyages 781
De la théorie des voyages à la critique des mœurs 783
Philosophie et réalité du voyage 784
Repli sur soi ; promenade à pied 785
Notes 790

Chapitre XII
La mobilité sensible 795

Réseaux et pratiques de la mobilité maçonnique *796*
Fondations, mobilité, échanges *798*
Accueil, solidarités et méfiance *805*
Visiteurs et accueil *807*
Cosmopolitisme maçonnique : tensions et obstacles *815*
Tolérance et division *817*
Cosmopolitisme et diplomatie *819*
Patriotisme et utopie *821*
Artistes, arts, mobilité *822*
Raisons d'un départ, conséquences d'un mouvement *824*
La vocation d'artistes *826*
Les aspirations du marché *829*
L'académisme et ses circulations *831*
Voyages musiciens, mobilités musicales *834*
Le voyage musical : le voyage de Charles Burney *837*
Les voyages mozartiens *840*
Les voyages de l'œil et les voyages de la main *844*
Honneurs et notoriété distinctives *846*
Le voyage et l'académisme *847*
Du service à l'autonomie *849*
Notes *854*

Chapitre XIII
Le théâtre et l'aventure 859

L'aventure du spectacle *860*
Entre stabilité et errance *862*
Attraction spectaculaire, mobilité des publics *865*
Mobilité de la foire, mobilité des farceurs *866*
Attraction des foires *868*
Stabilisation et mobilité des théâtres et des troupes *871*
L'illustre théâtre sur les routes *873*
Troupes fixes, troupes mobiles en Angleterre *874*
L'espace des comédiens de campagne *875*
Les routes comiques *877*
Les comédiens hors du royaume *879*
Espace du théâtre et mobilité, permanence foraine *880*
Entreprises, intérêts, mobilité novatrice *882*
Théâtre et comédiens dans le roman moderne *883*
Respect du théâtre, progrès sans rupture *886*
Les voyages de Wilhelm Meister *887*
Les aventuriers des Lumières *890*
Les aventuriers dans l'espace social *892*
Les moyens de réussir *894*
Les réseaux de l'insertion *899*
L'espace de l'aventure et le voyage comme moyen *902*
La circulation de Casanova *906*
Les aventuriers et la République des Lettres *909*

Aventure et littérature *913*
Notes *919*

Chapitre XIV
Les voyages du peuple 923

Voyages des peuples, errance, expédients *924*
Travail, famille, mobilité *926*
De la campagne aux villes, rupture et maintien *932*
De la migration à l'errance, vagabonds et criminels *937*
Le moyen d'un déclassement *940*
L'angoisse des bandes *945*
Un peuple sans lieu : les Tsiganes *947*
Identité bohémienne et accueil social *951*
Travail et mobilité *957*
Conflits et ententes *959*
Pasteurs, bergers, paysans *961*
Des fleuves et des hommes *963*
Police des métiers, police des commerces *966*
Compagnons, compagnonnages, mobilités *972*
Logiques des mouvements ouvriers *974*
Routes du travail, routes du changement *976*
Stabilité et changements *980*
Mobilité des hommes, mobilité des choses *984*
Hétérogénéité des activités et des espaces *986*
Ruses, conflits, normalité *987*
Diversité et hiérarchie des acteurs *994*
Trajets et mouvements *997*
Mobilité, consommation, transfert culturel *1002*
Colporteurs d'imprimés, colporteurs de culture *1006*
Notes *1012*

Conclusion 1019
Notes *1022*

Cet ouvrage a été composé en Times par Palimpseste à Paris

*Impression réalisée sur CAMERON par
BRODARD ET TAUPIN
La Flèche*

*pour le compte des Éditions Fayard
en mai 2004*

Imprimé en France
Dépôt légal : mai 2004
N° d'édition : 47690 – N° d'impression : 24080
ISBN : 2-213-61396-6
35-66-1596-2/02